沖縄文教部／琉球政府文教局 発行

復刻版

文教時報

第5巻

第27号～第35号（1956年12月～1957年10月）

編・解説者 藤澤健一・近藤健一郎

不二出版

『文教時報』第5巻（第27号〜第35号）復刻にあたって

一、本復刻版では琉球政府文教局によって一九五二年六月三〇日に創刊され一九七二年四月二〇日刊行の一二七号まで継続的に刊行された『文教時報』を「通常版」として仮に総称します。復刻版各巻、および別冊収載の総目次などでは、「通常版」の表記を省略しています。

一、第5巻の復刻にあたっては左記の各機関および個人に原本提供のご協力をいただきました。記して感謝申し上げます。
沖縄県公文書館、那覇市歴史博物館、沖縄県高等学校障害児学校教職員組合教育資料センター、
国立教育政策研究所教育図書館、藤澤健一氏

一、原本サイズは、第27号から第35号までB5判です。

一、復刻版本文には、表紙類を含めてすべて墨一色刷り・本文共紙で掲載し、各号に号数インデックスを付しました。なお、表紙の一部をカラー口絵として巻頭に収録しました。

一、史料の中に、人権の視点からみて、不適切な語句、表現、論、あるいは現在からみて明らかな学問上の誤りがある場合でも、歴史的史料の復刻という性質上そのままとしました。

（不二出版）

◎全巻収録内容

復刻版巻数	原本号数	原本発行年月日
第1巻	通牒版1〜8	1946年2月〜1950年2月
第2巻	1〜9	1952年6月〜1954年6月
第3巻	10〜17	1954年9月〜1955年9月
第4巻	18〜26	1955年10月〜1956年9月
第5巻	27〜35	1956年12月〜1957年10月
第6巻	36〜42	1957年11月〜1958年6月
第7巻	43〜51	1958年7月〜1959年2月
第8巻	52〜55	1959年3月〜1959年6月
第9巻	56〜65	1959年6月〜1960年3月
第10巻	66〜73／号外2	1960年4月〜1961年2月
第11巻	74〜79／号外4	1961年3月〜1962年6月
第12巻	80〜87／号外5〜8	1962年9月〜1964年6月
第13巻	88〜95／号外10	1964年6月〜1965年6月
第14巻	96〜101／号外11	1965年9月〜1966年7月
第15巻	102〜107／号外12、13	1966年8月〜1967年9月
第16巻	108〜115／号外14〜16	1967年10月〜1969年3月
第17巻	116〜120／号外17、18	1969年10月〜1970年11月
第18巻	121〜127／号外19	1971年2月〜1972年4月
付録	『琉球の教育』1957（推定）、1959／別冊＝『沖縄教育の概観』1〜8	1957年（推定）〜1972年
別冊	解説・総目次・索引	

〈第5巻収録内容〉

『文教時報』琉球政府文教局 発行

号数	表紙記載誌名（奥付誌名）	発行年月日
第27号	琉球文教時報（文教時報）	一九五六年一二月一三日
第28号	琉球文教時報（文教時報）	一九五七年 一 月一五日
第29号	琉球文教時報（文教時報）	一九五七年 二 月二八日
第30号	琉球文教時報（文教時報）	一九五七年 四 月三〇日
第31号	琉球文教時報（文教時報）	一九五七年 五 月一〇日
第32号	琉球文教時報（文教時報）	一九五七年 六 月一五日
第33号	琉球文教時報（文教時報）	一九五七年 六 月二五日
第34号	琉球文教時報（文教時報）	一九五七年 八 月二〇日
第35号	琉球文教時報（文教時報）	一九五七年一〇月二八日

（注）一、第31号の奥付の号数が「二十号」となっているが誤植である。

一、第35号の49頁は「94」となっているが誤植である。また、奥付の号数が「三十三号」となっているが誤植である。

（不二出版）

『文教時報』復刻刊行の辞

わたしたちは、沖縄現代史のあゆみをどこまで知っているだろうか。この問いを掲げつつ、第二次大戦後、米軍によって占領されていた時期（一九四五―一九七二年）、沖縄・宮古・八重山（一時期、奄美をふくむ）において、文教担当部局が刊行した『文教時報』を復刻する。

同誌は沖縄文教部、つづいて琉球政府文教局が刊行した。前者では示達事項を中心とした指導書であり、後者では教育行政にかかわる情報、教育についての調査・統計、教室での実践記録や公民館を中心とした社会教育関連記事など、盛り込まれた内容は幅広い。総じて教育広報誌といえる同誌は、発行期間の長さと継続性から、沖縄現代史を分析するうえで、もっとも基礎的な史料のひとつと目される。しかし、これまで同誌は全体像についての理解を欠いたまま、断片的に活用されるにとどまってきた。

その背景にはなにがあるのか。まず、発行が群島ごとに分割統治されていた時期から琉球政府期にいたるまで四半世紀におよび、雑誌としての性格が変容していることがある。くわえて多くの機関に分蔵されるとともに、附録類、号外や別冊など書誌的な体系が複雑に入り組みつかみにくい。このために本格的な調査が進まなかった。今回、わたしたちは所蔵関係にかかわる基礎調査をふまえ、添付書類までもふくめた全体像の把握に体系的に取り組んだ。その成果をこうして全一八巻、付録1に集約して復刻刊行する。解説のほか、総目次や執筆者索引などから構成される別冊をあわせて刊行する。今回の復刻により、教育行政側からみた沖縄現代史について、それを総覧できる史料的な環境がようやく整備されることになる。

統治者として君臨した、米国側との関係、また、沖縄教職員会をはじめとした教員団体との関係、さらに「復帰」に向けた日本政府や文部省との関係、さらに離島や村落の教育環境など、同誌は変動する沖縄現代史のダイナミズムを体現するかのような史料群となっている。

沖縄の「復帰」からすでに四五年にいたるいま、沖縄研究者はもとより、教育史、占領史、政治史、行政史など複数の領域において、本復刻の成果が活用され、沖縄現代史にかかわる確かな理解が深まることを念じている。物事を判断するためには、うわついた言説に依るのではなく事実経過が知られなければならない。あらためて問いたい。沖縄現代史のあゆみははたしてどこまで知られているか。

（編集委員代表　藤澤健一）

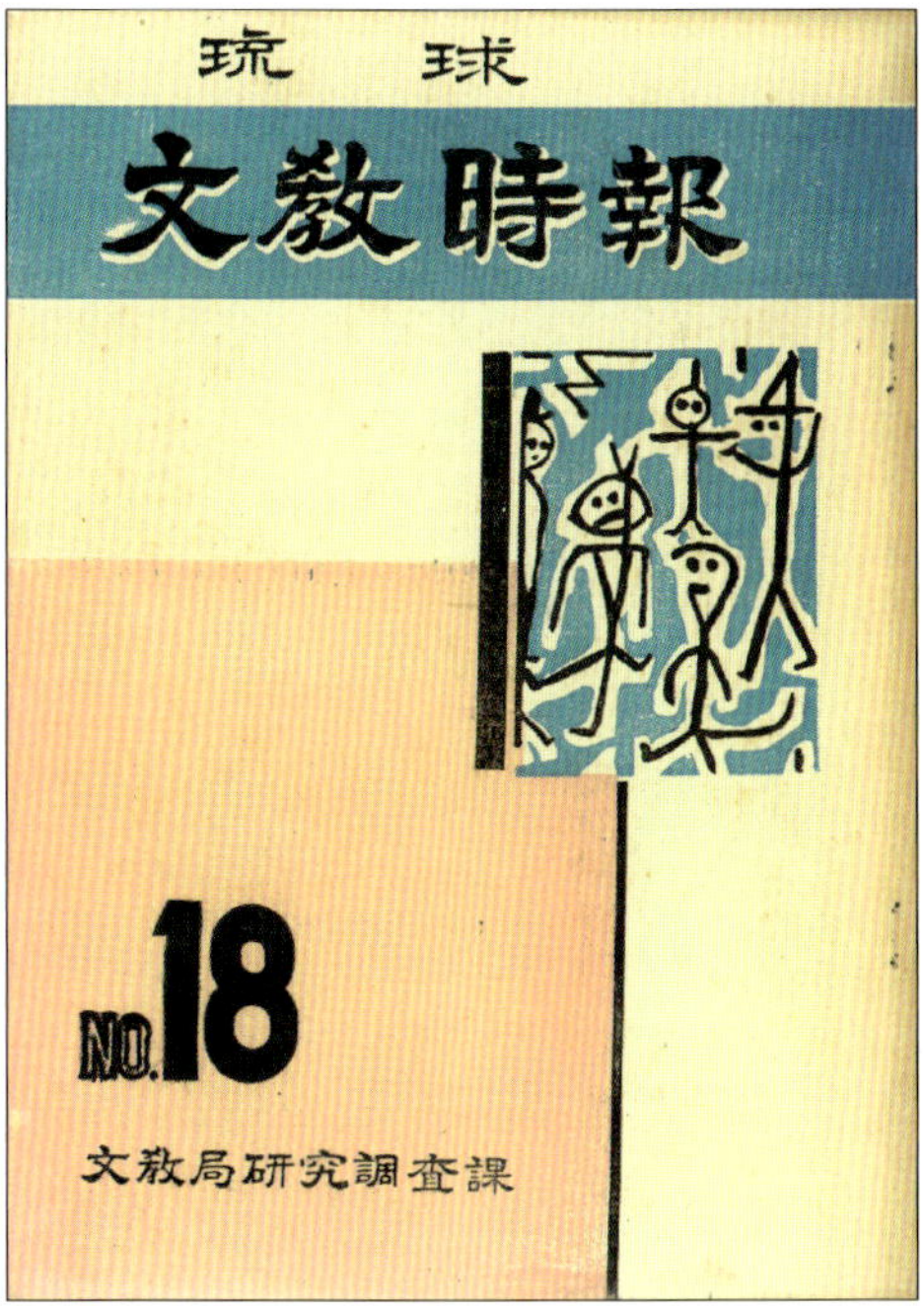

18号

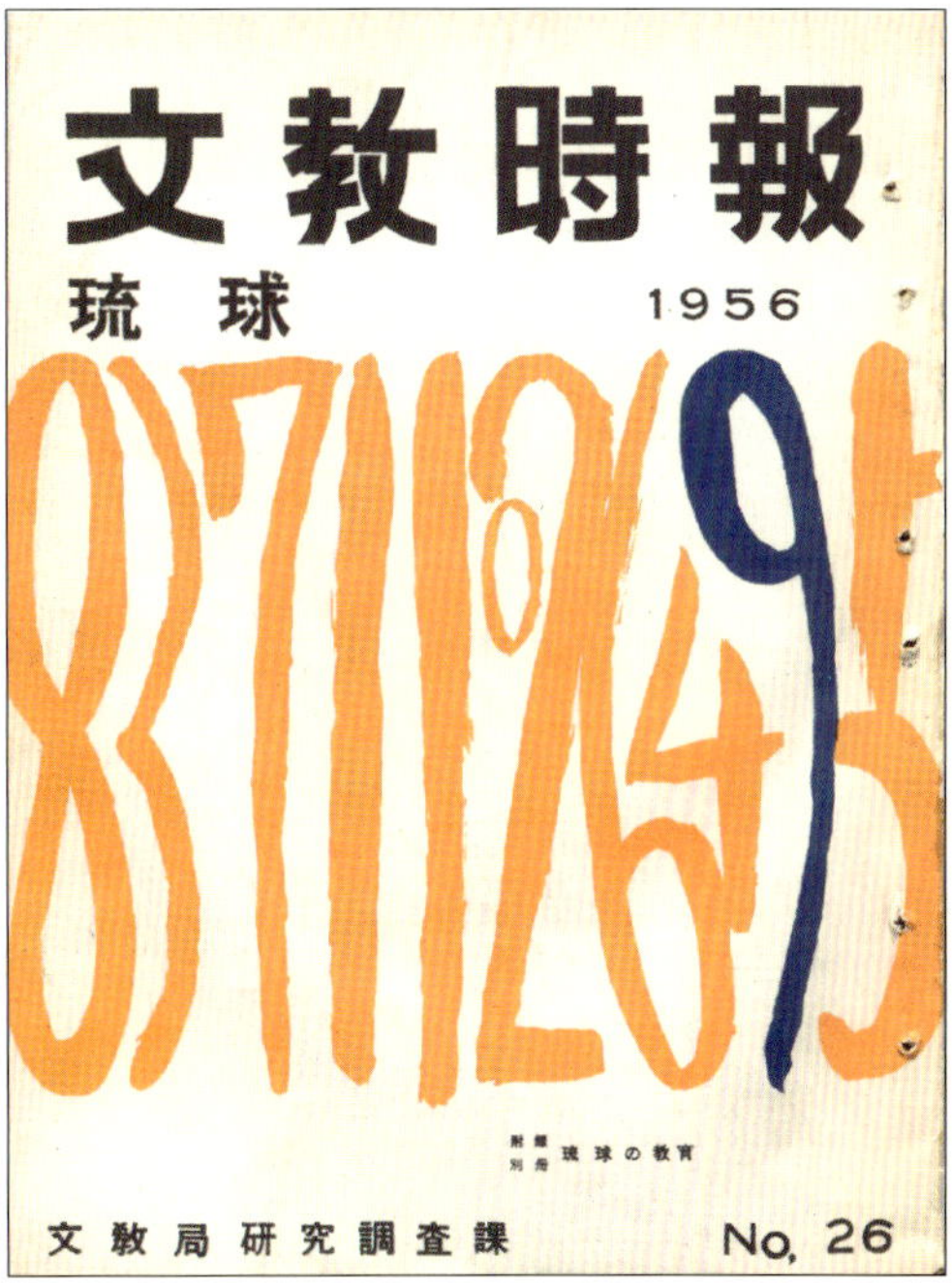

26号

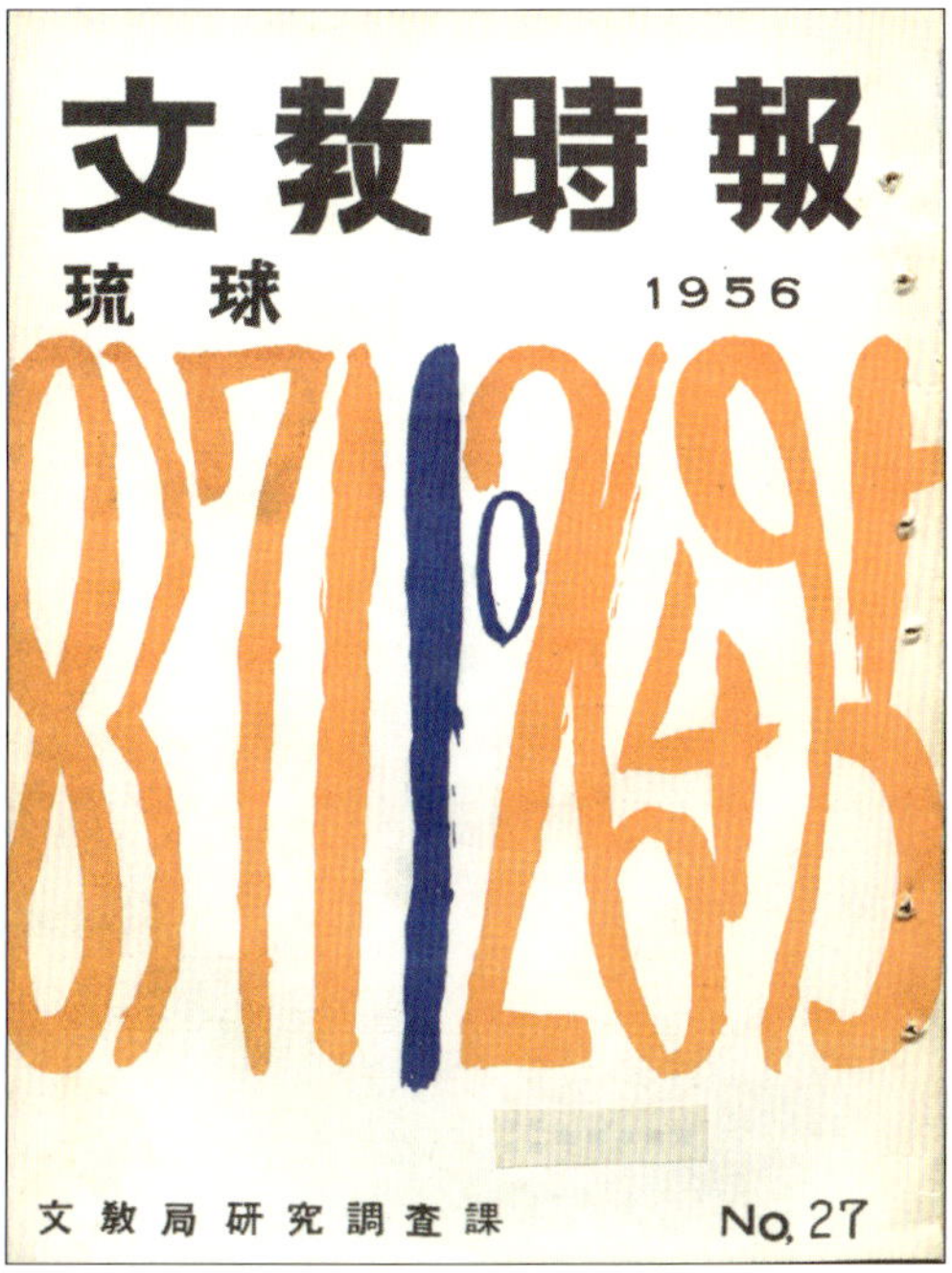

27号

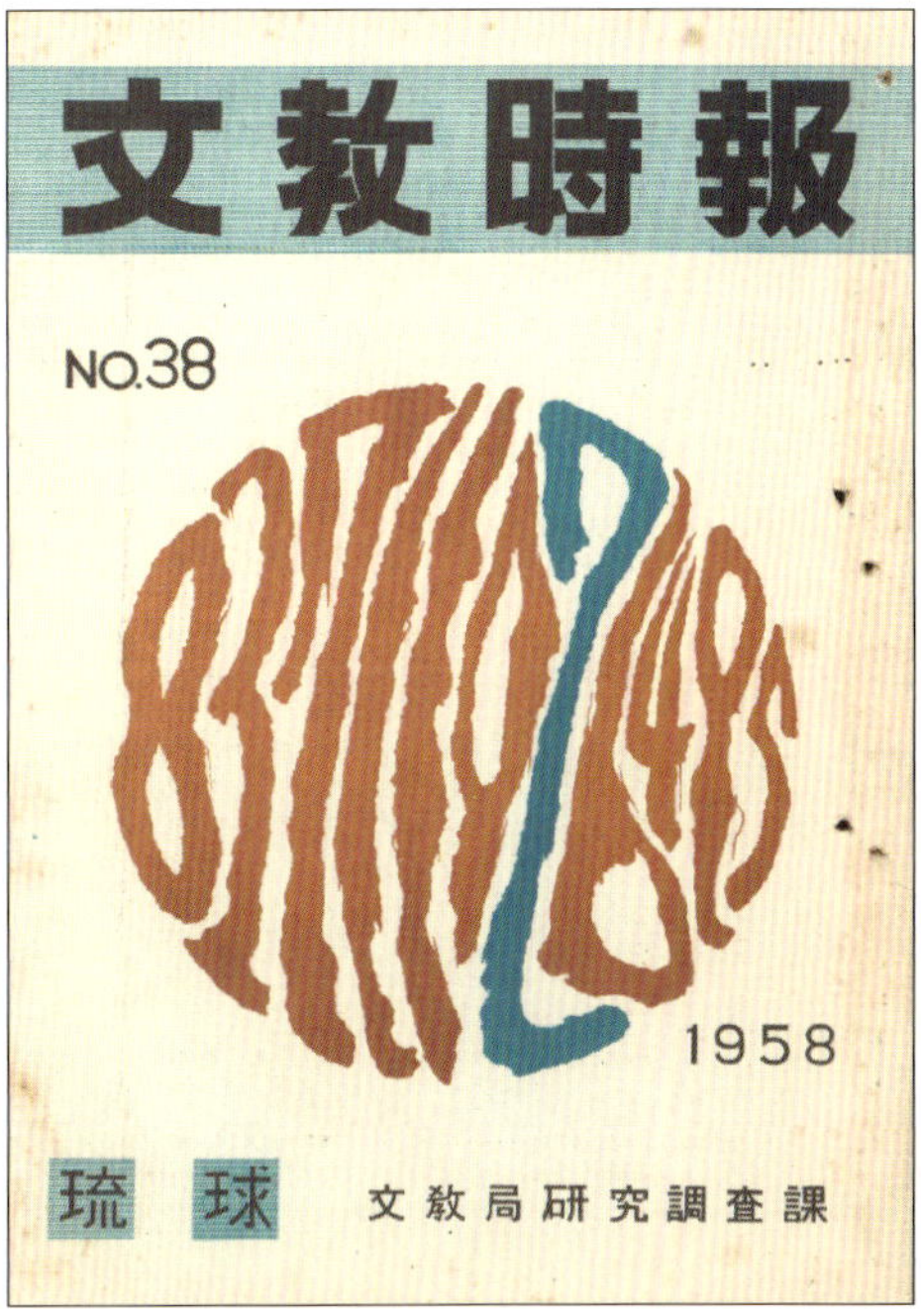

38号

文教時報

琉球　　1956

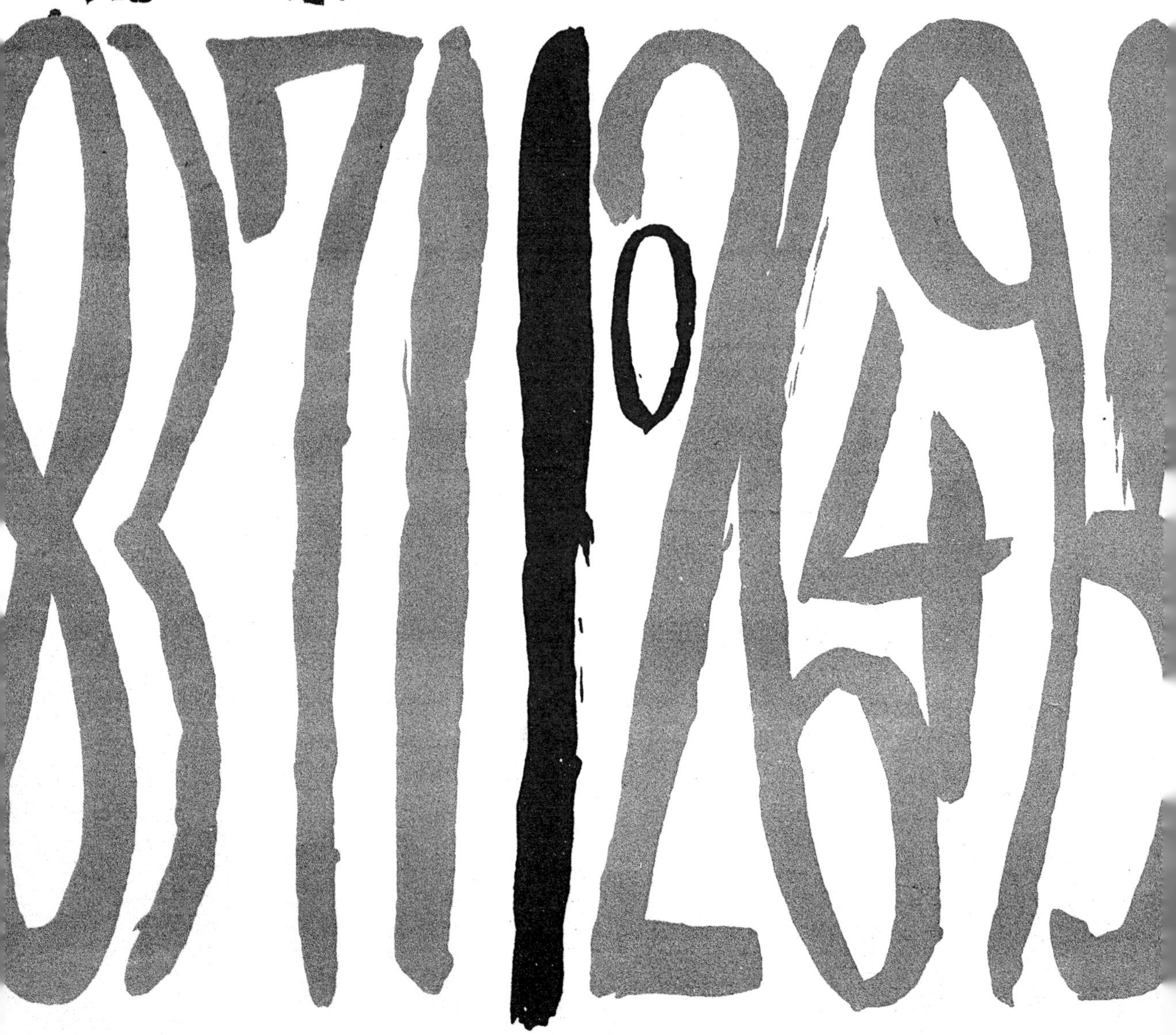

文教局研究調査課　　No. 27

石　疊　の　道

陽傘と、竜舌蘭と、石畳の道。今の子供らには、情緒豊かなかつての沖縄の風物についての記憶はない。今彼らを教えている人人は、こんなのんびりした環境の中に育ち、遊び、学んだ。そして今の子供らが生まれた頃は、この環境が、破壊されつつあつた。この写真は、教師にとつて、永遠に失なわれた、心の故郷のひとこまである。

文教時報27号

目　次

教育豫算について

文教局庶務課長　金城英浩

五七予算年度も第二、四半期に入りそろそろ五八年度の予算編成の準備をする時期になつたので、文教局予算の大要について説明し、これが適確な執行により教育振興を図りたいと思います。

現代の教育は極めてぼう大な人と物とを動員する公的事業であつて、適切な財政的措置を行つて、始めて、教育の効果を挙げる事ができ、またその改善進歩が達せられるのであります。わが琉球においても、教育費は年々才々増加の一途を辿つて居るのであります。

これは、戦災によつて灰燼に帰した教育施設の復旧に莫大な費用を要し、亦在籍生徒数の増加と教育の量と質との高度化は必然的に教育費の増加を来すわけであります。

最近五ヶ年間の政府総予算及文教局予算の状況を示すと次表の通りであります。

政府一般予算総額と文教局予算の年次的指数

年度	政府一般予算総額	指数	文教局予算	指数
一九五三年	一、五三二、九二四、三〇〇	一〇〇	三九九、三五八、三二四	一〇〇
一九五四年	一、八七七、八〇一、二〇五	一二四	五〇四、一三二、四〇〇	一二六
一九五五年	一、九六九、一八六、九〇〇	一二九	五五九、四五六、三〇〇	一四〇
一九五六年	二、〇三九、七七一、八〇〇	一三一	六一二、九五七、八〇〇	一五三
一九五七年	二、四六八、五六六、四〇〇	一六一	六四七、九七八、九〇〇	一六二

こゝでいう文教局予算とは、全教育費の中、地方教育委員会の負担する公費によるものと私費即ち、P・T・A会費、学校徴収金、寄附金、其他を除いた分であつてこれは日本々土の府県教育予算等に相当するものではありますが琉球の現状では国家的部面もありますので文教局予算を観る場合他府県の教育予算と全く同じようには考えられないのであります。

次に文教局予算の成立について述べますと琉球教育法によつて「中央教育委員会は文教局長を通じ法律によつて定められた方法によつて立法院に請求し」立法院で議決されて成立するわけであります。ここで云う法律によつて定められた方法ということは、財政法（一九五四年一〇月五日立法第五五号）に規定された予算作成の手続を指すもので、これによれば「予算はすべて行政主席が統合調整して立法措置を講ずる（財政法第十七条）」とあり、其他の規定に従うことは勿論であります。

次に予算案作成の前に先ず年度の重点施策を検討し予算編成方針を樹立します。五七年度の予算編成方針は次の通りであります。

1、教育施設（校舎、備品等の）の整備充実
2、教職員の資質向上
3、教職員の待遇改善
4、教育計画の整備並に教育方法の改善
5、社会教育の振興

これらの重点目標が予算にどのように反映されているか、項目別に要点を述べます。

△校舎建設費は一二五、二〇八、六〇〇円で四二五五教室を建設する予定であります。これは五六年度に比べて約五、七〇〇円減となつて居りますが、五六年度で一応教室数は学級数を満たすようになつたので本年度は自然増の学級数を満たし、尚特別教室、腐朽木造教室の改築も一部出来るようになつたので備品その他の内容充実費にふり向けるために本年度はこれだけにしたのであります。

△備品充実費は五七年度は主として職業教育と理科教育に重点をおき政府へ学校職業教育充実費に五〇〇万円、公立学校備品費補助に二、五〇〇万円、計三、〇〇〇万円計上してあります。今後は年次計画によつて備品其の他の施設を充実して行きたいと思います。この備品費は各校種別に適正な基準によつて割当されますので各校においては綿密なる計画のも

とに適切なる備品の購入をされるよう希望します。

△教員の資質向上のためには

○教職員研修旅費補助

○単位登録料補助

○教育行財政講習の開催

○研究教員の派遣

○教員希望学生の奨学生の増員

（琉大生八〇人に月一、〇〇〇円補助）

○大学研修教員の派遣

等で、なお研究教員及び大学研修教員の派遣の期日中補充教員を置くようにしています。

△教員の待遇改善については、これまでたえず努力して来たのでありますが、五七年度は、公立学校教員給料補助に三二四、五二三、五〇〇円で五六年度より約四四、八六九、八〇〇円増となっています。従来調整号給一号であったのが本年度で二号に引上げが実現できたのであります。この調整号給二号とは教職員の職務特殊性に対し他の公務員より二号給高く待遇されているのであります。この他、定期昇給の実施、免許切替による昇給、単位奨励費の支給、へき地手当、公務災害補償補助、退職給与補助等もあり産休、結核休の教員に対しては補充教員の配置によって安んじて休養するような処置を講じています。尚本年度から事務職員を公立学校に六三人政府立に八人増置されましたが今後増員するよう努力したいと思ひます。試みに最近六ヶ年間の教員給の推移を揚げると左表の通りであります。

教員総平均給（小、中、高、平均）

一九五二年	三、六二六
一九五三年	四、〇二六
一九五四年	四、四二〇
一九五五年	四、六四〇
一九五六年	四、八〇六
一九五七年	五、〇二七（十一月現在）補充教員を含む

教育計画の整備並に教育方法の改善のためには

1 基準教育課程作成費
2 義務教育学力測定費
3 教育財政調査費
4 学校基本調査費
　高校標準検査費
5 全琉児童作品展費

以上　三六〇万円

などで、この外各種教育奨励費を計上して、学校教育、社会教育の振興のための奨励をしているのであります。

△要貸与児童教科書費として、一七五万円計上（一〇〇万増）しています。

△地方教育委員会育成のために運営補助として、四、六四五、〇〇〇円計上され全琉教育委員会の運営費総額約一、〇〇〇万円の五割程度となりますが、これは各教育区の地理的条件其他適正な基準によって補助することになりましよう。

△社会教育の振興費として、八、五三一、八〇〇円で五六年役より二、一〇〇、〇〇〇円増で成人学級、公民館の振興、社会教育レクリエーションの普及、新生活運動の推進、民主団体の育成、スポーツセンターの建設などができることになります。

△文化財の保護活用については、保護法が立法されて以来漸次予算を増額し、古文化財の指定並に復元等をなし、去年度は園比屋武御嶽が復元されたので、本年は守礼門復元費として期成会に補助することになっています。

△開拓地関係の教育費は全額民政府補助による特別会計として、一〇、八五一、〇〇〇円計上され学校建設、九教室施設及び教員住宅ブロック建二七棟（二教室Ｂ型二教室分に相当）分と公民館施設補助等により充実する予定であります。これで五七年度文教予算の大要を重点的に説明しましたが、教育予算の健全性を見るためには、政府一般総予算と文教予算との比較、教育分野別教育費生徒一人当り教育費、支出項目別教育費、教育費の財源別、国民所得額との比率等いろいろの面から検討せねばなりません。

これについては、五五年財政報告書が既に発表されていますので、御研究をお願いし、ここでは教育費の財源別額の面について一言述べたいと思います。

日本の場合昭和二十八年度（文部省調査報告書による）における国庫補助金と府県支出金の合計が六六・三一％（文教局予算に相当する）市町村支出金その他（教育税ＰＴＡ負担に該当）が三三・六九％となつています。戦災度が多く尚市町村財政の窮迫して居る沖縄では日本本土と同じように比較できないと思いますが、沖縄の場合教育費に対する理解と認識を深めたいものです。世人の中には、ややもすれば教育が非生産的であり、不急であるとして教育費の減額を考える人もあるが個人の教養は個人的には生産力を左右し、社会福祉の向上に寄与する決定的条件であり、欲求や消費の賢明さをきめる条件でもあるから教育への投資は、実に経済的な基礎をもつものと言い得るのであります。教育行政家や教職員はこのような視点に立つて地域社会の啓蒙に当り教育税完納運動等を展開して教育委員会の健全なる財政的確立と地方負担教育費の確保が最も必要であると考えます。

文教予算に対しては、これで現状に満足するものではなくたえず教育の水準を高めるために、われわれは百年の大計をかかげると共に脚下の現実をよく見つめ、地道な歩みをしなければなりません。

教育財政も一般財政との調和の上に立つて始めて、その健全性があることを忘れてはなりません。

そのためには、教育長期計画を樹立し年々の予算の改善と合理化とによつて所得の目的を達成するように努力したいと思います。教育関係者及び一般父兄の方々の一層の理解と御協力により教育財政の強化と健全化のために努めて行きたいと思います。

道徳教育の問題

饒平名浩太郎

一　道徳教育は教育上如何なる地位をもつか

人間を作る教育に、道徳教育を抜いた教育はあり得ない。道徳的意志の陶冶が、教育上の大きな地位をもつことは極めて当然である。

ギリシャの昔でも道徳教育は、教育上大きな地位をもつていた。ヘルバルトの教育学も、道徳的品性の陶冶をめざしていたし、日本に於ても、明治二十年以来、道徳教育の重要性が強調され教授、訓練、養護を通じて、道徳的品性の陶冶が主張されてきた。ところが当時行われた道徳教育は儒教の実践道徳がねらいであり、日本の教育に於ては、長くこの思想に根基をおいていた。明治維新後の修身という教科目は、即ち大学の修身齊家治国平天下からとつたものであつた。明治五年学制令が施行せられたが、これはフランスの学制を真似たもので、精神は依然として修身をとり入れていた。フランスでは修身が小・中学校の必修教科となつていたから、修身は日本の専売ではなかつた。明治初年の日本には修身といつても何を教えてよいか、五里霧中であつた。それで福沢諭吉の弟子が、イギリスの書を翻訳してその内容をそのまゝ修身としたこともあつた。（この書はルソーの民約論をもとにして書かれたものであつた）その後更に阿倍退蔵が、フランスのボン氏の書を訳して利用したり、スマイルスの書も訳して利用した。更にカトリックの精神も取入れた、所謂百鬼夜行式のものであつた。この状況は敗戦後の状態と似ていた。その結果は青少年の思想が悪化し、ごたごたして困つてしまい、とりつく島がない状態となつた。そうだからといつて、国民道徳の基礎を官僚がきめるということは、勿論いけないし、宗教から出発せねばならぬといわれるようになつた。明治十五年一月には勅撰の修身書(幼学綱要)を全国の学校に下じ「彝倫道徳は教育の主体、我朝支那の専ら崇尚する所、欧米各国亦修身の学ありと雖、之を本朝に採用する未だ其要を得ず。方今学科多端本末を謬る者亦鮮からず年少就学最も当に忠孝を本とし、仁義を先にすべし、因て儒臣に命じて、此書を編纂して群下に頒賜し、明倫修徳の要、茲に在ることを知らしむ。」と国民道徳の本を示した。明治二十年から吉川顕正が日本道徳の基準をきめて、同二十三年にはこれによつて教育勅語が出来上つた。（森有礼はニューヨークで修身書なるものを書いたが、この種官僚が道徳の基準をきめるということ自体が無軌道であり、独善であつた。道徳上の内容はあらゆる宗教に基準をおかねばならぬ、政治が命令と混同してはならない。）教育勅語を公布する際にも、井上毅は天皇の個人の資格で出されればよいと言上したので、大臣副書を用いなかつた。この教育上の規範となるべきものを、思想統一や政策統一の具に供したというところに誤があつた。

教育勅語はこれを公布するのにどのような方法をとればよいか、ということが問題になつたのであるが、天皇はこれを山県有朋に授けて、高等師範学校の教育の目標とするか、又は各大臣の信条として出したがよいと仰せられた。そこで山県有朋は吉川顕正と相談して、高等師範学校に授けて、教育の信条にさせることにしたが、公布までには西村茂樹や元田永孚が苦心して補塡した。これがたまたま当時の軍部の政策と一体となつてしまつた。そこに道徳律としての歪曲があつた。

道徳教育を抜きにした教育があり得ないということは「教育そのものが人間を作り、人間の品性を陶冶する」からであつて、道徳教育は一時的な反動や、付焼刃として行うべきものではなく、全体的に、総合的に、且つ持続的に広く、各教科に亘つて常に行われるべきものである。

道徳教育のあり方は、ギリシャ時代の道徳のあり方が原形である。ギリシャ人の世界観は宇宙の善と美であつた。この世界観の上に教科が行われ、躾・訓練が行われたから、ギリシャの道徳教育は成功した。ギリシャでは、この躾・訓練を各教科に亘つて徹底的に行い、人間教育を行つた。

ギリシャの人間教育では、道徳の指標をアレテーと考えた。即ちものそのものに備つた最善の姿を考え、人間の精神が、完全な形を発揮したものを、道徳の指標とした。この最善の姿を発揮させる道徳教育は、人間の完全な姿を発揮させるものといえるし、人間を人間そのものとして、円満完全に発展完成させることといえる。しかし吾々が社会生活を営むのには、これだけは是非守らねばならぬという律がある、これをエトスという。即ち是非守らねばならぬ律をもたせるために、躾・訓練が必要であり、これが道徳教育の中心といえる。終戦後学校教育は道徳律の体得をめざす教育を放棄して野放しにしている。これは社会生活をする上に最も禁物であるから、子供の頃から学校・社会が一体となつて、躾・訓練に当らねばならぬ。勿論その方法は身心の発達に応じて適当に行われねばならず、幼児に取られる躾を以て劃一的に行うことは、百害あつて一利もない。道徳教育は国家永遠の策を中心として行われる。ドイツでは戦後日本と同じように、道義が頽廃していたが、堕落の程度が違うといわれている。日本では戦後服装が華美になり、民族のもつ情熱や、気魄が欠けている。ドイツにはパチンコ屋がない、傷い軍人のブラブラしているものもいない。これはドイツの政治が行届いている証拠だ。ドイツには新聞の三面記事もない。もつともドイツだつて悪もあり、偽善もあるが、新聞に書くと教育的ではないというのだ。電車内では子供が立つてすぐ老人や病人に席をゆづる。定期券で通うものは坐席にすわらない。学校の参観者があれば一齊に起立して礼をいう。このようにドイツの子供は几帳面に育てられている。訓練が行届いている。学校に於てはハイマートクンデ（郷土科）によつて、徹底的な問答法によつて教育を行つている。これに反して日本では外国模倣を思い切つてやつている。独創的なものは全く見られない。日本の教育雑誌は欧米的だ。

色刷読本では子供の思考はねられない。ドイツの教師は、日本の教師よりは、余程勤勉で、創造力も旺盛だ。やつてよいことと、悪いことを区別して、教育している。ドイツの教師にいわせると、声をからして叫んでいる講演式教授は、一番不徹底で、一番悪い方法だといつている。宗教教育も徹底しているから、道徳教育が容易に教育効果を上げる。日本では学校で行う教育を社会が打壊している。各教科に於て道徳教育が行わるべきことは前述の通りであるが、殊更に、道徳中心に強調する必要はなく、人間のもつべき精神を完全に伸ばすという意味で行えばよい。社会科で充分指導していくことは必要であるが、各科に亘つて道徳教育のカリキユラムを構成してかゝるようにせねばならぬ。然も単なる徳目の羅列であつてはならない。
宗教が中心になるから、外から押しつけるようなことではいけない。

二　道徳教育の問題

道徳は現実の生活の事実の中で、その満たされない生活を満たそうとする、人間生命の欲求である。即ち道徳は単に個人の思索によつて生れるものではなく、それは一つの必然的な歴史的、社会的事実である。従つて道徳的行為の性格は、

㈠　規範であること、
㈡　その行為を自ら選ぶこと、即ち自律性が具わつていること、
㈢　その行為に対する責任が自覚されていること、

であり、規範と、自律と、責任とを性格として、それが行為される、それが行動として実践されなければ、道徳としての意味をなさない。しかし規範としての意識、自律、責任の見透しというような知的なものが、実践に先行する。それで行動と共にそれが、道徳的行為というにふさわしいものになるためには、判断という、知性の働きが、それを成り立たせる重要なものとして考えられるべきである。

道徳は社会の生み出したもので、社会の所産としての行動形式であるから、「社会が変らなければ道徳は変らない。しかし道徳は時代と共に変化する。」この変化には一つの段階がある。それは過去から累積されてきた行動形式である。人はこの歴史的に発展しつゝある道徳について、現在をのり超え、止揚しながら、より高い彼方への道徳を創造していく、望みと、努力を重ねていかねばならない。こうして道徳はすべての個人の自由を高めると共に、社会を進歩させることを目ざして発展していく社会の求める行動である。封建社会が、道徳に背馳するのは、自由を根こそぎ取り去り、妻子を圧迫し、優越階級が独裁を行わんとするところにある。近代の家族生活が、両性の平等を求め、家族の人格の平等を認め、その人々は等しく、自主的であり、自律的であり、等しく自由であつて、個人の生活を充実し、個性を伸ばすべきものと考えられるようになつたのは、封建社会への反撥ではなく、あるべき姿への復帰である。

江戸時代の武士階級は戦場で功名をあげる機会のないところから、故らに人の注意をひくような異様な風俗をなし、異様な物のいい方をして、名を売り聞を求め恣に強者を凌ぎ、濫りに血を流して強がりを示した。身分関係を名として、農民に忍ぶべからざる屈辱を与え、身命を落させるような、矛盾した社会を、普

遍妥当の社会として信じさせ行動させた。長いものには巻かれろ、無理が通れば道理引込むのが、封建道徳の正体であつた。

道徳教育の要請は、児童生徒が、あるべき行動型式を身につけ、進んだ行動型式を創造し、且つそれによつて社会自体が、その生活を一層生き生きと進歩させるところにある。即ち個々の人々があるべき道徳律人としてこれだけは是非守らねばならぬという格律を身につけなければ、社会はその生活を進めて行くのに、統制を強化せねばならず、全体主義社会に逆行することになる。

即ち人間は社会に生活する以上、その社会の生活が進められるためには、その個人が道徳的とされる行動型式を、身につけることが求められる。このような行動型式は道徳という名に値する性格、即ち規範の意識、自律、責任を具えたものでなければならない。そうしてそのような行動であるためには、知性が働き感情が動き、それが生活に具現されるものでなければならない。道徳教育とはまさにこのようなものの形成をめざす教育である。

近時教師の行う道徳性の育成が野放しの状態におかれているのは、教師が自主性尊重の思想に威圧されて、道徳教育に自信と勇気を、失つていることと、政治の貧困とによる。

そうして

㈠ 新しい道徳は何によりどころを求めるべきか、

㈡ 道徳教育をどういう角度から、把握するのが妥当か、

㈢ 道徳性の本質をどこに決めるか、

という不明に逢着しているからである。

教師が道徳的規範によつて、児童生徒の行為に就いて、これを承認或は不承認を示して、それによつてその行為の規範を生徒児童に移して行く方法をとる他律的な行き方は時に強制を伴い、時としては罰をさえ予想させる。このような他律的で、自主的でないのは、成人の行為規範を型にして、児童、生徒にそれをはめ込む方法で、幼児にのみとられる方法である。

児童生徒の理解力が発達して、自己の生活する社会環境において、どうしてそのような行動が求められるかの理由或は事情がそれぞれの行動型式に就て、理解できるようになつてからは、よく納得させ、分らせて、その理解の上で、自分の行動のあるべき規範を学ばせ、それで行為を規制して行くことを教えねばならない。

行為の習慣化は、道徳指導の一方法であるが、極めて広い範囲の行動に就て考えられる。習慣化は単に躾のうちに含まれる方法であるに止るのではなく、社会の理解、人間生活の理解の上に立つて、ある行為の規範を形作り、自律的な行為をする場合にも、その行動を習慣化するよう導くことが必要である。このような習慣化・躾によつて児童生徒の行動を指導するには、習慣化の過程から見て注意すべきことが多い。

即ち

㈠ その行動のどういう形が正しいかについて、指導するもの、自分の行動に就ての規範が、はつきりしていて、それによつてその行動の形態を、児童生徒のうちに形作ることが考えられねばならぬ。

㈡ 知る、考える、理解する、認識する、というような知的な働らきを、人間がとるべき道徳的行動型式としてとらえさせる。

しかしこのような方法のみでは、だんだん指導が困難になつてくる。親や教師のいうことを絶対として、それを権威として、それに従うということができなくなつて来る。

われわれが児童の道徳的発達の究極に、目ざしているものが自律的な道徳であるから、知的な理解を可能な程度に求めるようにして、自律性への発展を、企図しなければならない。ところが児童には、その行動がどうあるべきかを規制するようにはなつていない。そこでその行動を具体的に指導する必要がある。

その行動は季節の行事ににらみ合せ、社会科の指導と関連して、機会をとらえて指導し、これを繰返して習慣化するよう工夫する。

勿論行動を具体的に指導するということは、知的指導であるが、実践をよそにして考えるものではない。児童が接する現実の問題をとらえ、まずそれを解決するための自らの計画を立て、予想をもつことを第一とし、それについて種々な角度からの現実に照し合せ、論理の追究があつて、この予想に検討を加え、これによつて理解に到達し、その理解によつて、自らの行動のあり方がわかり、そこから実践が進められていくように指導するのである。

ここで注意しなければならないことは、感情の涵養を忘れてはならないということである。

知的な理解と共に感情の納得ともいうべき、強くその行動への感情的な動きが求められる。深い理解に到達すれば、その認識が感情を動かすものがあるのだから、知的指導によつて深い理解に到達する。

例えば沖縄という郷土の資源に就て、深い理解を得

れば、この認識は、私達に深い絶望感を与える。しかしそこに生きていかねばならないということになれば、これをどのようにして開発し、生産を高めていこうかという、強い感情が湧くであろう。即ち認識は、われわれ人間にその生命の生きる道への感情的興奮をよび起すものといえるのである。

　このように考えれば学校・家庭・社会の三つの場における生活の間に横たわる、現実の矛盾や問題に対する正しい反断や実践が問題となる。吾々は喜びや悲しみ、怒となげきの経験の上に立って、これを正しく処理し明るい解決の方向に導くことが更に大切である。そのためには、生活作文の指導、情操を通しての道徳教育、健康教育等も当然大きな役割をもつと考えられるのである。

三　道徳への反省

「汝の現在の態度に就て、汝自身に忠実であり得るように、常に汝自身の内面的態度を定めよ」といわれる。吾々が完全な人間ならば、吾々は必然に絶対的に自己に忠実でなければならない。

　併し吾々は不完全な迷い易い人間である。吾々が無条件に忠実でなければならないのは、善と真とである。

　吾々に悪と偽がある限り、吾々は決して自己に忠実であってはならない。

　吾々の所信が、道徳に反する内容を有することを悟るときには、所信を変え、意志を翻すのが却って、吾々の義務といえる。

　他面吾々は他人の判断した事をも自分が知っている限り自分の判断としようとする。そうしてこれを妨げる事情のない限り、盲目的にその判断を信用しようとする。即ち人間には他人の判断を信用しようとする傾向がある。

　このような性格の底にあるものは善と真と、その強い憬れがあるからである。事実吾々は人格が強健なるにつれ、又吾々の同感力が、鋭敏なるにつれ虚偽に伴う、屈辱羞恥の感情は堪え難くなる。従って虚偽に反抗する努力も、益々激しくなる。虚偽を許容する人格は、軽薄なる人格である。自他に対する尊敬の欠乏せる人格であり、浅薄無思慮な人格である。

　約束を破棄することは、他人の信を裏切る屈辱であって、苦痛を感ずる。併し約束を破棄する苦痛が如何に大きくとも、約束の内容が不正なることを悟るときは、我々は敢てこれを破棄せねばならない。不正なる約束であれば、これに背いても、自分の正しいと信ずるところを行うのが、より高い道徳的意識に忠実なる所以である。人はこれを虚偽傲慢という。しかし真と善をあこがれ思慕する者は、愈々その不正を忌む。正直の徳が積極的な意味を持つのは民主々義と結合している限りであって、この結合が欠けているときは、それは名称だけが徒らに美しく而も危険なものとなる。

　仲間に対する愛情が尊敬、献身へ変化する過程は、先進者の一様に辿ったところである。同じ運命に結ばれた仲間に対する関心が、民衆的経験に参加し、且つこれを共有しているという意識と、そこに生ずる諸々の困難や、問題を相共に処理し、打開して行こうという熱情、これが、真の仲間への愛情である。

　自分の上に聳えるものへの崇拝でなく、同じ平面に立つ仲間への愛情と奉仕、これが正しい人間の生き方である。

封建社会の女性の聖典といわれる女大学には

　「婦人はべつに主君なし、夫を主人と思い、うやまいつつしみて仕うべし。かろんじあなどるべからず。そうじて婦人の道は、人に従うにあり。夫もし腹だち怒るときは、恐れてしたがうべし。女は夫を天とす、夫にさからいて、天のばちをうくべからず。」と女性の人間としての地位を全く奪い去っててんとして恥づることがないのみならず、それを誇としている。

　長い封建性への隷属は依然として、夫は相変らず主人であり、父は天である。女性自ら男性に対して絶対的な権威を与えている。封建制を脱皮しているはずの婦人が、今尚宅の主人はといい、夫・男性に対する服従を表明している。

　封建制の爛熟していた江戸の中期の士は、女子に対して「腹は借りもの、女は子を産む道具に過ぎない」といった。このような状態は、明治以後になっても資本家や地主につごうがよかった。

　貝原益軒は大和俗訓に君臣関係をつぎのように述べている。

　「臣の不忠は、君をそしるより大なるはなし、たとい君にひが事ありとも、臣たるものはかくして語るべからず。又我身其の位にをらずんば、国政の是非は、評議すべからず。下として上をそしるは不忠不敬なり、つつしむべし」と、全く「知らしむべからず、よらしむべし」の信条そのものである。

　身分制度については、士は「万民を養い助けんためのつかさ」であるとのべている。

　林羅山は三徳抄に

　「天は上にあり、地は下にあるは、天地の礼なり、此の天地の礼を、人生れながら、心にえたるものなれば、万事に就て上下前後の次第あり、此心を天地におしひろむれば君臣上下人間みだるべからず」と、このような朱子学を根底とする社会観は、一度社会が安定性を失つて、矛盾を露呈し崩壊に向つた場合は、決して秩序維持の支柱となる思想ではない。

一六四三年江戸幕府によつて出された慶安御触書によれば農民は人間としての存在ではなく、貢納のための道具として取扱われている。その矛盾をつき破る百姓一揆や、思想の混乱はやがて幕府崩壊の由因となつた。

一 在々百姓食物之儀申すに不及雑穀を用い米を多くたべざる様に可申渡事。

一 当年在々にて酒造り申間敷事。

一 在々にてうどん、切麦、そうめん、そば、切餅、まん頭、豆腐その外何にても五穀の費に成候ものむさと致し、商売仕間敷事。

一 百姓之衣類男女共布木綿着、えり帯等にも右之外よき物を仕間敷事。

一 百姓よめ取などのとき乗物可為無用事。

一 百姓家作不応其身儀仕間敷事。

一 荷鞍にもうせんをかけ百姓のり申間敷事。

一 酒茶を買のみ申間敷事。

一 大茶をのみ、物まいり遊山ずきする女房を離別すべし。」

四 道徳教育指導計画

単元	学習項目	学習内容 一・二年	学習内容 三・四年
楽しい学校	物の始末	1 学用品、身のまわりの品、教科書を叮寧に扱う 2 身のまわりの整頓をする 3 身のまわりをきれいにする	1 学用品、身のまわりの品、教科書のよい使い方を考え上手につかう 2 学習に必要なものを区別して用意する 3 本を大切にする
	学校の行き帰り	1 学習用具のむだづかいをしない 2 自分のことはじぶんで 3 左側を歩く 4 あいさつをする	4 左側通行道草をしない 5 あいさつを忘れぬ
身のまわり	清潔	1 からだや衣類を清潔にする 2 手を洗う 3 はみがきをよくする 4 手足の清潔に注意する 5 掃除中の衛生	1 衣服のよごれるわけを知つて着がえをしハンカチクツ下手拭の洗濯をする 2 衣服を清潔にする 3 頭髪手足瓜などを手入
身のまわり	食事	1 食事のよい作法 2 食物食器の清潔に注意する 3 すききらいをいわない 4 食事がよくできる	1 行儀よくおちついてたべる 2 食物や食器の清潔に注意する
	睡眠と金銭生活	1 金のつかい方 2 むだづかいをしない 3 てきとうな睡眠をとる	1 よふかしをしない 2 むだづかいをしない 3 金銭の持ち方扱い方がわかりそれを実行する
ことばづかい		1 友だちを呼ぶとき「君、さん」をつける 2 よい話し方きき方静かにきく 3 登校下校のときのあいさつ 4 目上の人に対するあいさつのし方ことばづかい 5 はつきり返事人のはなしをきく 6 来客や訪問の場合のあいさつ	1 君、さん、をつけて呼ぶ 2 外の人にははつきり答える 3 発言の時期 4 学習時間や遊びのときの言葉づかいを正しく

単元	学習項目	学習内容 一・二年	学習内容 三・四年
お友達		1仲よくする 2悪口やうそをいわない 3仲よく助け合う 4れいぎを守るようにする 5危険な場所や人の迷惑になる所には遊ばない 6お友達のよい点を学べ	1仲よく交る 2うそをいわないからかわない 3助け合う 4礼儀を守るようにする 5約束を必ず守る 6人にめいわくをかけない 7友達の美点を学ぶ
私のおうち	おうちの人々 家庭の団らん お手伝い	1家庭の秩序をよく理解する 2兄弟は仲よくする 3弟妹のせわをする 4自分のことはじぶんでする他人にめいわくをかけない 5ものをよく区別する 6家庭の団らんに喜んで参加	1うちの仕事の分担 2弟妹の世話を見る 3仲よくする 4積極的に協力する 5自分に出来る仕事は責任をもつてやる
きんじよの人々	近所での遊び 共同施設	1ごめんなさい、ありがとう、はい、とはつきり返事する 2手洗場遊び場を仲よく使う 3危い遊びをしない 4遊び用具の使用の順序を守る 5自分のものと公用のものの区別 6仕事のじやまにならない 7近所の人々と協力する	1挨拶 2共同施設を大切にする 3たのまれたら喜んでする 4道路のおそうじ 5悪い言葉づかいをしない 6近所の人親せきの人々と仲よくする 7公共物を大切にする

単元	学習項目	学習内容 一・二年	学習内容 三・四年
学校のきまり	生活のきまり 協力のきまり	1一しよに静かにおべんきよう 2廊下を走らない 3右側を歩く 4道具を大切に始末する 5水道や井戸のきまりを守る 6学校のあそびのきまり 7教室の掃除のきまり	1学校のきまりをよく守る 2運動会などにどうすればよいかを考え積極的に参加する 3清掃のわけがわかり静かに能率的にする 4時間の区切をきちんとする 5当番の仕事が順序正しくできるようにする
力をあわせて	近所や町の人々が力を合せてする仕事 衛生を守る 火の用心 建設面の協力	1近所の清掃 2道路の危険物を取除く 3隣近所の人々への挨拶 4他人をばかにしない 5きのどくな人々を助ける 6悪い遊びをとめる 7予防注射や接種をよろこんでうける 8咳のでるときはマスクをかける 9道路に汚物をすてない 10火あそびをしない 11署の人々への感謝 12消火作業のじやまをしない 13食べものに注意 14道路や公共建物を汚さない	1清掃班をつくる 2グループ学習は互に助け合う 3災害を受けた人々を慰問する 4衛生施設を大事にする 5火の用心 6いろいろな仕事をする人々に感謝 7悪い遊びや危険な遊びをしない 8飲みもの食物にきをつける 9責任を果す 10公共物を大切にする 11学用品の貸借は余りやらない

単元	学習要項	学習内容 五年 六年
学校のきまり		1 学校のきまりをよくわきまえる 2 集会の行事にあうよう行動する 3 責任を全うするようにする 4 自分で考え進んで行う
家庭の協力		1 家庭の団らんのための行事を計画して実施できるようにする 2 手伝や清掃にも積極的に行う 3 弟妹や幼児の世話もする 4 兄弟仲よく助け合う 5 自分でよく考え積極的に協力する 6 家事の仕事の分担をよく守る 7 自分にできる仕事を他におしつけるな
団体の行動		1 集会のとき静かに正しく参加する 2 秩序正しく敏捷に指示通りする 3 秩序ある団体行動をする 4 他人に迷惑をかけないよう互に協力する 5 全体の協力に気をつける 6 清掃など世話係に協力するようにする
社会生活の協力		1 自分勝手なことをしない 2 全体の協力に積極的に参加する 3 全体のチームワークを考える 4 苦労を分担する 5 学級会できめた事を進んで守る 6 下級生の世話をする

公衆道徳		1 進んで公衆道徳を守る 2 公衆道徳を守る 3 公共物はみんなのものであることを知つて大切にする 4 運動具実験道具の施設についてよく理解しその管理をする
公共性		1 勤労や人々の労苦に感謝する 2 自分を意見に固執しない個人攻撃をしない 3 公共物を大切にして色々の物に手をふれない 4 商業や金融機関の意義をよく考える 5 公衆衛生に対して関心をもつ 6 発明発見をした人々に感謝する 7 自分に割りあてられた仕事は責任を以てあたる 8 お互に助け合い 9 真実と正義を愛する 10 世界平和を愛好する

中学校道徳教育計画

単元	学習項目	学習内容 一年	学習内容 二年	学習内容 三年
学校生活と家庭生活	生徒としての心構 楽しい家庭 合理的な生活 交際の仕方	自主 責任 正義 学校の規則校風の理解 品位のある服装 正しい言葉づかい 協調性 自主性 責任感 お互の仕事を理解 友人間の信頼 男女共学精神理解	1 生活改善 2 公共物愛護 3 合理的能率的生活 封建的生活の改善 訪問来客応対の礼儀	〃

単元	学習項目	学習内容 一年	二年	三年
世界諸地域と国土の自然と生活	災害の克服	協調 忍耐 健康 責任感 自主性	〃	〃
	資源の愛護	公共心 資源の利用と愛護		
	国際親善	協調 礼儀 人類愛		
世界の結びつき	国際協力 交通道徳	協調心 公共心 責任感 正義感 安全な交通はどうすればよいか 乗物にのるときどんなことに気をつければよいか 車中船中での態度 交通安全行事に対する協力	〃	〃
社会生活と職業	生活改善 公共物の利用と愛護 働くことのたのしみ 天然資源の愛護	合理的生活 工夫・創造 公徳心 職業への理解 天然資源はどのように愛護すればよいか	〃	〃
世界平和	1基本的人権の尊重	自由平等協力 寛容と正義感	公共の福祉の重視	〃
	2集会の民主化	協調性 自主性 正義感	〃	〃
	3政治への参加	責任感 協調性	〃	〃
	4権利と義務	責任感 公共の福祉	〃	〃
	5消費生活の合理化	礼儀 正義 公共福祉	〃	〃
	6国際協調	協調 健康安全への習慣 根気強く 他民族への愛情 責任感 排他心を持つな	〃	〃

石油豆知識

一、世界中で過去一〇〇年の間に探査された原油は、約二、四〇〇億バーレル、今後一滴も新発見がないとして、一九五四年の消費量で使つても三一ケ年分は保証される、新探査で莫大な埋蔵量が確認されているからアトの心配はないワケ。

二、アメリカの需要量は一日当り一〇〇〇万バーレル、原油生産が一日当り七〇〇万バーレル、持てる国にも足りないモノがある。

（注一バーレル＝四二ガロン）

ところで、日本で一年間に消費する量をアメリカではザツと一週間足らずで亦三ケ年間かゝつて生産する量を僅か一日で生産しているコトになる。雲泥の差とは正にこのコト。

三、琉球の年間消費量は約六二万バーレル日本の一一〇分の一以下である福岡県の消費量に近い。

四、一、〇〇〇（総屯）以上の世界全船腹量は一〇〇、五六九千屯、タンカー船腹量は二六、五四五千屯、今日世界の海を走りまわる船舶のうち六隻に一隻はタンカー（油槽船）であるソウナ、世界海上貨物の約五五％は石油といわれている。

五、原油既知埋蔵分布は、アメリカ合衆国一六％、南アメリカ八％、極東二％欧州（ソビエットを含む）七％、中東は実に六七％を占めている。

六、石油を原料として種々な品物が出来るようになつた。衣料、建築資材、肥料までつくられている。その数は約三、〇〇〇種に及ぶといわれる。

七、潤滑油も日進月歩の時代である。一〇番から三〇番までの三段階を兼備えたモノ、二〇番から四〇番までを兼ねたモノが出来たデーローという油には種々な添加剤が加えられているがデーゼルエンジンの潤滑油として米国海軍の潜水艦に採用されその航続距離を三倍も延ばしたと謂はれている。日本海軍の敗因の中には、アメリカの潤滑油デーローの偉力も少くナイ。（琉石提供）

運動会の反省と実際

大城道吉

一　運動会というもの

我が国では運動会の誕生をみて八十四年という。当時、英国式娯楽の発表であつたとか、後には、体操芸術、遊戯競技をしたり、陸上競技大会と改称されたり、その変遷も極まりなく現在では毎年ながらその地域に年中行事の一つとして消し難い学校計画の一環となつている。何といつても、あの時の運動会は等しく皆が共感し体験し郷愁の一こまとして生々しいのであろう。父母は、吾が子の社会の一員として活動する姿を幼き社会の一員の中から眺め自らの思出に耽けるであろうし、又それを通して児童と先生への親しみを見るであろうし、家族的にも和楽のかずかず、こうした事があればこそ盛会な運動会が出来る。そして学校、地域社会のすべてを力動的に結びつける大きな意義があるであろう。

併し毎年あることながら、その反省と改善を忘れ徒らに伝統と流行にあまんじ、お祭りに終るということは無きにしもあらず又、意図した学習発表の機会でありながら父兄対父兄と子供、更には学校との相関々係に於て非教育的な面も、個々の子供を萎縮させたことはないだろうか、その他企画、経理、運営等のように余すこと多くの問題があるだろうか、ところに於ては年二回或いは隔年だとか三年に一回だとかその改善への方策が打出されたであろう。一般的に現在では、毎年で小中合同の所が多い様に思われるが何といつても現在の地域的に可能動な範囲を逸脱しない無理のない前進した新しい運動会の持ち方について昨年の実践の反省から求めていきたいと思います。

二　反省した運動会の性格と運営方針

(1)　運動会は体育学習を主体にした総括的活動

運動会は身体活動の発表のようにみられがちであるが併し、当日までを迎えるまでの子供が如何に準備計画し参加するかその導かれる過程に高く考慮されるべきであろう。子供はその年令と能力に不似合の無い最善の努力をつくすであろう、そして当日を期待し、或者は国語、算数の学習から或いはその他の教科から原動力を得たり、趣味や技倆の同志によつて最大限に発揮するものもあろう。何といつても運動部会を主としたクラブ活動の具現によつてなされる運動会に於ける承認の喜こびで満足するであろう。放送部は、日常の校内放送の結果を、新聞班は予告啓蒙に、図工部は備品調達、ポスターに、衛生班は、応急、散水に共共に有機的に相関連し協調による生活基盤を築いていく社会的人間を目指していくところに教育的意味があるだろう。

(2)　融通性のあるリクレーションを加味した運動会

リクレーションを種目にもるとしても質的量的に再考を要するもので、パン食い競争や仮装行列等の類は最早旧態依然のもので時期に合致しないであろう。それは一家団欒の会食に打明かす、家庭的、更には隣人的人間性の交流と観衆の硬直しない程度のものであつてもらいたい、そこには、プログラムを考えて実演の時期に相応しく一日が楽しく自然にとけこんでいけるようにしたい。そのことは娯楽を念頭に於いて考える時であつて子供主体としては、あくまで相互に約した秩序を持つて立向うべきであろう。徒らにその地域の特性と時期を逸脱した娯楽注入は戒心すべきだと思う。何故なら主体者たる子供対一般の統一的場であつて一方的な享楽は、許されないからであり又、大事な教育的な価値を忘れ単なる秋祭りになるからでもある。故にリクレーション的運動会でなく、運動会的なリクレーションにしていきたいものだ。

(3)　地域社会共に子供を育てる共同態勢を持つ

競う子供に父兄は勿論その一円の者が度を越えぬ声援は自然で望ましいが、主観的な見方で勝敗を懸念する態度は子供同然という他は無い。子供は競争でも親は競争でないという子供に精神的に相容れるだけの雅量を持ち経済的にも金銭の浪費によつてみえを競う親は、子供の劣感を自覚せしめること更には、衣服の面にまで三思反省せねばなるまい。教室外の教育といわれる運動会で、教室で行う教育といささかの奈もないのだから民主社会の構成要員としての諸々の性格や態度、能力を培う絶好の機会と思い、その際ＰＴＡ、児童生徒、観衆一体となつて諸準備をする組織をつくり教える場たらしめ、子供がその浄化されたる場に於て教育される自然的な態度態勢を共にして作るべきだと思います。

(4) **児童生徒を中心にした運動会**

皆で喜こぶということは自主的参加によることに他ならない。運動会は学習一連の一端であるからには主体は子供であつて活動主体でもあるべきだ、可能である程度に於てその企画、運営、実施もその学年なりに出来ることがある。又学校自治、学級自治、更に職務会と相携さえて縦に連なる様にすべきだと思う。単なる行事的な意味ならば経験豊かな教師に立案され号令指令で活動一切をすれば極めて立派な運動会となるだろう。新しい運動会は決して示指示範のみによつて既成の作品の模倣をさせたりのものでなく結果の吸収でもないから当日の芸者でなく自治体制のもとに自ら計画し組織をつくり発表し反省していく運動会でありたい、そして団体の中の個人として秩序を正し、各々が最大限に能力を発揮し、よい観衆となり参加者となる生き生きとした運動会にしたいと思う。

三 計画と留意点

(1) **授業をさかない運動会の練習**

興味を阻害しない様に又は子供本位にと計画実施も自主的に子供にと考えてもそれには限りがある。彼等の行う運動会であつても指導者の側からは学習の一環としてであるから教師の負担は半減した事にはならない。まかせて教師はお茶を飲んでいればよいのではない、逆に所要時を過ぎても寸分あやまりない演技をと学級溺愛のため授業をさく事も戒心せねばならないと思い、その為には正課の時間をさかない事で逆に体育軽視の余り作業や他の教科を置きかえることをしない様に、十月は運動会の単元学習になつておるので計画を立案してその正課をそのまゝ運動会に通ずる平常の覚悟が肝心だと思う、又団体的に要する秩序運動などは、朝会や学年体育の時などに分割しリズム運動や正常歩行練習、かけ足、前進等の基礎を放送部のマイクから毎日を続けてすればよいであろう。学年遊ぎ等は長時行わずグループ毎に短かく長期間行うがよいであろう。特に長時間の鍛練抑制は健康を失うものであつて体育的な効用を失うことになる、又全教科と並行していく体育科であるので他教科との補充や比重を考えてなされるようにしたい。

運動会の準備に使用された時間

項目／学年	全校団体練習	学級と学年	予行準備	放課後	計	埋める所要週
	時間					週間
1学年	4	12	8	2	35	12
2学年	4	14	8	5	31	10
3学年	4	9	8	10	31	10
4学年	4	14	8	1	27	9
5学年	4	15	8	4	31	10
6学年	4	16	8	5	33	11

(2) **父兄も生徒も満足する運動会**

父兄母姉、地域一般や先輩、青年婦人団体の参加は大会を有意にすることで学校に対する認識もそこから生れ、ＰＴＡの啓蒙も自ら必定であろう。併し程度を考えないと場の混乱時間の遅延も招来して子供の目に余る行意となることを留意して５～６種位でよいと思う。演出をしぶる来賓やその種目が何の意味を持つかかいもく分らない人々が居れば残念だと思うし、又子供の反映する父兄の目に矛盾と不満が無いよう企画委を通じて自覚と位置づけ趣旨の徹底をはかるがよいと思う。

(3) **経費のかからない運動会**

運動会を四〇円で済んだ生徒もおれば、逆に二、〇四〇円も使つた生徒の家庭もいた、ともあれ運動会で特に子供に深くきざまれるのは服装と弁当であろう。又その比較でもあろうことを思い考えた時、無いがために持たざる劣感は大人でさえもそうだ、ましてや童心のそれは悲痛の思いであろう。常時が大切であるのに当日のため新調の衣服と華やかな弁当で何の意味があろうか。そこに会員の自粛と児童会の自重、相からんで必要となる。一日だけは、と思う安心感がその地域の一年分以上の教育税が一日にして食いつぶした実例を生むのである。

適性度（父兄と児童の調査から）

項	百分率	問題	一学年	二学年	三学年	四学年	五学年	六学年
服装	39.7	新調	% 27.4	% 25.9	% 5.1	% 12.9	% 16.3	% 12.4
	50.7	半分新調	17.5	24.3	8.1	14.8	14.8	20.5
	9.6	古いもののみ	7.1	2.5	3.7	10.9	35.7	17.8
練習	5.9	体に無理	15.0	25.0	5.0	0	20.0	35.0
	64.4	普通	20.6	25.2	6.4	14.2	15.3	15.3
	29.7	もつと練習する	28.0	24.0	6.0	14.0	22.0	6.0
保健	5.8	食欲減少	11.1	33.3	5.5	16.6	16.6	16.6
	5.5	抵抗力減退	29.4	11.7	5.9	0	11.7	40.3
	88.7	不変	23.0	24.0	6.1	14.2	17.1	15.6
適否	10.0	一年越し	10.3	20.6	6.8	20.6	13.6	28.1
	88.0	毎年	17.7	27.1	7.0	13.7	18.1	16.4
	2.0	二年越し	50.0	16.6	0	16.6	0	16.6
方法	4.7	小中校別に	14.2	14.2	14.2	0	21.4	36.0
	20.0	生徒外の演技多く	16.6	30.0	1.6	10.0	25.0	16.8
	75.2	従来通り	21.8	24.1	7.5	12.9	17.3	16.4
時限	14.3	早く始めて早く終る	13.9	27.9	4.6	6.9	16.2	30.5
	3.5	おそく始めて早く終る	9.0	9.0	36.0	18.0	9.0	19.0
	82.2	従来通り	23.9	23.9	5.6	14.1	18.4	14.1
学習	13.6	学習でなまけてきた	14.2	31.4	5.7	8.5	23.1	17.1
	18.4	活気を増した	20.3	13.3	29.2	5.0	15.3	16.9
	69.0	不変	24.6	26.5	0.4	13.7	14.8	20.0
経費	19.8	かかりすぎた	10.5	14.0	3.5	21.0	42.3	8.7
	78.2	普通	24.9	22.7	1.7	12.9	16.3	21.5
	12.0	かからぬようにして欲しい	15.6	7.8	33.8	13.0	28.8	0
適性不適性度			213.6	212.5	73.6	125.6	190.3	163.0

運動会に使つた費用（単位は小数点が円）

学年＼平均＼額	総額 563,538.00 1人平均		総額の中の衣類費183,431.22 1人平均		総額の中食費 299,231.91 1人平均		総額の中菓子代 80,566.71 1人平均	
1 年	412.20	一〇〇%	166.00	三一・六%	246.20	五三・一%	69.66	一四・三%
2 年	454.70		134.00		320.70		80.15	
3 年	472.00		200.00		272.00		76.70	
4 年	529.50		191.00		338.50		87.70	
5 年	456.39		199.00		257.39		75.60	
6 年	524.60		194.00		330.60		82.00	

教育税賦課徴收調

55年度　1955年1月末現

町村名	賦課総額	徴收率
与那原	140,517.00	22
南風原	752,300.00	48
大里	167,257.00	80
佐敷	250,105.00	43
知念	201,237.00	20
玉城	925,362.00	34
具志頭	500,585.00	21

四　運動会の反省を父兄に聴く

（その一）

方法は今迄通りでよいと思つたが、低学年の分は午前午後に渡る様に考えてプログラムを組んで貰いたかつた。小一の徒歩競争と遊ぎが続けて行われたのは、恐らく一度演出して終ると皆が散つてしまつて、この次集めるのに骨が折れるからであると思うが、これは生徒を一定の場所に集めておいて待期することができないからでしよう。先生方の多くは戦前の運動会を御承知だろうと存じますが、高学年をもつと使つて先生方の手助けをさせて戴きたいと思います。戦前と違つて近頃は競技本位となり字（部落）又は組対抗の勝敗に重点がおかれ過ぎている様に思われますが、そうした事が以上の如くの害を招くのではないでしようか。又それなら、それなりに規律の方も部落毎に対抗意識を持たせる様に仕向け民主々義的という事を重んずるならば生徒をもう少し自治的に動かせては如何かと思われました。生徒を中心にすべきもので生徒以外の演技は生徒と一番近い父兄母姉や先生方を出した方が多分に意義があるのではないでしようか。体位の向上を主とする為にと言う事、名分は而し少数者のみに許されるべきではないと思います。その故に集団競技がもつと多くてよいのではないでしようか。新しい運動会については未だ少しの知識も持ち合わせていないので、今の行き方がそうなら仕方がないと思いますが而し、又素人考えでは運動会の目的を真卒に考えたら別にそう違いのあるものではないと思います。生徒の一年一度の行事、父兄母姉は子供達の一年に於ける体位の向上の成果を見る事と、この一日を子供と共に楽しむ事の喜び、これだけです、そしてこれは、そのままＰＴＡの目的に通ずるものだと思います。徒らにＰＴＡ会合の集りの少ない事を嘆じるよりも、ここにＰＴＡと生徒とを一つにする事が出来ないものでしようか。

プログラムがスムースに進行され一分のすき間も与えぬ諸先生方の御計らいは例年にない立派すぎる程お見事でした。体育向上を考えますと運動会は年に一度でも足りない二度は催してほしいと思います。又他学年の演技を見るよう躾けたいと思います。運動会のマークは漢字でしてもらいたいと思います。若いものなら分るが年寄りは分らない、走る選手を見ると年寄りは若い人に聞きかえしながら見るのでピタリしない、出場数は上級より下級に多くして戴きたいと思います。

（その二）

運動会は生徒中心にした方がよいと思います。又演技も毎年同じものをくり返しては変化がなく興味も出ないと思います。一番目についたのはチリであります。今日では衛生が重んじられた沖縄にまだ近代的な人間として、チリを捨てる所を誤つた人々がたくさんあります。此れは外国人が見ると沖縄人又はその町村全体の人格を見下げる大きな点となります。学校当局だけでなく、町村を挙げて、全力をつくして直してもらいたいと思います。服装も古いものだけでは気がすまされず、せめて半分位は新調してやらねばなりませんし弁当も子供達に気まずい思いをさせてはとの親心と周囲の人々等を考えてやりくりをしております。恥しい思いですが、練習のために学習はそうとう遅れている様に思いますが、学習をさかないではいけないものでしようか、又運動会が余り接近してから急に長時間の練習は子供達に無理と思います。もう少し早くから練習させて運動会前日には結構出来る様にして戴ければと思います。運動会当日の全学年の綱曳きも活気があつて宜しいと思います。

五　運営を円滑にはこぶためには

(1)　焦　点

イ、前日までの協議　ロ、当日の協議と実践
ハ、プログラムの適否　ニ、練習の適否
ホ、経費の調査　ヘ、作文による裏付け
ト、児童会　チ、運動会に於ける人間関係
リ、身体に関する関心と反省
ヌ、全体計画と運営の面から

(2)　項　目

イ、前日までの係について　ロ、演技については
ハ、当日の係はこれでよかつたか
ニ、開会、閉会
ホ、児童の身体に関心がもたれたか
ヘ、入退場は
ト、種目が全体の中に適切なものであつたか
チ、当日までに於ける児童会と役員について
リ、演ぎについて
ヌ、体操、マスゲームについて　ル、遊ぎは

(3)　反省と実施

・前日までに一番多忙なのは接待、装飾、楽堂作りで片付く時は午後六時であるが三時までには

終了する。

・楽堂は組立式か無ければ前もつて資材を考慮しておく様にすれば準備時間を短縮出来る。
・来賓席は簡単に村外でないものはなるだけ出身区に置いた方がよい。
・家族席はなくした。出身外の家族席は置く。
・アーチは緑化に反せぬ様考案してできるもの。
・予行演習は一週間前に、出来れば二回に時間を縮めて。
・予行演習までには総てが出来る線まで後日からは一寸足りない点を矯正する程度にしたい。
・時間をさかない正課を捨てない練習、クラブを生かす練習。
・生徒会児童会で係を決定し会長を通じて委嘱する一覧表を作製し教師、父兄、先生の連絡を密にする。
・役員決定は少なくとも予行演習の前日までに。
・区対抗競技に借り者を出すと感情の激突になる。
・高校生の参加は良い而し練習過多で勉強が減退する。
・楽堂のリボンは大きすぎて視界を失うので一尺四方でよい。
・万国旗は一日に失うが一番高い値がつくので図工の時間で自作。
・楽堂の装飾にはモールがよい、学芸会等にも使えるから、掲示係は不要。
・ダンスの直ぐ前に徒歩があつてはいけない、吹奏楽はスピーカーでレコードに依つた方が良い。

・昼食後と開始の時間厳守する、そのため係の食は一定でとらせる。
・プログラムは五〇〇枚で不足してプログラムを売つて下さいと来た人もいたから一〇〇〇枚に受付けに配る。
・上級の徒歩は同速か障碍が抽せんグループによつて賞はリボンで。
・指揮者と放送との連絡をうまくするため台と楽堂との位置を考える。
・レコードは一種目二枚は必要である。一枚はその演出に似合う行進。
・レコードは前日までに放送部へ届ける。
・一・二年は準備には人手は要らないと帰すことがあるが出来る仕事をさせて自分達皆の運動会であることを確認せしめる。
・会場係は整然とさせるために割合に教師と生徒係を多くする。
・運動場のチリいれを用意する。
・プログラムには時間とその種目に流されるレコードの速さを書いて裏面の余白を残さぬよう、例えば納税率等をかき込む。
・運動費は予算化しておく。
・記録係は進行係と兼ねて一括する。
・身体不具者にも徒歩はやらなくとも参加賞を与える。

六　学習指導の実際

題材	第一学年 設定の理由と目標	第二学年 構成題材	第二学年 設定の理由と目標
運動会（十月）	およそ学校の内容について、おぼろげに知つたのであろうし学校でも大へん馴れて室外に遊びを求める傾向がみられるし父兄でも運動会は何番になるかと問われて童心にもその返事にためらい、運動会という名に関心を持つ様になつた。併し実際には一度も体験をした事のない夢の如くにしか思つていないであろう。今度から初めて自分達が主役として出ることを間近かにひかえているので、小さな胸にときめきやら期待やらで胸一杯だと思う。特に九・十月はその単元学習の時であるので、体育を中心に他教科との関連を保ちつつ互いに見る立場から、又父兄に見て戴く立場から躾の集団指導や運動を楽しみ、他に頼らない失敗しても尚立つという確固の信念を持たせると共に、自分たちの役割について知り、能力を高め学校生活によりよく参加するという具体的な面を子供なりに養いたい。	目かくし鬼、しやがみ鬼、折返しリレー、紅白玉ならべ、球ころがし、鳩ぽつぽ、金太郎、小馬、汽車ポッポ、器械遊び	昨年の経験からして失敗或いは成功した事色々あるが、それは自分外の人から見られた、問いかけられた時だけに過ぎない、何故なら時間空間的にも長く、そして広いので、自我の強い彼等には去年の経験をまだ意識できないであろう。彼等にとつて運動会は目新しいのでもなければ、全然未経験のものでもないので、自主的な参加はまだしもの感はしてもその芽生えを育てるためにも演出したいものや、競技したい

学年	設定の理由と目標	構成題材
第二学年	種目などを希望によつてそれに添うようにしたいと思い、家庭的にも去年の勝負にこだわり劣等児も大部分で種目の好嫌いもあると考えられるので勝敗に固守しないフェーヤー・プレーの態度を養い器械器具を使つての遊びも馴れているのでその技能をより高め、秩序ある行動も意識して出来る我ままを許さずことを知り、全体的に創作する方向へ進めていく。	輪くゞりリレー、追いかけ球いれ、折返しリレー、今日は、ころころがり、とび箱遊び、かかし、時計、器械遊び
第三学年	三年児は無智で冒険の時期ということになる。即ち因果を関係せずに唯行動をたのしむ、だから危険も多いので、その期に身を処して自他共に安全性を成果づけることである。そのためには割合にはつきり見える器械固定物を使つての遊びについて、指導如何によつては初歩的な技術を得させることが出来ると思う。シーズンの遊びについて敏感で余す体力も相俟つて自他の意見を意識して聞くので児童会活動も考えて、なるだけ彼等の反映を尊重するようにして積極的には、又彼等の無批判な行動を自然の中により良く統制付けようとするものである。社会性や責任を遂行する態度を高め競争意識も効果的で良いが、勝負を別に友人や男女間に於ける演出を協調して工夫創作する習慣を養い、以つて学級意識を確立していきたい。	兎とびリレー、碍害競争、球ころがし競争、野菊、みんな楽しく、足かけまわり、とび上り下り、とびこし、徒手体操全般、平均
第四学年	高学年に向う総ての基礎が決定づけられると思う。自主的な参加ということにしていきたい。企画、運営の全般に渡つてやゝ消極的であるが、自ら進むとする行動は見られるのでやり方や練習法は会得する事が出来るようになるので晴れの運動会にかける期待も実に近身感を持つものである。乗じて体育基本の高揚、積極的に体育を愛好する様に向けたい。かけつこやリレー等の具体的な練習、団体競技の在り方を実際に行いながら情操を高めチームワークを作り、リズム遊びの良さを知らしめたい。そろそろ運動会の意義が知りかける様にして社会的な面を強く理解せしめ行動づけていく。調整のとれた体を作る事を考えさせ男女の取扱も困難があるので、その点も留意してリズム運動では模倣から創造的な表現に念をいれていきたい。	国民体育大会、運動会、二人三脚、ワルツ遊び、高跳競争、ダルマ遊びリレー、仲よし小道、腕立まわり、救助リレー
第五学年	上級の一団に加わるので、自主的な運営もやゝ助言程度に進めていくようになる。自分達のための運動会として公約に則つて行動することができるので、六年生と共に協力するように性格づけた。上級生の立場からもその好機をにがさぬようにしたい、そして器械運動を中心に腕立跳こし、前まわりの出来るように指導していく。その外、基本姿勢を矯正するようにして運動会の近づくにつれて陸上運動、ボール運動、徒手体操を指導する。普通の遊びの中にリズム遊びの型が多いので、日常の中からその特色をつかんで表現をより美しく、リズム感の表現能力も養いたい。感受性を持たせ創作的表現ができる様にしたい。	ドリブル競争、ソフトボール、振りトビ、腕立まわり、波、赤トンボ、騎馬遊び、継走、綱曳、足かけ上り、星、徒手全般
第六学年	高学年として又小学校の生活で一番最後としての運動会であろう。彼等の長い体験から空間的にも広く視界を眺めることが出来るので、生活の中に来る運動会に意味を持たそうと働きかけてくる。そして彼等の生活、即ち運動会というものが深く結びつくので、知識、技能の面を最大限にのばして仕上げする好機であろう。又リーダーシップを発揮するよい場であるので、その面も考慮にいれて、自治、企画、準備、練習、当日の運営も出来るだけ参加するようにしたいと思う。題材としては主に陸上運動、器械運動、徒手体操、ボール運動等が中心となる。女子は運動会当日を最高汐に表現する意味を知らせ、同時にリズム運動の構成等も理解せしめていきたいものである。	高跳、巾跳、前まわり、け上り競争、棒押し、綱曳き、旗とり、振とび、古里、腕立とび越し、競歩

（南風原小校教諭）

精神薄弱兒を主体とする特殊教育

横田裕之

（序）

特殊教育とは性格異常者、精神薄弱者、聾者及び難聴者、盲者及び弱視者、言語障害者、身体虚弱者、その他の不具者を対象とする教育である。終戦後十一ケ年を経過した今日沖縄に於ける教育は漸次向上の一途を辿り、校舎はほぼ完備し教育内容の充実に拍車をかけつつある。学校教育には種々検討を加えなければならない問題が山積しているが特に知能の低い「精神薄弱児の指導」を如何にするか、此の問題は重要な研究課題の一つであり切実な問題ではなかろうか。

吾々が談話を交換したり、文字を覚えたり教えたり、他人と応対したりすることのできるのは知能の働きに依るのである。生後から今日までの間に何処かで、何等かの事故の為、脳に故障を引起して、勉強もやれず、仕事も思うようにできず、友達にも仲間はずれにされ、楽しい学校生活が出来ない不幸な子供らがいる。このような精神薄弱児は、普通学級の中で、自分に全然合わない勉強を与えられ、それがうまくいかぬと廻りの者から軽蔑され、不愉快な毎日を過すのである。吾々教育者は此の「できない子供」を黙視し、そのまゝ放置できるであろうか。何らかの方法を講じなければならない筈である。次に精神薄弱児教育について私見を述べてみよう。

㈠　精神薄弱児の意義（文部省判別基準より）

種々の原因によって精神発育が恒久的に遅滞し、このために知的能力が劣り、自己の身辺のことがらの処理及び社会生活への適応が著しく困難なものを精神薄弱者とし、その程度により、白痴、痴愚、魯鈍の者に分る。

基準

(1) 白　痴（Idiot）

言語を殆んど有せず、自他の意志の交換及び環境への適応が困難であって、衣食の上に絶えず保護を必要とし、成人になってもまったく自立困難と考えられるもの。

（I、Q、二五〜二〇以下）

(2) 痴　愚（Imbecile）

新しい事態の変化に適応する能力が乏しく他人の助けにより、ようやく自己の身辺の事柄を処理し得るが成人になっても知能年令六、七才に達しないと考えられるもの。

（I、Q、二五〜五〇）

(3) 魯　鈍（Moron）

日常生活にはさしつかえない程度に自らの身辺の事柄を処理することができるが抽象的な思考推理は困難であって成人になっても知能年令十才十二才程度にしか達しないと考えられるもの。

（I、Q、五〇〜七五）

㈡　精神薄弱児を対象とする特殊学級

小学校又は中学校の教壇に立ったことのある者は誰でも「どうもあの子は普通の学級での指導は無理だ、何とかしなければ」と云う児童生徒に出あっている筈である。特に小学校高学年から中学校へと上級の学年へ行くにつれてこのことは一層痛切に感ずるのである。「何とかしなければ」と思いながらも手をさしのべてないのが現状ではなかろうか。

学校は出来ない者をば何とかして教育しなければならない。特に義務教育課程に於てそうである。如何なる不具な子でも普通学級では取扱い困難だからとて猶予、免除を振りまわすことは教育的良心に反することは云うまでもない。

日本国憲法二六条に「すべて国民はその能力に応じて、ひとしく教育を受ける権利を有する」とあり、第二項には「すべて国民はその保護する子女に普通教育を受けさせる義務を負う」と規定されている。琉球教育法第四節義務教育には「国民はその保護する子女に小学校以上の九年の普通教育を受けさせる義務を負う」とある。いわゆる義務教育とは義務である前に等しく教育を受ける権利である。如何なる白痴な子供でもこの権利を学校や教育委員会が無視して一方的に義務教育の猶予又は免除は出来ないのである。

新しい教育は児童生徒をして知的、身体的、情緒的、社会的、その他あらゆる方面の能力、素質、適性、興味等その実態を理解し、その上に立つて教育し、更に或要求水準をもつて育成し、統一、調和のとれた個人、有用な社会人たらしめるべく導かなければならない。

普通学級（又は学校）に於ける教育課程は或高度の要求水準をもつて構成されている故に事物を抽象的に思考し応用する能力に欠けている精神薄弱児には無理であることは当然である。従つて彼等に適する教育課程の構成も考慮しなければならない。放課後彼等のために特別な指導をということも考えられるが教師の精薄に対する理解並に指導技術及び負担の重さなどにより、良き効果は望めない、又普通学級の中で特別に平易な課題を与えると、彼等に対する仲間の劣等視、更に彼等自身仲間に対する劣等感を深め、教室の片隅にちぢこもる結果ともなる。或程度対等な仲間関係、協力者、競争者ともなれる社会関係があつて学級集団内の学習活動は可能である。

以上述べた理由で普通学級内では精神薄弱児の教育は無理である。そこでこの例外的な少数者は何らかの形で別に取扱わなければならなくなる。知能の低い者を集めて教育する場所が必要となつてくる。それがいわゆる特殊学級である。特殊学級を各校に設置することが彼等を救う唯一の鍵であると信ずる。

㈢ 本土に於ける特殊学級の現状

本土では知能の働きを傷つけられている児童生徒を何とかして導かなければとの声が高まり各地に特殊学級が編成され、漸次増加の傾向を示しつゝある。

文部省初等中等教育局特殊教育室が調査した日本全国の特殊学級設置状況をのぞいてみると次に示すとおりである（精神薄弱児を主体としたので言語障害、その他の特殊学級は省いてある。）

特殊学級設置一覧　（全国）　昭30.5.1日現在

区分	精薄			身体虚弱			肢体不自由			その他			混合		
学校	学校数	学級数	生徒数	学校数	学級数	生徒数	学校数	学級数	生徒数	学校数	学級数	生徒数	学校数	学級数	生徒数
小学校	338	408	5,422	91	178	5,709	7	16	238	6	6	110	108	307	8,839
中学校	125	159	2,229	7	8	181	3	6	75	11	12	310	39	44	922
その他	6	16	185	1	4	65	4	18	164	—	—	—	—	—	—
合計	469	583	7,836	99	190	5,955	14	40	477	17	18	420	147	351	9,761

福岡県の特殊学級設置状況　昭30.5.1日現在

区分	精薄			身体虚弱			肢体不自由			その他			混合		
学校	学校数	学級数	生徒数	学校数	学級数	生徒数	学校数	学級数	生徒数	学校数	学級数	生徒数	学校数	学級数	生徒数
小学校	16	24	390	3	11	296	1	2	29	2	2	54	10	12	102
中学校	3	8	151	—	—	—	1	1	8	8	9	287	7	8	104
合計	19	32	541	3	11	296	2	3	37	10	11	341	17	20	206

尚特殊児童生徒の割合及び実数は次表の通りである。

特殊児童生徒の実態　（本土）（昭28.5.1現在）学校基本調査

特殊児童生徒の種別	%	学令児童生徒1,000人に対し	全国に於ける数実
盲	0.06	0.6人	9,900人
強度弱視	0.14	1.4	23,000
聾	0.16	1.6	26,300
強度難聴	0.15	1.5	24,600
盲聾	0.01	0.1	1,600
強度弱視難聴	0.11	1.1	18,100
肢体不自由	0.30	3	49,300
身体虚弱	3.00	30	492,900
精神薄弱	2.50	25	413,000
言語障害	1.00	10	164,300
境界線級	5.00	50	821,600
社会的不適応	3.00	30	492,900
合計	15.40	154.3人	2,535,300

(四) 沖縄に於ける特殊学校（又は学級）の設置状況

琉球政府統計部発行の統計報告書（一九五六年第五巻第四号）から特殊学校の状況をみると

盲聾学校

学級			教員			生徒数					
						盲部			聾唖部		
盲部	聾部	計	男	女	計	男	女	計	男	女	計
4	5	9	3	5	8	17	5	22	27	25	52

特殊学校（少年刑務所、沖縄愛楽園、宮古南静園）

学校	学級	教員			生徒数		
		男	女	計	男	女	計
3	10	4	2	6	111	27	138

右のように沖縄に於ける特殊教育は単に盲ろう者及び性格異常者、社会不適応者（実務学園、コザ女子ホーム）を対象とする教育施設があるのみで他の特殊児童の教育機関がないのはどうしたことだろうか。

琉球教育法第十一章第一条に「ここにいう特殊児童とは左記の理由によりその活動が教育を受け且つ自活をする上の通常の能力を減殺される程度に限定されているもの又は限定される可能性のあるもので義務教育を受ける程度の児童をいう。

1 骨かく、筋肉の欠陥又は畸型又はその機能の障害

2 盲又は聾及びその他の身体障害者

と、規定されているが特殊児童とは上の条件のみではない。特殊教育に対して法的に欠陥のあることが指摘される。盲者及び弱視者、ろう者及び難聴者は精薄に比しその数は比較的に少ないが、盲ろう学校は着々充実されつゝあり、更に又、就学奨励のために経済的諸援助が強化されつゝある現状であるのに、他方、精薄児はその実数が多いにもかかわらず全然彼等のための特殊学級の設置がかえりみられないのは、誠に遺憾に堪えない。

では精神薄弱児はどれ位いるであろうか、文部省が昭和二二年度実施した国勢調査の資料から算出した結果、盲は義務教育年令圏内の人口の0.06%聾は0.16%強度の弱視及び強度の難聴を加えると前者は約0.2%後者は0.3%、これらをすべて合せると0.5%のようである。これに比し白痴級は0.03%、痴愚級は0.6%、魯鈍級3.9%で普通学校に於ける特殊教育の対象たる痴愚の上位、魯鈍級、境界線の一部を合せると4.5%にのぼる出現率であり、盲ろう者の数の九倍で一〇〇人中四五人もいるということである。（痴愚以下の精神薄弱児の指導は普通学校では困難である。）

この推定で沖縄に於ける特殊児童生徒の実態を考えてみると次表の通りである。

特殊児童生徒の実態（沖縄）

学校基本調査による百分比よりの推定実数

特種児童生徒の種別	%	学令児童生徒1,000人に対し	沖縄に於ける実数
盲	0.06	0.6人	100人
強度弱視	0.14	104	234
聾	0.16	1.6	267
強度難聴	0.15	1.5	250
盲聾	0.01	0.1	17
強度弱視難聴	0.11	1.1	184
肢体不自由	0.30	3	500
身体虚弱	3.00	30	5,000
精神薄弱	2.50	25	4,180
言語障害	1.00	10	1,670
境界線級	5.00	50	8,350
社会的不適応	3.00	30	5,000
合計	15.40	154.3人	25,752

従つて全琉で小学校四、七六七人（学令児童総数一〇五、八三七人の四、五%）、中学校二、三五二人（学令児童総数五二、二六八人の四、五%）の普通学校に於ける特殊教育対象の児童生徒がいることになる。

(五) 特殊学級の編成

上に述べた如く精神薄弱児教育は普通学級の中では困難であるので学年、学級の枠を解いて編成し指導しなければならない。従つて各校に特殊学級を設置して然るべきである。その対象となる児童は魯鈍級の児童

生徒が主体で、これに痴愚の比較的軽い者と場合によつては境界線児を加えてもよい。I、Qで言えば大体四〇乃至八〇程度である。

特殊学級に入級させる児童生徒を判別するには、あらゆる角度から検査、調査しなければならないことは言うまでもない。

精神薄弱児を判別するには少くとも、

1 遅滞の程度を明確にするための知能検査の厳密な実施

2 遺伝歴、生育歴を含む発育及び現在の身心的状態についての調査

3 家族、友人、学校等に於ける本人の発達に影響をもつ教育的環境や条件の調査

文部省で昭和二八年に実施した学令児を対象とする全国的な精神薄弱児実態調査では、精神薄弱と判別するために次の各種の調査をなしている。

1 鈴木ビネー式個人別知能検査及び検査中の行動記録
2 精神科診断
3 生育歴、家庭環境調査
4 学力検査
5 性格検査
6 社会生活能力調査
7 学校に於ける行動及び教師の意見調査
8 家庭に於ける行動及び教師の意見調査
9 指導要録

判別に当つては知能検査の結果を参考にするのは当然であるが、どの程度参考にするか慎重に考慮しなければならない。次に精神薄弱児を調査して実際に特殊学級に入級させた実例について図示しよう。（東京都墨田区の場合）

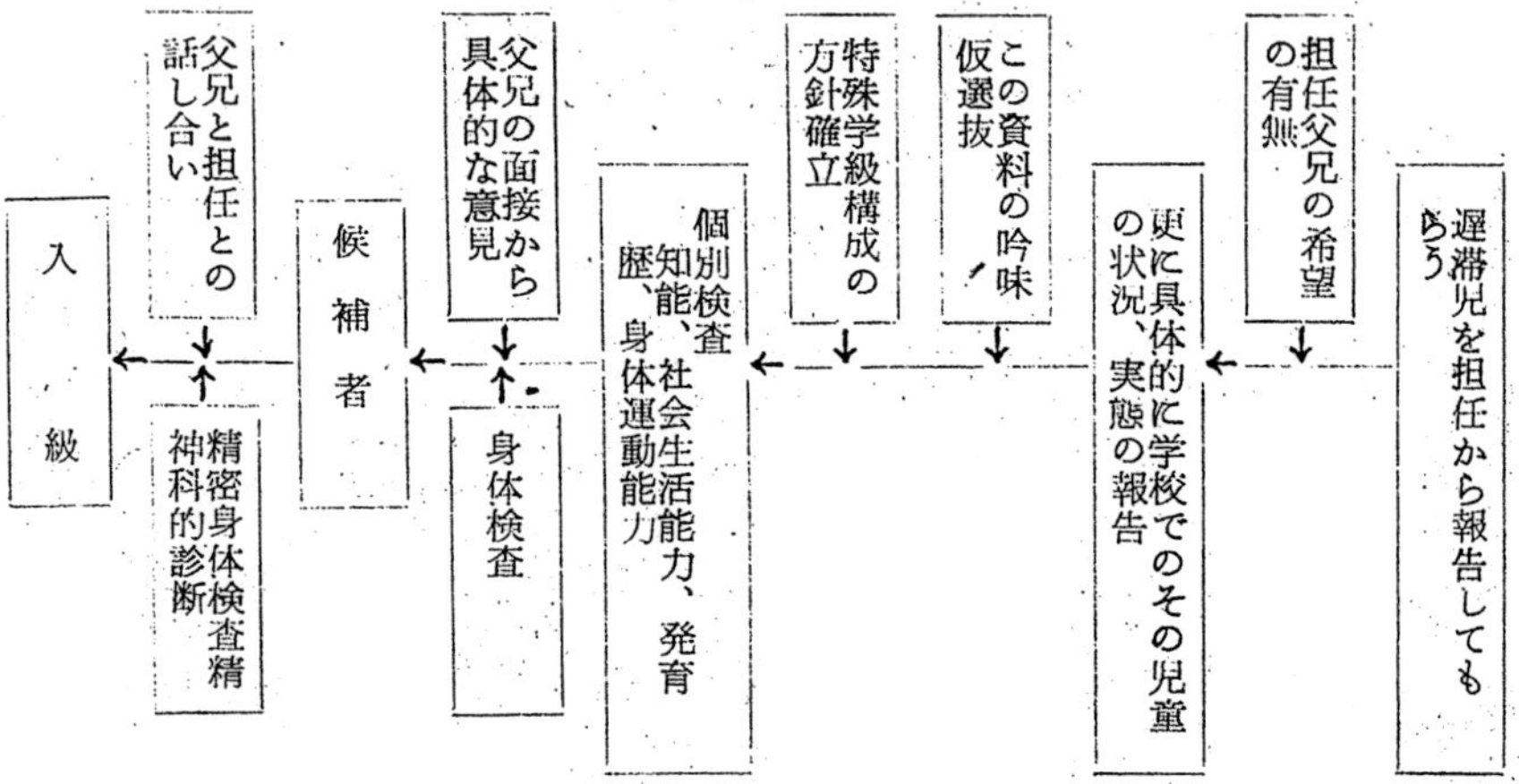

更に本土に於ける「養護学校、特殊学級（精薄）設置基準作成委員会中間報告」の中から特殊学級の編成、設備等を参考にすれば、

編　成

1 一学級の児童生徒数は一五人以下を標準とする。

2 子供の生活年令、知能程度、身体状況、性格特徴等を考慮して学級集団を形成するに適当と思われる人数を決める。

3 担任教師が優秀な場合は人数をもつと多くしてもよい。

4 中学校の特殊学級では農耕、園芸、飼育、木工、裁縫等夫々専門の先生の補助を配慮する。

5 学級一名の他に一名位の補助教師が必要である。

6 最初はI、Q、の巾は狭くし、性格的に問題のある子は除いて編成した方が良い。

施設、設備

1 実習教室、実習場
2 精神検査室、教育相談室
3 資料室、準備室、用具室
4 保健室、宿泊訓練所
5 生活指導に必要な施設
6 その他給食、作業教育

特殊学級を設置する際少くとも第一次準備段階として半年位は一般的啓蒙運動（例えばP・T・A学校職員、教育委員会等）を実施しその性格と理解を深めさせることが必要であろう。更に第二準備段階として特殊学級に関心のある人々を中心に知能検査、教育相談その他の諸調査を行い編成の段階に入るようにする。

指導上の留意点として小学校低学年では生活指導及び身辺の訓練を中心に、高学年では勤労精神の養成を主とし、更に中学校では職業指導に重点を置いて教育することが自ら要求されることである。

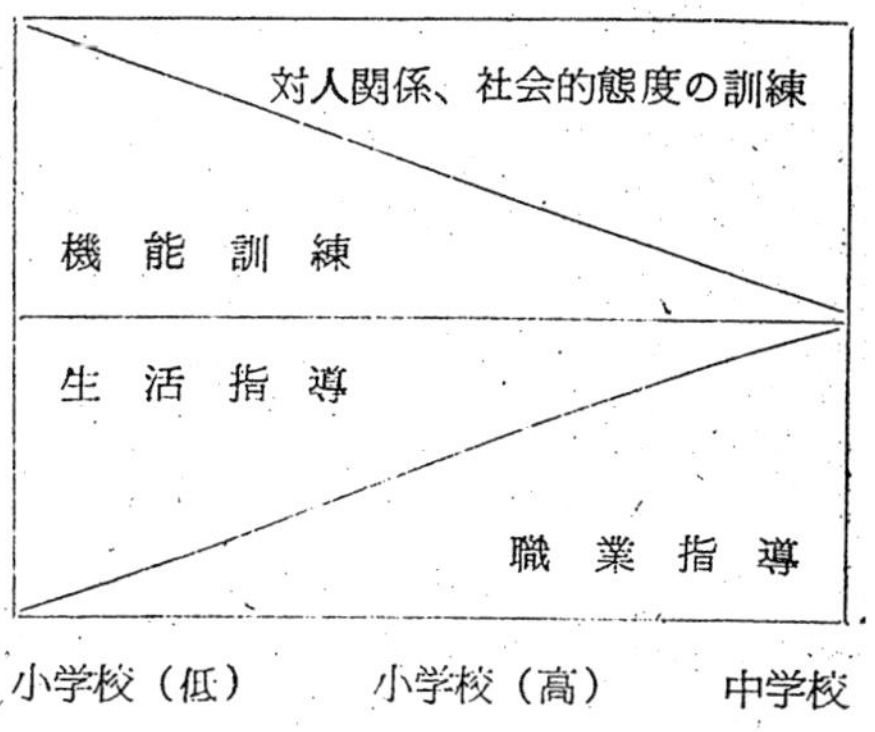

どんな問題にどれ位の時間をかけたらよいか。

東京教育大学考案（一週間の時間配分）

問題（教材は多角的に）	小学校	中学校
話し合い、又は伝達時間	150分（9.8%）	200分（12.5%）
見学、又は視聴覚教育	325分 350分（22.2%）	300分（18.75%）
図工的なもの	300分 325分（21.3%）	450分 500分（28.1%）
音楽、体育	330分（22.2%）	300分（18.75%）
国語的なもの	300分 350分（18.3%）	250分 300分（15.6%）
算数（計算的なもの）	50分 125分（6.2%）	100分 125分（6.3%）

㈥ 結び

精神薄弱児は普通学級内では不安定な位置にあるため、級友との交渉も少く、従って社会性の養成も無理である。知能が低く事物を抽象的に考え、矛盾したことを纒めることが困難である。此の子供達が現在普通学級又は家庭で現わす特質は、学校が嫌いで、落着きがなく、遊び仲間がいない、無気力乱暴になり、そして長欠となる。体は大体普通に成長しているので普通の青年のような欲望も起ってくる、就職もしたい、良い生活もしたい筈である。ところがそれが全然満されないので、家にもおれない、学校へも行き度くない、そのあげく街をふらつき不良にさそわれ、犯罪者の列に引き込まれる結果になる。

知能に「けが」を受けている彼等を救う道は素直な性質を痛めることなく、誠実な青年に育成すべきことで、その場所が当然必要となる。

知能指数 IQ	知能段階	教育保護の手段
20	白痴	精神薄弱児施設
30	痴愚	
40		
50	魯鈍	特殊（学校・学級）教育
60		
70		
80	境界線児	普通学校教育
90	正常児	
100		
110		
120	優秀児	
130	天才	

無理に計算や読書を強要することなく、将来社会に出て「働く手」や「気力」を養成すべきである。願くは精神薄弱児を対象とする特殊学級の設置せられんことを。（おわり）

（前原地区　具志川中学校）

夏季講習を省みて

文沢義永

例年のことではあるが、私達にとって休暇というものは休むためにあるのではなく、各地で開かれる講習会に出張して、午前二時間午后二時間の講義をするためにあるようだ。今年もその例に洩れず、此の夏私は前期は糸満に後期は名護に出張した。出張と言っても前期は糸満へ毎日通勤である。あの暑い頃に四〇分余り、而もあのガタガタ道を揺られ揺られて行き、二時間も立ちどおしで講義するのは実に疲労困ぱいその極に達する。午后の二時間を終えて帰途に就く時は、汗のにじみ出るような暑さと、フラフラした疲れでやりきれない。毎日行を共にした伊江君と共に氷屋にはいり、四、五ケ年食べたことのないミゾレにかぶりつく時の気持よさは何とも言えなかった。あの冷いものの舌ざわりと喉をとおる時の気持のよいこと……「少し元気が出たようださあ帰ろう。」と立上つて外に出ると又蒸すような暑さである。バスの座席に坐るや否や、「おい、アイスケーキ四つ。」大腸菌の心配など何所へやら。このようにして又あの流産道路と呼ばれる道をゆられて帰るバスの中で私はついウツラウツラとなつた。

かくして通勤した二週間を省みて、私は貴重な体験をしたと考えている。勿論肉体的には疲れ切つた。暑さをいやと言う程経験した。然し他方、受講の先生方の苦労を偲ぶことが出来、あの環境にあつて児童生徒の指導をして居られる苦心、そして又更に勉強しようと暑い気候をものともせず出席なさる知識欲と向上意欲、之は大いに嘆賞に値すると思う。

前期の苦痛に比較して、後期は名護でゆつくりだつた。今まで各地を廻つたが、名護は初めてである。緑風そよ吹き、海風柔かな名護の清澄な町で久方振りゆつたりした気持で過した。都市の雑踏と刺戟過多な生活を二週間余り離れて過すのはほんとに久し振りだつた。名護はとても気に入つた。町が静かであり、空気がよく緑多く、白砂延々、紺青の海遠く拡がり、空は遙かに晴れわたり薫風旅装をほぐらかす。又水多く至る所景勝の地の連続である。昔ながらの伝統を近代的知性で温く包んで、都塵に汚されず因習に堕せず、堅実そのものの感を受ける。このような地理的物理的及び社会的諸条件が好ましくも人々の心を温く育てているように思われる。親切でやさしく、朗らかで純真、恬淡としてユーモアに富む、質素堅実淡快な人間性に充ち満ちている。正に、名護は良い町うまし町、と名護小唄に歌われる通りである。

此所で過した二週間余の間、私は努めて新聞も読まないラジオも聞かないようにした。之は全く個人的な理由からで、平素は此の二つの文化機関を通じて世界を知り日本を知り沖縄を見る、社会を知り個人を見る。又一方歌謡や落語を楽しむのであるが、之等は他方から見ると我々の神経組織には大きな刺戟である。世界情勢、社会問題、広告、小説等凡てが我々の思考思索の材料として大脳組織を大いに刺戟する。従つて私は此の期間だけは之等の刺戟との接触をなるべく少くしようと努めた。その結果、前述のようにのんびりと過すことが出来たが、又後述のような欠陥もあつたことを卒直に認める。

私は大抵朝六時に眼をさました。もつとゆつくり起きてもよいのだが平素の習慣から自然に起き上る。そして八時まで二時間、数ケ月前から準備している「青年心理学序説」の原稿を推敲した。夏の朝のさわやかな空気を浴びながらペンを走らせるのは何とも言えない楽しみである。八時一五分洗面朝食、九時登校、講義を終つて帰宅して休憩。五時から七時まで名護高校の校庭で高校生を相手にテニスをする。私のテニスは余り上手ではなく、誠にはづかしい次第ではあつたが、小人閑居すれば不善を為す恐れなしとしない。そこでエネルギーの解消をスポーツに求めたわけだが、時恰も沖縄の高校代表として日本に派遣された名護高校の庭球選手が帰つて来て練習していたので、之を見学したり彼等と乱打して時を過す。汗びつしよりで帰つて来て風呂を浴びた後の快味は何とも言えない。かくして過した二週間余は退屈することなく、無駄に過すことなく最も有効に送ることができたと考えている。

此の期間中、私は小学生、中学生、高校生の各若干名と雑談したり勉強したりし、又先生方と話し合う機会があつたが、それによつて感じたことが少しあるので述べて見よう。

先づ第一に生徒の学習意欲と学習方法の問題である。生徒は誰しも勉強しようとする気持はあるが、どれだけの量をどれだけの速さで勉強するかについて、いろいろ相違がある。先生方は夫々のカリキュラムに準拠して進めていかれるだろうが、之について行ける生徒とついて行けない生徒、標準的な進行を速過ぎると思う子供と遅いと思う子供がいるであろう。先生のやる標準的な進行について行けない子供は純真な気持で遅れないように努力するけれどもどうしても進めないのであつて、この場合はその子供の素質とか一般知能が問題とされねばならない。然し標準的な進行を速すぎると考えている子供には、右に述べた素質の劣つた子供も含まれているがその他に、素質は普通以上であり、やろうと思えば出来るけれども、何かの要素がこの意欲を鈍らせる場合がある。ここに学習態度の問題点がひそんでいる。この学習意欲を鈍らせている要素は生徒の個人個人によつて異るであろうし、又一時的なものと比較的長年月の間に出来たものもあろう。そこで教師はこの要素を見つけ出し自分に可能な範囲内で之を指導する必要がある。又生徒は時間と労力を節約出来る能率的な勉強の仕方を知らない場合もあるので、之をなるべく早い時機に教え実践させることも必要であろう。此の学習態度を確立することは教師の緊要な任務であるし、又学力低下を防ぐ要諦もここに集約されると思われる。

第二は勤労精神の問題である。私は勤労精神という言葉を必ずしも肉体労働にだけ限定したくない。個人が自分自身又は他者（社会を含む）のために為すべき事柄を、好むと好まざるとに拘らず、最善の努力を以て遂行する心情の強さを指したい。従つて肉体組、精神的作業に対する忍耐力、ねばり強さである。戦後の子供等は家庭においても学校においてもこの忍耐力が弱まつたように感じているのは私一人だけだろうか。家事手伝いが多いとか宿題が多すぎるとかをよく聞くが、その子供の能力と発達段階において多過ぎる場合は当然であるけれども、そうでない場合においてさえこの言葉が聞かれる。こんな時両親や教師はすぐ仕事の量を減ずるであろうか。即ち子供がその発達段階と素質の点から又従来の経過から五の仕事を為し得るとする。此の仕事の量に対して子供が不平を言うからとて四か三に減ずるであろうか。若しそうするならば子供は、平易で楽な仕事だけをして自分相応の仕事に習熟しようとしない。自分相応の作業に習熟することは同時に上位の作業、少しむづかしい次の段階に発展する基礎を固めることになる。現在を確立して明日に発展し、日に日に新たなるためには此の忍耐力も必要条件の一つであることを忘れてはならない。

第三の問題は法律や規則を守る心構えである。民主社会においては権利を主張すると同時に、義務を忠実に履行することが大切である。人は往々にして自分の権利を主張するが義務をおろそかにしがちである。遵法精神には之を守る心構えと法律規則そのものの理解とが大切であろう。具体的に例示すれば、学則や校則にしても之を理解して之を守ることである。後になつて「そんなことがあるとは知らなかつた。」と言うのは卑怯な口実にすぎない。此の遵法の心構えがあつてこそ社会生活が営まれるのであり個人の幸福も考えられるのである。個人の自由を主張して法や規則を無視するのは心得違いであり、絶対的な自由というものはないと私は考えるのである。

以上は私が平素から考えていたこと、最近の青少年を観察し、彼等との面接から得た所感である。これらは特定地域だけの問題ではなく全般的に共通するものと考える。

今回の名護での講習を通して非常に気持よかつたのはディスカッションが活発だつた事である。青少年の日常問題を提起して意見を述べたり質問したりするのが極めて自然であり自発的であつた。講習会において先生方が解決すべき問題を用意して時間中でも休憩時間にでも質問されると、こちらも張合いが出て来る。此の点名護の先生方は非常に積極的であつた。

先に書いたように此の期間、私は新聞を読まないで過したがその欠陥として、時宜的な講義材料を見逃したことがあつた。例えば、婚約を拒絶されて娘を殺した事件や父親が子供の足に石油を燃やして焼き殺した事件などは当然心理学的解釈をなすべき問題だつた。このようなことは今後気をつけたい。時機的に地域的に具体的な問題を取上げて解明して行くことは現場の先生方に興味があり大切なことだと思う。

尚最後に名護滞在中の思い出の一つに塩屋の海神祭を見物したことを特記しておきたい。

村の長老宮城氏の説明を聞きつつ、この伝統的な行事の壮厳さに打たれた。その時の様子を書くと長くなるので省くが、唯私の所感の一つとして、此の伝統的な儀式及び之に類した風習が青少年に及ぼす影響はどんなものだろうか。そこには良い点も望ましくない点もあろうと想像されるが、何れにしても子供達のよりよき発展を考察するのは今後の重要課題であろう。

（琉大教育学部講師）

英語教育雑感

—現場教師の悩みを通して—

平良信良

◉まえがき

よく〃十年一昔〃と言われる。そして戦後もう十年たつている。終戦以来沖縄に於ける「英語」の普及は戦前のそれに比べて、実に目ざましいものがあつた。戦後は特に英語を聞いたり話したりする機会の多いことや或いは米軍関係の仕事にたづさわる人達の激増やまた一方ではマスコンミューニケイションの発達に伴う外国語への理解等と考えて見れば、誰しも一度この問題は肯定出来ると思う。しかしながら学校に於ける英語教育は、どうであつたろうか。

この間、いろいろ千余曲折はあつたものの、新教育の本流に乗つて進展し形式的には一応整つて来た。しかるに今一歩掘り下げて考えて見れば、内容的にはいろいろな面で幾多の問題が横たわっている。

その一例として、こゝ数年来留学生（日本）の英語力が必ずしも本土の学生に比べて上位にあつたとは言えない。しかも一部では寧ろ英語力の低下さえ言われている現状である。

一体奈辺にその原因があるだろうか。

勿論、戦後の日本本土の教育の進歩向上ということ―本土に於ける英語教育の振興やその機構や施設面、予算面の完備―を我々は見逃してはならないのである。この問題は我々教育にたづさわる者達にとつて真剣に考えて見なければならないことである。

更に、他の面から考えるならば、終戦以来我が国に無批判にそゝぎ込まれた「新教育」の凡ゆる面に就いて、今日改造を余儀なくされ、一応反省期に入つたと言われる。曰く社会科の改正、曰く六三三制への批判、曰く道徳教育の盲点、曰く共学の在り方等々……と、そして我が沖縄でも改正指導要録の問題や高校選抜法や産業教育の振興や教育諸法規の立法化等が強調され教育界の凡ゆる面に力づよい活躍が望まれつゝあるとき、こゝに英語教育に対する再検討が加えられるべき必要はないだろうか。

過去十年の英語教育の足あとを考えて見ることは大切な事ではあるが多くの調査や労力を要するものである。こゝでは現場教師の教壇実践を通して悩み、常に求められて来た幾つかの問題を拾い上げ、あるいは断片的になるかも知れないが、その一つ一つに就いて考えて見たいと思う。

◉基準教育課程

先づ第一に基準教育課程の問題である。昨年三月末日文教局研究調査課より基準教育課程（英語編）として発刊し各中学校に配布された。まさに時宜を得た処置とて感謝、リーダーと共に手元に置いて昨年末は大いに利用し、また日々の授業にも大いに参考になつた。しかしながら、残念にも昨年の三学期だけしか実際には活用出来なかつた。その理由は基準カリキュラムの各学年学習指導計画が凡て Golden Keys to English（先に廃本になつた）に準拠しているためである。本年度四月から新らしい教科書Jack and Betty を採用したため、参考になる点が少く、大方は捨てゝかえり見られない状態ではないだろうかと思われる。それで研究調査課へお願いしたいことは、今一度委員会を招集され新教科書に基準を置いた改訂版なるものを早急に発行して戴きたいものである。現場教員はそれを待ち望んでいる。次に新しい基準教育課程に望みたい事を二三掲げたい。

(1) 単元や小単元（教材）の設定理由が省略されているが、大切な問題だから書きそえた方がよい。

(2) 各学年の各教材を通してのねらい（目標）に一貫性がうすい感を持つた。教材個々が独立している感をいだいた。

(3) 「参考資料」は豊富で指導上大層プラスになつた。更に詳細に書いた方がよい。

(4) 学習活動は紙面がゆるせばもつと綿密に例文等を詳細に書いた方が実際指導にあたつてプラスになる点が大きい。

(5) 指導上の留意点、評価の実例等を加えたい。

(6) 各学年相当の Grammar 取り扱いの限界を明確にしたい。

以上は昨年末基準教育課程の配本を受け、実際授業に使用した僅かな経験ではあつたが思い出すまゝに書き加えて見たものである。

◉文法的取り扱いに就いて

先の基準教育課程の中でも書いたが文法的取り扱いに就いて一考を要したい。中学校に於いて英文法はどの程度教えるべきかと言う限界や程度やその指導方法に就いては実際授業にあたつている、一人一人の英語教師が明確に把握していなければならないことは重要な問題の一つである。

しかしながら現在の沖縄の中学校には、これ等の参考資料が少く只旧態依然とした無味乾燥な文法講義に終始したり、中には街の本屋に氾濫している中学生の学習参考書によるのみと云つた現状である。要するに文法指導に必要な資料が出来なければならない。少くとも沖縄の中学生の英語教育に適するところの基準教育課から割り出された文法系列に拠る指導計画書が出来なければならない。

更にまた、英語科カリキュラムの作製にあたつてもこの問題は大切なことゝ思われる。

英語教育の一般的目標に掲げられている通り、中学校に於いては生徒の学習経験を通して聞く話す書く読解の技能に熟達せしめ「ことば」として英語の実際的な基本的な知識を陶冶することにある。要するに言語活動の発達段階を重視せざるを得ない。

各学校自体のカリキュラムを作製するにあたつて、これらの目標に向つて、各段階毎に綿密に計画されねばならないことは勿論であるが、生徒の欲求や実態を考慮し、それぞれの特色や環境とにらみ合わせて取捨選択されて行く場合一体教材の何に基準を置くか。

それは今掲げた一般目標から考えられるように言語体系の段階に従つた語法（Grammar）に置いた方が妥当性があるように思われる。

即ちカリキュラムの作製にあたつても英文法的取り扱いの基準を持つことは大切な問題である。かゝる意味に於いて各学年に応じた文法事項の取り扱いの領域や指導方法の目安になるものが必要になつて来る。これらの諸問題が出来るだけ早く現場教師の手元にとゞけられることを念ずるものである。

◉能力差の問題

次に大切な問題は英語教育の実態を明確に把握することである。それには各学年毎に、その学習の成果が上つたか、どうかと言うことを考えて見なければならない。しかしながらこゝでその答を得る前に、我々現場教師の先づ第一にぶつかる障壁は生徒の英語学習上の能力差の大きいことである。しかもそれは学年が進むに従つて、その差は大きい感じがする。

例えば一年生では教科書の中の印刷体の文字では読んだり書いたり出来るが、筆記体では書けないとか教師によつて読まれる英文は理解出来るが自からの読解は出来ないと云う程度の所謂学級に於ける遅進児が一学級に五〜六名くらい居る。この程度の問題なら教師の努力によつてそれ程困難とは思われないが、二年生にもなると教科書の読めない生徒が十〜十四・五名も一学級に出て来る。そうなると教材が次第にむづかしくなるに従い学習意欲も無くなつて行く。更に三年生になると教師の説明すら理解する能力がない。その上発表力もなくなる。その数も二年生より多くなる。これに対し各学年一学級平均十名程度は上位の生徒でその学年相当以上の能力を持つて予習復習をし、いつも一歩進んでいる。三年生にもなるとその上位と下位の生徒の学力差や学習評価段階に於ける能力区分による生徒数の分布状態が正常さを欠き、その上学力の振わない生徒達は学習への興味関心を失い、学習意欲もなくなつてしまう。

これはほんの概略を記述したに過ぎない。

そして教師はこれらのアンバランスを如何に調整して進めて行くかに大きな悩みがある。これらの原因にはいろいろある。生徒の不勉強の点にもまた教材に対する興味の問題、教師の指導法等が考えられるが、中学校に於いては義務教育と言う立場から如何なる遅進児と雖も見捨てられてはならない。凡ての生徒が彼等自身の能力を最大限に伸ばして行けるようにして行かねばならない。

その解決策として、能力別指導や教材を取捨選択して、困難なものを排除することや、小学校からの予備教育や中学上級に於ける選修制等が考えられるが、何れもこれと云う解決策は未だ見出せない。要するにこの問題に就いては教師が生徒の能力の実態を正確に把握し、指導に対する情熱と忍耐を持つて継続的に努力精進するのが最良の方法ではないかと思われる。これこそ英語教師の明日の課題として真剣に検討されるべきことだと思う。

◉Oral Method に就いて

毎日の授業が Oral Method を多分に取り入れた新しい指導法によるか、それとも従前のようなTranslation Method による講義式に従うかと云う問題は、現場の先生方によつてしばしば論議され、検討されて来た課題であつた。

この問題は理論的には一応肯定出来たとしても実践面に於いては種々の困難な問題があつて未だに解決の方策を見出してないのである。

中学校に於いては「ことば」としての英語の基礎的諸能力を陶冶するのであるから、何んと云つても Oral Work が優先しなければならない。要するに聞く、話す、読む、書くの四技を伸ばすとき言語発達段階の順序としても Hearing と Speaking が先になるのが一つの原則である。

それで中学三年間に於いて、初歩的英語としての言語素材を豊かにし基礎能力を身につけるためには、そのまゝこの鉄則にのつとつて実践せねばならないのであるが、そう簡単には行かない。実際授業を進めて行くにあたつて All English Class でやり通すには色々な抵抗がある。その二三を書き上げて参考にしたい。

1 教材の面からの抵抗―生徒に教材を理解させるには必ず説明をせねばならない。説明に二重の手間がかゝり、カリキュラムが時間通り進められない。

2 教師の側の抵抗―教師の英語力・ゼスチュア・略画の技術、実物提示等の準備に要する時間と労力のための負担のかさみ。

3 生徒の側の抵抗―生徒の語彙の貧弱なため、理解が悪く学習に対する興味や意欲を失つていく。

以上は表面的に表われて居る問題に過ぎない。其の他にも幾つかの難点が予想される。

そしてこれを勇敢に断行して行くには、これらの幾つかの抵抗を掘り下げて研究しこれを乗り越えて行く不断の努力が必要である。

例えば授業時に出来るだけ日本語を少なくし、雰囲気を作ると共にクラスルームイングリシュを多分に取り入れる方法を考えて見る。授業の始まる前のGreeting や Reading 指導時の応答の会話や、また総括的取り扱いにおける Question Answer Drill 等考えて見れば幾つかの道は開かれているような感もする。この問題は現場の一人一人が Oral Method の意義と価値を十分に研究し出来るだけその個性に適した色々な方法を考えてやつて見ることである。一方指導当局に於いても新らしい方法に対する示唆と助言をやつて欲しいものである。

◉英語学習の諸問題

中学入学当初一年生の頃は、英語の学習に対する興味もあり、未知の世界に対する知識欲もてつだつて、学習もなかなか熱心であるが、学年が進むにつれて次第にその興味関心を失い、英語が嫌いになつて行く者が多くなる。其の原因には、いろいろあるが、生徒の学習上のいくつかの問題について二、三書いてみたい。

△予習復習の適切な指導

一般に外国語の勉強には如何なる場合にも、予習、復習は大切な問題である。一年生の入門期に於いては授業時間が殆んど学習の全部であり、予習を課するよりは出来るだけ、復習課題の指導に力を入れ、次第に自発的学習にしむけて行く為に予習の指示も必要である。二、三年に進むに従つて、復習と予習とに、平等に力を入れ、各時間毎に教師の適切な課題を指示し、辛棒強く継続出来る様にしむけて行くべきである。

△暗誦課題を適宜取り入れること

教材におわれると、やゝもすると暗誦教材をおろそかにしがちであるが、むしろ語学の学習に於て、「覚えること」を忘れたら無意味である。特に、中学生の頃は暗記力は旺盛であるから、必ず適宜に暗誦教材を取り入れなければならない。その為には、正確な Reading が基礎をなすので、大きな声で、正しい発音で読む習慣を養う必要がある。

△発音 Intonation liaison について

Reading Drill をする場合大切なことは発音練習である。例えばフオネテツクサインの各々の口形発音法を正確にすることや、Intonation liaison によつて英語的発音がスムースに出来るようにしなければならない。それは一年及び二年の始め頃までに大方形づくられる。これらの基礎的練習の時期に於ける Drill は特に大切である。

△生徒のノート整理について

ノートについては、よく整理されているか、また大切な事項が正しく書写されているかどうか……ということは、その生徒がよく Home Work を実行しているかを見る一つの規準にもなるし又或る意味に於てその生徒の能力性格の評価の資料ともなる。それとともに単語帳や単語カードの作製には、生徒は興味を持つてやるので、出来るだけそう云う風に進めた方がよい。それで時折検閲し適切な指導をほどこさねばならない。

△辞書の活用

中学二年生になると、辞書の活用が指導されねばならない。辞書の使用によつて、自学自習の態度を養うことができるし、生徒達も辞書に親しみ、使用に興味を覚えるようになると、其の後の予習作業に好結果が得られる。近頃は本屋に自習書（虎の巻）が氾濫しているので、生徒は殆んどこれにたよる者が多いが、これ等の使用も留意せねばならない。とにかく中学校時代に辞書を引く習慣を養いたいものである。

以上は普段の生徒の英語指導を通して、学習の効果を上げるための幾つかの問題を拾い集めて見たに過ぎない。これらの一つ一つに就いて更に深い研究と綿密な調査が進められ、よりよき結果がもたらされることを、望んで止まない。そして能力を異にする個々の生徒達が、それぞれに伸びて行くように工夫されなければならない。

◉指導技術に就いて

二学期の始め頃（九月）琉大教育学部の生徒がきて教育実習をした。特に教師としての指導技術の問題に就いて考え、話し合つた。その中から直接我々の参考になるような問題に就いて次に考えて見たい。

指導技術は先づ生徒の実態をよく把握することによる。生徒の心理的状況、個々の能力差、学級の雰囲気、環境等を十分に把握しなければならない。そのためには科学的な教育調査と合理的な評価が必要である。生徒の実態を知悉することにより自から指導方法も生れて来る。

次に教材に対する認識を深めることである。教材に対する研究理解から指導技術は生れるものである。教材の研究を怠つた時は不確実な知識を生徒に教え、指導の方法もかたよつて来、いつのまにかマンネリズムにおち入つてしまう。特に現在の教科書の特色として、教材が殆んど生徒の生活の中から取材したものが多いので簡単に大人の考えで割り切つては失敗をまねく。教師の深い教材観とうまざる研究に待つものは大きい。

また教師の実力や指導法に対する研究的態度等も大切である。

例えば次のような個々の問題に就いてである。

1 一時限の時間を如何に効果的に使うかと云うこと即ち導入――展開――整理とうまく時間を使うこと。

2 特に英語指導に於いては視聴覚教具の教便物を適切に使うこと。

3 重要構文や New Word等を表又はカードにして繰返して提示すること。

4 板書の美しさ、正確さ、要領よくまとめるかどうかと言うこと、特に線画等によること。

5 説話のうまさ、ユーモラスな話法、あるいは適切なゼスチユア等である。

また或る点では教師の努力によつては生徒の学習意欲をそゝるような施設面の充実と云うことも一つの指導技術と考えることが出来る。

例えば英語教室を作り、参考図書、辞典類、欧米の風物習慣のコレクション等や図表や地図或いはレコード、タイプライター、テープレコーダー等を備えつけることも必要である。

要するにこの問題は英語教師の努力と深い教育愛によつて一層の充実強化が実を結ぶものと思われる。

◉結び

以上は、英語の実際指導を通して日頃感じた幾つかの問題を思いつくまゝに書きつらねて見たものである。教材やカリキユラムの問題、生徒や学習の問題、或は施設や教具の問題等にしても、それらが教師の教育活動と結びつけて考えるとき、つまる処〃よりよき教師〃とは何かと云う問題に帰結する。即ち凡ては教師論になる。かゝる見地から沖縄に於いても教師の研修の問題や読書や発表会や講習会の問題がもつと真剣に取り上げられねばならない。

最近の教育雑誌等によると、日本本土の教員が真摯な態度で着実に斯道の発展の為にはげんで居り、一人一人が地道に研究を続け、一方では公開授業や研究協議会等も旺んに行つていると言う事である。

こちらでも英語教育を推進するための組織的な活動や指導技術を向上せしめるための指導助言等がもつと積極的に計画されることを望むものである。とう言う意味でこゝに幾つかの問題を取り上げて見たが、これらのテーマに対する結論や解決策は、今後の諸先生方の凡ゆる研修の機会に待つことにしたい。

―一九五六・十・九記―

（おわり）

（首里中校教諭）

――（抜萃欄）――

生活指導の領域における課題

山田　栄

新教育も、歩み出してからすでに十年の歳月をすぎている。順調な歩みであつたかも知れないがそこにはまだ、のこされた問題が少なくないようである。

そこでここでは、新教育が行われだしてから、とくに生活指導という名称で強調されている領域において、どのような問題がのこされているかを、反省しながら、今後この領域をどの方向に発展させていくべきかについて考えてみたい。

（一）

まず、生活指導の領域でのこされている大きな問題は、生活指導といわれるものの実体が明らかでないということである。今日生活指導というのは、教育英語のガイダンスの訳語だとふつう考えられているが、このガイダンスの訳語としてのいわゆる生活指導は、内容的には教科外の活動または特別教育活動に関する指導であるかのごとく考えている人が多いのではないか。そして、教科に関する指導は学習指導で、教科外の活動または、特別教育活動に関する指導は、生活指導だと考えている向きもあるようだ。しかしはたしてこれでよいのであろうか。

なるほど、教科外の活動（特別教育活動）は児童生徒の自治活動を中心とす学校生活に関するものが多いので、生活指導の行われる場であると、容易に考えられるかも知れない。しかし、ガイダンスの訳語としての生活指導というのは、教科外の活動（特別教育活動）の指導というようなものであろうか。私はそうは思わない。たとえば、わかりやすくいえば、教科外の活動（特活）には、クラブ活動というのがある。そこで児童生徒は、「どのクラブ活動にはいつたらよいか」を、きめねばならぬが、どのクラブ活動に、はいつたらよいかについて決断しかねる場合が出てくるかもしれない。そのような場合には、児童生徒はおそらく教師にどのクラブ活動にはいつたらよいかを、たづねるであろうが、その時の助言指導がガイダンスである。しかしいつたんはいつたあるクラブで、たとえば、音楽クラブとか、書道クラブとかで、音楽そのもの、書道そのものを指導することは、ガイダンスあるいは、それの訳語としての生活指導ではないであろう。

むしろ、音楽クラブの指導、書道クラブの指導は、学習指導ともいうべきものである。いな、教科外の活動（特活）の児童会活動や、生徒会活動においてすら、たえず児童生徒の学習が行われていると見られるから、児童会活動や生徒会活動の指導においても、学習指導が行われると考えなければならぬであろう。

たとえば、ある委員会選出のための選挙が行われると、その場合この選挙をとおして、児童生徒が、学校卒業後もおよそ選挙というのは、このようにするのだということを身につけるならば、それは児童生活にとつて学習である。したがつてまた、このような選挙の仕方を一般的なすがたにおいて、児童生徒の身につくように指導するのには、教師の学習指導であるといつていい。

それゆえ、教科指導で、教科外活動（特活）の指導は、ガイダンスの訳語としての生活指導だという見解は、とすべきではない。これは、教科ができはじめて、学習指導が行われ、教科外活動（特活）が、考えられて始めてガイダンスすなわち生活指導の問題がおこるとみる見解にちかい。しかしこれは逆である。学習指導は、教科のあるなしにかかわらず、たえず行われている。しかも学校の教師だけでなしに、家庭の親なども、子どもに対してつねに学習指導もし、生活指導もしていると見られる。それゆえ、学校では、教科のまえに学習指導を、教科外活動（特活）以前に生活指導を考えるべきである。

むしろ、学習指導を行うために教科があるのであり、ガイダンスすなわち、生活指導のために教科外活動（特活）が、たとえば、ホーム、ルーム活動が利用されるものである。この意味で学習指導は教科においてばかりではなく、教科外活動（特活）においても行われるものであり、またガイダンスすなわち生活指導は、ホーム、ルーム活動のような教科外活動についてばかりでなく、教科活動についても行われるものである。

（二）

そこで学習指導は、しばらくおき、ガイダンスの訳語としての生活指導を、その本質的なねらいの方面から考えてみると、そこにものこされた問題があるように思われる。ガイダンスを生活指導と訳すために、生活指導という語感の上からガイダンスといわれるものの本質から、いくぶんそれていつたかたむきがあるということである。日本で生活指導という語感の上からは、日常の生活活動を指導する意味にきこえる。「こういうふうにやる」、「そのようにしてはならない」と、児童生徒の行動の仕方を指導するのが、生活指導であるかのごとくとられやすい。教科外活動（特別教育活動）の指導だと見られるのは、こんなところに根拠があるのではないだろうか。なぜなら教科外活動（特活）の指導は、児童会、生徒会などを中心とする学校生活の指導だと考えられるからである。

しかしガイダンスを生活指導と訳す場合、注意すべきは生活の意味である。生活は活動であるが、その活動は、欲求を満たす活動であるということをわすれてはならない。

児童生徒の活動という場合、その活動様式にのみとらわれて、それが児童生徒の欲求を満たす活動であることをわすれると、ガイダンスとしての生活指導の本質を見失うようにならぬともかぎらない。つまり生活指導はしたけれども、その結果、児童生徒の欲求不満（フラストレーション）をもたらしたというごとき事態がおこれば、それはガイダンスとしての生活指導の本質からは、それたことになるのである。

たとえば、道徳指導としてとらえる場合を考えてみる。道徳指導をガイダンスとしての生活指導と見る場合は、なによりもまず、児童生徒の欲求を合理的に満たすような指導をしなければならないが、今日多く行われている「しつけ」（躾）という道徳指導は、はたしてこのような線にそつて行われているかどうか。「しつけ」というのは、「行儀作法のしつけ」などといつて、理屈をいわずにひたすら反復実践して、慣習的な行動様式を身につけさせることを意味するが、このような外から枠をはめて、一定の習慣を形成させる「しつけ」の道徳指導は、児童生徒にフラストレーション（欲求不満）をおこさせることはないか。もし、フラストレーシンョをおこさせるようなことがあるとすれば、それは、ガイダンスとしての生活指導の本質からは、それることになるであろう。生活指導としての道徳指導は、児童生徒の欲求を合理的に、しかもみんなと一しよに（社会的に）満たしてやるところに、その本質がある。児童生徒をフラストレーションに導き、または、コンプレックス（病的劣等感）にめちやくちやにしてしまうようなことになるならば、それは誤れる道徳指導のはなはだしきものである。生活指導としての道徳指導の本質は、児童生徒にある行動様式を「しつけ」て外形的なかたちをととのえることではなくて、児童生徒のひとりひとりを内面的に生かすことである。

この意味で、ガイダンスとしての生活指導は、目標としての児童生徒のひとりひとりを生かす任務をもつという意味である。方法として、個人指導に対する集団指導のかたちをとる場合があつても、生活指導は、目標としては、児童生徒の一人一人を生かすねらいをもつものである。そしてひとりひとりを生かすと言う点からすると、生活指導は児童生徒ひとりひとりの問題になるか、はつきりつかめないでなやんでいる場合もあろう。またその問題は領域から見て、身体的、精神的健康に関するもの、進学に関するやの、就職に関するもの、道徳に関するもの、さらには学校生活に関するもの、家庭生活に関するもの、校外生活に関するものなどがあるであろう。しかも問題には、偶発的一時的なもの、恒常的永続的なもの、特殊的なもの、一般的なもの、簡単安易なもの、複雑困難なものなどがあるであろう。

そこで、ガイダンスとしての生活指導は、児童生徒の問題領域によつて分類し、整理することが必要であると同時に、一時的で簡単な問題などは、学級担任が助言指導にあたるにしても永続的で複雑困難な問題になれば、それぞれの専門家たとえば、身体的精神的な健康問題については、医者や心理学者などの助力を求めることがのぞましい。そしていろいろの問題解決の助言に万全を期するためには、生活指導にあたる人たちの組織をつくり、生活指導を科学的に行う必要があるであろう。それゆえ、今後ガイダンスとしての生活指導をさらに進めていく場合は、まず、生活指導といわれるものの意味をよく考え、生活指導の領域を児童生徒の解決すべき問題によつて分類し、この問題解決の助言指導にあたつては、生活指導にあたる人たちの組織をつくり、生活指導を科学的に行うくふうをすべきである。

（教育大学教授）

——（抜萃欄）——

同音の漢字による書きかえ

当用漢字の適用を円滑にするために、当用漢字表にない漢字を含んで構成されている漢語を処理する方法の一つとして、当用漢字表中の同音の別の漢字に書きかえることについて三百一語を決定したものであり、当用漢字を使用する際、広く参考として用いられることを希望している。

注　上段は当用漢字にない漢字を用いた漢語、下段は書きかえ語である。

〔あ〕

愛慾—愛欲・闇—暗・安佚—安逸・暗翳—暗影・暗誦—・暗唱・按分—案分・闇夜—暗夜

〔い〕

意嚮—意向・慰藉料—慰謝料・衣裳—衣装・遺蹟—遺跡・一挺—一丁・陰翳—陰影

〔え〕

叡智—英知・穎才—英才・焔—炎・掩護—援護・苑地—園地

〔お〕

臆説—憶説・臆測—憶測—恩誼—恩義

〔か〕

誡—戒・廻—回・外廓—外郭・快濶—快活・皆既蝕—皆既食・誡告—戒告・開鑿—開削・廻送—回送・蛔虫—回虫・廻転—回転・恢復—回復・潰滅—壊滅・潰乱—壊乱・廻廊—回廊・火焔—火炎・劃—画・廓—郭・劃然—画然・廓大—郭大・格鬪—格斗・劃期的—画期的・活潑—活発・旱害—干害・間歇—間

欠・管絃楽—管弦楽・肝腎—肝心・旱天—干天・乾
溜—乾溜

〔き〕
畸—奇・稀—希・気焔—気炎・饑餓—飢餓・企劃—
企画・畸形—奇形・稀元素—希元素・稀釈—希釈・
稀少—希少・徽章—記章・奇蹟—奇跡・稀代—希代
・綺談—奇談・機智—機知・吃水—喫水・稀薄—希
薄・糺—糾・糺弾—糾弾・糺明—糾明・旧蹟—旧跡・
・馭—御・兇悪—凶悪・饗応—供応・教誨—教戒・
兇漢—凶漢・兇器—凶器・鞏固—強固・兇行—凶行
・兇刃—凶刃・兇変—凶変・兇暴—凶暴・馭者—御
者・漁撈—漁労・稀硫酸—希硫酸・技倆—技量・吟
誦—吟唱

〔く〕
区劃—区画・掘鑿—掘削・訓誡—訓戒・燻製—薫製

〔け〕
繋船—係船・繋争—係争・繋属—係属・繋留—係留
・下剋上—下克上・決潰—決壊・蹶起—決起・月蝕
—月食・訣別—決別・絃—弦・絃歌—弦歌・元兇—
元凶・嶮岨—険阻・研磨—研摩・儼然—厳然

〔こ〕
倖—幸・宏—広・礦—鉱・交驩—交歓・礦業—鉱業
・鯁骨—硬骨・交叉—交差・扣除—控除・甦生—更
生・礦石—鉱石・宏壮—広壮・宏大—広大・香奠—
香典・昂騰—高騰・広汎—広範・昂（亢）奮—興奮
・弘報—広報・曠野—広野・昂揚—高揚・強慾—強
欲・媾和—講和・涸渇—枯渇・古稀—古希・古蹟—
古跡・骨骼—骨格・雇傭—雇用・混淆—混交・根柢
—根底・昏迷—混迷

〔さ〕
坐—座・醋酸—酢酸・坐視—座視・坐礁—座礁・坐
州—座州・雑沓—雑踏・讃—賛・三絃—三弦・讃仰
—賛仰・讃辞—賛辞・撒水—散水・讃嘆—賛嘆・讃
美—賛美・撒布—散布

〔し〕
色慾—色欲・刺戟—刺激・史蹟—史跡・屍体—死体
・七顚八倒—七転八倒・死歿—死没・射倖心—射幸
心・車輛—車両・洲—州・輯—集・蒐荷—集荷・蒐
集—収集・終熄—終息・聚落—集落・手蹟—手跡・
駿才—俊才・陞—昇・銷—消・銷夏—消夏・銷却—
消却・障碍—障害・情誼—情義・称讃—称賛・
陞叙—昇叙・焦躁—焦燥・銷沈—消沈・牆壁—障壁
・蒸溜—蒸留・書翰—書簡・蝕甚—食尽・食慾—食
欲・抒情—叙情・試煉—試練・鍼術—針術・侵—侵
食・浸蝕—浸食・真蹟—真跡・伸暢—伸長・滲透—
浸透・侵掠—侵略・訊問—尋問

〔す〕衰頽—衰退

〔せ〕
制馭（禦）—制御・棲（栖）息—生息・性慾—性欲
・蹟—跡・絶讃—絶賛・尖鋭—先鋭・全潰—全壊・
銓衡—選考・煽情—扇情・洗滌—洗浄・戦々兢々—
戦々恐々・船艙—船倉・尖端—先端・擅断—専断・
煽動—扇動・戦歿—戦没

〔そ〕
沮—阻・惣—総・象嵌—象眼・蒼惶—倉皇・綜合—
総合・相剋—相克・惣菜—総菜・装釘（幀）—装丁
・剿滅—掃滅・簇生—族生・阻止—阻止・疏水—疎
水・沮喪—阻喪・疏通—疎通・疏明—疎明

〔た〕
褪色—退色・頽勢—退勢・頽廃—退廃・颱風—台風
・大慾—大欲・奪掠—奪略・歎—嘆・歎願—嘆願・
炭礦—炭鉱・端坐—端座・短篇—短編・煖房—暖房
・煖炉—暖炉

〔ち〕
智—知・智慧—知恵・智能—知能・智謀—知謀・註
—注・註解—注解・註釈—注釈・註文—注文・長篇
—長編・沈澱—沈殿

〔て〕
低徊—低回・牴（觝）触—抵触・鄭重—丁重・叮嚀
—丁寧・碇泊—停泊・手帖—手帳・顚倒—転倒・顚
覆—転覆

〔と〕
蹈—踏・倒潰—倒壊・蹈襲—踏襲・特輯—特集・杜
絶—途絶

〔に〕日蝕—日食

〔は〕
悖徳—背徳・破毀—破棄・曝露—暴露・破摧—破砕
・醱酵—発酵・薄倖—薄幸・抜萃—抜粋・叛—反・
叛旗—反旗・叛逆—反逆・蕃殖—繁殖・蕃族—蛮族
・反撥—反発・叛乱—反乱

〔ひ〕蜚語—飛語・筆蹟—筆跡・病歿—病没

〔ふ〕
諷刺—風刺・腐蝕—腐食・符牒—符丁・物慾—物欲
・腐爛—腐乱

〔へ〕篇—編・辺疆—辺境・編輯—編集

〔ほ〕
輔—補・哺育—保育・崩潰—崩壊・妨碍—妨害・抛
棄—放棄・防禦—防御・繃帯—包帯・尨大—膨大・
庖丁—包丁・抛物線—放物線・輔佐—補佐・鋪装—
鋪装・歿—没・輔導—補導・保姆—保母

〔ま〕磨滅—摩滅

〔み〕無智—無知・無慾—無欲

〔め〕名誉慾—名誉欲・棉花—綿花

〔も〕摸—模・妄動—盲動・摸索—模索

〔や〕野鄙—野卑

〔よ〕
熔—溶・熔解—溶解・熔岩—溶岩・熔鉱炉—溶鉱
炉・熔接—溶接・慾—欲

〔ら〕落磐—落盤

〔り〕
理窟—理屈・悧巧—利口・理智—理知・離叛—離反
・掠—略・掠奪—略奪・俚謡—里謡・諒—了・輛—
両・諒解—了解・諒承—了承・輪廓—輪郭

〔れ〕
聯—連・聯繋—連係・聯合—連合・聯坐—連坐・聯
想—連想・聯珠—連珠・煉炭—練炭・煉乳—練乳・
聯邦—連邦・聯盟—連盟・聯絡—連絡・聯立—連立

〔わ〕彎—湾・彎曲—湾曲・彎入—湾入

学校図書館のあらまし

東恩納徳友

学校図書館の本質

学校図書館は学校教育の目的・目標に奉仕するものでなくてはならぬ、従って学校教育が常に活動しているように、学校図書館も生きて生徒の生長、発達の源泉になつていなければならない。

○学校図書館は学習のために奉仕するカリキユラム資料の宝庫である。

○学校図書館は生徒の教養を高め、精神生活を豊かにし、良習慣の形成と情操を陶冶する場としての施設である。

○学校図書館は慰安の場でもあり、レクリエーションの機態も持たなければならない。

本校図書館づくりの沿革

1　指導用図書要求時代（一九四八—一九四九）

一九四八年頃といえば教育（新教育）の概念でさえあいまいな時代であつた。戦争による空白と教育の革新はより多くの良書を要求しながら天幕小屋の紙箱には定価六〇銭とか一円二〇銭等と書かれた古い然も借り物の教科書がシミに食われたそのままのすがたがおさまつていた。それは誰か心ある者によつて後生大事に管理はされた。そのうちに那覇辺の古本屋をあさつて、漸次辞書類や参考書等のいくつかは購入することができたが。

2　教科研究用図書時代（一九五〇—一九五二）

図書館資料の全般的なもの（例えば生徒の直接使用する視聴覚用具、音楽レコード等）の蒐集にも努力を惜しまなかつたが、図書資料の集め方に力点を注いだ。その中でも教師の研究用図書に特に力を入れた。教育者自体の中味が空つぽでは最も大切な生徒を生かすことができないことを認めたからである。時恰も新教育原理論の最高潮期で現文教局長の前田先生が本校を訪れて、カリキユラムということや、ガイダンスというものを講義して貰つた時である。それからあわてだしてつくりだされたのが教師用文庫で書棚一と図書約四百冊を校長室兼応接室の一隅に据えたものである。

然しその頃は学校図書館に対する認識が浅かつたので資料の整理は一切自己流に行われた。でも準備されたものついては遺憾なく活用したつもりである。

3　図書館施設胎動期（一九五三年）

今期に至ると、学校図書館法実現運動とその国会通過等の四囲の恩潮に応えて、本校でもその設置運動が校長を中心にしており、遂にその実現をみた。

然し校内におけるこの運動は外的状勢に依つたばかりでなく、教育内容の面から職員の夢の中には学校図書館の設立が現われていた。即ち新教育の理念からすれば教科書のみを頼る教育（教科書中心主義）は否定さるべき運命にあつた。もつと広く、深く、生活経験を通して生徒個々の特殊の性能を伸ばそうとする方向に転じた。

それには先ず、それからの教育資料の提供する図書館が先決問題とされ、その上学校図書館こそ学校教育の中心的な存在でなければならないとされた。ところが運営の実際については全くの素人であつたので、そこで、ある一定の時間、校長外関係職員は同時に或は各々

イ　琉米文化会館の実状を見聞したり、

ロ　与那原中校や西原小中学校の外数校の学校図書館をおとずれたり、

ハ　中山指導課長、伊礼指導主事の指導助言を受けたり、

ニ　参考図書を読んだり（学校図書館・学校図書館の活動・学校図書館の資料構成・学校図書館づくり、図書館資料の整理と用品・その他数冊）

備考＝右文献の中には、本期以後に研究されたものもある。

ホ　めい想にふけつて創造をこころみたり、

ヘ　運営協議会を開いて研究しあつたり等して、主に運営方法を探ろうとした時期である。然し運営上数多くの問題を残して今期はおわり—現在でもまだまだという実情である。

4　図書館施設充実期（一九五四—一九五五）

学校図書館設立の動きが始まつてから、今期の蕃

れまでに満三ケ年になるので現在の設備に対する資料及び用品は一応の完成をみ、独立図書館としての形態を整えることができた。

5 内容充実と活用期（一九五六―　　）

※今期の力点

イ 図書館を最高度に活用する。そして学校教育の中心たるの機能を十分に発揮させる。

ロ 生徒に対する図書館教育の徹底

ハ 読書指導の強化

ニ 図書館行事の合理的実践

ホ レクリエーションの場としての立場を明確にする。

ヘ 未来の計画

※図書館係員としての教師、生徒の堅持すべき天則

イ 教育・文化・平和を愛する。

ロ 真理を愛する。

ハ 心身の健康と忍耐力。

ニ 誠実をつくして協力する。

※ 学校のあらまし

△生徒数＝六四〇　△職員数＝一九　△所在地＝中城村屋宜区

△村民性＝本村民性は「石橋を叩いて猶水深を計す」の言葉で表現されてきた。

△教育の関心＝産業と教育は本村の場合は輝やかしい歴史があつた、戦后一時ではあるが二者共に沈滞の状況にあつたが現在は再興の気運が強く特に教育に関する情熱は戦前のそれに倍加する位になつた。

本校図書館の現状

一 運営のための組織

1 職員組織（全職員が活動する）

- 校長
  - 図書館運営委員会
    - 資料選定委員会
      - 各教科主任
      - 各学年主任
    - 図書館指導部会
      - 教科書係
      - 指導係
      - 資料係
      - 整理係
      - 統計係
    - 図書館事務部会
      - 司書教諭
      - 会計

○図書館運営委員会

学校運営委員会がそのままこれに当たり校長の諮問にこたえ且つ運営一切の任をつとめる。

○資料選定委員会

選定委員長は教科委員会長がこれに当たり、委員は各教科主任・各学年主任・及び生徒委員によつて組織される。

○図書館事務部会

直接に図書館を運営する任務をもち、特に図書館に興味をもつ職員で構成される。

2 生徒委員会の組織

○庶務係＝諸帳簿の管理・諸用品の管理・掲示・図書館宣伝・図書館日誌の記録各係の連絡強化・諸企画・其の他

○受入係＝購入図書配架までの事務

○閲覧係＝貸出・返納・環境の整備・新着図書紹介読書相談・資料の点検照合等

○調査統計係＝月別閲覧統計・其の他

○資料係＝諸資料の整理・活用・保管等

○修理整本係＝整理整本・修理整本等

○美化係＝図書館内外の美化整理

○定期刊行物係＝受付・保管・整備・書誌作成

○会計係＝会計事務一切

○図書館ニュース係＝学校新聞部がこれに協力して毎月刊行する。

二 設備

○閲覧用机八（五〇人分）　○椅子五〇人分　○司書机一　○図書棚五　○地図掛二　○諸印刷物箱一　○放送施設　○レコード分類箱一　○窓下書棚一八　○新聞掛五　○カードケース一　○昆虫標本箱　其の他・幻燈　スライド　蔵書印　花瓶　黒板　本立　日誌等

三 図書館資料（五月末現在）

○蔵書＝約一千二百三〇　○定期刊行物＝約五〇〇　○新聞　○写真ニュース　○新聞雑の切抜き　○生徒作品　○地図類　○掛図類　○純芝居　○レコード　○絵はがき類　其の他

四 図書館活動のあらまし

A 図書館資料の蒐集

1 資料選定委員会を開いて、各教科主任・学年主任・生徒委員等の意見をまとめる。（委員は事前に各関係毎に打合わせや、調査等を精密にしている。

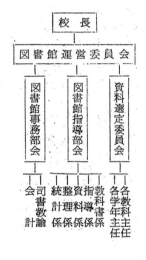

2 基本的態度としては図書館の性格にふさわしい、一定の水準を設けてこれに則したものを選定する。（詳細は略）

B 図書の整理事務

1 目録作成＝国際的標準型の規格で基本カードをつくる。

2 分類＝文部省学校図書館協議会案のNDC中小校用分類表を基礎にしてそれに若干の取捨を加えて本校の実情に適合させた。

3 閲覧目録編成

イ 閲覧用カードの作成

ロ 図書等のはりつけ

4 整理順序

伊藤伊著「図書資料の整品と用品」のP191表合理的な整理順序を参考にして実施している。

C サーヴィス

1 サーヴィスに対する図書館員の態度

図書館を設置した目的に適うように利用者に対し、より早く、要求された資料を提供すること、又希望に応じてある程度の調査も惜しまない。

2 公開の仕方

○館内閲覧の場合

イ 接架式

教科用参考書・定期刊行物・雑誌・新聞等は、自由に閲覧させているが、管理面に余分の手間がかかるようである。然し、利用者側からすれば極めて価値のある方法として喜ばれ事実効果をあげているので、やはり継続実施する計画である。そうすることによって更に図書館員の訓練が積まれ、且つ利用者の面からは公徳心昂揚のよき場にもなり得る。

ロ 出納式

イ以外のものはこの方法を用いているが、それにはカードを利用している、書棚に並んでいる本、と同様な分類目録になっているので係員は勿論、利用者も容易に本を捜し出すことができるこの方法においては、目録の整備が十分にゆきとどき、且つ図書館教育が十分になされたら、利用効果からみても接架式と同様な成績をあげることができる。

○館外閲覧の場合

イ 職員、生徒の合議によって九項目の規則を制定してあるが省略する。（館内外共に）

ロ 利用する時間

曜日	夏	冬
月・火・水・木・金	七時三〇分－五時	八時－四時
土	七時三〇分－二時	八時－二時
日 休日	休み	休み

○教室貸出し

教師の要求するカリキュラム特約図書は図書カードに所要事項を記入して貸出す。

○グループ貸出しも実施している。その場合にも所定の手続を要する。

○巡回文庫

各学級に一定の期間を設けて（計画的に）保管の責任を学級担任にあたえて貸出す。

ハ 貸出に要する用品

図書カード・貸出期間票

D 図書館宣伝

1 資料展示

2 掲示板・黒板等の利用

新刊書や新着書の紹介・表紙のうわ紙・新聞記事・図書目録・写真グラフ・諸統計等

3 放送施設の利用

4 図書館ニュース

学校新聞の一資料として毎月一回、図書館の解説・新刊図書・図書のすいせん・郷土資料・諸統計等

5 ポスター標語による宣伝

6 懸賞募集による方法

7 其の他

E 図書館教育

1 対象＝全生徒

2 場所＝図書館・教室

3 学習内容及び図書館教育カリキュラム

学年別、学期別に展開されているがここでは指導内容の大まかな点だけをあげてみる。

イ 図書館の意義と利用

ロ 図書の造本

ハ 図書の選択

ニ 図書の分類と目録

ホ 読書法

ヘ 読書衛生

ト 図書の愛護

チ 其の他

4　資　料

各種参考図書・本校図書館・各種資料等

写真説明

一、日時＝五月三〇日午後四時

二、場所＝本校図書館

三、図書館の規格、（単位メートル）

六・四×九・四×三・一

四、採光・照明

1　一二〇ルクス—一七〇ルクスの照明度はあると考えられる。

2　主に東西から採光する。

五、通風・換気

1　特別の設備はないが絶えず注意している。西側は土手がありそこに樹木が立つているので、伐採の必要があるかもしれない。

2　黒板の反射はあまりない。

六、位置＝職員室の隣

七、利用している生徒＝三六人各学年男女が配置されている。

八、利用状況のあらまし、

1　生徒達は各教科担任からのすいせん図書でもあつたのか。又何物かを自由に研究して自分の問題を自分で解決しようとでもしているのか、とにかく没我の境に入つている。毎日学生事典にカジりついている者、若き建設者をひもといているもの、スクール和英新辞典からローマ字をさかんに写し取る者、中には昭和の芭蕉にでもなりたいのかその伝記にひきつけられている女生徒も居る。三年生の一人は、新聞をつくる人々を読んでいるようだが恐らく国語の先生から課題でも言いつけられたのであろう。—司書の先生は読書の状況でも観察したのであろうか静かに机間を巡視してきて今はあまり適当な場所でもなさそうな正面に立ちふさがつている。然し彼の胸奥にはつつみきれない喜びと希望がみなぎつている。誰のために？勿論生徒のためにだ、中城の将来のためだ、否全世界平和文化のためにかもしれない。彼のひとみに映ずる生徒はいじらしいに違ない。或いは哀愁も含まれているかもしれない。だが要は七二のひとみに絶大の期待をかけているのだ。学校教育は生きている。図書館は生きている。そしてその中で人間は生まれてくるのだ。そして彼は生徒にしろしめざる如く其の場を消え去つた。生徒達はいよいよ静まりかえつてきた。

本をめくる音はかえつて静かで音楽的だ。数名のグループのささやきも流れてくるが静けさはやぶられていない。館中静あり。やがて五時の鐘、閉館の合図とは知り乍ら宝子達はハットはしたが行動は至つてにぶい。いつもなら数十秒で運動場に集まつてしまう彼等にもこうした不規則な一面があろうとは？

不規則な行為として叱責しなければならないだろうか、然し十分位もしたらそこには、今前方に立つている係生徒や事務用机を前にしている出納係の生徒以外は見えなくなる。しばらくしたら五つの書棚は整然となつて早朝のすがたにかえる。カードケース等も同じように。やがて戸がしめられ。図書館が休むに適度な態度になる。図書も生きものだから休館時は必要なのだ。

そして早寝早起の保健法を年中守るように心掛けているのだ。

2　向つて右側の生徒＝入つたばかりでカードを貸出係からもらい受け、盛んに要求図書をめくつている場面。

3　その左側の生徒＝カードをみつけだして所定の項目を記入している所

4　書棚にむいている生徒＝図書を取り出そうとする場面。

5　こちらに向いて図書を持つている生徒は本を借り受け閲覧室に出向う所。

颱風を潜つて

—第六回課題展を了えて—

比嘉俊成

一　序（方針）

創立八年を経過してこゝに第六回夏季課題展を催すことになつた。

休暇の課題の意味が色々ある中で特に戦後声カマビスしい学力低下を防ぐ一案として、一つには消極的面で、学習放棄から護る為めに、今一つには積極的に個性の発見とその助長という二つを目標として来たが、展示会となるといきおい後者に重きをおくことになる。副次として裏には種々教育的なことが考えられる。所謂全員皆提出、一人も不履行者、不提出者がない様に、いゝつけを守り、課されたものは必ず果すという責任義務の観念から遵法服務の精神にも及ぶべく考えられるが、個性云々という所にやはり自由な楽しんで趣味を生かし、才を伸ばすということになり、型に嵌つた画一的なものにならぬ様にすることが肝腎となつて来る。

二　教育のシオ(機会)

そこで成績効果の面であるが終戦後間もない初期の頃に比べたら、隔世の感?―といつたらちと大ゲサかも知れぬが―そういう位、最近は著しく、見違える様な向上進歩ぶりである。これは一面戦後状態から遠ざかつて、物心共に、段々平常に復して来た社会の反映もあること乍ら、一面又教育の効果進展の現れでもないかと、聊か以て私かに得とするに足りるかと思う。即ち物の豊富になつたことゝ意欲の萠芽発現したことはすぐ感知される所であるが、特に後者(意欲…)は前者(物)の外的条件に比し内的で、教育各体並びに環境の教育的発達又は向上を示すもので、外件が意欲を「唆る」「促す」という内外相関々係があるとしても教育上大いに注目に値する所で是れ即ち教育の機で、逸すべからざる(教育の)要機である。

今にしてこの機に乗じ、斯の所に力を注ぎ、熱を煽るべしで、今だ〳〵とわれ〳〵はこゝに喜び、そして勇み起つた。やり甲斐があるぞ!押せ〳〵もう一押し、進め〳〵もう一息!

三　方　針

かくして一課題展を契機(シオ)にわれわれは元気づいて起上つた、そして搬入(提出)、調査(点検)、審査、展示の日程を編んだ。先ず何はともあれ、授業大事に、土曜、日曜を展示日に選んで審査に臨んだ。所が更に喜びと元気を奮わしたのは、その成績が向上著しく、質量共に予想以上であつたことで、一日そこそこで展示を閉じるのが惜しくてたまらない、もつとゆつくり一般父兄の観覧に供し、社会教育の一助にも資したらとの自負を禁じ得なかつた。

然るにやつと審査を了えた頃、何たる自然のいたずらぞ!台風来るの報に接した。悄然として恰も、疾走し来つて急ストップを喰らつた態である、仕方なく〳〵一時延期の已むなきに到つた。

而し風は前日よりないで見え、やつちまえ!大丈夫だ、との声さえもあつた。―而し…

迷い乍ら思い切つて延ばしてよかつた。来襲の大風は風力計の目盛もない位、未だ嘗て稀れな上に、本島を横切つて過ぎたとは今更驚いた。

そこで出品成績も甚だしく汚損されたものと予想で、展示期間を更に縮めた、所がいざ展示して見ると―校舎は雨漏ひどく屋根は飛んでも―成績品の保管だけは完壁であつたと見え、案外汚損が少く、展示は室外に溢れ出して、天井から廊下、仕切戸、壁の裏表二重に貼付けるという盛況振りで、日程縮限をほとほと後悔した。これも稀有の大風に怖える余り損傷の過大評価と、保管の完壁を信じなかつた自己矛盾の致すナンセンスである。

方針を例示すると、

1　審査方針

a 各科審査　b 各学級審査　c 各学年審査

d 綜合審査

2　展示方針

a 全部展示　b 各学級展示　c 綜合分類展示

(注)選択展示を排して全部展示をしたのは、選手主義を好まず、機会均等を考えたから。

綜合分類展示は比較対照等の便はあるが、時間と場所を要する点から、問題があるので、一部分でもと思つたが、今回は割愛した。

四　作品傾向

作品を通覧するとやはり或る傾向を示している様に思われる。これを総括的に見て、各科とも社会的といおうか、生活に関連したものが多くなつたのが、新たに気付かれる。―といつて余り又世帯じみるとマセて「らしさ」を失うのであるが―。これは社会的影響か或は又新教育の方向に沿つた(コンミュニケーション等)教育の効果かと思われるが、一面新教育全般に対する警戒と共にその用意を持つべき面でもあろう…。

全体として課題(方針)の気心をよく酌んでくれて、課されたから、という義務観念から解放され、子供の自由の世界と、楽しい雰囲気とが見られるのは嬉しい。

なお各科についてその内から一、二を拾つて具体的に述べると次の通りで、中でも戦後的色彩(戦争廃物資料）を抜け出していて、廃物利用としても、終戦直後の有合せ的ではなく、計画的に生かされて使われている点が異なる。

此頃はコンミユニケーション教育が流行つて読書指導が云々され、沖縄でも読書歴の調査に手を着けつゝあるが、勢として図書館経営が又浮び上つて来る。

国語科に於ても昨年まで言語と二つに分けてあつたが、コンミユニケーション教育の意味も含まれていたか知らんが而し言語学は国語とは親戚関係であつてコンミユニケーションの傾向が多くなると二又でどつちも効果的ならない欠点があつたといわれ、今年から国語に統一された、勿論作品にこんな影響は気付かれない。

特に話方について

従来からの環境上、読む、書く、聞く、話すの中で一番難関の「話す」が、放送のおかげか、億劫がらなくなり、又相当進歩を見せて来た、若し関係があつたら今後の方法に（生徒放送者に）然るべき考慮を要する。

△デスカツションを盛に

喧嘩や密語が出来れば外国語も相当だとの素人考であるが、外国語ならぬ話方（の上達）の為めかデスカツションは、その効果は単に話方に止らず、引いて理解を深めるに役立たんか。

文学作品中先ず作文であるが、これもやはり近代傾向？として生活に結ばれるものがふえ、而し往年の豊田正子バリや無着式の所謂生活つづり方というものではない。即ち単なる文学的なものだけでなしに、

(イ) 報告記録

これには研究報告といつたものから理解との連関で観察日記式から星の観察記、これも野尻泡影氏風からやり方によつては、立派な文学が生れる。

(ロ) 日記式

(ハ) 往来物（手紙）

最近ペンフレンドが多くなつたのによるか、これが中々よくなつた。その中に報告があり、観察があるが特に社会観（社会のながめ方）がある。

(ニ) 習字書道の作品が多くなつた。

習字は戦後用具の関係で遅れたが、やはり東洋的民族趣味といおうか、個人的にやるのが、ふえて盛になつた、その為め全科に亘り文字が実着になつて来た。

文字の正確さへの為めに

習字書道の外更に書写させることによつて正確さへの効果を考えたら視写→聴写→暗写（作文へ）

(ホ) 設計図的？（計画性と合理性と）である。

加えて仕上に緻密の点が見える（同一材料を塗料や金具で異えている）

(ヘ) 材質の活用

竹材、木材、針金、ブリキ、布、紙（厚紙）、ビニール、紐、石、土等の剛軟疎密、形体（態）の見別方或は立体、平面の使別

(ト) 健康である

作品に発らつとして志操の健康さを見せている。

(チ) 自主的と反省的

自主的の芽生えの中に我をハルことなく、よく反省して自奮激励して、しかも自ら慰安し、味わつている

(リ) 空想と論理のマツチ

未熟の中にほゝえましい、不自然ならぬ、極自然にマツチさせている。（クチヤの塑刻、土、ローケツ）

(ヌ) リビングデザインと造形への関心昂揚

（ビニール、ローケツ、紙土、クチヤ等）

(ル) 内蔵する才能の萌芽

自由に描く中に、内に蔵されていた埋もれた才能？が芽先をのぞかせる、これが教育の発見の気がする。

(ヲ) 和服物の作品が多くなつたこと

家庭科では、相当材料費を要するのに、和服物の作品が多くなつているのは、やはり世の中の落着きを示す一つでなかろうか。

(ワ) パラソルの張替

教材外だが、実用的傾向の一つか、その間でもやゝ進歩的？に見られるパラソルの張替えがある。これはコンミユニケーション教育の連りとして、クラブ活動に取入れてもよさそうである。

(カ) 基礎技術の指導の重性を痛感

技能科（家庭科）では、基礎技術の指導をしつかり施しておくことで、作品からその重要さを特に痛感させられる。

(ヨ) 科学的になつたか

1 処理の面

植物、昆虫、貝殻等の諸採集が種類が多くなつた上に一々図鑑に当つて種類別、大小別に分類整理して、展翅も丁寧に特に又三角紙に包んである。

2 継続的な観察研究

地味な?気象観測を継続的になし、季節の特長をとらえようとしている。

3 解 剖

今まで鳥類の剝製があつたが、今度はネズミ、カエル等の解剖物が見えたのは、より科学的になつたか。

(タ) 繊維類、織物の標本と実験

これもやはり社会的?実生活と連関した傾向の一つであるか。

その他ラジオ、電気器具の作品も進歩を示した。

(レ) 図解、図表

従来統計類、年表等社会科に多かつたが今度は人体模型図や器械類、ミシン等の分解図解、その他図表掛図式のも多くなつた。

ありのまゝの正しい観察記録→検証、実験→(法則、習性)—

→人生の効用へ(種の改良、社会改良、優生学、天敵の利用)

→学問の進歩へ(高次法則の確立、次段階の学問へ)

要するに以上の諸傾向等を如何に学年(生徒)にマツチさせ、引いて又如何に教育的方向に持つていくかが今後の問題である。

(真和志中学校長)

随筆

思い出の旅日記

首里高校三年 儀間節子

七月二十五日、晴、目をさました時には時計の針は6の字をさしていた。私たち四人の寝ている三畳の部屋はまだうす暗く、壁の節穴からさしてくる朝の光は、美しい一線を引いて、それが私には動揺しているかのごとく、柔らかなその光りを見ると、遠く沖縄を離れた旅心地を覚えるのであつた。

身支度も、もどかしく観光バスで八時頃旅館を出発、バスの窓に映る次々に変りゆく風景に見とれていると、バスは皇居前広場で停車した。私たちはさつそく五列になつて、見学することになつた。今まで夢にさえ見たことのないこの皇居、そして唯一の願いでもあつた、それが今この地を踏んでいるだけで、目がしらが熱くなるのを感ずるのであつた。

広い宮城の中は見学を終るのに一時間半もかゝり、一里以上の道を歩いたほど。二重橋に出た時は疲れきつていた。こゝはその昔、大田道灌が築城したものだと耳にしたが、それは実は現代日本の象徴として、周囲の堀池に老松が古代的に映えて静寂な清い風景はゆかしい限りであつた。

バスはまた、国会議事堂へと走つた。車掌の説明によると、この議事堂は二百五十八万余人の労力と十七年という長い歳月を費して建築し、資材は全部国産品を使用したとの事だ。それが青空にそびえて、国政の中心部として厳然と白亜の偉容を示している。

こゝを背景にして百余人の記念撮影を終え、車に腰を下ろしたかと思うと、案内嬢の美しい声はもう耳に入つてくる。靖国神社参拝である。

一同そろつて礼拝、戦争で死んだ父がここに祭られていることが思い出され、幼い頃に見た父のはつきりしない顔がいまなんとなく、はつきりとなつかしく眼前に浮ぶのである。

銀杏の並木に囲まれた静寂な神域であり、都内の霊場である靖国神社に祭られた父は、しあわせだと思つた。バスの最後のコースは、明治神宮であつたが、そこへ到着するまでに多くの名所見学ができた。旧丸ビル、新丸ビルによつて代表される五〇余の高層建築が立ちならび、大都会の感を深くする丸の内ビル街、内部はフランスのベルサイユ宮殿を真似て造られたという国会図書館、隅田川の最下流に架されている勝鬨橋、次に全国里程元標として多くの人々に親しまれている日本橋、野球ファンを熱狂させる後楽園球場、銀座、歌舞伎座を見終つて、宿に着くと、五時を過ぎていた。

その後は自由行動であるが、皆思い思いの所へ外出する。私は夜の東京でも見学しようと思い、玄関に下りた時、思いがけなくも文通していた友が二人新聞を読んで知つたと言つてわざわざ訪ねて来てくれた。私はその好意に感謝の気持でいつぱいだつた。

東京や沖縄の学生の生活態度や勉強のやり方等について約二時間ほど話し合つたが、その話しの中に、一人が、沖縄の人は皆パン主食ですかと聞かれた時、少しまごついた。まだ沖縄が理解されてない事に、寂しい気持になつた。このような質問を受けるということは、本土の人々が真の沖縄の姿を知らないからだが、又私達が真実の沖縄の姿を伝える努力の足りなさが現われていると思つた。そのためには私たち一人一人が、あらゆる機会を利用して、本土の人に接近し、自分の考えや、真の沖縄の現状を、適確に伝えることにつとめなくてはならないと思つた。

七月二十七日、晴、朝の八時、京都駅に着くと、旅館の人々に迎えられ、すぐに宿へと向つた。玄関の両側にずらりと並ぶ出むかえの人々、私たちを見るなり、一斉に〃おいでやす、おいでやす〃と、なん度もくりかえして、頭をさげた。

そうされ私はなんとなく冷たい感をおぼえるのであつた。今日まで、その様な経験を持たなかつた私には、先方の世話がすぎやしないか、そうすることが当然なのか、うたがう気持にさえなつた。友達に話すと、やはり同感であつたらしい。

しかし、私が考えていたことは、何でもなく京都が昔ながらに持つている習慣、そして、京都だけでしか聞けない京都弁、それが昔の日本の面影を残していると言うことであつた。私たちの部屋の割り当てを終えると、たゞちに京都見学であつたが、中には三、四人の生徒が、昨日の日光見学での靴ずれに痛みを覚え、皆に歩調をそろえるのに精一杯であつた。旅行の苦しみつてこんな事を言うのではないかしら、しかしそれが最大の思い出となろう。バスは最初、東本願寺へと急いだ。この寺が、東京や日光では見られない古風な建物で京都最大の建物であるといわれている。平安神宮は又、王朝時代の古典美を再現しているかのごとく思えた。

京都御所、清水寺、金閣寺と、最後に嵐山、高くそびえた緑色ゆたかな美しい姿は清澄な水面に映じて、時々強い風が、水面に触れて美しい移動性の画面効果をあたえていた。

目をつからせて旅館にもどると、舞妓が来るというので、皆胸をおどらせながら、その時を待つた。京都といえば舞妓、舞妓といえば京都と二つの名が一つに結ばれて考えられている。しかし京都に居ればいつでも、どこでも舞妓が見られるという事ではない。昼間は私たちと同じ服で同じ生活であるが夜になつて始めて姿を変えるのだという。

やつと七時頃になつて舞妓さんが姿を見せた。私たちは急いで広い座敷にひざまずいて、早速舞踊を見せてもらつたが、しかし私は、その舞妓に対して感慨無量であつた。

なぜなら、それは絵画や写真、映画そつくりであると思つていたからであろう。――しかし言葉やその人の態度は舞妓という意識を強く感じさせた。後で私は琉舞を舞うようにと、すすめられて、上り口説、を舞わしてもらつた。私の未熟な舞に舞妓さんは喜んでくれた。どの程度理解できるかは疑問であつたが琉舞の一端を紹介する意味でも舞つてよかつたと思つた。楽しい京の夢安らかだつた。

陸の河童

（首里中学校水泳部紹介）

新垣 侑

文章も拙いし敢て人に話すだけの価値もないと思うが局からの御依頼により又之によつて沖縄に一つでもプールが多くなり何なりと沖縄スポーツ界にプラスになれば僭越ながら幸いと思う。思い出せば五十年度の六月波之上海岸で行われた水泳講習会に二十人の希望者を連れて参加したのがスタートであつた。生徒達は二、三の台湾帰還者を除き一度も泳いだ事がないという所謂鉄棍組が多かつた。此の際泳ぎたいという意欲は充分あつたので参加する事にした。指導者は沖縄水泳連盟の幹部で皆戦前のベテラン達であつた。大きい満足と希望を持つて一週間の講習を終えた。之からが問題である。生徒達はひきつゞいて練習に通わせて貰いたいと云い出した。あの頃は時間外の雑務も今のように忙しくない時だつたので一緒に通う事を約束した。

月月火水木金金の練習が始まつた。帰りは、普通七時、おそい時は九時頃になる事もあつた。

首里バスは五台で運行し六時過ぎたら西武門には来ない時代だつた。乗れない時は下級生を先にのせ自分達は歩いて帰える三年生の姿に心が暖まる感がした。そして観音堂の坂道を応援歌をうたいながら登つたこともあつた。幾度となくやめさせようと試みた。しかし私の弱い心と根拠のない理由は、生徒の意欲を抑えるには薄弱で、常にくつがえされた。本当に一日も欠かさず二十名近くの者が雨の日には、カツパを被り波之上まで日参した。その秋の九月第一回沖縄水上選手権で一般人や高校生を抑え大部分が一、二位にくい込んだ。燃える火に油をそゝぐ如くその年は文字通り冬季皆練習に突入した。水温十二、三度の頃もはーはーいうて又飛込んだ。入学試験の翌日も泳ぎに行つた。皆はち切れるような元気で咳一つしなかつた。バス賃の足しにと首里市長や首里バスから切符が届けられた時は唯感謝の気持と自分達の存在を知つている人が居るという心強さが湧いて来た。一部の人々の間ではその頃から首里プールを作つてやつたらという声が有つたらしい。そういう事はよそに、生徒達は毎日頑張りつゞけた。そしてその秋の第二回選手権大会にはほとんどの種目の上位に入つた。

しかし私達の練習には幾多の不便があつた。交通の面は申すまでもなく、放課後切角波之上まで行つても満潮時以外プールはほとんど空で海岸も珊瑚しようで足の踏場もなかつた。その上あの頃は人家もなく心細い事この上もなかつた。

当時の首里高校長阿波根先生うちの祖慶校長のお伴をして首里市役所に兼島市長を訪問したのは確かに九月二二日であつた。プール建設の請願に参上したのである。スポーツマンの市長は大変よろこばれて賛意を表した。但し金はないとの事。色々検討した結果市内の学校、PTA、市役所、市議会等が中心となり首里淡水プール新設委員会を結成する事になつた。

事はとんとん拍子に運び、群島政府の募金許可も僅か四、五日でおりた。

ハワイや本土からの御芳志も以外に多く、工務部其他の御同情もあつて資材集めも奏功し、着工五二年一月二三日、プール開き同六月二八日、その間本当に一日千秋の思いでやつと泳げる所まで漕ぎつけた。何といつても苦心したのは龍潭の水を自然流下で導き濾過タンクを二度も通して清水にしカルキで消毒殺菌し青ミドロの発生防止に硫酸銅を用いる濾過装置であつた。

水を得た魚の如く生徒達の喜びは天に昇る如く、大人にはわからない程だつた。何時行つてもプールは超満員で元気よくじぶきをあげている子供達の姿を見ると今までの心配や苦労も一ぺんにけしとんだ。唯やつてよかつた、夢が実現した、皆のお蔭だと感謝した。

以来プールは満四年と四個月沖縄水泳界メッカの地として一日の休む日もなく活用されている。夏のシーズンにはコースを分けて練習させるためにうれしい悲鳴を上げる程カッパ連がおしよせてくる。そして日一日と生長し沖縄水泳界を双肩に担う現役の連中も皆数年来苦楽を倶にした者だ。国体へも三度参加した。明日を担う中学生の水泳教室のため、遠く天理市まで遠征した。中央大学水泳部へ板良敷朝友、名古屋の中京商業へ城間幹夫が選ばれて進出した。今までの灰色で息苦しい気持も何時の間にか秋空の如くさわやかに、又出た新記録と心も軽く、生命も一寸ずつ延んでいくような気がする。

常に集る水泳愛好者で下は十才から上は四十近くまでのカッパクラブも生れ、強化合宿、合同訓練と枚挙にいとまがない。皆明るくのびのびと明日の水泳沖縄を背負うべく大きいプライドで日々の練習にいそしんでいる。

カッパクラブのモットーは

キテイウス「より高く」

アルテイウス「より早く」

フオルテイス「より強く」

最後にカッパ行進曲を御紹介しよう。

一　若い力と感激に　燃える希望の若人が
　　集いて競う楽園地、之ぞ我等が首里プール

二　世紀の友よ飛魚よ　我等の道は唯一つ
　　海邦養秀意気高く　七つの海は吾を呼ぶ

三　薫る英気と純情で　苦楽を倶に幾年ぞ
　　我等の行手永久に　祝いて咲かん桜花

（首里中校教諭）

議案第三号

中央教育委員会は欠のとおり定める。

一九五六年八月八日

中央教育委員会

一九五七年度　文教局年間行事計画

（〔備考〕①は免許事務指導　②は区委員会訪問　③は行財政研修会　④線は単位手当事務指導）

月別／課別	庶務課	学務課	指導課	研究調査課	社会教育課	施設課
七月	中央教育委員会	①大学入学資格検定 免許事務指導（ギノザ）	教科研修 教科書展示会及目録編集 研究教員選考		各種団体研究指定	暫定予算校舎割当

課別＼月別	八月	九月	十月	十一月	十二月
庶務課	文教審議会 出納官吏業務研修会	中央教育委員会 才入関係事務研修会	文教審議会	中央教育委員会	文教審義会
学務課	総合安全週間 水産高校日本遠航 教育長研修会 学校事務主事研修会	②区教育委員会訪問（久米島） ③行財政研修会（久米島） ②（勝連、具志川） ①（八重山、宮古） ④単位手当事務指導（八重山、宮古） 政府立高校研修会 ②（美里、与那城） ③（前原） 商業定時制卒業式	②大学進学指導（北・中部）（伊是名、本部、伊平屋、上本部） ②伊江、今帰仁、屋我地 ①知念、久米島 大学進学指導（南部、先島） ④（久米島）	②屋部、名護、三和、渡カ敷、座間味、粟国、糸満、渡名喜、豊見城 ③（名護） ①（糸満、名護） 政府立高校長研修会 公費選抜試験 大学通信最終試験	②兼城、東風平、高嶺、八重山、宮古 ③（糸満地区、宮古、八重山） ①（石川、那覇） 八重山開拓実習
指導課	実験研究学校指定 視察教員募集 教科研修	研究教員研修会 作品展募集 教科書需要冊数調 英語弁論大会派遣 教科研修	研究教員発表会 テスト問題作成 靖国遺児出発 運動会状況調査 教科研修	実験学校発表 研究校発表 研究教員募集 教科研修	実験学校発表 個人研究発表 全琉児童生徒作品展 教科研修
研究調査課	琉球歴史資料研究会 教育財政調査委員会 学校基本調査委員会 文教時報発行（二十六号）	教育課程委員会 琉球歴史資料刊行 財政調査講習 長欠児童調査 ○文教時報発行 総合学力調査	教育課程委員会 琉球帰史資料研究会 財政調査集計 長欠児調査 文教時報二十八号 基本調査講習	教育課程委員会 知能検査講習 財政調査集計 総合学力調査集計 ○文教時報発行	教育課程委員会 要覧編集委員会 学力検査問題作成委 琉球歴史資料研究会 ○文教時報発行
社会教育課	社会主事研修会 中央青年幹部講習会 公民館時報 青年体育大会 新生活運動中央委員会	青年幹部講習 婦人幹部講習 新生活専門委員会 新生活モデル設定 守礼門復元着工	各国団体指導者派遣 視聴覚技術講習 リクレーション手引発行 新生活専門委員会 同ポスター標語募集 園比屋武御嶽竣工 弁財天復元工事着工	成人学級指導者講習 青年幹部講習 新生活専門委員会 婦人幸部講習 PTA指導者講習 無形文化財公開	青年体力検査 新生活テキスト作成
施設課	本予算校舎割当 政府立建物修繕	開拓地学校校舎及び住宅割当 備品補助割当	直轄学校備品割当	要貸与教科書補助割当 定時制施設補助割当 政府立学校備品注文	

一月	二月	三月	四月	五月	六月
中央教育委員会	文教審議会	中央教育委員会	文教審議会	中央教育委員会	文教審議会
②（久志、宜野座、金武 具志頭、王城） ③（宜野座） ①（辺土名、前原）	②（佐敷、知念、大里 南風原、与那原） ①（コザ） ③（知念） ③（知念、名護） 高校入学選抜 中学校卒資格試験	教育長研修会 ②宜野湾、北谷、コザ、西原、 中城、北中城、読谷、嘉手 納 ③（コザ） ④（糸満） 各学校卒業式	②那覇、真和志、浦添 各学校入学始業式 学校身体検査 結核予防週間 ④（那覇、辺土名） ③（那覇） 琉大奨学生選考	②（石川、恩納） ③（石川地区） ④（石川、前原、宜野座） 政府立学校長研修会 通信教育最終試験	体力検査 口腔予防週間 教育長研修会 ②（南北大東、国頭）
教科研修 実験学校発表 研究教員選考 農業クラブ大会	教科研修 実験学校発表 学芸会状況調 子供銀行表彰 貯蓄作文募集	教科研修 研究教員研修会	教科研修 指導主事研修 視察教員募集 靖国遺児出発	教科研修 研究教員発表 各種コンクール	教科研修 兼任指導主事研修会 個人研究発表 教科書目録編集委員の委 嘱
文教時報発行 教育課程委員会 高校標準検査実施	文教時報発行 教育課程のまとめ 琉球歴史資料研究会 標準学力検査（中学）	文教時報発行 基準教育課程印制 学校基本調査まとめ	教育要覧編集 琉球歴史資料研究会 特殊児童調査 基準教育課程配布	文教時報発行 高校標準検査実施	文教時報発行 教育要覧配布 基準教育課程の普及
職業技術講習 新生活月間運動 重要文化財展示会	職業技術講習 公民館研究発表 公民館幹部講習 リクレーション講習 新生活、標語、ポスター 表示施設 PTA研究発表 文化財指定	青年会研究発表 婦人会研究発表 視聴覚機材コンクール 地区リクレーシン大会（地区） 公民館研究発表	公民館時報発行 婦人会研究発表 視聴覚機材中央コンクー ル レクレーション中央大会	社会教育総合研究大会 社教主事研修会 文化財要覧刊行	公民館時報発行 公民館研究大会
要改築校舎の調査	政府立学校備品配布		五八年度校舎割当計 画作成		

産業教育シリーズ（其の二）

＝食品加工＝

島内産業の保護育成

一見はなやかに見える琉球経済の現状も、実態は根無し草のたとえのとおり極端なあなた任せの依存経済ですから、之は又あなた次第で何時崩去るのかも知れないという、極めて脆弱な基盤の上に立つています。戦后十一年にもなつていながら、相変らず国際収支は大きな不均衡を示し、辛うじてそれを基地収入という一時的なもので命をつないでいるのに過ぎません。膨張する消費面と大切な生産事業面のアンバランスは、格段の差のあるまゝに、たゞ徒らに貴重な弗の流失に任せています。まことに琉球の経済は不健全な状態におかれておるという他はありません。

そのためには大いに産業の振興を図り、生産の増強、輸出の増進と共に島内の自給度を高揚する一方、輸入の編成を計つて国際収支を是正し、一日も早く健全なる経済の確立を図ることが今琉球に於ける最大の関心事だと思います。

従つて島内産業の保護育成について、これを顧みないということになれば、琉球は単なる消費国として経済の自主自立を放棄することになり、たゞ手を拱いて国の滅亡を待つの他はないでしよう。ですから我々は生産事業の保護育成が深く住民の福祉、引いては民族の興亡に繋がることを、この際再認識し、銘記すべきであります。

食品加工生産業の先駆

ここに紹介する産業は、沖縄興業株式会社の事業です。同社は建築資材である瓦、煉瓦の製造業から発足、（一九四七年）数年前から食品加工事業に主力を置き換えた会社です。

製菓　本工場では専ら沖縄の主力産業である砂糖に基盤を置いたキャンデー（糖菓）を造つています。

本事業は高度の技術と設備を要しますので、日本本土から一流工場の技術を導入しており、尚数名の技術員を本土工場に一ケ年間派遣し技術を修得させるなど努力がはらわれました。それだけに本工場の規模と施設は、本土に於いても地方ではその類を見ないという位、立派なものです。

キャンデーの消費量と生産高

琉球は年に砂糖を主原料とする菓子類（ビスケット類の穀物製品は除いて）を一億円内外輸入しておりましたが、本工場ができてから四千万円足らず（一九五五年）に減少しています。つまり半減というわけです。更にその輸入糖菓の中、チョコレート製品やガム類を除いた純キャンデーのみについて見ますと、その輸入高は一千八百万円位に当つておりますので、之を同年の本工場生産高一千八百万円に比較すると、本工場の生産高は同年の輸入高と同額ということになり、更に本年に入つてこの率は増進し、現在では、輸入キャンデー量を遙かに上廻る生産を挙げているばかりでなく、逆に毎月五十万円位の輸出をしています。しかも、この輸出高は今後一層の増進が見通されているという極めて明るい事情であります。沖縄の純加工製品が輸出されるということは、今までに予想もされなかつたことです。これは、沖縄産業の大きな飛躍だと言えましよう。

たゞ産物のない土地ですから、製菓原料は砂糖を除いて悉く外国からの輸入にまつことが、唯一つの悩みだといえます。

従つてそのコストをカバーするためには、生産の合理化、技術の向上に一層の努力をずることは、勿論ですが、又それ以上に大切なことは、全住民の深い理解によつて、この上ともに輸入品にとつて代る島内製産品が愛用されることです。

それというのが、本工場の生産能力は、沖縄の全需要を満たして尚余り、それを輸出し得る能力を持つているからであります。

能力一杯に生産することになれば、コストはずつと下る理窟になります。

製麺　本工場は発足して未だ一年にしかなりませんが、本工場の施設、特に自動乾燥装置は、日本々土にも数個所しかないという極最新式のもので、特殊の成果を挙げています。

麺類の消費量と生産高

沖縄ほど麺類を多量に消費するところはないと言われています。戦后も年々七十五万から八十万箱、金額にして二億五千万円という莫大な輸入を見ており、それ丈に本土の業者にとり、沖縄は弗箱だつたのです。それが最近は沖縄麺産業の勃興によつて、昨年は六十万箱、一億八千万円に減り、又本年に入るに及んで輸入高はますます下廻つて、現在では、全沖縄消費量の四割以上を島産品で賄つております。斯くて急激に増えた島内産麺類の需要は、今次の輸入麺類課税によつて、更に飛躍するものと期待されています。輸入麺類を締め出すことも、おそらく遠い将来のことではないでしよう。

本製麺工場は月産一万八千箱（三十斤入）の生産能力を持つ工場ですが、現在は月産一万五千箱で、この生産量は全琉消費量の三〇％に相当しています。併し本年内には能力一杯の生産に漕ぎつける見込みだといわれています。

（沖縄興業株式会社提供）

製菓工場の部

工場全景

那覇市壺川区にあり、市内とは言え都塵を避けた清らかな環境の場所です。工場敷地は一、二〇〇坪、建物は延三一〇坪で、工場は事務所の他にキャンデー工場、（キャラメル、ドロップ、マンミー、ハツカ菓子製造）、掛け物工場（スイート、ピーナツ、マーブル類、ゼリビンズ其他製造）、金米糖工場（金米糖、落花糖其他製造）その他に分れています。

原　料 (1)

主原料の砂糖、その他の主原料は、水飴、油脂（バター、マーガリン、ココナットオイル）、乳製品（煉乳、粉乳）小麦粉、澱粉、ゼリー化剤、香料、色素等。

原　料 (2)

原料倉庫内の一部。
日本食品衛生法による無害の色素や香料。

ボイラー室

お菓子を造る熱源。
大工場では薪炭を使わず蒸汽で原料を煮詰めます。

キャラメル製造

キャラメル工場の一部

キャラメル工場の一部各種の機械施設は何れも最も新しい型のものです。

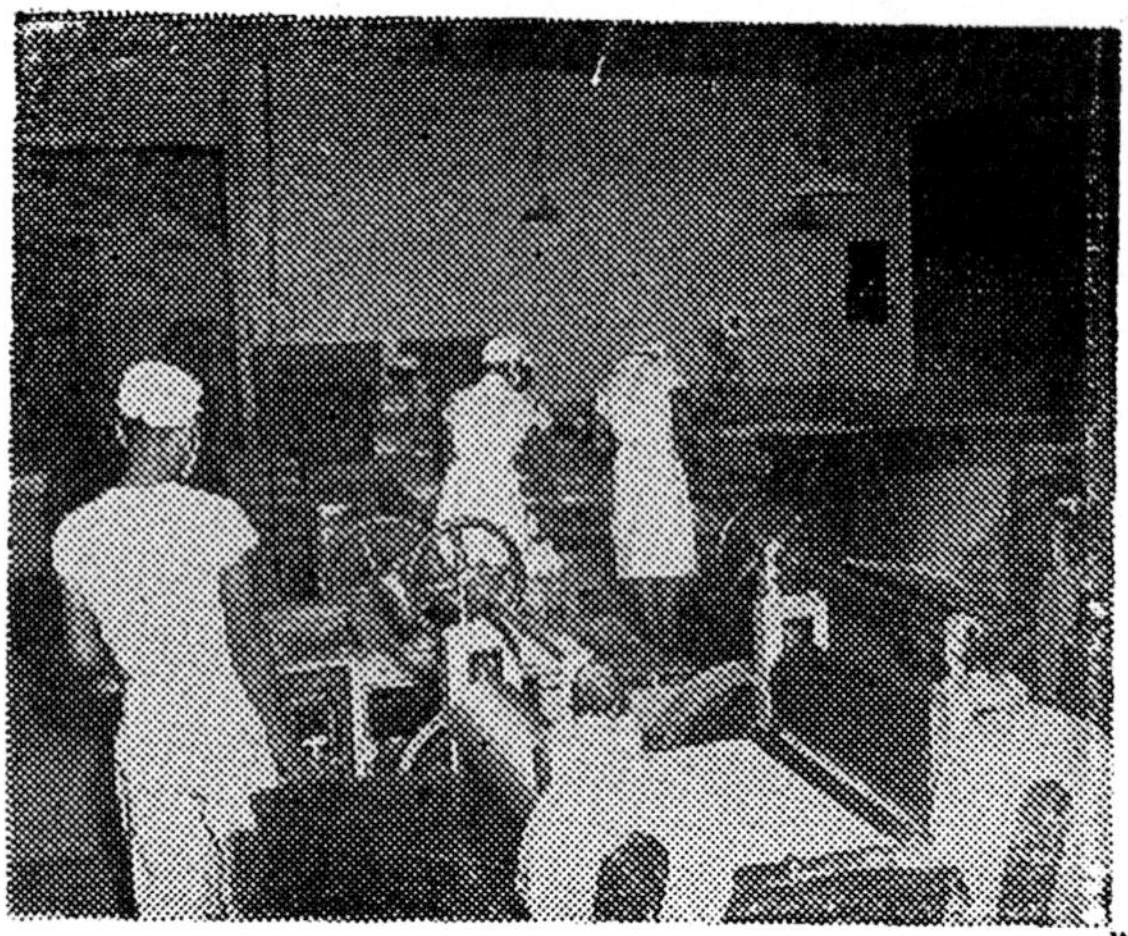

攪拌機付二重煮詰釜

先づここには見えませんが、攪拌機付原料混合釜というのにキャラメル原料を入れて攪拌して加熱溶解させます。次に本写真の煮詰釜に移してよく煮詰め濃縮されます。但し乳製品やバター等は煮詰めの終りに入れます。高温加熱が永くかかると色相も悪くなり又ミルクの香りを消すからです。

取り鍋と冷却盤

適当な濃度に煮詰めたら油を引いた取り鍋に移し、少し冷えたところで香料を入れよく混和させます、そして取り鍋から冷却盤に流します。冷却盤は鉄板でできており、下部から噴水装置で板を冷す仕掛けになつています。この冷却盤は四基あります。

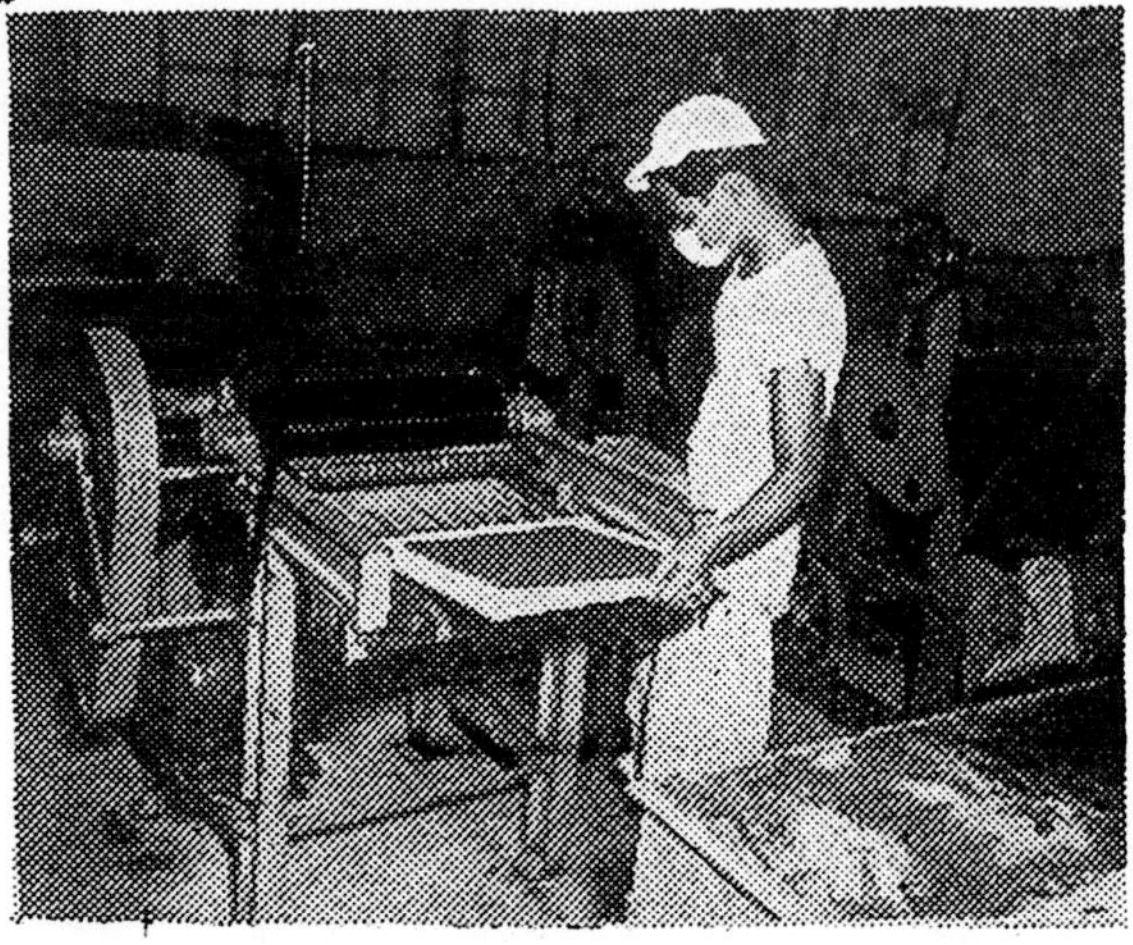

切断機

適度に冷却したらナイフで一尺×一尺五寸位の長方形に切り、次の冷却盤で裏返しに冷やします。適当に冷え固つたところでこれを圧延機（向う側に見えるのがそれです）にかけて厚みを定めます。キャラメルは一粒毎に目方を定めるので、このキャラメル板の厚さの標準に狂いがないよう注意します。そして次にこの写真にある切断機にかけるのです。キャラメルの板を一度竪に棒状に切断し、次に切れた方を横にして再び切断機にかけると小粒な四角いキャラメル粒が切れてできる訳です。

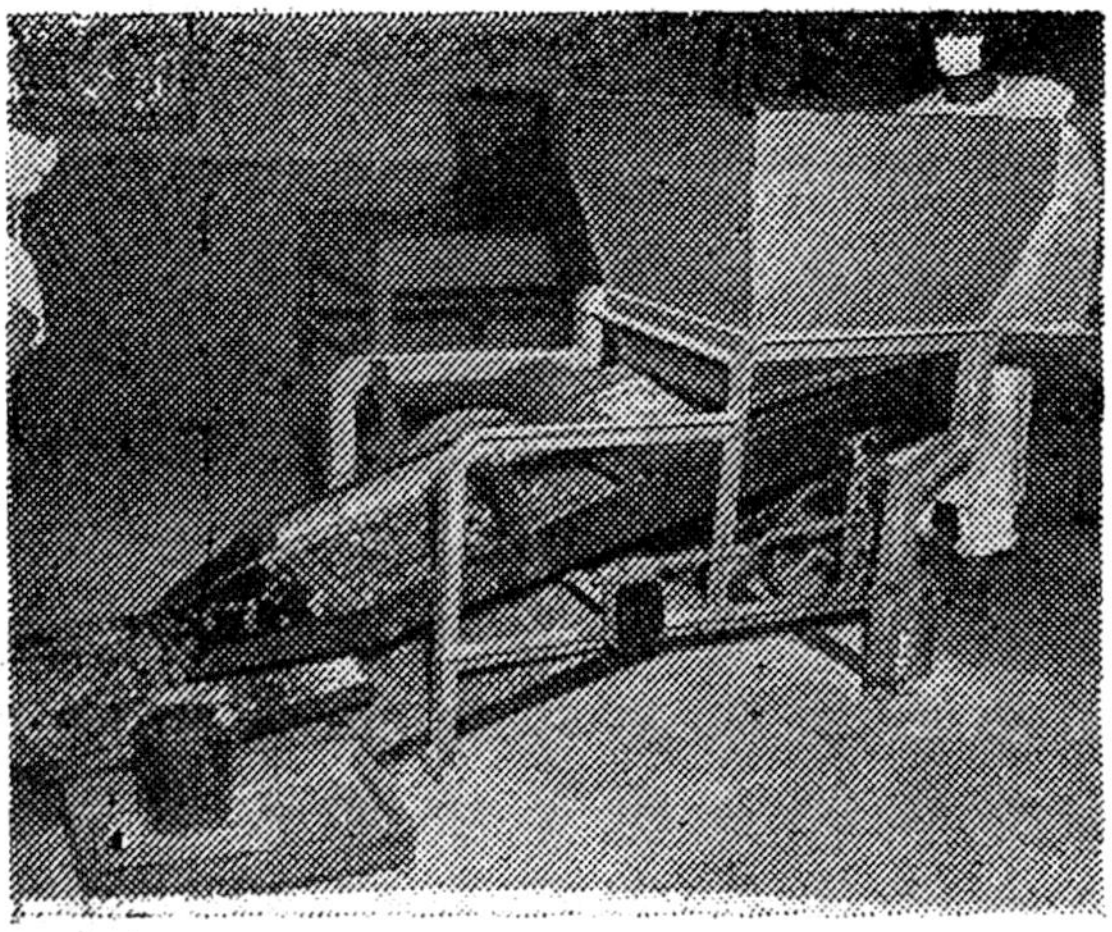

破砕選別機

次にこれを本機にかけ、取りつけられた自動ふるい器により正規の形のものと屑とにふるい分けられます。

自動包装機

できたキャラメル粒は、ここで包装用の臘紙やオブラートに自動的に包まれますので、人手に触れないで衛生的です。

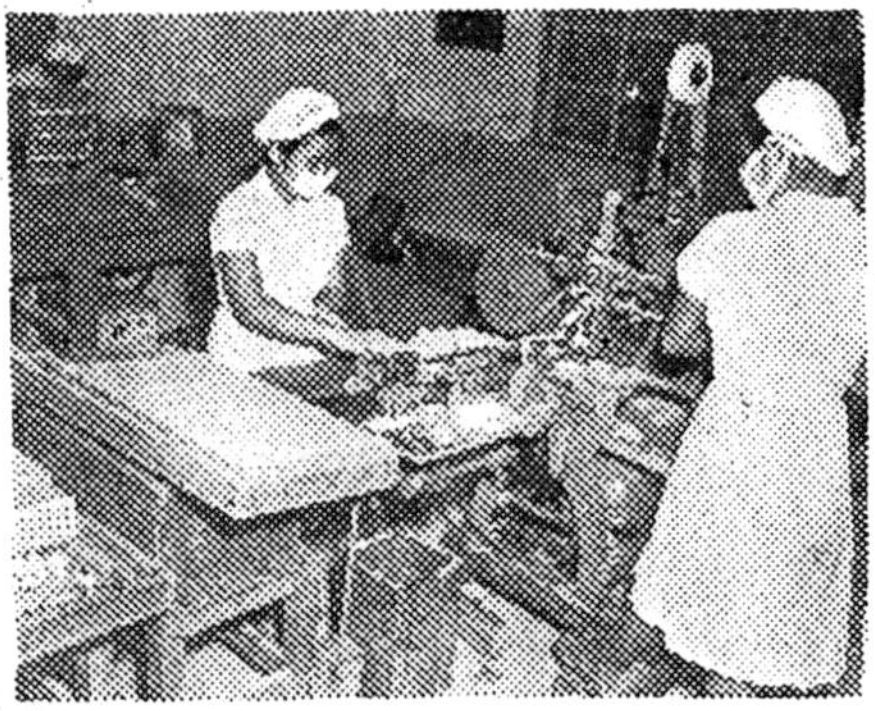

サック詰

自動包装機から絶えず出て来るキャラメルをサック（小箱）に詰めているところです。他にバラ、キャラメルの箱詰もこゝでやります。

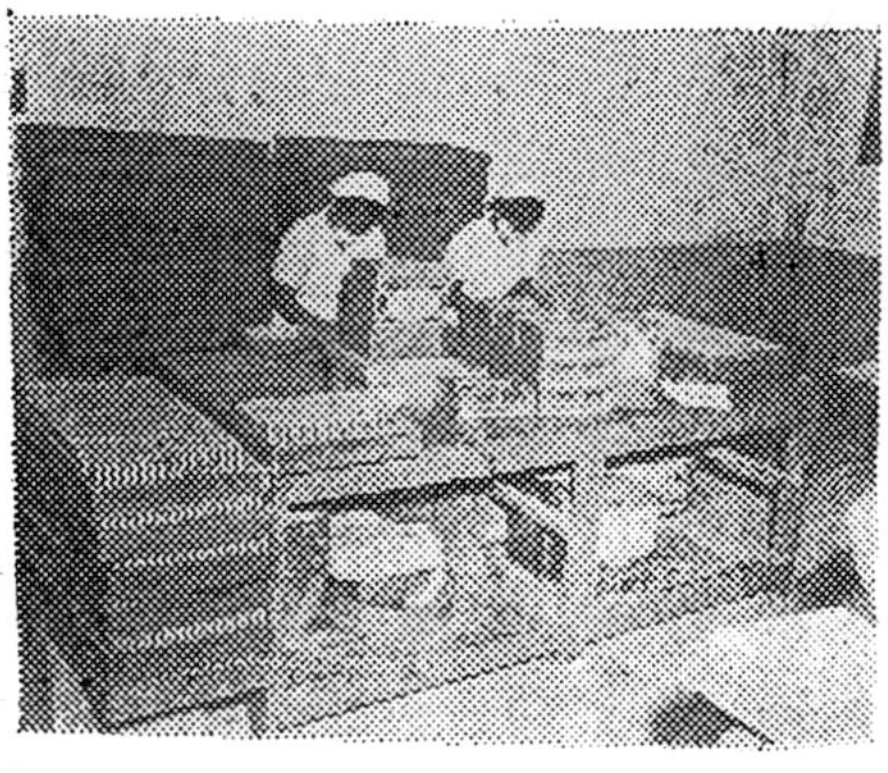

製品（サック詰のもの）

サック詰めされたキャラメルは検査をして証標紙を貼り、函に詰め街の店に出るわけです。

ドロップ製造

攪拌機付二重釜と真空煮詰釜

ドロップ工場に移りましょう。向つて左の二重釜に原料を投入少量の水を加えて、適度に加熱溶解させます、次で右側にある竪に長い円筒形の真空煮詰釜に送り、真空ポンプで空気並に蒸発した蒸汽を抜き取つて急速に煮詰めます。

冷却作業盤

受器から冷却盤へ移し、酸味料と色素、香料を加えて鉄棒で廻転させながら練り固めます、適当な固さになると別の作業盤に移し更にこれを煉ります。

ドロップロール機

適当な温度に固つたものを本機で型付しますこれは真鍮製の二本のロールに各種の型が凹型に彫刻してあつて、廻転により上下合して彫刻通りの型にでき上る仕掛です。その間隔は薄い飴膜となつて製品に繋がつており、い長帯状となつてロールから出てきます。

トンネル冷却輸送機

出てきた帯状のものは運搬ベルトに乗つて冷却トンネルに入り、乾燥冷却された空気を送られてトンネル内で冷却され運搬されながらベルトの端に出てきます。

ふるい機

上部はベルトの端に出て来た帯状のドロップ群です。この下には激しく振動するふるい器があつてそれに落ち込み、叩かれふるわれて製品は受器に集められます。下部のふるい器が激しく動いているので、写真では水のように見えています。

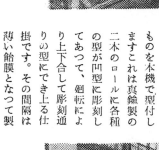

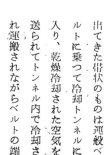

粉糖掛機

これは一種の廻転釜でレボルビングパン、通称「レボルパン」という釜です。この中に製品を入れ、粉糖を掛けて廻転させます。この掛けられた粉糖によつてお互いが密着しないようにするのです。

混合台

各種の色相と味を持つドロップ粒はこの台上で混ぜ合され、色とりどりのきれいなドロップの山ができ上ります。そしてこゝで秤量され袋詰めや缶詰めとなるのです。

熱封機

袋詰めの菓子は、すべてポリエチレン袋に入れられこの機械で開き口を熱封されます。本機械は電機ゴテの一種です。

製品

各種の袋物と缶詰めのドロップ製品です。

ハッカ菓子製造

ハッカ菓子タブレットマシン

キャンデー工場の一部にあるハッカ菓子製造機です。別の原料混合機によつて混ぜ合わされた菓子粉が、本機で圧縮され固型になつて打ち出されます。

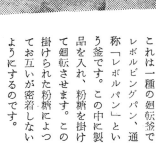

金米糖工場

工場の内部

金米糖（コンペイトウ）はケシ粒をシンにしてそれに砂糖の濃厚液を加熱し、廻転鍋を廻転しながら、シンの周囲に附着させ、砂糖の結晶を送り漸次育成して大きくさせます。その間に「ツノ」が出来、あの見事な金米糖になります。

廻転鍋（大写し）

廻転鍋の一つです。もう大部大きくなつた金米糖に砂糖蜜を振りかけているところです。

輸出荷造り

でき上つた金米糖は日本々土へも輸出されています。輸出物の荷造りは一斗缶に詰め、二缶を一木箱に入れたものです。背后に輸出品の木箱の山が見られます。

掛物工場

工場の内部（一部）

スキートピーナツ、ゼリビンズ、マーブル、チヤイナマーブル等は何れも本工場で造られます。並んでいる丸い形のものは前述の廻転釜の一種です。最后の艶掛け仕事も別の種類のレボルパンで行います。以下製造法を簡単に説明しましよう。

ゼリビンズ

コーンスターチを一杯詰めた浅い木箱にゼリビンズの型を打ちます。次に、砂糖、水飴、ゼリー化剤等を入れて煮詰め濃縮した液を、ジョウゴ様の器に入れて一つ一つ型の中に落し込むのです。これがゼリビンズの芯（センター）になります。これを箱共に乾燥させ、センター粒を取り出して、レボルパンで蜜掛けをやるのです。

レボルパン

チヤイナマーブルは白双目糖の大粒のものをこのレボルパンに入れて加熱廻転させながらガム液を掛け粉糖を撒きます。これを繰返してセンターを漸次大きく肥らせるのです。

衛生

製品倉庫

完全に防蠅、防鼠設備をした製品倉庫内の一部です。

食堂

従業員の食堂です。窓は全部防蠅施設がしてあります。

更衣室

これは女子工員の更衣室です毎朝出勤するとここで作業衣に着替えます。他に男子従業員の更衣室もあります。

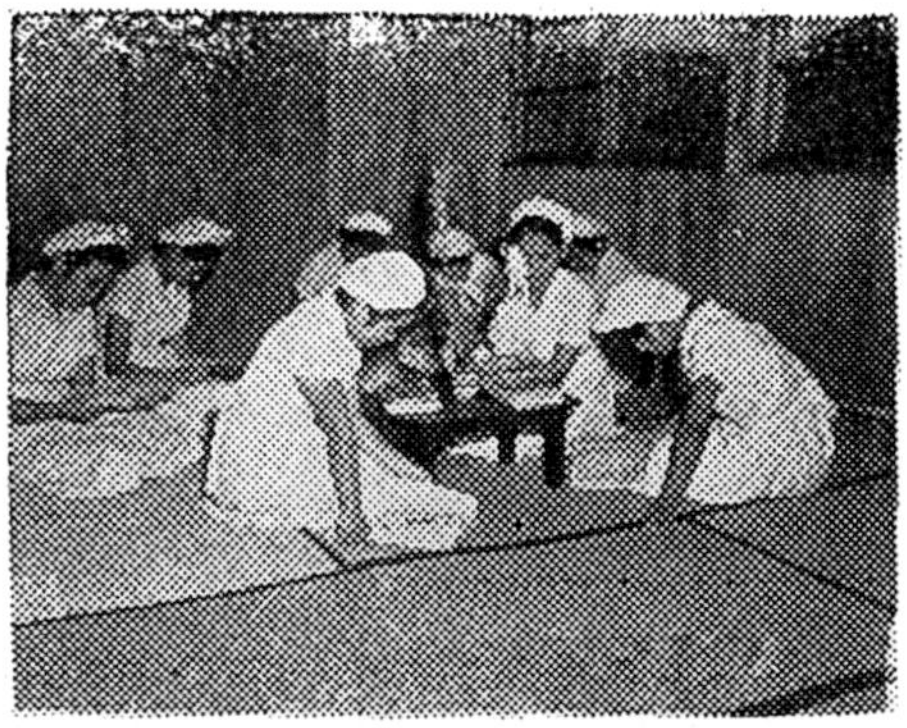

女子工員休憩室

休憩時間の一ときをこの休憩室で憩います。急病人に対する寝床の用意も整つています。写真にはありませんが、本工場には男女別に入浴場の設備もあります。

衛生検査官の視察

糖菓類は発育盛りの小児や学童が主な顧客であるだけに衛生関係には特別に留意されています。原材料の精選、処理工程は勿論、従業員に対する定期診断、工場内外の清掃等厳重です。本写真は軍官の衛生監督官が衛生官を率いて本工場視察の際のスナップです。

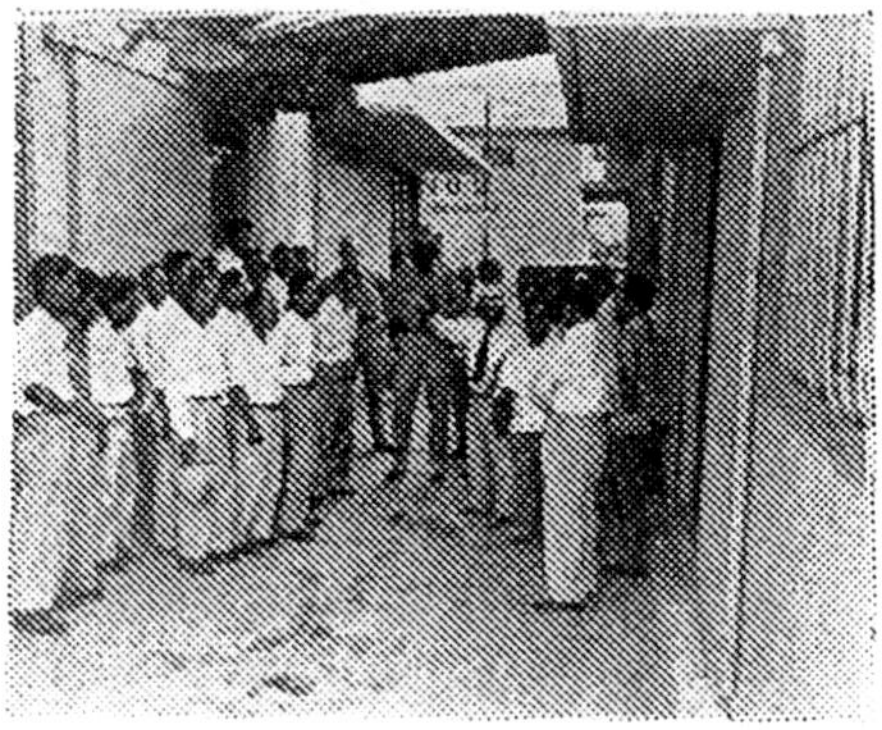

製麵工場の部

工場全景（正門）

オキコ製麵工場は真和志市寄宮区の高台にあります。敷地は八〇〇坪建物は工場、倉庫、ボイラー室其他三三〇坪です。現在、そば、冷麦、うどん、素麵などを造っていますが、その製造工程を一巡しましょう。

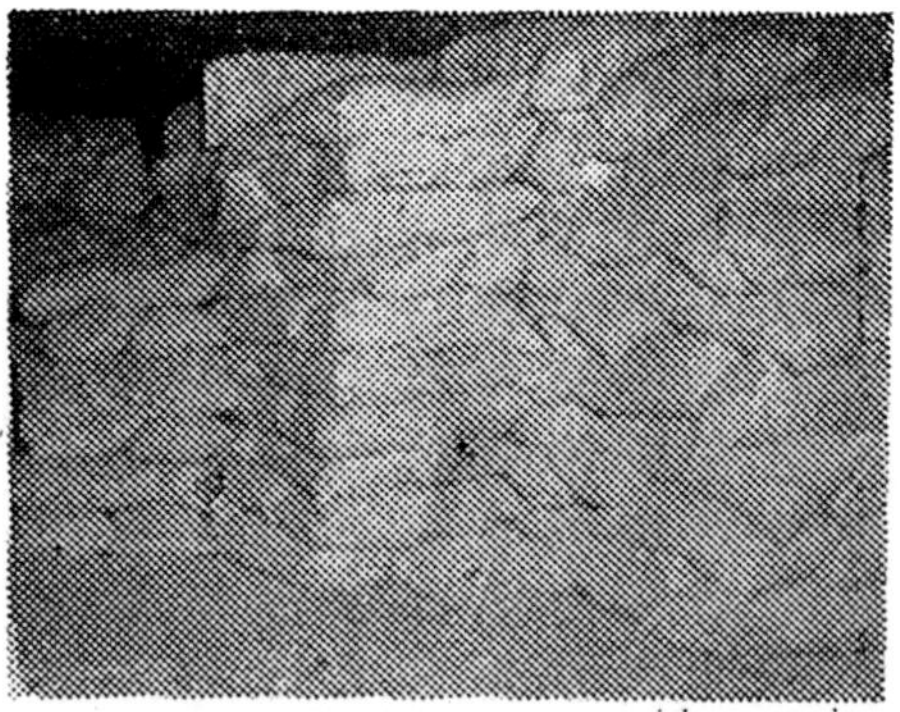

原　料

原料倉庫の一部です。これは原料の小麦粉です。現在一日当り四三〇袋ばかり使用しています。

工場内部（一部）

製麵されて乾燥室に入るまでの工程が行われる工場です。製麵機械は二基宛備っています。

ロール麵帯機

原料混合槽で小麦粉、水、媒剤をよく混和してこのロール麵帯機に流し込みます。ここで麵粉は圧縮され煉り合わされて厚い麵帯ができます。

ロール重合機

前記の麵帯は連結された本機により一層煉られ圧延されます。

五列連絡麵線機

圧延された前記麵帯は、この五列連絡麵線機に繋がり、出口でそばの線状に縦に切られて長いすだれとなつて出てきます。そして一定の長さで自動的に切り落され、一連毎に吊り下げられて次の乾燥室に運ばれます。

チエインコンベア自動乾燥装置

吊り下げられた麺帯は自動的に乾燥室に静かに流れ込みます。乾燥室内を四時間半ばかり廻つている中に完全に乾燥されて出てきます。勿論その日の天候湿度等により乾燥時間の遅速や熱度の加減をします。

乾燥室内

静かに自動しながら乾燥室内を流れる麺群です。乾燥は蒸汽熱と多数の扇風機によります。

切断器

乾燥されて出てきた麺はここで規定の長さに切断されます。

包装束ね室全景

女子工員による包装束ね室の一部です。ここで、一束毎に秤量され束ねられます。

束ね作業

束ね作業中の女子工員です。熟練工は一日に二五箱分を束ねます。

荷造り

製品はここで再度秤量検査され、ラベルを貼られて荷造りされます。背后には次から次へでき上つて行く製品の山が見られます。

台風を潜つて（写真説明）

――本文34頁参照――

―真和志中校展示会―

台風被害の修理
（会場整備）

裁縫の審査

作品審査風景
（一年）

植物採集審査

見事賞金を得た徳山君の作品
（机、腰掛）

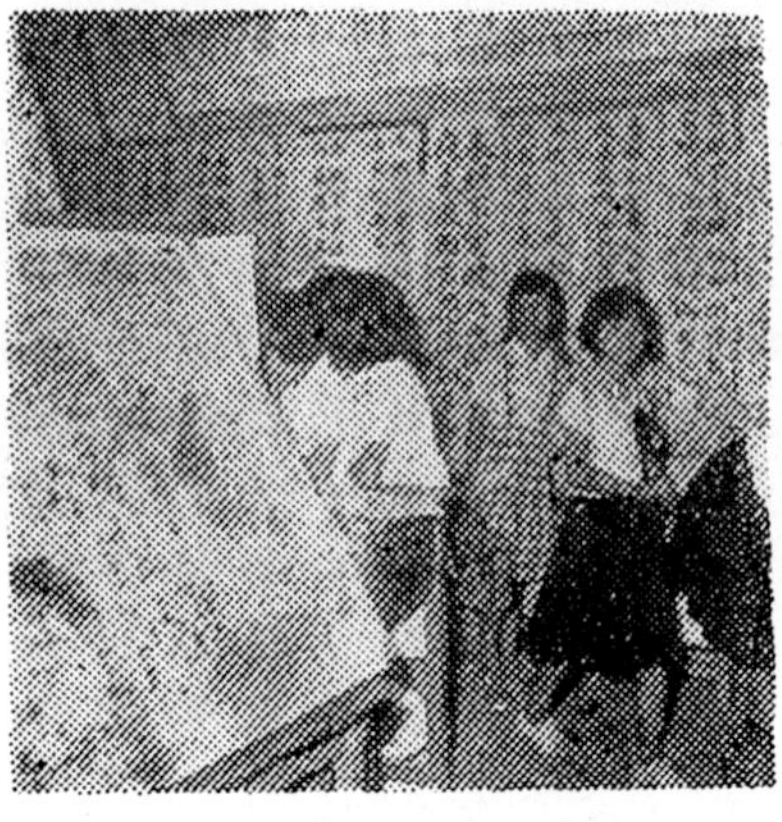

会場風景

図書紹介（其の二）

前号に続いて夏季講習の本土招聘講師の著書を紹介します。

多田 鉄夫	幼児保育に関する諸問題	文部省	―
〃	視学制度に関する調査	〃	―
〃	各種学校の沿革と現状	〃	―
論文集）	社会と文化の諸相	如水書房	四〇〇
〃	講座教育社会学「産業教育」	東洋出版社	三〇〇
中野 佐三	児童の思考心理	金子書房	二五〇
〃	教育心理	誠文堂新光社	二〇〇
〃	精神衛生（高木共編）	金子書房	四八〇？
〃	問題解決の心理（小口共編）	牧書店	五八〇？
〃	できない子供の教育	新光閣	二五〇
〃	教育心理学講座	金子書房	十二冊 一冊三〇〇
〃	教育心理学事典	同	三〇〇〇
〃	実験教育学講座	岩崎書店	七冊 三二〇

高等学校学習指導要領（文部省）

―昭和三十一年度改訂版―

科目	発行所	定価
農業科編	実教出版株式会社	八五円
家庭科〃	教育図書株式会社	三九円
水産科〃	実教出版株式会社	一五〇円
商業科〃	〃	六〇円
工業科〃	〃	一九〇円
数学科〃	好学社	二三円
保健体育科〃	教育図書株式会社	三〇円
外国語科〃	〃	二二円
国語科〃	清水書院	五円
社会科〃	〃	二二円
一般〃	教育図書株式会社	一〇円
理科〃	大日本図書株式会社	二一円
芸術科〃	日本文教出版株式会社	一六円

―あとがき―

○今年も、余すところ、あとわずか。毎年の事ながら、元日に誓つた数々の事がらが、年の暮になつても、半分さえ成し遂げ得なかつた事を発見し、憮然としてあごをなでるのは編者だけでもあるまい。

○しかし、毎年進歩はあつた。最近琉球の教育に於ける、学力低下の問題が、真剣に取り上げられているが、学校施設、教員の資質向上と共に、学力も毎年向上しつつある。来年も、お互いに努力を続けよう。

○この前、全琉一斉に教育財政調査が行なわれた。教育の基礎をなす重要な調査として、御協力をお願いします。金城課長に、五六年度予算について、御説明をお願いしました。

○最近、本土の英語教育は、急速に向上した。琉球に於ける英語の学力は、決して楽観的ではない。現場教師としての問題点を、平良教諭に書いてもらつた。今後ますます外国語教育に関し、御研究を願う。

○随筆、短歌、その他の文芸に関し、現場の先生方の御寄稿を御願いします。

（S・N・生）

投稿案内

一、教育に関する論説、実践記録、研究発表、特別教育活動、我が校の歩み、社会教育活動、P・T・A活動の状況、その他
（原稿用紙五〇〇字詰一〇枚以内）

一、短歌、俳句、川柳（五首以上）

一、随筆、詩、その他
※原稿用紙（四百字詰）五枚以内

一、原稿は毎月十日締切り

一、原稿の取捨は当課に一任願います。（御了承の程を）

一、原稿は御返し致しません。

一、宛先 文教局研究調査課係

文教時報（第二十七號）（非売品）

一九五六年十二月十八日印刷
一九五六年十二月二十三日発行

発行所 琉球政府文教局研究調査課

印刷所 ひかり印刷所
那覇市三区十二組 電話一五七番

文教時報

琉球　1957

文教局研究調査課　No. 28

ー海は招くー

季節は一月というのに、珊瑚礁にかこまれた沖縄では、ポカポカと陽光につつまれた春のような日が多い。雪を知らない南国の子供たちを、海は招く。　（写真～琉球新報社提供）

～目　次～

年頭挨拶

偏見を棄てよう

文教局長　眞栄田義見

これは一昨年の夏期講習の講師横浜大学助教授間宮武氏の「沖縄へ贈る言葉」の一説である。「本土復帰を切望することは私たち自身にも大変うれしいことであり、また日本民族として当然のことと思う。しかしそれだけの空念仏であつてはならないだろう。復帰さえすれば何事も解決するかの如く考えるのは浅はかな悲願である。沖縄の方々に望みたいことは、このような依存性から脱却して、自分の力で生活を打開していく意慾と力を持つてもらいたいことである。」

明日のことを思いわずろうことなかれ、という言葉がバイブルにある。明日は神のみが知るからであろう。今日の計劃を十分に実行したものに取つては、明日は今日の延長として当然来るからであろう。

果して吾々は今日の此の現実を十分な計劃の下に十分に活用し、そしてそれを自分の仕事の中に生かす努力が十分になされているだろうか。

此の現実は、パーソナリティを育てるには十分な条件を具えていない坐り心地の悪いものである。

だから祖国復帰という坐り心地のいい所に落着く運動をしようではないかというて殊更に不安定感情を植えつける努力がなされ過ぎているのではないか。

沖縄の十二年間の経済文化の進歩や人間の生長という大きなつかみ所に立つ人は現実の沖縄の中に進歩を内包する坐り心地のよさを見つけるだろう。

ここは坐り心地が悪い、と思うている人や、思わそうと努める人にとつては米人との間に起る―米人にも劣等な人はいるのだから―トラブルをつかまえて感情に訴えるだけで坐り心地の悪いという印象を十分に与え得るものである。

従つて此の坐り心地の悪い所で人間が育つものか、日本人が育つものか、とカンタンに反逆と抵抗を植えつけることが出来るものです。もしも米国がいる長期の間に、アジられた不安定感情と抵抗が沖縄人の精神の中核をなした時の人間成長はどうなるだろうか、又人間として未成熟な沖縄人が、反逆と抵抗という特殊な精神だけを背負うて、復帰できる必然の未来において、日本に帰つた時に人間としてどう結ばれようというのでしよう。

今沖縄は、日本と経済的にも、文化的にも、そして教育的にも戦前と比較にならぬ結びつきがあります。

たとい潜在されていても主権は日本にあり、そして又、沖縄を民主主義のショウウインドウにしようというアメリカの今後の統治方針からは今後も此の状態はつずくものと思われます。

此の中にあつて、人間精神が育たんとか、日本人が育たんとか―無論あのファシズム華かな頃の偏執的な日本人は育たんのがいいですが―というのは大変狭い視野に立つていると云わねばなりません。

今吾々の急務中の急務は、復帰運動ではなく、与えられた現実の中に此の人間精神を育てるという事にあるのです。

そのためには対米積極的協力に依り教育を支える十分な条件を生み出し教育活動を充実させねばなりません。

此の現実の努力こそが沖縄の明日の幸福を約束するものです。

今日の努力なしに明日の幸福を期待したり、復帰したら幸福が来るという空想に似た空頼みは止しましよう。

吾々のあらゆる想念を復帰という一点に集中したら、教育計劃と仕事のかたよりを生みます。

むしろヒーマニズムという人間形成の基本的精神に立つて、このかたよりから抜け出す努力が必要なのです。そのためには間宮氏の忠言を改めてかみしめましよう。

To the six thousand teachers and school administrators of the Ryukyus: I extend my heartiest good wishes as the turning of another page of the calendar ushers in the new year. May the Year of the Rooster be filled with good health and prosperity for each of you!

I think that, at the close of each year, we all have a tendency to look back in retrospection to the failures and disappointments of the past twelve months and, on the basis of such reflection, we determine to profit by the failures of the past and to make the New Year one of greater satisfaction and accomplishment.

The new year for each of us is like a lump of clay on the potetr's wheel, ready to be shaped and moulded into something useful and splendid. we start out filled with firm resolutions and noble dreams to achieve high goals for ourselves and the children in our classrooms, only to become discouraged when confronted with obstacles. Like small children we permit our frustrations to stultify our aspirations and that lump of clay, with its potential of turuing out to be something exquisite, becomes an ugly symbol of futility instead.

It is true that, in our classrooms, we do not tave all of the equipment and teaching aids which we should like to have, but can we not make of these same deficienies a real test of our own capabilities, a challenge to our inventiveness? The past twelve months have seen many new classrooms constructed. we have had another opportunity to share study activities with fellow-teachers in summer courses and workshops. we have seen some small gain in salaries. There have been opportunities to listen to cultural programs of great orchestras and choirs, to read great books, and to see some films. Therefore, we should all feel that we are just a little better qualified to lead the children in 1957 than in the past. Let us all endeavor, therefore, to make this year one in which we shall inspire our children to grow in knowledge as well as in stature, to discriminate wisely between right and wrong, to withhold judgment until all facts have been weighed, to act for the best interests of the entire group rather than selfishly, and to honor parents and teachers through their day-by-day achievements.

Kenneth M. Harkness

年頭挨拶

民政府情報教育部
ケネス・エム・ハークネス

全琉六千の教員と学校行政担当者の皆さん。

こよみをもう一枚めくれば、新しい年に入つて行くこの時に当り、私は心から皆さんの御多幸を願い、皆さんの一人々々にとつて、この酉年が、健康と繁栄に満ちた年でありますようにお祈りします。

思いますに、毎年の暮ともなると、私達は過去十二ケ月に起つた色々な失敗や失望を反省し、この反省の上に立つて、過去の失敗を生かし、新しい年を、より大きな満足と成就の年たらしめんと決意する傾向があります。

私達一人々々にとつて、新年は、陶工のろくろにのせられた一塊の粘土のようなものです。有用な見事な何ものかに形造られ、練られて行く準備が整えられているのです。私達は自分自身や私達の教室の子供達の為に、高い目標を達成しようという固い決意と、高尚な夢に満ち／＼てスタートを切るのですが、障害にぶつつかつたら、つい、くぢけてしまうものです。幼い子供のように、私達は自暴自棄におちいると、すぐれた何ものかに為り得る、せつかくの希望とあの一塊の粘土をぶちこわしてしまつて、逆にみにくい悪意のシンボルにしてしまうものです。

たしかに私達の教室には、私達が持ちたいと望むだけの設備や教具はありません。しかし私達は、それらの不足を、私達の能力に対する真の試練、私達の創意の力に対する腕だめしにすることは出来ないものでしようか。

過去十二ケ月にわたつて、多くの教室が建てられました。今年も私達は、同僚の教師達と共に、夏季講座や実習に、お互いが研究活動をし合う機会がありました。増俸もありました。有名なオーケストラや合唱団の演奏といつた文化的な催しをきいたり、名著を読んだり、すぐれた映画を見る機会もありました。ですから私達は、一九五七年には去年よりも子供らを指導する資格が少しはよくなつたのだと思わねばなりません。

それ故に今年は、子供らが心身共にすくすく伸び、善悪を賢く分別し、事実を検討した上で判断を下し、利己の為にでなく、全体の利益の為に行動し、日常の勉強を通して親や教師の名誉を高めるように、共に教え導いて行こうではありませんか。

文教審議会答申第七号
一九五六年十一月十五日

文教審議会委員長　山城篤男　印

行政主席殿

一九五七年度高等学校入学者選抜及び高等学校生徒定員に関する答申

第八回文教審議会は一九五六年十月三十日以降五回にわたつて分科会及び全体会を開いて諮問事項「一九五七年度高等学校入学者選抜方法及び高等学校生徒定員について」を慎重審議の結果、別紙のとおり結論を得ましたので答申します。

（別紙）

高等学校入学選抜に関する答申

高等学校入学者選抜は、中学校教育の正常な発展を期するために、中学校からの報告書によつて総合判定することが望ましい。しかし現在の段階としては、まだ解決を要する点が多々あるので、今年度の選抜法は、前年どおりとし、次の点を修正して実施することが望ましい。

1、義務教育学力テストによる内申の補正をしない。
2、知能テストの実施は奨励されるべきであるが、入学者選抜に関係させない。
3、内申を主体にし、学力テストは参考に資する。

高等学校生徒定員に関する答申

一、高等学校の生徒定員について

教育基本法第三節「教育の機会均等」には、「すべて国民は、教育を受ける機会を与えられなければならないものであつて、人種、信条、性別、社会的身分、経済的地位又は門地によつて、教育上差別されることはない。琉球政府及び地方教育団体は、経済的欠陥の故に就学困難な者に対し、その才能に従つて、財政的援助を与えることができる。」と規定されている。さらに同じく、琉球教育法第十二章「職業高等学校」第五条には、「中央教育委員会は、職業高等学校の入学及び修学の基準を設定するものとする」とあり、同法第十六章「高等学校連合区」第四条には、「高等学校連合区内の公立高等学校に関する権限、別段の法律をもつて、特にその他の機関に委任される権限を除き、すべて高等学校連合区教育委員会に属する。」と定められている。

ここに職業高等学校にあつては、中央教育委員会が定員を含む入学に関する基準及びその教育課程を定めるのであり、公立高等学校にあつては、別にこれを定める法規がないために、高等学校連合区教育委員会がこれを定めるのである。

職業高等学校における教育課程とその類型及びこれらを履修する生徒の数（定員）は、生徒、父兄、教師の希望及びその生徒の高等学校教育課程履修能力、さらに地域社会の実態の分析の上に、経済振興計画、産業教育計画等を総合調整して決定されるべきである。

すでに職業高等学校においては、昨年その教育課程の類型別履修人員の決定を見た。即ち定員を含む入学と修学の基準を決定したのである。

高等学校の教育課程は国民文化水準の向上と専門的職業を通して社会に貢献するという立場から見て、できる限り多くの国民がこれを履修することが望ましい。即ち国民はすべて、その能力に応じて教育を受ける機会を与えられることが望ましいのであるしかしながらここに問題となることは、高等学校の教育課程とこれを裏付ける教育財政である。

教育課程については、高等学校の生徒にいかなる教科、科目をどのような内容と分量で課するかという教育上、至つて重要なものであるために国又は政府は公教育の責任者として、その基準を設定するのであるがそれは学校体系と国民の教育水準を考慮して定められている。ここに必然的に考えられてくることは高等学校入学希望者の高等学校教育課程履修能力ということである。

教育財政に関しては、政府、地方を通じて、その教育費は住民の税金によつて運営されるのが原則であるために、無限にこれを増額することは不可能であり、ここに考えられることは、即ち高等学校教育課程運営のための望ましい教育費と政府、地方を通ずる財政の調整ということである。

勿論、教育財政が無限に豊かであれば、高等学校教育課程の基準を再編成して、進学希望者全員に各々その能力に応じたカリキュラム、施設、設備、これに応ずるだけの教員を準備すること等が考えられるが、この方式には幾多の困難な課題が残されている。ともあれ、高等学校教育費は小学校、中学校とも関連して一定の枠内でその制約を受けているのが現状である。そこで、高等学校定員は、教育課程の基準と教育財政の規模によつて、その望ましい「数」ということが考えられるのであるが、前にも述べたように公立高等学校の定員決定は高等学校連合区教育委員会が行うものであるために、過去数年間にわたつて、文教局はその望ましい入学定員を助言してきたのである。この助言は勿論、高等学校連合区の財政規模と教育課程履修能力、その他地域の特殊性も考慮の上行われてきた。

しかし過去においては、人口の動揺と経済計画、産業教育計画等の未発達のために、決定的な数字(定員)を助言することができず、公立高等学校に対しては希望者の何パーセントという漠然たる数字で助言してきたのである。この方式が中学教育に与える影響は好ましいものではなかつた。また公立高等学校においても助言の適正人員以上に生徒数を過増し、これに伴う地方教育費の負担をしないために、教室、施設、設備、教員数に相当な無理を生じ、また年々生徒数が増減することによつて、教育の全体計画が不安定になる憾みがあつた。

これらの弊害を除き、真に望ましい定員数の助言によつて、中学校、高等学校の望ましい教育の運営をはかるために意図されたのが、高等学校生徒定員に関する精神である。

二、高等学校に定員制を設ける理由

1、各高等学校の毎年の志願者数の百分比によつて、入学人員を決定する方法は計画的でなく、また中学校の思惑によつて、志願者数が毎年相当に変動して、安定性を欠く憾みがある。定員制を設けることによつて、高等学校の教育計画に安定性を与える。

2、人口動態の安定に伴い、高等学校入学者数を合理的、計画的に定める時期に来た。

3、教育財政上の立場から、高等学校の合理的定員制は、教育内容を充実し、また高等学校教育財政に計画性を与え、高等学校教育の全体的水準を高める。

4、高等学校入学定員制を設けることによつて、中学校の進路指導に合理性を与える

三、高等学校第一学年入学定員決定の方針

1、高等学校第一学年入学定員は琉球政府及び高等学校連合区の教育財政規模と高等学校教育課程履修能力の点から考えて、これに関する本土の状況も考慮の上、適正数の維持に努める。

2、職業高等学校と普通高等学校との割合の適正を期する。

3、職業高等学校の入学定員は産業教育計画の立場から考える。

4、普通高等学校の入学定員はその高等学校のもつ中学校第三学年の母集団と高等学校入学志願者数、及びその他の条件を基礎にして考える。

5、上記　3、4、の外に各高等学校関係位置、立地条件等も考慮する。

6、普通高等学校における第一学年入学定員の最低人員は一五〇人とする。

四、高等学校生徒定員制施行の時期

1、高等学校生徒定員決定の時期
各高等学校の第一学年入学者数を含むその学年度の生徒定員はその前年の十一月末日までに決定すること。

2、この答申による高等学校生徒定員制は一九五七学年度より実施すること。

3、高等学校入学定員は恒久的に固定すべきでなく、状況に応じて検討しなければならない。

文研第四十四号
一九五六年十一月三十日
文教局長　眞栄田義見

地区教育長
高等学校連合区教育委員会
区教育委員会
政府立高等学校長
公立高等学校長
公立中学校長
私立中・高校長　殿

一九五七学年度高等学校入学者選抜について

一九五六年十一月二十八日第四三回中央教育委員会

において、一九五七年度高等学校入学者選抜要項が、別紙のとおり決定になりましたので、これが実施に当つて遺憾のないよう措置せられたい。

なお、高等学校連合区教育委員会および私立高等学校に対しては、本要項をもつて助言することを中央教育委員会において決定しましたので通知します。

一九五六年十一月二十八日

一九五七学年度高等学校入学者選抜要項　中央教育委員会

一、方　針

高等学校および中学校教育の正常な発展を期するために高等学校第一学年入学者の選抜を左の方針に基いて行う。

1、高等学校においては、選抜を目的とする学力検査、身体検査及び面接を行わず出身中学校長から提出された報告書に基いて厳正公平な選抜を行う

2、文教局が中学校第三学年全員及び高等学校希望の過年度卒業者に対して全琉一斉に施行する義務教育学力測定の結果を選抜の参考資料とする。

二、出願資格

1、中学校卒業者及び一九五七年三月中学校卒業見込の者。

2、琉球教育法、施行規則第六七条、又は第七二条に該当する者。

三、出願手続

1、高等学校に進学を希望する者は、入学志願書を出身中学校長に提出する。

2、出身中学校長は、入学志願者の入学志願書及び報告書を希望する高等学校長に提出する。

3、一九五六年三月以前に中学校を卒業した者は、出身中学校長が、中学校卒業者以外の高等学校進学希望者は、居住地の中学校長が代つて手続きをとるものとする。

四、出願期日

入学志願書の受付は

二月十一日から二月二十日までの十日間とする。受付時間は、日曜日を除いて毎日午前九時から午後五時まで、但し土曜、および締切日は正午までとする。

五、選抜の方法

1、高等学校は学校長を委員長とする選抜委員会を組織して選抜を適正ならしめるものとする。

2、高等学校においては、選抜を目的とする学力検査、身体検査及び面接は行わない。但し、学校の特殊性に応じて学校長が必要と認める場合には、身体検査及び面接を行うことができる。

3、高等学校長は出身学校長からの報告書によつて厳正公平な選抜を行う。

4、文教局が中学校第三学年全員及び高等学校入学希望の過年度卒業者に対して全琉一斉に施行する義務教育学力測定の結果を選抜の参考資料とする

5、右の総合判定の方法は、この選抜法の方針に則つて、それぞれの高等学校において決定する。

六、報　告　書

1、報告書を正確厳正に作成するために各中学校は学校長を委員長とする報告書作成委員会を組織してこれに当ること。

2、中学校長の提出する報告書は、生徒指導要録、身体検査証明書、学級一覧表（学習成績一覧表、テスト成績一覧表）である。

3、卒業見込みの者についての指導要録の記入は、最近までの成績を総合して最終学年の成績とする

4、指導要録中の学習の記録は、学年を単位として五段階評価によること。但し特別の理由で右の段階評価により得ない場合はその理由と配分の率を附記すること。

5、出欠の記録については、卒業見込みの者は一月末日現在の集計によること。

6、身体検査は、中学校において、一九五六年十二月一日以降学校身体検査規則に準じて医師又は保健所長によつてなされた身体検査の証明書による。その際、特に胸部疾患及び伝染性疾患については詳細に記入し、肢体不自由者についても備考欄にその運動機能の状態などを正確精密に記入する。

7、学級一覧表は次の通り作成する。

イ、指導要録中の学習の記録の学級全員についての一覧表（学習成績一覧表）但し過年度卒業者については

（イ）の学習成績一覧表は、旧指導要録中の教科毎に分析された各目標の評定を平均したものを、その教科の評定として記入する。（小数一位で四捨五入）なお学習成績一覧表作成の困難な者については、その事由を附記して個人成績表を提出する。

ロ、義務教育学力測定成績の学級全員についての一覧表（テスト成績一覧表）

ハ、学級一覧表は所定の様式により、謄写印刷又は複写紙により作成する。

8、外地よりの引揚や、その他、やむを得ない事情で所定の報告書を作成することのできない者については、その事由を記し、本人の成績を証明するに足る参考資料を提出する。

9、高等学校長は、出身中学校長からの報告書に疑義又は、その他必要があれば、資料の提出を要求することができる。

10、報告書の作成にあたつては、厳正を期さなければならない。虚偽の報告によつて入学を許可された者については、入学を取消すものとする。

七、合格者発表

二月末日までに各高等学校において行うと共に、志願者の出身中学校長へ通知する。

テスト実施要項

一、実施するテストの種類

義務教育学力測定

二、対象

1、中学校第三学年全員

2、高等学校第一学年入学希望の過年度卒業者。

三、実施目的

1、中学校生徒の学力の実態を把握し、中学校教育の改善及び学習指導の基礎的資料を得る。

2、一九五七学年度高等学校入学者選抜の参考資料とする。

四、テスト管理委員会の組織

1、各地区毎にテスト管理委員会（以下管理委員会という）を置く。

2、管理委員会は、地区教育長を長とし、教育長事務所職員及び高等学校、中学校、小学校の職員をもつて構成する。

3、管理委員会は、次の任務を行う。

（イ）管理事務

（ロ）採点事務

（ハ）検査実施及び監督

4、委員の数は、検査場及び受検査数に応じて委員長が定める。

五、管理委員会の行う事務

1、検査会場の指定

2、受験人員の報告（検査会場別）（文教局長へ）

3、問題の受領及び保管

4、検査場の整備

5、検査実施及び監督

6、採点及び採点原簿の作成、送付

7、テスト成績一覧表の作成、送付

8、答案の保管

9、委員長は委員名簿を作成し、一月二十日までに文教局長に報告する。（会場名、監督者、採点者、事務係等）

六、検査実施の方法

1、検査会場は各中学校とする。

2検査監督者は、自校職員は源則としてこれに当らない。併置校は自校とみなす。但し、地理的条件によつて交換不可能な学校にあつては、校長の責任の下に小学校、又は他の学年担任と交換して厳正に実施する。

3、過年度卒業者は、出身中学校で、出身学校で受験困難な者は、居住地の中学校で受験するものとする。その場合受験希望者は、一月十日までに受験場の中学校長に申出て受験票を受領しておく。

七、テスト実施期日

義務教育学力測定　二月四日（月）
二月五日（火）

八、テストの問題作成

1、義務教育学力測定は、中学校の全教科、国語、社会、数学、理科、音楽、図画工作、体育、職家、英語の九教科について行う。

2、義務教育学力測定の問題は、問題作成委員会において作成する。

3、右の測定の問題は、次の要領に基いて作成する

（イ）中学校教育課程において習得されている基礎的な学力を評価することを主眼とする。

（ロ）出題に際しては解答が偶然性に支配されたり単なる記憶の検査に偏しないようにし、思考過程や推理判断の働きや、技能、態度等をも検査しうるように努め、中学校教育の正常な発達を阻害せず、且つ、準備教育の弊を誘致しないように留意する。

（ハ）出題の形式は略式客観テストを主体とするも論文形式も加味する。

九、問題作成委員会

1、文教局に問題作成委員会（以下委員会という）を置く。

2、委員会は、文教局長を長とし、文教局職員及び

高等学校職員をもつて構成する。
3、委員の数は三〇名程度とする。
4、委員会は次の任務を行う。
(イ)義務教育最終学年における学力測定の問題を作成する。
(ロ)学力測定の実施法について指導する。
(ハ)測定の結果について集計及び解釈をなす。

十、検査終了後の処理

1、採点は、予め委員長より指示された採点場毎に行う。
2、採点は採点基準表の示すところによつて行う。
3、採点については、公平厳正を期し、同一答案を少くとも三回実施者を異にして点検せしめるものとする。特に集計は慎重にこれを行う。
4、実施者交換が不可能で、自校で実施した学校の答案は校長立合で厳封の上、管理委員会（教育長事務所）に送付する。管理委員会は右の要領によつてこれが採点を行う。
5、管理委員会は、受検成績の学級一覧表を三通作成して、一通は出身学校（又は居住地の学校）ごとに一括して検査終了後四日までに送付し、一通は文教局へ、他の一通は管理委員会に保管する。この一覧表は所定の様式によつて作成し、採点者点検者、委員長の氏名捺印をする。
6、テスト成績一覧表の記入は慎重を期し、検査成績は教育的に取扱い、且つ秘密保持に留意すること。
7、採点済みの答案は、検査会場毎にまとめて教育長事務所に保管するものとする。

十一、中学校長の行う事務

1、中学校長は予め受検人員及受検教室の数を管理委員長に報告する。
2、受検は当該学級毎に行うものとする。
3、中学校長は職員をして、受検場の整備をなさしめ、受検管理の責任に当る。
4、中学校長は入学志願書及び報告書を志願先高等学校長に送付する。
5、自校で実施した学校の進学希望者について、テスト成績一覧表の記入が願書受付けに間に合わない学校は、責任者が管理委員会に出頭して直接テスト一覧表を作成するものとする。
6、過年度卒業者の学級一覧表はその生徒の卒業年度の所属学年毎に作成するものとする。

十二、テスト実施上の留意事項

1、検査場の整備について
(イ)机、腰掛等の配置は不正行為を防止するよう十分研究工夫すること。（出来るだけ一人用机を使用し、机間を広くすること。）
(ロ)一検査場の人員は五〇名程度が望ましい。
(ハ)受検生徒の席がすぐ判るように教室や机に番号をつけること。
(ニ)受検生徒は、出席簿の順序に番号を確実にしどのテストにも同一番号を用うること。
(ホ)監督者は検査開始前に正確に合せた時計を所持すること。
(ヘ)検査場の一切の揚示物は取り除くこと。
2、検査実施監督について
(イ)検査監督者は、テスト実施三〇分前に問題用紙を受取り、受検人員の数と照合し、用紙の欠頁、不鮮明を点検する。
(ロ)受検上の注意をなす。
(ハ)各検査五分前には受検生を指定の席に着席させ、自分の番号を確認させる。
(ニ)検査場には筆記用具の外、携行させない。
(ホ)各検査の指示説明は、それぞれの手引によつてなす。
(ヘ)不正行為を発見したときは、その者を退室せしめ、その受検科目は無効とする。
(ト)受検中の離席は原則としてみとめない。但し用便その他やむを得ないときは適当な処置をとる。
(チ)問題の内容にわたる質問は許さない。
(リ)万止むを得ず遅刻した者は別室で受検させてもよい。

中学校第三学年組　学習成績一覧表

担任氏名印　学校長氏名印

教科＼評定	評定					
国語						
社会						
数学						
理科						
音楽						
図画工作						
保健体育						
職業家庭						
英語						
志願校						
番号						
生徒氏名						

評価分布集計（学級）						評価分布集計（学級）					
5	4	3	2	1	計	5	4	3	2	1	計
備考						備考					

中学校第三年　組テスト成績一覧表

担任氏名印　学校長氏名印

教科＼成績	テスト成績										
国語											
社会											
数学											
理科											
音楽											
図画工作											
保健体育											
職業家庭											
英語											
合計											
志願校											
番号											
生徒氏名											

身体検査証明書

学校名	
氏名	
性別	男　女
生年月日	
家の職業	年　月　日生
年令	
検査年月日	年
身長	年　月　日
体重	cm
胸囲	kg
坐高	cm
栄養	cm
	以下身体検査票の項目に準ず
検査医印　学校医	
学校歯科医	
備考（運動機能の状態など）	

上記の通り証明する。
195　年　月　日
学校長　印
検査医　印

註　検査項目その他について異常のないときは当該欄に斜線を引き空欄にしないこと。なお検査を行わなかつた項目についてはその旨記入すること。

文研第四六号

一九五六年十二月二十八日

文教局長　眞栄田義見

各教育長
各中学校長　殿
各高等学校長

高等学校入学者選抜の報告書作成について

高等学校入学者選抜の報告書作成について一九五七学年度高等学校入学者選抜に関する中学校長から提出する報告書作成については、五六年十一月三〇日付文研第四四号に示してあるが、なお、左記の通り補足致します。

記

一、身体検査証明書について

1、身体検査は学校身体検査規則（公報一九五四年九月十四日第七四号）の第四章臨時身体検査によつて行う。

2、検査の証明は医師又は保健所長によつてなされることを原則とし、医師のいない離島の学校においては介輔による証明でもよい。

3、身体検査証明書は、中学校において記入すべき事項についてはあらかじめ中学校長が記入証明し、其の他の事項については、保健所長、又は医師の検査、証明を受け、中学校長はこれを個人別に厳封の上、志望校に提出する。

4、身体検査証明書は五六年十一月三〇日付文研第四四号に示してある様式による。

5、検査の項目中、やむを得ない事情で検査不能のものについては、その旨記入し、空白をつくらない。

6、胸部疾患及び伝染性疾患については、能う限り精密に検査し、肢体不自由や運動機能障害、言語障害等を備考らんに記入する。

7、職業高等学校への進学希望者は特に色神、難聴等を正確に検査する。

二、学級一覧表（学習成績一覧表、テスト成績一覧表）の様式は一九五六年十一月三〇日付文研第四号に示してある。同様式の「学校長氏名印」らんの上部に卒業年度を記入すること。

三、指導要録は原本を志願先高等学校に送付する（五七年卒業見込の者については新旧共）なお、過年度卒業者については卒業後の動向、又は成績を証明するに足る参考資料を添えることが出来る。

備考

中学校長は高等学校の募集要項について、生徒の保護者や本人の特性、希望等を慎重に検討して、志望校を選定させるよう特に御考慮ねがいたい。

文研第四七号

一九五六年十二月二十八日

文教局長　眞栄田義見

各教育長
各中学校長　殿
各高等学校長

義務教育学力測定実施　ついて

一九五六学年度義務教育学力測定を別紙の通り実施致したいと思いますので通知致します。

義務教育学力測定実施について

一、趣旨

この調査は、義務教育の最終学年における学力の実態を明らかにして、学習指導の基礎的資料を得るとともに、一九五七学年度高等学校入学者選抜の参考資料を提供するために行うものである。

二、対象学年

中学校第三学年全員

高等学校進学希望の過年度卒業者

三、教　科

中学校の全教科（国語、社会、数学、理科、音楽、図工、保体、職家、英語）

四、期日と時間

	第一時限（六〇分）	第二時限（六〇分）	第三時限（三〇分）
二月四日（月）	図工、社会	国語、音楽	職家
二月五日（火）	英語、理科	数学、保体	

◎時間割

各中学校における時間の配当は次によられたい。

九・〇〇　検査者集合

九・〇〇〜九・四〇　教室配置、学級一覧表受領

問題受領、部数等の点検

時間を合す、全校一斉の合図の仕方をきめる。

九・四〇　教室入場
九・四〇〜一〇、〇〇　出欠調べ
検査の指示、説明、問題配布、番号、氏名の記入
一〇・〇〇〜十一・〇〇　第一時限テスト
十一・〇〇〜十一・一五　休憩
十一・一五〜十一・二五　教室入場、検査の指示、説明、問題配布、番号、氏名記入
十一・二五〜十二・二五　第二時限テスト
十二・二五〜　一・二〇　昼食、休憩
一・二〇〜一・三〇　教室入場、検査の指示、説明、問題配巾、番号、氏名記入
一・三〇〜二・〇〇　第三次限テスト

五、実施要領

1、テスト実施の管理は、地区テスト管理委員会が「一九五七学年度高等学校入学者選抜要項中のテスト実施要領」によつてこれを行う。

2、管理委員会は、管内の中学校より受験人員の報告をとりまとめて、五七年一月十日までにこれを文教局に報告する。

3、文教局は受験人員に応じて各問題用紙を各管理委員会に送付する。

4、管理委員会は、問題用紙を受領したならば厳重に保管する。

5、管理委員長は、予め、検査監督者の交換配置を準備する。（但し地理的状件で交換不可能な学校は自校職員が実施する）

6　中学校長は次の事項について予め準備する。

①　受検人員及び検査監督者名を管理委員会に報告する。

②　過年度卒業の受検希望者に対しては、テスト受検票を交付する。過年度卒業の受検希望者に対して交付するテスト受検票の様式

義務教育学力測定　受検票	
番号	
氏名	
出身中学校名	
卒業年月日	
備考	

右の者受検を許可する
一九五七年　月　日
中学校長　印

③　義務教育学力測定成績学級一覧表は、氏名を記入して三通作成しておく（用紙は文教局より配布する）

④　受検生徒に対して、予め、テスト実施の日時について予告する。

⑤　テスト実施前日までに「別項―実施前の注意事項」について充分周知徹底せしめる。この際生徒に無用の不安や緊張をおこさせないよう充分注意する。
過年度卒業の受検者に対しては、受検希望を申し込む際にその注意を与えるのが望ましい。

⑥　検査会場の整備をする。

◎　机、腰掛等の配置は不正行為を防止するよう充分配慮すること。(できるだけ、一人用机を使用し、机間を広くすること)

◎　過年度卒業者の受検教室を予め指定準備しておくこと。

◎　受検教室の掲示物は取除くか、あるいは見えないようにしておく。

◎　其の他、生徒が好状件で受検できるよう充分配慮すること。

⑦　中学校長は、テスト実施前日までに問題用紙を管理委員長より受領し厳重に保管する。

⑧　検査監督者の留意事項

◎　検査開始前に正確に合せた時計を所持すること。

◎　検査監督者は他校職員と交換して実施するので、受検生徒に不安や緊張をおこさせないように、説明、指示の与え方や態度、言葉づかい等には充分注意すること。

◎　検査の際の指示、説明のしかたは、別項「指示、説明の要領」によつて行うこと。

◎　検査開始後は、質問は許さないが、用紙の印刷の不明瞭な箇所については生徒が挙手した場合には、問題を読むことなく、正しい見本を示すこと。（板書又は取換え）

◎　生徒の用便その他、やむを得ない事情のおこつた場合は、適当な処置をとること。

実施前の受検生徒に対する注意事項

（これは前日に各中学校において担任教師が行うことが望ましい）

①　受検生の個々の番号を確認させること。

② 受検教室を指示しておくこと。
③ 受検には左記の筆記用具の外は持たさないこと
（筆記用具＝鉛筆、消ゴム、小刀、分度器）
③ 受検の際は、すべて監督の教師の指示に従うこと。
⑤ 監督者の「始め」「やめ」の合図を充分守ること。
⑥ 早くできても、終りの合図のあるまでは離席しないこと。
⑦ 問題解答は、注意事項や問をしつかり読んでから始めるようにすること。
⑧ 一度書いた答を訂正する場合には、消ゴムでしつかり消してから、それぞれのらんにはつきり書くようにする。
⑨ テスト中には、質問を許さない。但し、印刷が不明瞭なものがある時は、手をあげること。
⑩ テスト中に便所に行きたくなつたときは手をあげること。
⑪ テストの時間は、一時間で（六〇分）で二教科ずつやるので、一教科おゝよそ三〇分見当で、解答するよう注意する。（但し第一日目の第三時限、職家の場合は、一教科で三〇分だけです。

検査の際における監督者の指示、説明要領

① 受検生を受検教室に入場させ、所定の席につかせる。
② 出欠をしらべる。（学級一覧表によつて、番号順は番号と氏名を読み上げ、返事をさせる。（両日とも第一時限に）
③ 注意事項を次のように説明する。（次の「」内以外のことについては説明しない）

イ、「これから私と一しよにテストを受けてもらいます。昨日受持の先生からもいろいろ御注意があつたと思いますので、それをよく守つて落着いてやつて下さい」。
ロ、「それでは問題用紙を配りますから裏返しにしたまゝおいて、まだ問題を見てはいけません」「まだ鉛筆をもつてはいけません」（用紙を配る）
ハ、「今、配つた問題は、〇科と〇科の問題ですそれぞれ二枚ずつですが、そのとおりになつているか、しらべて下さい。（枚数を調べさせる）（但し、職家の場合は、一教科で四枚になつていることを説明する）
ニ、「では、鉛筆をもちなさい。表（おもて）を出して、一番上の用紙だけに、番号、出身学校名、名前をかいて、二枚目から四枚までは、自分の番号だけかいて下さい」
ホ、「みんな書きましたか。では鉛筆をおいて、もう一度用紙を裏返しにしておいて、始めの合図を待つてください」。
ヘ、所定の時刻がきたならば、いつせいに「では〃始め〃書き始めて下さい」。
ト、所定の時間の中間（三〇分）の時に「ただ今まで三〇分たちました。あと三〇分です」（職家の場合は指示しない）
チ、所定の終りの時刻がきたならば、いつせいに「やめ」「みんな鉛筆をおいてください」「答案は表（おもて）を上にして、そのまゝ机の上においてください」
リ、「次の入場の合図まで十五分間休憩しますから、その間に用便などすましてください」。（答案は教師が集める）

※右の指示、説明は第一日目の第一時限は（イ）から（リ）まで説明し、第二時限以降は、（ロ）より（リ）まで毎時限繰返すこと。

ふなつり

名護地区野甫小学校　二年　新里清正

日ようびに、きよしくんをつれて、ふなつりにいきました。きよしくんが、バケツをもつて、ぼくが、つりざおをかついで、いけに行きました。きよしくんはバケツに水を入れました。いけには、白いくもがうつつています。とてもきれいな水のいろです。

五分かんほどたつて、うきがちよつ、ちよつと、うごきました。三、四へん、うきがしずんでから、ぐつとひきあげました。ふながつれました。

「あれ、ふなか」と、ぼくはいいました。はりをぬいて、バケツの中へはなしてやると、せまいので、ばたばたはねました。

きよしくんは、くさを入れて、よろこんでそれを見ていました。

えさをつけて、いとをたらしました。しばらくたつてからうきが、ぐ、ぐ、ぐうと水のそこへひつぱりこまれました。「これは」とおもつて、力をいれてひきあげました。ぎんいろのはらを、きらきらさせて、ふなのようです。バケツにはなすと、つよいいきおいでバケツの中をすうすうとおよぎまわりました。ときどき、ぱたぱたとはげしくはねるのでふなはゆられて、わらくずのように、ふらふらして、およぎました。

それから、また一ぴきつつてかえりました。

昭和三十一年度中部日本
生活指導研究協議會に臨んで

胡差高校　仲會根寛

一、目的

初等教育及び中等教育の分野において、児童生徒の実態に基き、その指導に関する重要な諸問題について研究協議し、生活指導の充実を期する。

二、主催

文部省、大阪府教育委員会、大阪市教育委員会。

三、期日

昭和三十一年十月二三月～二六日迄

四、会場

大阪府立高津高等学校

五、参加府県と人員

二六七名（沖縄加へ二六八名）

福井　一四、石川　一五、富山　一五、岐阜　二二、愛知　一七、三重　二四、滋賀　二二
京都　三一、大阪　四七、兵庫　三〇、奈良　一八、和歌山　一二、

校長　一七（小学校六、中学校七、高等学校四）
教諭　二一九（小学校六六、中学校七八、高等学校七五）
教委職員二八（府県指導主事のこと）
其の他　四

◎指導者五名（大学教授の講師）

六、研究主題

先づ五部会に別れて研究主題について研究協議した

◎部会の研究主題

第一部会　学校を中心とした校外指導はどのように組織し運営したらよいか（小・中・高）
第二部会　教科以外の活動、特別教育活動における生活指導はどのようにしたらよいか（小・中・高）
第三部会　純潔教育はどのようにしたらよいか（中・高）
第四部会　児童生徒の生活の実態をはあくし問題点を発見するにはどうしたらよいか（小・中・高）
第五部会　問題家庭児はどのように指導すればよいか（小・中）

七、運営

運営にあたつては

① 部会ごとに小学校一名中学校一名高等学校一名と研究発表者を定め、発表一〇分間として、之をもとにして具体的研究協議もする。
② 研究発表者はプリント（原紙五枚程度横書き）八〇部を当日携行する。
③ 研究発表者以外の部会参加者はつとめて研究主題に関する資料を携行するものとする。但し「プリント」としての携行は八〇部が望ましい。
④ 部会の役員は部会ごとに議長一名、副議長一名、書記二名を定め（指定）各々指導者（講師）をつける。

第一日目　総会後（自九時三〇分至十一時四五分）教育大学の井坂教授の「生活指導の原理」の講演が行われてから部会研究に入る。

私は第一日目の午後並に第二日目の午前中だけを第二部会で受講し後第四部会へ行き受講致しましたがいづれの会場も活潑に意見討議が行われているようでした。そこで第四部会がコザ高校の実験学校と関係が深いのでその点について述べて見度いと思います。

第四部会の研究討議内容

児童生徒の生活態度を把握し、問題点を発見するにはどのようにしたらよいか（小・中・高）

一、不良化傾向の早期発見はどのようにしたらよいか。

(一) 基礎調査のための書類にはどんなものが必要か。
(二) 児童生徒の行動記録はどのようにしたらよいか。
(三) 不良化傾向にあると思われる児童生徒の問題点にはどんなものがあるか。
(四) 児童生徒との面接はどのようにしたらよいか面接の機会をどのように設けるか
(五) 児童生徒の生活についての保護者の調査にはどんなものが適当か。

二、児童生徒の生活実態や悩みなどを知るにはどうしたらよいか。

(一) 生徒児童の校外生活の実態を知るためにはどんな方法が有るか。

㈢　生活実態や興味、欲求、理想、悩み等の調査はどんな方法で行えばよいか、またどのように利用したらよいか。

㈣　各種機関の発行する諸種の調査、統計にはどんなものが有るか亦これをどのように利用したらよいか。

右の問題を研究し討議することになりましたが材料が多いので㈠不良化傾向の早期発見はどのようにしたらよいか。富山県中学校の「不良化防止と問題早期発見のいとぐち」を述べさせて貰い、残余をいつかの機会に譲り度いと思います。

本年八月三十一日富山県下において某高校一年生が刺殺されるという惨事が起つた。驚くことには、被加両者とも俗にいう不良少年ではなかつたということである。考えて見れば現在の生徒の心の中に外見分らないけれども不良化傾向の気持ちがひそんでいるのではなからうか？、吾々は昭和二四年から道徳教育を心にいたし恒にその目的達成につとめて来たのであるが、最近本校にはいわゆる不良生徒という者は皆無に等しくなつたが、前述の危険を憂慮させる不安がかなりあるように思い事例により乍ら標題解決を述べて見たい。

事例　一

生徒の貯金通帳盗難事件（面接）

一、事件の発生五月半頃新入間もない一年〇組においてA女生徒が学校生徒銀行の通帳を落した。二三日してその生徒の預金は学校銀行から引き出されていることが判明した。いろいろ探している中に今年は第二第三の被害者が出た。銀行の窓口は注意はしているが一々生徒の名前は覚えていないので大変なことになつてしまつた。ところが数日後銀行え通帳をもつて金を引き出しに来た生徒が通帳の人とちがう所から足がつき主任によればれて面接調査されるという。K女生徒が現れたのである。Kは父（大工）母（料理屋づとめ、やゝ身もちが悪いとの近所の評判姉（某工場づとめかなりはでゞある）本人、弟の五人の家族でくらしは赤貧ではないが経済的にはかなり苦しく母姉のやゝ不行跡なことで父母の争いもかなりあつたのである。Kは成績中下で無口だが時々強いことをいう。

◎2、「K」の指導

さて面接をしてもKは頑として自分だといわない、かなり時間をかけて話すうち漸く自白したが家庭訪門をして父母に事情を話すと家の子供がまさかそんなことをと首肯しないのである。そこで本人父教師立合いで「真実をいへば後の気持ちが軽くなること、今後行が明るくなることなど」をよく話し静かに返事を待つと淋しくそれでもホットしたように、こくりとうなづいて自分の非行を認めたのである。

◎父親の驚きは格別であつた、更に話し合う中にそれが姉の入れ知慧であることも分つた。

一般生徒について見ても知能犯に属する非行のやり方は最近上昇しつゝあるが裏にこのような事実を見た時単なる学校の小さい指導の弱さをしみじみ感じたことである。

3、此の問題から、a社会b姉という最も信頼すべき近親の者のゆがんだ気持、cかなり功妙なやり口等を痛感させられた。これに対して家庭内不和をさけながら、どうして社会のまひした悪い環境からぬけだすか？

逆に強い正直心をゆり起すかが最も問題であると考えたわけである。単に「盗むことは悪いね」という「おしつけ徳目」は明日になれば消え失せねばならない程生活環境は乱れていると思われ、お互教師も過去に冗談によく使つたのではなからうか、これが現代の広く大きな実態の断面であると思うのである。

事例　二

「石をなげた小さないたづらから」面接一年男M生

1、事件、一年生のMたちは或る日曜日釣りの帰りに川辺のとあるトタン屋根の上に小石をなげてガタン、ガタンという音をきいて喜んでいた。トタン屋根の主人は今までもよくこの不快な被害をうけていたので、とび出してきて「オイコラッ」とどなつた。ところが逃げるかと思うときに非ず一しよにいたB生徒が「コラッ」と口まねした。いよいよ不快になつた主人は「ナニモウ一度云つテ見ロッ」というとM生「モウ一ペンイッテヤロカ」といつた。主人は大いに立腹し自転車で追いかけMをつかまえて警察まで連行した

（Mは石をなげたのではないと他の生徒がいつたけれども主人は敢えてMをつかんでしまつた）

その翌日Mの母親は学校へ父は警察へ二手に分れて口説く者と抗議する者と両攻撃で子供のMはそんなに悪くないのにあんまりだと火の手をあげた

（Mは両親健在、成績は上ノ上、要領が良く明るい反面強情であり自分に不利なことは一切話さない生徒である。

2、面接とM一家

「M君、君のものゝいゝ方がどうもおかしくないか、警察で注意されるのも、尤もだと思う」と反省を促すと泣き出し乍ら「警察のやり方が気に喰わぬ、納得出来ぬ」といつて訴える。一体Mの家庭は調査してみると自己反省ということがなく、自我がつよく不出来な吾が子が非常に出来るように見え、又他人に何か一言でもいわれると反ぱつしなければ気がすまない傾向があり、本人の兄も在学中担任教師がさんざん手をやいたことが分つた。Mも両親にならつて、その気持ちが強いらしい。

そこで頭ごなしにいつた「君のいつたことは小さいことかも知れぬ。しかし自分がいけないことをしておきながら、さかうらみにうらみ、又口答えする心は許されることではない。まえの一言で先生は今日限り君の味方とはなれない」といつた。青くなつたMはすぐあやまつた、そこで後でさらにじゆん〳〵と話し合つたところ気持ちよく納得した。

3、この事件から

吾々の学校の現在の生徒の心の中に投石よりも、口がえし（自由を叫んでいるつもりだらう）が遙かに非民主的な行動であることに気付かぬものが巣喰つているのではなからうか。Mや或いは他の生徒はこのような場合そのかんたんな発言だと思つている。一放言でも実は内容を探すと爆発して刺殺事件にもなり兼ねないものを含んでいることに気付かない。これを吾々は速かに発見し、すなおな温かい心情の持主へと指導していかなければならない、そして末然に自分でそれが防がれる生徒となるよう導かねば新しい道徳教育とはならないと思う。

事例　三

「浮浪性のS男生」（記録、面接、家庭訪問）

1、その記録からS現在三年A組両親なく叔母の家にいるI、Qは九八祖母もある。

Sは一年生の半頃から時々学校へ来ないで映画を見にいつたりその中に一晩中祖母の待つ家へは帰つて来ない。調べると家の横の納屋にねていた事が多かつた。祖母や教師の指導も中々徹底し難く、その中二年生になつて家の金をもつて（或は貯金等の金）汽車で大阪や金沢あたりまで、一人で旅し金のなくなるまで映画を見て、やがて警察の厄介で帰宅するという無軌道ぶりを発揮しだした。警察児童相談所もわづらわしたけれども盗癖も別にないので犯罪ともならず、いわゆる危険な虞犯少年として注意するという立場におかれたのである

三年になつて

① 修学旅行に気持ちよく行かう。② やがて就職があるからつらい時はよく相談して一人勝手な放浪は止めよう。③ いつも先生が味方にいるぞ。④ 学校を楽しくしよう。

等の事を約束したところ五月田植頃一度晩おそくなつたことが有つたと祖母はいつたが、その後不思議にも放浪性が出ないので喜んでいるのである

このことから現在生徒の指導にあたつては善のおしつけや悪のおどしでなく明かるい道への自らの立上りでなくてはならない。勿論消極的な道徳指導や不良化防止は大切ではあるがさらに積極的に「叱ることを止めて自らさとらせる」ことに重点をおかねばならないと思う。それは考へ方として又行を通じてである。

カウンセリングをする為にでなく日常の教師は厳粛の中に反面慈母や慈父の如き愛の翼ももつべきであるという考へ方も生れてくる。

事例　四

「苦しい環境から正しい批判と正義感に立つF女生徒」（授業、作文、面接から）

1、概要Fは知能は高く苦しい家庭（母姉三人）の末娘である。その作文に「私には父はいないがよい母がいます。しかし母はどうもぐちな所が多いので困ります。私はどんなに苦しくても勉強をやりとげ、必ず男の人にも負けないようにし将来外国までも行き度いと思います」と夢をまぜて決心の程をかき「なぜ母と女ばかりの家庭がひくつにならねばならないのか分りません。家の姉さんも高校へ行けないというので急にすてばちになつたりしましたが、私はそんなのが嫌です。私は高校へ上れなくても決して悲しまずそんな事を問題にせず、やりぬこうと思います」とかなり男まさりである。

「あんたは明春三月（高校入学時）淋しくなるのではないか」といえば「そんなことで楽しさや望みは変りません」ときつぱり答え毎日の生活はその通りである。

2、その影響、気の小さい同HRのNやT(共に成績はよいが、はたらきがけの弱い生徒）は口を揃へて（Fさんはほんとうにつらい中から朗らかでよく努力をし淋しい時に話をすると晴々としてふつ

とんでしまう」という、男生徒もどうかするとおされ勝ちであり、ある級風を作るもとでもある場合がしば〳〵起る。

3、優秀な生徒はどこにでもをり別に感心することでもないとの評はあるだらうが、Fの正しい批判と強い正義感に燃えている所をさらに、ホームルームや学校全体におし広めたい所である。

即ち正しく新しい道徳観が、この生徒なりに身についており成績も点数にこだわつてもいない。個人として、社会人として、又健康な人として安定した基盤に立つて行動している。

現代の学生や青年は遊離した事柄の善悪正否は常識的に指摘するが、その根幹が危うげである者が多いように思う。

結び

まことに断片的で貧弱な事例を述べてきたが、これを通して考え、又実施していることは

㈠ おぼろげ乍ら、でも確たる道徳指導体（道徳及び生活指導体）をもつてをり。

㈡ 個人的或は一般的な適切な場を。

㈢ 消極的に又積極的につかみ。

㈣ 一事を通して内面的、道徳的、資質を喰い込ませ、それが発展するようにしていることである。

こうして吾々の教える生徒に心から次のような発言をさせるように出来ると信ずるものである。

「先生は悪や不正なことから私たちを
守つてくれます。」

「先生は悪いことをした時、
叱るものだと思つていたのに」と。

すべからく教師、カウンセラーは信頼と尊敬をもつ人たるべきことが望まれる。

静かに大阪高津高校の二階へ斜陽がさし発表者に後光がさしたかのように見えた。全体を眺めて調査方法、面接、家庭訪問、診断、結果、処理、指導まるで外国映画でも見ているように、四五年も後れた沖縄の児童生徒の生活指導に一段の拍車をかけて轡を並べて永遠の課題へ突進し度いと念じつゝ。

一九五六、一二、一〇、

文化的投影

東江康治

文化的投影

もうそれこれ七、八年も前のことなので、自分の記憶をどれぐらい信頼してよいものか問題ではあるが、私はリーダーズダイジェストで次のようなことを読んだことがある。あるアメリカの大学で心理学の先生が学生に、「若し動物になるとしたら何になりたいか」との質問をしたらしい。そうしたら男の学生はライオンや虎のような動物を先ず筆頭にあげ、女子学生は猫を多く選んだとか。

ライオンや虎を選ぶ男

男子学生が選んだライオンや虎は強く、逞しく、猛々しい動物である。なぜアメリカの男子学生はこのような動物を選んだのだろうか。この疑問に対し、男子学生は男性的な動物をあげたまでのことだ、といつてしまえばことはそれまでのことに過ぎないかもしれない。しかし、男性的という言葉の正体は極めてアイマイなもので、強く、逞しく、猛々しいことが必ずしも男性的とは限らない。男らしさ、女らしさは、概して文化の型が規定するものであつて、別に普遍的な男らしさ、女らしさというものがあるわけではない。生理的な良識を無視していたとしか考えられない中国娘の纏足は文化によつて女らしさが強制された具体的な一例である。お尻の線を異様にくねらせて歩くモンロースタイルが女性的な魅力だということになれば、良家のムスメまでがお尻をふりふり歩くようになる―ということも考えられないことはない。

アメリカの男子学生が、いわゆる男性的特性の著しい動物をあげた動機的背景について、当の心理学教授が釈明してあつたかどうかは私の記憶に残っていない。それで、私は私のみたアメリカ的男性観を通して、私なりの考察をすることにする。

何れの文化にもその文化にユニークな価値的基準がある。アメリカはアメリカなりの価値的基準があつてそれがかなり普遍的にアメリカの物の観方、考え方、その他態度一般を支配しているようである。そのアメリカ的価値観の一部として、アメリカにはアメリカ的

な男らしさの概念がある。曰く男は剛健で勇壮でなければならない。曰く、男は飾らず、気取らず、こだわらずーといつたていのものである。だからアメリカの男性にとつて、意気地なしとか、女々しいといわれることは大きな侮辱だということになる。その点日本の男性観と相通ずるところが多分にあるようである。大平洋戦争で多くの日本人がアメリカ兵の戦斗志気をみくびつていたかと思われるが、それは日本人がアメリカ人の男性観を見誤つていたからであろう。こういう男性の理想像のある社会だから、アメリカの青少年は意気地なしとか、女々しいといわれることを極度に嫌い、その反対のこと、即ち荒つぽく、肝魂の太いことを好んでするようである。男らしくないものは、よくシシー（sissy）だとからかわれているようだが、それはシスター（姉妹）という言葉から転じて女々しいという意味を持つようになつたものだと思う。

　こういつたアメリカ人の男性観からすると、アメリカの男子学生がライオンや虎のような動物になりたいと望むことは極めて自然なことである。彼等は自分の選んだ動物に、彼等の社会における理想男性像をそのまま反映したに過ぎない。

猫になりたい女

　では女子学生の多くが猫を選んだということは何を意味するのであろうか。猫はまりとじやれて遊び戯れるいじらしさがある反面、可憐なねずみを噛殺す残虐な動物である。おとなしくうずくまり、家人の傍によりそつている猫は、全く平和な、人間の友達だという感じを強く与えるものであるが、その反面、暗夜にヘイゲイする猫はバケ猫であり、その眼は冷く、猜疑に満ちているようでもある。こういう猫のどこを好んでアメリカの女子学生は猫になりたいと欲するのであろうか。

　アメリカで猫が人間のチョウアイをうけているということは、前々から話に聞いたことである。仔猫が沢山繁殖すると、人口調整の方法として食つたり、吊り下げたりするのでなく袋に入れて田舎道においておくとのこと。そうすると通りがかりの誰かが拾いあげて家に持ち帰るというスンポウである。もちろん、この猫の人口調整法は話に聞いたことなので、ことの真偽のほどは保証の限りではない。

　私が米国のＵＣＬＡ（羅府加大）に通つていた頃、五ケ月ほど大学のキャンパス近くで書生奉公をしていたことがある。そのアルバイト先の家は広いベースメント附きの二階建であつたが、家族はといえば、父親が詩人で、陸軍少将だつたことを口癖のように話す七十を越したと思われるレイディー一人と、他は猫が一匹いるだけである。その猫君は全く結構な御身分で、食事は肉とミルクが常食、時折新鮮な肉を絶やした時には、代用食として罐詰の馬肉があてがわれていたが、猫はそれを余り快としなかつたようで、よく食べ残したものである。こんなに美食する猫のことであるから、ねずみとりの成績はいたつて不振だつたようだ。

　私が直接観察したこの猫の身分が、アメリカにおいて典型的なものがどうかということになると、そう容易に答えられるものではない。然し一般に猫が人間に可愛がられ、人間のペットとして極めて結構な地位にあることは否めない。アメリカの猫の地位を沖縄の猫のそれと比較してみると、その事実がもつともはつきりする。

　こちらでも猫の身分は決して卑しいものではない。オバーチャンやオヂーチャンに溺愛されている猫もかなり多いことである。猫は人間の敵であるねずみを退治してくれる功労者であるし、また仕事の暇々に人なつつこくその飼主に寄りそつてくれる孝行者である。特に後者の場合、愛する子供が成長して独立してしまつた親や、愛する人に先立たれた人々のために、猫は人間の傾いた愛情生活の埋合せに一役買つている。兎角猫は蔭に陽に、おたがい人間のためによく働いている。それだけに、重宝がられてもいるわけである。しかし、私達の社会において、人間は猫の人権を余り尊重していない。尤も、猫がかなり人間のチョーアイを受けていることは確かである。

　しかし、それは猫と人間の利害関係の感を一歩も出ていない、猫は人間にとつて功労者であり、孝行者である。だから可愛い。それだけのことである。これは報酬としての愛情であり、消極的なものに過ぎない。こちらの社会で、私達人間が積極的に猫の幸福を希い猫の福祉に努めていると思われるフツは一寸見当らない。

　アメリカの猫の福祉についてこんな話しがある。私の一学級の叔母さんは一匹の猫を七、八年もの間ずつと家族の一人として可愛いがつていたらしい。その猫の健康があまり勝れなかつたので、叔母さんは猫をつれて病院に行き診断してもらつたら、なんでも腎臓が悪いとかの理由で、解腹手術をしてもらつたらしい。しかし薬石の効も空しく、とうとうその猫は死んでしまつたとのこと。猫の子が死に到つた過程の一部始終を、大学に行つている甥に報告し、叔母さんは手紙を結んで曰く、齢もよい齢だつたし、その方が却つて彼のために幸福だつたのだろうと。その叔母さんは独りものだつたというから、猫を可愛がる充分な理由はあつたに違いないが、それにしても、全く肉親も及ばぬ愛情の傾け方だと思わざるを得なかつた。

こちらに猫のための病院がないからといつて、猫の人権を無視していることにはならない。今のところこちらでは人間の病院にさえ事欠いているのだから、「犬猫病院」なんて全く時機尚早である。しかし、沖縄に猫のための病院がないのは、時機尚早だという理由によるものではなく、恐らく猫のための病院が必要でないからだと思う。というのは、こちらでは往々にしてヒミチグスイとか称して、猫が人間のために生命の犠牲を余儀なくされているからである。屠して食つても差支えない猫であれば、そのために病院など必要だとはちよつと考えられない。

大分廻り道をしてアメリカの猫の身の上の調査をしたが、こうでもしなくては、アメリカの女子学生が猫になりたいと望んだことが理解されない。こちらの猫のように余りジンケンの認められていない猫であれば女子学生が好んで猫になりたいと望むことはなさそうである。アメリカの猫は人間の家庭で愛され、大事に取扱われている。この結構な猫の身分を望んで女子学生は猫を選んだのであろう。

文化的投影

男子学生が選んだライオンや虎は、雄々しく、逞しい、動物の王者である。男子学生に選ばれた動物のうちに望んだものは、この雄々しさ逞しさであろう。

男子学生が強く、逞しく、雄しくありたいと望むことは、斯様な男性像が彼等の理想とするところだからであり、その理想的男性像は彼等の文化の所産に外ならない。結局、彼等が動物選択を通して投影したものは、文化的なものだということになる。

女子学生が猫を望んだシンリも、彼女等が猫が愛され、大事にされる結構な身分を望んだことにあるのであろう。女子学生がライオンや虎を選ばず、もつと家庭的なより女性的な猫を選んだあたり、アメリカ女性の理想的自我像が、愛され、大事にされるという、受動的なものであることを物語つているのではないかと思う。

猫が結構な身分であることは、人間文化の然らしめるところであり、女子学生が猫の身分を望むシンリもまた文化的に規定されたものである。女子学生が愛され、大事にされることを望むことは、アメリカの社会において、愛され、大事にされることが女性の理想像だからであり、若し形式的に、あるいは、実質的に女性が男性の上に君臨することが望ましいということであれば、女子学生が猫になりたいと望むことはなかつたであろう。

学生達は彼等の望むものを動物のうちに見出している。しかも彼等の望むものは、文化的に規定されている。こういう意味で、この小稿の題目を文化的投影と名づけたわけである。尤も、彼等ののぞみの総てを文化的なものとよんでよいか否かについての問題が残されている。投影されるのぞみは、彼等が意識しているものに限らず、深く意識下に秘められたものも投影され得る。下意識に秘められたもののうちには、いまだに意識されずにある欲求もあり、また文化の抑圧をうけ、頭を没しているものもある。

琉大の学生は

なりたい動物を通じて、いろいろなことを考察することが可能である。答える人の様々ののぞみ、欲求が、選ばれた動物を通して表現されるものである。然も、選ばれた動物を通して表現された様々ののぞみ、欲求するものを反映するものだと考えられる。

かねがね、同じような試みを琉大の学生に行つたらどういう結果を示すだろうか、関心を持つていたので去年の一学期に心理学の受講生達に答えてもらつたことがある。「あなたが再び生れ変るものと仮定し、若し人間以外の動物にならなら、何にでもなれるとしたら、あなたは、何になりますか」という質問をした。男子学生七〇人、女子学生二六人、計九六人の答えを簡単に分類してみたら、次の表の通りになつている。彼等学生の選んだ動物がどんな動物であるか、そして、これ等の動物を通して、彼等が何を訴え望んでいるか、また沖縄の文化社会のどんな面が反映されているか読者のあなた自身で考察していただきたい。

（琉球大学講師）

男子学生（70人）

動物名	頭　数		
鳥	12		
小　鳥	5		
鳩	3		
鶴	3		
鷲	3		33
鷹	2	6	
鳶	1		
カナリヤ	1	2	
おうむ	1		
燕	1		
鴨	1		
ライオン	6		
猿	5		
犬	4		
兎	4		
象	3		
豚	2		
虻	2		
猫	1		
馬	1		
りす	1		
蟻	1		
知能の人間に近いもの	1		
何にもなりたくない	2		
人間（誤答）	1		
無応答及びわからない	3		
計	70		

女子学生（26人）

名物動			
鳩	4		
小　鳥	2		
鳥	2		
渡り鳥	2		16
カナリヤ	1		
うぐいす	1	15	
ひばり	1		
こまどり	1		
白鳥	1		
兎	4		
鹿	2		
猫	1		
猿	1		
犬	1		
なにもなりたくない	1		
計	26		

学校給食

(清潔な姿でミルクつくり)

(ミルク給食の後片ずけ)

(嬉々としてミルクを受取る児童)

(暖かく美味しいミルク)

学校給食について

新垣眞子

親として子供に大きく望むことは、健康であつてほしいことである。虚弱な子供を持つ親が、子供の顔色を見ながら念じることは、何でもどしどし食べられる子供になつてもらいたいという事であろう。子供の健康上効果のあるものなら経済的な無理を押切つてでも叶えてやろうとする事は親の自然の情である。更に、健康な子供を持つ親は一層立派の子に育てることを希望するだろう。

此の父兄の希望に一歩先立つて、五三年にカトリック教福祉部から脱脂粉乳が贈られ、本島小学校一、二年生全員に対しミルク給食が始められた。それから五五年、五六年と二ケ年の間には給食該当学年が一部分から漸次規模をひろげて、五六年十月からは全琉小、中学校並びに定時制高校生徒全員にミルク給食が実施されている。一団体から救援の手を延べる事は珍らしくないが、之が年と共に救護者を増し、長年月援助してきた努力に対しては児童生徒の親でなくても敬意と感謝の念が湧くことである。

更に五七年十月頃から米国の余剰物資を使つて小中学校生徒全員にパン給食の計画をすゝめてみるようにとの話があつて、今準備中であるが、一部の小学校からは以前から希望のあつた事であるし、現在のミルク給食にパンを添えた場合は一食のカロリー(六〇〇)量の半分以上に達するので学校給食としても一歩前進することになる。パンとミルクにどの程度のカロリーがあるか、又副食物にどれだけのカロリーを摂ればよいかという事は次の表を御覧願えればおわかりと思う。

区分	材料品	所要数量 g	熱量 cal	たん白質 g	備考
パン	小麦粉	100	350	10.3	小麦粉の栄養量は強力粉、普通粉をそれぞれ50%づゝ配合した場合について示す、
	イースト	2	2	0.3	
	食塩	1.7	0	0	
	油脂	2	15	0	
	砂糖	3	12	0	
ミルク	乾燥脱脂ミルク	22	79	7.8	
	魚介類又は獣鳥肉類	20	27	4.2	
	大豆及びその他豆類	10	40	3.4	
	いも類	40	39	0.6	
	野菜類	60	18	0.9	
	油脂	3	27	0	
	砂糖	3	12	0	
	粉 食塩その他の調味料	3	10	0.2	
合計			631	27.7	

学校給食のもつ教育的意義は私がくり返して申上げるまでもないと思う。運営面では地域社会と学校と父兄が一体となつて実施にあたる事が効果的であり、健全な発展も望める。之まで給食を実施したことによつて

(1) 食わず嫌いがなくなつた
(2) 手洗いの習慣がついた
(3) 食事作法が良くなつた
(4) 間食をしなくなつた
(5) よろこんで登校する
(6) 風邪をひかなくなつた
(7) 活気が出てきた
(8) 母姉が交替で調理する
(9) 調理室の修繕を父兄にしてもらつた

等が学校や父兄の声としてミルク日記（給食実施状況報告書）から知ることが出来て、給食実施が順調に地についた経営をなされている事を心嬉しく思つている。このお便りでもわかるように風邪をひかなくなつたこと、間食をしなくなつたことはその子に耐久力が出来た事を物語つている。こゝで改めて脱脂粉乳の栄養価について申上げるまでもないと思うが、ネズミについて実験した身体発育の記録が次のように発表されている。同じように生れたネズミをA群、B群、C群に分けて他の条件は全く同一にして、Aのネズミにはパンとミルク、Bのネズミにはパンと卵、Cのネズミには、パンと肉を与えて三週間後に発育状況をみると、Aネズミは三二〇瓦前後、Bは二八〇瓦前後、Cは八〇瓦前後の発育になつたということである。結果からパンとミルクで飼つたものが他のものより優れており、ミルクの効果も大きいことを物語つている。同量百瓦について表を見ると次のようになつている。

100g

	カロリー	蛋白質 g	カルシウム mg	燐 mg	ビタミンA IU	B1 mg	B2 g
ミルク	360	36	1300	980	40	0.3	2
卵	152	12.7	150	230	800	0.1	0.3
肉	133	20	6	210	10	0.06	0.03

戦後アメリカ人を身近かに見る機会が多く、彼等の大きい体格と、すんなりした肢体を見て「脚の長いこと。」と感じながらその顔をじろじろ見上げていたものである。外人に限らずお互い同志でも体の大きい人の前に出ると小さい自分が何だか弱いような気持ちになつている。そんな時「体は小さくとも健康で有能であればいゝではないか。」と慰めてもみる。ところがフリーデンヤンヤンという学者は「量的に発育が多い程機能的な発達も大きい。」と発表している。このことからいうと、仕事する時もその条件に添う人こそ能率的にいくという事になつて、将来就職の際の採用条件に入らないとも限らない。このように考えると吾々大人は最早手遅れで止むを得なくても、現に発育盛りの子供には、もつともつと大きくなつてもらいたいものである。

勿論、体格の大小は素質もあるだろうが、現在の吾々は、持つて生れた質の最大限に発育しているのであろうか。明治と大正時代の人々と較べても、戦前と戦後の人々と較べても近頃の人達が大きくなつた事は事実であり、へき地の子供と都市の子供と比較してみても都市の子は大きい。

このように同じ日本人でありながら環境によつて差がある。都市とへき地の子の様に環境の良さから来る発育の差なら、良い環境に変えていくならば、今まで小さかつた子等も大きくなることは必定である。沖縄移民の二世が親より優れた体格をしているのを見ても肯かれることである。このような事から言つても子供に良い環境を作つてやる事は重要なことである。然し、給食実施の段になると、食費の負担、施設、設備の問題で一応頭をいためなければならないが教育はどこまでも過程であつて、「為しつゝ学び」「学びつゝ進む」ものであるから設備費や給食費の不如意にかまけて子供の発育向上の好機を逸しては残念なことである。又、子供の為に払う努力が同じであつても、打つ手が先手であるか後手であるかによつてその効果がまるつきり違つてしまう。過去一年有余の経験と良識に基ずいて完全給食の実現を目指す一歩手前のパン給食の開始運営計画に努力する時季ではないだろうか。

「天は自ら助くる者を助く」という言葉のとおり、自分の努力に訴えて後助力を求めるべきと思う。戦争が終つた直後の虚脱状態にあつても大人は子供にひもじい思いをさせない為に芋作りを始めようと、荒野に鍬を振つた。学校も名ばかりの学校で教師の教育熱によつて運営された。今度の給食では子供達に「何を」「どれだけ」「いかにしてたべさせるか」という事を直ちに知らし、心身共に健康な子を育てゝもらいたい。

（学務課主事）

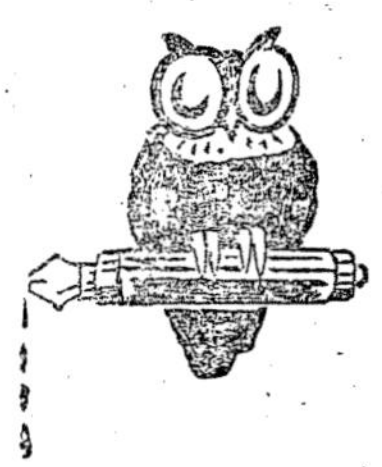

幼児の物の考え方

文澤義永

我々が幼児を相手にしていると、時には子供がなかなか気の利いたことをやり、案外考える力を持つていることに驚くことがあり、又反対に大人の考えでは律することのできない考え方をしているのに驚かされることがある。之は矛盾しているように思われるが、どちらも本当である。そこで一体幼児の物の考え方即ち思考はどんなものだろうかという疑問が生じてくる。

幼児の思考の特徴は、具体的思考と自己中心性との二つに大別することができるが、之等の特質と発達とを詳しく考察して見よう。

一、幼児の具体的思考

(一) ものを比較する考え方

「蝶と蝿とはどうちがいますか」とか「船と自動車とはどう似ていますか」、というような問題で二つのものを比較してその相異点又は類似点を答えさせる問題は幼児にはできない。それは何故だろうか。その原因はいろいろ考えられるが、その最も根本的な原因は、幼児にはこんな二つのものを心の中に一緒に並べて描き出し、それをお互いに関係させその関係において考えるという力がないからである。片つ方のものを考える時には、他方のものがお留守になるからである。

㈡ 思考の行動性

このように二つのものを比較するということは、宙に言葉で考える言語的思考である。

所が、実際のものについて考えるという具体的思考の時にはどうであろう。形の違う二つのものの実物或はお互いに似た所のある二つのものの実物を眼前に出してやつたら、小さな幼児でもその類似点相異点を指で示しながら答えることができる。

幼児はこのように何でも自分の実際の行動で考えるものである。三才位の子供の遊びを見ていても、実物を動かしながら相当に考えていることが分る。

大人たちが、子供は小さいのに案外考える力を持つており、頭が働くのに驚くというのはこの実際の行動で考える力であり、いろいろの道具を使う頭についてである。幼児は言語的思考では考えられないことが多いが、行動で考える力を持つているのが特徴である。之を我々は幼児の思考の行動性と呼ぶのである。

㈢ 思考の対象性

小さな幼児は、ワンワンと言うといつでも一匹の犬をさしている。大人の場合には犬というと一般的な犬であり、エスでもポチでもすべて犬である。所が幼児の場合は、ワンワンと言うといつでも家の犬、エスのことである。エスを離れてワンワンというものは考えられない。即ち、幼児は具体的な一つのもの、一つの対象にくつついてでなければものが考えられない。この性質を我々は幼児の思考の対象性というのである。

この対象性は、ものの名称については、少し大きい幼児になると卒業してしまつているが、その時でもこの対象性という性質は見られる。その一例は数の覚え方である。幼児が数を覚える最初のうちは、その数は一つ一つのものにくつついている。一般的な数の観念というものがないのである。

又、同じことが左右の覚え方にも見られる。幼児は大体に右左の区別がはつきりしないのが普通である。その一般的な関係については分らないが、具体的な事柄について理解する。「箸を持つ方が右で茶わんを持つ方が左」というように、手という一つの具体的なものについて考えないと分らない。

㈣ 具体的思考の発達

ここには、幼児の具体的思考の発達を分析的に研究する方法を紹介して見よう。

まず、与えられた材料を使つて、一定のものを組立てて構成するという仕事について、此の能力の発達を見る方法がある。愛育研究所乳幼児発達検査では、二枚の三角片を型盤の孔にはめ込む構成板がある。色球並べの問題も、与えられた材料に認められる一定の関係に従つて、その関係を類推して新しい部分を構成させるものである。又与えられた一部分的な材料から全体を頭の中で構成し、全体を推定するという能力を見るものとして、次々に少しづつ部分を書いた絵を見せてその途中で全体の絵を当てさせるテストがある。もう一つ、全体の中で当然あるべきものがないことを発見する能力を見るものとして、絵に抜けている所を発見させるテストもある。此等のテストを幼児に与えて、年令別の成績により、具体的な思考能力の発達を知ることができるのであるが、その結果はここでは省略することにしたい。

二、幼児の言語的思考

㈠ 自己中心性

子供たちがお互いにしやべつている会話を分析して見ると、奇妙なことが発見される。元来、会話というものは二人以上の者が互に話をしあうということである。所が幼児の話している所を聞くと、外見上は会話であるが、その実ちつとも会話でない会話をしているのである。互いにしやべり合うように見えて、実は自分独りだけでしやべつている。それが会話みたいに聞えるのは、ただ他人がそこにいるということが話の出てくるきつかけになるからである。そこでは決して返答を求要しないというところに特徴がある。之を集団的独語という。三才から五才の子供ではその会話の五三～六〇％が、又五才から七才の子供では四四～四七％が集団的独語であると言われる。このように集団的独語が多いのは何故か。それは子供が自分だけの為に、他人には一切お構いなしに話をするという性質を持つているからである。自分だけが中心であつて、他の人が眼中にないからである。この性質を幼児の自己中心性と名づける。つまり、幼児の物の考え方は、他人に適用しない、自分だけに適用する、自己中心的である。之は日常の観察でもよく見受けられる。例えば、幼児がかくれんぼしている所を見ると、よく言う「頭かくして尻かくさず」というかくれ方をする。自分が頭をつつ込んでかくれていると、他の所は何も見えないので、自分に見えないから他人にも見えないと思つているのである。又之を逆に言えば、自分によく見えていることは他人にも見えると考えるのが幼児の特徴である。この自己中心性という根本特徴から、更に幼児の物の考え方のいろいろの特徴が現われる。それは、意識化の困難、関係判断の欠如、乱置（綜合力の欠如）混こう性などである。

㈡　意識化の困難

之は物の考え方がその場限りであつて、一々その理由を考えたり、考えを内省してその跡をたどつたりすることのできないことを意味する。即ち、考えているものをよくつきつめて考えないで、その場つきりの、一番手つとり早いやり方で片づけてしまうことである。

例えば、五才の子供に「鉛筆とはどんなものか」と聞くと、彼は即座に「字を書くもの」と答える。幼児は自己中心的だから、まず頭にピンとひびいてくるのは自分が何に使うかという用途である。之が幼児の物の定義の仕方なのである。考えを自分で十分に意識してそれをもう一度振返つて検討してみることができないので、「意識化の困難」という。

㈢　関係判断の欠如

幼児は自己中心的であるから、自分以外のものの相互の関係を客観的に判断することができない。例えば幼児には、ボクというのは自分から言えばボクであるが、他人からすればキミであるという関係がはつきりしない。同じようなことが、向い合つている場合の右と左との関係について言える。このような「関係」、ことに相対的関係の理がむづかしい。一応自分というものを抜きにして、蝶とか蠅とかを別々に考え比較できないのである。

㈣　綜合力の欠如

幼児は、頭の中に描かれたものが、互いに連関がなく雑然と並べられているに過ぎない傾向がある。幼児の描く絵を見ると、その中に描かれている人間と着物、人間と花、月や空や地面といつたようなものがきちんと統一されていないで、何となくまとまりのないのに気がつく。之が綜合力の欠けている一つの現われである。又幼児に一枚の絵を見せて、何の絵か聞くと、幼児はきまつてお姉ちやんがいる、猫がいる、人形がある坐布団があるというようにただ見るものを羅列するだけである。多少なりとも全体を見通してまとまりをつけたような叙述は、七才三ケ月にならない出来ないとさされている。

綜合力の欠如しているもう一つの例として、幼児は物の全体と部分の関係を十分に理解することができないことがあげられる。子供が人間の絵を描く時、ボタンを頭の横にかくことがあるが、之はボタンが人間の着ている着物の一部分であり、従つて人間の一部分であることを意識しないからである。

㈤　混こう

このように幼児の思考を大人の眼から見れば無統一である。然し、子供はその主観的統一があり、それが我々大人に通用しないだけである。いろいろなものに連絡がないのではなく、唯大人を満足させるような論理的連絡がないだけであつて、子供流の連絡と統一があるのである。そして子供流の連絡というのは、実際にあるとないとに拘らず、何んでもいろいろなものが一緒にあるからお互いに連絡があると子供が考えるというような連絡であり統一なのである。之をピアジエは混こうと名づけたのであるが、之は自分の経験することを自分の立場から、自己中心に解釈するということに帰着する。この連絡のつけ方、統一の仕方は、具体的に言えば、眼に見えるもの、耳に入るものを手当り次第に連絡をつけ統一をつけて満足するというやり方である。

従つて、幼児には必然と偶然との区別がない。偶然一緒にあるものでも、必然的に一緒にあるように考える自分が手を上げたのと庭の木の葉が落ちたのとが一緒だと、その偶然的な関係を直ちに必然的関係と考えて自分が手をあげたから木の葉が落ちたと考えるのである。だから幼児は人にいろいろのことを聞いても、まるでトンチンカンな返事で満足していることがよくある。

㈥　幼児の世界観

以上述べた所から、幼児の世界観はどんなものかが分るが、もう少しまとめて見よう。

幼児はアニミズムと言われる物の見方をする。アニミズムというのは、凡てのもの、動物や植物は勿論、石ころのような無生物に至るまで、人間と同じように心があり、生命があると考える観方である。だから幼児は、いろいろなのを自分と同じように考えて、話しかけたり、遊んだりするのである。

又幼児は実念論という見方で身の周りを見ている。実念論というのは、自分の心の中、人間の中に起つているいわば主観的な事柄と、自分の外の世界に実在し客観的にることとの区別がつかない物の考え方である。例えば、夢に見たことをほんとにあることと思つたり、自分の頭の中で考えただけのことをほんとに在ることと思つたりする。子供の嘘には、往々にしてこういう所から起る嘘がある。

更に、幼児には人工論といわれる観方で物を見る。之は、世の中の凡てのものが人間によつて作られ、人間のためにあり、人間のために動いているという見方である。

このようなアニミズム、実念論、人工論といつた物の見方、即ち世界観は幼児の考え方の中心をつらぬく自己中心性に根をおくものであつて、幼児的思考のはつきりした現われであると言うことができよう。

(七) 自己中心性の解消

子供は七才頃までは完全に自己中心性の中にあるが次第に少しずつ解消して行つて、一一才頃には完全になくなると言われている。

尚、自己中心性の解消に必要な条件を考えることは極めて大切な問題である。それには、子供がいろいろのものや事柄にぶつかつて見るという「経験」が一つの大切な役目をもつ。又、他人と接触すること、殊に子供同志の社会生活によつて自己中心性は次第にその力を弱められて行く。

三、結論（保育上の問題）

このように幼児の思考の特徴を見て来ると、その保育には相当の問題が含まれていることが感じられる。

幼児は第一に行動で物を考え、実際の対象について考える。従つて幼児は行動において、実際について、即ち実践ということによつて導かれねばならない。ものは手にとつて見ることによつて子供に最もよく理解される。だから具体的経験ということが、幼児の思考の教育に最も必要なことである。

又、自己中心性を打ち破るには、経験と社会生活が必要である。社会生活とは要するに自己以外に他人の立場があることを認識することである。自己以外の立場を認識するためには、他の存在が意識されねばならない。他人の立場があることは、他人と向い合い衝突することによつて始めて分る。ぶつかるためには他人と接触して見なければならない。だから他人との接触によつて子供は自分の自己中心性の貫き通せない限界をはつきりと認識する。正しい立場を得るようになるためには、どうしても子供に社会生活が与えられねばならない。社会生活こそ自己中心性を解消するための最上の成長剤である

（琉大教育学部講師）

故郷訪問雑感

ロイド・エル・エバンス

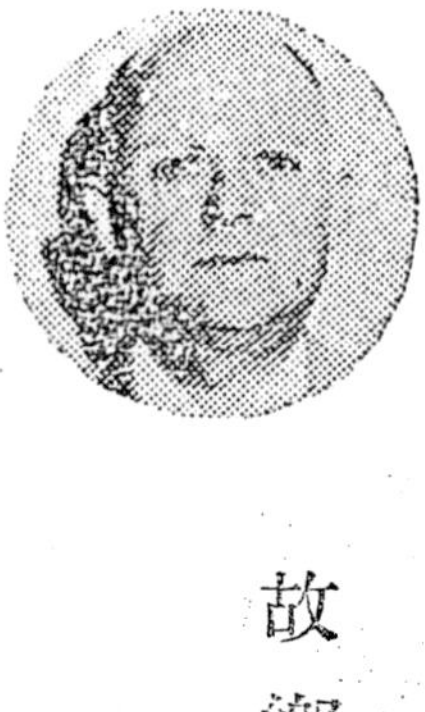

前に故国アメリカを訪れたのは、一九五五年の夏だつた。あの時私は三十名の留学生達に附添つて、カリフォルニヤ州、オークランド市のミルス女子大学に行つたのである。留学生達はそれぞれの配置校に行く前に、この女子大で一しよに予備講習を受けることになつていた。それから二年後の昨年十月、私は再び休暇で米国に発ち、この時は三名の職業教育関係国民指導員と一しよだつた。彼らは三ケ月の予定で、米国に於ける職業教育の機構、行政、運営等について視察、研究することになつていた。船中、私は毎日この人達と会つて、米国に行つてからこの人達の仕事がうまく行くよう、出来るだけ、色々な予備知識を提供するように努めた。沖縄に於ける私の仕事が、こういう人事関係の事なので、いわば、休暇中といえども、私は本職から全く切りはなされてはいなかつたのである。

私の目的地はハリスバーグだ。ペンシルバニヤ州の首都であり、私の親戚の大部分がここに住んでいる。それでも、この故郷の地に居て、毎日何かにつけて東洋の事を思い起こさせられるのであつた。というのは、数年にわたつて、私が東洋からはるばる故郷の親戚達に送つた贈りものの数々が、彼らの家々に大事そうに飾られてあるのだが、それらはすべて東洋のものだ。彼らの家々を訪れたら、部屋の一隅の棚に、こけし人形だとか、支那人形、それから小さな東洋の箱庭といつたようなものが、すぐ目に映つたのだ。そのほか、東洋のパイプや、ライター、灰皿、盆といつた調度品が、小机の上にのつかつていたり、花びんや、木版画や美しいしつ器を目の前に見ていると、無上に東洋の生活がなつかしく思い出された。

十二月のはじめを米国で過ごしたので、クリスマス準備のざわめきがはじまつたばかりの所を見る事が出来た。大きなデパートでは、かなり手の込んだショーウイドウを作り上げ、実物大の人形を使つてクリスマスにまつわる物語りを現わしていた。クリスマスの宗教面と商業面を両方とも兼ねたあんばいだつた。ほとんどの都市や町が何らかの形で街路の飾りつけをしてあ

つたが、たいてい飾り電球で色々なものをかたどつて、それに町内の人々の協力による大きなクリスマス・トリーが、目抜の場所に立てられているといつた工合であつた。各家庭でも飾りつけにいそがしく、丸で国全体が、おとぎの国と化した観を呈した。

私の訪れた都市や町では、住宅や道路の建設工事の進展が、自然に目に止つた。依然として交通地獄はいたる所ですさまじかつた。そのほかにも、毎年出て来る新型車や、林立するテレビのアンテナなどは相変らずの米国風景だつた。それらのものは、より高い生活へとあこがれる人々の意欲のシンボールとも見えた。

紅葉は目に楽しかつた。殊に林全体が、秋のよそおいをほこらしげにくりひろげた様は、一幅の名画であつた。大陸を西海岸から東海岸へと横切つて走る汽車の窓から、次々に、特色ある風景画が、たえまなく現われてくる。楽しい旅であつた。故郷に帰る喜びは皆共通なものだ…洋の東西を問わず…。

一方、米国に於ても真剣な問題には事欠かなかつた。曰く、食糧問題、衣料問題…。娯楽費は高騰し、税はうなぎのぼり。教育界はといえば、優秀教員の不足、深刻な教室不足の問題。その為に、クラスは定員を突破。まだまだ、地方には、統合整理されねばならない「小さな学校」が多数あつて、その為の校舎新築が要求されている。私の故郷、ペンシルバニヤ州では、各階層にわたる教育者たちが、政府の関係者たちと協力して、よりよい教育区の区分けの仕事にたずさわつていた。

小さな地区どおしの統合や、大きな地区への併合などが、目下行なわれて居た。仲々困難な仕事ではあるが、成功の見通しはついていた。そして将来、ペンシルバニヤ州には小さな教育区はなくなるだろう。

私は米国に、那覇市城岳小学校の児童と教師によつて作製された、沖縄の児童作品展をたずさえて行つた。それをペンシルバニヤ州ハーシー（Hershey）の各小学校に届けた。この町はチョコレート菓子の草分けである有名なハーシーチョコレート会社の所在地である。そこで、ハーシーの各小学校でも子供らの作品を準備して沖縄宛に発送した。目下海を渡りつつあるが、到着次第城岳小校に届けられることになつている。

この作品交換によつて、琉米間に、子供たちと、教師達どおしの親善と理解が深められて行く事を期待し、この催しに、私がいささかなりと役に立つた事をこの上なく喜んでいる。最後に一九五七年の新年に当り、教育という重要な仕事にたずさわつて居られる琉球の人々の御多幸を祈つて、私の駄文をとじます。

（民政府情報教育部）

座談会　定時制高校を語る

時……一九五六年十一月十日
場所…研究調査課主事　名城嗣明氏宅

出席者

（卒業生）順不同

真栄城正子（首里バス勤務・定時制首里高校卒）
上間　昇（琉銀壷屋支店勤務・定時制商業高校卒）
新垣　良雄（琉球政府文教局学務課勤務・定時制首里高校卒）
桃原　理子（琉球政府文教局庶務課勤務・定時制首里高校卒）

（在学生）順不同

池原　興祐（定時制首里高校四年・琉球大学教務課勤務）
平山　信子（定時制 商業高校四年・丸弘タクシー 勤務）
新城　朝助（定時制商業高校四年・山形屋勤務）
江田　君子（定時制首里高校三年・首里高校図書館勤務）
金城　光子（定時制首里高校四年・首里高校購売部勤務）

司　会………徳山清長（文教局研究調査課主事）
オブザーバー…親泊輝昌（文教局研究調査課主事）

働きつゝ学ぶ若い人達の声を聞き度いと、かねがね座談会を計画して居ましたが、こゝに実現出来た事を喜んで居ます。殊に、一九五六年の秋、琉球に於ける、はじめての定時制高校卒業生を世に出した事は、非常に大きな意味があると思います。これを機会に、世の人々が、働きつゝ学ぶ若人達に対しより深い理解を持つていたゞき、温かく守つていかれる事を望むものです。卒業生の皆さんの前途を祝福し、在学生の皆さんがよりよき学生々活を過ごされる事を祈ります。なほ、こ

の座談会開催に当つて、快く御協力下さつた出席者の雇傭主各位に対し、誌上をかりて、御礼申し上げます。（編者）

（徳山）本日はお忙がしい所を、皆さんお集り下さいまして、有難うございます。早速、働きながら学ぶ皆さんの卒直な御感想や、御意見を聞かせていたゞきます。では、はじめに、どういう動機で定時制に入学することになつたかと云う点で、池原君からどうぞ……

（池原）では先陣をうけたまわりますかな。（笑声）私は最初全日制に入学したのですが、途中から家庭の都合で定時制に転学したんです。

（上間）私の場合は、近代社会人としての学問、知識をどうしても身につけたいものだと、たえず念願していたんですが、家庭の経済上、正式に学校に行けない事情にあつたのです。それで、定時制が出来る前から、努めて、方々の講習に出ていたんです。ところが、五二年の十月に、待望の定時制が出来たので、一そう知識をみがく為に入学したわけです。

（新城）私もやはり家庭の都合上、全日制には行けませんでした。それで、働きながら、大学まで卒えようと決心して定時制に入りました。

（平山）私は中学を出てから、那覇高校に勤めていたんです。環境の刺戟でしようね、まわりの高校生たちを毎日見てると、自分もたまらなく勉強したくなつたんです。是非高校の過程を了えたいと思つて定時制商業に入つたんです。卒業したら、又次々にチャンスを見づけて勉強を続けたいと思います。

（金城）全日制の方に受けたいと希望してたんですけど、私もやはり家庭の事情で……。でも夜間で一生けんめいがんばつて、出来たら大学まで進学したいんです。

（江田）私は中学で、お友達と一しよに受験勉強をしてたんですが、家の事情で、受験が出来なくなつたんです。それでも、知識欲をどうしても押さえられなくて、働きながら出る決心をして入学しました。

（徳山）皆さんの入学動機についてよく分かりました敬意を表します。ところで、そういう皆さんの方の熱望に対して、どうですか……定時制高校は、皆さん方の期待どおりの所でしたか。

（池原）転校当時は、劣等感に悩まされました。道で昼間部の友人達に会うのがいやでたまりませんでした。すべてが悲観的になつてしまいましてね、定時制では勉強なんて出来まいと思つたんです。しかしやつていくうちに、働きつゝ学ぶ事のよさが、だんだん分かつて来て、今ではむしろこの事を誇りに思つています。昼の生徒に負けないように、がんばつています。定時制の設立者や先生方に感謝していま す。後輩の為にもがんばるつもりです。

（上間）入学当初はコンセット校舎で、みすぼらしいものでした。電燈はくらいし、運動場にはあかりが全くないので、スポーツも出来ない状態でした。五三年に遠久校舎が出来たんです。入学当時は一〇八名居た同級生が、卒業の時は六十名に減つてました。やはり、昼間の重労働で、たえかねてやめて行く人達が多いようです。一家を背負つて立つ人々が多いので無理もないですね。それに昼の仕事の為に、どうしても学科の方がおくれて行きます。そういう所から遂には自己嫌悪におちいつてしまうんです。私達卒業した六十名の者は幸い、こう云つた悪条件に打ち克つて来たわけですが、決心や、期待も、入学して冷たい現実にぶつかつて見ると、考えていた事と大きな差があるのを思い知らされますね。口ではどういつても、実際にはね……、並大ていの事ではないと思いました。

（徳山）そうでしようね。仕事からかえつて、休みたい所を、四年間もがまんして、夜学校に行くなどと云う事は、普通の辛棒ではとても出来る事ぢゃありませんよ。

（上間）日本々土で定時制が発足したのが、たしか四十七年だつたと思いますが、沖縄がそれから四、五ヶ年おくれて五十二年です。働く者が向学心にかられて入学したんですが、年令差が大きいし、思想的にも復雑で、中には昼間におちたから、定時制でもというので入つたのや父親も居た。何しろ、まちまちなバック、グラウンドを持つた連中がワーッと集つた。今はミルクやパンの給食もあるときいてますが、私達の頃は、学校のすぐ近くに食堂があつて、そこで間食したもんです。入学後、定時制と全日制の間に近密な友情が生まれてくるし、又、五十四年頃からは、生徒会の活動が活発に開始され、文化面の活動もさかんになりましたが、こういつたのは入学当初予想もしない楽しい面でした。

（池原）私の方も、入学当初は、はだか電球が六燈ぐらい。あとで螢光燈なども入りましたが、暗い所で体育もやつたものです。去る六月から、やつと明るいグラウンドで体育も出来るようになりました。給食制度がもつとよくなると幸いだと思います。それから入学して見てがつかりした事は、設備や備品の貧弱な事でした。昼間部とは全く別個なんです。化学は最近から昼と同様に使えるようになりましたが、物理などはまだで、紙とエンピツの学習をやつてるんです。

(新城) タイプも習得したいと思つて期待してたんですが、がつかりしました。早く設備してほしいと思います。

(徳山) 皆さんは、それ〴〵職場を持つて居られるわけですが、いかがですか、皆さんの雇傭主は時間的に、あるいはその他の点で便宜をはかつてくれていますか。

(金城) わたしはこれまで方々に職を変えましたが、理解ある人も、ない人も居ます。現在は昼間の購売部で働いていますので、時間はきちんとしてますから勉強するにはよい所です。

(新城) 私は一年の時、自分で商売をしてたんです。ところが、それが思わしく行かなくなつて、二年の時には労務や、軍作業等しながらフーフーやつてました。そうなるといきおい、昼間のつかれで、学校に行つても思う通りに勉強が出来ない。そこで三年からは、伝手を求めて、今の山形屋デパートで働く事になつたんです。こゝは今まで私が勤めた中で一番理解のある所です。通学や、その他学校の催し物などでも、私が遠慮してると、課長さんやほかの方々が、すゝめて出して下さるんです。職場の方々の温い御理解に、いつも感謝の気持で一ぱいです。

(上間) 定時制高校生は立派な社会人なのです。そのつもりで、定時制高校生を雇傭して居られるすべての方々が、八時間の労働時間をきちんと切つて、通学に差つかえないよう、理解ある処置を講じていたゞきたいものです。

(池原) 私は現在琉大で働いてますが、温かい職場です。皆さんが理解ある方々ばかりです。その前の所では、特に去年は生徒会長に選ばれたりして、仕事も多かつたんですが、許可を得て休んでも、すぐそのあとで、仕事と学校と、どつちが大切なんだ、ときめつけられたりして。随分辛い思いをしました。ある級友は仕事の時間がおそくなつて学校におくれたりしています。職場によつて理解の程度はまちまちです。

(上間) 私の所は皆が、たえず激励して下さつたんです。私も自分でしばらく商売をやつた経験がありますが、その頃の知人達も激励してくれるし、誰も冷笑するのが居なかつたのです。やゝもすればくじけそうな所でも、こう云ふ人々の激励によつて、元気を取りもどしたものです。

(徳山) 登校前の時間のよゆうはどんなものですか。夕食の事についてもお話し下さいませんか。

(池原) 今は首里に住んでるのでゆつくり間に合うんですが、以前北谷に勤めていた頃は、学校まで一時間かゝりました。ですから、仕事が退けるとすぐに学校に行く、四時間の授業を終えてからやつと夕食にありつくんです。あの腹のへる時位情けないものはないですね。(笑声) 皆さん身にしみて居られるでせう。(笑声) 現在でも、半数の学生はこの状態なんです。

(徳山) いや、全く、笑い事ぢやありませんよ。こんな調子で、夕食もとらず、睡眠不足と闘つて、とうとう健康を害した友達も居るんでしようね。

(池原) そうなんです。この前の実験学校の発表で見られるように、大体三種類あるんです。目を悪くしたもの、胃腸をこわしたもの、それから体がだるい者。私も食事の不規則で、入学当時、すぐに四キロやせちまつたんです。

(徳山) 女子のほうはどうですか、平山さん。

(平山) 眼をこわす人がとても多いようです。入学当初何ともなかつた人々が、今では多数めがねをかけています。それから学校からかえつて空腹にいきなり飯をつめこんで、すぐに予習復習にとりかゝるので、胃腸をこわす人も多いのです。

(江田) 最近から給食がはじまりましたので、これによつて、わたしたちの後輩からはよくなつてくれる事を願つています。

(徳山) 昼は職場、夜は学校、いきおい予習、復習の時間がなくなつてしまうと思いますが、その面をどう補つていらつしやいますか。

(新城) 学校がはじまるまでのわずかな余暇と、家にかえつてからねるまでの時間しかありませんので、つい、夜中まで起きてやる事が多くなります。そうすると、母が心配するんです。

(江田) 学校からかえつてからしか出来ません。そのつもりで計画をたてるんですが、疲れが出て、つい出来ずに、すぐねむつてしまう事が多いんです。学校の休み時間も利用しようと云う気になるんですが五分しかないので、それも友達との話し合いなどで費してしまう。そう云う工合で、現在予習復習の時間はないと云つてもよいのです。

(徳山) それから施設がない為に支障をきたしている教科などについて話してくれませんか。

(池原) 理科に於ける実験器具の不足は何としても一番困つた事ですね。

(江田) 参考書も少ないと思います。先生が説明しても分かりにくい点があると、参考書にたよるのです。化学実験も、困難な状態です。

(徳山) 全日制との間に何らかの意味で、対立すると云う事はありませんか。

(新城) 運動会などを通して昼間の生徒と接しよくの機会がありますし、スポーツ練習などでも、時間的に重なるので、むしろお互いに和気あいあいです。

(金城) 私なども、仕事のあとで、全日制の生徒が、陸上部のれんしうによんでくれるんです。お互いが同校の生徒として、ちつとも、わだかまりがありません。お互いに悪い点は注意し合つて、中央大会を目ざして練習し合つています。でも、やはり二年の頃までは、何となしに、お互いの間に壁のある感じでした。私達の側の劣等感だつたんですね。もつとお互いが接しよくする機会をふやすとよいと思います。

(池原) 私達の方では、卓球台や柔道施設等ほとんど昼間に依存してる状態なので、そんな所が劣等感の素になつていたんです。しかし時が経つにつれて、お互いの理解も深まり、共に愉快に練習し合つて、結局すべては解消されました。

(徳山) 年令のひらきから来る教室内の特殊なふんい気といつたのが感じられますか。

(池原) 私たちが最低で満十九才。それから、上が二十四、五才までゞすが、学校では皆対等につき合つています。社会に出てからはどうか分りませんが……、非常に親しいですよ。お互いがイーヒーで行くんです。(笑声) 中には、ワラバーターと見る人も居るようですが、共に学んでいるうちに兄弟みたいになつて、うまく行つています。

(親泊) 今度卒業した人で、三十過ぎた人がありましたね。あゝいう人は珍しいですね。新聞でその人の記事を読んで感心させられましたよ。

(上間) 商業の場合、卒業する時、奥さんの居られる方が二人、一人は子供も居る人でした。最高が二十八才で、二十三才位がふつうでした。物の考え方はそれぞれ異なるでしょうが、勉強に於てはお互いに友人として楽しくやりました。

(新城) 私達四年生で、最高は二十四、五才ですね。そういう人が十人ほど居ます。私達が年長としてうやまうと、めいわくそうにするんです。だから自然そういつた考えをぬきにして、ざつくばらんに交際するようになつて、仲はとてもよいんです。何かにつけて、年長者は頼りになります。そういう人々から英語をならつたり、簿記をならつたり。しかし二年以下では年令差もぐんと縮まつているようです。

(徳山) 女子の方はどうですか。最高年令は?。

(金城) そうですね……、二十三、四でしようか。やはり、ねえさんなんて呼んだら、向うがいやがります。別にそういう事にはこだわらず、ふだん、お友達として、ゆかいにつき合つてます。お互いに年は、はつきり分からないんです。

(江田) うちのクラスでは年令差は、そうひどくないですね。ほとんど同年輩なんです。男子の方ではそうとうひらきがあるようですけど。

(平山) わたしの方もたいてい十八から二十位のところです。年令にはこだわらずにうまく行つてます。

(真栄城) 私たちの時には二十五才の人も居ました。でも女子の場合はそういう人は、よほどの例外なんでしようね。

(新垣) 男子は、それからいくと、相当年令差があるんですね。私は今年九月に卒業したんですが、一しよに入学した連中といえば、何しろ下は中学校を出てじきの者から、上は長いこと社会に出ていたという連中まで、色とりどり。教室でも自然年令別にグループが出来てたんです。戦前の高等小学卒の人々も居たんです。まあ学級としては、あまりよい方ではなかつたようです。

(徳山) 今日の座談会には卒業生側と、在学生側の両方からの御出席を御願いしたわけですが、特に卒業された方々におきゝしたいのは、社会に出てから、学校に通つていた頃の、苦しかつた事、楽しかつた事、あるいは感激した思い出などについて………。

(新垣) 私などは、社会に出て五、六年もたつてからの入学だつたんで、あまり楽だとか、感激とかいつた感じもはつきりしてませんでしたね。とにかく淡々として、学校に出つゞけた。

(上間) 一番感激したのは、六月の競技大会で、全日制の生徒と一しよに、声をからして応援した時ですね。その次は僕が生徒会長に当選した時ですな。(笑声) それから、まあ……、ピクニックとか……、色々あります。苦しかつた事はといつたら一日中しやべつてもまだ〳〵 (笑声)。でも、ひるの仕事でくたびれて、飯食うひまもなしに学校にかけつけて夜の教室で、ねむい目をこすり〳〵黒板に向う時は何べんもくじけそうになりましたね。だから卒業の日の感慨は、それこそ無量、夢のようでした。

(徳山) 在学生の方々は、どうでしようか。

(平山) 第一回卒業生を送つた時は大変感激しまし

た。苦しい四年間をがんばり抜いて、社会に出ていくその人々の御多幸を心から祈りました。

(池原) 私が生徒会長在任中、第一回学芸会をやりましたが、ほんとに楽しかつたです。それから卒業生が三名、優秀な成績で琉大にパスした時は感激しました。もう、何と云つてよいか分からないほどうれしかつたんです。定時制については世間の関心もうすいし、定時制の生徒自身も、ともすれば、日陰者の卑屈さにおちいりがちなんですね。そこへもつて先輩が、全日制に伍して優秀な成績をあげたんですからね。

(新城) 六月大会で決勝まで進んだ時、全日制から応援をたのんで来た時はうれしかつたですね。それから第一回卒業生を送る一週間ほど前に、今の四年生が計画して演芸会をしたんですが、その時は各方面の方々が、わざ／＼見に来てくれたんです。うれしかつたですね。

(池原) 今日は那覇高校から出席者が居られなくて残念なんですが、那覇高校定時制から今度国費留学生にパスしてるんです。同じ定時制からそういう人を出すのは心強い事です。学校は異つても、同じ境遇にあるものとして、こんなうれしい事はないですね大いに激励されますよ。

(徳山) 皆さんの職場についてですがね、在学時代と卒業後とで職場を変えますか、それとも……。就職難の時ですが、就職状況はどうですか。

(上間) 私の所は商業なので、ほとんどが銀行、会社ですね。就職率もよい方でしょうね。

(新垣) 首里高校の場合は、大部分が軍に行つてるようです。公務員は三名ですかね……。タイムス社にも行つてます。

(桃原) 卒業後、仲々お互いが顔を合わす機会もありませんが、ほとんどの人が、在学中と同じ職場に居るようです。定時制は軍関係の仕事に行つてる人が多いですね。

(真栄城) 私はずつと首里バス。卒業したら仕事も給料もよくなりました。あまりたくさんじやないけど……。（笑声）

(徳山) 進学希望者はたくさん居ますか。

(新城) あまり居ないですね。でもチャンスがあればと考えてる人はやはり相等居るんぢやないでしょうか。今すぐ具体的にどうという希望や計画はないにしても。私自身、通信教育でやりながら、夜間部に行くチャンスをねらつているんです。

(新垣) さつき池原君のお話しにあつた琉大への受験ですね、あれは三名受けて、皆入つた。合格率百％なんですね。男子の場合、進学希望というのが、全体の十％ぐらいのものですかね。

(上間) 琉大に夜間部が出来ると進学希望者もグンとふえると思うんですがね。

(桃原) 女子の方では、進学希望というのは五％位のものでしょうね。それよりも、女子の場合は、卒業後実際に身につける技術を習得したいという希望者が多いと思うんです。タイプ、洋裁などといつたものをね。

(徳山) 最後に、皆さんから、社会や学校や、職場に対する要望がありましたら、この機会におききしたいんですが……。

(池原) そうですね…、まず社会への要望としては、定時制高校生への職を大いに与えてほしいという事です。学校には、〃よりよき設備を〃ですね。

(新城) 学校の設備をよくしていたゞきたいですね。今年は二度の台風で、電燈がつかなくなつて合計五日も授業不能におちいつた。それから各職場は、定時制高校生の事情を理解して下さつて、五時にはキチンと帰して、通学の便を与えていたゞきたい。

(平山) 定時制高校生を、単にアルバイトと見なさず、社会人として、温かい理解を示していたゞきたいですね。特に時間的な配慮を、学校におくれないようにお願いしたいと思います。

(新垣) 雇傭者側の寛大な気持ちと、我々の甘えない気持ちがぴつたり行けばいゝんです。我々も、仕事はあくまでも責任を持つて当る気概がなければいけないと思います。学校、特に理科の設備は何とかしてとゝのえていただきたいんですがね……。

(金城) 出来るだけ、定時制高校生に適した仕事は私たちに与えていたゞきたいものです。そうすれば中途でやめていく人も減ると思うんです。入学当時、五十三名も居た私のクラスが今は二十五名なんです。やめた人が皆、仕事の関係というんではないのですが、私たちに適した仕事が与えられたら、やめないでもいゝという人もかなり居ると思うんです。

(真栄城) 学校内に食堂があるといゝんですけど。

(桃原) 定時制高校生は、ほとんどが、時間ぎり／＼の生活をしてますので、授業の中間に、十五分位の大休止があつたら都合がいゝと思います。そうすれば、そのわずかな時間でも利用して食事が出来るという人もずいぶん居るでしょうからね。

(池原) 今後ますます定時制に対する父兄や、一般社会人の理解が深まることゝは思いますが、一般勤労青少年達に、「意志さえあれば必ず出来るんだ。」という事を、我々の経験を通して強く呼びかけたいんです。そして勤労青少年の奮起を願いたいんです

(徳山) よくわかりました。この座談会記事が、一人でも多くの青少年、一般社会人に読まれて、逆境にある若い人達への励ましとなることを念願して この辺で閉会したいと思います。最後に親泊先生に一言お話しをお願いします。親泊先生、どうぞ

(親泊) 本日は、皆さんにお集り願つて、定時制高校について色々お話しをきかしていたゞき、大変参考になりました。現在、勤労青少年にとつて、勉学の機会は、定時制以外にないのであります。琉球に於ては、目下、全勤労青少年のうち、全日制高校に入学するものが四十%で、あとの六十%が実社会に出ているのです。この多くの勤労青少年達の勉学の機会というものに対しては、社会も大いに関心を持つべきだと思います。この意味で、皆さん方の切実な訴えともいうべきお話の内容を文教時報にのせ、広く社会に知らせる事には大きな意義があると思うのです。皆さん方の中には目下勉学中の方と、既に課程を終えて社会で活躍中の方が居られるわけですが、何とぞ定時制高校で得られた知識、技能及び強い意志を十二分に社会生活に生かされ、定時制はほんとによい施設であるという事を社会に身を以て示して下さい。又皆さんに続く後輩達にも強い励ましと、明るい希望を与えるようがんばつて下さい。今日はほんとに御苦労さんでした。

—完—

=文教十大ニュース=

一九五六年一月から十二月までの、文教局各課所管に属する主なニュースについて、アンケートによつて集めたものから、文教時報が選んで、左の通り、月日順に発表します。

▲教育五ケ年計画の樹立。

去る大戦に、想像に絶する戦災により、無と化した琉球の教育を復興すべく、戦後十年の苦闘が続けられて来たが、一九五六年の一年を通して、校舎建築産業教育振興、施設備品の充実、教職員の資質向上を基幹とする五ケ年計画が樹立され、琉球教育再建も本格的に軌道にのることとなつた。

▲小、中、定時制高校へのミルク給食の実施 (四月、十月)

一九五五学年度に、米国カトリック教会から粉ミルクが贈られ、小学校三年以下の児童に給与されたが、一九五六年四月には、この恩恵が、全小学校に及び、更に十月には、全琉の小、中、定時制高校にまで及び、体位向上に大きな役割を演ずることになつた。

▲文化行事 (五月、十二月)

一九五五年四月に公開されたNBC交響楽団の演奏に続いて、一九五六年には、ロス・アンゼルス交響楽団の演奏が五月の米琉親善週間記念行事の一つとして公開され、十二月にはウエストミンスター合唱団が、二十七、八両日にわたつて公開演奏した。

▲台風被害 (八、九月)

台風の被害は毎年の事ながら、一九五六年の台風シーズンは、ハリエット、ワンダ、ジーン等々、続々琉球全域を通過、特にエマは、グロリヤ以来の最大風速を示し、七十米を突破、測定の限界を超えた。校舎被害復旧に要する金額は三千三百六十万円と計上された。

▲教員の待遇改善 (十月)

人事委員会規則第三号の改訂により、教員給が、行政関係職員に比し二号俸昇給、又、これまで不定期であつた教員の昇給が、定期昇給の実現を見た。いづれも七月一日にさかのぼつて実施された。

▲沖縄公民館連絡協議会、全公連に正式加名 (十月)

一九五六年十月十六日から三日間、大阪市で開催された全国公民館大会に於て、沖縄代表は宿望の全公連加名を申し出たところ、万場一致これを承認、ここに、沖縄は九州ブロックの一つとして正式加入することとなつた。

▲教育四法の廃案 (十月)

教育界待望の教育四法 (基本法、委員会法、学校教育法、社会教育法)が二回目の廃案となつた。これは軍当局から、種々不備な点が指摘された事によるもので、教育界に暗い影を投じた。これが日の目を見るのはいつの事やら。

▲八重山芸能、芸術祭に参加 (十一月)

文化財保護強調週間行事の一環として、芸術祭主催公演、第七回全国郷土芸能大会に、八重山の音楽舞踊が招待され、特別出演、好評を博した。

▲高等学校入学者定員制の実施 (十一月)

高校入学者の人員については、これまで志願者数の百分比による方法によつたが、種々の不合理が指摘され、中教委は、文審に計る等、種々の研究の結果十一月二十九日定員制を一九五七年度から実施することに決定した。

▲第一回全琉作品展 (十二月)

文教局主催の第一回全琉児童生徒作品展は、戦後最大の展示会として、二十六、七、八の三日間にわたつて、催おされた。出品点数四千七百点を越えた。特に児童、生徒の創意、工夫、科学性等が発揮され注目をひいた。

へき地教育の基本問題

手塚六郎

一、へき地教育の国家的理解

へき地教育が正式に国家的な関心のまととなつたのは、昭和二十九年五月に、「へき地教育振興法」が国会を通過した時からであるといつてさしつかえない。この法案通過に至るまでの、へき地教育関係者の努力はさることながら、何といつても、衆参両院の代表者たちが、この教育に対する理解に到達して、満場一致法案の制定にまで持ちこんだことが、大きな意味における、この教育に対する国家的理解と関心の表現であつたといえる。こうしてへき地教育が、日の当る場所に出たということは、日本教育全体のためにも真に喜ばしいことである。わけても全国のへき地にあつて、この教育に日々てい身している多くの人々の喜びは察するにあまりある。

二、へき地教育の社会的基盤

わが国において、近代学校が公教育機関として普及発達したのは明治以後であつてとくに明治中期以降、義務教育制度が確立したため、教育は躍進的に発達した。教育の発達は、その基盤である政治・経済の充実を前提とすることは申すまでもない。しかし国土の開発がすみずみにまで及ぶには、長い年月が必要であつて、今日でもまだ国土が完全に開発されつくしたとはいいがたい。したがつて開発の及ばぬへき地が、各地に残つているのである。へき地は人口少なく、経済的に貧困で、文化的に後進的な地域であるが、そうした社会的基盤が、へき地教育の性格に、著しい影響を及ぼしているのは当然であつて、政治・経済の傾斜（都市からへき地への）は、そのまま教育の傾斜となつているといえる。教育を、都市教育と田園教育とに分類すると、へき地教育は当然田園教育に属するが、田園教育をさらに、農村教育、山村教育、漁村教育、鉱村教育といつたように、産業的地理的性格に基いて小さく分類するとへき地教育は、このどれかと関連する。田園のかたすみ（ことばが悪いが）の教育といえよう。また離島もへき地に含まれるので、「離島の教育」ともいうべき、へき地教育の特殊面のあることを忘れてはならない。

離島やへき地は遠い交通不便な土地であるから、空間的な遠離性を、宿命的な問題として持つている。文化のセンターである都市から遠いということは、生活的と教育的に、へき地を後進的な地域と規程してしまうのである。だから交通の発達がへき地教育の運命を支配する根本的な力であるといえよう。人口の集中は、交通網の発達と密接な関係をもつが、へき地はおおむね、一本の道路や航路によつて文化地帯と結ばれている。人口の少ない地域であり、この道路や航路が、人間や文化の唯一の交通路としてその地域の生活や教育の動脈の働きをしているわけである。ただ幸にして最近の電信・電話・ラジオの発達は、こうした空間的な遠離性を克服して、文化の恩恵をへき地にもたらすようになつたので、文化滲透の時間的おくれを取りもどすことができることとなつた。ネルソン教授はその意味においても、「世界から孤立し、隔絶した集団は存在しない。へき地社会は、大きな社会のある一部分として研究されるべきである。」といつている。へき地社会の性格は「一都市社会に比較して、小さく、人間関係が近密で、その組織が簡単である。」といえよう。また、へき地社会は、「共通のことばと文学と科学と哲学と宗教とを持ち、また教育機関や生活様式や、経済政治の組織を共通にする単純な社会」ともいえる。都市社会との違いは、その歴史的な発展段階と、職業的地理的環境が違うということである。ちなみに、「わが国のへき地社会の生業の全国比は、農業六五・二%、漁業九・〇%、製炭八・四%、林業八・〇%、農林業六・一%、その他三・〇%（昭和二十八年文部省初等中等教育局、へき地教育の実態による。）であつて、農業が圧倒的に多いばかりでなく、いわゆる第一次産業に属するものが、九七%であり、鉱業とよばれるものは〇・四%にすぎない。だから、わが国のへき地は農・山・漁村にあるということとなる。へき地社会を具体的に区ぎるには何を基準としたらよいかについてガルピン教授は、「(1)あなたはどこで金物類を買いますか。(2)あなたはどの高等学校へこどもさんを入れていますか。(3)あなたはどこの銀行に預金していますか。(4)あなたはどこで衣類を買っていますか。」と尋ねることによって、住民の生活圏を知ることができるが、これが地域社会を規定する具体的基準であるといっている。

へき地社会は、大きな地域社会の中で分散的に存在するこうした生活において共通性をもった住民地域をさすのである。人口的にはアメリカでは、一千人から二千五百人以下をいうが、わが国ではもっとそれよりも小さく、北海道の例によると、「百人から一千人以下となっている。またへき地では通学距離が高等学校の段階となれば、十一キロ以上もあることを覚悟せねばならぬありさまで、経済的には、組合団体や工場事務所がなく、漁村では季節的に仕事があったりなかったりするので、出稼ぎする者が多い。社会的構造を特色づける通婚関係的は、ほとんど村内間にかぎられ、そのことによって生ずる閉鎖的な親族関係は、封建的気風を生む原因となっている。文化的には、無電燈地帯がまだあることによってもわかるように、文化的恩恵に浴することにおくれ、新聞の購読率も、最も低い山村では、三一～五〇パーセント程度である。科学的生活への関心は、山村や漁村ではまだ薄く、因習的な生活に甘んじている。」のがへき地社会の実態といえよう。

三、へき地教育の実態と問題

へき地教育は、ようやく国家的な理解を得られるようになったが、へき地社会の生活構造は、いつもへき地教育発展の強いブレーキとなっている。だからまず、この地域社会の生活構造から生じている生活課題を解決することが、へき地教育振興の先決問題なのである。しかし一方へき地の学校教育、社会教育それ自体は、この社会的課題解決を、座して視ているわけにはいかない。ここに社会と学校の、密接な協力が期待される。

へき地にあるへき村は、その生活自体のもつ小規模性、単純な生活様式、文化の後進性、封鎖的な社会意識を、そのまま小さな学校の中に持ち込んでいる。だがもし学校が、たんに文化の伝達を任務とするにとどまらず、文化の創造をも意図する教育機関であり、同時に村の生活のセンターであろうとするならば、このへき地やへき村のもつ社会的課題と小さな学校の教育課題とは、生産性、文化性、社会性を発展せしめるということにおいて、共通性を持っている。だから、学校の壁を取り去って、地域社会と一体化した総合的学習が望まれるのである。いわゆる地域社会学校の典型的な姿が、ここに見られる。しかし、学校がその使命を達成しうるためには、村の理解ある協力がなければならない。もしボス的勢力や封建的因習的な空気が強くて、学校の働きを抑圧するならば、小さな学校は、門を閉じた意気上がらぬ教育機関にとどまってしまうにちがいない。へき地教育の問題の第一は、実にこの村と学校との協力が、どこまでできるかということなのである。

問題第二は、純然たる教育的課題である。これは一、教育行財政的問題と二、教育活動そのものの問題とに見いだされる。教育行政的には、学校の施設設備、教材教具の整備といった物的面と、人的面としての教師の問題があり、教育活動としては学習指導の計画化、合理化が考えられる。

1、へき地の教育財政

北海道における教育財政調査の例によってこれをみるに、給与に関する経費を除いた教育費（公費）と地域社会のきよ出した金額の合計を、児童生徒一人当りについてみるに、次表のとおりである。

○小学校	市部（円）	郡部（円）
平　均	三、七九九	二、一〇三
単　級	三、三二一	三、六五六
二学級	三、五五三	二、三[illegible]八
四学級以上	二、七九八	一、九八五

○中学校	市部（円）	郡部（円）
平　均	四、八二六	二、六三六
単　級	五、九九七	三、三六二
二学級	五、九七七	二、二一九
三学級以上	四、八〇八	二、六三三

またPTAが負担した額の比率は、市部の小学校平均一二・一%、郡部二〇・八%、市部の中学校平均一七・六%、郡部二六・四%となっている。これらによってわかることは、市部に比して郡部（いわゆるへき地の多い）は、教育財政が貧弱であり、PTAの負担は、郡部の方が市部に比して大きいということである。

2、施設設備児童

一人当り平均額は、市部で二、二〇一円、へき地指定校の多い郡部で九四一円、生徒一人当り平均額、市部で三、〇一〇円、へき地指定校の多い郡部で一、三四六円である。このことからみても、へき地の教育的条件の貧困さがわかる。教材教具の整備状況も、これと同じ傾向であることはいうまでもなく指導用掛図、理科器具、体育用器具、運動用具、衛生施設用品、防火施設用品等において、へき地にいくほど貧弱である。

3、教師と児童生徒

へき地教育を支配する教師の実態は、校長を含む有資格教諭七九・〇%、無資格教諭二〇・九%、年令的には、二〇才から二四才までの若い教師が最も多く、一九才以下の教師を加えればその比率は約六〇%になり、性別構成では、小学校で男二女一、中学校では、男五女一の比となつている。へき地の教師は、高令の教師と若い教師とから成り、若い教師は、生活の非文化性と学習指導の複雑さとから、安定性を欠いているといわれている。

へき地の児童生徒は、「都市の児童生徒に比して、知能や学力の点ですべて劣つているとはいいがたい。これは自然的であるよりむしろ教養的な差異と考える。」とダン教授がいつている。生活経験の範囲が狭く、言語の使用における経験的弱さは、へき地児童生徒の不利となつている。ウード博士は、「ミルクや果物といつた滋養物が不足しており、生活慣習が不規則で非衛生的であること等から、都市の児童生徒より体位が劣り、病気も多い、特に姿勢や歯の悪いことが目立つ。」といつている。文部省の昭和三〇年度学校衛生統計報告書によると、「へき地の児童生徒の発育は、身長・体重・座高において、全国平均に比べて劣つている。ことに上級の年令となるにつれていつそうその差がはげしくなつている」とある。また「トラホーム、へん頭せん肥大が都市児童に比べて多い。」とも報告されている。情緒的にも孤立的で非社会的な傾向が強く、情操的にも恵まれない生活環境におかれている点は問題である。

４　学習指導と生活指導

学習指導の面で問題となつているのは、学級構成の特質であつて、いわゆる単級、複式の型態が、学習を複雑化させていることであろう。しかも施設設備がふじゆうぶんな上に、校舎教室の構造が、単級、複式という学習型態と必ずしもマッチしていないこと、教科書が多級学校のそれと異ならないことも問題である。教育課程とそれに対する準備とがまだじゆうぶんにできてない。今、文部省では、三、四年の国語算数の同時同教科の学習指導計画案を練つているが、こうした援助が毎日忙しく働いている教師の活動を助けるのである。もし自発的学習態度をつくり、個性に適した指導を加えうるならば、へき地の児童生徒は、恵まれた教育を受けたといわれもしよう。だが今日行われている学力調査では、何といつてもへき地の生徒は不利のようである。生活指導の面では、へき地社会の生活と学校の生活とのつながりが、都市よりもいつそう密接であるから有利である。児童生徒の家庭と教師との親密さは、児童生徒の生活の、あらゆる方面の理解を助ける。また学校は社会教育の場でもあるから、都市におけるような校外生活指導上の困難さはない。つまり非教育的環境はないといつてもよいのである。もしあるとすれば、家庭生活の非科学性や因習的な生活が、非教育的な影響を及ぼしていることであり、情操的な環境に乏しいことである。

以上のような教育的課題の解決は、国の援助をまつと同時に地域社会人や教師の努力に負うところが大きい。地域社会の社会的課題と、この教育的課題は別個のものではないし、将来の社会人である児童生徒の教育は、現在の成人の教育と方向を等しくするものであるから、村の生活改造が教育の改善となるのである。その意味において、地域社会における青少年教育の重要性を思う。「へき地の中学校や定時制高校の教育、青年学級の教育においては、労働生活に耐える労働技術と経営能力を向上させる計画が必要となる。学校はその意味において、生活学習の体系を整えるべきである。」とは北大三井教授の言である。

四、結語

へき地教育がようやく国家の保護を受けていつそう充実しようとしている今日、われわれはまず、多くの先人たちに感謝を捧げねばならない。山間へき地や絶海の孤島に、村人とともに住んで、その子弟の教育や村の開発に貢献した多くの人々の苦労が実はこの法律をつくらせたのだから。しかし法を真に生きたものとするのは、なんといつてもその実質的な援助である財政の問題である。この財政的援助は第一に児童生徒の幸福に向けられるべきであり、第二に教師の幸福に対してでなければならぬ。

児童生徒の幸福は、教育施設設備の充実と教材教具の整備である。まずへき地教育の学習型態にふさわしい学校建築と教室構造をもたせたい。潜水艦の内部構造が科学化されているように、へき地の小さな学校の施設設備は、最も近代化されていなければならない。ラジオやテレビジョン、図書室は、都市に負けないものにしてあげたい。これこそ文化的に隔離されている児童生徒や村民を救う文化施設であるから。

教育は人であるということから、よい教師をへき地に赴任させるようにしたい。それには第二の、教師の幸福に対する援助が必要である。教師の住宅に援助の手が延べられ、へき地手当が増額されつつあることもよいが、へき地教師の研修や旅行に、特別の便宜を与えるべきである。またへき地で一番苦労するのは病気の問題であるから厚生省の力もかりて巡回診療の便宜をもつと活発にし、衛生婦が村に必ずいるようにすることである。

第三の最も基本的な問題は、道路や航路の開発を進めて、へき地をなくすることである。学校統合の問題は開発と関係があることであつて、かつての開拓前線が、今日ではある程度文化地帯に近づいたことから生じているのである。いつまでも小さな学校をそのままにしておかないで、可能なところから統合することがよいと思う。そのためにはスクール・バスやスクール・ボートが必要であり、寄宿舎の問題も忘れてはならない。要するに、へき地教育の基本問題として外からの援助としては、国や地方の財政的援助の量と質、速度の問題があり、内の立場からは、へき地教師の教育的技術の高まりと村や児童生徒に対する愛情、村民の学校や教師に対する深い理解と援助とが必要である。またへき地教育の研究がもつと深められて、これをバック・アップしなければならないし、国土開発が国のすみずみにまで及ばねばならないのである。

【国立教育研究所員】

へき地児童の性格的特性

福田正次

一、主題の焦点

へき地児童の性格的特性については、たいてい似たりよつたりの性格があげられ、それによつて種々の打開策が考えられ、今も努力が続けられていると思うしかしながらそれを科学的に分析し、そのよつて生ずる原因を突き止めているものは少ないと思う。そこでここでは、

①へき地児童の性格的特性とは何か。

②その特性の条件的分析をなし、あるべき性格的特性を追求する。

ということを焦点としたい。ただ、ここで問題を進める本質論としては、性格的特性を知ることが人間観の基底に触れてくることであり、これが今後の人間育成の基本問題へと発展するということである。何か性格教育というと生活指導というように簡単に考えがちであるが、それは近視眼的態度といいたい。というのはへき地の学習指導や教育課程のみでは解決できない問題に突き当るのである。そんなにへき地にいわゆる後進性を宿した形態が人間の性格的特性の中に侵透している。こどもと教師、教師と親とが手を組まねばどうにもならぬ問題が内在している。特に学習と違い、性格は空気のように、毎日毎日の環境的要因がからみ合つて複雑化し無意識化してできあがつている。だから常識的に安易に性格問題を考えると解決できそうな錯覚を与える。現代のように科学化し分析的になると、この問題はいよいよ重要であり、へき地児童を真に理解し、確とした信念にまで積み上げた教育者でないと、とうていこの難問は解決できない。だからこれを解決することは今後のへき地教育振興の一歩前進の基礎となる。

二、へき地児童の性格的特性とは何か

第1表へき地児童の性格的特性表

	長所	短所
個人的性格群	1 素ぼくである 2 持久力がある 3 単純性がある 4 勤労心に富む 5 落着がある	1 粗野である 2 鈍重である 3 創造性の欠如 4 研究心の不足 5 鈍感である
社会的公民的性格群	1 正直である 2 親切である 3 犠牲心にとむ 4 服従心あり 5 団結力あり	1 排他性である 2 卑屈感を持つ 3 盲目的である 4 さい疑心を持つ 5 批判力に欠く
	6 尊敬心に富む 7 競争心は強い 8 信仰心はあつい 9 粗衣粗食に耐える	6 利己主義である 7 科学的、合理性を欠く 8 非衛生的である 9 経済的意欲の低下
	10 倹約心にとむ 11 礼儀正しい	10 公共心に乏しい 11 計画性がない

一表は全国的な共通点と思われる特性を抽出したものである。もちろん性格的特性とはその人間が基底に有している感情や気質をもとにして、環境要因が働きかけ具体化したものである。ゆえにその現われた特性を追求すると必ずそこに素因的なものがある。しかし教育者からみると、素因的な体質論より、その環境要因を重視してかからないと教育は無力化してしまう。すなわち教育の機能によつて、その特性は素因的に同じであつても、悪くもよくもなるということである。表中の長所は同時に短所にも出ておりそれを解決するのが適応ともいえる。ここではどうにもならぬ特性を類型化したのである。

すなわち個人的特性からいうと、へき地のこどもは素ぼくである。そしてしんぼう強く勤勉であつて従順である。しかし、反面粗野であり創造的意欲に欠け、成長するにつれて諦観的になる。すなわち特性のたいせつな点が裏打されていない。これはいろいろな原因からきている。この原因を突き止めなくては頭かくしてしりかくさず式性格教育になる。

次に社会的公民的性格に属するもので問題をあげると、どれもこれも旧来の日本人が有する長所を温存している。現代の部会病のような弊害はみられない。へき地ではこどもからおとなに通ずる性格線ははつきりしている。しかしこの長所とするところが、果して近代社会という観点からみると妥当であるか否かという点に疑問がある。なるほど正直であり、服従心に富む。そして信仰心にあつく礼儀正しい、倹約心に富む、いずれも戦後派社会的性格といわれる性格にはみられないすぐれた特性がある。へき地の自然的な立地条件が人間の意識的なものにまで侵透し、よく保持を続けたことを証している。しかしこれは横の関係からみた社会的性格を多分に欠いている。縦の関係で成立する伝統主義のわくにはめこまれた特性であつたわけである。正直であるが一歩誤るとそれは盲目的である。協力とか寛容というものを欠いた団結心である。すなわち短所としてあげられるものは閉鎖集団としての特性である。これがそのままこどもにはね返つてくる。このことは外部集団から要求せられた性格的特性であつてきわめて客観性を帯びたものである。ではいかなる原因によつてそうなつたのかを明らかにし改善するための資料を提供してみたい。

三、その特性の条件的分析とあるべき道標

性格的特性の分析法にはいろいろあると思われるが、その一つに、ホリチンガーのB－因子分析法がある。また他の一つは観察法とテスト法との組合せにより一致係数を検定する方法がある

これらはすべて統計的な解決法であつて量的に特性群を検出するのである。その他質的処理による方法もあるが、ここではむしろこれから検出された特性群を社会心理的ないしは教育社会学的に究明し原因を明らかにするのが焦点であり、それによつてあるべき特性の道標を樹立しようとするものである。

いまかりに、B－因子分析法によつて分類すると

(イ)社会的適応性群（但し＋は長所－は短所）
(a)礼儀と親切(＋)　(b)尊敬の態度(＋)
(c)正直　(＋)　(b)倹約　(＋)

(ロ)対他的特性群
(a)社会性　(－)　(b)明朗性(－)

(ハ)個性的独立的特性群
(a)劣等感(－)　(b)寛容の態度(±)
(c)創造性(－)　(b)独立の習慣(－)
(e)判断力　(－)　(f)指導能力　(－)

(ニ)その他の特性群
(a)情緒安定度(±)　(b)協調の習慣(－)
(c)余暇の善用(－)

となる。すなわちへき地児童の性格特性群を新しい人間観においてみると、すぐれている特性群は、比較的に社会的適応性群にみられ、劣つているものに、個性的独立的対他的特性群がある。しかし、これを単純にみると誤解を招く心配があるので条件別に説明を加えたい。

(イ)　社会的条件によるもの

(a)部落観　古い家長中心制度としての伝統が守られてきており、それが部落へのつながりにも発展してきている。長男は尊重され、権威第一主義で家は存続している。したがつて部落の同族意識は強く、目上のものに対して服従観念が強いが一応尊敬とは切離されている。そして一つの形式的な習慣が発達しているため、これに対しては規則正しく守るというのが共通点である。すなわち、面対面の人格的接触からくる部落意識はきめて強固であり、未知の人間に対しては門戸を閉しさい疑心を出すわけである。

(b)人間観　権威に対する屈従というか、素直というか、そした人間観が発達している。そして現在のような自由平等という民主々義に基く解放的な人

間観には前途遠き観がある。土地とか家柄に束縛せられ、そこから解放されようというような考えは低調である。これを総括的にいうならば歴史的社会の強さが人間を形成しているのであつて現在を基点にした相互の協同観のもとに社会を育成しようというような人間観は乏しいわけである。

（ロ）　家庭的条件によるもの

（a）　親の児童観　児童憲章には、こどもの尊敬を説き、その成長発達を合理的に説明している。しかしへき地にはそうした児童観は育つていない。こどもを労働の一単位と考えている。換言すると親の所有物的存在として、そのまゝ昔から今日までに及んでいる。ここに多くのへき地教育者の嘆きがあり、こどもの過重労働の問題、学習意欲の喪失、自主性の欠如、そして諦観的態度への本質的な原因がある。

（b）　しつけの態度　この問題は別章を設けて論ずる価値がある。ここでは要点のみあげると「だまつていつしようけんめい、まじめに働くこと」が親のしつけの基本的態度である。このことを分析してみると、批判をしてはならぬ、従順であれ、そして持久力をもつて労働に耐える精神と身体を養え、ということである。そして学校にもそれを希望する、なるほどよい点もあるが、しかしこれだけではへき地のこどもは社会的に発展することはできない。労働に耐えることはたいせつである。批判力を持たねばならぬ。牛馬のようであつてはならない。進歩改善し自分たちの環境を近代化していくたくましい意志力と創造性をもつた労働観でなくてはならない。でないとこのしつけは親のいいなりになるこどもであつても社会を進歩せしめ得るこどもにはなり得ない。

（c）　親の教育観　教育とは学校の教師にまかせておけば万事終れりというきわめて素朴的な考えであるしたがつて家庭学習などは思いもよらない。これでは自学自習というようなことはとうてい求められない。母親は妻であり母であり保育指導の中心であり、特にこどもの伸長する力は母親にまつこと大であるが、母にその自覚がない。あつても父の特権的存在に威圧され、その附属物に過ぎない。だからまず父親教育から始めなければならない。この点は都市と様相を異にしている。

（ハ）　文化的条件によるもの

へき地では一口によく経験領域の貧困性ということがいわれる。そしてこれが学習領域を狭くし理解を困難に陥らしている。このことは性格的にどういう影響を与えているか。

（a）　生活文化の因習性　さきに人間観で述べたように伝統的なものに対する尊重性は根強いものがある。そこから生まれてくる定着性と惰性はやがて人間を鈍重にまでもつていきがちである。しかし一方、このことが祖先への崇拝となり祭を重んずるようになる。ただ問題はそれがじゆうぶんに理解の上に立つて守られているのでなく、年中行事として反復されているということである。肝心の内容は形式化して批判も改善もない。因習を悪いというのでなく発展させていく素地として守るならばへき地の強味は絶対的なものになる。

（b）　生活環境の非衛生化　へき地のこどもは粗野で品がない。都会人を見ると劣等感をいだくという。しかしそのこと自体が悪いのでなく、生活環境を整備すればよいのである。その中で目立つのが保健衛生の改善ということである。特に栄養と保健、台所と便所の不衛生という卑近なことに無関心なことが多い。最近では教育者が先頭に立ち改善運動にのり出しているが、そのことは望ましい。親と手を結ぶところまでいかなくてはこどもの性格は育たない。学校の美化運動より始まり部落の美化へと進み全村運動になる必要がある。

（c）　迷信の固守　へき地の科学的精神を阻止するものに迷信がある。そしてそれが案外都会人には想像できないほど根強い支配力を有していることである。科学的に不可解なものに対して恐怖をいだくのは未開時代の心性であるがこのような心性が迷信として根を張り、信仰にまで発展している。

昔からのいい伝えをそのまゝ残していこうとする迷信がへき地にわだかまつており、それを打破しない限り科学的精神は前進しない。

（ニ）　マス・コミ的条件によるもの

へき地の共通的な弱点といえるものにマス・コミの貧困性がある。そしてこれが宿命的に外部集団との連絡を絶ち経験の狭小をもたらし閉鎖的性格を作り上げている。そのために独善的となり孤立性を起し、一度外部集団に投げ出されると劣等感となり自信の喪失となる。そのおもなものに電信・電話等による連絡の欠如、ラジオ・新聞等による視聴覚用具の貧困、遊具に至つては皆無という現状である。そしてほとんどの家庭では労働に明け暮れ家の手伝をさせられ、勉強をすることが怠け者のように取扱われる。放送教育はへき地振興にとつても最も簡便且たいせつな用具となるにかかわらずあまり村民は関心をもつていない。中には新聞も読んだことがないのもおり、社会の状勢、世界の進展等は全然無関心といつた人々もいる。しかしマス・コミの条件充実は今後のへき地の人はもちろん、こどもたちの性格的指導の上にも大きな影響を与える問題であり、最も手ぢかな解決策である。

（ホ） 経済的条件によるもの

（a）衣食住による貧困性　粗衣粗食に耐える習慣がこどもの時から作られ、それによつてたくましい意志を作り上げていく。これは東洋的美風とされていた。このこと自体は日本人全体に必要なことである。しかし粗衣粗食はあくまで手段である。ところがへき地ではそれが当然のこととされ、こどもの時からの欲求は、それへの改善を待ちつつしだいに諦観的に変つていく。そしてそれがやがて(イ)台所や便所等の非衛生(ロ)弁当等の粗食性、蛋白資源の不足(ハ)学用品、教科書等への出し惜しみに波及してくる。そして昔からの飲食主義が横行し、相当なむだ使いとなつて現われてくる。へき地の唯一の楽しみがこうした無計画性となつて貧困におとしいれるのである。

（b）こどもの過重労働　親の中には労働を教育の手段としてこどもらしい労働をさせることによつて人間を育成すると考えている人もある。しかし過半数の人たちは労働を生活手段としている。そしてこどもを働かすことによつていくぶんでも生活の足しにもなし、たいせつなこどもの教育目的を犠牲にしてしまつている。これは全く本末転倒である。「食うためにはしかたがない。」といつた親である。「自分たちも小さい時はそして育つたのであるという反復説。これは全くこどもの機械的な労働観を養い、計画性を失い、い縮的態度へと駆り立てるのと同じである。そして経済観念は逆に乏しくなり、働くことと富を蓄積することとは別個であると思い込ませるようになる。生産経済になるのでなく消耗経済と化してしまう。こどもにはもつと労働を通して科学的合理的な労働観を育成するように努力せねばならない

（へ） 学校および学級的条件によるもの

最後に複式なり単級による学校なり学級形態が生むこどもの性格的特性がある。（詳細は、「へき地教育資料第二集」文部省発行「複式学級と児童の性格」、「九州心理学会発行十七回大会紀要　複式学級の心理的構造」、「へき地の教育、全国へき地教育研究連盟編創刊号、複式学級と人間形成」を参照）こうした性格的特性のよつてくる主要なる原因を列挙すると

（a） 学校学級図書の不足によるもの……学級意欲の減退単調性への耐乏性。

（b） 学用品の不足……家計の貧困、親の無理解こどもの親への気兼ね、それが倹約性からりんしよくへと進みついには無学力な従順性へと発展し恐怖感に拡大する。

（c）視聴覚用具の貧困性……暗記第一主義、読み書き主義が違つた意味での寺子屋式教育になる。そして人間の人格形成は実行されなくなる

（d）交友関係によるボス化現象……権力関係による命令服従観念の養成、閉鎖集団への発達へと導く。

（e）ドリル過剰による思考力、創造くふう力の減退……だまつて仕事をする習慣からくる発表力の減退。

（f）教師自体のへき地観からくる劣等感……都会せん望的態度からくる自信力の喪失、卑屈感の助長。

というようなことがあげられる。

しかしこれらはすべてわれわれの意識的な努力さえ続けられれば解決できるものばかりである。全国的にみるとき、それらを一つずつ重点的に解決しているりつぱなケースがある。たとえば自信力をつけるためのコンクールや展覧会への出品、文集発行「ぐらしの会」によるこども会の協力、教室の美化運動からくる明朗性等地味ではあるが、貧困な財政の底から、自らの創意くふうによつて立ち上りつつある。これらの尊い実践記録をすべての教師が協力し育て上げる努力が必要である。そして、都市の長所は吸収し同化し、へき地にふさわしい人間形成を目指すべきである。

△宮崎大学助教授▽

へき地教育の実態

山川武正

まえがき

一口に、へき地教育といつても、ある人は、へき地手当支給学校の教育を考えるであろうし、また、ある人は、主として単級・複式学校のような小規模学校の教育のことを考えるであろう。さらに、山地の多い地方では山村教育の島の多い地方では離島の教育、分校の多い地方では分校教育と、それぞれの立場によつて、それぞれ考え方も違つてくるであろう。これは、へき地ということが相対的な概念であつて、教育上明確に線をひくことができないからである。したがつて、ここでは一応、「へき地教育の実態」（文部省調査局・昭和三十年へき地教育の調査報告書）により、その調査対象学校（注記）を便宜上へき地の学校とみなし、その実態のあらすじについて述べてみたい。

なお、ここに用いる統計その他の資料は、主として、前記「へき地教育の実態」から引用することにした。

（注記）調査対象学校
(1) へき地手当の支給を受けている学校、および都道府県教育委員会がへき地手当の支給を受けている学校に準じて扱つている学校
(2) 本土にある学校で鉄道駅またはバス停留場までの距離が四キロメートル以上の学校
(3) 島にある学校
(4) 単級の学校、複式学校を持つ学校、全学年そろつていない学校

へき地の学校

（学校数）

次頁の図表は、かりに、へき地学校を、調査対象学校、小規模学校、へき地手当支給学校という三つの角度からみた場合に、それぞれ各都道府県における学校総数に対するへき地学校数の割合を示したものである。いま、小学校について全国的にながめてみると、調査対象校をそのままへき地学校とみなせば、三八パーセント強、小規模学校（小学校五学級以下）という角度からみると三〇％弱、へき地手当支給学校だけでは一八％強がそれぞれへき地の学校ということになる。中学校についてみれば、調査対象校は二四パーセント強、小規模学校（中学校三学級以下）は一七パーセント、へき地手当支給学校は一六パーセントになつている。

（学校の小規模性）

へき地にある学校は、ほとんどすべてが小規模学校であるといつてよい。そのことは次の資料によつてうかがい知ることができる。このように小規模だということは、具体的には単級学校、複式学校、小・中併設学校、分校等の形となつてあらわれている場合が多く、教育計画その他学校経営上いろいろな支障をきたすことも少なくない。

1学校当り児童・生徒数

		小学校	中学校
へき地学校	へき地手当あり	110.3	101.6
	へき地手当なし	137.8	179.2
	計	124.6	127.6
全国平均		456.9	435.3

1学校当り学級数

		小学校	中学校
へき地学校	へき地手当あり	3.6	3.1
	へき地手当なし	4.1	4.5
	計	3.9	3.6
全国平均		10.4	9.4

（施設、設備、教材教具の不備）

次に掲げた資料でもわかるようにへき地の学校は小規模である上に、一般に施設設備、教材教具が不備である、それは主として、地域社会の経済的貧困によることはいうまでもない。しかしながら、教材教具が整備されない具体的な理由としては、学校予算が、児童生徒の数に比例して配分される傾向が強いために、へき地の小規模学校は、いつも小額の予算となること、また、たとえ予算はあつても、教材教具の購入に不便な地域であることなどが考えられる。たとえばどこの学校にも整備しなければならないと思われる学習指導要領を、へき地の学校の約

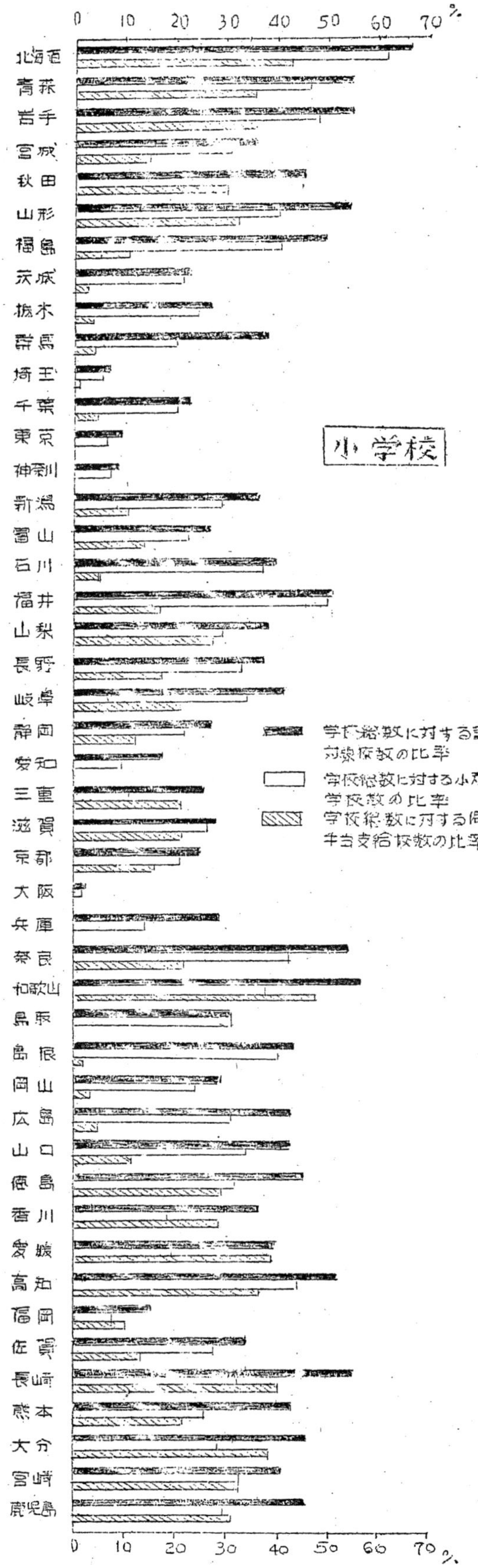
0 10 20 30 40 50 60 70 %
北海道
青森
岩手
宮城
秋田
山形
福島
茨城
栃木
群馬
埼玉
千葉
東京
神奈川
新潟
富山
石川
福井
山梨
長野
岐阜
静岡
愛知
三重
滋賀
京都
大阪
兵庫
奈良
和歌山
鳥取
島根
岡山
広島
山口
徳島
香川
愛媛
高知
福岡
佐賀
長崎
熊本
大分
宮崎
鹿児島
小学校
学校総数に対する調査対象校数の比率
学校総数に対する小規模学校数の比率
学校総数に対する僻地手当支給校数の比率

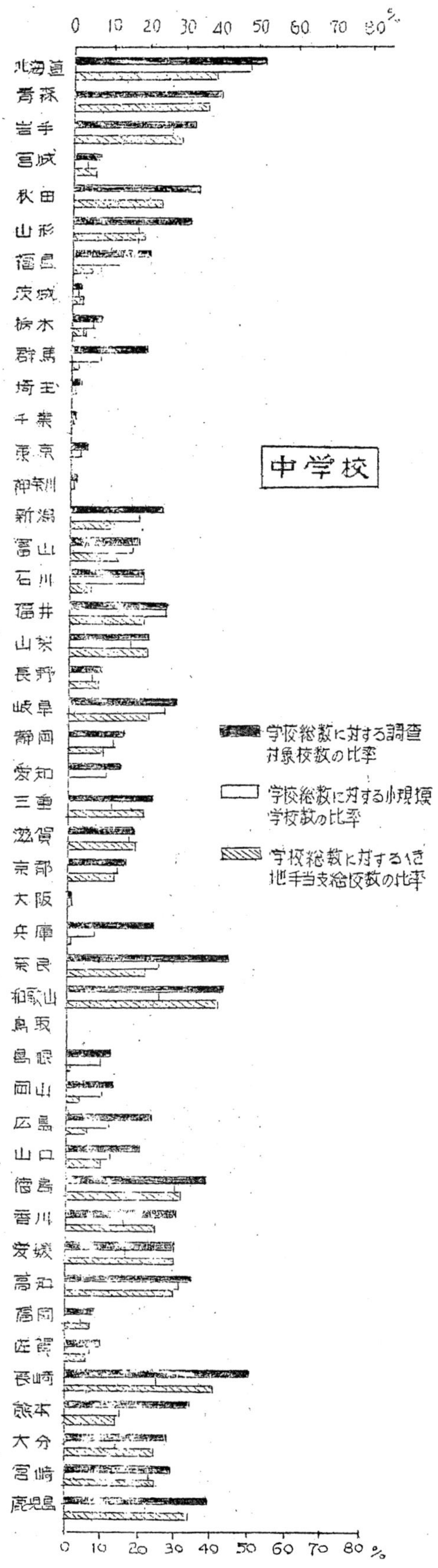
0 10 20 30 40 50 60 70 80 %
北海道
青森
岩手
宮城
秋田
山形
福島
茨城
栃木
群馬
埼玉
千葉
東京
神奈川
新潟
富山
石川
福井
山梨
長野
岐阜
静岡
愛知
三重
滋賀
京都
大阪
兵庫
奈良
和歌山
鳥取
島根
岡山
広島
山口
徳島
香川
愛媛
高知
福岡
佐賀
長崎
熊本
大分
宮崎
鹿児島
中学校
学校総数に対する調査対象校数の比率
学校総数に対する小規模学校数の比率
学校総数に対する僻地手当支給校数の比率

(学校総数中に占める教材のない学校数の百分比)

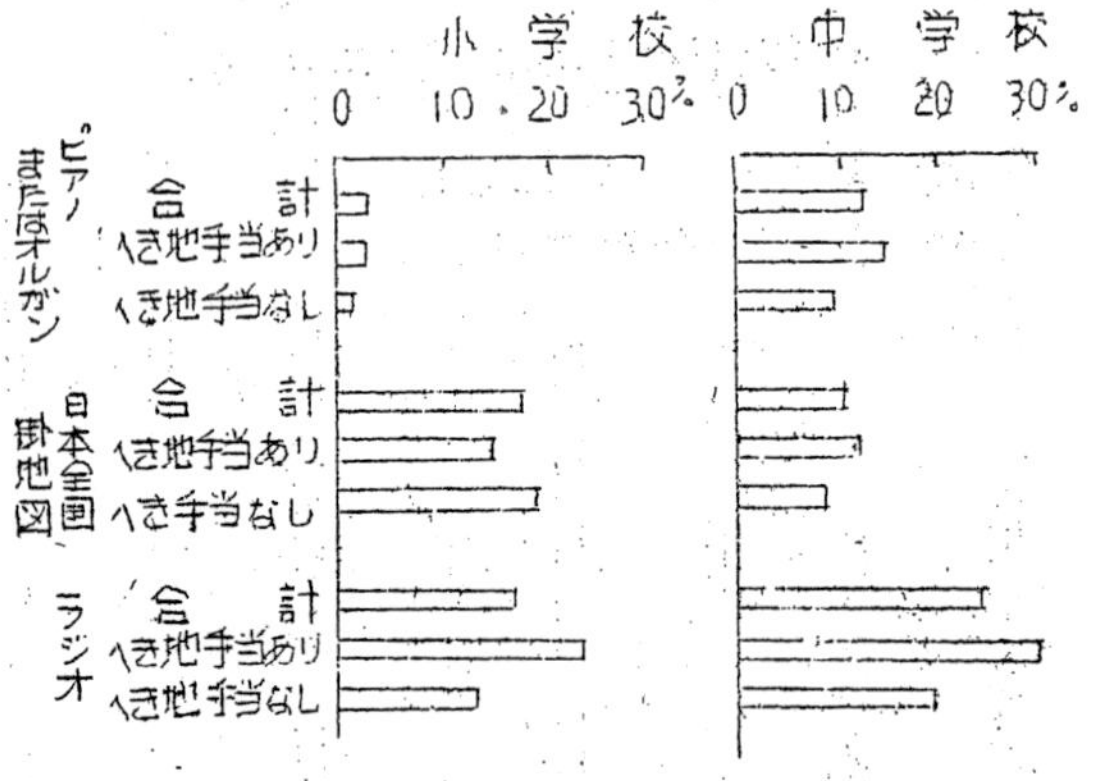

学習指導要領の所有冊数別のへき地学校の百分比

	小学校			中学校		
	計	へき地手当あり	へき地手当なし	計	へき地手当あり	へき地手当なし
合計	% 100	% 100	% 100	% 100	% 100	% 100
0冊	6.3	7.1	5.5	7.9	8.1	7.5
1～7冊	29.1	31.3	26.9	24.9	28.1	18.4
8～13冊	29.6	27.6	25.8	32.1	33.4	29.4
14冊以上	38.0	34.0	41.8	35.1	30 4	44.7

六パーセントが一冊も所有せず、なお二九パーセントの学校が完全には揃えていないということは、予算がないというよりも、入手不便という理由によるものと考えられる。

へき地のこども

（児童、生徒数）

へき地の学校数が全国学校総数に対して大きな比率を示しているのにくらべて、へき地児童生徒数の全国児童生徒総数に対する比率は、小学校の場合約一〇パーセント、中学校の場合は約七パーセントになっている。それをさらに、へき地手当支給校のみについてみると、小学校の場合は、四・四パーセント、中学校の場合は、三・八パーセントである。

調査対象校の児童生徒数およびその全国総数に対する百分比

	小学校			中学校		
	計	へき地手当あり	へき地手当なし	計	へき地手当あり	へき地手当なし
実数	人 1,266,918	人 539,053	人 727,865	人 402,276	人 215,512	人 186,764
同上の全国総数に対する%	% 10.4	% 4.4	% 6.0	% 7.1	% 3.8	% 3.3

（身体的な発達状況）

へき地のこどもは一般にやせていて背が低い。そのことは、各地の資料をとおしてみても、また学校を訪問してみても感ずることである。その原因は第一に食生活が合理的でないということがあげられるようである。すなわち、経済的な貧困や物資入手の困難等による偏食、とくに動物性たんぱく質や脂肪分等の欠乏が著しい。第二に過重な手伝いをあげることができる。へき地のこどもは幼少のころからよく働かされている。小学校上学年中学生になると、なくてはならない労働力として扱われている。第三に地形に関係があると考えられている。坂道の多い地域のこどもたちは、ひざが十分伸びないため一般に肢下が短いといわれている。なお、へき地の児童、生徒は、都市の児童、生徒に比べて、寄生虫、トラホーム、皮膚病等の多いことが各地の資料によつて明かにされている

生徒総数中に占める長期欠席生徒数の百分比

	全国平均		へき地学校					
			小学校			中学校		
	小学校	中学校	計	へき地手当あり	へき地手当なし	計	へき地手当あり	へき地手当なし
29年度50日以上欠席者	人 121,428	人 154,535	人 14,446	人 7,541	人 6,905	人 16,369	人 9,794	人 6,575
同上の29.5.1現在生徒総数に対する百分比	% 1.0	% 2.8	% 1.2	% 1.5	% 1.0	% 4.3	% 4.6	% 3.9

（就学状況）

へき地児童、生徒の就学状況が思わしくないということは、上記表でもわかるように、長期欠席者が多いという一例でも推察することができる。すなわち、小・中学校ともに、全国平均よりも多くなつているが、特に中学校の場合は全国の一倍半になつている。それ

は主として、父兄の教育に対する無関心と、経済的な理由によるといわれている。

なお、昭和二十九年度へき地中学校卒業者のうち、高等学校へ進学した者は卒業者総数の二九・五パーセントで全国平均四九・七パーセントに比べてかなり低くなつている。（前記へき地教育の実態による）

へき地の教師

（教員数）

へき地勤務の教員数は、本務教員についてみると、小学校四八、五八七人で全国の一四・四パーセント、中学校一八、九二〇人で、全国の二八・八パーセントになつている。

これをへき地手当支給学校だけに限つてみると、小学校二一、九七〇人で全国の六・五パーセント中学校一〇、九四六人で全国の五・七パーセントであるなお、本務教員の比率に比べて兼務教員の比率が大きいのは、へき地学校の教員組織と関連して注目すべきことである

調査対象校の教員数およびその全国総数に対する百分比

	小学校			中学校		
	計	へき地手当あり	へき地手当なし	計	へき地手当あり	へき地手当なし
	人	人	人	人	人	人
本務教員	48,587	21,670	26,617	18,920	10,946	7,974
兼務教員	772	531	241	864	639	225
同上の全国総数に対する比率	%	%	%	%	%	%
（本務）	14.4	6.5	7.9	9.9	5.7	4.2
（兼務）	47.7	32.8	14.9	28.8	21.3	7.5

（教員組織）

次の図表は、免許状の種類別にみたへき地学校の教員組織である、小学校は、普通免許状の所有者は五九パーセントで、全国平均の六七・四パーセントに比べて大きな開きをみせている。中学校の場合は、全国平均と大差はないが、免許状を所有しない教員が特にへき地手当支給学校に多いことが目立つている。なお、「へき地教育の実態」（昭和二十八年五月、初等中等教育局初等教育課篇）によつて、年令別にみると、二五才以下が約四〇パーセント、二六才から三五才までが約一七パーセント、三六才から五〇才までが約三五パーセントで、最も働きざかりの教員が最もすくない状態である。

免許状の種類別本務教員数の百分比

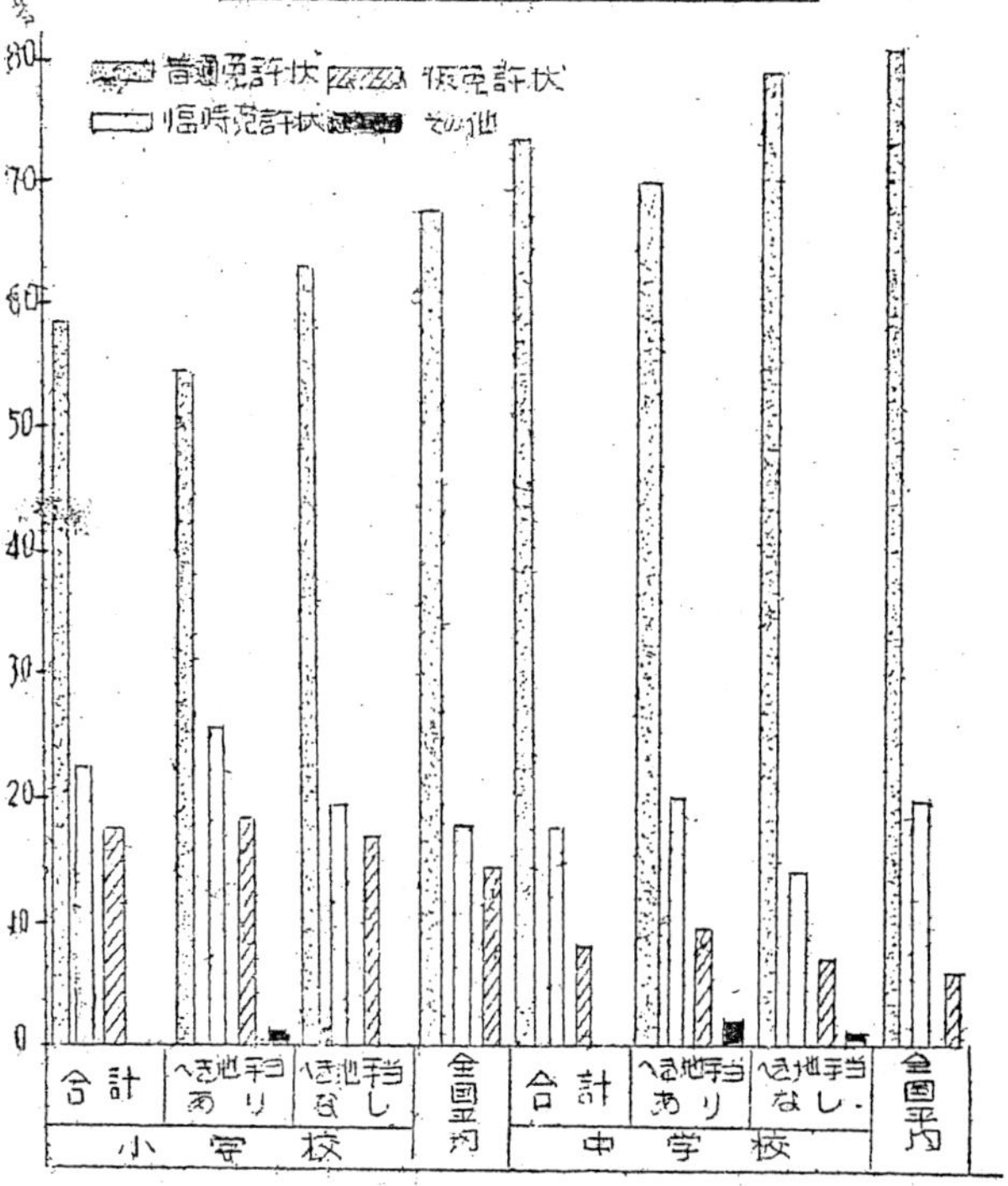

（勤務年数）

へき地の教師は、非常に大きな悩みを持つている。学習指導の問題、研修の問題、自分のこどもの進学の問題、健康管理の問題、住宅問題、等々、教師として、親として、社会人としての悩はいちいち数えあげることができない。これらの悩みの多くは、へき地勤務ということによつて生ずるものである。したがつて、長期間へき地の学校に勤務を希望する者は少ない。現在の学校における勤務年数の調べでは、一年未満が二四・七パーセント、一年〜二年未満が二〇・六パーセントになつているから、約四五パーセントが二年未満ということになる。そのようなことは、へき地の学校の教員移動がはげしいことを物語るものである。

学習指導と生活指導

（学習指導）

へき地の学校で、学習指導を推進しようとする際に、問題としてあげられる点は、

（イ）教員組織の貧弱

（ロ）施設、設備、教材教具の不備

（ハ）児童の貧弱な生活経験

（ニ）単級、複式という学級編成

等である。これらはお互に関連しあって、学習指導に大きな支障をきたしているのであるが、ここでは主として(二)と関連したことについて考えてみよう。いまかりに、普通学級における学習指導と同じように、複式学級で指導するとすれば、教師は、学年の数だけの教材研究と、指導のための教材研究をしなければならないし、実際の指導にあたっても、指導力は分断され、いたずらにあせりと疲労を感ずるであろう。さらに、児童の心と眼は四方に散じ、教室内の学習ふんいきは乱れ、学習は、不徹底に終るであろう。このような煩雑さに対して、現場ではおよそ次のような指導計画をたてて実施している。

算数・国語ー学年別指導の計画

算数・国語以外の教科ー学年のわくをはずした同単元指導の計画

最近、一部には国語・算数についても同題材で指導する研究が進められている。なお以上の事がらに関連して、現場では複式学級で使用しやすい教科書を編集せよと叫んでいる。

以上は、複式学級に起因する指導技術の困難点であるが、指導の悩みは、むしろもっと根本的なところにあるようだ。すなわち、児童の学習意欲や問題意識の低調なことである。したがって、学習指導を推進するには、地域社会のしくみやしきたりをじゅうぶん研究し、家庭生活との自然的な結びつきを考えながら計画されなければならないが、その面の研究は今後の大きな課題である。

(生活指導)

へき地の社会は、封鎖的で、地縁関係と血縁関係が濃厚に結びついているため、等質的な人々の形成している集団社会であるということができる。このような社会環境で育っているこどもたちの性格的特性として

イ　まじめである。
ロ　純ぼくである。
ハ　社会性に欠けている。
ニ　劣等感を持っている。

等があげられる。一般に生活指導上問題になるのは、ハやニについてであるが、長所だと考えられているイやロについても、指導上大きな問題が含まれているようである。たとえば、彼等のまじめさは、封建的な生活感情の中で育てられたもので、いわば、もくもくとして働くだけのまじめさであって、自覚の裏付けが欠けていると考えられる面が多い。

このような観点から検討を加えると、へき地児童生徒の生活指導には、多くの困難な問題がふくまれているといわなければならない。

へき地教育の振興

戦前は、手当以外には何の対策も考えられず、まったく忘れられた教育であったが、戦後へき地教育の振興が強調され、昭和二十九年六月一日、へき地教育振興法が制定され、それに伴って、国としても次表のような対策が実施されている。

表でわかるとおりに、へき地教育に関する予算額は、わずかながら年々増加している。しかしながら、へき地教育の振興方策は、始められたばかりであり、解決を要する問題は山積しているので、こんど関係者の協力がいっそう強く要望されている。

なお、この二、三年来、へき地教育振興に関してへき地教育関係団体から提出されているおもな要望事項を列挙してみると次のとおりである。

。すべての小規模学校をへき地教育振興法の対象学校とすること。

項　目	昭和28年度予算額	昭和29年度予算額	昭和30年度予算額	昭和31年度予算額	事業計画概要
へき地教員研修大会に必要な経費	(千円) 265	(千円) 239	(千円) 221		毎年1回開催 へき地教員約1500人参加 研究や情報の交換
へき地教育資料刊行に必要な経費	—	613	584	1,034	昭和31年度は、複式学級における国語算数の指導計画作成配布
へき地教育研究指定校に必要な経費	—	820	745	745	当面する重要な課題の研究 昭和31年度は40校指定
へき地勤務小学校教員養成費補助	3,085	4,154	4.071	7.383	昭和31年度 設置県…青森、岩手、静岡、岐阜、三重、兵庫、長崎、北海道 設置数　13ケ所
へき地小、中学校教職員宿舎建築費補助	9,821	10,720	24,536	24,536	昭和31年度 建築戸数　214戸 1戸当　12坪
へき地小、中学校集会室整備費補助	—	90,404	116,102	124,073	昭和31年度 総坪数　8,040坪
へき地教育の実態調査費	—	—	1,528	—	
以上小計	13,171	106,950	150,787	157,992	
特殊勤務手当	53,792	76,481	133,699	102,285	隔遠地手当、単級、複式手当

。すべての単級、複式学校に手当が支給されるよう配慮すること。
。無医地帯小中学校に養護教諭を配置すること。
。小規模学校の教員定数をふやすこと。
。へき地学校教職員、児童生徒の無料巡回診療を実施すること。
。へき地教員に研修旅費を支給すること。
。へき地勤務教師の子弟の進学について育英制度を設けること。
。小規模学校の統合を促進すること。
。無電燈学校の解消を促進すること。
。単級、複式学校で使用しやすい教科書を編集すること。
。へき地教育関係専任指導主事を任命すること。
。へき地教育指導者養成講座を開設すること。
。文部省内にへき地教育室または班を設置すること。
。冬期分校の教材教具を充実すること。
。児童生徒の通学費を補助すること。

むすび

以上、紙面の都合で、へき地教育の実態についてうわすべりをする結果になつてしまつた。そのために、実態を正しくお伝えすることができなかつたことをおわびしたい。そして、賢明な読者諸兄が、この粗雑な文の中から、深刻なへき地教育の実態につながる糸口を発見し、偉大なる実行力をもつてへき地教育振興に協力してくださることを念願しつつ筆をおくことにする。

【文部省初等・特殊教育課勤務】

座談会

へき地教育を育てるために

出席者（五十音順）

浅野　正二　千葉県夷隅郡西畑小学校田代分校教諭
小沢　はる子　山梨県東八代郡境川小学校寺尾分校教諭
佐野　金作　群馬県教育委員会勢多出張所　佐波出張所所長
重松　敬一　教育評論家
中村　麟子　教育映画作家
司会　山川　武正　文部省　初等・特殊教育課

山川　きょうはお忙しいところを遠いところからおいで願いましてありがとうございます。

では、はじめに教育環境としてのへき地社会の問題についてお願いします。

人情はあついが住みにくいへき地社会

小沢　わたくしの方は都会地へ出るのに比較的便利な所なんですが、封建性は強いです。ですから、義理人情があつく、冠婚葬祭などははでですね。毎年のお祭りなんかにも金をかける面が見られます。そんな費用を文化面へ回してくれたらなと思うことがあります。

佐野　群馬の青ケ島といわれているところは、自動車道から三時間ぐらいの所ですが、そこのこどもたちは、たたみを知らない、見たこともないのです。みんな家が板敷でむしろだからです。それに電気がないのです。いつでしたか、こどもたちに幻燈を見せてやろうとしたが、電気に困つて、自転車のバッテリーライトを使用したことがあつたんです。ところがペタルを回しているうちはよいが、やめると消える。ひとりがいつまでもやつていては疲れるから、次々に交替して、ペタルを回したんです。一巻の幻燈を写すのに、十何人もかかりましてね。（笑）

浅野　わたくしのところの学校には分校が二つありまして、部落二つとも経済的には裕福なんです。一方の分校は、教室に雨もりしようが、窓ガラスが割れようが、土地ではいつこう知らん顔でしたが、このころやつと新築しました。他方の分校では、逆に学校でいわないうちにどんどんやつてくれるという方ですが。

重松　裕福というのはどういうわけですか。

浅野　だいたいが自作農ですが、海からも生産があります。また米などでもうけたりして財産はあるんですが、こと学校に関するかぎり熱心だとはいえませんね。わたくしたちがこどもの父兄を呼ぶときに、A君のお父さんなんて呼ぶと気を悪くする、呼ぶには何々のだんなといわなければならない。それほどわたくしの方は封建性が強いですね。

山川　そのだんなという呼称は敬称ですね。身分を決める―

浅野　そうです。昔は小作だつたが、今は違う。レツキとした自作農ですから。まあオレは格が上つたんだぞというわけです。

中村　その村には、こどもの数は多いのですか。

浅野　いやこどもは実に少ない。村を歩いていても、あかん坊をおぶつているのをほとんど見ません。

重松　産児制限をしているのですかな。

浅野　そうなんです。実にそれは徹底している。その産児制限もこどもがふえればそれだけ費用がかかるというわけですね。

重松　裕福だと言いましたが、昔はどうだつたんですか。

浅野　山が御領地でそれを開拓したり、あるいは小作だつたりして貧しかつたんです。それが戦後は農地開放等で裕福になつたんです。用があつて父兄に集つてもらうことがある、来るなり〃先生寄付の話はごめんだ〃つていうんですからね。特殊ですね

重松　いや、わたくしは特殊だと思わない。へき地なんかは一般的にそうじやないだろうか。

小沢　そうですね、成金で財産があつても、二十円くらいの寄付でケチをつけるということもありますね。

野佐　へき地の人は、貧しさとかおくれがあるのに見栄を張りたがる。だからよく研究会なんか開くと、〃へき地〃という文字をきらうんですよ。

小沢　そうですね「へき地へき地というな、へき地じやないんだから」つていいます。それで税金の話なんかの時は別で、「へき地だから―」まけろというんですね。

佐野　しかしへき地には反面美しいところがあるんです。先生の実家が火事になつたとき、〃それ先生の家が焼けちやつた〃というんで、先生の家を間口八間、奥行四間の家をすぐ建てちやつたという例もある。こういつた人情のあついところもある。

重松　東京の下町なども似たところがありますよ人と人との関係はへき地的だな。生活に追われている。みんな自分たちの生活が安定していないのに、隣近所で困つている家があると。それつていうんで助ける。そうした矛盾した見えができて相互扶助をする。まあ、一つの秩序みたいなものである。

佐野　中村さん映画「谷間の学校」の地域社会はどうでしたか。

中村　やつぱり多少は封建的ですね。生徒の中でも山持ちの家の子などはいばるし、下級生など上級生に絶対的なほど敬意を払います。わたくしなどよくもらいぶろをするんですが、そのふろでもきのうAの所へいつたから、きようはBへ行くというふうに配慮しないと、うるさいんですね。とても神経を使いますがね。

佐野　人情のあつい話ですがね。家を尋ねて行くと、お茶にお菓子を出すのですが、そんがなんでも手のひらにのせてくれる。ごまどしでも、きんぴらでも、おこわでも、いやだなと思つても食べないと向うで気分を悪くするんです。

中村　食事したあとで、おなかいつぱいのときでも、えんりよしていると見られるんですね。

小沢　話が違うけれど、へき地には近親結婚がありますね。それでこどもの知能が非常に低いのも多いようですね。

山川　それでほんとのへき地では、顔がみな似てる（笑）

小沢　戸数三百戸もあるのに性が四つぐらいで部落中ほとんど親類なんです。うつかり人の悪口もいえない（笑）

浅野　わたくしの部落は全部親戚でね、えらい目にあつた。行つたばかりのころ、つい、〃某さんて変な人ですね〃つて言つたら、それが某さんの親類だつたんで、すぐ部落中に知れちやつた。（笑）〃こんどの先生は悪口をいう〃つてね。

佐野　若い先生なんかが赴任して、血族結婚をみると心配してね。データを集めて研究したら、猛反対に会い、おられなくなつちやつた。それは善意でやるんですがね。

中村　近親結婚の弊害は出ているでしようね。

清純な瞳を持ちながら　おろおろしているこどもたち

重松　北海道へ最近行つてきたんですが、北海道で知能テストをみたのです。算数はぜんぜんだめだが、国語はよい。公式なんかはわかるんですよ。だけど応用なんかになるといけない。つまり数概念が発達していないんだな。

小沢　複式などでは、どうしても内容をつかめるようにできないが、形式面はできますね。形式だけで実際生活面への持込みの能力に欠けるのですね。

重松　そうですね。

山川　しかし、へき地の子は、眼が清潔に輝いていて、純ぼくといつた感じだな。へき地の自然の美

しさを置き換えたように。

佐野　うん、それは都の子に見られない。きれいな眼をしてるね。

小沢　先生の云つたことは絶対ですよ。家庭でなんといおうと、〃先生がこういつた〃と通しますね

佐野　さつきのからだの話しですが、だいたい、ずんぐりしたタイプが多いですね。私のように（笑

山川　それは地形や生活様式でからだつきが違つてくるらしい。〃青ケ島教室では、足の指五本が自由に開閉できる子が多い〃と報告している。それにひざが伸びませんね。

小沢　そうですね。歩き方が非常にまずい。

佐野　だけど、ひざを曲げた歩き方は、山じやりつぱなスタイルですよ。（笑）

小沢・歩き方が気になつてしようがありませんから、体育の時間に何回も注意しているんですが、直りませんね。

山川　かかりやすい病気はなんですか一般に、トラホーム、回虫等が多いようですし、歯は丈夫ですね。

一同　そうですね。

佐野　腹が痛いとか、気分が悪いというとたいがい回虫ですね。

山川　へき地の子は社会的経験が少ない。その点どうですか。

佐野　それでこういうことがあつた。先生が社会的経験をさせようと子どもを連れて町へ行つた。そこで馬を見て〃わあ、でつかい犬がいるなあ〃（笑）といつたり、電車にはきものをぬいで乗つたりする。また、部落ではなんでも帳面ツケで買うのでこどもたちは、買いたいものをみて〃帳面をもつてくりやよかつた〃っていうのです。（笑）帳面がどこでも通用すると思つているんですね。

山川　こういう話も聞きましたね。修学旅行へ行つて、さて買物をしようとしたが買物の経験がないので、買物に非常に時間がかかる。どれにしようか、これにしようかで、決断がつかないんだ。それであるこどもが長時間かかつてやつと、ピストルのおもちやを買つた。ところが他の子どももそれをまねて全部の子がピストルを買つちやつた。（笑）そこの店のピストルがたちまち売り切れたというんです。

（笑）

小沢　お金を使つたことがないからそうしたこともありますよ。わたくしのところでも三年生ぐらいでも使いをいやがりますね。自分で使う学用品なんか必要でも買いに行かない行けといつても、どうしても行かない。先生行つてこいというんで今でも先生が学用品なんかまとめて買つてきますよ。

山川　何によらず経験がないと恐怖心がわきますね。また、他人のまねをしておればよいんだという気になりますね。

重松　古い秩序に関係があるのじやないかな自分のものを出したことがないから、いきおい他人のまねをするという。本家と地主の存在が強くて、子どもたちの中でも、そうした地域社会性が反映して、すべて物事にためらいがち、えんりよがちになるということだ。

山川　本校の生徒が分校へきた時、分校の子たちが、自分の学校にいながら本校のつまり町の子を見て小さくなつている。つまり、きれいな着物、珍しいもの、大きいものなどという外形でおされてしまうんですね。

中村　「谷間の学校」なんかでは、劣等感は少ないですね。作文で表彰状や賞品が戸だなにいつぱい飾つてあるのがこどもたちに影響するんですね。それに作文の時間やら何やら時間にちよいちよい自己作品の発表をみんなの前でやらされていますしね。

佐野　ラジオの影響が強いですね。放送を利用して、話ことばを直したり、練習しているので、かえつて本校よりきれいですね。

中村　その点、電気のないところは不幸ですね。

佐野　それはもう教育の上で決定的ですね。

小沢　なんといつても子どもに自信をもたせることがたいせつですね。へき地教育全国大会のとき、分会場になつたんですが、それ以後だいぶ違いますね。大ぜいの先生のいるところで授業をやつたというのが、こどもたちに多少の自信をつけたらしい。

重松　先生自信が頼りなく、自信をもたない気がしますね。（笑）

山川　だけどへき地には、不思議と問題児が少いですね、

重松　問題児というわけでもないのだが、北海道で、学校では実によく遊ぶ、授業中でも教室にいないで木のぼりしてたり、砂遊びしてたり、先生がこれは問題児じやないかと思つて調べてみたらそうじやない。家庭ではまた実によく働く協力する。それは、父親がよくこどもにいうんですね。〃おまえが学校へ行けるのは、お父ちやんがいつしようけんめい働いているからだ。お前が学校へ行けるのがうれしかつたら、家の仕事を手伝え〃とね、それでよく

働く、学校はきらいじやなく、好きなんだ。それを〃行くな〃といわれたらたいへんだから働きますよ。結局子どもにとつては学校は、全く自由の時間です、よ。働かなくて済む（笑）、その反動で学校で遊ぶんだな。（笑）

山川　ほんとに、へき地の子はよく働きますね。だから学校では、疲れていねむりするこどもも多いこれは問題ですね。

重松　確かに問題ですね。

中村　へき地の子は自分で働くでしよう。だから学校なんかで、〃きようは校庭の草取りしよう〃といつてもしない。それは報酬がないからで、労働価値観がないんですね。

浅野　わたくしのところでもそうですよ。学校でわらび取りしようといつたら、いやだという。それは、学校でわらびを採つても一文にもならんからね。自分たちがかつてに山へいつてわらびを採つてくれば町へいつて金になりますからね。だから、〃先生わらび採つてもいいが、いくらくれる〃（笑）

山川　へき地の子は軌道をはずれたことをしますね。たとえば〃青ケ島教室〃に書いてありましたが新任の先生に魚を上げようと思つて、クラスの大部分が浜へ行つてしまつて担任の教師をさわがせたりするようなことをする。

中村　〃二十四の瞳〃みたいですね。

重松　やつぱり経験が足りない話ですがね、北海道稚内でのことですが、こどもが突然に〃土はなんでできるんか〃と聞いたんだそうです。先生が石や岩だというと〃そうすると、石や岩がだんだんなくなるなあ〃またすぐに〃人はどうなるんだ〃というですね〃死んで灰になり土になつてしまうんだよ〃と先生が言つたんだ、そこでこどもがちよつと黙つていたけれど、〃そうするとこの山や木も人間がなつたんだなあ〃（笑）論理が単純なんですね。だけどその先生が言つてましたよ、たいせつなものを含んでいると、お父さん、おじいさんその前の人たちがいくら働いても働いても、何もならない。残らないんですね。こつこつやつてもいつも貧しい。みんな灰になり土になるだけだ。

尊敬はされるが　なやみの多い教師

山川　ところで、この辺で教師の問題に移りたいのですが。

浅野　分校へ行かされると何か悪いことでもしたように思われましてね。

重松　それは昔の行政が悪いのですね。懲罰人事があつてね。今でもそうしたことありますね。ある研究会だつたか、本校分校の先生が一緒になつたところが、前の同僚や知人に行きあつても向こうで知らん顔してる。それが実に白々しい態度だつたんで分校の先生方から話しかけにくい。蔭でぼくに泣いていましたよ。〃ちよつとでもいいから―元気かい―ぐらいの声をかけて欲しい〃つてね。

山川　そういつた個人的な悩みなんか、多いんじやないでしようか。

小沢　わたしなんかのところではありませんね。ただ、分校は遊びに行つてるみたいでいいですネ…ていわれることがあるんです。そんなときはほんとに憤慨しますね。

佐野　都市とへき地の青年の会合がありまして出たんですが、へき地の青年が全然だめなんです。話なさい。どうして話さなかつたか聞いたんですが、その原因が小学校時代にあつた。こどものころ先生から、〃おまえらいなかもんだ、いなかのこどもだ〃としよつ中いわれてたんですね。それが劣等感になり、根強く定着してしまつたというんです。

山川　地域社会に関連した、何か住みにくいということはないですか。

浅野　ありますね。わたくしのところなんか、貧しいですし、なかなか手も回らない。ふとんが汚れていたり、切れが破れていたりすると、〃先生とこのふとんは汚い。〃〃先生とこのこどもが泣いている。〃泣きますよ、先生のこどもだつて、こどもですからな。（笑）

中村　それだけ尊敬されているんですよ、逆にみれば。

浅野　神みたいにね（笑）

重松　今の先生は違つてきているが、何か教師としての殻ね、そんなものをかぶつて地域の人たちに馬鹿にされないようにするといつたことがありまんね。

山川　文部省でやつた教員の勤務負担量調査の結果は、非常に先生の仕事が多い。牛のお産の見舞から……。

浅野　夜になればソロバン教えろとかね、

中村　こどもが生れると名付親にされるとか…。

山川　そう。だからすべて受けたまわり所で、へき地の教師はおおげさにいうと人類の教師といつた方がよいようだ（笑）

董松　人類の教師というのは一種のヒューマニズムですね。ある若い先生に聞いた話なんですが、ぶらんこの綱が切れた。ところがだれも直し手がない。窓から切れた綱を眺めていたが〝ハッ〟と気がついた。わたしが直さなければならないということにね。そのときはじめて、へき地教育はこれだなと感じたというんですね。これは単なるヒューマニズムだけじゃだめなんですね。

佐野　山形と新潟の境の三国山中で、これは実に優秀な人なんですが、校長になつたときに、まず目標を立てた。A、校舎の建設、B、灌漑水利ですね。Cが電気を引くこと、の三目標を立て、次々と村の有力者を説きふせていきましてね、実現したんですよ。だから今では無くてはならない存在になつているんです技師であり、教師であり村長みたいなものになつている。このように先生も総合的に大きく考えたらいいと思うんです。

浅野　以前に、運動場が小さく、それがちよつと走れば突き当つてしまうほど狭いです。そこでこどもに競走させたら、村の有力者のこどもが土堤にぶつかつてけがしたんですよ。それで〝先生運動場が狭いですね〟というわけで、それからやつと、拡張を始めましたよ。

複雑な複式学校の学習指導

山川　しかし、なんといつても、いちばんの苦労は、学習指導でしようね…。

浅野　わたくしは、希望として、複式でない、学校を持ちたいと朝晩思いますね、そしてみつちり教えたいとね。

董松　複式学級でも、普通の学校の倍ぐらい先生がいたら、実にりつぱなものができるんじやないかと思いますがね。

小沢　何しろ複式は朝から夕方まで、やり通しても満足がないですね。

董松　その問題と関連して、学校統合がありますね。結構だが、道路の問題がガンだ。道路によつて経済・文化も移入するのに、形式的に学校体制を動かしてみてもどうかと思う。

小沢　小人数なら個別指導がよくできますね。

山川　小人数ならこどもをよく観察できて、能力に応じた指導ができますね。

中村　特異児がいないですね。

董松　それは先生がひとりひとりをよくみられるからですね。

山川　全国的にみて、どうも複式という面にとらわれ過ぎていて、ひとりひとりの背負つている生活歴に着眼することがおろそかになつている傾向がありますね。いわば土の中に足をつけているこどもの指導だという観点からの研究はまだまだのような気がします。

佐野　人数が少ないと人間関係が深く考えられるから、そこに着眼点を置くとよい。わたくしの方で月に三回だが、日と学年を決め本校に通わせているんですが、結果はいいようです。

浅野　わたくしのところでもそれをやつたんですがね、親たちがうるさいんですよ。本校に通わせるくらいなら分校などいらないじやないかといいましてね。

思い切つた振興対策を

山川　それではここいらで、振興対策について話し合いましよう。国では昭和二九年へき地教育振興法ができて以来教員住宅・集会室・教員養成等に対する補助や特殊勤務手当の増額を図る一方、教育内容の充実を図つてきましたが、その他いろいろの問題が残されていると思いますので。

佐野　そうですね。教員配置の問題が一番先決だと思うね。

董松　行政的にはどうなるか知らないが、へき地教育のベテランの先生が一生へき地で終ろうというのは心強いが、新しい先生との人事交流をするのを忘れてはならない。その際ただへき地へ行けというのでなく、へき地へ行つて学んでくるということがよい。法的には無理だろうが、へき地へ行く人をうんと優遇する。そして新しい先生を行かせるようにする。

佐野　同感ですね。ただへき地でいつしようけんめいやつて名前が少し売れると、いろいろ困る問題も起りますね。もつと一般にへき地の存在意義を認識してもらいたいですね。地蔵さんを建てようといわれている人もあるくらいなんだから。

董松　へき地へ中心人物をもつてきたい。

一同　さんせい。

董松　本校分校の制度をやめる。

一同　さんせい。

董松　経験の長い人に教生をよく教えてくれるように依頼する。もう一つは、全国の学芸大学の直轄にする、今の付属校を廃止してへき地校を直轄にするんですね。

佐野　そりやおもしろいね。

董松　学芸大学の学生自体が単複学校へ行くのを

望んでいますね。自分の意図するものが、付属でやつてたんじや反映しないからだめだといつてるんですね。まあ、とにかく、へき地問題は政治家や行政家が動かなければだめですね。

佐野　県の議員・市町村長に大いに理解してもらうんですね。

重松　単独校の定員を倍ぐらいにするんですな。行政的にできると思うのだがそれにね、何か都市を離れれば低いとみる考えは、中央集権的ですね。

山川　へき地という名で決めつけるようなことは中央集権的だからやめてくれという声をたびたびききますね。

佐野　振興策については地域社会でいろいろ取り上げて行くのは重要だが、一般でももつとやつてもらいたいですね。

重松　中央でもやつていると、地方でも自信をもつてやれますね、それには、体制をつくるのがたいせつだと思いますね。教材なんかの問題にしても、行政的に教材がどしどしへき地の学校にはいつてくるようにするのがよいので、補助金で教材がはいるようではだめですね。機械的でなくて、都市校よりもへき地校へは倍ぐらいにする。教師にも研究資料のサービスをどんどんやる。こうした行政が必要ですよ。

中村　本校になくても、分校にはあるというようにね。

佐野　わたくしなんかもねいつも校長さんにいうんです。校長が分校訪問するような時には、みやげを必ず持参するようにと。それはなんでもいいんですよ。雑誌でも、パンフレットでもそれを向うでバラしてね。分類して一冊にする。そうした手ぢかなところに研究することがあるんです。

重松　古雑誌や古本をもらつてるとひがみが出てくるでしよう。それよりね、資料なんかは本校や都市の学校より分校が恵まれているというようにしなければ、いつまでも劣等感は残りますよ。

山川　全く同感ですね。へき地教育に対する認識も戦前と違いまして、大部変つてきましたね。

佐野　これからはへき地でない人たちに、へき地を知らせることがたいせつだ。大会なんか開くと、都市の学校の先生や人たちが、これはほつておけないというふうに考えてきますね。

中村　わたくしなんかまだ勉強中で何も知りませんが、これからも大いに啓もうはしなければいけないと思いますね。

山川　それではこの辺で終りたいと思います。いろいろとありがとうございました。

（完）

（連載小説）

村の子・町の子

宮里静子

＝第1回＝

（一）

野の花が季節ごとに変るように、子供たちの遊びも四季を通じて変化してゆく。その変化が毎年同じように繰返されているのも面白い現象である。英作たちが子供の頃もそうであつたが、旧正近くなると女の子はほとんどマリつきに夢中になるし、男は竹馬をつくり得意になつて歩きまわる。

今年ももうその季節がやつてきたのかと、子供たちの遊びを眺めながら大田英作は遠い少年の日を思いなつかしんだ。

北風は寒いが、空は青ガラスのように澄んでいる。子供たちは運動場一ぱい元気よくはね廻る。昔から繰返し唄われているマリつき歌も面白い。

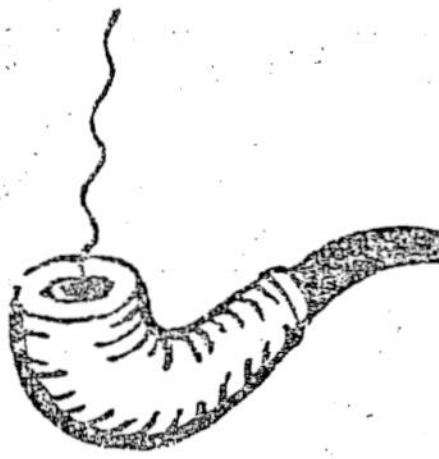

英作は煙草に火をつけ、子供たちの遊びを楽しそうに見ていた。と、運動場の隅で何事が起つたか、男の子たちがその方へ駈けてゆくのが目にとまつた。急ぎ足で行つてみると、十四五人の男の子たちに囲まれて山川文三と宮城茂が組みついていた。どちらも英作の受持つている子である。

「ウリヒヤー、先生だよ」

背の高い六年の生徒が言うと、取巻いている全部の顔が英作を見た。うす笑いを浮べている顔、何か訴えたそうな顔、せつかくの見物が英作の出現で中止されるのが不満だと言いたそうなずるい顔、それが英作を見守る。英作が来たことを知らされても二人の斗争は止まないばかりか、山川は却つてそれに勢を得たかのように茂を組みしき、右手でポカポカなぐり続けた。なぐられながら茂は必死になつてはね返そうとあせるが力が足りない。首をまげて山川の左腕にかみついた

「アイタッタ、こいつ犬、犬」

山川は顔をしかめ、右手で茂の頭を押しのけようとした。しかし、かみついた頭はなかなか離れない。子供たちは二人の動作と英作の顔を交互に見ている。

「もう止めなさい。止めて二人とも立て」

英作は命令するように言つた。すると

「先生、これが悪い。」

かみつかれて顔をしかめている山川が涙声で言つて眼をうるませた。

「これっ離さんか」

茂の額に手をかけてぐつと押すと、山川の左腕から口を離して、ハアハア息をはずませた。

「立て」

きびしく言われて二人ともきまり悪そうに立つた。困つた斗争本能だと思つた。

子供たちの関心は二人に対する英作の言動に向けられたが、ちようど始業の鐘が鳴つたので、めいめいの教室へ散つて行つた。

(二)

放課後英作は二人を残しておいた。子供たちがみんな帰つたあと、テーブルの前に呼んで、今朝のいきさつを訊いてみた。

「なんでけんかをした?」

二人はうつむいて口をつぐんだまゝ、眼尻で相手の顔をぬすみ見るばかり。

「誰が先に手を出した?」

つとめておだやかに言うと

「これが」

茂が小さく言つて、顔を山川へ向けた。

「それにちがいないか」

うなづいた山川は、顔をあげて英作をまともに見た。何か言いたげである。

「手を出したわけがあるだろう」

すかさず突込むと

「でも先生、これが僕に、非常に猫であると言つたから、僕は怒つて手を出したさ」

はつきり言つて、今度は茂をにらみつけた。正当な理由があつてしたことだと、自信に満ちた表情である

「非常に猫だと言つたから怒つた?」

英作は小首をかしげた。茂はうつむいて身動き一つしない。

「そう言われたくらいで怒るのかね」

英作が重ねて言うと

「怒ります」

山川は口惜しくてたまらないといつた顔で英作を見つめた。

「だつて君は猫じやないだろう。それを猫だと言つた茂がまちがつているので、何もけんかまでしなくたつていゝじやないか」

「その猫とちがいます」

「その猫とちがう?ではどの猫かね」

「非常に猫であるといつたから―」

「非常に猫?」

「方言で言つたら、ウフガチマヤーです。だから怒つたさ」

「あゝそうか、なるほど、非常に猫か」

英作は腹をかゝえて笑つた。茂もうつむいたまゝクスクス笑う。山川だけ怒つた表情を崩さず正面をにらんでいる。その顔はまさしく「非常に猫である」を堂々と否定する顔である。そう言われたことに対して義憤を感ずるのが当然なのに、教師たるものが笑いこけるとは実にけしからんではないかという抵抗さえ示した顔である。英作は笑いをおさえようとしたがどうにもならなかつた。しばらくして

「その意味で言つたのなら、怒るのも無理ないね。だが茂君が言つたのは方言だろう。方言で言つたんだろう」

「はい」

「それを君が標準語に直したんだね」

「はい」

「ところが、今朝けんかをしている時、君も茂君に犬、犬と言つていたじやないか」

「僕に猫と言つたから、犬と言つたさ。かみつくから犬」

山川はそう言つて急におかしくなつたのか、ぷつとふき出した。同時に鼻汁がでたので、あわてて右の手の甲でこすつた。うつむいている茂もつられたように声をたてて笑つた。

「なるほど、一人は猫で一人は犬か。それならケンカする筈だよ」

三人は顔を見合わせて笑い続けた。

笑つている間にすつかり気持がほぐれて、何かしらさわやかなものが師弟の胸を流れた。涙の出るほど笑つた英作は、

「山川君は、非常に猫だなんて、方言をあまり標準語に直し過ぎたよ。マヤーは猫だから、非常にを入れ

るとウフガチ、マヤーなると思つてそう言つたかもしれんが、それはまちがつている。標準語ではガチマヤーのガチだけ直せばいゝんだ。ガキ、それだけでいゝ。ガキ、言つてごらん」

「ガキ」

「そう、それが正しい言い方だ。ところで、茂君は何で山川君にガキと言つた？」

「……」

「わけがあるだろう」

茂が黙つているので、山川は何度もその顔を見て、言つたらいゝじやないかと促すような表情をしたが、おでこで、小鼻の張つた茂はただもじもじするばかりなので山川が「僕が便所すわつて、出て来たから言つた」と説明した
「便所すわつて出て来た?、何が出て来たのか」

「便所から僕が出て来たから」

「あゝ、用をたして君が出て来たところで茂君がガキだと言つたんだね」

「はい」

「それはまた、どういうわけでそう言つたんだろう」

「僕、腹やぶつているといつて」

「腹やぶつている?、あゝおなかをこわしているのか。先生びつくりしたよ。ほんとに腹が破れているのかと思つた。」

英作は又しても笑いがとまらない。茂も背をまるめて笑う。山川は顔を赤らめている。あの大きな音の出る光景を二人が相像して笑つているような気がしてならないのだ。他人の苦痛を笑いとばすとは何事だと言いたいのだが、恥しくて口には出せない。

「何でおなかこわした?」

「叔母さんの家のネービキに行つて」

「ネービキ?」

「ネービキのごちそうがシーていた」

「あはあ、結婚式のごちそうか。それが腐りかゝつていたんだね。」

山川は大きな眼で英作を見た。自分の言葉と先生のそれが、今度はまるであべこべなのが不思議でならない。さつきのガチマヤーはガキだけでいゝと言いながら、ニービチはケッコン何とか言つたし、シーているはクサレカカツテイルと実に長たらしくなつている。こうなると標準語もうつかり使えないものだと、つくづく考えた。

「茂君は山川君の叔母さんの家にお祝があつたことを知つていたのか」

茂はうなづいてみせた。

「コレも来ていた。ウサンデーたべたが、僕はガチマヤー、アインチヤ、ガキ、ガキでたくさん食べたから、腹やぶるさと言つた」（以下次号）

学校紹介

知念地区玉城村百名小学校

本校の教育目標

私たちが児童を教育するにあたり一番大切なことは、「どのような人間を造ればよいか」ということである。

勿論学校教育の目的や目標は教育基本法、学校教育法に示されているが、我が校の教育目標を設定するにあたつては更に地域の実態と特異性を十分把握研究し一種の「人間像」を描いた上で目標を設定したのである。即ち

人間像
- 。社会性のある人
- 。健康明朗で実践力ある人
- 。情操豊かな教養ある人

本校の教育目標
1、道徳性の涵養
2、自主性の強調
3、科学性の啓培
4、健康の増進
5、情操の醇化
6、郷土愛の啓培

上の目標のうち昨年以来特に力を入れてきたのは四番目の「健康教育」でこれが充実強化をはかるため学校保健委員会を組織し児童職員の健康に関して、児童と関係の深い人々が集まつてあらゆる角度から観察し協議し、明かるい健康的な学校環境を造ってきたのである。しかしまだまだ研究の初歩であつて真の目標達成は後に期待される。よつて我が校では児童、職員、父兄一体となつて目標達成を目ざして進んでいきたい。

百名小学校　（校長代理）教頭　喜名盛敏

三、課題解決への歩み

A、本校保健計画

1、学校環境の整備（校地、校舎）

。裏の森美化、通路の修理。
。校舎裏表の土どめ、東西両校舎間の通路埋立。
。運動場、校舎の昇降口段作り。
。運動用具（低鉄棒、シーソー、ブランコ、登り棒、遊動木、廻転塔）。
。水のみ場の設置。
。教室（手洗、雨具帽子掛、靴箱、痰壷、鉛筆削り、瓜切り、鏡、花びん）。
。校舎前の立木せんてい（採光）。
。便所（金網、のれん、蓋、手洗、殺虫剤散布）
。ミルク小屋設備。
。固定運動用具周囲の砂入れ。

2、学校生活の健康的運営。

(1)、健康的な日課表作製。

イ、健康調査、学校生活は健康調査から始まる

本校健康教育年間計画は別紙の通りである。

（P参照）

ロ、清掃（清掃班組織）全員マスクをかける。
ハ、乾布摩擦
ニ、食事指導（全児ミルク給食）（P参照）
ホ、食後のレクリエーション
ヘ、一日の反省

(2) 学習指導時、

座席の位置を考慮する。机、腰掛と身体のつり合いに注意する。

すわっている時の姿勢学習態度に注意する。

愉快に興味をもつて学習させるように工夫する板書の大きさ、児童のノートの字の大きさに注意する。

換気、採光に留意する。

(3) 健康生活基準を決めて実践させた。朝起きてから夜寝るまでの一日の生活を健康的にきめた（別表P）
よい子の一日実践（別表P）

3、学校保健事業、

定期身体検査、健康相談、ツ反応検査、レントゲン撮影（陽転者）身長体重測定（毎月末）寄生虫駆除（二回）頭虱駆除（二回）便所消毒（週二回）痰壷の取りかえ（週一回）疲病外傷治療（毎日）ミルク給食（P参照）

4、健康教育

小学校の健康教育は、児童の全生活を通じて実践的に指導され、関係教科（理科、家庭科、体育科社会科）と関れんして行わるべきものである。
（イ）すなわち、姿勢、休養、視力、聴力、新鮮な空気の呼吸、精神の健康などはいずれの教科の学習においても注意しなければならない。
（ロ）又学習内容は、理科、社会科、家庭科、体育科などと深い関連をもつている。
（ハ）したがつてその学習を行う場合、単にとどまることなく、健康生活の実践力を育成するようにつとめる。

学校保健年間計画表

百名小学校

月	実践強調事項	主な学校行事	学校環境の整備	生活指導	学校保健事業
四月	姿勢	始業式及入学式 学級編成身体検査 年間計画樹立 児童会及保健委員会編成	(1)大掃除 (2)井戸便所の消毒 (3)机、腰掛の配分 (4)清掃用具の整備	(1)日課表作成 (2)学校生活の規律の検討 (3)健康カード作成、清掃計画基礎調査	身体検査 健康相談
五月	寄生虫駆除 清潔	(1)子供の日 (2)母の日 (3)学校保健委員会編成。遠足 (4)身体検査統計	(1)大掃除 (2)花園の分配 (3)砂場に砂入れ (4)花園の手入れ	(1)夏季の生活指導 (2)性行調査 (3)交通訓練及指導	(1)検便 (2)寄生虫駆除 (3)身体検査、結果、処理 (4)頭髪の清潔、しらみ駆除

	安全生活	(5)家庭訪問	(5)植付け		(5)健康相談 (6)要治療者の指導 (7)選手健康診断
六月	むし歯予防 雨季衛生	(1)時の記念日 (2)爬龍船 (3)虫歯予防週間 (4)学校保健委員会 (5)写生会	(1)大掃除 (2)ゴミ焼場の選定	(1)手洗励行 (2)服装検査 (3)蝿蚊の衛生上の被害 (4)梅雨期の衛生	(1)便所溝の消毒 (2)蝿蚊の駆除
七月	夏休みの生活 休暇の生活 計画概立	(1)校内の対抗試合 (2)学校保健委員会 (3)創立記念日 (4)P・T・A・総会 (5)学芸会 (6)終業式	(1)大掃除 (2)便所溝の消毒 (3)破損の所の修理 (4)花園の手入れ	(1)日射病予防指導 (2)皮膚の衛生 (3)夏季衛生について指導	(1)伝染病予防 (2)ツベルクリン反応検査 (3)レントゲン検査（児童、職員）
八月	消化器病気予防	(1)安全衛生自治活動	(1)休暇中校内外の清掃 (2)家庭内の清掃美化	(1)夏休みの生活指導 早寝、早起	(1)身長、体重、測定
九月	規律生活	(1)始業式 (2)秋分の日 (3)学校保健委員会 (4)休暇中作品展	(1)大掃除 (2)図書館 (3)学校園の清掃美化	(1)夏休みの生活及反省	(1)臨時身体検査 (2)要注意者の処理と指導 (3)頭髪の清潔 (4)しらみ駆除
十月	安全生活 睡眠と休養	(1)大掃除 (2)学校保健委員会 (3)新聞週間	(1)大掃除 (2)学校園の美化作業 (3)廊下に鏡、爪切りの設備	(1)運動の安全指導 (2)遊びの指導 (3)交通訓練及指導	(1)身長、体重測定 (2)冬の衛生予防
十一月	栄養 結核予防、目の衛生	(1)遠足 (2)地区選手権大会 (3)読書週間 (4)珠算競技会	(1)大掃除 (2)花園の植付け手入れ (3)便所への道路修理	(1)冬の服装と清潔 (2)読書指導	(1)身長、体重測定 (2)レントゲン検査
十二月	防火について 寄生虫駆除	(1)学事奨励会 (2)クリスマス (3)学校保健委員会 (4)冬休みの計画	(1)低鉄棒整美 (2)シーソー、鉄棒 (3)遊動木、ヨジ登棒 (4)便所修理	(1)冬の戸外運動指導 (2)冬休みの生活指導 (3)感冒の予防指導	(1)身長、体重、測定 (2)検便 (3)寄生虫駆除
一月	衛生	(1)元旦 (2)始業式 (3)冬休みの作品展 (4)童話会	(1)給水タンク整備 (2)給水所設備 (3)スベリ台 (4)大掃除	(1)教室気温しらべ (2)通風と換気 (3)感冒調査	(1)身長、体重測定 (2)臨時身体検査

二月	三月
余暇の活用	健康生活の反省
(1)研究物整理 (2)美化審査	(1)学期末の整理 (2)研究発表会 (3)学年の反省 (4)卒業式並修了式
(1)新校舎の整理美化 (2)大掃除 (3)学校園の美化	(1)大掃除 (2)備品整理
(1)歯みがき、洗面 (2)手足洗い (3)服装清潔検査 (4)旧正	(1)健康生活の反省
(1)身長、体重測定 (2)便所溝の消毒	(1)身長、体重測定

健康生活基準

百名小学校

登校前

1、きまつた時間に笑つて起きる。
2、着物を着換える。
3、掃除をする。
4、用便をする。
5、顔を洗う、歯をみがく。
6、爪がのびていないか。
7、髪の手入をする。
8、朝よみをわすれずに。
9、よくかんでゆつくり食べる。
10、ご飯後はお湯をのんで口の中をきれいにする。

登校

1、交通規則を守つて左側を歩く。
2、はき物をわすれないようにする。
3、携行品は時々左右持ちかえる。
4、道路にタンツバをはかない。

学校生活（学習）

1、上ばきを必ずはく。
2、いすには深く腰かける。
3、せ骨と首すじをのばして正しい姿勢をとる。
4、本をよむ時は三十cm位はなしてよむ。
5、鉛筆の先をなめない。
6、教室の中はいつもきれいにしておく。
7、教室の空気は時々入れ換える。
8、タンツボ以外にはタンツバをはかない。
9、せきの出る時はハンカチやチリ紙で口をおさえてからする。
10、仲よく遊ぶ。
11、汗がでたらハンカチでふく。

（休み時間）

1、教室や廊下をはしらない。
2、休み時間は外できれいな空気を吸うようにする。
3、汗をかいたらよくふく。
4、体のかげんの悪い時は早く先生にきく。

（昼食）

1、食前は口はすゝいで手を洗う。
2、ご飯は、ゆつくりかんで、楽しくいたゞく。
3、食後はげしい運動はしない。

（清掃）

1、マスクをかける。
2、ごみのたつのを防ぐため掃く前に水をまく。
3、窓をあけてから掃く。
4、きれいなところでくらすため掃除はねんを入れてやる。
5、掃除用具の始末をする。
6、掃除後は手をきれいに洗う。

下校

1、交通規則を守つて左側を歩く。
2、危ない遊びはしない。
3、道ぐさをしない。
4、帰宅の挨拶をする。
5、明るいところで学習する。
6、危険な場所で遊ばない。
7、お手伝をする。

夜

1、手足を洗う。
2、寝巻に着換える。
3、ねる前に食べない。
4、ねる前に歯をみがく。
5、静かな気持でねる。
6、夜ふかしをしない。

附記

年令別睡眠時間

年令	睡眠時間
7才	10時間
8〃	10〃
9〃	10〃
10〃	9·5〃
11〃	9·5〃
12〃	9·5〃
13〃	8·5〃
14〃	8·5〃
15以上	8〃

健康十則

一、そとで運動、ほがらかに。
二、光にあたれ、日にあたれ。
三、きよい空気を吸いましよう。
四、えいようそろえて、よくかんで。
五、早ね早起きよくねむれ。
六、ほどよく休んで力をやしなえ。
七、からだはどこもせいけつに。
八、はだ着はきれいに厚着せず。
九、正しいしぜんのしせいをたもて。
十、病気を防げ、身を守れ。

よい子の一日

㈠ 目的

健康生活を営むために健康基準による生活の習慣化を目指して実施した。

㈡ 方法及期間と対象

上質の画用紙に印刷、毎朝相談の時間に正直に記入させる。

期間　一九五五年十一月より。

対象　全校児童

㈢ 内容

一日をよい子として楽しく健康的に過すために起床から就寝迄の保健面、躾面の問題を取り上げ（四年以上三三項目、三年以下二二項目）を校内委員会で決定し月集計した。

㈣　実践事項

△十月に母親学級を開き各項目の理解とそれに対する協力をお願いし説明用にして各家庭へ配布してもらう様にした。

△児童保健委員会で毎月よい子の一日を取り上げ反省し討議研究した。

△十月に学校保健委員会と連絡して其の実践に対する話合をして貰い、之を習慣づける為に賞状を出している。

△十二月の各区の学事奨励会で十一月の結果を反省し困難点の協力をお願いした。

△一月に各学級母親会を開き「よい子の一日」の理解と困難点の話し合いそれに対する御協力方と栄養について話合をした。

よい子の一日の実態調査

履物奨励の実態調査（３９０名）

項目　＼　学年別人員		1年	2年	3年	4年	5年	6年	合計	百分率
下駄をはいている		2	2	2	1	6	9	22	5·64
草履をはいている		17	22	13	14	12	36	114	29·23
靴ばき		25	32	10	11	7	17	104	21 02
雨靴をはいている		15	2	2	2	1	4	26	6·7
はだし		35	50	15	13	10	6	126	32·3
はだしの理由	（イ）家にない	18	4	1	3	2	2	30	23·8
	（ロ）あるがはかない	14	46	14	10	8	4	96	76·2

各区別履物調査（３９０）

項目　＼　各区別	親ケ原	垣花	仲村渠	百名	新原
下駄をはいている	6·6	3·07	4·6	8·0	2·8
草履をはいている	23·3	24·0	29·2	33·0	27·8
靴ばき	26·0	26·0	26·2	22·0	33·3
雨靴をはいている	6·7	3·07	13·8	7·0	0
はだし	37·5	30·7	26·2	30·0	36·1

健康観察実施要領

1、目的

健康観察は児童の健康状態をよく知つてそれに即応する教育を行うためのものである。

1、その日の学習に適する健康状態である。

2、特に伝染疾患を有するもの及び速かに処理するものゝ発見につとめる。

2、健康観察の実施者　学級担任

3、健康観察の実施時刻と場所

1、毎日の観察は始業前一〇分間教室で行う。

2、然し授業中も常に健康を観察しなければならない。

4、健康観察の実施事項

1、全身的な状態について。

（イ）元気があるかないか。

（ロ）変つた様子をしているかどうか。

（ハ）おちつきがあるかどうか。

（ニ）だるそうかどうか。

（ホ）沈んでいるかどうか。

（へ）ぼんやりしているかどうか。

2、顔色

赤すぎるか、黄色か、あお白いか。

3、眼

眼はかがやいているか、眼やにが出ているかどうか、眼があかいかどうか。

4、耳

耳あか、耳だれはないか。

5、鼻

鼻汁が出ているか、つまつてないかどうか。

6、口腔

口臭、よだれ、口角炎があるかないか、あくびをするかどうか。

7、皮膚

皮膚に発疹、むくみ、あかぎれ等あるかないか傷その他の異常があるかないか。

5、健康観察の活用

1、健康観察の結果については、絶えず健康観察簿に記録する。

2、伝染性疾患の疑い、或は早急に処置を要するもの、その他指導上必要な事項については速かに養護教員、保健主事、学校医及び家庭に連絡と処置をする。

3、体育指導に資する。

4、虚弱児童の選定に資する。

5、記録の集録を指導要録作成に資する。

6、児童が自らの健康に関心を持つように指導する。

7、健康観察技能の習熟と、正しい健康指導の出来るように努め絶えず熱意と愛情を以つて処置にあたること。

健康観察の結果の処理

健康観察を行つたならばその結果に基づいて適当な措置を講じなければならない。すなわち健康観察は、結果の処理を行うための前提として行われるものであつて観察だけでは意味のないものである。

健康異常の場合の処置

1、教師は、健康異常のある児童を養護教諭のもとに送る。この場合異常の状態を記録又は口頭をもつて通報することを忘れてはならない。

2、養護教諭は、教師よりまわされてきた異常のある児童の健康状態をよく観察し、次のように区別する。

イ、教室に帰してよいもの。

ロ、休養室で休養させてよいもの。

ハ、家庭に帰す必要のあるもの。

ニ、学校医又は歯科医の診断を必要とするもの。

3、教師は養護教諭の観察の結果に基づいて早急に処理しなければならない。

（附記）

毎月の測定（身長、体重）から何を見るか。

1、毎月身長を測定しているがその結果は毎月わずかながらも伸びていなくてはならない。二、三ケ月も発育停止している児童は医者の診断をうける必要がある。

2、体重不足と体重減少

児童の体重が全国平均と比較して多少劣つているという程度であればほとんど問題にならない。しかし全国平均より一五%～二〇%以上も不足しておれば栄養不足で身体的欠陥のあることが考えられる。（一〇%以下劣つている程度なら小児医学上から病的原因よりも個人のもちまえの体質によると考えてよい場合が多い。）

3、体重過剰

体重が平均価よりも一〇%ないし二〇%多いようであつても病的な原因のかくれていることは少いこれは早期発育であつて数年たつうちに人なみとあまり違わない体格になつてしまう。これを早期発育又は一過性発育とよぶ。しかし病的な肥りすぎもごくまれにみられる。つまり肥胖無力体格というて脂肪ばかりつきすぎて、骨格は弱く小さく不釣合な体格をしている場合と更に先端巨大症という手足の先や顔ばかりが大きい異常児もごくまれに発見される。

給食指導の展開　全学年

	児童	教師
食事の準備	1、用便に行く、鼻をかむ 2、机上の片附け、当番の子が机を拭く 3、手洗い 4、当番はミルクを運ぶ、定場所におく 直接床におかない 5、着席、静かに行儀よく。 6、当番はコップを机上に配る 7、当番はミルクを注ぐ	1、室内の整理整頓に気を配る 2、手洗いの指導 3、着席の様子を見る 4、食生活の指導
食事	1、いただきます 2、ミルクを飲む、嚙むようにして飲む 3、食べ方 ○静かに話し合いながら楽しく ○食物を口に入れたまま話さない ○よく嚙む ○早過ぎたり遅過ぎたりしないで皆と一緒に終る 4、姿勢 ○背骨を伸ばす ○両肱を机上につけない ○机をガタガタ動かさない ○キヨロキヨロ人の方を見ない 5、ごちそうさま	1、いただきます 2、食事作法が守られているかを注意して見る 3、ごちそうさま
食後	1、当番はカゴを持つてコップを集める 2、ミルクを飲んだ者は各自ミルクカードの氏名の上に○をつける 3、レクリエーション、児童創作遊戯	1、後片附けに注意 2、児童が正しく記録したかどうかを見る 3、レクリエーションが楽しく運行する様にする
給食の当番の活動	1、コップを調理部屋へ返す 2、食後の室内整理 3、前掛、帽子を級担任に返す	1、食後の室内の整理指導

（中教委だより）

第四十三回（定例）中央教育委員会議事結果報告

月日	議題種別、番号及び件名	審議結果の概要
十一月二十二日（木）	○仲里小学校の銭田分校廃止認可について（議案第一号）	原案どおり可決
	○授業料減免について（議案第二号）	原案どおり可決 政府立高校生（貧困者に対する授業料減免）
	○職員人事（議案第四号）（報告）	原案どおり可決
	○一九五六年度教育要覧について ○一九五六年度財政調査報告書について	各委員に要覧及び調査報告を一部宛贈呈し、その内容について研究調査課長より説明あり、委員の質問に答えた。
十一月二十四日（土）	○財団法人嘉数学園設立認可について（議案第六号） ○私立沖縄高等学校設立認可について（議案第七号）	議案第六号、第七号は互に相関連するので、一括上程さる。尚、検討の要ありとの意向で継続審議することになった。
十一月二十六日（月）	○財団法人嘉数学園設立認可について（議案第六号） ○私立沖縄高等学校設置認可について（議案第七号）	土曜日の審議に引継いて審議し、全員一致で可決
十一月二十七日（火）	○文教局処務規定（議案第三号）	原案どおり可決
	○要貸与児童、生徒教科書補助金割当（議案第八号）	原案どおり可決
	○公立学校備品補助金割当（議案第十号）	継続審議することにした。
十一月二十八日（水）	○公立学校備品補助金割当（議案第十号）	原案どおり可決
	○政府立高等学校職業教育充実費割当（議案第九号）（報告）	原案どおり可決

月日	議題種別　番号及び件名	審議結果の概要
十一月二十九日（木）	○校舎建築状況について	建築用鉄筋の値上りについて、屯当り二万円程度で何とかやっていけると思う。その後も落札者がいるのでそう大した心配はない。
	○職業高校課程設置（議案第五号）	原案どおり可決 工業高校に全日制土木課程設置。
	○一九五七学年度高等学校入学者選抜要項（議案第十一号）	原案どおり可決
	○一九五七学年度高等学校入学者選抜要項助言	原案どおり可決
	○政府立高校入学者定員（議案第十三号）	原案どおり可決
	○公立高等学校の政府補助金による入学者定員（議案第十四号）	原案どおり可決

一九五七年一月五日　印刷
一九五七年一月十五日　発行

文教時報（第二十八号）
（非売品）

発行所　琉球政府文教局
研究調査課

印刷所　旭堂印刷所
那覇市四区八組
（電話六五五番）

（図書紹介）

○宮城鐵夫（宮城鉄夫顕彰会編）

宮城鉄夫は明治十年九月四日（七十八年前）羽地村稲嶺に生れ、県立中等学校を経て北海道帝大に学び植物病理学を専攻した。国頭農林学校を振出しに、大正九年県立農学校々長を辞するまで、十四年間、農業教育に貢献、南北米、台湾、南方各地に子弟を進出させた。

大正九年以後は台湾、ジャワ等を踏査、甘蔗新品種の導入に努め、沖縄糖業の改革に大きな功績を残した。

この書は、宮城鉄夫の興味ある私生活を始め、分蜜糖業勃興期前後に於ける沖縄糖業の実状と宮城鉄夫の役割について、早野参造、末広幸次郎、宮城仁四郎、崎浜秀主、島袋源一郎氏ら二十七名の執筆と、宮城鉄夫の卒業論文について、琉大農学部長島袋俊一氏と天野鉄夫氏の解説があり。貴重な書である。

（人事だより）

文庶第五号
一九五七年一月九日

殿

文教局長

課長代理の指定について

文教局処務規程（一九五六年中央教育委員会訓令第三号）第六条の規定に基いて左記のとおり課長代理を指定しましたから通知します。

記

文教局庶務課人事係長　渡慶次憲達
〃　学務課管理係長　知念繁
〃　施設課施設備品係長　端山敏輝
〃　研究調査課主事　親泊輝昌
〃　社会教育課主事　慶世村英診
〃　指導課指導主事　大城真太郎

文教局処務規程第六条の規定に基き課長代理に指定する

一九五七年一月一日

文教局長

投稿案内

一、教育に関する論説、実践記録、研究発表、特別教育活動、我が校の歩み、社会教育活動、P・T・A活動の状況、その他（原稿用紙四〇〇字詰一〇枚以内）
一、短歌、俳句、川柳（五首以上）
一、随筆、詩、その他
※原稿用紙（四百字詰）五枚以内
一、原稿は毎月十日締切り
一、原稿の取捨は当課に一任願います。（御了承の程を）
一、原稿は御返し致しません。
一、宛先文教局研究調査課係

―あとがき―

○新年おめでとうございます。今年も教育界にとつてよい年でありますよう、お祈りします。

○今年初頭の大問題は又しても〃高校入試〃についてです。昨年の欠点を是正し、一九五七年度の高校入学者選抜の方法が発表されましたので、〃高校定員制について〃と共に収録しました。

○へき地教育の問題について、戦後は特に関心も深まり、研究も盛んになつて来ました。今月の抜萃欄は、この問題を取りあげました。沖縄に於ても、益々へき地教育に対する関心と理解と研究が盛んになる事を望みます。

○千葉県にならつて、文教時報も、来月号から〃随筆リレー〃をはじめる計画をしています。これは、教育長、校長、父兄、文教局の各グループで、それぞれリレー式に毎号教育随筆を書いていたゞく試みで、読者の御期待を乞います。

○働きつゝ学ぶ定時制高校生の座談会を発表しました一般の認識を深め、彼等の要望に応えるべく努力していきたいものです。

○宮里静子氏の小説が今月号から連載されることになりました。御期待下さい。

○現場からの御寄稿をお願いします。

（S・N・生）

29

文教時報

琉球　　1957

文教局研究調査課　　No. 29

－さよなら幼稚園－　　(写真、琉球新報社提供)

目　次

高等学校体操大会

（首里高校長伊集盛吉氏撮影）

佐久川選手の平均運動　（個人種目１位）

宮里選手の平均台に於ける美しいポーズ

（個人種目二位）

ひざ腕立ての一瞬

又吉治[illegible]選手の逆手車輪

（自由規定ともに一位）

徒手体操の團体種目

宮城選手の斜伸膝跳び

（跳箱第一位）

巻頭言

文教局研究調査課長
比嘉信光

言い古された言葉ですが、教育の第一歩は「子供を知ること」であります。一体「子供を知る」とはどういうことでしようか。先ず如何なる「目的」で、「何」を知ろうとするかということだと思います。

知ろうとする「何」は目的によつて、始めて広さと深さが具体的になつてくるのであります。

その次に、「何」を如何なる「方法」で知ろうとするのかということが問題になつて来ます。方法もいろいろ考えられるのでしようが、よい方法は、「目的」と「何」を最も合理的に、経済的に満すものとなつてきます。

新学期を迎え、諸先生方には、児童生徒について色々と知りたいことが山ほどあることでしよう。知ろうとする諸先生方の意力こそ、教育力のエネルギーであります。

正しく知ることにより、教育目標も、学習目標も、指導目標も具体的になり、生きて来るのであります。正しく知り正しく知らせることは、学校運営及び教育行財政を確立する上に最も必要なことであります。子供のよりよき理解のために文教時報及び其の他の印刷物をもつて、資料を提供しましたが、参考になれば幸いです。新学年を迎えるに当り、反省と新たなる意力が要求されます。新教育法の布告に当りこのことは一層痛感されます。

55年度義務教育学力測定結果の解説

研究調査課

（其の一）英語・職業家庭科

英　語　科

【一】次の___のところに、下の語から適当なものを選んで、その記号を書きなさい。

例　イ am a Jack.

問　1．Are ___ a boy？

問　2．What has ___ in her hand？

イ	ロ	ハ	ニ	ホ	ヘ
I	she	me	you	he	her

【二】次の英文は、どんなことをあらわしていますか。右の日本文の中から適当なものを選んで、その記号を○でかこみなさい。

They came here a few days ago.

イ．私達は、二三日たつてここへきた。
ロ．私達は、二三日まえここへきた。
ハ．彼等が、きたのは、二三日たつてからです。
ニ．彼等は、二三日まえここへきました。

【三】次の英文を読む時、どれが正しい調子をあらわしていますか、正しいと思うものの記号を○でかこみなさい。↗はあがる調子で↘はさがる調子をあらわします。

イ．Is ↗this a ↗pen or a ↗pencil？
ロ．Is ↗this a ↘pen or a ↗pencil？
ハ．Is this a pen or a ↗pencil？
ニ．Is this a ↗pen or a ↘pencil？

【四】次の動詞の変化を___のところに書きなさい。

例　go　went　gone

問　1．know　knew　___

問　2．meet　___　met

問　3．rise　___　risen

【五】次の答に対し、適当な問は、どれですか。それを下から選び、その記号を○でかこみなさい。

答　Yes, I do.

イ．What season do you like？
ロ．Do you like spring？
ハ．Do you like spring or summer？
ニ．Which season do you like best？

【六】次の問に対し、適当な答を右からえらびその記号を○でかこみなさい。

問　1．Are you a pupil？
　イ　Yes, I am.
　ロ　No, you are not.
　ハ　Yes, you are.
　ニ　I am a teacher.

問　2．What is she？
　イ　He is a girl.
　ロ　You are a girl.
　ハ　She is a schoolgirl.
　ニ　She is Hanako.

問 3・What do you say when you go to bed?

- イ I say, "Good evening."
- ロ I say, "How do you do?"
- ハ I say, "Good night."
- ニ I say, "Thank you."

【七】次の文を読み、問1・問2・に対し、下の ☐ の中から適当な答をえらび、その記号を右の（　　）の中にかきなさい。

John is fifteen years old and Tom is fourteen years old.
But Tom is taller and stronger than John.

問 1・Who is older, Tom or John?（　　　）

問 2・Is Tom taller than John?（　　　）

イ	ロ	ハ	ニ	ホ
yes	no	Tom	him	John

【八】左の語句と同じ意味の単語を、右がわからえらび、その記号を各（　　）の中にかきなさい。

問 1・the coldest season of the year（　　　）

問 2・father and mother（　　　）

- イ Aunt
- ロ winter
- ハ parents
- ニ wednesday
- ホ spring

【九】次の日本文を英語でいいあらわすと、どの文が正しいのですか。正しいと思う英文の記号を○でかこみなさい。

公園へ行く道を教えて下さい。

- イ・Show me a way to the park.
- ロ・Please teach me the way to a park.
- ハ・Please tell me the way to the park.
- ニ・Please tell me the way going to a park.

【十】次の語をならべかえて、日本文の意味をあらわす英文に組みなおし、その順序を記号で ☐ の中にかきなさい。

例・is（イ） this（ロ） pen（ハ） a（ニ）　［ロ｜イ｜ニ｜ハ］
（これはペンです）

問 1・a（イ） I（ロ） letter（ハ） writing（ニ） am（ホ）　［　｜　｜　｜　｜　］
（私は手紙を書いています）

問 2・You（イ） school（ロ） to（ハ） go（ニ） do（ホ） when（ヘ）　［　｜　｜　｜　｜　｜　］
（君はいつ学校へいきますか）

【十一】次の各語の下線のところの発音が、他の語とちがう語が各例に一つずつあります。それを見出し、その記号を○でかこみなさい。

例 イ high　ロ hot　ハ happy　㊁ honest

問 1・イ into　ロ impossible　ハ ill　ニ ice

問 2・イ they　ロ thing　ハ that　ニ those

【十二】次の語の上に ， のあるところは、強く発音します。しかし各例に一つだけは、まちがったものがあります。それを見出してその記号を○でかこみなさい

例・イ Wíndow　ロ súnday　㋩ píano　ニ fáther

問 1・イ téacher　ロ pícture　ハ ánimal　ニ Jápan

イ　ロ　ハ　ニ

問　2．bróther　cóuntry　abóut　músic

【十三】次の文の終りの（　）の中の語は、文の中のどこに入れたらよいのですか。例にならつて、その場所を ∨ で示しなさい。

例．I go∨school every day.　(to)

問　1．He is much younger she.　(than)

問　2．There are four seasons a year.　(in)

【十四】次の文を普通に読む時、どこで区切りますか。例にならつて区切を／で示しなさい。文の終の数字は、いれる線の数です。

例、There is a book／on the table.　(1)

Jack went to the Park with his mother this morning.　(2)

【十五】次の (a) の文は問をあらわし、(b) の文は答をあらわしています。＿＿のところに適当な語を書き入れなさい。

問　1．(a) What ＿＿＿＿ your name?
　　　(b) My name is Tom Brown.

問2．(a) ＿＿＿＿ old are you?
　　　(b) I am seventeen years old.

【十六】次の文をよんで、＿＿のところに、適当な語を書きなさい。

We have three meals a day.

The first meal we eat in the morning is ＿＿＿＿＿.

The second meal is ＿＿＿＿＿, which we have at noon.

We have supper in the evening.

英語科正答表

（注意　生徒の書く文字は活字体でも筆記体でもよい）

大問	中問	小問	正答	配点	備考
一	1		ニ	1	you と書いてもよい
	2		ロ	1	she と書いてもよい
二			(ニ)	1	
三			(ニ)	1	
四	1		known	1	
	2		met	1	
	3		rose	1	
五			(ロ)	1	
六	1		(イ)	1	
	2		(ハ)	1	
	3		(ハ)	1	
七	1		ホ	1	John と書いてもよい
	2		イ	1	yes と書いてもよい
八	1		ロ	1	（　）の中ロを入れないと0点
	2		ハ	1	（　）の中ハを入れないと0点
九			(ハ)	1	
十	1		ロホニイハ	1	この順序以外は0点
	2		ヘホイニハロ	1	
十一	1		(ニ)	1	
	2		(ロ)	1	
十二	1		(ニ)	1	
	2		(ハ)	1	
十三	1		He is much younger∨she.	1	
	2		There are four seasons∨a year	1	
十四	1		Jack went to the park／with his mother／this morning	1	独立一点
	2			1	
十五	1		is	1	
	2		How	1	Hが大文字でないと0点
十六	1		breakfast	1	
	2		lunch	1	
16	30			30	

英　語　科　（全琉各問別反応率表）

問（一）	正	誤	無
1	69.7	28.0	2.3
2	32.2	65.5	2.3
問（二）	正	誤	無
%	50.7	48.7	0.6
問（三）	正	誤	無
%	29.9	69.2	0.9
問（四）	正	誤	無
1	10.0	60.6	29.4
2	2 18	48.1	30.1
3	84.9	62.7	32.4

問（五）	正	誤	無
%	47.7	51.3	1.0
問（六）	正	誤	無
1	57.9	41.6	0.5
2	56.9	41.5	1.6
3	41.1	57.2	1.7
問（七）	正	誤	無
1	30.4	68.3	1.3
2	37.0	61.7	1.3
問（八）	正	誤	無
1	39.1	58.8	2.1
2	39.1	60.8	0.1

問（九）	正	誤	無
%	21.9	77.0	1.1
問（十）	正	誤	無
1	16.0	77.2	6.8
2	60.7	38.6	0.7
問（十一）	正	誤	無
1	33.2	54.6	12.2
2	38.7	59.7	1.6
問（十二）	正	誤	無
1	33.6	64.1	2.3
2	33.2	62.8	4.0

問（十三）	正	誤	無
1	22.7	70.4	0.9
2	14.8	76.0	9.2
問（十四）	正	誤	無
1	55.5	28.3	16.2
2	28.3	25.9	45.3
問（十五）	正	誤	無
1	27.9	50.2	21.9
2	10.4	57.9	31.7
問（十六）	正	誤	無
1	5.1	46.2	48.7
2	4.4	42.2	53.4

地域別・大問別反応率表　（英語科）

区分		一	二	三	四	五	六	七	八	九	十	十一	十二	十三	十四	十五	十六
都市地区	正	56.3	58.8	31.1	18.2	56.0	58.6	39.4	47.1	22.0	50.0	43.4	34.4	24.2	52.4	22.7	5.7
	ゴ	43.7	41.2	68.6	60.0	44.0	40.6	59.5	51.7	78.0	49.9	56.1	62.1	72.0	25.9	57.9	46.4
	ム	0	0	0.3	21.8	0	0.8	1.1	1.2	0	0.1	0.5	3.5	3.8	21.7	19.4	47.9
半都市地区	正	50.0	45.7	29.3	15.0	47.4	54.3	35.8	39.2	25.0	43.1	35.7	33.6	15.9	40.9	22.4	14.3
	ゴ	49.4	54.3	69.8	60.0	52.6	44.0	64.2	60.8	74.1	56.9	64.3	66.4	79.7	29.7	50.4	45.7
	ム	0.5	0	0.9	25.0	0	1.7	0	0	0	0	0	0	4.4	29.4	27.2	40.0
農漁村地区	正	49.2	47.1	31.5	8.7	44.0	48.8	30.4	36.1	20.3	24.3	32.1	32.2	17.0	36.5	16.6	2.5
	ゴ	47.7	51.6	67.4	56.1	55.0	50.4	68.4	62.2	78.0	63.2	64.9	64.2	71.7	24.4	51.6	42.0
	ム	3.1	1.3	1.1	35.2	1.1	0.8	1.2	1.5	1.7	7.5	3.0	3.6	11.3	39.1	31.8	55.5
へき地地区	正	40.3	46.3	13.4	4.5	35.8	38.8	25.4	22.4	25.4	38.8	27.6	36.6	9.7	32.8	14.2	0
	ゴ	49.2	53.7	83.6	46.3	61.2	54.7	68.6	65.7	70.1	60.4	70.1	58.9	78.4	30.6	59.7	47.1
	ム	10.5	0	3.0	49.2	3.0	6.5	6.0	11.9	4.5	0.8	2.3	4.5	11.9	36.6	26.1	52.9

結果の解説

一連のもの事をおぼえるのに、はじめの部分と、おしまいの部分が最もよく気憶される事は実験でも証明されている。特にはじめの部分は、新しい事に対する興味や関心も加わつて動機づけが強まるので、学習効果は最もよい。英語と云う新しい学科をはじめて学ぶ時は、誰しもが真先に耳にし、口にのせる言葉は

I am… You are… の形である。 1 問 (1) の正答率が全問題中最も高いのもこの意味で不思議はないが、この問題に於て既に大きな地域差が現われている事は問題として取り上げられなければならない。都市地区の正答率 77% に対し、半都市 70·7 %、農漁村 67·7 %、へき地 47·8% となつている。他の学科に於てもそうであるが、英語に於ては特に基礎事項の暗記を絶対に必要とする。その為には反復練習の方法以外にはない。英語科のスタートからこの様に大きな地域差があつては、その後の事を考えただけでもゆううつである。

ところで 1 問 (2) ではぐんと成績が落ち、全地区を通じて、 1、問(1)の半分以下の正答率を示している。地域差は前問に比し小さい。又へき地がこの問で都市地区と大差ない成績を上げているのは面白い。しかし全体として見た場合は、この問が予想外に不成績と云わなければならない。英語科の基礎学習に於て普通 be 動詞の変化をふくむ学習 Unit と have 動詞の変化をふくむ unit を反復練習するのが最初の山のようであるが、それにもう一つの Unit 代名詞の格変化が重なつて、混乱をまねく。この段階ではその混乱をふせぎ、これら三つの

Unit を自由自在に（機械的に）使いわけられるようにする為に大変な努力を要する。問題を分析して見ると、問 1、Are ____ a boy? では I am, you are, he is …とおぼえていたら、Are に対する関連語として真先に you が頭に浮ぶ。次に We, they と考えられたらなおよいが、とにかく ____ の次の A boy で単数を認め、それで You の可能性を確認し得たらほんとによくわかつている事になるが、撰択欄に、We, they 等の語が出ず、 You のみが出ているに至つてはこれほど自明な問はない。その点では 問 2 What has ____ in her hand ? では he と she と云う二つの choice が出ているだけに 問 1 よりはまぎれ易いと云える。この問では his と her の区別が唯一の解答えの手がかりとなるのである。その意味では、この種のテストを日常の指導に用いる時、この問 2 の誤答者について更によく検討して見る必要はある。he と her の区別が出来なかつた故か、それとも単に当てずつぽうでそう記入したのかは、現場の教師が日常の学習に於て、テストを生徒の指導面に活用すべき一例ともなろう。

第一問が物語つている事は結局、英語科に於て、相当な意気込みと興味を持つてスタートして、その直後に、あつと云う間もなく、急転直下混乱の中にもがく姿である。それと、反復練習の不足である。はじめのうちは毎時間、その後は次第々々に間をおいて、基礎事項の記憶をたえず新たにするように努めなければなるまい。

出題者としての反省は撰択 ホ her を we か they, ハ me を it にした方がよかつたのではないかと云う事である。理由は先にのべた 問 1 の choice を二つにする事と、it has としての 問 2 の choice をもう一つふやす事である。しかしこのままで、ハ me やへ her 等の如く、全くらち外の choice を出して見る方法も、理解度が益々はつきりしてよいのではないかとの意見も成り立つ

例 イ am a Jack の a は出題の誤ちで面目ない。これは当然 イ am Jack となるべきである。

問（二）は idiom の意味を問う問題であるが、それに they の意味も加わつて二つの要素から出来上がているわけである。しかしこの場合、出来たら、問題の要素は単一のものを取り上げるべきであつたと出題者として反省させられる。Objective テストに於ては、問題の要素が明確で、誤ちの性格も的確に分かるようなのが指導の上から云つても有意義である。その点、日常教室用に利用した場合、例えばこの問題では、idiom そのものが分からずに誤まつたか、they の意味が分らない為か、それとも極端に云つて、不注意の為に間違つたか、すぐには判然しない。又問題説明文中……「右」の日本文とあるのは、「下」の日本文とすべきで、出題者の責任である。

この問題に対する正答率は全琉で 50·7% であるから、問1の2に比し、意外に成績はよいとも云える。都市地区を筆頭として、他地域間の差はほとんどない。この種日時に関する idiom はそれだけを unit としてまとめて教えると、関連がついて覚え易い。

the day before yesterday, the day after tomorrow, nex week,

last week, once upon a time, etc.

問（三） Intonation の問題である。お互いは貧乏だからどうにも仕様がないが、アメリカの外国語教授法では、テープレコーダー、レコード等を用いてやるのが当り前になつているが、矢印だけでは絵に書いた餅である。単に上がる下がるでは Intonation の学習は不完全過ぎる。音そのものを通じてでなければどうにも仕方がない。正答率全琉の30%と云う数字が如実にこれを示している。しかもこの数字はほんとに自分の口で正しい Intonation を出せるかどうかまでは含まれていないし、当てずつぽうや矢印の向きをたまたま丸暗記していたなどと云う者や、単に教師からこんな型の文ではうしろの方は下がると教わつたことを覚えていたと云うだけでは心細い。更に、「下がる」と単純に片ずけるのも問題で↘pencil の中に含まれた細かい起伏をも考えたら益々 Intonation の教授法は困難となつている。

この問では、へき地が極端に低い正答率を示しているが、他の地域はほとんど差がない。米人との接触の度合と、英語、特にその音声面の成績との相関についてまだ研究はされてないが、この問に現われた程度のものでは、論議はむしろ教師及び教授法の問題に止まるものだと思う。全琉平均 30% は低過ぎる。中校のこの程度の段階では単なる米人との接触が全体的に大きく英語成績に影響を与えるとは考えられない。Intonation の学習は何と云つても三つの要素、即ち、教師、教授法、生徒の結合以外に向上の途はない。教師が Intonation についてしつかりした自信をつけることが第一で、その為に教師自身が出来るだけ米人と話す機会を作るとすれば、そう云う個人的な意味で、間接的には受持生徒全体に大きく影響する事は考えられる。次には教授法の問題であるが、Oral method を思い切つて採用する事によつて Intonation の学習ははじめて効果が上がる。現場の教師は声をそろえて、Oral method に自信がないと云う。その理由として、第一に会話に自信がない事。第二に Oral method 一点ばりでは従来の高校入試にはそなえられない事を挙げる。そのうち、高校入試の問題は、周知の通り解決がついた。従来の文法主義の根源であつた入試が廃止されたからである。そうなると後は教師の自信の問題であるが、自信をつける為には何と云つても勉強あるのみであり、勉強する為には道具が要る。道具とはレコード、テープレコーダー等である。手近い所ではラジオから英語放送を聞くか、あるいは更に米人と交わる機会を作る等の方法があるが、いづれも相当な勇気と努力を要する。又 Oral method は、ほんとは「自信がついてから始める」と云うものではなく、「始めてから自信がついて来る」と云う性質のものであつて、自信がついてからと云うのでは一生かかつてもその日は来ない。Oral method についての本もあるので、現場の教師はそれらの本を一通り読んで勉強し、次第にこの方法を教室に導入する必要がある。道具の不足はある程度努力で克服出来るものである。英語は音声を中心にした方法でやらなければ生きて来ない。文法主義は米国でも古いとされ、特に初歩の指導で有名なハーバード大学、ミシガン大学等でも Oral method で実際に多大の成果を収めている。

問（四） 不規則動詞の時の変化、これは英語学習上の大難関の一つで、丸暗記以外に学習方法はない。この問題の成績が甚だ悪いのは、反復練習の不足に因る事明白である。一つの指導法として、不規則動詞が、現在、過去、過去分詞、いかなる形でテキストに出て来ても、その度に、三形全部を云わして見ると云ふ方法は有効である。大して時間もかゝらないし、その上生徒にも、家庭に於ける学習で、この方法を実行するようすすめる事もよい。

出題方法として、Know が過去分詞形空欄となつて居り、Meet が過去形空欄だから、均合いの上から Rise を現在形空欄にした方がよかつたと云ふ気もする。

問（五） 代動詞 Do の用法と、疑問文で Yes, No で答えられる形、答えられぬ形の識別をためす問題で、一般に疑問詞ではじまる疑問文では、Yes, No で単純に答えられない。と云う事を、たえず、実例で理解させる必要がある。この問ではそれほど成績が悪いとは云えないが、全琉平均正答率 47% で、もう一息の努力を要する。日本語の場合を例に、「君の名前は何ですか？」「はい。」「君はどこに行きますか？」「いいえ。」と云つたちぐはぐな問答を示して、英語にもこう云つた形がある事を実感にうつたえて理解させるとよいと思ふ。

問（六） この問では、質問文の三つの異つた形式の理解、正しい答の形、読解力と云う三つの点から生徒の力を見るのがねらいで、平素 Oral method によつて会話力をつけてあつたら何でもない問題である。全琉平均正答率を見ると、問 1・57% 問 2・56% 問 3・41% となつて居り、比較的良好な成績と云うべきである。音声中心に基礎的な文章の型を暗記させる事は初歩者の指導には不可欠の方法であり、この間に出された程度の文章は Oral method により、口で云わせたり、耳で聞かせたりして根気よく反復させ、自由にこなせる所まで持つて行くべきである。

出題後の感想として、**問1の二**、I am a teacher. は イ、にも既に I am の形が出ているので他の形例えば Yes, he is 等の如きものを出した方がよかつたとも思える。又問3のイ、I say, 〝Good morning.〟で Good がミスプリントであつた事は遺憾である。

問（七） 読解力と内容の理解を見る問題で、そのkeyとなるのは比較級の構文である。成績はそれほどよくない。この種の構文の理解は数多くの類似文を例示することによつて、生徒達をその型に慣れさせる（Familiarize）方法が最もよい。又、構文の理解には直読直解法が最もよいと思う。新しく出て来る構文をはじめから日本文式に反えしたり、とんだり、もどつたりして、原文をずたずたに切つたり、ついだりして解釈に努めている教師をたくさん見受けるが、この方法では最も効果が少ない。原文をくずさずに、はじめからずつと水を流すように訳する方法がよい。その為にちぐはぐな日本文になつてしまう事は、立派な日本文を作り上げる為に主たる英文をめちやくちやにするよりもよい。これまでの方法はその点主客てんとうの感がある。そして、一旦英文そのものの構造を十分に理解した時に、はじめて普通の日本文を示して、対照の面白さに興味を持たすべきである。

出題者として反省させられる事は、この問題の解決の Key たる ……er…… than の構文が、その後に出て来る問十三の問1にそのまま出題され、明白な答解を示すような結果になつてしまつた事である。その点は誠に遺憾である。

問（八） Vocaburary のテストである。問1、問2共 39% の全琉平均正答率である。良好とは云えない。 Vocaburary のテストは十分間もあれば書取り、意味共かんたんに出来るから、教師は出来るだけ、定期的に教室内テストを施行して、生徒達が単語をおぼえるように仕向けなければならない。単語のおぼえかたは色々あるので、教師はそれらの方法をよく生徒達に教え、自分に一番適した方法を生徒自からえらばし、それを実行するようにすすめたらよいと思う。尚、この問題では、単なる Vocaburary のテスト以外に、それぞれの語に最も適した文章をマツチさせる為、読解力を要求される。従つて、choice に出ている Winter と云う語を日本語で冬と云うんだと分かつていても、coldest, season, year 等の意味を知らない為に手が出なかつたと云ふ例はあり得る。それから Vocaburary の気憶法として非常に有効な事は数個の語に関連性をもたして、一つのグループとして教えることである。生徒にも、家族、四季、方向、時等のようにそれぞれのグループに関係ある語を暇のある毎に頭の中で不明な語をその都度労を惜しまずに調べるようすすめたらよい。道を歩きながら、バスの中、その他いたる所で出来るし、一旦習慣がつけば、興味ある方法である。

問（九） 和文英訳とも、英文和訳ともとれる形式の問題であるが、ねらいは、英会話にひんぱんに出て来る型の文章をどの程度正確に記憶又は識別出来るかを見るもので、Key となるのは a と the の用法である。成績はよくない。しかし何故かと云ふ理由は全琉平均正答率 21% という数字だけでは分からない。イ Show me a way to the park. は強いて云えば間違いでもない。ある公園に到達する道がいくつもあつて、どの道でもよいからとにかく、どれか一つの道を示してくれと云うのであつたらこの文章も理くつの上からは成り立つわけである。たゞ普通にはそうは云わないだけである。それから原文に「教えて下さい。」とあるので、ロ・の Please teaeh me…… を直ちに取り上げた者も居るだろう。こんな所は英文を解訳する時案外おろそかにされている。日本語には普通道を「教える」と云う以外に表現はなく、それ以外の「示す「教示」などの云ひ方はむしろ奇異であり、こつけいに聞こえる。ところが英語の場合は普通 Show me… Tell me…が用いられ、 Teach me… は少しおかしくひゞく。そう云う英語独特の語感に重点をおいて教えるべきであり、十分な説明を与えるべきである。ここでも再び云えるが、この種の異つた云い廻し、表現法を、日本文と英文で比較し、既習教材からそれだけを復習的に Pick up させ、一つのグループにまとめて見ると云う面白い学習方法が考えられる。

少し横道にそれたが、さきほど指摘したように、この問題の Key はやはり a と the の正しい用法で、日本人にとつて冠詞はいつまでも苦手である。それをはじめからむつかしい文法論で片ずけようとしたらますます苦手にしてしまう。冠詞の用法はやはり豊富な実例をもとに、感じにうつたえて機械的に出来る事を目標にしなければならない。

問（十） Sentence Construction の問題である。実を云えば、この型の問題は日常のクラス指導ではあまりすすめられない。特に初歩のうちはむしろ有害とも云える。初歩のうちは、最も正しい Standard な文章をしつかり暗記させる事に力を注ぐべきであり、その為に機会ある毎に正しい文章に接するように仕向けるべきである。まだ十分に正しい文章にさえもなじまないうちに、ばらばらに解体された文章、誤つた文章に度々お目にかかると、初歩のうちは特に混乱におちいる。この種の問題型式はむしろ、十分に正しい文章に親しんだ者に対し、更に正しい文章に対する印象を強める方法として用いらるべきである。この問題で成績が甚だ悪い事は、日常クラスに於ける学習や家庭での学習に於て、文章の暗記がおろそかにされている事を物語るもので、進行形の型の文章を暗記し、親しんで居れば、すぐに機械的に I am writing a letter と出てくるのである。この問で全琉平均 16% と云う貧弱な数字が出ている。

問 2では when が whem と スペルが間違つて出題された為、全面的に count しないことにした。印刷のミスである。

問（十一） Pronunciation の問題である。これは予想外の不成績と云わねばならない。問1の全琉平均正答率 33% はともかくも、問2では、出題された四語のいずれもが「最も」基本的な語なのである。 th の scund は口から出すのは日本人の一番苦手なものゝ一つであるが耳で聞き分ける事は少しの練習で可能である。th の清音と濁音の聞き分けはもつと平易である。そうなるとこの不成績の結果は、もつと他の面から来ているのではないかとも疑える。可能性として、目、即ちスペリングの力の不足、もしくは読みの力の不足か、あるいはこの型の出題に不慣れかが考えられる。しかしこの程度の基礎事項に於てスペリングにしろ読みにしろ、数字に現われた様な不成績は、指導上の大きな問題として考えられなければならない。こゝでも Oral の面がおろそかになつている事が指摘出来る。中学校英語科では、音声中心の学習法でなければ絶対に将来のびる、生きた英語の力は生まれて来ないのである。教師が、目、耳、口、手と四つの感覚をフルに駆使する教授法で指導しなければ、初歩に於ける基礎は固まらない。教師自身たえず自分の発音を watch し、勉強すべきである。なほ英語では「例外」と云うものは数も少ないから「例外」を色々な項目に分けてまとめて見る事を指導して生徒に作業させるのも一つの学習法である。又、類似の発音をする語をたくさんまとめて見る事も目で見てすぐに発音が出てくるのに有効な指導法である。例えば、ice, nice rice 等を集めて共通性に慣らす方法である。

問（十二）この問題は語の stress の位置を見出す問題で、やはり Oral method による以外の方法はない。何べんも耳から聞き、口で云ううちに自然に聴覚だけに訴えて直感的に誤つた accent のおかしさが分かるようになる。度々くりかえした事だが、この種の問題でも、共通性を持つた語をグルプにまとめて、その共通性に耳と口を通して慣れさせるとよい。その場合、どういう形の語は第何シラブルに stress が来る云々と云う理ずめの説明は無味かんそうになり効果もうすい。それよりは自然に「どうもおかしい」と直感的に感じる所まで、音声中心の実際の practice で進むべきである。例外があるので、これまでに出て来たものを全部一つにまとめて見て、その一つ一つについて、どの一般グループのものと誤まりやすいかをしらべさせるのも面白い学習法である。成績は問1、問2共に33%の全琉平均正答率で音声面の学習はもう一息の努力を要する。

問（十三）接続詞と前置詞の文中に於ける位置を正しく知つているかどうかを見る問題で、成績はよくない。問1・22% 問2・14% と云う全琉平均正答率がこれを示している。この種の問題では標準的な Sentence Structure に慣れ、これを応用する能力を具備していなければ出来ない。初歩のうちは、対象、連想等の心的働きをうまく利用した記憶法のコツを教師が十分に使う事によつて、大きな効果があげられる。出て来る教材をそのつど、過去のものと何らかの関連をつけて、くもの巣のように張りめぐらすのでなければ、記憶がうすれ、その上応用力が弱まる。He is younger… と出て来たら、すぐに I am older… She is smaller… 等と他の既習教材と結びつけて見るとか、There are four seasons a year、と出た時、There are three meals a day、などと、何らかの形で結びつけて見る等、一つのつるをたぐれば、すべてのいもにつながつている式の指導法に教師一人々々が独自の工夫をこころみるべきである。教案を立てる時はこの既習材料との関連と云う項目に力を注いで進めるようにしたい。

than の用法について、問題（七）のヒントをここで与えたかつこうになつてしまつた事は、出題者の反省として、既に問題（七）の所で述べた。

問（十四）ここでも、理くつでは中々学べない要素が含まれている。即ち口で読む時の区切りのつけ方である。その上、区切るべき Phrase や Clause の意味も分つていなければ完全ではない。しかし、平素の reading がしつかりして居れば少々個々の単語で知らないのがあつても、読んだ感じで、（音声感で）区切りの見分けはつく。この問では、その為に単語は最も平易なものから出されている。他の問題に比し、成績は割とよいが、With his mother／this morning. の部分はよくない。これも、既に述べた様に、耳から来る感覚をきたえると同時に直読直解による読み下しで文の意味も理解させるようにすればよいと思う。「ジャックは行つた、公園に。誰と行つたか、母さんと。それはいつです。今朝だつた」と云う式で、日本文も出来得る限り英文に近ずける。即ちあくまで、主である英文を中心に浮かせ、日本文は従として、英文理解の為の「道具」として用いるのだと云う点をいつも教師は心してもらいたいものだ。直読直解は英文の構造、表現の理解に一番よい方法なのである。

問（十五）（十六）ブランクを適当な語で fill up する Sentence completion の問題であるが、最も予想以外の不成績である。スペリングには問題はないし、答えに当る文章も又非常に平易であるのに、これはまた意外な不成績である。この事は問（十六）と共に、ブランクの filling に関する問題の成績が非常に悪い事を示している。一体どう云う具体的な理由によるものか、正答、誤答のパーセントだけではとても分らない。予想出来ることは、平素この形式の出題に慣れていないか、基礎学力の貧困か、そのほかには、問（十六）に於て Spelling のむつかしさによるものかと云う所である。もう一つ考られる事は、問（十六）で、dinner をおひるに摂る場合は夕食はかるい supper を摂り、dinner を夕食にする時はおひるをかるい lunch ですますなどといつた custom 談義が普通は為される事になつているので、昼食に関して混乱しているかと云う事も考えられる。

若しこの問を口頭で（Oral）やつた場合、はるかに多くの正答が得られたのではあるまいか、次に、明らかに解答者は breakfast, lunch 等の正解をした事が（若しくはその意図が）明らかに認められるにもかかわらず、一字の misspelling によつてゼロとして取り扱われた事例がいくつあるか？

その点この問はその要素が単一明瞭でなく、口頭でなら云える、或ひは多肢選択法の形式ならすぐに recognize 出来るものが、spelling と云う、もう一つの要素にそ害されて、解答者（特に誤答者）の誤りの性格が不明瞭になつたらうみがある。

全般的に見て、初期のうちは、curiosity や interest の度が強いので、割りに start はよいが、その直後でグンと成績は低下している。だから基礎的な事がらさえも均等に master されていない。

次に Oral の面が文法的な面よりも多少よいが、両方とも成績は悪い。このテストが作製された時、出題者は平均 40% の正答率を予想して、その基準で作つたとうけたまわる。したがつて、結果をごらんになる時に、そのつもりで解釈されるようお願いしたい。

このテストでは、文字という medium を通して出来る限り音声面の要素を生かすように意がはらわれている。今後の指導に音声中心の行き方が取り上げられなければならない事を強調したい。その為には教師はもつと新しい教授法について勉強していただきたい。

このテスト結果の評価にあたつて、先ずはたと困つたのは誤答の分析に関する Data が全くなかつた事で、唯一の基礎は解答の分類（正答、誤答、無答）によるパーセンテージだけであつた。ほんとはこれだけでは明確な評価は不可能であり、一番大切な事は、誤答の性格を出来るだけ細かい所まで分析して見る事で、そこからでなければ真の収獲は出ない。正答はただ一つだけしかなく。その場合、パーセンテージだけで十分に思考の根きよとなり得るが、誤答は千変万化、それこそ何人も完全に predict する事は出来ない。誤答を全部分析して見なければ、論議の根きよがき弱である。将来この種のテストを評価する場合、誤答を中心的な研究課題にしなければいけない。その方法についてあらかじめ研究計画が立てられなければ、評価が皮層的にわたる事を免かれない。最後に、このような客観テストの出題様式に生徒達が不慣れの為に、成績に影響したかどうかについて何らの手がかりもないから分らないが、教師が客観テスト（Objective Type Test）の問題作製に習熟し、平素から生徒達に慣れさせておくのも必要な事であろう。

—完—

職業家庭科

注意　職業家庭科の問題は共通と選択問題に分れています。共通の問題は【一】から【十】まででこれは男も女も答えなさい。選択は、農業、工業、商業、水産、家庭、に分れますから、其の中から一つだけ、えらんで答えなさい。

共通問題

注意　これは全問題に答えなさい。

【一】仕事をする態度や、心構えとして、のぞましいと思われるものを下記のうちから、一つえらんで、その記号を○でかこみなさい。

イ・順序や方法は考えないで、休みなく働く。

ロ・計画をたて、工夫して、むだのないように考えてする。

ハ・気がむいたときだけ、熱心にやればよい。

ニ・金のもうかる仕事であつたら、何でもやる。

【二】次の1・2・3・について、それぞれ（　　）内の正しいもの一つずつを選んで、その記号を○でかこみなさい。

1・なす、トマト、のようななす科の作物は
（イ・単作　ロ・連作　ハ・輪作　ニ・間作）すると、病虫害におかされることが少い。

2・新鮮な魚は、
（イ・目をとじている。ロ・目がかがやいてすんでいる。
ハ・目がにごつている。ニ・えらが黒ずんでいる。）

3・アイロンをかける場合（イ・木綿は、人絹にかけるときよりも温度を一般に低くする。ロ・木綿や、毛織物にかけるとき、布にしめりをあたえるとしわがよくのびる。ハ・黒い布にアイロンをかけるときは、表からかけた方がつやが出てよい。）

【三】下の図に示すような木材を釘づけするには、どの長さの釘が適当であるか、記号を○でかこみなさい。

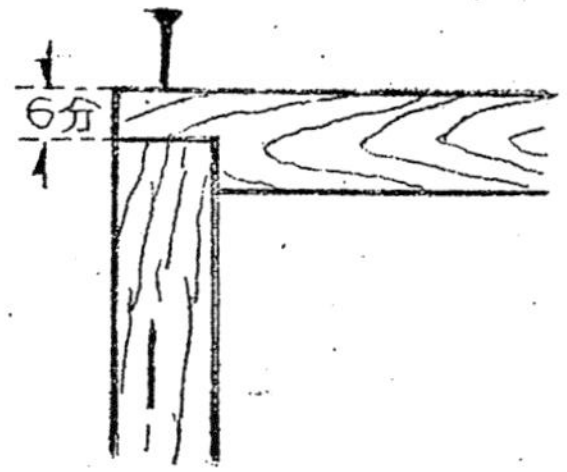

イ・8分

ロ・1寸5分

ハ・2寸5分

ニ・1寸

【四】次の仕事に必要な材料を［　　］の中にかき入れなさい。

学校園の花だんの、ふちを作るとき、先生からコンクリートの配合を1：2：4にするように、いいつけられましたので

［　　　］を1、［　　　］を2、［　　　］を4、の割合にしました。

【五】春子さんは、毎月母から100円ずついただいて、それを上手に使うように、五つの欄にわけて、工夫しています。その五つの（欄）に適当な語句を入れなさい。

現金出納帳

1（　　）		2（　　　）	3（　　）	4（　　）	5（　　）
1	5	母から	100.00		100.00
	6	ノート　3冊		30.00	70.00
	10	はがき　2枚		8.00	62.00
	〃	えんぴつ　2本		8.00	54.00
	15	映画の代		20.00	34.00
	24	画用紙　3枚		9.00	25.00
	31	貯金		20.00	5.00
			100.00	95.00	
				5.00	
			100.00	100.00	

【六】次の領収証の適当なところに、下に示してある記載事項の記号を記入しなさい。

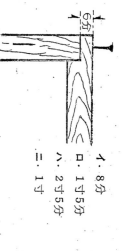

イ・12月分商品代　ロ・￥1,000
ハ・受取人　那覇市1区1組、垣花商店　村山一郎
ニ・支払人　那覇中学校　購買部
ホ・(村山)……印かん

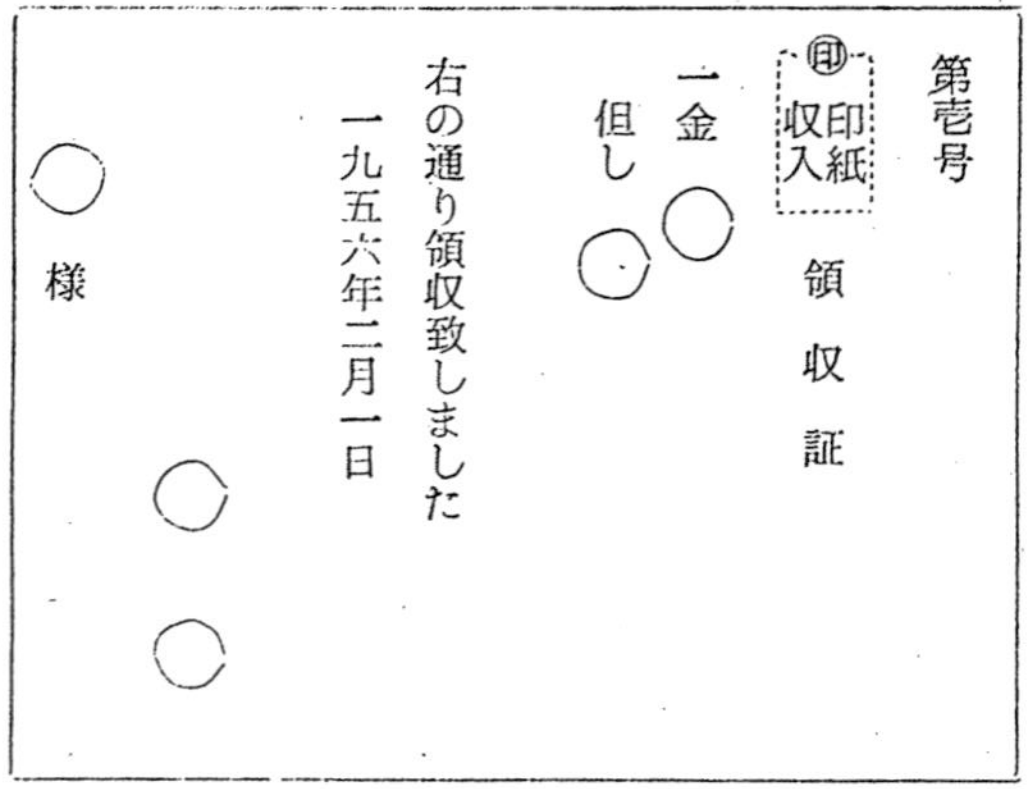

【七】次はお客さんの訪問を受けたときに、することです。
それを行う順に番号を（　）の中に1・2・3・4・で、かき入れなさい。
（　）お茶をすすめる。　（　）取り次ぎ。
（　）案内　（　）見送り

【八】次の仕入れの仕事について、{　} の中から、適当なものを、一つえらんでその記号を○でかこみなさい。

1・小売商品について、いろいろのことを研究すると共に、常にこれらのことを専門に研究して、営業上の指導をしてくれる信用のある {イ・銀　行　ロ・仕入先　ハ・同業者} を見つけることである。

2・商品を買うまでの責任は {イ・売り主　ロ・仲買人　ハ・買い主} にあり、買つて後は {イ・売り主　ロ・仲買人　ハ・買い主} の責任になる。


【九】次の問の中から、一つえらんで、その記号を○でかこみなさい。

1・「種もの」をえらぶときに、なぜ塩水につけるか。

イ・種の消毒をする。　ロ・ごみや、しいなをのぞく。

ハ・重い種をえらぶ。　ニ・種の中にいる害虫を殺す。

2・にわとりのひなは、梅雨期に（イ・脚弱病　ロ・白痢　ハ・換羽　ニ・コクシジューム）にかかりやすい。

3・琉球の農業経営の改善には、なぜ耕地の交換分合が大切であるとされているか。

イ・耕地の約半分は水田である。

ロ・裏作ができない。

ハ・田畑が分散して、能率があがらない。

ニ・作物がぬすまれる。

4・よいすまいについて、正しい記号を○でかこみなさい。

イ・客間と子供部屋をかねる。

ロ・食事する部屋と台所を組合せる。

ハ・寝る部屋と食事する部屋を組合せる。

ニ・洗面流しと台所流しをかねる。


5・計画的に献立をつくれば、どんな利点があるか。

イ・自分のすきなものを、たくさん作つてたべられる。

ロ・時間的にも、経済的にも、ゆとりができて、栄養や味の点にも心をくばることができる。

ハ・各自のすききらいは、別として、栄養的によい組合せができるのでよい。

6・やけどをしたとき、とりあえず、次のどの方法で手当をするか。

イ・アンモニア水でふく。
ロ・ガーゼをあてて・ほうたいする。
ハ・食用油をぬる。

【十】右側と左側に関係の深いものを線で結びつけなさい。

1・金切ばさみ	○刃物や、その他の鉄製品をみがくもの
2・グラインダー	○トタン、ブリキを切るもの
	○板金に穴をあけるもの
3・ペンチ	○針金を切つたりまげたりするもの
	○工作台に工作材料をはさみ固定するもの

職業家庭科正答表

共通問題

番号	小問		正答	配点	備考
一			ロ	1	
二	1		ハ	1	
	2		ロ	1	
	3		ロ	1	
三			ロ	1	
四			セメント　砂　砂利	1	
五			1 月日 2 摘要 3 収入 4 支出 5 残高	1	1～5のうち一つでも欠けたら零とする。
六			第壱号 領収証 印収紙入 一金(ロ) 但し(イ) 右の通り領収致しました 一九五六年二月一日 (ニ)様　(ハ)　(ホ)	5	全部解答5 ロ、ホが欠けた時は零点 ニ、ハ、イの何れかが欠けたときは各々1点を減ずる。
七			(3) お茶をすすめる (1) 取り次ぎ (2) 案内 (4) 見送り	1	順序をまちがえたら零点とする
八	1		ロ	1	どちらか一つでも欠けたら零点とする。
	2		イ　ハ	1	
九	1		ハ	1	
	2		ロ	1	
	3		ハ	1	
	4		ロ	1	
	5		ロ	1	
	6		ハ	1	
十			金切ばさみ トタン、ブリキを切るもの グラインダー 刃物やその他の鉄製品をみがくもの ペンチ 針金を切つたり、まげたりするもの	3	

結 果 の 考 察 解 釈

職業家庭科共通問題について各問別に反応の状況をみると別表のとおりである。(十六頁の各表参照)

問【一】は仕事する態度や心構えについて、ごく簡単な問題であるが、正答 88·1% に対し誤答が 7·6%、無答が 4·3% の反応率を示している。結果からしてその態度、心構えについて判断のつかない生徒が 11·9% もいるということになるが、全般的にみて結果はわるくないといえよう。

問【二】の小問(1)は作物の栽培計画を見る問題であるがこれに対する正答が 31·7%、誤答が 67·0%、無答が 1·3%となつて結果は極めて不良である。これを地域別にみると都市 (29·6%)、半都市(24·1%)、農漁村(34·2%)、へき地 (37·3%) となつており、四地域の中でも、へき地、農漁村の方が割り方率が高くなつているようだが栽培に対する経験の相異と教師のこれに対する計画の有無によるものであろう。なす科の栽培は空閒地を利用して可能であり、実地栽培の経験を充分身につけておきたいものである。

小問(2)は調理に関する材料の見方について日常生活と直接関連のある問題だけに正答率が 75·9% で誤答が 23·9%、無答が 0·2% となつている。

各地域別にみても大同小異の結果となつていて誤答で他の地域に比べて都市の誤答率が少ないのは、理科との関係で市場における購入経験からきたものといえよう。小問(3)は被服についてアイロンの用法についてであるが、この問題が共通問題としてとりあげられたのは男女の別なく経験すべきもので、これを性別に分析することは出来なかつたのであるが、全般的に考察すると、正答 53%、誤答を45% 無答 1·8% となつている。これを地域別にみると都市 (57·5 (% 半都市 (53·4%) 農漁村 (50·5%) へき地 (47·8%) となり、経験領域の実際を物語つている。なほ誤答率が 45% もあるということは殆んど男生徒のシワがここによせられているのではないかと思われる。

問【三】は性別を問はず、われわれの日常生活に往々にしてありがちなものをとりあげ、板の厚さと釘の用途についてみたのである。われわれが何か工作をする場合効果的に……ということは大切なことであり、只形さえ出来れば、それで良いというわけにはいかない。

この場合、板の厚みに対する釘の大小、長短ということは工作実習の基礎的なものである。これに対して正答 43·6%、誤答 55·2%、無答 1·2% の反応状況にあり、更に地域別に正答率をみると都市 (50·9%) 半都市 (43·1%) 農漁村 (40·6%) へき地 (31·3%) となつて地域差がみられ生活環境に大きく関連していることを物語つている。

問【四】は凝固成形(コンクリート)に関して、材料の配合割合基準を示し、それに合致する材料を記入する簡単な問題であるが、正答が 29·6%誤答 44·6% 無答 25·8% で極めてわるい結果を示している。

特に最近コンクリートによる建造物が激増しているのに結果がよくないということは、取扱いが観念的になり、実際的、体験的な面が欠けていることを証左するものといえよう。将来コンクリート利用の工作が多く取り入れられる傾向にあるので、充分な指導と実技訓練が必要であり、現実に即する教材の選択を要望する。

問【五】は経営記帳に関する問題で、正答 1·8% 誤答 53·1% 無答 45·1%となつて結果は非常に悪い。

地域別にみて都市 (24·8%) 半都市 (11·2%) 農漁村 (7·0%) へき地 (4·5%) で生活環境を多少、反映させているが、全般的に記帳生活についての指導が殆んどなされていない状況にあると思料される。

経営の合理化を図る面から記帳生活になれさせることは地域の別を問はず必要なことであり、実際的取扱いにも配慮してほしいものである。特に無答が45·1%となつているが指導と反省を要するものとして注目される。

問【六】は文書事務に関する問題で、領収証のしたため方についてである。結果は正答 26·8%、誤答 63·1%、無答 10·1%となり、地域別にみると、都市 (41·8%) 半都市 (31·9%) 農漁村 (16·1%) へき地 (22·4%) となつて、問(五) と大体同じ傾向にある。

このようなことは、広く社会生活に繋がりをもつもので文書事務に対する理解と技能、態度の育成が必要で実務訓練が一層要望される。この面の指導の充実拡充に意を用いてもらいたい。

問【七】は交際に関する応接の態度を見る問題であるが、結果は正答 18·4% 誤答 68·9 %、無答 2·7% で日常生活に直接つながりをもつ点からみて成績は不良である。一般常識的なことであり、お客さんに対する応接の態度ぐらいは充分理解しておるべき一般的礼法でもある。常識的であるという反面指導も留守になつた点もあろうが、例え指導されていたとしても、地域の慣習によつて、つまり生活環境と学習内容とにへだたりがある結果でもあろう。こういつた環境に支配されることのないよう生活環境の構成と文化人としての素養を身につけたいものである。

問【八】は商業経営に関する（小売商人の取引）問題である。小問（1）は経営技能に関連するものであるが、結果は正答 49·3%、誤答 46·9%、無答 3·8%となつている。小問（2）は売買に対する責任の所在（態度）についての問題で、正答 59·9% 誤答 38·8%、無答 1·2%で、前者、後者とも反応の傾向は稍一致している。

地域別にみて、都市（61·3%）半都市（57·8%）農漁村（50·4%）へき地（46·3%）の正答反応を示しているが地域差の傾向が生活環境を多分に裏付けていることがうかがえる。全般的にみて成績は良好といえよう。

問【九】は栽培、飼育、住居、調理、看護に関する出題である。

栽培に関しては小問（1）が選種のしかた、小問（3）は栽培と経営能率の面をみているが、

小問（1）に対する反応は正答 51·6%、誤答 46·9%、無答 1·5% となり

小問（3）では正答 62·0%、誤答 34·6%、無答 3·4%となり、正反応率は良好で地域差も余りみられない。次に小問（2）は飼育に関して、梅雨期における鶏のひなの罹病について問うているのであるが正反応率が 25·4%、誤答が 68·5%、無答が 6·1% となり成績は不良である。飼育面で事実おろそかになるのは罹病観察がやゝもするとおろそかになりがちであり、事前における防除対策が考慮されていないようである。学校における飼育指導が一方的にならないよう家畜、家禽についての病理的面、治療方法等についての指導対策も充分配慮されるべき点が多分にあるのではなかろうか。

小問（4）は住居について設計間取のとり方についての出題である。結果にみると正答 37·4%、誤答 59·5%、無答 3·1% で全般的にみて良い結果とはいえない。これを地域別にみた場合、都市（47·2%）半都市（39·2%）農漁村（33·6%）へき地（19·4%）で現在の住宅設計の慣習的な面が反映しているようである。文化的、合理的、衛生的な面を考慮した住宅設計の計画指導も一層強化されたいものである。なお算数数学との関連を重視してもらいたい。

小問（5）は調理に関する献立のしかたである。正反応率は正が 63·9%、誤が 34·8%、無 1·3%となり、結果は良好で 地域別にみても大同小異である。これからして生徒が真に栄養的で、かつ経済的に地域にある生産品を利用して献立がたてられるか、その実技面は、はつきりいえないが、計画的に事を処理すればどのような利点があるかといつた理解度においては充分これを測定し得たものといえよう。

次に小問（6）においては、看護（介抱）について、やけどに対する手当の方法を問うたものである。その結果についてみると正が 62·7% 誤が 33·4%、無が 2·9% となり成績は可成り良い。

地域別にみて三地域が（70%～59·5%）台にあるのに比して、へき地が49·3%になつて、10% 程度 のひらきをみせているが、衛生施設や指導の面から来たものではなし、へき地の特殊性から往々にしてみられる傾向であろう。

問【十】は手技工作における工作用具の使用法として（金切ばさみペンチ、グラインダー）についてみたのであるが反応の状況は正が 59·7%、誤が 33·3%、無が 7%で、これを地域別にみた場合、金切ばさみとペンチについての正答率は（59·7%～84%）台で可成り高率を示している。

ところがグラインダーについてはへき地の 17·9% の外、他の地域で（31%～32%）台で何れも結果は悪く、このような工作施設の不備を物語つている。特にへき地においては、社会施設をとおして見聞の度が少い関係もあつて低率にあることが予想される。

以上問題全般を通して概観したのであるが、特に職業家庭においては観念的なことよりも、実際的、実技的な生活体験をさせるということが痛感され、生活の領域並びに環境施設の面が教育の効果に大きく反映していることをこの結果をとおしてよみとることができる。

せめて基準課程に示された基礎学習内容についての指導は凡ゆる方法で指導していただきたい。う

職業家庭科《共通》全琉各問別反応率表

問（一）

問　題	正	誤	無
%	88.1	7.6	4.3

問（二）

問　題	正	誤	無
1	31.7	67.0	1.3
2	75.9	23.9	0.2
3	53.0	45.0	1.8

問（三）

問　題	正	誤	無
%	43.6	55.2	1.2

問（四）

問　題	正	誤	無
%	29.6	44.6	25.8

問（五）

問　題	正	誤	無
%	1.8	53.1	45.1

問（六）

問　題	正	誤	無
%	26.8	63.1	10.1

問（七）

問　題	正	誤	無
%	28.4	68.9	2.7

問（八）

問　題	正	誤	無
1	49.3	46.9	3.8
2	59.9	38.8	1.3

問（九）

問　題	正	誤	無
%	59.7	33.3	7.0

問（十）

問　題	正	誤	無
1	51.6	46.9	1.5
2	25.4	68.5	6.1
3	62.0	34.6	3.4
4	37.4	59.5	3.1
5	63.9	34.8	1.3
6	62.7	34.4	2.9

地域別・大問別反応率表

職業家庭科

		都市地区	半都市地区	農漁村地区	へき地地区
一	正 ゴ ム	83.0 3.8 13.2	90.5 9.5 0	90.9 9.1 0	88.1 11.9 0
二	正 ゴ ム	57.9 41.3 0.8	49.4 49.1 1.4	51.4 47.2 1.3	53.7 45.3 1.0
三	正 ゴ ム	50.9 48.4 0.6	43.1 56.9 0	40.6 57.7 1.7	31.3 67.2 1.5
四	正 ゴ ム	30.5 48.4 21.1	20.7 56.9 22.4	31.7 39.7 28.5	25.4 38.8 35.8
五	正 ゴ ム	24.8 56.6 18.6	11.2 65.5 23.3	7.0 47.6 45.5	4.5 53.7 41.8
六	正 ゴ ム	41.8 55.0 3.1	31.9 64.7 3.4	16.1 68.3 15.6	22.4 62.7 14.9
七	正 ゴ ム	49.4 48.4 2.2	31.9 68.1 0	16.3 79.7 4.0	9.0 91.0 0
八	正 ゴ ム	61.3 34.6 0.1	57.8 41.3 0.9	50.4 47.5 2.0	46.3 51.5 2.2
九	正 ゴ ム	55.4 41.6 3.0	48.9 49.4 1.7	48.4 48.1 3.5	44.7 52.8 2.5
十	正 ゴ ム	65.5 30.3 4.2	62.7 33.0 4.3	56.8 35.0 8.2	47.3 35.8 16.9

選択職業家庭科

注意　問題は農業、工業、商業、水産、家庭の五つの撰択に分れています。その中から一つ選んでかきなさい。

農業を主とする問題

【一】次の文の（　　）の中に、下のものから適当なものを選んで、その記号を書き入れなさい。

琉球で稲に大害を与える害虫は（　　　）で、さつまいもの害虫は（　　　）である。

イ・いもち病、　ロ・あぶら虫、　ハ・さるは虫

ニ・めんが虫、　ホ・うんか、　ヘ・てんとう虫

【二】畑仕事に効果をあげる作業を、下の作業の中から適当なものを選んで、その記号を［　　］に書きなさい。

1・作物を安定させ、根の伸長を助ける作業は……［　　］

2・作物の細かい根を切断して、新しい根の発生をうながす作業は……［　　］

3、むだな枝をきり花芽を多くつける為の作業は……［　　］

作業　イ・土寄せ、　ロ・追肥、　ハ・除草、　ニ・中耕

ホ・枝うち、　ヘ・発芽、　ト・せんてい。

【三】稲の栽培の仕事の順序を、下のものから選びその記号をかきいれなさい

選種→［　　］→［　　］→［　　］→刈り取り

イ・田植、　ロ・苗代の種まき、　ハ・脱穀、

ニ・田の草取り

工業を主とする問題

【四】次の文の｛　　　｝の中で、正しいと思うものを、それぞれ一つずつ選んで、その記号を○でかこみなさい。

1・コンクリートを打つて、かたまるまでの養生として、

｛イ・風とおしをよくする。　ロ・太陽によくあてる。

ハ・むしろやこもをかけて時々水をまく｝

2・板目板は乾燥すると右の図｛イ 　ロ ｝のようにそる。そこで板目を使つて花瓶台を作る時は、そのそりをできるだけ少なくするため｛イ・木表　ロ・木裏｝を必ず表面に出すようにする。

3・水平にならんだ原動機と作業機械の軸を同じ方向に回転させる時は、ベルトを｛イ・けさがけ、　ロ・直角がけ、　ハ・たすきがけ｝とし、ベルトと車との接しよく面を｛イ・多くして、　ロ・少なくして｝回転能率をあげるようにする。そのために｛イ・ベルトの上側が　ロ・ベルトの下側が｝ひつぱられるようにする。

4・ハンダづけのできない金属は｛イ・銅、　ロ・はがね、　ハ・しんちゆう、　ニ　鉄｝である。

5・ラツクニスは｛イ・揮発油、　ロ・テレピン油、　ハ・アルコール）にとけやすい。

【五】次の文の［　　］の中に適当と思われるものを、下記のものから選び、その記号をかき入れなさい。

のこぎりの歯は交互にまがつて、歯先の巾は、のこ身の厚さよりも［　　］なつている。これは［　　］といつて［　　］を少しなくして、操作をらくにするためである。

イ・たてびき、　ロ・せまく、　ハ・あさり、　ニ・ひろく、

ホ・はぶり、　ヘ・よこびき、　ト・まさつ

水産を主とする問題

【六】次の文の □ の中に、下の事項から適当なものを一つずつ選んで、その記号を書き入れなさい。

1・海水中に浮遊している微小な生物を □ といい、魚や貝の大切な餌になる。

2・魚の節は、われわれの生活に欠く事のできない調味料で，琉球で節の原料として主なるものは □ である。

3・海藻の中で、最も多く養殖されているのは □ である。

4・琉球近海で漁場が最近発見され □ は有望になつた。

イ・にしん、　ロ・浅草のり、　ハ・プランクトン、
ニ・かつを、　ホ・かき、　ヘ・マグロ漁業、
ト・さば釣漁業、　チ・あをさ、　リ・あをのり

5・海で魚の多くあつまつている場所は □ であり、そこには □ が多い。

イ・海水のよくすんでいる所、　ロ・プランクトン、
ハ・水温の高い所、　ニ・潮境（潮目）　ホ・海藻

商業を主とする問題

【七】学校で生徒会活動の一つとして、購買部を設けて、各係を決めましたが、次の係の仕事について｛　｝の中から適当なものを一つずつ選んでその記号を○でかこみなさい。

1、仕入係は仕入先を選んで｛イ・注文書、ロ・仕入帳、ハ・領収証｝をつくつてわたす。仕入先からとどけられた品物と｛イ・見積書、ロ・支払伝票、ハ注文書｝とを照合して、品物を受け取り｛イ・補助簿、ロ・仕入伝票、ハ・売上帳｝をつくつて仕入帳に記入する。

2・販売係は販売した品物の｛イ・仕入伝票、ロ・現在高、ハ・売上伝票｝をつくり、閉店後帳簿に記入して｛イ・売上高、ロ・在庫品、ハ・現在高｝と、手もとにある現金とを照合してまちがいのないことをたしかめてから会計係にわたす。

3・今日のように通信や輸送の機関が発達して、速やかに仕入ができる時代には、よほど｛イ・色々の品物、ロ・必要なもの、ハ・売ゆきの確実なもの｝以外は少しずつ、たびたび仕入れる方が有利である。

家庭を主とする問題

【八】次の（　）の各々の中から一つえらんで適当なものの記号を○でかこみなさい。

ほうれん草のひたしものを作るには、ほうれん草を、（イ、水のときから、ロ・ぬるま湯から、ハ・熱湯に）入れ、（イ・強火で、ロ・強火で短時間、ハ・弱火でゆつくり）ゆでる。そのあと（イ・さつと水にひたして、ロ・充分水にひたして、ハ・冷えてから）しぼる。

【九】型紙で肩巾をひろげるには、どこでなおしたらよいでしょうか。
下図の中でよいと思うものを選んで、その記号を○でかこみなさい。
（図を見おとさないように）

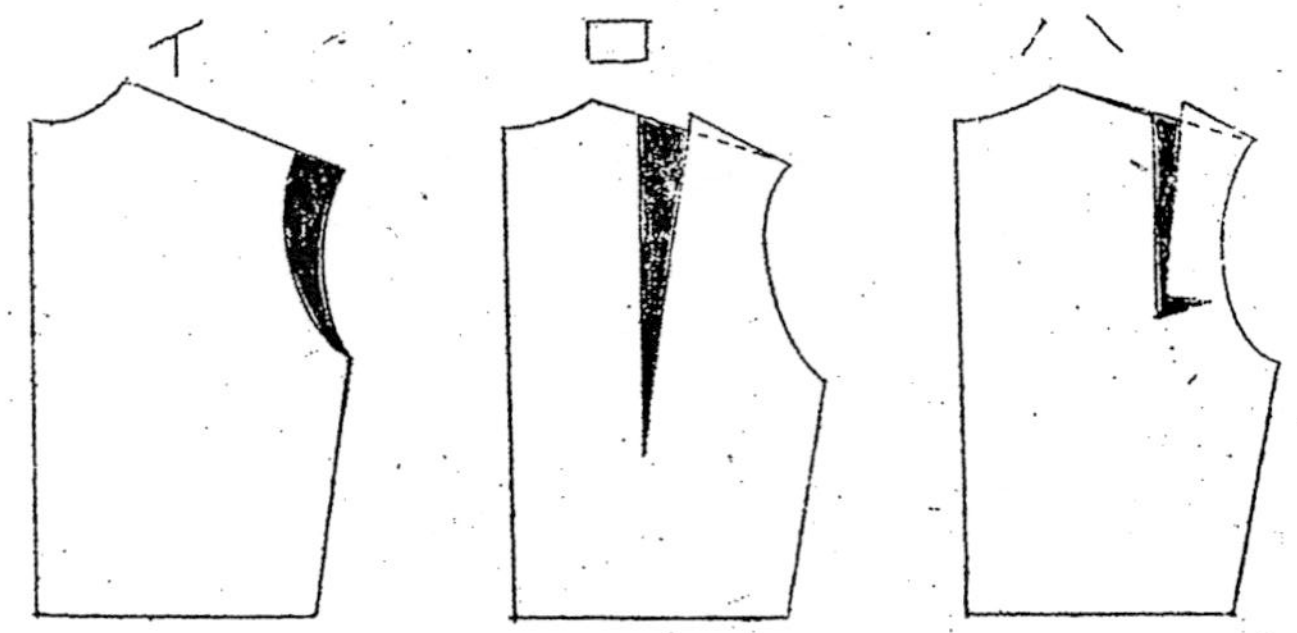

【十】スカートをＡ図のように、かぎざきにしましたので、これをＢ図のように、つくろいたいと思いますが、どのように切り込みを入れたらよいでしょう。Ａ図に切り込みをかき入れなさい。

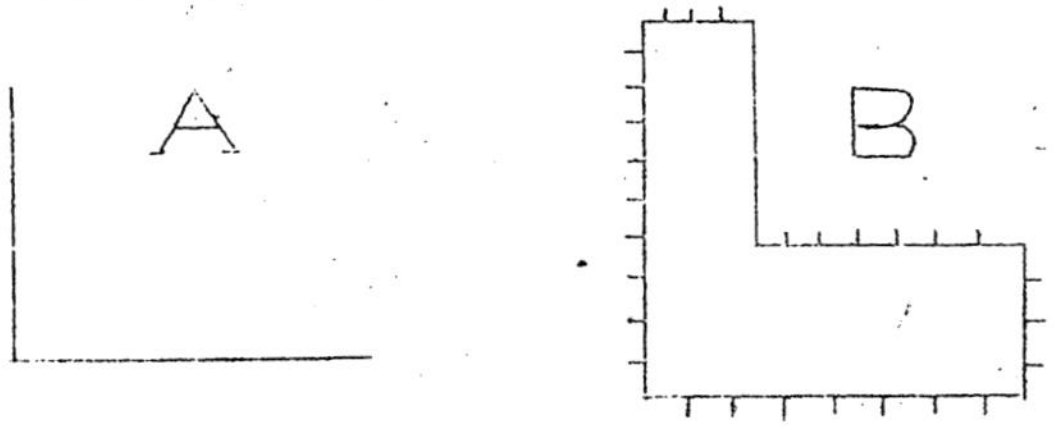

【十一】下の図は大裁単衣長着の裁ち方である。１・２・３・４・５・は着物のどの部分にあたるか、下の名称の記号を答のらんの番号の下にかき入れなさい

イ・みごろ
ロ・そで
ハ・おくみ
ニ・えり
ホ・ともえり

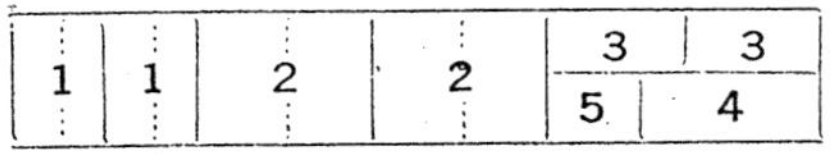

答	1	2	3	4	5

【十二】生れて三ヶ月ごろの赤ちゃんには次のどのおもちゃが、よいですか。もつとも適当なものを一つえらんで、その記号を○でかこみなさい。

イ・運動をさそうもの（ごむまり、起上り小法師）
ロ・みる玩具、色のやわらかいもの（くす玉）
ハ・たたいて音の出るもの（たいこ）

【十三】下の表で生活に最もゆとりのある家庭の記号を○でかこみなさい。

家庭＼費目	生活必需品				文化生活費					
	食物費	住居光熱	被服	育児	保健衛生	教育教養	交通通信	交際	その他	計
A	% 43.3	12.0	16.6	0.4	5.4	7.7	1.3	3.9	9.4	% 100
B	57.0	13.7	7.6	0	6.1	7.1	1.2	2.0	5.1	100
C	50.0	11.3	13.0	0.2	6.1	7.2	1.4	3.3	7.5	100
D	34.9	10.1	18.9	0	4.4	10.1	2.3	4.9	14.4	100

選択問題

番号	小問	正答	配点	備考
【一】		ホ ハ	2	
【二】		イ ニ ト	3	
【三】		ロ イ ニ	1	
【四】	1	ハ	1	どちらか一つ欠けたら零点
	2	イ ロ	1	
	3	イ イ ロ	1	
	4	ロ	1	
	5	ハ	1	
【五】		広く／あさり又は、はぶり／まさつ	1	どちらか無答は零
【六】	1	ハ	1	
	2	ニ	1	
	3	ロ	1	
	4	ト	1	
	5	ニ ロ	2	
【七】	1	ロ ハ イ	3	
	2	ハ イ	2	
	3	ハ	1	
【八】		ハ ロ イ	1	どちらか一つ欠けたら零
【九】		ハ	1	
【十】		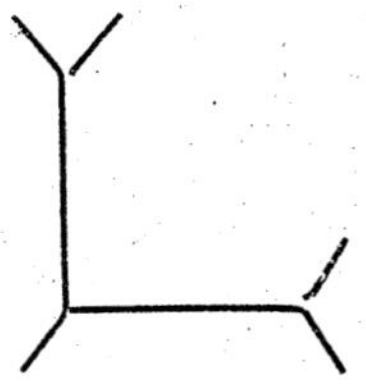	1	
【十一】		答 1 ロ 2 イ 3 ハ 4 ニ 5 ホ	1	順序をまちがえたら零とする
【十二】		ロ	1	
【十三】		D	1	

職業家庭科（選択）（全琉各問別反応率表）

問（一）

	正	誤	無
%	27.0	66.4	6.6

問（二）

	正	誤	無
%	19.7	69.4	10.9

問（三）

	正	誤	無
%	57.7	34.7	7.6

問（四）

問題	正	誤	無
1	67.3	30.0	2.7
2	36.4	59.1	4.5
3	16.4	82.7	0.9
4	31.8	63.6	4.6
5	41.8	52.8	5.4

問「5）

	正	誤	無
%	18.2	66.4	15.4

問（六）

問題	正	誤	無
1	75.0	22.0	3.0
2	80.0	14.0	6.0
3	39.0	51.0	10.0
4	36.0	58.0	6.0
5	67.0	28.0	5.0

問（七）

問題	正	誤	無
1	51.0	44.8	4.2
2	73.8	23.6	2.6
3	39.2	52.0	8.8

問（八）

	正	誤	無
%	35.9	55.4	8.7

問（九）

	正	誤	無
%	17.2	76.6	6.2

問（十）

	正	誤	無
%	8.2	76.2	15.6

問（十一）

	正	誤	無
%	38.7	59.0	2.3

問（十二）

	正	誤	無
%	55.1	43.0	1.9

問（十三）

	正	誤	無
%	41.0	54.7	4.3

地域別大問別反応率表

職業家庭科（選択）

		都市地区	半都市地区	農漁村地区	へき地地区
一	正	27.2	29.3	27.5	20.8
	ゴ	62.5	62.5	67.6	69.4
	ム	10.3	8.2	4.9	9.8
二	正	14.7	25.0	29.3	29.2
	ゴ	70.6	74.1	60.0	59.0
	ム	14.7	0.9	10.7	11.8
三	正	58.8	66.7	56.3	55.6
	ゴ	38.2	33.3	33.6	36.1
	ム	2.9	0	10.1	8.3
四	正	37.4	38.0	35.7	52.0
	ゴ	60.1	61.0	54.6	44.0
	ム	2.5	1.0	9.7	4.0
五	正	26.9	15.0	6.1	20.0
	ゴ	67.3	75.0	66.7	20.0
	ム	5.8	10.0	27.3	60.0
六	正	62.5	51.7	53.8	77.8
	ゴ	30.1	48.3	40.0	11.1
	ム	7.4	0	6.2	11.1
七	正	63.7	37.5	44.3	39.0
	ゴ	32.7	52.8	44.3	27.8
	ム	3.7	9.7	11.4	33.2
八	正	59.5	33.3	31.1	42.8
	ゴ	38.7	66.7	65.9	57.2
	ム	1.8	0	3.0	0
九	正	37.3	8.3	10.6	9.6
	ゴ	52.2	88.9	83.3	90.5
	ム	10.4	2.8	6.1	0
十	正	17.9	8.3	4.5	0
	ゴ	77.7	77.8	72.0	95.2
	ム	4.5	13.9	23.5	4.8
十一	正	68.7	27.8	25.8	42.8
	ゴ	31.3	72.2	70.5	52.4
	ム	0	0	3.8	4.8
十二	正	56.7	55.6	29.5	23.8
	ゴ	43.3	41.7	68.2	71.4
	ム	0	2.8	2.3	4.8
十三	正	50.7	38.9	37.1	19.0
	ゴ	46.8	58.3	55.3	80.9
	ム	2.5	2.8	7.6	0

職　業　家　庭　科　選　択

結果の考察と解釋

職業家庭科の選択については、各学校において地域の特性と生徒の個性に則して教育計画がなされていると思うが、大体、農村地域、都市地域、農漁村地域、女生徒を主体とする家庭といつた線で実施されている。

今度の問題作成においても、これを考慮したのであるが以下各問別に反応の状況を考察して問題点を明らかにしたい。

農業を主とする問題

問（一） は栽培（災害防除）に関する問題で稲とさつまいもの害虫について直接関係の深いもので、その反応率を見ると正答が 27% 誤答が 66・4% 無答が 6・6% となつて全般的に結果が悪い、放任された取扱いの結果だと惡う。

これは災害防除、管理に対する面の指導が盲点のように思われる。

問（二） 栽培における環境工作、作業について出題したのであるが、正答19・7% は誤答 69・4% 無答 10・9% となり総体的に悪い。

このことから考察されることは、農耕、耕作用語の理解度並に実地指導の関連性の不徹底はもとより、子供を単に学力提供に使つているところからくることだと思われる。

例えば土寄せという実地作業は経験しているかもしれないが、この作業が作物を安定させ、根の伸長を助けるものであるという、理論的な理解面が欠けていはしないでしようか。この事例は他の問題についても言えることで理論の裏付としての実地指導、実験実習による理論の再確認といつたことは学習指導の要諦でなければならない。「為すことによつて学ぶ」ということは単に「為すこと」と言うことではなく為すことと、理論的両面の不可欠、関連性においてその教育効果をあげうることを強調しているのである。

問（三） は栽培管理における手順をみているが正答反応 57・7% で割に反応はよいようである。

反応の状況が問題の難易度に左右されることは言うまでもないが、出題の傾向として平易すぎた感がする。

工業を主とする問題

問（四） の小問 ① は凝固成形におけるコンクリートの食生についてコンクリートの性質と凝固に必要な理論的な条件をどのように理解しているかをみたのである。反応状況は、正答が 67・3% 誤答が 30・0% 無答が 2・7%となり結果は良好である。しかし、このような教材学校において実際指導に及ぶことは少ないのであり、実体験をさせるために瓦工場或は校舎建築の現場を利用して理論と実際の両面から学習の場を拡大し学習経験を豊かにすることが教育効果をあげる点においても大切なことであろう。

小問 ② は手技工作における材料の見方とその使い方について、板目板をとりあげ花瓶台を作るときの板の使い方も見たのである。これは、花瓶台を作る技術的なこと以前の学習要素として、木材の性質と使用目的によつて、合理的に工作が工夫されなければならない。

反応の状況によると正答が 36・4% 誤答が 59・1% 無答が 4・5% となり結果としてはあまりよくない。

要するに板目板が乾燥するとき、どのような性質があるか、それを調整するのに、どのようにすればよいか………ということを理論的に充分理解させておく必要がある。

このような理論を抜きにしては工作そのものも、立派に作製出来るものではない。この結果からして実技に伴う技術的知識の基礎学習が必要である。そのためには出来上りの作品を比較対象して、理論と実際の合致点をはつきり確認させるようにしてもらいたい。

小問 ③ は機械の操作における回転方向と回転能率の関係についてみたのである。全般的にみて正答が 16・4% 誤答が 82・7% 無答が 0・9% となり結果はおもわしくない。

この問題は施設の有無によつては直接経験の状態においても多少のムラがあるとも考えられるが、図表等によつて理論的な取扱いが加味されておれば左程困難を生ずる問題ではない。

例えば同じ方向に回転するためのベルトのかけ方、回転能率をあげるためのベルトと車との接しよくの関係、ベルトの張の状況が理論的に理解しておれば解決のつくことである。出題の意図も、施設の如何によらず、理論的基礎づけの程度をみたものである。今後学習指導における問題点として、講議や説明主義に終始することなく略図或は簡単なしかけによつて理解度を深め、理論の裏付を基盤として、実際指導への出発点としてもらいたい。

小問 ④ 金属工作におけるハンダづけについての反応状況をみると正答が31.8% 誤答が 63.6% 無答が 6% となつておりこの種教材の取扱いに問題があると考えられる。

小問 (5) は塗装工作に関する問題である。木材を材料として加工製作されたものはそのままでは汚れたり、狂いを生じたり、腐しよくすることがあるので美化と耐久性を与えるために施すのが目的であり、そのためには素地の性質または作品の用途によつて塗料の選択並びに化学作用にたえるような考慮が必要となつてくる。

ここではラツクニスが揮発性、油性の何れに属するかをみたのであるが、その反応状況から予想の正答率を示している。

問（五） はノコの操作と歯の構造について出題した。反応状況は極めてわるい。鋸の操作と構造、理論と機能、構造と手入れということは指導の重点でなければならない。

ただ縦挽、横挽の区別がわかり、切断すればよいというわけにはいかない。何故縦挽と横挽が構造において異なるのか理論的にどうなつているかという所から出発して実際指導に入り、工作過程において、目立や手入れといつたところまでいかないと身についた工作指導とはいえない。結果が低率を示しているのもこの辺に指導の盲点があると考えられる。

大部分の生徒が学校または家庭において鋸使用の経験をもつていると思うが反応が全然ない無答のが 15.4% もいることは一考を要する問題である。

水産を主とする問題

問（六） は海の資源に関するもので全体として正答が 59.5% で誤答が 34.6 % 無答が 5.1% となり予想を上廻る結果を示している。各小問別にみると上記の表の通りであり、特に反応にが比較的わるいと思われるのは、小問 ③ と小問 ④ である。小問 ③ において考えられることは、ノリの養殖についての経験が乏しく無答が 10% もいることからもうなずける点である。

なお小問 (4) では沖縄のサバ漁場の発見とサバ釣漁の将来性といつた点から取りあげたのであるが沖縄の水産資源に留意している生徒なら容易にとける問題であるが反応率が劣つている点からしてその辺に原因があるのではないかと思われる。しかし、日々の学習計画が時事問題について、そのつど機会をとらえて研究し討議するということは、教育計画の中で最も生きた教材として取りあげねばならない。日常の学習が常に郷土をみつめ、郷土に対する深い関心をもつて行なわれるよう配慮したいものである。

商業を主とする問題

問（七） は経営記帳上の処理能力について出題したのであるが、商業全般として結果をみた場合、正答が 54.7%、誤答が 40.1%、無答が 5.2% となつている。これを小問別にみると次の通りである。

小問 ①は主として記帳処理となつているが反応の状況は表にみるように半数以上が正答を得た結果となつている。ここで考えられることは帳簿類（その他の書類を含めて）の性格がはつきりしておれば仕事の処理は可能である。この点からしてその性格が充分理解されていないように思われる。

小問 ②は販売と結果の処理について事務的な手続をみたもので正反応が率が73.8% で可成好結果を示している。ここで小問①の場合と同じようなことが言えると思うが、前者に比べて反応率が高いのは、学校または学級において販売（学用品、農場生産品）と金銭取扱の処理経験をもつており家庭でも売買経験を多分にもつている証左といえよう。

経験学習の教育に及ぼす効果は大きいものである。

小問 ③は経験売買に関する問題で（需用、供給につながる面）ある。主として経営者側の立場に属するものを取上げてある。反応率が 39.2% で前者に比べて低率を示している。これは問題の難易度からすればむしろ前者（①、②）より平易な問題である。ところで結果からみた場合売る側、買う側の立場の相違によつて左右されているように推察される。

左右されるということ自体（いわゆる自己の立場）が問題と遊離した結果となり問題解決に誤謬（誤答率 52%）を生じた原因だと思われる。

確かに買う側は（必要なもの、色々の品物）を正しく反応するかも知れないが売る側では（売りゆきの確実なもの）が有利である。ここに生徒の反応にすつきりしない点があつたのではなかろうか、何れにしても問題を熟読頑味して解決にあたりたいものである。

家庭を主とした問題

問（八）はホーレン草について、調理のしかたを見たのである。調理は、同じ材料でも、その調理法によつて、営養素と関係をもつものであり、例えばホーレン草の含有するビタミンが調理法のまずさから栄養価を損傷するといつたようなもつともありうるわけである。生活の科学化といつたことも、こういつた点から考えなければならないし、健康の増進ということも、一寸した配慮によつて維持されるものである。ところで　その反応状況をみると35·9%の正解者で、予想を下廻る結果となつていることは、実際指導における合理的なもののとらえかたが指導上の盲点のようにおもわれる。食生活改善のため理論と実技が一体になるように希望する。

問（九）（十）（十一）は被服について、裁断と補正方法、つくろい、更生の方法ならびに、大裁単衣長着の区分名称についてみたものである。

結果において問（九）は正答17·2%の反応率をしめし、問（十）で 8·2%　問（十一）で38·7%となつて総体的に悪い反応である。特に問（十）において全然反応のないのが15·6%いるということは反省すべき問題点である。被服の更生は日常生活において関係が深いので今後その面の指導を強調したい。とかく衣食住がわれわれの日常生活において不可欠の問題だけに、合理的、科学的、経済的な配慮と指導が重視され、学習指導計画がたてられるように要望する。

問（十二）は三ヶ月程度の乳幼児にあたえる玩具について出題した。

玩具についても、数多く、多種多様なものがあるが、育児という観点から複雑な要素をもつものである。たとえば、感覚練習のための玩具、手腕運動を助長するための玩具、はつたり、立つたり、歩くことの練習を助けるための玩具、その他手脚の運動を助長する幾多の玩具があり、身体の発達過程においてそれぞれ異なるものと考えられる。したがつてその与え方も、発達の過程に則応するような留意が必要である。

このことは単に玩具をもてあそぶという安易な与え方でなく、保健と育児といつた観点になつて、その内容、形態色彩などを考慮する必要があり、育児上大きな問題として指導がなされなければならない。

こゝでは三ヶ月程度の乳幼児を対象にしてあるが、その適切な選び方をしたのが 55.1% となり結果は概してよい。要するに玩具が育児という関連において教育的に意義のあることを強調した。

問（十三）は家庭経済、要するに生活の企画化という点についてみたのである。

エンゲルは、所得と生計費の関係について次のようなことをいつている。

同じ事情のもとでは、所得が増加するにつれて食物に対する支出の割合は減じ、文化的生活に使用する支出の割合は増加する。なお、住居に対する支出の割合は所得の増減によつて、ほとんど変化はしないが、所得が増加すればするほど減少の傾向をとり、衣服に対する支出の割合は、所得が増加するほど増加するといつている。

この法則からすれば、食物費の比率の増加は苦しい生活状態を裏付けるものであり、文化生活へのゆとりがもてないことを意味するものである。

この表からよみとれることは、食物費の割合を減らすことによつて、家庭経済の面から、実質的で且つ栄養本位の食計画がたてられ、保健衛生費の率は引下げられ、教育教養、その他の面にゆとりをもつようになることがはつきりしている。

要約すれば一家の収入が多ければ多いほど生活にゆとりができ、少い者ほど貧しい生活をしなければならない結果となり、貧乏者はとやかく、生命のつなぎのために、もつとも必要なものからということになり、生活必需品に窮々して、文化的生活費にゆとりをもち得ないことになる。

こういつた実際生活からエンゲルの説く、一家の所得と生活費の関係も理解されるのではなかろうか。

この問題は稍々程度が高いと思つたのであるが、41%の正答率を示しているこれは貧乏では、文化的な生活ができないということを身近かな生活経験を通して実感している証左といえよう。

高等学校体操大会を観て

屋部和則

体操が学校体育の中心教材であつた頃は、体操の目的とか、特徴については次のような説明をした。

「体操はスポーツと異なり、全身の均斉なる発達を遂げしめるものであり、姿勢を良くし、団体行動に習熟させ、規律訓練の効果が大である。そして体操はそれ自体健康を目的としたもので生理解剖に基礎をおいた科学的、人為的な健康法である」といわれた。そしてそれが実施に当つては、生徒、児童が好まなくとも強制的にまた他の遊戯教材等の興味あるものと組合せて実施すべきもので、それはあたかも食事における副食物と主食物との関係で主食の中でも麦飯のようなものであると主唱し、また自負して来た。さらに戦時中はスポーツ用具や資材の不足から体操こそは用具を要せず、場所も広さを必要とせずして「健体、強兵」の目的から唯一つの健康法と考え、また一面過労な生産従業者に対しては、疲労回復の最適の手段として実施された。またラジオ体操、国民体操、青年体操、鍛錬体操を集団的に実施することによつて、国民士気高揚、団体意識の振作を直接目的として全国を風靡したのである。これらを当時の社会情勢から考え決して間違つてはいないし、その時局下には確かに必要なやり方であつたことも事実である。

今日は新しいカリキユラム（学習指導要領体育科編）の中に於ける体操の評価点は極めて低く、割りあてられた時間的なパーセンテージも小学校で五～六％で極めて僅少で小学校の五年までには徒手体操の時間すら認められない。そして新しい学習指導要領は完全にスポーツ中心であり、体操は刺身のつまみという程度になつてしまつたが、体操は決して消えてはしまわなかつた。否寧ろ或る意味では戦前の体操よりも、より根強い、より実際に即した本当の意味での体操が生れ体操自体のもつ真価が漸く認識され、その必要性が強調されるようになつたと思う。スポーツの発達に伴いスポーツそれ自体には求めて得られぬものを体操から汲みとらんとし、体操の助力を期待しているのが現状である。凡そスポーツに準備運動、整理運動と体操の運動形式を踏まぬスポーツの取扱いは考えられないし又一つのスポーツによる偏し勝ちな身体修練による補償的、補強的な立場において、スポーツの練習過程において体操はなくてはならないものになつてきた、野球にしても陸上競技にしても、その他の球技にしてもシーズンオフのトレーニングが体操であり、シーズン始めのトレーニングも体操が中心であり、雨天時等の室内でのコンデイシヨンを保持する場合の練習が体操である。およそわれわれ体育指導者が考えている以上に心あるスポーツマンたちには体操の重要性が認識されているようである。日本体育大学々長栗本義彦先生は「体操は古くして新しいもの」といつて体操の重要性を強調しておられる。

高校学習指導要領に体操を基本と応用に分けてあるがその内容は、全身の均せい調和的発達と内臓の機能を促進する、主として身体的発達に関する身体各部の基礎的な運動と、それらのいくつかの総合的な運動と、さらにその程度を増すための運動である。応用の内容は体操のもつ生活上の意義から主として柔軟さを養い、固癖を予防きよう正して、正しい姿勢に対する関心を高め、あるいは各種競技に適した準備運動、整理運動（補助補強を含む）として、さらに一連の体操を身につけたり、自己の体操を作ることによつて、現在および将来の生活に起りやすい身体上の欠陥を除去し健康を増進するなどの問題を合理的に解決するための体操の効用面を表わしたものであると説明してある。これを要するに私たちの身体の修練において、スポーツと体操とがいつも一体の形となつて行われるところに両者とも体育として高い価値をもち、スポーツそれ自体の技術の進歩発達が期待されるのである。体操は決して消えるのではなく、また軽視されてはならないものである。しかしその体操は決して固定された過去の偶像であつてはならぬ、体育指導者こそ体操を再確認してそして研究を進められたい。

日本の体操の位置は、この前のヘルシンキのオリンピツク大会では、ソ連、ドイツ、スイス、についで第四位であつたが、一九五四年六月に行われた世界体操選手権大会ではソ連、日本、スイス、ドイツの順位であるし、その後ワルシヤワやスペインのバルセロナ等で行われた、国際試合の結果をみてもすばらしい成績を示している。又メルボルン五輪大会の成績も期待にそむかず、総合に於て第二位、鉄棒に於ては小野選手が堂々と第一位の金メタルを獲得した外各種目とも二位三位と上位入賞をなし世界最高級の成績を示したのである。

さらに一九五六年九月一日千駄ヶ谷の東京体育館で行われた、オリンピック最終予選を兼ねた全日本体操選手権大会に於ける成績からしても、オリンピック優勝候補の竹本、小野選手と実力伯仲の選手が多く二〇位ぐらいまでは国際級の選手が目白押しにならんでいるわが日本の体操人口も非常に増加しつゝある。沖縄は日本々土に比して立ちおくれているので、その点われわれはよく自覚し、一日も早く本土と歩調を揃える様努力せねばならない。そのためには、一時的な、まにあわせのものでは決して日本々土におつつくことはできない。常に研究的態度を失わず組織的に科学的に計画的に練習をつむことがよい結果を生むものと思う。

高体連主催、文教局後援の第三回体操大会は、よい天気に恵まれ参加校十四校の間に徒手体操、鉄棒、跳箱、平均台の順で男女高校生の真剣そのものの緊迫した空気の中で試合がくりひろげられた。本大会は一九五四年を初会に今年で三回目にあたるが、技術面、態度の面が著しく進歩したことはよろこびにたえない。今度の大会に於ける各種目に優勝した選手の実力は日本々土の高校に接近した感をもつた。その点は全審査員がひとしく認めるところである。ここまで力を引きあげてくれた高校側の皆様の御努力に感謝の気持で一ぱいである。

鉄棒の規定種目八・五、自由種目九・二で、どちらも最高点で優勝した首里高校の又吉治己君は、戦前戦後を通してみられない実にすばらしい演技で、手に汗を握る場面が多かつた。同選手の演技には、満場なりをひそめ、底びえのするような真剣さが場内に満ち、空中に大きく画く孤の美しさは、いつまでも観衆のまぶたにやきついて消えないであろう。それに次いで宮城正栄、本村三男両君の力も大体日本高校生のレベルに近い感がした。将来に期待できる選手である。徒手体操の自由種目に於ては首里高校の又吉治己君九・一五女子では同じく首里高校、新垣ヒデ子が八・六で優勝那覇の上江洲、名護の宮里は七・三で仲よく第二位、両選手は素質の面では新垣以上のものをもつていると私は思う。練習や精進のあとも、もちろんみられるが基礎体力とコンビネーションの研究が不充分であつた。

首里高校の佐久川重子の平均台も自信のあるおちついた演技であつた。軽快な美しいフォームには、しばしばかたずを呑んで拍手も忘れていた。女子の跳箱は今度が初回であつたが、予想以上に参加者も多く演技もよくこなした点は将来に期待がもてる。

徒手体操の規定種目は男子読谷高校、女子首里高校がそれぞれ優勝したが、他の個人種目に比して練習不充分な感じがした。

跳箱の男子では首里高校の宮城九・〇翁長八・六又吉八・四が上位入賞であつたが、演技に安定感があってとりこぼしということがなく、すばらしいできばえであつた。

全体の成績は、男子の規定種目の徒手以外は各種目とも首里高校の優勝で、首里の一人舞台ということになつたが、この体操競技だけは、われわれ体育指導者がもっと認識を深くし、全高校が力を入れなければならない問題だと思う。

最後に本大会を観て感じた点をまとめて申しあげると

【一】全般的に点数を競うために動作が必要以上に誇張され、キザな動作が多かつた。

【二】運動要因、空間要因、形式要因に一考を要する点があつた。

【三】体育指導者としての誇を持つて常に研究的態度を失わず、日々積み重ねて行く態度が大切であること。

【四】本土から立派な指導者や選手を招聘し研修会とよい演技を見る機会がほしい。

【五】選手の養成も大切であるが、全生徒のレベルをあげるよう努力したいものである。

【六】全高校の参加を見ることのできなかつた事は大変残念に思う。参加することに目的があるのであつて勝つためのものではない。参加することに大きな意義があることを、われわれは今一度反省すべきではなかろうか。

（指導主事）

社會科地理教育

那覇高等学校
饒平名浩太郎

一、地理の見方

人間は常に自然環境の子である。しかも自然環境に対して絶えず変動的、積極的に働きかける。それは人間の智識の進歩につれて、限りなくその面は広く大きい部分を占めていく。このように進んでくるとだんだん人間の主体性が認められねばならなくなり、地人相関論は、人間主体の地人相関論へと、移るようになるそしてやがて自然環境と、人間との関係の仕方の分析から人間主体への転移に進んでくるのである。

例えば自然環境の中に、電気のエネルギーがあることを見付け出し、それを利用することにより、人間生活をよりよくするというように、又毎年洪水に襲われたエジプトのナイル川を、アスワンのダムやワテハルフアのダムによつて、洪水を防ぐと共に、灌漑によつて棉花、小麦の大農耕地にしたように、すばらしい人間の積極性がこの中に見られる。

地理の仕事は、人間の営む社会を述べるために、その社会の展開する地表上のある地域を検討し、その地域の自然環境が生態的にその社会と結びついているものを発見することである。事実現実の社会に展開する人間社会はなんらかの地縁共同体であり、即ち地域社会である。このような地域社会をどうすれば現実に近い、または現実のままの地域社会として、解明できるか、ということが大きな地理上の課題である。これを解明する方法はある地域に特異な社会が展開するに至つた起源や過程を究明し、こうして現在脈々として生き続けているその地域社会の構造を明らかにすることである。その地域社会は根本的にはその地域と、経済的生産を通じて、結び合つてはいるが、政治的、経済的、文化的、あるいはその他の諸点に同一構造をもつている広がりを求めるのである。しかし政治的同一構造の限界などは、かなりはつきりしているが、一般にはその限界は必ずしもはつきりしたものとしては出てこない場合が多い。

一面人間社会の存するところ、経済的生産があり、その経済的生産のための人間の能力の上に社会が展開する。しかも経済的生産は人間がその自然環境から欲するものを取り出す過程であつて生産手段を得るために人間が自然環境を利用するところに経済的生産があるとされている。

この相互関係を図示すれば次の通りになる。

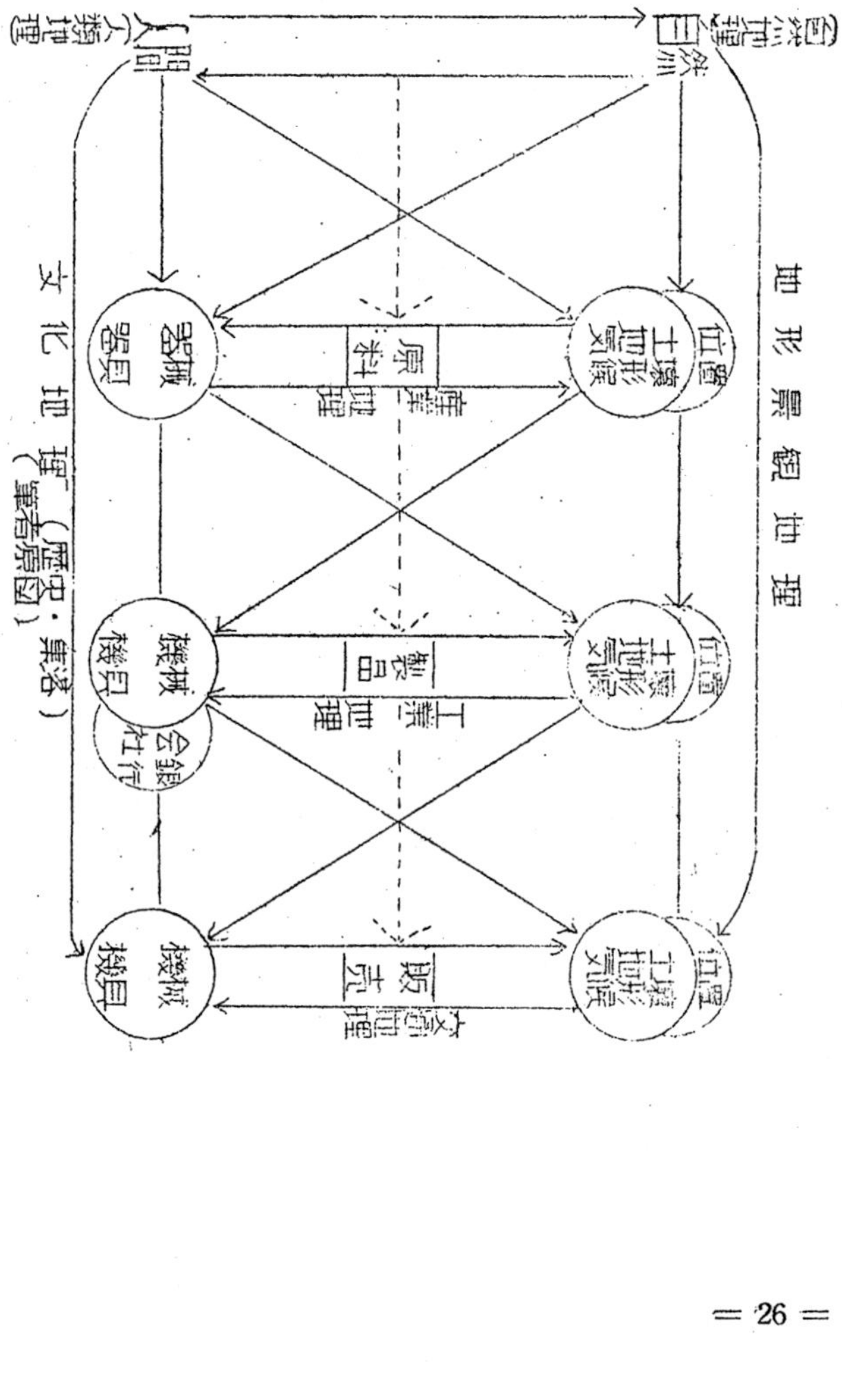

即ち社会の成立に関する限り、自然と人間は対立しつゝ流れる。自然から（人間が生産労働手段を引出して）原料へ、原料から製品へ、製品から販売へと人間が働きかけ、今日地球上に展開する文化現象はつくられていく。かくして私共は或る地域の地理的個性を知ることが出来るのである。

二、社会科における地理教育

地理教育は社会科としての地理教育であり、社会科的経験の上に打出されるものである。しかしながら戦後行われた教壇実践上の反省からすれば、

一、基礎的本質的な知識の理解に欠けていた。
二、幾つかの学習分野が同じ目標で一つのまとまつた態勢に協力し合うことに欠けていた。
三、低学年から高学年に亘つて、学習面に一貫性を欠いていた。

というように、多くの混乱を招いたことは、ひとしく認められるところであつた。また実際に生々しい社会事象に直面し、ぶつかりながら、その事象の社会的背景なり、意義なり、関連なりの解明が不徹底であつた。

しかし社会科教育の目標や性格がしつかり把握されておれば、地理教育の目標はそれに合致してくるのであるから、不徹底の原因は明らかにその方法論の不得要領からきたものと考えられるのである。

元来地理教育では地誌的な面から入ることが、入りやすいとされている。学習者の理解、記憶、知識の発達段階に応じて、地誌的内容から、逐次系統地理的内容に移行していく方法をとることである。更に学習者の経験、見聞、範囲、理解の度というような考慮からその身近かな特定地域から出発せねばならぬということも教育上の常道である。その場合学習者の身近かな地域として、郷土という特定地域を捉えるのであるから、地理教育は郷土という狭い地域から世界という広い地域に展開し、更に郷土に帰るという方法をとることになる。

今日地理教育上重要な問題となつているものをかいつまんであげると次の様にいえる。

一、一般教育の目的と一致、地理教育を通じて、個人が平和や幸福のために、地理的環境にどのように適応していくかを学習させる。
二、地理教育は人間の生活に即した地理的知識を習得せしめねばならない。地域社会における各人が、日常生活に、その知識を利用し得る能力をもたせること。
三、郷土の地域社会から、世界という大きな地域社会に及ぶ具体的地理的原理に即して啓蒙的な知識を習得させる。
四、地理教育はその対象である国土の具体的な事実を通じて祖国を知らせ、祖国愛を喚起する。
五、世界の住民の生活を知ることにより、友愛観念を起させ、ひいては世界の人類愛の観念を養成する。

の五点になる。

一般に社会科でねらう学習内容や社会科が生れねばならない背景には、社会や社会科学の動向が大きく働いている。人間活動の表現世界は、複雑多様であることは、そこに多くの社会科学が存在している理由でもある。この人間活動の表現世界の現実を明らかにしようと努力しているものが、それぞれの科学の研究対象である。従つて社会科の実際指導者は社会科学の知識と素養がなくては到底その教育目的を達成することは困難といわねばならない。この分野の研究をしない者が僅かばかりの教育原理や教授法を心得ているからというだけでは、実際の教育では児童生徒には、なんら理知的に啓発されない結果に陥ることとなるであろう。

終戦後沖縄の教育分野において陥つている一つの錯覚は、大学単位の修得にのみ汲々として、系統的な学理の探究や究明を軽視し、資格向上をあまりにも過大視した点になかつただろうか。

目標や性格を知つて教育技術が生きてくるように、ひたすら、社会科のあるべき姿を知るための地道な求道をつづけ、その上に立つて、教育技術への研鑽を怠らないところに社会教育の課題があることを知らねばならない。

○社会科の目標

一、学校内外の社会経験に基き、人間相互の関係について、正しい理解と協同、自主及び自律の精神を養うこと。
二、郷土及国家の現状と伝統について、正しい理解に導き、進んで国際協調の精神を養うこと。
三、日常生活に必要な衣、食、住、産業等について、基礎的な理解と技能を養うこと。

○性格（社会科）

一、国家地方公共団体、その他さまざまの社会集団における人間の相互関係についての理解を深め、これらの集団の機構や機能を理解する。
一、日本の各時代の概念を明確につかませ、歴史の発展過程を総合的に理解させ、国家の伝統と文化について、正しい理解をもたせ、日本史に関するものを主体としながらも、それとの関連において世界史の

流れをとらえ、結果においては、その時代系列のあらましがつかめる。そして日本に於ける政治的、経済的、社会的諸問題がどのような歴史的背景をもつているかを理解し、国家の伝統と課題について歴史的考察力が養われる。

一、日本や世界の各地域の生活の特色を他地域との比較関連において明確につかませ、その地域の生産その他の諸事象が相互に関連性をもつことや、各地域が日本世界の中で占めている地位について理解される。

一、民主々義の諸原則についての理解を一そう深め、それがわれわれの幸福にどのような関係をもつているかについて理解され、これを実際生活に生かしていく態度が養われる。

三、社会科地理教育の計画

社会科における地理教育のあり方を規定する。根本的究極的な諸概念を明にすることによつて、問題を解決して行く条件を次のように考える。

一、地理教育は国民の教育的現地から考える。

二、地理教育計画は究極の目標や児童の発達段階に応じて、具体的目標に就て用意されていなければならない。

三、地理教育計画は、社会諸科学との関連に於て考えた地理学の本質内容、動向、社会の現実、理想、要求、教師と子供及びそれがおかれている教育の場ということから規定されねばならない。

四、教育的見地から見た地理的意識が地理教育計画を方向づけるものである。

このような考えに基いて、地理上の重な事項について考察を進めてみよう。

生活圏の見方

交通通信機関の発達によつて、これまで地球表面に孤立していた小地域は相結合して、世界という人間生活舞台を作るようになつた。封建社会から、近代社会への推移はある意味では、生活圏の地方的なものから国家的なものへ、更に世界的なものへの近接拡大を意味しているものといえよう。生活圏の拡大は世界的距離の縮小にほかならない。

この生活圏の基盤をなす自然を立体とする自然環境とは自然と関係的におかれている場の状態、自然環境を調和していたとする動作の過程などの意味に用いられている。歴史における地理的条件という意味は、気候や地形などの自然的要因や、自然的環境の全体を意味したり、これらが、人間の文化に対して時間的にどのような意義と関係とをもつてきたか、ということを意味する場合に用いられる。しかし地理における自然の概念は、人間存在と活動を前提とした自然であり、人間と相互関係を持つた自然であつて、人間的要素を取去つてしまつた自然科学の研究対象とした自然ではない。又自然環境の概念は風土ということばでも表現できる。風は気候を、土は地形を意味しているように、風土ということばは元来気候上、地形上特色をもつた土地のことを表わした概念である。その土地の自然環境を構成する要素の中で、気候と地形は二つの大きな要因をなしている。

吾々は地理的環境をよく認識して、これに調和していかなければならない。それは人間活動が土地の景観の中にその姿の一側面を表わしていると考えられるからである。景観は山川平地などの人間の出現以前からの要素と、人間並びに、人間活動の結果に基いて出現した、集落、橋、道路、鉄道、耕地の作物等で構成されている。前者を自然景観後者を人文景観と呼ぶ。人間は居住地としての環境をいつそう生活し易い場所に改変していこうとして、絶えず努力をつづけてきた。地表における人間の努力の結集された結果であつて、しかもその形態と構造は土地によつて特有の様相を現わしている。このような景観の学習は、景観における諸要素の観察から、記述、相互関係、比較綜合という方法に進むように仕向けるのである。そして国土開発計画、集落計画、土地利用計画などの応用方面にその学習領域を成長させていく必要がある。更に経済資源の学習における見方を考えて見よう。

私達は衣、食、住に就て、その基本的な必要をみたしていかなければならないが、そのためには、一般に何等かの職業に従事して相助け合つてその必要を満たしている。産業革命によつて、産業の技術は発達し、農業、牧畜業、林業、鉱業などは、人間が直接自然に働きかけて、食料や原料などの物資を生産し、更に人間の利用価値を高めるために、加工変形される過程が工業であり、生産物の流通過程に関与しているものが、交通、運輸業、商業を形成している。現代社会では工業は機械文明を形成していく中核的産業をなしている。

諸地域の産業活動を理解するためには自然環境における自然条件と産業との関係を考えなければならないし、又そこには多くの経済的要因の働いていることを無視してはならない。例えば中国の労働者の忍耐強い勤勉な性格はどのように、その農業や工業商業などの産業の上に現われているだろうか、スイスの時計には、スイス人の手先の器用さを見ることができるだろうし、ある地域の生産に就てはその土地の住民の伝統的な習慣や、性格についても知る必要があり物資の生産や流通に関しては、その部門が発達した歴史的背景、労働力や資本の利用の難易生産や、経営に関する技術の程度、政治の安定度と、強度などに就いても考察しなければならない。なお地域的な集団や国際関係に就ての学習は、特に忽にしてはならない。

吾々は特定の土地の一員であると共に、日本の国民の一員として集団生活を営んでいる。地方公共団体や国家のような集団は労働組合、慈善団体、宗教団体などの社会的集団と違つて、ある特定の土地の境域を越えては成立することの出来ない地域集団と呼んでよい。これらの地域集団は集団の秩序を維持していくための政治組織をつくり、一定の位置と形と面積とを持つた土地を占有しているものである。そして一個の生活体として自体で解決していかなければならないいくつかの問題に常に当面している。国家はこれらの地域集団の中で最高の権威のあるもので、その領域内における人間や事物に対する統轄的権力を、他の国家に対して排他的に、しかも絶対的に行使するものだと考えられている。そして領域内の住民は、その属する地方公共団体の境界を越えて、その国家に対し、共通の利害を感ずる存在理由と感情とをもつている。

国家の主権の及ぶ限界を示したものが国境であるがこの国境は決して国際的に問題が起らないように明確に決定されているわけでもなく、常に静的に固定し、安定しているものでもない。それで強国といわれる勢力は国境を遠く越えた他国の領土内においても種々の要因とからみ合つて互にせりあつている。

アジヤでは朝鮮、東南アジヤ近東などの地域がそれでそこに列強の息吹がよく露われている。このような辺境の諸問題は我が国の周辺部においてもよく見ることができる。国境の国際的に確定していない北海道東北の海上の国境線や、竹島の領海、公海に関する異つた見解を背景として起る漁業問題を中心とした日韓関係又日本の領土でありながら、又日本国民である沖縄において、日本の主権が潜在しているといつた現実などがそれである。

人は誰でも平和を願つているけれども必ずしも理想通りに世界の平和は維持されず、しばしば戦争をひき起してきた。国際法や、国際連合などは国家間の諸関係を平和的に維持していこうとする努力の一つの現われである。平和を守るためには先づ平和を乱そうとする原因についてよく理解しなければならない。例へば中国が常に問題としている台湾問題、エジプトのスエズ運河問題等はその背景にある列強の帝国主義的侵略の経緯を理解せずしては、平和維持の方法は解決されない。

すべての強国が空間を獲得しようとするには、必ず強い政治的理念、強い国家意志を前提とする。国家意志というものは、若しそれが自然によつて遂行が阻害されるときには、之に打勝とうとして、大きな衝動的力をもつのである。その障害は地形や、周囲の政治的空間状況からくる。

初期の文化段階では山脈、砂漠、森林、島嶼などは国家意志の発展を阻害するものであつたが、高い文化段階に達すると、このような自然はもはや障害にはなり得ない。植民地を獲得しようという衝動が著しくなると、他国から或る邪推と恐怖とを以て眺められ、ここに国際問題が展開していく、この意味からいへば戦争とは地理的空間獲得のための闘争であるということができる。

四、教育上から見た社会科地理

現実の世界に見られる事象には、人間と人間との関係によるものもあれば、自然と自然との関係から起つているものもあり、自然と人間との相互関係に基くものもある。またこれらの中で外部的に表現されたものは、内部的な人間の心情に深く結びつけられている。このようにして人間生活における政治、経済、社会という面はそれぞれ時間と空間という二つの次限の上に展開し、複雑な形をとつているが、人間活動の表現世界である。地理教育で取扱われる自然環境の要素としては、地球、地形、気候、動植物、土壌、鉱物資源などに関する事実や、知識は理科教育と関連するものが多い。小学校三年程度までは、地理的な考え方、理科的な考え方は未だ未分化の段階にあるが四年以上は地理的な見方、考え方が充分行われるので、地誌的入門を通して歴史的分野と関連して取扱われる。

このように小学校における段階の目標としての地理的意識を整理すると次のようになる。

一、相関連した世界に於て、郷土や本国がおかれている地理的位置を理解し、この認識のもとに行動しようとする態度。

二、人間活動の表現世界における人間と自然との関係地域的集団や、人口集団の相互関係に見られる協調競争の動的の場に於て、人間性を理解すると共に協調均衡を求めようとする。積極的な意欲と精神。

三、特殊と全体の立場の理解に基づく、郷土愛、愛国心、人類愛の精神。
四、具体的な個の立場を尊重すると共に、総合的全体観に基づく、正義と民主々義の原則に通ずる精神。
五、未知の土地や、人々に対する好奇心や関心を高め広い視野に立つて、常に未開拓の分野を求めていこうとする開拓的精神。
六、抽象的な観念論や、先入観や簡単にきめられた法則をもつて、事象を解釈する態度をさけ、現実世界の認識に就て、どこまでも観察、記述、相関々係、比較総合などの学習過程を経た経験的知識に基づきその事象の底にひそむ真実や傾向や原則をつかんでいこうとする科学的精神とそこに根ざした現実的考え方。
七、個人及その属する社会の生活向上の見地から、これらの真実や、傾向や原則を現実の諸問題に応用していこうとする意欲と技能。
八、地図や地球儀を日常生活によく利用していく技能と態度。

地理教育は郷土に出発して、郷土に帰るという原則によつて行われる。事実求めているものは身近な周囲にある。郷土の土地が地理教育の立場から重要視して取扱われるようになつてきたのは、机上の地理から脱却して、経験的知識理に基いた、近代地学が発達し、一方人間の自覚という啓蒙運動の一環として子供の立場を教育上重視していかなければならないという、近代教育思想の発達があり、これらの両面の立場が結びつけられて考えられてきたことによるといつてよい。具体から抽象へ、近いものから遠いものに、進むべきであるという原理にまで発展し、自然的要素よりも、人間的要素を中心として教育計画が立てられていく傾向が見られる。

このような見地から、小学校における地理教育の要点をあげると。

一、われわれの社会生活が自然環境とどのような関係をもつて営まれているかの理解。
二、各地の文化、たとえば言語、宗教、芸術、風習、衣、食、住の様式などには、いろいろな違いがあるが、その底には共通な人間性が横たわつていることの理解。
三、各地の人々の相互依存関係がどんなに重要であるかの理解。
四、書籍、雑誌、パンフレットなどからあるいは観察調査面接などによつて適切な資料を見出す能力、技能。
五、資料を科学的に処理し、正しい結論を得る能力技能。
六、地図、統計、資料、グラフ、絵図などを解釈したり、作つたりする能力技能になる。これを基にして小学校における、地理的なものの基礎学習内容を掲げて見よう。

【地理的なものの基礎学習内容】

	低学年	中学年	高学年
位置	自分の家や学校の位置	隣りの町や村 郷土の位置	日本の関係及び位置 日本と関係の深い国々の位置
面積			日本の面積
地勢		郷土の地形	日本の地形、主な火山脈、平野 山脈、河川、世界の山脈、平野
海洋		日本をとりまく海洋	世界の大洋、日本近海の海流
気候		郷土の気候台風	日本の気候、裏日本、表日本、瀬戸内海、地形と気節風、梅雨と台風
資源水		郷土の資源と分布	日本の資源と分布、世界の資源 日本の観光地国立公園、水力発電
農業		郷土の農産物	日本の米、麦、いも、やさい、果物、養蚕 世界の米、麦作地域
牧畜		郷土の牛や馬の利用乳牛	
漁業		郷土の水産業	日本の水産業、世界の四大漁業地域
林業		郷土の木材薪炭	日本の木材産地、世界の森林、ゴム樹の栽培
鉱業			日本の石炭、石油、鉄、銅の生産、世界の石油、石炭、鉄の生産

	一、二年	三、四年	五、六年
工業		郷土の工業	日本の工業地帯、工業の立地条件、工業の重要性
交通		むかしの街道 むかしの交通	日本の鉄道 内外航路
交易			商業都市、輸出品と輸入品、日本の貿易港、貿易の重要性
相互依存	町と村の助けあい	となりの町や村の助けあい 他地域との物の交流	日本の生産、物資の交流 世界の国々との科学、文化、スポーツの交換
人口問題		郷土の人口 日本の人口と都市	日本の人口、都市への人口集中 日本の人口問題、日本人の海外移民、
自然の利用開発		動植物の利用と愛護、開拓、用水路干拓、植林、防風防砂林、ダムの建設、災害に対する予報	日本の開拓、森林の開発と保護、水産資源の保護、電源開発、工業立地、
国際問題			国際連合、ユネスコ、
世界のむすびつき			万国赤十字、ボーイスカウト、オリンピック、ノーベル賞、言語宗教による結びつき、交通通信による結びつき、貿易による結びつき、
地図	砂模型パノラマ 地球儀、海と陸 絵地図 鳥瞰図 教室の地図	パノラマ、紙粘土、粘土、馬糞紙による模型 日本の位置 大陸の位置 地形、集落土地利用、道路、用水等の地図、 方位や記号	等高線模型、 世界の主な国、 都市地形、 縮尺、位置、地形、気候地図、分布図、等高線による地形図の模型、 統計図

五、小学校における地理の取扱

右の表に示した地理の基礎学習は、各学校におけるカリキユラムに、織り込まれていくべきものであるが、地理学習をもつと深め、たしかなものにするためには、現在の教科書だけでは不充分である。学習資料が是非必要であることはいうまでもない。昔ながらの地理教育を夢見ている教師にとつては現行の社会科教科書を見るだけで不満に思うことであろう。しかし社会科という大きな目標に沿うためには、昔ながらの観念的な記憶地理では、もう問題解決の学習にそうことは不可能である。問題解決のためには、単元のもられた問題の展開として、資料が是非必要であるし、実地に調査し、見聞し、活動の実際を読みとらねばならぬ。例えばわれわれの生活に必要な物資の生産状況なり、生産地域はその土地の自然環境と密接な関係を持つているし、交通のようすについても同様なことがいえ、交通の発達が物の生産とも深い関係を持つていることを見聞や調査資料によつて解決をしていくのである。そのためにはグループによる調査や見聞、資料の蒐集、統計、分布図の作製、地図上に記録するために記号を知ることや、グラフ、ドツトマツプの描き方、カルトグラムの描き方も小学校の高学年に於て問題解決のための過程として、指導せねばならない。例えば日本の生産活動を学習する場合、われわれの生活すなわち衣食、住の点から生産活動を見ることができるであろう。

①食料の生産、農業、牧畜、水産業による生産が中心

②衣料の生産－工業生産が中心

③位置、工業生産や、鉱業生産、林業生産。

こうした点から、日本の生産活動をしらべ、生産地域を学習するのであるが、日本の自然環境については、生産地域の学習によつて、その場その場で、問題解決に必要な学習として行うことができる。

米の生産を学習する場合にも、米の生産地域を調べることによつて、日本の主な平野分布状態を見ることが出来る。

六、中学校における学習計画

地理学習の原則は身近な社会にはじまり、身近な社会に帰ることにあることは前述した通りであるが、中学校では地理を中心とするまとまつた学習は生徒にとつては最初のことであるから、小学校の社会科との連絡をはかりながら、郷土を対象とする導入的単元を

設定してかゝるようにする。そうして学習計画を作成するに当つては、あくまで社会科の本質にそい、過去の型にはまつた地理学習に陥つてはならない。尚計画に当つては次の諸点に留意する。

一、地理的分野の学習の地理に拘泥して、教材の体系を出し、生徒の関心や問題意識を軽視してはならぬ

二、学習内容は生徒の興味や、関心に結びつくものを広い視野に立つて精進せねばならぬ。

三、地域の区分は種々な分け方があるが、従来の区分に必ずしもこだわることなく、必要に応じて弾力性のある地域設定をするのがよい。

四、日本と関係の深い地域や、国々についての学習に重点をおくことが望ましい。

五、地理の学習は二年の歴史的分野の学習の際や、三年の政治、経済、社会分野の学習によつてより大きく育てられるべきものである。

七、指導上の留意点

一、作業学習

地理教育の効果を高めるためには、作業学習が第一に考えられねばならない。即ち模型作製、グラフ作製、白地図や地形の着色等の作業は、生徒に創造の喜びを与え、学習効果を高めることができる。

二、教材の研究

地理学習は全体として、人生自体の問題に突込んで人生の向上発展に資する傾向が強まつており、それだけ教材が極めて多種多様にわたつている。したがつて指導者は教材を社会生活のすべてから広く取入れると同時に、それを厳重に選択しなければならない。

三、地誌学習と系統学習

地誌と総論は、車の両輪のようなものであり、両々相俟つて学習効果をあげることができる。例えば北陸地方の地誌のところで米に関する総論を説き、又東南アジアの地誌のところで、世界の米作に触れていくように系統をたてていくことが大切である。

四、地理教育に利用される教具の運営のしかたに留意すること。

特に視聴覚学習法といわれる地理教育に於ては運営の仕方は、極めて重要といわねばならぬ。視聴覚中心の学習を図示すると次の通りになる。

視聴覚中心の学習
- ①実物 ②標本 ③模型 ④映画
- ⑤テレビジョン ⑥紙芝居 ⑦写真
- ⑧絵画 ⑨年鑑 ⑩百科辞書
- ⑪新聞、雑誌 ⑫現場見学
- ⑬旅行 ⑭踏査 ⑮レコード
- ⑯放送
- ⑰カリキュラムの視聴覚化

八、略図の描き方

略図は地理的概念を確実にするために、其の概形のみに止め、簡単で迅速且つ要点に着眼して描く方法である。この三要素を具備した地図を描くのには常に地図に親しみ、熟練と経験とを積まなければならない。

実際に記憶によつて、正確な地図を描くのには、経緯線の記憶が困難であること、土地輪廓と経緯線の交点を記憶し難い困難がある。殊に経緯線の引き方や、土地の輪廓は描図法の種類によつて皆異なり、その一々の場合を理解することは、専門家でもよくすることができない。それで経緯線も二、三本で止め、或は全く省略するか、土地の輪廓の直線形を土台として描くようにする程度で満足しなければならない。

略図の描き方も多くの種類に分類することができる。

一、幾何形体を標準として描く法

幾何形体を標準として略図を描く方法は、古来多く用いられたもので、簡単で比較的正確な長所をもつている。

例

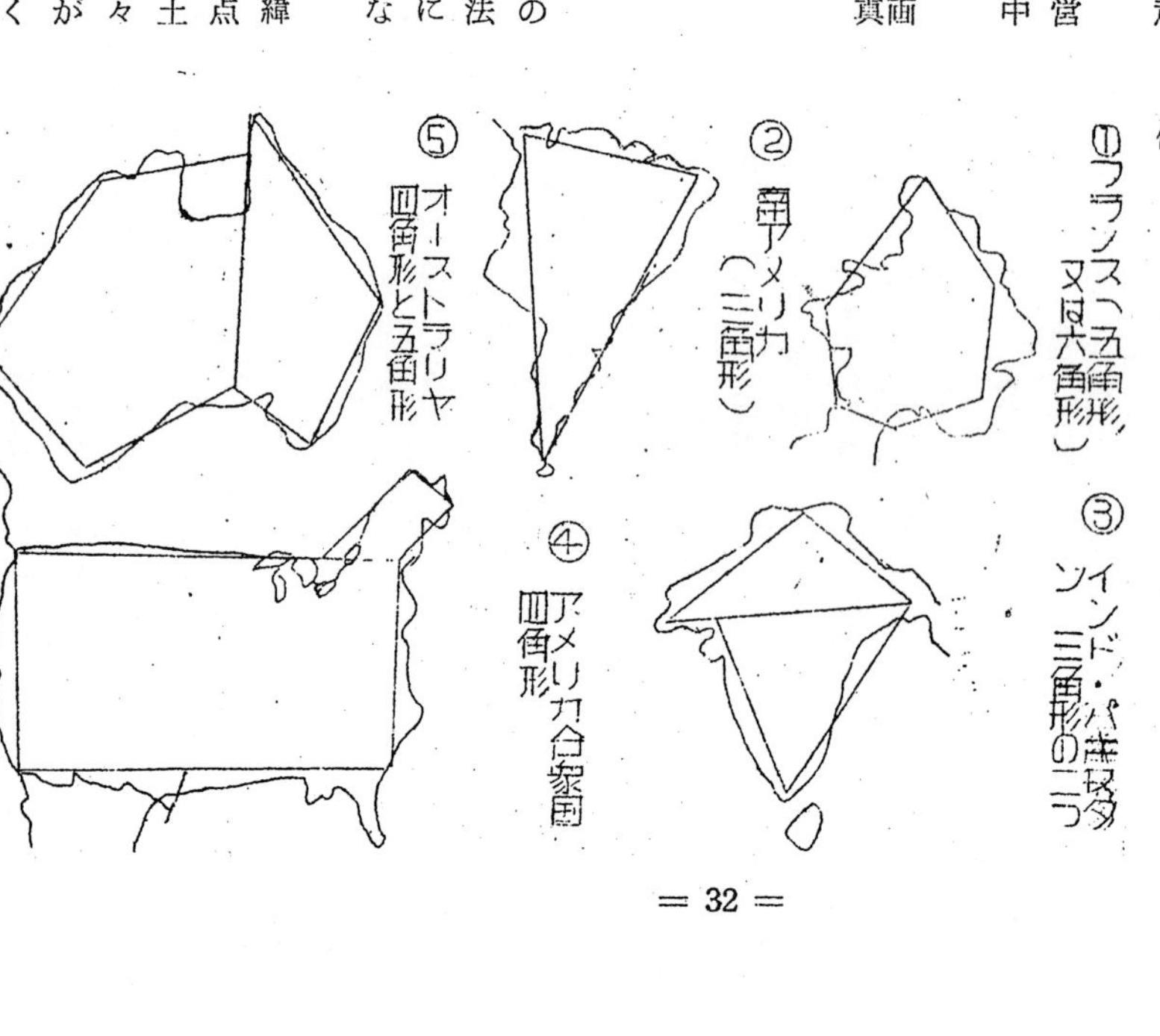

二、基線について描く法

この方法は基線を基として部分図を描くに適している。即ち国、県の輪廓よりも内部の山脈、河川、都会の分布等を描くに適している

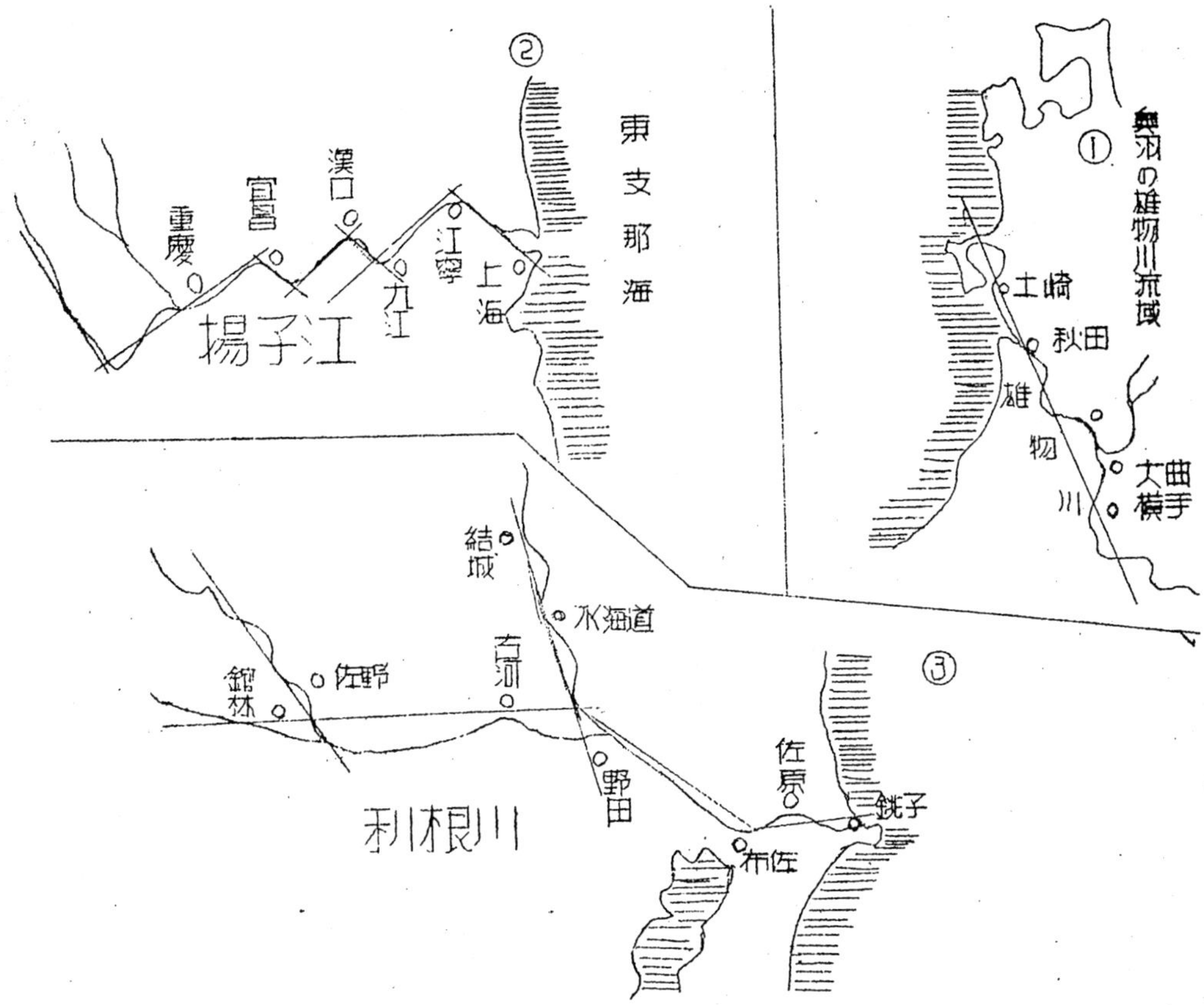

三、スウインステッド氏の記憶描図法

基線を設けて、これを何等分かしてその長さを求める方法

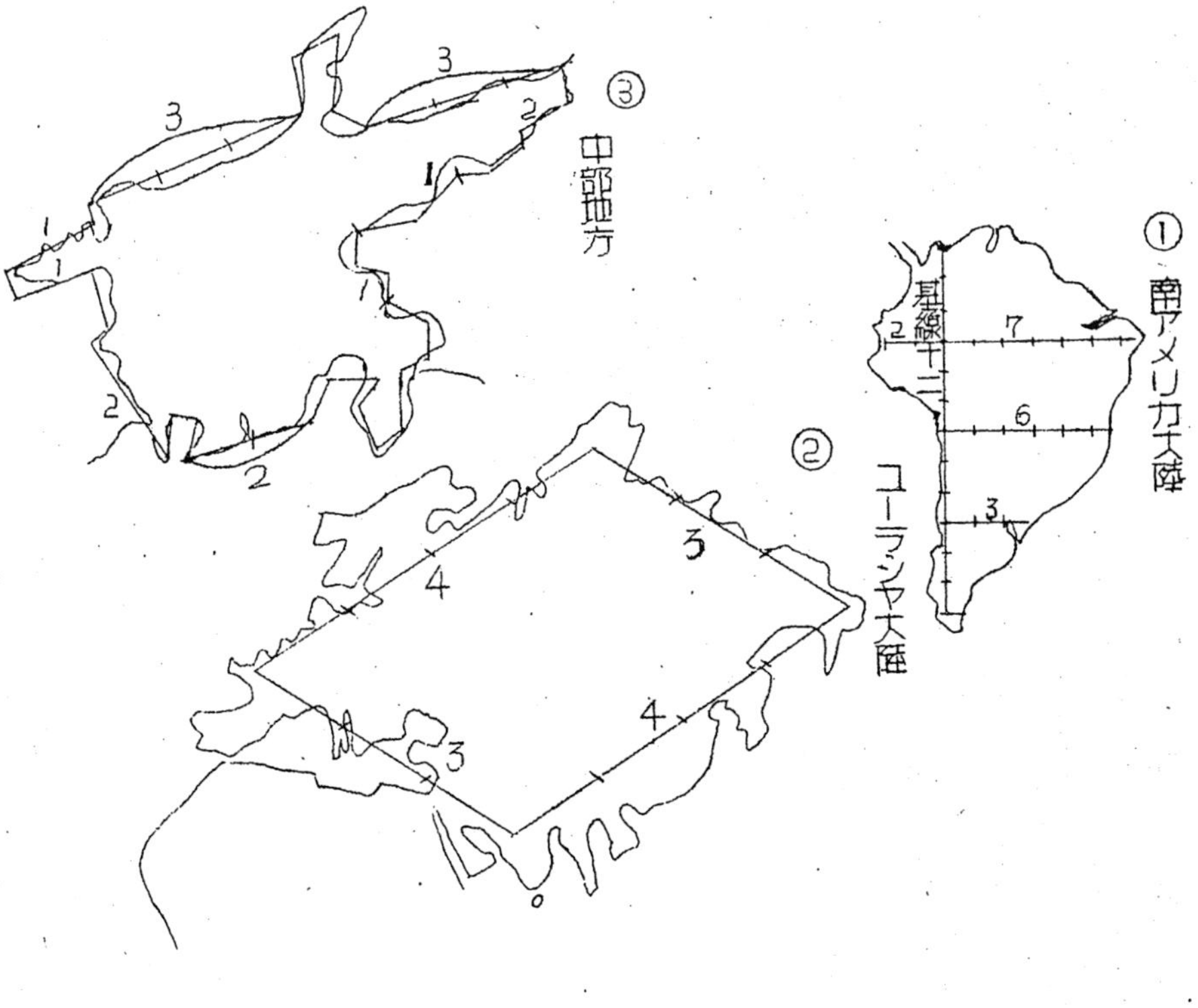

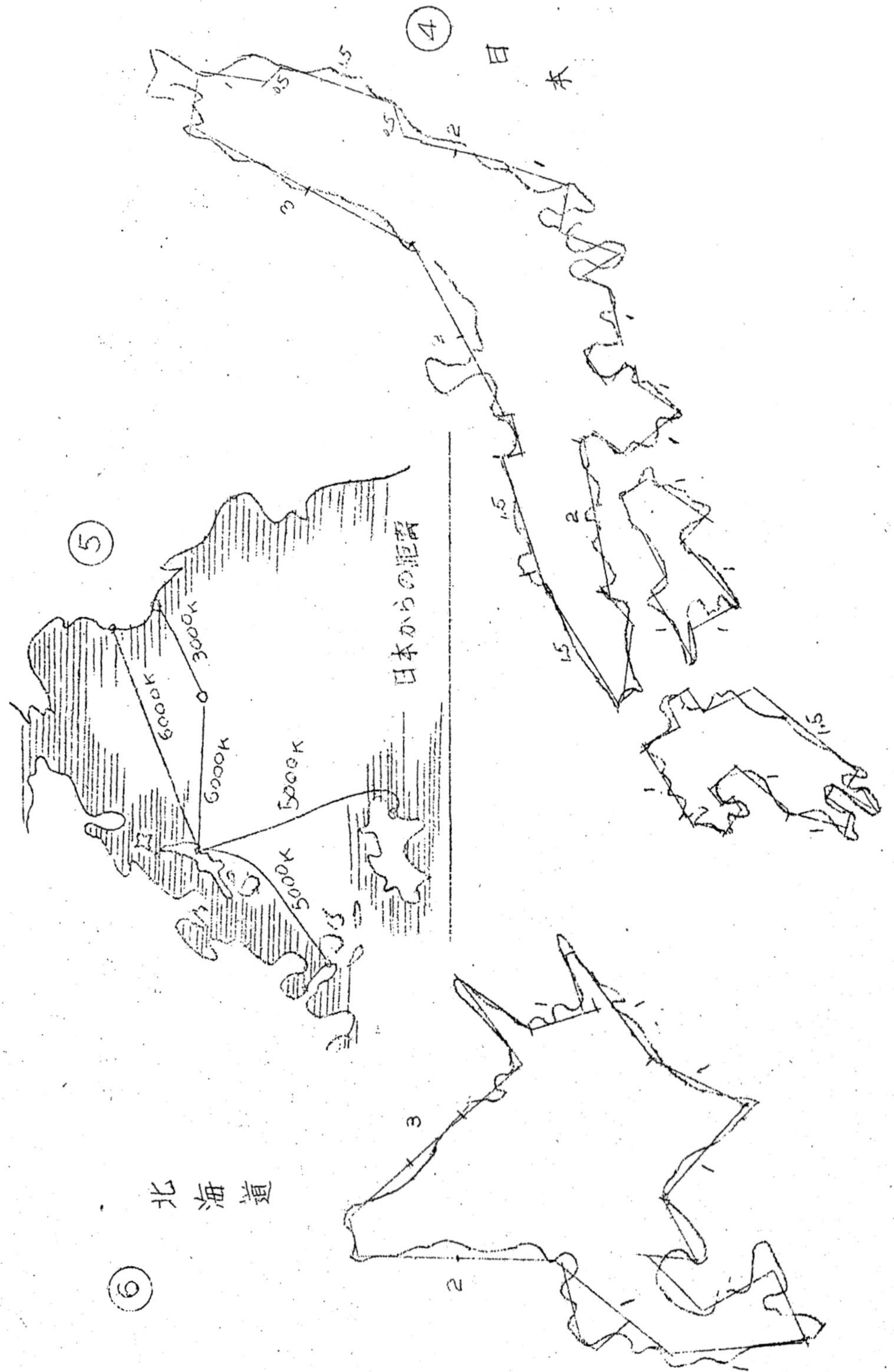
④
日本
⑤
日本からの距離
3000K
6000K
6000K
5000K
5000K
⑥
北海道

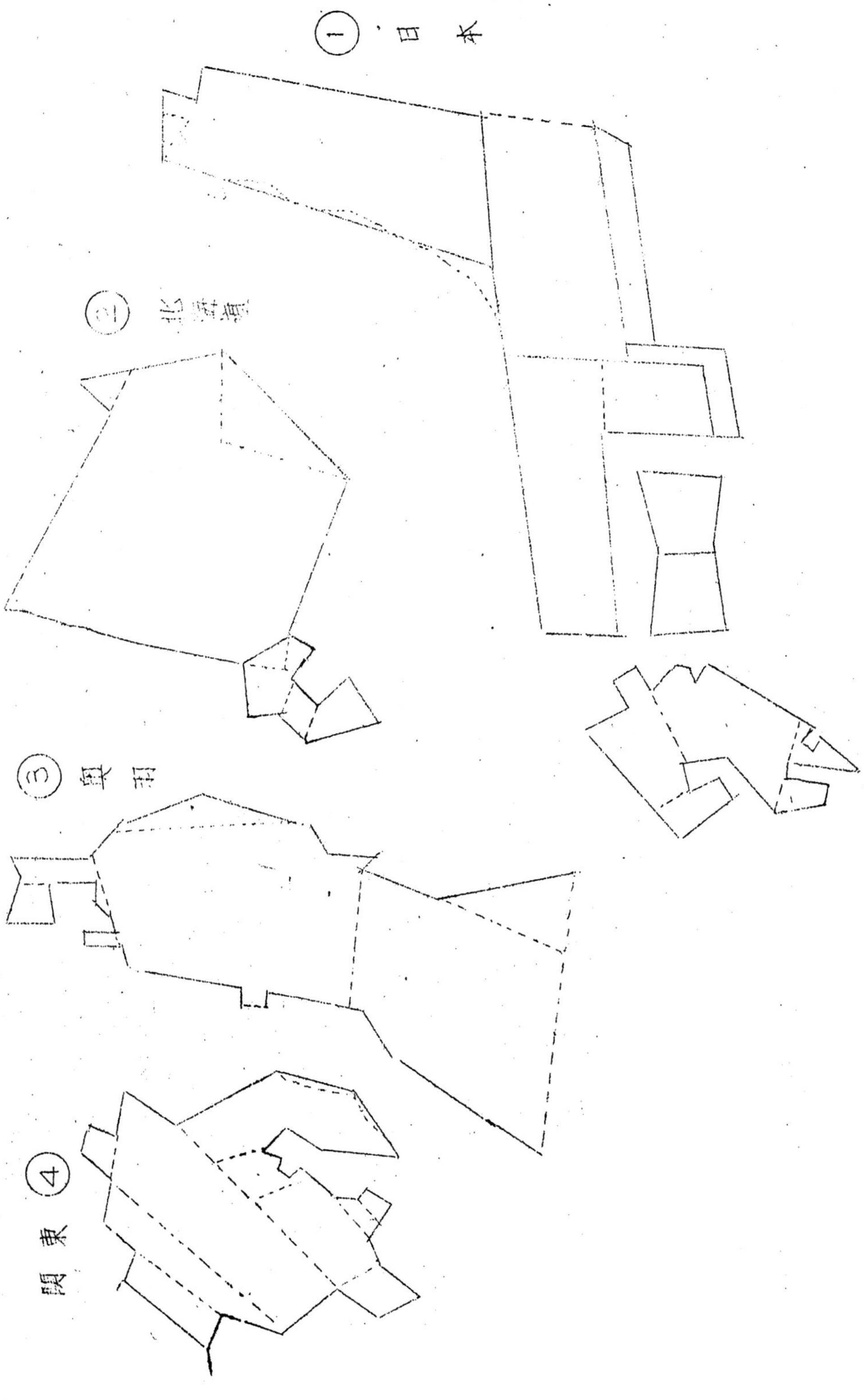

① 日本
② 北海道
③ 奥羽
④ 関東

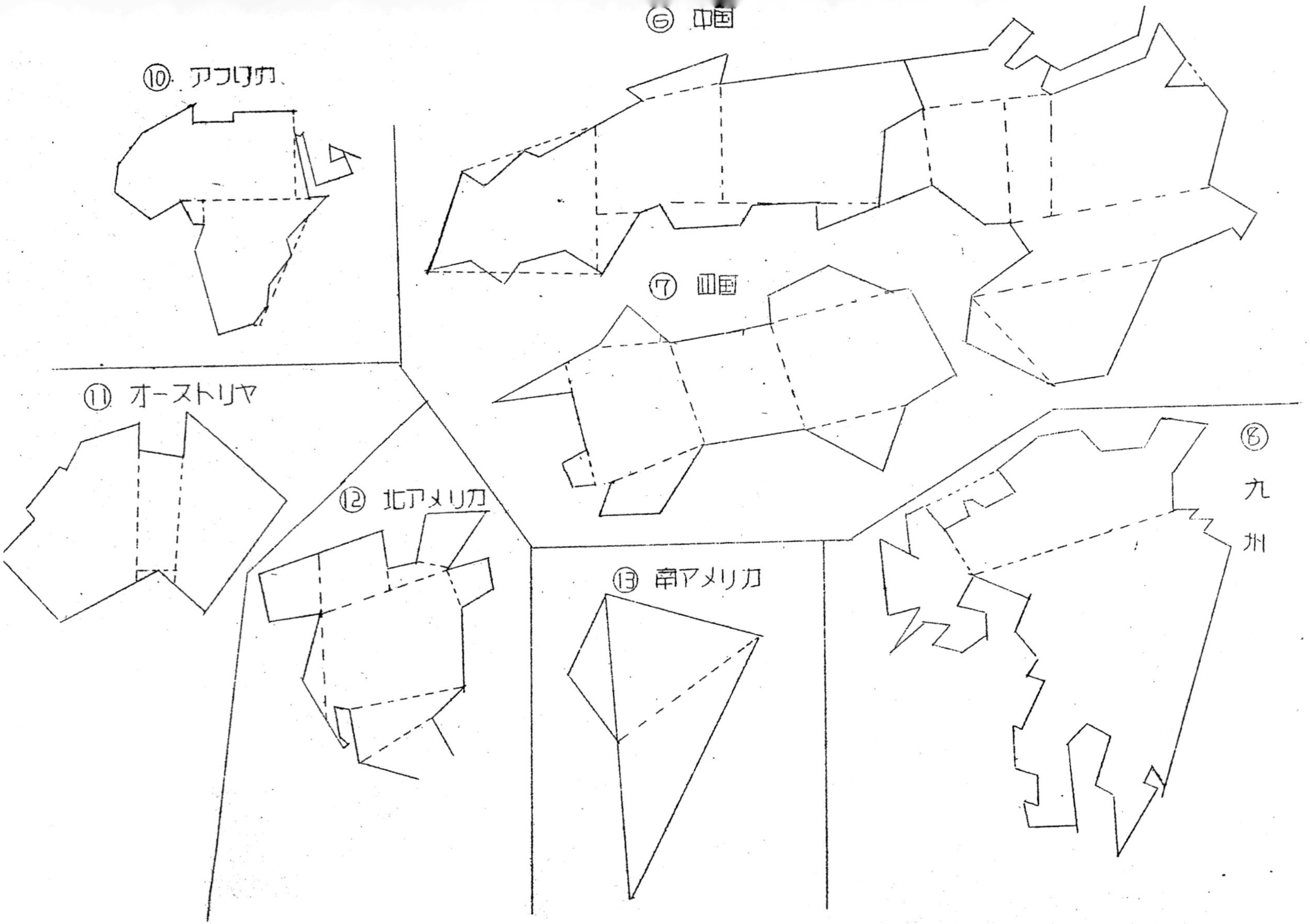
⑥ 中国
⑦ 四国
⑧ 九州
⑩ アフリカ
⑪ オーストリヤ
⑫ 北アメリカ
⑬ 南アメリカ

九、模型の作り方

一、いろいろの模様の等高線が、実際どんな地形を表わしているかを判断するには、地形図の等高線によつて、それに相当する地形模型を作つて見ることにしたことはない。

先づ同じ地域の五万分の一地形図を三枚用意して、それぞれ厚さ〇・五か〇・六粍米の厚紙で裏打をする。これをA、B、Cとする。Cの図をもつて四〇メートルの等高線に沿つて紙を切り離し、その部分即ち海の入つている方のものを模型の台として、板の上に張りつける。抜くには小さなのみで打ち抜くか鋭利なナイフを使う。紙につける糊はしようふ糊かそつくい、にかわがよい。

今張りつけ地図厚紙は陸地の方が欠けているから他の厚紙で埋める。次にA図について海岸線と六〇メートルの等高線を切り抜く、これをさきに台の上にはりつけたものの上に、両者の海岸線が正しく一致するように、糊で張りつける。このときも前と同様に高い部分が欠けているから、厚紙で埋めていく。次にB図の二〇メートルと八〇メーとルの等高線を切り抜き、台の上に前のものの上に重ねて張り凹んだ部分は他の紙で補う。

次にC図の残りについて一〇〇メートルの等高線を切り、前の模型の上に張りつける。その次にA図から一二〇メートルの等高線、B図から一四〇メートルの等高線というふうに同様の作業を続ける。

こうしてできた模型に地類の記号によつて色を塗り（エナメルかペンキ）土地の利用の別を明らかにすると田、畑、村などがよく分つて効果がある。

二、紙粘土による模型

新聞紙を鍋で煮つめるときは水がだんだん吸いとられ、且つ蒸発するから絶えず水加減に注意して水を加えるようにする。沸騰し始めると棒を入れてよくかくはんする。

四〇分から一時間も煮つめると粘土をこねたようになる。このとき火を消してふのり又はしようふ糊（紙一斤につき一〇枚程度）を入れてよくかくはんする。こうして出来た紙粘土を地形図に合せてつみ台の上に重ねる。等高線を元来地図の縮尺に合せて縮めるのがほんとうであるが、実際そうして模型を作ると薄つぺらになつて起伏がわからないから、一〇〇メートルを〇・五糎位にして、高さを水平にくらべて幾分誇張するつもりで作る。模型は竹べらで適当に輪廓と等高線の部分をならしていく。

こうして出来上つた模型は凡そ二十四時間で半乾燥の程度になるから、その上の地類に記号で色（エナメル）を塗る。

三、画用紙による方法

画用紙による模型作製の方法は、厚紙を利用する方法と変りはないが、画用紙を同じ型で五枚重ね合せて、厚紙一枚の厚さとして利用する。この方法は手数がよけいかかるが、鋏を簡単に利用して切り抜くことができ、絵の具で容易に着色できるという利点がある。

（那覇高校教諭）

「歌人」

恩納ナベ女

新城徳祐

恩納ナベ女の歌は非常に大膽である。そして思いを卒直に三味線にのせて歌つた即興詩人でもあつた。首里の役人が恩納に巡視に来たみぎり、歌を歌つて呉れと所望された。そこでナベ女は、

吾山原（ワヤンバル）なれの（ヌ）
　　如何ばかりしやびが
ひちみそり　唄やぬしてしやびら

と詠んでその役人を面くらわしたそうである。

恩納松下に禁止（チヂ）の碑の立ちゆし
　恋しのぶまでの　禁止やねさみ

これは恩納節の本歌として有名である。昔恩納間切番所前に琉球松の大木が二本立つていたが戦前に一本は枯れ、残りの一本も老衰のために昨年夏ごろから枯れ始め皮がはげて所々肌もあらわに大きな幹と、枯枝がつゝ立つていて次の側に「禁止の碑の松」の碑が建つている。昔はその大木の下に人民への布令や、示達をするために書かれた標札を建てる例であつた。あの頃、その標札に何かを禁止すると云う事が書かれていたに違いない。例えば、何月からは山留であるから山の木を伐つてはいけないとか、或は毛遊びをしてはいけないとか、或は又、今年から「しぬぐ遊」を禁止するかの事が、

姉部（アンビ）たやゆかて　しぬぐしち遊で
　わした世になりば　御止みさりて

と云う歌はその時に詠んだものではないかとの事である。

（38頁へ続く）

アメリカの教師の負担量

—日本とくらべて—

宮地誠哉

負擔についての考え方

アメリカは日本などよりずつと労働条件がよいのだから、教師の負担のことなどはあまり問題にされないのだろう。と考えている人があるが、実際はそうではない。

アメリカは教授負担調査の草分けでもあるし、今でも一番盛んなる国の一つである。というのは、企業の発達につれて、その合理的な経営についての研究が進み、学校も一つの企業体としての経営方法をとり入れるようになつたからである。従つて教師が最も高い能率をあげるためにはその労働量をどれ位にすればよいか。教師の労働を均等化し不平がおこらないようにするにはどうすればよいかというようなことも重要な問題の一つとなるわけで負担調査はこうした考えから生れてきた。

その代表的なものがダグラスの公式(1)である。これは一枚内の能率向上と労務管理の合理化をねらつたもので、いわば校長の計算尺みたいなものである。

これをもつと広く拡大しようとしたのがリーダーで、彼は教授負担の測定を地方や洲の教育行政の上に役立てようと考えた(2)。つまり教員の数を減らしすぎて疲れさせては教育の能率が下る、といつて教員をむやみに増せば人件費がかかりすぎる。この両者のバランスをうまくとりたいという考えから教授負担の測定を重要視した。人事行政の合理的な人件費削減のためである。

このように、アメリカでは最初は校長や行政当局者が管理経営上の都合から教授負担を測定しようとしてきたわけだが、その後、教師自身の立場からも負担調査が考えなおされるようになつてきた。教師が自分たちの仕事をより愉快に、よりのびのびとやつて行きたい、こういう考え方が新しい負担調査を生んだわけである。従来のものが上からの調査だとすれば、これは下からの調査、あるいは下の立場に立つた調査といえよう。その代表的なものはＮＥＡ(全米教育協会)が行つた〃一九五〇年の教授負担〃

恩納村は、はじめ金武間切の管轄であつたが、延宝元年（西暦一六七三年）尚貞王の時、仲間、安富祖、瀬良垣、恩納を金武間切から、谷茶、前兼久、仲泊を美里間切から、山田、前田を読谷山間切から分割して恩納間切を創設し、大里王子朝亮（向弘毅、摩文仁御殿の祖）と佐渡山安治（毛国端）に下された。その時、ナベ女は、

嶽どひざみとる　　森どひざみとる
ぬゝとがのあとて　　間切わかす

と、今まで馴染んで来た旧制を懐しんで、大胆にも当時の為政者達に対して右の歌を詠んで欝憤を晴らしたようである。間切新設当時は、金武から役人が来て村政に対する指導をしていた。その役人の一人が恩納の砂辺屋に下宿をしていた。その中、そこの娘と恋仲になり、二人の仲に男の子が生れた。これが金武の松金である。松金は成長するに従い乃父の相を受けて眉目秀麗の青年となり、役所につとめるようになつた。この好男子の松金に村の乙女達は胸をときめかしていたが中でも情熱家のナベ女は松金を口説いて恋をさゝやく間柄となつた。松金が勉学のため首里へ上ろうとした時、

明日からのあさて　　里(サト)が番上り
瀧ならす雨の　　降らなやしが

明日か、明後日か、兎に角二三日の中に恋しい里は首里へ御勤めに行くようになつた。どうして引き止めておく事が出来よう、やりたくない。然しやらずば世間の口がうるさい。「どうぞ天の神よ…瀧のような大雨を降らして下さい。そうすれば彼は首里へ行く事が出来ないでいつまでも妾の　(50頁へ続く)

調査(3)と、C・A・ウェーバーが一九四三年に行つた調査(4)とである。従来のものは単に経営上の必要から行われた調査であるために、負担のとらえ方が甚だ形式的であるつたが、この二つの調査は教師の活動そのものをもつと具体的にとらえており、又教師の活動をとりまく諸条件に対しても、活きた眼をそゝいでいる。それだけに、アメリカの教師の負担ー教職活動の実態がより刻明に浮き出されている。以下、この二つの調査を手がゝりにして、その一端を紹介することにしたい。

負擔を超えて教育をたのしむ

近代社会の発展に伴つて児童の生活、教育内容、学校組織、学校と社会との関係なども急に複雑化してきた。教師の活動もいよいよ雑多になつてくる。この状態を手ばなしにしておいたのでは、教師は疲れるだけで教育は伸びない。教育という仕事は黙々と重荷を背負うだけではだめである。教師がのびのびと仕事に打ち込めるようにしなければ、児童の利益、コミユニテイの利益はまもれるものではない。NEAの調査はこういう基本的な考えのもとに行われた。

それではまず、アメリカの教師たちは今の自分たちの負担を重いとみているのだろうか、それとも軽いとみているのだろうか。調査の結果は

軽い	二%
適度	四七%
重い	四一%
極度に重い	一〇%

となつており、重いと感じている人の方が、適度又は軽いと感じている人よりもわずかに多くなつている。では、教育の仕事をたのしんでいるかどうかということになると

特別にたのしんでいる	一六%
非常にたのしんでいる	五二%
まあまあたのしんでいる	二八%
特にたのしんでいない	四%

となり、殆どの人が教育の仕事をたのしんでいることが分る。負担が重すぎると感じている人が半分以上もあるが、それでも大部分の人が負担を超えて、たのしく教育に従つているのである。これは日本の現状からみるとまことにうらやましいことである最近の日教組の調べによると、(5)〃あなたは自分の教育活動が全般に充分に行われていると思いますか〃という質問に対して、

◎全般に充分に行われていると思つて満足している　七・七%

◎努力して充分に行つているが、負担が過重で参つてしまいそうだ　一三・八%

◎努力しているが、仕事が雑多で負担が過重なため何かと充分に行かない点ができて不満である　六九・三%

◎仕事が雑多にすぎるために、途方に暮れることが多く生甲斐を見失うことがある　三・五%

◎教育を充分に行うことはあきらめている〇・六%

という結果が出ている。満足しているものは七・七%にすぎず、殆どのものが圧倒的な過重負担の重石の下にあえいでいることがよく分る。

まず恵まれた負擔量

負担に対する感じ方が日本とアメリカとで、こんなにちがうのは、やはり負担の実態が客観的にそれだけちがうためである。アメリカでは負担量測定の一つの基準として、Pupil−Hours というのを用いる。一週間の受持時数と受け持ち児童数を掛けた数である。NEAの調査によると、アメリカの教師のPupil−Hous は、

・小学校	八七三
・中学校	七一一
・高等学校	五六一

となつている。日本ではこの基準はあまり用いられないが、東京都が小学校だけについて調べたところ(6)では、Pupil−Hours は平均一、三一九となつている。アメリカの丁度一倍半に当る。週授業時数は殆ど同じなのであるから、問題は児童数ということになる。アメリカでは負担が重いと感じている教師の受け持ち児童数は平均三三名、負担が軽いと感じている人の受け持ち児童数は平均二九名となつている。とにかく三三名で過重負担になるというのだつたら、日本の教師の大部分が負担に圧倒されるのは当然すぎるといわねばならない。一クラス三〇名までというのが世界の常識だとすれば、三三名というのも過重負担の原因として指摘されてよいのであろうし、アメリカではたしかに改善すべき問題点の一つなのである。しかし、日本のように一クラス六〇人以上という過大学級が全国に一七、〇〇〇もある(7)という国からみれば、三三名というのは改善の目標にもなりえない位のものである。負担の時間量

についても同じような状態である。アメリカと日本を比較してみると、

下表の通りとなっている。一週間の標準労働時間を四四時間とすれば、アメリカの教師の負担も三時間ばかり過重だということになり、これが問題点とされる。けれども、日本の教師の六〇時間に近い負担に比べれば、まだまだ恵まれているといわなければなるまい。日本の教師の負担をせめてこれ位に減らすことができれば、日本の教育はどれ位向上するか知れない。

<table>
<tr><th></th><th>アメリカ</th><th>日　本</th></tr>
<tr><td>小学校</td><td>47時間50分</td><td>59時間 8分</td></tr>
<tr><td>中学校</td><td rowspan="2">47時間58分</td><td>59時間 29分</td></tr>
<tr><td>高等学校</td><td>53時間 45分</td></tr>
</table>

比較的少い事務雑務

負担量が週四四時間を若干上廻っているとはいえアメリカの教師の負担はまだまだ恵まれた方だといえる。さらにもう一ついいことは、日本の教師に比べて事務や雑務が少く、それだけ教育に打ち込むことができるということだ。教師の活動を指導（教科指導、教科外指導等）、指導周辺（指導に直接関係のある準備、整理、教務等）、その他（主として事務、雑務）に分けてみると、そのバランスは次のようになる。

・アメリカの小学校教師

指　導　二八時間一五分（五九・〇％）
指導周辺　一一時間五二分（二五・〇％）
その他　七時間四三分（一六・〇％）

日本の小学校教師

指　導　二七時間二五分（四六・五％）
指導周辺　一五時間四三分（二六・六％）
その他　一六時間〇分（二六・九％）

アメリカの教師は日本の教師よりも負担の総量は少いけれども、指導活動は却って多くなっている。小・中・高校・ともこの割合はほぼ同じである。結局、アメリカの教師の負担量が少いというのは、その他の事務、雑務及び指導周辺の教務が少いからである。事務職員などの補助員が整っていたり、教務等の事務機構が近代化しているために、教師がやたらに事務、教務に追いまわされないですむというわけであろう。だから、教師としての本来の仕事である指導活動にそれだけ打ち込むことができるというわけであろう。正規の授業時間でも、アメリカの中学校、高等学校では大抵の人が週に二五時間～三〇時間ももっており、日本の教師よりも多いが、それ以外の事務、雑務が少いために、負担総量はずっと少く、いらぬ心配をせずに授業に専念できる。アメリカでは週に七時間あまりの〝その他〟の活動に問題があるとされるのだけれども、ともかくも、全活動の八四％を指導及び指導に直結する活動にあてることができるというのは、教師として恵まれている方だといえよう。

負擔軽減は学校運營上の問題

では、負担をもっと軽減する――できれば週四四時間労働でしかも一〇〇％教育に専念するという目標を達成する――ためには、どういう措置をとるべきだろうか。この問題に対するアメリカの教師たちの意見は次のような分布を示している。

・更に多くの人員を確保してほしい　四一％
・学校運営を改善してほしい　四〇％
・学校プログラムの計画を改善してほしい　三八％
・設備を改善してほしい　一八％
・その他　八％

学校の運営やスクール・プログラムの改善によって負担を軽減したいという考えが八割近い人から出されている。要するに教師の負担軽減は学校運営に関する校内問題と考えられているわけである。人員の確保、設備改善にしても、一校内の問題として考えている人が多いようである。行政上、財政上の問題、政策や政治の問題として負担の問題を考えようとする傾向はあまりみられない。

日本の教師の場合は、特に政治的だというわけではないが、アメリカの教師とは大分ちがった傾向を示している。日教組の調査(8)によると、負担軽減のための措置を日本の教師たちはつぎのように評価している（七点満点）

教員数を増し、一学級当りの生徒数を減少する　五・七点
教員数を増し、授業時数を減少させる　五・五点
事務職員等を増し、教師を事務雑務から解放する　五・二点
教職員配置を合理化する　三・八点
専任のカウンセラーを配置する　二・八点
天下り研修を廃止する　二・三点
進学指導を廃止する　二・二点

学級を小さくしろとか、授業時数を減らせとか、

事務、雑務から解放しろとか、アメリカの場合よりはるかに泥くさい。そしてそれだけ原始的であり根本的なところを問題にしている。このちがいはやはり負担の実態のちがいからきていることで、日本の場合には基本的諸条件を改善して行かないことにはどうにもならないので、それだけ行政面への期待が強いといえよう。アメリカの教師が、負担の問題を校内問題として割り切れるのは、結局、基本的諸条件が比較的整つているからだ、とみるのが正しいであろう。

職場の民主化と負擔の問題

負担量が客観的にそれほど深刻でなく、それが教育活動の上にそれほど大きな支障をもたらさないとすれば、教師の負担を全く別の角度から考えるだろうとする考えがでてくる。C,A,Weber はその代表的な人で、教師の仕事を芸術家の仕事と同じようなものだとし、のびのびと自由に働ける雰囲気があるかどうかが教師の負担意識を左右するのだと考えた。従つて、教師の職場ーー学校が民主化すれば、それだけで教師の負担は軽減するのだと割り切つている。彼がいくつかの学校について実際に調査したところによると、負担が過重であるという教師の学校の雰囲気はつぎのようなものであつた。

1、職員会議は殆んどいつも校長が計画する。
2、職員会議は学校が引けてから開かれる。
3、職員会議には出席しないわけには行かない。
4、ガリ版で刷つて報せればすむような日常の些事が職員会議の中心的な議題である。
5、学校の基本方針が明確に公表されてない。
6、校内の委員会は校長の任命制である。
7、上級の学位をとるか、勤務年数が増えるか以外に増俸が行なわれることはない。
8、病気以外の欠勤は認められない。
9、カリキュラムを発展させる活動は極めて消極的である。
10、ほとんど校長だけが学校内の改革のイニシャティヴを握つている。

すなわち、校長の独裁権が強く、校内が民主化されず、教育活動も抵調なところである。こういうところでは教師はのびのびと振舞うことができないので、毎月の仕事を重荷に感ずるというのである。（この調査は負担が重くないという教師の学校は丁度これと正反対の空気をもつていることを同時に報告している。）

日本でも最近は教師の過重負担の問題を職場の民主化と結びつけて考える人は多くなつた。けれどもそれはウエーバーのように職場の民主化によつて過重負担の問題がすべて片づくというのではない。むしろ、負担を軽減する諸条件を獲得するための基盤として、職場の民主化が必要だというのである。負担量の重みがはるかに深刻な日本では、ウエーバーのような理想主義的な芸術趣味は、そのまゝでは通用しない。アメリカにおける教育の負担の問題は、それが一つの有力な考え方として通用するというところに象徴されているといつてよいだろう。

ともあれ、アメリカでは教師の過重負担がそれほど深刻だとはいえないにもかゝわらず、教師も、校長も、ＰＴＡも、行政当局も、常に教師の負担軽減、教職活動の合理化のことを問題にし、共にこれを少しづゝでも改善してゆこうとしている。このことが一番うらやましい点である。

註 (1) Harl R, Douglass; Organization and Administration of Secondary Schools, 1945.
この公式は、担当教科、受持時数、受持生徒数、一時限の長さ、同じ内容の授業時数、教科外指導等の要素を複雑に組み合せたもので中等学校教員の負担を測定するのに用いられる。
(2) Ward G. Reeder : The Fundamentals of Public School Administration 3 rd ed. 1951.
(3) Teaching Load in 1950 ; NEA Research Bulletin, vol. 29, No.1 Feb. 1951.
(4) Clarence A. Weber : Personel Problems of School Administrations. 1954.
(5) 日教組調査部「教職活動実態調査」（昭和30年度）
(6) 東京都教育庁調査課「教職活動の分析」（昭和26年）
(7) 文部省統計課「教員生活調査」（昭和27年）
(8) 昭和30年日教組調査部調べ

（東京都立教育研究所員）

英語を学ぶ移民たち

名城嗣明

ハドソン・ギルド・ハウスは、ニューヨーク市が経営している公民館のような性格の集会所で、マンハッタン八番街の二十九番通り附近にある。大ていは附近の若い男女たちで一ぱいで、いくつもある広間を占領してワーワーさわいでいるといつたあんばいだつた。

一九五〇年から五一年かけての一年間を私はボストン郊外のケンブリッジ市にあるハーバード大学で英語教授法を研究していた。その間、前後三回程にわたつて、ハドソン・ギルドに教生実習といつた名目で実際授業に派遣された。

はつきりした数は知らないがニューヨークには各国から多数の移民たちが入り込んでいる。その中でも特異な存在はアメリカ東岸の大西洋上に浮ぶフエルトリコ島から来た連中で、この島はスペインからアメリカの手に移つて、今ではアメリカの領地だから、ニューヨークのフエルトリコ人は移民とは云えないのだが、彼らはスペイン語を話すので、米本土では感情的に外人扱いを受けている状態である。

ハーバード大学には英語教育研究所があつて、例のベイシック・イングリッシユの名の下に知られた英語教授法を専売特許としている。その商売敵はミシガン大学のパイク、フリース両教授のかゝげる、いわゆるミシガン式教授法である。ハーバード側の正横綱は、有名なI・A・リチャーズ博士であるが、彼はどちらかと云えば、ベイシック・イングリッシュは副業であつて、世界的に知られているのは彼の文芸批評の故である。彼は実に辛辣な皮肉屋であり、風采もあつぱれな代表的英国紳士である。

さて、私の任務は、ハーバード式教授法をひつさげて、ニューヨークのフエルトリコ人を主体とする新移民達に初等英語を教えることである。張出し横綱格だが、実際には研究所の一切を牛耳つているミス・ギブソンという気むづかしいおばあちゃんから、クドクドと細かい注意の達しがあつて、いよいよハドソン・ギルドに乗込んで行つたのである。

英語が話せないので故郷の生活難を逃れてニューヨークには来たものの、目ぼしい仕事にもありつけないこれらの移民達を、ニューヨーク市は、生活を保証し英語を習得させて更生を計つてやるのである。その為に、ハドソン・ギルド・ハウスに設置した英語教育の成人学校の経営をハーバード大学に依頼し、ハーバード大学は、これを実験学校を兼ねて運営しているという仕組みである。

ハーバード式の教授法のねらいと云うのは二つあつて、第一は英語で英語を教えるという直接法の徹底、第二は用語を極端に制限することで、基本語として八百語を指定し※

※これ以内で日常会話が何でも話せるようにするというのである。

私はスペイン語を知らないし、相手の生徒側は、スペイン語を筆頭にそれぞれの自国語以外にはしやべれない連中だから、ねらいの第一「英語で英語を教える」という点は当然そうするより仕方がない。ところがそうなると毎日隔靴掻痒の感に悩まされる事おびただしい。微妙な心理的表現となつて来ると全く手のつけようがない。こ問題をハーバード式によれば、デモンストレーションの、つまり視聴覚関係のありとあらゆる新兵器を網羅し、それでも足りないから、手まね、足まね、はては顔面の筋肉も総動員で、表情に訴えろと注文する。新兵器の方は一番複雑なものが映写機だから、操作法さえ習得すればわけないが、身体髮膚による表現となつたら、アカデミー賞クラスの名優ではあるまいし、下手に試みようもんなら、逆に取られて誤解をまねくおそれが十分にある。又、そうでなくても、日本語でパッと云つてのけたら、そのものズバリなんだがといら立つ心をおさえて、長いこと下手な演技をくりかえしてると、こつちも情けないが生徒の方も見栄えのしない安芝居にあきあきしてくる。

素地というものは恐しいもので、こんなたどたどしい難航を続けても、砂地が水を吸い込むようにおぼえて行く連中が居る。調べて見ると、この連中は皆、故国で高校以上の教育を受けて居て、我々が英語を習つたように、自国語以外に何か外国語を修めた者たちである。手がつけられないのは、小学校も満足に出なかつたという四十台、五十台のオッサンやオカミさん連中で昨日おぼえたものが、そのまま今日まで持ち越せたら大手柄である。ザルで水をすくようなものだ。この人々に対しては、むしろ母国語をふんだんに使いながら、一方ドリルの方もおこたらないと云う指導法がよくはないかとさえ思われた。

ともあれ、前後三回、延べて二ケ月にわたる「英語で英語を教える」教生実習を、米国で、外国人を相手に体験した事は幸甚の至りであつた。又授業をはなれては、彼ら、彼女らに「チャイニーズ・ティーチャ」と云うアダナを授与され、親しまれ、毎週金曜日の夕方催おされたダンス・パーティーなどを通して、大いに国際親善?の実も挙げ得た事は楽しい想い出である

（研究調査課主事）

随想リレー

旅で感じたこと

大城崇仁

去つた十月十二日から十一月五日にわたつて本土を旅する機会にめぐまれ、その間全国校長研究協議会や国民体育大会に出席し、祖国の教育の方向や国民の立あがる息吹に接し、感激をおぼえた。更に二、三の学校を参観し、その他汽車、観光バス、旅館等で心の温まるものを味い、民主的な基礎がきずかれつゝあることを感じた。政治的にも経済的にもまた精神的にも自立しかけただけあつて、学校教育も社会教育もすばらしく伸びたからだと思つた。

本土との学力差についても勿論学校が教育という看板をかゝげる以上、その責任の一部を負わなければならないが、一面、家族の力、社会の力による差があることを見のがすことは出来ない。子供は家庭に生活しまたせまいながら社会生活をしているからである。私は神奈川県で小学校四年生の授業を参観した。日ソ交渉についての勉強でしたが、ほとんどの児童がそのことについて相当な知識と判断力をもつていたのにおどろいた。後で「どうして皆さんはそんなによく知つているか」という問に対し、子供たちは「朝晩家では父も母もその話でもちきつているし、又ラジオもきいている」と答えた。これは一例であるが、教科書だけでは子供の学力はつかないと思う。彼等は学校で教えてくれないものを家庭で学んでいる。家庭の教育環境は彼等の学力に大きな影響を及ぼしている。汽車のなかでも、本土の人々はよく読んでいる。新聞雑誌読物が数多くよまれ、国内の情勢や世界情勢に対して深い知識と高い意見をもつている。それに文化施設が整つているのでラジオテレビ等からうける影響も大きい。行商の小母さん連中も大きい風呂敷包をおいて席につくとすぐ読み物を読んでいる。道路作業の人夫も朝家を出るとき、バスケットの中に雑誌と弁当を入れることをわすれない。こういう社会に育つ子供たちの読書意慾は郷里とは話しにならないと思う。社会の力が強ければ子供の学力もまた強い。

国語について考えてみても調査の結果は書く力、読む力が劣つている、と言われているが学校でも話すことに力を入れすぎていはしないか。書く力や読む力は戦前以上に重要視されなければ戦後の複雑な社会の生活には堪えられないのではないか。どこの学校でも正しい語いや語法はその学年に即して順序よくおしえられていることであるし、又自然におぼえた不正語は修正しておると思うが、本土に比し家庭や、社会で常時使つているかに学力の差があるのではないかと思う。教科書だけ教えて学力がつくとは考えられない。ラジオが普及してどこでも共通語が使われ、旅をして言葉で困ることはないが、私共の使つている言葉に味がないと言われている。或る旅館の女中さんは次のように言つている「お客さんの使つている言葉は本に書いているように話しているが一寸おかしいところがある」正しい標準語かも知れないが味がないということだろう。それに方言調子が出るからおかしいと解される。或る演題によつて演説をすることは本土に劣らないかも知れないが本土の人と和やかに対話することは極めて下手である。民主的家庭、民主的な社会をつくるにはかおり豊かな共通語が必要である。封建的な言葉、人格無視な言葉を一日も早くなくする努力が必要である。言葉の使い方によつて相手の人を善悪いづれにも左右することが出来る。言葉の粗暴なところには粗暴犯が多い。私共はもつている語いを消化し、生活化し、表現化しなければ道徳的にも社会的にも、教育的にもその効果を発揮することは出来ないのである。鹿児島で或中学校を参観した。その学校は標準語指導で名がうれている学校で、対話を中心に徹底的に指導している。それ以前は言葉で卒業生が就職出来なかつたそうだが今日では卒業生がほとんど就職出来たとのこと。この学校では標準語は就職道具として重要視されている。更に口論生傷が少くなるし、泣き声も聞えなくなり生徒の態度もよくなつたと言われている。晴着にしている標準語を仕事着にすることによつて郷土の人々は本土で十分腕をふるう仕事が出来ると思つた。

算数の学力についても、原理や基礎的計算の技術は本土なみに学校で指導しておられることだが、これ等の知識なり力なりというものはそれ以外の日常生活の経験と相まつてはじめて力となるのではないか。買物の機会の多い子供は釣銭の計算が反復練習されるし、車賃計算も自ら出来るようになる。文化施設の整つている家庭では時計の見方時間の計算、計量コップ計量サジによる量のはかり方、温度計、計算尺の使用法及び単位関係計算の仕方まで学校で教えなくても修得することが出来る。学校の立場から研究する部面も多いかも知れないが、家庭も社会も子供たちのためよい教育的環境をつくつてやることが子供たちに学力をつける一番の近道だと思う。（宜野座地区教育長）

次は知念地区教育長平田善吉先生にお願いします

第一走者の辯

＝停年制に異議あり＝

わたり宗公

人の褌で角力をとるといつては失礼だが文教時報の編集子はなかなか名案を考えついたものだ。それは随筆欄の原稿を募る方法として、リレー式に教育長グループ、学校長グループ、ＰＴＡグループあるいは教員部、女教員部といつたように教育界の各階層の声を広く聞くためにそれぞれの部でリレー式に次から次へとバトンタッチさせようとの案らしい。これが実現すれば編集子としては、いちいち学校巡りをしたり個別訪問をする手数が省けて、その余力で研究調査に精出すことができるし、政府としては旅費の節約にもなろう。教師側としては従来ごく一部の人によつて独占されていた紙面が、いつかは自分たちにも利用する機会が与えられるであろうとの希望がもてるし、また次回は誰のが載るかとの関心もわいてくる。なおこれをきつかけにかくれた文芸人や思想家や研究者も現われてくるであろうと予想される。さらに各地区各階層の同志の活動状況や動静を知ることができるので文教時報に対する親しみと関心を寄せるようになると思う。かような意味で編集子の投稿誘致の名案に賛意を表するものであるが最初に指名されて実は面くらつている。しかし断わる勇気をもたない私は、何か見どころがあつて私を第一走者としたのであろうとの自負心、否、自慰心からペンを執ることにした。

さて十二月に続いて師走が通りすぎ、新正をおい越して旧正月がやつてきた。喜ぶのは子供らばかり、そうそう商人連も神武景気と恵比寿顔でほくそ笑んでいる。こちらは五割のボーナスで迎年。一度もらつて二度出すのだから始末がつかない。彼らの商売繁昌とこちらの家内安全とはアンバランス。単位手当に追及徴税。家族手当はないのに子孫繁栄の大賑いを呈している。時たまデパートに行く。買いに行つたはずだが金が足りないので見て帰える。結局バス賃と時間の浪費だ。目は肥えるが腹はへるといつた調子である。特に日留学生をもつ親にとつてはその学資の捻出に四苦八苦の生活である。

ああそれなのに、それなのに。定年制？停年制とは何事だ。休暇も休まず講習通い。昼寝もせずに通信教育。夕食も摂らずに夜間講座へと精励そのものである。螢雪の功空しからずで校長一級免許状をかちえた時は歳まさに五十五、さてこの終身免許状の効力はいつどこで発生するのだろう。大器晩成の意味もわからなくなつた。

学年末が迫るにつれ、教員の契約制実施とか定年制を考慮中とかの語句が新聞にでる。われわれには好感がもてない。なるほど理論としては一応認めるが、沖縄の現状からみて直ちに実施することは教育界に不安と動揺を与え教育効果を阻止するばかりでなく、ヒューマユテイにもとるのではないか。

先ず契約制について考えるに特殊の能力をもつ優秀教員は引つぱり凧で抜擢されようが一般教員としては区教委との契約について受身の地位におかれひけめを感ずるのではなかろうか。特に区外出身者にとつてはその感を一そう深くするであろう。したがつて保身のために覇気と自主性を失いご機嫌とりに堕して師表たるの矜持をもてずひいては教権の確立を危くすることになりはせぬか。杞憂に終ればよいがと念じている。停年制については新陳代射は大自然の法則で敢て反対はしないが、五十五才説には絶対反対である。現代では五十、六十は働き盛りで理論と経験をコントロールして仕事に実の入る時期であり、日本でも政界官界を通じて事実が雄弁に物語つているではないか。老朽若朽は人によりけりで六十をすぎてもかくしやくたる者がわが教育界では多数いる。

なお沖縄の治安の第一線で活動する警察官、いざ鎌倉といえば実力行使をも辞さない巡査さえ五十五才以上の人がいる現状だ。何を好んで教育界から停年制を実施しようというのか。うわさの新布令の原案は軍案か局の立案かはつきりせぬが沖縄の実状を見極めて慎重を期すべきである。

契約制停年制を実施する前に人道的立場から教員にもいくらか預貯金のできる待遇を与えてほしい。せめてわが子幾人かのうち一人ぐらいは大学教育を受けさせることのできる程度の給与がありたいものだ。なお退職金や恩給制度などを実施して老後の生活保障をしおちついて育英道に専念させるようにすべきである。さらに停年制で辞める者に対してはその人の資質体力に応じて就職の道を講ずるように社会福祉事業と関連づけて考えるのが人道的である。とにかく統治者は被治者の身になり、上にある人は下にいる者の立場になつて考える余裕をもち中庸道をいくのが人生の在り方ではなかろうか。特に矛盾だらけの沖縄の社会環境では理想一点ばりや直輸入的法制は実施前に世論に訴え衆智を結集して建設的意見により現状に即応してステツプバイステツプで前進してほしい。一足飛びはサテツを来たし、トラブルを起す虞がある。教員異動期を控え新布令がでるとの話題が教育界で云云されている今日、民主的人道的な教育法により教員の身分地位が保障され沖縄教育が健全な歩みと順調な発展を遂げるよう祈念してペンをおく、(二、三記)

(坂田小中校長)

次は北中城小学校長新里章先生にお願いします。

落穂拾ひ

大城眞太郎

一、職場の先生に学習指導の工夫をしたらというたら在籍が多くて個別指導や、グループ学習は出来ませんという。

へき地の学校に行くと五、六名位の在籍で学習を進めている場合がある。其処でも矢張り先生は教壇上でチョークを持つて一生懸命説明をしている。恐らく生徒が一人いてもそうなりそうである。

在籍が多いからという言いわけは教師の避難場所として最も堅固な陣地になつている。

教室とか、学級とかという名がついたら指導の方法は矢張り無意識の中に一般的一斉的説明講議という型から抜け出る事は仲々困難のようである。教室という所は生徒が一人いても二人いても五十人いても机が縦横に並んで正面には黒板があり、そして教壇があつて、先生の教卓が正面に必ずなければならないと考えているようにある。

固定的に考えずにもつと便利のように能率があがるように考えてよいと思う。近代学校は人間の規格品を大量生産した。人間をあまりに物として、機械として取り扱い過ぎた。

其処から人間の悲劇が色々起きた。現在の学校は其の規格品製造工場から芸術品作製のアトリエに早くかわらなければならない。

二、教室の中に机、腰掛と、黒板と教卓、教壇以外何もないような処がある。教師は教科書を左手に持つて右手にチョークを持ち一時間中離さない人もいる。離したら自信がなくなる。

最も旧式の教師であり指導法で誰にも出来る方法である。

そういう教師は新兵器(教具)がある事を知りもしなければ扱う事は益々出来ない。原始時代と原子時代は一緒か。

三、新らしい学習指導は教材の研究と指導計画と準備に教師の全力を注ぎ、教室に行つたら児童生徒の仕事を見守り援助するゆとりを持ち、教師の姿が児童生徒の中に没して行く度合を出来る限り多くする事ではないでしょうか。

四、教材研究は指導計画以前の仕事である。指導計画は子供の働かせ方、子供の仕事のさせ方、即ち子供を如何に活動させるかという事が中核でなければならない。教材のみを如何に深く研究したからといつてもまだそれは技術にはなつてない。知識は技術にまでならなければ役に立たない。

五、一時限の短い時間の中に種々、雑多な仕事を持ち込み児童生徒の学習を混乱に陥し入れている場合がある。

指導計画は複雑に子供一人一人の仕事は単純に。

六、自発活動の美名の下に指導の責任を回避している事はないか。指導すべき時にその時機を逸せず、教育の放棄にならないようにしたい。「新教育一番強いのは子供なり」川柳ではないが、児童生徒の御気嫌取りにならないように。

七、新教育は個人の尊重。個性を伸ばす。

能力に応ずる。生活経済を重んずる。

興味と必要に応ずる。自発性を重んずる。

美しい花が咲きつゝある。

舵のない宝船にならないように。　（指導主事）

次は指導主事糸洲長良氏にお願いします。

義務教育学力測定成績速報

1956学年度（平均点）　　　研究調査課

科目／地区	国語	社会	数学	理科	音楽	図工	保・体	職・家	英語	平均	去年度平均
A	13.4	13.4	8.9	9.0	9.7	10.9	8.6	13.9	9.3	10.8	11.0
B	13.2	12.1	9.0	9.9	10.0	11.6	9.7	14 6	8.9	11.0	11.7
C	13.3	12.4	8.3	9.6	10.1	11.8	9 4	14.9	8.6	10.9	10.7
D	14.2	14.0	9.7	10.6	10.7	12.1	10.6	16.5	9.6	12.0	11.8
E	13.8	11.8	8.9	9.6	9.8	11.6	10.1	14.4	9.1	11.0	11.8
F	11.8	11.4	7.7	9.4	9.3	9.7	8.0	13.9	8.3	9.9	10.0
G	13.7	12.4	9.6	10.4	9.6	11.8	9.8	15.3	9.7	11.4	12.2
H	12.0	11.2	9.7	9.9	8.8	10.7	9.5	14.4	10.2	10.7	9.6
I	16.1	16.0	11.8	11.8	12.5	14.2	11.9	18.0	11.9	13.8	14.3
J	13.6	12.6	9.1	9.8	10.9	12.1	9.8	15.9	8.7	11.4	11.3
K	13.3	12.5	9.8	19.1	9.6	11.7	10.2	14.8	9.6	11.3	11.7
L	12.9	12.4	8.8	9.7	8.9	10.9	9.0	13.5	8.9	10.6	10.8
全琉平均	13.9	13.1	9.7	10.3	10.3	12.1	10.1	15.5	9.8	11.64	12.0
正答率	46.3%	43.7	32.3	34.3	34.3	40.3	33.7	51.7	32.7	38.8%	40%

産業教育シリーズ（其の三）

＝水産業＝

琉球水産株式会社は、一九五一年五月に設立され、資本金三千万円、那覇港の入口、三重城燈台のもとにある。

現在、遠洋鮪漁船（一五〇屯）二隻、近海鮪漁船三隻、鯖漁船三隻で会社自体の漁業を営むと共に、社外船四隻に対して協力し、漁業に従事させている。

一年間に会社の手を通じて売られている魚は三百万斤に達している。

一方、製氷は一日に三〇屯（本数にして二一〇本）をつくり、冷蔵庫は、一千トンを入れることができる。

長嶺社長のもとに、陸上で働いている人達は百二十名、船に乗込んでいる人達は二百名をこえている。まちに出る果物や鶏卵などのほとんどは、この会社の冷蔵庫に保管されていて、漁業面からだけでなく、生鮮食料品の世界でも、重要な役目を果している。

会社はこれから、水産業を中心に、ますます事業が拡大されることになり、その準備がすすめられているが、何としても琉球における最大の漁業会社であり、琉球水産業発展のために、この会社の使命は大きいといわなければならない。

（琉球水産株式会社提供）

魚はもつととらなければならない

大浜英祐

魚は不足している

もつと魚を沢山とらなければならない。すくなくとも現在の三倍はとつてほしい。

どうしてだろう。第一に、私たちの栄養上から考えて、魚は不足だからである。


琉球政府の統計によると、一九五五年の全琉の魚、（いか、たこなども含む）の生産高は、一、六四五万斤となつている。この年の全琉の総人口は八〇万人だから、けつきよく一年間に、住民一人当り、約二十一斤の魚を食べたことになる。

ところが、本土では昭和二七年に国民一人当り六十七斤たべている。

本土の場合も、沖縄の場合も、食生活は同じ環境なのだから、私たちの魚の食べ方が、どんなにすくないかがわかる。

更に、栄養面から見てみよう。私たちの体に最も大切な栄養分が蛋白質（たんぱくしつ）であることは、もうくわしくいうまでもない。ところで日本人の栄養基準からいくと、年令や性別によつて違いはあるが、平均して一日に成人で八〇グラムの蛋白質が必要だといわれている。そしてこの八〇グラムのうち約二五グラムは動物性蛋白質でなければならないと、いわれている。つまり、牛肉、豚肉、卵、牛乳、鶏肉、そして魚類からの蛋白質をとらねばならないというわけである。

そして、その二五グラムのうち、すくなくとも一七グラムは魚からとるべきだと栄養学者はいつている、
ところで、本土の場合は、昭和二八年に、農村地区では一七、五グラム、都市地区では一九、二グラムを魚からとつていて、学者達のいう基準をこえている、
それにくらべて、沖縄の場合はどうだろう。これは正確な数字ではないが、大体魚からとつている蛋白質は、一日当り、五グラムから六グラムと推計される。これに本土から輸入される魚の罐詰や塩魚などを加えても、せいぜい十グラム程度ではないかと思われる。これは本土の戦前の十一グラムという摂取量と大体同じ数字である。

日本本土にくらべて、私たちが、どんなに魚の食べ方がすくないかは明かである。

魚の蛋白質をすくなくとつていることは、それだけ私たちの体の栄養にすぐにひびいてくることも明かで

ある。そこで本土並みに一七グラムに食べ方をひきあげるには、一年間に実に、五、五〇〇万斤の魚が必要となる。今の三倍だ。

それでは不足分はどうしているか。これが魚を沢山とらなければならない第二の理由である。

いうまでもなく、不足分は、日本本土から輸入している。生の魚、塩魚、乾魚、罐詰など、一年間に三億二千万円ほどの輸入を年々しているのである。

これだけの金を、漁業にまわしたらどういうことになるだろう。今、日本のように、魚の沢山いる、印度洋や、アフリカの近くまでいけるような、三百トンの鉄製まぐろ漁船をつくるとすると、(沖縄でいま一番大きな漁船は、琉球水産会社の船で、一五〇トンである。)一隻で、大体四千万円から四千五百万円かゝるといわれているから、三億二千万円では、七隻つくれる。一隻で一年間に一五〇万斤の魚を釣つてくるから七隻では、一〇五〇万斤釣つてくることになる。これは大体輸入される魚やその加工品の原料魚に匹敵する量だと思われる。

おいしくて、栄食価の高い生魚をたべ、しかも徒にドル資金を外へ流さなくてもすむ。

琉球の経済を大いによくすることは、もういうまでもないことであろう。

遠洋まぐろ漁業

それでは、琉球の水産業をおこすためには、どうしたらいいだろうか。

これについては、いろいろなことが考えられる。私はまず第一に遠洋漁業をさかんにしなくてはならないと考える。

漁業のあり方についてはいろいろ分類されているが大きくわけて海面漁業、浅海養殖業、内水面漁業、内水面養殖業と、海と陸の二つにわけられる、そのうち海面漁業は、遠洋漁業、沖合漁業、沿岸漁業の三つにわけられる。

遠洋漁業は、大型の動力船をつかつて、普通一週間以上、海上にあることのできるような漁業、沖合漁業とはやはり動力船を用いて、一日行程以上の漁場に出漁することはできるが、遠洋漁業より規模の小さいもの、沿岸漁業とは一日以上海上にいることのできない小規模のものである。

沖縄の場合、まぐろ漁業は遠洋漁業といえるし、鰹漁業は沖合漁業、くりぶねなどの漁業は沿岸漁業ということになろう。

もつともまぐろ漁業といつても、琉球水産会社の船のように、遠くオーストラリヤの近くまでかける、一ケ月以上にわたるものもあれば、二週間位の漁場にでかけるものもある。

私が、ここでとりあげる遠洋漁業というのは、南洋の海々や、ジャワ海、印度洋、アフリカの近くまででかけるまぐろ漁業のことである。琉球水産会社の一五〇屯まぐろ船は、せいぜい、那覇から二千六百浬のところまでしかいけない。ところがこれらの海よりも、もつと遠い、ジャワとか印度洋に魚は多いのである。

しかしそこへでかけるには、船を大型に、完全な冷凍施設をもつた鉄船にしなくてはならない。

一般に、三〇〇トンから三五〇トンの船が適当だろうと考えられている。

一五〇トンの船は、三十五、六日かゝつて九万斤ほどの魚をとつて帰つてくる。それが三五〇トンとなると、五〇日位かゝるが、三十二万斤はとつてくる。

一年にすると、一五〇トンでは、五五万斤から六〇万斤あげる。三五〇屯は、一六〇万斤もあげるのである。

船を大型にして、遠くの海へでかけることが、どんなに有利であるかは、これではつきりすることであろう。

漁船を思い切り大型にして、遠くの海へ乗り出す日本では、戦後この面に非常に力を注ぎ、とつたまぐろは、どしどしアメリカへも輸出して来た。

次の表のように、本土では、那覇丸ほどのまぐろ船もできている。

日本本土まぐろ漁船

一五〇屯から二四九屯	六一隻
二五〇屯から三四九屯	四〇隻
三五〇屯から四四九屯	二七隻
四五〇屯から五四九屯	一隻
五五〇屯から六四九屯	二隻
六五〇屯から七四九屯	二隻
七五〇屯から八四九屯	一隻
九五〇屯から一〇四九屯	二隻

(一九五五年十二月末現在)

まぐろ漁業は、写真で見るように、一五〇キロメートルにも及ぶ長い縄を海にうかべてつる。まぐろ延縄(はえなわ)漁業とよばれる大がかりな漁業であつてすくない資本ではできない。だから琉球水産会社のように会社組織にして、やつた方がやりやすいわけである。又、船をつくるとか、漁具を買うとかということについて、銀行も、いままでよりもつと多くの金を貸すようにすることが、必要である。

　このような船が十隻もあれば、一年間に、一千六百万斤の魚をつりあげることになつて、現在の全琉の産高の全部をつりあげることになるのである。

さば漁船

　次にますますさかんにしなければならないのは、さば漁業である。

　戦前沖縄にさば漁業はなかつた。さば漁業が行われるようになつたのは、こゝ二、三年来のことである。李ラインで締め出された本土の漁船が、ぞくぞく沖縄近海に繰り出して、さばを釣りはじめたのに、しげきされたともいえるだろう。

　ところが、沖縄の漁船は、日本本土のさば船のようには技術も上手でなければ、漁群探知機などのような船の設備も悪く、そのために、あまりふるわず、いまは僅かに琉球水産会社の船が三隻動いているにすぎない。

　しかし、現に本土の船がとつているのだから、技術をねり、設備をよくすれば、本土の船におとらずとれることは確だ。

　魚に大衆魚といういい方をする魚がある。それは沢山とれて、値段がやすく、しかもおいしい魚のことだ。

　本土でいうと、さんま、いわし、ぶり、あじ、さば、などがそれで、さんまやいわしなどとれすぎた時は肥料（魚粕）にする位である。だけど、沖縄には、今ようやくとれるようになつた、さば以外は、とれない、
　私たちは、この頃、さんまとかいわしなどたべるが、すべて本土からの輸入品である。そこで、さば一つでも大衆魚とよばれるように沢山とりたいものである。

　そういうことも考えて、これまでのように釣竿でつるばかりでなく、さんまなどをとるように、棒受網という網で、さばをごつそりとろうという計画を、琉球水産ではすゝめている。各方面からこの計画は、大変注目されている。

捕　鯨

　第三には、捕鯨事業をもつと大きくすることである。沖縄本島の近くの海で、座頭鯨がとれる。これがこの二、三年有望な水産業として、大きくうかび上つて来た。今、これに本格的に取組んでいるのは、名護の漁業協同組合で、今年から捕鯨砲も六十ミリの大型にし、鯨を処理する施設も規模も大きくして、仕事をはじめた日には、早くも四十尺近くの鯨を三頭もいとめている。（昨年は小さな砲で四ケ月の間に、十一頭しかとつていない。）

　更にこの捕鯨事業をますます発展させるために、本土の捕鯨船と技術者を招き、すでに沖縄近海の鯨資源の調査に乗り出している会社（琉球食品会社）もあれば、計画中の会社もある。

　鯨は、利用価値の非常に多い動物で、その油といい、その肉といい、私たちの生活に、きわめて役に立つ動物である。

　なにしろ一頭で、四万斤も五万斤もするのがとれるのであつて、今後琉球の水産業にとつて、重要な役割を果すことになろう。

　私たちは、捕鯨事業がますます発展していくことを見守りたい。

　以上、遠洋鮪漁業、鰹漁業、捕鯨漁業についてのべて来たが、そのほかに、網漁業のことや、養殖業とか、水産物加工、漁港の問題など、琉球の水産業については、数多くの問題が解決をまつているが、それぞれ専門的にむつかしくなることだし、その輪郭を伝えるだけでも、とてもこのすくない紙数ではやり終せない。

　そこで、最後に水産業の陸上施設である冷凍施設についてすこしのべて見たい。

冷凍施設

　沖から魚を運ぶために氷を製造し、運んで来た魚を腐らさないように、蓄えておくために、凍結という仕事が必要であり、冷蔵庫をたてねばならない。

　大型の船になると、船自身冷凍機をもつていて、どんな遠いところからも魚を運んでこられる。沖縄では冷凍機をもつた船は、琉球水産の、遠洋鮪船二隻だけで、あとは、氷で冷してもつてくる。それもくだいた氷でもつてくるものと、水の中に氷をいれて水をひやし、それで運んでくるものとある。（この方法を水氷法といい、さばなどはそうやつてもつてくる。）

　だから、漁業と氷は大変深い関係をもつているわけである。

　さて船が港につくと、すぐ市場に出さない魚は、凍結室にいれ、こゝで、こちこちに凍らしてしまう。それを、零下二〇度位にひやしてある部屋にいれる。これが冷蔵である。

　こうしておくと、一年たつても魚はくさらずにおける。まぐろの餌はさんまである。しかもさんまは本土でしかとれない。

　そこで、本土から冷凍したさんまを買入れて、餌用として、この冷蔵庫にしまつておくわけだ。

このような完全な設備をもつているのは、琉球水産の冷蔵庫だけで、この冷蔵庫には、一千トン位の魚をいれておける。

こんなにして、いくら多くの魚をとつて来ても、腐らす心配がないと、思い切つて漁（りよう）にでかけられるわけで、このような陸上施設なしに、水産業を発展させることはできないわけだ。

しかも、冷凍業は単に魚をたくわえるだけでなく、今食品界で大変問題になつている、冷凍食品もつくるわけだ。

ライスカレーでも、ぜんざいでも、茶わんむしでもフライでも、ちやんと料理したのを凍らして蓄えておくのである。そしてたべるときは、それを火にかけて温めさえすればいいと、実に便利な食品である。

アメリカでさかんであり、日本でもさかんになりつゝある。

もうこれからもお分りのように、魚でも何でも冷凍したら、栄養がおちるなどという考え方が今もあるが冷凍したからといつて、決して栄養も、味もかわるものではない。

冷凍食品こそ、もつとも衛生的だともいえる。今後この冷凍業はますます発達し、私たちの食生活を一層便利にし、合理的にすることだろう。

沖縄の人は、本土の人にくらべて、魚の料理に工夫が足らないようである。同じ魚でも料理の仕方によつて、おいしくもなれば、おいしくなくなることもある。

これは大変重要な事で、食うためにとられた魚が、うまく食えなかつたというと、意味がなくなつてくる

したがつて、魚をおいしく食べる工夫をすることも実は水産業を発展させる、大切な役目をするものであることを、私たちはよく考えたい。

そしてそのために、このような冷凍庫が更に多くなり、各家庭には冷蔵庫が、そのうちに必需品になる時代がくるだろう。いや事実そうなりつゝある。

以上で大体わたしは、水産業に関するはなしをとめたいと思う。

そして最後に、もつと安く、そしてもつと多く、魚をたべることのできる沖縄にしたい。

それは生産する人も、消費する人も、ともにその気になつて、水産業に多くの関心をもつてもらいたい。

それが実は、水産業発展の基礎になるということを申し上げたい。（筆者は琉球水産株式会社調査課長）

（38頁より続く）

そばに居るものを、一と雨に願をかけたナベ女の心は焼けつく思いでいらいらしていた。それは茅上娘子（カヤカミノイラツコ）と同じ思いであつただろう

君が行く道の長手をくりたたみ
　焼き亡ぼさん天の日もがも、

と愛人宅守（タカモリ）が越前へ流されんとした時に茅上娘子が恋情止みがたく歌つたものである。又本部伊野波村の若者は、愛人の今帰仁の乙女（ミヤラビ）との別れの辛さを

伊野波の石くびり　んぞちりて上る
　にやひん石くびり　遠さはあらな、

このくびれた石ころ道のつきる所で彼の女と別れねばならない。これが永遠の別離かと思えば自然に足も重くなる。「どうぞ道よ遠くあつて呉れ、そうすれば彼女との語らいもそれだけ長く出来るのに…」と歌つたこれらの歌は皆別離の辛さを恋情にかり立てられて、雨や、火や、道に切ない願望をかけて卒直に歌つた若者達のぼ情がよく表現されている。

○先年とかわて　恩納村はじし
　道はさで松の　なだる美らさ
○七重八重たてる　杭内の花ん
　匂うちすまでの　禁止やねさみ
○けんさすしたり前　御取次しやびら
　あまん世（豊年）のしぬぐ
　　御ゆるしゆみそり
御主がなしみやだい夜昼んしやびん

これらは皆ナベ女の歌である。

松金は、年上のナベ女をあまり好いてはいなかつたようだ。それで余りにナベ女がしつこいのでとうとう父の郷里の金武へ行つたと云う。松金をしたう恋情やみがたく、金武と恩納をさえぎつている恩納嶽、何とか取り除いて松金を取り戻したい。

吾が思る里や　恩納嶽あがた
　森んうしぬきてくがたなさな

又、尚敬王が恩納間切巡視の時、

波の声ん止まり　風の声ん止まり
　首里天加那志　美御機うがま

と、大自然を承服せしめるような雄大な歌を詠んで王を感歎せしめたと云う。恩納ナベ女は、生れた年も死んだ年も詳かではないが大体、尚貫王代から尚敬王代まで生きていたと云われ、その子孫もなく、彼女の生れたと云うマツコウ屋の屋敷の跡のみが荒れるにまかせているのは寂しい限りである。歌人としてのナベ女の功績を讃え、古えの彼女を偲ぶために、昭和四年、万座毛入口の右側の松林の中に彼女の碑を建て、裏面に、「波の声ん止まり………」の歌を刻んで永く後世に遺している。

（筆者は社会教育課勤務）

仕込み（しこみ）　→

仕込みというのは漁に出る準備をすることで写真のように、ダンブル（魚倉）に水を積みこんだり燃料たんくに油を入れたり餌を積んだり飲料水や食糧の準備をする。

←　出　漁（しゆつぎよ）

写真は漁場へと港を出発するところである。

電氣水温計（でんきすいおんけい）→

航海中も操業中も、つねに海水の温度に気をつけます。海水の温度によつて魚がどの位の深さのところを泳いでいるか、大体の予想がつくからです。

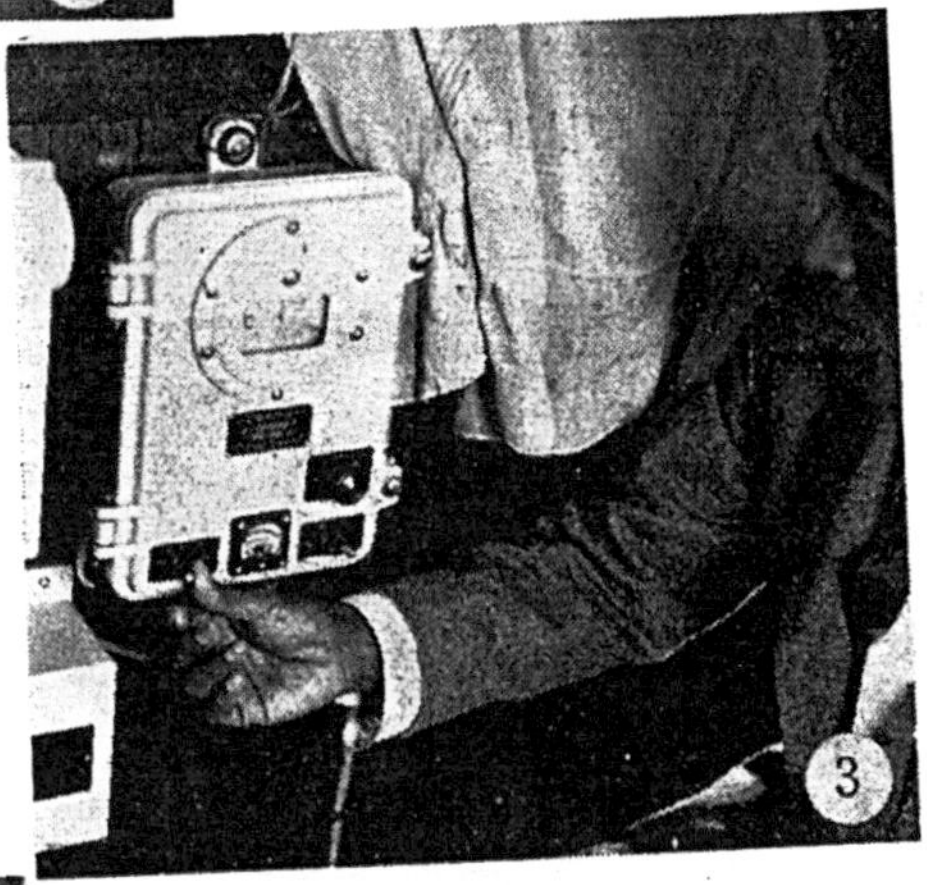

←方向探知機（ほうこうたんちき）

この機械で船の正確な位置を知ることができる。船がいまどこに居るということがわかれば安心して航海操業ができる。右下の写真は方探のアンテナです。これから電波を出して、船の位置を測定する。

延縄（はえなわ）＝電気水温計、魚探方探の助けで漁場が決ると縄を流します。ところ〴〵に右下の写真のようなダルマ灯やびん玉をつけて縄が沈まないようにする。

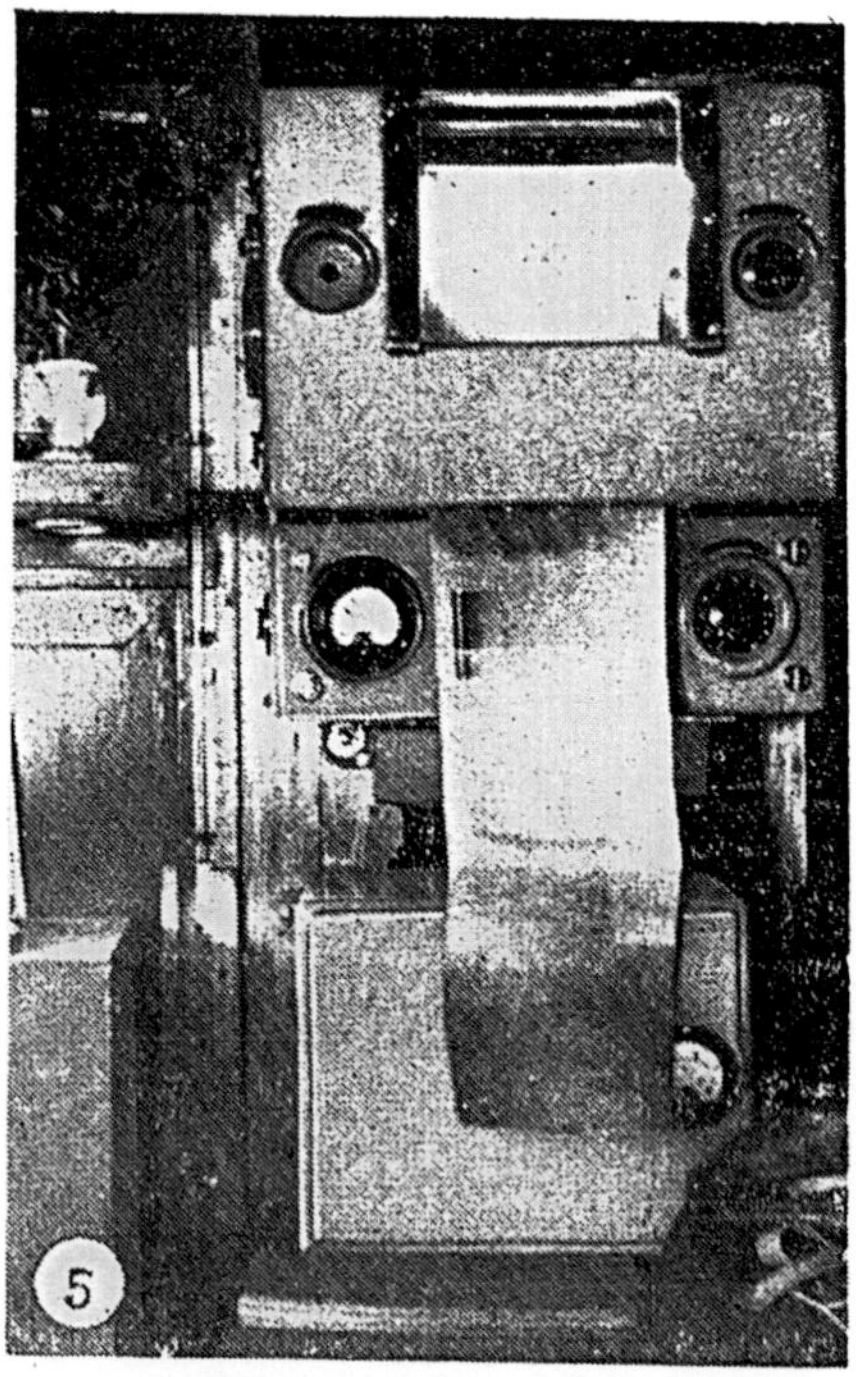

魚群探知機（ぎよぐんたんちき）→
魚のいるところ、魚がどれくらいいるかを探る機械、たれさがつている記録紙に記録されるので、深さ何米のところに、どれほどの魚がいるかすぐわかる。

電氣銛（でんきもり）と揚縄（あげなわ）

延縄が終ると、しばらくして流した縄をあげ始めます。

右上は電気銛で暴れる魚はこれで仕止めます。

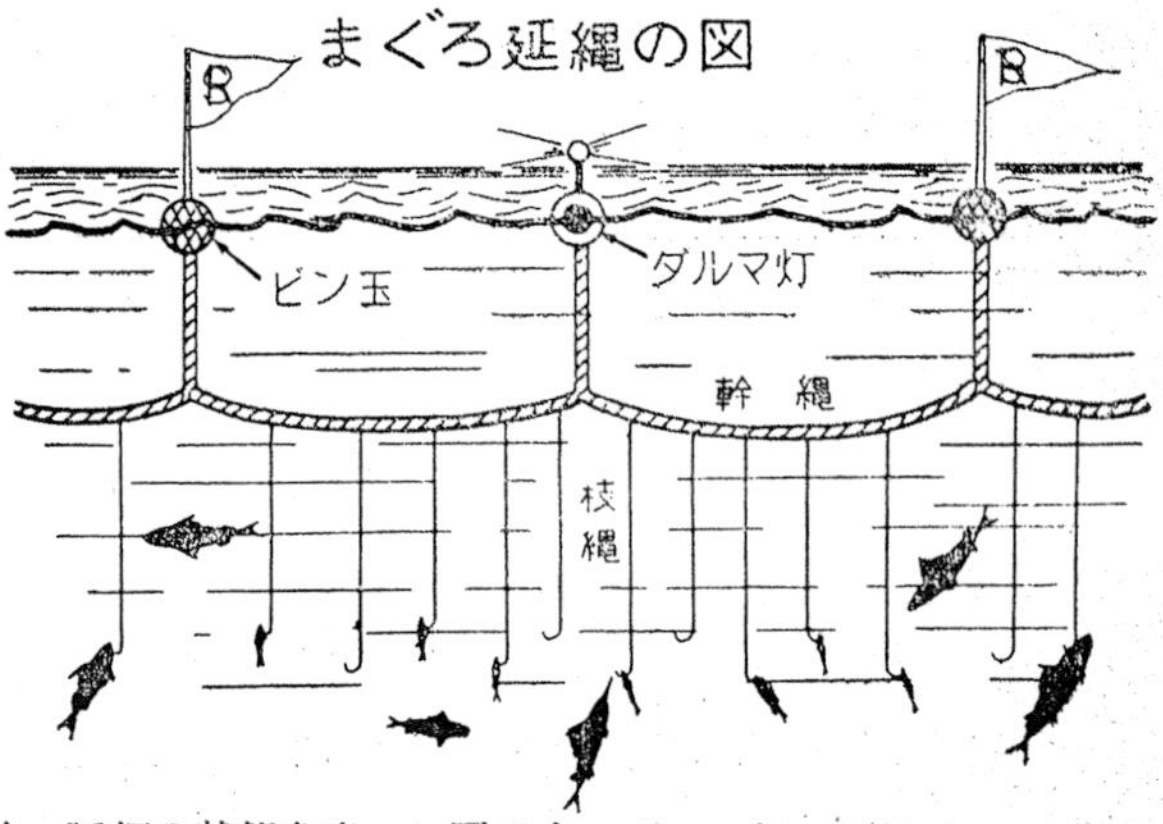

↑ 延縄の状態を書いた図です。ダルマ灯には電池と電球があり、夜でも縄の位置が判るようにと、つけるのです。

→ 釣上げた魚は内臓やえらを取り捨てゝ、氷を詰め、ダンブルの中に仕舞い込む。

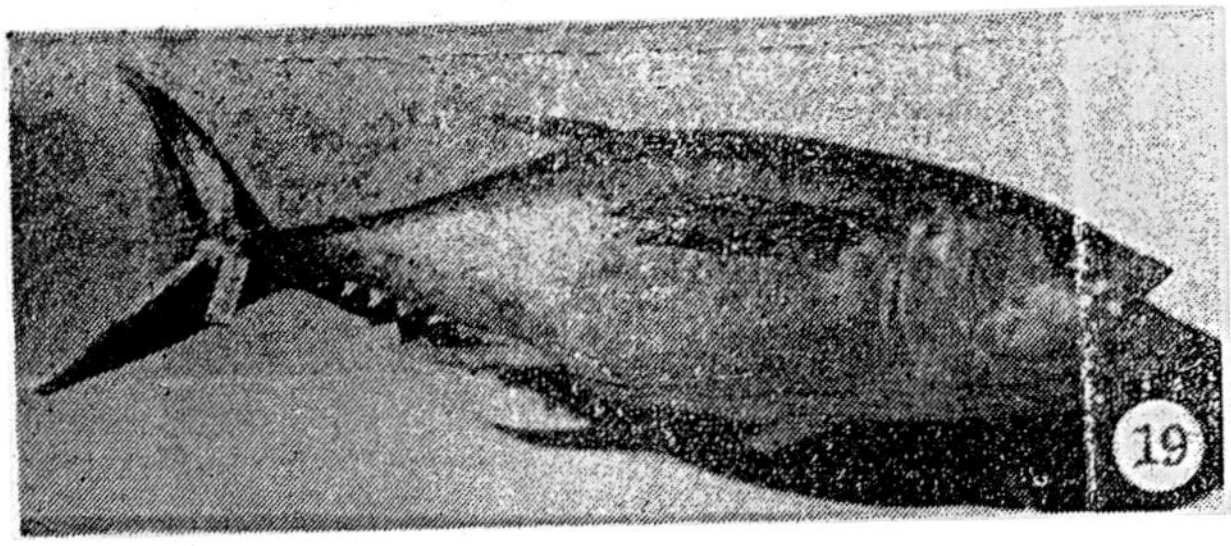

マ　グ　ロ（めばち）

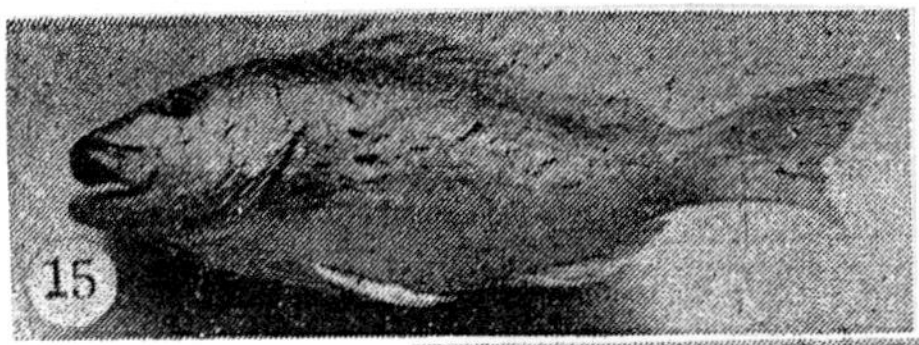

タ　イ

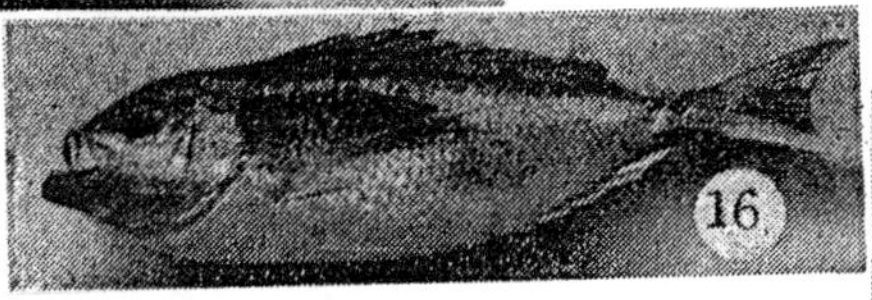

タ　イ

さ　わ　ら

タ　イ

タ　イ（あかまち）

タ　イ（シツウマチ）

マ　グ　ロ（きわだまぐろ）

カ　ジ　キ（くろかわかじき）

カ　ジ　キ（めかじき）

タ　イ（まだい）

カ　ジ　キ（ばしようかじき）

さ　ば

さ　ん　ま

工　場　の　一　部　　→

機械室です。右から四つの冷凍機が見える。この機械で、アンモニヤを循環させ氷を作つたり、冷蔵庫を０°Ｃ以下に冷したりする。いわば、この工場の心臓といえる。

←　冷　凍　機（又は圧縮機）

これは、魚をコチコチに凍らすときに使います。この機械に小型の冷凍機を直結して運転すると部屋を－40°Ｃまで下げることができる。

アンモニヤ受液器　→

この胴の中に液体アンモニヤが入つている。アンモニヤは液体の時は物を凍らせる力があるが気体ではその力がないので冷凍工場では上の冷凍機を使つて、アンモニヤガスを液体アンモニヤに変えて、この器械の中に貯めておく。

← 凍 結 室 (とうけつしつ)

縦に真直ぐ立つ白い棒はパイプです。この中を液体アンモニヤが流れています。
この室を－40° Cまで下げて魚などを入れ凍らすのです。まぐろなら24時間、さばなら5時間位で完全に凍ります。

冷 蔵 庫 (れいぞうこ)

生鮮果物を貯臓するところ、果物をくさらさず品質を落さぬ様、温度を一定にしておく。 ↓

冷 凍 庫 (れいとうこ) ↑

凍結したものは、とり出してグレイズ（氷衣）をかけ冷凍庫に保管する。写真はまぐろで、室の温度は－20 °C

貯 氷 庫 (ちよひようこ) →

夏には、一日に工場が生産する氷だけでは足りないので、春先に氷を余分に作つて貯えておき、間に合せます。

冷凍食品（れいとう食品）

冷凍食品とは、一口にいえば、凍らした料理ともいえるでしょう。この食品の特徴は新鮮で調理が簡単で安く貯蔵がきくことです。また一度調理した料理を非常な低温の中で作るのですから直ちに殺菌ができて衛生的です。これから、生活文化水準が高くなればなるほど、この冷凍食品は、ますます人々に愛好されるようになります。

↑　米国製冷凍食品

アメリカ製の冷凍食品です。さけのステーキ、冷凍マメ、チキン・デナーなどです。

←　本土製冷凍食品

右列上から
　ぜんざい、みかん、
中列上から
　いちご、かきフライ、びわ
左列上から
　そら豆、もも、さけフライ

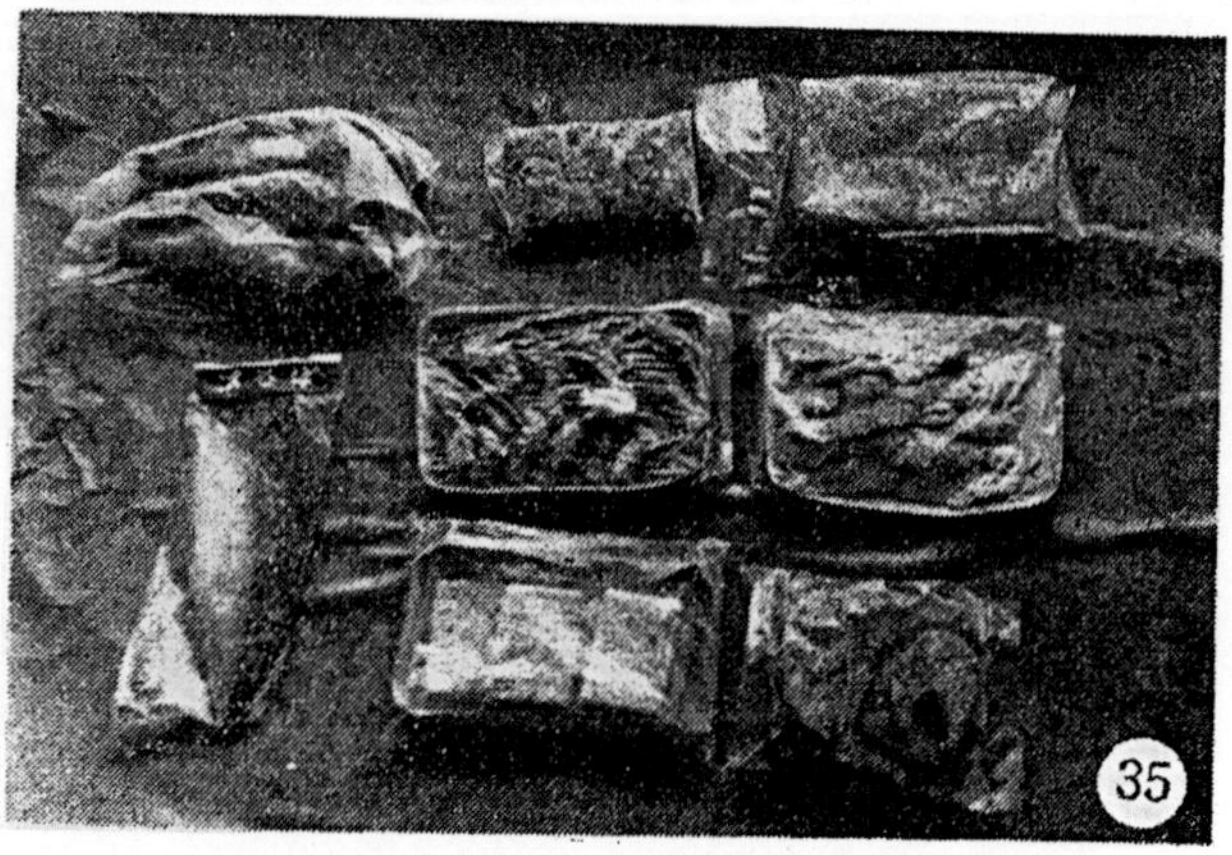

→
これも本土製の冷凍食品でポリエチレンできれいに包んで閉じてあります。冷凍しめ鯖、フィッシユ、ステイク、冷凍アジフライなど。

検　斤　（けんきん）↑

一尾一尾はかりにかけて魚の重さを計つて記録する。

→ 

セリ市＝魚のおろし売りをする市場は朝早くから魚を並べて、仲買人たちが集るのを持ちます。

セリ市
＝魚の持主と仲買人が魚を買つたり、売つたりする話合をしている。

捕　鯨　船（ほげいせん）　↑

くじらをとる船です。船の先にあるのは捕鯨砲です。

↑　**くじらの解体**（かいたい）

くじらと働く人とをくらべれば、その大きさがわかる。

捕 鯨 砲（ほげいほう）

先についているのが銛で、これをくじらにうちこむのです。

左手に持つ竿で釣り上げると右手の釣で、さばをかけて落します。

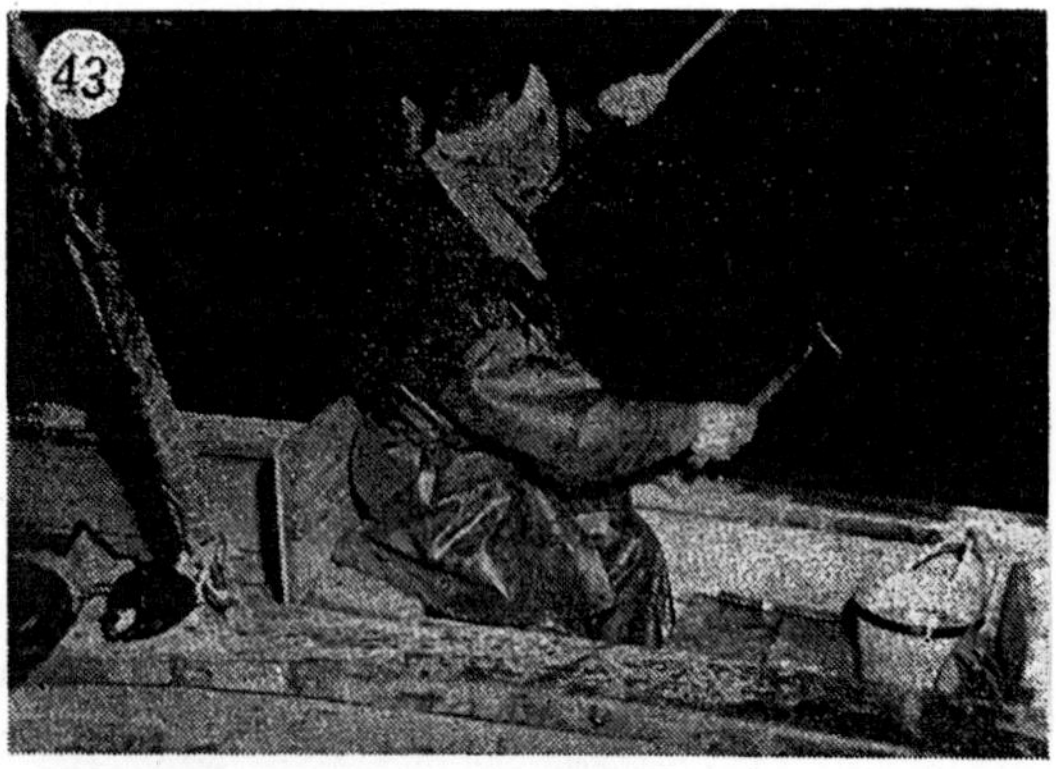

↑　さば船が操業しているところ
投光器が海を照らして、真昼のようです。

加工業

魚は生で食べるだけでなく、いろいろ加工して食べます。琉球食品株式会社はパインや魚を加工するため、いろいろの設備をしています。

二三〇坪の工場は鉄筋コンクリート作りで、中の設備は日産パイン罐詰なら三〇〇箱魚罐なら四〇〇箱製造します。

いま罐詰ができるまでの工程を、パンィ罐詰を例にとつて説明致します

↑　**工場内部**

工場は作業能率が上るよう、すべてコンベヤーベルトシステムになつている。手前に三基並ぶ機械は、シーマーである。

←　**サイザー**

（パイン芯抜皮削機）

パインの芯と皮を同時に取り除く機械でパインの規格を一定にする。

パツキング（罐詰め）

輪切りにされたパインは選別され、等級にわけられて罐に詰める。

↑　トリーミング（手直し）

パインのいたんだところや肉質に深く入つた胚芽をとりさる。

スライサー（輪切り）　→

トリーミングされたパインはスライサーに送られて同じ厚みで輪切りにされる。

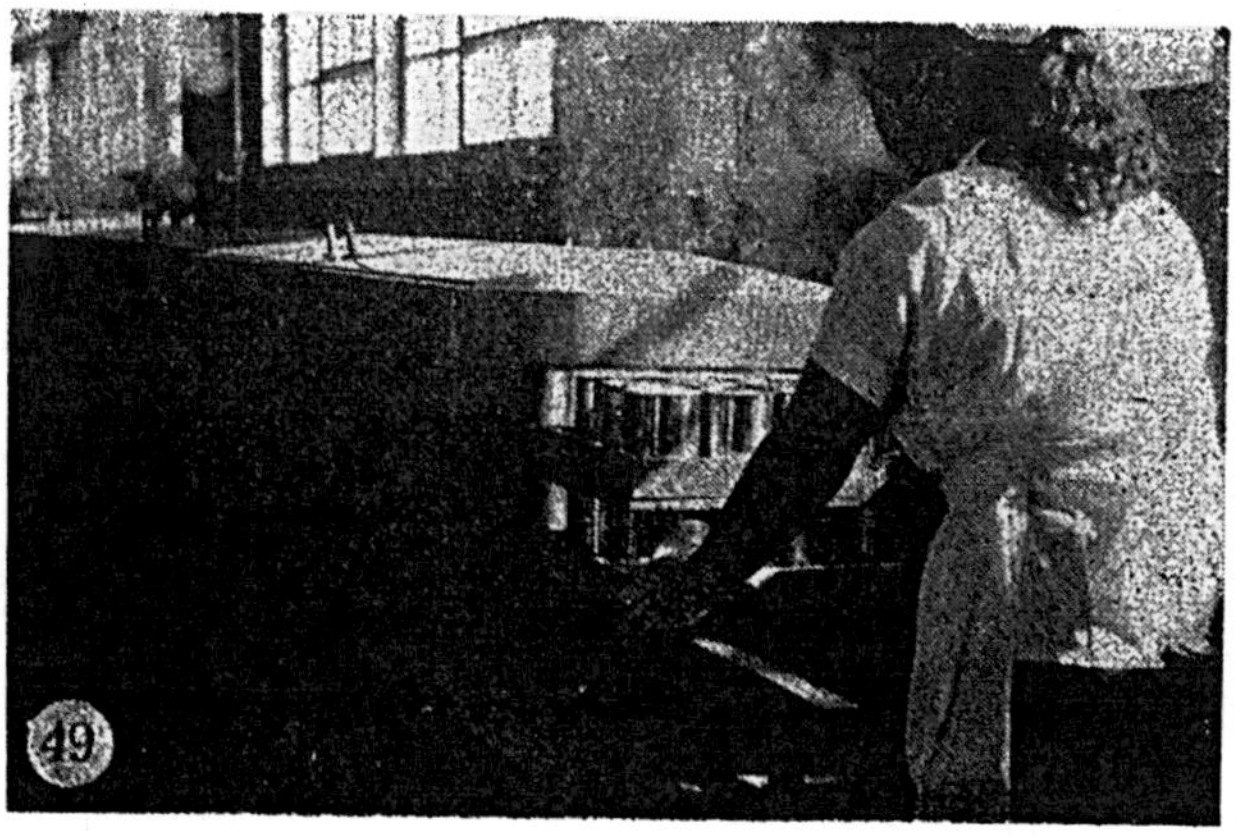

←　脱　気（だつき）

罐詰めが終ればこれを蒸気函に入れ温めて罐内の空気を稀薄にする。

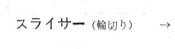

← 二 重 釜（にじゆう釜）

この釜は壁や底が二重になつて間が空いている。この間に蒸気を送り込んで煮るのである。

この釜で糖液を作り、脱気した罐詰めに糖液を入れる。

バキューム・シーマー（真空巻締機）

液を入れた罐詰めは、シーマーに送られて蓋をされる。この機械は蓋を締めるとき自動的に罐内の空気を抜きとつて真空にするので真空巻締機といわれる。罐内に空気があればその罐詰は不良品であるばかりでなく内容物を腐敗させるもとになる。このシーマーは一分間で罐詰の蓋を40巻締める力がある。 ↓

↑ レ ト ル ト（蒸気殺菌釜）

シーマーで蓋を閉じると、この釜の中に入れ約20分間蒸気を通して殺菌する。殺菌がすむと、取り出して、冷却する。

打 検（だけん）

こうして、できた罐詰は箱詰めされ打検する。これは罐詰の優良品と不良品を見分けるためである。

製品が倉庫に高くつまれています。上はパイン罐詰、右はジュース原液でいずれも皆本土に輸出される。

↓

ボイラー＝これがこの工場のすべての熱源である。

←

右がパイン罐詰、左は肉の大和煮罐詰で製品にレッテルが一つ一つはられ販売されるのです。

工 場 全 景 →

工場は製品のためにも働く人のためにも、明るく衛生的でなければなりません。この工場は上の条件をりつぱに持つて理想的です。

連載小説

村の子・町の子（第二回）

宮里静子

（三）

山川文三と宮城茂を帰して後も、大田英作はしばらく微笑を禁じ得なかつた。

四年生にしては体格の大きい山川文三の、あの大真面目な表情が笑いを誘うのである。茂にしても文三にしても真剣であつた。その真剣な自己主張が、どうしてあんなおかしな場面となつて展開したのだろう？

英作はテーブルの上のピンクを一本抜いて火をつけた。そして静かに考えた。

「ことば」の貧困だと思つた。どう言つていいかわからない。だから方言を直訳する。その直訳語が子供たち同志の生活語として相互に通用する。彼等にとつては、そう言うより外に言葉を知らないのだから、ちつともおかしくもなければ、なんら異様にも感じない。それが子供たちの言語生活の実態なのだ。

そう思つていると、軒下を通る男生徒の会話が耳についた。戸が閉つているので姿は見えない。

「アーンチヤ、忘れていた。イットキこのかばん持つておけ」

何を忘れたのか一人の子はかばんを相手にあづけると、今来た方向へ駈けて行つた。

「非常にムヌワシヤーだなあ」

軒下に待たされた子がひとりごとのように言う。しばらくすると、忘れ物を取りに行つた子が駈けもどつて来た。

「もうやがて一大事しよつた」

弁当箱を忘れていたらしくガラガラ音がした。

「大変しよつたね」

「これ忘れたら、アシタの朝はメーゴーサータックワーサレタウチだつた」

「それより、ヌスルグワーにとられたら大変さ」

「僕は君にカケタラ、ムヌワシヤーだ」

子供たちは通り過ぎた。だが英作はもう笑えなかつた。心の中を冷いものがよぎる。

共通語の中に方言や直訳語が混用されているというより、方言の中に共通語が取入れられて、外面をごまかしているといつた感じである。一体、これはどうすればいゝのか？

入学当初から、師弟共に努力して来た筈の国語学習、言語生活が、このような姿であつていゝものだろうか。子供たちは表現の必要にせまられて、どしどし直訳語や方言を使用する。それに耳馴れて、無関心と放任で過す家庭や地域社会の人々はともかく、指導の任にある自分たちに、どのような対策がたてられどのような指導がなされているか。勿論どの学校もそうであるように、共通語の使用を奨励している。不正語の調査もしている。子供たちの言語生活が十年一日の如く向上しない原因として、家庭や地域社会の言語実態や、大人たちの無関心や、児童読物の貧困などを追究して、それに対する観念的方法論の思考や、指導方針についての論議も毎年のように繰返している。にもかゝわらず、子供たちの「ことば」は一向によくならない。

結極、共通語を奨励する反面では、方言による表現を罪悪視か劣等視して、子供たちの自由な表現意慾を抑制し、その結果、言葉に対する重圧感から、教師の眼のとどく所では「もの言わぬ子」をつくつているのではないか。不正語調査も単なる調査に終つて、根強い指導がなされないため、子供たちの社会から一向に消えそうもない。その証拠には小学校から中学へかけて「鉛筆をとぐ」「車から来た」「靴をフム」「夜がくれる」のような同一の不正表現が毎年調査表に挙げられているではないか。

家庭や地域社会の実態は調査しても、それと取組むには余りに困難が伴うので、手を出さず、児童読物や学校図書館の必要性は痛感しながら、教育税やPTAの貧弱な予算ではどうにもならないとあきらめ、方言、直訳語、共通語の混乱する子供たちの言語生活にも耳馴れて、いつしか安易な道をたどつているのが自分の姿ではないか？。これでは問題点はいつまでも問題点として、解決されないままに残る。そして、子供たちは次々と進級し、このような状態の中で見送られてゆく。そう考えると英作は子供たちが気の毒になり、問題の一部分でも解決しなければ――と思うのであつた。

（四）

職員室では、いつものように、教材研究、指導案の作製、成績物の処理などで、誰も彼も余念がない。各人のテーブルは向き合つて二列に並んでいる。英作の右は学校でも大先輩で、若い頃は漢文を専攻したという戦前師範組の新垣龍太郎先生、左は昨年琉大の国文科を卒業して、英作と同時に赴任したみめうるわしい石川啓子先生。右と左では時代感覚といゝ、生活慣習といゝ、全く相反する世界である。顔をちよつと右へ向けると、その名にふさわしい太眉ひげもじやの、いかめしい東洋哲学の世界、およそアメリカ的物質文明など、見るのもけがらわしいと言いたげな顔、封建時代は依然としてこゝに存続しているような気がするし、左へ首をひねると、つやゝかなパーマの黒髪、雪のうなじ、知性に輝く瞳、線の美しい鼻、愛らしい唇、頭のてつぺんから足の爪先まで近代的感覚で磨かれ、見る眼もまぶしいミス啓子、そこには躍動する青春と、かぐわしい感情のリズムと、美の神の祝福が存分に感じられ、すべてが文学的である。

この東西両世界の間に位置する青年学士大田英作こそ、まさに琉球みたいな存在で、こゝに身を置く限り、東洋的な過去の現象と、アメリカ的現代の息吹きになやまされ、東西両属の身の不運をなげかねばならない。それも吾が人生における運命のいたづらと、この頃では幾分さとつており、精神的動揺もだんだん少くはなつたが、それでも周期的に来る東西両陣営の外交攻勢には、どう処置していゝか迷う場合が多い。

「ことばの指導つて、むつかしいわね」

「えゝつ」

英作はびつくりして啓子を見た。というのは、今日の子供たちの言葉から、英作もちようどそのことについて思案している最中だつたからである。この女の鋭敏な神経は、こつちの思考を無言の中にさぐり当てゝいるかも知れないと思つた。

「あら、どうなさつたの」

啓子も驚いた表情である。

「実に不思議なんです」

「どうして？」

「僕も今、ちようどそのことについて考えていたんですよ」

「あら、そうでしたの」

啓子はにつこりした。すると、

「以心伝心といつてナ若い者同志によく起る現象だよ。同じ思いの心と心というものは、かくの如く相通ずるものなんだ」

東がそう言つて、エヘヘヘと、これまた不可解な声で笑つた。英作も啓子もその声にちよつと顔をしかめたが、こんな場合は、不法侵入をした東の存在を黙殺するに限ると、互に軽くうなづくことで意志表示をした。

「ね、先生、あたし今、これ読んでいたのよ。それで、つくづく考えさせられたの」

啓子は一枚の作文を英作に示した。それにはこう書いてある。

マブヤーをよんだこと

「いもおとがマブヤーぬがして、ハナ七になりました。おかあさんがしんぱいして、となりのおばあさんをよんできました。ばあさんがいもおとのマブヤーをよんできて、うぐわんをして、マブヤーを入れたので、ハナ七はなおりました。」

「なるほど、これはむつかしい文章だ」

英作は首をかしげた。

「マブヤーぬかすとは、どう言えばいゝかしら。共通語にそんな言葉あるかしら？」

啓子が言つた。

「さあ、ー」

どう言つたものかと英作が考えこんでいると、龍太郎先生が

「それはだね、霊魂離脱と言えばいゝんだ。魂をぬかすでも、心を落すでもおかしいからな」

さすがに漢文学者だけあつて、英作たちの思いもよらないことをズバリと言つてのけた。

「レイコンリダツか、なるほどね」

三人は声をたてゝ笑つた。

「では、新垣先生、マブヤー入れることは何と言えばいゝですの」

「それは離脱の反対だから霊魂充塡だよ。レイコンジユウテン、それでいゝんだ」

待つていましたとばかり答えて、あたりを見廻した。同時にあちこちの席から爆笑が湧いた。

「レイコンリダツにレイコンジユウテンか。故事成語辞典にでもありそうな言葉だナ」

「でも、それでは子供たちがわからないでしよう。方言の漢文的直訳で、今度は生徒の方が頭をひねるにきまつてるわ」

啓子は不満であつた。

「とにかく、むつかしいのが言語学でナ。その土地の方言以外では、どうにも言い現せない言葉があるんだよ。琉球の習俗と結びついて、琉球だけに生きている言葉、それを無理に言い替えようとすると、実におかしなものになる例がいくらでもある。だから、師たる者、豈学ばざるべけんやだ」

龍太郎先生の説で問題は意外な方向へ外れて、後は雑談になつてしまつた。　ー以下次号ー

（図書紹介） 目下各書店で発売中

【図書名】	【著名】	【日円定価】
○新教育の進路	海後宗臣	四五〇
○小さな学校の事典	久保田・中村	三八〇
○教師の為の教養講座 1、教育 2、政治 3、倫理 4、社会 5、経済	東京都立教育研究所	各一八〇
○日本文学辞典	西尾・久松	四五〇
○中学校数学科教育事典	教育技術研究所	三八〇
〃 〃 国語科 〃	〃	〃
〃 〃 理科 〃	〃	〃
〃 〃 図工科 〃	〃	〃
○小学校音楽科教育事典	〃	〃
○小学・学校劇全集 一年ー六年		三五〇
○教育評価の原理と方法	林部一二	四〇〇
○漢字の教育学 ー太郎に漢字をどうして教えるかー	鬼頭有一	三五〇
○体育心理学	佐藤正	三三〇
○伸び行く学校 ー第二回読売教育賞に輝く実践記録	読売新聞社教育部編	三三〇
○数学発達史	稲葉三男	二三〇

ーあとがきー

○教育新布令が交附されて、教育界に大きな波紋を投じました。今後文教時報に、どしどし布令についての解説や評論が寄せられることを希望します。

○去年度の義務教育学力測定結果の解説については、種々の理由で発表の時期がおくれました。今年度の結果は近く発表される予定ですが、とりあえず平均点を速報として今月号にのせました。

○随想リレーがいよいよスタートしました。御声援を御願いします。尚今回は教員チーム、PTAチームがいずれも第一走者が急病の為スタートでつまずいたのは残念でした。次回には大丈夫です。

○小説「村の子・町の子」は早くも本格的な面白さを加えました。「ユーモアの中に次々と教育の諸問題を取り上げて行くつもりだ」と作者からお便りがありました。御期待を願います。

○産業教育シリーズ、今回は水産業の巻でした。水産業に対する認識を深め、恵まれた琉球の地理的条件を最大限に利用し、水産立国の実をあげるべく今後ますますこの方面の研究が盛んになる事を希望します。

○個人、又は学校による御寄稿を編輯子は首を長くして待っています。どしどし原稿をお寄せ下さい。

（S・N・生）

投稿案内

一、教育に関する論説、実践記録、研究発表、特別教育に関する活動、我が校の歩み、社会教育活動、P・T・A活動の状況、その他　（原稿用紙四〇〇字詰一〇枚以内）

一、短歌、俳句、川柳（五首以上）

一、随筆、詩、その他

※原稿は用紙（四百字詰）五枚以内

一、原稿は毎月十日締切り

一、原稿の取捨は当課に一任願います。（御了承の程を）

一、原稿は御返し致しません。

一、宛先文教局研究調査課係

一九五七年二月　五日　印刷
一九五七年二月二八日　発行

文教時報（第二十九号）
（非売品）

発行所　琉球政府文教局
研究調査課

印刷所　旭堂印刷所
那覇市四区八組
電話　六五五番

30

文教時報

琉球

1957

文教局研究調査課

NO. 30

けらまつつじ

つつじ科

国頭、中頭、久米島及び慶良間島の山地に自生する常緑灌木で、庭園にも植栽せられる、三、四月の候美しい紅色の花を開く。

文教時報第三十号

═目　次═

巻頭言

教師の才一義

指導課長　中山興眞

政府は、教職員の資質の向上、校舎や施設設備の充実、教職員の待遇の改善を政策の目標にかかげてその実現に努力して来ました。いうまでもなくそれは、教職員や校舎施設を教育の第一義とするものでなく、それらの基底と背景において営まれる教育効果の向上、すなわち児童生徒の人間成長の向上をねらつたものであります。教職員会もまた、児童生徒の学力の向上をめざして、三度その組織を動員いたしました。そうして両者のこの活動と努力はかなりの成果をおさめつつ今後も続けられるものと考えます。

さて新しい布令に対する適応と実践においては、いくらかの困難点はありましようが、この布令から汲み取るべき一つの大きな精神、子ども本位の教育運営ということは、教育の第一義とされねばならないでしよう。われわれのこれまでの考え方に狂いはないにしても、その実践面については、この原理の確認と共に反省すべきことがないとはいえないと思います。

学校が、だれの為の施設であり教師がだれの為のものであるかという根本的な考えに立つて組織され、計画され、運営されることを望んでいるのであります

読めない子、解けない子、考えようとしない子、学校を嫌がつたり、教室を恐れたりする子、或いは不適応や仲間意識に乏しい子。このような子どもの作られている場を発見し、そのような子どもの心の声をききとめるための教師のいるべき位置はどこにあるべきか。その態度の方法と機会はどうか。落ち度はなかつたか。考えてみたいことです。

また、学期末や学年末になつて、指導要録の各記入欄、とくに行動、身体の発達、家庭環境などの記入をする場合に困らなかつたか。やむを得ず空欄にしたりその時になつて子どものこれまでのことを追つかけて観察しようとあせつたり、その子についての過去の記憶を再現することに悩んだり、何十円かの虎の巻に頼つたりしたことはないかが心配になります。これらはすべて主体を子どもにおく計画と欠くことのできない日々の実践以外に資料を求めようとする結果であります。

学年に応じて教科のねらい、単元のねらいと構成を理解させ、その学習の方法に指導と援助を与え、学習にも相応に参加せしめることから、学習の自発性も、子どもの主体性も生れるのではないでしようか。教師本位の計画と教師の独演で子どもを引張つていつた過去の伝統的教壇演技は、進度の決算には間に合つても深度は埋めつくせないものに終るでありましよう。教師の独演は教師の労力の消耗量が大きくても安易な道であります。子どもの主体性による自発学習は、その場における教師の位置は呑気に見え、閑に見えてもその場に到るまでの労苦と精力消耗量は大きいし、そのかわり、その消耗量の大きい程進度も深度も級数的に広く深く増加し、やがて子どもの独り立ちと永続学習への基盤が打ち樹てられることになりましよう。殊に教師の担当時数と学習効果の維持の均衡を最低の基準として考えても、多くのこれまでの指導形態の改善は急務といわねばならないと思われます。

子どもから考える機会を奪い、相応の興味、理解、ねらいに立つ学習活動をなくしては彼等のための学習とはいえないでしよう。教師中心の活動の中では、教師の知つていること、調べたことのみの領域にとどまるおそれがあります。それ以外の領域に踏み入ることを恐れたり、阻止する態勢にあつては、過去の詰め込み主義に落ちこむことになりませんか。遅進性の子も優性の子も、それぞれに進み、それなりに領域を広め、深さを掘つていかねばなりません。すでにいくつかの学校や学級においてこのことの事例が事実として現われています。

子ども本位とか、子どもの主体性ということの実践は、子どもから離れるということではありません。子どもとの距離を無くしながら、しかも子どもの個の生命、その主体を奪うことなく、その最大の成長に協力と援助を与えることであると思います。したがつて教師は、暇が得られることではなく、ますますそのための時間を必要とすることになるのであります。そこで、その時間をどこから生み出すかそれは教師の第一義に徹する以外にないことと思います。

一九五五年度義務教育学力測定結果の解説

研究調査課

（其の二）　―図工科・音楽科・社会科―

【一】下の三つのスケツチを見て、イからトまでのことがらはどれにあてはまるか。最もよくあてはまると思うものを一つずつ選んで、その記号を（　）の中にかき入れなさい。

1

（　　）

2

（　　）

3

（　　）

イ、動的ではげしい感じがあらわれている。
ロ、ひろびろとしたひろがりのある感じがする。
ハ、力強く上にのびる感じがする。
ニ、おもおもしくかたい感じがする。
ホ、つりあいがとれて安定した感じがする。
ヘ、落ちつきのない不安定な感じがする。
ト、遠近の関係がよくあらわれている。

【二】次の文の（　）の中に、下にあげてある語句を選んで入れ、一つの文にまとめなさい。※注意（　）の中に記号を記入する。

物の形の変化は、見る位置や、そのものとの 1（　　）によつて、あるいはわれわれの目 2（　　）によつてもおこる。

イ、関係　ロ、深さ　ハ、大きさ　ニ、距離　ホ、位置　ヘ、高さ

【三】次に示してある配色を見て、次の問に答えなさい。答は（　）の中に記号をかき入れなさい。

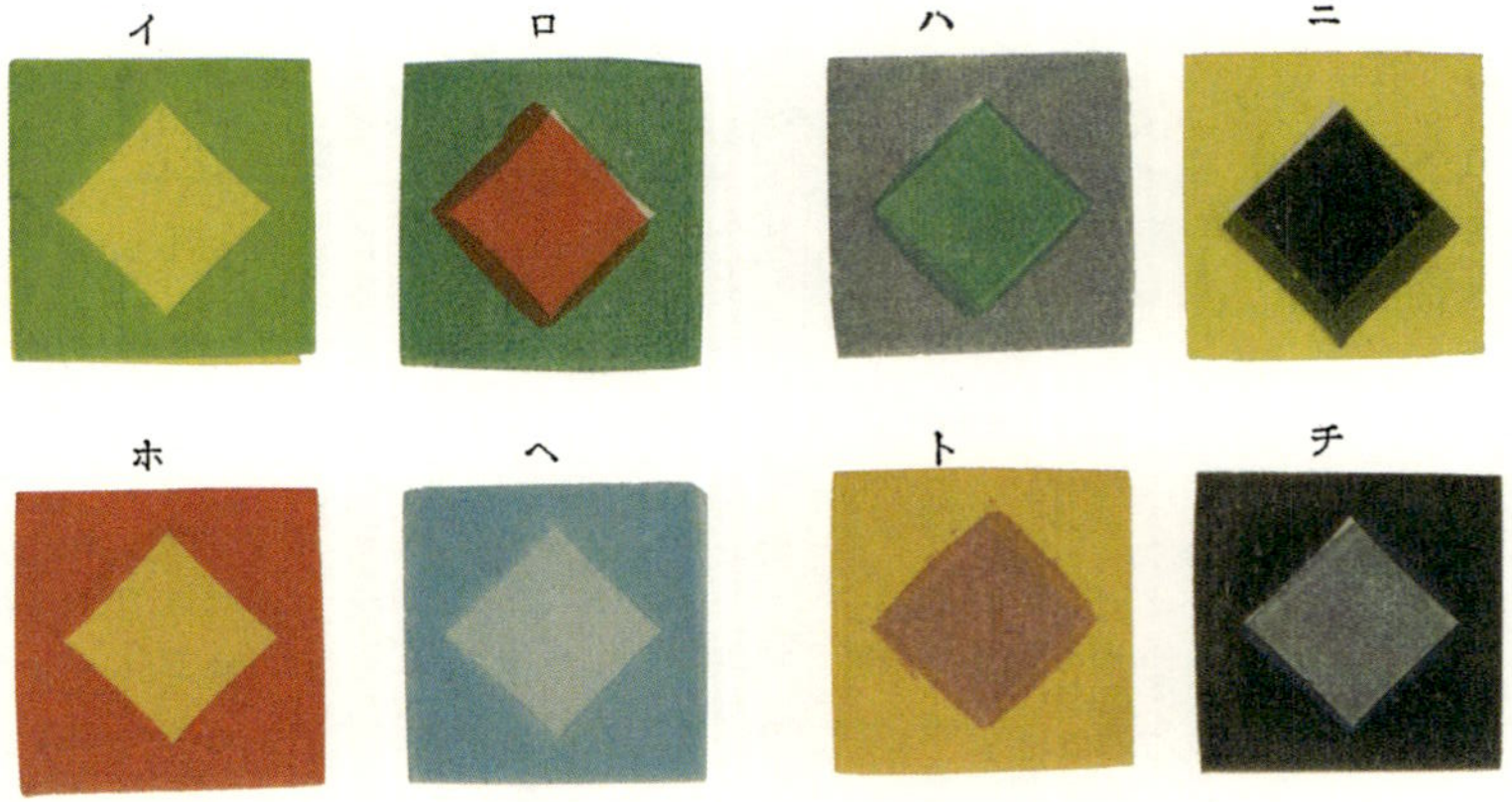

問1、明度の差が大きい配色ではつきりするのはどれですか。…（　　）
問2、補色関係の配色であざやかなのはどれですか。……………（　　）
問3、寒色の配色で涼しい感じのするのはどれですか。…………（　　）
問4、明度のみの配色はどれですか。………………………………（　　）

【四】絵を描くとき、奥行きや、運動感をだすには、下のどの方法が最もよいか。最もよいと思うものを一つだけ選んでその番号を○でかこみなさい。

1、平行線を主として用いる。
2、太い垂直線を主として用いる。
3、画面の中央に水平線を用いる。
4、斜線を主として用いる。

【五】次の各組の構成（形や明暗などのくみたて）について、どちらがよいと思いますか。各組で一番よいと思うものを一つずつえらんで、その記号を○でかこみなさい。

1. イ ロ ハ

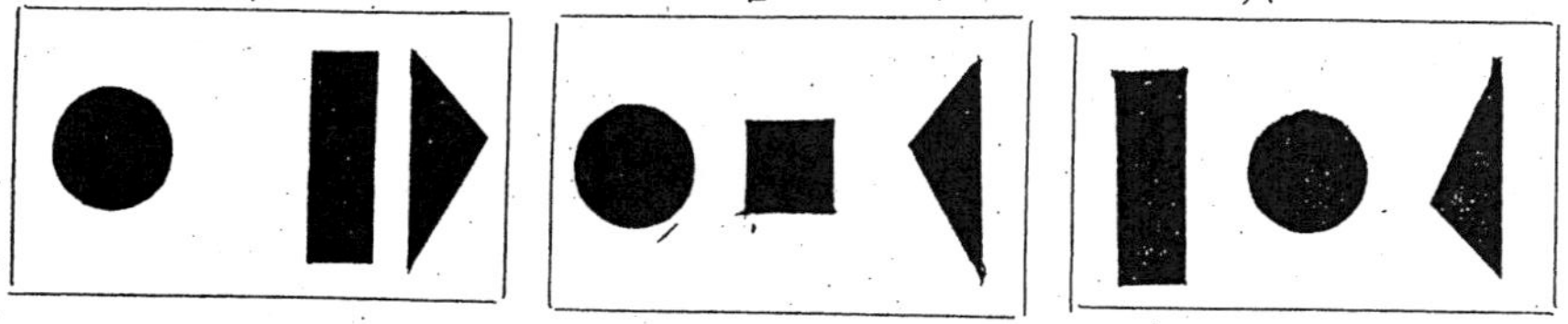

2. イ ロ ハ

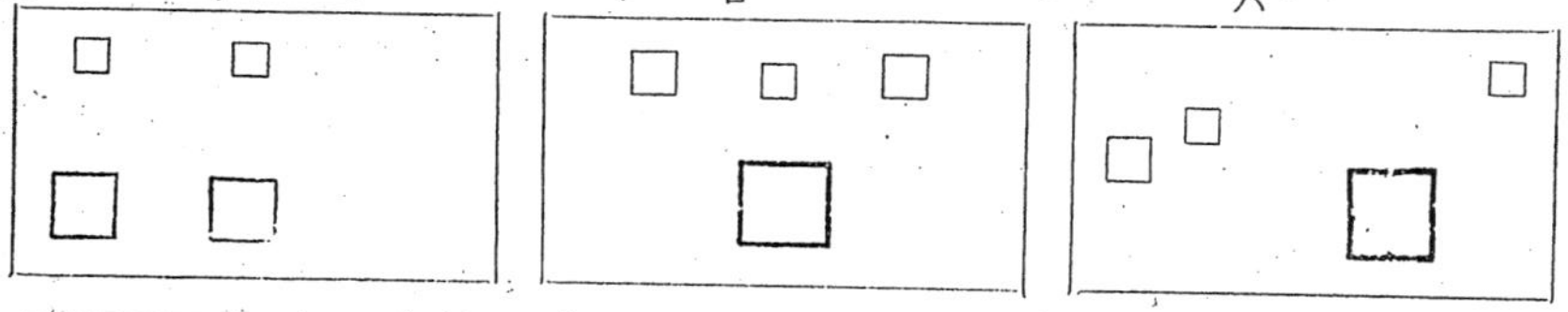

3. イ ロ ハ

4. イ ロ ハ

5. イ ロ ハ

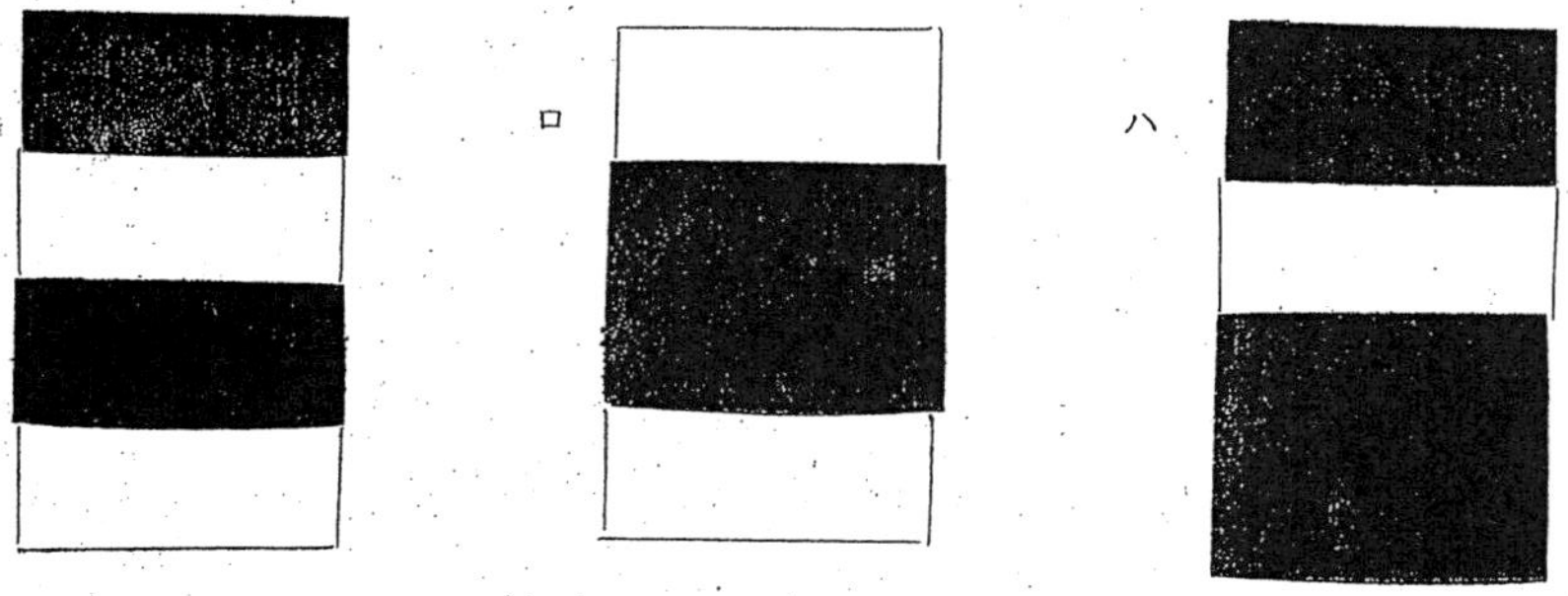

【六】製図ではそのものの構成や形状を、線や記号によつて表わす。次の部分は下のいずれの線で表わされるか。その記号を（ ）の中にかきいれなさい。

問。物体の中心や切断を表わす線は（　　）

1　　2

3　　4

【七】ペンキ（油性ペイント）を使つたはけや筆をあらうには、次のもので何が適当か、その番号を○でかこみなさい。

1、石　油　　2、アルコール　　3、水

4、油性ワニス　　5、クレゾール

【八】次の図のような四角な板材に円形の、くりぬきをするとき、もつとも必要な工具を右にあげた工具の中から二つえらびその番号を○でかこみなさい

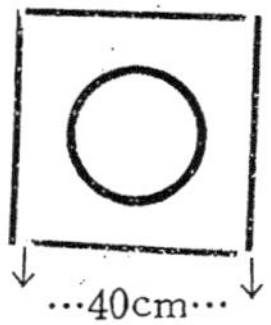

1、のみ　　2、両刃のこ

3、中心きり　　4、廻しびきのこ

5、畔びきのこ　　6、切り出し小刀

【九】かんなや、切り出し小刀のとぎ方は、次の中のどれがもつとも適当か、適当なものの番号を○でかこみなさい。

1、表（切刃）だけといで裏をとがない。

2、裏を主にといで表は刃なみをそろえるていど。

3、裏も表も同じようにとぐ。

4、表を主にといで裏は刃なみをそろえるていど。

【十】下の図は、ある立体の見取図と投影図を示したものである。投影図で書きおとした線があつたらかきいれなさい。

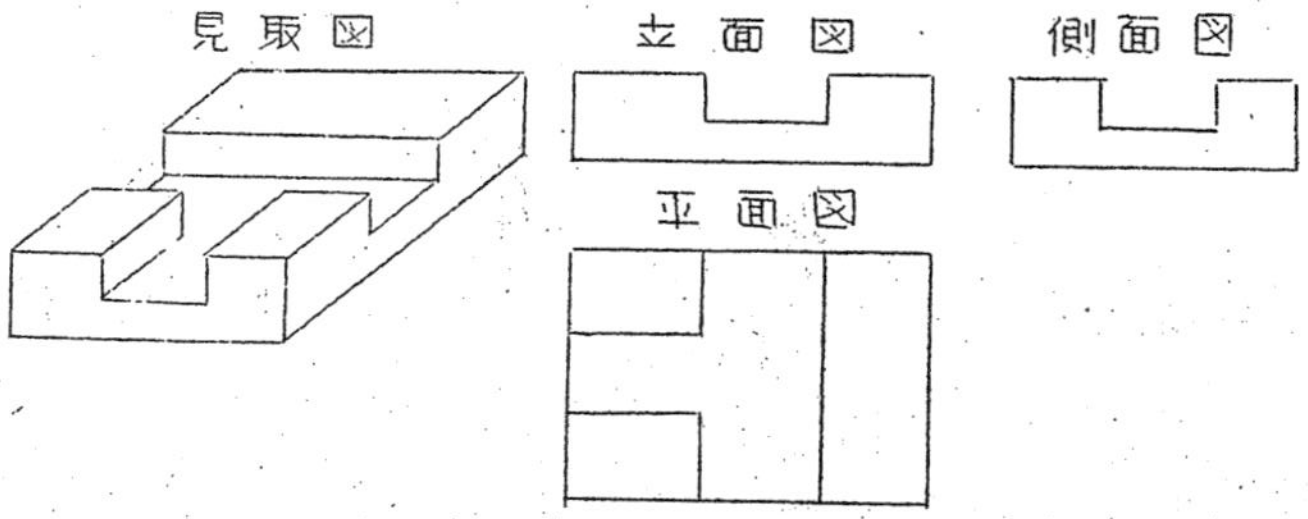

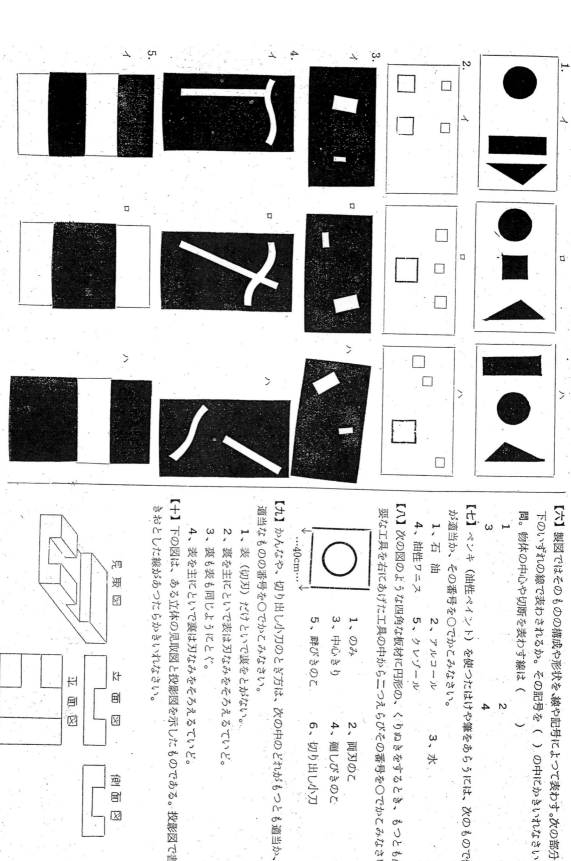

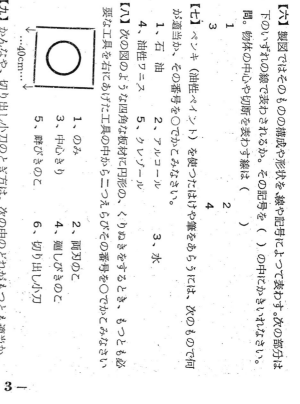

【十一】木材を図のような点にそつて切りたいが、このどの部分を使用して切つたらいいか。○の中にのこぎりの部分の記号をいれなさい。

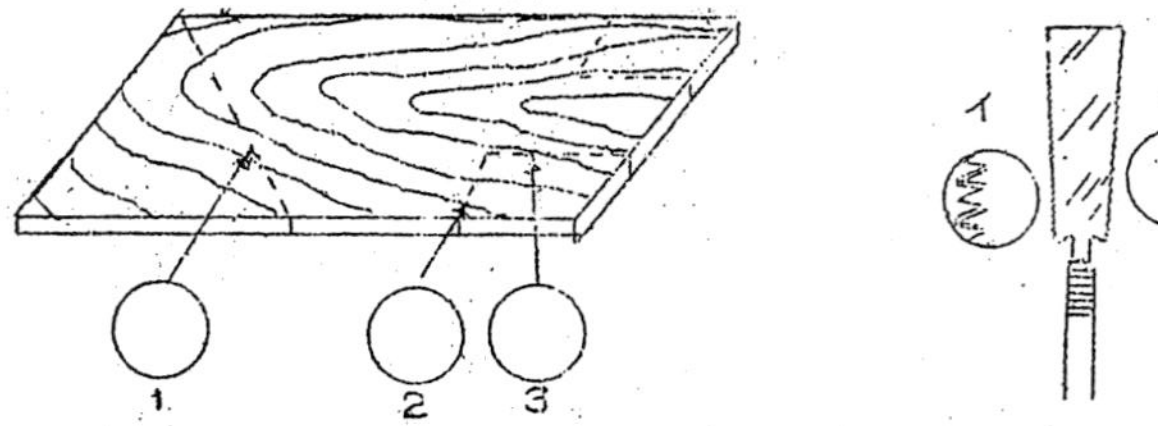

【十二】現在のよい造形品は、いろいろのことがらがよく工夫されて作られている。その工夫されている点について、次の各項の中から適当と思うものを、三つえらんでその番号を○でかこみなさい。

1、装飾（かざり）を多くして、よく見せるように、工夫されている。
2、形のつりあいや線の美しさを出すように、工夫されている。
3、材料の質をいかすというより、装飾や塗装に工夫をこらしている。
4、色を数多く使つて、派手な感じを出すように、工夫されている。
5、その造形品の機能（はたらき）にあうように、形が工夫されている。
6、丈夫に作るというより変つた形や色を考えて、買う人の目をひくように、工夫されている。
7、材料の質感をいかすように、デザインが工夫されている。

【十三】下の図は、縦40cm、横30cmの布地のもようの縮図である。この布で服を作つたとき、背をもつとも高く見せるのは何番の布地でしようか。

第（　　）番

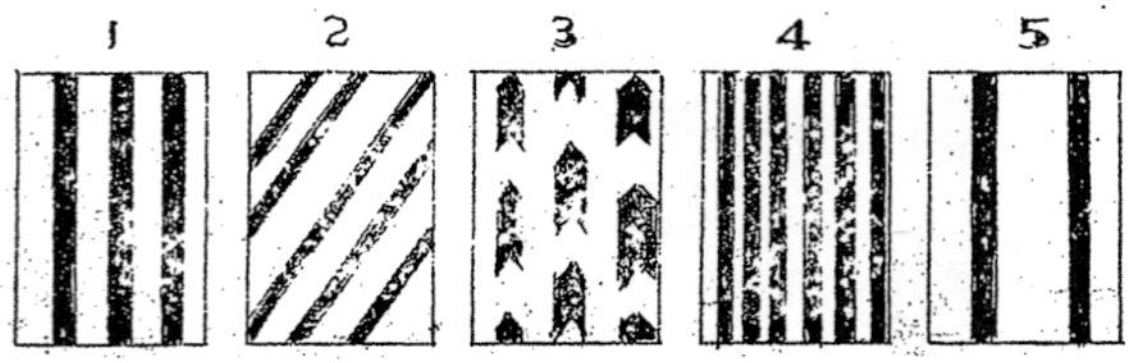

正答並に配点表（図画工作科）

大問	小問	正答	配点	備考
【一】	1	ト	1	
	2	ホ	1	
	3	ロ	1	
【二】	1	ニ	1	語句をかきいれたときは許容する
	2	ヘ	1	
【三】	1	ニ	1	
	2	ロ	1	
	3	ヘ	1	
	4	チ	1	
【四】		4	1	二つ以上かこんだら得点なし
【五】	1	イ	1	二つ以上かこんだら得点なし
	2	ハ	1	
	3	ハ	1	
	4	ロ	1	
	5	ハ	1	
【六】		3	1	
【七】		1	1	語句をかこんでも許容する
【八】		3・4	2	正答数一誤答数で採点 語句をかこんでも許容する

図工科　（全琉各問別反応率表）

問【一】

問　題	正	誤	無
1	62.0	36.3	1.7
2	35.5	62.8	1.7
3	75.2	21.1	3.7

問【二】

問　題	正	誤	無
1	43.2	55.3	1.5
2	39.1	59.8	1.1

問【三】

問　題	正	誤	無
1	53.4	45.2	1.4
2	19.5	78.8	1.7
3	42.6	55.3	2.1
4	19.5	77,9	2.6

問【四】

	正	誤	無
%	30.6	68.4	1.0

問【五】

問　題	正	誤	無
1	29.3	69.1	1.6
2	23.6	71.8	5.6
3	19.1	65.4	15.5
4	44.9	47.7	7.4
5	26.9	70.3	2,7

問【六】

	正	誤	無
%	26.1	67.8	6.9

問【七】

	正	誤	無
%	44.6	53.0	2.4

問【八】

	正	誤	無
%	45.4	48.1	6.5

【九】		4	1	二つ以上かこんだら得点なし
【十】		側面図の次の部分に、かきいれる 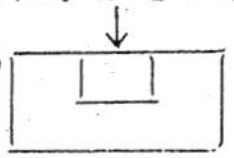	2	線をかきいれるのは手がきでよい。技術の巧拙は問わない。但し実線であること。実線以外の線は誤答とする。
【十一】	1 2 3	イ イ ロ	1 1 1	正答数−誤答数で採点
【十二】		2・5・7	3	正答数−誤答数で採点
【十三】		1	2	

問【九】

	正	誤	無
%	47.8	50.8	1.4

問【十】

	正	誤	無
%	13.7	40.6	45.7

問【十二】

	正	誤	無
%	63.2	34.2	2.6

問【十一】

問　題	正	誤	無
1	62.5	33.4	4.1
2	64.2	32.8	3.0
3	69.0	28.5	2.5

問【十三】

問　題	正	誤	無
%	19.9	76.7	3.4

地域別、大問別反応率表

問題		一	二	三	四	五	六	七	八	九	十	十一	十二	十三
都市	正	64.4	44.1	42.57	36.9	32.0	39.4	44.4	48.0	57.5	23.5	73.3	71.1	19.4
	誤	35.6	50.6	57.43	63.1	65.4	60.6	49.7	45.0	41.2	47.8	25.9	28.3	77.2
	無	0	0.3	0	0	2.6	0	5.9	7.0	1.3	28.8	0.8	0.6	3.4
半都市	正	57.2	43.1	34.1	37.1	28.1	31.0	44.8	47.0	47.4	24.1	66.1	62.9	19.0
	誤	39.1	56.9	64.9	62.9	71.7	66.4	55.2	49.6	51.7	40.5	31.3	36.5	77.6
	無	3.7	0	1.1	0	0.2	2.6	0	3.4	0.9	35.3	2.6	0.6	3.4
農漁村	正	53.7	36.6	30.8	25.3	26.7	18.3	43.8	43.5	43.4	13.5	60.9	60.1	21.1
	誤	42.6	60.9	66.0	72.6	67.0	70.7	55.2	49.3	54.9	35.8	34.3	36.9	75.6
	無	3.7	2.4	3.2	2.1	6.3	10.9	1.1	7.3	1.7	50.7	4.8	3.0	3.4
へき地	正	52.7	32.1	29.8	26.9	29.2	9.0	50.7	42.5	34.3	10.4	57.7	55.7	16.4
	誤	44.8	67.9	66.8	73.1	65.4	83.6	49.3	52.3	65.7	40.3	40.3	38.8	80.6
	無	2.5	0	3.4	0	5.4	7.5	0	5.2	0	49.3	2.0	5.5	3.0

図工科

出題計画表

要素	問題 時間、番号	ねらい
1 描画（構図）		描画に於ける構図法、重要要素の理解力、表現力をみる。
2 〃 （形の変化）		物を観る位置によつて形の変化を正しく理解しているかどうかをみる。
3 色彩（配色）		色の三要素、性質を理解し配色に対する正しい知識技能があるか、どうかをみる。
4 描画（線の感情）		表現に於ける種々の線の感情についてどのように理解しているか。
5 図案（構成）		基礎構成に於ける諸要素の理解はどうか、そしてその応用への技能をみる。
6 製図（線の種類）		製図に於ける線の種類と用法について正しい知識を持つているか、どうか。
7 工作（用具）		油性ペイントの性質の理解、用具保管の理解。
8 工作（工具）		工作に於いて、適切な工具を使用し、それに対する正しい理解。
9 〃 〃		刃物（かんな等）の手入れとぎ方の正しい方法を理解しているか。
10 製図（投影図）		投影図法の知識と技能判断の力はどうか。
11 工作（鋸の使用法）		両刃鋸の縦びき、横びきの適正な使用法の理解
12 鑑賞		日用品、造形品の諸要素の理解、鑑賞と選択の能力をみる。
13 図案（線の感情）		日用服装における諸デザイン（模様）の種類によつて夫々感じのちがいを理解しているか。

図画工作科

問（一） は表現及び鑑賞に役立てる為の美の構成要素についてどの程度理解しているかというのがその出題のねらいである。理解活動は表現活動や鑑賞活動と不離一体になつて学習が進められていかなければ正しい理解活動とはいえない。特にこの種の学習が表現、鑑賞の活動と離れ問題集の中から拾つて図式的に記憶していくようなことは全く意味のない活動といういわなければならない。

正答が小問(1)62%、小問(2)35%、小問(3)75%と同種の問題でありながら著しい差があるのは、このような内容が日々の学習活動に取りあげられず単に常識的な解答から一歩も出ていない証拠ではないだろうか。

問（二） の成績が香しくないのは甚だ意外である。物の形が見る方向、位置遠近によつて変化して見えることの理解は表現活動（写生）が活発に行われておれば自ら体得出来る事柄である。紙上の記憶をいくらくり返しても表現活動をおろそかにするようでは図工指導の本道から外れたもので猛省すべきであろう。

問（三） 色彩についての正しい理論を知ることは必要であるが、それが単に説明や講話による記憶的な理解では、色彩指導もその効果を期待することは出来ない。感覚的なものである限り必ず目に訴えて知覚する理解でなければ生きた指導とはいえないし、又創造活動や生活の内容を豊かにしていくという面への応用活動もきかないであろう。標準色紙やその他具体的なものの色を実際に操作し使用することによつて色彩に関する種々の理論を理解していくべきであろう。

本問はその意味で具体的に色を提示して見たが成績はよくない。難易の程度は小学校、中、高学年といつたところだが、基礎的な学習が全然行われていないのではないか、小問(2)（補色配色）小問(4)（有彩色と無彩色の区別）正答率が極めてひくいということは、このことを裏づけているものといつてよい。

問（四） は問(一)と同じ要素である。本問の正答率30.6%は標準以下で問(一)と同様表現活動をおろそかにし且つ表現活動と関係のない記憶的な理解活動に偏した結果ではなかろうか。

問（五） 構成の基礎的な原理を理解しその理解の上にたつて図案学習を進めることが望しいが、この理解も感覚を通しての理解でなければ意味はない。対称、従属対立、つり合い、調和リズム等と言葉やその意味を暗記しただけではこの種の問題は解けないであろう。

問（六） 問(十)、共に製図の問題である。基礎的な易しい問題であるにもかかわらず一番成績が悪いのはどういう理由によるのであろうか。問(六)の切断線の問題が正答26.1%、問(十)の投影図の問題が13.7%（全問題中最も低率）である。このことは製図指導が殆ど行われていないか、或は指導がなされても作業を通しての学習活動が全然行われていないとしか考えられない。

問（七、八、九、十一） は工作の問題であるが、描画、色彩、図案等に較べて成績は良好である。45%～69%の正答率を示しているのは普通の成績といつてよい。問題が易しかつたというより日常生活に比較的つながりのある問題である為であろう。

問（十二、十三） も正答率63%で予想以上の成績である。日常生活に近代的な造形品が取りいれられている為に知的な記憶的な理解でなく生活を通して理解している為に正しい判断が出来たのではなかろうか。学習指導への一つの示唆といえそうだ。

以上各問題について簡単に考察してみたのであるが全体的にまだまだ知的な、暗記を主とした学習に偏している傾向がうかがえる。図工科学習は何といつても感覚を通しての活動を重視しなければならない。目に訴え筋肉を動かして体得していくのでなければ力強い創造活動は期待出来ないし、又生活への適用も考えられないであろう。活字を追つていく所謂試験勉強から脱して表現活動を主体とする学習時間の充実をはかることが大切ではなかろうか。理解教材に重点がおかれて表現教材、鑑賞教材が軽視されてはいないか、且つ又理解教材も表現、鑑賞活動との有機的な関連なしに指導されている傾向はないだろうか。若しそうであるとすればこのようなテストに当つても決して良い成果をあげえないことを知るべきであろう。

音　樂　科

（注　　意）
どの問題も、声を出して歌つたり、音をたてて拍子をとつたりしてはいけません。

【一】次の各曲には、拍子記号は書いてありません。下の拍子記号の中から、適当なものを選んで、その番号を右の□の中に書き入れなさい。

イ	ロ

イ
ロ

1．$\frac{2}{4}$　2．$\frac{4}{4}$　3．$\frac{6}{8}$　4．$\frac{3}{4}$　5．$\frac{3}{8}$

【二】次の譜のいろいろな記号（イ・ロ・ハ）のわけを、下の説明の中から選んで、その番号を右の□の中に書き入れなさい。

イ	ロ	ハ	ニ

1．だんだんつよく
2．つよく
3．ややよわく
4．だんだんおそく
5．みじかく切つて
6．同度の二音をつなぐ記号
7．なめらかに

【三】次の歌詞（イ・ロ）に適当な旋律を下の曲から選んで、その番号を右の□の中に書き入れなさい。

イ．小馬の耳よりまだちさい…………□

ロ．お山にのぼつてあそぼうよ………□

1
2
3
4
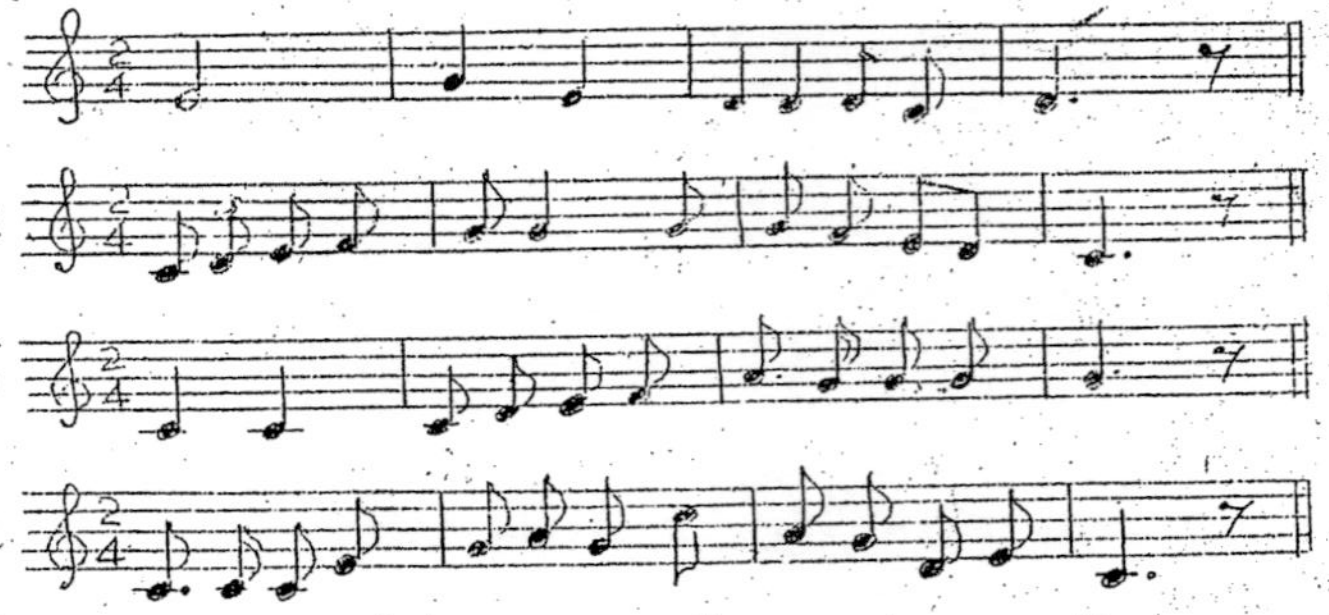

【四】次の問１・問２・問３．の答を、下の語句の中から選んで、右の表に書き入れなさい。（▨のところは書かない。）

問１．下の旋律（イ・ロ・ハ）はそれぞれある曲の旋律の一部である。その曲名は何か。

問２．作曲者は誰か。

問３．どこの国の民謡か。

イ
ロ
ハ
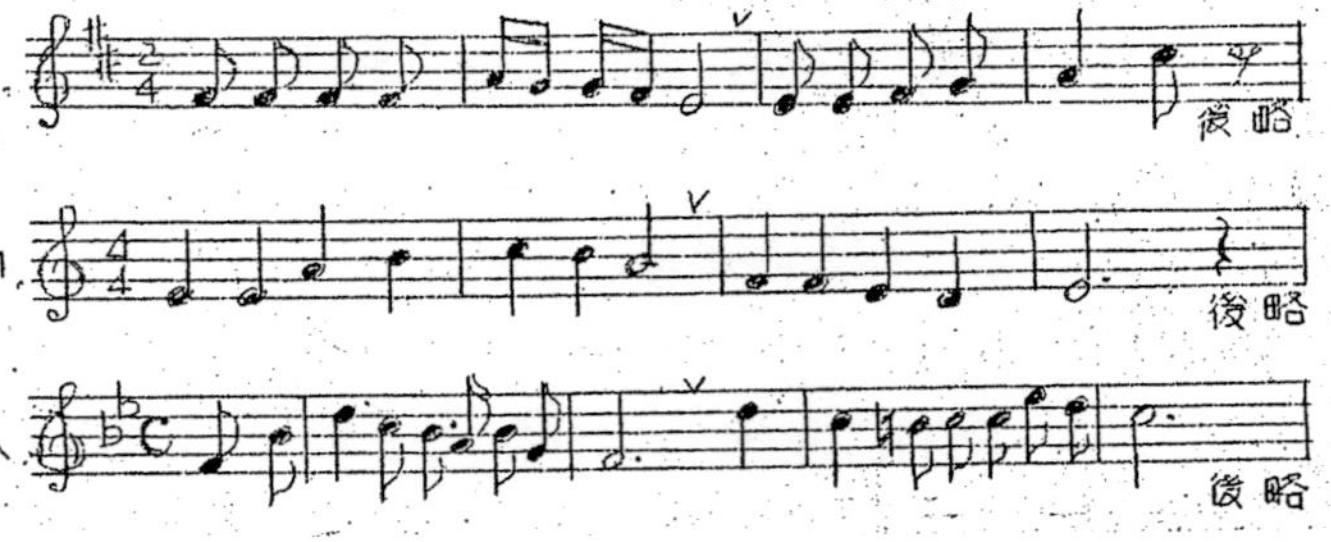

		イ	ロ	ハ
問　1	曲　　名			
問　2	作　曲　者			
問　3	どこの国の民謡か			

1・アロハオエ
2・ローレライ
3・眠りの精
4・野ばら
5・荒城の月
6・ドイツ民謡
7・アメリカ民謡
8・ハワイ民謡
9・滝廉太郎
10・シューベルト
11・ベートーベン
12・山田耕筰

【五】 次の合奏曲は、下に書いてある四種の楽器で演奏します。
イ・ロ・ハ・ニの部分は、それぞれどの楽器で演奏したらよいか。その楽器名の番号を左の□の中に書き入れなさい。

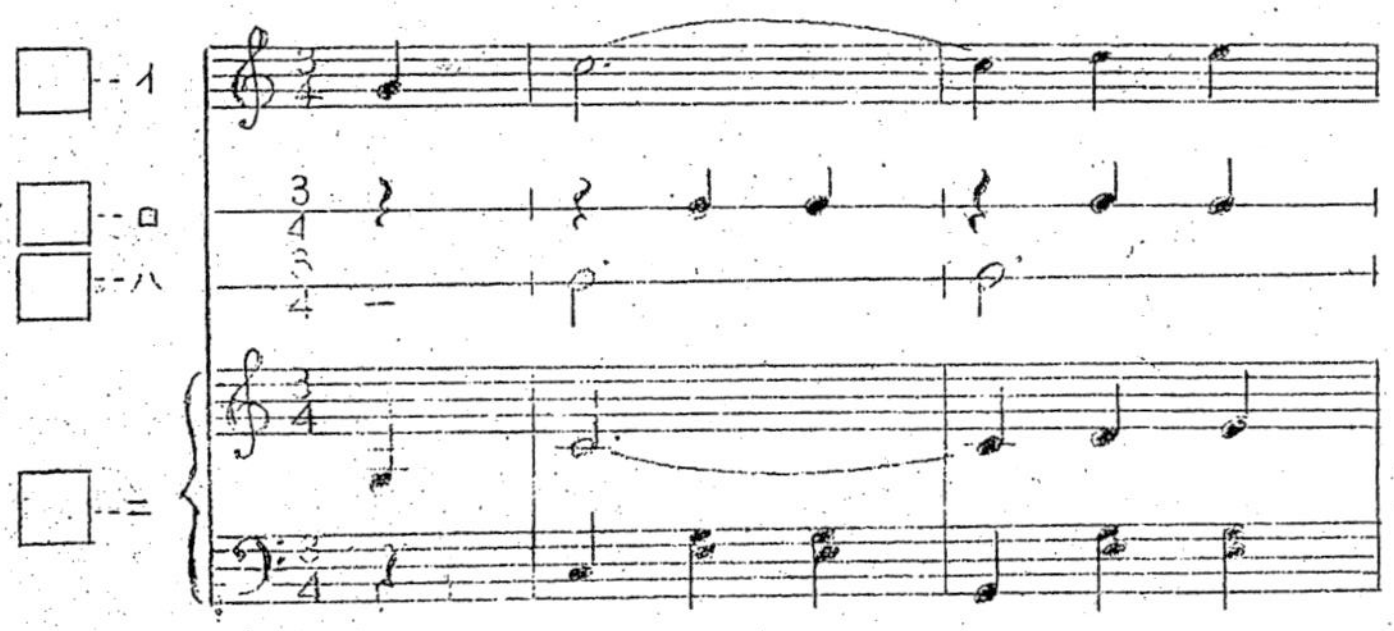

1・ピアノ（又はオルガン）
2・大太鼓
3・ハーモニカ（ハ調）の
4・小太鼓

【六】 次の曲を、ピアノやオルガンでひく時、**イ、ロ、ハ**の音符は、どのけんばんをおしたらよいか。図に示したけんばんの番号を（　）の中に書き入れなさい。

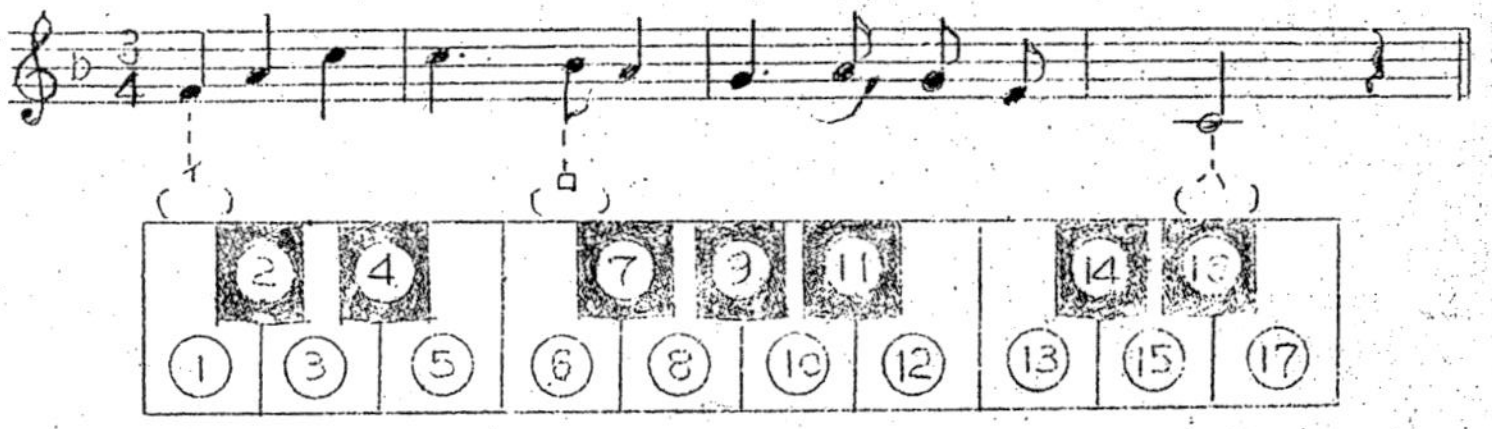

【七】 次のAの曲をBの通り移調しましたが、まちがいが二つあります。その音符の番号を○でかこみなさい。

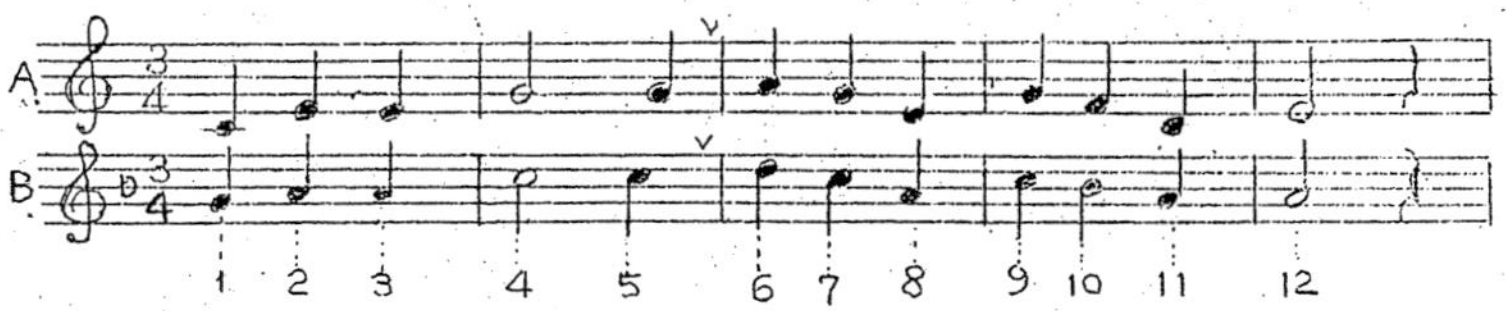

【八】 次の旋律は、下の三つの和音のうち、どの和音をつけたらよいでしょうか□の中にその和音の番号を書き入れなさい。

1・主和音　（TまたはⅠ）
2・下属和音　（SまたはⅣ）
3・属和音　（DまたはⅤ）

【九】 次の曲は、どのように反復（くりかえすこと）されますか。
A・Bの記号をつかって、進行の順を○の中に書き入れなさい。

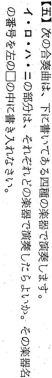

【十】次の旋律は、よく歌われている曲のはじめの四小節です。イとロの二音間の音程は何度か。（　）の中に書き入れなさい。

【十一】次の三つの小楽節をつかって、二部形式の曲にまとめようと思って、下の表の通りにならべました。イ・ロ・ハ・ニの中で一番よいものの記号を○でかこみなさい。

（この曲は拍子は四分の四拍子です。）

イ	3	2	1	2
ロ	2	1	3	1
ハ	1	3	2	3
ニ	3	1	2	1

音楽科正答表

大問	中問	小問	正答	配点	備考
一		イ	2	1	
		ロ	5	1	
二		イ	3	1	
		ロ	5	1	
		ハ	7	1	
		ニ	4	1	
三		イ	4	1	
		ロ	2	1	
四	1	イ	4	1	
		ロ	5	1	
		ハ	1	1	
	2	イ	10	1	
		ロ	9	1	
		ハ	なし	0	
	3	イ	なし	0	
		ロ	なし	0	
		ハ	8	1	
五		イ	3	1	
		ロ	4	1	
		ハ	2	1	
		ニ	1	1	
六		イ	6	1	
		ロ	11	1	
		ハ	1	1	
七			1　11	各1	三つ以上○をつけたら正答数から誤答数を引く
八		イ	1	1	Tまたはⅰでもよい
		ロ	3	1	DまたはⅤでもよい
		ハ	2	1	SまたはⅥでもよい
九			Ⓐ→Ⓑ→Ⓐ	1	
一〇			4　度	1	四度でもよい
一一			ロ	2	二つ以上○をつけたら誤答とする 計
計				30	

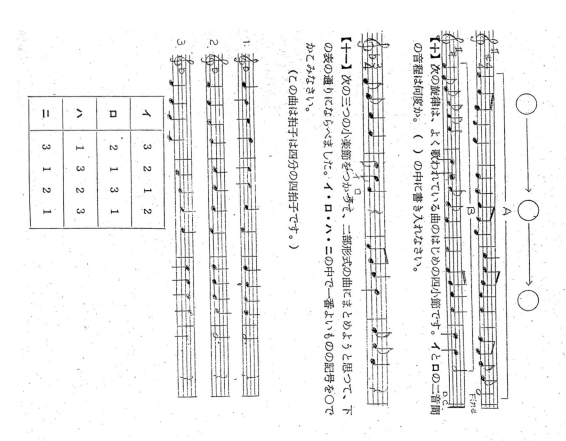

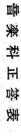

全琉各問別反応率表

問（一）	正	誤	無
イ	60.9	37.5	0.6
ロ	29.6	67.8	2.6
問（二）	正	誤	無
イ	57.1	42.2	0.7
ロ	46.3	52.5	1.2
ハ	46.2	52.1	1.7
ニ	44.8	54.6	0.6
問（三）	正	誤	無
イ	29.1	65.1	5.7
ロ	32.5	63.3	4.2

問（四）		正	誤	無
1	イ	48.9	38.0	13.1
	ロ	59.1	31.7	9.2
	ハ	41.0	45.5	13.5
2	イ	45.9	44.7	9.4
	ロ	50.8	37.8	11.4
3	ハ	42.3	36.6	21.1
問（五）		正	誤	無
	イ	50.9	45.9	3.2
	ロ	42.9	53.7	3.4
	ハ	44.0	51.1	4.9
	ニ	51.9	42.2	5.9

問（六）	正	誤	無
イ	35.0	61.9	5.1
ロ	15.9	79.0	5.1
ハ	34.4	62.2	3.4
問（七）	正	誤	無
	51.6	37.9	9.5
問（八）	正	誤	無
イ	56.5	40.0	3.5
ロ	54.6	42.2	3.2
ハ	54.0	43.4	2.6

問（九）	正	誤	無
%	35.9	45.6	18.5
問（十）	正	誤	無
%	45.0	43.9	11.1
問（十一）	正	誤	無
%	34.8	58.3	7.7

大問別反応率表

問題		一	二	三	四	五	六	七	八	九	十	十一
都市	正	50.6	58.2	32.8	57.9	56.5	29.4	60.4	62.3	44.7	54.1	36.5
	誤	48.3	41.3	65.8	33.3	39.0	68.5	33.3	36.7	46.5	42.5	61.0
	無	1.1	0.5	1.4	8.8	4.5	2.1	6.3	1.0	8.8	3.5	2.5
半都市	正	50.4	48.3	34.5	50.0	48.5	27.0	47.0	56.0	29.3	51.7	35.3
	誤	49.6	51.7	64.7	40.9	50.6	72.1	33.2	44.0	48.3	44.8	63.8
	無	0	0	0.8	9.1	0.9	0.9	19.8	0	22.4	3.4	0.9
農漁村	正	42.5	43.1	29.9	43.4	41.5	27.6	46.9	51.9	32.6	39.1	33.2
	誤	55.0	55.2	62.7	42.5	53.7	66.5	42.9	42.6	45.2	43.5	55.7
	無	2.5	1.7	7.4	14.1	4.8	5.9	10.2	5.5	22.3	17.4	11.1
へき地	正	30.6	43.3	28.4	44.3	44.4	31.8	50.7	40.8	29.9	32.8	37.3
	誤	61.2	55.9	66.4	38.6	48.9	65.7	32.1	57.7	40.3	52.2	55.2
	無	8.2	0.8	5.2	17.1	6.7	2.5	17.2	1.5	29.9	64.9	7.5

結果の考察

音楽教育における基礎的能力を〔（Ⅰ）音楽的諸要素の感得〕、〔（Ⅱ）音楽理解のための知識〕及び〔（Ⅲ）音楽生活向上のための要求〕の三つに分類して考える場合、中学校においては、音楽理解のための知識の面が広がる必然性をとなえていると思うが、この理解のための知識は、音楽的諸要素の感得即ち、音楽的諸要素を感覚的に感じ得るという基礎の能力の上に立たなければならない。

調査の結果によると各分野において平均50%に達しない成績を示している。

これを学習指導の立場で反省してみる。

（Ⅰ）音楽的諸要素の感得

和音感（問題８）の約55%は各要素の中最もよい成績を示しているが、次の旋律感（問題4・11）の成績が何れも45%以下を示しているので、和音感の約55%の成績も和音感として感得しているか、理論的に知識として解答したか、疑問である。

音楽的諸要素即ちリズム感、旋律感、和音感は感覚的修練から出発し、感得せしめるようにしなければならない。

（Ⅱ）音楽理解のための知識

楽典（問題1・2・7・9・10・11）これらは比較的多量に出題されてもよいと思う。然も比較的理解（知識的）によつて或程度、成績が上るものと思われるが、前項の立場から考察して此の面は成績が相当よいことが予想される。然し何れも50%以下で成績は余りよくない。

都市地区は他の面に比較して此の面の成績が他の地区より特によい。（成績の差が大きい。）これは何を意味するか大変面白い課題と思う。

問題作成についても大いに考慮すべき点であり、又現場担当教師も一考を要する課題である。

（Ⅲ）音楽生活向上のための要求

この面について成績の悪いのは（Ⅰ）（Ⅱ）の成績に比較して必然的なものと思う。

これを要するに音楽教育が知識偏重にながれて音楽を楽しみ、音に対する感覚を修練するというような面に欠けた感がする。音楽教育は音楽を愛好する心を根情底として、音に対する感覚の修練を経て総べての音楽的要素の理解に導かねばならない…と強調したい。

音楽科要素表

分類	問題番号	要素	内容	正答率%
（Ⅰ）音楽的諸要素の感得	8	和音感	旋律と主要三和音	55
	4	旋律感	変ロ長調 音程ニ長調イ短調	45
	11	旋律感	音程ヘ長調	34
（Ｆ）音楽理解のための知識	1	楽典	拍子記号	29
	2	楽典	諸記号	46
	7	楽典	移調	51
	9	楽典	反復記号	35
	10	楽典	音程	45
	11	形式	二部形式	34
（Ⅲ）音楽生活向上のための要求	3	創作力	歌詞と旋律	32
	4	鑑賞力	曲名、作者、民謡	45
	5	器楽の演奏力	総譜	45
	6	器楽の演奏力	有けん楽器	25
	11	創作力	二部形式の歌謡	34

社会科　問題構成

問題番号	問題の内容	問題のねらい
【一】 1	天然資源（風景資源）の利用	天然資源とスイス国との関係即ちスイス国の自然的条件（風景資源）利用と国策の一たる観光事業との関係を理解しているかどうか。
2	江戸幕府の鎖国の結果	江戸幕府における歴史的事件鎖国の結果国内に及ぼした社会的影響を考察することができるかどうか。
3	ヨーロツパにおける産業革命の起りとその影響	ヨーロツパにおける産業革命がいつごろどこで起り、その結果世界各国にどのような影響を与えたかを理解しているかどうか。
4	銀行預金における小切手に対する知識	銀行預金における小切手又は約束手形の区別について知つているかどうか単純なる知識を見る問題である。
5	生産技術と物価との関係	需要供給の法則のほかに、生産技術の変化によつて物価がどう変るかを理解することができるかどうか。
6	国民所得に対する知識	国民所得に対する知識があるかどうか。
7	国際連合とユネスコ	国連の機構及びユネスコについての単なる知識でなしに現在の日本の国際的地位について理解しているかどうか。
8	労働基準法及び労働者と使用者との関係	労働基準法について身近な生活、沖縄の現実の社会の動きに対して理解しているかどうか。
【二】	世界の農業地帯と琉球に関係のある国々	世界地図上に世界の特色ある農業地帯及び琉球と関係ある国（選択肢）を位置づけることができるかどうか。
【三】	都市の発達	近代的都市とその発達条件発達に伴う施設や機関について理解することができるかどうか。
【四】	仏教及びキリスト教の伝来	日本文化に大きな貢献をなした二大宗教（仏教、キリスト教）の歴史的伝来について歴史地図より判断して理解することができるかどうか。
【五】	名古屋商工業地域の発達	名古屋を中心にした商工業の発達と関係の深い（そ菜畑）（水力発電所）（木曽川の堤防）について地図上にその符号を読みとることができるかどうか、なおこれらができたのは如何なる原因によるものであるかを図によつて総合的に判断し理解することができるかどうか。
【六】	国の政治組織、立法、司法、行政とその機関	国の政治組織である立法、司法、行政とそれに所属する機関とを結びつけることができるかどうか。比較的単純な問題。
【七】	日本工業構成の変化	日本工業の戦前から戦後にかけての構成の変化を統計表をみて全体的にその消長や更にその変化を生ぜしめている原因をつかみとることができるかどうか。
【八】	世界古代文明の発生	世界古代文明の中のギリシヤ、エジプト、ローマ文明についてその発生の状況を理解しているかどうか、及びこれらの発生地を歴史地図の上に位置ずけることができるかどうか。

社会科問題

【一】次の文の｛　｝の中から、もつとも適当なものを一つ選んでその記号を○でかこみなさい。

1．自然の美は｛（イ）鉱産資源（ロ）水力資源（ハ）水産資源（ニ）風景資源｝の一つであつて、｛（イ）ブラジル（ロ）スイス（ハ）ベルギー（ニ）中国｝においては、これを利用し観光事業に力を入れている。

2．江戸幕府の鎖国の結果｛（イ）商人は幕府の保護をうけて、貿易に従事することができた、（ロ）西洋諸国の侵略を防ぐことができた。（ハ）世界の歴史からはなれて、幕府政治の下に封建社会が固められた。｝

3．産業革命は｛（イ）17世紀にフランス（ロ）18世紀にイギリス（ハ）19世紀にアメリカ｝に起り、近代社会に多くの影響を与えつつ各地に広がつた。特に大都市の発達は著しく、各国とも植民地の獲得のため海外に進出するようになつた。各国のこのようなやり方を｛（イ）全体主義（ロ）民族主義（ハ）帝国主義｝といつている。

4．銀行に当座預金をしてあるAが、自分の預金から一定の金額をBに支払つてくれるように頼むとき銀行は｛（イ）約束手形（ロ）小切手（ハ）郵便切手｝を出す。

5．需要供給の法則のほかに物の価格に影響を与えるのは生産技術の変化である。生産技術が進歩すると、少ない労働力で、ものが作れるから、生産物の原価に含まれる賃金の割合が｛（イ）多くなる（ロ）少なくなる（ハ）平均する｝ので、物の値段が｛（イ）高くなる（ロ）平均する（ハ）安くなる。｝

6．国民所得の中、勤労所得、個人業主所得、農林水産業所得、地代、家賃、利子、配当といつたようなものを｛（イ）分配国民所得（ロ）生産国民所得（ハ）支出国民所得｝という。

7．現在日本が加盟している国際的機関は｛（イ）ユネスコ（ロ）安全保障理事会（ハ）信託統治理事会（ニ）経済社会理事会｝である。

8．夜間の10時以後、バスの車掌さんの勤務が女子から男子にきりかえられました。これは法律によつてきめられたことを守るためであります。この法律を｛（イ）労働組合法（ロ）職業安定法（ハ）労働基準法（ニ）児童福祉法｝といい、これを守る義務があるものは｛（イ）女子の車掌（ロ）男子の車掌（ハ）運転手（ニ）バス会社｝である。

【二】右の白地図のA・B・Cの地域（又は国）は下の1から5までのどれに当るか。一つずつ選んで（　）の中にA・B・Cの記号を入れなさい。

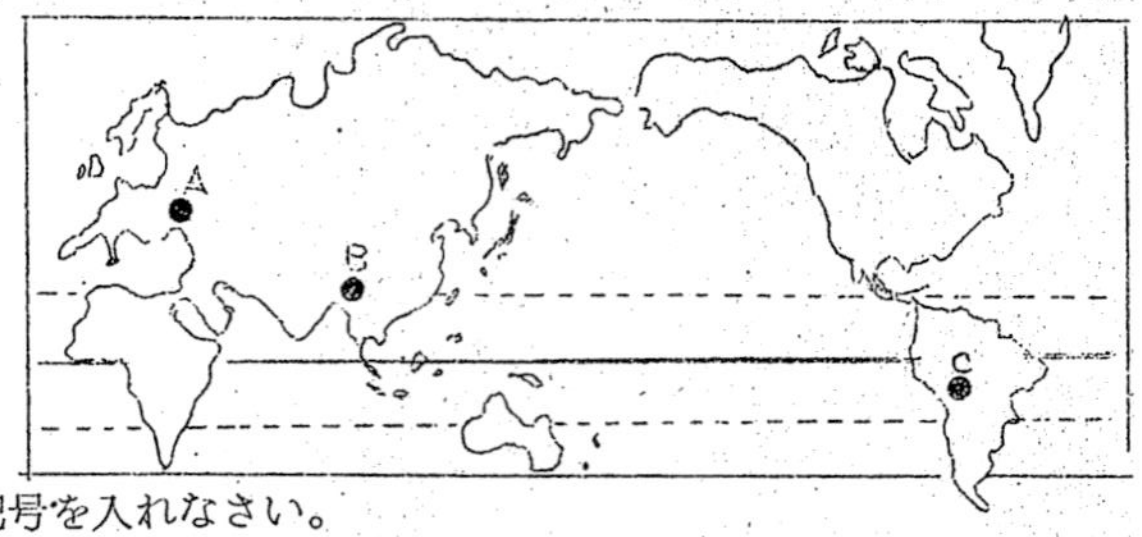

（　）1．オリーブ、ぶどう等果樹の多い地中海沿岸地域

（　）2．戦後はじめて、琉球の集団移民を受入れた国

（　）3．ゴム栽培の盛んなマライ半島

（　）4．季節風帯に属し、米を多く産出して我が琉球にも輸出している国

（　）5．ヨーロッパの穀倉といわれている黒土地帯

【三】次のA・Bの（　）の中を見て、それが下の（　）の中のどの都市に当るか一つずつ選んでその記号を□の中に入れなさい。

A．□（防波堤、荷置場、倉庫、税関、検疫所、船渠）

B．□｛1．原料が得やすい　2．製品の消費地に近い。3．労働者や技術が得やすい。　4．港湾の設備をするのに適している。｝

（（イ）観光都市（ロ）鉱業都市（ハ）臨海工業都市（ニ）水産都市（ホ）貿易港のある都市）

【四】右の地図にある地名と年代をみて、その年代にどんなことがあつたかを考え、年代の側の□の中に書き入れなさい。

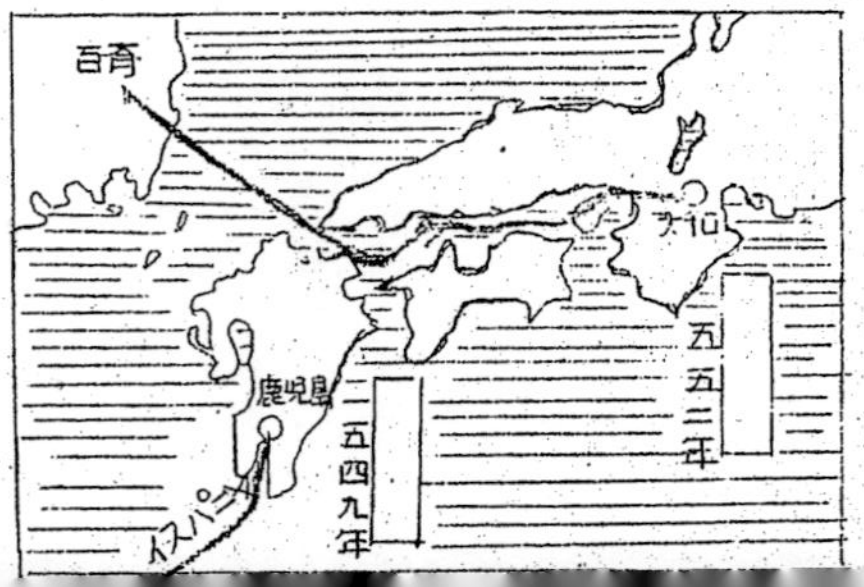

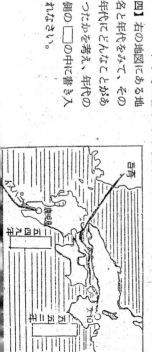

【五】右の地図をよんでⒶ・Ⓑ・Ⓒは何を示したものか□の中に書き入れ、且つ次の文の｛　｝の中から最も適当なものを選んで記号を○でかこみなさい。

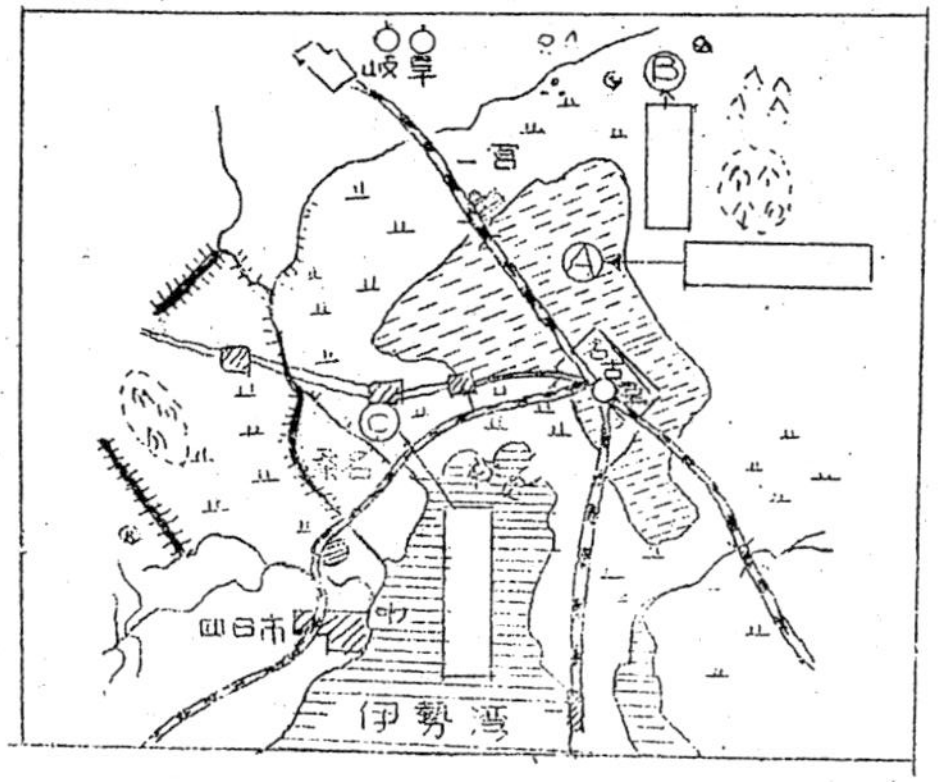

1・名古屋市の近効にⒶができたのは｛（イ）食糧が多く水田を作る必要がない（ロ）大都市に蔬菜の需要が多い。（ハ）水田にすると土地が利用されない｝からである。

2・木曽川にⒷができたのは｛（イ）水害をやわらげるから。（ロ）流れがゆるやかだから。（ハ）工業地域に近く電力の需要が大きいから｝である。

3・木曽川の下流にⒸができたのは｛（イ）金魚や鯉を養うため、（ロ）水を工業に利用するため。（ハ）人や家や田畑を水害からまもるため。｝である。

【六】次のA・B・Cのことがらと最も関係の深いものを下の｛　｝の中から選び、その記号を（　）の中に入れなさい。

A・司法（　）　　B・立法（　）　　C・行政（　）

｛（イ）内閣　（ロ）赤十字　（ハ）警察　（ニ）裁判所　（ホ）国会　（ヘ）刑務所｝

【七】次の表は日本の工業構成の変化を示したものである。この表を見て、下の文の｛　｝の中から適当と思うものを選んで、その記号を○でかこみなさい。

日本工業構成の変化（生産額）

	金属工業	機械器具工業	化学工業	窯業土石業	紡織工業	製材木製品	食料品	印刷製本	その他
1931年（昭和6年）	% 8・3	% 9.6	% 15.8	% 2.8	% 37.2	% 2.8	% 16.2	% 3.4	% 3.6
1931～1937年	19.2	14.1	19.1	2.6	28.6	2.3	10.1	1.7	2.3
1938年	23.3	19.4	17.6	2.1	20.3	2.3	9.1	1.4	3.8
1941年（昭和16年）	19.9	29.6	16.4	2.4	15.8	3.8	8.2	1.2	2.4
1946年（昭和21年）	12.2	31.1	13.5	4.2	15.3	11.3	5.4	1.7	3.5
1647年	12.3	27.7	17.8	3.9	11.0	11.4	10.2	2.9	3.4
1948年	12.0	19.6	14.4	4.0	18.3	12.5	8.0	1.7	7.3

1・1931年から1946年までに生産が著しく増加したのは｛（イ）化学工業（ロ）紡織工業（ハ）窯業土石業（ニ）機械工業｝で著しく減少したのは｛（イ）紡織工業（ロ）金属工業（ハ）印刷製本（ニ）製材木製品｝である。

2・この表によつて判断されることは「日本の工業構成に大きな変化を促した｛のは（イ）地震（ロ）水害（ハ）台風（ニ）戦争｝である」ということである。

【八】次の1・2・3の文と関係のあるものを下の｛　｝の中からえらび、その記号をそれぞれの文の□の中に入れ、又その記号を地図の適当な○の中に入れなさい。

1・気候がよく、土地は肥えて灌漑の便もあり、古くから農業が発達した。国王は治水や灌漑工事で権力をのばした。この地方の人々は、他の地方の人々が狩猟や漁業でその日の食物を得て忙がしい生活をしているとき、すぐれた文明を築いた。今日も残るピラミッドやスフインクス、オベリスクは当時の文明を物語つている。………□

2・土地は山がちで、大きな平野はなく、半島や島が多く、紀元前10世紀頃から多くの都市は独立して都市国家をつくり海外にのり出して植民地をつくつた。紀元前5世紀頃ペルシヤを破つてから国力が非常に発展し、学問

や芸術が著しく進歩した。…………[ ]

3．紀元前3世紀までに半島の大部分を領土とし、フエニキヤ、ギリシヤの植民地を征服し、紀元前1世紀から紀元3世紀までに地中海周辺の古代諸国を統一して大帝国となつた。この国は交通が自由に行われ、強固な統一と平和で、各種の文明が融合混和された。中でも法律の進歩は著しかつた。しかし奴隷制度が社会をささえ、市民権をもつものの特権が大であつた。…………[ ]

（イ）ギリシヤ文明
（ロ）エジプト文明
（ハ）インダス文明
（ニ）メソポタミヤ文明
（ホ）中国文明
（ヘ）ローマ文明

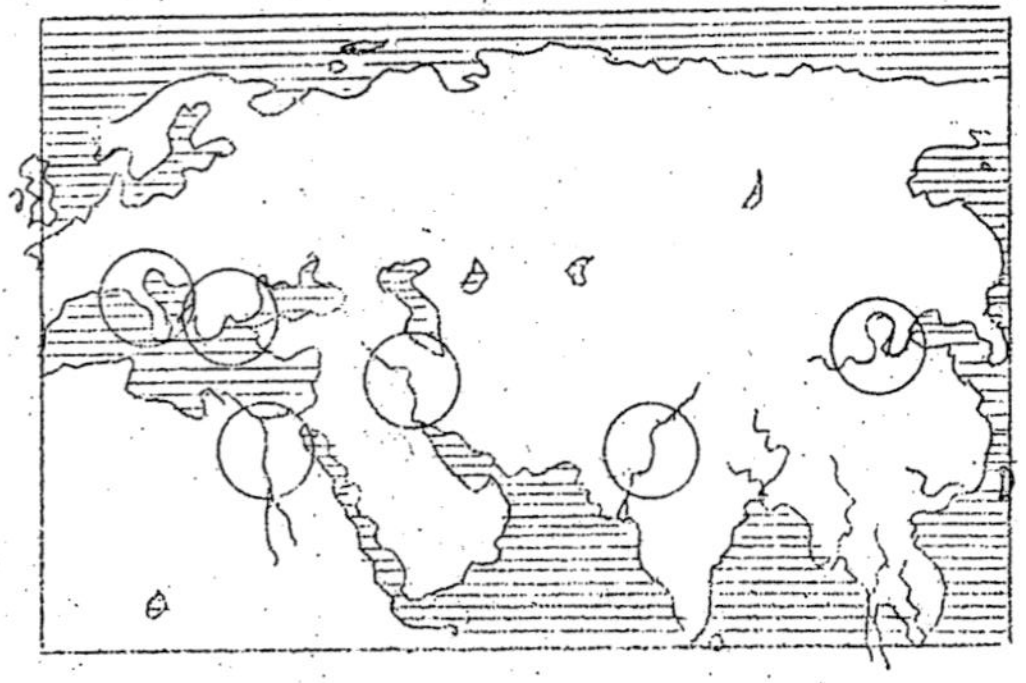

正答表並に配点表（社会科）

番号	小問	正答	配点	備考
【一】	1	（ニ）　（ロ）	2	各1点
	2	（ハ）	1	
	3	（ロ）　（ハ）	2	各1点
	4	（ロ）	1	
	5	（ロ）　（ハ）	1	二つできて1点
	6	（イ）	1	
	7	（イ）	1	
	8	（ハ）　（ニ）	2	各1点

社会科（全琉各問別反応率表）

問（一）

	1	2	3	4	5	6	7	8
正%	63.7	65.8	50.2	50.3	35.1	35.0	29.5	63.9
誤%	31.6	31.4	47.3	48.6	63.8	63.9	69.1	33.7
無%	4.7	2.8	2.5	1.1	1.1	1.1	1.4	2.4

問（二）

問題	正	誤	無
A	36.3	53.8	9.9
B	41.1	51.9	7.0
C	53.4	40.0	6.6

問（三）

問題	正	誤	無
A	43.6	51.9	4.5
B	31.7	64.0	4.3

問（四）

問題	正	誤	無
1	97.6	0.1	2.3
2	72.9	17.8	9.3

問（五）

問題	正	誤	無
1	8.3	87.0	4.7
2	13.2	80.7	6.1
3	4.3	87.3	8.4

問（六）

問題	正	誤	無
A	56.6	47.2	2.2
B	58.7	39.6	1.7
C	47.1	20.8	32.1

問（七）

問題	正	誤	無
1	44.4	49.2	6.4
2	63.9	32.2	3.9

問（八）	正	誤	無
1	40.2	54.7	5.1
2	16.4	77.0	6.6
3	16.7	77.3	6.0

【二】		A	5	1	
		B	4	1	
		C	2	1	
【三】		A	(ホ)	1	
		B	(ハ)	1	
【四】	1		552年仏教の伝来	1	
	2		1549年キリスト教の伝来	1	
【五】	1	A	そ菜畑　(ロ)	1	二つできて1点
	2	B	水力発電所　(ハ)	1	同　上
	3	C	堤防　(ハ)	1	同　上
【六】		A	(ニ)	1	
		B	(ホ)	1	
		C	(イ)	1	
【七】	1		(ニ)　(イ)	2	各1点
	2		(ニ)	1	
【八】	1		左から三番目の○ (ロ)	1	二つできて1点
	2		左から二番目の○ (イ)	1	同　上
	3		左から一番目の○ (ヘ)	1	同　上

(社　会　科)　　地域別大問別反応率表

		都　市	半都市	農漁村	へき地
一	正	59.2	54.3	47.8	42.6
	誤	38.6	44.0	49.3	54.0
	無	2.2	1.8	2.9	3.4
二	正	42.3	33.3	47.2	41.8
	誤	52.5	65.8	43.3	43.3
	無	5.2	0.9	9.5	14.9
三	正	51.3	36.7	30.0	31.4
	誤	47.9	60.8	63.1	62.7
	無	0.8	2.5	6.9	6.0
四	正	66.4	75.5	100	83.6
	誤	21.3	14.7	0	5.9
	無	12.3	9.9	0	10.4
五	正	16.1	5.7	3.2	18.9
	誤	79.0	57.9	89.3	81.1
	無	5.9	6.3	7.4	0
六	正	60.0	50.3	47.9	49.7
	誤	39.1	49.7	48.4	47.3
	無	0.9	0	3.8	0
七	正	57.9	53.4	46.3	46.8
	誤	39.5	45.1	45.0	48.2
	無	2.6	1.4	8.7	5.0
八	正	26.7	30.2	20.7	15.4
	誤	68.0	66.6	70.5	77.1
	無	1.9	3.2	8.8	7.5

問題別平均正答率プロフィル

問題番号	問題の内容	正答率
【一】1	天然資源の利用	63·7
2	江戸幕府の鎖国の結果	65·8
3	ヨーロッパにおける産業革命の起りとその影響	50·2
4	銀行預金における小切手に対する知識	50·3
5	生産技術と物価との関係	35·1
6	国民所得に対する知識	35·0
7	国際連合とユネスコ	29·5
8	労働基準法及び労働者と使用者との関係	63·9
【二】	世界の農業地帯と琉球に関係ある国々	43·6
【三】	都市の発達	37·6
【四】	仏教及びキリスト教の伝来	85·2
【五】	名古屋商工業地域の発達	8·6
【六】	国の政治組織立法、司法、行政とその機関	52·1
【七】	日本工業構成の変化	54·1
【八】	世界古代文明の発生	24·4
平均		46·6

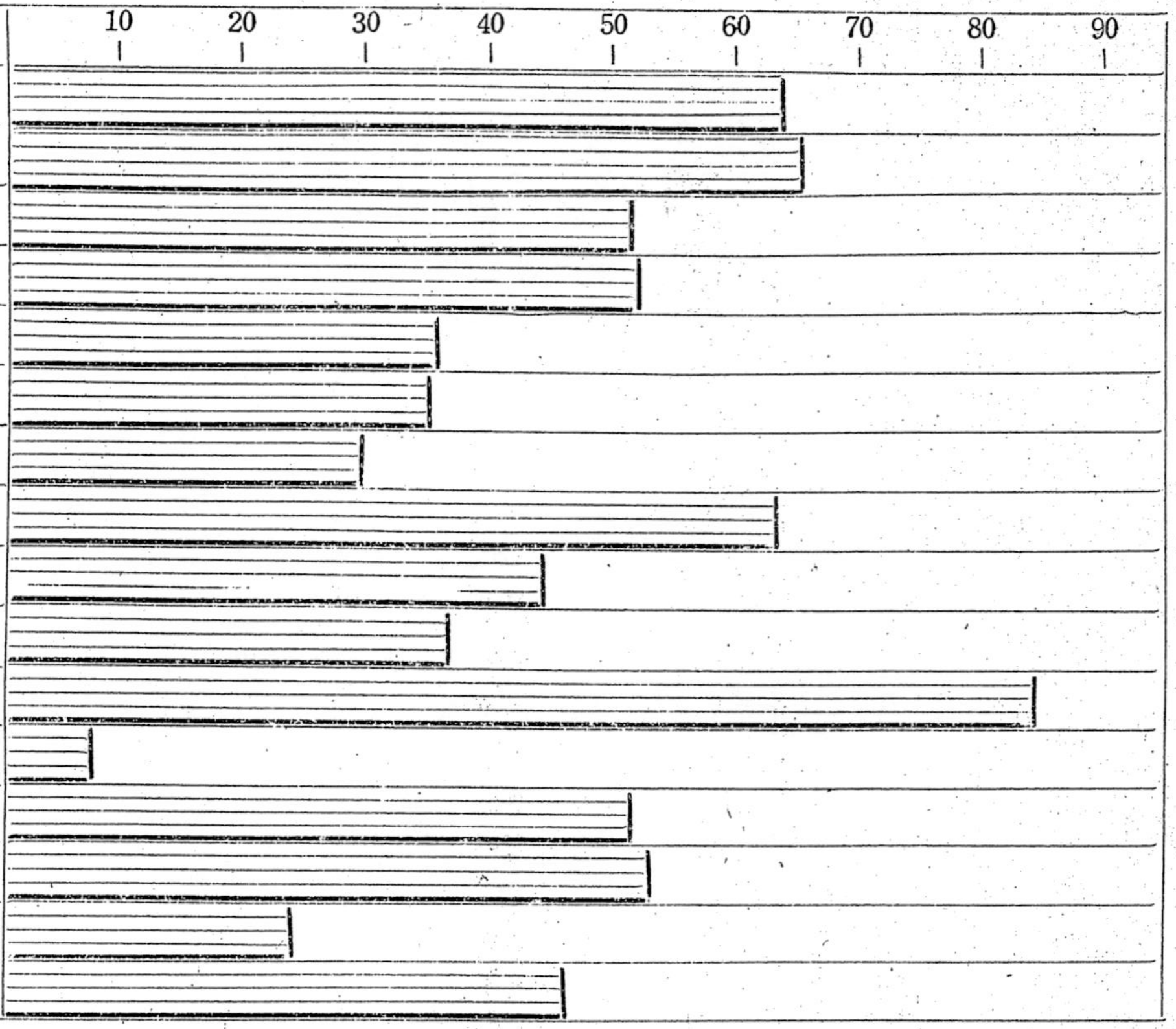

考察

【一】(1) われわれの生活は一つとして天然資源の恩恵をうけないものはない。日常生活と天然資源の利用とは密接な関係にある。この問題はスイス国の自然の美である風景資源の利用と全国が国策として大いに力を注いでいる観光事業との関係を理解しているか、どうかをみる問題である。スイス国の自然的条件と国民生活との関係をよく理解しておれば容易に解決のつく問題で正答率も63·7%でかなりできているといえる。なおこの問題において観光事業に力をいれている国を（イ）ブラジル（ロ）スイス（ハ）ベルギー（ニ）中国の四つの選択肢より選ぶことになつているが、何れの国も地図を通して位置づけが理解された上での正答でなく、単なる記憶や偶然による正答であるとすれば今後の社会科学習指導において厳につつしまねばならない。

(2) この問題は日本の歴史的事件の一たる鎖国について、その結果を三つの選択肢の中からもつとも適当なもの一つをつかみとることができるかどうかをみようとしている。

正答肢が「世界の歴史からはなれて、幕府政治の下に封建社会が固められた」とかなりはつきりしているだけに正答率も65·8%で成績はよいといえる。しかし欲をいえば、鎖国が日本歴史の上からみて最も大きな事件だけに、その因果関係や当時の江戸幕府の社会状勢については、社会科学習において、もつともよく指導され、その成績も更に上昇すべきであろう。

(3) この問題はヨーロツパに於ける産業革命が何時、何処で起りその結果近代社会にどのような影響を与えたかを総合的に理解しているかどうかをみる問題で、世界史における最も大きな歴史的事象だけに当然よく理解され、徹底されなくてはならない問題であるが、成績は正答率50·2%誤答率47·3%無答率2·5%で普通である。正答率と誤答率の差のないのは、何時、何処でについては問題の提示が（イ）17世紀にフランス（ロ）18世紀にイギリス（ハ）19世紀にアメリカと時代と場所が一連になつている為に三つの選択肢から(ロ)を選ぶことが容易であつたと思うが、後者の「各国とも植民地の獲得のため海外に進出するようになつた」ことが、全体、民族、帝国の三主義のうち、何れの主義であるかに生徒が困難を感じたためであろう。しかしこのようなことは社会科学習、特に歴史の指導においてはその都度、あいまいにならぬよう歴史的事象を具体的に例示してよく納得さすべきであろう。

(4) この問題は経済生活について、日常使用されている小切手や約束手形の役割について知つているかどうかをみようとしている。

正答率50·3%誤答率48·6%で正答との差のないのは、やはり小切手や約束手形が貨幣と同じく経済生活上重要な役割を果すものであるにかかわらず、生徒は貨幣の流通が生徒の身近に経験している程には小切手や約束手形は身近に経験していないからであろう。

こういうものの指導には単に知識だけの注入に終らず、小切手や約束手形等の見本を示し、なお子供銀行等において模造小手切の発行等による指導も必要であろう。

(5) この問題も経済生活に関するもので、物の価格について需要供給の法則のほかに、生産技術の変化によつて、物価に変動を生ずるが生産技術と物価との関係がどのように変るかを理解しているかどうかをみる問題である。正答率35·1%誤答率63·8%を示し、誤答が正答の約2倍も示していることは需要供給の増減と物価の関係はわかるにしても生産技術と物価の関係は案外理解されていないのであるまいか。

経済生活ということについては生徒に理論的には理解していなくとも、物品の売買を経験し貯蓄をなし、消費生活を営んでいるので、経済生活の実際については経験している。

これらの経験を基礎にして現代の経済生活について理解を深めることが大切である。

(6) 国民所得について、分配国民所得、生産国民所得、支出国民所得の区別がはつきりついているかどうかの問題で正答率35·0%では成績があまり香しくない。これから推してこの種の指導が案外おろそかにされていはしないだろうか。中学三年の「経済生活」の単元における術語の指導について反省を要する問題である。

(7) 現代日本が加盟している国際的機関について、ユネスコ、国連のいずれであるかを問うている。問題の提示が直接国連とせずにその機構を分析して安全保障理事会、信託統治理事会、経済社会理事会と三つの術語に分けたところに困難を感じたであろうか、正答率わずか29·5%で誤答が多く成績は下位に属する。中学三年の結びの単元として重要な位置にある「世界平和への道」については、特に沖縄の生徒にとつて直接に戦争の苦い経験をなめているだけに世界平和に対する関心と希望は絶大なるものがあるので、この経験を基礎にして世界平和のための諸事業、すなわち、国連、ユネスコ等に関心をもたせ、加盟問題についても明確にさせるべきであろう。

なおちようど日本の国連加盟が問題になつている時であるから、若し社会科の指導が現実の社会生活の中に問題を見出して、これを発展せしめていく指導の形態をとつているならば、こんな低い成績にはならなかつたと思う。

(8) 労働基準法によつて労働者の健康や安全についてどのように守られているかを理解しているかどうかをみるために、沖縄のバスの車掌が夜間10時以後、女子から男子にきりかえられた具体的な時事問題の形で提示してある。正答率63・9%は割合によい方に属する。特に沖縄において労働問題について割合に後れている今日、労働基準法、労働組合法、使用者と労働者との関係、労働者の健康と安全の問題について社会科指導に際し具体的事象を呈示して生徒に関心を持たすと同時に、もつと力を注ぐべきことではないだろうか。

【二】この問題は世界的に農業に特色ある地域又は琉球と関係ある国を世界地図の上に位置づけることができるかどうかをみる問題である。地図上にA・B・Cの符号で三箇の位置が示されて、その位置と関係のある地域又は国を五つの選択肢から選択して該当欄にA・B・Cの記号を記入する問題であるがその正答率は次の表の通りである。

	正	誤	無
A	36.3	53.8	9.9
B	41.1	51.9	7.0
C	53.4	40.0	6.6

この結果からみるとC（2・戦後はじめて琉球の集団移民を受入れた国）が高くB（4・季節風帯に属し米を多く産出して我が琉球にも輸出している国）がその次でA（5・ヨーロッパの穀倉といわれている黒土地帯）が最下位となつている。

これから推して時事問題的なボリビヤ移民関係はやや理解されているといえる。（B・4）（A・5）の関係に誤答が多いのは社会科における地図を通しての学習が案外軽視されているのではなかろうか、先に研究調査課で発行された1954年度学力水準調査報告書の中にも指摘された通り社会科学習特に地理的学習においては社会科地図帳を中心として関連性のある学習指導並に総合的に思考し判断考察する学習態度をうえつけたいものである。

【三】この問題は近代的都市とその発達に必要な条件、発達に伴う諸施設や機関との関係を理解しているかどうかをみる問題で、Aの部では施設や機関を提示して、それがどの都市と関係あるか、Bの部では発達の諸条件を提示して、これら諸条件と関係あるのはどの都市であるかの二問からなつている。

A・B二つの反応率をあげると次のとおりである、すなわち

	正	誤	無
A	43.6	51.9	4.5
B	31.7	64.0	4.3

A・B何れも正答よりは誤答のの率が高く、成績は普通以下である。近代的大都市の発達が近代産業の発達と密接な関係にあり、発達都市の種類によつて、各ヶ異つた条件や施設や機関があることを十分に理解さすべきである。成績の結果から案外理解されていないことが反省させられる。

【四】この問題は日本文化に大きな貢献をなした二大宗教（仏教、キリスト教）の歴史的伝来について知つているかどうかをみようとしたもので単純な知識をみる問題である。歴史地図を掲げその中に年代と地名と更に伝播の経路を示してヒントを与えているだけに正答率は97・6%及び72・9%で成績はかなりよい。

【五】この問題は名古屋市近郊の地図が提示されている名古屋市を中心にして商工業を発達せしめた近郊の地理的条件を読図によつて、全体的に総合判断することができるかどうかをみようとするもので可なり高度の問題である先ず地図上に示されたそ菜畑、水力発電所、堤防の符号が読み得ないと後のこれらの三つのものができた諸条件を総合的に判断することは困難を来すことになる。かなり高度の要求であるせいか成績も至つて悪い。小問にわけてその反応率をあげると。

	正	誤	無
1・Ⓐができたのは	8.3	87.0	4.7
2・Ⓑができたのは	13.2	80.7	6.1
3，Ⓒができたのは	4.3	87.3	8.4

何れも誤答が多いのは簡単な地図の符号、例えば、山（△）温泉（♨）鉄道（ ）の如きものはわかつていても水力発電所（ ）そ菜畑（ ）堤防（ ）等のはいつた詳しい地図を読む機会が少く、且つこれら諸符号によつて総体的に判断して地理的に全体を把握するという力に欠けていることが反省させられる。ここでもやはり社会科学習における地理的指導の欠陥が指摘されると思う。

【六】この問題は、国の政治機構である司法、立法、行政と関係のある機関をいくつかの選択肢よりそれぞれつかみとることができるかどうかをみようとするもので割合に単純な問題であるので成績も普通であるといえる。

即ちその結果をしめすと次のとおりである。

	正	誤	無
A 司 法	50.6	47.2	2.2
B 立 法	58.7	39.6	1.7
C 行 政	47.1	20.8	32.1

A・B・Cのうち割合にBがよくできているのは他の司法、行政に比べて立法即ち法律を作る機関が国会であることが生徒に容易に理解がついたためであろう。なおこの問題が日本の国内政治組織であり、沖縄が直接に日本に結びついていないために生徒の経験がいくらかうすいためもあろう。

【七】この問題は戦前から戦後にかけての日本工業の構成の変化を示す統計表が提示され、この統計表を読むことによつつ、各種の工業の消長、及び工業構成に大きな変化を促した要因をつかみとることができるかどうかを示すものでその消長即ち1931年から1946年までに生産が著しく増加したのは機械工業であり、著しく減少したのは紡織工業であることがこの表をみて案外わかつていない。日本の工業構成に大きな変化を促した原因については大体常識的にも判断がつくものであるので、成績は消長の点に比べてはるかによい。その成績は次の通りである。

	正	誤	無
1・工業の消長	44.4	49.2	6.4
2・変化の原因	63.9	32.2	3.9

社会科の学習において統計表、図表等を読むことによつて事象の変化や状況を解釈することに慣れさせることも又大切なことである。

【八】この問題は世界の古代文明の起りについて、発生の状況によりその文明の特色をつかみとることができるかどうか。

更にこれら文明の発生地を歴史地図の上に位置づけることができるかどうかをねらいとる。提示された問題の一般的説明によると、古代文明の地域の特色を示す三つの長い文章が提示され、この文章がどの文明を表現しているかを6つの古代文明の種類から選びだすことになつているが、文章が長くその中の術語（要語）の読解に困難を感じてか、成績は余りよくないしたがつてどの文明にあるかが、はつきりつかめないために、その文明を示す地図上での位置づけまでが誤つた結果となつている。その反応率を示すと次の通りである。

	正	誤	無
1・ ロ	40.2	54.7	5.1
2・ イ	16.4	77.0	6.6
3・ ヘ	16.7	77.3	6.0

1・2・3のうちで1が正答率がよいのはその文章の中に「今日も残るピラミツドやスフインクス、オベリスクは当時の文明を物語つている」と記されているので、その一節によつて自らこれがエジプトの文明だということが容易に理解された結果であると思う。これから社会科学習の問題点として反省させられることは読解力の問題、むずかしい術語の指導、歴史地図における位置づけ、読国力の問題等があげられる。要するに社会科学習においては平板的に教科書の講議に終始することなく、生徒に考えさせ、すじを通して正しく把握する学習訓練であらしめたい。

1956年11月27日

不就學長期欠席児童生徒の対策に就いて

—於教育長研修会—

宜 保 徳 助

(一) 実 態

Ⓐ 不就学生徒児童の調査（研調課調査）

	小学校			中学校			備考
調査年月日	在籍	不就学児童	百比(%)	在籍	不就学生徒	百比(%)	
1954・9	98,432	482	0.48	54,232	264	0.48	
1955・9	105,349	638	0.61	52,238	42	0.09	

△ 55年の調査において小校は増加し、中校は著しく減じていることに注目すべきである。

Ⓑ 長欠児童生徒の調査（研調課調査）

（a）沖 縄

	小学校			中学校			備考
調査年月日	在籍	長欠児童	百比(%)	在籍	長欠生徒	百比(%)	
1954・9	98,610	829	0.84	54,316	2,113	3.89	
1755・9	103,609	503	0.48	51,838	1,666	3.21	

（b）他 府 県

		小学校			中学校			備考
県名	調査年月日	在籍	長欠児童	百比(%)	在籍	長欠生徒	百比(%)	
千葉	1955.9	298,902	5,557	1.9	134,710	7,167	5.3	
山梨	仝	122,400	612	0.5	58,313	933	1.6	全国2位
滋賀	仝	104,250	834	0.8	55,625	1,335	2.4	
徳島	仝	130,806	2,192	1.74	60,280	2,006	3.29	
全国	仝	11,654,194	121,430	1.04	5,438,840	154,535	2.84	

△ 日本は50日以上引続き或は断続して欠席した者

沖縄は30日以上引続き欠席した者

△ 小学校は沖縄は日本平均以下であるが、中学校は平均以上である。

Ⓒ 長期欠席児童生徒の理由別調査（研調課調査）　（1955・9）

		小学校			中学校			備考
		長欠児童数	百比(%)	順位	長欠生徒数	百比(%)	順位	
本人によるもの	本人の病気	197	39.16	①	155	9.30	④	
	勉強ぎらい	77	15.31	②	425	25.51	①	
	友人にいじめられる	2	0.4	⑨	9	0.54	⑬	
	学用品がない	1	0.2	⑬	4	0.24	⑮	
	衣類や着物がない	0	0	—	1	0.06	⑯	
	学校が遠い	2	0.4	⑨	5	0.30	⑭	
	本人の居所不明	37	7.75	⑤	98	5.88	⑤	
	小遣銭かせぎ	0	0	—	9	0.54	⑬	
	非行児童	3	0.6	⑪	25	1.50	⑪	
	其の他	31	6.16	⑥	52	3.12	⑧	
	計	352	69.98	—	783	46.99	—	

(二) 対策

Ⓐ 一般的対策

(1) 出席簿の教育的活用

児童生徒が２日以上欠席したら、教師は何をおいても家庭訪問し、その理由をつきつめ、指導対策をたてる。

出席簿は単に統計のためにあるべきでなく、指導のてがかりとして活用すべきである。巣をつくらないうちに早期に発見することが望しい。尚猶予免除学令外除籍は正式に手続により整理してはつきりさせなければならない。

② 長欠児名簿を作製し（現在あると思うが）校長及び担任教師は常にその動向をしつかり握り、根気強くあたる。尚区教育委員、区長、婦人会長、青年会長等に配布しその協力を求める。

(3) 長欠児の受入態勢を常にととのえておく。

学校側は温かく受入れるとともに、長欠児は割に学力が低いので、その学習指導方法をその能力に応じて行われるよう配慮されなければならない。

(4) 学校は各種機関及び団体の主催する長欠児に関係する行事（例えば青少年不良化防止運動に関心を持ち、それに協力するとともにその冊子及び文教時報、新聞記事に注意して事例研究或は対策の資料にすることが肝要である。

(5) 父兄及び一般の啓蒙指導にのり出す。

その機会を出来るだけ多くつくり、教育的に法的に指導に当ることが望ましい

(6) 各種機関（児童福祉司、訪問教師、社会福祉司、児童相談所警察、労働局、保健所、公看等）及び各種団体（子供を守る会、ＰＴＡ、区長会、婦人会、青年会、敬老会、農協等）と連絡しその協力を求める。

(7) 学校教員が今より以上社会教育に進出して新しい村づくりに努力する。

(8) 政府（教委を含む）は長欠児の解消に必要な予算を出来るだけ多く計上する

Ⓑ 理由別の対策

（ａ）勉強ぎらいによるもの

小校では２位、中校では断然１位である。中校の長欠生の４分の１強を占めている。勉強ぎらいになつたのも各人各様であるので、学校側はその原因を個人毎に綿密に探求しその対策を講ずるのが望ましい。

家庭によるもの	家庭の無理解	65	12.92	③	331	18.68	③
	家庭の災害	4	0.8	⑩	12	0.72	⑫
	家庭の疾病異状	7	1.39	⑨	49	2.94	⑨
	教育費が出せない	11	2.18	⑧	69	4.14	⑥
	家計の一部又は全部を出したら出校する	2	0.4	⑫	27	1.62	⑩
	家計を助ける為	42	8.15	④	359	21.55	②
	その他	20	3.91	⑦	56	3.36	⑦
	計	151	30.01	—	883	53.00	—
合計		503	100.00	—	1,666	100.00	—

(1) 学校を児童生徒が楽しく遊び学習が出来、喜んで登校するよう施設、設備をなす。例えば小学校では校地も或程度遊園地的にするとか、絵本、教育的漫画本等を図書室に準備する等

(2) 能力に応じた学習指導をなす。

(3) 特に教師は常に同情的立場で接する。

(4) 数多く保護者に接し、互に協力し合う。

(5) 勉強ぎらいになつた原因によつて適当な機関や団体の協力を求める。

（ｂ）家計を助ける為によるもの

小校では４位、中校では２位である。中校長欠生の５分の１強を占めている。これは家事手伝（子供、農耕伐木、留守番、病気看護等）の者と他人に雇傭（女中給仕子守雑役等）されている者との二種がある。

(1) 家族及雇傭者の啓蒙指導に努力する。

(2) 勤労生徒児童の自覚をうながす。

(3) 教育委員会の予算措置を講ずる。

(4) 教育扶助金、貸与教科書補助金等政府予算の増額。

(5) 児童福祉司、社会福祉司と連絡をとり協力を求める。
(6) 労働局の協力を依頼する。
(7) 警察の協力を得る。（学校教育法第17条発動）

（c）家庭の無理解によるもの

小校、中校ともに第3位で中校では長欠生の6分の1に近い。
(1) 部落単位の教育懇談会を数多く開き啓蒙運動をおこす。
(2) 家庭訪問をなし、無理解の根本を探求する。
(3) 部落区長、PTA、青年会、婦人会の協力を求める。
(4) 止むを得ない者は学校教育法第17条を適用する。

（d）本人の居所不明によるもの

小校、中校とも5位で実数両方で135人の多きに達している。
(1) 転校手続きを正確にする。
(2) 訪問教師の強化。各地区に設置専問的に当らせる。
(3) 父兄の自覚をうながす。
(4) 警察の戸口調査を厳密にして、無籍者をなくする。
(5) 風俗営業者、映画、芝居等経営者の協力を求める。

（e）本人の病気によるもの

小校では1位、中校では4位で小校長欠者の約5分の2である。疾病内訳は肺結核が最高で外科的疾病が之に次いでいる。これは本土も同じ傾向であるが、問題は余りにも巾広く奥深いので学校のみでは解決はむづかしく社会的に政治的に大きく取り上げて検討しなければならないと思う。
(1) 学校医を設け、生徒児童の健康管理を強化する。
(2) 養護教師を配置する。
(3) 保健所及び公看と連携し、協力を得る。
(4) 学校保健面の優秀校を紹介し、表彰する。

（f）其の他の理由によるもの

その他の理由は今までの（a）から（e）までの対策で解決出来ると思う。

Ⓒ 結び

学校側は個々の児童生徒を健康な立派な社会人に育成する熱意と愛情をもつて根気強く長欠児にあたるとともに一般会社人は温情と協力を惜しまい体制を整えることが根本だと信ずる。

△宜野座中校仲本康雄先生（タイムス56、11、23夕刊参照）
△コザ市オリオン劇場当山ヨシ氏（タイムス56、11、20夕刊参照）

（文部省）本土に於ける長期欠席の実態

（1954年4月から1955年3月まで）

（注）昭和三十一年度資料未着の為三十年度資料による。

	総数	性別比率	
		男	女
小学校	121,428人	51%	49%
中学校	15,453人	50%	50%

理由別比率

	原因	パーセント		男女比			
				小学校		中学校	
		小学校	中学校	男	女	男	女
本人によるもの 小学校(60) 中学校(40)%	1. 本人の疾病異常	75.6%	47.0%	52%	48%	49%	51%
	2. 勉強ぎらい	15.6	42.5	67	33	68	32
	3. 友人にいぢめられる	0.4	0.5	57	43	55	45
	4. 学用品がない	0.5	0.7	57	43	56	44
	5. 衣服や履物がない	0.9	0.6	56	44	47	53
	6. 学校が遠い	3.9	3.1	55	45	55	45
	7. その他	3.1	5.6	54	46	55	45
家庭によるもの 小学校(60) 中学校(40)%	1. 家庭の無理解	61.4	46.7	46	54	47	53
	2. 家庭の災害	0.6	0.8	41	59	39	61
	3. 家族の疾病異常	6.9	7.5	32	68	33	67
	4. 教育費が出せない	10.9	10.5	46	54	51	49
	5. 家計の全部又は一部負担	7.1	21.7	42	58	42	58
	6, その他	13.4	12.8	43	57	49	51

中学校社會科における道徳教育

本村恵昭

一、社会科教育の目標と道徳教育

終戦後児童生徒の行動があまり思わしくないことから道徳教育が問題となり、それが社会科教育の責任であるかの如く言われた。しかしこのような人格の全体に関係するを問題を、すべて社会科教育において負わなければならない理由があるだろうか。これは当然教育全体の仕事であり、社会全体の責任であると考えるのが妥当であろう。

こう考えれば、先づ社会そのものがよくなることが道徳教育の根本条件である。社会をよくするように、すべての人々がそれぞれの立場から真に協力すべきである。しかしこう考えた所で社会科が道徳教育に無関心であつてよいという理由もない。人間関係を直接問題にしている社会科では、他のどの教科よりもとりわけ関心が深くなければならないし、またその責任の一端は当然負わなければならない。

社会科教育の目標は民主的社会に於ける正しい人間関係を理解させて、有能な民主的社会人としての必要な態度、能力、技能を身につけることにある。

道徳教育においても、機械的に「躾」の教育が強調されたり、自主的生活態度の確立が主張されたり、人々の考え方には多少の差はあつても、やはり人間関係の理解とその実践に問題のあることは間違いない。個人と個人あるいは社会と個人の関係を理解させることによつて、社会における個人の位置の自覚という意味で道徳心を植えつける効果は期待されてよい。

以上述べたように、社会科教育も道徳教育も、ともに人間関係の理解を目標としている点で共通している両者は根本的には同じねらいをもつているわけであるしかし社会は、児童生徒の心身の発達に即して社会的人格の形式を考えているし、道徳教育では新しい行動の規範を作つて、児童生徒の行動をある程度外から形づけようとしている。

道徳教育の方が人間形式という面で少し性急であると考えてよいだろう。両者の差異を無理に理くつづければこのようにも言える。しかし、要は社会科教育を徹底的にすることが望ましいのである。われわれの社会はどのような社会であつたらよいか。その社会の秩序を保つ上にどういう規範が望ましいかという線であるべき倫理を求めていけばよい。そしてこれが民主社会（日本、琉球）の新しい習慣の体系となるならば、道徳的に健康な社会が建設されるであろう。

行動の枠をつくることを急ぎすぎることは危険である おしつけがましい道徳教育のたいした効果のないであろうことは想像に難くない。われわれは今日の道徳教育を、このように社会科教育の向かう線にそつて根本的に考えることが望ましいと思う。そして社会科は今日の社会において生徒に要求される行動の規範新しい社会の秩序、習慣、規則などの理論的理解を与えるという点で、その特殊な任務がある。別の言葉で言えば道徳的知見を啓発し、民主社会における鋭敏にして正しい道徳的判断力をつけることが社会の負うべきおもな分野であると考えてよいだろう。社会化された学習活動を通じて、今日の社会に処する社会的実践的態度を確立することも必要であるがこのようなことは、前者と比較すれば第二の任務であると言つてよい。

われわれは社会科教育の立場から道徳教育を右に述べたように考えて一応割りきることが出来ても、社会では児童生徒の徹底した道徳教育を希望する声が高い。学校を訪れる父兄は、口を揃えて厳格な「躾」の教育を望むのである。このような父兄の希望はそのまま正しいとして丸呑込みするわけにはいかないが、今日の教育が社会の要求によつて支えられているものである以上、このような声を無視するわけにはいかない。明日の社会の完全な子供を考える余り今日の社会の不適格者を出すことは勿論よくないことである。我々は道徳的規範の決定を急ぎすぎてはならないが、生徒が現実の社会にあつて不適応児とならないための最低限度の行動規範を、とりあえず身につけさせる事の責任を感ずる。

社会科教育のどのような面で、どのよう機会に道徳教育が出来るかということを知つていて意識的に、積極的に、道徳的人格の形式に努力することを忘れてはならないと思う。

終りに世間の批判を一、二とりあげてみよう。

今日の道徳教育では、個人の身のふり方というか個人道徳の習得が強調されているが、社会科ではこのような面が非常に弱いという見方がある。一応もつともであるが、社会科の対象としている社会の成立条件としては、個人を考えないわけにはいかないし、良き社会生活の建設のためには、その根本に個人の人間としての自覚、人間らしい生活を営もうとする望みなども当然考えられることであるから、社会の向上をねらつている社会科教育が、個人道徳を全く無視しているとは言えない。もう一つの批判を取り上げてみると、現在の中学校社会科の教育課程を文部省案では、その目標においては「人間関係の理解を強調し、道徳的要素をうかがうことができる」が、その内容は知識の羅列に終つている。こういう見方である。これもたしかにその通りである。

だがこの論点は、中学校社会科の場合は、その学習活動の方に向けられてもよいのではなかろうか。いろいろの事柄を理解するには、いつも人間に対する関係においてなされなければならないことは良く解るが、これは文字面に表現する場合技術上困難である。知識を羅列した教科書でも、その取り扱い方によつては、道徳教育をすることも可能であろう。ただ道徳面を強調し過ぎて、事物の正しい姿を見失うことのないようにしなければならない。

二、社会科における道徳教育の着眼

(1) 生徒の道徳的傾向とその社会的背景

社会科における道徳指導は、我々の眼前に並んでいる生徒の道徳性を対象とし、動きつつある現実の社会を背景にして行われるものであるから、今日の生徒の道徳的傾向やその原因になつている社会上の問題点について、簡単に考えてみたい、生徒の道徳的傾向としては

1、行動の浅薄性
2、感情の粗野化
3、無責任な言動
4、道徳的感覚の後退
5、放浪性
6、金銭を浪費する傾向
7、誤つた民主々義を主張する傾向

などを挙げることができる。これらの点は、毎日の新聞に掲載されているようなごく特別の問題を取り立てているのではない。中学校の教師ならばどこの学校においても観察出来る一般的傾向である。今日の生徒の不注意、無関心、粗暴、怠惰、無責任、虚偽という一連の傾向は、社会の批判の的となり、道徳教育の問題をまき起したのである。

而しそれだからと言つて生徒だけを責めるわけにはいかない。科学的に原因を探究しなければならない結論的に云えば、総て社会の罪であると言つてよいだろう。不良行為の多くは生徒自身の内からなるものではなく、悪い社会環境によつて生まれた後天的所産である。我々はこのような道徳的傾向を生んだ社会的原因をつきとめる必要がある。

社会科教育においても、生徒の行動を素直にとらえて深く考え、彼等の生活している現実の社会環境に科学的なメスを入れ、道徳上の問題を合理的に解決することに協力しなければならないと思う。

現在の社会のどのようなことが生徒の道徳感を後退させたであろうか。

(1) 経済的窮迫……我々は戦後経済的窮迫、とくに食生活を中心として生きる苦しみを味わつてきた今日では大分緩和されたが一般の人々の生活は依然として楽にはならない。

(2) 家庭のやりくり生活……経済的にも精神的にも窮迫している家庭では、明日の生活設計ができない、生徒が刹那的で落ちつきのある行動ができないのは、このような点が原因しているといつてよいだろう。

(3) 愛情の欠乏……巷間に浮浪児や不良生徒を多く生んでいるのはうるおいのない砂漠のような社会の表現に外ならない。

(4) 読み物や娯楽施設の影響……今日では低級な読み物や娯楽施設がはんらんしている。このようなものから性的衝動の誘発を受けることが多い。

(5) 年長の友達や一般社会人の無理想
社会人の卑屈感と無理想は、将来の生活に対しても、又次の世代に対しても余り精神的希望を持ち得ず、現実の物的欲求にとどまつている感があるこのような空気は依然として、青少年達の行動にも影響する。

(6) 健全なレクリエーション施設の貧困
利益本位の低俗な施設は日毎に増加しても、大衆の健全な娯楽施設は殆んどふえることがない。

(II) 社会科教育の道徳教育上における位置

以上のべたような中学校生徒の道徳的傾向とその社会的背景を理解しておくことは社会科の指導上必要なことである。社会科は生徒の人間性の改造という

ことを通じて社会の進展に協力するものである。従つて生徒のどのような面を矯正しなければならないか。又伸ばさねばならないか。このようなことの具体面に手をさしのべるのが道徳教育であると思うしかしこの直接的な仕事はホーム・ルームで行われるであろう。社会科ではこれらの事情を十分考慮に入れて、望ましい道徳的態度の背景となる道徳的理解や判断力を養うのが主眼である。

例えば「学校や家庭」「都市や村」「民主々義」「政治」等の諸単元の理解をとおして道徳的悪条件に満ち満ちている今日の社会に処する具体的行動の、理論的理解がなされるであろう。そして生徒は自然に無意識のうちに行動の枠を与えられるであろうが教師は、明確な意図を持つて民主社会に生きる人格の形成に努力しなければならない。

文部省の道徳教育委員会の報告書では右にのべたようなことを「中学校社会科では、わが国や世界のさまざまな生活やその歴史的発展、あるいは政治、経済等の諸問題の学習を通じて、常に人間性について深く考え、民主々義の本質を理解し、これを基礎としての人権の尊重、真理の追及、正義の実現、国際親善等の態度の養成に力が注がれている。このようにして生徒のうちに養われる民主的社会生活に関する理解や公民的態度が、道徳的心情、判断力、習慣にそのままつながるものであり、また社会科においては他教科以上に深く道徳的問題に恵まれていることをよく理解して、望ましい行動の裏づけのない見学、調査や、地理、歴史、経済、政治に関する断片的な知識を雑然と学習するような社会科にならないように注意すべきである」とまとめている。

(3) 社会科における道徳教育のねらい

1　基本的人権の尊重…民主々義社会における道徳の根本は、基本的人権の尊重ということであると思う。生徒には、いろいろの角度からあらゆる機会を通じてこのことの徹底した理解をさせる必要がある。人権の尊重は、個人の価値を尊び、人間性を重んじ、又すべての人格の尊厳性の認識であり、生命を愛することである。憲法や教育基本法の中にも、主流としてこの精神が流れており、そして各種の法則や制度は勿論のこと、慣習や風俗その他の生活様式のすべてがこの考え方を基本にしており、又この考え方を基準にして批判も受けている。今日の社会に通用する個人道徳、社会道徳、国際道徳、政治道徳、経済道徳などすべての道徳もこのような観点を無視して論ずることは出来ない、基本的人権の尊重ということは、国籍や男女を問わずすべての人に適用されるものだということの深い理解がいろいろの意味で危機の叫ばれている今日の社会では最も強く要望されてよいと思う、自分の人格を認めてもらうためには、他人の人権も尊重しなければならないし、自分の権利を尊重しようとすれば他人の権利も尊重しなければならないことは自明の理である。

一方的に自分の権利だけを主張して他人の言い分には耳をかさないとすれば、それこそ「わがまま」というべきで、社会的に見て合理的態度とは言えない、身辺の社会道徳も、大きくは国際人としての平和の道徳もこのようなところから生まれてくる、社会科ではこのような理解がとくにとりあげられるのは「民主々義の発展」を主題とする三年の各単元であり、政治、経済、文化、社会など各分野の理解を通じて、あらゆる角度から十分指導がなされなければならない。

2　社会的協力……我々の今日あるのは人類の社会的協力の賜である。人類は長い歴史を通じ、大勢の人々の協力によつて偉大な文化を生んできた。そして更に新しい文化の創造に協力しつつある。ここに人間の特種性があるので人間の尊厳なるゆえんもまたここにある。このことの自覚が深められるならば、今日の社会に処する行動は、自ら望ましい社会性を持つであろうし、市民としての社会的協力の態度も形づくられることになるであろう。

3　自主、自由、自律……自分の判断で自発的に行動すればこそ、そこにはじめて責任が生じる。自主的な判断を伴わない行為には何の道徳的責任もない。自主、自由、自律は道徳の本質である。我々は自由を愛好するが故に社会の秩序や規則が必要であるし、又これに服従しなければならないのである。今日の生徒には「自分はこう考える」という積極的な態度が欲しいし、又国際的に新しい出発をしようとする我々には、自主独立の精神が強く要望されている。社会科教育のあらゆる機会を通じて、今までの乞食根性をなくし、自分の力で一人歩きしようとする生徒をつくらなければならない。このような態度のない所に真面目な生活は生まれてこない。

4　愛と寛容……平和的な生活が生まれるのは基本的には人間性の尊重であり、そのような政治であるが、さらにそれぞれの人が広い教養を持ち、いろいろの角度から物を考えることができ、純粋で豊かな情操が生活にしみわたつてこそ、ほんとに現実のものになる。道徳的実践ということにも、合理的な解決点を必要とするがただ理くつでうなづいただけではそれがすぐに実際行動にはならない。

人間に対する信頼と愛が必要である。相手の立場に立つてものを考え、又相手を許す寛容の気持もなければならない、ヒューマニズムというか、道徳的情操というか、このようなものがない所に道徳的行為は生じない。

5　公正な政治への協力……今までの教師は政治に関する関心が弱くまた社会からも、そのような方向を持つことさえ嫌悪されたのである。

従つて教育で此の面が弱かつたのも無理はない。而し今日の社会で是非必要なことは、ほんとに大衆の心を心とする政治が実現することである。公正で、公共の福祉に反しない明かるい政治が行われなければならない。それがためには先づ正しくまじめな明るい選挙が行われることが第一であり第二には議事機関と国民及び市町村民の生活を直結するために政治家や一般大衆、或は報道機関などの努力が必要である。そして良心的な政治家の公明な政治と、それに対する国民の誠実な協力がなければならない。

社会科教育では我々の現実に生きているこの社会を住みよくするために、徹底した政治教育の行われることが望ましいと思われる。社会の在り方を十分考え、それを実際に具現してくれるのはどういう人物であるかを見極める能力と判断力を養うのは社会科教育の責務であると思う。

6　社会的実践的態度の確立

右に今までのべた諸項目は、社会科で道徳的知見を養うための主な目標であつたと思う。従つて社会科の諸単元の展開に当つて各方面の知識や理解の中に折りこまれて取扱われるものである。もう一項目つけ加えておきたいのは学習活動の過程において行われる道徳面のねらいである。社会化され技術上にもかなりの困難性を持つている幾つかの学習方法を敢て用いる理由は、学習活動そのものが新しい人格形成に寄与する点があるからである。それではどのような目標を持つておいたらよいか。

次に簡単に箇条書にする。

イ　強い正義感と責任感を持つて仕事をなしとげようとする強固な意志

ロ　継続的に計画的に問題を解決しようとする合理的態度

ハ　勤労を愛好し如何なる困難にもうちかつ生活力と技能

ニ　公共物を有効に用いる技能とそれを愛護する態度習慣

ホ　民主的生活に必要な会議運営の技能

以上申し上げ今日の生徒の行動や社会上の諸条件も十分に考慮に入れてまとめたつもりである。なおこの点に関する具体的な問題は後でのべることにする。

三、社会科における道徳教育の内容と指導技術

(1)　社会科単完における道徳指導の内容

道徳教育が生徒の具体的行動や社会科の教材内容と離れて抽象的になされる場合には、かつての修身、公民のような形になるであろう。

結局会社科の中に倫理科というようなものを設けたことになる。

私達はこのようなものを望むものではなく、社会科教育のふしぶしをとらえて、道徳的知識や理解や実践の指導がなされなければならないと思うがそのためには、単完の内容のどのような面にそういう要素があるかということを分析して認識しておく必要がある。

次にその一覧表を掲げたいと思うが、これは勿論一般的なものであり、又形式的であるという非難は免かれないであろう。そこで実際の指導にはもつと簡単なもので生徒の実状に即したものをつくる必要がある。ただ注意したいのは、単元の一般的内容と結びつけるための、不自然なこじつけの徳目をたくさんならべても、それは余り役に立たないということである。

四、社会科の学習活動と道徳指導の技術

(1)　問題を大切にする。

社会科で用いられる各種の学習活動は、望ましいいろいろの方法の意義が認められていても、余りにも非能率的であつたり派生的な問題が多すぎたりするため、次第に以前の講義法一天張りに逆戻りする傾向があるようだ、学習能率を阻害する問題が多く起り、教師に手数をかけることが多いために、生徒の生活を消極的にし、縮小してしまうのが正しいであ

ろうか。学習活動の過程において起る各種の問題は必ずしもさくべきものではないと思う。むしろ積極的教育的意味を認めたい。彼等が社会人となり道徳的規範を身につける上の好機であると考えたい。勿論生徒が問題を起したり失敗したりすることを無意味に歓迎するものではない。子供達が将来いろいろの問題に遭遇するであろう事は間違いないことであるから、不用意な環境でとりかえしのつかない失敗をさせるよりは教室という教育的環境の中に在つて問題を処理することの態度と技術を会得させておき将来甚だしい失敗をさせないようにする方が好ましい。このように考えて、社会科の学習活動の過程において起る種々の問題、例えば図書館の書物が少ない事から起る書物の奪いあいや、グループ研究の際の仲間割れなど、間に合わせに解決するのではなくして今日の社会の理想や諸条件と結びつけて、徹底的にそして教育的に解決されることが必要である。兎角積極的に考えて、生徒に社会化さた学習活動に参加する機会を多く与え、反省や批判や自覚や発見の機会を豊富にしてやることが、社会科の学習活動に於ける道徳指導の面で大切なことであると思う。

(2) 学習活動と道徳指導

1 討議学習の場合

○ 自分の考えをはつきり主張すると同時に、他人の言うこともまじめに聞く態度をつくる。

○ 少数者の意見でも正しいものは尊重し多数者の暴力性を否定する態度を養う。

○ あらさがしの議論になつたり、風情論に走つたりしないと、相手をよくしてやるという友情討議が出来るようにする。

○ 有言不実行の態度をいましめ、自分の発言には責任を持たせる。

2 共同学習の場合

○ グループに協力し、合理的で能率的な学習を進め、責任を果し、公共のためにつくす態度と習慣を養う。

○ グループを編成する場合や学習活動の過程において、優秀児のみが活動し、遅進児が置き去りにされることがあつてはならない。

○ 研究が長期にわたる場合には、生徒間は仲間割れがしてめいめいが勝手な行動をとる場合がある、このような時こそ人格指導の絶好の機会だと考えたい。

○ 生徒相互間において心よい資料の交換がなされ、不十分な施設や貧しい環境の中に在つても研究効果が十分挙がるように指導する。

3 現場学習の場合

○ 社会人に接する態度について、前以て指導がなされなければならない。礼儀や言葉づかい、質問の方法に至るまで指導する必要がある。

○ 仕事の中の現場を見学する場合には、働いている人達に迷惑をかけないように、仕事の能率が下がらないよう秩序ある行動をさせる。

○ 地理的調査をする場合には附近の田畑や作物を荒さないようにする。公共の施設や機関に調査に行く場合は、建物や器物を汚損しないように指導することが必要である。

○ 社会奉仕的活動に積極的に参加するように指導する。

○ 生徒は社会で非教育的な問題を拾つてくることがあろう。そのような場合には、後日必ずとりあげて適切な指導をすること。

4 其の他の学習の場合

○ 図書館や研究室においては、書物の利用方法及び愛護、静粛で他人に対しては絶対に迷惑をかけない勉強方法を指導する。

○ 教師の講義、生徒の研究発表の場合は、まじめな態度で、積極的に理解しようとする態度を養う。

○ 図表を画く場合、意味のないものを画いたり用紙をむだにしないようにする。

(3) 指導の機会

学習活動の過程においては、どのような機会をとらえて、指導したり、評価したりしたらよいかを考えてみよう。それは学習が順調に進行している時よりも問題の発生する機会の多い時の方が良い、そのような時にこそ道徳的教養や判断力を最も容易に観察することができるからである、人間性をあらわに露呈するからほんとの指導がしやすいのである。

1 問題を分担してグループをつくる時は、優秀生徒同志が集まろうとして問題を起しやすい。

2 図書室や理科室では良い本を独占しようとしたり実験器具を奪い合いして問題が起りやすい

3 中間発表の場合や共同作業の場合は、自分で調べた資料を他人に提供することを好まない傾向が出て来る、自分だけで後で認めてもらうために十分な発表をしようとしない。

4 研究が問題に直面して一とん坐した時は、親切で行きとゞいた指導を必要とする。

5 生徒の研究発表は重要点が不明瞭でだらしな

くなりやすく、教室は喧騒に流れやすい。

6　社会人に面接して知識を得る場合は、生徒には一種の応用動作であるから、話題が豊富に起る。

7　社会科の単元学習は長期に亘るのでその間には仲間割れがしやすい。

8　討議は喧騒になり、討議のための討議になりやすい、とくにあらさがしをして相手をやりこめてやろうとする傾向が生ずるから注意を要する。

以上のような行動は、生徒の行動を実際に指導できる重要な機会である。このような機会に手を抜くと民主的であるべきはずの学習活動が全く逆になつて極めて非民主的になつたり、社会的であるべきはずのものが極めて非社会的になつたりする。生徒が自発学習をしている時間は教師の息をつく時間であつてはならない、むしろ個性に応じた面倒な指導の時間であることを忘れてはならないと思う。

五、道徳指導に関する注意事項と評価の技術

(1)　二、三の注意事項

1　なつとくのいく指導

道徳教育の問題は、結局は新しい習慣の体系をつくりあげることである。まだ今の日本や沖縄の社会にはこのような体系が出来ていないのであるから、今日のすべての人がこの点に向つて努力する必要がある。ただ急ぎすぎて、形式的になつては何の意味もない、教師が頭の中ででつち上げたものを、生徒に強制的に与えて行動の枠をつくりあげるのがほんとの道徳指導ではない。このようにして出来たものは一度枠がなくなればがたがたになる、あくまで納得させるという態度で、内面的なものをもり上げていくようにしたい。

2　原因の科学的研究

○学級の出席簿係の生徒が急になまける様になつて機ら念を押しても喜んでやつてれない。個人の尊重或は各個人の平等で自分の責務を負担過重だと考えてこんな事をするのだろうと思つていろいろ注意を与えたがそれでも依然として行動がおかしい。不思議に思つて他の生徒にこつそり話をきいてみた。すると問題は案外で一部の遅刻をよくする生徒達が出欠が厳重すぎるというわけで叱つて注意を与えたらしい。その後教師は職員朝会には少々おくれてもよいからというわけで教室で出欠をとる時間は常に教室におつてメモをとり出席簿を詳細に調べ生徒の記録を朱書で訂正した。別に全生徒には何も言わなかつたが生徒達が素直に自告し出欠係生徒にもわびてきたので教師も涙こそ表面には出さなかつたが、その時の喜びは今尚言い尽くせないものがある。その翌日真の自由とはお互が真に自覚し合い他人に迷惑をかけることなく行動し、その行動はあくまで責任を伴うもので若し責任を伴わない時には自由には大きな制限力があることを力説した。

○廊下で衝突し二週間に三名のけが人を出し学校も相当困惑した、毎朝の職員朝会でも大きな問題となりいろいろ論議された。その結果「廊下を走るな」の週訓をかかげた。しかし余り効果はない。それを私なりに考えておる問題としてのべれば、1、休み時間が短い、2、便所や水のみ場が生徒数に比し余りにも少い、3、中庭で遊ぶことが禁じられている。その為に急がないと、用便でも、水のみでも出来ないし、遊びたければ急いで運動場に出ないと困るし、鐘がなれば早く教室に入らないと教師に叱られる。この様ないろいろの問題があるのである程度まで行けば当然かけ足しなければならないので廊下を走る、これ等は今後の大きな問題だと考える。

3　指導の機会を逸しない

どこの学校でも毎学年或は学期の始めになると学級委員や生徒会の役員の選挙があるのであろう。この機会に正しい政治教育が行われることが必要である。所がややもすると事務的にかたづけやすい。少なくとも社会科の教室でに何回もとり上げて真面目で正しい選挙が行われるように配慮がありたいものである。

4　継続指導

習慣をつくり上げることは短時日では出来ないのだから根気強く指導しなければならない。

5　社会の改善に協力する指導

青少年に住み良い社会をつくるための能力を養い出来れば直接協力させるようにするのは社会科の任務である。だが社会改善ということを余り甘く考えて、これが生徒に簡単に出来ると思つてはいけない。理くつで当ることは勿論必要だが生徒の純真な心が、社会の壁を破ることのあることを承知して指導に当るべきである。

(2)　評価の技術

社会科の教育において、道徳面を特別強調して指導する場合は別として、普通には、特別に道徳面の評価をする場合は少ない。

道徳的知識の評価はペーパーテストを工夫することによつて容易に出来るが態度というような生活行動に関係する評価はかなり困難である。とくに社会科の指導の結果がどのようにあらわれているかということは見極めにくい。生徒は各方面から教育を受けているし、あらゆる機会にお互に切瑳琢磨しておりそれが綜合的形であらわれてくるからである。

もう一つ考えておきたい事は、グループ活動でお互いが協力して仕事をすることを強調しておきながら出来上つた作品に対して「この部分は誰が造つたのですか」というような発問をし、個人評価をするような誤つたことをし勝ちであることだ。グループ学習の場合は協力的な活動に評価のねらいが向けられなければならない。個人の評価は、個人学習の場合になされなければならないはずである。このようなことを考えて評価しないと生徒の学習活動を混乱におとしいれるおそれがある。

それで次のような方法で評価したらよいと考える。

○道徳的知識や理解……主としてテストや図表の観察による。

○道徳的態度……主として学習活動中の観察及びテストによる。

○道徳的技能……主として発表や会議などの観察による。

もちろんとくに道徳面の評価をするというよりは、一般評価の中に道徳面の評価が加えられるというようにしたがむりがなくてよい。

次に三年の「民主々義」の単元が終結した際に行う道徳面の評価例を挙げることにする。

1　道徳的知識や理解を評価する問題例

○次の文の□の中に次の言葉の中から適当なものを選んでその番号を記入しなさい。

「民主々義の根本は、人間が人間として自己を尊重するとともに□することである。しかし、われわれはこの□を忘れて、民主々義と言えば、単に□したり□で事をきめたりする□であると考えやすい。(1)政治のしかた、(2)関係、(3)他人を尊重、(4)平等(5)多数決、(6)義務、(7)議員を選挙、(8)根本精神

2　道徳的態度評価の例及び問題

教室で学習したことをそのままの形でテストすれば知識のテストになつてしまうから応用問題でなければならない。態度は生徒の学習活動を観察して評定するのが普通であるが、工夫すれば客観テストでも評定できないことはない。

次にその問題例をあげる。

○ある村ではどこの家でも風呂に入る順番がきまつている。それは、父親→長男→母親→嫁というように男がみんな入つてから女が入り、そして嫁が一番後に入る習慣である。このような事に気がついた生徒達は学級で研究会を開いて討議した。その時にいろいの意見が出たが主なものは次の通り。

「問」あなたは次の考えをどう思いますか、ぜひそのようにしたいと思うものにはA、そのようにしたくないものにはBと（　）の中へ記入しなさい。

（　）仕事の都合で、男でも、女でも手のすいたものから順にはいればよい。

（　）男と女とが一晩おきにはいるようにしておけば公平だからよい。

（　）まだどこの家でも、何事でも男から先にする習慣があるのだから、風呂に入る事位順番を改める必要はないと思う。

（　）男が先に入るということは理くつに合わないもしぬるいお湯の好きなものがあれば男でも女でも先か後にはいるようにすればよい。

（　）これから先ずつと女から先に入るようにした方がよい。民主々義の世の中だから。

（　）いままで通りにしておいた方がよい。その方がきまりよくて問題が起らいな。

（　）みんな手がすいている時は湯のきれいなうちに、おぢいさん、おばさんから先にはいつてもらう。

3、民主的な態度や技能を観察して評価する場合の評定尺度の例

○会議の質問や報告の時

イ、論旨が正しく言葉使いもていねいである　（五点）

ロ、言葉が正しくはつきりしている。又だれにもわかりやすい。　（四点）

ハ、誰にもよく発表するが時々論旨が不明になる　（三点）

ニ、乱暴で気ままで相手を考えない　（二点）

ホ、全然相手を考えず迷惑になるような事ばかり質問する　（一点）

○グループ学習の時

イ、自分から計画を立て、研究資料を集めてグループをまとめていく　（五点）

ロ、自分の計画を立て研究資料を集めて皆と一緒にする　（四点）

ハ、自分でやつてはいるが依頼心が相当強い　（三点）

ニ、グループの計画に従つて消極的にする。　（二点）

ホ、すべて他人にまかせきりで、自分では遊んでばかりいる　（一点）

このような評定尺度が出来たら、チェック・リストを工夫する必要が出来てくる。余り複雑なものでは計画だおれになるからごく簡単なものがよいと思う。なお態度や技能を評価する機会は前にものべたように比較的問題の起りやすいいろいろの機会をとらえるのが能率的である。

なお右にのべた尺度を生徒に提出して、自己評価させてみるのも反省の機会を与えるという点で意味がある。

以上

◉参考資料

△現代における道徳　大阪大教授　矢内原伊作

△現代世界の道徳的境位　東大助教授　古川哲史

△学校経営と道徳教育　東京教育大附属中学校長　石三次郎

△中学生の道徳意識　大阪学芸大助教授　津留宏

△中学生における道徳性発達　金沢大助教授　大平勝馬

◇道徳教育の手引　東京都教育委員会

△教科学習における道徳教育の計画　東京下谷中学校

△道徳教育　神奈川県藤沢第一中学校

雑感

新里章

▽職員室の展望

職員室は教育の場のセンターである。又親しく笑い喜んで語り真剣に論議して一日の生活をうるおいあらしめ自己を深めるプレイスである。僕は去る一月以来職員室の清浄を試みた一日に三回以上箒を持つてはき清めることを実践した。自分の心がさつぱりしてくる。教師のまといのテーブルの上にちらばつた茶碗や本、新聞等をキチンと片づけることを試みた。毎日せいとんされていく事実を私なりに満足してきた。先生方も次第に花を活け清掃の大事なことを気づき週番の仕事として取り上げるようになつた。教室も段々きれいになつてきた。私はこゝに職員室から出発するこの些細な事柄から何ものかを発見したような気がする。

▽学級PTAの役員と先生方

三月五日の午後最後の研究授業を行つた。十八番目の研究授業である。当番の先生は二十枚の国語掛図を作製してその掛図を中心としての直観教授である。PTAの役員も先生方と一しよに参観した。絵が上手で話しが旨く音楽から始まつて本時の授業の焦点えと、とつくんで行く見事な指導振りである。先生方も父兄も成程と見とれていた。私は「谷間の教師」のドン尻先生を思い出す。教師が何かうみだそうとたえず工夫と創意と努力を続ける時、子供の力はぐんぐん伸びて行くものだとつくづく感心した。授業が終ると引続きPTAの役員と先生方と一しよの教育懇談会が始まつた。父兄からの質問は沢山でた。その中でも「新教育と体罰論」が最も主要な論点となつた。私はニールの「叱らぬ教育」を紹介した。私は思う、教師と父兄の而も学級PTAとの教育懇談会の重要性を強く提唱したいことを—父兄は父母と教師と子供のレクレーションの必要を説いた。皆がこれに賛成して三日後には中城公園に遠足することにきまつた。和気藹々の中に協調的な雰囲気を作ることも吾々の忘れてならない教育の一駒であろう。

▽私の哲学

詩的な場面で美妓を前にして夢うつつの美酒盃をあげるシーンと、教会で神に祈りつゝブドウ酒をのむシーンとは「私は生きていいなあ」と思い人生は美しいと感ずる生活である。これは俗流唯物論の勝利でもなく将又人間の形而上学的要求の充足を詩的創造の世界に求める観念論の勝利でもない。私は永遠の相の下に神を見るか、耽美生活やデカダン生活の中から明鏡止水の心境に導く二元の美しい調和をとうとぶ。西行や芭蕉の如く「生きる喜びは」月もよし花もよし、雨もよし、といつた心境に共鳴する。私はよき教育が哲学する心から生れることを信じパスカルの弱い葦となつて共に探り共に語り共に歩もうと思う（北中城小校長）

ふるさとのわらべうた

仲原善秀

藤村の幼年時代の遊びを書いたものに、カンナの黒い実を竹くだの上で舞わすのがあつたが、われわれも子供の頃によくやつたことである。

鎌で手頃の木を削つてこまを作り、クバやマータク（泰山竹）の皮でたこを作り、釘無しでタカビサー（高足）をこしらえ、女の子たちは、ボロ綿にクバのナカゴを巻いてまりを作り、黒くつやのある固い豆でハンチエーグワーをして遊んだ。

舟グワーを小川に浮かべ、山原竹で三角のヤーマを編んで、モートウイやヤマシーザーを生捕り、なかなか器用な遊びどうぐを作つたものだが、今の子供は、自分で細工をして物を作ろうとしない。

よく回るこまは正月用にとつておき、下駄も手作りであつたが、この頃の子供は、赤や青で塗りたてたこまなどを見ると、駄々をこねてゼニをせびり、けつきよく手には入れるのだが、三日もたてば何の愛惜もなく放り投げてかえり見ない。

こんなのも、何か時勢を反映しているみたいで、どんな田舎に行つても、ラジオは朝から晩までガアガアジャンジャン、そのあいまには、見たことも聞いたこともないぜい択品や見せ物の広告をならべたてるので食べ物をねだる山羊のひかえ目な鳴き声など耳に入らないどころか、考えるひまさえかつさらわれてしまつたかつこうで、こうなると、創意も工夫も、はては物をだいじに保存する念や、それに注ぐ愛情などというものも。すつかりちつ息させられてしまうのでないかとおそろしくなる。

バークー（木のぼりとかげ）を捕つて鶏とたたかわせ、マガチムサー（ねずみもちにつく太い青虫）のくそを見つけると「マグチムサーヌ、クスマーテン」と歌いながら、目を皿にしてさがし出すと、唐辛しの汁を飲まし、かぶりを振らせてよろこび、椿の花をわらしべに貫き、もみ汁を竹くだで吹いてあわをたて、またシャボン玉のように吹いてよろこんだ。

パパヤの太い葉柄は、なかま集めのホラ貝の代用になつたし、青竹に紙をつめて空気銃を作つてイリクジエーをし、台風が止むのを待つて、さつそくとび出して折れた若竹を拾い集め、節間の長いのを択んで水でつぽうをこさえた。

夏のたそがれ時、ヤンマがすいすい飛びあるく季節になると、母や姉の髪の毛の長いのをもらい、両端に小石をゆわえてなげ、わけなくそれをからめ取つてよろこんだ。

こんなあそびが、いつとは無しに後を断つて見られなくなつたように、われわれの少年時代に、何かにつけて歌いはやしたわらべうたも、今では遠い昔のかすかな思い出になつてしまつた。

× × ×

村の後の丘に囲まれた田んぼはそう広くはない。かれかかつた田の水は寒むざむと光り、一羽の白さぎがしよんぼりたたずんでいるだけで人影一つ見えない。

ふと、羽を持ちあげたサギが、のめるように二三歩行つたと思つたら、何かえ物をくわえ、のどをひくひくさせて飲みこんだが、とたんに甲高い叫び声を一つあげると、あわてたように大きくかぶりを振つた。

小川のほとりで遊んでいた子供たちが、それを見ていつせいにはやし立てた。

クシ（後）ヌ田ヌ、長クビサーザー、
ウイ（上）ヌ田ンヂ、ターイユクワテイ、
チヤ（下）ヌ田ンヂ、ターンナクワテイ、
ヌリーニカカラチ、ガウガウガウ。

× × ×

春になると、小魚たちもそろそろ浅みに群れて浮かれ出し、干がたには、ミンナ（はこべ）をつき砕いたササを用意して、小魚すくいに出かける年よりや子供の姿が日ましに多くなつて行く。

長い冬から解放された子供たちは、高い福木の梢に上つて海を見る。渡名喜や慶良間の島影が遠くに見える。ハテの浜が青海原の彼方に真白い横筋を引いて見える。

おれより高い所には誰も居ない。
小人が一人干がたの上を歩いている。

梢の上の英雄は、すつかり有頂天になり、胸をふくらませて、歌うように節をつけて呼びかける。

ウーミヌ、チユングワー、エー
ワヌ（わん）ミーユミ、エー、
ウーミヌ、チユングワー、エー、
ワヌ、ミーユミ、トウンケーレー。

× × ×

スチフンツンの子供の英雄たちも、彼岸清明が過ぎて、やがて小満ぼう種の長雨の季節になると、芋の掘れない日や、たき物の無い日もあつて、とかくゆううつで、わびしい日が多くなる。

家の中に閉じこめられていると、子供らはむしようにひもじくなるものだ。チチッ、プップゥ（山鳩）の鳴く声さえ、何となくひもじそうで、ヒルメー（おやつ）が無いと泣いているようである。

戸のすき間から外をながめていた子供が、なぐさめ合うような声で歌い出す。

チチップウプウ、
ヒルメーネーラン、
チチップウプウ。

× × ×

じりじりと照りつけていた陽が、さつとかげつて、涼しい一陣の風がやつて来たと思つたら、山の方から降つてくる雨の音が、遠い滝の音のように近づいて来る。

見る見る、フサンナやフサキナの山も雨に閉ざされ、やがて大粒の雨が一つ二つ、ばしようの葉に音して落ちはじめた。

山ヌアミ（雨）ンチメンリ、
キシバ、ホロホロ

元気いつぱいの声で歌いながら、子供が前の通りを駆けて行く。その声も切れないうちに、あの家この家、干し物をしまいこむざわめきと共に、炊き物のキシバをぬらしてはたいへんと、納屋や軒下に運びこむ音がホロホロと音をたてて聞こる。

山の雨を見い、キシバ、ホロホロ。

子供は、どこまでも卒直で、無(む)くで、純真な詩人のなかまである。

※キシバは、葉のまま枯らしたかん木のたき物。

× × ×

夏の土用の昼さがり。

稲田の向うのウガンの松に、さつきからカラスが群れてさわいでいる。

水あびの裸んぼたちがそれを見つけて、下の方から声をそろえてはやし立てる。

ガラサー、ホーヤ、ミーユン、ミーユン。
イッスガ（一升分の）ヤンムチ、コウテイ
タッチキリ、タッチキリ。

「イッスガヤンムチ」というのは、米一升分のとりもちで、米で物を買つた長いならわしは、一升が魚、二升が肉などと云つていたのである。

× × ×

秋のタントゥイ（種子まさ）、子供にはお盆や正月におとらない、楽しい年中行事の一つであつた。

この日は、男の子は紙張りの大きなたこをあげた。五枚、七枚、十二枚と、大きいのをじまんにした。

海ンチュの家なら、豚の血でまつ黒くなるまで染めた太い木綿糸であげたし、むしろを織る年寄りのいる家なら、ユーナのカヂのヒニリであげたが、おおかたの子供は、阿旦の気根を乾したアダナシで、細くたんねんにない貯めたものだつた。

タントウイに先立つてマーダニ（庭種子）の行事があつた。家のチニブの前に三本の稲穂を並べてまき、ソテツの葉で囲うておいたのが、その頃になると子供らはたこあげの縄つくりにけんめいで、ないかけの縄を学校にまで持ち歩いた。

庭種子が五寸ほど伸んだ頃にタントゥイがくる。その日は大きな紙だこをあげるだけでなく、大きなデームイも食べる。中空に輪を描いてとぶタカを見ても、

タカタカヨーイ、と歌いはやし、ワッターヤッチーデームイヨーイ、とつづけた。

お正月を待つようにタントゥイを待ちわび、時々ソテツの囲いをそつと上からのぞいては心をおどらし、そうして歌つた。

マアダニ、マアダニ、ミイトンドーイ。
ヤアガテイ、ヤアガテイ、
タントウイドーイ。

× × ×

漫画と、パッチとラムネと称するガラス玉と、ゴムヒモ以外に、あそぶてだてを知らない子供たちに、もうすこし、うるおいのあるあそびを教えてやりたいものだ。

一九五七・二・二五

（久米島美崎小学校長）

連載小説

村の子・町の子（第三回）

宮里静子

（五）

窓を撫でるなまあたたかい夜風に、宿直室のランプの光がほのかにゆれる。

亜熱帯の春はあわただしく、近くの水田からはもう夏を呼ぶ蛙の声が賑やかに聞えてくる。今夜の宿直は新垣龍太郎先生、宵のうちから、例によつて泡盛をチビリ〳〵やつている。コーラーを混ぜたコップを口へもつていき、眼を細めて適量にふくむ。ノドる通るこゝちよい刺戟をじつと味わい、コップを置いて腕を組み、遠い音でも聞くような姿勢でしばらく考えこむ。

「なやみだ、なやみだ、げに、なやみ多き春よ春だ」

そう言つて、フーッと溜息をついた。

「先生の御年輩でも、春はやつぱりナヤマシイですか」

飲めもしないのに、無理に相手をつとめさせられている大田英作が微笑しながら言う。

「なやましいね。若い者に恋愛のナヤミがあり、政治家に土地問題のナヤミがある如く、われ〳〵家長たる者には生活のナヤミ尽きることなしだ。人生ことごとくナヤミの連続で、頭髪とみに白くうすれ、あわれさを増すだけでもたくさんなのに、戦後、教員と名のつく限りの人々は、口を開けば、やれ問題点だ、やれ現場のナヤミだと、さも得意顔で言う。今日の研究会でもやたらにそれが連発されたが、一体問題意識だの、問題点だの、現場のナヤミだのと、口癖のごとく言うにあらざれば、教師がつとまらんとでも思つているのか、はた又、かゝる流行語にも等しい教員言葉を、お題目みたいに唱えてさえおれば、如何にも悲壮で、しかも教育と真剣に取組んでいるかの如く見えるが故に、好んで口にするのか、わしにはわからん。この頃のナヤミなる語はいわば誰もが口にするラッパみたいなもんで、単に鳴つているというに過ぎないんだ」

龍太郎先生はそこでまたコップを手にした。しきりにうなづく英作の顔をまじ〳〵と見ながら、一口うまそうに飲む。共鳴してくれるのでいゝ相手である。しばらくして、

「君は恋愛をしたことがあるかね」

英作は頭をふつた。

「ではまだ、ものゝあわれも、人生のナヤミも知らないというんだね。まあ今のところそれでよかろう。いづれそのうち、熱烈なる恋をして、ナヤミの実態が、如何に深刻なものであるかを知るであろうから」

「当分そんな心配はありませんよ」

「さにあらず、わしにはちやんとわかつているんだ以心伝心というやつでナ」

「といゝますと――」

「ホレ、君の隣の西洋さん」

「西洋さん？」

「隣席のヒメギミだよ」

「あゝ、石川さんですか」

英作はちよつと顔を赤らめた。

「君に話す時の彼女の眼の輝きには只ならぬものがあることを、わしはちやんと見抜いているんだ。眼は心の窓といつてナ、心の動きがそのまゝ読めるというわけさ」

「僕たち、何でもないですよ」

「君はそうかもしれん。だが、今時のあの髪をもじゃ〳〵にした娘たちと来たら、すべてに積極的だから、いつ君をトリコにせんとも限らんのだ。まあ、君も好きだつたらそれでよし、そうでなかつたら、よっぽど用心せんといかんね。わしはそう見とる。そう〳〵近頃の教員言葉で言えば、わしはそう診断する。故に精神衛生上注意し給え」

「どうも、先生にはかなわん」

「そう逃げるには及ばんよ。ところでと、ちよっと給仕を呼んでくれ。何か食うものがないと、酒だけじゃ早くまいっていかん」

英作は立つて炊事場へ行つて給仕のマツ子にその旨を告げた。マツ子は読んでいた〝家の光〟を置くと、すぐ宿直室へ顔を出した。

「あのなマツ子、これからたゞちに余が家へ行き、豆腐なるものを持参し来りて、それを切断し、味噌、

油、味の素、塩等を加えてカクハン煮沸し、ネギあらば適量に加え、味よく香りよく皿に盛りて、余が前にさゝげて参れ。トーフチャンプルー、わかったね」

手まね入りの大げさな命令を、ニャ〳〵しながら聞いていたマツ子は、イヒヒと笑つて出て行つた。

「マツ子もあんなに胸がふくらんで来た。そろ〳〵ものを思う頃だ。或はもうすでにナヤマシイかもしれん、ところで、話は先に戻るが、真実なナヤミなるものは、決して得意顔で言えるものじゃないんだ。現場のナヤミを連発する人たちの顔を見給え。ちっともなやましそうじゃない。真に問題やナヤミがあるならばだ、日夜沈思黙考、ひたすら解決の方策を講ずべきで、それを誇張し、言いふらし、見せびらかすなんて、もつての外だ」

龍太郎先生の意見は次から次へと尽きそうもない。

(六)

学年末のあわただしい事務整理から卒業式、それに春休みは村をあげての眼もまわるような田植えと、多忙な日々を送つて、いよいよ新学期を迎えた。

大田英作は山川文三や宮城茂のクラスをそのまゝ持ち上り、石川啓子は一年の新入生を受持つことになつた。

新しい教科書、新しい教室、それに過去一ケ年生活を共にしてとても親しくなつた大田先生、それが文三たちを心から満足させた。

教室も片付き、いよ〳〵新学年の課業が始まる。英作は、今年こそ子供たちにとつても、自分にとつても最良の年であるようにと念じている。それには先づ、子供たちと何でも自由に話し合えるということが第一である。指導は個々の子供たちの生活や、精神内容を知ることから始まる。そのために昨年以来、師弟共に努めて来たのが、〝生活の記録〟である。といつても何も固苦しいものではない。「何でも書きましょう」という表紙のついた洋紙の綴りを各人が持つていて、いつでも、何でもそれへ書く」英作はそれによつて子供の一人一人と話し合つているのだが、一日の人員も二人か三人、時間も放課後の一時間程度で続けている。最初のうちは何如にもよそ〳〵しい表現で、書くことがらの範囲もが狭つた。けれどもこのごろでは、家庭に於ける学習や作業は勿論、部落での出来事、遊び、家族や周囲の人たちへの要求、先生への訴えなど、生活の各部面、行動の全範囲にわたることが文や絵で書きつけられるようになつたので、英作もそれを読み、それについて語るのが何よりの楽しみである。

今日は文三や宮城茂と話す番だ。教室の窓からは、午後の陽ざしを浴びた山裾の新緑があざやかに見える二人は英作と向い合つて腰かけた。如何にもうれしそうに、にこにこしている。

「誰のから先にしようかな」

「先生、僕のもの先にして」

文三が二つに折つた記録を差出した。

「よし、山川君のから見せてもらおう」

英作は手垢で汚れた「何でも書きましょう」を受取ると頁をめくつた。学年末に話し合つた頁の次を見る春休み中に五つの文と四枚の絵日記を書いてある。文の一つ

× × ×

いもおとがおかあさんに、犬はなぜよるなくかといつたら、おかあさんが、ぬすどをみてなくといつた。ぬすどでなくてもなぜなくかといつたら、よその人をしらすためにといつた。ひるはよその人見てもしらさないのになぜよるしらすかといつたら、かしましい、子どもがくさぶくれてといつた。ぼくもなぜかわからない。

× × ×

親子問答の光景が手にとるようで、英作は微笑しながら読んだ。それにしても最後の「くさぶくれる」には弱つたなと頭をかく。文三は文三で、自分の書いたのがそれを読んでいる先生の顔色に、どう反応するかを興味深そうに見守つている。次の絵日記の一つは

「三月二十八日　となりのねえさんがかえつてきました。かみをまぐらして、くちをあかくぬつて、きれいなようふくきて、たか足のくつはいて、きました。おかあさんが村ではなんぎくろうするが、アメリカとあそぶと金をもうけるといいました。アメリカとあそぶと、なぜ金もうけるかわかりません」

そう書いて、用紙の半分にパーマをした女の絵が書いてある。唇とハイヒールが特に印象的だつたとみえて、その部分は誇張されている。茂がその絵をのぞいてくすくす笑つた。一通り読み終ると英作は話をはじめた。

「今度は考えてもわからないようなことが、いくつも書いてあるね。犬のことをお母さんに訊いた妹さん幾つになる?」

「六つです」

「そうか、君たちもそうであつたと思うが、その年頃はいろんなこと訊きますね。人は何からなつたかとか、ところで、犬の夜ほえるわけについては、先生もよくわからん。しらべて教えてあげるが、君も

よくしらべてごらん。それから、このくさぶれるは方言だね」

「方言?すると何と言ったらいいですか」

「そうだね。ここでは〃子どもがよけいな口をきいて〃と直すべきだろうな」

文三は鉛筆でその部分を書き直した。

「妹がいろんなこと訊く時、お母さんいつでもこのように怒る?」

「いいえ先生、自分が知っているうちは怒らないが、知らなくなると怒る」

「この日記の中のおかあさんは、どこのおかあさん?」

「ぼくの」

「ではそれを書き入れないと、よくわからん」

文三はそれも書き入れた。さて次は、内容のアメリカと遊ぶを、どう話せばよいか、英作は頭をひねつた。

（以下次号）

=高等学校に於ける= カウンセリングの計画と実践

=コザ高校研究発表より=

実験学校の研究は、どこまでも生徒の成長と離れてはならない。研究の途上もその後も生徒と教師が共に成長する為の研究が継続されねばならないと思う。実験学校は絶えず研究という雰囲気に包まれて成長を停滞させずに、全生徒に成長の均等を与えるよう、全教師が研修に励んで、教師自らの成長も怠つてはならないであろう。単なる発表会までの研究、即ち咲いて散るだけの花にせず、その花から立派な実が結ばれねばならないとは思うが、カウンセリング（相談、助言）は生徒の成長が続く限り、続くべきもので、その発表も研究の一段階という意味であつて研究の完成を意味するものではないであろう。本校は実験学校としての使命をこの発表で終ることになるので、昨年六月中間で発表した高校に於けるカウンセリングの計画に基いて実践した種々の事例研究を実習という意味で今日の発表となつたのである。換言すれば今回の発表は中間発表以来の種々の調査の個々の利用から、一歩を進めてあらゆる検査を総合的に利用して生徒の理解、殊に問題、生徒の診断に役立つて健全な人格の発展をはかるのに有効な指導、助言を為し得ることを期待しての事例研究の実習報告である。

例えていえばコザ高校の心字池に小網を投げて一応それを引上げてみたという段階に過ぎない。この報告に載せられている五つ程の事例はその小網にかゝつた小魚のうち比較的大きなものを取敢えず拾い出してみたというようなものであつて、小池の中の小魚の全部を丹念に調べて、それぞれに適応の取扱をしていくのは今後の問題なのである。

今後は全生徒、特に各タイプの問題生徒に種々テストを実施して問題行動の診断と対策を見出す為の事例研究を行うと共に将来の発展的研究に精進しなければなるまい。

従つて今回の発表は結果の報告でなくて経過の報告というようなものにならざるを得ない。而も初めての試みではあつたし、研究体制の不完全、時間労力の不足など相待つて甚だ不満足な発表になるのである。なお反省の上に立つて着実に今後の研究実践を積んで行きたいと思う。

何うぞ、各位の御指導と御協力を切望します。

（コザ高校）

母親について悩む生徒

一、問題点

父親を今度の戦争で失つたA君は、母の手一つで育てられて来たが、最近になつて、母に情夫が出来て、それについて悩んで居たのであるが、遂に今ではどうにもならぬと訴えて来た。

二、目　標

母親ともよく相談する様助言をし、私も家庭訪問をして確め、A君を退学させることなく、安定した学校生活を送らしてやりたい。

三、資　料

イ、各種テスト

学力ー・全教科普通、　知能検査ー偏差値四四平均下、クレペリン精神作業検査、　向性検査ー偏差値五八準外向

ロ、行動記録

真面目によく勉強している。責任感は強く、与えられた仕事は最後までする。人とのつき合いもよく、思いやりがある。

ハ、自叙伝

幼児の時には父も健在だし、とてもなごやかであつたようである。戦争が始まると父は召集され、戦死をした。その後母は再婚をし妹が生まれた。ところがそこでもうまく行かず実家にかえつている。

ニ、環　境

住居が学校より十粁離れた農村地帯、父二十八才で死亡、母は三十四才で母が軍作業で生活費をかせいでいる。

家族は妹一人と母子三人である。

ホ、ホームルーム、テイチャーの観察

性格はやゝ外向性であり、教室内の掃除、作業等は真面目にやり、友達との交際もよくやっているその件が起つた後は沈み勝ち。

四、面接の要点

A君の悩みに対して安定感を与え、定時制への転学を思い止まらせる。そのために母親ともよく相談させ家庭訪問もする。

五、面接の経過

方法ー友達を通じて呼出を受ける

場所ー教室

呼出しを受けた人ー二人（主、副主任）Aー・主。Bー・副

教A1、どうもお待ちどう様、今日は時間もたつぷりとつてあるから、ゆつくり話を聞きましよう。

生2、どうも有難う御座います。実は先生、私定時制に転学したいと思いますが出来るでしようか？

A3、又どうしたのですか、何かあつたのですか？

それは理由如何によつては出来ると思いますが、その辺の事情を話して呉れませんか。

4、沈　黙

5、家族に何かあつたのですか。

6、ハイ

7、お母さんに何か変つたことがあつたんですか

8、ハイ、実はお母さんに情夫が出来たのです。

9、それは確かに相違ありませんか？

10、ハイ、間違いありません。私が六年の時にもそう言う事があつたのです。私達を寝かして、男の人を連れて帰つて来たのを見た。

しかも今度の男の人は妻子もある人である。

11、で、そのことについて話合つた事はありませんか。

12、その事について話合いました。そこでなじつたら、お前は自分の子と思わないから出て行けと言つていました。

13、貴方自身定時制に変つたら、どう言う考えですか。

41、昼は働いて夜学校に出たい。なるべく自分で学資をかせいで母親の世話になりたくない。

15、しかし、貴方を生んで下さつたお母さんだから、ゆつくりもう一度話合えば理解してもらえるんじやないか。

16、ではもう一度話合つて見ます。

六、反省処置

翌日、呼出して聞いたら、母親はA君の進言を聞こうとしなかつた。そこで私達二人で母親に会うため家庭訪問したら、全然その気配見えない。で母親も全日制で続ける事を承諾したので帰路についたが除中、A君に会つてその話をしたら全然反対のことを言う。即ち母親がしらをきつていたという事は後で分つた。その時叔母の家に移ると言う話をしたが、出来るならば母親と一緒に暮すように助言した。ところが、あとで日記により叔母の家に移つたことがわかつた。その叔母の所を訪問して始めて私達が母親の家庭を訪問した時の真相が分つた。そこでくれぐれも頼んで帰宅した。こう言う事柄はつゝこんで聞く訳にもいかないので非常にこまつた。しかし現在では明るさを取り戻して、元のA君にかえつて楽しく学校生活を送つている。

家庭混乱に悩む生徒

事　例

年　令　　一六才

学　年

一、問　題

希望に燃ゆる明るい新学期の初夏、何となくそわそわして、ものいゝたげな顔をして頻繁に遅刻する女生徒がいた。この子を以後A生徒と呼ぼう。私はHRの指導には寛厳よろしきを得た方法をとつていた。現代の自由の名にかくれた放縦は真実の生徒をつくる所以ではないと思つているからである。私の指導の行過ぎ

に不平を鳴らす生徒がいても、Aだけはその不当な事を言い張り先生に同情し、なついていた。一学期も終りに近い炎熱の陽光まばゆい或日、Aは如何にも学校生活に疲れたような表情で休学を申出た。理由は家庭事情であつた。夏の休も明けて涼風吹き初めた十月頃Aは教室を出てゆくH、R、Tをよびとめて定時制への転籍を申出た。調査の上で出来るだけ世話する旨答えたが、その中定時制教室で無断で授業を受けて主事先生に叱られたとの事であつた。

その後いろいろ問題もあり、HRTとしては、A本人に対する分析と家庭環境を調べることが重要だと思い三回も家庭訪問を行い、之等を基礎に助言を与えたが経済的困窮と家庭的悪環境と本人の志望の不確実さ、不成績等がからみあつて遂に二学期末で退学するようになつた。

二、指導の目標

　志望の安定

三、指導要項

イ、家庭訪問　七月十日午後五時、十月二一日午後四時、一二月二〇日午後四時、家庭訪問を三回も行つた。Aの家庭は小さな瓦葺ではあるが、弟が熱病で寝ている部屋に鶏が数羽も入りこんで、その足跡で室内がまるで鶏小屋同様だ。床は何時ふいたか分らぬ位黒く汚れている。その家族の構成は同居者七名、父は二号と同棲別居、姉はアメリカハーニー、兄運転手（他人の車運転）兄は乱暴でAが隣の叔母の店で深夜まで働かないとなぐるとのこと。母は口さきはうまいがAが常欠になつてから家庭訪問をした際など、Aの所在さえ知らぬ無関心ぶりであつた。要するに貧困、無知、乱脈の代表的家庭で感受性の強い責年期のAの志望の動揺も無理からぬことゝ同情に堪えなかつた。

ロ、本人の分析

　学　業

教科	国語甲	国語乙	日本史	解析二	生物	体育	英語甲	英語乙	一家	位
出時	四〇	二八	七三	五五	六五	三二	三八	二七	二九	単
授時	四〇	二八	七五	五五	六八	三三	四〇	二七	三〇	〇
評定	二	二	二	一	二	一	一	二	三	三

向性指数　　一二五（外向型）

ハ、面接の要点

▽七月五日午前十一時

授業を終えて教室外に出るとAは休学を申し出た。突然の話しで最初なので理由をきくと家庭事情が思わしくないとか答えているが、暇がないのでゆつくり話し合うことにして、その場では、うちの手助けもよくして学校は卒業した方がよいと教師の考えを、急ぎ説明した、放課後教室で話し合つたが女の子は仲々はつきりものを言つてくれない。唯家庭事情のためと言うだけだつた。

△十月十三日午後三時

私が放課後便所からの帰途「先生定時制にかえて下さい」とAは突然姿を現わして申し出た。理由を聞くと、家が貧しいため隣の叔母の店で深夜まで働かされるから定時制に出ると働かされんでも済むと言うわけである。そして兄は言う事をきかぬとなぐると言うことだつた。

これで、ただでさえ父別居、姉ハーニーの乱脈の家庭にいよいよ青春の若人の住める家庭ではないと内心絶望の気が起つたが、口ではやさしく兄や母に仕えて是非学校を続ける様に話し、定時制えの転学は学校として許可されない事を翌日告げた。

△十月二五日午後四時

退学の申出があつたので、Aの家庭状況と成績をみると教師として、どうにも出来ぬ壁にぶつかつたような気がした。

「母と兄に優しく仕え、その気に入る様にし乍ら、成績の向上を図つてゆくそのためには、絶大な辛抱がいるが、どうせ人の世は問題の連続だ。しつかり頑張りなさい」と励ましたがAはどうにも出来そうにないと答えた。

四、反　省

家庭的悪環境と成績不良の二つの原因を持ち合わした問題児は、現在の教員の指導力と沖縄の社会悪の中では之を救うことは容易ではないと思つた。沖縄の家庭社会の浄化こそ学生達を健やかに伸ばせ希望をもたせるものであると思う。

進学の問題

事例

M君一八才

(一) 問題

M君は日大の芸術学部演劇科へ進学を希望しているが、父や叔父は反対している。母はM君の意志を尊重しているように思われる。父や叔父は医科へ進学させたい希望であり、演劇科を出ても、単なる芝居役者にしかなれないものと思つて、M君の希望に反対しているためにM君は悩んでいる。

(二) 目標

M君の個性を科学的に究めてから、父にM君の個性を理解せしめ、M君の将来のために出来るだけ尽力してくれるようにお願いすると共に、M君に明るい希望をもたせてやりたい。

(三) 資料

イ、各種テスト

学力……一年(中の上)、二年(中)、三年(中の下)

職業興味テスト……芸能的、言語的な面が特に優れている。

芸能的(九九パーセンタイル)
言語的(六〇パーセンタイル)
興味の水準(九九パーセンタイル)

知能検査……偏差値四八 (0平均)

クレペリン精神作業検査……定型

向性偏差値(甲式向性検査による)……五五(準外向)

ロ、行動記録

稍気儘な性質をもち、気にくわない場合には自分勝手な事をし勝ちであるが、自分の好きなものに対しては熱中し、気に合つた人とは親しく交わる。

ハ、自叙伝

一一才違いの妹と共に何の不自由もなく両親に育てられた事、進学した先輩が休暇に帰省する時には、共に演劇の研究をやり、自分も必ず演劇科に進学するのだと決心しているようである。

ニ、家庭環境

住居は学校よりM粁離れた地点になつて、父は理髪業を営み、経済状況は中以上である。家族構成は父、母、妹、本人の四名からなつている。父は四四才、四年前T前からK市に移転して、かなり繁昌した理髪業を営んでいるが、酒が好きであるように感じられるが、絶えずM君の気持をそこなわないようにと注意しながら、優しく教育している。妹は現在小学校Y学年生でM君は妹を大へんかわいがつて居り、時々妹を連れて散歩に出かけることもある。

ホ、HRTの観察

性格は準外向性で、気儘に行動する傾向があるがやさしく言いつけると案外素直に聞き入れてくれる。又自分の気に合つた仕事に対しては熱心にとつくみ、やり遂げるまで頑張る。殊に演劇の研究に没頭し、三年になつてからその方面の本をかなり読んでいて、ラジオドラマに非常に興味を持つている。

(四) 指導の要点

1、本人の気儘な態度を直し、勉強態度に対して励ましたい。

2、本人の悩みに対して安定感を与え、演劇の研究ばかりでなく、教科の勉強も演劇の研究には非常に大切なものであることをお互いに語り合つてみたい。

3、本人の興味や適性をはつきり認識せしめ、その個性を十分に発揮するように励ましてやる。又本人の個性を父母に理解させると共に子供の将来のために尽力してもらうようにお願いしたい。

(五) 指導助言の経過

学校に於て

教1、M君、では共に話し合つて行こう。君のためなら出来るだけの力を尽して行きたいと思つているから、お互いに打ち解けて話し合つて行こうではないか。

生2、はい、お願いします。

教3、M君、君は欠席しがちであるようだが、どういうわけであるか、卒直に言つてくれないか。

生4、実は僕、時々耳が痛くなつたり、風邪を引いたり、また面白くない時などに欠席しているんです。しかし家で横になつて本を読んでいます

教5、本というとどんな本を読んでいるかね。

生6、主に芸術に関する本です。

教7、そうか、君はとても演劇の研究に無中になつているんだね。

生8、はい、とても好きですから是非日大の演劇科に入りたいんです。しかし父や叔父が僕の志望科に不服のようで困つています。

教9、そうか、では君にお願いするんだが、もう一度君から進んでお父さんに相談してみてくれんか、君が誠意と熱意をもつてお願いすれば、お父さんも理解してくれると思うよ。先生も君の個性をよく研究して、お父さんと共に話し合つ

てみたいと思つているよ。どうだ、何時か君のお家を訪問してもいいかね。

生10、どうぞ、是非いらつしやつて下さい先生が父と相談して下されば僕もとても嬉しいんです。

教11、ぢや、そうしようねところで欠席しないようにしてくれよ。自分の教科の勉強も大切だから広い基礎的知識がなければ自分の専門を十分に生かすことが出来ないからね。

高校の教科をしつかり勉強しておけば、大学に進んでも心配はないよ。

生12、はい、今後しつかり勉強します。

教13、では都合のいい日に、先生に連絡してくれ。

どうも御苦労さんでした。

生14、どうもありがとうございました。

・家庭に於て

教1、きようは、お邪魔させていただきますM君からお電話があつたものですから、喜んで参りました。

母2、よくいらつしやつてくださいました。

教3、お父さん、M君は演劇科に進学したいと言つていますが、お父さんのお考えはどうでしょうか。

父4、はい、最初子供の考えに反対しましたが、今では子供の希望通りにさせて行きたいと思つております。私としては医科にやりたかつたのですが、子供は全然好きでないようです。

教5、そうでございますか、私は出来るだけM君の個性を尊重して行きたいと思つています。人間はその個性をのばすことが大切であります。私の方でM君の興味と適性を調べてみましたが、たしかに芸能方面に特にすぐれていますね。それから学校でも演劇クラブに入つて熱心に研究しています。演劇方面の本も相当読んでいますし、大学に進んでも心配はないと思います。

父6、確かに演劇には大へん趣味をもつています。それからラジオドラマにも非常に興味があるようで、ラジオドラマの時間になると熱心に聞いております。ところが演劇を研究しても単なる芝居役者にしかなれないと思いますが、

教7、いいえ、そんな事はありません。現在沖縄では大学の演劇科を出たものは少ないのですよM君はラジオドラマに深い関心をもつていますし大学に進んだら、その方面を大いに研究したいと言つております。又沖縄の芸能界の発展に尽力したいという大きな希望をもつているんですM君、大学に入つたらしつかり勉強して、演劇面の大家になつてもらいたいね。

生8、はい、御期待にそうように、しつかり勉強します。

教9、そうだ、一旦決心した以上は、どんな困難があつても、ひるまず成功するまで頑つてもらいたい。

人間は忍耐と努力があれば、何事も成功出来ることを知つているだろう。

生10、はい、しつかり頑張ります。

教11、お父さん、もう一つお願いがあります。学資は大分かかりますが、卒業するまでM君のために尽力して下さい。

父12、はい、お金を有効に使つてくれゝば、いくらでも援助しますよ。

教13、M君、お父さんも快く賛成しておられるし、今後しつかり勉強するんだね。それから学資も無駄使いしないようにしてもらいたい。君はちよつと浪費癖があるように感じられるからなははは……

ところで何時頃渡日する心算かね。

生14、三月二一日頃です。

教15、そうか、では調査書をかいておくから、二〇日の午後受け取りに来なさい。

生16、はい、お願い致します。

教17、では、お父さん、お母さん、これで失礼いたします。

どうも、お邪魔致しました。

父母生18、どうもありがとうございます。

基地的環境から来る孤独感を持つ生徒

1、問題点

中以上の成績で二年に進学したA君は新学期始業式の一日登校したのみで翌日より登校を拒み身体的の理由で昼間は身体を鍛えて夜間は定時制に転入方を希望してきたもの

2、目　標

本人或は両親を混じえて身体的の理由なれば定時制の無理なることを数度に及び助言し全日制継続をするよう反省を促したが身体的理由で固く拒み通して一ケ年の休学となつた。

3、資　料

a、学力各教科三以上で中位以上（一年生）

b、向性検査…指数九〇で稍内向性

c、行動の記録

一年生の時にも退学希望を抱いて登校を拒んだこともあり数度の助言により登校させた。交友関係もあまりない内向性で一人ぼつちのところがある。

d、家庭環境

住居は基地の街にあり両親健在で飲食店営業を広くやり資力もある弟は高校二年又今年も三男の弟が高校に合格している。A君は身体を錬えるため住居より二粁位離れた親戚の畑二〇〇坪かゝえた一軒家があるのでこゝで農業をしたいといつている。

e、ルームティチャーの観察

性格は内向性で交友関係もあまりない。一人ぼつちの観がある。

四、面接の要点

A君の定時制転入希望に対して、身体的の理由なれば定時制は無理なることをよく理解させて一ケ年の休学願出が至当なることを助言する。

五、面接の経過

教1、この前再考するよう話しておいたし今日はゆつくりあなたの意向を聞きましよう。

2、ハイ有難うございます。先生私の考えは変つていないんですが。

3、定時制への転入のことなのですか。

4、そうです定時制転入は両親も賛成して頂けないし身体的の理由なら定時制は無理と思いますが。

5、先生それでは一ケ年の休学を願いたいんですが

6、その方がよいと思いますそれには両親も賛成して下さるでしよう。

六、反省の処置

翌日早速父親来校、学校長の許可を得て休学手続をとつた。其後A君から学校長への年賀状に寄せて下記の如く記載されていた。

先生、私は今年こそ馬鹿になろうと思います。私が休学したのは馬鹿になる事が出来なかつた為です。私は馬鹿にならなければ生きる事の出来ない人間であります。馬鹿とは或偉人が云つた。偉人もしくは馬鹿でなければ世間の非難を超越する事は出来ないという意味の事です何卒御理解下さい。それから先生お体に良く気をつけて長生きして下さい。先生は長生きする価値有る方と私は心得て居ります。

七、最近の状況

休学最初は明朗性をかき家族ともあまり口をきかずどこか暗い感じをもつていたが最近両親の話しによると明るさを増し家族ともよく話すようになつたとのことである。

家庭経済に悩む生徒

1、問題点

K君は六名兄弟の中の長兄で、祖母、両親が健在で九名家族であるが、家族の生活はもつぱら父一人の収入に頼つているが、父の収入もわずかなもので、大家族を養つていくには毎月の家計に赤字を出す様な状態である。そこで自分の家庭の経済状態を見たK君は、自分の学費はアルバイトに依つて得なければならぬと思いたち、全日制から定時制への移籍について十月中旬の夕方、相談に来た。

二、目　標

K君の今後の学業生活について相談、助言をして学校生活に明るい希望をもたしてやり度い。

三、資　料

（イ）諸検査

学力ー普通、職業興味検査ー水準七〇、知能検査ー指数四二、向性検査ー向性偏差値（五四）ー向性偏差段階（正常）三クレペリン検査

（ロ）行動の記録

時々遅刻はするが、何でもやり出すと真面目によく勉強し責任感は割に強く、仕事はきちんとする方である。ロングホーム・ルームの議長に選出されてからは遅刻回数も少くなつた。

（ハ）家庭環境

住居は学校よりB粁位離れていて、農村地帯、父は一搬軍労務、母は乳飲子をかゝえている関係で家で雑務と農業、田畑も父の休日の場合と、母の手でいくらか小作している。これも換金作物を栽培しているのではなく、豚の飼料にする為の芋が主に栽培されている。養豚も二頭乃至一頭で大して収入にはならん。両親は子供達に期待をかけて現実を切り抜け様と大いに努力している。

四、ホーム・ルーム主任の観察

K君は性格は正常で、明るい気性である。本校演劇部で大いに活躍していて友人からも嘱望されている。従来の遅刻がちなところも、ロング・ホーム・ルームの議長に選出されてからはよくなつた。将来は演劇方面で身をたて様と頑張つている。

五、面接の要点

K君の悩みに対して安定感を与えてそして勇気ずける。次に彼のアルバイトの件で定時制への移籍の件も校長か主事にもよく話し又彼も両親とよく相談させる事にする。

六、面接の経過

去年十月中旬の夕方、六時半頃私の所の小学校区の陸上競技大会の準備で、私が競技場整備をしている時ひよつくりK君が私を訪ねて競技場へやつて来た。一見して平常とは異つた暗い顔付である。彼は私と一言語るや否や直ぐ涙を流してしまつた予期もしてない事が急に起つて最初は困りましたが、「何だK君、平常の君らしくもなく、用件も云はずに涙から先にして」と、少々言い聞かせてから相談にかゝつたK君の最初の切り出しは定時制へ変り度いと云う事である。二学期も殆んど半分は過ぎているし、これは困つた事になつたと思い、先ず彼の定時制へ変り度い理由を聞いてみた。彼はぽつりぽつり話し始めた。彼の家庭の経済問題であつた要約して見ると次の通りである。

家族九人が父一人の収入だけでは食生活にも事欠く様な状態で、学校の授業料まで父の収入からと言う事は到底無理である。自分がこれから学校生活を続けて行くには、どうしても自分で学費を稼ぐ必要がある故に全日制に籍を置いていては都合が悪いから定時制へ変り度いと述べた、この事は両親とも相談の上で、私の所に来たのかと尋ねると、両親には相談していないと言うことである。又平常でも両親は定時制へ変つて授業料位は自分で稼げと一言も云われた事はないとの事である。結局、彼は家庭の経済状態を自分で判断して定時制へ変り度いとの意向であつた。最後に私は、この問題は決して簡単に出来る問題ではないから明後日学校で校長や主事によくお話を伺つて、成るべく君の希望を通してやる様に努力するが、何しろ二学期も中葉だし或はむつかしいかも知らんが若し変る事が出来ない場合は？と聞いたら学年の終りまでは頑張るとの返事を聞いて校長と主事に相談をした。予相通り定員や、学期中葉等の関係で無理と云う事になつたが、K君は幸にも平常から気は強い子であつたので、休日等を利用してアルバイトする事にし、学業はそのまゝ続けて行く事にして、現在では大いに学業に励んでいる。

八、反省、処置

結局、K君の件は学校区教育委員会の会計ともよく相談し、若しも授業料が定日までに納入不可能の場合は延期願を提出して、明るい学校生活を送らせる様にした。

進学について悩む生徒

H君の場合

一、問題点

父親は相当な実業家で事業を三つも四つもやつている。妻に家を預け子供男三人女一人が同居し、父親は二号と住んでいる。本人の授業状況は中以下で素質は悪くないが、怠け者でどの学科も欠課があつて六八時も欠課がある。父親は本人が進学することを欲していない、本人は某大学に行きたがつている、その父を何とか口説いて上京したいと云うので教師に依頼して来た。

二、目　標

先づ本人の決意を新らたにさせ、従来通りの学校生活では学問はできないこと、都会地での学校生活は余程意志が強くなければならぬこと父親の意見にも正しいことがあることを認識させ、その上での進学でなければならぬことを自ら悟らしめて後本人の欲する所に進めたい。

三、各種テスト

学力ー全教科指導要録、職業興味テスト、向性検査クレペリン検査知能検査（以上カードに記入す）

四、行動記録

H君の遅刻は時々あるが、どの学科にも欠課が多い。性格はとても温良で別にひねくれた所はないが、意志薄弱で忍耐力が足りない。所謂怠惰者と思われる自分の性格行動や学業成績などと自分の進みたいと云う方向とがどんな関係にあるか知つていない。ただ理想ばかりを追うている様に見受けられる。然し教師には何とか自分のことを相談している。

五、家庭環境

住居は歓楽街の近くにある。父親は米人相手のカフエーを二号に経営させて経済的には恵れている。実家は母と祖母兄二人姉一人である。父はそれ以外にも事業を手びろくやつている。父親が二号をもつているので家庭はいつも不和である。然し本人は二号に好感をもつていて金銭的方面は此の二号からもらつている状態である。

六、ホーム・ルーム教師の観察

性格は内向性である。安定感を与へて一、二年間は家庭で勉学させて今少し学力向上をなし、意志力も強固になつた上で上京させて進学させたいと思つているが本人はどうしても今度行きたいと云つている。父親も成績がよくないこと、進学しようとする科目は父親とはその意見に差異があることなどから本人を実業につかしめたいと思つている。父親は経済的には恵まれているのでその点からは反対していない。本人は教師が父親を説得することを欲している。

七、面接の経過

第一回（申出）一九五六年十二月某日

（教師）学期末で忙しいが、まあゆつくり君の相談を聞いておきましよう。

(生徒) 私は二月上旬に東京の○○大学に行きますが父が反対しているので悩んでいます。どうしたらいいんですか。

(教師) お父さんは経済的にはどうですかね、君を十分に大学まで出せますか。

(生徒) 大丈夫です。

(教師) 君は大学での専攻科目は何にする積りか。

(生徒) 芸術科の絵の方に行きたいと思います。

(教師) 絵は今までやっていますか、先生は君の絵を見たこともないが

(生徒) 一年時代はやっていました。二単位とつています。

(教師) 私は君が絵が好きだからその方面に進むことは賛成ですが然しその方面に行くとすれば余程の決意が必要であると思う。と云うのはすべて学問の道は険しい道である一朝一夕にできるものではない。特に芸術になるとその険しさが多いし一生埋れて死後に始めて社会から認められるものさえある。そういう険しい道に進むのには自分の素質と忍耐力、意志力が強くなければ初期の目的は達成できないと私は思う。どうですその方面のことを考えたことがありますか。

(生徒) それ程深刻には考えていませんが、いくらか考えました。

(教師) ではね試験でも済んだら君自身もよく考えお父さんや兄さんにもよく相談して見なさい。そして絵（図工科担任）の先生にも私からよく相談して見ましよう。次は先生の方から来月になつてから相談します。

(生徒) 先生ではどうぞよろしくお願いします。

第二回 (呼出) 一九五七年　月　日

(教師) どうですか考えましたか、お父さんの意見はどうでしたか。

(生徒) 先生のおつしやる様に大変むつかしいものと思います。然し私は今までの様な態度は捨てゝしつかりした態度でやります。お父さんは私の進学については余り喜びません。

(教師) お父さんはどうしても東京には出さないとおつしやるのですか。

(生徒) いや上京させないとはおつしやらずに先生と相談して見ると云つたり、技術面に行けというのです。

(教師) 技術方面なら進学させると云うのですか。

(生徒) 先生と相談するとおつしやつていますから先生御多忙中恐れ入りますが父に逢つて下さいませんか。

(教師) そうかではお会いしてお父さんの御意見を伺つて参りましよう。君も一緒がよいと思うがそうしましよう。(期日は) いつがよいでしようか。

(教師) そうですね○月○日○時に先生がお父さんの住居の方に行くから君はそこで待つていて下さい。お父さんにもお伝えなさい。

(生徒) ではお願いします。

本人は出席しないで教師は父親と逢つておそくまで子供のことを話したり、社会のことなど話した。二号は仲々理解ある女性であると思う。父親は本人が成績が悪いこと、絵をやつても生活ができないこと、むしろ医科や工科方面になら何んとかやつてもよいとのことである。工科なら私立大学にもいろいろあるから入学出来ぬこともない。職業についてのテストも受けていないのではつきりと云えませんが私の観察では意志薄弱で忍耐力がないこと、欠課が多いことなど行動記録や学校生活について詳しく父親に知らしめて本人とよく御相談の上に決定されることを希望して帰宅

第三回　一九五七年○月○日

卒業試験も終つて教師は多忙を極めている某日私宅に訪ねて来た。

(教師) お入りなさい。どうだお父さんとよく相談しましたか、先生もお父さんによく御相談申上げたがお父さんはやつぱり技術方面ならやるとおつしやつている。お父さんとしては将来の君の生活のことが心配らしいね。大学を出しても生活力がないとあつては親の立場として考えさせられるとおつしやつている。

(生徒) (じつと考えていたが) でも私はいろいろ考えましたがやつぱり私は自分のえらんだ道を行きます。調査書を書いて下さいお願いします。

(教師) それは君が上京するなら調査書も書きますが、まあ先生としても行けとも行くなとも云えない。要するに君が今までのような態度で行くと中途でくぢけて仕まうのではないかと心配だ意志力をしつかりして忍耐強く進むという決意があればよいでしよう。

(生徒) ○○君と一緒に○○日に出発します。切符も買いました。

（教師）そうですか。お金はお父さんが出してくれましたか。
（生徒）はい父が、一八、〇〇〇円くれてあります
（教師）そうか……(間)……とにかく単に都会に憧れて行くのでなくほんとに苦しみに行く、修業に行くのだ。生れ変つて意志を強くしてやることですね。まあやつて見給え。身体を大切にしてやるんだよ。
（生徒）先生いろいろ御迷惑をおかけしました。先生もお大事に

此の生徒はそのまゝ上京したが未だ入学の通知は来ないが、どの方面に行くかそしてこのような生徒がどれ程自己の理想と現実とを一致させることができるか、今後も此の生徒に対する相談相手となつたり、又よくその行動を見守つておくべきだと思う。

長期欠席児童生徒調査

一九五六年九月二十日現在

文教局研究調査課

一、調査の目的

全琉球における小学校、中学校の長期欠席児童生徒の状態およびこれら児童生徒の環境を調査し、就学奨励や不良化防止などの施策の資料を提供することを目的とした。

二、調査方法

悉皆調査により各学校長に報告を求めた。

三、長期欠席児童生徒の概念。

一九五六年四月より一九五六年九月二十日現在までにおいて三十日以上連続して欠席した児童生徒を長期欠席者とした。

四、調査事項

学校種別、全在学者の保護者の職業別調査、長期欠席者の保護者の職業別調査、長期欠席者の理由別調査労働種別長期欠席児童生徒調査、疾病異状別長期欠席児童生徒調査、長期欠席児童生徒の父母の状態別調査である。

結果の概要

本学年度の調査における長期欠席者は、小学校で四四〇人、中学校、一、三七五人、計一、八一五人である。これを前年度と比較すると、小学校においては六三人の減、中学校においては二九一人の減で小学校、中学校で合計三五四人の減である。

第一、二表によると長期欠席児童生徒は前年と同様中学校に多く、これは後でその理由調査を表で示すことにするが、義務教育に対する本人および父兄の意識が欠如しているように思われる。第一、二表は長欠児童を地区別に表示したものである。

第一表　地区別長欠児童調査（小学校）　(1956.9現在)

地区＼人員%	5　10　15　20　25%	人員	%
糸満	6·59	29	6·59
知念	7·72	34	7·72
那覇	23.86	10·5	23·86
胡差	14·77	65	14·77
前原	15·9	70	15·9
石川	5·9	26	5·9
宜野座	3·4	15	3·4
名護	4·77	21	4·77
辺土名	2·49	11	2·49
久米島	0·9	4	0·9
宮古	7·27	32	7·27
八重山	6·36	28	6·36
計		440	100

第二表　地区別長欠児童調査（中学校）　（1956・9現在）

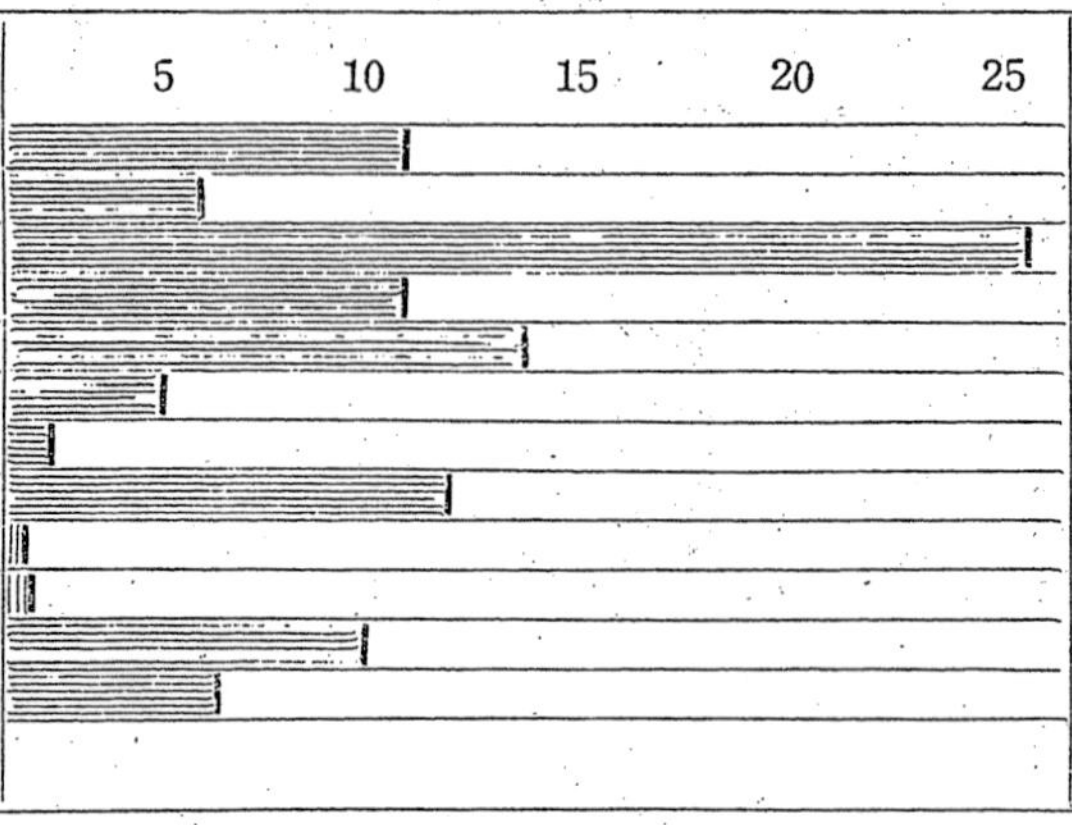

地区名	人員	%
糸満	160	11·63
知念	76	5·5
那覇	349	25·3
胡差	154	11·2
前原	179	13·0
石川	39	2·8
宜野座	12	0·9
名護	166	12·1
辺土名	9	0·65
久米島	7	0·51
宮古	136	9·9
八重山	88	6·4
計	1,375	100

この表の示すとおり、其の数においては、小学校も中学校も那覇地区が一番多く、小学校においては前原胡差、宮古、知念の順であり、中学校では、前原、名護、糸満、胡差の順になつている。

尚これを各地区の全在学者との比率において比較したのが第三表であり、この表によつてどの地区が最も長欠率が高いかを知ることができる。小学校においては、いづれの地区も長欠率は低いが、前原地区の〇・九八、石川地区の〇・七二、宜野座地区の〇・六五が高い方である。小学校と比較して中学校の方は、長欠率が高く、糸満地区の四・三七、前原地区の三・五五、知念地区の三・二一の順をなしている。これで一応長欠児童は、中学校に多く、しかも各地区とも中学校の長欠率が高いことを示している。（表の長欠率のカッコ内は前年度のものである。）

第三表　全在学者との比率（　）内は前年度

	小学校			中学校		
	全在籍	長欠者	長欠率	全在籍	長欠者	長欠率
糸満	8,119	29	(0·69) 0·35	3,660	160	(5·53) 4·37
知念	7,312	34	(0·51) 0·46	3,646	76	(2·76) 2·08
那覇	26,988	105	(0·52) 0·39	10,685	349	(3·42) 3·21
胡差	16,454	65	(0·45) 0·39	7,449	154	(2·93) 2·06
前原	11,696	70	(0·57) 0·98	5,037	179	(3·54) 3·55
石川	3,632	26	(0·62) 0·72	1,576	39	(3·49) 2·47
宜野座	2,292	15	(0·35) 0·65	1,078	12	(2·71) 1·11
名護	13,819	21	(0·30) 0·15	6,666	166	(2·80) 2·49
辺土名	3,399	11	(0·49) 0·32	1,738	9	(0·51) 0·52
久米島	2,705	4	(0·43) 0·15	1,221	7	(0·84) 0·57
宮古	11,051	32	(0·43) 0·29	5,102	136	(4·28) 2·66
八重山	7,444	28	(0·42) 0·37	2,972	88	(1·82) 2·96

次に長欠児童の保護者の職業について調査した結果は、小学校ではその数においては、先ず農業、自由労務、軍作業の順であり、中学校においては、農業、軍作業、自由労務、の順をなしている。これは沖縄全体

には、各職業別に率によつて検討する必要がある。それでここに各職業別の長欠率を併せて表示することにする。（第四、五、六、七表）

第四表　（中学校）長期欠席児童生徒の保護者調べ（職業別）

項目	人員	%
農業	708	51·5
林業	1	0·07
水産業	72	5·2
鉱業	1	0·07
運輸業	8	0·58
自宅商	40	2·91
自宅工	38	2·76
自由労務	75	5·45
工員	18	1·31
公務員	11	0·79
学校職員	8	0·58
会社員	4	0·30
旅館飲食店	16	1·2
接客業	25	1·8
軍作業	80	5·8
行商、露天商	42	3·1
其の他	228	16·6
	1,375	100

第五表　（中学校）保護者の職業別長欠率調べ

項目	農業	林業	水産業	鉱業	運輸業	自宅商	自宅工	自由労務	工員	公務員	学校職員	会社員	旅館飲食店	接客業	軍作業	行商、露天商	其の他	計
全在学者の父母の職業	22,657	90	12,93	47	570	2,976	1,203	1,641	755	1,729	662	1,528	404	417	4,125	1,057	2,991	44,1
長欠者数	708	1	72	1	8	40	38	75	18	11	8	4	16	25	80	42	228	1,3
長欠率	3·16	1·1	5·56	2·13	1·40	1·34	3·16	4·57	2·25	0·63	1·20	0·26	3·96	6·00	1·98	3·97	7·63	3·

第六表　（小学校）長欠児童の保護者調べ（職業別）

項目	人員	%
農業	177	40
林業	11	2·
水産業	15	3
鉱業	0	
運輸業	5	1·
自宅商	10	2·
自宅工	10	2·
自由労務	48	10
工員	5	1·
公務員	8	1·
学校職員	2	0·
会社員	5	1·
旅館飲食店	6	1·
接客業	11	2·
軍作業	38	8·
行商、露天商	12	2·
其の他	77	14
計	440	1

第七表　（小学校）保護者の職業別長欠率調べ

項目	農業	林業	水産業	鉱業	運輸業	自宅商	自宅工	自由労務	工員	公務員	学校職員	会社員	飲食店旅館及	接客業	軍作業	行商露天商	其の他
在学者父母の全職業	32,091	229	3,246	182	2,378	5,835	2,671	4,495	2,261	4,567	1,548	4,007	948	899	11,455	1,855	6,007
長欠者の数	177	11	15	0	5	10	10	48	5	8	2	5	6	11	38	12	77
長欠率	0.55	4.80	0.46	0	0.21	0.17	0.37	1.07	0.22	0.17	0.13	0.12	0.63	0.12	0.33	0.64	0.13

第五表、第七表で示すように、各職業別の長欠率は小学校では林業が最も高く、次に自由労務の一・〇七%、飲食店、露天商の〇・六三%の順をなし、中学校においては、接客業の六・〇%が最も高く、水産業の五・五六%が次ぎ、自由労務、飲食店旅館業、農業の順になつている。この結果から中学校に於ける長欠児童の保護者の義務教育に対する無理解がうなずけるような気がする。

ではここでどのような理由で長欠児童になつたかを考察することにする。次に示す第八表、第九表は、長欠児童を理由別に調査したものであるが、その結果からは家庭の災害とか、教育費が出せないとか、家計を負担するとかで、ほんとに同情に値いする生徒も少なくないが、それとは別に家庭の無理解、勉強嫌い、居所不明等の理由で長期欠席している者を決して見逃してはならない。彼等はやがていやでも成人し、実社会に巣立たねばならない。こう考えると彼等が泥沼に足を踏み入れないうちに教育的なガイダンスを施し、社会は親の愛を以て彼等を保護すべきではなかろうか。特にこの調査の結果から小、中学校に本人の居所不明で長欠している者が、一二〇人もいることを思えば、その対策の急務は誰の目にもすぐ写ることでありましよう。

更に小学校と中学校とを比較してみると、小学校においては、本人の病気で長欠している者が約四〇%を占め、勉強ぎらい、家庭の無理解の順をなして、中学校においては、勉強嫌いが二五%を占め、家計を負担する、家庭の無理解、本人の病気の順をなしている。これから推測すれば、中学校では、年令的にも大人に近い体力をもつているので、義務教育終了を断念して実社会で働いている者も相当あることが考えられる。

第八表（小学校）　理由別調査

長欠児の理由別調査		人員	%
本人によるもの（六八・六%）	本人の病気	168	38.1
	勉強ぎらい	57	12.95
	友人にいじめられる	3	0.68
	学用品がない	2	0.45
	衣類やはき物がない	1	0.22
	学校が遠い	2	0.45
	本人の住所不明	48	10.9
	小使銭かせぎ	0	0
	非行児童	11	2.49
	其の他	10	2.27
家庭によるもの（三一・四）	家庭の無理解	56	12.7
	家庭の災害	1	0.22
	家族の疾病異常	10	2.27
	教育費がない	14	3.18
	家計の一部又は全部負担したら出来る	3	0.68
	家計を助けるため	39	8.86
	其の他	15	3.4

第九表（中学校）　理由別調査

長欠児童の理由別調査	項目	人員	%
本人によるもの（五〇%）	本人の病気	163	11.85%
	勉強ぎらい	347	25.2
	友人にいじめられる	8	0.58
	学用品がない	8	0.58
	衣類やはきものがない	0	0
	学校が遠い	5	0.36
	本人の住所不明	72	5.23
	小使銭かせぎ	3	0.21
	非行児童	23	1.67
	其の他	59	4.29
家庭によるもの（五〇%）	家庭の無理解	243	17.67
	家庭の災害	10	0.72
	家族の疾病異常	41	2.98
	教育費が出せない	47	3.4
	家計を負担するため一部又は全部	35	2.5
	家計を助けるため	252	18.3
	其の他	59	4.29

今一つは、小学校、中学校を通じて家庭の無理解、家計を負担する、本人の居所不明等が高率を示すことで、琉球の複雑な社会現象を反映し、単に学校、あるいは教師のみの問題でなく抜本的な社会政策の必要が痛感されてならない。参考のために地区長欠理由別にその実数を記した第十表、第十一表をかかげることにする。

第十表（小学校）　長欠児童生徒の理由別調査

		糸満	知念	那覇	胡差	前原	石川	宜野座	名護	辺土名	久米島	宮古	八重山	計	%
本人によるもの	本人の病気	7	21	47	21	19	13	3	13	8	3	5	8	168	38.1
	勉強ぎらい	6	2	6	7	20		3	2		1	4	6	57	12.95
	友人にいじめられる		1			1						1		3	0.68
	学用品がない					2								2	0.45
	衣類やはき物がない					1								1	0.22
	学校が遠い				1				1					2	0.45
	本人の住所不明	7		13	9	7	5	4					3	48	10.9
	小使銭かせぎ													0	0
	非行児童	1		4	3	1			1			1		11	2.49
	其の他			3	3			2		1			1	10	2.27
	計	21	24	73	44	51	18	12	17	9	4	11	18	302	6.86
家庭によるもの	家庭の無理解	6	5	10	11	5	6		3			6	4	56	12.7
	家庭の災害	1												1	0.22
	家族の疾病異常			4	3		1	1					1	10	2.27
	教育費がない	1		3	2	2			1			5		14	3.18
	家計の一部又全は部負担したら出来る											3		3	0.68
	家計を助けるため		3	11	1	10		1		2		7	4	39	8.86
	其の他		2	4	4	2	1	1					1	15	3.4
	計	8	10	32	21	19	8	3	4	2		21	10	138	31.4
合計		29	34	105	65	70	26	15	21	11	4	32	28	440	100

第十一表（中学校）　長欠児童生徒の理由別調査

	項目＼地区名	糸満	知念	那覇	胡差	前原	石川	宜野座	名護	辺土名	久米島	宮古	八重山	計	%
本人によるもの	本人の病気	13	16	38	29	19	8	1	18	3	0	11	7	163	11.85
	勉強ぎらい	50	12	98	37	64	8	3	36	1	2	21	15	347	25.2
	友人にいじめられる	0	0	1	1	1	0	0	2	0	2	0	1	8	0.58
	学用品がない	1	0	1	3	1	0	0	1	0	0	1	0	8	0.58
	衣類やはき物がない	0	0	0	0	0	0	0	0	0	0	0	0	0	0
	学校が遠い	1	0	1	0	0	0	0	0	0	0	0	3	5	0.36
	本人の住所不明	1	1	34	2	2	1	0	2	0	0	15	14	72	5.23
	小使銭かせぎ	0	0	2	1	0	0	0	0	0	0	0	0	3	0.29
	非行児童	0	0	3	11	7	0	0	1	0	0	0	1	23	1.67
	其の他	4	1	20	7	1	1	1	13	0	0	4	7	59	4.29
	計	70	30	198	91	95	18	5	73	4	4	52	48	688	50.0
家庭によるもの	家庭の無理解	40	15	54	33	18	5	2	24	0	3	32	17	243	17.66
	家庭の災害	3	0	0	1	0	0	0	4	0	0	2	0	10	0.73
	家族の疾病異常	5	3	6	4	7	0	0	10	1	0	3	2	41	2.98
	教育費が出せない	1	5	14	2	3	3	2	5	0	0	12	0	47	3.41
	家計の一部又は全部を負担するため	0	5	2	1	6	8	0	10	0	0	0	3	35	2.52
	家計を助けるため	38	13	45	20	49	4	2	34	4	0	32	11	252	18.3
	其の他	3	5	30	2	1	1	1	6	0	0	0	10	59	42.9
	計	90 160	46 76	151 349	63 154	84 179	21 39	7 12	93 166	5 9	3 7	84 136	40 88	687 1375	50 100

この第十表、第十一表を検討してみると、小学校においては、本人の病気が大半を示め、中学校においては家庭の無理解、勉強ぎらいが四三％という数字を示している。長期欠席児童生徒が本人の病気の場合以外は一応ガイダンスの面から教育に対する社会意識の面から、社会政策の面から充分検討してみる必要がある。少年犯罪の大半は、長期欠席児童生徒によつてかもし出されているといわれ、その面からの考察も必要と思われるが本調査の理由別長欠児童生徒数から特に少年犯罪と深い関係をもつのは、勉強ぎらい、本人の居所不明、小使銭かせぎ、非行による長欠者であると思料される。そのような理由による長欠者が各地区にどのように分布しているかを観れば、ガイダンスや対策の基本が発見されるのではなかろうか。

「長欠児童生徒は疾病異常でない場合は、普通、何らかの労働に従事していることが普通で、特に中学校の長欠者と労働問題は密接な関係があり、尚、少年犯罪等とも関係が深いので長期欠席児童生徒の疾病異常と労働関係について分析を進めていくことにする。

本学年度の長欠者小学校四四〇人、中学校一、三七五人中就労している者は小学校で約二四〇人で五四％であり、中学校では、約一、一〇〇人で七八％で中学校が高率を示している。就労者をくわしく分析しどのような仕事に従事しているかをみたのが第十二表と第十三表である。

第十二表（小学校）　労働種別長欠者調べ

		人数	%
家事手伝が主であつた（四一%）	農耕伐木	26	5.9%
	漁獲水産養殖	2	0.45
	女中給仕雑役	27	6.1
	大工工員物品修理		0
	販売従事	1	0.2
	靴みがき	1	0.2
	留守番子守看護	33	7.5
	其の他	98	22.3
家事手伝が主でない（五九%）	農耕伐木	19	4.3
	水産関係	0	0
	女中給仕雑役	10	2.3
	販売従事	4	0.9
	遊興遊芸的労務	1	0.2
	子守留守番看病	14	3.2
	靴みがき	0	0
	軍労務	2	0.45
	其の他	202	45.9

第十三表（中学校）　労働種別長欠者調べ

		人数	%
家事手伝いが主であつた。	農耕伐木	256	18.5
	漁獲水産養殖	32	2.3
	女中給仕雑役	106	7.7
	大工工員物品修理	19	1.4
	販売従事	36	2.0
	靴みがき	4	0.3
	留守番子守看護	131	9.5
	其の也	195	14.2
	計	779	56.6
家事手伝い以外の労務	農耕伐木	56	4.1
	水産関係	18	1.3
	女中給仕雑役	83	6.0
	販売従事	13	0.9
	遊芸的労務	24	1.74
	子守留守番看護	61	4.4
	靴みがき	4	0.29
	軍労務	38	2.76
	其の他	299	21.7
	計	596	43.3
総計		1,375	100

この表で「其の他」の欄の内容は一応検討する必要があると思うが、小学校が中学校より高率であることから長欠して何らの就労もしない者が殆んどを示めていると思われる。それ故、長欠児童の理由別調査のところで勉強ぎらい、本人の居所不明、非行児童等で長欠しているものがこれらに該当する者と思料される中でも中学校の生徒に三〇〇人近くの児童生徒がこれに相当することは注目しなければならない。

各地区別に実人員を示めせば次の第十四表、第十五表の通りである。

尚、この表について考察を進めると、「家事手伝いが主であつた」長欠児童は小学校においては子守留守番、看病に就労した者が多いが、中には女中、給仕等に就労させられている者も少くない。中学校においては、農耕伐木が極めて多くこれによつて幼少年者の身体発育と就労関係をうかがい知ることができる。他人に雇傭されて就労している者は、小学校では割合に少く、中学校では、農耕伐木が高率を示している。

次に考えられることは、中学校において「遊技的労務」、及び「子供の留守番」が那覇地区に多く、軍労務関係が胡差地区、前原地区に多いことは、彼等の生活環境を反映した特色ということができるであろう。更に農耕伐木が糸満地区と宮古地区に多いこともその例であろう。中学校において若干憂うべき点と思われるのは、女中、給仕、雑役等に従事している者が相当数いるということである。

第十四表（小学校）　労働種別長欠児調査

	職業別＼地区名	糸満	知念	那覇	胡差	前原	石川	宜野座	名護	辺土名	久米島	宮古	八重山	計
家事の手伝が主であつた	農耕伐木	4	1	5	1	1	0	0	0	5	0	6	3	26
	水産関係	1	0	0	0	0	0	0	0	0	1	0	0	2
	女中給仕雑役	0	1	4	1	4	1	0	0	0	1	9	6	27
	販売従事	0	0	0	0	0	0	0	0	0	0	1	0	1
	大工 工員 物品修理	0	0	0	0	0	0	0	0	0	0	0	0	0
	子守 留守番 看病	1	4	7	6	7	0	5	0	0	0	2	1	33
	靴みがき	0	0	0	1	0	0	0	0	0	0	0	0	1
	其の他	12	2	17	18	21	10	2	8	2	0	3	3	98
	計	18	8	33	27	33	11	7	8	7	2	21	13	188
家事の手伝以外の労務	農耕伐木	1	0	2	0	0	0	0	9	4	0	3	0	19
	水産関係	0	0	0	0	0	0	0	0	0	0	0	0	0
	遊興遊芸的労力	0	0	0	0	1	0	0	0	0	0	0	0	1
	子守 留守番 看病	1	1	0	2	7	0	0	3	0	0	0	0	14
	靴みがき	0	0	0	0	0	0	0	0	0	0	0	0	0
	軍労務	0	0	0	1	0	0	0	0	0	0	0	1	2
	販売従事	0	0	4	0	0	0	0	0	0	0	0	0	4
	女中給仕雑役	0	0	2	2	0	0	1	0	0	0	3	2	10
	其の他	9	25	64	33	29	15	7	1	0	2	5	12	202
	計	11	26	72	38	37	15	8	13	4	2	11	15	252
	合計	29	34	105	65	70	26	15	21	11	4	32	28	440

第十五表（中学校）　労働種別長欠児調査

職業別	項目＼地区名	糸満	知念	那覇	胡差	前原	石川	宜野座	名護	辺土名	久米島	宮古	八重山	
家事手伝が主であつた	農耕伐木	40	13	38	17	37	5	3	38	0	2	44	19	256
	漁獲水産養殖	12	0	1	0	0	0	0	6	0	2	2	9	32
	女中給仕雑役	11	6	20	7	32	3	0	18	0	0	8	1	106
	大工 工員 物品修理	3	1	12	1	0	1	0	1	0	0	0	0	19
	販売従事	9	0	18	0	0	5	0	3	0	0	0	1	36
	靴みがき	0	0	2	1	0	0	0	0	0	0	1	0	4
	留守番 子守 看護	13	6	43	13	16	7	0	16	0	0	8	9	131
	其の他	13	9	64	25	15	4	1	24	1	0	27	12	195
	計	101	35	198	64	100	25	4	106	1	4	90	51	779

	職業別＼地区名	糸満	知念	那覇	胡差	前原	石川	宜野座	名護	辺土名	久米島	宮古	八重山	
家事手伝い以外の労務	農耕伐木	2	1	16	1	11	1	5	10	0	0	8	1	56
	水産関係	5	2	0	0	0	0	0	7	0	0	0	4	18
	女中 給仕 雑役	6	11	11	12	10	3	1	9	4	0	15	1	83
	販売従事	0	1	3	0	0	0	0	0	0	3	2	4	13
	遊芸的労務	0	0	16	1	0	0	0	6	0	0	0	1	24
	子守 留守番 看護	15	1	18	3	8	1	0	2	1	0	11	1	61
	靴みがき	0	0	2	1	1	0	0	0	0	0	0	0	4
	軍労務	1	0	4	14	17	2	0	0	0	0	0	0	38
	其の他	30	25	81	58	32	7	2	26	3	0	10	25	299
	計	59	41	151	90	79	14	8	60	8	3	6	37	596
総計		160	76	349	154	179	39	12	166	9	7	136	88	1,375

疾病異常による長欠児童は、小学校で一七三人、中学校では一二二人で全長期欠席者の八・八七%を示している。小学校では、全長期欠席者の三九・三%で中学校より遙かに高率である。労働種別長欠児童調査のところで「其の他」の欄が高率を示しているのはそのためではなかろうか。

尚、疾病異常による長期欠席者を調べたのと、地区別にその状況を観たのが次の第十六、第十七、第十八、第十九表である。その中で小学校、中学校を通じて各地区に肺結核患者が多数いることを見落してはならないと思う。

次の表によつて詳しい実態を表示したい。

第十六表（小学校）　疾病異常別長欠者調べ

病名＼地区名	糸満	知念	那覇	胡差	前原	石川	宜野座	名護	辺土名	久米島	宮古	八重山	計
肺結核		3	13	5	5	1		6				3	38
法定伝染病			1		1								2
伝染性皮膚病		1	3			3		1					8
外科的疾患		3	3	1	2	4	1	1	2	1			18
精神異常	1	1	2	3	1	1		1			1		11
難聴弱視盲弱	1		3								1	1	6
外科的不具	2	2	1	1	1	1		1	1				10
其の他	2	12	20	15	12	2	5	2	3			4	80
計	6	22	46	25	22	12	6	12	6	1	2	8	173

第十七表（小学校）　疾病異常別長期欠席者調査

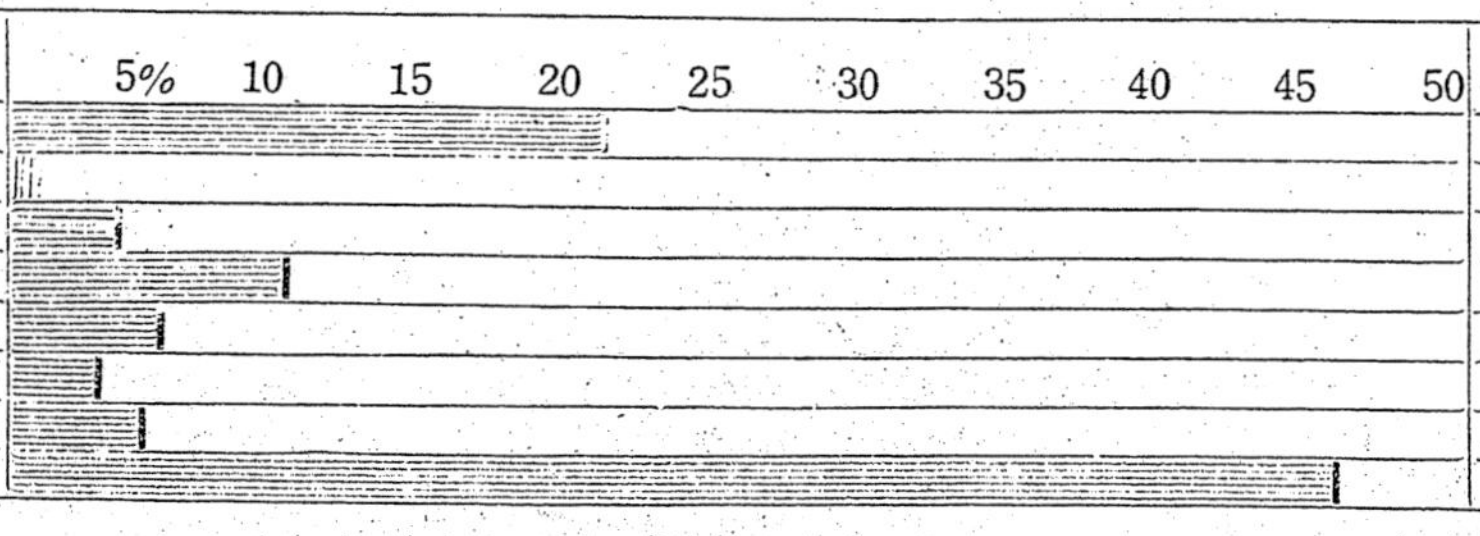

		%
肺結核	38	21.96
法定伝染病	2	1.1
伝染性皮膚病	8	4.6
外科的疾患	18	10.4
精神異常	11	6.35
難聴弱視盲弱	6	3.46
外科的不具	10	5.78
其の他	80	46.2

第十八表（中学校）　長欠児の疾病異常別地区別調査

	糸満	知念	那覇	胡差	前原	石川	宜野座	名護	辺土名	久米島	宮古	八重山	計
肺結核	2	5	5	6	1	2	1	4	1		5	1	33
法定伝染病		1	1	1	1								4
伝染性皮膚病		1	2	1								1	5
外科的疾患	2	2		6	2			1					13
精神異常		1		3		1		2					7
難聴弱視盲弱			1	2					1		2		5
外科的不具	1		1	2	2			2			1		10
其の他	6	6	12	8	2	2	1	5				3	45
計	11	16	22	29	8	5	2	14	2	0	8	5	122

第十九表（中）（４）　長欠児童生徒の疾病異常別調査

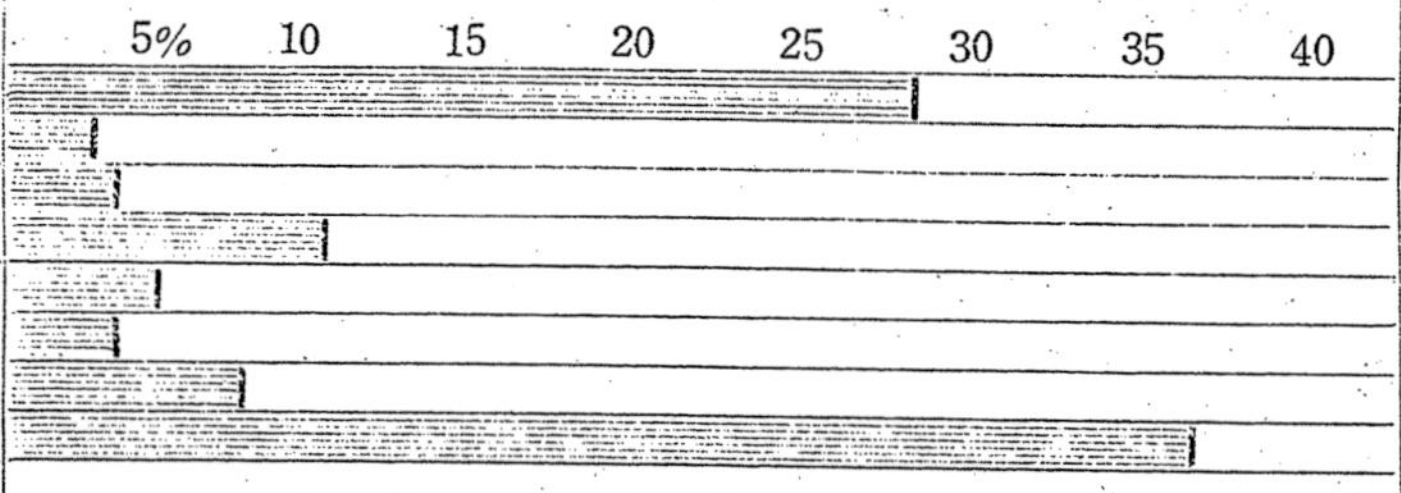

病名	人員	%
肺結核	33	27.0
法定伝染病	4	3.3
伝染性皮膚病	5	4.1
外科的疾患	13	10.7
精神異常	7	5.7
難聴弱視盲弱	5	4.1
外科的不具	10	8.2
其の他	45	36.9
計	122	100

1,375人中　8.87％（122人）は疾病異常者

第二十表（小学校）　長欠児童生徒の父母の状態調査

	糸満	知念	那覇	胡差	前原	石川	宜野座	名護	辺土名	久米島	宮古	八重山	計	%
父母共に死亡		4	3	2	5						2	2	18	4.1
父母共に別居	1		2	7	4	1	1			1	2	4	23	5.2
父なし	7	9	17	7	8	5	2		1		6	2	64	14.5
母なし	2	2	9		3	4			1	1	5	1	28	6.4
父母共に健在	16	17	64	43	45	14	9	21	6	2	13	12	262	59.5
父母共に病気			4		1				1				6	1.4
母病気	1		2	1			1		2		1	2	10	2.3
父病気	1		1	1									3	0.7
継母				1	3	1	1				1	2	9	2.0
継父	1	2	3	3	1	1	1				2	3	17	3.9
合計	29	34	105	65	70	26	15	21	11	4	32	28	440	100

長期欠席者の父母の状態を示したのが第二十表、第二十一表、第二十二表、第二十三表である。

第二十一表（小学校）　長欠児童生徒の父母の状態別調査

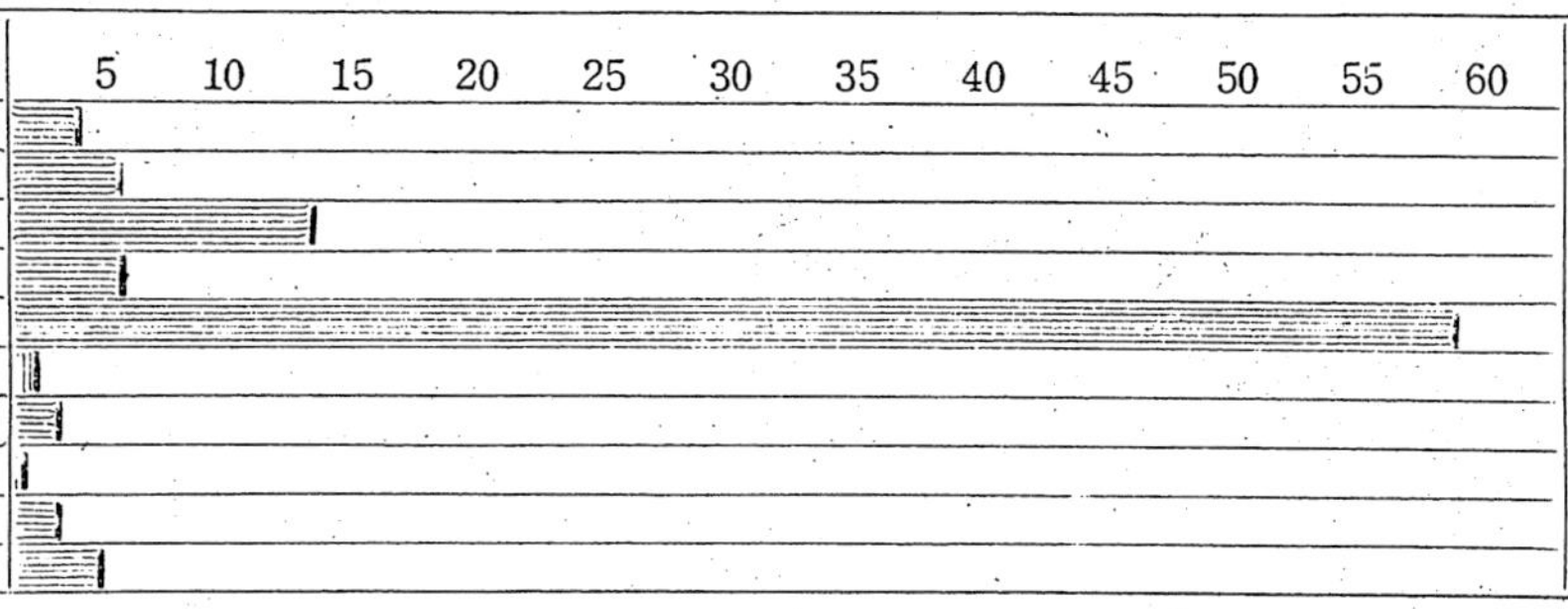

	%
父母共に死亡	4.1
父母共に別居	5.2
父　な　し	14.5
母　な　し	6.4
父母共に健在	59.5
父母共に病気	1.4
母　病　気	2.3
父　病　気	0.7
継　　母	2.0
継　　父	3.9

調査の結果から小学校も中学校もその数においては、「父母共に健在」の項に該当する者が多いが、それは全琉的に父母健在の家庭がはるかに多いことを考えればあまり問題にならないと思う。問題になるのは「父なし」の家庭に多いことである。これは今までみて来た諸調査を裏付けるところがあるように思われる。長欠児童の中には家計を負担する者も相当数いるし、母のみの収入では生活が困難であることを意味するとも考えられる。更に生活に追われる家庭では子供の教育や成長に関心うすく、放任している者が多いのではなかろうか。このように考えると社会的な長欠児対策がなされなければならないと思う

第二十二表（中学校）　長欠児童生徒の父母の状態別調査

	糸満	知念	那覇	胡差	前原	石川	宜野座	名護	辺土名	久米島	宮古	八重山	計
父母共に死亡	14	11	19	13	8	4	0	20	1	0	17	9	116
父母共に別居	3	3	9	4	2	6	3	6	1	1	9	6	53
父なし	36	19	70	36	32	4	0	42	0	4	27	11	281
母なし	8	4	14	9	9	3	1	12	0	0	12	4	76
父母共に健在	80	25	190	81	109	18	8	56	2	2	54	52	677
父母共に病気	1	0	8	1	1	0	0	2	0	0	2	0	15
母病気	3	0	7	2	3	1	0	1	2	0	6	1	26
父病気	3	3	7	2	3	2	0	4	0	0	1	2	27
継母	5	5	12	5	5		0	4	1	0	5	0	42
継父	7	6	7	1	7	1	0	8	2	0	3	3	45
其の他	0	0	6	0	0	0	0	11	0	0	0	0	17
計	160	76	349	154	179	39	12	166	9	7	136	88	1,375

第二十三表（中学校）　(5)長欠児童生徒の父母の状態別調査

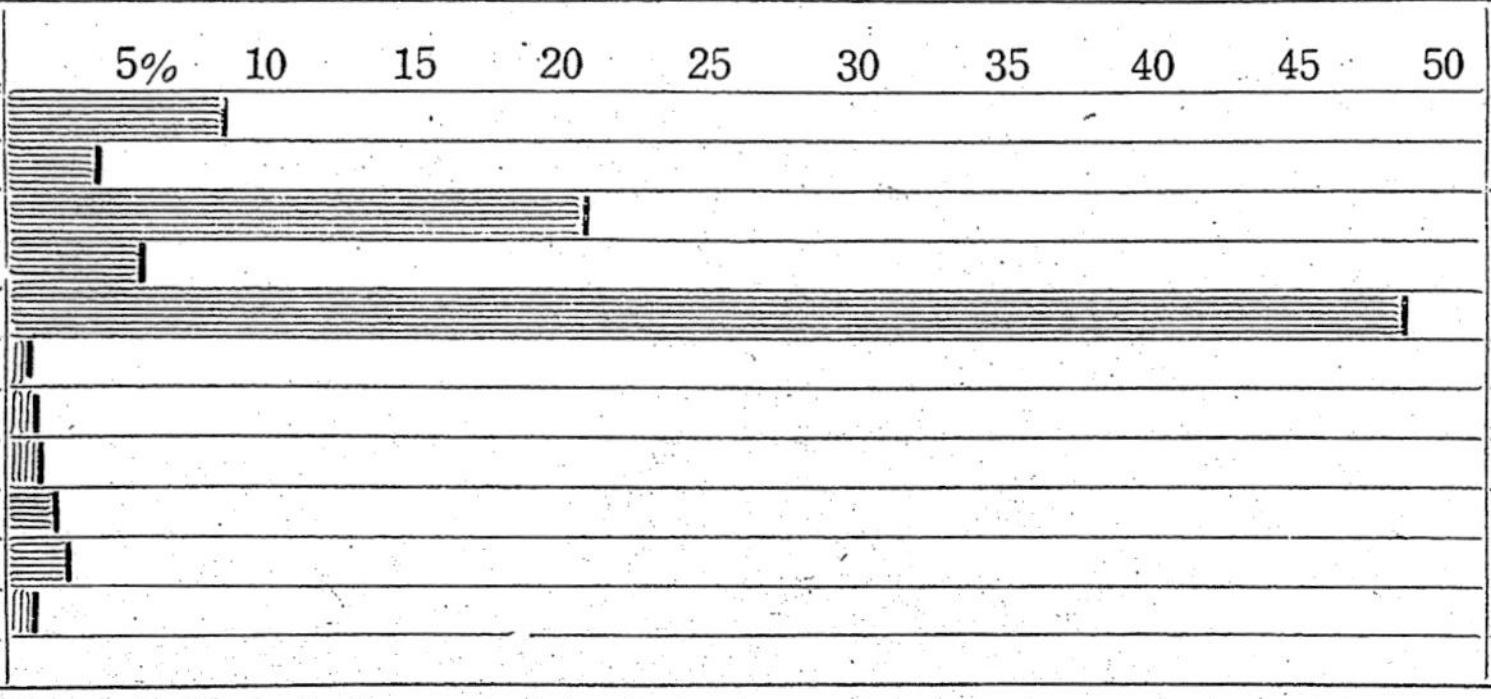

父母別 ＼ 人員%	人員	%
父母共に死亡	116	8.4
父母共に別居	53	3.9
父　な　し	281	20.4
母　な　し	76	5.3
父母共に健在	677	49.2
父母共に病気	15	1.1
母　病　気	26	1.9
父　病　気	27	2.0
継　　母	42	3.1
継　　父	45	3.3
其　の　他	17	1.2
計	1,375	100

最後に各地区別に長欠児童数を前年度と比較図示することにする。（長欠率）

地区別長欠率の前年度との比較（小学校）

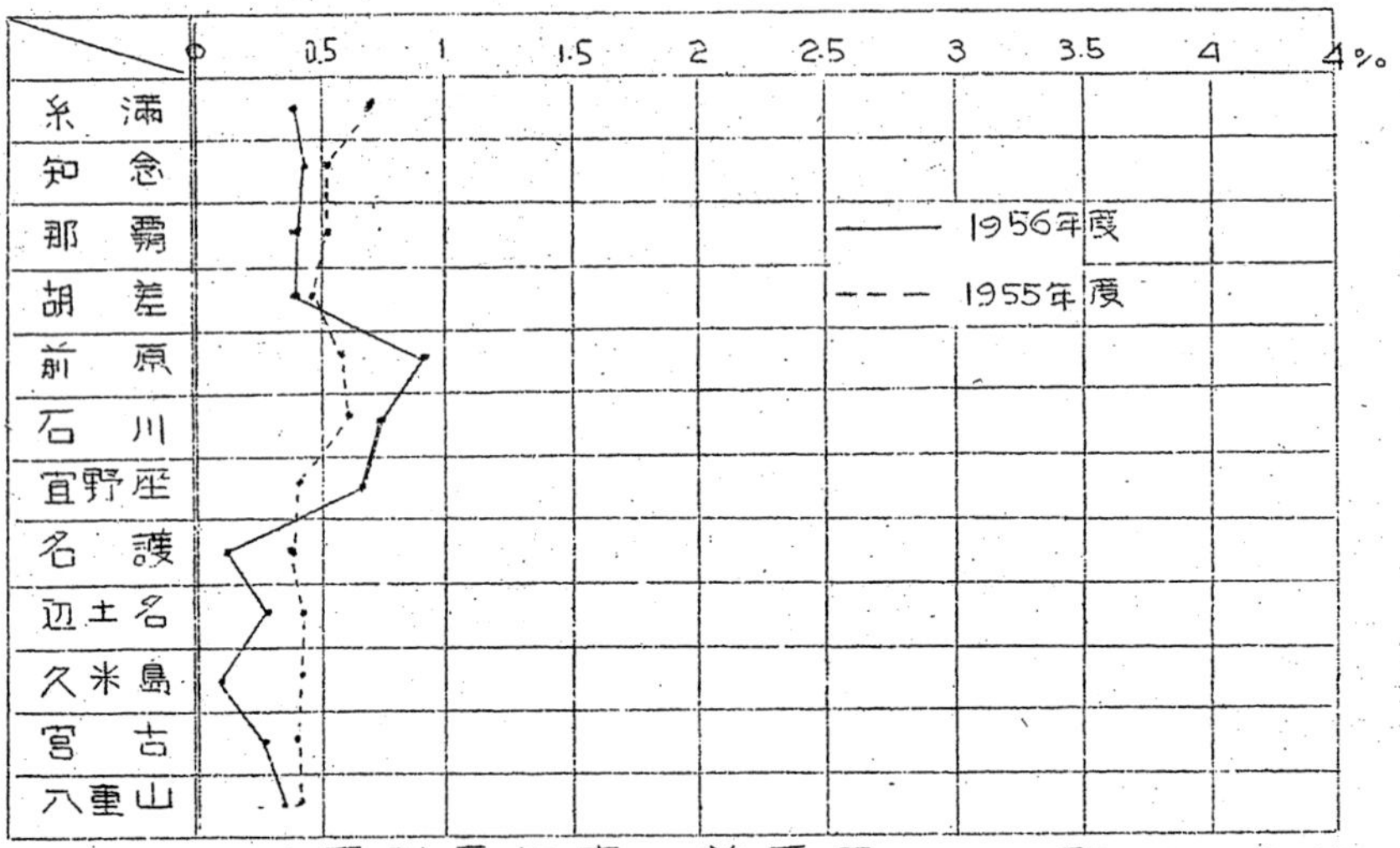

地区別長欠率の前年度との比較（中学校）

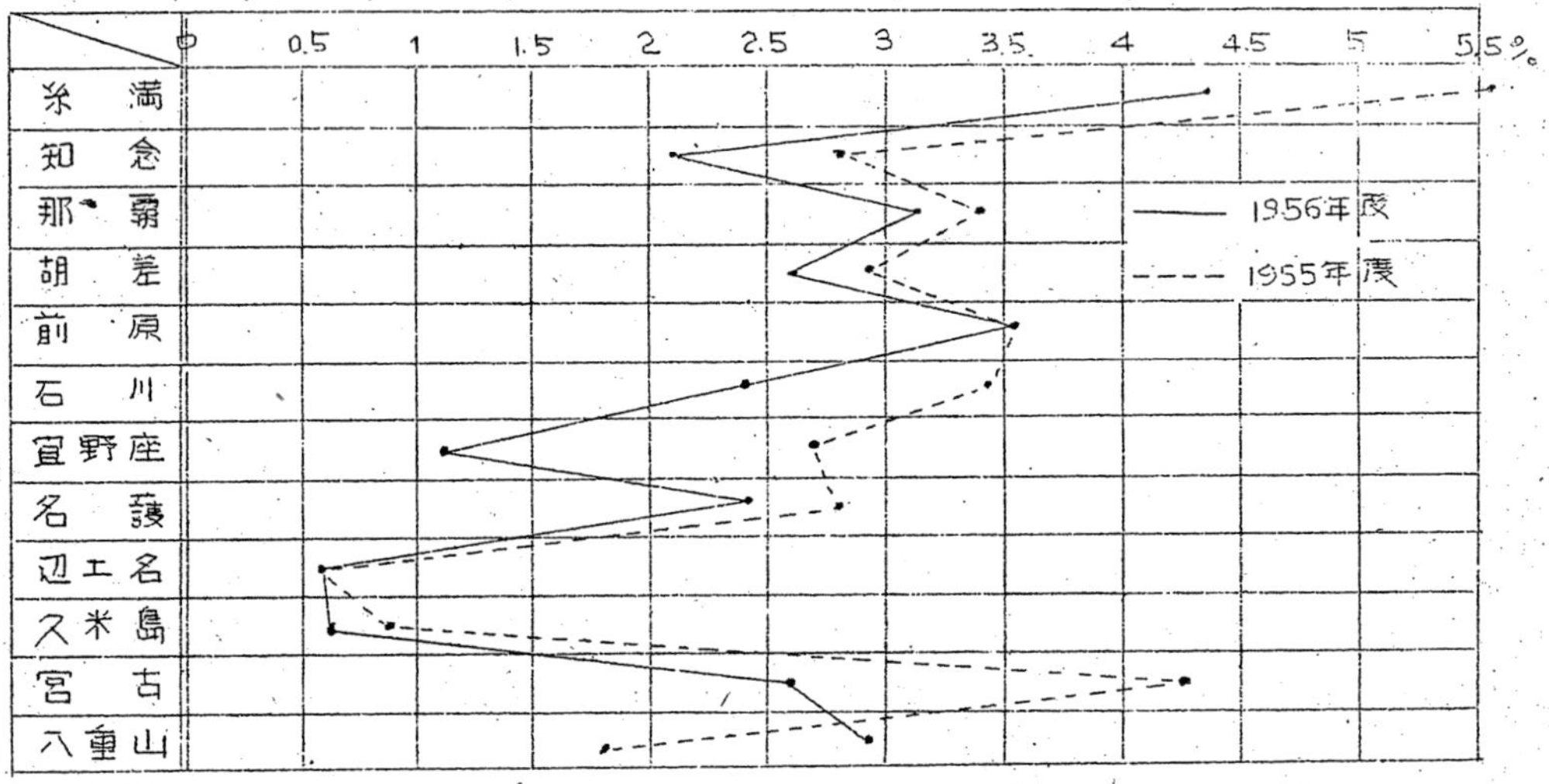

この図から小学校においては、前原、石川、宜野座地区が昨年より高い率を示し、その他の地区は減少し、よろこばしいことと思う。中学校は八重山地区を除けば、その数において又率において減少の傾向を示し、今一段の対策が必要と考えられるのではなかろうか。

中學校第一學年単元配當表

(研究調査課)

(社会科－地理的内容を主とするもの)

学期	月	週
一学期	四月	1, 2
	五月	3, 4, 5, 6
	六月	7, 8, 9, 10
	七月	11, 12
	八月	
二学期	九月	13, 14, 15, 16
	十月	17, 18, 19, 20
	十一月	21, 22, 23, 24
	十二月	25, 26, 27
三学期	一月	28, 29, 30
	二月	31, 32, 33, 34
	三月	35

単元	小単元	配当時間 内訳	配当時間 計
(一)地図やグラフについて研究しよう	(1)地球儀はどのようにつくられているか	1	五
	(2)いろいろの地図の読み方やその利用法はどのようにすればよいか	2	
	(3)統計図表の描き方や読み方やその利用法について研究しよう	2	
(二)郷土の自然と生活	(1)郷土のすがた	3	十
	(2)郷土の資源	3	
	(3)郷土と国土世界との結びつきはどのようになっているか	2	
	(4)郷土の開発と人口問題	2	
(三)私たちの生活と国土の自然の姿	(1)国土のすがた	3	六
	(2)変化にとんだ気候	3	
(四)互に結び合う各地の生活	(1)九州地方の自然と生活	5	三十六
	(2)中国四国地方の自然と生活	5	
	(3)近畿地方の自然と生活	5	
	(4)中部地方の自然と生活	5	
	(5)関東地方の自然と生活	6	
	(6)郷土の調査 (イ)調査の方法(夏期施設)	1	
	(ロ)調査後のまとめ	1	
	(7)東北地方の自然と生活	5	
	(8)北海道地方の自然と生活	3	
(五)日本の現状とこれからの問題	(1)人口問題のゆくえ	4	十九
	(2)日本の資源と産業	11	
	(3)世界につながる日本	4	
(六)世界の自然はどのようになっているか	(1)世界のすがたはどのようになっているか	3	七
	(2)気候と生活の関係はどうなっているか	4	
(七)世界各地の生活はどのように行われているか	(1)たちあがるアジヤの国々	14	四十二
	(2)ソビエト連邦と東ヨーロッパの国々	4	
	(3)ヨーロッパ文明をになう国々	9	
	(4)めざめゆくアフリカ	2	
	(5)アメリカ合衆国とカナダ	5	
	(6)開けゆく中南アメリカ	5	
	(7)若々しい新天地大洋州	3	
(八)世界と日本とはどのように結びついているか	(1)世界の発見と結びつきはどのようになされたか	2	十五
	(2)生活圏はどのように拡大されたか	3	
	(3)生産力はどのように増大してきたか	8	
	(4)世界の平和と日本の建設	2	

小学校・各學年社会科単元配當表

学年	単元	学習内容	月	週	時間	文部省指導要領との関係：基本目標との関係	文部省指導要領との関係：学習領域との関係
一年	私たちの学校	1、入学の喜び 2、身近な施設 3、じぶんの持ちもの 4、校舎めぐり 5、校庭めぐり 6、記念の木を植える 7、先生とお友だち	四〜五		13	(一) (二) (三)	学校の様子
一年	じょうぶなからだ	1、こどもの日 2、身体検査 3、給食	五		6	(五)	じょうぶなからだ
一年	学校のいきかえり	1、登下校の注意 2、道順 3、校門の附近の道路 4、道草について 5、廊下や道路の通行	六		8	(一) (四)	学校のいきかえり
一年	大そうじ	1、大そうじ 2、予防注射	七〜六		4	(五)	じょうぶなからだ
一年	夏休み	1、夏休みの楽しみを話し合う ・やつてみたいこと ・家の行事、地域の行事 2、夏休みの計画 3、楽しかつた夏休み(夏休みの反省)	七		8	(五)	学校や家庭の催し
二年	二年生になつて	1、きようから二年生 2、学校へいく道 3、ともだち 4、たんじようかい	四	三	9	(一)	社会科の目標
二年	おみせ	1、お店しらべ 2、つくる人から家にとどくまで 3、物の買い方 4、金品を大切に	五	五	14	(二) (五)	店と買物
二年	でんせんびょう	1、しんたいけんさ 2、よぼうちゅうしゃ 3、大そうじ 4、きまりよいくらし	六	四	12	(三) (一)	病気を防ぐ仕事
二年	なつのくらし	1、なつとふゆ 2、夏休みのけいかく 3、夏休みの郷土行事 4、えにつき	七	三	八	(一) (三) (四) (五)	わたくしたちの暮しと近所
三年	私たちの村(町)	1、村の絵地図を見て話し合う 2、村(町)の絵地図をつくる 3、絵地図をみながら話し合う 4、学習のまとめ	四月〜五月中旬		20	(一) (二)	村(町)のようすと人々の仕事
三年	村(町)の人々のしごと	1、村(町)の人口や戸数を示した表やグラフを見て先生からお話をきく 2、村(町)の人々の仕事を調べる 3、調査結果の発表と話し合い 4、私たちの村(町)とちがつたいろいろな土地の人々の仕事について話し合う 5、これからの村(町)の発達と仕事について考える 6、働く人々の一日を考え私たちとの関係や協力の仕方	五中旬〜六中旬		16	(一) (二)	村(町)のようすと人々の仕事

	四年			五年
役所の仕事	児童会	沖縄の自然と生活	沖縄の生産	わが国の農業
1、絵地図の上に公共施設をとりあげ生活経験を話し合う 2、役所の見学と学習 3、役所の仕事について調べる 4、税金について話し合う 5、公共施設の利用と協力	1、遊びときまり 2、児童会 3、学校、家庭、村（町）のきまり	1、沖縄の自然 2、土地のようすによってちがう沖縄の生活	1、農村の生産と生活 2、山村の生活 3、先人のくふう努力 4、漁村の生産と生活 5、生産のうつりかわり 6、公共事業と税金	1、家庭で消費している食物にはどんなものがあるか話し合う 2、沖縄の主食の生産について調べる 3、沖縄のその他の主な農産物について調べる 4、わが国の農業生産について調べる 5、農家の人々はどのように仕事をしているか調べる 6、わが国の農業はどのように発達したか調べる 7、これからの農業と私
六中旬～七	四	五	六～七	四～六
18	12	16	24	34
(三)	(一)2 3 (三)5	(一)1 (二)1 2 3 6 (四)2	(二)1 3 4 5 (三)1 3 4 5 (四)1 2 3 4 (六)3	(一) (二) (三)
村（町）の様子と人々の仕事 みんなの協力でできる安全な暮し	遊びときまり	私たちの村（町）と郷土	私たちの村（町）と郷土	農家や漁村の人々の働きとわたくしたちの生活

		六年	
	水産の国日本	みんなの意見 私たちの意見	私たちの生活と政治
たちの生活について話し合う	1、沖縄の水産業について調べる 2、わが国の水産業と世界の水産業について調べる 3、製塩業と養殖について 4、漁業のやり方 5、わが国の主なる漁場と漁港 6、漁村で働いている人々の生活と私たちの生活と比べる 7、わが国の水産業のこれからの問題 8、私たちの郷土の生活と農漁村を結ぶもの	1、私たちの学校生活をよりよくするためにはどんなことがあるか 2、学校（級）児童会の働きはどうだつたろう 3、児童会を正しくもつにはどうすればよいか 4、私たちの意見と新聞やラジオ 5、明かるい社会をきずくためにはどうすればよいか	1、みんなの生活を幸福にするために私たちの学校、町、村にはどんな公共施設があるか調べる 2、私たちの村や町の予算について調べる 3、私たちの村や町の議会について調べる 4、市町村役所はどんな仕事をするところでしよう
	六～七	四	四～六
	22	12	20
	(一) (二) (三)	(一) (四)	(一) (二) (三)
	農家や漁村の人々の働きとわたくしたちの生活	みんなの意見 私の意見	みんなの意見 私の意見

	5、沖縄の政治について調べる 6、わが国の政治について調べる					今と昔の政治
	1、わが国の政治のうつかわりと人々の生活のようすについて調べる 2、私たちの生活をよりよくするためにはどうしたらよいか	七〜六	15	(一) (四)		みんなの意見、私の意見 今と昔の政治

特に新教育法施行後の現場の実態報告、論議等に関するものを歓迎します。

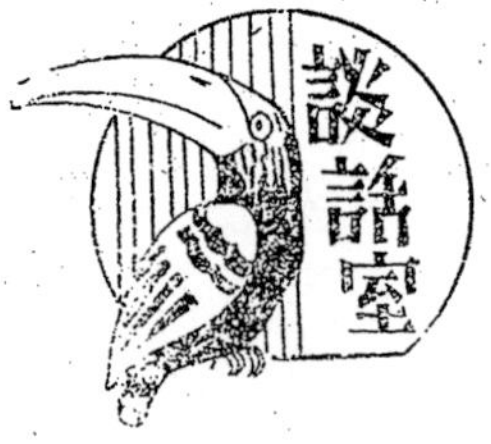

○、改訂に伴う基準教育課程が近く印刷され現場に配布されることになつて居ますが、とりあえず、本号で、中校の社会科（地理的内容を主としたもの）、小学校各学年の社会科の一学期分の単元配列表をのせました。御利用下さい。

（S・N）

〃あとがき〃

○、気候もすつかり春めいて来ました。南国の春は短かく、五月の声と共に夏になります。子供らを水魔と疫病から守りましよう。

○、義務教育学力測定の結果分析、今月号は社会科、音楽、図工を載せました。現場の参考に供して下さい。

○、長欠児の実態調査がまとまりましたので本号に発表しました。尚これと関連して、糸満地区教育長宜保徳助先生が研究発表をされましたので、掲載しました。

○、小説「村の子・町の子」は益々佳境に入りました。御愛読を乞う。

○、今月も重ねて現場からの御寄稿をお願いします。

投稿案内

一、教育に関する論説、実践記録、研究発表特別教育に関する活動、我が校の歩み、社会教育活動、P・T・A活動の状況、その他　（原稿用紙四〇〇字詰一〇枚以内）

一、短歌、俳句、川柳、（五首以上）

一、随筆、詩、その他

※原稿は用紙（四百字詰）五枚以内

一、原稿は毎月十日締切り

一、原稿の取捨は当課に一任願います。（御了承の程を）

一、原稿は御返し致しません。

一、宛先文教局研究調査課係

一九五七年四月十日　印刷
一九五七年四月三十日　発行

文教時報　（第三十号）　（非売品）

発行所　琉球政府文教局
研究調査課

印刷所　旭堂印刷所
那覇市四区八組
電話六五五番

31

文教時報

琉球　1957

文教局研究調査課　NO. 31

文　教　時　報　第31號

目　　次

研　究

随　想

小　説

抜　萃

産業シリーズ

地域差について

—児童の知能と環境の発達的刺戟價値—

琉球大学教育学部
講師　東江康治

目次

一、はしがき

一九五五年の夏よりこの方、琉大教育学部においてわれわれは現行知能検査に関する調査を継続している。これまでに明らかにされた結果を通して観るに、児童の知的発達において、地域間に可成り大きな差異が認められる。

そこで、去る一九五六年の春第二次の知能測定を行つたときに、われわれは知能検査の実施と並行して環境の発達的刺戟価値に関する調査を行つてみた。同調査は学校に関する調査と家庭に関する調査との二部より成り、前者は主として教師の資質ならびに学校の設備に関するものであり、後者は主に家庭における児童の生活ならびに家庭の教育的刺戟価値に関する内容のものである。調査の目的は、児童の知的発達における地域差の裏づけとして、環境の発達的刺戟価値を地域別に観察しようとするものである。

知能発達に与える要因は、一般に遺伝的要因と環境的要因の二つに分けられる。知能の発達はこの両要因のはたらきあいによつて遂げられるものと考えられている。この調査において われわれが意図していることは、知能の発達とその発達要因の一つである環境的要因との関係を考察することである。ただし、こゝで言訳つておかねばならないことが二つある。一つは、この調査でわれわれがとりあげた児童の環境的条件は、彼の知的発達に与える環境的要因のごく限られた一部分であるということである。環境的要因とは発達過程において個体をとりまく条件と彼の経験のすべてを包含する概念であり、それは殆んど無数に近い条件の集合であると考えられる。もう一つは、遺伝的要因が統制されていないということである。環境的要因を変数（Variable）として知的発達における該要因の相対的重要性を観察する場合、遺伝的要因が統制されなければならないのであるが、この調査においてそれがなされていない。尤もこの種の調査において遺伝的要因を統制することは、殆んど不可能に近いことではある。

二、資料の収集

本調査において考察の対象となつている資料は、児童の知能と環境の発達的刺戟価値である。

児童の知能に関する資料は、前に述べた通り別の調査計画のために収集されたものゝ一部分である。われわれは沖縄本島における児童の知能標本を層化抽出するために島内の小学校を次の四つのカテゴリーに分け各カテゴリーから一校もしくは数校を調査対象として選んだ。（註一）

都市（A地区）
半都市（B地区）
農村（C地区）
農山村（D地区）

調査の対象として選ばれた小学校の四学年以上の全児童を、各学年別にほゞ等質の二群に分け、一群に新制田中A式知能検査（以下これをA式検査と呼ぶ）、他の一群に新制田中B式知能検査（以下これをB式検査と呼ぶ）を実施した。両検査ともその第一形式を使用した。被調査人員は第一および第二表に示す通りである。

なお環境の発達的刺戟価値に関する資料を得るために、第一、第二表に示された児童のうち六学年だけを対象として環境調べを行い、学校を対象として学校調

第1表　被調査人員（A式検査）

地区＼学年	4	5	6	計
A 地 区	80	55	79	214
B 地 区	63	48	88	199
C 地 区	68	63	89	220
D 地 区	44	38	43	125
計	255	204	299	758

第2表　被調査人員（B式検査）

地区＼学年	4	5	6	計
A 地 区	84	57	80	221
B 地 区	69	49	86	204
C 地 区	66	60	89	215
D 地 区	42	39	43	124
計	261	205	298	764

べを行った。（註二）

以下、児童の知能ならびに環境の発達的刺戟価値についての資料を各項目ごとに整理し、四地区を比較対照して地域差を考察することにしたい。こゝに報告される資料は一九五六年四月現在のものである。

註一　A地区は旧首里市内の一校（在籍総数一、三三六人）、B地区は本島北部の半都市の一校（一、一三五人）C地区は本島南部の農村の一校（一、二二六人）D地区は本島北部の農山村の五校（七八七人）がそれぞれ選ばれている。D地区の五校のうち三校は中学校との併置校で、二校が単設校である。

註二　教育学部研究室で編集された質問紙「児童の環境調べ」および「学校調べ」を使用した。質問紙の記載は省略する。

三、知能における地域差

第3表　A式検査の被調査人員（N）
平均値（M）および標準偏差（S D）

地区	N	M	S.D
A 地 区	214	45.39	10.70
B 地 区	199	45.72	10.66
C 地 区	220	38.00	10.16
D 地 区	125	39.47	10.36

第4表　B地式検査の被調査人員（N）
平均値（M）および標準偏差（S.D）

地区	N	M	S.D.
A 地 区	221	47.48	10.84
B 地 区	204	44.33	9.87
C 地 区	215	40.93	9.16
D 地 区	124	41.09	9.71

知能検査の結果を地区ごとに四、五、六の三学年を総合して比較する事にした。この処理方法は単に便宜上の理由によるものである。結果は第三および第四表に示す通りである。

A式検査の成績はB、A、D、C地区の順序になつているが、第五表に示す通りB地区とA地区との差、ならびにD地区とC地区との差は統計的な有意さを示していない。しかし、BおよびA地区と、DおよびC地区との間の差は高い有意さを示している。B式検査の成績は第四表に示す通りA、B、D、C地区の順序になつている。この順序における各順位間の差は、第六表に示す通りD地区とC地区間の差を除き他はすべて有意さを示している。

第5表　A式検査における平均値の地区相互比較と差のｔ検定

比較地区＼被比較地区	差と臨界比	B 地 区	C 地 区	D 地 区
A 地 区	Diff.	0.33(B)	7.39(A)	5.92(A)
	t	0.31	7.39	5.04
B 地 区	Diff.		7.72(B)	6.25(B)
	t		7.57	5.21
C 地 区	Diff.			1.47(D)
	t			1.29

（　）は優位な地区、下線一は差の有意さを欠くものを示す。第6表もこれに準ずる。

前記のA式検査における結果とB式検査における結果とを比較してみると、次の二つのことが注目される。一つは、A式検査において、有意さではないが平均値において僅かばかり（偏差値の〇・三三）B地区がA地区を上回つているのに対し、B式検査の成績では、A地区が偏差値の三・一五だけB地区を上回り、有意さを示していることである。もう一つは、A式検査における最高地区（B地区）と最低地区（C地区）との差は偏差値の七・七二であるのに対し、B式検査における最高地区（A地区）と最低地区（C地区）との差は六・五五となつていることである。この両差を比較してみるに、僅か（偏差値の一・一七）ながら言

第6表　B式検査における平均値の地区相互比較と差のｔ検定

比較他区 ＼ 差と臨界比 ＼ 被比較地区		B 地 区	C 地 区	D 地 区
A 地 区	Diff.	3.15(A)	6.55(A)	6.39(A)
	t	3.03	6.89	6.60
B 地 区	Diff.		3.40(B)	3.29(B)
	t		3.65	2.63
C 地 区	Diff.			0.16(D)
	t			0.15

語式検査であるA式検査における上下の差が、非言語式検査であるB式検査における上下の差よりも大きいことを示している。これと同じような傾向が東北地方における都市児童と農村児童の比較においても表われている。即ち、都市と農村の差はB式検査におけるよりもA式検査において大きな値を示している。（註三）

註三　江川亮「児童と青年の都市及び農村における知的差異について」教育心理学研究　第四巻第二号

四、教師の資格に於ける地域差

教師の学歴ならびに経験年数について調べた結果は、第七および第八表に示す通りである。

先ず第七表の学歴をみると、A地区と他三地区との間、またはA、B地区とC、D地区との間に一線を劃することができよう。すなわち、A、B地区特にA地区において戦前の教育をうけた教師が多いのに対し、C、D地区においては戦後の学校を卒業した教師がほゞ七〇パーセントまたはそれ以上を占めている。A地区の学校は註一に記してあるように旧首里市内の小学校であり、教師の六〇パーセントが旧制師範学校の出身である。これと対照的にC、D地区では戦後の教員訓練所出の教師が、数において教員構成の主体をなしている。ただし第七表に示された学歴が講習や研修による現職教育を含んでいないことは、注意されなければならない。

第7表　教師の学歴（校長を除く）

	学　　歴	A地区	B地区	C地区	D地区
終戦前	師範学校専攻科		2(7.7)		4(15.4)
	師範学校	17(60.7)	6(23.1)	2(7.7)	4(15.4)
	旧制中学校（補習科を含む）	7(25.0)	4(15.4)	5(19.2)	
戦・後	新制大学（四年課程）	1(3.6)			
	短期大学（二年課程）	1(13.6)	2(7.7)		
	文教学校	1(3.6)	3(11.5)	3(11.5)	3(11.5)
	教員訓練所	1(3.6)	9(34.6)	14(53.8)	12(46.2)
	新制高等学校			2(7.7)	3(11.5)
	計	28(100)	26(100)	26(100)	26(100)

（　）内の数字はパーセンテージを示す　以下これに準ず

第八表の教職経験年数にも、第七表の学歴において観察されたこととほゞ同様な傾向が現われている。A地区においては大部分が十年以上の教職経験をもち、B地区においては半数が十年以上となつている。C、D地区においては七〇パーセント以上が十年未満の経験をもつ教師である。

こゝで問題になることは、教師の資質の一側面として経験年数がもつ意義の限界であろう。経験を積重ねることによつて教師の資質が向上することは確かであろう。がしかし、経験年数が長ければ長いほど、教師の資質が経験年数に比例して向上するものとは考えられない。経験年数と資質との相関は、恐らく非直線的

第8表　教師の教職経験年数（校長を除く）

年数 ＼ 地区	A地区	B地区	C地区	D地区
20年以上	9(32.1)	3(11.5)	1(3.8)	2(7.7)
15年以上	8(28.6)	3(11.5)	1(3.8)	2(7.7)
10年以上	5(17.9)	7(26.9)	4(15.4)	3(11.5)
5年以上	3(10.7)	9(34.6)	19(73.1)	12(46.2)
4年以下	3(10.7)	4(15.4)	1(3.8)	7(26.9)
計	28(100)	26(100)	26(100)	26(100)

関係を示すものであろう。すなわち、ある一定の限界に到るまでは経験年数の増加が資質の向上と並行し、その限界を超えると経験年数の増加は資質の向上を伴なわなくなり、更に年数を重ねる場合はむしろ資質の退化をもたらすものと考えられる。

学歴ならびに経験年数が、教師の資質の指標として極めて重要なものではあるが、その両者が教師の資質を決定するすべてでないことは言うまでもない。

第七、第八表の結果を通して各地区の教師の資質を順位づけることは、決して容易なことではない。ただし以上の結果から、A、B地区とC、D地区の間に可成りの隔りがあると判断することは、決して急ぎすぎた結論ではないと考える。

五、学校の施設備品における地域差

学校の諸施設・備品について調べた結果は第九表に示す通りである。同表から地域差の認められる目星しいものをあげてみたい。

先ず教室については何れの地区も普通教室の数において足りてはいるが、D地区に仮教室の多いことが目立つている。その代り他地区の学校が「ない」と報告している特別教室がD地区には三教室もあると報告されている。これは同地区の五校中三校が中学校との併置校であるためだと考えられる。

学校図書館および図書の普及状況は何れの地区も低調である。図書館（図書室）はD地区の併置校一校だけが「ある」と報告している。学級文庫はA、B地区は「ある」と報告し、C、D地区においては一部にのみあると報告されている。児童一人当りの児童用図書

第9表　学校の設備、備品

	地区	A 地区	B 地区	C 地区	D 地区
教室	普通教室	足りている	足りている	足りている	足りている
	仮教室数（分母は普通教室数）	1/27	1/25	ない	7/25
	特別教室	ない	ない	ない	3
図書、図書館	図書館（図書室）	ない	ない	ない	4校ない 1校ある
	学級文庫	ある	ある	一部にある	1一部にある
	児童一人宛図書冊数	0.5	0.3	0.9	0.7
教具備品	理科用教具備品	間に合つている	不充分	不充分	不充分
	掛図	殆んどない	不充分	不充分	不充分
	地球儀	ある	ある	ある	ある
	畜音機およびレコード	ある	ある	ある	ある
	幻燈器	ある	ある	ない	3校ない 2校ある
	録音機	ない	ある	ない	4校ない 1校ある
	映写機	ない	ない	ない	ない
	オルガン	ある	ある	ある	ある
	ピアノ	ない	ない	ない	ない
	スピーカー	ある	ある	ない	3校ある 2校ない
	校内放送施設	ない	ある	ない	3校ある 2校ない

の冊数はC地区がトップで〇・九冊、B地区が最も少く一人当り〇・三冊となつている。D地区が比較的に多い（〇・七冊）のは児童在籍が少いことにもよると考えられる。

教具備品のうち理科用教具備品についてA地区は「間に合つている」と報告しているが、他の三地区は「不充分」となつている。しかし掛図の方はA地区だけが「殆んどない」と報告し、他は「不充分」となつている。（ただしD地区の五校中一校が「充分足りている」、三校が「不充分」、一校が「皆無の状態」と報告しているので、五校を平均して「不充分」とみなしてある。）A地区、B地区およびD地区の二校には幻灯器があり、他は「ない」と答えている。スピーカーはC地区およびD地区の二校が「ない」と報告している。D地区の学校はいずれも児童数が少いのでスピーカーの必要もなかろうが、C地区の場合は在籍が一千二百を超すので、備えがないと支障を来たすこともあると考えられる。B地区およびD地区の三校には校内放送の設備があり、他は「ない」と報告している。

以上の観察を通して学校の設備、備品の地域的な差異の概観が得られよう。この概観を通して地区の順位づけをすることは極めて困難なことである。ただ本調査の結果のみから判断するに、設備、備品の点でB地区が最も充実しているように見受けられるし、C地区が最も不備ではないかと考えられる。

六、家族構成における地域差

家族構成、その中でもとりわけ同胞の数と児童の知能との間に、ある程度の関係のあることが認められている。ターマンは一九二五年に発表したカルフオルニア州における約一千人の天才児の研究において、同胞の数と児童の知能との間に消極的相関を見出し、天才児特にその優秀な児童は子供の少い家族に多く、大家族に少いことを指摘している。その外にも同胞の数と知能の関係についておこなわれた研究は多く、そのいずれも両者の間に消極的相関の成立することを認めている。両者の相関係数はマイナス〇・一二六よりマイナス〇・三三〇にわたる範囲にあり、系数としてはあまり高いものではないが、ターマンが指摘しているように、それは優生学的見地から見れば極めて重大な意義をもつものと考えられる。（註四）

子供が多いとそれだけ家庭の経済的負担が大きくなり、家庭を経済的困難に陥れることになるので、子供が多ければ多いほど家庭の環境的条件は子供の知的発達に不利になるものと考えられる。なおその外に、同胞の数自体というよりはむしろその附随的事実で、同胞の数と児童の知能との消極的相関に関与していると考えられるものがある。それは同胞数と親の教育程度の関係である。ターマンは両親の教育程度とその子供数との間にマイナス〇・二一四の消極的相関を見出しているし、チャップマンおよびウィギンスの研究も両親の教育程度の低下と子供数の増加とが並行することを示している。（註五）すなわち、同胞が多いということは、家庭の経済的負担が大きいということを意味するばかりでなく、更に遡つて親の教育程度が低いということをも意味していることになる。

家族構成の地域差を観察するために、われわれは本調査において家族の大きさ、同胞の数、両親の存在等について資料を集めてみた。こゝで「家族」というのは現在一緒に生活している人々を指し、出稼ぎのため家を離れたり、何かの理由で別居したりしている人々は除かれている。

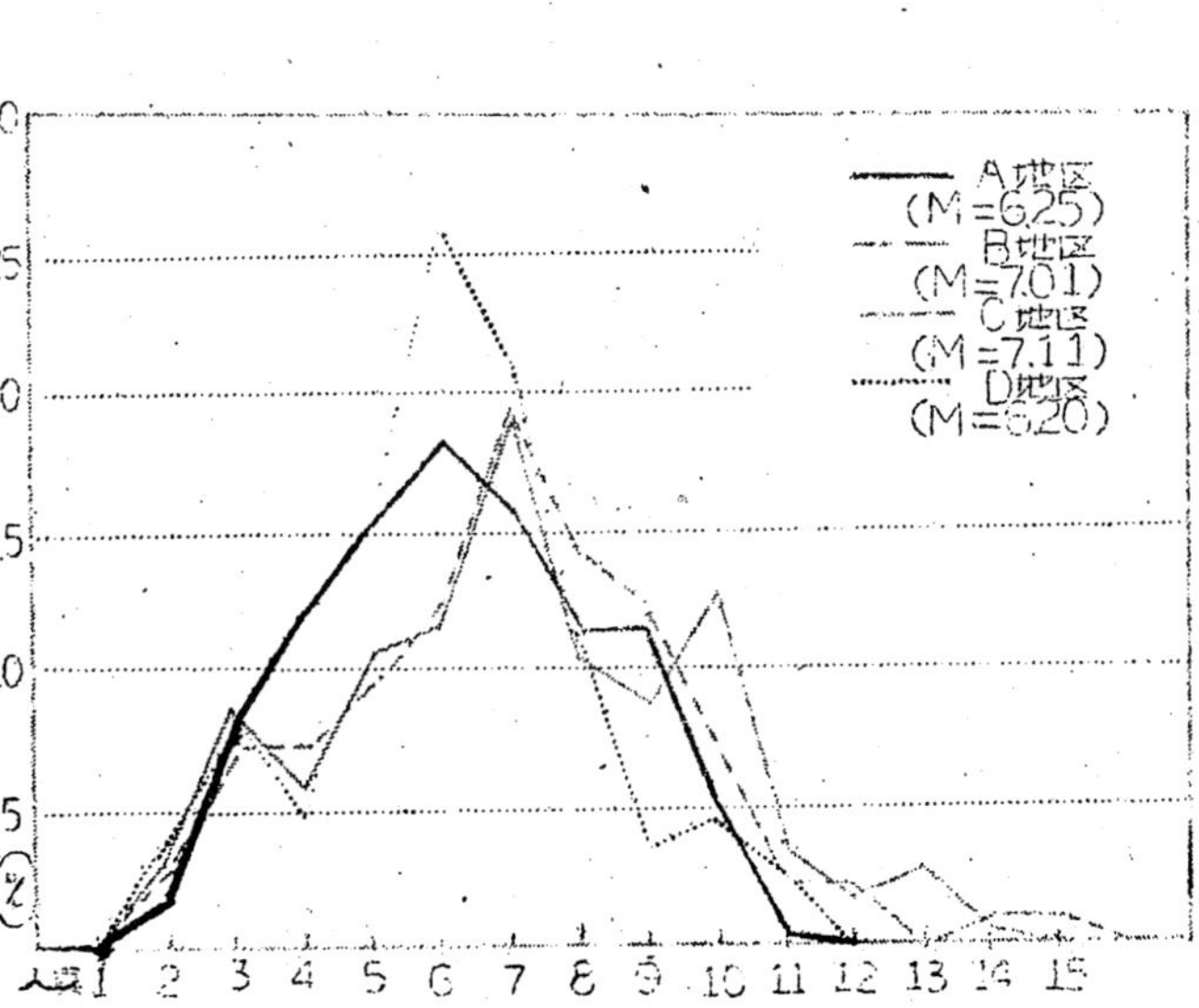

第1図　家族の大きさの分配

先ず第一図に示された家族の大きさをみると、C地区が一家族平均七・一一人で最も大きく、続いてB、A、D地区の順序となつている。D地区の平均家族の大きさが最も小さいのは、農山村の若者たちが都市やその近郊に出る戦後の傾向によるものではないかと考えられる。第二図に示された同胞の数においてはB地

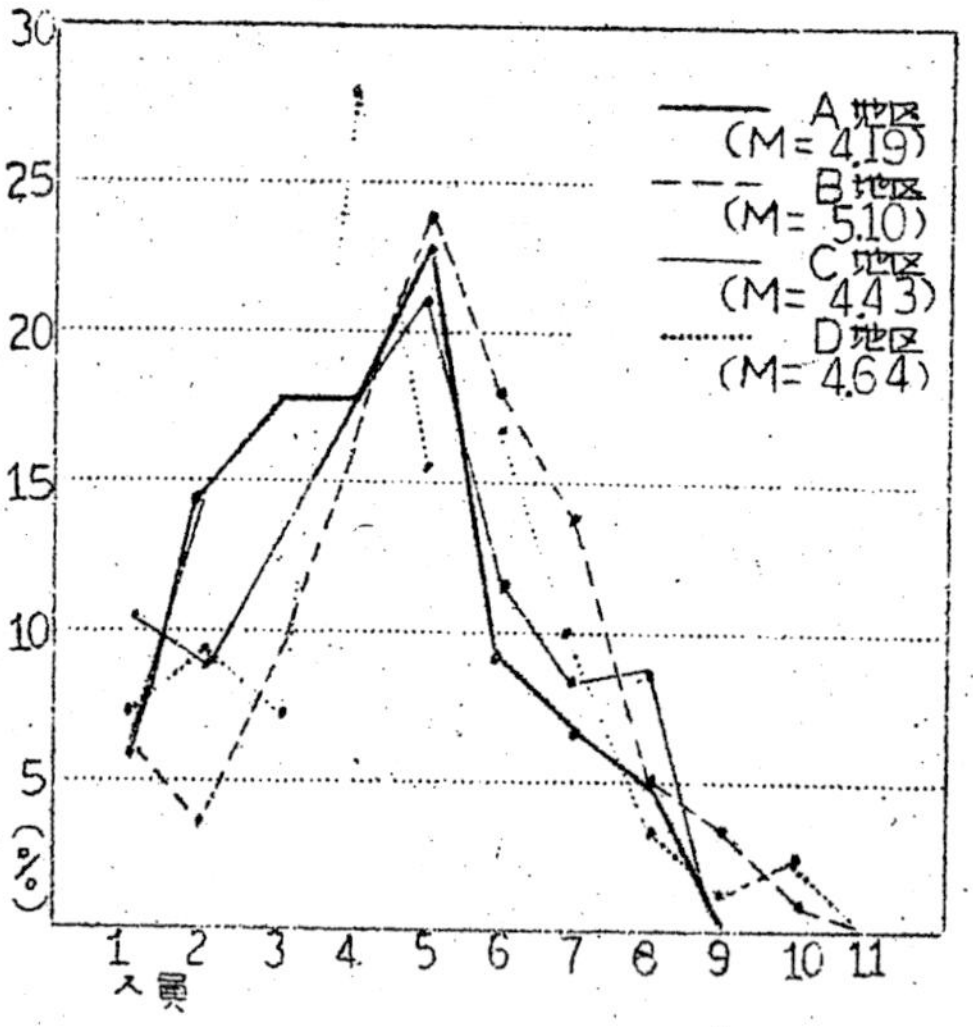

第2図　同胞数の分配

区が最も大きく、続いてD、C、A地区の順となつている。家族人数の最も多いC地区の同胞数が比較的に少いのは、次に述べるように同地区に缺損家庭が多いことによるのではないかと思われる。

両親の存否についての正確な調査はなされていないが、両親の職業に関する項において「あなたのおとうさん（おかあさん）の職業は何ですか」と尋ねた問に対し、「死亡」および「ない」と答えたもの、ならびに無応答者の人数を抜出してみると第十表に示す通りである。同表によるとC地区の児童一七八人のうち、四九人が父親を失つている。A地区およびB地区においてもそれぞれ一五九人中の二九人、一七四人中の二九人が父親を失いその数は決して少くはないが、C地区の場合は特にそれが目立つている。C地区は註一に記してあるように本島南部の農村で、去る沖縄戦による被害の大きかつた地域である。両親父はそのいずれかの缺けた家庭は、家族構成、家庭経済、その他心理的な面に著しい不安定をもたらすものであり、それが児童の精神的発達に少なからぬ影響を与えるものであることは言うまでもない。第十表の「ない」および無応答の中に死亡したものも含まれているとすれば、缺損家庭の実数は第十表の「死亡」の数を上回ることになる。

第10表　両親の職業は何かという問に対する答のうちから

	地区	A	B	C	D
父親	死亡	29	29	49	6
	なし	15	2	1	1
	無応答	13	13	20	18
母親	死亡	5	3	5	2
	なし	3	22	0	0
	無応答	6	18	11	2

家族の大きさ、同胞の数、ならびに家族構成の安定性を綜合して、家族構成を児童の知的発達と関連において評価するならば、A、D地区はB、C地区よりも条件がよいように思われる。半都市であるB地区が家族の大きさ、同胞の数において比較的に大きいことは、些か奇異に感じられるかも知れない。一般に農村に比べて都市は家族人数が少いからである。しかし、本調査の対象になつているB地区は本島北部の半都市で、都市というよりはむしろ農村的性格のつよい町である。（第十五、第十六表参照）

註四　山下俊郎　教育的環境学　昭和十二年　三三四～三四二頁

註五　山下　前出　三四二～三四五頁

七、住居条件等における地域差

住居が重要な環境的要因であることは言うまでもない。住居が児童の発達に及ぼす影響の研究として、部屋数と知能、寝台数と知能などの関係についての調査があり、わが国では一人宛の疊数と知能の関係についての研究などがある。これらの研究は住居の状態が児童の精神的発達と相当に密接な関係をもつことを示している。（註六）

住居の状態が児童の身体的発達と密接な関係をもつと言うことは、容易に納得ができる。しかし住居の状態はまた、直接あるいは間接に児童の精神的発達とも関係をもつものと考えられる。と言うのは、身体的発達に恰適な住居的条件は、同時に精神的発達にも恰適な条件の一部として要求されるものと考えられるからである。そのほか、住居の状態が意味するものとして家庭の社会的経済的地位が考えられる。住居条件がよいということは、その家庭が社会的経済的に高い地位にあることを意味するし、家庭の社会的経済的地位が高いということは、また親の教育程度が高いということを意味するものと考えられる。

本調査においてわれわれは、児童の家庭における生活ならびに学習の住居的条件として、部屋数（台所を除く）、勉強室の有無、家庭学習用机の有無、照明の種類等について調べてみた。

先ず部屋数を地域別に比較してみると第三図に示す通りで、B地区が最も多く、平均三・四八室となり、続いてD、A、C地区の順序となつている。しかし、部屋数は家族の大きさとの関係において考えらなければならないものである。例えば、部屋数は同じく五つでも、そこに五人で住むのと十人で生活するのとでは住居的条件が違うからである。そこでわれわれは、第三図に示された平均部屋数で第一図に示された平均家族人数を割つて、一部屋当りの人数を算出することにした。結果は第十一表に示す通りである。同表によるとB地区が一部屋当り二・〇一人で最も少く、続いてD、A、C地区の順序となつている。C地区は家族人数は最も多いのに部屋数は最も少く、一部屋当り二・四六人となり、四地区のうち最も高い率を示している。

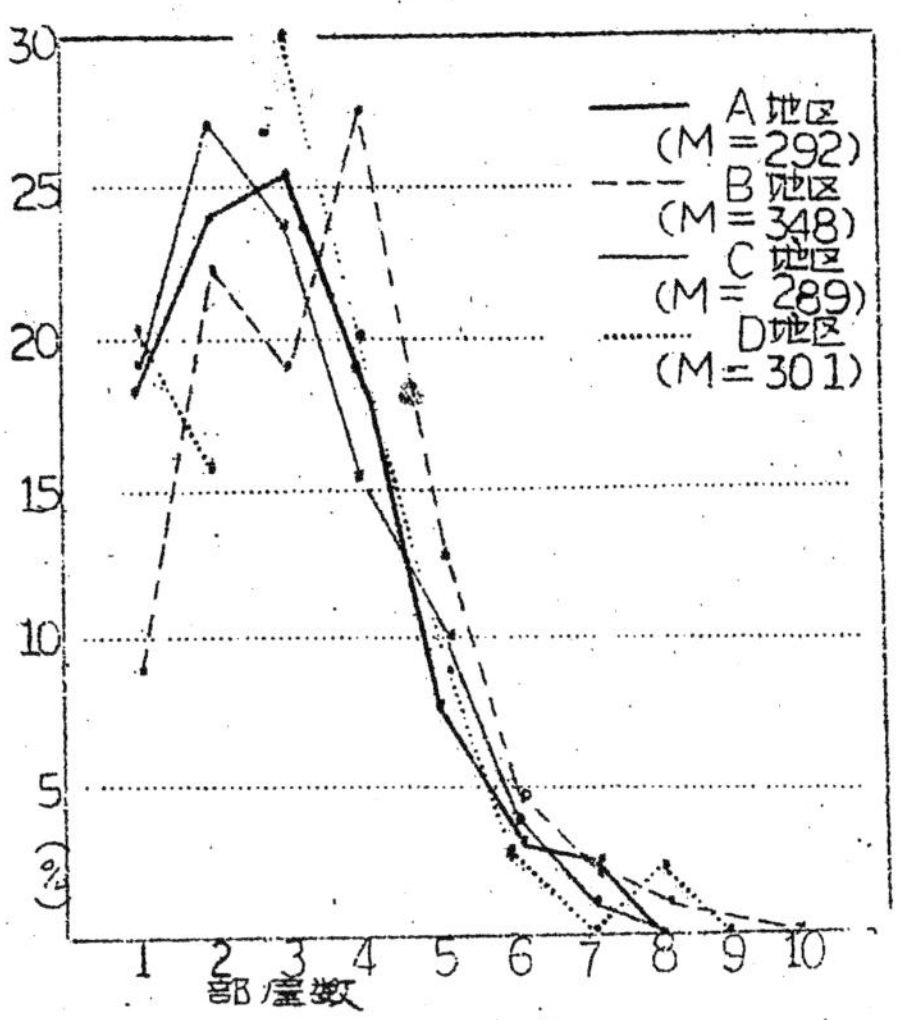

第3図　部屋数の分配

第11表　一部屋当りの家族人数

地区	平均部屋数	平均家族人数	一部屋当り人数
A 地区	2.92	6.25	2.14
B 地区	3.48	7.01	2.01
C 地区	2.89	7.11	2.46
D 地区	3.01	6.20	2.06

家庭における児童の勉強部屋の有無については第四図に示す通りの結果となり、B、A、D、C地区の順序となつている。

第4図　家庭に勉強室のある児童

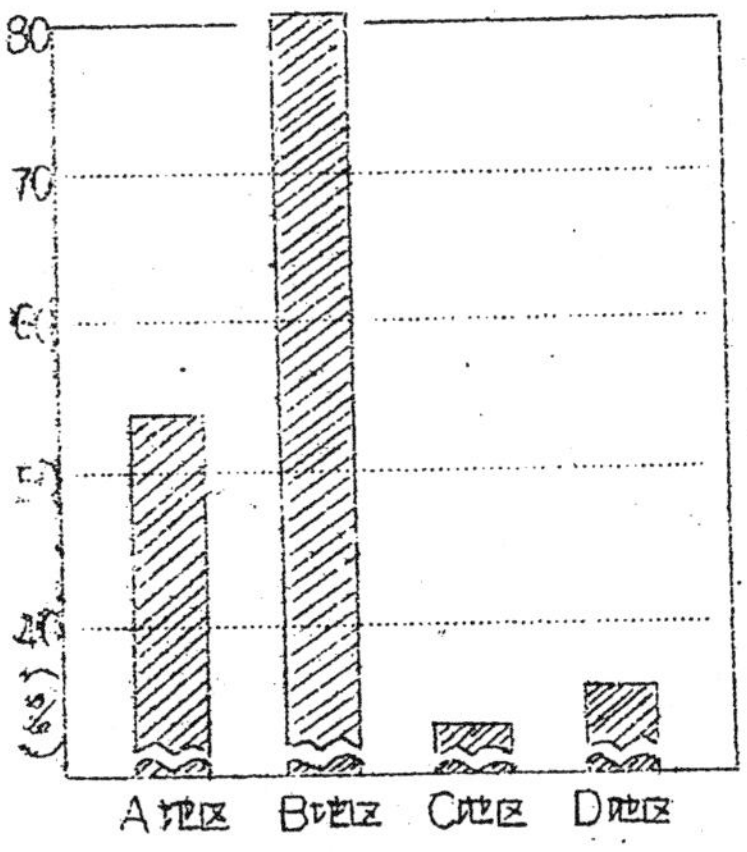

児童の家庭学習用の机の有無についても、第五図に示す通り、その率においての差はあるが順序においては強勉部屋の場合と同じく、B、A、D、C地区の順になつている。

第5図　家庭に学習用机のある児童

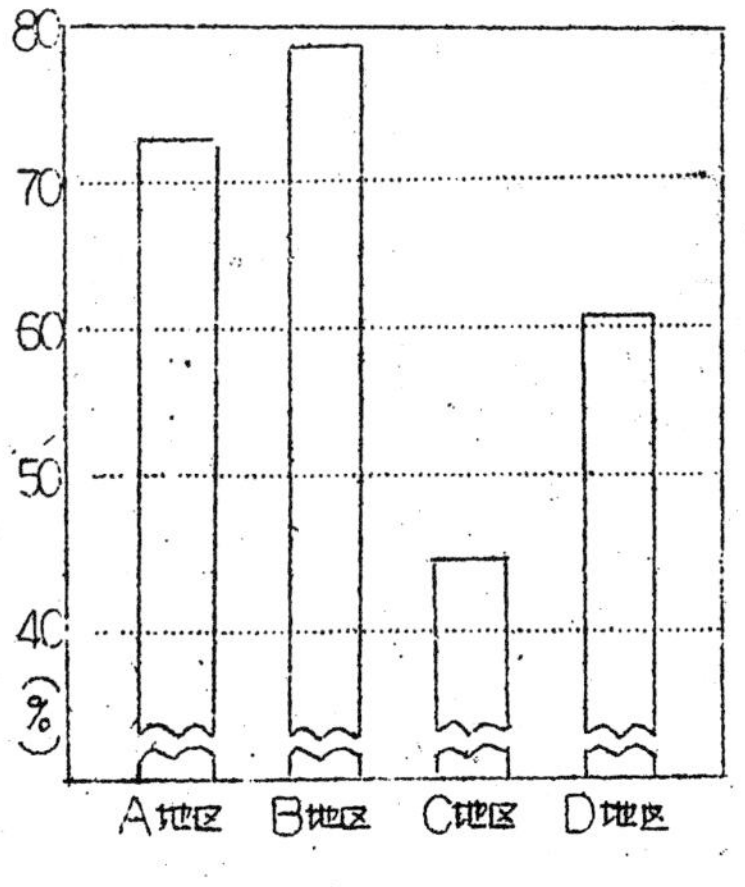

第12表照明の種類

地区	電　燈	石油ランプ
A 地区	148(91.9)	13(8.1)
B 地区	166(95.4)	8(4.6)
C 地区	1(0.6)	177(99.4)
D 地区	4(4.7)	81 (95.3)

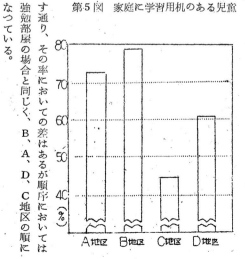

家庭学習のために使用される照明の種類について調べた結果は、第十二表に示す通りでA、B地区においては九〇パーセント以上が電灯を使用し、C、D地区では少数の例外を除き殆んどが石油ランプを使用している。

これまでに述べ

られた各地区の住居的条件を綜合して、それを児童の知的発達との関係において順位づけるならば、先ずB地区が筆頭にあげられ、続いてA、D、C地区の順序になるのではないかと考えられる。

註六　山下　前出　一九六～二〇五頁

八、親の学歴、職業に表れた地域差

第13表　父親の学歴(中途退学を含む)

学歴＼地区	A 地 区	B 地 区	C 地 区	D 地 区
大学専門学校(師範学校を含む)	12(7.5)	12(6.9)	1(0.6)	1(1.2)
中等学校	21(13.3)	13(7.5)	9(5.1)	1(1.2)
小学校高等科	32(20.1)	56(32.1)	60(33.7)	13(15.1)
小学校尋常科	20(12.6)	30(17.2)	39(21.9)	21(24.4)
学歴なし	8(5.0)	2(1.1)	2(1.1)	2(2.3)
不明無応答	66(41.5)	61(35.2)	67(37.6)	48(55.8)
計	159(100)	174(100)	178(100)	86(100)

親の教育程度と子供の知能、ならびに親の職業の種類と子供の知能との間には密接な関係がある。この教育学的心理学的事実は、教育にたずさわる人々にとつてすでに常識となつているものと思う。本調査においてわれわれが児童の両親の教育程度ならびに職業の種類について調べた結果は第十三表から第十六表までに示された通りである。先ず第十三および第十四表の親の学歴について観察すると、両親いずれの場合も「わからない」と答えたものや無応答の児童が多いことに気づかされる。これは調査の目的を充分に知つていなかつたために、児童の親たちが答えることを避つたことにも原因しているものと考えられる。両表から中等教育以上の教育をうけた親の割合を比較してみると、父親の場合はA、B、C、D地区の順序となり、母親の場合もA地区が最も高い率を示し、それにB地区が続いている。C、D地区の間でなその率においてはD地区が優位を示しているが、その実数においては一と二の差に過ぎない。

第14表　母親の学歴(中途退学を含む)

学歴＼地区	A 地 区	B 地 区	C 地 区	D 地 区
大学専門学校(師範学校を含む)	3(1.9)	5(2.9)	0(　)	0(　)
中等学校	30(18.9)	18(10.3)	1(0.6)	2(2.3)
小学校高等科	28(17.6)	51(29.3)	48(27.0)	15(17.4)
小学校尋常科	54(34.0)	67(38.5)	99(55.6)	32(37.2)
学歴なし	5(3.1)	1(0.6)	6(3.4)	2(2.3)
不明無応答	39(24.5)	32(18.4)	24(13.5)	35(40.7)
計	159(100)	174(100)	178(100)	86(100)

第十五および第十六表の職業分類は、心理学における従来の分類法に多少の改訂を加えたものである。この両表に示された親の職業が第十三、第十四表に示さ

第15表　父親の職業(死亡者を除く)

職業＼地区	A 地 区	B 地 区	C 地 区	D 地 区
専門的職業(教師を含む)	13(10.05)	10 (7.0)	3 (2.3)	1 (1.3)
事務的職業(官公吏を含む)	34 (27.6)	10 (7.0)	8 (6.2)	4 (5.1)
商業、経営、実業、製造業	15 (12.2)	32 (22.8)	5 (3.9)	4 (5.1)
技術的、半技術的職業	12 (9.7)	27 (19.1)	7 (5.4)	2 (2.5)
農、林、漁業	9 (7.3)	43 (30.5)	64 (49.6)	50 (63.3)
労働	12 (9.7)	4 (2.8)	21 (16.3)	0 (　)
無職	15 (12.2)	2 (1.4)	1 (0.8)	0 (　)
無応答	13 (10.5)	13 (9.2)	20 (15.5)	18 (22.7)
計	123 (100)	141 (100)	129 (100)	79 (100)

第16表　母親の職業（死亡者を除く）

職業＼区地	A 地 区	B 地 区	C 地 区	D 地 区
専門的職業（教師を含む）	5 (3.1)	3 (1.9)	1 (0.6)	1 (1.2)
事務的職業（官公吏を含む）	8 (5.1)	3 (1.9)	1 (0.6)	0 (　　)
商業、経営、実業、製造業	26 (16.5)	35 (20.8)	8 (4.8)	3 (3.6)
技術的、半技術的職業	6 (3.8)	8 (4.8)	2 (1.2)	0 (　　)
農、林、漁業、	5 (3.1)	44 (26.2)	96 (57.8)	65 (75.5)
労　　働	3 (1.9)	0 (　　)	6 (3.6)	0 (　　)
無職、家事	98(62.4)	67 (39.6)	41 (24.7)	14 (16.3)
無　応　答	6 (3.8)	8 (4.8)	11 (6.6)	3 (3.6)
計	157 (100)	166 (100)	166 (100)	86 (100)

れた親の学歴と著しく並行していることに気づくことであろう。なおその外に注目されることは、A地区の職業が都市的な性格を可成り濃厚に示していることに対し、B地区が都市と農村の両方の性格を示していることである。C、D地区はいずれも純農村的職業分布を示している。

以上の結果から親の教育程度および職業の種類を、子供の知的発達との関係において評価するならば、先ずA地区が首位で次にB地区となり、C、D地区がほゞ同位で末位にくるものと考えられる。

九、家庭学習の援助における地域差

家庭学習において親または他の誰かが児童を手伝っているか否かということを通して、家族が児童の教育に対して持つ態度、関心を比較してみた。次の二つの問に対し、それぞれ「はい」と答えた児童のパーセンテーヂを示すと第六、第七図の通りである。

「おとうさんやおかあさんはあなたの勉強を手伝ってくださいますか」

「おとうさんやおかあさんのほかにあなたの勉強を手伝ってくださる人がいますか」

第四および第五図に示された結果から大きな地域的差異は認められない。強いて差をつけるならば、C地区が他の地区に比べて多少見劣りがするという程度である。

第6図　親が家庭学習を手伝つてくれる児童

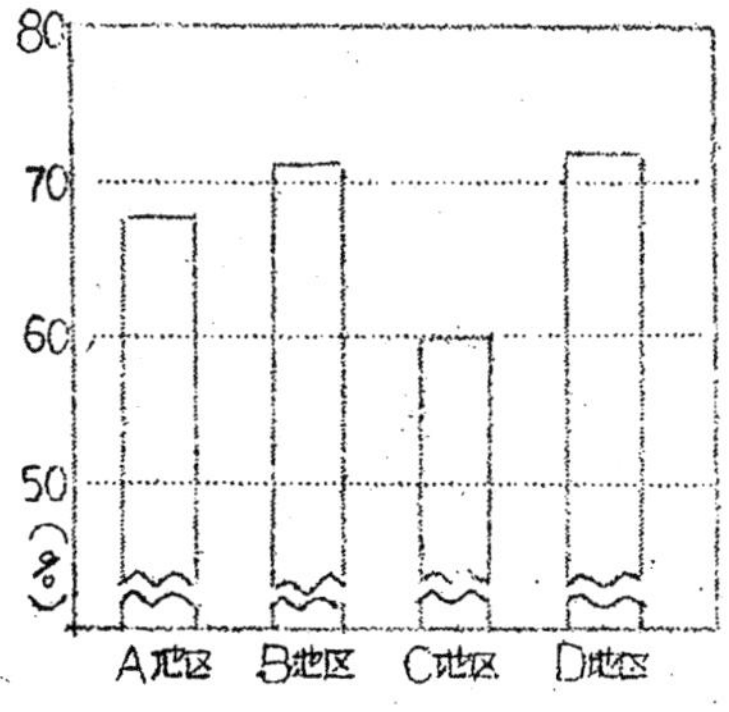

第7図　両親以外に家庭学習を手伝つてくれる人のいる児童

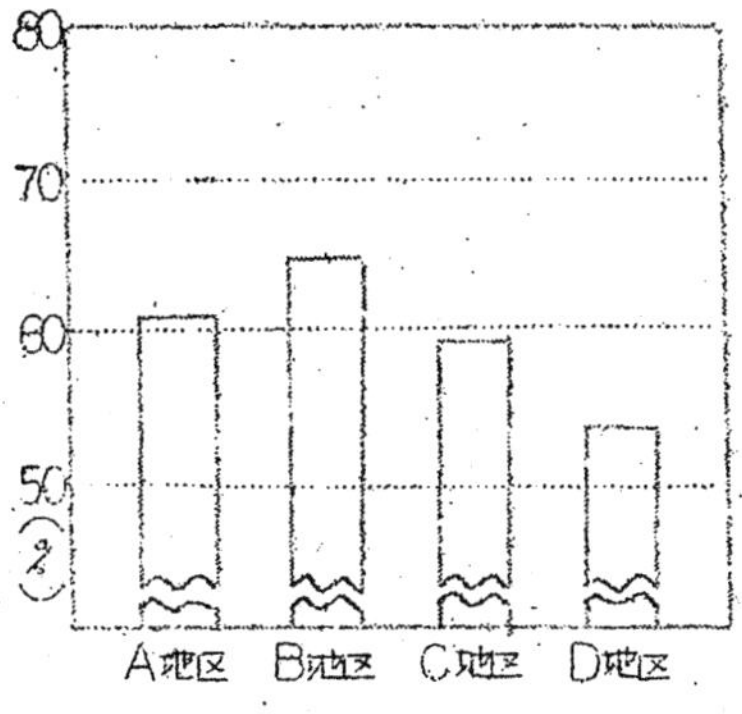

十、マス・コミの普及を通してみた地域差

新聞、雑誌、ラジオ、テレビ等は家庭の社会的経済的地位の指標であるばかりでなく、また家庭の教育的刺戟価値の指標としても極めて深い意義をもつものと考えられる。

本調査においてわれわれが調べたマス・コミュニケーションの機関は新聞、雑誌、ラジオおよび映画である。先ず家庭における新聞および成人の読みものとしての雑誌の購読状況について調べた結果は、第八および第九図に示す通りである。両表によれば新聞、雑誌の何れもA地区が他地区をリードし、B地区がそれに続いている。C、D地区を比較すれば、新聞の購読ではD地区がC地区より普及しており、雑誌は反対にC地区がD地区の普及を上回っている。児童の雑誌購読状況は第十図に示す通りで、この場合もA地区が他を

第8図　新聞を購読している家庭

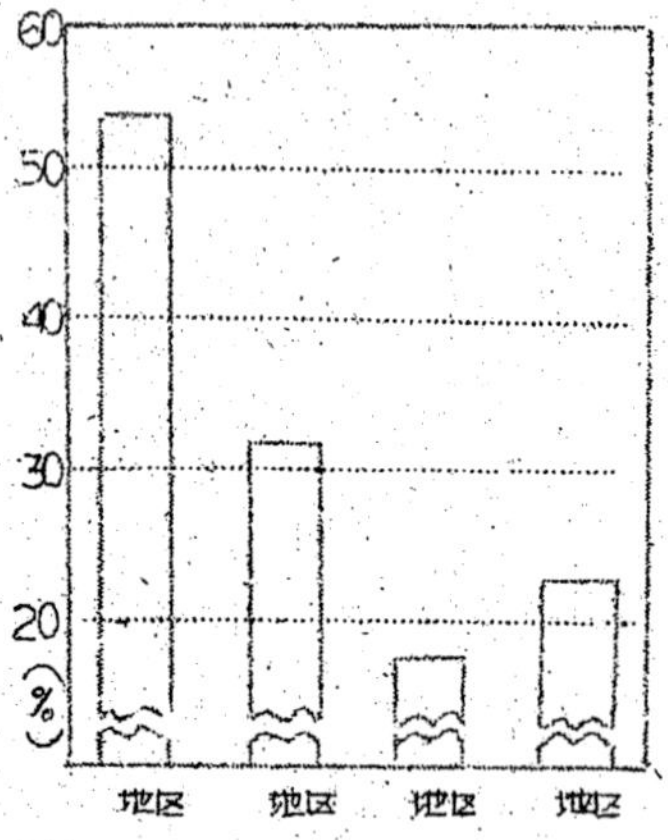

第9図　定期的に雑誌を購読している家庭

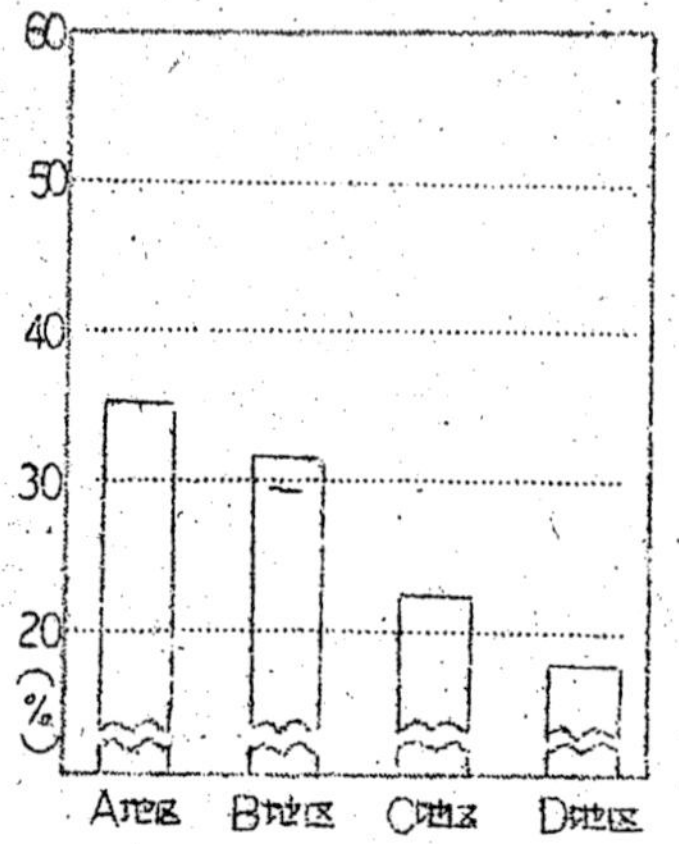

第10図　定期的に雑誌を購読している児童

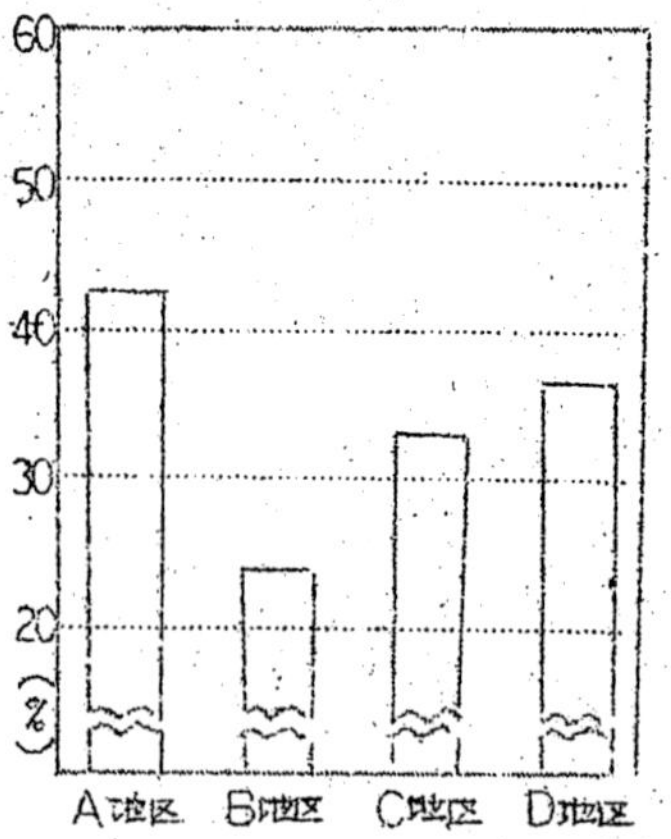

リードしているが、次はD、C、B地区順となり、B地区が最も低い率を示している。

ラジオの普及状態は第十一図に示す通りで、AおよびC地区における普及率が殊に目立っている。ラジオが他のマス・コミュニケーション機関に比べてより広汎に普及しているのは、沖縄における親子ラジオの普及によるものであることは周知の通りである。

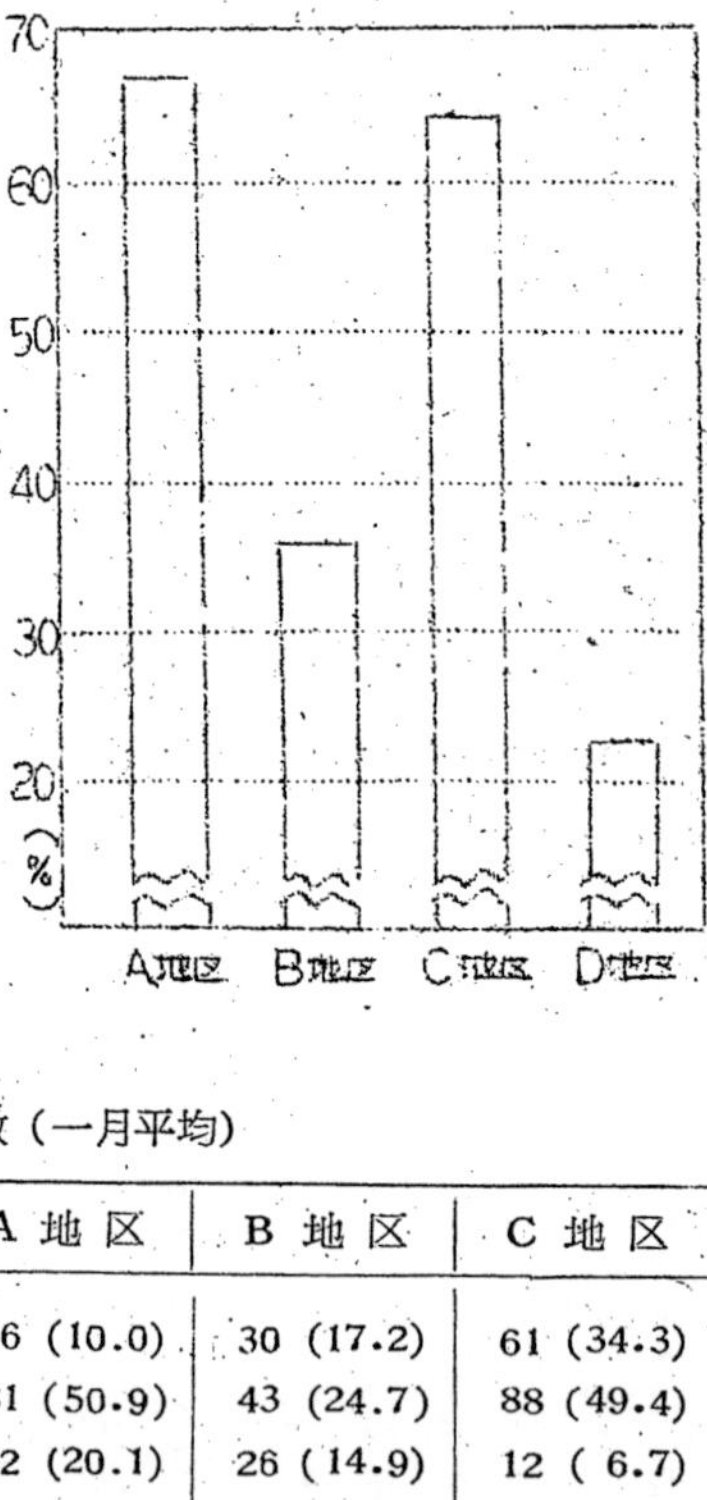

第11図　ラジオのある家庭

児童が映画をみる頻数を一月平均の回数にして調べてみたら、第十七表に示す通りである。同表によればA、B地区では、一月平均一回も映画をみない児童はごく少数であるが、C地区では三四パーセント、D地区では殆んどがその該当児童である。

本調査でとりあげたマス・コミュニケーションを綜合して、その教育的、発達的刺戟価値の地域差を評価することは、マス・コミュニケーションの種類が多様であるということと、結果に一貫性がないことからして、極めて困難なことであろう。しかし右の結果からA地区が他地区よりも優位であることだけは明らかであるし、またC D地区がA、Bよりも劣っているように思われる。

第17表　映画をみる回数（一月平均）

回数＼地区	A 地 区	B 地 区	C 地 区	D 地 区
0（一回以下）	16 (10.0)	30 (17.2)	61 (34.3)	79 (91.9)
1回	81 (50.9)	43 (24.7)	88 (49.4)	0 (　)
2回	32 (20.1)	26 (14.9)	12 (6.7)	0 (　)
3回	13 (8.2)	22 (12.6)	6 (3.4)	1 (1.2)
4回	2 (1.3)	9 (5.2)	3 (1.7)	0 (　)
5回　以上	4 (2.5)	10 (5.7)	1 (0.6)	0 (　)
10回　以上	1 (0.6)	7 (4.0)	0 (　)	0 (　)
不明、無応答	10 (6.3)	27 (15.5)	7 (3.9)	6 (7.0)
計	159 (100)	174 (100)	178 (100)	86 (100)

十一、児童の家庭における手傳いを通してみた地域差

児童が家庭においてどんな仕事をしているか、またどれ程の時間を手伝いのために費しているか、ということを地域別に調べて比較してみた。先ず最初に「あなたはお掃除やはしりづかいのほかに家でお手伝いをしますか」という問に対し、「はい」と答えた児童の

パーセンテージは第十二図に示す通りである

第12図　家庭で手伝いをしている児童

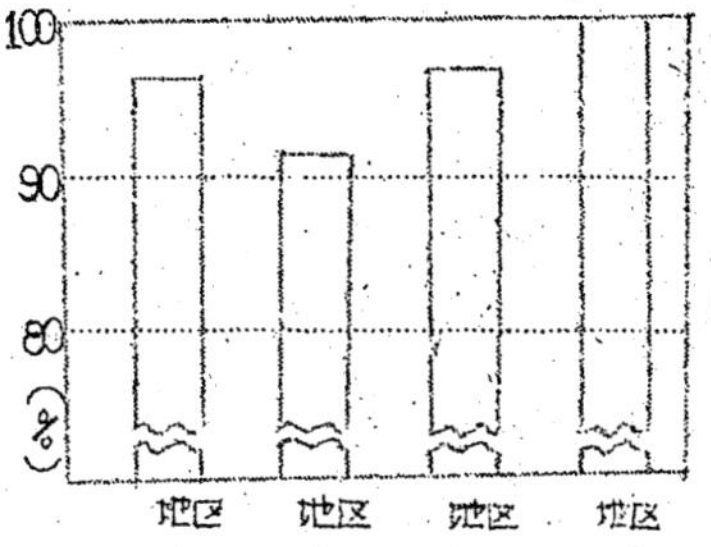

同図によればいずれの地区においても九〇パーセント以上の児童が、家庭において何らかの仕事を手伝っていることがわかる。次に仕事の種類について調べた結果を、男女別に頻数の高い順序に示すと、第十八および第十九表の通りである。たゞし両表に示された種類は頻数が二以上のものだけに限られている。「もしお手伝いをしていたら平均して一日何時間ぐらいですか」という問に対する答えは第二〇表に示す通りである。一時未満を〇・五時間とみなして平均時間数を計算してみたら、同表の最下部に示された数字の通りとなっている。平均時間数の少い地区の順に挙げると、A、D、C地区の順序になっている。

児童の家庭における仕事の種類および時間が、児童の身体的、社会的ひいては知的発達とも密接な関係にあるものとは考えられるが、第十八表から第二〇表までに示された仕事の種類および時間が、児童の知的発達といかなる関係にあるものかということは、検討されてみなければわからないことである。調査の結果からみると、一日三時間またはそれ以上も働いている児童が相当数いるようであるが、六学年に進級したばかりの児童で一日三、四時間以上も働くということは、仕事の種類によ

第18表　家庭における手伝いの種類と頻数（男児）

A　地　区	B　地　区	C　地　区	D　地　区
水くみ　(33)	水くみ　(24)	芋洗い　(35)	水くみ　(33)
炊　事　(11)	家畜の世話 (16)	草刈り　(33)	草刈り　(28)
子守り　(6)	子守り　(13)	子守り　(27)	子守り　(20)
草とり　(4)	茶碗洗い　(13)	水くみ　(13)	畑仕事　(7)
野菜の水かけ (3)	草刈り　(11)	家畜の世話 (9)	薪とり　(5)
畑仕事　(3)	店の手伝　(8)	炊　事　(9)	家畜の世話 (3)
薪わり　(2)	薪わり　(6)	畑仕事　(8)	
店の手伝い　(2)	洗　濯　(5)	芋ほり　(6)	
	撒　水　(4)	ランプの油さし　(4)	
	田、畑の仕事 (4)	店の手伝い (2)	
	炊　事　(2)	お茶わかし (2)	
	花園の手入れ (2)	皿洗い　(2)	

第19表　家庭における手伝いの種類と頻数（女児）

A　地　区	B　地　区	C　地　区	D　地　区
炊　事　(65)	洗　濯　(37)	炊　事　(53)	水くみ　(25)
水くみ　(50)	炊　事　(28)	芋洗い　(45)	子守り　(15)
洗　濯　(47)	茶碗洗い　(25)	子守り　(23)	炊　事　(13)
子守り　(16)	水くみ　(21)	家畜の世話 (19)	薪とり　(6)
食後のかたづけ　(4)	子守り　(19)	水くみ　(16)	洗　濯　(6)
買出し　(4)	家畜の世話 (13)	洗　濯　(10)	草刈り　(5)
	店の手伝い (5)	畑仕事　(9)	家畜の世話 (3)
	花園の手入れ(5)	茶碗洗い　(6)	茶わん洗い (2)
	撒　水　(2)	芋ほり　(3)	
	お茶わかし (2)	草刈り　(2)	
		かずらつみ (2)	
		薪とり　(2)	

第20表　家庭における手伝いの一日平均時間数調べ

時間＼地区	A 地 区	B 地 区	C 地 区	D 地 区
1時間未満	22 (13.8)	45 (28.7)	18 (10.5)	3 (3.6)
1時間	45 (28.5)	49 (31.2)	36 (20.9)	28 (33.7)
2時間	43 (27.0)	43 (27.4)	52 (30.2)	34 (41.0)
3時間	28 (17.6)	14 (8.9)	32 (18.6)	9 (10.8)
4時間	12 (7.5)	2 (1.3)	19 (11.0)	2 (2.4)
5時間	7 (4.4)	2 (1.3)	10 (5.8)	1 (1.2)
6時間以上	2 (1.3)	3 (1.9)	5 (2.9)	6 (7.2)
計	159(100)	157(100)	172(100)	83 (100)
平均時間	2.02	1.46	2.33	2.09

つては児童の発達に数々の障害をもたらすものではないかと考えられる。

十二、言語生活における地域差

わが沖縄の社会において、人々は共通語と方言の両方を併用している。しかも方言と共通語の差異が大きいので、沖縄における言語生活はバイリングワル（二国語的）な性格が著しいものと考えられる。この言語生活の二国語性が児童生徒の学力低下と関連するものとして、共通語使用の問題が教研集会のテーマとしてとりあげられてきたことは周知の通りである。

言語生活が児童の知的発達と密接な関係をもつことは言うまでもない。沖縄における言語生活の二国語性が児童の知的発達にどのような影響をもたらすものであるかということは、今のところ充分な資料がないのでどうとも言うことは出来ない。しかし、ミードが行つた調査はその点について示唆に富むものと考えられる。ミードはニュージャーシー洲におけるイタリヤ人移民の子弟の知能について調査を行い、知能検査の成績が家庭における英語使用量の増加と並行すると報告している。（註七）

本調査においてわれわれは、児童の言語生活についてその生活の場を学校、校外、および家庭の三つに分けて調査を行つた。先ず学校における言語生活についての調査は、児童に対して「あなたは学校でお友達と遊んでいるとき標準語で話しますか」という問を発し、その問に対して「いつでも標準語で話す」、「たいてい標準語で話す」、「標準語と方言を半々に話す」、「たいてい方言で話す」、「いつでも方言で話す」という五つの応答のうち一つを選んで答えてもらつた。結果は第十三図に示す通りで、四地区ともほゞ同じ傾向を示している。同表によればいずれの地区も児童の学校内における言語生活は共通語使用が多く、共通語使用の状況は良好である。中でもD地区が学校内における共通語使用で最も高い普及率を示し、A地区が他三地区に比べて些か見劣りがする。

校外および家庭における共通語使用の状態は第十四および第十五図に示す通りである。両図を第十三図と比較してみると、いずれの地区も学校における言語生活に比べて、校外および家庭における言語生活に方言使用の多いことがわかる。中でもC地区の場合は、児童の校外ならびに家庭における言語生活が殆んど方言使用ということになり、他三地区との間に著しい差異を示している。他三地区の間では大きな差は認められないが、第十四、十五図に示された結果から共通語の普及程度の高い地区の順序

第13図　児童の学校における交友間の言語生活

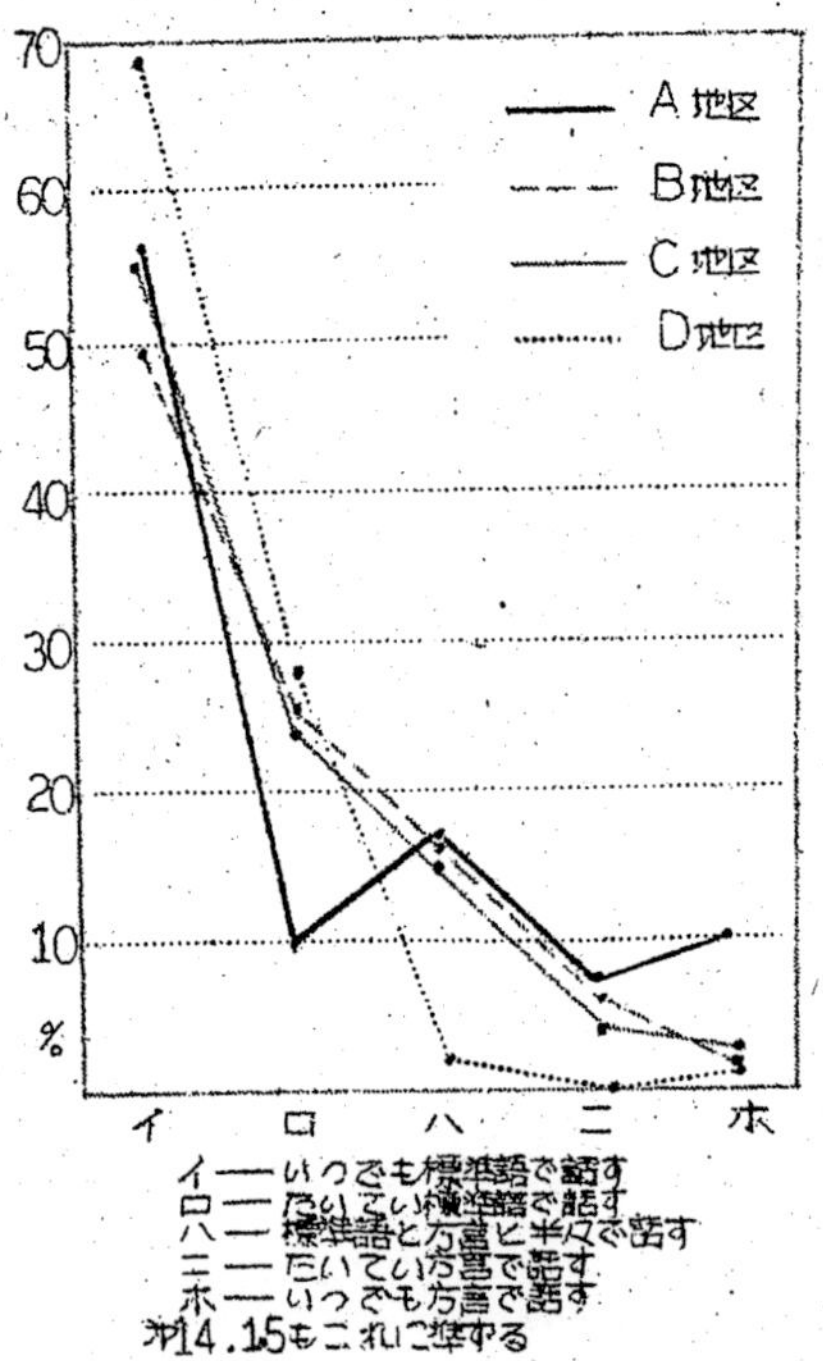

第14図　校外における児童の交友間の言語生活

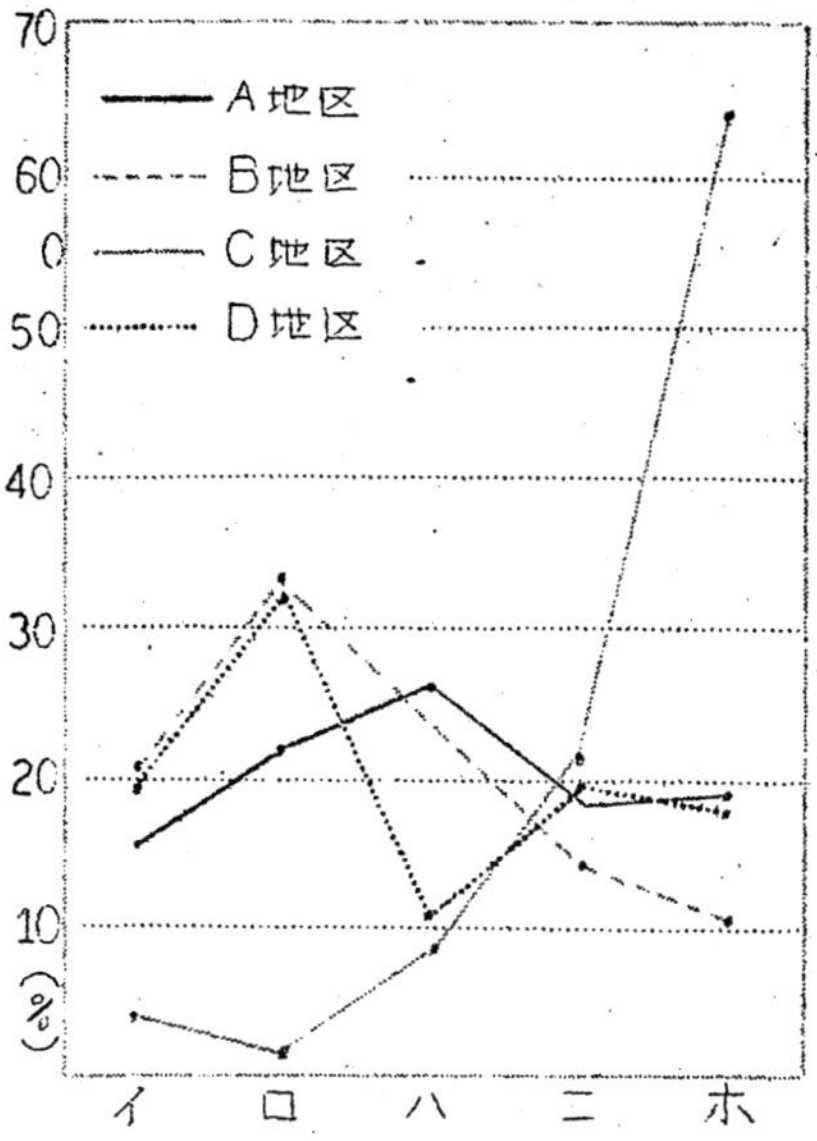

第15図　家庭における児童の言語生活

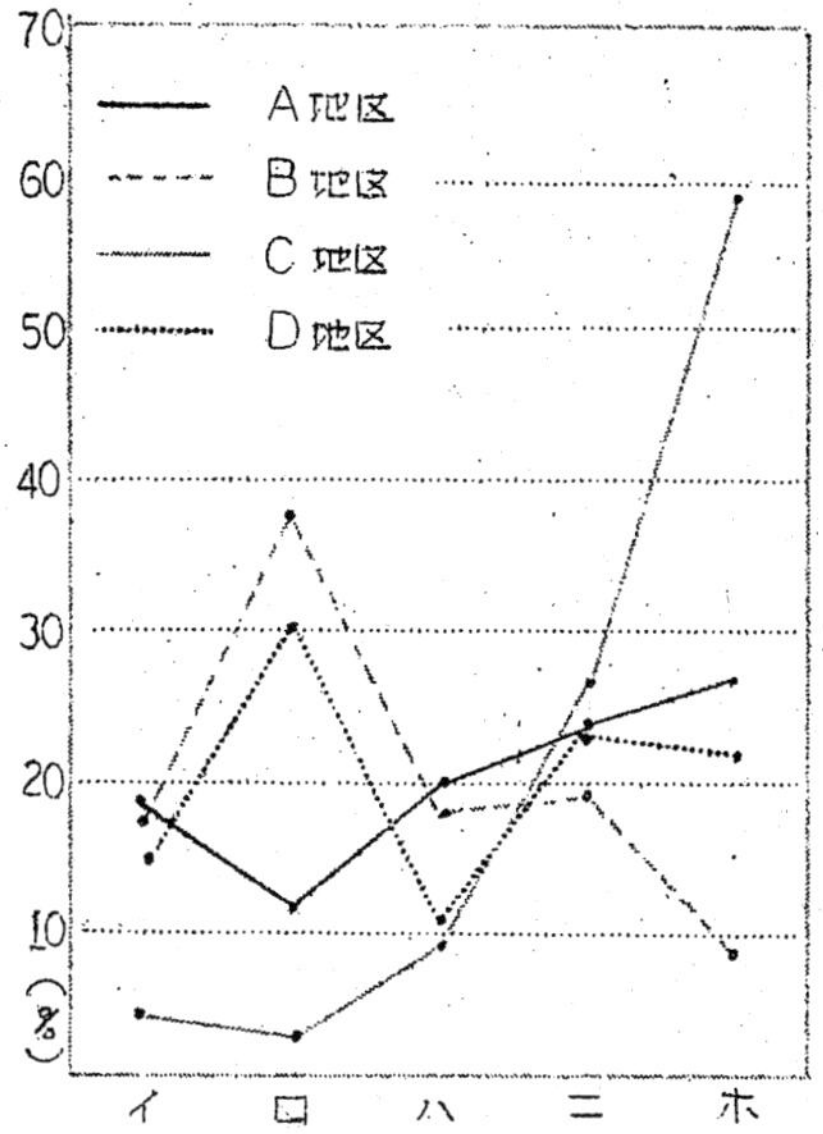

にあげると、B、D、A地区の順となる。

註七、 Anastasi and Foley, Differential psychology, 1949, p.718

あとがき

児童の知能ならびに彼の生活環境についてその地域差を考察するために資料を集め、整理してみたのであるが、結局データの羅列に流れたような感じがして残念である。調査の結びとして当然児童の知能と彼の環境との相関関係の検討を進めるべきであるが、その方は後日の機会にゆずりたい。

調査に当つて協力をしていたゞいた小学校八校の校長先生および教員各位、ならびに教育長事務所の職員の御厚意と御援助に対し、深く感謝します。なお資料整理のために貴重な時間を割いて手伝つて下さつた教育学科の比嘉とみ子、初等教育科の上里八重子の両君に厚く謝意を表します。

参考文献

(一) Anastasi, A. and Foley, T.P. Differential Pschology, 1949
(二) 江川亮 「児童と青年の都市及び農村における知的差異について」教育心理学研究 第四巻第二号
(三) 大伴茂 実験児童心理学 昭和二九年
(四) 山下俊郎 教育的環境学 昭和一二年

甘藷の傳來と集落の変遷
（郷土教育資料）

那覇高校　饒平名浩太郎

野国総管が慶長十年（一六〇五）進貢使節の随員として支那に渡り、蕃薯の種苗を携えて帰り、これを自村に播種したという蕃薯は、忽ち近隣の諸邑野国、野里、砂辺に広まり、宝永中には本土にまで広がつた。

曾ては浦人の粟生・豆生であつたところを、こんな穀類の調製の面倒で一人を養うための面積が大きく入用なものより甘藷がよい、その上入費も少ない、凶作の患も減ずる。漁に行く沖飯には片手で食べられるから便利だ、こうして水の乏しい岬や島の岡々まで、以前は多分に人を住ましむる望もなかつた畠場が、唐芋の輸入によつて、初めて或意味における安楽郷となり、またたく中に今日のように人口密集を見るに至つたのである。甘藷の栽培がなかつたら此等の海岸の岡は今尚萱原立雑木のままであつたに違いない。中国でも明の末頃甘藷が南洋から福州に輸入されたときは、甘藷蔓を船の綱にない込んで、窃み出して来たものであるということが、除光啓の農政全書には出ているが、野国総管が福州から芋を伝えたのは、それからそう遠く隔たつた時代ではなかつた。

これ以前は米、麦、粟等の二毛作をなして漸く食糧をまかない貢納も行つた。一五四二年朝鮮済州島の朴孫等が漂流してきて四年間琉球に留り、一行中の梱大容が琉球風土記を著しているが、その中に農業のことを叙して「毎年正月に水田を植え、四月に収穫し、五月に又植え、八月に収穫す。」とあり余程の苦衷をなめて生活や貢納に耐えていたものと思われる。この小さな島国の山々や岡に多くの人口を盛り得たのは、一半は確かに芋の奇蹟であり或は芋の災であつたかも知れない。

この芋を容易に伝播し得たのは垣花の儀間真常の力も大きく、これらの偉人達の力が与つているが、あながちそればかりではなく、人間が安く活きる必要が又一部分これを手伝つて、こんな作物を流行させているのではなかろうか。この事情は芋を南洋から伝えた南支の場合も略沖縄と似たものがあつた。元来南支は山岳丘陵の起伏が多く、平地に乏しく、水利の便を欠き生活の苦しさから溢れる人口を支えきれず、男子の多くは南洋華僑として出稼にいつた。年々数十万という多数の移民がインドネシア、インド、アフリカ、シャム、アンナンに出かけたが、彼等の多くは、十数年から二十数年をせつせと稼いで、老後は故郷に帰つて楽隠居をする。閑にまかせて政治にくちばしを入れる。政治家を援助する。こうして南支を革命の震源地たらしめた。南支はその上南洋に行く地理的な事情に余程恵まれている、地理的な近接性から出稼は便利だ、気候にも恵まれている。民族性として順応力も大である。彼等の多くは彼地であらゆる仕事に従事した。南方に於ける甘藷の栽培法やその効用は実地に彼等が体験した智識として、甘藷の伝来を容易ならしめている。そうして食糧に事欠く南支の人々は甘藷の栽培に努力した結果、丘陵地や傾斜面はすさまじい勢で甘藷畠になつた。従つて慶長十年野国総管が福州で蕃諸を見た頃には、南支一帯に甘藷の栽培が広く行われていたことも察することができる。

総管より前慶長二年（一五九七）に福州から芋を伝えた宮古の砂川雲上旨屋は、文祿三年（一五九四）福州に漂着して甘薯の栽培を実地に見聞をしているのであるから、文禄三年に、陳振竜がルソンから甘藷を伝来したにいう説は信じ難い、恐らく南洋出稼民の伝えたものとの違いない。徐光啓の農政全書にある通り、芋蔓を縄の中にない込んで窃み出して来たものであるとすれば、中国における甘藷の効用はつとに知られていたであろうし、食糧問題の解決に欠くべからざるものであることを知悉していたと解せねばならぬ。さればこそ国禁を侵してまで蔓を窃みとつたのである。

甘藷のことは一般にサツマイモと称し、略してオサツとも称えているが、薩摩では琉球芋、琉球では唐芋と称えているといわれている。琉球国旧記によると蕃諸が慶長十年野国総管によつて福州から伝えられ、更に元禄七年（一六九四）に黄審諸が伊舎堂親方盛富によつて中国から伝えられている。この黄蕃諸というのが、今日いう黄色芋又はオランダ芋と呼ばれるものである。正徳元年（一七一一）に書かれた混效験集に、「たういもとははんすいもの事也」とあつて、唐芋の別名をはんすいもとも呼ばれたことが分かり、はんすいもが先に渡り、唐芋は後で渡つたことになり、最初南洋から支那に渡つて繁殖したものが即ちはんすいもであり野国総管の伝来したのもこれであつた、享保四年（一七一九）の伝信録や、明和元年（一七六四）の入学見聞等に「番子母」とあるのは、いづれも「はんすいも」の事で、はんすは即ち蕃藷の琉球音である。今日でははんずも、唐芋もその名は失われて沢山の種類があるが、総じて芋と称し、種類を区別するためには人名を冠して何芋と呼んでいる。これは蕃藷が普遍的になつてからの事である。この甘藷が本土に伝来したのは慶長十年から十四年後元和五年（一六一九）薩州兇水の継川利右衛門、更に本州に伝えたのが、石見の薯代官井戸平在衛門であるが、（リチャードコックスの日記）、元禄の末頃（一七〇一）薩摩に移されたものと二回ある。青木敦書の蕃藷考に「琉球芋と申侯は唐芋とは別種のものにて、はんすいもとも唱申侯」とあつて、はんすいもよりも唐芋が琉球の地味に適していたため、はんすいもは忘れられて、唐芋が一般に知れられるようになつたのである。慶長十年に琉球に伝わつた蕃藷と元禄七年に伝えられた黄蕃藷が、地味と気侯の適した為か非常に流行し、食糧問題の解決に一大光明を与え、五十年後の寛文の初頃には新しい村が五村も増設されている。（小禄、宜野湾、美里、久志、本部）七代官のあつた制度を改めて、四管区制となつたときには、更に、与那城（延宝四年）、恩納（延宝元年）、大宜味（延宝元年）の三村が新設され、食糧の緩和に伴う人口の急速な増加を物語つている。向象賢の農政が卓越していたことは寛文九年（一六六九）三月十六日付で、地頭や百姓の仕明地を許可奨励し、これを永久所有するということなどによるが、これも甘藷の普及による開墾の必要を認めたからによるもので、普及の著しかつたことを立証するものである。

仕明地の増加は、勿論開墾の奨励の結果であるが、慶長以後蕃薯栽培地の拡張が、必要にせまられたことも看過することは出来ない。

それに加うるに、スカマの禁止も民力涵養の重大原因となつて、人々が急速に増加したようである。

スカマとは、地頭が領内の百姓に、鳩目三貫文とか、五貫文などと前貸して、一ケ月に一度使役することで、この廃止は百姓の勤労に全力を生ぜしめ、その余力を仕明地に振向けて、百姓地を増加させたことが、つまり新間切設定の重大な原因となつたのである。

向象賢に比して蔡温の農政は、土地の開拓よりむしろ、地力の培養に重点をおいたために、間切や村の新立はなかつたが、生産の上に飛躍的な発展を見ることができた。間切とは本来若干の村々を集めて結成されたもので、甘藷の普及以来新立された村々は延宝四年（一六七六）までに相当な数に上つている。十七世記前半までに、大きな間切として知られたものには、豊見城、兼城、高嶺、真壁、大里、東風平、具志頭、知念、玉城、西原浦添、中城、越来、北谷、読谷山、今帰仁、羽地、名護、久志、国頭等でその他の諸間切は甘藷渡来以後分かれて新立したものと、新部落を集めて新設したものになつている。

恩納間切の山田村はもと、読谷山間切の籍内であつたが、恩納村新設のとき周囲にできた小部落を加えて古読谷村と称えていた。

大宜味間切は、延宝元年（一六七三）国頭間切から田港以下の諸村を割いて新設したが、大宜味、饒波、謝名城、田嘉里、上原、押川、屋古等の諸部落は、甘藷普及以後、磯辺の浦々から分れて、山里の新開地に設定されたものであつた。

本部間切は寛文六年（一六六六）に今帰仁間切の内から伊野波、崎本部の諸村を分割して、新設し、伊野波間切と称えたが、伊野波の繁華なところ崎本部に移つて本部間切となつた。

大宜味間切の新設と同様にこの地は丘陵で、土地はやせ、ラテライトでできた地域は、磯の湎曲で僅かな漁りの村々をなしていたのであるが、甘藷の栽培に適した山の傾斜面が開かれて仕明地となり、私有されるようになると、次第に山裾に移るようになり、伊豆味、並里、山里、古島、大堂原、野原等と次々に集落を新立し、甘藷の普及と相侯つて発展をとげ、山の傾斜面は美くしい段々畑として利用されるようになつた。

東海岸の天仁屋、底仁屋、川股、嘉手苅、栄野比、池原、川崎、登川、勝連半島の平安名、高江洲、古謝、安慶名、安谷屋、島尻の富里、真栄平、新垣、与座、志多伯、高嶺、今帰仁の謝名、平敷、諸志、玉城、屋部の旭川中山等も皆同様に、磯の浦々の人々が甘藷栽培の仕明地を開くようになつてから、移り住んで新立をした村々であつた。

寛文以後仕明地が多くできて、間切の新立村の廃合等が頻繁に見られたが、それらの村の併合の場合には大村をとつて新村名とし、二ケ村併合の場合は旧村名を重ねてそのまゝ新村名とした。

甘藷の伝来以後新設された村の特殊なものに村渠と村添がある。村渠は「むらあかれ」「むらわかれ」の意で伊波普献氏が前村渠 奥村渠、上村 渠等をあげられ、村落発展の経路を示すものとされた。

村添は、分村又は余村の意味で、宮古島の東仲宗根添、西里添、下里添、前里添、池間添等があり、沖縄の村渠に相当するものである。

村渠は地割制度によつて拘束を受けた場合に、隣接地を開発して、住民を分割移住させたものであるが、村添は開発出耕地で、余程本村とも距離が隔たり、母村と娘村の間柄にあり、又出稼地の発達したところもあつた。宮古の池間添前里添が池間島から分れて出稼地がそのまま村添になつたのはその例である。

元来池間島は耕地面積が少なく、住民は主として漁業に従事しているが、貢租の関係上耕地を求めて、伊良部島に出耕した。島の先占民との間に数度の紛争も起したが、結局土質の悪い岩石の北傾斜面を得て仕明地とした。村添の多くの例が示すように、村添は本村から独立しては意味をなさない事になつていたので郷村帳にもその名を出さないことにした、平良間切の下里村から出耕した下里添村、西里村から出耕した土地を西里添といつたのも同様で、東仲宗根村から出耕したところは土地が接近していたので、分村のできた頃にも最も後まで独立するようなことはなかつた。

池間島の貢租は、耕地が少なく人口が多いからという理由で、減少された例はなく、その上ウャ漁という特殊な漁業貢租がめつたために、とうてい貢租にたえず海を隔てた遠い伊良部島まで農耕地を求めて出耕せねばならず、船を仕立てゝ海賊的な行為さえせねばならなかつた。伊良部島で出耕ができるようになつてから、島の平地や傾斜面は次第に開墾された。島民は畑作が終るまで組サバニを仕立てゝ本村との間を往還した。仕明地ができて長く生活の安らかさができるようになると、彼等はま墾地番《はるばん》小屋を作つて仮寝の小屋で一月や二月の間も泊りつづけて耕作に従うようになつた。貢租の粟の外に甘藷の出作が多くなると、本村での生活はだんだん緩和され、男子の本来の仕事であつた漁業に、専念する者が多くなつた。

女の手にうつつた農業の収穫物は組サバニで地方《ちがた》の方に運ばれたのであるから、墾地の小屋で不幸にあつた人々の死骸もこの船で元の墓所に移されたものだ。人口が増加するようになるとただでさえ耕地の不足をかこつた島民は遙か野をこえて南の端の国件にも村造りをした。（元文二年（一七三七年）

目と鼻の間に呼べば答える程の距離しかない、狩俣の本地に出耕地を求められなかつた理由はいくらもあつたが、狩俣は元々四島の主の地元で、政治が行届き平坦な地は余すところなく開墾され、特に芋の普及後はもう他所者の入る余地すら残さなくなつていた。甘藷の食糧としての普遍的な波及は十七世紀後半から新村を幾つも分立させるようになつた。

貞享三年（一六八六）川満村、佐和田村
正徳四年（一七一四）嘉手納村、大浦村
文化七年（一八一一）長間村
元文二年（一七三七）国仲村
明和三年（一七六六）仲地、長浜前里、西里の村々
明治七年（一八七四）西原村、福里村

この新村の地方は、本村の地方とは近接している上に多くは地方の人々の出作地になつていたので、新村立が容易にできた。しかし、多良間島のように遠く離れた孤島では出耕するにもその余地がなく開墾のため村山を伐出すことは厳禁されていたので、甘藷が伝えられても食生活に余猶をもつことは許されなかつた。従つて甘藷の不作は即ち餓死であつた、しかし芋の普及で人口が急に増加したことは他の島々と同じことで、饑饉の年の餓死の一歩手前までも芋の功徳は決して忘れなかつた。島の人々が芋畠で枯れかゝつた芋蔓を手にして「ンモーンモー」と芋の神に祈りを捧げたら、忽ち芋蔓に芋が出来たということは単なる作話ではなく、切なる彼等の願望を芋の神が照覧せられたと見るべきであろう。島で芋ピューイ（芋御願）が粟ピューイ（粟麦御願）と共に大きな山籠りの祈願となつているのもこの島で見る美くしい信仰の姿である。

八重山に甘藷を伝えたのは、西表首里大屋子波照間高康である。高康は元保七年（一六九四）公務のため首里王府に出張して帰郷の途中、颱風にあつて中国の鎮海に漂着した。そのとき厦門大老爺が貴城内で柵を結い、その中で葛を控えてあるのに気づき老爺にその葛のことを尋ねた。老爺は「これは黄蕃薯といい食用として貴重な作物で、去る五月安南国の漂着船からその種子を求めて植えたものであることを教えた。高康は大老爺からその種子をもらつて福州の琉公館に入り、ここで伊舎堂親方盛富にあい、種子を分ち与え、一部をもつて琉球に帰り、芋種子はしばらく垣花の皮に仮植してから、八重山に持ち帰つたことになつている。これは即ち黄蕃薯で即ち八重山に最初入つたのはオランダ芋であつたことになる。

その後甘藷の普及が著しく、食糧はそのために大いに緩和され、集落の新立が多くなつた。

正徳元年（一七一一）に貢租を割当てられた村々は、新川、石垣、大川、登野城、盛山、竹富、黒島、新城、与那国、波照間、真栄里、平得、大浜、宮良、白

保、桃里、伊原間、平久保、野底、桴海、川平、崎枝、名蔵、小浜、古見、仲間、南風見、租納、鳩間、崎山、上原、高那等三十二村を示している。
享保十三年（一七二八）蔡温は八重山開拓に着眼し精魂を打込んだ。その目的方法は

一、寄人政策を行つて、広大な良田地帯に新村を建て生産を増強させ、米貢の完納を期した。
二、外国船の監視や、遭難船、漂流船の救助介抱上に便利な地所を選んだ。
三、人口過剰の調整のため。
四、杣山木材搬出に便利を得るため。
五、在番、頭村役人の部落巡視上の便宜を計るために、適当な距離に新村をたてた。
六、遠い農耕地への往還の無駄を省いて農耕地中村の移民をした。

蔡温の八重山開拓のための移民と、新村の建設政策はマラリヤのため失敗に終つたのであるが、当時新立された新村は海岸地帯や山麓、傾斜地に移転して、マラリヤの害を免れ、甘藷の栽培によつて発展をとげ補充移民等によつて人口の増加が急に見られるようになつた。

甘藷の普及による新村の村立は、極めて急速に行われたが、新村の村立は、羽地向象賢の宰相時代から享保期にかけて最も多かつたことは、甘藷による人口の増加と食料の緩和にあることは前述の通りである。

甘藷伝来以前の村々が島寄せ振舞の行われたおきなわを始め、魚付きの浦であるよりあげ地になつていたことは、おきなはの嶽にあらわれた信仰によつて充分うなづけよう。即ちおきなわの嶽々の神には「海からのもりものを御賜べめしやうれ。」ととなえごとをしたし、神名はよりあげ、いしらご、ましらご、かね、こがね、しろがね、かねくあみ、さで等になつていた。頻をいとはず古代からの村々鎮守の神名をあげると

真和志間切安里村—よりあげ森かねの御いべ
〃天久村—潮花司よりあげ森の御いべ
〃仲井間村—ましらごのおいべ
那覇久米村—内金宮よりあげ森のおいべ
浦添安謝村—よりあげ嶽（海の幸に恵まれた所で尚家の別荘があり、首里政治家の別荘があつた。）
　牧港村—まきよの港
　中西村—とよみうら
宜野湾間切　大謝名村—こがねみやよりあげ森（察度王の住所があつた）
〃　安仁屋村—こばづくりよりあげ杜
北谷間切　浜川村—島森よりあげの森
恩納間切　恩納村—よりあげのいべなぬし
瀬良垣村　よりあげ森　しまねとみ
名護間切　許田村—よりあげまきうの嶽
〃　数久田—よりあげまきよ
本部間切　伊野波村—あかさけよりあげの嶽
　（伊野波満納の田園が昔入江で渡久地につづいていた）
〃　具志堅村—よりあげ森
今帰仁間切　岸本村—よりあげまちうの御いべ
大宜味間切　塩谷村—よりあげ嶽
国頭間切　浜村（よりあげ森かなみやとやのおいべ
　（かなみやとやは砂原の港屋）
〃　与那村（よりあげ森）
〃　辺野喜村（よりあげ森）
〃　安田村（よりあげ森）
〃　安波村（やぎなはもりかねましの御いべ）
久志間切　慶佐次村（よりあげまきう嶽よりあげのおいべ）
〃　久志村　（よりぐすくのおいべ）
金武間切の宜野座村（よりぶさの嶽）
〃　惣慶村（あらはたよりぶさの御いべ）
〃　切屋嘉村（よりぶさの嶽）
美里間切　石川村（浜崎よりあげのたけ）
勝連間切　浜比嘉村（まさごろよりあげ嶽）
中城間切　屋宜村（よやげまきうあみさでつかさのおいべ）
〃　津覇村（よやげせじ）
西原間切　小那覇村（よりあげもりのとの）
佐敷間切　津波古村（よりあげのもり）
佐敷間切　与那覇村（なはのよりあげもの）
喜屋武間切　山城村（あらさきみさきのおいべ）
〃　福地村（よりあげもりおしあげもりいしだご）
兼城間切　糸満村（よりあげもりしろかねのおいべ）
〃　兼城村（よりあげ舞り白かねのおいべ）
豊見城間切　瀬長村（よりあげましらごのおいべ）
久米島仲里間切　比屋定村（上あみふし御たけ）
〃　儀間村（よきのはまよりあげまきよ）
具志川間切　仲地村（たまなはたけ）
〃　島尻村（よねもりよりあげもり）
慶良間座間味村（おきなは）
伊平屋島尻村（寄上もりあかのおいべ）
などとなつていて、部落時代はことごとく海浜の磯

曲に村立が行われて、漁業中心の生活であつた。穀類が栽培されても、浜や磯近くの平地を利用していたであろうし、山の麓や岡々は萱原立雑木の山々であつた。長い狩猟の時代が続き、漁撈と共に先祖のなりわいになつていたこの仕事が、急に農耕に転じたときにも部落の位置は依然として磯辺であつた。そこへ甘藷の伝来があり、苦しい生活から開放されたのは、矢張芋の奇蹟であつたろう。つづいて磯辺の部落から分れて、岡辺の仕明地に村立を工夫したのも、矢張甘藷の功績であつた。芋の功績を身をもつて切実に感じた人ゞは農神として芋の神を祀るようになり、芋作の農耕世儀礼は十七世紀以事変らぬ重要な信仰として今日に伝えられている。

芋をめぐる農耕儀礼は芋を主食とする東南アジアの文化伝統である。セレベスの東方バンガイ諸島、ムンタワイ諸島、台湾の紅頭嶼、メラネシア、ポリネシアを含む南太平洋の住民の生活は、タロ芋やヤム芋に著しく依存している。そうしてこれらの地帯は古い文化的なつながりをもつていた。蘭人クロイド博士の研究によれば彼等は服喪中の食事、祖霊への供物も芋を用い、この習慣に反すると不慮の災禍を招くとの信仰をもつている。このように宗教儀礼において重要性を保有する例は、食物文化史の一端を窺う手掛りとなる場合が少くないのであつて、彼等の間にはヤムイモの小型のものに関する豊饒呪術が著しくあらわれている。元来いもは一度植つけを行へば、天候その他に右左されることが少なく、また栽培に伴う手数も簡単で済む。そこで寧ろ自力本願的な呪力信仰が目立ち、人々は作物に対する不可視の悪影響を誘発しないように、又こを回避するために消極的儀礼としては禁忌戒慎を守れり且つ、球根の豊かな収穫を積極的に促す呪的儀礼を行う、農耕に休閑が多いことと相俟つて忌休日や、呪術儀礼祭日が数多く設定されるようになつた。宮古や南の島々で芋の農耕儀礼が、他のミレットと同じように宗教儀式化したことも芋作地帯の文化的つながりと見られるが、事実彼等は旧八月の芋儀礼に各戸から集められた新作の芋をもち寄り、鎮守の神に供え、豊饒を祈願し、神の讃えことを申して精進潔斎し、後これを各戸を配つて食べてもらい、寧ろミレットのそれよりも鄭重を極めていた。このように芋の功徳に対する信仰は広がるようになつて、粟作の農耕儀礼と共に普及し、大結組織を作つて、その豊作に力を注ぐようになり、これが一部落の団結強化の帯紐ともなり。新村立の大きな機縁となつたのである。

新しい学校

＝若狭小学校五年生＝

中原美智子

冬休みも終つて、楽しい新学期だ、でも私達は楽しくない。やさしい先生やお友達と別れて、あたらしい学校「若狭小学校」に、行かなければならない。悲しい、又さびしい。

一月七日、久茂地小学校で別れの式をあげて若狭小学校に来たのです。お友達や先生方もかなしかつただろう。私もかなしかつた。

工事中の橋をわたり、みんなと別れた。みんなは、一列にならんでおくつて下さつた。橋をわたり、一号線をわたる時、もつていた黒いがさを思いつきりふつた。商店街の方に来ると、久茂地小学校の生徒や先生達がまるで、虫けらのように、小さく見えていた。

私たちは、久茂地小学校の方を見ると、かなしくなるので、久茂地小学校の方は見ないで、まつすぐに若狭小学校へと進んだ。

若狭小学校についた。

海風が吹いて、たいへんはだざむかつた。みんなぶつ〳〵いつていた。こんなさむい所で、勉強したらたいへんだと思つたからだろう。私たちもぶつ〳〵ぐちを言つた。

でも校長先生や他の先生方の話を聞いてこの私たちの学校、「若狭小学校を沖縄一の学校にしてみせる」と一人心の中でちかつた。でも、やるとちかつたものの、いざやつてみれば、三日ぼうずになつてしまう。

一月十日ごろだつただろう。会長さんも副会長さんもきめて、たのしい一日が始まつた。それから、学級費も出し合い、だん〳〵教室もきれいになりはじめた。

また私たちは、小石やちりをひろつて学校をきれいにするようにつとめた。ちりをひろう人は、だん〳〵少なくなつて来た。ちりが少なくなつたからだ。学校PTAもひらいた。おとう様、おかあ様方が私たちの学校をどこの学校にも負けないようなきれいな学校にしたいと思われ、会をひらかれたのだろう。

私たちは、おとうさま、おかあさま方に負けないように、もつと〳〵きれいな、学校を作らなければならないのだ。若狭小学校の一番最初の卒業生として、はずかしくないように、努めるのです。みんなの心にいつまでも残るような、記念を残して……

研究

高学年の遠足について

糸満地区東風平小学校教諭　中山俊彦

戦後の教育が立体的、直接的な、その上に感覚的な総合性を重んじていることを考えると、遠足が視覚教育の上に於いても重要な部面をなし、教育を高める手段として、大いに考え直さなくてはならない。

戦前から遠足が校外指導という名の下に、その一部の役割は果されていたが、今までの遠足が享楽的な意味が多く含まれていたものであり、それでもつと教育と結びついた計画的な指導と処理とが必要であることを痛感させられるものである。教科外活動としての遠足はカリキュラムの中の計画として、実施されなければならない。

遠足についての長短は色々と論ぜられているが、その長所としては自然の姿で、具体的に観察することが出来、視覚事象の自然のままの動きと流れも視察出来るし、又調査研究するための生きた材料にもなる。

学校で学んだあらゆる教科の問題も、教科外の学習事項も、総合的に体験することが出来る。

短所としては場所の選定が何処の土地でも同一条件とは言われない。特定の場所がある場合はそこ迄行かねばならないし、又時期の自由の利かない場合もある。時間や経費の無駄使いが多く、全体的、総合的に見られない場合が多い。

又遠足の目的地は学校の状況、土地の事情により之に適するように選定しなければならない。

学年は必身の発達程度により、興味の如何によつて配当すべきで、唯漫然として歩いてはいけない。

高学年においては稍々高度な自然観察、公共施設教養施設等に主きをおき、小グループの自由研究の発展を促したい。

適当な目的地が決まれば先ず精密な計画が必要でありただ思いつきではいけない。

それには先ず

イ、　学年的に考慮をする（遠近、時間、乗物、興味、児童の必身を考える）

ロ、学習上の考慮

ハ、経済的にも考える

ニ、季節的にも考える

以上のもとに候補地を選定し、実地踏査を行つて年間計画を作製しなければならない。

次に掲げるのは本校の年間計画ですが皆様の御指導と御鞭韃をお願い致す次第です。

高学年の遠足計画

学年	時期	候補地	目標と其の指導点	一人宛経費
五年	五月（子供の日）	ギーザバンタ	○海と海岸 ○泉の様子 ○自然美 ○海の動物	お菓子代拾円
	二月	与根部落	○塩田の様子 ○潮の満干 ○護岸 ○離島遠望	バス賃拾円 菓子代拾円
六年	五月（子供の日）	健児の塔 姫百合の塔	○戦争と平和 ○参拝の指導	バス賃拾円 菓子代拾円
	二月	新聞社 子供博物館 文化会館 赤マル宗 政府、立法院	○マスコミと分業の組織 ○琉米親善 ○島内産愛用 ○沖縄の工業 ○沖縄の政治機構	入場料五円 バス賃参拾円 菓子代弐拾円

以上の計画を立て、目的地の持つ価値の認識をさせ、教師は手引を作製し、児童各自に問題を持たせ、グループによる共同研究をさせ、目的地の予備知識を前日でもたせておきプリントを渡してもよい。

又必要な小グループにより班長を決め絵画班、創作班科学班、社会班等を作るのもよい。

又遠足の終つた後は必ず、各グループの調査事項をまとめ、各係で発表会をさせる。

〇集団行動安全指導について

学校内の生活は、一定の枠の中で、きまつた教師の下で営まれているが、遠足の場合は、学校の枠から離れ、小さな社会人として、実社会に飛び出して生活し、行動するものであるから充分な躾が必要である。

戦後は道義のたい廃した事は実になげかわしい。

この点大いに考慮して行くべきである。

それについて先ず左の事項について指導する。

(1) 集合時間の厳守。
(2) 集合地では学級毎、学年毎に集合させる。
(3) 学級の点呼係は予め名簿を作製し、出席をしらべる。
(4) 他人に迷惑をかけない様にまた騒いだりしてはいけない。
(5) 路上歩行の場合は、町の中では、人車の往来も激しいので、隊伍を組んで、左側通行で整然と動作する。
(6) 道路の横断は指導者の下に一齊に行う。
(7) 田舎道では各班研究グループ毎に自由に研究させながら進む。
(8) 乗車、下車の場合は押し合いせず整然と行う。
(9) バスの窓から首を出したり手を出したりしない。
(10) 目的地で係員の説明を熱心にきき、メモさせる。
(11) 弁当後は紙片、残飯等をちらさない。
(12) 危険地帯には立寄らない。
(13) 茂みのある草木の中に急に入らないハブの用心

〇過去の経験を通じて、今後の注意点としては前述した通り、安全指導の完璧を期し、事故のない様に指導者はたえず心を配らなければならない「戦後は交通網の発達がいちぢるしい為、交通道徳をよく守らせ、自由放従に流れることなく自主的に考慮させるべきである。

又貧しい児童は往々にして見捨てられ勝ちであるので全員が喜んで参加出来る様に考慮する、

従来の遠足は唯思いつきで享楽的なものに偏する傾向がありますが、教育と結びついた意義ある遠足にしなければならない。

又公共施設の見学等にあたつては指導者は短時間で多くの人員を見学させることはさげるべきで充分に見学が出来る様に考慮すべきである。

公共施設の中や、昼食後は紙片等を捨てさせない様に、よく注意させねばならない。

或は一箇所に集めて焼却する等の処置を講ずべきである。

教師は当日のプランを精密に立て、時間経費等を考慮し、見学場所の交渉、時間等を明らかにし充分に連絡をなし、又すべての場面における躾教育道徳教育を怠ることのない様に務めなければならない。

又遠足が終つたら必ず反省会を持ち、報告会や展示会等を開いて、適当に指導しないと折角の遠足の効果もうすれるから必ず之を実施したいものである。

終つた後も各見学場所で御世話になつた各方面に礼状を送つて感謝の意を述べさせることもよい方法であろう。

遠足に就いて

那覇市城西小学校　生活指導部

敗戦後の虚脱状態の中における惰性や無計画のまゝの遠足、民主主義的人間の育成を目標とする教育を理解しようとするのに懸命で児童の生活と遊離しがちなこゝ数年間における遠足、民主主義的形態をもつ教育制度ができても、それを生かす人間（教師）の進歩がなければ教育の目標を達成することのむつかしさを感じながら一日一日を子供と接しつゝある現在の遠足と過去十年の反省をもとに立案したとはいうものゝ、いろいろな面で問題をもち、これから本当に自分たちの計画にしようという段階にある本校の計画案を発表することはどうかと思われるが此の機会に現場の先生方の御批評を受けることができればと考えて概略を述べさせてもらいます。

一、生活指導の年間計画立案について

教育の対象を常に全人としての児童と見る立場を教育の出発点とし到達点とする今日の教育観から本校では学校という社会的文化的環境の中で児童がそれぞれの能力をあげて之に対処し適応して行く動きを一定の目標に向つて指導する教育的活動だけでなく、児童の家庭や社会における生活の全般にまで直接間接の指導を加えることによつて児童一人一人についていかに生きるかの生き方を学びとらせることを目指して生活指導の年間計画を立てた。

年間計画

月	行事	生活指導内容
四月	始業式	○学級のくらし方について話し合う 数室を整美する
	入学式 勧学式	○一年生をむかえる ○上級生と共に一年生の歓迎会をする 登校下校つれだつて行く 仲良く遊んでやる
	児童会役員をきめる	○選挙のしかた 責任を重んずる
	学級P・T・A	○児童の生活指導部面について話し合う ・母親の協力を求める
	身体検査	○身のまわりを清潔にする 衣服をきちんとそろえる 順番を静かに待つ
	春の遠足	○遠足の計画を立てる 遠足の準備をする きまりを守つて団体行動になれさせる 教師や級友との親しさをます
	各区少年会結成	公共団体、交通機関への感謝の気持を育てる 遠足について反省をする 遠足の作文をかく
五月	こどもの日	○こいのぼり作りをする よい子になることを皆で考える
	母の日	○母の日の行事を皆で相談する 母の仕事を理解する 母を喜ばすことを考えそれを実行する 母への感謝の作文をかく
	家庭訪問	○児童の生活指導部面について話し合い協力を求める
	各区教育懇談会	○自分の子供をよくしていくには隣近所及びその地域の子供にも目をそゝがなければ思わしくいかない そこで各区別に父母と教育についての懇談を行い子供の生活指導についての協力を求める
	学級参観日	○児童の学校での生活の実態を知らす
	校内写生会	○春の自然の美しさを味わせ、それを表現し美を求める心を養う
	校内野球ネットボール大会	○各区対抗 見学の態度を養う
	蛔虫駆除	○寄生虫についての話し 体を大事にし、丈夫にさせる
	P・T・A総会	
六月	むし歯予防デー	○歯をみがきうがいを励行する
	時の記念日	○一日のくらし方を工夫する ちこくをしない 約束を守る 時計を利用する
	体重測定	○食べ物、栄養についての知識を深める 体を大切にする
	学級参観日	○前記と同じ
	入梅	○室内の遊びの工夫
七月	海水浴	○上級生
	各区少年会	○夏休みのくらし方について 寝びえをしない。睡眠時間を充分にとる（早寝早起） 暴飲暴食をしない 夏休みにおける一日の計画を立てる 夏休みの各区の行事を決める
	期末面接	○一学期の学習成績、生活態度 夏休みのくらし方について話し合い協力を求める
	終業式	○一学期の反省をする
	夏休み	○きまりよい生活をする （生活記録表をつくる） 朝の涼しい時に学習する 絵日記をつける
八月	出校日	○夏休みのくらし方の反省
	各区少年会の行事に参加	○協同の精神、自分の部落を愛する心を養う
	少年会幹部宿泊訓練	○指導者養成
	各クラブ活動	○自分の趣味を生かす

月	行事	生活指導内容
	旧七夕うらぼん祭	○祖先崇拝家庭のだんらん家庭行事に関心を持たす
九月	第二学期始業式 児童会役員改選 夏休み作品展示会 学級参観日 校内写生会 校内陸上競技会 お月見	○夏休みの生活を反省新学期に臨む心構えを新にする ○できるだけ多くの児童に機会を与える ○夏休みの作品展の計画を立てる 陳列を工夫する 飾りつけの工夫 お家の人を招く 作品についての話し合い あとかたづけ ○前記に同じ ○秋の自然の美しさを味わゝせそれを表現し美を求める心を養う ○各区対抗 見学の態度を養う ○家庭のだんらん及び家庭行事に関心をもたす
十月	運動会	○運動会の出演種目について話し合う 喜んで参加する 協力し合つて参加する きまりを守る 運動会の反省
十一月	読書週間 学級参観日 秋の遠足	○良い読物の指導 読書に趣味を持たす ○前記に同じ ○目的地について前もつて遠足のたのしみを話し合い注意すべきことをきめる（特に金銭について）
十二月	防火デー 各区少年会 体重測定 終業式 冬休み	○社会的行事に関心をもつ 火遊びをしない ○冬休みの計画を話し合う ○六月の測定結果と比べさせ、どうすればもつと大きくなるか、又お母さんはどんなことに気をつけているか、考える ○二学期の反省をする ○冬休みの相談をする どんなことをするか考える 絵日記 生活記録表 年賀状 お正月の時の作法
一月	新年祝賀式 第三学期始業式 児童会役員改選 学級参観日	○新しい年をむかえたことをみなと一緒に喜ぶ ○冬休みの反省 あそんだこと、楽しかつたこと、お年玉のこと 三学期の心構えについて
二月	学芸会 旧正月 植樹運動週間	○学芸会についての相談 出演するものについて話し合う 仲良く練習する 必要な道具を工夫してつくる 参加のし方について話し合い先生の話もきく ○来客に対する態度、他家を訪問する時の態度 ○社会の行事に関心をもたせる木を大切にそたてる
三月	桃の節句 卒業式終了式 春休み	○一家だんらん家庭行事に関心をもたせる ○一年間のおもな出来事を話し合う 楽しかつた思い出を紙芝居や作文に書いたり話したりする 教室や花園の整理 作品の整理 ○春休みのくらしの計画をたてる

低学年に於ける遠足実施計画について

一、ねらい方

遠足という一つの行事のもつ内容が全人格としての児童を相手とする教育の目標を達成する重要な生活の場であり、生活指導の絶好の一機会であると考える立場から児童に民主的な習慣を身につけていくよう心掛ける必要があると思う。

今までやつているからという、単なる習慣的なもの、又惰性的なものでなく、主体的な必要から、とりあげるものでなければならない。この一行事を機会に家庭と結びつき地域社会と接触するものであれば、遠足という具体的な生活の場をとおして児童に民主的な良習慣を身につけさせ、教育の目標達成への一手段ともなると考えられる。特に低学年においては、子供達だけで計画させることは出来ないが低学年の子供達なりの計画（系統だつたものではない）や相談にのつてやる必要があると思う。子供達にいろ〳〵目的地をあげさせ、これをもとにして遠足の目的や、距離、時間、経費、他学年との関連などにおいて候補地を選定させる。この際、学年に相応した場所（学習とレクリエーションの立場から）を教師は指導助言しなければならないと思う。

二、実施にあたつて教師として考慮すべき問題

A 前日までに

1 実地踏査。児童と教師との相談により、場所が決定したら、教師の実地踏査が是非なされなければならない。実地踏査にあたつては、巨離、時間、道路、場所（人員と広さ、少くとも、クラス全員が円陣をつくられる広さ、木蔭、飲料水、その他）危険防止、（爆発物、断崖、ハブ、投石、小刀持参）保健衛生（飲料水、木蔭）

目的場所の歴史的、地理的事前調査と実際との比較、実地踏査における踏査時間と布令との関係（放課後）

2 実地踏査が終了したら、踏査の報告に基ずいて各学級毎に遠足の準備をする。この際、やはり教師の指導助言が必要なことはいうまでもない。子供達にできる範囲内において、これをまとめさせる。

○前日までに準備するもの

弁当、水筒、はなかみ、手ぬぐい、ふろしき古新聞、手帳、小遣銭の検討、みやげの検討

○前日の指導

新調の洋服でなく、さつぱりした軽装にすること、靴は新しいものでなくはきなれたもの帽子の問題、前夜は早く床につくこと、各グループにわけて世話役（班長）をきめておく。

3 校医の予備身体検査

○個々の生命の安全を尊重する意味からも、留意しなければならない。日頃の教師の観察にもとずいて、要注意をすべき児童に対して配慮する場合は、要注意児童に対して納得のいくよう、又、父兄への納得のいく様連絡に気をくばるべきである。

○身体不具児童に対する処置を考慮すべきである。こういう時に個々の児童に教師としてのガイダンスの手をさしのべ、父兄母姉への温いつながりをもつべきである。身体不具という悪条件によつて決して子供が粗末にされてはならないというのが根本的考えである。勿論処置については父兄との相談によつて決すべきである。

4 貧困児の取扱い

貧困のひがみをもたさない処理を考慮しなくてはいけない。必要経費はPTA費で。このことも家庭と学校との密接な連繋が必要である。

5 同一日時に、遠足を行う際の考えるべきこと。

車両（バス）の利用についての配慮。例えばバス会社は一日に限られた車両しか、配車は出来ない時、全学年同日、同時間の出発は不可能であるので事前における乗物調査も必要である。

6 衛生薬品の準備

薬品と経費の問題

7 父兄への連絡（刷物）例

学級だより

春の遠足について

新学年のよろこびの中に早二週間もたちました。此の時期に行われる春の遠足は生活指導の機会としても大事な行事の一つでありますから、よろしくお願ひします。

特に左の事項は学級で子供たちが相談して決めたことがらでありますので実行できる様御協力お願いします。

一、期日　月　日（　曜日）雨天の際は改めてお知らせします

二、場所　出発、九・三〇
帰校、二・〇〇

三、目的

1 うらゝかな春の一日を一緒にすごすことによつて級友、担任との親しみを一層深め集団の生活になれるようにする。

2 教科学習の効果を高める機会にする（自然の観察）

3 団体としての歩き方、のり物の乗り下りになれ、町や村の様子を観察する。

四、予定のコース（具体的にかく）

五、もちもの

1 おべんとう（消化のよいもの）

2 現金はもたない、おやつは二十円以内で家で準備してもつてくる。

3 新聞紙かビニール

4 水筒

5 チリ紙、ハンカチ

六、今度の遠足では小刀などはいらないからもたない様にしましょう。

七、経費

保護者各位　　第　学年担任

B　当日（実施日）

○たゞ漠然と一日を送るのでなく、この機会をとらえて学びとる目標をはっきりさせる。

1　集会や解散のこと

2　交通安全の面から（安全教育と公衆道徳の面から）

○団体歩行（きちんと並んで歩く）

○正しい横断の仕方（左右をよくみる）

○左側通行

3　安全なのりものゝ利用（安全教育と公衆道徳の面から）

○乗りものゝ場合（順序よくのり下りする）窓から手や、頭を出さない。車内を歩きまわらない。紙屑をちらさない。他人に迷惑をかけない。窓から物をすてたり投げたりしない）

4　先生の指示を守って自分勝手なことをしない

5　教師の態度として考えられる問題

○全て児童と共に行動する

その際同学年教師間の緊密な連繫が基礎になる。教師個々の真剣にして機敏な考え方や、行動が児童に大きな影響をあたえることに留意する。

機能的に動いて児童を見守るということ

○一行動毎に点呼

○事故発生時の緊密なる連絡のもとにおける処理に考慮

○経営責任者（校長）との連繫

出発時、校長への連絡

当日計画案の提出

年遠足計画実施案
一、期　日　　月　日　　曜日
二、目的地
三、参加人員
四、目　標
五、遠足目的地における計画
1　目的地到着時間予定
2　中食時間予定、
3　自由な時間における諸注意（安全教育の面から、危険防止の問題）
4　レクレーション
5　その他
六、出発時刻と帰校時刻
七、費用
八、その他

○帰校時、校長へ連絡

○学校において解散

○職員は一番遠距離の児童が家についたと思う時刻まで学校にいること、これは全員元気で出発し、全員元気で帰校できる様にという根本的なねらいからも大切である。

○将来はＰＴＡとの真のつながりの面から事故がおこつた時の連絡でなしに無事に帰りついたら異状の有無を学校側に連絡するということも考えられる

○教師の反省会

一番遠い児童のかえりついた時刻を考えて教師の反省、慰労会をもつ、（経費の点の考慮）

6　公共物の利用も大切に使用するように導く

7　帰路については心身の疲労とゝもにとかくだらけ気味になるからよく注意して帰着するまでは、規律ある行動をとらせる

C　結果の反省と作品の処理

○結果の処理を早目にする。学級記録に残す

○遠足についてうまく行つた点

まずかつた点について、児童会（教師の指導、相談会）において反省させるのは将来の計画をたてる上からも大切なことである

○採集したもの、図工、作文、などの作品についても有効に指導してやる

○生活指導の具体的な生活の場としての遠足行事に対する、全学年、系統的綜合的な討議反省会をもつことによつて生活指導の教育目標につながる充実をはかつていきたい。

遠足候補地（教科の見学地との連絡はとってない）

下学年	再　乞（徒） 弁ケ岳（徒） 観音堂（徒） 社　壇（徒） 平良馬場（徒） 林業試験場（徒） 虎頭山（徒） 営林署（徒）
中学年	試験場（徒歩・車）、
上学年	嘉数バンタ（真玉橋）
	旧市内 真和志

識名園跡（徒・車）	政府及付近（車）	那覇
上間バンタ（徒）	新聞社（車）	
波の上（車）	琉球水産（車）	
浄水地（車）	気象台（車）	
泊港（車）		
那覇港（車）	西原の高台（徒）	
遊園地（車）		
子供博物館（車）	製糖工場（徒）	中巨離
奥武山（徒）	中城公園（車）	
百名海岸（車）	大里ダム（徒）	
浦添（車徒）	浦添（徒）	
	与那原（徒）	
中城公園（車）	小湾（徒）	
与那原（徒・車）	普天間（徒・車）	
	奥武山（車）	
	島尻一周（車）	
	勝連半島（車）	遠巨離
	国頭方面（車）	

過去の遠足の反省と問題点

遠足が生活指導との緊密な結びつきなくしては実施出来ず、年間カリキユラムの中での位置づけによって学校教育目標の達成に貢献する。即ち教育目標の中からにじみ出るエキスであり、又還元して生活指導への反応をもたらすものである事は、既に述べられた通りであるが、此処では本校が歩んで来た現在までの足跡や二三の他校での実際に行を共にした経験と共に反省材料としての注意事項や留意点、更に在るべき理想像への動きを中心にして書き記してみたいと思います。

低学年の遠足での留意点として．

1　交通機関の発達増加と低学年の安全教育

2　躾教育を基盤とする学習であり、親睦の機会としての遠足（特に春の遠足）

3　管理面での根本的な教師の周到な計画と配慮が希まれる。

本校では時期の設定並びに目的、場所や教育目標は年間計画によって大体前述した通りであるが、反省点や問題点を実際経験から取り出してみると

1　職員が和を以て、合意による話し合いの上での決定事項

2　実地踏査の場合の自習管理は（布令との関係）現場に於ては実地踏査がなされないまゝに見過されている感じがする。なされたとしても職員の親睦会の観を呈したものでなかつたか、形式的な実地踏査は絶対に避けるべきである。児童遠足時間と同一にして踏査すべきであるが、授業時数との関係は

3　本校では地域性の上から来る特殊事情などで期日を一斉に行う事が春秋の遠足には多いがその効用や問題点

学級学年の目標と学校教育目標を考えて日を違えての実施の場合翌日が平日のときの登校時間を遅らせて（適宜）いる学校も本土にある。児童教師の疲労度はデーターがないので疑問を持ちます。

4　附添いの限度と、はつきりした教師や学校長の態度が必要であると思う。PTAの進出と学年学級目標とのつながりやふれ合い。

PTAの活動が活潑な学校に於ては学年部会の代表者が附添いとして参加していた学校もあつたが、補充補助教員の附添いとの関連性。

現行の教育制度や布令からPTAの面からは一部有力者の出現と職員側からは自由な補助教員や専科教員、教頭職などの認定なども考慮されるべきではないでしょうか。

5　父兄との文書による連絡と不具児童或いは其の他参加出来ない児童の家庭訪問は不可決のものであり本校に於ては父兄に誠意を受けてもらつたという事例も、もつている。

6　校医の問題

校医設置基準があるべきと思う、本校では年間新学期のみ身体検査を実施しているが、相当な医師個人の援助も受けているような現状であり行事ごとの場合は難があるので、家庭医が一般にあるように気軽に相談出来る校医の設置がほしい。

7　低学年の場合学校児童会への直接的な代議制がないし、学級児童会自体での運営も相当研究されねばならないと思われる。

（小づかい銭や社会道徳、べんとうなどのとり方、など如何に取り上げて教師の計画とマッチさせ、きまりを守らせるかなど多々考えられる）

8　本土の場合遠足補助費の名目で日本円の三万から四万程度の予算を計上してあるが貧困児救済の面や、職員附添い等から考えて随時でなく継続的な計画性のある援助にしたいものである。

（政府救済外の貧困児童の判断が難かしい）

以上が大体問題として挙げられるが理想としての遠足の在るべき姿にするために教師は幾多の問題を全職員の共同の仕事として培かつて行き、全員参加の下に結構たのしみのあるそして学習的に意義のある行事でありたいものである。

更に遠足当日から翌日などにかけての問題として、

1 経営責任者としての校長先生の出発、帰校の際の言葉を頂く事などが重要な事である。

2 バスを利用する場合、車内での態度を育成するものとして、マイク等の準備があれば良いと思う。親睦のためのゲームやあそび方の指導は目標と照合してうがつたものにしたい。

3 昼食の際が児童と教師の親しさを増すための時間であるにかゝわらず、本校に於てのみならず幾多の学校に於て職員親睦の感を受けるのは如何したものであろうか。反省される事ではないだろうか、教師間の行事の反省として遠足終了後親睦的な集いを持つ事はよいのではないかと考えています。

4 作文への応用や学級で教科学習或いは児童会の時間などに個人発表の機会を持つ事は適当であり学校でも処理や過程を重視する立前から実施をしている。

5 職員会での再検討やカリキュラムの中での是正点や問題点をなす。

校外教授反省要録

金武小学校　五七年　月　日

学年	一	二	三	四	五	六
人員						
引率者						
場所						
目的						
コース						
反省						

低学年の遠足

新里孝市

金武小学校校外教授年間計画表

時期	学年始め（4月頃）			学年末（2月頃）		
学年	低学年	中学年	高学年	低学年	中学年	高学年
地域	部落内	部落内又は隣村まで	北部方面	部落内	隣村	中部 南部
地域及び主な場所	浜田海岸、前田浜、金武観音寺、金武宮	長浜（中川）福花原（土地改良工事中）	とどろきの滝、農業試験場北農その他工場（ほげい船）	福地原ダム　オランダ森　パーパー森	万座毛、アンチモニ鉱山	那覇一帯、中城公園、南部戦跡、その他文化施設
行程	午前中往復三キロ内外（徒歩）	九時から三時まで徒歩	八時間行程バス利用（一人二〇円）	四キロ以内（徒歩）	七時間行程、恩納村の場合はバス利用（一人三〇円）	八時間行程、バス利用（一人四十五円）
目的	レクレーション総合指導	総合指導	社会科学習との関連を考える	レクレーション総合指導	総合指導	社会科学習との関連を考える

備考

1 卒業までに一応全島的に子供らの見聞を広める機会をこの表によつて計画しておいた。

2 かんたんな記録を別表のように綴り後日の参考に資すようにした。

一九五七年四月二十日　金武小学校低学年として

校外指導計杵（春の遠足）

入学して一ケ月経つた此の頃、児童もどうやら学校生活にも慣れて独りで学校にも来られるし、始業の鐘を聞いても、これは教室に入るのだ。今朝は集合で校庭に出るのだという判断が出来るようになる。そして生活の場も校内だけでなく、校外でも結構団体行動がとれる段階にまで進んで来ている。折も折、自然界は、新緑の五月、初夏である。この天恵豊富な好季節には、人間誰もが思わず野や山へ心は走るものである。

そして五月にはどこの学校でも学校行事として春の遠足を予定の中に入れる。私達の学校でも各学年の目的地は大たい体力や学年相応に組まれているので学年の進むにつれて、今度の遠足は石川だ、名ごだ、那覇だと、新学期と共にそれへの夢を描くのが子供達の心である。

そこでこの楽しい遠足によつて児童を校外へ導き、レクレーションも兼ねて、あらゆる教科と関連づけ、低学年の生活指導とも結びつけて教育的に効果的な総合指導の実を挙げたいものである。それには周到綿密な計画と諸準備が何より大切だと思う。

△指導要項

一、遠足の準備

(1)話合い　(2)目的の実地踏査　(3)前事指導（えんそくごつこ）　(4)遠足の仕度　(5)家庭への通信（父兄の協力）

二、遠足の仕方

(1)並んで歩く　(2)貝殻拾い　(3)楽しみ会　(4)食事の作法　(5)帰校―時間、帰つてからのこと

三、遠足の反省

(1)遠足についての話合　(2)お土産品の処理

一、準備

(1)話合い

「先生、あと五つねたら三年生は遠足だつて」
「先生、僕達いつ遠足に行くの」
「先生、早く遠足しましようよ」

この児童のことばを捉えて遠足の相談をする話合いによつて日時や、行先地の決定をなす。

○日時―五月二日（木）雨天順延

○行先地の選定―金武の前ぬ浜（距離二キロ米。位）

△選定の理由

1　往復し、遊んでする学習の間に子供達が疲労しないような距離にあること（往復で四KM）

2　途中又は現場には危険の心配が少い。

3　採集材料が豊富にある。

(2) 目的地の実地踏査

現場及び途中の状況を予め下検分して、指導にまごついたり、子供達に怪我をさせたりするようなことがないように、することが大切である。

しかし金武では教師が土地の者で、現場の様子が知れているので実地踏査の手間ははぶくことにする。

(3) えんそくごつこ（事前学習）

○歩くおけいこ……体育と関連、団体行動のしつけ。学校の近くの野原、或は運動場一周、校舎めぐり等で歩行練習をしながら、実際の目的地に行くまでの地名をとなえてさあどこまで来たとか、何がみえるとか、という風に興味をそそり、二列に並んで男女仲よく手をつないで歩く練習をする、ともすると間隔が伸びたり縮んだりしがちで、走りがちとなり疲れるおそれがある。又列から飛び出す児童もある。車の多い特に軍の車の多いところでは危険である。この練習は相当時間をかけて。しなければならない。

○お天気しらべ（理科と関連）

雨が降ると行かれないと小さい胸をいためるであろう。子供達に天候への関心を持たせるよい機会である。てるてる坊主をつくり歌をうたい、ラヂオの天気予報に耳を傾けさせるようにする。

○音楽との関連

疲労を軽くし、足並をそろえる為に行進中歌える唱歌を必ず練習する。

(4) 遠足の仕度

おいしいお弁当、美しいお菓子、果物、新しい水筒、新しいリユック、軽いお靴にはずむ音楽。―春の遠足はほんとうに楽しいなあ。これが一年生児童の描く「遠足」についての夢であろう。

この消費的な、享楽的な遠足学習の中へ、正しい生産への芽生えを育て、節約勤倹の習慣を培うことが大切なことである。それで遠足の日の児童の服装とか持物については予め、家庭と充分な連絡をとつて、二、三日前に家庭への通信を出して父兄の方へ遠足を行う真の目的をよく理解してもらい飽くまで教育的にこの遠足が出来るように御協力をおねがいする。

(5) 家庭への通信（原文のまま）

お母様方、楽しい春の遠足がやつて参りました。子供達のよろこび方とはしやぎ方は格別のものでございましよう。子供のよろこびはそのまま母親

のよろこびです。しかしこのよろこびの中にも又私達は一歩落ついてよく考え教育的な遠足指導が出来ますように、御協力願いたい意味から、左のお知らせと、諸準備をかきました。およみになつて、御協力下さいませ。

一、日時―五月二日木、午前九時学校集合

○雨天でしたら普だんどおりおべんきようします

二、行先地―金武の前ぬ浜

三、諸準備と注意

1 持物について

○おべんとう
○水筒（なければコーラービンでもよいです）
○ハンケチ、チリガミ
○貝殻袋（ありあわせの布袋）なければぬつて御準備下さい

2 前日の用意と注意

○持物には名前をかく（粉失した時の用意）
○よくねむること（うれしさのあまり、睡眠不足がち）
○持物はおべんとうの外は前日で用意してあわてないように

3 朝の用意

○体の具合をよく考えて下さい（むりに行かさないこと。）
○朝食はゆつくりたべてくること
○朝で必ず用便をすまして来ること
○軽い服装で、さつぱりと。
○はき物は履き馴れたものがよい（新物のヅツクは時に豆ができる）

4 其の他

○先生のいいつけをよく守るように、家庭でも話合つて下さい
○団体行動　○危険防止
○お金はなるべく持たない方がよいでしよう
気分の問題で持たさねばならない時は五円以内

二、遠足の仕方

(1)並んで歩く

○団体行動が始めから終りまで出来なければならない
○途中、往来のトラック、バス、ジープ、ハイヤー、静かな野原の風景、畠の道、田圃道の草花、児童はどんな言葉を発し、どのような行動をするか、教師にとつては個性観察の絶好のチャンスである
○行進の速度、休止の時期、距離の適否、疲労の度の個人差等について観察研究することが必要である

(2)貝拾い

○海という危険なところに注意し、時間と範囲を明らかにしておく
○海には決して入らないこと。海水に足を入れないこと等最初に約束しておく
○教師も共に生徒の質問やお話に応じつつ楽しく熱心に貝ひろいをする

(3)食事の作法の指導

○前後に手を洗う
○いただきます。ごちそうさま
○立食い等しないこと
○周辺をよごさないこと
○其の他いろ〳〵

(4)楽しみ会

○午後は子供達があきないように楽しみ会をもつ
一学年、A、B、C、Dの組の親睦をはかる意味で各自の発表をさせる。なるべく多くの児童にさせる
○教師も必ず何か一芸演じて子供をよろこばす（ふしぎに子供はそれをよろこぶものである）

(5)帰校―学校で解散（午後二時頃）

○帰つてからの注意
(1)必ずうがいをすること
(2)眼のほこりをはらう
(3)入浴して着物を着替える
(4)お家の方に楽しかつた今日の遠足の話を聞かす

三、遠足の反省

(1)A、B、C、D、の学級担任で反省をなす
(2)翌日、生徒と昨日の遠足の話合をする
○どんなものが見られたか何がおもしろかつたか、筋道のとおつた話し方の指導
○全児童の発表をさせるように仕向ける
○発表の要点から外れるものは注意する（国語と関連）
(3)お土産品の処理
○とつてきた貝殻の展示をしてよろこび評し合う
○かいがらを並べお花や、動物等をつくる
○数へ方の練習をする（算数と関連）
○遠足の絵をかかしてみる。（図画との関連）

◆教師としての立場と反省

1 遠足の全行程を通して教師が最も留意すべき点は

イ、危険防止
ロ、団体行動
ハ、自然観察
ニ、食事作法の四項目につきると思う
2、出発に際して危険に対する躾
○あやしい物は口に入れない
○危険と思ったらすぐきく
○危険をお互に知らせ合う
○命令は素直に守る
○知らない犬や、牛、馬などに近づいたりしない
○車に注意すること
○海に勝手に入らない等
3、教師があまり教育的に教育的にということが頭にこびりついて折角の楽しさを破壊することがないように
4、メモ帳の用意を忘れずに
5、かんたんな急救手当の用意をして行く。　以上

（金武小校長）

（随想）

校長は楽しい仕事か

親富祖永吉

校長と指導性

校長の仕事も従来の行政管理的な面から指導助言を重要視する傾向に変って、シューパーバイザーとしての能力を持ちあわさない私には近頃とてもこわくなりかけて来た。学校の内外の事も校務主任の充分なる補佐があるが、雑事につかれきって、「校長の仕事の重点はどこにあるか」書物を読む暇さえない程忙しさに追いまわされ、学習指導の参加どころか、仕事を分析して反省してみると一人焦燥に迷うのである。特に併置校の（二、〇八三人）経営には全く手を挙げそうという所。一つの障碍をのり越えると又新しい問題が起ってくる。一切の教育活動が円滑に実践出来るのは何時の日か。生徒や職員の余りに純心な要求に答えきれるかどうか。然し多くの障碍をのりこえる最上の方法は一人一人がたゆまず自己改善を目ざし、民主的態度を身につけ、言いたい事を云いあえる人間関係を作り、即ち声による学校運営を促進し、乱りに自己を主張せず、他人を寛大に受け容れ、開放的に愉快に協力してゆくならば何とか問題解決も可能でないか、そのためには何としても正しい指導性（人間性教師性、経営者性）が要求されるであろう。

校長と職員室

職員室（部屋はないかも知れないが）は学校経営の凡ての源泉である。

職員の集りに発言が少かったり、何かによって圧迫感があったり気がねがあると、楽しい職場の構成とはいえない。一切の改善と建設の方向づけのためにお互が腹ぞうなく話し合える明るい職員室を作る第一歩は一人一人が赤裸々にこだわらず話し合うことによって少しずつでも自分の固いからを破る事が出来る。

その時にはのびのびした日常を送り迎えて楽しくなって行くだろう。話し合い、踊り、歌い、体育し、気軽にみんながやってみること、こんな所に赤裸々になれる道がひらける。

要は実践してみること、喜びも苦しみも共に分け合える兄弟でなければならない。そうする事が明るい職場への唯一の近路であり次の発展への足場ともなる。校長の有無によって職員室の雰囲気が変ったり、校長留守を喜ぶような職員室では明るい学校づくりにならない。

何より先ず日常の対人関係が問題になる。

校長と子供たち

校長は時の許す限り子供たちと接触し、一人一人を理解するように努めたい。全校生徒の名簿（出来たら写真）を常時備えて名前をおぼえてしまうことも近づく方法である。五年近くの在職中全部は覚えられなかったが七割程度は知っていた。全校集会や行事に形式的に講話をするだけでなくあらゆる機会に子供たちと交渉を深める事によって雰囲気は生まれる。教室訪問も数多くし、補欠授業生徒会、校外指導中庭での遊び、映画、紙芝居、幻灯、散髪の機会等生徒と

新しむ機会は多い。校長室、応接室の清掃の時等父母の名をきいたり、家庭の様子を話し合ったりよい生活指導の場ともなる。各学級から五人宛の各教科の学習帳の提出をお願いして点検して上げるのも子供には大きい誇りとなっているらしい。

校長と子供とは親近感を保ちにくい条件におかれやすくかけ離れた存在になりやすい。校長はどういう仕事をするか分らない生徒も多いようだ。

学級でもてあます子供をホームルームから開放して校長室に預り担任の重荷を幾分でも軽くしてあげながら問題児も救われていく。

校長室の後側へ廻って話しかけてくれる子供たちの顔もほほえましいものがあるし、中には校長椅子にもたれかかって居眠りをつづける可愛い子もいる。村の大通りを通れば学校に上らない子たちまで「校長先生」と呼んでくれる。まるでお友達でもあるかのように尊敬の中にも又親しみが充分感じとられる。校内の雰囲気が民主的友交的であれば地域の人々の支持も高まり協力も充分願いやすい。よい対人関係こそよい学校の生まれる源である。

（仲西中校長）

P T A

いまの子供たちをどうする？

——教師と親は自信をもつこと——

佐敷小学校PTA会長　宮　城　鷹　夫

教育の基本原理というものは、観念的な表現でつくられるというのが我々の常識的な考えであった。教師たちは、その解釈を幅広くもって教育の本質をほり下げる努力をすべきだともいわれていた。しかし、いま教育界をゆさぶっている「新教育布令」をみると、「親切丁寧にも」具体的なことまでのべている。

まず、その第一章に「子女の出生は親にその子女を適当に育て、養育し、指導し、教育する重大な責任をもたらし　また子女は同様親を尊敬し、服従し、晩年には品位のある援助をなす責任を負う」とある。

これが「親孝行」を示しているかどうかは別として道で会っても教師にはおじきをしない。家でも、どっちが親かわからないような口のきゝ方をする子供がいるところをみると、親たちが腕組んで考えしまうのもうなずける。

新聞としても、そういう子供たちがいることに無関心ではない。しかしジャーナリストの立場からいまの教育を認め、第三者として学校生活をながめ、子供にも接していると、わるいのは子供だけでない、ということがわかる。教師にも悪いところがあろう。学校の施設も決して十分ではない。親たちにも子供から信頼を受けるだけの識見と理解をもっていないのがいるようだ。そんな親や教師は尊敬されたり服従されたりするに値しない。とすれば、いまの子供たちが「品位ある援助」をしないということも簡単に割切れる問題ではなさそうだ。

先日もPTAの幹部講習で「近ごろの子供たちは親や教師に疑問をもちすぎるが、一体それでいゝのだろうか」という質問を受けたが、「うちの子をよくしつけて下さい」と教師に頼み込む親は多いようだ。むしろ、それが教育への熱心さを示すものと考えている。しかし福田恒存氏は〝親と教師への提言〟の中に「それは自分の子供が自分の力でどうにもできぬという悲鳴だ。自分の夫や、妻についての愚痴を人にもらすこと以上に恥ずべきことです」とのべている。恥ずべきことだけでなく、効果もないことだといゝ切っているのである。

しかし学校が教育の本場だと考える親や教師がいたら、この云い分に納得できないかも知れない。だが、私は教育推進のために、学校も、社会も、家庭も、お互が自信をもってやれるだけの体制をつくることが重要だと考える。連携が悪いということではないが、連携しなくては教育ができない、というのでは、あまりにも弱い責任感であるといえると思う。

例えば、教師以上の識見と教養をもつ両親がいるとして、しかも子供のために十分な時間的余裕をもつことができるとするならば、学校に通わせなくても教育ができよう。社会性はどうするか、と問われるかも知れないが、それも教育方法の問題だ。かえって個性をのばすいまの教育方針からするといゝ結果になるかも知れない。一学級四十名をあずかって、布令にたてつかねばならぬ現状であるのだから—。実際に、中村メイ子は両親の教育だけで学校も出ずにあれだけの教養をつみ上げたといわれている。たゞ、金もヒマもないのに、学校に通わずとも教育できるという了見が不自然であることはいうまでもない。

それからすると、実社会が「卒業証書」のみで人間判定をしよとする考えは改めるべきだ。教師の中にも、学校は就職の資格を与えるところだと思い込んでいる向はないだろうか。子供たちが社会に反抗し出すのも、案外こんなところに原因しているようだ。自己の実力や理念の薄弱さをタナに上げて、子供のみを責めるだらしない社会や親や教師が多いからだという説もある。大いに根拠があるだろう。

いまの教師に限つたことではないが、子供にも困り者がいるように、教師を廃業した方がいゝのではないかと思われる人もいる。教壇に立ち、義務さえ果せば月給がもらえると考える者も子供をあずかることは危険である。こんな人は失敗もないかわりに、教育の効果も上げ得まい。むしろ子供を機械的に育てゝ、人間をキカイ化する人だ。

子弟愛というコトバは古いかも知れないが、「教育が好きでたまらない」という教師を社会は望んでいる。そういう教師は、時には教育者としてのよろこびに酔い、時には奮慨するだろう。子供も人間である。その人間的良心が響かぬ筈はない。人間をつくる、ということは、単に知識をさずげるだけではない。人間と人間のふれ合いとして、教師が子供と親しく接し、その体験の内容や考えを理解して子供と共に学ぶことで、生きた教育となる。

教育布令が出ても、でなくても教育の基本原理が変るものではないと思う。子供の教育は、教師も親も他に責任をなすりつけることをやめ、自信をもつてぶつかることが必要であろう。子供は動いてやまないことを知るべきである—

PTA第一走者の筆としては堅すぎたかも知れないが、足りないところは読者のみなさんで補つてもらおう。

（筆者・沖縄タイムス記者）

伊豆味小中校訪問記

—編集子—

唄の文句の通り、名護はよい町である。戦後、本島内で一番沖縄らしい感じの多く残つている町は名護である。南部から中部にかけて、アメリカ的喧騒と色彩が氾濫している地域を離れて、名護でバスを降りると、いつもの事だが、久しぶりに故郷のふところに抱かれた気持でホツとする。身体の節々のしこりまでがほぐれて行く感じである。

名護の町から本部半島の中央部の伊豆味へ、古ぼけたバスが日に三、四回ほど通う。その一つに乗り込んだら、ます〳〵郷土色が濃厚となつた。人と荷物がほゞ等量で、私のそばに陣取つた四十台の男は、多分何かのお祝を近日中に控えていると見えて、終戦直後よくおぜん代りに使用された米軍のトレイや、大小雑多な風呂敷包みを通路一ぱいに積んでいた。

バスは途中二度もエンストして、そのたんびに乗客がぞろ〳〵降りて後を押した。急カーブの細い山道をバスは走りつゞけ、何度も冷や〳〵させられた。せまい盆地の小さな部落をいくつか見下して、やつと伊豆味にたどりついた。このあたりは、戦後しばらく住んだ事のある大分県の山村に似ている。なだらかな山にかこまれ、木に恵まれ、南部では全く見られない豊かな情景である。すつかり春めいて来た気候にふさわしく小鳥のさえずりが、忘れかけた小守唄を聞いたようなゝつかしさをおぼえさせた。平和そのものだ。

道で遊んでいる子供らに教つた方向にだら〳〵坂をしばらくのぼつて行つたら、右手にこけで黒ずんだコンクリートの四角な柱が二本、階段の両わきにくつついているのが見えた。校門らしい。こゝだなと、その十段ほどの階段をのぼりつめたら伊豆味小、中校の校庭が目の前に開けた。

ちようどその時、五年生位と思われる女の子が三人、連れ立つて小走りに私のそばを通り過ぎながら私に「今日は」とあいさつして、校門まで来たら、そろつてピヨコンと学校に向つて頭を下げ、今私がのぼつて来たコンクリートの階段を大急ぎで走りおりて消えて行つた。「はてな?」と私は首をかしげた。突然「御真影」に敬礼した頃に引きもどされたような感じがしたのだ。「これは一体どういう事なんだろう」と妙に寒々した気持が胸をよぎつた。

× × ×

職員室らしい所を物色しながら校舎に沿つて歩いていたら、小さな木片に墨で職員室と書いた部屋が目について、入ろうとしたら面喰つた。若い女の先生と、下級生と思われる子供らの視線が一斉に私に集中したのだ。「あの……職員室は……」ときいたら「この隣りです」又かと云つた顔つきで苦笑して答えた。新布令の影響だなと直感した。図書室や職員室を返上して教室に当てた学校はいたる所にある。こゝもその口だなと思つた。隣りの入口を入ると危うく人にぶつゝかりそうになつた。せまい部屋だ。お互いに「いや、どうも」とバツの悪いあいさつを交してから、すぐにこの人が志喜屋孝助校長だと分つた。職員室の半分をさつきの教室に取られてしまつて、こゝは職員室・校長室、応接室の三つを兼ねて、入口からはみ出しそうな窮屈な部屋だ。

「さあ、どうぞ」一通りの挨拶が終つたら校長先生がいすをすゝめてくれた。

「仲々静かでいゝ所ですね。那覇から来ると別天地と云う感じですよ」

「櫻の頃が一番いゝんですがね。その頃には米人もよくやつて来ますよ」と校長先生は窓外の山々を眺めた。思つたより若い校長で、赤銅色の引締つた顔が、キビ／＼した感じを与える。

「先生は伊江島からこちらに来られたと聞きましたが、やはり新布令による移動で……」

「いえ、私はそのすこし前に転任して来たんです」

伊豆味は小、中校併置である。新布令による影響は割りに少なかつたそうである。

「校長の移動もなかつたし、教室も、職員室の半分を取られたゞけで済みましたよ。別に二部授業の必要もありません。図書室もそのまゝです」

（写真は伊豆味小、中学校）

「新布令による人事の問題についての御意見は?」と尋ねたら、

「そうですね、やはり五年という期限付きは一長一短ですよ。校長にとつて、特に地方では生活問題が一番大きいですよ。自分の故郷ですと、たいてい家屋敷もあるので副業も出来て、生活は割と安定しますから教育に専念出来るんですが、五年毎に移動するんではそれが出来ません。那覇あたりですと、交通が便利だから、異動といつても、だいたい通勤距離内であまり問題はないでしようが、国頭ですと、通勤が利かないので、いきおい移転しなければならなくなるんです。ですから俸給だけに頼らざるを得ないので苦しくなります。」

「国頭と云えば、戦前から子弟の教育には特に熱心なようですが、このあたりはどうですか。」

「相当なもんですね。今度の高校進学の状況を見ても分る事ですが、五十五名中、三十三名が高校進学希望者で、そのうち三十名が合格しています。」

入学率は非常によい。面白いことには進学した生徒三十名中、男子十二名に対し、女子は十八名である。女性万々才である。進学者の大部分は北農高校に進み、その他は近接の普通高校や、商業、水産、工業の各高校にわたつている。志喜屋校長は続けた。

「伊豆味では父兄の教育への関心は高いです。そしてもう一つ云える事は、ほとんどの父兄や生徒が、進学するに当つて、はつきりと将来の設計を持つている事です。御承知の通り、伊豆味は戦後のパイン・ブームで非常に景気がよくなりましたが、部落民は、パインを中心とする果樹栽培に、より高度な技術を取り入れて、合理的な経営を進める為に子弟の進学を希望するのです。北農が重な進学希望校になるのは、そういう理由からなんです。又北農を卒業した若者達も、直ちに故郷に帰つて、果樹の自家経営に専念しているようです。」

都会地とは全く対象的だと思つた。大部分が家業、経済的背景を持たない都市地域では、実際、進学の為の進学となる事があまりにも多い。ふと窓外を見やると、俄雨が降つている。山々の頂を雨雲がぼかして、墨絵のような美しさだ。こんな山中の平和な村にも、戦争中の災害が及んだらしい。窓から雨にぼやけて見える美しい八重瀬岳が、戦争中は日本軍の重要陣地だつた為である。

「こちらの子供らはどんな遊びをしますか」

「やはり山を相手の遊びが多いですね。時季になると、野いちごをつみに行つたり、小川で小えびやかにをとつたり……」

「青年達はよく酒をのみますか」

「特によくのむとは云えません。まあ普通並でしょうね。青年会や婦人会は相当進歩的で、努めて学ぶ機会を作つています。」

「農村の青年と云えば、モーアシビーを連想するんですが……」

「そのモーアシビーについてですがね、伊豆味では戦前から全くその風習がないんです。今七十才以上の老人達でなければ、おぼえてないそうです。男女の交際は円滑に行つています。問題になつた事はほとんどありません」

「パイン景気とききましたが、もう少し具体的にお話し願えませんか」

「現在果実は一斤十円どころで、まあ、木一本から二、三十円の収穫が挙がるかんじようです。土地の人々は斤六円まで下がつても引き合うと云つてます。ところが面白い事には苗にする芽が一本六円で飛ぶように売れるんです。パイン栽培熱の反映なんですね。一本の木から苗がだいたい十本もとれるんですから、今のところ、その方の収益がもつと大きいんです」

「主客転倒ですな」一時的にしても面白い現象だ。

(写真はパイン園)

「戦前は果樹と云つても、オートー、カーブチーなど、在来種のみかんが主で、さほどの事はなかつたんです。パイン時代に入つてから俄然活気づいたんです。伊豆味では今でも子供らに至るまで、皆が一通りはみかんの接木位は出来ますよ」

この辺で校長先生の抱負をおたずねすることにした。

「抱負という程でもありませんが、私はね、この地域の要求に応じた産業教育の振興につくしたいと思います。それから淡水プールを作りたいですね」

淡水プールと云えば、首里中校の新垣教諭らが、戦後間もなく、すべてが不自由だつた頃、非常な努力をして、海のない町首里に淡水プールを実現させた。それ以来、沖縄水泳界のホープ達がこのプールから続々輩出した。

「こんな山村では、海を知らない子供たちが多いのです。安全教育の立場からも、水泳は教えたいと思つているんです」

「水源の見通しはありますか」

「大井川の上流をひかえていますからね」

長らくおじやましましたと立ち上がつて、せま苦しい職員室兼校長室兼応接室を辞して廊下に出てから、ふと校門で見た女生徒の敬礼を思い出して、おたずねしたら、

「いや、あれはお宮に頭を下げてるんです。この辺の人は信仰心があついんです。校門のそばにお宮がありましてね、そこへ頭を下げるんです。自発的にそうするのですが、学校としては別に干渉していません」

なるほどそうかと納得が行つて、校門に歩を運んだ。

(S・N・生)

村の子・町の子（第四回）

宮里静子

（七）

入学当初の子供たちを、一ケ所にまとめて、教師の意図していることを話して、しかもよく理解させたり、行動させたりすることは、なか／＼困難なことである。

幼稚園のある町の子たちのように、集団生活の経験をもつているならともかく、全く家庭を中心に、数人の友人たちと部落だけで生活して来た子たちなので、尚更まとめにくい。何しろ、自由意志によつて、自由行動をするのだから困つたことである。

一年は二学級で、石川啓子の受持はA組だが、入学後すでに二十日も過ぎているのに、まだ母親に手をひかれてくる子がいる。姉や兄につれられて来るのはまだいゝ方だが、それでも教室の前まで来ると、なか／＼入ろうとしない。教室を混同する子もいる。

石川啓子は、今朝も始業の鐘が鳴ると先づ出欠を調べた。子供たちはめい／＼胸に名札をつけてあるので、返事をさせては名札をたしかめる。でないと、中には他人の名が呼ばれても、ハイと元気よく返事をするのがいるからだ。

「新垣美江子さん」

何べん呼んでも今度は返事がない。啓子は、又もかと直感しながら、一通り全員の調査を終えると、隣りのB組の教室へ行つてみた。案の定、新垣美江子はB組に、しかも同じ部落の子供と楽しそうに並んで腰かけていた。

「城間先生、あの新垣という子は私の組です。いつも教室を間違えて、どうもすみません」

もう中年を越した城間政子先生は、啓子に言われて初めて気がついたように、子供たち注視の中を美江子の側へ歩み寄つて、

「あなたはA組ですよ。教室バッペーソーン。さあ、あの先生のところへ行つてちようだい」

美江子の小さな肩に手をかけて、やさしく言つた。すると美江子はカブリを振り、両手で机にしがみついて、今にも泣き出しそうな顔をした。その顔をのぞきこむように

「行かない?」

と言うと大きくうなづいた。

「どうして」

問い返すと

「イヤーメー（君の前）カラー、ンジユクナンデイユタン」

きつぱり答えた。

「ンジユクナンデ?」

「ハイ」

「ターガ、アンイユタガ」

「カアチャンガ」

城間先生は長いこと一年生を受持つてきているので、入学当初はよくそんなことがあるのを知つている。一年生の母親たちにとつて、クラス編成は大きな関心事である。どのクラスで、どの先生が担任するかということだ。なるべく経験年数の長い、それも万年一年受持といわれた先生に受持たせたい。次は仲のいゝ子と隣席させたいというのが母親たちの共通した心理である。

「母親に言いつけられているらしいの。つれて行つても、又こつちへ戻るかも知れませんよ。」

「困つたわね」

城間先生が父兄から信頼されていることを無言の中で裏書きしているようで、啓子はそれだけに、もし強いて美江子を自分が引き取つて、城間先生のように指導することが出来なかつたら——と、大きな責任さえ感じた。

「どうするね」

城間先生は啓子の意見を求めた。

「先生の組の誰かと交換していただけないかしら」

啓子にはその方法しか考えられない。

「では、そうしましょう。誰ととりかえるかについては、後でよく検討しましょう」

「お願いします」

啓子は教室へ帰つた。たつたそれだけ離れていただけなのに、教室は歌を歌う者、大声で言い争う者、ランドセルを背負つてぽかんとしている者、机の間を走り廻る者などで騒然としていた。

「さあ、みんな静かにしてちようだい。これから面白い歌をうたいましょう。めい／＼の席へ帰つて——」

それでも、まだ気付かず、追つかけ廻つている者がある。

「さあ、みんなお手々を上げて」

子供たちは動作が好きである。啓子が両手を大きく上へ挙げると、吸い寄せられるようにクリクリした瞳を啓子の方へ向け、一せいに両手を挙げた。次はどんな動作へ移るだろうかと、期待に輝く小さい瞳の群を見渡しながら、こんなところに微妙な技術があるのだなと、啓子はじみじみ思つた。

「先生のする通りにするんですよ」

啓子はそう言つて、両手を横、前、頭、耳、眼、再び前と順次に動かした。実に単純で、何でもない動作だが、子供たちは全神経を啓子へ集中して、一生懸命である。しかも、どの顔も楽しそうに輝いている。

啓子は腕を引くとパツと拍手をした。最初の音はまち〳〵であつたが、二つ三つと打つにつれて次第に揃つてきた。それをリズムへ導き、拍手に合せて歌う。

ムスンデヒライテ

最初は歌だけ、次に動作を入れて変化をつけた。どの子も得意満面である。

歌いながら、啓子は一つ一つの席を観察した。と、新里春夫と比嘉栄二の二人が居ないことに気がついた。席をまちがえているのではないかと、一わたり見廻したが、そうでもない。美江子のことでB組へ行く前に出欠を調べた時は確かに席にいた。すると、その間に教室を抜け出したにちがいない。二人ともじつとして居れない元気者である。又どこかの教室へ行つて邪魔になつているかもしれない。そう思うと、啓子は放つて置けない気がした。といつて、二人をさがしに自分が教室を離れたが最後、教室はまた混乱すること必定である。どうしたものかと啓子は迷つた。

歌が終ると、子供たちの顔が「今度は何をするんだ」と言いたそうに啓子を注視した。こゝが大切である。こゝで子供たちの注意や動作に空白をつくつては失敗だということを、これまでにも度々体験している。ゆるみがあつてはいけない。といつて、新里と比嘉のことも気にかゝる。啓子は突差に一つのことを思いついた。そうだ、その通りにしようと心に決めると

「今度は、みんな運動場へ出て、小石を自分が数えることの出来るだけ集めましょう」

と言つた。すると

「先生、百でもよいか」

「五十でもよいか」

「八十でもよいか」

子供たちは口々に訊きはじめた。

「そう〳〵、百まで数え得る人は百集めてごらん、八十までの人は八十、五十、三十、いくらでもよい。さあ、それでは教室を出ましょう」

子供たちはめい〳〵目標をたてながら元気よく教室を出た。砂場の附近には手頃な小石が多い。啓子は先になつてその方へ行つた。

「先生、クツペールか（これ位の大きさか）」

一人が言うと、口々にそれを言いながら、実物をとつて示した。

「みんなこゝへ集つて。先生がやつてみせますからその通りにしてごらん」

啓子は子供たちと一しよに一つ二つと、十個拾い上げると、小石のないきれいな場所を見つけて、そこでまた数えながら一列に並べて見せた。

「こうして、めい〳〵場所を見つけて、十づつ並べることにしましよう。一度にたくさん持つて来ないで十づつ拾つて来てこんなに並べる。いゝですね。茲は先生の場所、さあ、みなさんも並べる場所を見つけて」

と言うと、子供たちはそれぞれ場所を求めて四方へ散つた。そしてめい〳〵の場所を中心に、熱心に小石を拾い始めた。

作業をさせながら、啓子はブロツク校舎の方へ行つて、廊下を見て廻つた。すると、比嘉栄二が三年のA組の廊下にあそこ向きに立つて、平然と授業を参観しているのが眼についた。啓子がその方へ行くのも気付かぬらしい。と、そのクラスの受持が栄二に何か注意したらしく、教室からドツと笑声が湧くと同時に、栄二は悠々と次の教室の廊下へと移つて行つた。啓子はこうして度々他の教室へ迷惑をかけて、実にすまないと思う反面、自らの管理の至らなさをつくづく恥じた。急いで追いつき

「栄二さん、あそこをごらん。みんなあんなにお勉強をしていますよ。あなたも早くいらつしやい」

背後から早口に言うと、栄二はびつくりしたように振返り、苦笑しながら運動場へかけ出した。

次の校舎へ入ると、六年B組の廊下に新里春夫が、これも威張つて参観していた。春夫はこつち向きに立つていたので、すぐに啓子に気付き、あわてゝ外へとび出した。

「どうして勉強の時間に、お兄さんやお姉さんたちのお邪魔をするの。お友だちはみんな教室でおとなしくしているのに、勝手に教室を出てゆくのは、あなたと栄二ちやんだけよ。これから気をつけてね」

小石を拾い始めた春夫に注意すると、啓子の顔をじつと見上げて、いぶかしそうに聞いていた春夫は、小石を握つた手で鼻をこすり

「イヤーガ、イニセームサツトワカラン」

と力のこもつた声で言つた。啓子は春夫が方言だけしか聞けない子であることを思い出し、腹の底から笑いがこみ上げて来た。

（以下次号）

学年ということをどのように考えて指導したらよいか

（文部省編―複式学習の指導より）

複式学級は二箇学年または数箇学年で編成された学級である。このような学級において、同時に二箇学年以上を指導しようとすることから、多くの困難な問題が出てきている。そしてその困難を感じているおもな原因は、学年というものを、ある固定した動きのとれないわくのように考えていることにあるのではなかろうか。もし、そうだとすれば、学年ということについて反省してみることは、複式学級における学習指導上の困難を解決するいとぐちになるものと思う。

(一)　学年ということにこだわると、どのような困難が伴うか

(イ)学習の効果を高め、指導の能率をあげることがむずかしい

もしも、複式学級においていつも学年別の指導を計画し実施するとしたら、教師の指導はいつも学年の数だけ分割されることになる。さらに、貧弱な教材教具設備をどのように経済的に利用するか、学習指導の準備が容易でしかも便利であるか、児童相互間の協同学習が無理なく実施できるか、こどもの生活指導の自然に行われるかどうかなどから考えてみると、学年ということにこだわりすぎることは、決して学習指導の効果をあげるゆえんではないといえよう。特に教材教具が貧弱で、学年別の児童数が少ない複式学級の実情を考えると、学年別の指導というよりも、複式学級のもつている長所を生かすようにくふうすることが、学習指導の効果をあげる道ではなかろうか。

(ロ)いわゆる間接指導の計画がおろそかになる

学年ということにこだわつていると、前に述べたとおり、教師の教材研究や学習指導の準備がいつも二箇学年以上にまたがることになる。そして教師が直接に指導する場の教材研究や準備が中心になつて、いわゆる「間接指導」の計画がおろそかになつてしまうのである。このことについてはさらに三において述べることにしよう。

(ハ)望ましい学級社会が形成されにくい

教師が学年ということにこだわつていると、児童もいつのまにか学年意識が強くなり、高学年は必要以上に優越感をもち、低学年は劣等感をもつようになつてしまう。そのためにお互が協力し合つてよりよい学級社会を形成していこうとする上にも、また学年のわくをはずして能力別指導を実施しようとする場合などにもいろいろの障害がでてくる。

(二)　学年ということをどのように考えて指導したらよいか

(イ)学年ということは修業年限の区分であつて、こどもの能力の区分ではない

学年ということは、学校の教育課程を修業年限に応じて区分編成した期間のことであつて、いわば行政上の名称であると考えてよいであろう。このような一定の期間にあるこどもに対して、われわれは第何学年と称しているものである。しかしながら学習指導の対象は、学年というような抽象的なものではなく、具体的な個々の児童およびその集団である。またいうまでもなく学習指導は個々の児童の能力に即して行わなければ効果をあげることはできない。したがつて指導の実際にあたつては学年ということよりも個々の児童の能力ということを考えなければならない。

(ロ)学年とか学年の目標というのは、学習指導の一つのよりどころである。

(一)において学年にこだわることから、学習指導上いろ〳〵な困難が伴いがちであるということを述べた

しかしながら、学習指導の計画をたてる場合に、児童ひとり〳〵の計画をたてて指導することは、望ましいことでありながら事実上不可能なことである。このような場合は、やはり学年とか学年の目標とかが一つのよりどころになつてくるのである。したがつて学年ということを全然無視するというわけではないが、学習指導の実践においてよりいつそう重視しなければならないのは、学年という抽象的なものではなく、もつと具体的な個々の児童であるということである。

(ハ)学年差（年令差）のある学級集団という特質を考えて指導する

同一年令の児童によつて編成された学年においても児童個々の発達段階の開きは相当大きいものがある

といわれている。このことから年令に開きのある児童で編成された複式学級においては、能力の差がなおさら大きいと考えられる。しかしながら、学年のわくを除いて、能力差によって編成がえをすれば、無理のない学習指導を進めることができるのではなかろうか。たとえば、国語の読みの指導や算数の計算の指導などは学年ということにこだわらないでこのようにして指導するほうが効果的であろう。

さらに、複式学級は年令差のある者で編成された学級社会であるから、一般の学級に比較して、違った社会の姿やはたらきがあると考えられる。たとえば児童が兄と弟、姉と妹というような関係で結びあつているとすれば、このような関係やはたらきを積極的に活用することが大切である。このことは、教科の学習においても、生活指導においても重視しなければならないことである。

以上要するに、学年ということにこだわりすぎると複式学級における、学習指導は非常に煩わしいもののように考えられるが、教師が積極的に個々の児童をながめていこうとするいとなみを忘れないかぎり、複式学級はかえって妙味ある学習指導を創造する母体であるということができよう。

いわゆる「間接指導」をどのように考えて指導したらよいか

複式学級の学習指導において「間接指導」ということがさかんに使用されている。たとえば、「間接指導の時間が多くなって学習指導が徹底しない。」とか、「間接指導のために毎月プリントを用意することはなかなか容易でない。」とか「間接指導と直接指導との時間配分に苦労す」とかいわれているのがその例である。

それではどのような指導をさして「間接指導」といつているのか、それはどのような考え方から出てきているか、またどのように考えて指導していつたらよいかなどについて述べてみよう。

㈠　どのようなことを間接指導といつているか

(イ)教師と対面して学習していない学年の指導を「間接指導」といつている

複式学級において、「間接指導」ということばが使用されているのは、学年別に指導しようとする現状からきている。すなわち、教師が一方の学年を指導している場合に、他の学年は「間接指導」ということになるのである。従来複式学級の指導において「間接指導」といつたのは、このような指導の場をさしていたのであるが、最近では次に述べるようなことまで「間接指導」ということばの中にひろく含めて使用しているようである。

(ロ)教師のことばによつて直接に指導のできない学習の場を「間接指導」といつている

(イ)の場合は、学年別に指導する場合、教師の手をはなれている学年の指導を「間接指導」といつているのであるが、学年のわくをはずして、グループ学習の指導をするような場合にも、同様に「間接指導」と称していることが多い。すなわち教師のことばによつて直接に指導できない学習の場をひろく「間接指導」といつているのである。

㈡　学習指導と「間接指導」ということをどのように考えているか

(イ)学級編成や指導時間の配分から必然的に出てくるやむを得ない指導の場であると考えている

学年ということにこだわつていると、学年別に指導しなければならないと考えるようになる。したがつて、二箇学年以上で編成されている複式学級の学習指導においては、やむを得ず「間接指導」ということが出てくるのだと考えている。また、学習には、教師と一しよに学習する場合と、そうでない場合があるがその二つの場合をどのように時間の配分をして指導するかということから必然的に出てくるのが「間接指導」だと考えている。このような考え方は、「直接指導と間接指導との時間配分に苦労する」という声からも察知することができる。

(ロ)学習効果のあげにくい指導の場であると考えている

「間接指導」を(イ)のように考えているということは、とりもなおさず、学習効果のあがらない指導の場であると考えていることになる。このことは「指導時間が分割されて指導が徹底しない。」といつていることから推察することができる。さらに「間接指導のために毎日プリントを用意することはなかなか容易でない。」という言葉が、そのことばを裏付けているように思われる。すなわち「間接指導」は効果があがらないから何か作業を与えておかなければいつそう効果をあげることはできないと考えているのである。

㈢　「間接指導」をどのように考えたらよいか

(イ)教師と直接対面して学習しているかいないかによつて「直接指導」と「間接指導」とを区別することは妥当でない

これまで述べたとおり、「間接指導」ということは、教師と対面していつしよに指導できない場のことであり、それは、復式学級編成ということや指導時間の配分ということから出てくるやむを得ない指導の場であり、効果のあげにくい指導の場であると考えられていた。このような考え方は、教師が直接に指導するいつせい指導が最も能率的で効果をあげる方法だと考えることからきている。しかしながら学習の効果は、学習する児童と学習される教材内容と指導のしかたを、教師がどのように計画するかによつてきまるものであつて、単に教師が直接にタッチしているかによつてきまるのではない。したがつて、もしも教師が適切な「間接指導」の計画をたてて実施したならば、じゆうぶん学習の効果をあげることができるのである。われわれがふだんいつせい指導、グループ指導、個別指導を併用しているのも以上のような考え方に基いているのである。このように考えてくると、教師が直接にタッチしているかいないか、換言すれば教師の教師のことばによつて指導されているかいないかによつて区別された「直接指導」と「間接指導」ということば自体が教育用語として妥当であるか、どうか大きな疑問である。すくなくとも(一)や(二)で考えているような意味の「間接指導」ということばは当を得たいい方ではないと考えなければならない。

(ロ)間接指導の場は、自発的学習を育てるよりよい指導の場である

すべて学習指導は、児童の自発的学習に訴えなければ効果をあげることは困難である。

もしも、児童がいつでも学習の目的をはつきりつかんで、進んで学習するように計画がなされていたら「間接指導」の場もまた自発的学習を育てるためのよりよい指導の場となるであろう。このように考えてくると、「間接指導」はやむを得ない指導の場であり、効果のあがらない指導の場であるというよりも、むしろ学習指導の本質的な場であるということができる。

(ハ)自発的学習を助成するためにどのような指導が必要か

以上のように考えてくると、これまで「間接指導」をどのようにしたらよいかという問題は、自発的学習を助成するためにはどのような指導計画をたてたらよいかという問題に形をかえて考えることができると思う。

自発的学習を助成するには、まず児童に学習の目標をはつきりつかませることが大切である。そのためにはつねに教師と児童の話合いによつて学習の計画をたてるということが一つの方法として考えられる。たとえばこれはある学校の例であるが、三、四年の復式学級において、三年は「六グラフ」四年は「人口のうつりかわり」という題目で学習するために、教師と児童が話し合つて次のような計画をたてた。

○準備するもの

三年、きゆうりの長さしらべの表と絵、ハサミ、オシピン、モノサシ、色鉛筆

四年、定規、色鉛筆

○勉強しようとする事がら

○きゆうりの長さの測定表について話し合う〔三、四年〕（5分）

〔三年〕

○きゆうりが伸びてきたようすがわかるようにくふうする。〔15分〕

○どんな方法でならべたらいちばんよくわかるか、みんなでしらべる。（絵をきりとつてならべてみたりして）（10分）

○絵グラフのかきかた、みかた。〔15分〕

〔四年〕

○三年生の測定表をグラフにしてみる。〔10分〕

○折れ線グラフについて話し合う〔5分〕

○折れ線グラフと棒グラフとのちがいをかんがえる。〔10分〕

○人口のうつりかわりを折れ線グラフでかきあらわす。〔15分〕

このような計画をたてておけば、児童は学習のめあてをはつきりつかんでいるために、たとえ、学年別の指導をするにしても、教師の手をはなれていても自発的に学習することがいつそう容易になるであろう。なお、児童に問題を与えて学習させるような場合にも、つとめて自発的な学習を助成するような与え方が必要である。次にその一、二の留意点をあげてみよう。

○なるべく既習の知識やこどもの経験をもとにして解決できるようにくふうしてやる。

○児童各自の能力に応じて解決のよろこびが味えるようにくふうしてやる。

○構成活動等によつて問題が解決されるようなくふうをする。

○作業を終つたときには、目あてだけを示して、問題の構成や解決の方法等を、児童各自であるいはお互に話し合つて学習できるようにくふうしてやる。

教科書をどのように活用したらよいか。

どのような地域の学校においても、教科書は学習指導上なくてはならない重要な資料である。時に、教科書以外に有効な学習資料の少ないへき地の学校では、教科書の果している使命はいっそう大きなものといわなくてはならない。それだけに、へき地の学校において教科書に期待をかけることも非常に強いものがある。したがって、教科書がどのように利用され活用されているかによって、学習効果の上に著しい影響をおよぼすことになるのである。ここではまず、教科書がどのように利用されているかについて、述べ、次に、教科書を活用する上についての留意事項を述べてみよう。

㈠　教科書をどのように利用しているか。

(イ)教科書にもられた教材内容をそのまま指導している。

へき地の学校において、教科書にもられた教材内容を、そのまま順を追うて指導している学校が少なくないということはいなめない現状である。もちろん教科書は用意周到に作られたものであるから、最もすぐれた学習資料であるということができる。しかしながら、学習の効果をあげるためには、こどもの生活経験や発達段階および地域社会等の具体的条件を考慮して指導しなくてはならない。教科書にもられている教材内容は、確実な資料とはいえても、以上のような具体性をもっているとはいえない。このような意味で、いつでも教科書をそのまま指導するというだけでじゆうぶんであるとはいえない。

(ロ)教科書にもられた教材内容をいくぶんか訂正して利用している。

(イ)のような教科書を利用すれば、いろいろな無理が出てくるであろう。たとえば、教科書に「潮干がり」の単元があるからといって、そうした経験のまったくない山村へき地のこどもに、それをそのまゝ指導するとすれば、いたずらに学習の抵抗を増すだけであろう。このようなことをさけるために、へき地の多くの学校では、教科書にもられた教材内容を適宜訂正して指導している現状である。この方法は(イ)のような利用のしかたよりも進んだ方法であるがまだ教科書中心の域を脱しているとはいえないであろう。

(ハ)学校のカリキュラムを実践するときに、最も有効な資料として利用している。

個々の学校のカリキュラムは、その学校の地域社会や学校および児童の具体的条件を考慮して作られるものであるから、それを実践することが最も児童の実態に即した指導ということになる。しかしカリキュラムを実践する場合に、教師にとっても児童にとっても、いつでも手がかりになる有効な資料があれば、非常に便利でしかも効果的に学習を進めることができるのである。教科書はそのような資料として利用されることが望ましいのである。へき地の学校はいろいろ困難な事情に制約されて、カリキュラムを編成することも困難な状態にあるので、教科書の利用も(ハ)の段階に達している学校は多くない現状である。

㈡　どのようなことを留意して教科書を活用したらよいか。

(イ)教科によって教科書活用のしかたをかえる。

算数科や国語科の教科書にもられている内容は、他の教科書に比較して、どのような地域にも適切であるような内容が多い。また、算数や国語では、教科書にもられた事項そのものを習得しなければならないというものが非常に多い。たとえば記号、用語、原理、法則など、また文形語法、ことば、文学、文章、句読点などの表現技術は、これを習得することを目的として学習すべき事がらである。国語、算数の教科書の使用は、このような点についてもじゆうぶん留意しなければならない。ところが社会科や理科を考えてみると、教科書に述べられている事がらを習得しただけでは、社会科や理科の学習のねらいを達することはできないであろう。たとえば地球の引力を理解するのに、ニュートンの「リンゴ」に限る必要はないのであって、栗の実が落ちたことでもよいのである。また、引力について知ることによって、さらに他の自然現象（社会科の場合には人間や社会についての現象や関係）に対しての理解がとどかなければ、真に理科を学習したことにはならない教科書で学習したことがもとになり、またなかだちになって、一般化しなければならないのである。こういう意味で、教科書をそのまゝ覚えこむだけの学習は、社会科や理科の学習から遠くはなれてしまうことになる。だから教科書は、問題を発見したり学習のまとめをつけるために読んだり、比較する教科として使ったり、学習の方法を学んだり、問題解決のしかたを学んだり、あるいは動機づけのために使用するように注意すべきであろう。この意味において、国語科や算数科の教科書とはおのずから違った活用のしかたが考えられるべきである。

(ロ)各種の資料を教科書と併用する。

教科書をよく生かして利用するためには、できるだけ教科書以外の資料を豊富に備えておくことが必要である。五、六年の高学年の学級でも、ときには絵本程度の読み物をも含めて準備することが望ましい。たとえば、題材「国々をめぐつて(インドの旅、山の国スイス、緑のデンマーク」の学習指導で、同じような題材ののつている教科書を四種類、それに雑誌三冊、児童読み物など数種準備し、能力別のグループごとに読み物の量と質を考慮して指導をすれば、よりよい効果をあげることができるであろう。このように資料を集めることはへき地の学校では困難なことであるかもしれないが、つとめて多くの資料を集めて教科書と併用することが、教科書を活用する一つの方法となるであろう。

(ハ)教科書にもられた教材をよく研究する。

教科書をじゆうぶんにいかして利用するためには、教科書にもられた教科の研究がゆきとどいていることが必要である。そのためには第一に、教材そのものが教える内容になるが、それとも教材をなかだちにして一般化しなければならないのか、そのけじめをつけることである。そのことについては(イ)において述べたとおりである。教材を研究する第二の観点はどのように子供の能力の実態に即して、教科書にもられた教材をどのように取り扱うかということを考えることである。いいかえると、こどもの能力に違いがあるので、教材もそれに応じて幅を持たせるようにするということである。たとえば、教科書にある教材が二位数の加法であつたとする。おくれているこどもは数を抽象的に取り扱うことができない。それで、初等教育研究資料第IV集算数実験学習の研究報告〔3〕にある検見川小学校で作つた色カードを用いることをくふうしていくのである。このように教材を研究することによつて、教科書のたての関係もよくわかるようになり、複式学級においても、学年にとらわれないで教科書を利用することができるのではなかろうか。

へき地の学校においても、「教科書は都市や一般農村から題材をとつてあるために、へき地の学校には適切でない。」というような声がある。へき地の学校があらゆる面で困難に当面している事情を考えると、その叫びに対してはじゆうぶん耳を傾けなければならない。しかしながら、これまで述べたようなことに留意して教科書の活用を考えていつたならば、いくぶんでもそのような悩みは解消されるのではなかろうか。

〔指導事例〕

「二か学年複式学級の例」

(イ)この指導の位置

ある農村の三、四年複式学級において、こどもたちは、単元〃ぼくらのたべもの〃の学習を展開していた。この学習は、だれでもすぐうなずけるように、農村における食生活の実態の上に立つて、その合理的改善への社会的見方、考え方を指導し、そして、現実のこども達の生活を、改善の方向へ一歩でも近づけようとして計画されたものである。

この学習は、自分たちが野山をとびあるいてとつてたべる木の実などから日常の食事の内容、お祭りのごちそうの内容、自分たちも手伝いながら父母姉によつて生産される食糧、小川や山から捕獲されて食膳に供されるもの、お店で売つているたべものなどその種類と頻度で整理し確認することから出発してだん〱に問題がしぼられ、学習がくりひろげられていつたのであるが、こどもは、学習の自然の発展として、〃ぼくたちは、米を、どのくらい、たべているのであろう〃という問題を解決しなくては、学習を次に進めることのできない場面に当面した。この学習指導例は、この、〃ぼくたちは、米をどのくらい、たべているだろう〃という問題を解決しようとして展開されたものである。

教師は、次のように、その指導計画を立てた。

第一次、どうすれば、わかるか、ということを考える。→べんとうの重さをもとにして処理。

〔第二次〕 重さの測定と、数表処理

〔第三次〕 飯と米との重量関係

〔第四次〕 二次三次の結果に基いて計算

〔第五次〕 四次の結果数値の意味の検討と次の問題との連けい

本時は、第一次の指導である。したがつて目標は、次のとおりである。

○すじみちを立てて考えることになれること。

○客観化のためには自分自身でためしたものを尊重する態度を養うこと。

（抜　萃　欄）

(ロ)指導過程

時間

15分　15分　20分　15分　20分　5分

環境資料

○普通教室

○机の位置は、お互の顔を見ながら話し合えるような形、教師も黒板に近い位置で、児童の間にまじつて、位置を占める。

○学習意識が一貫され本時の学習の位置が確実にはあくされるように、今までの学習結果、今後の計画、重要資料等を壁面を利用して、安定感を害されないように掲示する。

○本時のための暗示用の資料として、いろいろの形、大きさの茶腕や各種のはかり、ます、弁当を測つているこどもの写真などを、掲示したり、台の上に置いたりする。

児童の活動

○教師との話合いによつて、本時の仕事を確認する。

○教師の発問に応えて、各自のおもいつきを自由に発表する。

○発表された各目の意見について、長短を教師とともに検討しながら、最適の方法を発見するよう討議する。

○べんとうの重さをもとにして、どんな方法で、ぼくたちは米を、どのくらい、たべているか、ということについて、断片的に考えつくことや必要と思う方法を発表する。

○教師はこどもとともに、発表したいくつかの方法の順序を考えながら、整理をし、これからのしごとの手順を構成する。

○整理された板書をノートしながら、方法と手順によつて確認したり、個人的な不明点を教師に質問したりする。

○次の学習について、教師とともに話し合い、必要な準備の打合せをする。

指導の要領

○学習意欲をそそり、なごやかなふいん気の中に、本時の仕事を確認するような話題を提供する。

○本時の目標達成のための方法について、各自自由に発表するような発問を行う。

○こどもの発表を、整理しながら、板書していく。

○べんとうをもとにして、という意見が、一つの意見として、こどもの発表の中から自然にでてくるように暗示しながら指導する。

○ひとつひとつの意見の長短を確実に認めながらべんとうの重さをもとにして、という方法に、自然に落着くように、討議し指導する。

○今までの学習結果を確認して、次へ発展するきつかけとするような話題を提示し、つづいて、こどもが、発展した立場の活動を起すような発問をする。

○こどもの発表を、メモ式に板書していく。

○必要な方法として、べんとうの重さを測る。ふうたいの重さを計算する。おかずの重さをどうするかを考える。麦飯の表についてどうするかを考える。飯と米との重さの関係を調べる。べんとうの米の量を計算する。一日の米の量は、べんとうの米の量の○倍として計算できる。一年の米の量は、一日の米の量の○倍として計算できるが、こどもから、できる限り自然に発表されるように誘導し、どうしても発表されないものについては、補足する。

○こどもが、方法に順序があることを発見するような発問を行い、答えさせながら次のように、板書して整理する。

1、べんとうの重さをはかる。
2、ふうたいの重さをはかる。
3、べんとうの重さから、ふうたいの重さを引く計算をして、正味の重さを知る
4、おかずの重さをどうするかを考える。
5、麦飯の麦その他飯の中の米以外のものゝ重さをどうするか考える。
6、飯と米との重さの関係を調べる。
7、べんとうの米の量を計算する。
8、べんとうの米の量を○倍する計算をして一日の米の量を知る。
9、一日の米の量を○倍する計算をして、一年の米の量を知る。

○ノートのしかた、姿勢、鉛筆の持ち方等について注意を喚起する。

○個人的な質問に答えなり、個人〳〵の能力に照して、教師の指導目標が達せられたかどうかを評価しながら、個別指導する。

○次の仕事が、べんとうの重さと、ふうたいの重さを測ることであることを確認するように誘導し、学習時間が、昼食をはさんで前後にもたれることが好つごうである点の注意を喚起する。

○しごとの組分の助言をする。

○準備することについての助言をする。

(ハ)指導の要領の説明

前時の学習の終末もしくは本日の学習の計画の話合いの時間に、本時にどんな学習をするかという予定の概略について話合いが行なわれている。しかし、この時期の子供は、活動的であつて、このような落ち着いた思考を中心とする学習を展開するには、それにふさわしい雰囲気を醸成することがぜひとも必要である。したがつて、本時の学習目的とは直接関係のない話題であつても、こどものふんい気が、なごやかな、落ち着いたものになり、話を聞き合えるようにするよう、教師は、できるだけ、小さな声で、ひとり〳〵のこどもの注意を集中させるような話しぶりで、話題を提供する。できるだけ、ユーモラスにして、説教や、注意批判等に傾くような話題はさけたい。そうして、話の方向を、本時は、ぼくたちは、米を、どのくらい食べているだろうかということが、どうすればわかるかということを考えるのだつたと、確認するように進めるのである。注意したいのは、ながながとした話合にはならぬようにすることである。

つづいて、「みんな、じぶんの、おもいつきをいつてみよう」といつた形式の発問をして、こどもの発表にうつるのであるが、どんな幼稚な意見であつても、よい意見だという態度で取り上げ、ただちに批判を加えることをさけ、全部のこどもが、伸び伸びと、なんの抵抗もなく発表するように、自由発表の形式をとる。そして全員が質的に学習に参加するように、必要に応じて、教師の指名をも加える。特にどの意見がいゝというような先入観をこどもがもたないように、どの意見も同列にとりあげることゝ、べんとうの重さをもとにして、という意見が出ると、もう目的を達したというような取扱にならぬことが大切である。ほとんど意見が出尽したところで、ひとつひとつの意見の批判検討に移るが、このときに、ぼくの意見も認められたのだとか、たりないところがあつたのだとか、こどもが安定感をもつように、まず認めるという態度でのぞむようにする。これによつて共通な直接経験も思い起させ、これをもとにして、できるだけ客観的なものとなるように測定することから、べんとうの重さをもとにして、という方法が取り上げられるようにする。そこで、ちよつと、気分的なゆとりと、今までの思考の疲労を回復するような意味の話題を提供し、だんだんに、べんとうの重さをもとにして調べるのにどんな方法を使うかということを考え始める方向へ話をまとめる。

「どんなふうにして、べんとうの重さから調べるの。」といつた形式の発問から出発して「まだすることはないか。」という形式で発表を促進させてゆく。この場合は、真に必要とする内容を含んでいるかどうかを考えながら、発表を取り上げる。発表は必要でじゆうぶんな表現になつていなくても、教師の補足と、メモ式の板書で、どのこどもゝ、その内容的必要性を認めるようにしていく。それをすれば何がわかるかというように、こどもが考えながら方法を見つけ出す努力を継続するように努める。だいたい方法ができつくしたところで、「一番初めにしなければならないのは、どれだろう。」といつた形式の発問、「なぜ」と検討の段階をとおらせながら、方法の順序を明らかにするとともに、方法の表現を明確にして板書していく。

「これからの仕事に便利なように。」と、ノートにはいる。「わからないことは、ただしてからでないと書かぬ。」という習慣が養われるように、日ごろから、ノートの指導については配慮していることが大切である。

教師としては、1〜9までのすべての方法が全児童に理解された上でしつかりわかることを要求してはいないはずである。AはI〜3位とか、Bは4〜7を考えることを望めないとかいつたように、ひとり〳〵のこどもについての習得目標をもつているはずである。

さらに本時の目標についても各人にどの程度のものまれつかまれたかをみておきたい。そこで、あらかじめ、目標および1〜9のチエツクリストをつくつておいて、背後からこどものノート作業をみまわりながら、個人に対して習得検討のために発問をしたり、発表、討議、手順構成などのこどもの反応のしかた、目のかがやきの程度を思い出したりしながら、記録していく。

こうして学習指導が終つたところで、きようの学習状態で、ほめる点を強調しながら反省をし、次の仕事が手順の1、2を同時にやることが必要だということを話し合い、はかりの数、次の仕事の能力的組合せによるグループなどの条件から、組分けの助言と、準備するものについての助言をしてやるのである。

—人事便り—

各地区校長異動名簿（一九五七年四月一日現在）

○紙面の都合上、校長異動のみに止めました。御諒承下さい。

小・中校長の部

（糸満地区）

氏名	新任校	現任校
安仁屋政栄	糸満小校	兼城中校
新垣助次郎	糸満中校	糸満小校
高嶺朝賢	真壁小校	高嶺中校
金城徳明	米須小校	座安小校
久保田次郎	三和中校	米須小校
大城政秀	高嶺小校	兼城小校
仲地幸輝	高嶺中校	糸満中校
具志喜三	東風平小校	上田小校
大小堀松三	東風平中校	豊見城中校
山城清俊	兼城小校	高嶺小校
新城幸栄	兼城中校	三和中校
大城登一	座安小校	真壁小校
内間仁守	上田小校	長嶺小校
嘉数幸一	長嶺小校	東風平小校
石原徳助	豊見城中校	東風平中校
山城幸吉	粟国中校	教育長事務所
幸地清孝	渡名喜中校	糸満中校
上原良昌	阿嘉中校	粟国中校
大村真一	慶留間中校	阿嘉中校

（那覇地区）

氏名	新任校	現任校
名渡山兼秀	前島小校	上山中校（教頭）
宇久真成	城岳小校	楚辺小校
山口重和	久茂地小校	城岳小校
真栄城朝康	城南小校	浦添中校
稲嶺成浩	城西小校	安謝中校
真栄城朝教	那覇中校	首里中校
比嘉俊成	首里中校	真和志中校
譜久山朝直	大道小校	城西小校
喜納政敦	楚辺小校	久茂地小校
諸見里朝暉	松川小校	城南小校
渡久地政功	真和志中校	那覇中校
真栄城玄信	安謝中校	久志中校
浜比嘉宗正	浦添小校	城北小校
親富祖永吉	仲西中校	大山中校
銘苅真栄	浦添中校	浦添小校
長嶺朝昴	城北小校	石川中校
中里喜俊	退職	大道小校

（知念地区）

氏名	新任校	現任校
与那嶺真栄	与那原小校	佐敷小校
新垣庸一	与那原中校	船越小校
比嘉定盛	南風原小校	大里北小校
翁長朝義	南風原中校	大里中校
上原敏雄	大里北小校	与那原中校
中村義永	大里中校	南風原中校
山城静進	佐敷小校	具志頭小校
津嘉山朝吉	佐敷中校	教育長事務所
渡名喜元尊	知念中校	佐敷中校
伊礼克淳	船越小校	具志頭中校
上江洲智篤	具志頭小校	知念中校
上原良知	新城小校	大里南小校
諸見里真次	具志頭中校	新城小校（教諭）
吉田安哲	教育長事務所（教育次長）	与那原小校

（コザ地区）

氏名	新任校	現任校
東恩納徳友	坂田小・中校	中城中校
渡宗公	津波小校	坂田中・小校
儀間仁徳	中城中校	津波小校
新里章	中城小校	北中城小校
与儀善吉	北中城中校	島袋中校
宮城条栄	北中城小校	中城小校
具志幸善	島袋小・中校	コザ小校
島袋全吉	嘉数小・中校	宜野湾小・中校
伊波一夫	宜野湾小・中校	嘉数小・中校
仲村春勝	普天間中校	北中城中校
大里朝広	普天間小校	普天間中校
与座成一	大山小・中校	仲西小・中校
喜友名朝亀	北玉小校	北谷中校

氏名	新任校	現任校
町田宗敬	北谷中校	北谷小校
稲嶺盛康	諸見小校	島袋小・中校
知念俊吉	コザ小校	普天間小校
山城宗雄	越来小校	田場小校
大湾梅成	嘉手納小校	読谷中校
宮城伝三郎	善手納中校 宮前小校	古堅小・中校
山内繁茂	古堅小・中校	嘉手納小校
石嶺伝盛	読谷小校	喜名小校
具志清繁	渡慶次小校	普天間中校
知花寺次郎	喜名小校	渡慶次小校
真壁松徳	読谷中校	読谷小校
比嘉恒夫	北谷小校	北玉小校

（前原地区）

氏名	新任校	現任校
当銘由策	美東小校	高江洲小・中校
比嘉寛清	美里小校	越来小校
田中市助	北美小校	南原小・中校
当間嗣永	美東中校	指導主事（教育長事務所）
伊波信光	川崎小・中校	城前小校
東江正美	天願小・中校	平安座中校
中村光誠	具志川中校	与那城小校
宮城信栄	兼原小校	美東中校
上原清真	高江洲小・中校	具志川中校
田幸正英	田場小校	金武湾小・中校
新垣文吉	金武湾・小中校	北美小校
栄野川浩	南原小・中校	兼原小校
宮平秀夫	勝連小・中校	美里小校
前堂清昌	津堅小・中校	兼原小校（教諭）
新垣貞俊	平安座小・中校	津堅小・中校
東門松永	与那城小・中校	勝連小・中校

（石川地区）

氏名	新任校	現任校
平田啓（校長事務取扱）	恩納小校	名護高校（教諭）
城間恒英	仲泊中校	浦添中校（教諭）
玉木清仁（校長事務取扱）	喜瀬武原小校	仲西中校（教諭）
当真嗣昌	城前小校	仲泊中校
屋宜盛徳	恩納中校	恩納小校
高良清昌	恩納小校	恩納中校
栗国朝光	石川中校	宮森小校
仲嶺盛文	宮森小校	（政府官房）
当銘盧順	伊波小校	川崎中校

（宜野座地区）

氏名	新任校	現任校
安富毅	嘉芸中校	中川小校
安富祖義徳	金武中校	宜野座小校
新里孝市	金武小校	宜野座地区教育長事務所
松田義太郎	中川小校	嘉陽中校
大城栄俊	漢那小校	金武小校
宮里武英	宜野座中校	金武中校
浦崎康吉	宜野座小校	松田小校
島袋盛吉	松田小校	久辺中校
松田健徳	久辺中校	久志小校
上原和智	久志中校	三原小校
城間達蔵	三原中校	宜野座中校
宮里正照	嘉陽中校	嘉芸中校

（名護地区）

氏名	新任校	現任校
岸本貞清	名護中校	名護小校
牧志朝三郎	名護小校	羽地中校
比嘉良芳	喜瀬田小・中校	源河小・中校
親川清一	屋部中校	教育長事務所
仲宗根善行	屋部小校	本部中校
新里衛	羽地中校	屋我地小校
真栄田義永	羽地小校	今帰仁中校
出砂隆功	稲田小校	羽地小校
知念文平	真喜屋小校	稲田小校
島袋善恒	源河中校	喜瀬田小・中校
石川保盛	屋我地小校	天底小校
玉城精喜	本部中校	兼次小・中校
仲本弘芳	本部小校	伊是名中校
亀谷長招	伊野波小・中校	湧川中校
上間信夫	浜元小・中校	崎本部小・中校
安井忠松	崎本部小・中校	伊野波小・中校
宮里正秀	上本部中校	浜元小・中校
嘉納政明	今帰仁中校	屋部中校
仲里松吉	兼次小・中校	上本部中校
山里平吉	天底小校	真喜屋小校

氏名	新任校	現任校
末吉栄松（校長事務取扱）	具志川島小・中校	伊是名中校（教諭）
湧川正義（校長事務取扱）	水納小・中校	瀬底中校（教諭）
平良専明	湧川小・中校	伊是名小校
新城力	古宇利小・中校	津波小・中校
名嘉修二	伊是名小校	新採
玉城清勇	伊平屋小校	古宇利小・中校

（辺土名地区）

氏名	新任校	現任校
宮城政忠	津波小・中校	有銘小・中校
宮城久勝	塩屋小・中校	国頭中校
糸満盛英	大宜味小・中校	奥小・中校
上地完太郎	喜如嘉小・中校	北国小・中校
宮城倉栄	奥間小校	喜如嘉小・中校
平良仲蔵	辺土名小校	大宜味小・中校
金城珍徳	国頭中校	東中校
松田福一郎	佐手小・中校	安波小・中校
宮城功雄	北国小・中校	楚洲小・中校
知念森正	奥小・中校	高江小・中校
大城貞賢（新任）	楚洲小・中校	辺土名高校
大城貞三	安田小・中校	塩屋小・中校
吉田善昌	安波小・中校	辺土名小校
知花高信	高江小・中校	奥間小校
吉田賀盛	東小校	佐手小・中校
古堅宗徳	有銘小・中校	安田小・中校

（久米島地区）

氏名	新任校	現任校
山里昌睦	大岳小校	比屋定中校
上江洲仁清	清水小校	仲里小校
喜久里真長	具志川中校	久米島中校
高江洲昌昇	久米島小校	大岳小校
喜久村絜能	久米島中校	仲里中校
仲原善秀	仲里小校	美崎小校
喜久里教達	仲里中校	久米島小校
仲間智秀	美崎小校	具志川中校
嘉手苅景昌	比屋定中校	清水小校

（宮古地区）

氏名	新任校	現任校
平良寛	平一小校	平良中校
山内朝源	久松小校	西城小校
島尻実昌	鏡原小校	伊良部小校
与那覇春吉	平良中校	平一小校
高里好之助	狩俣中校	久松小校
平良恵亮	鏡原中校	上野小校
友利寛一	下地小校	下地中校
川満一	下地中校	下地小校
花城富蔵	来間中校	多良間中校
平良恵信	上野小校	鏡原中校
大川恵良	上野中校	狩俣中校
国吉兼雄	西城小校	城辺小校
砂川恵昌	城辺小校	鏡原小校
池間二郎	伊良部小校	佐良浜中校
宮国泰栄	佐良浜中校	上野中校
下地馨（新任）	多良間小校	宮古高校（教諭）
下地朝祥	多良間中校	多良間小校

（八重山地区）

氏名	新任校	現任校
大田正吉（校長事務取扱）	富野中校	富野分校
池間昌二（校長事務取扱）	吉原小校	吉原分校
仲本英清（校長事務取扱）	崎枝小校	崎枝分校
仲吉良精	石垣小校	石垣中校
桃原用永	登野城小校	石垣小校
玻名城長輝	大浜中校	登野城小校
新垣信用	石垣中校	大浜中校
崎山英美（校長事務取扱）	川原中校	指導主事
前新加太郎	与那国中校	竹富中校
砂川清（校長事務取扱）	上地中校	復職
亀川安兵衛	竹富中校	白浜中校
那根亨（校長事務取扱）	白浜中校	与那国中校

高校長の部

氏名	新任校	現任校
比嘉徳太郎	糸満高校	知念高校
富原守義	那覇高校	琉球育英会副会長
金城広吉	知念高校	糸満高校
新屋敷文太郎	胡差高校	中部農林
祖慶剛	前原高校	宜野座高校

氏名	新任校	現任校
田港朝明	石川高校	北山高校
新垣永昌	宜野座高校	胡差高校
野崎真宣	北山高校	石川・高校
波平憲祐	宮古高校	久米島高校
中村淳	北部農林	前原高校
安谷屋謙	中部農林	南部農林
仲田豊順	南部農林	北部農林
桃原良謙	沖縄水産	工業高校
宮島長純	工業高校	商業高校
山口寛三	商業高校	水産高校
砂川玄隆	宮古農林	宮古水産
垣花恵良	宮古水産	宮古農林
崎山用喬	八重山農林	八重山高校
阿波根直成	琉球育英会副会長	那覇高校
石川三郎	八重山高校	知念高校（教頭）
有銘興昭	久米島高校	那覇高校（教頭）

（五月一日現在）

第十一回（昭和三十二年度前期）研究教員候補者名簿

現任学校	氏名	配置校	研究領域	研究テーマ	研究期間
糸満小	上原正二郎	東京杉並区立済美教育研究所	特殊教育	学習遅進児の指導	一年
久茂地小	神村義人	東京世田谷区立杉沢小校	算数	算数に於ける評価の考察	〃
垣花中	上原信造	横浜市立岡津中校	職家	職家第二部を中心とした施設設備とその管理経営について	〃
上山中	本村恵昭	東京中央区立久松中校	図書館	学校図書館の研究	〃
高江洲中	照屋寛吉	沼津市立静浦中校	理科	理科実験の困難点とその対策	〃
宜野座中	中山興健	横浜国立大附属横浜小校	社会	社会科に於ける道徳教育	〃
伊野波中	国場幸喜	静岡市立龍上中校	数学	算数、数学科に於ける能力別指導	〃
名護中	具志型興喜	栃木県下都賀郡岩舟村立静和中校	英語	英語学習指導法	〃
石垣中	宮良信成	東教大附属中校	図工	色立体について	〃
大浜中	前津栄一	千葉市立小中台中校	職家	中学校に於ける職業指導	〃
米須小	山城政造	伊東市西小校	保体	小学校に於ける保健はどのようにあるべきか	半年

現任学校	氏名	配置校	研究領域	研究テーマ	研究期間
豊見城中	登野城賀春	長野市立東部中校	生活指導	生活綴方を通しての生活指導	半年
小緑中	赤嶺千寿子	東京澁谷区立杉濤中校	音楽	中学校に於ける読譜指導について	〃
田場小	石垣栄喜	茨木真壁郡明野町立大村小校	国語	読解力をつけるには	〃
本部中	仲田善明	京都相楽郡精華町立精華中校	社会	改訂社会科に於ける歴史的分野の指導	〃
具志頭小	久保シゲ	宇郡宮市立楼小校	図工	図工科に於ける創造性の伸長について	〃
開南小	嶺井政子	秋田市立中通小校	国語	作文教育	〃
小緑小	渡口盛男	横須賀市立豊島小校	図工	造形教育に於ける 創造性の 伸長と 感覚訓練	〃
城北小	屋部洋子	千葉市川市立川小校	特殊教育	問題児の指導	〃
大道小	東政次郎	大阪市立五条小校	算数	算数教具の活用と教壇実践	〃
那覇中	宮城久一	船橋市立宮本中校	国語	国語科における習字指導	〃
勝連小	前原武彦	大阪市立鷺洲小校	国語	国語科に於ける読解指導はどのようにしたらよいか	〃
与那城小	富平トミ	崎玉浦和市立仲町小校	体育	小学校に於けるリズム運動の取扱いはどのようにすればよいか	〃
宜野座中	仲間功	東京文教区立第二中校	数学	数学教育並に数学クラブ活動について	〃
真喜屋小	平良銀永	静岡市立久能小校	視聴覚教育	視聴覚教育における掲示及び壁面の立体活用	〃
源河中	祖慶良賢	崎玉大宮市立東中校	英語	英語学習の評価	〃
東小	金武昇	長野市立山王小校	国語	農村地域における国語指導の諸問題(特に表現の一面)	〃
西城中	山城弘	京都市立岡崎中校	英語	英語の学習指導	〃
上野中	吉浜正子	伊東市立北中校	家庭	家庭科における数量指導	〃
川平小	黒島善健	崎玉大宮市立楼木小校	国語	国語科学習指導について	〃

第二回研修教員（琉大）名簿

現任校	氏名	領域	研究テーマ
喜如嘉中校	吉浜正夫	職業	職業教育
北山高校	与那嶺猛	体育	巧技指導
前原高校	伊波英雄	〃	体育ダンス振付指導について
中城中校	喜屋武盛正	社会	社会科指導計画の立て方
高良小校	謝名堂昌誠		学級経営について
那覇中校	新崎和子	語国	国語科における文法指導
那覇高校	森島重祥	数字	解析1の学習指導上の困難点とその対策
南風原小校	大城道吉	体育	体育科教育
具志頭中校	野原弘	理科	生物標本の作製
兼城小校	大城勲	〃	〃
糸満中校	吉川ふみ子	国語	中校の国語科における文法取扱いについて
仲里小校	吉村昌之	算数	算数科において学習指導の実際をどのように改善したらよいか
宮古高校	平良肇	体育	学校体育の調査とその利用について
宮古定時制	国吉栄	社会	日本における封建制度の史的展開について
伊良部中校	大城勇	国語	言語活動における表現の学習指導
佐良浜中校	安里一	〃	国語科教育（特に日本史学史）
白保小校	仲宗根一雄	算数	算数科能力別指導の方法
白保中校	兼浜朝一	職業	職業家庭科の指導及方法
宮古農高	与那覇哲夫	数学	高校に於て数理の理解に於る計算能力に就てどの様にして修得させるか
𥔎辺小校	具志川敏子	国語	普通学級における能力別指導
北中城中	喜屋武栄昌	理科	動物とその生活環境

全　景　琉球煙草会社は那ハ市壺川区の延辺原頭の中復に位置し、国場川漫湖、奥武山を眼下に見おろし、那覇港、ペリー、小緑、豊見城村一帯を遙かに展望する。風光明媚な環境の場所です。敷地は1,100坪、建物は延635坪で、両切工場、細刻工場再乾燥工場、ボイラー工場、倉庫、事ム所其の他に区分されています。

苗　床　たばこの種子は、1,000粒の重さが僅か 0.05～0.08グラムで他の作物より種子が非常に細かい。それで苗床の表土や堆肥は、細かにする必要があります。
播種後の、灌水、間引、中耕、追肥等も肝要な管理です。
発芽に要する温度が、摂氏10度—35度で、琉球では、10月から12月にかけて播種が行われ、大体60日前後で移植が出来ます。

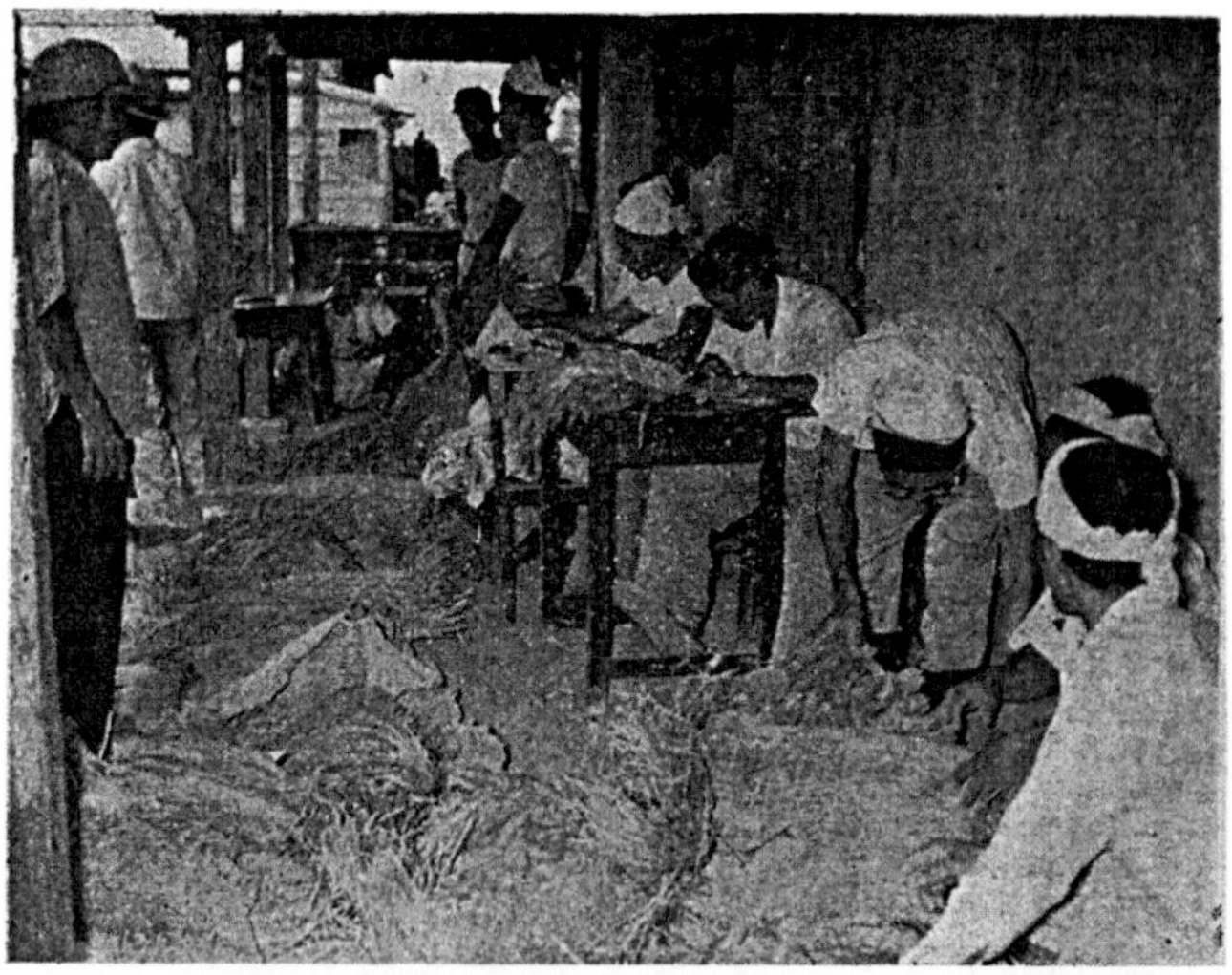

収　納

乾燥を終え、約一ケ月間予備醗酵させた葉たばこは、調理包装されて収納所へ運ばれます。

鑑定技術者に依り、厳正公平な鑑定と秤量が済み次第、適正な価格で、現金が支払はれます。

ここで耕作の苦労はむくいられ、一年期の耕作が決算されて、ホッとします。

製　造（両切）

原　料　アメリカ、日本其他の国から輸入した葉が、島内産葉と共に使用されます。

倉庫は、時々換気が行はれ、常に一定の温湿度を保つております。（写真はその一部）

原料調和　倉庫から出した原料葉たばこは、一応調和室へ入れます。

調和室は、空気調和機に依つて調和された空気が、循環しているので、一定の温湿度を保ちます。

葉たばこは暫く置くと軟かくなり、後の作業の際、取扱いが易く、屑の出るのも少なくなります。

截　柄　葉柄の部分を切り除く作業です。
葉柄戴断機を使用します。

葉剝、配合、第一加香　ベルト、コンベヤーの両側に配置された原料は、葉剝ぎされながらコンベヤーの上で、沢山の種類の原料が均一に混ぜられ、第一加香機内へ運ばれます。ここで、葉は更にかき混ぜられながら、香料と適度の水分が与えられ、味や香りが一層良くなります。

葉揃と堆積

配合と第一加香の済んだ葉は、口を揃えた後、堆積箱に移して積み重ね、香料や水分を葉に十分しみ込ませます。

截刻　截落式截刻機を使います。

堆積箱から取出して、送りベルトの上に次々と積み重ねた葉は、圧搾ロールの間へ入り、駒口へと押出されて行きます。駒口面で、大型庖刀が規定された幅巾で葉を刻みます。刻み上げたものは、直ちに解きはなします。

乾冷、加香

刻み上げた品はバケツトコンベヤに依つて、乾燥機内へ移され、同機で加熱乾燥されます。乾燥機を出た刻品は、熱を持つているので、輸送ベルトで、冷却機に運び、ここで冷やすと同時に香料をかけ香りを仕上げた後、調和室へ移します。

巻上　中研式両切巻上機使用

輸送、給送の各部分を経て機に入つた刻品は、針ドラムで掻き上げられた後、ロングベルトの上に一様に撒布され、次に印刷部から流れて来るライスペーパーの上に落ち、巻管の方へ入つて行きます。そこでライスペーパーで包まれ、糊付され、ヒーターの下を通過して乾燥されます。

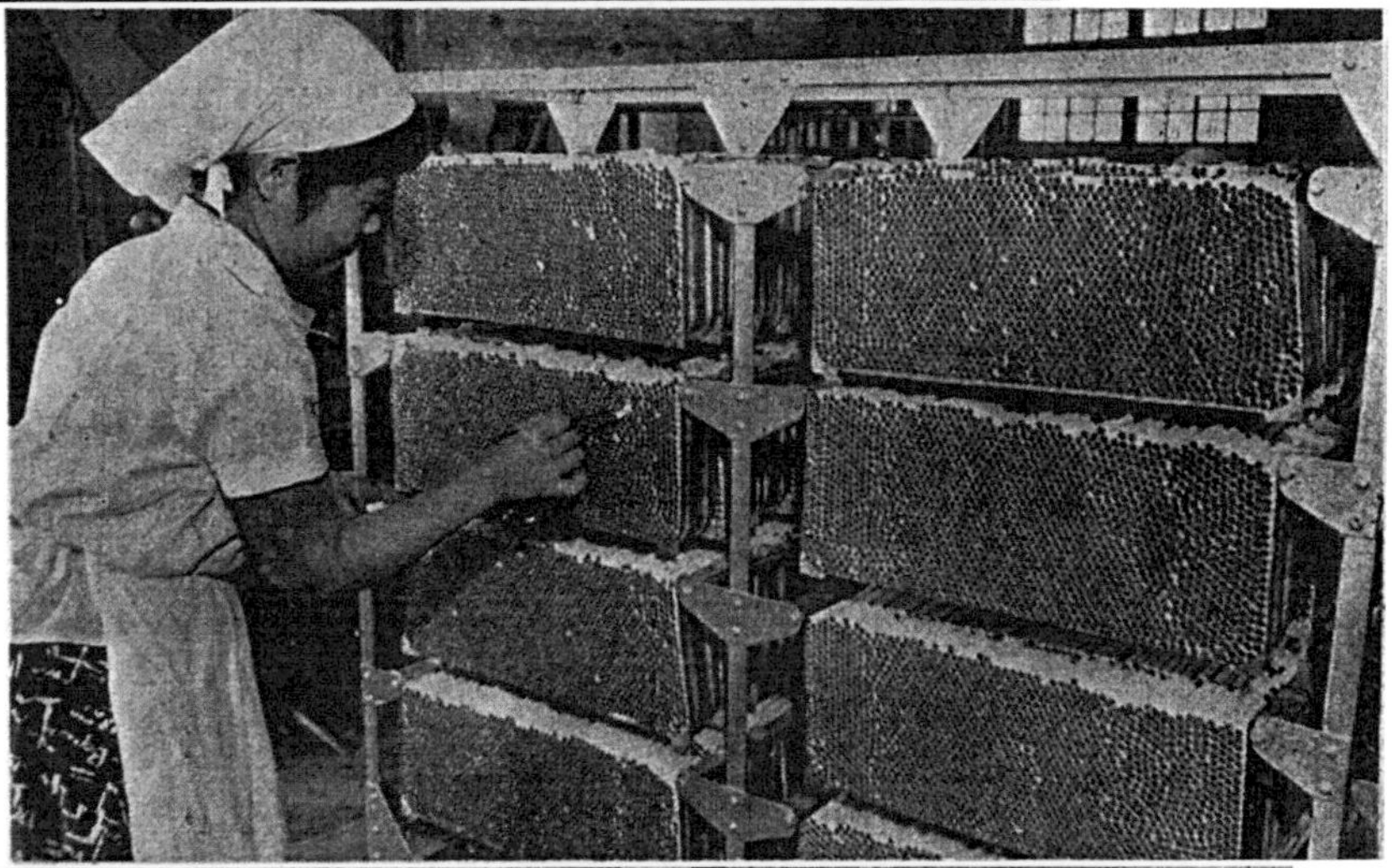

巻上品の検査　トレー毎に、巻上品を若干量抜取り硬さ、重さ、太さ、糊付状態、印刷の位置、切断の工合等が厳重に再検査されます。

包装　U字型20本結包装機に依る機械包装です。

セロファン包装　セロファン包装機を使用。
セロファン及びオープニングテープを個々に取付け両者を熱で接合します。繰出ロールに依つて、繰出された、オープニング付セロファンは、一定の長さに切断され、品物を包む様にしてプッシャーに依つて運ばれます。

製品倉庫　一定の温湿度を保つており、写真は同倉庫の一部です。
工場から運ばれた製品は、一時こちらで蔵置した後、出荷します。

工場の空気調和　たばこの製造工場は、常に一定の温湿度を保つ必要があります。此の役割を果す代表的なものとして、両切の巻上、装量工場に、DU151型空気調和機があります。
同機は、工場内の温湿度を、常に一定に保つと同時に、工場内の空気も浄化する最新型であり工場内で働く従業員の保健上、重要なる役割を果して居ります。尚島内製造会社がこの様な設備を施したのは琉球に於いてトップケースであります。

研究室　生産関係の色々な問題に就て、試験研究を行います。例へば、新しい装品を発売するには、予め同室で、葉組や加香等に関する設計や試験研究を行い、確信のある成績を得た後に製造実施面に移されます。（写真は同室の一部）

更生施設

更衣室　従業員が、出勤退社時に着替える場所です。男女両用に区画され、清潔と整頓が堅く守られています。（写真は女子用更衣室の一部）

食　堂　楽しい昼食の一時です。忙しい仕事から、暫し開放された従業員が共に顔を合はし、数々の話題でくつろぐ憩いの室でもあります。

↑

本　畑　礫の混ざつた排水の良い石灰岩土壌（島尻マージ）は、特に適しています。

生育に要する温度が、攝氏13度―35度で、琉球では、移植期が12月から3月、収穫期が4月から6月になつています。

肥料は、堆肥、草木灰の外に、尿素化成が主に使用されています。外に、肝要な手入として中耕、土寄、病害虫の防除、摘芯芽掻（或は芽止剤に依る抑制）等があります。

↑

上包蠟紙貼、ケース詰　ボール函詰されたものは、個数不足のない様、厳重に検査した後、蠟紙で包装されます。包んだ蠟紙の合せ目が、加熱機に依りしつかり融着されるわけです。蠟紙貼したボール函は次にケース詰される。このケースには、五〇ボール即ち五〇〇個のたばこが詰められ、工場から倉庫へ引継がれます。

秤量　一つの製品は沢山の種類の原料を配合して造られるので、其の秤量も厳重に行われます。　→

図書紹介

○大西金次郎
粘土彫塑の導き方　三〇〇円（日円）創元社

○岡田清
工作による創造教育　二八〇円（日円）創元社

○文部省
中学校、職業家庭科学習指導書　三二円（日円）開隆堂

○鍋島友亀
学生、生徒指導のための
カウンセリング―その理論と技術―　三五〇円（日円）同学社

○ロージャス原著
友田不二雄訳
カウンセリング　五八〇円（日円）岩崎書店

あとがき

○知能は、遺伝と環境の両方に影響されるが、環境の影響について、琉大の東江講師による研究発表がありましたので、収録しました。現場の参考に供して下さい。

○新布令の施行による複式学級の取り扱い方について、文部省編〃複式学級の指導法〃から抜萃しました。参考になれば幸いです。

○もう夏です。これから伝染病の時期に入ります。子供らを病魔と水魔から守りましょう。

○お互いの通信の便宜をはかり、校長移動名簿、日留、球大派遣研究教員の名簿をのせました。御利用下さい。

（S・N・生）

文教時報（第二十號）
（非売品）
一九五七年四月三十日　印刷
一九五七年五月十日　発行
発行所　琉球政府文教局
研究調査課
印刷所　ひかり印刷所
那覇市三区十二組
（電話一五七番）

32

文教時報

琉球　　1957

文教局研究調査課　　No.32

文教時報 第三十二号

目次

改訂指導要領に拠る中學校

郷土の学習計画

饒平名浩太郎

一、歴史的分野の教育

われわれを育てているものは、歴史をもつた社会である。社会科歴史の目標が自己の祖国に愛著と、自覚をもつ国民を育成することにあることは、何よりの絶対条件といえよう。しかしその自覚や愛著は偏見にとらわれたものであつてはならない。偏見にとらわれた民族意識が、いかに世界の平和を乱し、国民生活を苦しめたかは、われわれが身を以つて体験したところである。偏見のない自覚を与えるには、歴史学習が科学的合理的でなければならない。いたづらなる優越感や、劣等感は厳に避けなければならない。

人間の生活を離れて歴史はなく、歴史は人間のつくつた歴史である。国により、時代により、人々の活動のしかたは異つていても、一層生活を発展させるための努力は続けられてきた。勿論その活動の中には、他を征服したり、隷属させたりしたものもあつたが、それはその時の種々の条件によつて、人類の理想に照してわれわれとしては正しい歴史を作つていくために人種的偏見を去り、郷土や世界を一歩一歩人類の理想に近づけていかなければならない。

更にわれわれの過去は平板でないということである。あらゆるものが、歴史をもち、歴史的条件に従つて現在ここにある。われわれが当面している種々の問題もそれに由つてくる歴史をもつている。しかもそれらはすべて歴史的因果関係をもつて発展している。歴史教育が現在の生活のために行われるものであるならば、過去の時代と、現在の時代とがなぜ異るかの理解が必要であり、それによつて、現在のわれわれのとるべき生活態度が決定されてくる。

この自覚と意識のないところには、現在の問題に当面して、衝動的に反作用するに止り、何等の発展は見られないだろう。時代の概念をとらえ、われわれの生活は、歴史に支えられつつ常に歴史をつくつていくという意識こそ、今日の活動力の源泉であり、明日の発展を期待するものとなるのである。

歴史教育は、単なる懐古趣味の育成ではない。現在の生活に役立つもの、既ち、現在の生活をよりよく発展させるためのものでなければならない。過去を知ることは既ち現在を知ることである。従つて歴史教育の目標は、現在を理解させるところになければならない。この意味で歴史は考えるものでなければならない。単なる物知りは、現在の力にはならないといえる。将来の見透しをつけ、現在の立場を判断するのは思考の力であつて、過去の事象についての現在的な思考が、現在を正しく理解させる。歴史教育が、単なる記憶の学習に陥るとき教育は逆行する。

既ち歴史学習の本質やあり方を「現在生活の理解」「時代の概念」「歴史的発展」「人間性の把握」という四点に纏めて見ると、これによつて歴史的分野の教育は自ら明らかになろう。更にこれを具体的にあげて見ると

㈠、現在のわれわれの生活は歴史的事情に基いていることを反省し、身近かなことから社会問題に至るまで、ものごとを歴史的立場から考える。

㈡ 日本や世界の現代の社会生活上の諸問題には夫々歴史的条件がある。

㈢ 日本の歴史を世界史との関連や比較に於て考える態度を養い、人類の歴史的活動の底には共通な発展の姿や人間的感情意欲があることを理解させ、今日の社会生活上の諸問題を世界的視野から理解する態度を養う。

二、指導要領に示された郷土の学習分野

一、社会科指導要領に示された、郷土の指導計画によれば郷土も日本の一つの地域である。その地理的分野の要領をあげると

一、郷土の生産活動、その他の生産様式と自然環境の関係

二、他地域との関係や比較

三、地理的諸問題

四、野外観察と調査

これらの内容に就ては、小学校でかなり深く学習してきたので、中学校では、小学校で得た地理的知識、技能、態度を充実させるものに過ぎない。しかし中学校では日本や世界の各地域の学習の成果を通して、広い

視野から郷土に、おける自然改良事業、産業の振興と開発、集落計画、住民の生活水準などに関する地理的諸問題を正しく理解し、これに対処する、よい方法に気づかせるように内容の位置づけをすることが、小学校のときと違つて特に大切である。更に中学校では、五万分一程度の縮尺の大きな地図を中心として野外調査の初歩的な要領を心得させたり、地図の記号の理解や、読み方になれさせたり、統計その他の資料の取扱方に習熟させたりするための、実験場として利用してこれらについての知識や技能などを、小学校のときよりも更に発展させるようにすることが大切である。しかし生徒に身近かな問題の中には、遠く離れた土地の問題よりも、いつそう複雑で中学生としては、理解に困難なものも多いので、その内容の質については大いに選択を加え、その内容の量においても、日本や世界の他地域に関する重要な内容がぎせいになるような結果に陥ることのないように警戒しなければならない。郷土を地理学習のオリエンテーションとするために次のように目標及学習の内容を定める。

一、郷土に於ける生産活動や生活様式には他の地域に較べて特色があることを理解させる。

二、郷土生活は他の地域と密接に結びついて営まれていることを理解させる。

三、郷土の自然環境には他地域に較べてどんな特色があるか、また人々の生活々動や生活様式とどのような関係をもつているかということを理解させる。

四、郷土に対する関心を高め正しい郷土愛をそだてる。

五、郷土における地理的現象を実地に観察したり、考察したりする能力を養う。

六、比較的大きい縮尺の地図の読図力や描図力を養う

七、基礎的な地理的術語、用語を理解させ、地理の学習になれさせる。

八、資料や統計の取扱いになれさせる。

○学習の内容

一、われわれの郷土はどのように開発されたか。

(a) 自然の特色…位置、地形、気候、土壌、災害、地質

(b) 天然資源…鉱物、林業、牧畜、農業、水産業、工業

(c) 開発の状況
(d) 土地の利用 〉歴史的にながめて学習をする。

二、郷土の産業はどのように営まれているか…産業の現況実態

三、郷土の生活には他の地域に較べてどのような特色があるか。

(a) 衣、食、住、風俗、習慣

(b) 集落…多雨地域の集落の特色と台風に対する耐風家屋

(c) 人口（移民問題）

四、生活と自然環境との間にはどんな関係があるだろうか。

(a) 気候と生活 (b) 山地と生活 (c) 平野と生活 (d) 海と生活 (e) 村や町

又歴史的分野の学習要領は各時代や単元に於て、次のように述べている。

一、人類文化の原始時代

郷土はどんな様子だつたか、またこの頃と現代の生活や考え方との比較についても学習させる。

二、日本国家の成立時代

郷土はこのころどんな様子であつたか、現代の生活との比較や今日への影響についても学習させる。

三、武士が社会に現れた時代

この頃の郷土はどんな様子であつたか、またこのころと現代の生活との比較や、今日への影響についても学習させる。荘園制から大名領国制への推移、各地の諸産業の発達民衆生活の向上などの学習を通して、鎌倉、室町時代の社会経済の発達と民衆の動きについて理解させる。

四、ヨーロッパ人が東洋に進出し始めた頃の日本の封建社会の完成時代

この頃の郷土はどんな様子であつたか、またこの頃と現代の生活との比較と、今日への影響についても学習させると共に、この時代の封建制度の矛盾貨弊経済の発展、江戸と大阪、当時の人口、幕府の改革江戸文化の変遷、新しい学問と世界観などの学習を通して、わが国の封建社会のゆきづまりについて理解させる。

五、世界の諸国との国交に基く近代日本の成立時代

このころの郷土はどんな様子であつたか、この頃と現代の生活との比較と今日への影響についても学習させる。

六、第二次世界大戦後の世界と日本

日本の民主化への動きについて理解させると共に、郷土の現状について学習させ、世界の動きと日本、文化国家の建設や世界平和への努力、日本や郷土の民主化を妨げるものの所在など、現代の課題について、政治、経済、社会的分野の諸問題の学習との連絡を密にする程度に考えさせるようにする。

更に政治経済社会的分野には身近かな生活から解決し

ようとする態度、心情を強調している。

一、近代民主主義の発展と人間生活

民主主義の社会は人々が基本的人権を尊重し、人間の自由、平等、責任について考え、公共の福祉のために人間の権利と義務を行使して、問題を平和的に解決しようと努力することによつて実現するものであり、そのためには法律規律をつくりそれを守ることがたいせつであること。

二、近代における政治経済社会の構造と機能

身近な市町村などの地方自治体の仕事と自分たちの学校生活との関係などから学習させること。

三、現代社会の諸問題

生徒が従来これらの問題を自ら自身の判断によつて考えていこうとする場合の素材を提出するにとどめる配慮が必要で、できるだけ事例の客観的説明や、法規の要点などを明らかにすることがたいせつである。

四、世界と日本

身近な生活における国際性や国際関係からくる諸問題のあらましを理解させるとともに、今までの争いの原因や国際平和機関の活動の様子にふれ、世界平和の実現はひとりひとりの心がまえと、努力にあることを理解させる。

五、文化と人間生活

文化の性格から文化の創造だけでなく、それを日本郷土に摂取した人々の努力のありさまを理解させ、文化を創造したり摂取することが、人間の崇高な使命であるということを事例に基いて自覚させる。

六、生活態度と人生

身近かな生活における礼儀作法などのたいせつなことに気づかせる。ことに具体的事象の学習を通して正直、勇気、正義、独立心のような徳性を身につけることのたいせつなことを理解させ、進んで人生の意義などについて考えさせるようにする。

以上のように郷土教育の指導計画をたてようとも、中学校社会科の目標を小学校教育の成果の上に、生徒の発達段階に応じて効果的に達成していくようにすることがたいせつである。

郷土に関する指導計画を例として説明すれば、郷土についての社会科の目標を達成するためには、○地理的分野、○歴史的分野、○政治、経済、社会的分野に分けて、指導計画をつくる場合もまた、これらの分野の関連などを考えて指導計画をつくる場合もあろう。前者の場合でも一つの分野たとえば、地理的分野の指導計画をたてる場合に、○郷土という単元を特に設けて学習させることも、○日本の諸地域の一部として、ある程度のまとまりをもつた学習をさせることも、また郷土という学習のまとまりを考えないで、中学校における地理的分野に関する指導計画において、あらゆる機会を通じて、適宜その実現を図つていくように組織する場合もあろう。そのいずれの方法をとつてもよいわけであるが、郷土についての具体目標を達成するために、生徒の発達段階などを考えて効果のあがるようにすることが根本である。

第三の場合即ち第二学年社会科学習のあらゆる機会を通じて取扱う組織によつて、郷土史の学習計画を考えよう。

単元

○人類文化の原始時代

一、沖縄人の先祖はどのようにしてこの島に住み、生活を発展させただろうか。

(先祖がこの島におちつくまで)

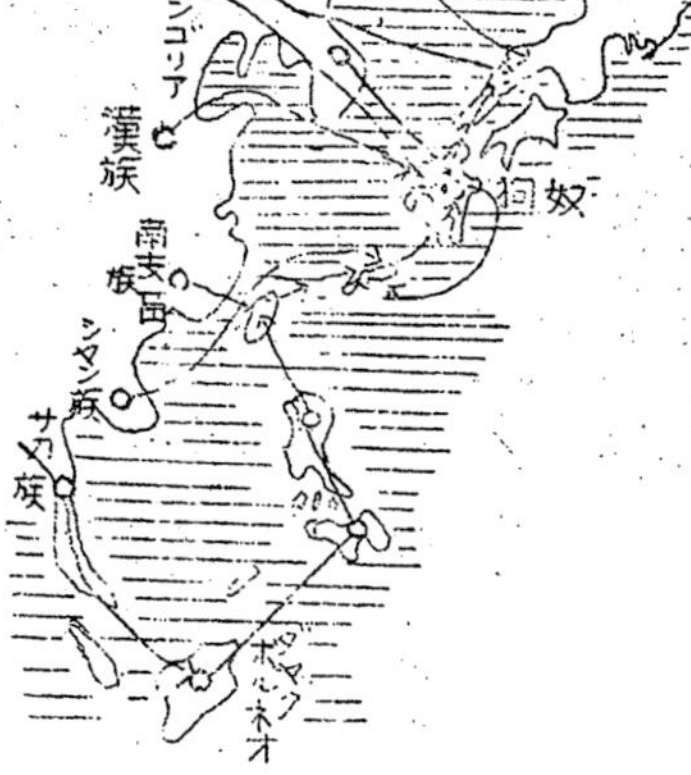

太古アマミキユという神が降臨してこの島国を経営した事から沖縄の歴史は出発するが、アマミキユというのは部族の名で、九州南部にいた海部があま美大島を経て沖縄の島々に落着いたものと考えられている。このことは弥生土器の発見や、土俗言語の類似によつて証せられるところで、向象賢や、新井白石がこれを提唱し、英人チェンバレン氏は言語学の上から立証した。更に沖縄の島々が潮流の関係で南洋の諸島と人種文化の交流のあつた事も否む事はできない。

おもろや民間伝承の中に、南方の分子があり、ターバンの風俗や、羊皮履をはいた風俗もその一例である雲南の苗族が南下したラオ族の相貌や風俗は、沖縄と著しく類似している。城岳の貝塚から紀元前二百年頃中国で流通した明刀銭が発掘されたことは、沖縄の人々が直接に間接に中国と交渉があつた証拠

で、沖縄民族はその頃まだ貝塚を残すような原始文化の生活をしていたことがわかる。

伊波と萩堂の貝塚には、石器、貝器、骨器、土器などが発見され、その当時の古代沖縄人は未だ採集生活をしていた。しかし沖縄はその自然な環境から狩猟よりも漁ろうが主であつた、彼等は骨で作つた突銛や投銛を使い、網や釣具も使つた。舟も使つていたがそれは簡単な丸木舟やいかだを使つていた。山で狩をする際は犬を飼つて勢子や猟犬で猪を狩り陥穴も考えた。

石斧、槌石、矢の根石、凹石などを使つて食料の処理や食物の調理、工作等に使つた。

土器も使用したが単純な形のかめ類だけで焼きが不十分で、不完全な脆弱なものであつた。

漁ろうは共同作業で行い、分配にも差別をつけることはなかつた。魚見の人々の知らせで、漁頭が指揮をして動き出す、網で魚群を包囲すると、若い人々や女子供まで、海面をたたき魚を網におい込む。漁獲された魚は女子供が焼いた石で焼く、これを共食する。

親子近親の血族が同一の住居に住み、生活単位をつくる。即ち血族集団である。彼等は集団内で、物々交換も行つた、必要に応じては、遠く離れた他の集団との間にも交易が行われた。

単元
二、大昔の人々が残したものにはどんなものがあるか
稲作と金属器の使用にともなつて、新しい文化が始つた。

中山世鑑によると、久高島に麦粟が自然に生じ、稲作は、知念、玉城に始まつた。農耕生活によつて部落はだんだん大きくなり、結束もでき、色々なおきても考えるようになつた。これから沖縄の部落時代が始まるのである。

この部落を形成したのは血族の集団であつたが、これらをまきよと呼び、後世は門中又は一門と呼ぶようになつた。

部落のものは相助け、団結して祭祀のときには全員が参加する。部落は幾つかの門中を包含するが、部落全体としてはまた根所がある。ここは部落で一番ふるい草分け当時の家で、根所の家主、根人となり祭祀の処理をする。根人の姉妹又は娘は部落の神に仕える根神となるがこれは世襲である。

水田は泉川の水を必要とするから、川にそつて、家は集るようになつた。ここは土地の隆起した場所か、阿口近くにできた堆積地域であつた。新しい村が次第にふえるようになるが、始めの血縁体はくずれて地縁団体となる。

このような時代が約二千年前即ち、紀元世紀前後だと考えられている。米作をした人たちは縄文土器をつくり漁猟生活をした人々とちがつて石器の外に、金属器、銅器をつかい弥生土器をつくつて農業生活をしている。

農業時代の始めは又北九州や朝鮮、中国とひんぱんに交通しているから、稲の作り方、金属器、弥生式土器も大陸の人から陥つたものだと考えられている。

米作がさかんになると、高倉がたくさん立てられるようになつた。

（おもろや組おどりにでている）

農耕具ははじめ石器や木器をつかつている、稍々後になると牛を耕作に使うようになつた。

いねは穂をつみ藁はそのままにしておいた。いな穂は木臼に入れ竪杵でつき籾をおとし玄米にする。
三、弥生式文化の発達につれて、部落の生活から国家の形態ができたことについて学習する。
（沖縄の信仰）

自然現象、例えば日月の運行、星のきらめき、四季のうつりかわり、雷電、風雨、病気、生死量で、それらのものは目に見えない何者かの手によつてうごかされていると考え、これに対してつよいおそれを抱き、これを拝んだり、いのつたり又まじなつてその害をさることがお禁の目的であつた。拝まれるのはお岳の神、日月、霊威などであつた。

（儀来河内）

神は天から降りるのもあるが、又海上はるかの国から来るのもいる天から下りる神はお岳におりつくと考えた。

お祭の日には村人は仕事を休んで祭りの場所にあつまり、神女はお願ごとを申し村の人々は酒や御馳走を神に捧げ、歌舞で一日を楽しく過ごす。この頃の歌をおもろといつた。

単元
○日本の社会はどのようにして国家の統一をはかり発展をつづっていつただろうか。
（聖徳太子と大化改新）
（沖縄本土間の交通がさかんになる）
七世紀（六一六）種子島、屋久島、あま美（六八三）
八世紀（七一四）にはあま美、久米、石垣が本土と交通し、特に八世紀には奈良の都について、日本の朝廷から位をもらつており、その後も度々南島人が来朝し

た記事がある。七五四年中国からの遣唐使船がおきなわに漂着したこともある。これらの記事の外にこの時代のことばが沖縄にたくさん残っていることは、確かに交通がひんぱんに行われた証拠になると思う。

(母権時代)

部落時代の末に（十一世紀）なると武力をもつた按司が現われ、城をつくり人民から税をとりたて、村々を支配した。勢力のある按司は他の按司を征服した。この頃敵をのろい退けたのは、多くの神女たちであつたが、彼等は敵の神女と戦うこともあつた。各部落の神女は神威によつて、政治を左右することもあつた。

単元

二、政治のみだれと武士のおこり。

（政治のみだれとともに武士が地方に起つてくることを明らかにする）

武力が神力に代つて強くなると、按司たちは、日本との交通もはげしくやり、鉄の武器も入り、色々な道具が入つてくる。しぜん鉄の武器、剣、ほこ、矢などを売りにくる舟も入るようになる。野心のある若い者たちが部下となる、この頃日本では源平二氏が中心となつて農村を支配し、戦争がくり返されていた。こうしていくさに敗けた者や、冒険的な者が沖縄に渡つて来るものも多かつた。これが伝説となつて源為朝の物語となる。この外平家の人々が来島したという伝説は大島や宮古、与那国等にも残つている。このようにして沖縄の各地は按司の領地となる。按司は城をつくり敵の攻めにくい所にたてこもつて勢力をつくるようになつた。

神女はすつかり政治的な力は衰えてしまつたがこの頃になると、祭りやそ術の外に按司の城立を祝い、按司の栄をいのることにいそがしくなる。按司の子は按司になる。百姓の子は百姓という風に、身分がだんだん固定して来る。力の強い按司は次第に勢力をもつて他の弱い按司を攻め亡し、遂に三人の按司家が残るようになり、北山（国頭）は今帰仁に、中山（中頭）は浦添に、南山（島尻）は大里に根城をもつて約百年間争うようになる。

単元

貴族の世のゆきづまりを武士はどのようにして切り開いていつたであろうか。

○鎌倉幕府時代の郷土を取扱う。

三人の按司は中国、朝鮮、日本とも交通した。浦添按司が最初に中国の皇帝のすすめで使を出したので、皇帝はよろこんで中山王という名を与え、ついで大里按司には南山王、今帰仁按司には、北山王というようになつた。

程順則は意見書を出して天孫氏のことは史実にないから舜天を以て第一祖とすべき事を主張した。舜天以来英祖、察度、尚巴志、尚円、と五度も王統はかわつたが、沖縄は革命はあつても、易姓はなかつた。即ち特定の家や人に属すべきものでなく、天地の徳を受けて万民を化育すべき有資格者が、常に君臨すべきものと考えられた。王位は天壌無窮であるが、王家は必ずしもそうとは考えられない。舜天の子孫が三代七十二年続いて、浦添の英祖按司がこれに代つた。英祖按司のとき禅鑑という僧が渡来して臨済禅を伝えた。（一二六一）又いろは四十七文字も伝えられた。このことについては為朝が伝えたという伝説もあるが、鎌倉期に交通が行われた結果として、この種の文化が伝来したと見るのが正しい。漢文が輸入された後尚寧頃まで沖縄語を写した碑文や辞令書が行われ、御家流以前の書風であることから、伝来が随分古いということがわかる。

これより五十年後政治のおとろえに応じて浦添謝名村からでた察度が王位を奪う。察度は鍛冶職、鉄材等を牧港に入つた日本商船から買いとつて民心を収攬した。

一三七二年中国明の太祖主元璋は沖縄に使をやつて察度を招いたのでこれに応じ弟泰期をつかわした。皇帝は喜んで察度に中山王の称号をやり、暦、王服、金めつきの印をおくつた。二年後一三七四年明から陶器七万鉄器千をもつて来て、馬四十頭を買つていつた。中国に対する深い興味と尊敬を感じたのはその高い文化に対するあこがれと実利からであつた。察度はその後も毎年進貢したので南山、北山も、これにならい進貢する。一三九三年中山と南山は学生を三人ずつ北京に送つて大学に入れた。その前々年即一三九一年には福建からびん人三十六姓が久米村に移住して学問が始まるようになる。察度はその間朝鮮にも使をやり（一三八九）その後百年間三十回以上も朝鮮と往来し、安南やシャムにも交通を開くようになつた。

単元

○産業の発達とアジア大陸との交渉

（農村の再編成と足並を合わせて生活技術が進歩し経済活動が活潑になる。）

この時代の社会は身分の差もゆるやかで活気があり農民も自由と才能をのばす希望があり、人生はそれぞれ意義があつた。農具は鉄製のものが行きわたり、生産は多くなり、牛、馬、豚、山羊等の家畜も多くなる。武器も日本からよろい、かぶと、弓矢、槍、矛、大刀刀、脇差も輸入されて来るようになる。鍛冶屋もでき て農器具がつくられるようになる。赤ぬりの食器や、膳、盃、酒ひしやく、磁器も使われるようになつた。

十一世紀から十七世紀ごろまでうたわれた神歌（おもろ）もでる。この中にはお祭用のものもあるが、大部分は即興的なもので、各地の民俗、信仰、生産、労働交通、貿易、経済、人々の思想、感情等人生のいとなみが素直にうたわれている。

三山時代の末佐敷按司尚巴志が武寧を攻め亡し（一四〇六）自分の父を立てて中山王とする。一四一六年北山王を亡し、中頭、国頭を支配下に入れ、一四二九年南山を亡して統一の業を全うし中央政府をたてた。

巴志を佐けて統一の業を成就させたのは懐機である。懐機は尚思紹の頃渡来した福州人で、五十年間も国政顧問の要職に居た。尚金福王の頃新村渠から崇元寺までの浮道（長虹隄）を構築したものも彼の企画によるものであつた。

尚巴志の時代は「からは」旅が盛んに行われた。即ち支那の処州の陶磁器を買い込んで、ジャワ、スマトラボルネオ等各地に行き、その地の蘇木、胡しようと交易しこれを支那、朝鮮、日本々土に持込んで、莫大な利益をあげた。

一四五八年泰久王の頃、逆臣阿麻和利勝連城に拠つて反乱、中城按司護佐丸は孤忠を守つて憤死した。室町期は下剋上の時代でその風潮が海をこえて南島にも波及した。しかし乗るかそるかの運命を一片の孤舟に托して、万里の波濤を縦横に乗切つた溜天の意気も、又この時代の思潮であつた。

単元

ヨーロッパにはどのような新しい動きが現われて現在の社会とつながつているであろうか。

○江戸幕府ときびしい身分制度

尚真王は五十一年間治世し「おぎやかもいかなしい」の御代として黄金時代を謳われ、喜安日記にも嘉靖の昔は花と栄えしかども、と栄華の喩にも引かれたほどの時代である。数ある事績のうちで第一にあげられるのは中央集権である。これまで間切毎に城郭を構えて割拠していた、按司たちを首里城下に集め、所領や間切には按司掟という代官をおいた。

中央集権制が整頓されて番所という地方政庁がおかれたとき、按司掟が地頭代と改められた。

按司の家は御殿家敷といわれ、邸宅はその間切にそのまま保存されたようであるから、按司掟という国家老を留守居として残留し、按司の家だけが首里在府という事になつた。何にせよ五十何軒もある按司部が一族郎等を率いて首里城下に転入したのであるから、首里の繁栄は想像に難くない。帕の地色やかんざしの地金によつて身分を標示させたのも秩序整理のためからであつた。按司家の伝統的主従関は首里移住後も引続き襲踏されていたもので、殉死の風がなお行われていたから、母后世添おどんが逝去したときに、禁令を出して殉死を止めた。この事は円覚寺住職仙岩長老の進言に基いたものであつた。

第二に各離島を支配した

各離島、大島、宮古、八重山、久米島にはこれまで独立した按司たちがいたが、宮古は尚円のとき服属し久米島の按司は尚真に亡ぼされ（一五〇七）八重山征伐によつて、首里王の支配となつた。

第三に南方貿易をさかんにした。

中国貿易の外に南方への貿易船はすでに察度の時代から出ているが尚真王の中ごろから毎年シャム、マラツカ、アンナンに貿易をした中国の磁器、織物その他日本品で、南方から胡しよう、蘇木を輸入した、いわゆる仲継貿易であつた。

第四に首里の美化に力めた。

首里城を拡張して石垣や城門をつくり、べんの岳、園比屋武岳に花木を植え、石垣、石門をつくり道路を拡げ、松並木を植え、円覚寺を始め寺を建て土木工事をおこし建築をおこなつて首里の美化につとめた。

第五に武器をもつことを禁じた。

第六に階級制度をもうけた。

王は金、銀、真鍮のかんざしをもつて人民に差別をつけることにし、貴族には、金、士族には銀、としその他の国民はすべて真鍮ときめた。時代が進むにつれてまた金、銀階級の中にも又いくつかの段階ができて、下の階級にはどうしても上の役人になれない。農民や町人は衣、食、住の上からもきつい制限ができた。

王子　金（龍頭彫）　按司　金（覆盆子型）
親方　金（全金花）　士　銀（水仙花彫）
百　姓（真　鍮）

第七に女神官の組織ができた。

聞え大君という官を任命し、国王に次で知念間切を領地とし全沖縄のノロを支配した。

政府の組織も確立した。王のあとには王族から摂政が一人任ぜられ、三司官の上になる。その下に多くの奉行がおり、各役所の長官となり、官吏をさしずして事務をとつた。

地方政治は惣地頭と脇地頭がとる。

それ以外の士族は平士といつて、役所や大家につとめて、俸給をもらう。間切には番所があり、尚真から尚寧のはじめごろまで按司掟が首里から来ていたが、島津の支配になつてからこれをやめ、地頭代を選んで間切の事務をとらせた。

単元

○発達する諸産業

農業は著しく発達し、いねの外、麦、黍、大豆をつくり、野菜として大根、山芋、なす、うり、冬瓜、にら、ねぎ、しようが、ちさ、ひさご、などをつくつた、牛糞やわらを肥料として使うようになつた。

木綿はなくからむしで着物をつくり、藍染模様もできるようになつた。

農業技術、農具、食器、武器など文化の高いものがあつたが国外から入つてきたものも多かつた。

甘藷は一六〇五年に中国から沖縄に伝わり、大島へは沖縄から入つた。砂糖は直川智が中国から伝へたもの川智は大島の大和浜の人で一六一〇年には百斤の黒砂糖をつくつている。

○きびしくなる薩摩の命令

① どんな家からの人でも役に立たぬ者に領地をやるな。
② 女たちに領地をやるな。
③ 百姓人から規定外のものをとつてはならぬ、無理なものが居たら薩摩に訴えよ。
④ さつまの命令以外のものを中国にあつらえてはならぬ。
⑤ 薩摩の許可を得た者以外の商人と商売をしてはならぬ。

薩摩の支配下にあつたとき、
羽地朝秀と蔡温の政治家がでた。
羽地朝秀（向象賢）、節用愛人の理想で、冗費を省き農民に難儀をかけないようにし、日本文化をとり入れるようにつとめた。
蔡温の治績は
㈠ 水利を興したこと。（那覇港の浚渫羽地川の開修茶湯崎の築港）
㈡ 杣山制度を定めて植林に意を用いた。
㈢ 開墾の方法を講じた。

○島津侵入

慶長十四年島津の沖縄征伐は秀吉が征韓した頃に始つている。島津氏は秀吉から一万五千人の出師を命ぜられたが、その一部を尚氏にも負担させるつもりで、七千五百人の十ケ月分の食糧を調達せよ、左もなければ大島以下五島を譲渡するか、何れかという難題を持ちかけた。このとき三司官謝名親方は激昂して反対を唱へ、拒否する事に決した。一六〇九年家久は幕府の許しを得て、兵三千、舟百隻、を以て沖縄を征服することになつた。山川を出発して大島、徳之島、永良部などを攻め三月二十七日運天に上陸した。
四月二日沖縄は降服し、四月四日城を明け渡した。尚寧王は捕虜となり、百余の家来と共に鹿児島に護送され、更に江戸に上り将軍り、薩摩の法令を守り、誓文に調印した。講和内容によると、
㈠ 大島五島を島津領とすること。
㈡ 琉球の石高は九万石とし、その中から租税をとること。
㈢ 島津に芭蕉布、上布、下布一万九千反、牛皮二〇〇枚むしろ三八〇〇枚を上納すること。

尚寧は十六年三月、三年目に釈放されて帰り、謝名親方は薩摩で斬られた。

島津の戦後経営の処置は支那党を一切政局から追放し西来院菊隠を始め、池城、豊見城等の日本党を重用した。尚土地を測量して一万石の貢租を賦課し、明国貿易を薩摩の管理に移した。

更に城内の宝物を点検し封印をして悉く接収した。これから後沖縄は将軍が代る毎に慶賀使を出し、又沖縄の王が代ると謝恩使を出して将軍に礼をいうことになつた。

㈣ 士人階級の救済策を講じた。
㈤ 扶持人の模合組合を起させた。
㈥ 下層民の生活を豊かにすることを考えた。

甘藷は野国総管によつてもたらされ、儀間真常が栽培法を工夫して広めたものである。一七〇〇年ごろには一年二作となつている。砂糖は儀間真常が人を中国にやつて伝習させたもので、一六二三年には本島に広がり、二十年後には島津への租税となり、島津氏はこれを大阪で売り大きな利益をあげた。

棉花は儀間真常がさつまから持つて来て栽培し、糸を取り布を織ることも広まつた。（さつまの実千代、梅千代の指導による）農家の生産は食料の外に薪炭、竹木、芭蕉糸、芭蕉布、木綿織、真綿、紬、麻織物が主になつた。

首里那覇その附近からは塗物、陶器、金物細工、皮細工、酒、豆腐、木工品、紙、線香等の日用品が生産された。


（工芸の発達）

工芸や芸能は人民の中から自然に成長したもので、南国的な色彩や構図に特長がある。

官古では尚真王の頃紺細上布が工夫され、これが島津への納税品となつたため模様や品質ともに向上した。

久米島細は一六三二年から酒匂氏が渡島して教えたものといわれている。

色染（紅型）は黄紺水色などの生地に色々の模様を染めたもので図案化し、型紙をつかつて色染をした。

紋織は中国から学んだもので貴族、士族の帯冠服などに用いられた。

陶器は一六一六年朝鮮陶工を招いて技術を伝えた。

その後平田典通は中国で陶器の焼き方を学び、帰朝後花立て、菜皿、茶つぼ、等の工芸品を作り、仲村渠致元は一七三〇年薩摩で陶法を学んで、工夫改良をするようになつた。

比嘉乗昌は一六六三年、中国で朱塗、金、銀、箔の製法を学び、尚敬王の一七一五年には堆錦塗を考え出した。

○学芸の発達

一六一三年から一七〇三年までは、各間切で首里に出す色々な報告書を平仮名まじりで書いていたが、その筆者は地方有力者の子弟で、年長の人から読み、書きそろばんを習いそれから首里の地頭所で二、三年勉強をした。

羽地朝秀が摂政の頃は士族の子弟にも学問、算勘をすすめている。

一七九八年尚温王の頃首里に国学と平等学校をつくり首里、泊、那覇に村学校、農村に筆算けいこ所をおき学校教育をはじめた。

久米村には明倫堂があり、漢学、中国語をおしえた。

役人の採用には試験制度をとり、一七六〇年から首里政庁では評定所筆者、那覇では那覇役所の筆者を試験した。


学者として名高いのは識名盛命と程順則の二人で、識名は尚益王のとき三司官になつた日本文学者である。

最初京都にでて（端雲と改名して）国文、和歌を学んだその時の紀行文が「思出草」である。

程順則は名護聖人といわれた人格者で、六諭衍儀を刊行した。

首里貴族の中には日本文学の研究も盛んで、源氏物語や伊勢物語、太平記、保元、平治物語などがよまれていた。従つて沖縄人の手になつた散文の文学的作品も多かつた。

単元

ヨーロッパの近代化の動きは日本やアジアの国々にどんな影響を与えたであろうか。

○（日本の開国と江戸幕府の滅亡）

ペリー来航から通商条約を結ぶまでの事情を学習する

一八四四年フランスの船が那覇に来航して強く開国を要求したが、断ると一人の宣教師をのこして帰つた。二年後の一八四六年にはイギリス船が来航して、宣教師ベッテルハイムをおいてかえつた。

これより前一八一六年バジルホール大佐一行が、泊港に入港して四十日もとどまり、船の修理をしたり海岸を測量して、帰つてから大琉球航海探検記を著わしている。

ベッテルハイムはキリスト教の熱烈な信者であり、立派な医者で一八四六年から八年間も政庁の妨害を受けながら、沖縄語を覚え熱心に布教した。

一八五三年アメリカのペリー提督は、日本に行く前に五月二十六日那覇に来航した。ペリーの艦隊は那覇を根拠地として、小笠原、日本香港と活動をつづけ、その間に日本と琉球に条約をむすぶことに成功した。

一八五四年七月一日調印された和親条約は次のようなものであつた。

㈠ アメリカ人が来航するときは、親切に取扱い、どんな品物でも自由に売ること。
㈡ アメリカの船には、どこの港でも薪水を売り、その外の品物は那覇だけで売ること。
㈢ アメリカの船が漂流した時は、すぐこれを助けること。
㈣ アメリカ人は上陸した時見張番をつけないこと。

（明治政府の改革命令）

松田道之一行は首里城にのりこんで、明治政府の命令を伝達した。それによると

㈠ 中国への進貢と冊封をやめること。
㈡ 明治の年号をつかうこと。
㈢ 摂政三司官の制度を改め大参事、権大参事等をおくこと。
㈣ 型法を日本のとおりに改め、これを研究するため係りの人三名を上京させること。
㈤ 学問研究のため青年十人上京させること。
㈥ 謝恩のため藩主が上京すること。
㈦ 守備隊をおくこと。

の七ケ条であつた。政庁では前三司官亀川盛武を中心とする頑固党の一派が強く反対した。

頑固党は藩王の称号を受けて来た伊江、宜湾をも非難し、彼等を罰せよと藩王に要求した。そのため宜湾朝保は悲嘆のなかに明治九年を去つた。

一八六〇年には宮古島では那覇の薩摩役人に歎願書を出して、日本への合併を願つたが、首里政庁に知られて、処罰された。

島尻や国頭でも農民は一日も早く日本の政治になるよ

うに願っていた。首里の士族大湾朝功は琉球政治の腐敗を実例をあげて説明し、その改革をとなえた文書を松田のもとに出している。このように支配階級はなるべく改革をまぬかれようとしているが、下の階級は改革を一日も早く実行してもらいたいと考えであった

単元

○文明開化の諸相を明らかにしてそれと同時に時代にとり残されていく武士の没落について学習する。

　明治十二年正月松田大書官一行は那覇について藩王の代人今帰仁朝敷等にあつて、政府のかたい決心を示したが、沖縄政庁はかたく断つた。この事情は中国公使が日本政府に対して琉球を勝手に処分するなと申入れたので中国の助けがあると考えたからであつた。松田大書記官は返事を受けると愈々強硬となり、処分する準備をした。

三月二十五日松田は官吏三十余人、巡査六十余人、歩兵三百余人をつれて那覇に上陸した。二十七日藩王をはじめ諸官吏をあつめて、

㈠　琉球藩を廃し沖縄県をおくこと。
㈡　旧藩王は至急上京すること。
㈢　旧藩王は三月三十一日限王城を退去すること。

をいわたした。これで王は家族をひきつれて王城を退去し、封建政治も終りをつげた。

これから二ケ月後五月二十七日旧藩王は次男尚寅以下百人の従者を引きつれて那覇を出発し、松田大書記官も六月はじめ引あげ琉球処分は漸く片づいた。

明治十二年五月県令鍋島直彬は県庁で旧政庁から事務引継を終り新政治に入つた。

地方は八地方に分け、各地方に役所をおき、各間切の吏員を指導監督した。

県令は三司官はじめ役人に県官吏となるようにすすめたが、彼等は断り、毎日中城御殿にあつまり協議をつづけた。この情勢を見て、県令は止むを得ず弾圧の決心を堅めた。二代目の上杉県令は教育に熱心で、十五年には五人の県費留学生を東京に送つた。

二十五年宮古、八重山の名子制度を廃し、二十六年には各間切村に総代会を設け、明治二十九年には地方を二区、五郡に改め区役所、郡役所をおき区には区会をおいて予算を審議させた。

明治三十年県庁内で委員会が設けられ土地整理が行われた。つづいて税法の改正も行われた。

この二制度の改正で種々の利益がもたらされた。

一、自分の耕している土地は自分のものだから、自然と土地を愛し深く耕し、肥料をやり良い土地をつくる。
二、土地の交換、分合で一ケ所にまとめ、能率をあげることができる。
三、土地を抵当にして、金を借り売買も出来る。
四、国税が遙かに安くなつた。

○（県民の自覚）

　謝花昇、県会の設置、沖縄県から衆議員、議員を選挙することを運動した。

四十二年特別県制が敷かれ、県会議員三十人を選挙し県会が開かれた。

四十五年衆議院議員の選挙が行われ、岸本賀昌、高嶺朝教の二人が当選した。

○（海外移民について）

　明治三十二年ハワイ移民三十五年に北米（五十一人）三十七年フイリピンに（三六〇人）メキシコに（二二〇年）三十九年にペルー（一一〇人）四十一年ブラジルに（三五〇人）大正二年アルゼンチンに十四人）

○移民の現況

○（沖縄の教育）

　明治十三年各地に小学校、中学校（首里）師範学校（那覇）を開き十五年には留学生を東京におくり、十八年には医生硝習所を開いた。

明治十九年小学校（四年制）を義務制としたため入学者がにわかに多くなつた。

師範学校は四十三年に女子部をおき、大正五年に独立して女子師範学校となり、三十三年開校した第一高等女学校の敷地内にうつつた。

三十六年に高等女学校は県立となり昭和三年に第二高等女学校が出来たため第一高等女学校と改めた。

第三高等女学校は昭和五年に開校した。

実業学校は

　明治三十五年　国頭郡農学校、首里工業徒弟学校
　　三十六年　首里区に女子工芸学校、島尻女子徒弟学校
　三十七年　水産学校、乙種農学校
　三十八年　商業学校、久米島女子徒弟学校
　四十年に　中頭郡農学校

昭和十一年に開南中学校、十二年に八重山農学校ががが創立された。明四四年県立二中が嘉手納にできた。

第三中学校は昭和三年、宮古中学校は昭和四年にそれぞれ独立開校した。

単元

○（日本の大陸進出と軍部の独裁）

　昭和六年九月満州事変がおこり、昭昭七年三月には満州国ができた。

昭和十二年七月日華事変となり、昭和十四年九月にはドイツがポーランドに侵入し、イギリス、フランスは

ドイツに宣戦、第二次大戦に突入した。
昭和十五年日本は仏印に進入し、独伊と同盟を結んでしまつたので、米は英、仏に近づき、日米関係は険悪となつた。
十五年十二月八日真珠湾攻撃となり、太平洋戦争となつた。十九年米軍はサイパンに上陸、沖縄は危険がせまつたので、学童と一般希望者は九州に疎開させた。十月十日空襲となり、二十年三月からすつかり戦場となつた。四月一日米軍上陸、六月二十三日には米軍は完全に沖縄を占領した。日本は八月に広島、長崎に原子爆弾が投下されたので十五日には無条件降伏となつた。それからアメリカ連合軍の進駐となり、平和な民主国家として再出発することとなつた。
米軍に占領されていた沖縄と大島は二十年から日本と切りはなされ、米軍の管理下におかれ、二十六年九月サンフランシスコ平和条約が締結されたときも日本への復帰は未定のままとなつた。
（これからの沖縄）＝歴史的分野の総括として
最後に一時間をとつて、いままで歴史を学んできた感想やこれからの希望などについて語り合う。その話し合いの中にこれからの郷土を育てあげるのは現在の青少年の責任であることを感じさせるよう指導し、どのように発展させるかを話し合いさせたい。われわれは今次の大戦によつて祖国から切り離されたのであるが、平和は常に沖縄が念ずるところであり、歴史がその証拠である。たとへ周囲の激浪が絶えず生活を脅威するにしても、民族がもつ強靭な平和愛好の意志は人全類体に追憶せられるものと信ずるからである。

（那覇高校教諭）

構成教育研究の小さなまとめ

仲本賢弘

一、構成教育とは

1 構成の意義

構成教育でいう所の構成とは、その造形という意味である。構成教育は造形教育といつてもよい。即ち、構成教育とは丸や三角をならべることではない。いわゆる構成派模様を描くことでもない。絵や彫刻や建築にめんどうな理屈をつけることでもない。われわれの日常生活のごくありふれた卑近な事を、充分に取り出して、それを新しい眼で見なおし、鑑賞したり、作つたりする上のコツをつかみとる教育、それが構成教育である。

造形的な意味での構成は、部分と全体との関係が有機的であることを指している。即ち要素が全体を有機的に形成するのが構成である。しかも構成は、他の形を真似てくり返す模倣でなく創造でなくてはならない。

構成の学習では例えば(イ)あるテーマに対してポスターを作るのに、その構図、文字の配置や色彩をどうしたらよいか、(ロ)竹を使つて何かを作るのに、それをどのようにしたら形も良く使いよい丈夫なものができるか、(ハ)ショウウインドウを効果的にするのにどんな材料をどんなに使つたらよいか。(ニ)木やガラスやアルミニュウムなどの材料を使つて小家具を作るのに材料の特色を生かし、丈夫に美しくするのにはどんなにしたらよいか。(ホ)この絵（彫刻）はどこが中心か、あるいは主要部分か、それが主要であるのはどういう理由か。(ヘ)ある建築物のすぐれた点或は欠点はどこにあるか、それを改造するにはどうすればよいか。などの技術を専門家でない人にもある程度わかるように理解する方法である。即日常生活に関するすべての造形的なものを見たり作つたりする上に極めて重要な基礎的なものである。

構成は建築する、築造する、構築する、建造する等の言葉に代えることもできる。又構成は表現の方法でもある。個々の材料を感覚的直感によつて会得し、有機的に組み合わせる方法である。然しそれは職人や工員が唯機械的に造る事ではなく又模倣する事でもない。創造する事なのである。新しい考えで、新しい形のものを作ることである。

2、構成の要素

構成の要素に主要なものが三つある。それは目的と材料と技術とである。

造形の世界では一定の目的がある。実用的なもの、美的なもの、或はその両方をもつているものがある、だが構成の目的はその外に材料に即した形体や構造を目的としたものの場合が多い。

要素としての材料は、今日使われているあらゆるものを含んでいる。その材料は有機的なもの無機的なものに分かれるが、それ等の材料はそれ自体のもつ特色があり、特質によつて材料の要素として有効な役目を持つのであるが、物となつて表現されると別な形、別な性質に変化するのである、そこで材料を徹底的に研究することによつてその材料を知りその本質を生かすように使用されなくてはならない。そして材料に即して特有の形というのも生れてくるわけである。

3、構　成　教　育

今日迄に於ける図画、工作教育の中心となるものには十九世紀の匂いのするアカデミックな素描や描画と、スロイド式の木工工作の尾を引いた手工教育であつた。それが新しくなつたとしても、作る主題が新しくなり、材料が変つただけで製作とか学習、指導の態度は根本的の進歩の跡を見る事ができない。その最も大きな欠点は技術の伝習、規範による模作的態度を児童生徒にとらせる事であつた。そして、指導の主眼は技術の練磨、製作の固定した知識の修得にすぎなかつた。このような伝承的な教育は個人的な人格の親密な接触と長期に渉つて時間を豊富に使わなければ効果は薄いものである。画を描くという仕事は構成の仕事とは間接なつながりはあるけれどもそれはほんの一部分のものである。造形教育は描画にばかり多くの時間を割いてはおられない。造形教育は人間の創造性の開発であるから多分に芸術的であり、一面また材料と取り組むから科学的合理性を含んでいる。即ち構成教育は人間の造形本能に基く、科学的、技術的な面もあるのである。

4、構成教育の目標

A、人間生得の感覚を造形表現に発展させる。

B、人間の表現本能を尊重し、自由、積極的な活動を誘導する。

C、創造活動を刺戟するため、日常周辺の物質材料を新鮮な感性によつて見なおす態度を養う。

D、手工芸と機械技術との調和をはかり、製品が科学的、合理的、経済的であると同時に人間の精神的要求に合致するものであることを理想とする。このような製産技術、製産態度を養う。

新時代にはその時代に必然的に要求されている感覚がある。新しい視覚が生れている。それだのに、これから先のもつと新しい時代に生活しようとしている児童生徒に、何十年も古い昔のアカデミックの材料や技術や感覚を押しつけてよいという事はない。科学の進歩、哲学も経済も社会状勢も絶えず変化しているダイナミックな世界に即応する教育が考えられなくてはいけない。

二、構成教育の内容と方法

1、内容

A、単化練習—対象を必要な要点だけで表現すること。

B、明暗練習—白灰黒を基調とするシユパンヌンクをいう。

C、色彩練習—各種色彩配合によるシユパンヌンク

D、材よ練習—触感覚的材料の配合によるシユパンヌンク

E、コムポジション—空間の処理によるシユパンヌンク。

F、絵画練習—以上を総合したもの。

G、ホトモンタージユ・ホトグラム。

H、立体練習—量感のある材料の空間の配置に於けるシユパンヌンク。

I、機能練習—合理的に材料を処理した時に生ずる形態の学習。

内容を以上九項目に分けたものであるが、これらのものは、すべて感覚を働かせてその機能を鋭敏にすることを目的とし、造形表現に役立つものである。しかも今迄のように習慣的に機械的な観察や描写をするのでなく自分の眼でしつかり見、心に感じたまま、リズムに乗せて、大小とか、遠近とか、濃淡、明暗、強弱の抑揚をつけ、最も簡潔に表現するのである。それは表現の改革であり、見方、感じ方の新しい発展である。

2、方　法

A、単　化　練　習

単化練習とは、図画のような表現で、一種のドロウイングの基本である。物の形の造形的要素を抽象し、その急所をとらえて描き表すのである。その物の要点急所と思う所だけを残して他は省略して描くのである

然しここで注意しなければならないのは、単化練習は感覚の学習であつて画を描く、作品としてまとめることではないという事である。形の見方と、その表現を新しい角度から経験することである。形を一つの空間と解釈することである。物の形を単に外形の輪廓―アウトラインや骨格だけで見ないでそれを分拆したり、再構成したりしてみることである。単化練習は便化とも似ているが、それとも違つている。即ち、便化は単純にすることであるが、複雑にする場合もあり形をゆがめる場合が多いが、単化にはそれがない、また、モダンアートでいう所のデフォルマシオン―変形とも違つている、一つのモデルから形の写生をした場合普通ならば作品として一種類しかできないのに、単化練習による場合は作品が幾通りもできるところに特色があり学習の興味が多い。

単化練習の結果は新しい絵画の表現に役立つばかりでなく、従来の図案工作に、作品の鑑賞にも影響を及ぼす所が少くない。

単化練習は小学校に於ては、物の形や色を単純化することや、物の形を歪形する。物の影だけを集めて歪形する。空かんなどに写る映像を描く、初めの物の形から新しい形体を考えさせるなど即ち具象形からの単化やそれが更に進んで抽象的な構成に連なるものへともつていくようにすることである。

B、明　暗　練　習

明暗練習は色彩練習の予備の段階ともなり単独には面による表現に空間の深さと奥行きを与え、平面を立体にまで発展させる造形要素である。

明暗を代表するものは黒灰白の無彩色である。明暗はその根源は光による反射の状態によつて起る。色そのものにも明るさと暗さができる。あるいは光の当つた陽部と陰影ができる。

描画学習では、今日まで明暗のことは、陰影法、あるいは濃淡法として一部に扱われていたが、この重要なことをはつきりと主張し意識的に学習内容として取り上げたのは構成教育が始めてであつた。明暗練習はあらゆる絵画表現、図案に必要であるばかりでなく、写真、版画、印刷の基本的要素をなすものである。

明暗練習の学習としては、白黒の平面コムポジションを作ること、明暗のつけ方の練習影絵を工夫する、切紙細工で明暗の練習、幻燈の下絵を作る、白と黒の模様、明暗だけで写生する、明の部と暗の部を解体して抽象化する、無彩色及び有彩色の明暗練習、明暗のみのポスターを作る、明暗と面積との関係を考える。フオトデッサンを行う等の学習方法が考えられる。

C、色　彩　練　習

色彩練習の始めには生徒に色彩の三要素等の理解は要求しない方がよい。多種多様の色を、絵画でクレヨンで出し、色紙や布等を集めてそれらを配合し、組み合わせ比較し、その明暗や色相、彩度等によつて刺戟される感覚の情緒を生かしてゆき、それを漸次まとまつたものに表現させる。

色彩は他の造形要素である線、空間、光と陰等と同じように多くの意味を持つている。基本的には物の性格、特質を表わすものである。例えば草はみどり、空は青などのようにそれらは、物の固有色という。固有色は一つの固定した概念となつてくり返えされている。

このような表現は概念化し固式化し、模写になり、あるものを説明はするが、児童の情緒の表現をさまたげている。

一方には、色彩の情緒的表現がある。それは、説明的な描画、一般の思想画や写生などではできないので構成教育では特にその機会を抽象的な形体を使つて種々の平面コムポジションによつて得させるのである。

色彩を造形要素として自在に使えるようにするには多くの色彩を平面上に配置して、その空間に於ての位置、大きさ、方向、形などの関係と合わせて、種々の経験を重ねることより他にはない、即ち色彩によるコムポジションが必要である。

その学習には、無彩色、有彩色、色環図、色相、明度、彩度、純色、明色、暗色、清色、濁色、色と感情色と連想、色と調和、色と人生、色の明暗、寒暖、強調、面積、距離、重量、混色、配色、立体色、色の生活化等を各学年に応じて取り入れ繰返し練習せしめる。

D、材　料　練　習

材料練習は触感覚に基いて材料の特質を知り、その組み合わせ、配合を色彩と等しく或は明暗練習のように構成しようとするものである。構成教育では材料に対しては伝統的、習慣的な考え方をすてて全く新しい立場で徹底的にそれの性質を試験して理解し、それを意識的に表現、鑑賞に役立てようとする。

材料の説明をモホリ、ナギイは次の四つの基本的なものに分類している。

(イ) 組　識　成　(Structure)
(ロ) 素　　地　(Texture)
(ハ) 表面状態 (Surface aspect, treatememt)
(ニ) 結　　集 (Mass Arrangement)

今日では、素地の問題は取り上げられている。一般には質感と呼ばれ、通俗には肌目がこまかいとか粗いとかいうのはそれである。服地などの選択には使われるが一般工芸品等には応用されていない。もつとも積極的に扱うべきである。

その学習法は、色々な材料の蒐集、フロッタージュ貼紙や貼絵。材料感を把握させ質感をいかに表現するかの練習、各種材質を利用したコラージュ、材料の立体構成等である。

E、コムポジション

コムポジションとは、画の構図のことだけではない。もつと広範囲で造形芸術の上での「空間の処理の問題」である。

平面的な絵画や図案に関係することは勿論、立体的な彫刻工芸、建築にとつても重要な要素である。

学習の手始めとしては平面のコムポジションから入るので、平面上の一点、一直線がその与えられた平面をどのように意味づけるかを学習する。そして単化練習明暗練習、色彩練習、材料練習にでも、コムポジションは関係が深いので、あらゆる造形要素が結合され、配置される平面、立体の空間にコムポジションが成り立つのである。

リズム、調和（ハーモニー）釣合（バランス）対照（コントラスト）などみなコムポジションによつて作り出されるものである。

コムポジションは構成教育の第一歩であると同時に、綜合的な到着点でもある。一点、一線を画面に配置することも、美しい抽象画を作ることも、ポスターを描くことも、抽象的彫刻も建築物もコムポジションの応用である。

その学習指導には、特にそれを理論的に扱う事は小学校に於ては、避けることが望ましい。それは、実際に色々な方法を勉強させる事である。平面分割の学習線と平面の構成練習、幾何形体を均衡的に不均衡的に構成する練習等は平面のシュパンヌンク練習でありその他明暗シュパンヌンクや材料的な表現の学習も必要である。

要するに平面のコムポジションは、平な画面にあらゆる材料と用具を使つて、いろいろな試みをしてみることが大切である。その間に画面の空間と色の塊、線点との関係の美しい感じをつかむようになる。筆や鉛筆やクレヨンなどだけで描くということに限定しないことである。

F、絵　画　練　習

構成教育に於ける絵画練習とは、今まで説明して来たような明暗、単化、色彩、材料の練習、コムポジションを学習した結果それ等の要素が総合され、合成されて、まとまつた絵画作品となつたものである。それは極めて造形要素の強い表現となるのである。その結果として抽象絵画も、立体派的なものも、シウルレアリズムのようなものもできる。

構成教育での絵画練習は、どこまでも学習の一過程であつて額ぶちに入れる完成画を作ることを目的としていない。その学習を通じて生徒が何を習得し、理解したかが評価の対象となるのである。

G、ホトモンタージュとホトグラム

ホトモンタージュは作者の意図によつて作者の頭に浮ぶ考想や構想、または情緒などを写真の部分を材料として構成したものである。そして、それは、明暗練習と材料練習と関連し、そこでは形や色彩や材料そのものの視覚性を重視して取扱い、写真の持つ文学性、物語り性を軽く扱うようにする。しかし、一般に見てホトモンタージュの社会性を考えれば、文学性、物語り性も相当に認めておく必要があると思う。

絵画にしても、写真にしても、その社会性は宣伝や広告、報道の手段としての意味もある。これには文学性—物語り性は重要な内容でなければならない。もう一つの場合は、あるスペースにいろいろな説明を必要とし、スペースに余有がない時にモンタージュで表わす。あるいは、超現実的な情緒を表現したいという場合もあり得る。又その他視覚感情そのものを主としたモダンアートとしてのモンタージュも構成される。

であるから、実際に材料を集める場合も、文学性のものを主とするか、造形的表現を主とするかの態度をはつきり定めてかかる必要がある。これを漫然として手をつけると、どつちつかずのものになる。小学生等は興味本位にやらせた方がよい。

※材料のモンタージュ

色紙や布片などのコラアジュ（貼りつけ構成）が行われているが、それが材料のモンタージュである。この材料モンタージュは古新聞紙を使うのが手取り早い方法である。新聞の活字の組みの粗大なものから細目のものまでを切りぬいて台紙に貼ることである。それは順序よく配列するのではなく、目の粗密の外に白黒の明暗も考え、形も工夫する。

※ホトグラム

写真機を使わない写真、つまり実物を印画紙または青写真の原紙の上に乗せて感光させて現像し定着すれば良い。

H、立　体　練　習

絵画練習が平面的な総合表現であるのに対して、立体練習は立体間の空間を量感のある物体で処理して行く学習である。それ故に造形感覚が平面に片寄らないようにこの立体練習の学習はどうしても必要である。

児童の遊びの中でも、砂場遊び、箱庭作り、積木、その他の組み立ておもちゃなどが立体感覚の学習になるものである。

造形学習上で都合のよい、効果のあるものは粘土である。粘土は彫塑用、陶磁器の材料として使われているが構成教育の学習にも無くてはならない材料である。粘土の使い方もこれを材料としてあらゆる表現の可能性を実験するような扱い方をしなくてはならない。それには型にはまつた概製概念の彫刻や焼物の原型からはなれる必要がある。

立位練習に使う材料を一応分類してみると次の三種類になる。

1、線状材料 ｛柔軟性—糸、ひも、針がね等
剛直性—金属の細いチューブ、割ばし、木割等｝

2、平面材料 ｛柔軟性—アルミ、ブリキ板、中厚紙、布片等
剛直性—木版、厚みのある金属板、セルロイド等｝

3、量的材料 ｛柔軟性—粘土、紙粘土、セメント、石膏等
剛直性—木材ブロック、空き箱、竹の胴切、その他材料、｝

これらの材料は一面では立体の構成で空間感覚を理解するのであると同時に、材料練習にも役立つているのである。そして既製品の模型を作るような概念を破つて全く生徒の創意に基ずく仕事に専念させるようにしなければならない。

その他、舞台の構成、ウィンドウの構成、部屋の構成、運動会会場、学芸会会場の構成等も学習として取り入れる。

I、機能練習

合理的に材料を処理し、目的にかなうようにすることが機能である。だから機能は、目的—材料—形態の三つの間に作用していく。

目的とは一般には実用的目的である。だから機能的形体は多く工業的に製産される器械や器具、器物について問題であるインダストリアルデザインは主としてこの機能と美しい形との一致をねらつているものである。

機能は装飾に対するものである。ルイ、サリバンが「形は機能に従がう」と宣言したことは、その後の建築界の合言葉となつた。

そしてサリバンの弟子であるフランク、ロイドライトは更に具体的に「今や、椅子は腰かける為の機械である。家は住む為の機械である。木は果実をみのらせる機械である。人体は意志をもつて動く機械である。」と言つている。椅子のような家具でも、住宅でも、用途—実用を根定としなくてはならない。

機能的形体は大きなものはビルデング、大汽船、から小さなものは食卓上のスプーンやコップ、万年筆やドアーの引手にまで現われている。だから日常生活で使う器物は機能のないものはなく、したがつてその形が機能的によくできているかどうかは問題である。

構成教育では、形に対してこのような合理的態度を持たせる為に、その実用品の製作にあたつて、用途の研究、材料の選択、そして構造、技法から必然的に生ずる、それには何等の付け足しの装飾が無くとも、美しさが備わることを理解させるようとするのである。機能形体から生じる美を機能美という。

機能練習の学習としては、形や色の機能発見、器物や器具の機能研究、人体とその機能について考える。機械の中の美しさを発見させる、交通機関の形体変化と機能美の変化に就いての研究、服飾と機能、日用品文房具、家具などの機能をさぐる練習等により機能形体の用途と美を指導する。

以上述べたような各学習は相互に密接な関係にあつて、その関係をそのまま発展し学習するところに構成教育の妙味と特色があり、他の方法では得られない教育効果が挙げられる。その最もわかり易い例は明暗と色彩と材料との関係であろう。

材料学習と明暗または色彩学習との移調関係は、その場での実物についてでないと説明しにくい。だが一般的に言えば滑かな肌触りのテクスチュアは明色、ざらざらした肌目のあらいテクスチュアは暗色ということになるから、ガラスやよく磨いた金属、織目の細いものなどは明色に相当し、荒目の布や、太い針金の金網やざらざらした岩肌などは暗色に相当する。この事は、レイアウト、写真の編集、モンタージュをするのに大切なことである。一般に移調は、色彩、形体、材質の感覚の相互関係を直感的につかむのに役立つもので建築、工芸、絵画、商業美術にも応用される。

以上まとめたものは、構成教育の一部分であつて、これによつて構成教育を云々する事は、早計である。六ケ月の短日の間、見たり読んだり、聞いたりしたものの中、構成教育に興味を持つたので、左記の文献を参照して、その中からピックアップしてまとめたものであり、まだ私のものになつていないことをおことわりしておく。

参考文献

武井勝雄著　構成教育入門
日本ユネスコ美術教育連明シリーズ　新しい構成の導き方
間所　春著　こどものための構成教育
高橋正人他著
山形　寛　現代美術教育

簡易理科実験器具による実験方法

1957．2　　　　瀬喜田中学校

1. 学年単元名　一年　空気中の水分はどのように変るか。
2. 実験名　断熱膨脹の実験
3. ねらい　雲の成因をしらべる。
4. 準備　丸底フラスコ、足踏フイゴ、ゴム栓、ローソク、マツチ。
5. 方法

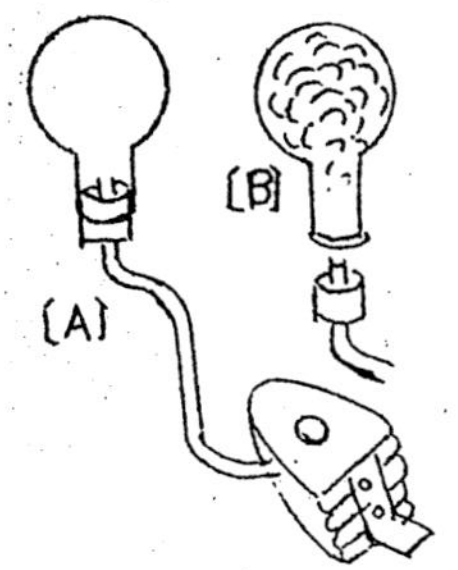

△ぬれたフラスコ内にあらかじめローソクをもやすか、マツチのもえさしを入れてイオン核をつくつておく。

△このぬれたフラスコに足踏フイゴで除々に空気を入れてフラスコ内の空気を圧縮しその圧力で急にピストン活塞を抜き中の空気を膨脹させると温度が下り中の水蒸気が液化し霧ができる

雲の成因もそれと全く同じである

6. 備考　足踏フイゴの代りに灌腸用スポイトか自転車用ポンプでもよい。

---

1. 学年単元名　一年　人や生物は水をどのように利用しているか。
2. 実験名　植物の水分蒸散実験。
3. ねらい　植物の根から吸われた水分は茎を通り葉にゆきそこから水蒸気になつて外へでる。
4. 準備　広口びん、コルク栓、ガラス管、木の葉。
5. 方法

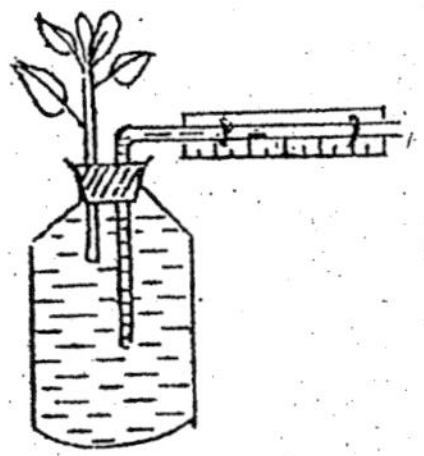

◦次のPの図のような装置にする。

◦木の葉はなめらかで大きな葉をえらび枝や葉は切り取るとすぐ水中につけ水中で根元から2～3cm切捨てた後栓にさしこむ。

◦ガラス管内に容器の水が或点まで押出されるその位置を目盛でよんでおく。

【留意点】

◦栓のすき間はパラフィンかワセリンを塗つておく。

---

1. 学年単元名　一年　人や生物は水をどのように利用しているか。
2. 実験名　水質検査
3. ねらい　ふつう飲料水に含まれている物質はその量がわずかであつて直接人の健康を害するものではないが1)食塩分(2)アンモニア分(3)有き物質などを含むものでは多くは動物の排泄物が腐敗分解して混入したことを示すものであつて、このため病原菌などの混在の危険が多いゆえにこの有無の検査をする。
4. 準備　試験管、蒸溜水、アルコールランプ、硝酸銀溶液、ネスレル試薬、希硫酸、過マンガン酸カリ。
5. 方法

(イ) 食塩分（塩素イオン）の検査。

検水A・B・C・D・E・F・（各試験管15cc位）にうすい硝酸銀溶液を一滴ずつ加えてよく混ずる含まれている食塩分の多少によ

つて白くにごる度合が違う。

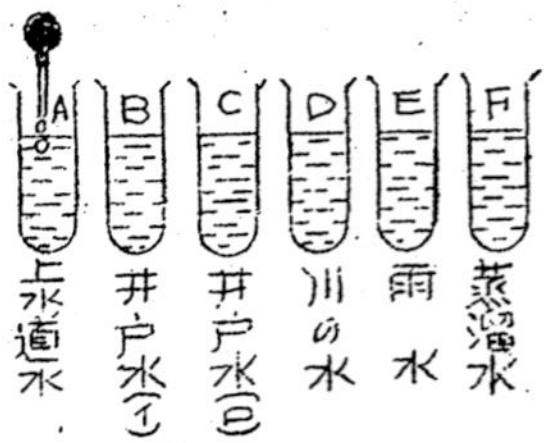

(ロ) アンモニア水の検査

。検水A・B・C・D・E・にネスレル試薬を一滴づつ加える。

。うすいアンモニア水では黄色濃くなるにつれて色が濃く次第に赤褐色の沈でんを生ずる。

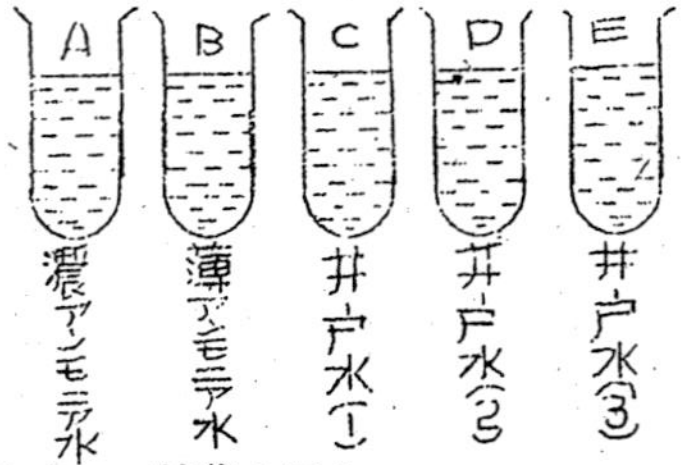

。ネスレル試薬の調合

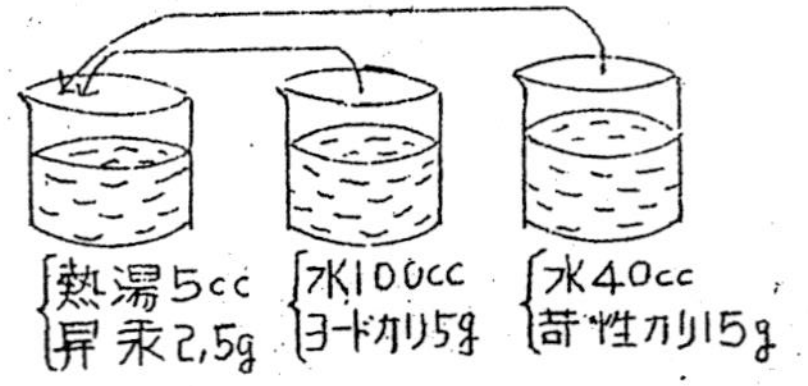

(ハ) 有機物の検査

。15gの検水A・B・C・D・にうすい過マンガン酸カリ溶液（希硫酸を加えて酸性にする）を1～2滴加えてアルコールランプで熱する。

。淡赤色が消失するものほど有機物が多い。

。過マンガンサンカリは蒸溜水にとかして溶液をつくるがその量を加減して溶液が淡赤色になる程度にする。

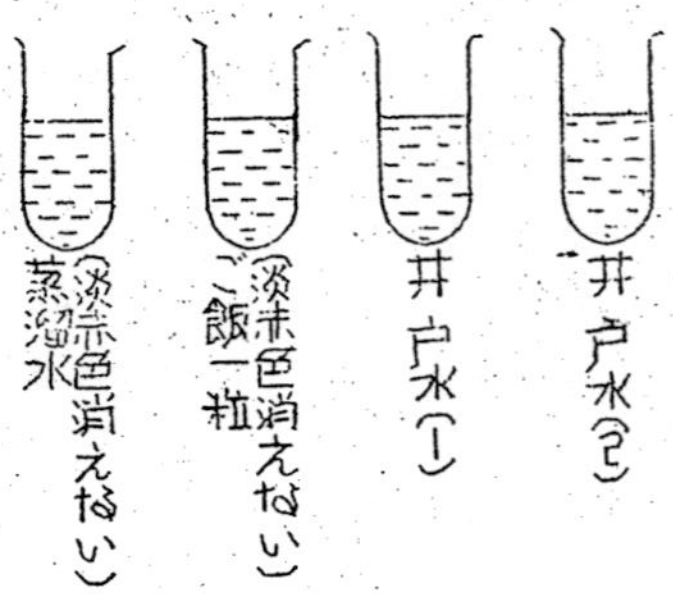

(ニ) 軟水と硬水

。石けん水をつくる

蒸溜水100ccに上質の石けん2gをけずり熱せずにとかす

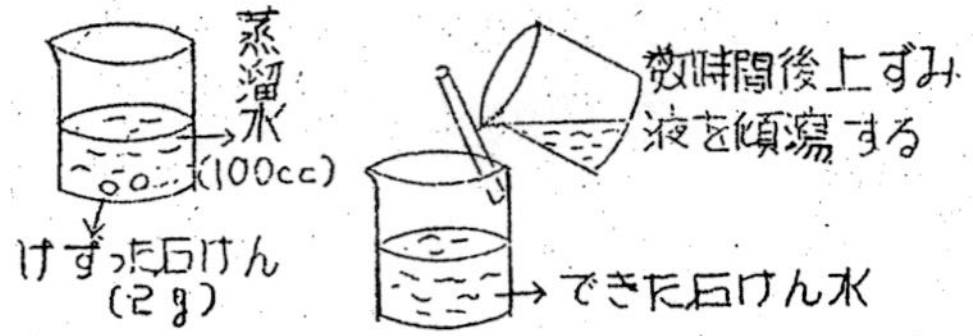

石けん水をA・B・C・D・の検水に1～2滴づつ加えて振つてみて生じた泡がしばらくおいて消えなくなるまで全体

で幾滴石けんを要したかしらべる。

石けんの泡立ちのもようをしらべると水が硬水であるかどうかその高度は高いか低いかほぼ見分けがつく。

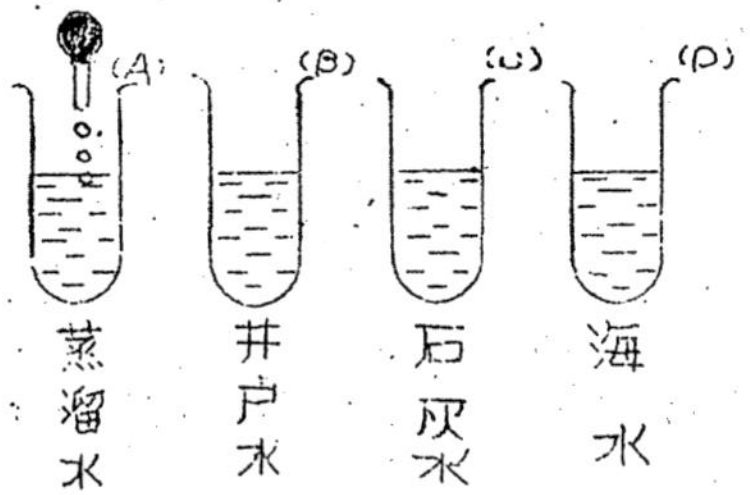

1. 学年単元名　一年　水はどんな性質があるか
2. 実験名　連通管による実験
3. ねらい　底部のつづいているいろいろの形の管に水を入れると同じ高さまで上がることを示す。
4. 準備　連通管、着色した水
5. 方法

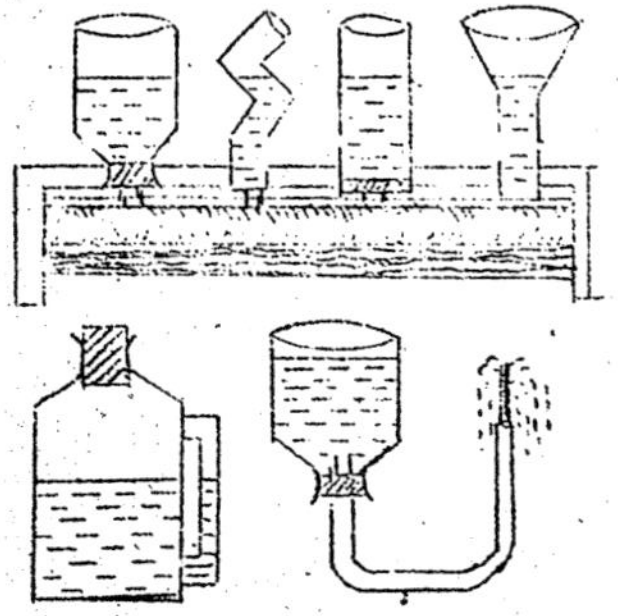

。連通管は一番小さな管でも0.8cm以上の直径がないと毛管現象をおこす。
。ビーカーで水を入れると何れの管も同じ高さまで水が上がる。はつきり見えるようにするため水は着色する。

【留意点】

。着色液はアルカリ液にフエノールフターレンを混じたほうが器具もよごれないですむ。

6. 備考　。自作器具を使用　。水位計も連通管と同じ理

1. 学年単元名　一年　水にはどんな性質があるか。
2. 実験名　開管圧力計による水中圧力実験
3. ねらい　水の中の圧力を半定量的に知らしめる
4. 準備　開管圧力計、水槽、ゴム管
5. 方法

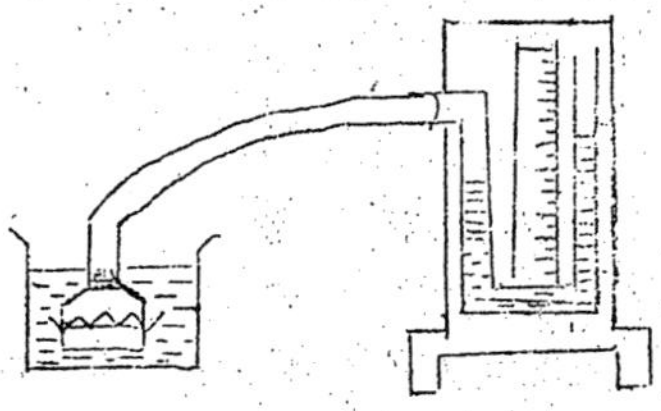

(イ)　ロートを図のように水中に入れてU字管の中の水が押上げられるのを測る
(ロ)　ロートの膜を下に向けても横に向けてもU字管の押上げられる水の高さは同じである即ち同じ深さで水の上圧、下圧、側圧の大きさは等しい。
(ハ)　水の下圧は深さに比例する。

1. 学年単元名　一年　水にはどんな性質があるか
2. 実験名　毛管現象の実験
3. ねらい　液体がぬれるものに接すると液体はそれにそつて上がる性質がある
4. 準備　毛管現象実験器（管製とガラス板製）着色液
5. 方法

〔A〕

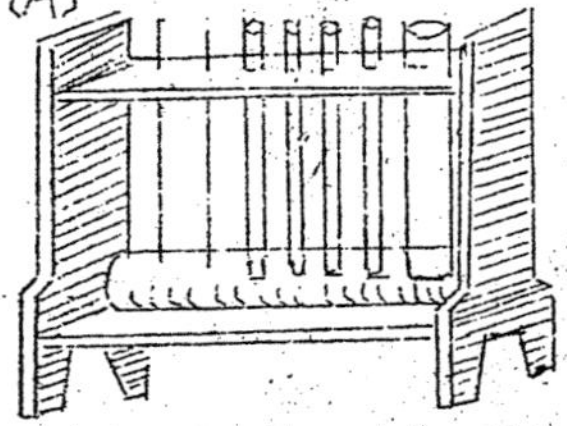

(イ)　管製の場合は一つだけは径が0.8mm以上の試験管をつかい残りは順次細くし細管は小さいガラス管をガソリン噴燈で引伸ばしてつくる。
太いガラス管から赤色の水をビーカーで流し込むと毛管現象がおこり細い管になるにし

(B)

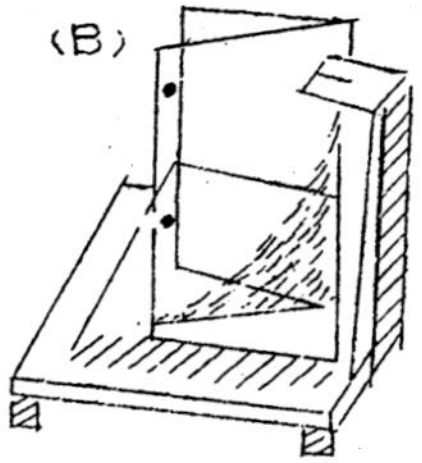

たがつて水柱は高くなる。

(ロ) ガラス板製（B）

水槽の中に着色した水を入れると(B)図のように間が狭いほど高くあがりほう物線をえがく。ガラス板製の場合油がついていると液の上り方が悪いのでよくアルカリで洗い重曹をつけた布を少しぬらしてこするそして水洗いするガラス板二枚の開き方はわずかでよい。

6 備　　考　◉毛管現象の日常現象

- アルコールランプの芯が液を吸上げる。
- 吸取紙がインキを吸いとる。
- 生花、挿木の水を吸いあげる。
- ローソクのローが一度とけて液体となり芯を昇る。

◉毛管現象による管の中の水の高さは管の直径に正比例する

---

1. 学年単元名　一年　水にはどんな性質があるか。
2. 実　験　名　気圧と沸とうとの関係
3. ねらい　普通一気圧のもとでは100°cで水は沸とうするがそれより気圧を低くすると100°c以下で沸とうする。
4. 準　　備　フラスコ、三脚、ガラス管、ビーカー、ゴム栓、水槽、アルコールランプ、石綿付金網。
5. 方　　法

[A]

(イ) 丸底フラスコに半分ぐらい水を入れてこれを沸かしゴム栓をしてさかさに立てるその温度が100°cよりかなり低くなつても上の方に冷たい水をかけると中の湯は沸とうするこれは水をかけると中の空気が冷えて気圧が下がるからである。

[B]

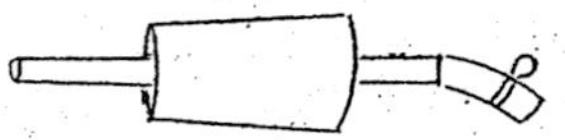

[C]

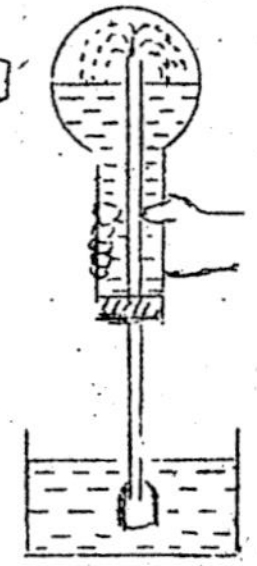

※ ゴム栓はそのまゝ用いると実験後にフラスコ内と外との気圧の違いからゴム栓がフラスコにはまりこみぬきとることができないそれでゴム栓は(B)図のような装置にすればその心配はない。なおこのようにすれば沸とう実験の後でC図のように噴水実験をしてフラスコ内の気圧が低くなつたことを知ることができる。

---

1. 学年単元名　一年　水にはどんな性質があるか。
2. 実　験　名　水の電気分解
3. ねらい　水素と酸素の化合物である。
4. 準　　備　電気分解実験器、試験管、苛性ソーダ、アルコールランプ、マツチ
5. 方　　法

(A)

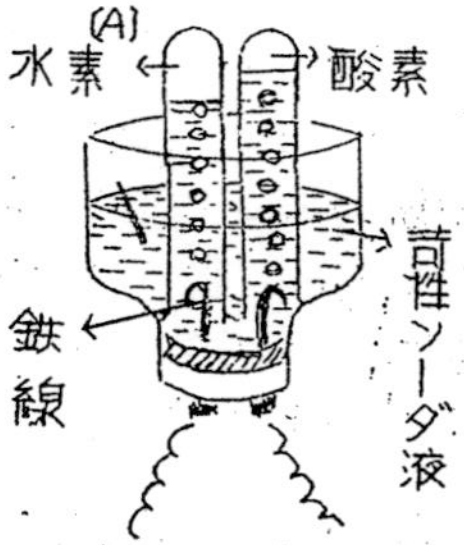

(イ) 電極は鉄線をよくみがいて用い電解液は苛性ソーダ液（3％）を使用する。

(ロ) 電池又は電源装置から4―10ボルト位の直流を流す。

(ハ) 陰極には水素陽極には酸素が略々2：1の割合ででてくる。

(ニ) 試験管に気体が半分以上できると下の図のような実験で気体の性

【留　意　点】

- 電極はニツケルを用いるとなおよい。

[B]

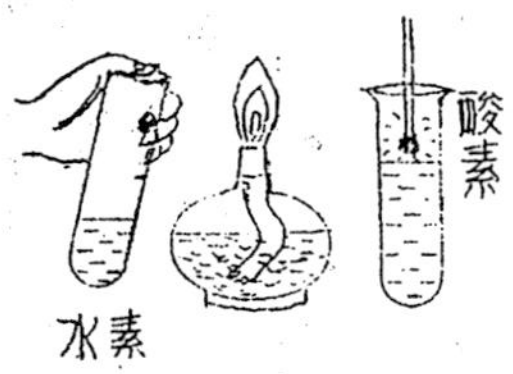

質をしらべる。

。＋極にできた気体に赤く火の残るマツチの軸木を入れると再びもえだす酸素であることがわかる

。一極にできた気体を図のように焔に近づけて指をはなすとポツトかすかな音を立ててもえる（水素）

。水素と酸素とがでることを示しばく然と化合物の概念をつかませる

6　備　　考　(イ)　自作簡易器具を使用する

(ロ)　電解液を希硫酸にした場合は電極を白金板か鉛にすること（鉛板は陽極板と陰極板とを定めて使い混用しない）

(ハ)　炭素電極は陽極からでてくる酸素の量が非常に少くそのためでてくる気体は2；1にはならない。

1　学年単元名　一年　水にはどんな性質があるか

2、実　験　名　塩素酸カリウムの熱分解によつて酸素を製取する

3、ねらい　酸素捕集の方法と性質を知る

4、準　　備　フラスコ、試験管ばさみ、アルコールランプ、ガラス板マツチ、水槽

5、方　　法　(イ)　グループ実験にする

(ロ)　器具の取扱い技巧を要し稍々危険を帯びているので器具の取扱いは割合馴れた生徒に担当させる

(ハ)　薬品は塩素酸カリウムと二酸化マンガンを使用する

塩酸カリウム5ｇ二酸化マンガン2ｇぐらいをよくまぜて試験管に入れこれを図のようにアルコールランプで熱すると気体がでてくるこれを水上置換によつて三角フラスコ（集気びん）に集める。

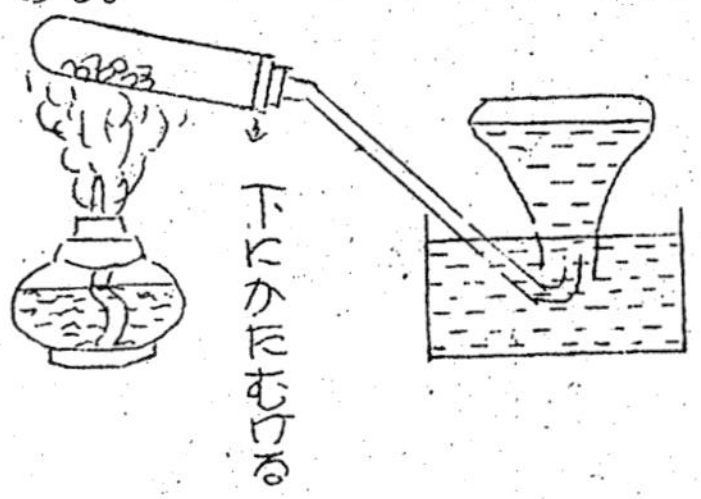

【留　意　点】

。二酸化マンガンが不純で炭素粉や有き物等が入いつているると爆発するからその時は小量の塩素酸カリウムと二酸化マンガンとを試験管にとつて混合し加熱してしらべてみる、もし不純物があるときには二酸化マンガンを加熱燃焼しておくがよい

(ニ)　捕集した酸素の性質をしらべる捕集した酸素を三つの三角フラスコにとりその各々に次の実験をする。

(A)　火のついた木炭を燃焼さじでフラスコ内に入れる

(B)　燃焼さじに硫黄をのせフスラコ内で燃焼状況をみる

(C)　細い鉄線をよつてそれを熱しフラスコ内に入れる

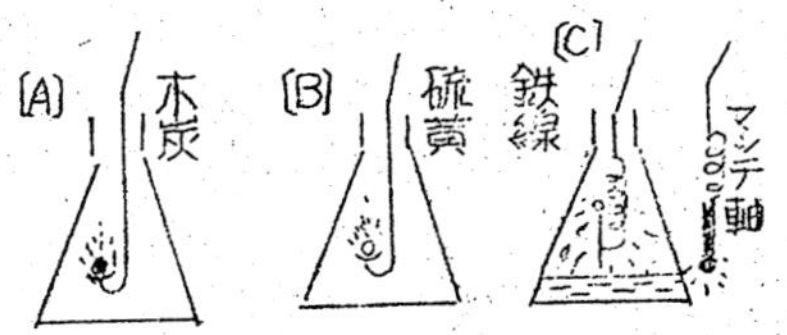

。塩素酸カリウムのはいつてる試験管を熱するのを中止した時ガラス管を水そうの中に入れたままでおくと水そうの水が逆流して試験管を破損する。

6　備　　考　。酸素づくりの別の方法として二酸化マンガンにオキシドールを注ぐ、此の方法は簡単な装置で得られるので便利であ

るがしばしばはげしく反応して爆発的になることがあるから注意する。

。塩素酸カリウムと二酸化マンガンによつて捕集される酸素は中に塩素が少々混じつているので水１００ccに苛性ソーダ２４ｇをとかした液の中を通して塩素を除けば純すいの酸素を得ることができる。

1、学年単元名　一年　水にはどんな性質があるか
2、実験名　水素の捕集
3、ねらい　水素のとり方とその性質を調べる
4、準備　フラスコ、ゴム管、試験管、広口びん、水槽、スタンド、亜鉛、希硫酸硫酸銅
5、方法

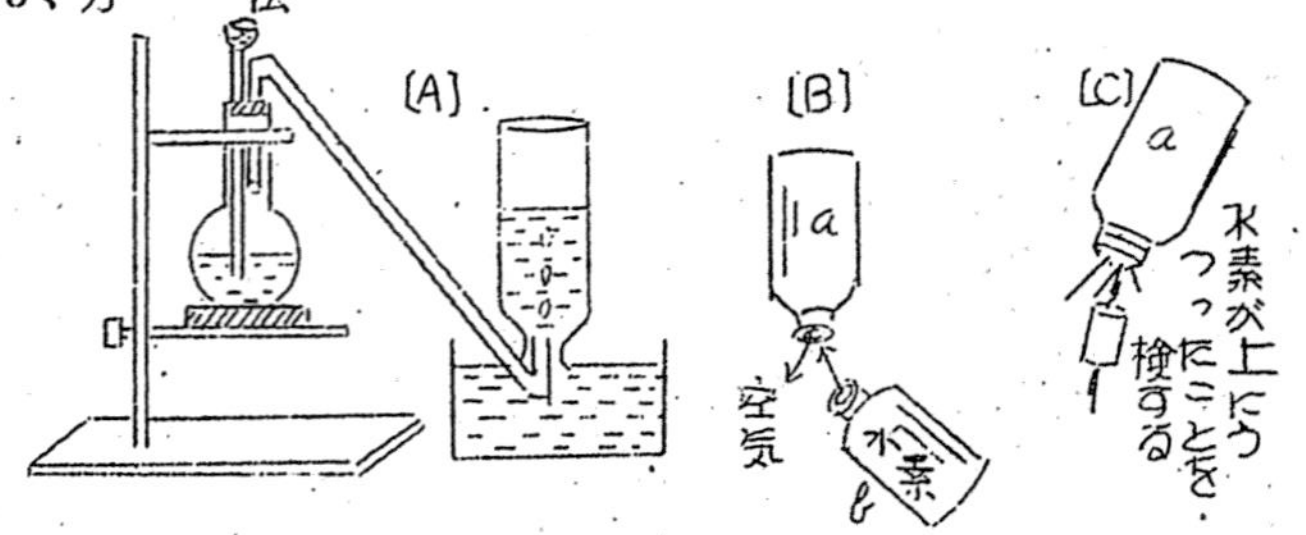

(イ)　水素発生装置に亜鉛を入れ希硫酸中に浸す水素の発生をよくするために希硫酸銅液を加える、発生した水素は集気びんに水上置換で集める。

(ロ)　次の事柄を知る
（A）図…水素は水にとけにくい
（B）図…水素は空気より軽い
（C）図…酸素と一しよにして点火すると爆鳴を発する
（D）図…水素は青い焰をだしてもえる
（E）図…水素はもえて水になる

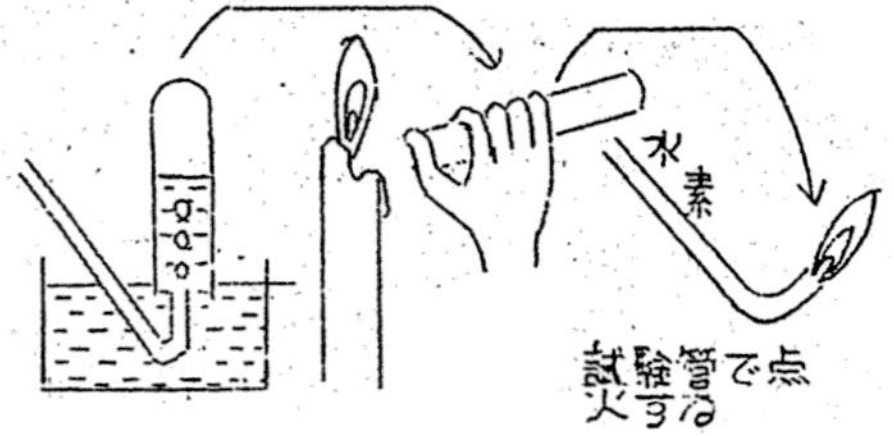

。導管の先に点火するときには必ず発生器中に空気がまじつていないことを確実に検証して後点火する即ち水上に水素を試験管にあつめ管口を拇指にて閉じて口の方を下方に向けてたもち炎の上で拇指を去ると水素は引火するこの際水素に空気がまじつているとその量に応じて一時に爆音を発して炎は管口に残らない、もし空気が混じてなければ引火しても爆音なくなお炎は管口に残るその炎で導管に点火する

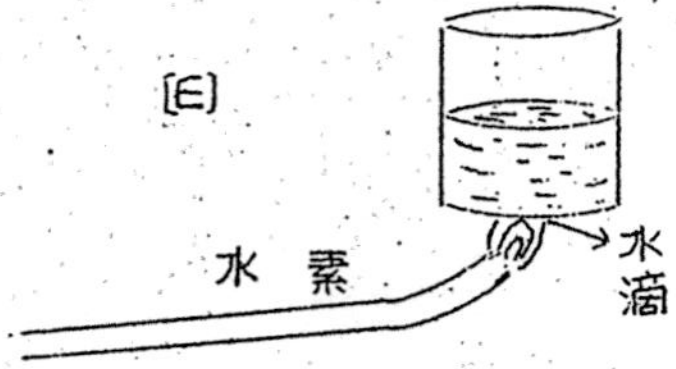

6、備考　。此の実験につかう硫酸は濃硫酸を５倍の水にうすめて用いる此の際必ず水に硫酸を加えること

1、学年単元名　一年　水にはどんな性質があるか

2、実験名　水素の爆鳴実験

3、ねらい　水素と酸素の混合ガスは爆めいする

4、準備　水素爆鳴実験器、亜鉛、希硫酸、硫酸銅　ピンチコツク

5、方法

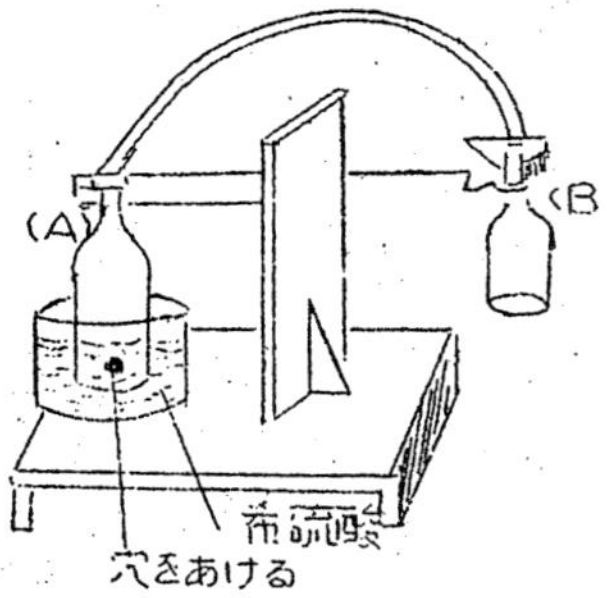

(イ) サイダーびんには亜鉛を入れびんの底にやすりで小さい穴をあける

(ロ) 水槽は水に希硫酸を入れよく水素がでるために硫酸銅液を少し入れる

(ハ) 水素が発生してしばらくしてから（B）のゴム管をとつてピンチコツクではさみガラス管の先に点火するとしばらくもえているがやがて爆鳴を発する（空気と水素が略々1・2の割合になつた時）

6、備考　○爆鳴びんの口が広いため少しも危険性を帯びていない

○濃硫酸をうすめるには必ず水に濃硫酸を入れる。

1、学年単元名　一年　水にはどんな性質があるか

2、実験名　蒸溜水の製造

3、ねらい　電熱蒸溜器をつかつて蒸溜水のつくり方とこれから実験につかう蒸溜水をつくる

4、準備　電熱蒸溜器、バケツ、フラスコ

5、方法

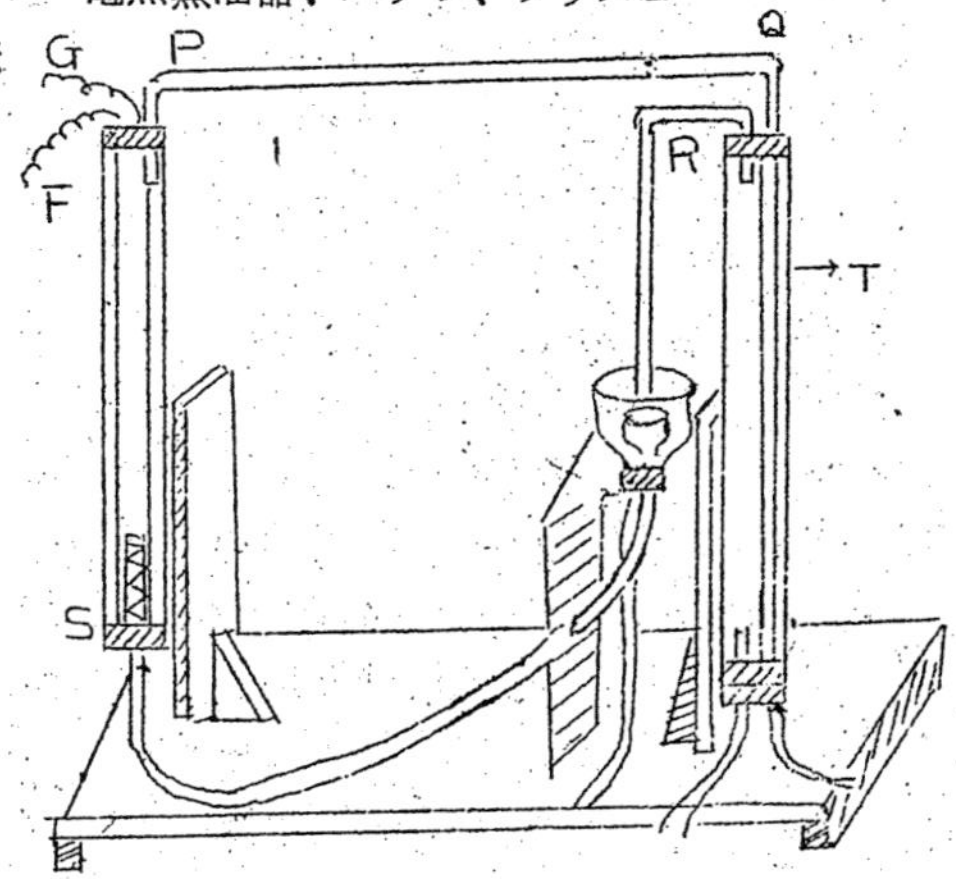

(イ) まずT管の下部のゴム管を高めにあるバケツの水にさしこみその出かたを調節する、水が冷却管の上部までいくとR管からでてロートに落はるロートの水はゴム管を通つてS管にゆき蒸溜管の中にあがりロートと同じ高さまで上がる

GFの導線を100ボルト電源につなぐとすぐにニクロム線は熱せられて約5分すると蒸気が発生してPからQに行くQで冷却されて蒸溜水が受器にたまる。

6、備考　○冷却管は蛇管を用いると一そうよい

○ロートの位置が高すぎたり蒸溜管の長さが短いと水が沸とうして上の管に達し蒸溜水がよごれる。

言語科学の応用としての英語教授及び学習
(Dr. Charles C. Fries の Oral Approach)

成田義光

一、Oral Approach

フリーズ博士が提唱する言語教授と学習への新しいアプローチ即ち Oral Approach は、言語そのものの分析記述にその源を発しています。ここでいう言語の分析記述とはアメリカの構造言語学者たちのそれを指します。アメリカの構造言語学は、アメリカの国内及びその近くの国々のインディアン語の分析記述と共に発達しました。そのインディアン諸語は、とても数が多く(例えば、アメリカ国内でも印欧語族とも匹敵するような語族が少くとも五十四はあるといわれます)複雑でその構造が印欧諸語のそれと著しく異っており、それらの殆んどが文字らしい文字をもたない関係上、それと取組んだ Edward Sapir を始めとするアメリカ言語学者達のいう「構造論」はヨーロッパにも例のない独特なものです。彼等にとって language は speechであり、而もどの言語も機能上限られた基本事項から成っている。このことが外国語の教授と学習の種々の問題に解決を与えました。つまり、外国語の学習は、その外国語の構造の基本をなす型—basic structural patterns—を限られた単語で、学習者がその場その場で口頭で而も自動的に使うことができるまで徹底的に習得することである。これが外国語の教授と学習の初期の目標でなければならないとフリーズ博士は主張します。外国語教授及び学習におけるこの「初期の目標」を彼は Oral approach という名称で呼びました。Oral approach は初期の外国語学習において達せられる目標につけられた名称として従来の Direct method とは、はっきり区別されなければなりません。フリーズ博士の提唱では、学習する外国語の basic structural patterns を完全に習得する所謂初期の目標が達せられた後の教授は専ら reading と writing によってもよいのです。

二、外国語としての英語の教授及び学習材料。

フリーズ博士のこの Oral approach は、彼の教授方法そのものが新しいのでもなく Oral Practice だけをその特徴としているのでもありません。Oral approach の著しい特徴は次に掲げる三項目を基礎にして編んだ教材にあるのです。即ち

(イ)、外国語(ここでは英語)の科学的な分析記述。

(ロ)、学習者の母国語(ここでは日本語)の同様な科学的分析記述。

(ハ)、(イ)と(ロ)を体系的に比較し、両国語の構造上の相違点を見出す。

然し、外国語学習の初期においてはその外国語を運用することを学ぶのであり、それについて学ぶのではないので、上記両国語の科学的記述や体系的な比較そのものが、教授あるいは学習材料でないことはいうまでもありません。教材は上記(イ)(ロ)(ハ)を基礎にして外国語の a basic minimum of structural patterns を教室での Oral practice に適するように対照的に編んだものである。

フリーズ博士の教材には種々ありますが、彼が一九四一年から一九五六年まで所長であった(現在の所長は Dr. Robert Lado) University of Michigan の English Language Institute から一九五四年と一九五〇年に出た English Pronunciation: Exercises in Sound Segments, Intonation, and Rythm 及び Supplementary Exercises in Pronunciation for Japanese は私たちに直接に参考になると思います。Structure の方では同じ English Language Institute から一九五三年と一九五四にでた Patterns of English Sentences 及び Cumulative Pattern Practices があります。前者には彼の所謂 a basic minimum of・Production Patterns in English が含まれており、後者でそれを主に chart I—XI にある絵を見ながら集中的に練習するようになっています

この English Language Institute は Lessons in Vocabulary (1954) も出しています。単語の選択方法については Mrs. A. Aileen Traver との共著 English Word Lists (1950) に詳しく述べられているがここにあげた Lessons in Vocabulary では situation areas を定め、挨拶の形式や食物、数、金時を表わす単語、場所を表わす単語、人体の名称などが重要なものとして取扱われているのが特徴です。

三、外国語としての英語の教授及び学習方法。

言語の機能的特性の上に立ってなされる言語の新し

い分析記述は、フリーズ博士の教授及び学習方法の根底をなしているのであります。

外国語学習はその外国語の単語を全部覚えることではなく、その音声体系 (the sound system) をまず正確に習得し、話された言葉全体の中にあって各音素の対照を聞きわけ、学習者自らもそれを発音することができるようにします。次に構造上の意義 (the structural meaning) を表わす語形やイントネィション、語順つまり構造体系 (the structural system) を習得するのですが、これらは母国語の場合は無意識的習慣として習得されます。従って、外国語学習の最初の段階でこの音素の対照やイントネィション、語形、語順が正確で而も自動的な習慣にならなければなりません。個々の音素は常に対照的な単語、文、パラグラフに入れて学習されなければなりません。例えば最初に met－mitt－mat の対照によって三つの母音を区別し、次に It was only a little red－It was only a little raid のように文の中に入れ、更にパラグラフの中に入れ、話された言葉全体の中でも区別することができるようにするのです。

文型 (Sentence Patterns) の場合も単なる反復練習に終ってはなりません。imitation と repetition によって覚えた文型を、新しい単語や同じ単語の新しい意味によって変化する各々の situation で自動的に使えるようにします。彼の pattern practice で substitution が重要であるのはこのためです。

(琉大文理学部講師)

研究教員便り

具志堅興喜

拝啓 長々の御無沙汰ほんとに申し訳ございません。相変らず御元気で御精励の事と存じます。小生もどうやら学校にも馴れて至極愉快にやつて居ります。

出発の際はいろいろ御世話になりほんとに有難うございました。小生の配置校は栃木県足利市立第一中学校で同校は文部省指定のモデルスクールで、又、英語教育では県下随一だとの定評があり、現在、市の英語学習指導研究指定校となつて居りまして色々参考になる事が多く喜んで居ります。

指導の根幹をなすのはミシガン式教授法と云われている Charles C. Fries 氏の指導法ですが、学校自体でそれを消化しようとこちらの先生方も熱心に研究なさつて居ります。

生徒の活動も活発で Recognition & Prodction ですばらしい力を示して居り、唯々びつくりするばかりです。小生は一学期－授業参観 (近県も含めて) 二学期－実際指導 (週十時間位やりこちらの先生方に批評してもらう) 三学期－総まとめという具合に、こちらの校長先生並に主任と御相談して大まかな計画を立てて居ります。此の一ケ年で不完全ではあつても一応理論面と実際面を身につけて帰ろうとはりきつて居ります

六月には全国英語教育研究大会が仙台市でありますので、それにも是非出席したいと思つて居ります。県でも年二回の研究会があり、市では学期に二回位も研究会があつて、こちらは仲々盛んにやつて居ります。沖縄でも年一回ぐらいでもよいから各先生方が研究なさつた事や日常の問題点等を出し合つて検討する会があつてほしいと思います。地区別に学期一回ぐらいでもあれば尚効果的だろうと思います。

こちらは今ちようど新緑が野山を掩い、あちらこちら五月祭で浮々していますが、それに溶けこめないのを残念に思つて居ります。いろいろ、まとまりのない文を乱筆で失礼しました。

敬具

本土のインフルエンザ近況

六月十三日附「文部公報」によれば、五月初旬ごろから東京、京都に発生したインフルエンザはその後、その周辺地域にも発生し、今後も全国的に流行するおそれも予想されるので、文部省では五月二十九日内藤初中局長から、学校におけるインフルエンザの予防についていつそう配慮するよう、各都道府県教育委員会各都道府県知事宛通達を発した。

なお、現在発生しているインフルエンザのおもな症状は、頭痛、のどが痛む、全身がだるい、関節痛、せきや鼻じる、一部には鼻血が出るなどで、二－三日で解熱、三－四日で回復している。

また修学旅行中に発病したり、流行地へ旅行して感染することも考えられるので、その実施についてはじゆうぶん考慮を払うよう文部省では要望している。

(備考) 五月二十九日までにインフルエンザによって学級又は学校閉鎖を行つたと文部省に報告のあつた学校数は次のとおり。

東京都三九、京都府二三、神奈川県二、
大阪府一八、茨城県一、青森県一、
千葉県一、愛知県四、滋賀県三、
岐阜県二、三重県九、静岡県二、
群馬県一、計 一三都府県、九六校

安全教育を主とした水泳指導

新里紹正

夏をひかえて

うつとうしい梅雨があけると、かけあしで本格的な夏がやつてくる。暑い夏にまけずにたちむかつていく、はつらつとした若い生命を存分に満たし、伸ばしていく季節である。ギラギラと射るような陽ざしのもとで、子供たちの顔が日増に黒さをましてくると、体育の仕事もいよいよ忙しくなつてくる。それは、一学期のしめくくりと同時に、夏季施設としての水泳や臨海学校やキャンプなど、シーズン特有の活動がはじまるからである。一方それらの機会をとおしての安全教育や体力気力の弱まる暑熱と疫病の流行期を控えての保健、衛生の指導など、夏は子供たちにとつても、教師にとつても、最も重要な季節である。暑さいやまして、体育の活躍いよいよ重且大というべきであろう。この意味で本稿は特に「安全教育を主にした水泳の指導」とこれに関連するいろいろの基本的な問題について考えてみたい。

例年のことながら、暑さと共に、子供たちの水難事故が目立ち、すでに数名の犠牲者を出している。事故のため死亡した学童は五五年度の十六名に対し、昨年度は三十六名で二倍以上になつており、その中で、水難による死亡学童は、全事故死亡者の実に五七パーセントの二十名に達している。この統計によると過半数のものが「泳ぎ」は出来るが、水に対する心構えの不足によるものが多く、泳ぎの技術と、泳ぎに関連して学習される心要な躾を身につけさせることによつて事故の大部分が防げることを思えば、この安全的効果の一側面だけから考えても、夏はまず水泳を主にした安全教育が必要になつてくるのではなかろうか。

元来、水泳は好ましい人間関係を打ちだす社会性の育成という点では余り高く評価されないであろうが、身体的、レクリエーション的効果としては、一〇〇パーセントの効率を発揮しうるものと思われるので、この機会に水泳で存分に心身を鍛て、楽しい夏を経験させ、同時に安全教育の如何なるものであるかを学習させることは最も意義あることである。

さて、水泳をこのように夏の鍛錬と躾の方法として取り上げるに際して、第一に考えなければならないことは、水泳の学習は、学習そのものに危険を含み、一歩指導をあやまると、たちまち生命の危険に当面するということである。従つて水泳の学習指導に際しては万全な計画の下に、周到な管理と適切な指導が必要になつてくる。学習内容の中には「泳ぎ」の技術のほかに、必ず守らねばならない所謂「守則」を設定し、これに従う訓練が行われなければならない。

沖縄は四面海にかこまれていながら、泳ぎのできるのが意外に少いという珍現象がある。色々理由は考えられるであろうが、一つには海にかこまれているとはいえ、泳ぐ場所が少いということが考えられるが、一つには水に親しむこと、泳ぐことが案外指導されていないからだともいえる。泳ぐということは、人類の歴史と共にあると考えているのであるが、文化が進むにつれて、泳がなくとも済む様になつたからではなかろうか。古代においては、身の保全のためとか、魚を得て生活の資にするとかで、水に親しむことは、生活に直結していたし、又中世時代には軍事的に利用されて生活と直接関係があつた。それが近代になると幾分変貌してきた。つまり、体育的に重要視され、スポーツやレクリエーションとして取り上げられるようになつてきたし、また人命救助とか自己の生命保全という点からも、大いに考えられている。

このように、水泳はあらゆる面から考察して、相当の価値をもつているのであるが、端的にいつて、水泳の特値をあげるとすれば、先づ第一に、自然が与える恩恵を受けるのに最も適しているといえよう。例へば清新な空素のなかで、日光に照らされるので、皮ふの鍛錬は勿論、内臓器官の働きを活潑にすることが出来るし、それに水泳の動作が手足を十分まげたり、伸ばしたりすることのできる全身運動で、それがため身体を調和的に発達させることが出来るものと考えられる。

しかし、どうも、たまにしか泳がないとか、面白いのでつい泳ぎすぎるとか、日にやけすぎるとか、過労に陥るということが多い。だからそれらの点については、泳ぐ方の子供たちも、泳がせる方の教師も十分注意しなければならない。特に生理的な面から見ると、呼吸が深くなり、心臓の負担も大きく、体温の放散が大きいので、虚弱児や病気のあるもの、特に陽転中のもの、てんかん、脳貧血を起しやすいもの、筋肉のけいれんを起しやすいもの、心臓、じん臓の疾患のあるもの、目、耳に病のあるものなど、水に入れないようにしなければならない。それに遠方へ出かけて、泳ぎにゆく場合などは、疲労がとれるまで十分に休憩するとか、身体がほてつている場合には、さめるまで待つとか、激しい運動の直後は泳がないとかの注意が肝要である。

少くとも、水泳の指導に関する限り、好きにするのも、嫌いにするのも、指導者の腕一つだといえる。例えば最初に恐い思いなどさせたら大きな失敗である。このことは教師の指導力の問題である。

ではどう指導すればよいか。「一がいにはいえないがそれは場所とか、相手つまり子供たちとかが違えば違うだけの方法があるだろうし、一口にいうと千差万別だといえる。それだけに指導者の臨機応変的な取扱いが絶対に必要ということになる。いろいろと原則的なものはあるだろうが、状況に従つていくだけの研究と心構えが必要であろう。具体的に例をあげるならば、例えば海でやる場合だと、水と戯れる「水遊び」から導入することが考えられるが、水遊びだからといつて遊ばしておけばよいというものではなく、遊びなら遊びで、それなりの指導があつて然るべきである。

次に、水泳の指導で特に注意すべきことは、よく監督することである。一に監督、二に指導といわれる位水泳では監督管理が絶対的に必要である。学校における水泳指導は、子供たちに「泳ぎ」を覚えさせることが主体になることは勿論であるが、ここで特に教師として考えたいことは、「何百人の子供たちがみな泳げるようになつても、その中の一人の子供が生命を失つては何にもならない」ということである。どんなに水泳指導の効果があつても、このような事故があつたとすれば、それはマイナス以下の何ものでもない。先づ事故をおこさないこと、これが水泳指導の第一歩だと思つている。この意味で、監督管理が第一に必要になつてくる。ではどういう点を指導管理すればよいか。具体的に述べると、まず充分な準備運動をするとか、絶えず顔色や様子を見ていて、唇が紫色になつているものは水からあげるとか、或はすぐザブンと水に飛込むようなことは厳に禁ずるとかして、指導管理に万全をつくすようにしなければならない。

その他、生理的にその子供の状態を十分に判断すると共に、泳ぐ場所についても入念な事前調査がなされなければならない。

前にも述べたように、水泳は案外激しい運動であるから十分な準備運動をさせ、特に天候とか気温に注意し、水にいる時間の長短と休憩時間との関係についても、充分考慮されなければならない。水温は気温との関係もあるが、大体二五度前後が理想であり、泳ぐ時間と休む時間との関係は、子供たちの健康度とか、その時の気温などに左右されることが大であるが大体十分乃至十五分泳いで、二十分乃至三十分休むのが理想であるなお、休憩の度数は出来るだけ多くし、過度の練習は絶対に避けなければならないことは勿論、時間がきたら断乎として切り上げ、又子供たちもこれに従うような態度を躾けることが肝要である。決して無理させず無理せずどこまでも内輪に内輪にと指導すべきである。

このような教師の周到な指導管理の効果は必ずや、家庭においても生活習慣となり水難事故の大きな原因である単独行動の弊も是正され、子供たちをして水に対する理解と実践が十分出来るようになるものと信ずるのである。

（琉大教育学部助教授）

刊行物紹介

中等教育資料（VI—5）（単位日本円）

「戦後の日本における新芸術の興隆を待望する」（清瀬一郎氏）「ヨーロッパの教育をかいま見る」（大塚明郎氏）などを集録。文部省中等教育課編。明治図書発行。三三ページ。定価三七円。

中等教育資料（VI—6）

「日本史教育に対する反省」（鳥巣通明氏）座談会「ホームルームの適切な計画について」などを集録。文部省中等教育課編。明治図書発行。三三ページ。定価三七円

昭和三十一年度学校教員調査報告書（第二分冊）

昭和三十一年における高等学校・盲学校・ろう学校・養護学校・大学の教員の数・職名・出身校・勤務年数・年令・俸給給与そ※の他の調査結果。文部省調査局統計課発行。二七一ページ。非売品。国立大学・各県教育委員会等へ配布。

国語シリーズ33 国語問題問答（第五集）

国語問題について各方面からの質問にそのつど答えたものを毎年編集しているが、本集は同シリーズ問題編の九冊目。一一七ページ。

国語シリーズ34 敬語とその教育

敬語の本質とこれからの敬語の趣旨をはっきりさせ現場で効果的に学習指導ができるように、群馬大学教授山崎久之・文部事務官三宅武郎氏が解説したもの。六〇ページ。

（文部公報より）

水難防止について

新垣　侑

早や五月も下旬となり日増しに水を求めて子供達が或いはプールに或いは海に通う姿が多くなった。

何といっても夏プールや海岸で水とたわむれ、水しぶきをあげる事は吾々大人にとっても楽しいもんで涼味百％である。まして子供達にとって海や、プールは夏の天国であり健康増進の面からも大変結構な事だと思います。しかし、この本当に楽しい海水浴や水泳訓練が今まで一寸した不注意で思わぬ事故をひき起し又病気となり一生悔んでも間に合わず社会の人々からとや角いわれているようです。そうかといって指導者が水泳を敬遠しあたらずさわらず、なるべく避けたがるようになったら折角の子供達の楽しみも体育の向上もなくなり精力や暇をもて余し不健全な娯楽に走り、そのあげく一米も泳げずに大人になるということは沖縄水泳界発展の面からも残念この上ない事だと思います。水泳は指導者がよく計画し、それを生徒がよく守って行えば決して事故を起さないものです。自分も浅学ながら首里の子供達と一緒に当初二年間は波の上海岸で、五年間は首里のプールで毎日のように水泳指導に当ってきましたが一度も事故をおこしたことなく過してきたことを幸いに思います。これというのも皆様の協力の賜物だと感謝致しております。本稿ではあまり固苦しく考えないで水泳指導の際、注意しなくてはならない事を述べてみたいと思います。

学校として水泳や海水浴を実施する際、指導者として心得ておきたいことは天候がよく、風の強くない日を選び、潮の干満時をしらべ、海流との関係等に注意することです。危険な場所と安全水域との区別の標識旗を立ててなるべくロープをはり、その境界附近に浮袋におもりをつけて浮べておく。その他遠泳等を実施する時は指導者の手が充分でないので、管理の面からしてなるべく時間制にして水深二尋乃至三尋位の所に浮袋（タイヤのチューブがよい）をロープでつないで円形に図の如く固定してその周囲を二人一組で二列縦隊にしてぐるぐるまわらせる。その時テンマを中心において浮袋、メガホン、時計等を備え、監視員は絶えず人数其他遊泳者の健康状況を監視する。遠泳の時間は普通三〇分から一時間、上級の部で二時間が適当と思う。又初歩の生徒の入水時間は三〇分位入れて二〇分休憩させ、入水は三回位が適当であると思う。泳げない組は腰から胸位いの深さ以上には絶対に出さない。入水から出るまで二人で組をつくって行動をともにさせれば大変安心である。入水出水の合図は鐘や太鼓とともに旗を大きく振る。集合を敏速にさせて必ず点呼をとり、異状や健康状況をたしかめてから休ませる。

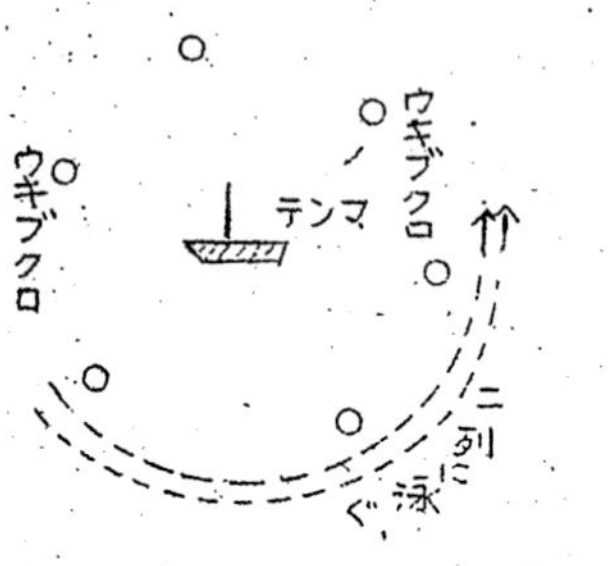

次に入水前、水泳中、出水後の諸注意について述べよう。

▽水に入る前の注意

1、食事後一時間以内、又は著しく空腹の時や湯上りの時は入らない。

2、汗の出る程度運動したり疲労している時は入らない。

3、一人で絶体に水に入らない。友達同志二人組をつくり行動をともにさせる。組は泳げない者同志はなるべくつくらない。

4、入水前に準備運動を充分行う。殊にけいれんを起さないように脚の筋肉を柔らがくしておく。

5、入水の時はいきなり飛込まないで足先から徐々に入り頭までぬらす。

6、耳に水がよく入る人は唾液を耳に入れておく。なるべく綿で栓はしない方がよい。

7、水泳帽をかぶせ能力別に識別する。日射病の予防にもなる。

△水泳中の注意

1、水底の状況や潮流の関係をよく考え、海草に脚を巻かれないように注意する。
2、なるべく海岸線に平行に泳ぎ沖に出る時は「帰りは行きの二倍かかる」と思うこと。
3、時々頭まで水をかぶり冷す。
4、水泳中ふざけて「助けてくれ」等と冗談をいわない。本当に危険の時救けてもらえない。
5、水泳中気分が悪くなったり顔や唇が蒼白になったらいそいで陸に上ること。この場合さらにつづけると身体にふるえが来て身体が針でさされるように痛くなり、ついには手脚にけいれんが来て危険に落ち入ることがある。
6、海岸の標識や指導者の合図によく注意して之をよ

▽水から出てからの注意
1、点呼がすんだら整理運動を行う。
2、きれいな水で身体をよく洗う。殊に眼は清水で洗うこと。
3、身体を洗ったら乾いたタオルでよくふくこと。頭髪も足先も忘れずにふく。
4、耳に水が入ったらすぐとる。殊に海水は塩分が強いから中耳炎になりやすい。耳に入った水は海岸のやけたあつい石を耳の下にあてとん〳〵とぶと出てくる。又清水の迎え水を入れて一諸に出してもよい。
5、甘味品等を食べると疲労の回復が早い。それから次の病気の人は水に入ってはならない。
心臓病、肋膜炎、肺尖カタル、脚気、リウマチス、胃腸カタル、腎臓炎、中耳炎、寒気のある者、てんかん、脳貧血や脳充血を起し易い人、糖尿病、痔疾、膀胱カタル、淋病、睡眠不足の人、よく筋肉のけいれんを起す人、女の月経時。

以上とりとめもなく述べたけれども今年こそ水泳の事故をなくし、若人たちの体育向上のために大いに泳がせて頂き沖縄水泳界の発展に大いに御健斗下さらん事を祈って筆をおきます。

（首里中校教諭）

夏の食生活上の注意

外間ユキ

人間の生体は個々の摂取した食物によつて構成されているのですから食物成分のバランスが悪いとか、量が少なすぎるとか、或いは多すぎるとかということが直接に健康に影響を与えます。それだけですむならいゝのですが若いお母さん方の場合はその乳児に及ぼす影響も非常に大きいのですから、日頃の食事をおろそかにしてはいけないわけです。しかし、つい暑い時には冷たいものをガブガブ飲んだり、バランスのとれない食事をとつたり、例えば冷そうめんだけを食べたりして注意を怠ると夏やせの原因をつくつてしまいます。

この夏を健康に明るく過すには、もつと営養に関心を持ち、それを実践することだと思いますが、それではどういう点に特に注意すればよいか、その要点を取上げながら説明してまいりましょう。

夏やせを防ぎましょう

梅雨が過ぎるともう夏の太陽がギラギラ目を射るような猛暑が訪れてまいりますがこゝしばらく高温多湿の気候が続き体の不調を訴える人も多く、何となく動作も不活発で疲れやすく、何をしても気がすゝまないという人が多い季節です。初夏の爽やかな気候からジメジメした気候に変りましたので体の生理作用がまだ適応しきれずにいるのでこの不調が続きます。いわゆるカナダのセリエ氏の唱えるストレス刺戟による体の不調というわけです。簡単な例では、冷房設備のある映画館に四、五時間も過した後で温度差の著しい焼けつくような暑さの往来に出ると何となくいやな気分になるのを味わつた方もあると思います。丁度よく似た現象がみられるのですけれども体には適応現象がありますから除々に馴れてまいります。しかし乍らこの適応現象の速度は栄養にも関係しているといわれ、栄養に無関心に過しますと疲労感や肩のこりを長く訴えるようになります。普通冬は体温と気温の差は著しく高く、例えば気温が摂氏10度だとすればその差が27度になりますから衣服を重ねる事で無駄なく熱を利用しています。反対に夏は体温と気温の差が低く気温が32度とすればその差が5度ですから衣服はごく薄くしなければいけないわけですが作業や運動をしますと生体内

でエネルギーが遊離し約25%は仕事に使われ、残りの75%は熱として利用され放散されます。しかし高温多湿では丁度雨降りに洗濯物が乾きにくいように熱の放散をうまくやることが出来ません。発汗も熱の放散に一役かつているのですがそれもむつかしい時には体が熱つぽくなり気分がすぐれません。梅雨期から夏にかけてこういう状態が続くわけですが、栄養を充分にするために次の点に注意しましよう。

① 適当な水分の補給をすること、

体内に摂取した水分は次の様な割合で排泄されます。

尿	一五〇〇	計二六〇〇cc
汗	六〇〇	
肺	四〇〇	
その他	一〇〇	

しかし労働や運動によつて発汗量がふえ一日五〇〇〇cc位になることもありますがその際は摂取する水量を増さなければなりません。どの位の水分をとればよいかといゝますと

飲料水	一四〇〇	二六〇〇cc
食物	八〇〇	
代謝水	四〇〇	

代謝水というのは栄養素が酸化燃焼して出来る水のことです。又普通食物には多量の水分を含んでいます。発汗量が増した場合は飲料水の量を増せばよいのですが、普通は氷とかお茶とか清涼飲料水（サイダー又はジュース等の飲物）とかでコップ四杯の水分をとり、朝晩のお汁を夫々二杯づつのむ位の量が適当です。暑さにまかせて胃に冷蔵庫のように氷をつめ過ぎては消化不良、下痢の原因になりますから注意しなければなりません。

② 適当な食塩の補給をすること

多量の水分の排泄と一緒に無機質類の排泄も行れますがその中でもつとも多いのは食塩です。普通は一〇グラム―約大匙一杯―とればよいのですが労働や運動による発汗量が多い時には二倍位とる必要があります。

③ 良質の蛋白質の補給をすること

普通の食事中にも動物性蛋白質は不足し勝ですが特に食事量の低下する夏はつとめて蛋白質の摂取に心掛け良質のものを選びましよう。例えばミルク、卵、魚肉獣肉類等から一日にミルク一合、卵は1/2ケ、肉類は掌の大きさのものを一切は摂取すべきです。

④ ビタミン類の補給をすること。

ビタミン類の中でもB$_1$とCの補給をすることが重要です。習慣的な食事により私共のB$_1$摂取量が低いのですが、B$_1$が不足をすると疲れやすく、居ねむりしやすく不活発になつてきます。或る学者は夏の暑い日にB$_1$を与えた農夫と与えなかつた農夫の作業能率の違いを報告していますが暑い季節に能率よく働くためにはビタミンB$_1$を多量摂取する事です。B$_1$は次のグラフに示す通り豆類、豚肉、肝、粉乳等に多く含まれています。

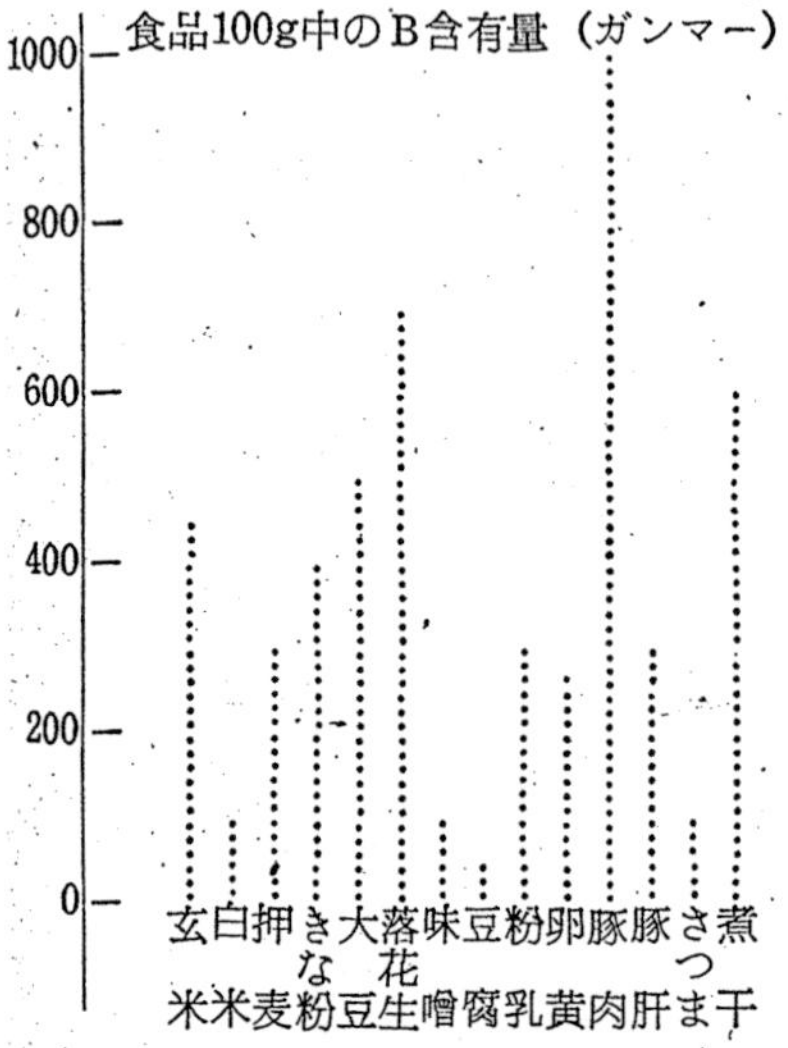

ビタミンCは抵抗力をつけてくれるビタミンの一つですが生体内で細胞という煉瓦をつむときにセメントの働きをするのがビタミンCです。ビタミンCは調理時の損失がどのビタミンよりも高く普通の調理では生の時の半分位に減少しますので生で頂ける野菜や果物の方がよい給源と云えます。出来れば次の皿のどれか一例を一日一回とれるようになればビタミンCは充分とれる事になります。

パイナツプル一皿＝輪切二枚
パパヤ一皿＝中位のもの六分の一
バナナ一皿＝中位のもの二本

これらのものは一日必要量の約1/2を補うことが出来ます。次にビタミンC含有量のグラフを示しておきます。

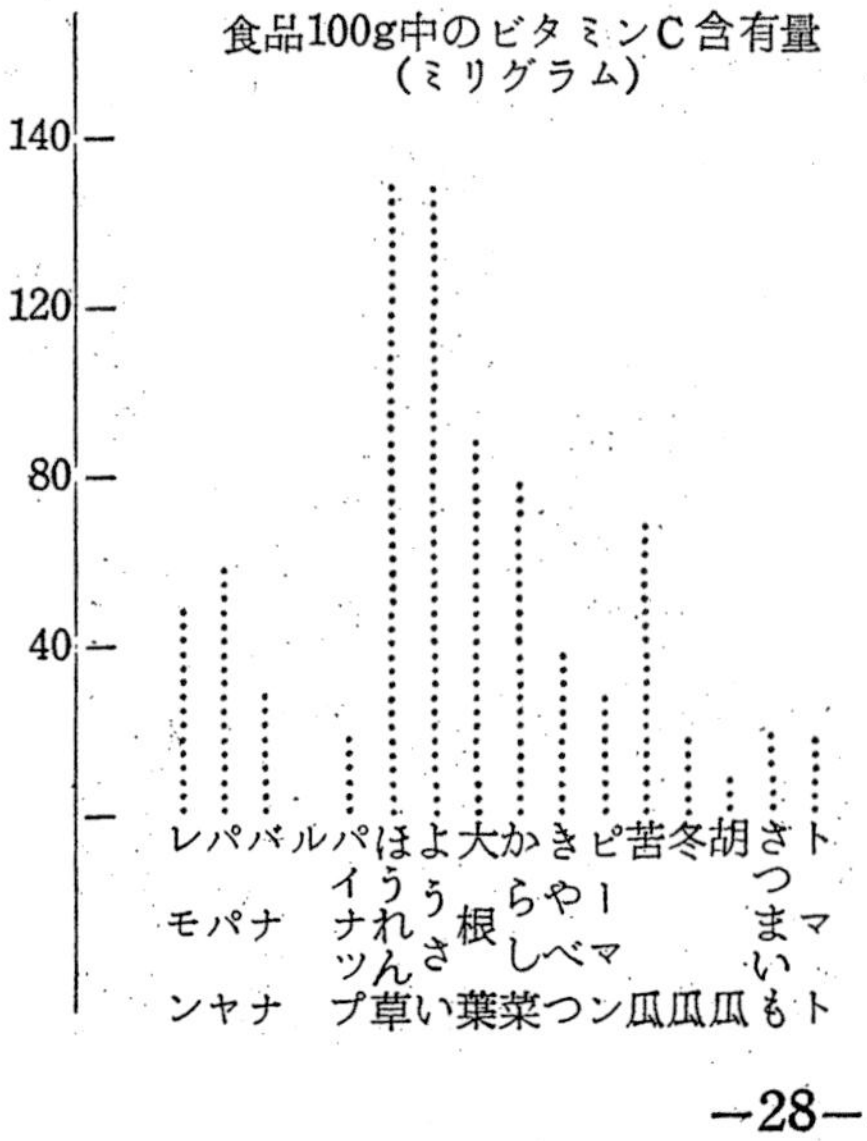

食中毒を防ぎましよう

特に高温多湿の季節は微生物の繁殖に好適ですから衛生面の注意を怠らないようにしましよう。

① 調理をする前には手を洗うこと。

折角調理した物を微生物で汚染しては今までの労が水泡に帰してしまいます。食前にも手を洗うようにいたしましよう。

② 食品や食器具の保存には清潔な乾冷の場所を選ぶこと。

油虫や蝿やねずみに汚洗されない場所を選ぶ事は勿論のことですが黴がついたりしないために乾物は密閉の出来る罐へ入れ、野菜等は網戸棚へ通気のよい状態で保存しておきます。この季節は細菌性による食中毒が多くサルモネラ菌とブドウ状球菌が大部分です。魚介類やその加工品が折詰にされたり、集団給食時の不始末等から起つてくる場合が多いようです。これらの菌の媒介をするのが昆虫やねずみによりますから、これ等を家の中に入れない様に網戸を作るとかねずみの出入口を防ぐということとそれらを退治することです。油虫は室を密閉してバルサン香を燃しますと約一ケ月位は効果があります。食品と関係のない場所はＤＤＴを使うのがよいでしよう。蝿はその発生場所を徹底的に改善することですが便壷やゴミ箱がよくその発生場所になります。どちらも蓋をすることですが便壷に幼虫がみられる場合はコンロ用のケロシンを流し込みます。そして充分暗くして蝿が入らないようにしましよう。ねずみの退治はパチンコのねずみとりが無難だと思います。万一食品が汚染されましたら惜しみなくすて、食器類の汚染には煮沸消毒を行うか、或いは一%の晒粉溶液に五分間程浸漬しておきます。布巾も度々消毒しなければ微生物の喜ぶ場所となりかねません。

皆に喜ばれる食事

食欲がないからといつてお茶漬ですませたり、冷い水をのんだり、食事量を減らしますと前に申しましたように夏やせを致します。食事のバランスのとれてないこととカロリー不足から来るのですがそれだけに夏向きの料理はなつかしいと思います。その上沖縄では夏野菜の種類が少いので変化のある料理をつくるように心がけねばなりません。色、味、香、等特に配色をよく考えて皿に盛付ける場合も面倒がらずにいろいろ工夫する事は食欲を促す一つの方法です。夏の涼しい料理というとやはり酢の物や野菜サラダ、フルーツサラダが先づあげられます。果物中の酸は生理作用を円滑にする働きがあると考えられています。わさび、からしのピリッとした味も食欲を刺戟しますので適度に使うのがよいと思います。何といつても夏は冷いものが喜ばれる季節ですが冷奴とか、この付合せをよく考えバランスのとれた、しかも家族の嗜好に合う食事にしていく事が夏の料理の要点だと思います。食欲を促す料理であり、皆に喜ばれ、バランスのとれた料理、そして衛生的に扱われ、その上安い料理であれば優れた料理だと云えましよう。

家族の健康を預けられた主婦の仕事はほんとに大きいと思いますが毎日毎日、栄養、衛生、嗜好そして経済の面から料理の批判を怠らず、よりよい食生活が続けられて行くように努力して行かねばならないと思います。

(琉大農家政学部講師)

夏の栄養と七つの基礎食品

名城弘子

梅雨期に入つて湿度も温度も高いこの頃は食慾も急激に減退し病気にかゝりやすく健康上の注意という事が重要視されて参ります。夏になるとやせるという人が多いので夏やせを防ぐ方法はないかという質問をよくうけるものです。

夏の生活に入る前に健康診断をうけておく事は大切ですがこの時期におこり易い病気の殆どが私達の口と関係が深い点からして私達の食生活を今一度反省してみる必要があると思います。

街の店先に並べられている食品は数限りなくあります。その形や色どりや香り等がとりどりでみごとな外観を競っています。その中からどんな食品を選んだらおいしいそしてきれいな食卓を作ることが出来るでしよう。

近頃市場で鮮黄色に染めた美しいたくあんをよくみかけますが自然の色のたくあんの方が味の点ではずつと上です。大きくて立派に見える果物より小さくても味のよいものもあります。しかし実際には見事な果物の方がよく売れるし、そめた、たくあんの方が売れゆきがよいと云われて居ります。

一年中を通して口にする食品の種類は数百種にのぼりますが、私達が外観にとらわれないで真の持味を知つて食品を選ぶと云う事はまことにむづかしいものです。しかしもつとむづかしいのは、食品の中に含まれる栄養価の事でしよう。

外観の大変違う食品でもその中に含まれている栄養素が案外似ていて、どれを食べても人間にとつては同じような効果のあるものもあります。又同じような外観でも栄養価の大変違うものもあります。

したがつて献立を作る時、おのおのの特徴を生かして配合するかどうかにより、栄養素の摂取量に大きな差が生じてくるわけです。栄養的な献立とは特徴を生かした材料の配合ということが出来ます。

そこで合理的な食生活を送るに又健康を維持しどの様な外的条件にもたえ得る立派な体をつくるために必要な実際面の知識として「七つの基礎食品」について述べます。

健康は先ず栄養管理からと申しましたが人体に必要な栄養分はたくさんあります。その中で私達が毎日補充していなければならない栄養素についてはこれ迄色々の研究がなされて居りますが、その栄養素を深く研究し何をどれだけ摂らないと欠乏症をおこすと云う所迄知るのが栄養学であつてその知識がなければ栄養的な献立を作る事が出来ない等とお考えになるのは大間違いです。

栄養素の働きや、その性質等栄養の知識や働きをよく知らなくても完全な栄養をとることが出来る方法としてこの「七つの基礎食品」と云うのが生み出されたわけです。それは便宜上、同じ特徴を有する食品、いわゆる栄養価の相似したものを一まとめにして群をつくり全食品を七つの群にわけたものです（第一表）その群の作り方はなるべく日常の食習慣や沖縄の食量生産等とも関連のあるように実生活との結びつきに重点をおいてあります。例えば2グループのさつまいも五百グラムはおいもを一日一食摂取するものとして、六グループの穀類を二食分三百グラムといたしました。

（1表）　毎日各グループの食品から頂きましよう。

	食品群	食品名	摂取すべき量
1	緑黄野菜類とみかん	ほうれん草、ピーマン、トマト、人参、みかん、さやいんげん、八重山かづらパパヤ、ようさい（ウンチエー）よもぎ、にら	150g
2	淡色野菜類と芋類	きやべつ、白菜、玉葱、胡瓜、………… 大根、りんご、もやし、………………… さつまいも…………………………………	100g 500g
3	乳及び乳製品	牛乳、チーズ、エバミルク	180g
4	卵、肉類及び魚介類	いわし、肉、小魚、レバー 卵、ソーセージ、かまぼこ	100g
5	豆及び豆製品	味噌、豆腐、油揚、納豆、そら豆 ごま、煮豆、落花生	100g
6	穀類	米、パン、うどん、麦、小麦粉…………	300g
7	油脂と砂糖	バター、マーガリン、揚油、…………… 砂糖…………………………………………	30g 20g

普通私達の生活では単位をグラムで表しますと、ピンと来ない場合が多い様です。それで実際私達がお台所で用いる器による分量を記してありますので簡単に実行に移せる事と思います（第二表）

（第二表）

グループ	重量（g）	重量（斤）	計量器による	目分量
1	150	$\frac{1}{4}$ 斤	葉　4カツプ 根　1 $\frac{1}{2}$ カツプ	葉菜　両手のひらの2 根菜　片手のひら 1 $\frac{1}{2}$
2	100	$\frac{1}{6}$ 斤	葉　2 $\frac{1}{2}$ カツプ 根　1　〃	葉菜　両手のひら 1 $\frac{1}{2}$ 根菜　片手のひら　1
	500	約1斤	5コ	中のもの　5コ
3	180	1　合	約1カツプ	飯　碗　1ぱい
4	100	$\frac{1}{6}$ 斤		1切れ
5	100	$\frac{1}{6}$ 斤	豆腐　卵大1 味噌大さじ2 豆　大さじ2	豆腐　卵大1 味噌　大さじ2 豆　大さじ2
6	300	2　合	2カツプ	飯茶碗に2はい
7	30 20	約8匁 約6匁	2 $\frac{1}{2}$　大さじ 2　大さじ	2 $\frac{1}{2}$　大さじ 2　大さじ

何故私達は毎日各グループの食品から頂かなければならないのでしよう。

それでは、各グループの特徴と私達の体内での役目を簡単に説明致しましよう。

1、緑黄野菜類とみかん―にんじんの黄、ほうれん草の緑等の色のついた野菜にはビタミンAの作用をするカロチンが含まれています。ビタミンAは眼の生理皮膚のコントロール、成長促進作用等私達の体内で大切な役目を果して居ります。

2、淡色野菜類と芋類―このグループには主としてビタミンCが含まれていて私達の体の細胞と細胞の間でお互につなぎ合せる役を致して居ります。

野菜や果物にはせんいが多く果物には有機酸などがあつて腸壁を刺戟し便通をよくする作用がありますから老廃物を排泄していつも身体を清らかに保ちます。穀類や魚肉は酸性食品ですが野菜はアルカリ性食品ですから適当に配合されると身体の調和がとれます。

3、乳及び乳製品―牛乳は一人一日当一八〇グラム（一合）飲む様に組まれて居ります。牛乳の中には良質のたん白質、脂肪、乳糖、カルシウム、ビタミンB2と栄養素の数々が豊富に含まれて居ります。その他ビタミンAもB1もあり、Cも少量はあります、から鉄分が少いだけで必要な栄養素はほとんど揃つていると云えます。

4、卵・肉類及び魚介類―牛乳と卵は完全栄養食とも云われている位、私達の日常食にとつて大切な食品です。卵は子供の発育に大切な成分を多量に含み、その上、消化がよく、刺激性がないので病人むきの食品としても重要視されて居ります。肉類と魚介類はたん白質、脂肪、鉄、ビタミンB1B2を多く含み、私達の筋肉や血液をつくるのに役立つて居ります。特に成長期の子供達には大切な食品の一つでしよう。

5、豆及び豆製品―一〇〇グラム中には平均してたん白質八グラム、脂肪三グラム、カルシウム一二七ミリグラム、鉄二・四ミリグラムが含まれます。大豆はそのまま用いればたん白質も脂肪も多いのですが含水炭素はでん粉でなく不消化なカラクタンですからなるべくなら加工品を用いるか生で食べるなら呉汁か潰し豆にしないと丸のままでは四時間以上煮なければなりません。大豆の中には34％のたん白質があり、しかも良質ですから穀類のたん白質を補つて有効にします。

6、穀類―このグループは私達の生活の原動力とも云うべきエネルギーを供給します。穀類はすべてビタミンB類、鉄、燐等が多いのですが精白又は製粉すると減つてしまいます。

一〇〇カロリー単位の栄養量を栄養標準量に比べてみるとたん白質、脂肪、カルシウム、鉄、ビタミンB1B2が少くビタミンAとCは全く含まれていません。含水炭素丈が多いので穀類をたくさんとれる程栄養的欠陥が大きくなります。又米のみに偏らず麦類や雑穀をまぜるといい結果を得る事が出来ます。

7、油脂と砂糖―油はどの食品よりも熱量の多いことが特長です。又油脂は私達の体内で保温の目的、皮膚の保護に役立つ外貯蔵エネルギーとなつて皮下、臓器の間に貯えられます。

油は他の栄養素を持つていませんがバターは水分とビタミンAカルシウム、たん白質を少量有します。強化マーガリンもビタミンAの効果は同じですから標示の日付を見て新鮮なものを買うようにしましよう。さとうは体内に入るとブドウ糖になつて血液中に入り全身を養う大切な栄養分です。けれど純粋の含水炭素ですからたん白質、ビタミン類、無機質などをすこしも含みません。さとうに害があると云われるのはこの純粋さのためですからたゞなめたり溶かしたりしないで牛乳、卵、粉などと合せていつも他の栄養分と合せたかたちで用いるようにします。

この様に七つのグループはそれぞれ私達の体の中で大切な役目を果して居りますのでこれからは毎日各グループの食品から頂く事に致しましよう。それによつて私達は湿度の高い梅雨期でも夏の暑い日でも食欲の減退とか、風邪にまける等という事はなく抵抗力の強い健康な体をつくる事が出来ます。健康な体は一昼夜にしてつくれるのではありません。毎日の心掛けが大切です。単に美しいとか大きいとか安い等と目前の利にとらわれずに栄養的な点をよく考えお買物も調理も致しましよう。

（琉大農家政学部講師）

夏をひかえての生活す導

少年の性犯罪の実態

（教育愛知より）

菅沼　誠

まえがき

—初夏の声と共に、暑苦しい家を離れて戸外に出る時間が多くなる。外へ出たら自然、社会悪にふれるチャンスも多くなる。思春期にある中、高校生が悪にふみ込む危機を夏ははらんでいる—（編者）

およそ人間社会における自然的欲求の最たるものとして食欲と性欲の二つがあげられるが、わけても性的本能は衝動的であり、紳士をして野獣に転落せしめるとまで言われている。このように性道徳が最も純化され讃美された形において維持されることは難しいことであるが、しかしこのことによつて性のモラルが否定されるような事があつてはならないのである。戦後、民主々義の高揚と共に性の解放が唱えられて以来、性解放の真の意義を理解できない人々の性感覚は自由奔放な性行動となつて社会に幾多の害毒を流し、とりわけ青少年に及ぼした悪影響は、はかり知れないものがあろう。従つて性道徳の確立が今日ほど緊急とされる時代はなく、いかに性生活の充実と向上を図り、いかにして健全なしかも調和のある社会的道徳を確立するかそれには若き世代の性生活をよく理解して、その円満な発達を助長する以外に道はないと思われるのである。なるほど社会の一部には純潔教育が叫ばれ、性の倫理観が説かれている場合も少くないが、果してしからばその教育的効果はあがつているであろうか。

ここに警察の窓という限られた視野に焦点をしぼつて少年の性犯罪の実態を解剖して参考に供したいと思う。

われわれは思春期におかれた若人達が手に手をとつて自由を謳歌し、青春を享楽している姿をしばしば眺めてまことに印象的に感じているが、ふとある種の危虞の念をさしはさむことが多いのである。彼等は正しい性のモラルを意識し、両性の本質的平等と敬愛を感じているであろうかということである。

しかし乍ら危虞は全く危虞に終つていない事実を日々の少年事件を通じて余りにも多く知らされるのである。特に昨今における少年犯罪の特異現象として性的犯罪が飛躍的に増加していることによつてもうかがわれ、しかもその犯行手段は高校生が集団で「アベック」を襲撃し、さらに残忍な輪姦を加えた事件、誤れる因習にとらわれた「成人式」「元服」（女を知る）を契機として純真な少女を次々と暴行した事件、性的意識にようやく眼ざめた年少々年が空気銃を突きつけて、いたいけな少女に強制わいせつを行つた事件等、性的犯罪に関する限り、成人にも考え及ばない様相を呈しているのである。それのみか、彼らの暴虐無道な毒牙に散つた数多くの乙女達が、未来に正しく生きる希望を失い、揚句の果は自暴自棄的な感情に奔ろうされて自己の肉体を一個の商品価値に転落させて笑婦となつた哀史、悶々として肉親にも秘めた少女達の心痛、前途をはかなみ、うら若き生命を断つた純情乙女の悲劇等、子女を持つ親たちにとつて実にせんりつすべき事例をなしとしない。これをもつて簡単に今次戦争の残した爪跡としてあきらめてしまうには、余りにも問題が大きく不安もまた一通りではないのである。あらゆる罪種にわたる少年犯罪の中でも、特に潜在的な性格をもつ、この種の犯罪が日々いたる所で何んらちゆうちよされることもなく、まだ容易に敢行されていることとを、吾々は通り一ぺんの統計的な数字や表面に表われた事実の個々をとらえて、現今の少年による性的犯罪は「かくなり」と結論づけることの勇気を持たないがしかし日々取扱われるこれらの事例を考察することによつて、その実態を識者に訴えると共に最近、急激に擡頭をみせるに至つたこの種事件の根絶と一掃に寄与したいと念願するのである。

1、少年による性的犯罪の概観

人間終生の意思活動の一つは、常に好奇の連続であるといわれるが、しかし少年達の好奇心は成人の好奇心と事の性質上、自ら区別され、それは未知の世界—大人の社会に背伸びし、急激に大人になろうとする衝動が強まるからである。特に性に対する興味は少年期から青年期への過渡期において著しくこう進する特性を有し、これを「思春期」と呼んでいるが、この時期が肉体的にも精神的にも不調和な極めて不安定な状態におかれ、悩みや苦しみも多く、理性を喪失し、衝動的な行為に組し勝であるため一面「危険な年令期」とも呼び、従つてこの特性が悪環境の強い支配を受けることも当然であつて環境的には四囲の環境が浄化されているならば、さしたる懸念も生じないと言えるのである。しからば現今の少年達が何ゆえに性的犯罪に興味を抱くのであろうか、その本質的な問題について若干の考察を加えてみよう。

戦後少年の多くが非行化した誘因には、必然的に少年にまつわる成人社会の環境悪が根深く存在していることが理解され、わけても性犯罪化した温床には成人社会の性秩序の紊乱が反映していることは既定の事実であろう。高等動物特に人間においては、環境に対する反応は複雑であるが、少年達が環境に容易に順応することは、社会的に人間的に未熟さから来る個有の心理的傾向として一面さけることのできない弱点でもあろう。現今成人社会に満ち溢れた性的解放感や性的享楽施設の充満は必然的に少年の性的感覚を麻痺し、性への好奇心をかり立てて刺激剤となつて、奔放的な性的衝動を与えずにはおかないのである。巷に道行く「アベック」は傍若無人に恋を語らい、映画演劇の一こま一こまに表われる強烈な恋愛シーンあるいは巷に氾濫する好色雑誌、三文小説の流行、キャバレー、ダンス・ホールから流れるなまめかしい嬌声とリズムの調べ、官能的なふん囲気、街角にこびを売る売笑婦の姿態不夜城を誇る観楽街、特飲街の隆盛、職場で花を咲かす大人のわい談およそ俗悪的な趣味のたい頭、たい廃思想のびまんはさらに新聞広告に映画の看板に憶面もなくさらけ出されて、あまねく現在に育ちつつある少年達を毒せずにはおかないのである。魅惑に包まれた社会、情欲的な光景、これが現在の少年達に与えられた宿命的な環境であると言えよう。性に対して著しい興味と関心を抱く思春期の微妙な心理が、この機を見逃すことはないのである。そこでこれらの少年達が直接間接に性犯罪を容易に犯す動機となつた点をとり挙げれば、

(イ) 野合の男女性交場面の目撃
(ロ) 低俗な映画演劇・出版物の影響
(ハ) 職場等における大人達のわい談
(ニ) 特飲街への出入、売笑婦との性交

等がまず考えられるのである。とりわけ特飲街、売笑婦から受ける性的感覚の刺激は直接的であるため、与える害悪は何物にも比して大きく、それは未成年男子の性経験が堰を切つた奔流の如く盲目的に押し流されてゆくのである。彼ら売笑婦に接した少年達の多くは心にもない職場の年長者に伴われ、あるいは修学旅行を利用し、好奇心にかられて、とぼしい小遣銭をさいて、一歩足を踏み入れたが最後、異性の体臭と肉欲的な交渉に彼らを未知の境地に誘惑してしまうのである。当初好奇の眼で求めた、あるいは与えられた「チャンス」は彼らにとつては人生破滅の第一歩ともいえるのである。

まず少年達には大人のように経済的な余裕に恵まれず、その得る収入や手持ちの小遣銭は観楽街での遊興費としては余りにも乏しいのである。しかし一度魅了された性への享楽感は事毎に少年の脳裡を去来し、かくてまず自家の物品持出からさらに窃盗行為と進展し依然として特飲街に身を投ずる機会をうかがい、このように一度高まつた少年達の奔放な肉欲的享楽感の追求は、何ら少年の理性を呼戻すこともなく、心身共に容易に彼らを堕落せしめ、恐るべき性犯罪さえも何のちゆうちよもなく犯し易い粗暴化した少年に転落せしめているのである。

それはやがて金銭で容易に求め得る女性には次第に魅力が薄らぎ、それと共に彼らに芽生えた野獣的な毒牙は汚れを知らない純真な乙女に向けられてゆくのである。彼らは巧みに女性の心理をつかみ、誘惑する手段を体得するが、まず盛り場を徘徊する早熟な不良少女は彼らの当面の不純異性交遊の対象となり、その行動は彼らの職場に学校にあつて、常に性交の好奇心を求めてたむろする一群の不良グループを相手に、得々と体験談として花をさかせ、その表情は性感覚に眼ざめた他の少年を刺激し、かくて少年層にまんえんした性犯罪の興味と関心は、現今の社会的背景と相まつて、いやが上にも少年の心理をかり立ててゆくのである。彼らはまず顔知りの少女を巧みに誘つて人通りの少ない場所であるいはいわゆる温泉マークと称される安宿、簡易旅館等へ連れ込み、暴力を振つて強引に肉体を奪うことにスリルを覚え、さらに性的グループを組織して、洋裁や盆踊りの帰宅途次の婦女を襲つて輪姦を遂げる場合が多く、自己の冒険心を満足させるためには、さらに被害女性達の外聞を恥じる弱点に乗じて、次々と犯行を重ねて、その止むところを知らないほどに悪行を続けてゆくのが、今日における少年の性犯罪の偽わらざる実態であろう。

2、少年によるわいせつ犯罪の概観

最近頻発する少年の性的犯罪の中でとりわけ吾々の心を暗くするものは年少々年によるわいせつ事犯の飛躍

的な増加である。
わいせつ犯罪は性的犯罪の一態様として姦淫罪に極めて近似し、犯罪に対する一定の合理的条件が具備されるならば容易に姦淫罪として問題にされ得るデリケートな要素を内包した犯罪であるといえる。それだけに年少々年によつて行われたという条件を除けば著しくしゆう恥心を抱かせ、あるいは女性の徳性を害したという点では、両者はむしろ区別されるべき犯罪ではないのである。

思慮浅薄な反面、好奇心、模倣的傾向の強い少年のわいせつ犯の特質は肉体的・精神的に未成熟なために情緒が伴わず、単なるわいせつ行為に止まつている場合もありまた成人男女の模倣的遊戯の領域を出ない場合も見受けられるのである。しかしながら少年のわいせつ犯罪の多くは環境的要素の著しい刺激を受け、性的意識にようやく眼ざめた少年による犯行である点にその特異性が見出されるのである。まず少年がわいせつ行為を犯す動機には個々の少年が極めて肉体的・精神的に早熟であるが、反面、異性との交際経験をもつた少年は少く、何れも刹那的な好奇心から幼稚な犯罪として表面化したものが多いのである。そうして、この種事件の特色としては、

(イ) 被害少女、加害の年の双方あるいは何れかが共に思慮浅薄であること
(ロ) 双方あるいは一方が極めて低年令層の少年少女であること
(ハ) 双方あるいは一方が性感覚に対し明確な自覚に乏しく、性の何であるかを認識していないこと
(ニ) 夫婦遊戯の一端と解していること
(ホ) 性に対し敏感で低俗な風潮に直接刺激されていること

等が主なる点であつて、ことにわいせつ行為の少年の多くは性犯罪者と同様に巷間に流行する煽情的な映画・演劇・出版物等の光景を模倣し、あるいは性交を目撃し、あるいは先輩、成人のわいせつ談に刺激される等のおよそ日常少年をとりまく五官にふれる魅惑的な情景に刺激されて、直接的な犯行に及んだものが多いのである。

吾々は巷に敢行された少年の性的犯罪を検挙補導してその全ぼうを眺めたとき、その殆んどが、一方的に誤つた思春期の性的衝動にかられて野獣的な行為をなし、あるいは肉欲的な本能のままに理性を失つた揚句に犯したものであることと同時に好奇心に溢れた行為であるが、その背景をなしているものが、あくまでも憎むべき暴力であることは最も考えるべき問題である。このように少年の性犯罪の特質を考えるとき、その根本的解決は極めて容易でなく、多くの問題が含まれていることを知るのである。既に今日までに教育関係者を中心に青少年に対する純潔教育が再検討され、その再出発が強く叫ばれてきたが、事態はこれによつて容易に好転し得るとは考えられない。少年の性犯罪の本質は吾々日常生活に渦巻く凡ゆる環境の中に必然に芽生えた根深いものである。

過去に性犯罪として検挙補導された少年について考えると例外なく区民社会の環境に強い刺激を受け性に対して著しく早熟であり、常に性に対して好奇心を抱いており、こうした少年達は既に遊里に足を踏み入れ求めて官能的なふん囲気を憧れる少年に転落しておりさらに性に未熟な少年を刺激しつれを誘惑して、新しい角度から容易に性犯罪に移行しているのである。もちろんこれらの少年達にとつては異性に感ずる魅力は肉欲以上の何物でもないのである。性道徳に麻痺された風潮と弛緩し切つた成人社会、更に余りにも刺激に富んだ環境等、数え挙げれば性犯罪の温床となるものが余りにも多いのである。

３、少年の性犯罪の防止対策

これについてはあらゆる面から批判の余地があろうが、吾々の立場からまず考えられることは、

(イ) 環境の浄化と不良文化財を徹底的に追放すること
(ロ) 成人社会における性道徳を高揚すること
(ハ) 純潔教育の再検討と家庭教育を強化すること
(ニ) 少年の性犯罪に対し、過去の穏便主義を是正し保護処分を強化して少年の自覚を促すこと
(ホ) 保護者が少年（特に婦女子）の行動を完全に把握しておること

等が考えられるのであるが、特に性犯罪の面で強く感ぜられることに、多くの被害少女が異性に対し思慮浅薄のために容易に隙を与えていることである。少年の巧みな甘言、誘惑に自らの身を投じ、思わぬ悲劇に見舞われている場合が多いので、あくまでも保護者の態度と少女の異性に対する再認識をすることによつて再出発することが現在、この種の犯罪防止に残された唯一の道であることを強調したいのである。

要するに青少年の性的無軌道振りは既述した如く快楽追求に寧日なき社会風潮の悪影響に起因していることは当然であるが、同時に過去に対する不信を叫ぶ十代が、禁止的な旧道徳に対して反抗した悲しむべき虚栄の姿でもあろう。彼らは常に古い世代と過去のモラルに強い嫌悪を感じているのである。戦後日本の畸形的な社会が生んだ少年達の実相を吾々は悲観的な存在として、眺めるのみでなく温かい愛情と理解をもつて、しかもたくましい次代をになう国民を強く育成する心構えで指導してやらねばならないと痛感するのである。

（愛知県警察本部防犯部長）

不良文化財と青少年

―映画の影響と指導について―

（教育愛知より）

辻　洲　二

不良文化財とは（不良文化財なる表現自体が矛盾していると皮肉る論者もあるが）元来文化財として同類は価値のあるものであるが、それが商品である為と、これを鑑賞する側における心理的受容の態度との為に、極めて好ましくない結果の招来をはらんでいるものに与えられた名称と考えられる。これについての考察は、余りにも広汎にわたるので焦点を映画に限定して、その影響が特に著しい青少年を対象として進めたい。

戦後の少年非行については、一般化、年令の低下現象、学生々徒の犯罪の増加、悪質化、累犯化、集団化の傾向にある事は誰しも認める事実である。新聞の社会面をたどる者は、五三年頃まで「常犯罪」の主役を演じた二十代に代つて五五年頃には話題の中心は移つて「十代」を対象としている事に気がつくのである。

この新しい型の「十代」の登場の原因を一連の好ましくない映画にありとするのは言過ぎであろうか。

映画における「十代物」「思春期物」のはんらんは製作者側の「少年には指導的役割を、撥たちには啓発的役割を果たそう」とのねらいによりはじめられた。しかし、その結果はどうであつたか。「十代にとつてこれらの映画は、大人が半ば好奇的に十代の性典などと憂わしげに口にするほど切実な問題ではない。」と見る学者もあるが、横行する不健全きわまる出版、映画によるとしか思われない青少年非行がひん発し、その結果青少年を不良文化財から守れとの声が高まつて来たのである。もちろんその問題については個人の自由の見地から理論的にまた感情的に反撥する者もあり法律により厳に取締れと主張する者もある。しかし抽象的な理論や方法はさておき、実際にその場に直面すれば、青少年保護の任にある者、年頃の子を持つ親であれば誰にとつても心痛の種であり「近頃の青年の気持は判らない」と慨嘆し絶望するのが現状であり。不良文化財の問題は青少年保護の領域の中心課題の一つになつているのである。このため五〇年には中央青少年問題協議会が、各地には地方協議会が設置され総合的な機関として活動している。

・映画が犯罪の動機となるのは

映画が青少年に対して、直接犯罪を生み出す要因を形成するにはどのような過程を経るのであろうか。映画は青少年に対し種々の意味で暗示的である事は否定できない。それは力強く少年の心に喰入る。映画そのものが本来強い刺激がある上に、場内の暗さ、スクリーンの明かるさ、見物者の孤立等の条件がこん然とある雰囲気を生み出す。催眠の状態におかれた青少年はスクリーンのイマージが暴力、ぬすみ、性欲を表現する時、それを後日犯罪行為に再製して行く場合がいくらもあり得るのである。この種の映画は特に青少年に魅力があり有害である。不健全な病的な見方、浮薄な流行性と不自然な浪費の世界を描く映画であり、暴力突飛な偶発性が支配する映画、性的刺戟の漂うもの、卑屈になり転落する人物の現われる映画である場合にその傾向は驚くほど著しいのである。

脚本作者の技巧は彼等にそれが人工的・作為的・例外的である事を忘れさせるからである。絵画におけるデフォルマシオン（変形）と同様に映画においても現実のみすぼらしさを避ける為、変形が映画全体に行われるのが常である。この描かれた映画の虚構と現実との識別が、それらの青少年には不可能なのである。映画は直接の視覚像、聴覚像を自由奔放な生き生きとした形で観客に伝える事ができるので、それの空想性は観客自身のもつ空想を代行してくれるのであり、このため大衆は現実から逃避する心理的状態に立ち至るのである。この事実は大人ばかりでなく、青少年の場合には更に強烈に現われ、その与える刺戟と影響は測り知れないものがある訳である。更に映画のもつ空想性は同一化となつて現われる傾向がある。映画の場合の同一化とは、観客が映画中の人物を他人として客観的にみずに、自分がその人になりきつて、その人物の思考、感情、意欲の動くままに、自身の心理状態として経験するのである。このような同一化は作品の如何によつては好ましくない心理的影響をもたらし、殊に青少年の場合にはこの傾向が強いので方向を誤てば恐るべき悪結果を招来する事にもなる。暴力教室などはそのふさわしい例の一つであろう。

映画の効用

映画のもつ否定面、殊にそれが青少年に対して著しく現われる面は以上のようであるが、この事は映画のもつ価値をいささかも減殺するものではない。第一に映画は人の心を慰める。それの記録的なニュース的な性質の故に時代と密接に結びついている事など。観客中には良識を欠く、想像力も乏しい人達が多いにもかかわらず、その人達に人間の心の美しさや、美しい生き方を教えたり、善に向つてのたゆまない努力を教えることが、他の部門の芸術よりもはるかに容易にできるのである。また終戦直後には、青少年ファンは「米語の発音をきき、覚える為」とか「外国の風物に接するため」といつた勉強型もあつたが、現在では彼等は無条件に美しいものにふれてたのしむ為に映画をみるのであり、たのしむという事が弁解を必要としない必然的な営みとして青少年の間に滲透してきたのである。

問題映画について

青少年に見せる事の望ましくない映画があつた場合これを禁止することは当然あり得るのである。映画に限らず、不良文化財の追放には、歪みのない慎重な世論と、専門家による調査研究のデータの裏づけが必要であり、実施上の問題として、「全面的にこれを禁止できるであろうか?」「殊に高校生に対する場合にどうか?」ということも極めて解決困難な問題が伴うのである。柵というものはおかないのが理想であることはいうまでもないが、置かなかつたために、わずかとはいえ、青少年がみすみす淵に陥るのをみのがしておいてよいのであろうか。適切な指導を必要とする青少年をば問題解決が困難だからといつて手を下さずに放置する事は絶対に不可であるといわねばならぬ。ただし、この場合、注意しなければならないことがある。それは、何か事件が起つて、その犯人は何々の映画によりヒントを得たと新聞でかきたてると、一部の人は映画こそ社会に害毒を流すものと印象づけられ、更に本質に遡つて検討しようとしないことである。例の「暴力教室」の問題にしても、映画自体は青少年不良化問題を政治的社会的基礎にまで掘下げようとするまともな意図のもとに製作されたのであつたが、確かに感心出来ない数場面もあり、事実この場面に刺激された少年が人をさした事件があつた。しかしその事件にしてもそれを直ちに作品だけの責任にするのは不十分である。その少年の心理過程を分析し、欲求不満がいかにあらわれたかを知らねばならぬ。

しかし欲求不満は、その特定の契機がなければ、自ら異なつた方向において解決されるであろうということを考えると、ある程度の制限は止むを得ないのである。高校生の非行を描いたこの映画が無条件で公開されるに至つたことと、日本の惨めさを露骨にとりあげた「竹の家」の、「基地日本」の姿を身近かに現実感として感じさせられるのであるが、何れにせよその結果として、映画倫理規程委員会が、アメリカ映画をも含めて映画の審査をもっとしっかりやる方向に動いたのは指導上よりみてたしかに数歩の前進であるといえるのである。なお、現在話題を呼んでいる「太陽の季節」にしても、相続いて出現が予想される類似作品についても「映画は商品なり」の感を深くするに役立つのみであろう。芸術的な昇華のない、素材をそのまま不自然な形で並べただけでは永い生命を持続する事は難しい事と思われる。

映画指導についての心構え

ではこれが対策として考えられ方法があるだろうか。いつの場合にも悪を抑える為に善が統制される事のないような配慮がなされ、更に青少年に善いものと悪いものをはっきり識別出来る眼をもつようにするため、優れたものに経済的、時間的条件の許す限り接触させる機会を積極的に与えて行く事以外に方法は考えられないようである。それにはもちろん普段より、また鑑賞の前後に映画の見方について指導する必要がある。観客調査の結果によれば、現在わが国には二、三〇〇の映画館で年間三〇〇の映画が封切られ、延べ五億が吸収され、その大部分が都会の青少年で占められているのだが、製作者が高校生を最大の対象とするのはもつともな事であるが、それだけに高校生に不適当なものが続々と現われる事は「映画も商品なり」ですます事の出来ぬ問題であり、業者の良識に待つこと大なるものがありこれが対策にも大いに意を注がなければならぬ。一方映画教室、講堂映画による教育の推進と適当な指導による青少年の映画研究クラブの組織と活溌な動きが望ましく、学校においては本腰を入れて援助、奨励に乗出すべきである。映画の重要性の認識は案外等閑にされ、見せてはならぬ映画の場合にのみ真剣に語られる場合が多い。普段においては映画は芸術というより、余り程度の高くない娯楽と見られているのである。「見せたい映画」を「見たい映画」にするための不断の研究と指導につとめる事、これが、不良文化財の撲滅を早急には望み得ないとすれば、唯一にして、最高の解決方法であると思われる。(愛知県学校教育課)

釣り

金城秋夫

夏と趣味

―はじめに―

夏の娯楽と云えば、釣りに優るものはないと確信している。暑苦しい、黄塵の巷を離れ、洋々たる大海に向い、澄み切つた青空の下、ふんだんにオゾンと紫外線を吸収して、無心に糸を垂れる安定感と、幸福は、釣り人でなければ分からない。

釣りの味をおぼえたら、サキヌミ、ヂユリユビも止まると云われているが、週末も近ずくと、来るべき日曜日の天気を心配しつつ、策戦を練り、道具の整備にかかる。その浮き浮きした気持は、夕暮時の放蕩息子に勝るものがある。これ、正にサキヌミ、ヂユリユビの止まる所以である。

では、一体どこにそれほどの魅力ある快味があるのかと云えば、何といつても、グイグイと釣り竿に力強く伝わつて来る魚の生命力の躍動を感ずる一瞬である。この一瞬は実に千金に価する。恐らく片手位切り落されても気が附かないだろう。

―つとめ人と釣り―

つとめ人は日曜釣師に決つている。自然その日の天候が最大の心配の種である。運動会を目前にひかえた小学校の子供らを笑う資格など、とてもない。それわと新聞やラジオの天気予報に一喜一憂する様は、さすがにテルテル坊主にまでは頼らないが、全くいじらしい限りである。特に天候不順な沖縄では、日曜釣師の悩は大きい。悪天候でせつかくの日曜日がつぶれた時は、恋人との逢瀬が一週間も延びたように意気消沈する。

平素の頭脳労働で、神経をいためてばかり居るのがつとめ人の大部分である。夜の睡眠は万人共通の生理的要求であるが、日頃思考力を酷使する人々には、思考力の睡眠が絶対に必要であるというのが、私の持論である。起きている状態で頭をしばし空つぽにする機会を作つて、来週の思考活動に備える為にも、童心にかえつて楽しむ日曜日の釣りをおすすめしたいのである。

沖縄の社会は、あまりにも酒が多い。週末、為す事も無くブラブラしていたら、誰かが来るか、自分が行くか、いずれにしても酒のわざわいが多い。街に散歩に出ても、もうもうたるほこりを吸い込んだ上に、サービス精神に欠けた店や食堂で、不快な思いをして帰つてくるのが積の山だ。街頭では公徳心に欠けた群衆にもみぬかれる。金を出して、夏の映画館に炭酸ガスと悪臭を吸収しに行く勇気は日曜釣師には皆無である。

―戦前と戦後―

戦後は釣師もふえた様に思う。那覇市内の釣り道具屋の数と竿をかついだ釣師の数が街にふえたのが目立つ。その理由についてはあまり分らないが、第一に交通機関の飛躍的発達が与つていると思う。

次に、落着きと気品のあつた戦前に比べて、喧騒と混乱の巷と化した那覇の街に愛想をつかしたつとめ人達がふえた事も考えられる。

しかし逆に戦後は魚も釣り場も減つた。そしてダイナマによる密漁は、益々事態を悪化させる一方である。天に向つて唾するようなもので、情ない限りである。戦時中の鉄の暴風と、戦後の軍工事、港湾工事に加うるに、このダイナマ攻勢である。そして中南における「オフ・リミツツ」の連発は、なけなしの釣場を次々にせばめつつある。

沖縄にとつては、神武以来の釣り危機である。戦前は楽しかつた。どこに行つても何か釣れた。小学校二年生の頃、久茂地川や安里川は、ぼらとひらあじの名所だつた。短かい竿に、木綿糸をつけて、ごかいや、やどかりをえさに、面白い様に釣れた。明治橋から那覇港にかけては、大人達の領分で、くろだいや、あいごの大物を釣つていた。三重城下の防波堤では、子供らが、透明な海水に泳ぎたわむれる色とりどりの珊瑚礁魚を見ながら釣つた。干潮時には防波堤から、長いリーフを伝わつて、波之上宮の下にたどりつくまでには四、五十匹の小魚をヒモにさして、ぶら下げたものだ。戦後の那覇市内には、一ケ所さえも、ロクな釣り場はない。とにかく魚が居なくなつたのである。

―釣師気質―

釣師に共通な美徳は「時間励行」である。潮時と云う言葉が示す通り、釣りには絶好の時間がある。一時間でもおくれようものならオジヤンである。だから釣師の時間厳守は鉄則であり、自然それが日常生活にも生きてくる。

釣り師は釣りを通して、物事のケジメと云う事を学び取る。海にはネクタイしめてピカピカ光る靴をはいて行つても別に魚は敬意を表しない。どんなに濡れてもよどれても平気という服装でなければ、全く活動不能である。オフィスでスマートな服に身を包んだジェントルマンが、あっと云う間に、作業ズボンに地下足袋ムギワラ帽姿に変るのが釣師の生態である。見栄や外聞はクソ喰らえである。総べて合理的に行動する。

あんまり趣味に凝って本職を投げるのは邪道である。ある釣り狂の散髪屋のおやじは、近所の子供らが「ジャンジャンぼらが釣れてるよ」と注進に来たら、仕事中に客をほったらかして駆け出す始末であった。お金はいりませんと云うのだが、虎がりされた客はお金がいる、いらんの問題ではない。

同好のよしみというか、釣師仲間が集ったら無礼講である。雑談ともなれば、落ちる所まで落ちなければ止まない。二、三日前にも、例によって雑談のはてに、人魚の話が出た。人魚とはジュゴンという豚のような面相の、伝説とはおよそ以てもつかぬ代物で、ただ遠くから見誤まると、何となく女の肢体にも見える時があるという。しかし男性の人魚というものにはお目にかかった事はない。漫画に出てくる漂流者はたいてい男だから、無人島のつれづれの相手には女性の人魚が出て来るのだが、女の漂流者ともなければ、案外筋骨たくましき男性人魚どもが、うようよ寄ってくるのかも知れない。因に英語では、人魚の事をMarmaidと云うがMaidは云わずと知れた乙女の謂である。だから英語では人魚は女性と相場が決まってるわけだ。

釣師は旧暦にくわしくなる。潮の干満は旧暦によって割り出されるからだ。そして旧の一日と十五日の大潮が毎月の最良日である。釣師の間には又、面白い迷信も多少はあるようだ。

例えば、人の竿をまたいで通ることはタブーになっている。「はも」などの様な海うなぎの類が釣れると縁起が悪いらしい。うろこ雲の出ている日は喜ぶ。魚と縁があるというわけだろう。迷信はやはり迷信で、あまり根きよはない。魚の生態を科学的に研究することが大切だ。

—経 験 と 釣 り—

〃名人芸〃と云う言葉は非科学的な神秘主義の生んだもので、近代釣師（？）の最も忌むべき言葉だと思う。算盤が計算機に勝ったとて、勝った者は日本国中から選ばれたたった一人である。数で行ったらとても計算機にかなわない。〃釣り天狗〃と云う言葉がある。釣り自慢の事で、寄るとさわると釣り談義をまくし立てる御仁の事。逃がした魚がいかに大きかったかを証明するのにあらゆる努力をする。釣りの秘訣について迷講義を展開する。しかし全く無邪気で、悪意のない、ほゝえましい種族である。ただ困るのは、釣り天狗達がどうかすると、初心者に、釣りは特殊技術であって、普通の人間には近より難いという印象を与えてしまう事である。

たしかに経験は貴い。しかしこれは何も釣りに限った事じゃない。釣りだけが特に深い経験を要するものだという印象を与えるのがいけない。そういう点で、刀鍛冶や長唄の師匠みたいに、釣りにも所謂名人なる者が居て、そのコツは霊感以外の何ものでも説明出来ないと考えるのは古い時代の遺物だ。釣りも科学的に研究され、説明され、万人に開放されねばならぬ。

私に言わせれば、長い経験を持つ人々が、その経験から得たものを、自分だけでコッソリかくしているケチ臭い量見がいわゆる名人芸の存する所以だと思っている。だから後からついて行く連中は、いらない難儀をする。その点では、本土でも、戦後は釣りが盛んになったようで、佐藤垢石その他の先輩達がどしどしよい釣りの本を書いて出している。誠に結構な事である。ところが、これらの本に目を通して見ると、沖縄の実状に適しないのが大部分で、甚だ困った話である。沖縄は特殊な所で、海岸の性質、魚の種類やその生態についても、独特な釣りの研究を要する。私は久しく、沖縄の特殊性に立脚した釣りの本を待望している。誰かこの任に当る人は居られぬか。

—釣りはスポーツか—

釣りはスポーツか否かを釣り仲間で論じた事がある。ボンヤリ座って沖ばかり眺めてるからスポーツではあるまいと一人が言った。いや動くだけがスポーツの総べてぢゃない。要は精神だ。その点では、釣りはスポーツ精神に適っているともう一人が主張した。（ことわって置くが、釣りには岸釣り、舟釣りのような静的隠居型と、瀬釣り、飛ばしなどの様な動的青年型に至るまで、多種多様である。）

彼の説明によれば、勝っても負けても冷静に、正々堂々と勝負に全力を尽くすのがスポーツの真髄だ。だから一ぺんぎりで釣れないからとて、竿を折って帰って来る連中は、野球に負けて相手をぶんなぐって引き上げるようなもんで、釣師の風上におけないと云う。この論法で行けば、大漁の時は優勝の喜びを味い、釣れない時は、魚に負けたとあきらめて、いさぎよく退場するという事になる。私など、釣れない日が何日続いても懲りずに海に通うのだから、スポーツマンの資格は十分という事になるか。

力士も負けたら、相手の取口を研究して次回にそなえる。野球でも、相手方投手の球や、打者の性質を研究して試合に臨む。釣りも然り。土曜日の晩ともなれば、七つ道具の手入れをしつゝ、天候、潮時、釣り場えさ、はりの寸法、等々について、あらゆる策戦を練る。ところで、相撲にも草相撲があり、野球にも球を打つて、いきなりサードに走り出すヤーヌメー野球もあつて、それぞれに結構楽しいものである。技術の上手、下手はあつても、釣りは何人にも、はじめから楽しめる遊びである。さきに名人芸について話が出たが私のこれまでの経験では、釣りには別にそんな常人の手の届かぬ神秘的技術があるのではない。上手と下手の違いは、才能の差ではなく、練習の差だけである。

同じ場所に、同じえさと道具を持つて並んだら、二十年も釣りをして来た者と、今日からはじめた者とではどちらによけい釣れるか誰も分らない。釣りにはそんな気まぐれな所がある。たゞ言える事は、長年経験した者は、はりのつけ方、釣れた魚のさばき方、道具の取扱い方など、やはり慣れているので、時間がかからない。したがつて釣る匹数が多くなるという可能性はある。魚も釣師におとらぬ立派なスポーツマン（？）で、あくまで正々堂々と行動する。えこひいきと、邪心の無い点では遠く人間の及ばぬ所である。行政主席と乞食が一しよに釣つていても、魚は一視同仁、おべつかを使つて主席ばかりに釣られる事は絶対にしない。釣れない日は、原爆でおどかしたつて釣れやしない。竿を折つてプンプン不気嫌で帰つて行く人間共の小心ぶりを魚はあわれんで見送るのみである。

―入門者への助言―

釣師になるには第一に強い足が必要である。逆に、釣りをしたら足が強くなる事も真である。そして、あらゆるスポーツの基礎が足にあり、健康の基は強い足にあることも周知の事実である。

次に必要な事は、信頼出来る先輩と一しよに、慣れるまで通う事である。勝敗にこだわらぬ淡白な気分には仲々はじめからなれるものではないので、やはり出来たら初回からあのグイグイと引く釣りのスリルを味わつた方がよい。そして、信頼出来る先輩ともなれば、大体に於て、多くの場所に通じて居るし、一目で、魚の居場所が分かるものである。何を目安にそれが分かるかは、先輩が一つ一つ説明してくれるだろう。

道具の取扱い方、えさのつけ方、釣つた魚のさばき方等々、細かい所まで、先輩は一つ一つ手ほどきをしてくれるであろう。そして先輩が教えてくれる「コツ」の一つ一つは、彼自身が今日に至るまでになめて来た失敗から割り出して来たものである。

沖縄の釣りは変化に富み戦後と云えども決して絶望的と云うほどでもない。しかし先にものべた通り、現在、本屋の店頭にある本で直接沖縄の釣りに適用出来るものはほとんど皆無である。（参考程度にしか読めない。）先輩について指導を受ける以外に途はない。水産学者は、沖縄近海にプランクトンが少ない事を指摘して、悲観的な結論を出しているが、私の経験からすれば、魚も居る場所には馬鹿々々しいほど居る。それこそタバコを吸う暇もない程である。

釣師を志す者は泳ぎがある程度出来なければならなぬ事は当然である。

今年の夏は、消費と喧騒と非常識が氾濫する巷の俗塵を離れて、貴重な週末を、一点のうそ、いつわりもない大自然の中で過ごす日曜釣師の仲間が、つとめ人の一員である現場教師からも続々輩出する事を大いに期待して拙文をとじる事にする。（おわり）

終戦直後の教育

文教時報第一号が発行されたのは、一九四六年二月二十六日で、ガリ版刷り八頁のものである。その中から抜萃して当時の教育の模様をながめることにする。

◉本年一月二日附米国海軍々政府通牒ニ依リ沖縄文教部ガ設立セラレ沖縄島及ビ其ノ周辺諸島ニ於ケル全学校ヲ統制シ中央機構ガ成立シタ……

◉文教部職員ハ沖縄人教育家ヲ以テ組織シ米国海軍政府将校監督ノ下ニ活動スルモノデ現在文教部長ハ山城篤男デアツテ……

◉授業時数……一週六日、一日四時限ヲ最低トシテ教授スルコト……但シ体育及ビ農耕作業等ニ類スル時間ハ之ニ含ミマセン。……設備不充分ノ時ハ午前八時ヨリ十二時迄ト午後一時ヨリ五時迄ノ二部教授トスルモ差支アリマセン。

◉軍事的訓練及ビ日本謡歌ノ教育ハ禁ゼラレ……行儀作法ヤ生活指導……ハ大ニ望マシイ……

◉配給学用品……紙ー四年以上毎月一人二分ノ一帳（五十枚位）三年以下毎月三分ノ一帳……鉛筆一人毎月半本　白墨教師一人毎月四ダース……

・・・随想・・・

学校長の離任と就任

仲間智秀

教師の一言半句並一挙手一投足は、いろいろな形態をとつて直接又は間接に、育てつゝある子供等に影響するものであり、常に教育者的でなければならない……。といえば教師は実に窮屈であり、常時或る拘束を受けているような錯覚が起り、やがては「教員も人間だ」とか「神ならぬ人間だ」とかいうことになる。而し教育公務員として免許され、次代を負う子供たちを育成し之にサービスすることが教育であり、これを担当するのが教師であると考え直して見ると拘束でもなく、その可能性を免許されているので窮屈でもない筈である。公務員は自由労務者ではないことを自覚すると錯覚も正覚に変え得ないこともない。

公的と私的とを問わず、教師の私感情が教え子たちの前で、その目つき顔つきに表現されたのでは、何事も知らない子供たちは異様に感ずるであろうし、いつの間にか恐怖と敬遠をさえ感ずるものであり、彼等の情操に又は童心に少からぬ悪影響や反応感化が及ぶものである。

思いがけぬ時期に、思いもつかぬ条文が組まれて教育令が公布され、即時施行となつたので住民も教育界も戸迷つたことは多くの知る所であり、中でも新学年度に対する計画や意図を持ち或は今学年度こそはと意気込みを持つていた学校経営者（学校長）の立場は実に一時は放心状態に追い込まれた感しであつた。

どうせ一学校に満十ケ年も居たのだから、現在校は勿論、当該教育地区にも居られないことは法の示す通りであり、転出することは法によつて如何ともし難い現下の事実であり、何人も之を独自の見解で措置することは許されない事であり、免許状によつて勤務する公務員に転席転勤は又常にある事でもある。

然しながら法の運営や転任異動の人事上の事柄はその決定までに色々な問題が或は事実として、或は邪推風聞として起りがちである即ち感情人事とか、情実人事とか、ボス人事とか、懲罰人事とか、抜擢人事とかというものが時たま世評の話題にもなるものである。しかしながらその事があるにせよ、その実実は教え育てつゝある子供たちと、当の転出入者とは左程関係もない事であり、子供たちには理由も内容も知る由もない、ここに於て去る人、来る人の一言半句又は表情等の異常な姿が子供たちに移されたり表現されたりすることは正に子供を毒し、教育を毒すること実に甚大である。即ち「奪われた」とか、「追い出された」とか「ぎせいになつた」とか、「押し込んだ」とかいう言辞が不用心に使われたり。又は「来る人を見たくもない」とか。「勝手にせよ引継ぎも不愉快だ」とか、「旧校長が来訪するのがいやだ」とかの心境が表情されたのでは今日までの教育が少からず空白になるか、マイナスになる。何も知らない子供たちをマイナスにするということは許されない事柄である。

私は此の度の布令による異動で小学校に転勤を命ぜられた。十ケ年間中学校の経営に経験をもつているので他の中学校の教育を担当することが人間経験上良策ではないかとも考え、それが希望でもあつた。而しそれは決定前の問題であり、決定は教育長の提案を教育委員会が審議したことであり、現任校や、新任校の生徒児童の知つたことではない。そこを考える時転出に当つて喜悦満足感とか憂愁不満感を子供に見ぬかれることは大禁物である。新任者が喜んで赴任してもらえるように、子供たちが親を失つたと同じ感傷的な姿にならないように特に学校長の離任と就任は考究して施行しなければならぬ教育上大事な行事であり、見方によつては大きな而も無形の教育である。

以上により教育は人間育成を主務とする聖業であるという考え方に立つて、旧任校具志川中学校では教務主任嘉手苅景三氏の思慮深い見解と高い教育的見識による計画に対して新旧両校長が共鳴し次の方法で離就任をなし子供たちの精神育成に好結果をもたらすべく実施して見た。好かつたと今でも考えている。

離任就任式四月八日午前十時

▽教務主任嘉手苅君がハイヤーで新任校長喜久里真長氏を迎えに行く（久米島中学校へ）

▽新任校長が見えるまでの間（午前九時から）私は朝会場で職員生徒に挨拶を述べ、今後への激励をなし学校長としての最後の誨告をなす

▽午前十時前に新任校長校門に到着

▽職員生徒を朝会場に控えさせて私は校門に出迎える。新校長を案内し先導して朝会場正面まで行く、この間録音レコードによつて校歌を放送する

▽校歌を終らせて私が登壇、新校長喜久里氏を職員生徒に紹介す
▽続いて新校長登壇し着任の挨拶をなし
▽同時に旧校長の転任紹介
▽生徒代表から新旧校長への挨拶
▽最後に私から全員に対して挨拶（さようなら皆さん元気でね）
▽直ちに校歌放送
▽喜久里校長嘉手苅教務主任が校門まで送る
▽ハイヤーで嘉手苅君同伴新任校美崎小学校へ向つて出発
▽職員生徒一同校庭スタンドからハイヤーの見えるまでハンカチを振る
▽美崎校で嘉手苅君から職員へ紹介

以上の方法順序で新旧校長の交代をしました。子供たちも感激の中に安らかな感情が続き、以後の学習を進めているようで「よかつた」と今も思うし、嘉手苅君の教育行事に対する措置の良さに敬服しています。

以上今回の人事行政により転出入した学校長の離任就任式の状況を申し述べましたが、教育という聖業（人を育成するので）に従事する人々の異動人事に関する限り思慮の浅い人事行政ぶりや、教育的見識の低いと思われる地方教育委員の言葉から出たであろうと推察される「校長バクョー」とか「校長の売たい。買うたい（ウタイ・コータイ）」とか言つたような低劣なことば、或は数年間任命式補充で今日の陣容が整えられている地方教育委員会等に教育長の独裁行政が黙認されるような状態があつてその中から生れる行政事務に「うまくやつた」等と満悦感でもあるとするなら別であり。このような傾向が万一、あるならば教育の尊厳を守る上から教育者自身の手によって、教育と子供を断然守り抜かねばならぬと思う。

教育は住民全体に対して責任を負う業務であり、子供たちの為に営むのであり、絶対に不当な圧力の為に支配されてはならぬ聖職であり聖業である。　以上

【久米島美崎小学校長】

新入生を迎えて

宮良ルリ

春はすべての木々が新しい芽をふき出し花を咲かせる。この新鮮な自然と共に喜びにみちた新学期が始まり、一年生は希望に胸をふくらませて入学式を迎える。「自分はどの学級に入るだろうか。」「新しい担任はだれだろうか。」などと考え、学校では目にとまるもの、耳に入るものに好奇心があり、不安があり、大きな期待がある。私たち教師はこうした生徒たちの期待を裏切ることなく、「中学校はおもしろそうだ。」「小学校の時よりもなお一層しっかりやろう。」という覚悟をもたせると共に、不安な気持ちを一刻も早く取り去り、学校生活に順応させていくよう努めねばならない。こうしたことは何と言っても、ホームルームにおいて指導されなければならないことである。

ホームルームは実に生徒のいこいの場所であり、学校生活における心の母胎である。中学校の教科担任制からくる学校教育の分離化からやゝもすると失われようとする生徒の心のよりどころを与え、個人への適応指導の不足をおぎない。全人的指導への一元化をはかる大切な場である。

今年こそは子どもたちが、お互にうちとけて話しあい助けあって生活する楽しいホームルームにしたいというのが私の本学年度の第一の願いである。そういうことは、ありふれた平凡な仕事だが実践していくことは、なかなかできない。去年も同じようなことを考えて出発したが、男女の仲が悪く、学習態度も悪かったのでそれにのみ力をそゝいでいる間に計画は流れてしまって満足な経営をすることができなかった。なお計画も大まかすぎたと思う。去年の入学式を考えるにつけても、新入生にとっては、小学校から中学校への心機一転の機会であるからこれを利用し、第一日目が一番かんじんではないかと痛切に感じ反省させられた。それで今年は入学式の翌日ホームルーム第一日目の指導を次のような計画をたてゝのぞむことにした。

1、自己紹介
2、学校生活の紹介
3、入学の喜びをみんなで話し合う。

以上のようなことで、緊張しきっていた子どもたちの

気持ちをときほぐし、みんな仲よくなろうという雰囲気にした。

第二週目

　ホームルームでみんなが楽しく生活していくためには、生活の目標や約束が必ず必要になって来るので「楽しいホームルームにするためには、どのようにしていけばよいか」ということで話し合った。目標は漠然としたものでなく、生徒の話し合った言葉通りにした。次のは生徒達が考えた学級訓である。

一、みんな仲よく協力していこう。
一、進んで仕事をやろう。
一、まじめな態度で学習しよう。
一、言葉は正しく使おう。

以上のようなことを決めて、第一歩を力強くふみ出すことを約束した。

第三週目

　ホームルームのなかのいろいろの委員を決めることにした。整備、報道、図書、預金の係は学校委員も兼ねるので、それ以外に学級に即した学級委員として、学習委員、保健委員、レクレーション委員、会計係を決めることにした。第三週目では早いのではないかと考えたが、毎学期委員は交替するのだから思い切って三週目にした。委員を決めたので第一回の委員会を開いて「学級訓を達成するには、どのようなことをやったらよいか」ということで相談した。その時に委員の任務についてもはっきりさせ、それだけは責任をもって遂行していくように話した。委員会の話し合いでは

　1、人の悪口は言わないようにしよう。
　2、人に迷惑をかけないようにしよう。
　3、鐘がなったらすぐ教室に入るようにしよう。
　4、挨拶をしあおう。
　5、ことばは正しく使おう。
　6、レクレーションを毎月一回やろう。
　7、ホームルームの歌を作ろう。
　8、ポケット歌集を作ろう。
　9、反省会を毎週一回もとう。

等の意見がでた。中学校はとかく無味乾燥になりがちなので、情操教育でうるおいをもたすことはとても大切なことだし生徒からの意見なので7、8、には私も大賛成をした。同じ歌を口ずさんでいると気持ちもぴったりして来るものです。委員会で話し合ったことをクラス会に提案させることにした。

第四週目

　委員会で話し合った意見をクラス会にかけたら、全員が喜んで大賛成してくれた。そして具体的なことについても、いろいろ話し合った。「先生いつからやりますか」「ホームルーム歌は今出してもいいですか。」とか言っている。今学年度はミルク当番も全員に割当て、男生徒について廻したり、コップを洗ったりして、そこにすこしのわだかまりもなく喜んでやっており、各委員は毎日の学級のできごとを記録し、ミルクの時間を利用して学級全員に報告し、反省会を開いて、すこしでもよい学級にしていこうと努力している。また個々の生徒がどのようなことを考え、どんなことで悩んでいるかを知るために成長日記を書いて順次提出させることにした。

　以上のような経過をたどってきたがその期間の生徒達のしんけんな目の輝きをみていると、今年はきっと楽しいホームルーム経営ができるにちがいないと期待している。**（石垣中学校第一学年担任）**

想い出

世嘉良栄

都立Y高校附設幼稚園の保育実習反省会での事。一女生徒が「躾」について発表し、グループ別、そして合同討議と型通り進行して、最後に、校長の「助言」があって、僅か二時間足らずで会は終了した。三年前の事であるが、今でも忘れられない想い出である。

―×　×―×　×―

　子供の行動を見ていると、殆んどが、ぶっこわしやかきまわしで、私達は之を「腕白」と呼んで忌み嫌っています。私は最初、この腕白者を従順な子供にする事を「躾」だと考え、あれも駄目、これも駄目と、追かける様に子供の腕白を押えました。すると一見おとなしく、よく躾けられた様に見える子供が、実はおじおじして、何もせずに、何時も私の目を遁れようとしている事がわかりました。「これは仕舞った」と思いしばらく場を外して子供達のしたい放題にさせておいて、後で、自分もこっそり仲間にはいりました。今まで怖がっていた子供も、私を見て、安心して暴れ廻りました。この様にして失った童心を取り戻した私は、「腕白」こそ成長してゆく子供達の生命の原動力であり、又自然の姿であるあることがわかりました。

　毎日の仕事に追われている父母が、時折、子供の「

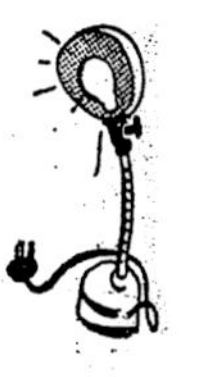

かなづかい論争について

（神戸大学教育学部研究集録より）

楠　道　隆

現代かなづかいが決まつてからすでに十年になるというのに一向に徹底せず、正しく守られているのは教科書と新聞だけで、一般社会では、歴史かなづかひ、現代かなづかい、表音かなずかい（助詞もぢ・づも全部発音通り）の三様式が入り乱れ、それに原則を持たぬでたらめのものまで交つて混乱を極めている。これは何としても困つた事である。言論や思想の自由はありがたいが、国語表記法の自由は迷惑至極である。さいわい最近になつて総合雑誌上仮名遣論争が活発にとりかわされているので、その中から問題を拾つて私見をまとめてみよう。今は論争の時期ではない、どんどん実践を徹底させる時だという考え方もあるが、実はかなづかいについてまだ十分に学的に検討されていず、決められたものにも種々問題点があつて決してでき上つたものでない以上大いに論争すべきである。もし歴史かなづかい派の説が正しかつたら、もう遅いとは言わずに今からでも復旧すべきだし、表音かなづかいが正しいのならその方向に進めるべきであり、現代かなづかいが正しいのなら自信をもつてその徹底に努力すべきだと言えよう。本稿をまとめるに当つて、直接参考にした論文は次の通りである。本文中では大体符号であらわす事にする。

A　小泉　信三　日本語　文芸春秋　二八・二
B　桑原　武夫　みんなの日本語　文芸春秋　二八・四
C　金田一京助　現代仮名遣論　中央公論　二八・四
D　山田　孝雄　仮名遣の混乱を救へ　新　論　三〇・九
E　福田　恒存　国語改良論に再考をうながす　知　性　三〇・一〇
F　吉川幸次郎　旧かなづかいを主張する人々へ　知　性　三〇・一〇
G　金田一京助　福田恒存氏の「国語改良論に再考をうながす」について　知　性　三〇・一二
H　さねとう・けいしゆう　文学者と現代かなづかい　言語生活　三〇・一二
I　福田　恒存　再び国語改良論についての私の意見　知　性　三一・二
J　金田一京助　福田恒存氏のかなづかい論を笑う　中央公論　三一・五
K　高橋　義孝　国語改良論の「根本精神」をわらう

腕白」をみつけて、大人の立場から叱っているのは、子供にとっては不幸此の上もない事と思います。
私は今度の実習で、子供を大人の未完成品と考え、「小さな大人」にする為に、叱ることが躾であると考えた従来の「閉鎖的な躾」を改めて、親が、今一歩子供の側に近附いて、理解と愛情をもって、生活や行動を共にする「開放的な躾」をして頂きたいと希望致します。

—×　×—×　×—

短期間の実習で「子供中心」の民主的な保育の態度を習得した事は何よりもうれしい。
扨て、学校教育法には、保育の責任は教師が負うことを謳っているが、「子供中心の保育をせよ」とは、法規の何処を探してもない。然し、皆さんは、保育の目的を達成し、責任を果すには、法の規定内で満足せず、否それをのり越えて、更に一歩前進し、民主的方法で初めて可能であることがわかったのです。
此の民主的保育は「子供中心の保育が絶対に正しい」という「前提」に立脚した方法である。相対的現実の社会では、此の「前提」が否定される「万一の場合」がある事を常に考慮せねばなりません。皆さんの話を聞いている中に、私は過ぎ去った教師生活を振り返えり、その矛盾故に悩んだ「万一の場合」が意外に少くなかった事を想い出します。この時にも、皆さんが法治国民としての良識に立って、毅然たる態度で「保育」を遂行し、国民の信託に応える様に老婆心から助言致します。

（那覇高校教諭）

中央公論　三一・六

L　福田　恒存　金田一京助老のかなづかひ論を憐む　知　性　三一・七八

M　さねとう・けいしゅう　かなずかい論争の問題点　言語生活　三一・八

N　福田　恒存　国語問題と国民の熟意（「平和論に対する疑問」所収）

【その一】現代かなづかい成立のいきさつについて

この問題については(イ)占領軍の命令によって(ロ)敗戦の混乱と国語学界の権威の死亡（橋本博士）又は追放（山田博士等）便乗して、一部の改革論者たちが占領軍を利用して押しきった(ハ)カナ専用論者とローマ字国字論者の謀略…など、とかく疑惑が持たれこの点から事の良否にかかわらず、不信の声が高い。（A・D・L）わたしとしても、どういう人達が、どういう会議を持ち、どういう手続で制定したか知る者ではないが、これらはすべて全くの邪推に過ぎないと信じている。と言うのはかなづかい改訂は何も戦後の問題ではない。一般人には不意討のように印象されたが、決してだしぬけに少数の謀略で実施されたのでない事は、国字問題の歴史を調べて見れば明らかである。山田孝雄博士の「仮名遣の歴史」平井昌夫氏の「国語国字問題の歴史」にくわしい。明治以降改訂論はいつも主張され、運動し続けられある時は実際に行われた（明治三十三年）のが、反対されて廃止となり（明治四十年）ある時は実施直前に断圧されているのである。（大正十三年）戦後の実施はいわばこれまでの断圧から解放されたと言えるのであって、占領軍のせいではない。占領軍の精神と一致したため決め易かった事は確かであろうが。これを改訂論者の暴力と言うならば、戦前実現しなかったのが右翼、国粋主義、復古主義による暴圧とも言えるのである。

事実は戦前も戦後も政治的に力を得たものが有利になったのであって、学問的にはどちらにも根拠があったのである。この際世論の無視という事がひどく非難されるが、こうした問題の解決にもっと多数の人達が参加すべきだとは言えても多数の民衆による多数決によるべきではあるまい。学者、有識者が指導すべきであると言えるが、その選考次第でどちらにも決まるとすれば、いつどのようにしても非難は免れないであろう。今となってはいきさつよりも決められた事が果して正しかったかどうかを議論しそれを決めるのに我々が参加すれば良いのである。

【その二】根本精神について

成立のいきさつや決めた人達の事よりも大切な事は根本精神の問題である。かなづかいの根本精神は何か。最近の論争で大きく問題になった事がこれである。高橋義孝氏（K）の如く論題を「国語改良論の根本精神をわらう」とつけてこっぴどくやっつけているのもあるくらいである。（たゞし高橋氏のは言語と文字とを混同しているようで全篇ピントがはずれている。かなづかいは国字改良の問題であり、文字の事だけを問題にしているのである。）根本精神について明確に書かれてあるのが桑原武夫氏の「みんなの日本語」（B）と石黒修氏の「日本人の国語生活」（東京大学出版会発行）であるが、補足すれば次になろう。

歴史かなづかいがむずかしすぎ、不合理すぎて、今の日本人は正しく書けない。民主主義を成り立たせるためには、ことばと文字とを日本人全部のものにしなければならないが、そのためには、だれにでも正しく書ける、なっとくのいくものでなければならない。

これに対する反対としては

誤用の認容は困る（A・N）。安易な合理主義、便宜主義はけいべつすべきだ（E・K）。知識や学力の切下げは困る。古典との断絶は革命に導く（D）。むずかしいのではない、怠慢、無気力だ（E）。正確な知識の積み重ねは常に大切だ（N。）

などとなる。さすがに民主主義への反対はないが合理主義への反撃は実に強い。特に福田氏の場合、かなづかい問題の時だけでなく、「文化とは何か」「平和論に対する疑問」などでも、氏の著作には戦後の日本にひろまった合理主義への反感が一貫している。明示してはないが、氏が強く反発していられるのが桑原武夫氏らの文化論であるらしい。今こに両氏の文化論を批判する事は遠慮するが、それぞれが現代日本の一流知識人であり、特に文学者である。一方を粗雑、一方を反動などと批評してすむ事ではない。人生観、世界観の対立である。どちらが正しいなどと言ったところで意味のない事である。ところがわたしは桑原氏的文化観を持つ人間である。従って合理主義を安易とも通俗とも思っていないどころか、日本人の不合理に対するいわれない趣味を一々吟味し、批判し、教育と学問と実践とを以て合理主義を徹底させたいと考えている人間である。こうなるともう議論にならない。文字論に進歩も保守もありたくないとの小泉博士の提案（A）があり、桑原氏もそれに賛成しておられるが（D）、そしてそれは望ましい事だが、実は学問も人生観、社会観によつて左右される面があるのを認めざるを得ないのである。特に文字とか言葉とかは純粋な抽象でも自然現象でもなく、人間社会のきまりであり現に生きているものである。自分の趣味や古典に忠実に文字やことばを使うか、相手に正しくわかるように文字やことばを使うかで、わかれてしまうのである。金田一博士が（J）で「笑う」という文字を使つたのを、高橋氏が「笑うではない嗤うだ」とわらつた（K）場合にもこの心づかいの差がはつきりあらわれている。（ただしわたしも「笑う」は使いたくない。「わらう」を使いたい。自分たちの神経をもそまつにしたくないから）。自己や古典に忠実であろうとするより、相手に正しくわかるよう心づかいする精神こそ民主主義を成り立たせるものである。この点について根本的に対立しているのであるが、わたしは合理主義民主主義の立ち場に立つものである。国語学の上であのように立派な学者であつた山田博士であるが、わたしが博士の仮名遣論に反対せざるを得ないのも、社会観、国家観の極端な相違による。国語学の知識の差で区別されたくないのである。戦後のかなづかい改訂と戦前の運動のそれと多少異なつているとすれば、戦前のがもつぱら合理主義であつたのが、戦後のが民主主義を中心とするものである事である。民主主義はあまりに言われすぎている。だのに本気で考えられる事があまりにすくないようである。このたびの論争で民主主義を問題にしたのが、桑原氏だけであつた事は、国字問題でも民主主義があまり考えられていない証拠である。音韻論なら学問になるが、文字の民主化は学問にならないという「学問」に対する考え方に今のわたしは反対である。戦後の国字改良論の中心思想は民主主義である事をはつきりさせておきたい。

もう一つ根本精神で対立したのが文字を用具と見るか、見ないかという事である。

「言葉は国民の知的開発の最大の要具であるが、入要な知識をやりとりする手段であつて目的ではないのに…」(C)の金田一博士の言葉は福田氏、高橋氏を怒らせ、特に高橋氏の論文は全篇この攻撃で終始している。言語の芸術である文学の愛好者であり、研究家である(特に福田氏は創作家でもある)文学者として無理からぬ事と言える。わたし達国語教師も国語科を用具教科とされる事に立腹し、国語科の目標を言語の学習と考えているので金田一博士の意見には反対である。言語学の専門家とも思えぬ失言と言えよう。だが、金田一博士の文の「言葉」を「文字」とおきかえたら改めて金田一博士の考え方に賛成するのである。すなわち言語は手段ではないが、文字はあくまで言語表現の要具だとする立場である。さねとう氏の(N)の考え方「かなづかいの問題はあくまでも文字表記の問題で国語問題のほんの一部にすぎない。言語のうちの文字、そのうちでも日本の文字の中でのかなとして問題を限定して考える必要がある。言葉は容易に変えられるものではないが、文字は全部でもとりかえうる性質のものである。」にわたしは賛成である。むろん今の日本語をそのままかなばかりやローマ字で書きあらわせるわけではないが、すくなくともかなづかいは容易に改訂できるという考え方をしているものである。文字も文学表現のうちの要素である場合もあるが、それは漢字の場合が多く、かなづかいは筆者の趣味、神経を刺激する事があるだけで、しかもそれには普遍性も永遠性もなく、読み手はまた別の趣味、神経で読んでいるものである。「魚はうをであつてうおではない。同じだというような女房となら別れてもいい」と太田行蔵氏が「日本語を愛する入々に」（三光社発行）で力んでおられるが、共鳴できる人がどれだけあるか調査してもらいたいものである。それに魚は普通漢字で書くものである。わたしは「うお」には平気だが、「あほ」も「かほ」も同じ「ほ」では腹を立てるものである。しかし言語要具説は確かに金田一博士の失言で、このたびの論争がこの語のためにどれほどゆがめられたか、ひいては国字改良論そのものまで誤解されたことは遺憾に堪えない。

【その三】かなづかいの難易について

歴史かなづかいがむずかしすぎるという事は現代かなづかい論者すべてに共通した考え方であるが、それに対し、(イ)むずかしくはない(ロ)よしんばむずかしくてもそれは無意味なむずかしさではなく必要なむずかしさだ(ハ)現代かなずかいだつて決して易しくはない、という事が言われている。

中学へ入学したばかりの一年生に一週間で教えてしまつたという山田博士の体験（D）や現代かなづかいの文法に通じていて、それを正しく書きこなす人なら、一週間の教育で歴史かなづかいを教え得るという福田氏の説（L）に対しては奇跡を聞く気がするものである。わたしも国語教師だが一ケ月かけても教える自信がないのである。それはわたしやわたしの生徒達がやくざだからと言う言い方ではすまないと思う。よしんばわたし達にできたとしても山田博士のような大学者や、福田氏やわたしらのような旧制帝大文学部卒業のものを全国の小中学校に配置できる社会のしくみにならない限り、こうした言葉は信用できないのである。歴史かなづかいのむずかしさはもう議論の余地ない事だと思う。

一般社会成人に次を歴史かなずかいに書き直してみてもらつてほしい。どれだけできるか。

(1) そうしようと思つてもできないのではしようがないでしよう。
(2) あの木を植えてから絶えず水をやりましたが枯れました。遺憾に堪えません。
(3) 負うた子に教えられて浅瀬をわたる。
(4) おめでとうござゐます。
(5) こういふ態度は学生として恥ずべきでは無かろうか。

この正解は次である。

(1) さうしようと思つてもできないのではしやうがないでせう。
(2) あの木を植ゑてから絶えず水をやりましたが、枯れました。遺憾に堪へません。
(3) 負うた子に教へられて浅瀬をわたる。
(4) おめでたうございます。
(5) かういふ態度は学生として恥づべきでは無からうか。

かうした事をまちがへては一々はぢをかかされてゐたのである。このうち(3)(4)(5)は昭和十三年出版の塚本哲三氏の精説文法解釈法という受験参考書の問題集に出ているもので(3)は広島高師(4)は六高(5)は小樽高商の入試問題である。すなわち歴史かなづかいは旧制の高等専門学校の入試問題として出題され、当時の受験生たちを悩ませていたのである。（むろん今の新制大学入試問題にも現代かなづかいが出題される事があるが、それは混乱時代だからである。神戸大学でも出題した事があつたが、ミスがすくなく選抜試験問題として不適当であつた）歴史かなづかいはやさしいなどと言える人は全く特殊な人であると言い切つてよい。さらにこのむずかしさは果して英仏語の綴字学習のように日本語学習上必要なむずかしさだろうか。現代かなずかいに改めさえすればもう日常生活では全く必要のないむずかしさになつてしまう性質のものではないか。古典や「歴史かなづかいで書かれた現代文」を読むためには、読めさえしたら良いのだから根本的に程度がちがつてくる。

ではかなづかいを易しくして他に得る所があつたかについて疑問を持つ人は、（E）今の義務教育の国語学習の内容を知らない人と言つて良い。話す力、作文力、図書を利用する力などがどれほど伸びた事か。（むろん戦後の国語教育は望ましい充実を見せていないが、理由は他にある。国語の授業時間が減つたこと、教員の質がそろわないこと。学習活動がルーズになつたことなど）。さらに専門的なむずかしい事をみつちりきたえ上げる事が人間形成に非常に大切だと言う意見から、易しければ易しい程良いという便宜主義の誤りを指摘した福田氏の意見（L）には同感だが、そうした一般論でかなづかいの平易化をさまたげたくない。

では現代かなづかいが易しいか。福田氏が巧妙に挙げておられる

（I）「ぢ・づ」の問題、「おの長音」の問題がある。確かにこの点は現代かなづかいの大きな盲点である。だからさねとう氏（H）のように例外を無くして表音性を徹底させようとする表音かなずかい説もあるわけであるが、この事はあとでくわしく考えたい。たしかに現代かなづかいもそう易しくはないが、それを歴史かなづかいのそれと比較すれば現代かなづかいの方がはるかに易しく、また現代かなづかいのむずかしい点も、国語学習上有意義なものである事も（後に述べる）長所と言える。

【その四】現代かなづかいによる利点について

歴史かなづかいがむずかしすぎ、不合理すぎた事が、このたびの改訂の根本理由であり、易しくなつた事の利点も上に述べた通りであるが、他に副産物として次の利点が生れた。現代標準語の標準発音に対する自覚が生れ、育つてきている事である。漢字制限の結果「蠅が整理されたので、かなで書く事になつて困つたのはハエかハイかと言う事である。歴史かなづかいの場合は発音に関係なく「はへ」で良かつたのである。はじめ教科書、新聞に二様にでて迷わされたが、最近ではどうやらハエにおちついたようである。「頬」のホホとホオ「難し」のムズカシとムツカシ、「誰」のダレとタレ、「良い」のヨイとイイ、「言わぬ」イワヌとユワヌ、「行く」のユクとイク。これらはかなづかいとは直接関係がないのだが、派生的に問題になつてきているのである。一つ一つについてどちらを良しとするかは異論も多い事であろうが、こうした事に関心が集まり、教育の現場で問題にされたのは戦後の事である。無論こう言うと漢字を廃止してかなばかりで書いた方が良いと言う事になり、さらに発音符号で書くべきだと言う事になつてしまうので、この点を強調したり、これを改訂の理由にする事は控えるべきで、あ

くまで副産物と考えるべきであるが、現代かなづかいになつて、それぞれが自分自身の正しいと信ずる発音に従つて書きあらわすようになり、そこに癖とまちがいがあらわれて、反省と訂正の機会ができてきた事は喜ばしい傾向であると言つてよい。

文字は知つている語を書きあらわすためのもの、知つている語を読むためのものとする考え方もあるが、すくなくとも読む事は同時に新しい語をおぼえたり、不正確な読み方を訂正する場合も多い事はたしかである。歴史かなづかいの場合、「すなはち」「あるいは」をスナハチ、アルヒワと発音する者ができたが、現代かなづかいになると、そうしたまちがいは起らぬわけである。

とにかくワタシは現代かなづかいになつて、ニホン語が現代共通音によつて記録されてユク事を喜ぶものである。この文でワタシ―ワタクシ。ニホン―ニツポン。ユク―イクの場合のわたしの語癖がはつきりあらわれているのである。歴史かなづかいの誤りをなおすより、発音の誤りを直す方が、どれほど国語教育上有益な事か。無論わたし達教師が社会全体のきまりである文字を、いつも教育上の便利からだけで論ずる事はまちがいであるにしても、共通語共通発音についての関心を深める必要は全日本人にとつても大切だと言つてよい。

【その五】古いものが読めなくなりはしないか

戦前の国語教育の主たる目標が古典の読解であつたのに対し、現在のそれが国語力の充実であり、（国語力とは国語生活をする能力であつて、古典の読解はその一部分に過ぎない）そしてこのたびの国字改良政策が現代日本人の言語生活の向上を目標とするものである以上、教育においても国字政策においても古典の位置が大きく変つたのは当然である。この事を全然理解していなかつたり、またこうした方針に反対の立場に立つたりして事はいよいよ紛糾しているのである。むろん古典を無視したり、古典教育無用など考える者があるはずはなく、ただ前後と比重のおき方に見解の相違があるというべきであろう。現代かなづかい、漢字制限、新字体では古いものが読めるはずはなく、更に中学や高校の教科書に古典教材が少なくなつて、一層読めなくなつている。概嘆に堪えない感情と非難が起るのも当然である。どうしたら良いかという事は問題が大きすぎるし、今はかなづかいだけを問題にしているので、そこに限定して考えよう。

先ず、歴史かなづかいが果して読みにくいものかどうかについて考えたい。歴史かなづかいのむずかしさは実は書きあらわす場合のむずかしさであつて読む場合はそうむずかしいものではないと言つてよくはなかろうか。書き分けの非常に困難な「づぢゐゑを」は無条件に「ズジイエオ」と読むのだから全くなんでもない事になる。「悔いる、強ひる、ひきゐる」「絶える、教へる、植ゑる」「くわじ（火事）かぢ（鍛冶）かじ（家事）」「かず（数）かづく（被く）」など例示するまでもない。「はひふへほ」は「ハヒフヘホ」と「ワイウエオ」の二種に読まれるが、語頭は全部ハ行に、語中語尾は例外を除いてワ行に読む原則は簡単である。（あふひ、けふ、などは例外中の例外で、しかも大部分漢字でかかれている。）一般に思われている程読みづらいものではない。現代の青少年は歴史かなづかいの教育が不十分であるにかかわらず、歴史かなずかいで書かれているものを読むのにそう不自由はしていないのである。ただし書かせたら全然書けない。吉川幸次郎氏が（F）で巧妙に証明されたように、実はかなづかいのちがいに気づかず読んでいると言つてもよいのである。読む事と書く事の難易の極端な相違についてもつと認識してもらいたい。（これは漢字になるともつとひどい。僧侶に毎日読誦している経典を書かせたらどう書けるか。）むろん中学の国語教育で歴史かなづかいの読みをもつと徹底的に練習させる必要はあるが。その意味で中学や高校の教科書で文語文以外を全部現代かなづかいに改めているのにわたしは反対である。もつと読みの練習をさせたいのである。二重負担と混乱が問題になるが、小学校で現代かなずかいを徹底させること、社会全体が統一されることをあわせ考えれば、そう恐れる必要はない。

文語文の場合は国語教育の方針や内容が昔と変り古典の比重が軽くなつたため、昔より古いものが読めなくなつたのであるから、かなづかい以外の問題として考えるべきであるから、今はふれずにおきたい。古典教育については問題が多いが、現代かなづかいになつたからと言つて古典との断層が大きくなると言う考え方には誇張があり、よしんば多少大きくなつたとしても日本人の国語生活がそのために得る利益の大きさは十分それを償うであろう。まして現代は古典の現代語訳が盛んになつてきており、古典と日本人との親しみ方は戦前の比ではない。これも国字の平易化に伴う古典との断絶を償うと言えよう。

さらに根本的に考え直したい事は口語文の場合、歴史かなづかいで書かれ、発表されたものはあくまで歴史かなづかいで読まなければならぬか、すなわち今後ともいついつまでもそのまゝ出版しなければならぬか、現代かなづかいで書き直して出版してはいけないかという事である。日本人の文字についての神経、趣味が非常に繊細なものがある事、文学表現の場合には特にそれがいちじるしい事、それは確かな事である。だがその神経、趣味にはどういう普遍性、永遠性があるのだろうか。文学の理解鑑賞の場合、どのていど必要なものかという事について考えてみたいのである。先ずはつきりしている事は漢字制限によつてむやみに漢字を直してはいけない事である。晩餐—晩食、インギン—丁寧、婉曲—円曲、智慧—知恵、下駄—下タ、ゲタ、雰囲気—ふん囲気、味噌—みそ、こういう書き改めが原作を傷つける事は言うまでもないから、なるべく原作通りにして当用漢字にないものにはルビをつけるようにすべきだが「でせう—でしよう、植える—植える、すなはち—すなわち」などがどの程度文字面を傷つけるかについて疑問を持つものである。（作者の神経を傷つける事は今は問題にしない。（わたしとしては現代かなづかいに書き改めて良いという考え方をしているのである。

このたび藤村全集と漱石全集とが筑摩書房と岩波書店とから出版され、それぞれこの問題についてまじめに検討して、筑摩は現代かなづかいで、岩波は歴史かなづかいで出版したが、岩波が漢字についてあのようにくふうしたように、かなづかいでももう一つ徹底したらどれほど若い世代のためになつたかと残念である。現代かなづかいの漱石全集では本当に作品の理解鑑賞に困るのだろうか。すでに教科書では全部書き改めており、単行本でも現代かなづかい版が出ており、河出書房の日本国民文学全集では漱石だけでなくすべての作品を書き改め、そして歓迎され、感謝されている。漢字の場合は困ることが多いが、かなづかいは一部の詩歌を除いて支障ないものと考える。無論旧版本をも読めるよう、歴史かなづかいの読みは教育しておくべきであるが、新しく印刷するものは、かつて仮名の字体を統一した時のように新しいかなづかいに書き改めてほしいものである。

一体文学作品は作者の原稿のままで読まなければならぬものだろうか。どうもこの考え方が支配的であるらしいが、わたしは疑問に思つている。原稿がそのまま翻刻された木版本時代はとにかく、活字本になつた時すでに作者の原稿とは変質していると言える。誤字の訂正は無論の事、むずかしすぎる漢字にはルビをつけ、特にむずかしい、用語には注解をつける親切が必要ではなかろうか。総体に作者は読者がどの程度に漢字が読めるか全然知つていないようである。自己の趣味と教養の最大能力を発揮して表現しているが、読者の方ではついてゆけず、と言つて一々辞書で調べもしないから随分いいかげんな読み方をしているのが現代の読書の実態のようであるが、これでよいのだろうか。（拙稿「小説の漢字はどのように生まれているか」言語生活三十一年六月号参照）

作者に読者への配慮がない以上、そうした配慮は出版者がなすべきであろう。当用漢字にないものには読みがなをつけ、字体はなるべく新字体に改め、かなづかいも改訂してよいのではなかろうか。生きている作家がそれを拒否する自由は当然あろうが、出版者が読者を代表して訂正を要求する権利もあつてよいと考える。無論「かなづかい」に対する潔癖趣味を無視して良いと言うのではないが、現代かなづかいが歴史かなづかいに与える刺激は漢字制限や字体変更に比べてはるかに軽いと言えよう。現代かなづかいが表音かなづかいにならず、かなり例外を作つたのはそうした事を顧慮したためである。出版と言う事について作者だけが優位でありすぎた事に対し、今後は読者も十分に尊重さるべきだと主張したい。古典の場合でもすべて正しい歴史かなづかいで書かれたと一般に思われているらしいが、実は正しく書かれている古典は江戸の古典学者の手によるものだけである。正しく書かれたはずの平安中期の文学はほとんど原典が残らず、今残つているものは鎌倉以降の古写本であるが、それらはどれもその当時のかなづかいで書かれているのである。今日、古典と一般に考えられ、読まれているのは古典学者によつて、正しい歴史かなづかいに訂正されたものなのである。枕草子の古写本で言つても巻頭段の「まじてかりなどのつらねたるがいとちひさく見ゆるいとをかし」にしても、「ちひさく」が、そのように書かれている古写本はほとんどなく、一番古い前田家本は「ちゐさく」その他は「ちいさく」となつているし、「をかし」は「をかし」と「おかし」が同一の古写本でも混用されていて一定していないのである。近松西鶴になると原典それ自身が決して歴史かなづかいでないのである。このように古典でも必ずしも歴史かなづかいで書かれていないのを全部歴史かなづかいに書き改めて出版しているのであるから、明治以後の口語文を今後印刷する時は、現代かなづかいに書き改める事はさしつかえない事と考える。

【その六】現代かなづかいの表音性について

現代かなづかいは一般に表音かなづかいと見られているためにいつもこの点から非難されている。地域差や個人差（方言となまり）をどうするか。一々を区別して書く事はかえつて言語としての理解をさまたげはしないか。ことばの発音は常に動き変つてゆく。それを一々書き改めるのかなど（A）。ここで問題になるのは(1)かなは表音文字か(2)現代かなづかいは表音かなづかいかという事である。かなが表音文字である事は動かせない歴史的事実だが、発音符ではないと言う事をも明確にしておく必要がある。微妙な発音上の差を区別するよりは、むしろ近似したいくつかの音を代表させているというべきである。英仏語におけるアルファベットをさえ表音文字と言うのならむろん「かな」は表音文字にきまつている。ただ衛生がエエセエかエセイかエイセエかエイセイかという発音上の区別はあらわさず、すべて「えいせい」で代表させて表記する所に発音記号でない特質があるのである。では現代かなづかいは表音かなづかいか。この点金田一博士と吉川氏との用語上の矛盾が福田氏に指摘された(E)が吉川氏の場合は非専門家として区別されなかつたのであつて、金田一博士の考えが正しいと言えよう。すなわち現代かなづかいは表音かなづかいではないのである。と言うのは現代かなづかいでは発音通りでない表記法を含み、そしてそれを改訂する気がなく、更に地方差や個人差を一々区別しようとしない以上表音かなづかいで無い事は明らかである。現代かなづかい発表当時のまえがきが「このかなづかいは大体現代語音にもとづいて現代語をかなで書きあらわす場合の準則を示したものである」となつているのは非常に誤解を招きやすいあいまいさがあるので次のように訂正すべきではないだろうか。

「現代かなづかいは現代語をかなで書きあらわす正書法である」

と。これに対して表音かなづかいは「現代語を発音通りに書き現わそうとする書記法」となり、歴史かなづかいは「日本語を平安朝中期の書記法に従つてかなで書き現す正書法」と言う事になろう。

「仮名遣は仮名で国語を書く時の正しい書き方としての社会的なきまりである」というのは故橋本博士の卓説である。（国語の表音符号と仮名遣。国語と国文学昭和十五年十二月号）博士は現代かなづかい的考え方に反対で「表音的仮名遣は仮名遣にあらず」（国語と国文学昭和十七年十月号）という論文を書かれた方であるが、「かなづかい」の定義はやはり博士の学説に従うべきであろう。なお上に述べた現代かなづかいの定義では基準があいまいであるが「現代標準語音にもとづいて」と加えると例外が目立ちすぎるので適当な表現がない事になる。あいまいさを見逃してもらえるならば

「現代かなづかいは大体現代標準語音にもとづいて現代語をかなで書き現す正書法である」

となろう。正書法とは橋本博士の表現に従えば「国語を書く時の正しい書き方としての社会的なきまり」となり、表音かなづかいは発音のまゝで語の表記法に一定のきまりがないために橋本学説のように「かなづかいにあらず」となろう。

【その七】現代かなづかいと表音かなづかいについて

現代かなづかいの支持者の中には（甲）現状を維持しようとする考え方と、（乙）表音通りに徹底させようとする考え方とがあるようである。乙を表音かなづかいとすれば甲は今のままの現代かなづかいと言えよう。これは言わば内輪同志の事でこのたびの論争ではあまり問題にならなかつたが、（福田氏の攻撃は、甲で乙なら良いとする説であり、さねとう氏も乙の説である。）これからは大いに問題にすべきだと考えられるので以下比較して見よう。

乙1「かな」が表音文字である以上、あくまでもかなの特質に徹底すべきである。例外お設けるべきでない。

甲1かなづかいはあくまでも日本語の正書法であるから日本人の言語意識によるべきである。「を」は助詞の機能をあらわす語であつて、「お」では困る。「みかづき」は月の一種であるから「みかずき」は困る。

乙2現代かなづかいわやさしい事お目標にしたのに今のよおでわやさしくない。もつと易しくそれこそかなさえおぼえたらどんな日本語でもあらわせるようなかなずかいにすべきだ。

甲2やさしくさえあつたら良いと言うのでは困る。日本語を書き現すための「かな」だから日本語を知らずとも書けるかなでなくとも良い。うわづみ、うわずみは上積、上澄を知つているもの

でなければ書けないが、それで良いのだ。やさしさは読む早さだけではなく、理解の早さ、やさしさを含むべきだ。

乙3現代かなづかいの例外わすべて制定の時に一挙に改革する場合の抵抗の大きさお考えた政策的な妥協であつた。今わ最初の精神に従つて表音に徹すべきだ。

甲3制定当時はかなづかいの性格についての検討が不十分で発音通りでさえあれば、書き易くさえあれば良いと考えたが、十年の実施の結果、かなづかいの性格について考えが進んだのだ。

甲4表音かなづかいの実例として、タカクラ・テル氏、こばやし・ひでお氏の著述があるが、実に読みにくいし、感じが悪くてとても使う気になれない。

ひとりの人間がヤグラザワとーげおのぼつて行く。（ハコネ用水）

神さまわこの用水おなしとげろといつていらつしやる（ハコネ用水）

社会的事実わ……がゆーよーに（言語学通論）

乙4慣れの問題である。

甲5表音かなづかいではただ発音さえ写せば良い事になつて語の意識を必要としない。それは易しいようだが言語意識を無視しすぎている。鼻血湯呑茶碗、力強いをハナジ、ユノミジャワン、チカラズヨイでは日本人の言語意識では納得しかねる。

乙5そおした事わすでに発足当事解決ずみで、そおした事にこだわるかぎり現代かなづかいわ成りたたなかつたはずだ。地震ーじしん　おめでたうーおめでとうなどで。

それにローマ字でわそんな事わ問題にならなくなつている。

甲6現代かなづかいは多くの抵抗を切りぬけ、かろうじて今日に至つた。世論もようやく支持するようになつた程度だ。世論の中にはこの程度ならという人が相当多い。そうした人達は表音かなづかいでは絶対反対となる人達だ。そうした世論を無視してはならない。

甲7文字は変え得ると言つても本質的には固定する事が望ましい。社会的な約束であるから、徹底し、人々がなれるのに多くの時間が必要である。こんどの現代かなづかいは当分変更すべきではない。わづか十年の間に、あらうーあろうーあろお、いふーいうーゆうと三転する事は望ましくない。歴史かなづかいではどうしても困るようになつたから改訂したのであるから、こんどは現代かなづかいではどうしても困るという時まで変更してはならぬ。

以上の対立で、わたしは甲の立場に立つものである。かなづかいは正書法であるという事をこの際強調したいと思う。

【その八】 現代かなづかい改訂私見

上に述べたように、わたしは今のところ、表音かなづかい論に賛成できないのだが、無論今のままで良いと考えているわけではない。以下改訂についての私見を述べよう。

今のかなづかいで発音通りになつていないものを発音通りにしようとするにはそれぞれ抵抗感があるが、抵抗感にはかなりの程度の差がある。強いものの順序からあげる。

(1)　助詞　を

(2)　複合語のうち複合意識の強い語…みかづき、力づよい、はなぢ

(3)　オの長音（おや棒引にしたくない。）

(4)　同語くりかえし…ちかぢかつきづき

(5)　助詞　は

(6)　助詞　へ

(7)　動詞　いう（言う）

(8)　複合語のうち　複合意識の弱い語…つまづくきづな　もとづく

(9)　二音連濁…つづる　ちぢむ

この順序には無論異見もあろうが、わたしとしてこのうち改訂してさしつかえないと思うものに(8)と(9)がある。その前に今すぐ考えてほしいものに、「おお」「おう」の問題がある。大阪おおさか、逢坂おうさか、大津おおつ、王寺おうじ、氷こおり、行奉こうり、通りとおり、道理どうりなどのばかばかしさである。歴史かなづかいの知識がなければ現代かなづかいが書けないなんてナンセンスである。だがどちらか一方にきめようとしてもなお問題は残る。オの長音をすべて「う」と決めると「氷」「通り」は「こうり」「とうり」となる。小売り戸売りと誤る事はかまわぬとしても、「氷る」「通る」が「こうる」「とうる」で良いか。「氷る」「通る」は長音でなく「かおる」「しおる」のように三音節語だと思われるからどうしても「こおる」「とおる」にしたいのである。「氷り」「氷る」を「こうり」「こおる」と書き分ける事は音韻的にはよいかも知れぬ

——抜　萃　欄——

が、何としても困る。と言ってオの長音をおとすれば「そおでしよおか」の醜態になるのである。「多い」も「おうい」は困るから「おおい」となろう。「多うございます」は特に「おうう…」では困る。

その反対に人名の太郎は「たろお」はやうだとなる。正男が「まさお」で良いのだから「たろお」で辛抱願えるとしても、とにかく一番ばかげていると言われている「おお」「おう」の統一もかくて行きづまるのである。結局一語一語について決めてゆくより仕方がない。表音かなづかいというものが徹底できない事もこれでわかる。現代かなづかいを正書法と考える限り、特殊な場合を規定して記憶してもらつさてしつかえないと言えよう。地名人名の場合と三音節にも発音される語に限つて「おお」にし、その他は全部「おう」とする事に。従つて公はおうやけ、狼おうかみ、大声おうごえ、大きいおうきいになろう、実際問題としてこれらは大部分かなは使わず漢字を用いて支障を来す事は多くないと言えよう。

二音連濁の「つづる」「ちぢむ」がどうして現代かなづかいに残されたのか理解に苦しむ。そんなものより、わたしらとしては「づつ」「ぢしん」「先づ」「なほ」「むづかし」の方にはるかに執着がある。その上「ちじ（知事）」「いちじるしい」「いちじく」などの場合に困るのである。

複合語の「づ・ぢ」が一番ややこしく、これさえなければ現代かなづかいもずつと易しくなつて非難されずともすむのであるが、「三日月みかずき」「鼻血はなじ」「力強いちからずよい」などがどうしても我慢できない以上むずかしくても残すべきだと言える。ただこのむずかしさは歴史かなづかいのむずかしさとは本質的にちがう事である。「藤ふぢ」「富士ふじ」「恥はぢ」「味あぢ」「静しづか」を覚えるのには道理もなく、ただ歴史的にそう決つているからそれが正しいのだと言うのであつたのに比して、「電光いなずま」「人妻ひとづま」「築くきずく」「気付くきづく」を区別して覚える事は、それだけ日本語を正しく覚える事になるのである。それだけ言語意識が発達する事になるのである。「必要なむずかしさ」と言えよう。ただそれが盃、基く絆になつてくると、「さかづきとさかずき」「もとづくともとずく」「きづなときずな」のどちらを正しいか判断できるかどうか判断する事が必要かどうかという事になつて、こうしたものはこの際やさしい方に従つてよかろうと思う。むろん「基づくさかづき」を不正とするのではないが、「さかずき、もとずく」でも良しとすべきである。どちらにしても他の語と誤読するわけはない以上一方的に決めないものがあつてよい。正書法がいく通りもあつてよいかと叱られそうではあるが。「連中」にしても国語審議会は「れんじゆう」としようとしているが、福田氏に指摘された「四六時中」の「ちゆう」もあるのである。これらの他の(1)から(7)まばは私見としてはこのままにしてほしいのである。このうち助詞の「は」「へ」については妥協もできそうで、すでにちまたに散見するが、割に刺激を受けないようである。すでに現代かなづかい発足して十年、今だに徹底しないとは言いながら、教育とジャーナリズムの協力で着々とひろがり、世論もようやく「支持」と判断できる現在としては改訂は極力小規模に行い、これ以上混乱させないよう留意してほしい。「かなづかい」を正書法と考える限り、よほどの事情のない限り、変更してはならないと考える。うつかりすれば逆もどりする危険さえある現代では特に。

このたびの論争で気になつた事は互に神経と学殖とレトリックとをふりまわしすぎていた事である。神経は相手を傷つけ合い、学殖は脱線にはしらせ、レトリックは読者を混乱させたようである。このたびの論争で第三者の我々は多くのものを得たが、当人達は接近よりも対立を深刻にさせただけのようである。かなづかいの解決よりも背反のための論争に終りそうな事は遺憾至極と言えよう。

民主社会の論争はもつとちがうものでなければならぬ事を痛感させられた次第である。

一九五六・九・一六

（筆者は神戸大学教育学部教授）

PTA財政のありかた

（東京「教育じほう」より）

黒　田　　麗

まえがき

PTAは民主団体としてその財政は特に健全であるように留意せねばならぬことはいうまでもないが同時にわが国のPTAを本然の姿に立ち返らせるため財政のあり方が大なる役割をもっていることはわれわれが夙に主張して来たところであって、PTAの財政はPTA運営会計と校費援助会計の二本立とするがよいということは既に議論がつくされている。しかしその細部に至っては地域によりまた学校の事情により一律にいかない。そこにいろいろ意見がわかれる。これから述べようとするところは、私がかって目黒区立第十中学校PTAで関係して経験した実例についてである。

現在のわが国のPTAは大なり小なり後援会的性格をかね備えねばならぬものが多いことはやむを得ぬこととはいいながら、PTAの進歩発達に著しい障害となって、PTAがいつまでももとの後援会の域を脱し得ないことは誠に残念な次第である。都内のPTAはまだ半数以上が一本立会計でPTAの運営と校費援助のけじめがはっきりしていないといってよいのではなかろうか。

目黒十中では昭和二十四年PTA結成の始めからときの学校長の達見によって二本立会計を採用して来た。その頃の父母会員は誰もPTAのことは殆どわからず、PTAに関し研究する途もなかった時代であった。

PTA運営予算

PTA運営会計（以後A会計という）の予算を組む順序として先ず年間の活動目標をつくり事業計画を立て所要の経費を算出する年間計画は各委員から出される資料によって企画委員会で立案し、予算会計委員会で予算化し運営委員会で審議して年度の予算案を決定する。

毎年四月一日に新役員が就任して各種委員会が組織され年度の事業計画が定められ予算案が出来て四月総会に提出されるのであるからなかなか忙しい。

校費援助予算

学校側から先ず学校経営に必要な本年度の総経費（職員俸費を除く）の提示を受け、区から配布を内示される年間経費予算の不足分をPTAは校費援助費として負担する。公費の予算がなかなか決定せぬ場合がしばしばあったが、この場合は年度の実績から算出したものを用いて校費援助費としてのPTA負担分をきめる。この校費援助費はその性質上直接学校に渡すべきものではないとして、一応区に寄附の手続をとり改めて公費として学校に追加配布を受けることを考えたこともあったが、遂にこの手続は実際に行われなかった。また学校の経費をPTAで審議することは、PTAは学校管理に介入しないというPTAの原則からこれを避けねばならないから、この予算は学校が目ざす教育が行われるため必要な最少限度の経費として運営委員会で詳細な説明を受け学校側の要望通り計上するという立前をとっている。これが校費援助会計（以後B会計という）の予算である。以上のPTA両会計の予算を纒めて年度の予算案として総会に提出して承認を求める。

特別会計と事業収入

先年学校の創立十周年記念事業として図書館が建設され、またその完成後図書充実のため毎月額を定めて会員から寄附を集めた場合にはその経理はこれを特別会計とした。結局会計は三本立となった。また学校で臨時に何か特別な施設をする場合、例えば校舎の窓のカーテンを新調した場合や、校庭に洗場を設けた場合等の臨時経費は概ね映画会、廃品回収、学用品の斡旋等の事業収入で補いこれはその場合に応じて前記のA会計又はB会計に繰入れた。

会費とその免除規定

PTA会員は平等の権利を有し平等の義務を負うことが原則である。また会員の負担し得る会費にはおよそ限度がある。従って会費は個人の負担限度の最底線以上にきめることは許されない、口数制もとるべきでない。AB両会計とも要求される予算は年々膨張の傾向にあるが、一応区内中学校の振合を考慮し一定の線に押えて会費がきまる。毎年新しく役員を選び、新しい構想でその年度の活動方針をきめるわがPTAでも会費は大体一定の額にきまってきている。したがってA会計もB会計もその予算はこの会費の枠内で編成されることとなる。しかしながらこの会費は或る階層に対しては特に重い負担であってB会計は義務教育では速かになくさねばならぬ性質のものであるからその軽減に関し絶えざる努力がなされねばならぬ。

　AB会計に対し会費は始めから別々に受け入れる立前でA会費は会員制、B会費は世帯制とし先生会員はA会費のみを負担する。次に被保護家庭は問題でないとして、これとすれすれの線にある家庭の会員の負担は難しい問題であって内規をつくり、会員委員と学級担任の先生との協議でB会費を半額又は全額免除する。

　一見会費は低いようでも、別にいろいろの名目の生徒を通じて醵金されることは面白くない。成るべく、B予算に含めるべきであろう。

予算表の作製について

　予算編成に当っては都教育庁社会教育部でつくられている「東京都PTA予算費目参考基準」が参考とされる。各項目の内容は予算として最も大切な問題であって述べたい点もあるが、おのおののPTAで異る巾の広い問題であって数字を加えた説明が必要であるから、その検討は別の機会にゆずることとし、予算表について気付いた点を一、二記すに止める。予算表には前年度の決算額が各費目につき併記されることが望ましい。またその外にB予算には公費とPTA負担分とを併せて記され学校経費が明瞭にされなければならない。

運転基金制度

　予算は成るべくその年度内に消化し次年度に繰越金を残さないという方針であったこと、PTAといわず学校といわず支出は必らずしも一年中平均していないこと、また学年始期には会費を集めることが遅れ勝ちであることなどの理由から、PTAの財政が著しく逼迫して活動に影響することさえあった。これが対策として毎学年始めに会員から一人当り一〇〇円ずつの醵出を求め、無利息で借入れ、卒業時三年分合計三〇〇円を返すこととし、必要な場合定められた内規に依ってAB両会計に融通する制度が設けられた。それによってPTA財政の運営が大変円滑となり、会長や会計が一時立替えるという弊害もなくなった。これを運転基金として別会計とした。

会費の集め方と金銭の出納

　会員委員会の地区制を利用し会員の隣組で会費を集めて地区委員のもとに持ち寄り、委員がPTA会計に納める方法を実行して来たが、その後会費納入用の袋をつくり日を定めて生徒に会費を持参させ学校の窓口に銀行係員の出張を求めて集金する方法に改めた。これには一利一害があるが学級で担任の先生や生徒の当番が集めることはしないがよい。

　A会計の金銭出納はPTA会計が直接これに当り書記又は委員長の要求により支出する。現金一万円を限度として書記の手許におき小口の支払に充てるが、成るべく銀行の小切手を利用することとしている。B会計では集ったB会費を学校の会計係に渡し学校長の責任に移す。（註、単位ー日本円）

予算の流用と補正予算

　予算は項及目に区分される。なるべく節まで細分されその使途をはっきりさせておくがよいと思う。而して項即ちAB両会計の流用は行わない立前であるが止むを得ず流用する場合は総会の承認を必要とする。目及節の流用は運営委員会の議を経るを要する内規である。予算の流用が無雑作に行われては予算の細目をやかましくきめる意味がない。この見地から使途のはっきりせぬ雑費や予備費の設定は必要の最少限度にとどむべきであろう。毎年九月末で一応前半期の決算を行って会計の中間報告をすることが例となっていた。その際前半期の財政を検討し要すれば補正予算をつくる、予算の流用は主としてこのとき行う。

　この時期にはその年度の公費予算の全貌がほぼはっきりきまるからB会計にはこの中間決算が特に必要である。都からPTA負担軽減費が年度の途中で配布されたため会費の減額を行ったことや、その冬の暖房費の不足が明らかとなって会費を増額した例もある。いずれも総会の議を経て実行された。

会計報告と監査

　毎月開かれる総会でA、B両会計につきその一カ月の収支の概要を報告する慣例であった。特にその報告は数字の印刷物を配布する外に各費目別にグラフとしてわかり易くして説明されたので、会費納入の状況と各委員会其他の活動の状況の一端が明かになって役員は勿論一般会員が煩わしくてわかり難いものとしていた予算会計に対する関心が深くなりおおいに成人教育となった。B会計即ち校費援助会計にはPTAとしては立ち入らぬ代りに学校長が責任をもって運用しその状況を毎月会員全体に報告するということに深い意味がある。

　毎年九月末の中間決算の報告と補正予算については前に述べた。年度決算は三月十日頃で一応締切って計算しA会計の監査を受けて三月末交代する役員の在任中にその責任を明らかにする。これを残った半月余の出納の決算と合せて年度の決算報告書を作製し新年度初頭の総会に提出して承認を求めるのが例とされている。

以上でPTAの予算の編成及び財政の運用に関するあらすじを述べたが、今振り返って見てたとえそのありかたが筋の通るものであっても、徒らに煩雑多岐なものとなってはならぬ。これからのわが国のPTAは婦人の手で運営されることがますます多くなることが予想されるから、誰にでも出来るような経理が大切であろう。また幾多のPTAで非違が起ったことはPTAの財政が一般会員のものでなかったことにも起因するのではなかろうか。これ等の見地から簡明な予算、簡単な会計、簡素な手続のものであり、しかも間隙のないものでありたい。

目黒十中PTAの組織、運営等の実態を明かにしないで会計経理の面のみを述べたので何故かくせねばならなかったかという点で了解され難いところが多かったことと思う。また予算会計の記述に数字の裏付のないことも上辷りのそしりを免れないと思うが、述べ足りない点と共に、機会を得て補うこととしたい。

（PTA談話会代表幹事）

日本及び琉球の児童生徒一人当り教育費

日　本

学校種別	教育費総額児童生徒一人当り				消費的支出児童生徒一人当り			
	昭和２９年	昭和３０年	昭和３１年	昭和３２年	昭和２９年	昭和３０年	昭和31年	昭和３２年
	B円	B円			B円	B円		
小学校	4,527	4,409			3,475	3,528		
中学校	5,727	5,513			4,234	4,280		
特殊学校	31,812	33,290			26,381	28,009		
全日制高等学校	9,366	9,517			7,460	7,726		
定時制高等学校	7,505	7,655			6,444	6,797		

昭和３１年度以降はまだ文部省より公式の発表が行われていない。以上は文部省の「地方教育費の調査報告書」による。金額は日本円を３：１のＢ円換算とした。

琉　球

学校種別	教育費総額児童生徒一人当り				消費的支出児童生徒一人当り			
		1955年	1956年	推計1958年		1955年	1956年	推計 1958年
		B円	B円	B円		B円	B円	
小学校		2,831	2,977	3,184		1,695	1,757	
中学校		4,075	3,407	4,220		2,399	2,505	
特殊学校		6,586	8,607			5,043	5,942	
全日制高等学校		6,118	5,087	6,032（全日制・定時制計）		3,625	3,515	
定時制高等学校		2,586	2,702			2,475	2,317	

以上は文部省と同様な方法、手続きによつて文教局が行つた教育財政調査の結果による。
なお教育費総額の58年度推計は58年度文教局予算案に地方負担を推計したものである。

―五月のできごと（前半）―

五月一日　メーデー（労働祭）（於那覇市美栄橋広場）
児童福祉月間運動開始
沖縄野球連盟招聘の長崎大洋クラブチーム一行十九名来島
次官会議において沖縄特別措置費十一億円を支出決定
当間主席モーア副長官を訪ね新年度政府予算案の説明
RCA（国際電信社）香港沖縄間のラジオテレタイプによる通信業務開始

二日　民政府五八年度一般会計予算案を承認

五日　子供の日（端午の節句）
陸上選手権大会（於首里高校）
夏季清掃週間はじまる（十一日まで）
第五回青少年不良化防止運動始まる。

七日　当間主席立法院本会議において五八年度施政方針演説
教育布令研究会（於糸満、那覇、知念、普天間、読谷、コザ）

八日　教育布令研究会（於中北部地区）
龍谷大学男声合唱団来島

九日　教育長定例会（於辺土名）
キャンプ桑江の米軍工兵隊は九日辺野古における沖縄マリン部隊建設工事の続行を発表した。

十日　教職員会代表真栄田文教局長へ辞職勧告決議文を提出

十二日　母の日
日米琉合同沖縄戦歿者十三回忌大法要（於那覇商業高校）

十三日　沖縄戦歿児童の像除幕式（於小桜の塔）
龍谷大学男声合唱団演奏会（於教育会館）

十四日　第四七回中央教育委員会―教科書選択委員会運営規則可決
ハワイ派遣農業研修生の修了式（於那覇琉米文化会館）

十四日　来島中の西本願寺大谷門主、琉大で講演

十五日　中央教育委員会で授業料徴収規則（政府立学校）可決

＝あとがき＝

◉梅雨期に入って突然インフルエンザが全島にわたつて猛威を振いはじめました。休校続出で、なおも流行の一途をたどりつつあります。防止に最善を尽しましよう

◉雨期が明ければ、南国沖縄では、もう真夏の到来です。夏は毎年、保健、体育、生活指導等の教育問題が特に大きくクローズ、アップされる季節です。「夏をひかえて」と題して、諸先生方に御執筆をお願いしました。

◉抜萃欄には、戦後とくに論議の絶え間ない「かなづかい」の問題や、最近沖縄でも新聞紙上にたびたび取り上げられている「青少年不良化」の問題等に焦点を合わせて見ました。

◉好評を博しつつある宮里静子氏の小説「村の子、町の子」は、都合により今月は休載しました。

◉猛暑と台風と疫病の季節にあつて教育活動に努力を続けられる皆様の御健斗を祈ります。（S・N）

＝投稿案内＝

一、教育に関する論説、実践記録、研究発表、特別教育活動、我が校の歩み、社会教育活動、P・T・A活動の状況、その他
（原稿用紙五〇〇字詰一〇枚以内）
一、短歌、俳句、川柳（五首以上）
一、随筆、詩、その他
※原稿用紙（四百字詰）五枚以内
一、原稿は毎月十日締切り
一、原稿の取捨は当課に一任願います。（御了承の程を）
一、原稿は御返し致しません。
一、宛先　文教局研究調査課

一九五七年六月一日　印刷
一九五七年六月十五日　発行
文教時報（第三十二号）
（非売品）
発行所　琉球政府文教局
研究調査課
印刷所　旭堂印刷所
那覇市四区八組
電話　六五五番

33

文教時報

琉球　　1957

文教局研究調査課　　No.33

文　教　時　報　第33号

目　次

論説

地方教育財政と教育税の問題

文教局研究調査課主事　安谷屋玄信

さきに文教局は一九五五会計年度における教育財政調査報告書を公表して、ある程度、教育費の負担と使途について、実態を明らかにし、将来の教育財政に対して畯示を与えた。この報告書は年々公表される予定であるが、一九五六会計年度の中間報告書及び完結した報告書も近く公表の予定である。これから述べようとすることは、これらの報告書にあらわれた結果や傾向から、地方教育財政をとりまく、一般財政をもひつくるめた、琉球における教育財政の特殊性やその位置、或はその健全化についてのいくつかの問題点である。

一、琉球における地方教育財政の特殊性

一般に教育財政そのものは、一般財政のうちでもとりわけ特殊な地位を占めるものであるが、それらの一般論については機会をあらためることにして、この稿ではそのうちでも、私たち琉球における教育財政の最も手近かな特殊性から述べることにしたい。このことについては、「教育財政調査報告書」(文教局、一九五五年度)も法規の面から多少ふれているが、再び、何故「教育財政」という分野が、この狭くて規摸の小さい琉球の一般財政の中に、あるいは別個に存在しなければならないかということについて、考えてみることにする。

第一に教育布令六十六号施行以後、過去五ヶ年にわたつて、琉球の教育委員会制度における教育財政は日本本土のそれと比べて、大きく変つた特徴を有し、取りわけ財政権を、完全ではないが、これを有しているという点である。(完全財政権でない理由は後で述べる)

第二には「教育税」を設けて、地方教育区の自巳財源として、これを充当することにし、教育委員会は予算編成の際、教育税総額を決定し、地方公共団体に、これが賦課、徴収を指令する強い権限を有していることである。

第三には政府教育補助を見込んだ額を入れて、地方教育委員会は予算を編成するのであるが、その場合政府教育補助金をもつて、まず需要額に充当し、これが不足額を「教育税」として賦課、徴収するという仕組みであり、これは日本本土における平衡交付金制度とは、一見、反対のように見受けられる、即ち、日本の場合には自己財源たる収入をもつて、まず需要額に充て、その不足額を交付金で補てんする仕組みであり、その点からすると、琉球の地方教育財政制度は反対の立場をとつていると云えると思う。これについては、いろ〳〵の理由からそうなつていると思われるので後で述べることにする。

以上の三点は、琉球の地方教育財政を論ずるに当つては、重要な事柄であるので、最初に述べたのであるが、これらの特殊性が実は、これから述べようとする地方教育財政の大きな長行であるとともに、又反対に大きな欠陥をはらんでいると見られないこともないのである。

とかく教育行政機関又は学校を中心として考究される教育財政は、実はそれらの活動の母体である琉球全域、又は地方行政単位を主体として行われる「経済」と不可分の関係にあることは当然であるが、琉球の場合、政府教育財政は一般財政の中に包括されているが、地方教育行政単位においては、教育委員会が予算編成権、執行権、を有する外、財源(教育税収入)に関して、地方公共団体への指令権を保有していることは、日本本土における教育委員会の最近の自主性が薄れてきたのと比較して、正に形式上や制度の点では、はるかに進歩的なものであることは、一応肯定できよう。ここで現在の琉球の教育委員会制度、就中その教育財政制度を予言したような言葉を次にかかげる。それは現在の文部省初等中等教育局長内藤誉三郎氏が昭和二十五年「教育財政」で次のように述べていることである。即ち

「教育財政の根本的解決は、現在の一般行政の主体である府県、市町村とは別個に、独立の法人である

教育区または学区制度の創設による行政機関の完全な独立により、教育税及び教育のための、平衡交付金制度を創設することによつて、始めて達成されるであろう。」と、

この内藤氏の言葉は、昭和二十四年のシャウプ勧告に相次ぐ第一次、第二次米国教育使節団の勧告と比べて見たら、なお、はつきりして面白い。その勧告の中には、教育費は、国、都道府県、学区において責任を分担すべきことを明らかにし、教育のための平衡交付金制度を創設して、法律に定める基準によつて配分すべきであることを力説している。その当時、占領下の日本政府においては、シャウプ勧告と米国教育使節団の勧告は教育財政面では採用されたものと、そうでないものがある。例えば教育区や学区を法人として、教育税を設けることは採用されなかつたが、平衡交付金制度は一般行政の中で、教育交付金制度も採用されたと見てよい。これらの事が、今、私たちの琉球においては、ほとんど、法となり制度となつて採用されているのである。

以上の点から見て、米国の日本又は沖縄の教育に対する考え方や政策には一貫したものがあることを、伺い知ることができるであろう。現在の新教育布令一六五号においても、財政面、制度面では以上の内容が、ほとんど採用されているところに大きな問題点が残つているのである。私たちは、教育財政面でも、教育の地方分権と民主化のために、安きを選ばず、むしろ徹底した分権と民主化のために、ある程度危険を冒しても、この道を選ばされたのである。この危険な道に対する世の批判は非常に多い。そして過去五、六年間をふり返つて見るにこの危険率は一向に減衰することなく、一部の教育区では、教育税の賦課や予算編成等の難航となつてあらわれている。だが、取らされた危険な道に対する批判と、この道の改正は別の課題として、私たちはまず、現在の教育財政を確保しなければならない。そこで私は、琉球教育財政制度の特殊性を問題にしようとしているのではなくして、今日の教育そのものの満足なる運営のために、財政制度から、派生して来る事がらを考究して行きたい。

二、現在の地方教育財政の独立に関する諸問題

第一に、教育財政の半独立について考えていきたい。「半独立」という言葉を使つたが、完全独立と半独立とはまず、使い分ける必要があろう。地方教育区は、法によつて、明らかに法人格を有し、行政面では完全に地方公共団体から独立していると言えるが、この法人は果して財政面でも完全に独立していると言えるだろうか。私はよく「琉球の地方教育委員会は財政権が独立している。」と聞かされているからである「財政的に独立している教育委員会」と「財政的に独立していない教育委員会」との限界は、アメリカにおいても必ずしも明確でないようである。ウォルター・モンロー編「教育研究辞典」には次のように定義している

「ひとつの教育委員会が、教育税を課し、市長、市会、郡予算委員会その他の機関の承認を経ずに、税収入から経費を支出する時、その委員会は〃財政的独立〃を保持している委員会といわれる。教育委員会が、教育税を課することや、他の機関の承認を経ずに税収入から経費を支出することができない時、その委員会は財政的に独立していない委員会と言われる。」

しかしアメリカの最も有力な教育団体であるといわれる全国教育協会(National Education Association)—以下NEAと略称する。—は、財政的独立の問題を課税権と予算決定権の二つの面にとどめることなく、さらに教育資金や学校財産の管理権、学校建築計画の決定権などの面までひろげて考えているようである。かくして課税権と予算権のみに限らず、その他の財政面でも完全な自主権を持つた教育委員会の数はNEAの調査によれば、全体の34%に過ぎないという事である。第一表にかかげるのはNEAがアメリカにおいて調査した結果に基く、財政的に独立している委員会数及び独立していない委員会数の比率である。

(第一表)メリカアにおける財政的独立に関する調査結果

	教育税、予算その他(イ)の財政面において完全に独立している委員会	教育税、予算面においてのみ独立している委員会	左合計	財政的に全く独立していない委員会
全対象教委	34%	22%	56%	44%
人口500,000 以上	15	39	54	46
100,000～499,999	18	14	32	68
30,000～99,999	26	21	47	53
10,000～29,999	30	24	54	46
5,000～9,999	39	20	59	41
2,500～4,999	40	22	62	38
公選制の委員会	38	24	62	38
任命制の委員会	4	9	13	87

(イ) 教育資金の管理、学校財産の所有権の保有、学校建築計画の決定などの面以上の資料は昭和31年3月、文部省調査局の「各国の教育行政」より得たものである。

この調査結果でもわかるように、財政的自主性の強い教育委員会が、人口規模の大きな学区に行くほど少く、人口規模の小さな学区にゆくほど多いことは明らかである。又米国で、もう一つ面白いことは、ここにはその資料を省略するが、概して、財政的自主性を持つ委員会は、一般行政単位と区画を同じくする学区に少く、逆に区画を異にする学区に多いということができる。これは主として、課税、徴税の便、不便から来たものと考えられる。琉球の場合、市町村教育区は一般行政単位とすべて同区画である。

以上のことがらと、現在の琉球の地方教育委員会とを比べ合わすといろ〲と面白い問題が引き出せるかも知れない。琉球の場合、大部分の教育区は人口三万以下であるから、さしずめ、アメリカ式の考え方からすれば、財政的独立度の強い委員会の性格を有つべきだと考えられるかも知れない。しかしながらこの資料でもわかるように米国ですら、約半数の44％という委員会が財政的に全く独立していないのであるが、琉球では全部（六十四市町村）の教育区が、非常に強い財政的独立をしているような状態である。

なお、今一つ教育税の問題であるが、布令一六五号によれば果して市町村教育委員会は課税権や徴税権はないと解するのが適当であろうか。これにはたくさんの疑問がある。即ち布令によれば直接には課税や徴税は、市町村の条令によつて、市町村当局が行うのであるが、教育税の総額を決定する権限を有し、賦課、徴収するよう市町村に指令する権限を有しているのは市町村教育委員会であつて、その意味からすると、課税権、徴税権以上の権限であると見られないこともない。しかし布令に示す通り、市町村委員会は、直接の課税権や徴税権はないのである。この意味からすると、琉球の委員会は考え方によつては財政的には超独立であり、別の考え方では半独立といえる。これはやはり、同一市町村行政区に二以上の課税権者が、完全に分離されることは、地方財政という立場から好ましくないと見たためであろう。厳密に掘り下げると、教育財政といえども、地方財政の一環としてのみあり得るという原則は動かせないものである。教育財政において、課税と徴税を独立せしめるには、現在の琉球の場合、いや他国にもそれが多いが……やはり何らかの形で、一般行政との調整をはからなければ、地方財政の全体的計画が困難になるものである。

この意味から又、米国における教育委員会の課税権、徴税権の自主性の問題について、ＮＥＡの調査資料をのぞいて見よう。（第二表）

（第二表）米国における教育委員会の課税権、税徴権に関する調査資料

	委員会数	課税権と徴税権をもつ	課税はするが徴税はしない	税率について形式上の承認を求める	左合計	税率を他の機関が修正し得る	課税権も徴税権も持たない
全対象教委	1846	10%	18%	35%	63%	7%	30%
人口　500,000以上	13	0	23	31	54	0	46
100,000〜499,999	71	0	13	29	42	6	52
30,000〜 99,999	218	6	13	37	56	6	38
10,000〜 29,999	550	8	17	36	61	7	32
5,000〜 9,999	465	11	21	33	65	7	28
2,500〜 4,999	529	14	18	36	68	8	24
公選制の教委	1612	11	19	37	67	6	27
任命制の教委	234	1	5	25	31	12	57

即ち課税権と徴税権とをともに持つている委員会は人口一〇万以上の都市学区には全く見られず、人口規模の小さくなるにつれて、次第に多くなることが明らかである。小規模教育行政機関になるにしたがつて財政的独立性は強くなるということになるが、これは人口規模が大きくなればなるほど、行政機構が整備され、安定し、教育行財政も、別に一般行財政から独立しなくても、他機関との調和を保ちつゝ、自主性を保持できるものであり、このように米国における小規模人口の行政単位における教育財政の強い独立性は、米国の歴史や文化をある程度知る人にとつては、うなずける事であろう。

さて以上のもろ〲の事がらと、今の琉球の教委制度を合わせ考えることにして見よう。読者はもう既におわかりのように、私たちの教委制度はアメリカに持つていつても、アチラの委員会に劣らぬ程の強い財政権を有しているのである。最初にも申し上げたように、形式的には課税権と徴税権を持たない半独立のように解釈できるが、その実は、それ以上の税総額を決定したり、課税や徴税を、指令又は依托するといつた非常

に強い線が出ているのである。しかも教育税総額の最高額の「わく」を規定した何らの規則もないのであつて、専ら、教育委員会の行政的良心と公聴会にこれをゆだねている状態である。アメリカにおいては教育税に関しては、一般に各州が、州法のなかに税率の最高額の「わく」を規定している。一九四九年現在では、四〇州がそのようなわくを設けているのであつて、これら四〇州では、地方行政機関は、この「わく」内に於てのみ課税を行うことができるようになつており、これを越えようとするときは、何らかの措置、例えば投票による住民の承認が必要である。なお、ある州では教育区の決定した税額を州が審査して削減する権限すら有している。こう考えて来ると私たちの委員会はアメリカの委員会と比べて、上級機関から何ら拘策を受けない委員会ではあるが、これが又、一面には偉大なる長所であると同時に、運用が拙ければ大きな欠陥ともなるのである。

米国のそれと比べても、このように強大なる財政権を保有している私たちの委員会は、その権力を財政においてどのように公平適正に行使するかということは重要なことである。それは主として、予算編成の方針や技術上の問題と教育財産の管理維持の問題、予算執行上の問題等いろ〳〵な分野に分けて考えられるのであるが、こゝでは、丁度今頃その時期でもあるので、予算編成における教育税の問題に焦点をしぼつて見よう。

三、教育税に関する諸問題

—その適正額をどのように定めたらよいか。—

地方教育財政の重要なる自己財源たる教育税については冒頭から度々のべて来た。

では、その額の多少は別として、財政論からすれば、地方教育財政の背骨たるべき教育税は過去数年間どのような実践を示して今日まで成長しているだろうか。布令六十六号によつて設けられた教育税は、世の識者といわれる人々からも、鬼子扱いにされたものであるが、時間は、それらの論議を問題にせずに経過し、最早一九五八会計年度を迎えて六才に成長したのである。そして今、地方の教育委員会は、六才になる教員税の成長率を決定する時期に立たされている。では次に一九五三年度以降の教育税全琉総額（賦課額・徴税額）の消長を辿つてみることにしよう。

（第三表）全琉教育税総額（賦課額・徴税額）の年次別比較

年度	人口	政府税（決算）	市町村税 賦課額	市町村税 徴税額	教育税 賦課額	教育税 徴税額	教育税 指数	一人当り住民所得
一九五三	七四三、九四五	八四二、六六五、七六七	一三四、五二二、八七二	一〇一、六三五、六九五	五五、〇一八、三七四	四一、六二一、二一八	一〇〇	一六、八八三
一九五四	七六六、二九一	一、〇六八、八三一、三〇九	一三〇、三八九、二三四	八五、五六七、五七八	四六、四五二、七七〇	三三、二一四、六〇一		一七、六九八
一九五五	七八一、〇九五	一、一一七、三三六、六七〇	一四八、九四二、七七三	九七、九九六、一四一	四五、七一一、二四三	三三、一二九、三九四	、	一七、八六八
一九五六	八〇一、〇六五	一、五五三、三八五、三六〇	一八二、〇七五、八六四	一一七、五八六、七六二	四七、六三二、三九九	三二、五八一、四〇一		

右の表から、年次別、人口、政府税、市町村税、教育税、更に住民一人当り所得額を見ると、一つの矛盾を感じざるを得ない。即ち人口、政府税、市町村税、一人当り住民所得は年々、増加の傾向を示していくのと反対に、教育税は年々減少する傾向にある。この教育税減少の理由を説明できる客観的条件の変化は、琉球の教育財政においてあらわれていないのみか、むしろ増加すべき理由こそ、児童生徒の自然増加、その他の形となつてあらわれているのである。それよりも更に不思議なことは地方教育行政単位によつて、教育費の適正需要額と適正収入額（教育税）は決定されるべきものであるが、果して現在の地方教育委員会は、何を基準にして教育費の適正需要額を見込んでいるのであろうかということである。第三表にあらわれた税額の数値は現実そのものの数値であるがこの現実の数値そのものは、果して適正なりや否やである。さかのぼつて言うならば、教育費の適正需要額、即ち教育予算には、その教育区における学校のカリキュラムをはじめとする学校の運営維持、児童生徒・職員の福利厚生、更には青少年や婦人・成人に対する社会教育、又は教育行政といつたような広汎な教育の対象に対して、その適正額が考えられただろうか。この辺に教育税の問題点を究明しなければならないものがある。即ち需要額にあげられた学校教育費はその教育区内の各

学校の教育課程を満足でなくても、適正に行い、学校の運営や維持、修繕も行い、殊に重要なことは、児童、職員の衛生管理福祉面にも支出するのに充分であるか。この適正需要額に対する文教局予算による補助金は決して充分な額ではないと思われる。しかし公教育に対して連帯の責任を負う文教局と地方教育区は、その責任を一方にだけ押し付けてはならないのであって、その能力に応じてベストを尽してこそ、この連帯責任制は円こつに運営されるものであろう。文教局予算説明については、その機会があることと思うので、ここでは省略することにし、ここでは、需要額中の文教局補助金を差し引いた不足額の補てん責任を有する教育税について、その額をどのように算定したらよいかと言うことについて述べることにしよう。勿論、需要額の測定については、統一された基準が現在ないので、まず最初にこの難関に逢着する。これは日本でもその測定基準が年々変るので、一貫したことは述べにくい問題であるが、科学的な精密な測定のためには、毎年、地方財務協会から刊行される「地方交付税制度解説」は重要なる参考資料になる。しかし、このような複雑な公式を多くの人々に要求することは無理なので、最も手近かで、わかりやすい数値として、児童生徒一人当り教育費を参考にするのがよいと思われる。これについては、一九五六年度教育財政調査中間報告書（文教局）を御参考にされたい。

しかしながら児童生徒一人当り教育費といっても、教育費の性質上文明の進歩と、その政策によって、これには際限のないものであって、決して満足ということは、むずかしいので現実には、その教育区の負担能力を、無視しては教育費の問題、即ち教育税の解決はできない。又教育税といえども地方税の一種であり、これが地方経済、又は大きな意味の地方財政の制肘を受けることは当然である。そこで結局は、教育の理想を見失うことなく、地方財政の「わく」内で教育税の総額を決定しなければならないということになる。では教育税は市町村財政においてどのような規模を占めるのが普通であるか。或はどの程度に規撲を設定するかということである。

第四表は日本本土における市町村費に占める教育費（市町村負担）の割合を示すものである。

（第四表）市町村行政費中に占める地方教育費の割合

会計年度	行政費	教育費	比率
	百万円	百万円	
昭和 24	164,171	44,337	27.01%
〃 25	238,298	60,510	25.39%
〃 26	296,386	71,454	24.12%
〃 27	369,136	93,140	25.23%
〃 28	460,729	99,467	21.59%
			平均 24.67%

琉球と異り、日本では御承知のように市町村費の中に教育費も含まれているので直接比較はできないが、次の方法によって、間接に琉球の場合を割り出すことは可能である。勿論、日本の市町村とここ琉球の市町村とは、その富裕度が非常に異るので、金の額そのもので比較すべきではないであろう。又日本の場合、電気、ガス税等が市町村財政を豊かにしているのに反して、琉球は至って財源に乏しいからである。しかし、行政費中にしめる教育費の割合即ち比較は、貧は貧なりにその比較の対象になり得る。

次に、琉球の場合とこれを比較する方法を示し、地方教育委員会をはじめ、読者各位の参考に供したい。

まず琉球の市町村予算の財源は大きく分けて次の通りである。

市町村予算の財源　一九五五年度

市町村税
税外収入
繰越金
雑収入、その他
　}自己財源　六九、八%

財政調整交付金
その他の政府支出金
　}依存財源　三〇、二%

そこで、現在の琉球の市町村財政における教育税と日本本土の市町村における教育費の割合を比較するには次のような式を用いればよいのである。

$$\left(\underset{y}{\text{市町村予算の財源}}+\underset{x}{\text{市町村教育税}}\right)\times\overset{\text{日本の平均}\downarrow}{\frac{24{,}67}{100}}=\underset{x}{\text{市町村教育税}}$$

$$24.67y+24.67x=100x$$

$$75.33x=24.67y$$

$$x=0.33y\text{……教育税}=\text{市町村総予算}\times\frac{33}{100}=\text{約}\frac{\text{市町村総予算}}{3}$$

即ち、その市町村の教育税総額が市町村予算総額の$\frac{33}{100}$であれば、日本本土の市町村と同じ率で教育費を負担していることになる。

これは日本本土の市町村がその行政費から、どの程度の割合で教育費に支出しているかを尺度にしたものであつて、この尺度は利用しようと思えば、今すぐにも利用できるものである。

即ち、その市町村予算総額に$\frac{33}{100}$を掛けて見て、その市町村教育税の多少を見つけ出せばよいのである。しかし、この尺度も、何等、準備することなく利用した場合には、見逃すことのできない欠陥をもつた尺度となる。何故なれば、現在の教育税は地方財政という大きな「わく」の中で、市町村予算と科学的な調整を行つてその額が決定されたか否かが重要な問題になるからである。

そこで、教育税を含めた一般租税の問題となるが、ここに要請されることは各地方行政単位がその単位毎にある程度精密な住民所得を測定することである。この住民所得が科学的に測定されないと地方財政の規模を決定することが困難となり、同時に地方財政の中における教育税も真に適正なる総額を割り出すことは困難になるだろう。もともと公課という考え方は国民所得中の消費資金、蓄積資金並びに公課という三者の均り合いによつて解決されるべきものであつて、単独に公課優先の考え方は、民生を考えない誤まれる政治、行政といわなければならない。

かくして「教育税」の適正なる生長を図るには将来、多事多難な研究課題をはらんでいるのであつて、この課題は、毎年、丁度今頃即ち予算編成期になると、その解決を委員会又は市町村当局に迫つているのである。

なお、教育税発達の歴史、税制度から見た教育税、これが琉球に持ち込まれたことによる功罪や将来、教育税を政治的立場から解決する問題等については、紙面の都合上、又、一面には私の立場からこれを省略することにする。

四、教育税とこれに関連する地方財政の諸問題

「戦前は沖縄では市町村費の約五〇%は教育費として、市町村予算は組まれていた。」といえば、丁度、今頃の市町村長や校長式は教育委員の方々は「そうだつた。」と想い出されるかも知れない。あの頃、若輩の教員だつた私も、まだ、はつきり記憶に残つている。ところで教育費というものは、社会の激しい変動期においては、往々にして、不急不要の経費として、後廻しにされる場合が多く、社会の安定に伴つて、次代えの有力なる投資として、教育費はだんだんその巾を拡げてくるのが常のようである。では戦前の沖縄並みに「教育税」をひつくるめた地方財政の中で、その五〇%の巾を教育税にもたすべきではないかという理論になりそうであるが、ここに教育税の適正額をも含めて、地方財政を問題にしなければならない理由があるのである。もともと現在の地方財政は決して戦前のような安定的又は恒常的なものではなくなつてきていることが先ず大きな問題点であろう。

現在の市町村財政を成立せしめている財源は次のような比率で大約構成されているのである。

一九五六年度全琉市町村予算における才入の財源別比率

自主財源	四六、二%
税収入	二四、〇%
使用料手数料	七、四%
公営企業財産収入 繰越金・雑収入・その他	一四、八%
依存財源	五三、一%
民政府特別補助金	二六、三%
政府支出金	一二、六%
財政調整交付金	一〇、二%
市町村債	四、〇%
繰上充用	〇、七%

以上の財源とその比率を見ると、従来の最大の財源であつた市町村税よりも、民政府特別補助金が大きな役割を果しているのである。しかしこの最大財源である民政府特別補助金はその市町村に対して恒常的に同率をもつて補助されるかというとそうではないのであつて、これは丁度、文教局予算における校舎建築費と同様な性格を有するもので、一つの一貫した政策で重点的に投入されるものであつて、言いかえれば臨時的財源と見なければならない。これは丁度、文教局予算が校舎建築費の増減によつて大きく動揺するように、いやそれ以上に地方財政をゆるがすものと見なければならないのである。そして、これを裏書きするものとしての同年度の才出面各項目間の比率を見ることにする。

一九五六年度全琉市町村予算における才出項目別比率

土木費	三九、〇%
役所費	三〇、四%
産業経済費	八、八%
社会労働費	五、七%

諸支出金	四・〇%
議会費	二・九%
公債費	二・三%
保健衛生費	一・八%
消防費	一・七%
選挙費	〇・四%
その他	三・〇%

この項目で最大の比率を占めている土木費三九%というのは果して経常的な経費といえるものであろうか。そして、この土木費の中の大部分即ち約七一%は民政府特別補助金によつてまかなわれるものであつて、ここに先程述べた変動期、建設期の地方財政の特色を見逃すことはできないのである。平常であるならば、教育費において教授費が常に最大の比率を占めるように地方財政でも役所費が最大の比率を占めるのが常であろう。しかし年々一九五六年度のような地方予算がつづくわけではないが、今問題の移住資金等も合わせ考えた時、沖縄の建設的変動期はここしばらく続くものと見なければならないだろう。こういつた客観的条件を無視しては、地方財政のわく内での教育税は考えられないのである。ここで話は前に戻るわけであるが、このような条件の中で日本本土の市町村財政中に占める教育費の平均比率二五%が果して適正なりや否や、又戦前並みに沖縄では五〇%であつたということが、今日通用できる数値として、その可能性ありや否やである。次に参考までに一九五六年度の教育税の徴収額は地方財政中にどの程度の比率を占めているかを見ることにしよう。

一九五六年度仮決算全琉市町村自己財源収入額

	比率
二二七、二〇九、四九六円	九〇・九六

一九五六年教育税徴収額（決算期）

	比率
二二、五八一、四〇一円	九・〇四
計　（一九五六年度地方財政の才出総額）	一〇〇%

右の表で明らかのように教育費は地方財政自己財源による才人総額のわずかに九、〇四%しか占めていないということになる。この数字を見て、戦前派の人々は、十数年前、この数字が約五〇%を占めていたのを想い出して、或は教育のために公憤を感ずる人がいるかも知れないが、この公憤が、前述した沖縄の特殊な建設的変動期を計算に入れてのことであるならば、これは正しいものと見なければならないだろう。言えることは日本本土並みの二五%までに達するには特殊な変動期の地方財政としては多少無理であることは止むを得ないが、戦前の五〇%から今日の九、〇四%えの低落振りはどのような理由をもつてしても説明のつかない問題であろう。教育税に対して白眼視することが、そのまま、次代の後継の教育そのものに、はね返つてくることを憂えるものである。前項から述べて来たのであるが、教育税の全琉総額は決して望ましい額ではないどころか、却つて、法によつて与えられた地方教育委員会の強大なる財政的独的権がおびやかされているのである。これに対しては「それは法そのものが悪い。」と言う人があるかも知れない。ところで布令（法）を見ても、「教育税」は政府補助金やその他の財源を差し引いた残りの「不足額」の補てんのために賦課せよとあるのみであつて、何等、教育税の額を決定する条項はないのであるから、この額を定めたのは地方教育委員会である。結局はこの「不足額」の補てんは現在の教育税で充分であるということになり、裏返せば、この教育税で現在の教育は何等不足はなかつたということになると、最早、困つたものであろう。これには各国又は各府県の教育費がどの程度であり、現行の教育課税がどの程度の内容と方法による教育を求めているかを深く理解することが先決問題であり、また客観的な尺度をもつて、自らを測定して見る必要があろう。「教育費の増額」は、どのような尺度をもつてしても私たち現代人に課せられた課題であり、地方教育費の公式のルートが「教育税」にあるならば、いよいよ「教育税」の増額ということになろう。税金の増額は誰しも望むものではなく、況や現在の大衆は税の重圧をひしひしと感じているのである。大衆に対する徴税攻勢が烈しい昨今、「増税」などを提唱したら、直に世論の指弾の的になることは確かである。しかし、ここに考えることは、現在の地方税を含めて、教育税の税率は果して、適正なものであろうか。「貧者の一燈と長者の万燈」の故事は、現在の税率に何か示唆するものはないであろうか。適正なる税率の設定は単なる教育の域を超えて、社会正義と結びつくものがあり、善政民福につながる道であろう。即ち増税による大衆の重圧を、少数の高額所得者が適正に負担するならば、この課題の解決は至つて簡単である。だが、ここにも又、この琉球では一筋縄では解決できない問題が横たわつて、これが解決を政府や地方公共団体に迫つているのである。それは経済自立、島内資本の育成、弱小資本の結集等という言葉で表現されている。この課題は確かに正しい。

このため新聞や識者はしきりに、民間資本の結集を呼び或は基幹産業の再興を提唱しているが、全体的な住民所得の僅少さは、それらのことに対して、絶えずこれを拘束している状態である。即ち大衆は消費資金と公費でせい一杯といつたところであろう。しかしながら住民の消費資金が利得者と被害者との両極に著しく跛行している場合には少数の人々の手に所得の大部分が保有されてあり、多くの人々は少い分配を受けて、生活するものである。資本主義社会には、このような状態は常に存在するであろうが、この所得の不均衡を是正するためには、即ち財政において、所得の再分配のためのはたらきを必要とするに至るのである。多額所得の消費資金から公課資金へ移転させることは、一般住民の生活水準をおびやかすことがなく、又この高額所得を明確にして、税率を適正にして税源とすることは、住民生活を一般的には豊かにする所以である。若い沖縄の資本主義においては、このようなことは至つて険しい命題であろうが、一方、又貧困なる教育税を含めた地方財政も、この対決した経済的財政的矛盾を解決しないでは、確固たる地方財政は築けないであろう。横道に外れたようであるが、これらの課題の解決を無視しては、近代の教育に要する膨大な経費は考えられないからである。このようにして、教育税増額の問題は多岐多端に亘つて、経済、財政の問題とからみついていて、これらと適正なる調和をとりつつ解決すべき問題である。中央、地方を通ずる税制の改革は昨今、大きな課題となつてきたが、「教育税」も、これらの問題の中にひつくるめて考慮されるべきである。

五、教育平衡交付金制度の提唱と附帯條件

前にも述べたように米国教育使節団及びシャウプ勧告によれば教育のための平衡交付金制度が述べられている。そして、日本に於てはそれまで義務教育国庫負担法によつて、それぞれ「ヒモ」の付いた補助金が、昭和二十四年度において、平衡交付金に切り換えられたのである。その時、日本の教育財政は画期的転換と同時に混乱をひき起し、それに伴う「六・三建築」の計画頓座等による社会問題を惹起し、これが新聞紙上を賑わしたことはまだ記憶に新しい。平衡交付金制度を提唱する場合、その方法はこれら前車の轍も考慮に入れると同時に、沖縄の地方財政の現状と財政運営能力等も一応計算に入れて考える必要があろう。

まず現在の教育布令一六五号による政府教育補助金が「教育平衡交付金」であるといろ〳〵言いふらされたものであるが、仔細に布令を検討して見ると、「教育平衡交付金」としての性格は次の理由によつて至つて薄いようである。

イ　教育財政需要額が教育財政収人額をこえる場合において、この当該超過額を補てんするという「補てんの責任」を有していないということである。却つて反対に、需要額から政府補助金を差し引いてその不足分の補てんを教育税に求めているのである。このことは言葉の言いまわしであつて、どうでもよいではないかという感じを持つ人があるかも知れないが、この両者即ち、政府教育補助金と教育税とは地方財政で、どちらが主体であり、どちらが客体であるかということをはつきりさせなければならない。さもないと往々にして、自らの財政責任を見失うおそれがあるからである。

ロ　「平衡交付金」という場合、国又は政府は需要額から収人額を差し引いた不足額の補てんに必要な経費を国又は政府の予算に計上する責任を負わされるのが、現在の布令では、文教局長や主席にその責任を負わしていない。

ハ　平衡交付金制度の目的は、地方自治の本旨の実現を期するところにある。これは言いかえると交付金の割当てに伴う官僚の権力を排し、又は「ヒモ」を付けることを拒否するといつた意味と解せられる、そのため、客観的公式や基準によつて算定された交付金には「ヒモ」が付かないのが、普通であつて、強いてこれを分けようといえば、普通交付金と特別交付金に分けられる位のものである。即ち与えられた交付金は、その地方公共団体の計画や政策によつて、思う存分地方自治の本旨実現のためにはいかなる使途にも使えるわけである。しかし新教育布令による政府教育補助金の場合には「予算項目別に……云々」という「ヒモ」で強くしばられているということである。このことは地方自治を尊重する立場から考えれば明らかに交付金の趣旨に反するものであろう、何故なればこゝに示された予算項目以外には個々の補助金は使えないのであつて、既に使途目的が明示されているからである。それで使用目的に使つた残りは返還しなければならないのである。

ニ　次には政政補助金の予算化について、交付金の予算の如き過程が明示されていないということである。例えば或る予算項目については政府が全額負担するかと思えば、或る予算項目については、「……補助することができる」といつたように予

算化してもしなくてもよいといつた具合である。それ故総ての予算項目について「標準予算」をつくるといつたような交付金予算化の方法から見れば、決して政府教育補助金は「平衡交付金」ではあり得ないと見られるのである。

以上は重点的に布令にいう政府教育補助金が平衡交付金と異る点を並べて見たのであるが、又、反面、交付の方法となると相似た点がないでもない。結局布令の趣旨は解するに「補助金ではあるが、これが配分交付については、平衡性を失わずに、平衡交付金の趣旨を生かすように……」という意ではないかと思われる。なるほど考えて見ると、今度の布令によつて、一挙に教育平衡交付金制度に持つて行かなかつた立法者の心情はよくわかる。これをしも今度の布令で完全な教育交付金制度として規定してあつたとすれば、今頃既に財政上の混乱はおうべくもなかつたであろう。

恐らく教育税の「比例配分」の問題や「修繕費の増額」どころの問題ではない程の大きな問題であつただろう。即ち地方教育財政の規模と現状がまだこの制度を取り入れるのには早過ぎるからと思われる。現在の地方教育財政の規模は決して望ましい規模ではないのであつて、それは生徒一人当り教育費、就中、消費的支出一人当り教育費が日本の平均にははるかに及ばないことからも伺い知ることができよう。更に現場における教育費の不足は、実に多方面にわたつており、単なる教育費のみの不足ではない。維持費、修繕費、補助活動費、所定支払金、資本的支出面等すべてが不足づくめである。このような現状において、全額プールの交付金が投げられた時はどうなるであろうか。憂える所はある一つ又は二つの少数項目に重点的に予算を投入することによつて、教育予算全体としての均衡を失い、その結果教育行政全体の跛行を生じはせぬかということである。貧困なる教育財政の下ではこのことは充分に予想されることであつて、他の方法、即ち指導助言によつて、これを律することも考えられないではないが、前にも述べたように日本における昭和二十四、五年頃の教育財政の動揺はこの辺にも理由があつたことを思い起せば、この轍は充分警戒を要するものである。

だが、教育平衡交付金の基本的理論は民主々義の制度下における教育行政の立場からは決して、否定できないものである。問題はこの正しい理論を現実に則して、どのように運用するかということにかゝつてくるのである。次にその条件を述べて見よう、

一、まず地方教育費の五〇％以上を占める教員給与費が問題となる。現在文教局予算に占める各予算項目の比率も、またこの教員給与費が最高である。この莫大な金額の財源は、地方の自己財政には求むべくもない。この額はまず政府育教予算に全額が計上されて、はじめて、教育財政の安定は望めるものと思われる。

その次に大きな額を示しているのは校舎建築費である。これは現行の布令にも、小、中学校は全額政府負担となつているが、これも当分校舎建築が一定の域に達するまでは、現状通りの補助が望ましいものである。同じ資本的支出面の備品費の補助金については備品不足の極端な現状では、全琉一円の備品充実計画に基く政府資金の支出が望まれるであろう。

二、平衡金制度実施について或る一定の猶余期間を設けること。これは平衡交付金制度に対する趣旨の理解をかねて、その運用の方法及び資料等の育成に、どうしてもある期間指導訓練が必要であるということである。

三、中央、地方を通ずる予算項目の整備統一。これには文教局予算項目にも一つの反省を加えなければならない。即ち学校体系において、学校の段階、種類、規模別によつて、教育活動とその内容が複雑多岐に分けられるものであり、これに対応して、予算項目も、その内容を適確に表現できる分類にして、これによつて、教育費の適切なる把握が必要となる。教育活動を表現するのに適当に分類された項目毎に最低必要額を科学的合理的に算定してはじめて、教育費の算出はできるからである。

五　今後の課題

既に述べたとおり、琉球の地方教育財政には複雑多様な課題が残されている。これを再びくり返すわけではなくして、ここでは主として、他の面からの問題、即ち教育費を保障するために法的にどのような措置が考えられるかということを課題としよう。

科学的、合理的に最低の教育費が算定されれば、少くともこれだけの額は確保する心要があり、これは政府の予算にしても、地方の教育予算にしても然りである。特に政府教育補助金と教育税を加えた地方の教育予算、就中義務教育費は適確に守られているかということが問題となる。これに対しては、最低教育費を確保するための法的措置、例えば日本本土における義務教育国庫負担法に類するもの保障が是非心要であろ

う。

日本ではシャウプ勧告によって六、三、三の学校体系はすべての責任を市町村の手に移すべきことを勧告され、昭和二十五年度から、地方財政平衡交付金制度の創設に伴って、地方教育費に対する国の保障、即ち義務教育国庫負担法はなくなったが案に違わず、国の保障の必要性は消滅しなかった。そして昭和二十七年再び義務教育国庫負担法は新しい姿で生まれたのである。

この経験は後進のわれわれに大きな示唆を与えてくれるのである。その他にも教育費確保のための法的措置は産業教育振興の問題、理科教育振興の問題、特殊教育の問題、へき地教育の問題等が残っており、財政上からは中央教育委員会や地方教育委員会が制定すべき各種の財政会計に関する規則の制定が残されているのである。

以上、言い過ぎた点が多少あったかも知れないが、現在の琉球社会に教育財政を怠ることが、もし、ありとすれば、それは与えられた教育の地方分権の制度を放棄するものであり、「われ〳〵住民の教育」即ち教育自治の後退であろう。願わくば、教育の自主性、教育の機会均等、引いては民主主義社会の建設という言葉が単なる文字の保障に終らないようにしたいものである（完）

琉米人間の理解の促進は可能か？

—コミユニケーションの諸問題を通しての考察—

大田昌秀

好もうと好むまいと、現実においてわれわれは、米人との理解を深めることをしないでは、土地問題、教育布令などの諸問題を自らの有利に解決することはできない。

理解といえば、最も近しい関係にある親子、恋人間でさえ、理解しつくすのは容易でない。まして言語風俗の違う異国人同志のことだ。果して現在よりましな理解は得られるだろうか？「得られると思う。」

その為には、正確で適切なコミユニケーションが第一の前提となる。これだけで、すべての問題が円満に解決されるとは、私も思わない。しかし、それは理解を深め問題の解決を有利に導くには、不可欠の条件である。

琉米人間の理解の必要さについて

十日の琉球新報は社説で次のように指摘している。

「軍用地問題についてこの一年をふり返ってみるに、—沖縄側は—内部論争に明け暮れ米側を理解させるための働きかけや話合いは皆無に等しかった」と更に翌十一日の社説では、「現在の沖縄側は次々に発表されるアメリカ側の布令その他の正確な把握すら困難で、誤った訳文や解釈で、問題は混迷するばかりである」と指摘。語を継いで、「収用宣言についても、肝心の預託金の項についてさえ立法院に誤解があるとされている状態である」と報じている。

ところで、正確な理解を助けるコミユニケーションを行う場合、われわれは二つの大きな障害にぶつかる。第一は、言語の性質自体からくるものであり、第二は、人間の感情的性格と知的限界から生ずるものである。

では、具体的な提案をなす前に私は、これらコミユニケーションの一般的な問題から考えを進めよう。現在の複雑な社会でのコミユニケーションは、家庭のような直接に接触できる小さな集団内でのコミユニケーションと違って、実際に目に見せたり、はっきりと指摘したりする方法によることは、不可能である。殆んどが必然的に形式的言語を介して行われねばならない。言語は象徴的なもので、現実の世界を表象する。しかし、困ったことには現実の世界は、意味を伝達する為に使われる色あせたことばや、極度に単純化された記号に較べると、余りにもこみ入っており、変り易く、規模も大きい

一方、生きものとしての言語は情報を交換するためばかりでなくわれわれの情緒的心理的欲求を表現するためにも使われる。そこから言語はしばしば意味をかくしたり、あい味にしたりするために利用されている。

このように感情的な色彩が入つたり、反対の意味をもつたことばが含まれたり、架空の観念を表わすものが入つたりするため、言語は正確なコミュニケーションの道具として不完全である。

したがつて、事実に忠実な情報の交換をしようとする意志がある場合でさえ、前述の他の目的のために作られた言語の性質が残つているために、そのような意図が達せられないことになる。

コミュニケーションの困難さはこれだけではない。より困難な障害がある。それは、㈠われわれは言語を経験と現実に照し合わせてその真の意味をつきとめるということをしないこと。㈡異つた集団間のコミュニケーションが行われる場合にも、個人的な経験からぬけ出せないこと。㈢ステロ版的態度、つまり何かの問題の材料を与えられたときに、それを自分が容易に思いあたる枠にあてはめて考えること。㈣最後に、知覚の対象と概念とを混同することなどである。

普通われわれは、或る特定の差迫つた問題に関してだけ、批判的に厳密に考える。つまりふだんは、最小限の努力を払つてしか事物に反応しない。このような態度は言語活動においてもあてはまる。それはことばとそれが表示する事物や過程とを混同する傾向となつてあらわれる。言い換えるとわれわれの頭の中では、ことばとそれが指すものとが一つの全体として混同されてしまう。このようにシンボルとそれが表示するものとのちがいを人々が把握できないということが、常に言語から経験や現実にまでさかのぼつて、その実体を掴むことをさせない一つの理由である。

今一つの困難は、われわれ普通人にとつて、ことばと現実の世界のいろいろな事実をつき合せてみることは、望んでも不可能だということである。現実の複雑な社会に住んでいては、多くの場合、ひとりびとりの市民が、為政者や権力者その他の指導者たちの言うことを自ら現実に照して検討してみる機会は殆んどない。市井の人間が政治の動きに知的に関与できる可能性が殆んどないということは、全く驚くほどである。一例を現在論争の種となつている教育布令にとつてみよう。果して一般の人がどの程度この内容を理解しているだろうか？六千教員の中、果して何名が布令を一通りでも読んだことがあるだろうか？筆者が二十数名の大学生に聞いたところでは、一度も読んだ者はいなかつた。まして一般の人々の中に、聞いたこともないという者が多くあつても不思議ではない。こんな狭い範囲の調査で全体を推量することの危険なことはいうまでもないが教育布令がどんなに重要であつても、色々な理由から関係者は別として市井の人々が真剣にそれと取くんで考えることは、ごく少いとみて世論の形成者たる一般大衆の態度は凡そこんなものである、

ところで一方、指導者の側をみても、個々の役人や政治家が自分達の施政の効果について受けとる報告がどんなものかというと、事実をごく大ざつぱに、簡略して伝える報告であつたり、ときには誤報であつたりすることも事実なのである。

要するに、指導される一般人と同じように政府の役人や為政者もまたシンボルの世界に住んでいる

その結果、直接現実と接触する代りに、事実を示すものとして印刷されたニュースにあらわされているものを信ぜざるを得ない。

われわれの社会では、シンボルと事実とを結びつけるメディアムとして、新聞が重要な役目を担つている理論的には、新聞は観察や事実の発見に訓練を積んだ人たちをスタッフに持つており、それらの人が常に現実世界と接触を保つて正確な報道を期すことになつている。が、たとえ新聞がその機能を充分に果したとしても、その事実の発見や表示がわれわれの理解を十分なものたらしめるほど完全なものではありえない。

従つて、現実の世界や報道記事に現われた世界の間には、かなり大きなズレが生ずることは否定できない。このようなズレを正当な位置の戻してでなければ、物事を正しく評価判断することはできない。ここから正確なコミマニケーションに基ずかない限り正しい理解は望めないということは明白である。

では、理解の促進を困難ならしめる別の問題に眼を向けよう。

われわれの考え方、信念や態度はそれぞれの生活様式から生れる。

前に述べたように、言語は本来象徴的なものだから、それを受ける側の者が、そのシンボルに対応した経験をもつているときに、はじめてその意味を感じさせることができる。そこからたとえ琉米人が同じ言葉を話すようになつてもそれぞれの経験の背景が異つている限り、両者間のコミュニケーションの根本的な困難を解消することにはならない。われわれ個々の人間は、自らの知情意によつて作り上げた一個の私的世界に住んでいる。そのため、共通な経験が基礎にないならば、どんなに正確で精密な言語でも、それ自体はわれわれを共通な理解に導く上に、きわめて不十分である。

したがつて、それぞれ異つた条件の下で生活し、異つた型の経験をよぎなくされている琉米の人々はほと

んど意志を通じ合うことのない別個の世界に生きているといつても誇張にはなるまい。

われわれ同一社会内でも異つた集団同志で意志を通じさせることの難しさは同じである。例を卑近な教育布令にとつて考えてみよう。

最近教育布令の問題にからんで文教局と教職員会との対立が宣伝されたが、これは決し言われているほど文教局長と教職員会長との個人的な対立とか意見の相違から由来したものではなかろう。根本的な理由は民立法によるのでなく布令によつて教育の大綱が決められた点にあることは事実だろう。然しこれは両者が異つた生活様式をもち、その結果心理的に異つた意味をもつ言語を話し、たとえば布令の公布の結果、「現場は混乱」している、いや混乱はしていないというなど—両者の間にギャップを招いている感がする。そしてこのギャップは、両者が相手方の考え方をよく理解する力を持たないか、又はそのように努めないことによつて一層大きくされて いるとみ るのは間違 いだろうか。

直言するならば文教局側では、決裁や命令や指図などの日常の執行的業務を通じて、いつしか現場教員の指揮者らしい心理を持つようになる。勿論彼等は、現場教職員の声に耳を傾けることはできる。が一たび教職員が文教局の決めた事柄に対して、実状に副わぬ、時期が早いなどと云つて反対するか、その改革でも要求するならばすぐ感情的になり、部下からとやかく口をはさまれることに気色ばみ反抗するのではなかろうか？

一方教職員側は、現実において文教局が置かれている立場をよく理解していない。感情の上では。文教局の上位により強大な権力者がおることを殆んど忘れている。そしてあたかも文教局側が権力の上にあぐらをかき、権力を笠にきて現場教員を指図しているふうに感じているのではなかろうか。少くとも私にはそのようにとられる点がある。すべて生活様式から由来するギャップである。このギャップを埋めるには、双方が相手の立場を理解し、相手の生活経験を想像しうるまで歩みよらなければなるまい。このことは実は言い易くして実際に行うことが仲々難しい。理論と感情がマッチしないからだ。けれども私は想像力が両者の理解を深めるに大いに役立つことを強調したい。

話を琉米人間の理解の問題に戻すと、両者の理解が助長されるか否かは、片方の問題をどの程度他方の側の言語に翻訳できるかによつて決まると思う。わかりきつた話である。しかしここで私は両者間のコミュニケーションの場合、意識的に共通な経験を土台にした言語が殆んど用いられてないことに読者の注意を換起したい。

最近の教育の傾向が、実践による学習や、実験を通して原理を教える方法や、読書による学習に仕事の経験を織りこんで習得させる方法を重視するのは、つまり経験からきり離された言語では、コミュニケーションがうまくいかないことが認識されたからである。

琉米人間のような異つた経験の背景をもつた人々のコミュニケーションの困難は、異つた言語を持つということによつて更に大きくなるが、これに加えて或る問題に関連して理解の困難な専門語の存在によつて倍加される。

一例を挙げるならば、土地問題における「フィ・タイトルとかフィ・シンプル」や教育布令の「中央政府のレベルとかコースォヴスタディ」といつたような独自な用語は、一般の人々には全く通用しない。

従つて、これらの言葉が、一般の人々の経験と結びついた言葉によつて翻訳されない限り彼等は知的な反応を示すことができない。

要するに琉米人間のコミューニケションにおいては、一方の問題を他方の言語に逐語に訳するだけでは不足で、翻訳された語の中に専門語がある場合は、これを市井の人々のわかり易いことばに直すことが是非とも必要である

指導者や為政者は、ともすれば、なに大衆なんかに、複雑な問題がわかるもんかと、彼等の知的経験の狭さを頭から決めてかかる。それでいて一般市民は自分達に協力してくれないとぐちる。

全く無理な話である。一般の人は、ある問題についてその道の権威がなし得るような理解は、できないかもしれない。成程彼等の知的経験は狭い。が、一たびその問題が、彼等に共通な経験を呼び起すような平易なことばで、興味を唆るように語られるならば、それぞれの、枠の中で筋道の立つたことを言うにちがいない。こんな点で労をいとわず積極的に問題が一般人に対して解明されていたならば、現在の土地問題や教育布令にからむ論争は違つた形をとつただろう。

残念ながら、特殊な問題を門外漢たちに向つて、わかり易く解説したり話したりしているのに一番熱心なのは、人々に誤つた情報を伝えることを狙う煽動家たちに多い。

ここでわたくしは、現代のマス・コミの時代にあつては、或る論争的な問題に関して、故意に難しい語を使つて、一般大衆の知的関与を疎外している場合もあ

ることも併せて指摘したい。

こんなことは平常新聞を丹念によんでみたら納得できることがらである。

琉米人間のコミュニケーションには、更に困った問題がある。われわれ個々の人間は、あらゆることを自ら経験するわけにはいかない。で、すべての問題が、経験に照らし合わせて解明されることは、まずあり得ない。ところで、われわれの経験の狭さからくる限界は、多くのさまざまなことばが表現する事象を、まちがつた形で自分の考えの枠の中にとり入れていく傾向となつてあらわれる。しかも、他人の立場、考え方を理解するだけの経験や想像力を持たないからといつて、われわれがそのことに対して自らの無力を悟り、虚心坦懐な態度をとつているかというと、あながちそうでもない。

われわれの心は、無力感を嫌悪する。気をつけてみると、われわれの無力感は、自分の理解力の範囲外にある人間や状況について、自分がそれを理解し、処理することができないことをやむを得ず認める時におこるのである。このような立場に立つたとき、われわれはどうするのだろうか？ まず自分の既成の観念をもつてきてその空白をうめる。そして自分の知識の範囲外の世界のすべてに及ぶように、自分の限られた経験や観念を拡大しようとするのである。簡単に言うと、われわれは、自分の考えの枠に、与えられた素材をあてはめるやり方ーステロ版的態度ーで事象を判断するのである。

このような態度は、われわれがアメリカ人の態度や考え方を判断する場合、多くのアメリカ人を知りもしないで、自分が知つている断片的な経験に結びつけて決めつけがちだ。

われわれの周囲や文化の中にある数々の迷信が個々人にできあいの概念を与え、個々の人々はそれを使つて、少しも経験のないことがらに対しても即座に判断を下してしまう。

こんなところから、われわれがアメリカ人やアメリカの国について考えるとき、既成の概念で単純に決めてかゝることはないか、一応も二応も考えてみる必要がある。

「色が白く、背が高く、うんと金があり、女尊男卑で人種的偏見を持つている」これらの性質を具えた人が琉球の人々がすぐ思いつくアメリカ人に対する考え方ではなかろうか、

これは、他民族についての、ゆがめられたステロ版的な考え方の例だが、困つたことには、あらかじめ作られた狭い考えの枠に素材をあてはめてゆくやり方は、われわれのほとんどすべての思考につきものの特徴になつている。社会の階級、道徳的な価値から、知人の性質や人格にいたるまで、われわれの判断のすべての中に左に述べたやり方がみられるとその道の専門家たちは警告している。

前にも既に述べたように、ステロ版的な考え方は、われわれの認識力や知的限界に結びついた問題であるが、われわれの既成の概念や枠には、感情的な要素が加わつており、その結果いよいよ事実や論理に縁の遠いものとなる

その上、感情は概念そのものに分ちがたく結びついた感情的な出来事との密接なつながりを通して、われわれの言語に結びつく。一例を挙げよう。われわれが、「土地」とか「墓」とかといつた語句を使う場合、祖先に対する愛敬の情がまつわりつくし、「母」とか「家」などのことばには、子供が母親に対して抱く依存の愛着の感情がしみこんでいる。

それでこういう性質の言葉は、論理的な関係がない場合にもそれにまつわりつく古い感情を呼びおこすことができ、その為に使うこともできる。沖縄の土地問題を考えるとき、アメリカ側が自分たちが土地に対してもつているステロ版的考え方でこの問題を評価判断し、上述のような言語のもつている感情的要素を無視するならば、問題の円満な解決はとても望めまい。

われわれに、ステロ版的態度を作らせるもう一つの動機がある。それは、われわれのステロ版的態度がある特定の心理的な利益をもたらすことから、すでにもつている概念に対する偏見的な信頼を捨てないことからくる。

具体的に言うならば、われわれ沖縄人の中には、本土や外国などで暮らす場合、自ら沖縄人だということをはばかり、中には籍を東京に移し、本籍はと聞かれたら「東京」と得々として答える人たちがいる。なぜだろうか？

世人の東京や沖縄に対するステロ版的な考え方に明らかな差異があるからだ。もしも、われわれの一人びとりが、国籍のいかんを問わずすべて一個の人格としてそれぞれの価値を判断されるならば単に或る集団に属しさえすれば、そのメンバーに優越した地位を与えるような自己礼讃は、殆んど存在しない筈だ。朝鮮人と間違われるのを怒つたり、沖縄人とみられるのを恥じて、東京人になりすます人たちは、東京人にまつわるステロ版的な信条自体が、朝鮮人や沖縄人の集団を一段劣るものとして、彼等の優越性を作りあげてくれ

るからにほかならない。

この点に関連してわれわれが特に注意しなければならないことがある。われわれは、欲求不満が大きいほど、また感情的に満足せず不安定であればあるほど、その不満と攻撃的な気持をステロ版化した目標に向け易くなりがちである。琉米人間の各種の問題がこぢれると、なにアメリカ人は……と冷静な評価を離れて、感情的に既成の概念で決めてかゝり易くなる。このような態度は、アメリカ人が琉球人に対する場合も同じで、両者共用心すべきことである。よりよき理解を望むなら。琉米人間の正確なコミュニケーションを行うに当つて、指摘すべき最後の障害は、われわれの思考が、擬人化と類比に強く依存している点である。これは重要な問題を理解し、処理していく上に危険な妨げとなる。そのわけを考えてみよう。われわれの使う言語には前述のステロ版的態度による極端な単純化によつて物体化し擬人化する機会が多く入りこむ。言い代えると、われわれは知覚の対象あるいは知覚された経験の種々の事象を表わすことばと、思想や概念をあらわすことばとの差異を忘れがちである。その結果われわれは、たとえば国家というような人間の相互関係の複雑な状態を表わした概念をとり上げて、それがまるであらゆる属性を備えた一個の事物または人間であるかのように考えてしまう。

そこから、一部の人々の行為で国家全体を評価したり、ある一つの国家の政策が気にくわぬといつては、その国民ひとりびとりの考え方まで、決めてかゝる。このようにして、正確な叙述や概念によるコミュニケーションを行うかわりに、事象を物体化し擬人化するために、われわれの頭の中の画像のゆがみを自分で一そう大きなものとする結果となる。

扨以上のように私は長々とコミュニケーションの障害となる諸問題を指摘してみたが、一言でいうと、コミュニケーションの心理的障害はこれまで述べたような根強さをもち、人間の本性の底深く根ざしたものである。

それ故に、琉米人間 のコミュ ニケーションの 問題も、それにまつわる種々の障害が、新しい光の中で再検討されないならば、理解し合えといつたところでどうにもならない。

シンボルという仕組がもつている限界、琉米人間の言語の違い、心理的過程から生ずる多くの複雑多岐な問題。それらを背景とした琉米人間のコミュニケーションの問題は決して単純な公式で解けるものではない。

以上概観したところから、われ〳〵は、コミュニケーションの問題は、現代の社会のあらゆる諸問題を包括したより大きな文脈から切離して考えることができないということが理解できるのではなかろうか。

ところで、こんなことを言つている中にも琉米人間では、種々の問題が起り、それらが理解されようが、されまいが次々と新しい様相を帯びていく。かと言つてわれ〳〵は、その場かぎりのゆきあたりばつたりの方法では、琉米人の間に横わる複雑なコミュニケーションの問題を解決し、理解を促進させることは、できない。ではどうすればよいか？　わたくしは、根本的な面と現実的な面との二つの立場から次のように提案したい。

根本的な解決策としては、われ〳〵が、流動し続ける現実の諸問題を皮相的に理解していくかわりに、琉米人間のコミュニケーションを阻害している多くの個別的な障害をじつくり科学的な調査の方法を用いて検討していくこと。各政治団体、社会団体にはそれぞれの問題に関して少くとも二三名の専門的な研究家が必要である。問題が解決されるなら、経費の上からもこれは安あがりだと思われる。

次に現実的な解決の方法である。

最初に考えるべきことは、各新聞社及び放送社が有能で訓練をつんだ記者を揃えることである。分業の発達につれて、われ〳〵の知識も極度に専門化し分化するようになつた。現実の世界を誤りなく伝える為には、記者が政治経済法律などの各分野に於いて、十分に専門的知識を持つていなければならない。でないと複雑を極めた今日の諸問題を解明するどころか正確な報道すら不可能になる。

沖縄では特に土地問題や教育問題、その他労働問題等々、記者が生涯をかけて取くめるような問題が多い。しかもその何れをとつてみても深い専門的知識は勿論絶えざる研究と大きな精力を要するものばかりである。一人の記者が社会、教育、法律など異つた分野をかけもちしては、問題にとり残されてしまう。この点

から有能な記者、信用できる記者の養成は、琉米人間の問題を有利に解決し、理解を促進する上から絶対に必要である、

有能な記者の正確な報道、解説に基ずかない限り、たとえ翻訳は正確になされても、問題を正しく理解して貰うことは期待できない。特に米人記者などが沖縄の問題を報道するとき十分に問題を研究した記者でなければ、結果的には両方にとつて不利益ともたらすから、記者にすぐれた人物を得るということは、琉米双方にとつて大事である

二番目に考えるべきことは、米国留学から帰つた有能な若い人達を、沖縄の諸問題と関係のある重要な職場に雇い入れることである。

これらの人々は、殆んどが四、五カ年米国で学びアメリカ人と全く同じ条件で、学士号乃至修士号の学位を貰つている。沖縄の各種問題を適確に、しかもアメリカ人の生活経験に根ざした言語に翻訳させてはいまのところこの人たちが最適任であろう。それればかりでなく、この人たちは琉米双方の人達がそれぞれに対して抱いているステロ版的な観方を改め、正確な現解を助長させるには極めて有能ではなかろうか。

現在米留から帰つた二百五十名の中六九名が米人商社などで働いている。これは給料の面から外人商社に出ているのが多く、誠に勿体ない話である。琉球政府は僅かに二二名しか雇つていない。文教局は勿論、法務、経済等の政府諸局だけでなく、教職員会や土地総連合などの公共団体から個人団体に至るまでこれら有能でしかも英語に堪能な人材を集めることは、琉米人間のよりよき理解の促進に、われ〳〵が寄与できる最善の方法の一つと思う。

若し語学に秀いで琉米双方の生活様式に馴染んでいる人たちが十分に働く機会を与えられるならばわれ〳〵の問題の解決は前進すること疑いない。従つて能力に応じて待遇をしてやり十分に働かせて問題を解決させえたなら小々高給を支払つても安いものである。

最後に、政府諸官庁は勿論、公共団体に至るまで積極的な広報活動をやつて欲しいと提案したい。広報活動は、対内対外両方を含む。一般市民に対して難しいとつゝきにくい問題は、わかり易く興味をひくように解説してやる。これは民主社会に於ける必須の要請である。民主社会では世論の形成者である個々の市民の理解と協力がなければ、いかなる問題の解決も望めない。ところで既に述べたように、市井の人々は、一見個人の生活とさしてかゝわりのないように思われる社会問題、政治問題に対しては、最少限の努力を払つてしか反応を示さないから、よほど積極的に広報活動を押進めないと問題を理解して貰うどころか強力な世論をバックにした政治を行うことはできない。世論のバックのない対外政治が凡そ腰くだけになることはわれ〳〵が容易に知ることである。

対内的にあらゆるコミュニケーションの媒体を利用して働きかけると同時に、対外的に広報活動を活溌に行うことは殊更に重要である。琉球は一応一つの国家みたいな形をとつて政治を行つている。ところが外務省的な役割をもつ独立した局はない。そこから対外宣伝をやり、われ〳〵の側を他の国々に理解して貰う働きかけが殆んどなされていない。徒らにステロ版的な考え方に移らせたり、誤りの多い情報によつて、われ〳〵及びわれ〳〵の問題を判断させている。

現地の英字新聞に琉球測の意見を発表したり、問題を解明したり、パンフレット、ラヂオを通して現地の米人は勿論、米本国の人々に呼びかけたり—これらは当然行わるべきこの上なく重要なことがらである。

教職員会なども会の組織、運営、目標、その信念などを英文で明確に発表するならば、共産党の団体などと誤解している米人たちを了解させるのに役立つのではなかろうか。

多くの米人がもつと沖縄現地の事情を心から知りたがつている。われ〳〵は、もつと真剣にこの問題と取くんでいきたい。よりよき理解の促進は先ず知ること知らすことから始まる。

以上の三点は、誰もが容易に考え出せることである。われ〳〵は、前に述べたコミュニケーションの根本的な問題、心理的障害等を究明しそれらの克服を図ると同時に、以上のような具体的な方法を実行に移して一歩一歩前進すべきである。そこからのみ解決は得られると私は考える。そこからのみ琉米人間のよりよき理解の促進は可能になると私は信ずる。

（琉球大学講師）

……※……　……※……　……※……

綱引の民俗

饒平名浩太郎

○

民俗学は伝承、慣習、行動とその背後の心意を研究対象として、その伝承文化の起源、伝播変遷の跡づけや類型、法則、性向等を発見しようとする。今では吾々の先祖がもつていた世界観が余りにも飽気なく吾々の時代に霧散しようとしている。しかし吾々には見はてぬ夢が多過ぎる。その見果てぬ夢の跡を逐うのも一つは末の世のわれ〳〵が亡き祖々えの心づくしである。祖でさえ僅かに聞き知つていたであろう。祖先の行事も、直ぐに忘れられるが、千年も前の祖先を動かして居た力は、ほのかではあるが、尚われ〳〵の心に生きているような気がする。曾ては祖々の胸を煽り立てていたであろうノスタルヂーが、形こそ変つてはいるが今に残る綱引なのだ。

その綱引が本土のだいがくかつぎや宮々に伝える神々のおりつく折目に当る日に、引かれるとすれば、たとい現実はどうあつても国土は一つであり、血の通う人々の行事を忠実に守り通していると見なければならない。その精神現象が又一つなのだ。稲を作る人々の心をゆすぶる農耕儀礼は遠く本土の祖たちを慕うまでもなく、案外われわれの身辺に残されているものだ。九州の南から沖縄にかけて八月の節が一番大きく稲作に全部関係があるのも決して偶然の一致ではあるまい。赤米を神のもたらしたものとして重宝がつたのもこの島ばかりではない。ことばや行事が節を見定めて使われ、行われたのも、海上遙か離れた祖たちを慕う心情ではなかつた。

○

綱引は本来年占の意味で各地の神事をして行われて来たものであつた。年占の神事には農作の卜占の外に天候の卜占、人事の吉凶をトうもの色々あつて節日も一定しない。東北地方等の東日本では小正月に農業の神事として綱引が、神前で行われたものであるが、西日本の関西地方や九州では七・八月の盆行事として盆綱引が行われた。盆綱引が、十五日望の明月の日を利用したのは、神霊の特に強烈な時と考えたからであつた。綱引は大抵二つの部落の間で勝負を決したのであるから、勝つた方の部落がその年豊年だとされている。人事の吉凶を占う綱には宮古の離島などで、神前の綱越と称して、悪事を見出すために、村人を神前に張り渡した綱を越えさせて、飛越せぬ者を悪人と判断するようなこともあつた。

元来綱引の綱は蛇体と解することが多く、これらの地方では蛇体は即ち神聖なものであるから、綱引自体を神聖な行事として、神前で行うことにしたものだ。沖縄では八月十五日の十五夜の夜、小高い所に登つて村を見る風があり、村中何等かの徴候によつて、その年の異変のある家を知ろうとした。古い月見の風習は、このような占いの意味を含んだものであつた。年占をするのに満月の夜をえらぶようにしたのは確かに神霊の力をこのときに感じだからであつた。所が綱引が農耕儀礼に取入れられるようになると、最も大切な稲の収穫期の六月の稲大祭の余興の意味をもたせるようになり、農村では古来の伝統として、豊年祝の気持があり、御願綱などと呼ばれるようになつた。久米島では今でも尚八月十五日の十五夜に村民総出の大綱引を催すことにしているが、これも古い伝統としての神霊の力の出現を信ずるからに外ならない。那覇や首里の都市地域では、農耕を生活の主体としていた時代の伝統で六月二五日の稲大祭の日に白強飯の折目となり、那覇四町の綱引も行われてきた。これが次第にその精神伝統を代えねばならなくなつたのは、薩摩入り後在番奉行の布令によるものであつた。在番奉行は仮屋に滞留したが、これが薩摩の公館で、その外に別に随員の結所は脇仮屋といわれ、門前の大通りを仮屋の前と呼び、琉琉第一の道路で、道の清らさや仮屋の前と歌われ、東西両村の境界に当り、奉行接待のための四町大綱がここで行われたものだ。当時仮屋の在番奉行の権威は並びないもので、琉球を全く隷属民として頤使した。庶民などは恐れて、仮屋の門を歩くようなこともしなかつた。

仮屋の名称は薩摩伝で、その設置は寛永五年(一六二八年)に創まり、同八年(一六三一)に川上又左衛門忠道が最初の在番奉行に任ぜられてから、奉行は三年交替で駐劄するようになつている。那覇四町の大綱も奉行が慰安のためと称して、琉球政庁で倹約のため停止の令を出しても、綱引差支なしという布令を出して行わせたものであるから大綱引は寛永八年（一六三一）以後始つたものであつた。従つて那覇四町の大綱引は古来の伝統を全く無視して、専ら薩摩奉行の慰安と接待のための催しものとなつたのである。そのために質量共に、頗る大袈裟の行事となり、美を競い、力を競うものとなつた。主催村は那覇と若狭町が交替で行い、那覇主催のときは、親見世綱と称し、仮屋を中心として、東、西の町をその加勢村として南北に分れて引いたものだ。これを大綱といい、その外に各村を二分して引くのを脇綱と称えた。もともと一本の綱を引いたのであるが、雄綱の頭を雌綱のめどの中に通して引くようになつた。それに小綱彦綱という細いを綱親綱に結んで引く例もあつた。那覇四町の綱引行事は次第に美を競い、力を競うようになつて、その経費が多くなり練習も長期に亘るようになつたが、旗頭を奉持する若者たちは、しめ縄の中に居るのと同じ境地にあるから、決してへまな真似はしない。清浄のこもつた真剣さだ。しめ縄の内部は即ち神の占有する。清浄の区域であるから一種の占有標であり、また魔よけでもある」しかし力を競うようになれば徒に地に波瀾を巻きおこすようなこともあつた。こうなると旗頭護持の若者達も厳選されるようにならねばならぬ。九十斤から練習を始め、百斤えと進み、これをたやすく持上げる力持が選ばれる。波瀾を予想して唐手の達者な者たちがその選に入るようになつた。美を競う行事化は各村毎に意匠をこらすようになるので、四町の旗印は絢爛を極め、西に八け、東に紫雲、久地茂に萠鶴、泉崎湧田にグーヤーと、夫々たくましい飾りや、のぼりをたてるようになつた。特に泉崎湧田のグーヤーは端然として体制をなし、そのサンマーが粛々として揚引するさまは、当に天下の美観であり壮観であつた。ゆう揚として迫らざるサンマーの壮美につれて、湧田大鼓の名調子が流れると、川向うの東人たちも思わずなりを静めて聴きほれたものだ。

愈々大綱引が行われると、仲毛に集つて素人相模をとつた西の伝馬持、東の樽皮細工が、音頭取に立あらわれたものだ。一七六一年尚穆玉の十年親見世日記によると

「那覇の儀跡々より、御即位、進昇並に元服、祝儀役儀、御許しの時、相招かざる方も酒代持参にて祝儀仕候事に候へ共、右礼儀の儀、首里方に無之且又容対の支罷り成り、宜しからず候間、一向召留候事。」という布令さえ出さねばならぬ程大きな余興となつてしまつた。この布令が出された大きな原因は経済的に大きな損失を考えての事であつた。一八五四年沖縄は米琉条約、仏琉条約が行われて、ペリー等は互市貿易の開市に成功したが、沖縄では外人との取引は禁じられ、彼等の要求する貨物は、凡て無償で提供し、市民が売買に応じた場合にも、後で政府が代償を与え、その外貨を取上げ、後にこれを給付した外人に返すという方法をとつていた。余程外人との交際をけむたがつていたにちがいない。従つて経済的には余程の苦痛があつたわけであるが、かてて加えて薩摩の隼人先生は仲々の物臭で、綱引勝負や組踊りの慰安がなくては気がすまぬ。それで政庁では地方に対して度々倹約令を出して綱引等の行事も法度となつていたのにかかわらず那覇だけは、薩摩奉行の所望なれば差支なし、などと変則を出すという仕末であつた。

○

綱引の由来が稲作の農耕儀礼として始つたということは民俗学ではもう一つの常識となつている。「昔ある年稲に大へん害虫がついて、農村はほとほと困り抜いた。色々智慧をしぼつて手を尽したがどうしても害虫を取除くことができない、困じ果てた揚句畦の下に棄てた年寄にたのことを話して害虫を取除く方法を教わつた。畦の下に棄てられていた老人の一人がいうには、綱を作つて村民総出で引けばよい。その際はなるべく鳴物入でできるだけ大きな声を出して、みんなで引くように教えられ、その通りにしたら、害虫は大きな音声に驚いて、水に落ちて死んだ。

それから各畦各畦で綱を引いたら、害虫がいなくなつた。こうして毎年この月に、稲の収穫を祝い豊作を祈つて綱引をするようになつた。それから飢饉も少なくなつたので年寄を畦の下に棄てることが改まつたといわれている。」この由来話は棄老民譚からできたものでうば捨山伝説に縁を引くものであり、王府の一形式である。稲の収穫祝は柴差しを以つて始まるのであるが、これから稍長期の節日に神霊の祭祀と収穫祭りが併せ行われ、六月十五夜は丁度その中に入つてくるようになつている。明月の夜に綱引をする風習は九州南部一帯にあり、そのために綱引を十五夜などと呼んでいる。東北ではこの十五夜を正月十五日の行事としている。久米島や宮古で八月十五日の名月の夜が大切な、神祭りの折目で初穂祭が行われるようになつたのもこうした習わしからであつた。六月十五日の稲穂祭りには祖先に新穂を献じ、五穀の豊饒を山の神に奉告する大祭りで、各家庭では糯米を蒸して赤飯を炊き、四つ組の御馳走をこしらえて食べ、仕事を休んだものだ。二十五日には束取りと称して雑炊を神に供えた。そして翌日豊年祭りの綱引を行うことにしている、即

ち「綱引のそもそもの起りは豊饒を神に奉告する余興であつた。南風原村津嘉山の綱引由来譚にすると「南山最後の王他魯毎の弟南風原按司思忠の孫に西嘉津山子、東津嘉山子の兄弟があつた。その父が田を平等に分ち、稲作勝負をさせたところが何れも豊作で勝負が判然しない。それで収穫してからその実数の多少によつて勝負を決することにした。ところが実数また等しくて決定することができない、終には米の石数によつてきまることにしたがこれまた同量であつたので、しまいに藁を以て綱をつくりこれを引いて勝負を決したとある。」この由来譚は余程後世になつて作りかえられたものに違いないが、稲作行事に縁を引いたものだ。津嘉山では東西各一番旗を何れも琉球国王から授けられたものとして、御拝領旗と称えている。

東方の一番旗は「国泰」の旗文字があり古式の盃台を二個向い合したものに旗頭を象り、旗頭の中央に尚家の紋章である左三巴の御紋がある。西方の一番旗は旗文字を「太平」とし旗頭は梅の花で象られている。二番旗はその後東西何れも字民が考案したもので、東方は男用の太鼓を象り旗文字は「民安」、西方は女持の太鼓を象り旗文字は「豊才」としている。

「御城の御庭の御拝領旗立てて

北の星かみて拝で、しでやびら」

綱を引く前に祝女の司祭で豊見城にある長嶺城跡遥拝のアミンの御廟がある。

いつのまにか豊年祭が人事の瑞祥を考え出すようになつている。

綱引前に歌うこの歌のしでやびらは若返る甦生するの意で、

「源河走川や水かゆか潮か源河みやらびの御すぢどころ」とあるすぢると同じものだ。清明節の期汲んだ水は神聖視される。国王にこの水を捧げるのは「若やき遊ばせ」であるが、甦生して末長くとどまりいませ、という意をもつていた。すでる者は外来魂を受けて出現する能力あるものの意である。国王は神人だからすでる力をもつているものだ。即ちすでの守護から力を生ずるとした。人であるが神の霊に憑られて人格をかえて霊威を発揮し得る者というので、神人は尊いものだつた。清明節の若水はつまりすでることのない人間が、これによつてすでる力を受けようとするのである。なぜ人間はすでる力はないのか。宮古民譚にはつぎのようにいつている。

「めじろが神の使者となつて人のすで水をもつてきた。

ところが蛇にであい驚いて蛇体にこぼしてしまつた。それ以来蛇はすで水をあびてすで孵るようになり、すで水をこぼしためじろはその罪で足をしぼられ足が細くなり、人間は永くすで帰ることができなくなつた」

人間はすでることができないからゆ（斎）することによつて若返ろうとした。即ち源河走川や水かゆか潮か、のゆは齋用の水を表わす。これによつて沐浴をするからすでるのだ。古代は山ごもりして聖なる資格を得る為の或女戒を受けたらしいが、田の作物を作るような時代になると、村の神女の大切な職分は田植えをすることによつて聖なる資格を得ようとした。受水走水を流れる水が御穂田に溜りここ精進潔斎して植えることによつて神女は聖なる資格をかちとつたのである。

綱引の旗頭はもともとまつりの本来の一形式である、呪詞を唱誦する儀式の際、神のおりつくもので、お嶽のクバ司と同一のものであり、だいがくかつぎと同じものであつた。旗頭かつぎはこのようにして起つたものである。

まつりはまつろうの意であるから、命令通りに奉仕する。綱引行事が祭りの一形式であるところから、その神聖性は当然つきものであつた。旗頭は尚更神のおりつくものであつて見れば一層厳粛でなければならなかつた。

このような由来をもつ行事であるから盂蘭盆に集合して村人の亡霊の来る日は、この折に定めようとなり、盆綱などへと発展するようになつたものだ。

農耕儀礼の余興として行われた綱引とほぼ同じ形式をもつもので、漁村で行われる綱引がある。海人は海祇《わたつみ》に奉仕して神人の資格で、海祇としての行事を擬行するものであるから、海岸の広場で、海神の来臨する場所にひもろぎを立てそこを中心として二組に分れて綱引が行われた。

漁村の綱引も年占の行事でそのとき勝つた組が大漁をするのだといつている。奥武の綱引はこのようないわれをもつものであつた。

因幡では子供組が二組に分れて、家々で用いたしようぶを集めて、太い綱をつくり、二本の綱をかけ合せて綱引勝負を争つた。この場合もしようぶに霊威を認めこれで作つた。綱を引いて勝てば、其の年健康になるのだという信仰があるからであつた。余程後世になつて始められた八重山の綱引由来譚も、もとは農耕儀礼の一余興として神を慰め豊饒を祈る心理に変りはなかつた。旧藩時代には勧農の一方法として原山勝負を毎年励行し各部落対抗の農作物、肥培管理、農業経営、全般に亘つて厳密な審査をして差分式を盛大に行い、人頭を完納させたものだ。或年行われた原山勝負の結果 各部落共伯仲したので、部落の幹部たちが集つて協議会を開いて方法を講じ、綱引によつて勝負を決しようとした。そこで仲本、東筋、伊久の三部落を東組とし、宮里、保里、保慶の三部落を西組として双方に分れ、宮里の村番所の広場で大綱引をして勝負を決した。

山原の山里で行う綱引はもう昔の原形を余程変えているが、ほのかに由来譚を物語るものがある。

綱引の綱を作るには各戸から藁束を数束ずつもち寄り、青年の手によつて周り一尺四、五寸の大綱を雌雄つくり、六月廿五日の夜十時頃から勝負を行う。字内前後又は左右に分かれ、引く前にガーエーという士気鼓舞の方法を行い、挑み争うことにしている。用意ドラで十四、五才から四、五十才までの男女が入乱れて大綱にすがりつく、雌綱の頭部を雄綱の頭部に打被せ、カタチを雄綱の穴に貫き、第二のドラの合図で引はじめるのであるが疾呼激励の声は天地に轟き闇の幕も裂けんばかり、松明を高く点じて左右に走るものがあり、旗をうち振り、声の限りを尽して味方を鼓舞するもの、ドラを打ちならずもの、あたりはすつかり昂奮と緊張のるつぼになる。こうして農村では勝敗の啓示によつて、神も人も心の慰安を求めていたのであるが、古くからの夢物語が、若い時代の人々にはもう通用しなくなつてきた。

われわれはこのように人間の空想を制限して行くことが、幸福なものか、どうか疑いたくなる。これから後百世に対するわれわれの好意と期待、自分ですら忘れて行く数々の愁いと悩みはとても文字などでは伝えて置かれないものである。

（那覇高校教諭）

新教育と視聴覚教育

前泊朝雄

視聴覚教育とは、英語の Audio-Visual Educationの訳で、視聴覚的なものを通じて教育することである。こゝで「視聴覚」という形容詞は、いわば教育の手段方法、通路、媒介を示すもので、視聴覚に訴える色々の道具や方法を使つて教育の効果を一層高めて行こうということである。

視聴覚教育の範囲

まず第一に、従来の主なる方法であつた書物や先生の講義は視覚に訴えるものであるけれども、これらは数百年来学校で用いられて来たし、抽象的な言葉の記号によるものであるから、今更視聴覚教育の中に入れること、即ちそれ自体を目的とする直接経験も、むろん視覚や聴覚は働くけれども視聴覚的方法とは云えない。即ち印刷物や先生の講義や、直接経験などを除いた、いわばその中間にある、その他の視聴覚に訴えるものを視聴覚的方法という。

これをもつと具体的に述べると、実物、標本、模型の様な立体的な視覚教材から、写真、絵画、絵図、グラフ、地図、さし画、絵はがき、ポスター、アルバム紙芝居、黒板、掲示板、フランネルボード、などの平面的な視覚教材、スライド映写、顕微映写、実物映写などの映写静画、蓄音機レコード、テープ録音、校内拡声装置、ラヂオなどの聴覚的な教材、映画やテレヴイジョンなどの視聴覚的教材に至る様々な教材の使用による方法と、展示、演示、劇化、見学などの視聴覚的活動の二領域に大別し、この二領域の関係を理解して、教壇実践に活用することが、視聴覚教育である。

視聴覚教育の導入過程

視聴覚教育という言葉の前身は、「視覚教育」で、エジソンが映画を発明して一九一一年には教育映画のフィルムを作り、これを教室の授業に利用したのがきつかけとなつて、「視覚教育」という名で映画教育が盛んになつた。次いでトーキーが発明され、映画に視覚と聴覚が揃つたために、映画教育のことを「視聴覚教育」とよぶ人々が出て来た。ところが一九四〇年頃から、視聴覚教育という言葉の範囲が次第にひろげられ、映画のみならず、ラヂオやスライドやレコードやテレヴイジョンまで包括する様になつた。こういう習慎の出来た一番大きい原因は、第二次世界大戦において、アメリカが戦争目的遂行のために、フィルムや映写機をふんだんに使い、ラヂオやスライドを利用して兵隊を教育し、労働者を訓練し、占領地域の住民を宣撫し、これが非常に効果をあげたので、戦後は教会や商業広告にまで使う様になり、その余波が学校教育にも、どつと押し寄せて来た。この様に、近代的な機械を使つた視聴覚的方法が盛んに用いられる様になつたため、更に、ずつと前から用いられて来た色々の視覚的な教材、例えば、地図、掛図、模型、標本などの価値がもう一度見直され再認識される様になり、更に又展示、演示、劇化、見学という視聴覚的活動の教育的効果も認識される様になつた。

この両方の全体を総括し、一貫した理解をもち、利用法を研究するところの視聴覚教育論がだん〳〵発達して来て、「黒板からテレヴィジョンまで」あらゆる段階の方法が組織的に考えられる様になつた。

近代教育の性格

次に近代教育の性格を分析し、その概念を明確にして見たい。近代的な教育を一つの山脈に例えるならば、大きな四つの山が、全山脈を支えていると考えることが出来る。

まず第一に、教育は真実な人間を形成する営みである。真実な人間は、毎日の生活を真実に営むことによつて自己を磨く。真の教育は、子供達が毎日望ましい生活を営むことが出来る様に、生活指導のプログラムを確立しなければならない。いわゆる教科外活動や、特別教育活動のための組織的な指導計画と、個人個人の生活態度の確立のための指導計画を樹立し、これを適切に実施しなければならない。これがいわゆるガイダンスプログラムである。

第二に、綿密周到なガイダンスプログラムによつて真実な生活を営む子供達は、毎日の生活の中から問題を意識し、それを一つ一つ解決することによつて、向上の途をたどつて行く。子供自身の生活の中から子供自身の問題を取り上げさせ、子供自身の直接経験を重んじ、彼等の計画と実行によつて、問題解決の学習活動を進めて行く。これが新教育で強調する、いわゆる単元学習である。これはたしかに近代的な考え方であり、近代的な学習指導の方法である。この単元学習指導の方法技術が先生方の間に一つの定新として滲みこむことが望ましい。

第三に、日常生活をうまく処理するためにも、問題を解決するためにも、これに必要な基礎的な技能を修練する効果的な方法としてのドリルが、科学的、合理的に積み上げられて行くことが欠くべからざる条件である。単元学習指導が強調されるからといつて、ドリルを忘れたら新教育は破滅である。特に、国語、数学理科の基礎的学習能力のドリルに力を入れないと、そこから、学力低下という批判の声が起つて来る。

第四に、基礎的な学習能力の修得には、近代的な、いろいろの道具や機械を使つて、子供の興味と欲求に応じ、直観的に、具象的に、正確に理解せしめ、身につけさせることが大切である。これが、いわゆる視聴覚教育の領域であつて、又新教育を支える一つの大きな山である。

これら四つの別々の山が相寄り相助け合つて、本当にバランスのとれた近代的教育を形成する。近代的教育を推進するためには、これらの四つの山が何れも必要であり、何れも他を排斥し合うものではない。視聴覚教育を重視するということゝ、学習指導法を改善するということは、今日では殆んど同じ意味に使つているといつてもあながち過言ではない。ただ単に、先生がしやべり、きまり切つた教科書を読ませるだけで、学習指導法の改善を考えては、もはや追付かない。学習指導法をよりよくするということは、結局、教具教材の使い方を改善することに外ならない。したがつて、現在では、学習指導法の改善は視聴覚教育の振興にあると云われている。

視聴覚的方法の重要性

まず第一に豊富な経験の提供と其の概念化ということである。

現在の教育は、抽象的な概念を、ただ言葉の上で理解させるということではなく、子供等の周囲にある色々の経験を分類し、結合し、組織化し、有用化する能力を形成することだと云われている。即ち具体的な経験から出発して、実際に役立つ概念を作り上げる能力を形成する営みである。したがつて、教育の営みには、豊かな経験を与えることが、まず第一に必要である。ところが、子供達が直接経験する領域は、時間的にも、空間的にも限られているし、又現実の事象は複雑で、そのまゝの姿で与えたのでは理解しにくい事柄が多い。それを解決する一方法として視聴覚的方法が考えられる。視聴覚的方法に訴えることによつて、子供達が直接経験することの出来ない世界、例えば、諸外国の情況や、顕微鏡下の微小な世界、昔の世の中の有様、地下や海中の有様などを具象的に提示したり、又複雑な事象を重点的に再構成して簡易に示すことによつて、豊富な経験を与えることが出来る。このことは、最近の映画の進歩した技術を考えれば容易にうなづける所である。こうして得た豊富な経験を分類し、結合し、組織化し、一般化する能力を身につけさせることが教育の目的であるとホーバンは云っている。

子供達に豊富な経験をさずけることは、教育の過程において大切なことであるが、その場合、単なる経験の積み重ねに終らしめず、それと同様な経験の場合には直ちに応用がきく様に、それを理論づけ一般化しておくことが大切である。この様な経験の概念化を身につけておきさえすれば、吾々の生活において「見なれない事柄」にぶつつかつても、それを解決する鍵を見出すことが出来る。そのためには、子供の学習に、具体性の多い教材から、抽象度の高い教材までを、体系的に順序よく提出し、彼等が、それから見てとるものによつて、現実を学びとりながら、問題を解決することによつて、概念化を進めさせることである。知識を何の体験の裏付もなく、子供の理解をこえて強制的に暗記させ、つめこんで行くという昔の教育法がいけなかつたのと同様に、ただ様々の教材を並べて、子供の頭脳をいたずらにかきまわし、混乱させることもいけないことである。「直観なき概念は空虚にして、概念なき直観は盲目なり。」という先哲の言の真意を、こゝで再認識しなければならない。子供の学習のための視聴覚教材は、半具体的、半抽象的な内容をもつた教材であり、その数々の教材が、体験に近いものから、抽象言語に近いものまで、その順序段階が分けられ、それぞれをカリキュラムに利用して行くプログラムがたてられなければならない。そこに視聴覚教育計画が成立つ。デューイは、経験の一般化、概念形成の過程について、「吾々は如何に思考するか」という彼の著書の中で、総括的な意見を述べているが、彼の意見によると、「吾々が見知らぬ事象にぶつつかつた場合、落付いた判断や処置をとることが出来るのは、他のところで、経験を概念化し、一般化した累積知識をもつているからだ。」と述べているが、今日の様な、複雑に変化しつつある文明社会では、高次の抽象度に順応し、それを駆使する能力をもたなければ、文明人として世の中に処して行くことは出来ない。それ故に、新しい事態に適応するために、多くの経験を分類し、一般化する学習方法こそ、現代的な新しい方法ということが出来る。実地見学から、映画、ラヂオ、幻灯、図表、絵画、グラフなどの、半具体的、半抽象的な教材は、そういう学習を補助する重要な教材である。

第二に、コミュニケーションに対する理解ということである。吾々は自分の意志を他人に伝え、又他人の意志を受け取る方法として主として言葉や文字による表現方法を用いて来た。しかし、時代が進み、社会が近代化するにつれて、吾々が意志を伝える対象は、量的にも其の範囲をひろげる様になつた。即ち対象となる人々の数が増加したばかりでなく、広く世界各国の人々をも対象とし又老若男女、あらゆる年令層の人々をも対象に含む様になつて来た。この様に、多くの、様々の人々を対象とすると、意志の伝達の方法も、それに適した方法をとらなければならない。それはもはや文字や言葉の表現方法だけで満たし得るものではなく、視覚や聴覚を通しての、具体的、感覚的、総合的な表現方法がますます工夫されなければならない。今日のマス・コミュニケーションの発達が、如実にこれを物語つている。新聞、雑誌をはじめ、映画やラヂオやテレヴィジョンの技術は其の表現や編集の面で、実に目覚ましいほどの飛躍的な発達を見せている。映画が白黒から天然色に、無声から発声に、ラヂオがテレヴイジョンに発達して来たのも、その一例と云うことが出来る。この様な表現方法の時代的な発達という見地から考えて、今日の教育の場においては、意志の伝達概念の形成がもはや文字や言葉のみによつては到底満たされないことは明白な事実となつて来た。学習に視聴覚的方法が豊富に活用されなければならないのは、この様な時代的要請に基づいているという事が出来る。

以上の様な理由から今後の教育には視聴覚的方法が活溌に利用されなければならないがそのためには、この様な視聴覚的方法の円滑な利用を可能にするための豊富な視聴覚教材の充実整備と、正しい保管、管理ということが前提条件として考えなければならない。そのためには、各学校に視聴覚教育主任を置き、その人が中心になつて、全校的な組織のもとに、カリキュラムの全般に亘つて、必要な視聴覚教材の製作、購入、保管、運営にあたり、全職員が積極的に活用することである。

しかし、各学校の予算には限度があるので各地区に地域教材センターを設置し、映写機、幻灯機、テープレコーダーなどを始め、それに必要なフイルム、スライド、テープなどのライブラリーを運営管理することが目下の急務ではないかと考えられる。

「完」

参考文献

視聴覚教育　阪本　越郎
視聴覚教育講座十八章　阪元　彦太郎外
視聴覚教材の設備　文部省
吾々は如何に思考するか　ジョン・デューイ

分数領域に於ける計算技能の実態

比嘉 栄吉
（与那城中学校教諭）

中学校数学科の計算練習の問題の中で、生徒達が一番抵抗を感じ、誤答が多いのは、分数であろう。

そこで、昭和27年度以来国立教育研究所が実施した全国小学校学力調査資料の、分数に関するものの一部を参考にして、本校３年生の分数理解の実態を明らかにすると共に、学習指導の参考資料に供するために、次の様なテストを実施してみた。

以下順を追つて、感じた点を書いてみよう。

1．計算の意味について

計算はできるが、その計算を成り立たせている意味、つまり、基本的な原理についての理解が不足しているのではなかろうか。

まず、この問題について調べてみよう。

問題〔1〕

①$\frac{2}{5}+\frac{1}{5}$　②$1\frac{1}{7}+3\frac{7}{5}$

③$\frac{7}{5}-\frac{3}{7}$　④$3\frac{4}{5}-3\frac{3}{5}$

⑤$\frac{2}{9}\times 4$　⑥$2\frac{1}{5}\times 4$

⑦$\frac{9}{10}\div 3$　⑧$10\frac{6}{7}\div 2$

この問題は、分数について基本的な四則計算ができるかどうかを見る問題であるが、その結果は、

問題〔１〕	①	②	③	④	⑤	⑥	⑦	⑧
本校３年	87%	81	86	76	70	30	36	41
本土６年	86%	78	89	77	80	54	49	30

となつていて、①から⑤までは、割と成績もよいようにあるが、⑥⑦⑧となると正答率が非常に低くなつている。本土の６年生に比較しても10%位、正答率が低くなつている。

⑥の誤答の主なものは、$2\frac{1}{5}\times 4$を$2\frac{4}{5}$と答えた者が多く、⑦の$\frac{9}{10}\div 3$を$\frac{9}{30}$と、$10\frac{6}{7}\div 2$を$5\frac{6}{7}$や$5\frac{6}{14}$、$10\frac{6}{14}$と答えた者が多かつた。

⑥と⑧は、分数乗除の基本的な問題であるが、⑥の誤答は、分配法則の適用を誤つたものと考えられる向きが多い。

これなどは、21×4と、$2\frac{1}{5}\times 4$との計算法を比較して考えれば、両者の類似点は、生徒達にもとれやすいのではないかと思う。

⑦の$\frac{9}{10}\div 3$を$\frac{9}{30}$と答えた者が多いのは、分子の９を3で割るという考え方が充分理解されていないためであろう。

分数の割り算といえば、何でも分母に掛ければよいというように、形式的に理解しているのではないかと思われる。

⑧の誤答傾向も、およそ⑥の誤答傾向と似ている。⑥と⑧に見られるこのような誤りは、先にも述べたように分数の計算指導において、整数の場合との比較を忘

れ、全く、異質的なものとして、取扱われている結果ではなかろうか。

両者に於ける共通な、計算の基本的な考え方について、充分理解されていればこの様な誤りは、かなり救われるのではなかろうか。これらの結果から考えられることは、およそ60%の生徒は、分数記号や、計算方法を支配している原理についての理解が欠如している。いいかえると、平素の学習に於いて、形式的な計算練習を主とし、計算の意味について考える機会が少ないと思われる。その結果は⑥⑦⑧の様な低率を示す原因を作つていると思われるのである。

このことは更に次の問題が明らかにしている。

問　題　〔2〕

次の文は、分数の寄せ算や掛け算をするときの考え方を書いたものです。▭の中には整数、▯の中には分数 分数を書き入れなさい。

(イ) $\frac{3}{7}\times 3$ の考え方

$\frac{2}{7}$は$\frac{1}{7}$が ▭① 個のことです。

それで $\frac{2}{7}\times 3$は、$\frac{1}{7}$が ▭ × ▭② 個となります。

だから $\frac{2}{7}\times 3$は ▭③ です。

(ロ) $3\frac{1}{5}+1\frac{3}{5}$ の考え方

$3\frac{1}{5}$ は ▭① と ▯② のことであつて

$1\frac{3}{5}$ は ▭③ と ▯④ のことです。

それで $3\frac{1}{5}+1\frac{3}{5}$ は ▭ + ▭⑤ と ▯ + ▯⑥ とを、あわせたものになります。

だから、$3\frac{1}{5}+1\frac{3}{5}$ は ▭ ▯⑦ です。

先の問題〔1〕は、計算の技能をみるものであり、この問題〔2〕は、計算の原理をみるものである。つまり、問題〔1〕と〔2〕によつて、技能と原理の理解とが正しく関係づけられて、理解しているかどうかがわかる。

問題〔2〕の結果をみると、生徒は分数記号の意味が解つて計算しているとは考えられないということがいえる。

問題〔2〕の(イ)				(ロ)						
	①	②	③	①	②	③	④	⑤	⑥	⑦
本校3年	60%	48	73	60%	55	60	56	54	53	59
本土6年	48%	31	71	52%	50	50	49	46	44	58

先ず(イ)の結果についてみると、

$\frac{2}{7}$ は $\frac{1}{7}$ が2個と正答したのは、60%である。②は下がつて48%、ところが、③の正答率は73%になつていて、①②と比較して高率を示している。

このことは(ロ)についても同様であつて、①から⑥までは、53%や54%、55%であるにも拘らず、⑦の正答率は59%となつている。

つまり、(イ)(ロ)共に計算の結果の答については解答することはできるが、その計算の過程において理解されているはずの原理については理解していないことを示している。

従つて、問題〔1〕の①②③④⑤の正答率が高いといつても、計算の意味について生徒が充分に理解しているとは思えないのである。

このことは、問題〔2〕の(ロ)の⑦と問題〔1〕の②の正答率を比較してみるとよくわかる。

〔2〕の(ロ)の⑦が59%であるのに、問題〔1〕の②は81%で約20%も高い。

つまり、単なる形式算では高い正答率を示している生徒達であつても、その計算の意味をきくような問題になると相当低い正答率を示している。これは単に上記の理由だけでなく、文章として書かれた問題の低抗もあると思うが、生徒達が充分に理解しているならば、この程度の問題は解けると思う。

従つて問題〔2〕の結果は、問題〔1〕の結果について述べたいことを更に明らかにしているといえるであろう。

算数数学学習では、一般に反覆練習が必要であるといわれている。このこと自体には、誤りはないと思うが、その際に、計算の意味についての正しい理解が生徒に与えられず、唯、形式的に計算練習を反覆していたのでは学力が高まるとは思えない。

以上のことから、今後の学習指導に、どのような点に留意すべきであるかが伺えると思う。

2. 記号の意味について

生徒達は記号としての分数の意味を充分に理解しているであろうか。

問　題〔3〕

①次の □ の中に整数を書き入れなさい。

$\frac{3}{5} = \square \div \square$

②次の式を分数の形になおして計算しなさい。

$14 \div 21 \times 12$

この問題は、分数と除法との関係について、どの程度理解しているかを調べるものである。

問題〔3〕

問題〔3〕	①	②
本校 3 年	57%	20
本土 6 年	23%	7

結果についてみると、①の正答率は、57%で②に於いては20%という低率である。

即ち、大部分の生徒にとつては、分数と除法とが確実に結びついていないことを示している。

①については幾分成績がよいようにも見えるが、分数式（単項式÷単項式）の指導後であるので、57%という成績ではどうかと思われる。

このようすでは、乗除計算の混合したときに分数を用いて計算の能率をあげることを考える生徒は殆んどいないと思われる。

つまり、生徒には記号としての分数の意味が殆んど理解されていないのである。

このことは、分数の学習指導上の問題点として、注目すべきことゝいえるのではないでしようか。

3. 基準について

これまで述べたことによつて、生徒は分数計算における基本的な問題の理解に乏しいということが解つたのであるが、それでは、分数における最も基本的なことがらである「基準」についてはどの程度理解しているのであろうか。次にそれについて調べてみよう。

問題〔4〕

次の図でななめに線を引いたところをくらべて、その割合を分数で □ の中に書き入れなさい。

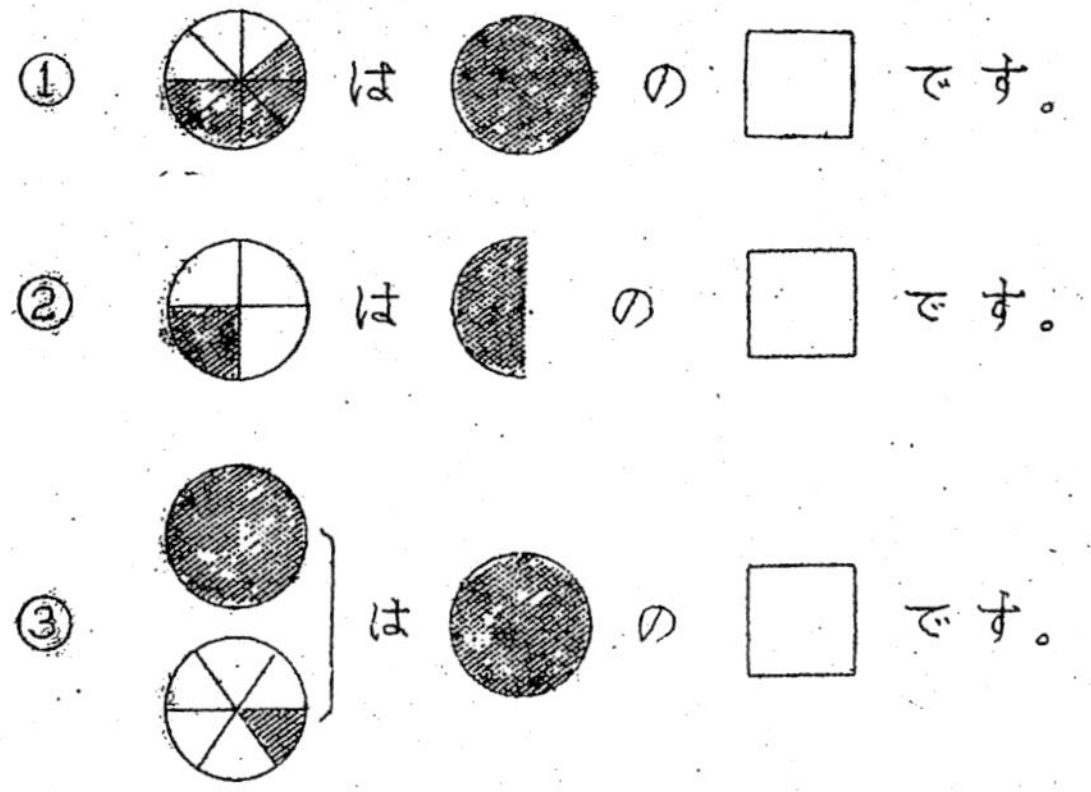

この問題は、基準も、表わすべき量も図形で示されている場合である。

①は基準をはつきり意識していなくてもできるが、②③は基準がつかまれていないとできない。

①②は、分数の概念としては、程度の低いものである。ところが本問の正答率は①が39%　②が41%　③が20%で特に悪く、いずれも50%を下まわつている。

問題〔4〕	①	②	③
本校 3 年	39%	41	20
本土 6 年	45%	38	32

これを次の様な問題形式によつて調べてみると、

問　題〔5〕

① ○○○○ ○○○○ ○○○○ の $\frac{2}{3}$ はいくつですか。

② 75の $\frac{3}{5}$ はいくつですか。

この結果は、①が53%、②が41%である。

問題〔5〕	①	②
本校 3 年	53%	41
本土 6 年	31%	23

この問題は何分のいくつということについて、理解しているかどうかをみるものであつて、この場合、基準となるものは「何」であることはいうまでもない。②が①に比べて、12%のちがいがあるのは、数量化した抽象数については、理解が低いことを示しているのではなかろうか。

とにかく、このように生徒の算数数学学力の実態というものは低いのである。

問題〔4〕の結果から判断すれば、分数が2つの量の間の割合としての意味を持つているということの理解も決して充分とはいえない。

このようにみてくると、まず分数の基本概念について、確実に理解させることの必要を感ずるのである。

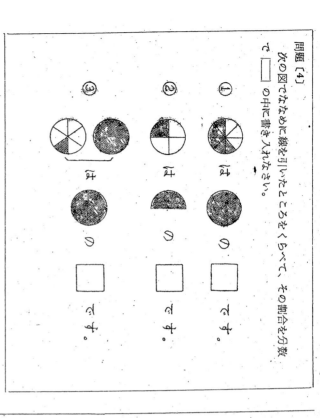

4.　分数の基本概念について

分数の基本概念については、少くとも次の2つのことがらについて、生徒に確実に理解させたいと思う。

即ち (1) 例えば、$\frac{3}{5}$ というのは、あるものをいくつかに等分したものをいくつ集めたものの意味であるということ。これは数としてよりも、いくつかに等分してこれをいくつか集めるという操作を示すものであるということの理解である。

つまり、$\frac{3}{5}$というのは数としてよりも、「何々の$\frac{3}{5}$である」の「何の」について考えることを忘れないようにすることである。調査の結果から見ると、大部分の生徒は$\frac{3}{5}$ということを形式的にコトバの上だけで理解している。

分数で示したものは常に基準にとつたものに比べて始めて意味がある。

問題〔4〕〔5〕の結果が低いということは、大部分の生徒が基準をつかむ考え方について、考える力が育てられていないためであると思われる。

（ ）、名数として用いられる分数の理解である。例えば、$\frac{3}{5}$mという時に用いられる$\frac{3}{5}$については、1mの$\frac{3}{5}$であるということ。$\frac{3}{5}$のうしろにあるmは先に述べたように、「何の」を示しているのであつて、このことは確実に理解させる必要がある。

いわば、(2)は(1)の特殊な場合であり、「何の」が形式的な単位におきかえられている場合である。

次の問題は、その点についての理解度をみたものである。

問　題〔6〕

①$\frac{1}{4}$mは何センチメートルですか。

②$\frac{5}{6}$時間は何分ですか。

この問題の正答率は、①が38%で、②が33%である。

問題〔6〕	①	②
本校 3 年	38%	33
本土 6 年	28%	32

この問題を解くには、単位として示された量が、基準となつていることを意識し、更にその上に単位の変換ができないと解くことはできない。

結果を見ると、生徒は単位として示された量が、基準であることや、単位の変換につまずきを見せている。

問　題〔7〕

1時間40分は何時間です

この問題の結果をみると僅か5%である。これなどは基準として示された単位をもつて端下を分数で表わすことが全く理解されていないことを示している。

これらは分数の概念が「割合」として、はつきりとらえられていない結果である。

本校 3 年	5 %
本土 6 年	11%

5. 結び

以上学力調査の問題を参考にして、分数領域に於ける計算の意味、基本的原理の理解の実態と、学習指導上、考慮を要すると思われる二、三の問題について述べてみたのである。諸先生方の御指導をお願い致します。

夏季傳染病と公衆衛生

金城和夫

小満芒種が終えて本格的の夏の気候になると、そろ〳〵夏季伝染病か頭をもたげてくる。夏季に流行する伝染病としては毎年小流行を来している、日本脳炎が日増に多くなつてくる。

消化器伝染病として細菌性赤痢、子供の命とりの疫痢、アメーバ赤痢、腸チフス等が挙げられる。之等の伝染病に罹らない為に我々はどんな事を知つておかねばならないか。日常、多くの児童生徒と接触する教師にとつて一応の常識を有する事は有意義な事であると思われる。伝染病を防遏する為に科学者及び予防医学に直接たづさわる保健所、衛生研究所等の職員は毎日努力を傾けている。近年、科学の急速な進歩と相俟つて治療医学も非常な勢で発展して、ペニシリン、ストレプトマイシン、オレウマイシン、クロロマイセチン、其の他何々マイシンと我々医師にとつても憶えるに、いとまのない程、矢継早に発見されている状態である。之等の抗生物質の御陰で我々の平均寿命も六〇才以上に上昇して来た。それにも拘らず今日尚多くの人々が伝染病に罹患し尊い生命を失つている。又生命を失わないまでも時間の失損或は後遺症を残して不具の状態に陥つている。ころばぬ先の杖の諺の様に罹つてから治療するよりも病魔に罹らない様に注意する事は尤も大切な事であるが、案外おろそかにされている感がある。

次に伝染病対策として次の三方面から考える事が出来る。第一は病原体、第二は病原体がおかす宿主（人体動物体）、第三は環境であつて病原体がなければ伝染病は起らない事は事実であるが、病原体だけあれば伝染病が起るかと云うと決してそうではない。病原体が人体に侵入しても人体側の条件によつて発病するとは限らない。例えば腸チフスワクチンを接種して免疫を有する人はチフス菌が侵入しても病気を起さない場合である。人間と病原体の相互関係は環境条件によつて左右される。つまり人体が罹患するか、どうかは以上の三要素の相互関係で決めるべきであり、伝染病の予防を病原体のみに求めるべきではない。広く環境条件及び人体側にも求めなければならない。縦つて公衆衛生にたづさわる人々だけが力んでみても大衆の協力なくしては伝染病対策は完遂出来ない事がおわかりと思う。個人衛生、或は公衆衛生の問題を教育する場として、学校が一番地適当と思われ、幼い頃から衛生に対する関心も培わねばならない。大人になつてから衛生の問題について話したり指導したりする事は意義のない事ではないが労多くして効が少い。多くの大人は長い間の習慣によつて非衛生的環境に対して無感覚であり、非衛生的であると理解してもそれを改める事に積極的でない場合が多い。かゝる見地から特に教師自身が衛生に対し常に関心を持たれ、生徒達を指導して頂ければ将来の沖縄はもつと住み良い社会が生れるものと信ずる。

次に環境を分類して物理的環境例えば気象地理的条件、第二は生物学的環境として伝染源動物、媒介動物（蠅、蚊、蚤、虱、鼠）栄養源としての動植物、第三に社会経済的環境が考えられる。従つて伝染病の流行が政治、経済、教育と深く関連している事に気づかれと思う。これから大衆が協力出来る問題を主としてとりあげてみたいと思う。

夏季の消化器伝染病として細菌性赤痢、疫痢、アメーバ赤痢、腸チフスは口から病原体が入る。即ち飲食物を介して我々の口から入り腸に病変を起し夫々病気に特有な症状を呈する。消化器伝染病の病原体の源は殆ど患者及び保菌者の大便である。此等の病気におかされる人々は極言すれば大便を食べて起る事になる。従つて消化器伝染病の尤も根本的処置は大便の処理である。すべての便所を完全な水洗便所にする事が出来れは理想的である。然し現実を凝視すると琉球政府の経済的能力では現在不可能に近い。国際都市を誇る那覇市に完全な水洗便所が幾つありましようか。現に外観上は水洗便所と名のつくものでも下水道の設備のない水洗便所は却つて危険さえ存する。又我々は尻を拭く時は塵紙一、二枚か、せいぜい三枚位かさねて拭く。其の際、心ず我々の手に大腸菌が附着している。そして形式的に水で手をぬらしてハンケチで拭く、此の指についた菌が飲食物を介して他人の口に入る。そこで水洗便所は現在、我々大衆にとつては望んでも不可能であるから大便の処理法と便所の構造及手洗いの方法等について考慮しなければならない。即ち厚生省式三層便所に改良するとか、便を完全に腐敗させる、工夫をするとか、蠅の出入を防ぐ様に工夫する。食前及調理の前、用便後或は外出して後は丁寧に石鹸で手を洗い流す習慣をつける。生の飲食物を調べてみると氷水、アイスキャンデー、アイスクリーム、ビワ、イチゴ等が挙げられ、又水道の汚染によつて爆発的流行を来した例もある。次に人体側の条件として病原体が侵入したら誰でも発病するとは限らない。人体の胃腸は或る程度まで病原体を殺す力があるが、食べ過ぎ飲み過ぎ、不消化物を食べたり胃腸の抵抗が弱つた場合寝冷、疲労等の全身的抵抗力が減弱した場合に発病するのであるから予防上特に上記の点に留意すべきである。

次に細菌性赤痢について述べましよう。この赤痢は赤痢菌を原因として発熱及び粘液乃至膜血液性下痢を起す。日本においては夏の伝染病の花形であり殊に小児赤痢の劇症型は疫痢として子供を持つ親達の恐怖の的である。沖縄においては終戦後は一九五四年夏に国頭地方に流行した例がある。東京五月九日共同通信によると厚生省の報告では今年に入つて既に一万七千二十人の患者が届出され大流行と云われた昨年の今頃とほゞ同数にのぼり最近は毎週千数百人の新患者が出ており且つ名古屋市内に集団発生した赤痢は抗生物質に非常に抵抗性を有する新しい菌であり全国に流行した時はその対策は相当困難視されると報じている。此様な菌が沖縄に侵入しないとも限らないし、沖縄にも調査すれば保菌者が相当発見される可能性があるから条件が揃えば流行しないとは断言出来ない。赤痢の発病は甚だ急で子供は元気がなくなり、ぐつたりして発熱三十八度から四十度に達する事がある。下痢は数回乃至数十回に及ぶものがある。重症の者においてはしぼり腹や腹痛を訴える。渇が甚だしく嘔吐をみることもある。疫痢は今迄全く元気で遊んでいた子供が下痢と共に或は下痢が気づかれないうちに急に高熱を発し顔面が蒼白になり、ぐつたりして痙攣嗜眠等の症状を以て始り、嘔吐を起し甚しい時はコーヒ残渣様血液嘔吐を起し頻回の痙攣を発し一乃至二日後に死亡する事が多い。二才乃至五才の子供は特に疫痢症状を呈し易く、元気がなくぐつたりして発熱のある場合は下痢がなくても早急に医師の診察を求めるべきであり治療開始の遅速により生命を救うか否か決定される場合が多い。医師の来る迄に注意する事は本症は伝染病であるから大便は充分消毒する事は謂うまでもない。患児にゆるやかな着物をきせ静かに寝かせ排便がない場合はかん腸を行つても良い。便は医師が来るまで診断目的のためとつておく事が望ましい。

アメーバ赤痢は赤痢アメバーによつて起り俗に「しぶい腹」と称され沖縄には非常に多い疾患である。多くの場合発熱なく一日数回の粘液膜血液性下痢と腹痛があり日常の仕事が出来る場合が多い。然し突発的に重篤な病状を呈し、しぼり腹一日数十回も下痢があり細菌性赤痢の観を呈する時もある。鑑別は大便の所見鏡検、細菌培養等で決定する。アメーバ赤痢は全身症状は軽微であるが完全に治癒を施さないと軽い症状が数ケ月余り績き慢性に移行する事が多い。合併症として肝膿瘍を起す場合がある。腸チフスは一九五五年十月から十一月にかけて糸満町に流行した例があり、皆様の記憶に新しい事と思う。其の際罹患した殆どは十五才以下の子供であつた事は種々の疫学的考察から注目に値する。多くは前駆症状として体がだるい、食欲減退四肢の疼痛、腰痛を訴えしば〱頭痛があり、脳炎と誤診される場合がある。病気の始りは悪寒と共に発熱を来し体温が日一日と階段状に上昇し約一週間で四十度に達し第一週の後半から脾臓が腫れる。第二週に這ると四十度に熱は固着し意識はこん濁し恍惚状態、うわ言、昏睡に陥る。身体にばらの様な色の発疹が出来る。腸チフスの診断は医師にとつても第一週目までは臨床症状だけで決定する事は困難で種々の検査、即ち血液からのチフス菌培養等によつて決定される。予防法として腸チフスワクチンも必ず毎年一回受ける様に奨める。予防接種は効果確実である。細菌性赤痢の予防ワクチンは副作用が強く効果も不確実なので広く使用されてない。次に日本脳炎について述べましよう。

日本脳炎の大流行の間隔は十一年乃至十三年で日本での前の大流行は一九四八年であつたから次の流行は一九五八年から一九六一年の間にあると予想され、流行の条件が適せば今年から相当の患者が現われる事も充分考えられる。沖縄では芒種が終え日が照り続けると同時に発生し始め七月が尤も多く八月中旬頃から発生が著明に減少する。平均気温二十六度（攝氏）以上の雨の少い日が数日続いた時起ると云われる。罹患しやすい幼児、児童、老人は特に注意を要する。幼稚園、小、中学校の教師は其の誘因となる事を避ける様に注意せねばならない。日本脳炎は有病な蚊に刺されることにより感染する。感染して四乃至十四日の潜伏期をおいて発病する。発病は割合急な事が多く時に一乃至三日、頭痛、だるい、食欲不振、悪心、嘔吐、下痢等の前駆症状を伴い急に三十九度乃至四十度の発熱、頭痛、痙攣、嘔吐、意識こん濁、嗜眠、昏睡、言語障碍項部強直等を呈する。現在の処特効薬はない。日本脳炎を予防するためにはヴィールスがその源から人体に至る間の連鎖をどこか一ケ所、完全に遮断出来れば良い。日本脳炎においてはヴィールスの保菌者は不明であるため病原体除去と云う方法は今の処不可能である。患者がヴィールス源となつている可能性も否定は出来ないので患者を隔離する事は全く無意味ではない。即ち蚊によつて伝染するから防蚊装置として蚊帳をつり蚊に刺れない様にする。更に我々の環境の衛生が問題となる。蚊の発生防止に努力する事が急務である。蚊の発生水域をなくするため次の事を知る心要がある。日本脳炎の媒介者は蚊の中でも特にコガタアカイエカが重要な役割を演じているが、其のほかアカイエカ、トウゴウヤブカ、シナハマダラカも恐らく媒介に関与していると考えられる。コガタアカイエカは水田地帯に多くアカイエカは一般に腐敗した水であつて、どぶ、水槽、汚い水溜り雨水のたまつた野壺、墓地の花いけびんに発生するから之等の水溜りをなくする様に努める。とぶ等にDDTを撒布する事によつてボーフラを撲滅する。或は薬剤によつて蚊を殺す様に努める。更に人体側の条件として誘因の除去に注意する事は教師の責任であると考えられる。

日本脳炎の様に感染する人は多いがその中で発病する人の少い病気は個体の発病因子について特に考慮されるべきである。誘因として災天に照らされる事が考えられるので炎天下で遊んだり体操等をする事を出来るだけ避けねばならない。又帽子を用いる事、黒い帽子は白の日おいを用いる様にする、過労夜ふかしに陥らない様に夏休み期間中の注意を与える。日本脳炎の予防はワクチンがあり、或程度有効と報じられているが、絶対的のものではない。現在生産量が少く実験的段階にあるので充分使用されてない。日本脳炎に罹患すると死亡率は平均三五%、後遺症を残す患者は十乃至二十%或はそれ以上にみられる。後遺症としては言語障碍の認められるもの最も多く麻痺、筋緊張の異常、精神障碍が屢々みられる。

特に精神知能の障碍は甚だ治癒し難く運動麻痺と違つて機能的に代償する事も出来ないので幼時から一生廃人として終る悲劇を演ずる。日本脳炎の予防はあくまで環境と個人衛生に重点をおかねばならない。

最後に本稿が伝染病予防の為に我々の環境を衛生的にする事がどんなに大切であるか理解して頂き夏季伝染病から子供達を救う事が出来れば幸いである。

一九五七年六月十五日　（那覇保健所医師）

随想

夜間英語講座を担当して

屋比久浩

昨今、あちらこちらで、実用英語、受験英語等を看板にして、私塾や教授所が乱立している。どこの教場を覗いても、みな一ぱいだ。この沖縄の現状に応ずべく、琉大普及部でも、英語普及講座を設施した。

この講座は一九五五年十二月に第一回目が開かれて以来、連続開講回を重ねる毎にます〳〵盛況をていし今年七月には第七回目の開講をみる運びになつている。その陰には、普及部は勿論、ミシガン教授団のミード教授の惜しまざる努力と、貴重な助言、それに講師諸兄の意気と熱がある事を忘れてはならない。この講座は「英語を心要とする一般の人（正規の学生を除く）に英語力を養う事」をその目的としている。

斯様に「誰でも」を対象としているから、単位も与えられないが、種々雑多の人々がおしかけて、文字通り、千差万別である。課長も書記も、店主も店員も、通訳、技師、一般労務者と、ありとあらゆる職を持つ人々、年令的にみると、中学を出たばかりのグリーンな連中から、四十代のパパやママまで、その経験、知識の差異は実に想像に絶する。クラスに居る間は皆ミスター、ミス、ミシズ、で通すが、外へ出るとそうはいくまい。この様なメムバーで構成されるクラスには色々の事件等が起るのも不思議ではない。

グリーン達、時に昼間の疲れからだろうが、机の上にヨダレをたらし、たま〳〵こちらの冗談に皆が笑うと、眼を覚まし、顔を真赤にして狼狽する様は、ユーモアの中にも、働きつゝ学ぶ人の悲壮感がにじみ出ている。

knife, leaf, wife 等の複数形を習得してもらうために質問を発した。これは明かに私の失敗だつたが、最前列に座つたパパさんに"Do you have two wives?"と発問してから「しまつた」と思つたがもうおそい。そこをパパはやっぱりパパで機智とユーモアたっぷりに、"No, I have only one wife, but I sometimes want two wives." と云ってのけ、私を安心させ、クラスを爆笑させた。もし米人にこんな質問をしたら一大事件になったろう。

このように、純情な若い人々から、二人の妻を時々欲すると云う人々まで居るが、どちらも皆一生懸命。正規の学生も顔まけと云う所だろう。此の間の土砂降り、こんな雨では、てっきり開店休業だろうと思いながら、先生？の身であるが故に、教室へ赴いた。以外!!十分商売が出言るくらい集っているじゃないか。これには全く「感心（がっかり）？」

こんな人々と、クラスからの帰途や休憩時間等に、とりとめない雑談をしていると、中、高校時代の事に及ぶ事がある。「もっと学校時代に英語を勉強しておけばよかった」と云うのが一致した告白で、「何故もっと勉強しなかったか」ときくと。「英語は難しくて、きらいだった」と答える者が多いようだが、中には「僕は就職する積りだったので、受験英語は要らないと思った」と答える者も居る。こんな人々は、生きた英語を学びたかったのであって、受験参考書を暗記したくなかったのだ。

読者の皆さんもよくご存知のように、琉球語は話したり、聞いたりは出来ても書き残す事はできない。言語は元来、音の流れであって、それを記号を使って、残したので文字であり、文学なのである。この言語を外国語として教える最も科学的で、効果的方法に二、三あるが、いずれも次の点において一致しているように思われる。即ち、外国語は、丁度、われ〱が母国語を習得するのに、先づ耳で聞き、それを真似て口にし、それから目で読み、手で書くようにして学ばねばならないということである。勿論、外国語であるので、その過程において幾分の不自然さを伴うのはまぬかれないだろうが、こうして得た知識は、受験のためだろうと、就職のためだろうと、すぐ役に立つべきであって、「受験英語」、「実用英語」などと区別をしたりするのはどうかと思う。

この講座に来る人々は、戦前、戦後、いづれの時代に学校教育を受けたにせよ、殆んどが英語を勉強したにもかゝわらず、英米人に通ずる発音の出来る人は少い。下品な例だが、Sit on the seat please. を Shit on the sheet, please. と発音する人が、実際少なくない。発音だけでなく、文章を口にするにもそうである。読んだり書いたりするのと、口から出して云う事とは別である。Do you study English ? に対して Yes, I am study English. と答えるのがいるのである

英語を母国語に持つ人々に通じない発音や自国語から英語に翻訳してから口に出すような悪癖その他の過去の弊害を除くために、日本々土では、現に中、高校英語教科書の大規模な改訂が企てられつゝあると聞いている。この際、吾々英語教育に携わる者は、後輩を夜間講座なんかに通わさないでもいゝように最善の努力をし、沖縄の英語教育の水準を他の国々に劣らぬ高度のものにするようなお一層の努力をする事が必要だと思う。

（琉大文理学部講師）

評 書

物の見方について

—文化の土壌と思考の方式—

亀川正東

「泣く日本婦人」とはよく言ったもので三益愛子という女優の演ずる「母もの映画」の宣伝広告の文句の中に「うんと貴女を泣かせます……」とか「ハンカチを用意して下さい……」とかいうのがある。

ロースト、ゼネレーション（失はれた世代）の作家の一人スコット、フイツゼラルド（Scott Fitzgerald）に「バビロン再訪」Babylon Reviited という小説があるが、これが、映画化されて日本で上映された時、その題名が「バビロン再訪」という原名とは凡そ似てもつかない「雨の朝パリーに死す」というロマンテックな題名に変っていたのには驚いた。

興行者のたくましいアテコミにも感心するが、然し問題は此の商魂のたくましさという事よりも寧ろこの題名でないと「ひかれない」日本人という観客の心理状態にこそ問題はひそむように思われる。

「バビロン再訪」などとドライでリアリズム的な題名よりか「雨の朝パリーに死す……」の方が、どんなにか日本人のセンスにピタリするかは想像するに難しくない。つまり改題された文中には日本人の最も好きそうな情感をさそう「雨」だの「パリー」だの「死す」だのというロマンチックな文句が、三つもお膳立てしてあるのである。

いやそればかりではない。試みに毎日のラヂオを流れるあの昨今の流行歌の氾濫ぶりをみるがよい。流される歌が殆んどといってよい程今にも泣きたいような「哀愁」ものにみちみちている。

兎角合理や常識というものをば殊更に軽蔑するくせに「夢」を追うことの好きな日本人的性格の一端を考えると私は日本人の物の考へ方や見方を構成する土壌の一つが、実は此のような「センチメンタリズム」にもある事を見逃すわけにはいかないのである。

×　×

土壌は違うが、同じように面白い現象が、琉球人についても言えそうである。小まつちやくれて色黒くが二股で、どう見ても風彩はインドネシヤに一寸毛の生えた位のものでしかないのに其の心臓ときたら丁度アメリカ南部に巣喰ふ「プーアホワイト」のそれのようにカビの如き強靱な生活力をもつ此の琉球人に対して私は今更ながら割り切れぬモノを感ずるのである

「八月十五夜の月」という映画をみて、あの中に出てくる琉球人をみて人々は何んと思うだろうか？　私をして言はしむるならば　あの中に出てくる琉球人は、どうしてどうして「主権在日本」というような準日本人的なモノではなく、あの図々しさは寧ろ支那人いや南方に巣喰う「華僑」のセンスとみるのが、ほんとなのではあるまいか？

学校をつくれと言う司令官の本意が、一種の本国に対する「点かせぎ」を意味するものである事を見抜いた琉球人が、学校よりは茶屋を建てた方がマシだといつてサッサと茶屋を建てるが、後で司令官から怒られ、いざ茶屋をこわす段になると茶屋の家財道具を分解して林の中にソットかくし何れ又くるであろう占領政策の変化にそなえるという「抜け目のない」あつかましさは決してセンステーブでゼンテールな日本人のそれではないのである。

お上品な三原山心中なんていう事故もなくこ食のいない琉球の街、どだい此んなものは当分この口には起る気配は見えそうにもない。

カラカラでドライで踏まれても雑草のように、はびこる此の琉球人は別の言葉をかりるならば、「ずるくてしつこくて悪がしこい」というのが、本当だと思われる。

×　×

考えてみると人種のもつ物の考え方や見方というものが、如何に其の国の国づくりに目に見えぬ大きな隔差をつけるかという事は、なかなか興味ふかいものである。

例えて言えば従来の日本人のもつ物の考え方や見方が、いかに今日の日本という国の推移過程に於て或時はよく或時は悪く其の政治や経済や生活に大きな裏付けをして来た事か、

同じ事はアメリカ人のもつ世界観が、いかに今日のアメリカの発展に大きなバック、アプをしてきた事か、

それぞれの国が夫々の物の考え方や見方という土壌の上に、夫々の今日という名の花を咲かしめているのがつまり世界の「コンニチ」というわけなのである。

他国の世界観や人生観を、おそまきながら知つて始めて自国の文化の低きを反省する人々もあるだろうし又、自国に全く欠けていたものが他国にある事をしつて、それを埋めねばと理解するものもあるだろう。

殊に「観念」という夢を追う事の好きな日本人二二が四である合理をさげすみ、二二が、三であつたり五になつたりする事の好きな日本人……このような奇妙な観念が、どんなに之れ迄の日本の発展過程に大きなギャップをもたらして来たかを考えると私は今更のように今後の琉球のゆく末に対しても、新らしい思考の対決がどうしても必要なのではないかと思われる。

×　×

兎も角、これらの疑問や不安に答え、新らしい方向を示唆してくれるのが笠信太郎著の「物の見方について」という本なのである。

「賢者とは自からの短所をよくしれる者の事なり」と言う。

くりかえし、くりかえしよんで味の出てくる本である。

（筆者、琉大助教授）

資料

各国の道徳教育の現状

—文部省・初等教育資料より—

アメリカ合衆国

西欧諸国では宗教を離れては一国の道徳問題を語ることができないという通念がある。

アメリカにおいても道徳の基盤が宗教にあるという考えが、多くの人々の不動の信念となつていてこの国をキリスト教国と考えており、公教育と宗教の分離が建前となつている今日でも、キリスト教の道徳原理によらない世俗的な道徳教育というものは、本来中心点を欠いたふじゆうぶんのものという考え方が有力である。そして、キリスト教のモラルを基盤にした道徳教育を、特定教科としてではなく、学校のカリキュラム全体を通して効果的に押し進めるべきだという要望が強くあらわれている。

州教育法と道徳教育

アメリカでは宗教教育が公立学校の生徒にまつたく与えられていないというわけではない。宗派的な色彩を持つ宗教教育こそ法律的に禁じられているが、宗教的な儀式が学校で行われている例は珍しくなく、また「注解」なしのバイブルリーディングであれば、法律もこれを禁止していない。それどころか、この「注解」なしのバイブルリーディングを学校に義務づけている州が一部にある。

宗派的な宗教教育にしても、学校の施設の中で、また公の資金によつてこれを行うことは、憲法に違反する行為として禁じられているが、一部の州では教育委員会が特に教会側と協定を結んで、一週間のうちの一定時間を、児童・生徒の希望者が教会その他の場所で宗教教育を受ける時間としてとつておくように取りきめているところがある。

こゝで注目されることは、このバイブルリーディングも教会での宗教教育も、道徳教育という名目で行われていることである。アメリカの学校当局の干与する宗教教育はおもにこの二つの形式によつて行われているということができる。

しかし、特に宗教以外の手段を媒介とする道徳教育が公立学校でまつたく行われていないわけではない。

州によつては、公立学校が道徳教育を実施することを教育法によつて義務づけているところがある。州教育法において、道徳教育についてどのように規定しているか、一、二の州について例示しておこう。

○ニューヨーク州教育法

第八〇一条　愛国心、公民精神および合衆国憲法についての教育

(1)　国を愛する公民としての、奉仕と義務の精神を高めるために、また、平時および戦時における公民としての義務をみたすために、不可欠な道徳的・知的資質を州内の子女に植えつけるために、ニューヨーク州教育委員会は、州内のあらゆる学校の守るべきものとして、愛国心と公民精神についての教授計画を規定しなければならない。州内の各都市および各学区の教育委員会は、所轄の学校に雇用される教員が、この教育を行うことを要求しなければならない。

前項の学校に就学する八才以上の児童・生徒はすべて、かかる教育を受けなければならない。

さらにこの規定の第二項には、私立学校においても同様の計画を規定すること。かつ、その科目を全児童・生徒に学ばせることを規定している。

○ミネソタ州教育法

第一三一——一四条、道徳教育

すべて公立学校の教員は、道徳および生理衛生の教育ならびに、麻酔薬・興奮剤の影響についての教育を行わなければならない。

以上二つの州についての紹介ではあるが、少なくともだいたいの傾向はうかがわれよう。ただ、地方の教育委員会はその所管する学校に適用する規則を州法に違反しない範囲で設けることができるから、道徳教育について州法に明文をかかげていない諸州の場合でも、地方教育委員会が道徳教育について規定を設けることはありうるけわである。

教育政策委員会の勧告

これまで述べた範囲から、アメリカ国内の一般的事情をうかがうならば、道徳教科というようなものは、広く採用されていないが、宗教心、道徳心の高揚をめざした教育は公立学校において広く極積的

な形でおし進められていると見ることもできない。事実近年アメリカ国内には公立学校における宗教精神の衰失、はなはだしくは、反宗教的性格の強化を非難する声がしきりに起つているほか、青少年犯罪の増加に関連して、宗教的な教育、道徳教育に公立学校は本腰を入れるべきだという声も強い。

一九五〇年にアメリカの教育政策委員会が「公立学校における道徳的精神的諸価値」と題する報告書を発表したのも、このような事情と関連している。この報告書は道徳教育に対するアメリカの有力な教育指導者の標準的な意見を代表したものとみられるが、その中で、

「公立学校は、道徳的、精神的価値を教えこむうえにきわめて重要な役割を占めるものである。こうした価値は他のいっさいの教育目標の基盤になるものであつて、道徳的・精神的諸価値を吹きこむことのない教育は目標なしの教育である。アメリカ人が今までになく多様で複雑な道義上の決定を下すべく義務づけられている今日、そのような価値の持つ重要性はきわめて大きい。」と述べている。

なお、同委員会はこれらの精神的道徳諸価値を教えこむ方法として、「教科全体のうちに道徳教育を反映させる」という手段をとることを主張し、特定科目の設置を主張してはいない。

さらにこの報告書は、道徳教育は、これを学校にのみまかせてはならないとも説き、家庭やコミュニティの機関がこの方向の責任を学校とともに分けあつていくならば、「アメリカの青少年の道徳的・精神的資質の実質的な改善は期して待つべきであろう」と論じている。

イギリス

古来、イギリスの学校制度は、おもに教会の事業として発達してきたのであつて、前世紀の後半までは、国内の学校の大半が教会に設置・維持されていたほどであつた。

今世紀にはいつて、公の行政当局が学校の設置・維持・助成に大きく乗り出すようになつてからもこれら教会立の学校に対しては、教育内容面に干渉を加えることなく、その教育事業を助成するという方針がとられてきた。私立学校の多くがその教育経費の財源を全面的に公費に仰いでいる今日においても、宗派的な宗教教育を認められている私立学校があるほか、公立学校でも毎朝の礼拝と超宗派的宗教教育が義務とされているのである。これはアメリカの制度と著しく異なる点で、アメリカにおいて宗派を離れた宗教教育というものが実を結ばなかつたのに対し、イギリスにおいて、超宗派的な宗教教育が実を結んでいるのは特徴的といえる。

イギリスの場合も、行政当局も一般人も、キリスト教の原理を国民の倫理道徳の基盤としてひとしく認めており、宗教以外の原理による世俗的な道徳教育が必要だという考えはあまり見られない。

教会立学校はもとより公立学校においても宗教教育が道徳訓練として与えられるという現行の制度には、一般国民もだいたい満足し、これに反対する強い意見はほとんど起つていないようである。

もちろん、宗教教育だけが、学校における道徳的訓練の唯一のものであるわけでもなく、スポーツその他学校生活全体が児童・生徒の人格形成を目ざしているともいえるが、前記の宗教教育以外には独立した道徳科目は存在せず、道徳教科としての地位は、この宗教教育によつて占められているものと考えることができる。

教育法と道徳教育

一九四四年の教育法は、その第二五条において、「県立学校および有志団体立学校における宗教教育に関する一般規程」をかゝげ、これらの学校に対し、集団礼拝と宗教教育の実施を義務づけている。この集団礼拝は、学校施設の関係で実行不可能の場合は別として、全校児童が集まつていつせいにこれを行うことゝ規定している。

学校における集団礼拝と宗教教育は、このように学校に対して義務づけられているが、児童・生徒の側から見るならば必ずしも一律に強制されるものではなく、保護者がこどもの就学する学校での礼拝や宗教教育を免除されるよう要求する場合には、これに参加しなくてもよいことを法律は規定している。

県立学校、すなわち、地方教育当局の設置する場校では、「協定教授要目」に従つた超宗派的なキリスト教教育が施される。

有志団体立学校には、補助学校と特別協定学校ならびに管理学校があるが、そのうち前二者ではその学校の定款に従つた宗派教育が施される。ただし、こどもに特定宗派の宗教教育ではなく、協定教授要目に従つた宗教教育を望む保護者があれば、特にその希望どおりの教育を学校がそのこどもに対して与えることになつている。

次に管理学校では、県立学校の場合と同じく、協定教授要目によつて宗教教育を行うことが規定されている。しかし、宗教礼拝から宗派性を排除すべき

規定はなく、また、学校の定款に従った宗派教育をこどもに施すようにという要請が保護者からあれば学校はそのこどもに対して宗派教育を施してよいことになつている。その時間は一週二時限以内と限定され、この教育を施す教員も学校の設置者側代表の同意を得て地方教育当局がこれを任命することになつている。

協定教授要目の内容

県立学校や管理学校における協定教授要目による宗教教育は、勅任視学官の視察を受けることになつている。一九四四年教育法においては、個々の学校で行うべき宗教教育の宗派性あるいは超宗派性について規定しただけであり、協定教授要目についてもこれを作成する委員会の構成を規定しただけで、その内容についてはなにも規定を設けていない。

協定教授要目は、地方教育当局が特に委員会を任命して作成するもので、全国一律の基準のようなものは存在しないが、ただそれぞれの要目には次のような項目が共通に含まれている。

①聖書全般に対する理解　②特に福音書に対する詳細な知識　③キリスト教の生活と教訓　④キリスト教の諸宗派のすべてが、信仰上の最も重要な要素とみなすところの真理　⑤教会、僧職、聖典礼について新約の述べていることに対する知識　⑥一世紀から二〇世紀に至るキリスト教会の発達史　⑦キリストの教えを日常の個人生活、社会生活に適用する方法。

教員は右のような内容を中心とした要目に沿つて、児童・生徒の年齢・素質・理解力に応じた教育を行うわけであるが、その教授法については、教員に大幅の自由が与えられている。

学校における宗教教育が、カリキュラム全体のなかでも重要な位置を占めていることは、イギリスの大学入学資格試験であるG・C・Eが宗教科目を試験科目の中に含み、これを重視していることによつても知られる。児童・生徒の道徳教育、個人の人格形成の中核をなす教育としての意味合いから重視されているわけである。キリスト教道徳を基礎とした教育が行われるのは宗教教育を通じてだけではなく学校教育全体がそうした教育を目ざしていることはすでに述べたとおりであり、イギリスの学校教育の主目標が人格教育にあるとされているゆえんである。

中央教育諮問会議の勧告

イギリスの文部大臣の諮問機関である中央教育諮問会議は、一九四七年に、「学校と生活」と題する報告書を発表し、イギリスの当面する各種の教育問題について、文部大臣に勧告を行った。そのなかで、「道徳的要素」と題し、道徳教育についての有識者の有力な見解を次のように述べている。

「社会の急速な変動は、人々の間に困惑をもたらした。個人の価値は主張されていても、普通人一般の生活は理想の実現からしだいに遠ざかつてゆくように見受けられる。

一般にひとしく受け入れられた信念と基準の破壊が、混乱を増大させている。このため、個人がそれだけ余分に緊張をきたすようになつている。伝統的な徳目は今なお広く受け入れられているにしても、これを青少年に勧める根拠については意見が分れる。

古くからの古典的、キリスト教的伝統に対する科学思想の侵害、これが現代の道徳的混迷のおもな原因となつてきた。

生きた伝統というものは、常に新たに吟味されてゆくものである。道徳的資源を動員することにより、善い基準を維持するとともに、増大する必要をみたすというのが教育の任務である。個人の責任観念を育てることにより、自由の抑圧を図るもろもろの影響力に対抗して自由を守るよう個人の本能を強化すること、こゝに教育の任務の核心がある。」

フランス

西ヨーロッパの多くの国々では、公立小・中学校の教育に宗教教育が科目として取り上げられ、それとの関連のもとに道徳教育が考えられているが、フランスでは、公立学校では宗教教育は禁じられている。もちろん禁止されているのは一宗一派にかたよつた宗教教育であつて、宗教的情操は別につちかわれねばならないことになつている。

したがつて現在のフランスの道徳教育は、一応宗教教育から切り離され、宗教教育はもつぱら家庭の責任において行われることになつている。木曜日が学校の休業日となつていて、その日は家庭において宗教教育を行われるが。

「道徳教育の目的は、めいめいのこどもを〃正しい人間〃に育成するところにあるが、何が正しいかの基準、つまり、〃低くいやしいもの〃と〃高く尊いもの〃との判別には、ある一つの社会に住むかぎりキリスト教であろうとなかろうと、根本的なちがいのあろうはずがない。道徳教育は、この共通の地盤の上に立つて行われるものである。公立学校であろうと宗教学校であろうと、児童・生徒の指導に当つては、大多数の家庭での自然の行動の延長線の上で指導するほかない。父兄の努力に力をそえるものでなければならない。このような見地に立つてこそ、学校は、異なつた信仰をもつあらゆる家庭のこどもをいつしよにして教育できるものである」と当時の「訓令」では説明している。

道徳教育の内容と方法

学校教育における他の諸教科がそれぞれ有益な知識や能力のある独特の面を伸ばすことを目的とするのに対して、道徳教育は、一個の人間としての全体的な発達――つまり、心情と知能と良心の全体的な発達を目的とするものである。単に道徳の知識を授けることが問題ではなく、それが行動に生かされることが第一に要求される。しかもこゝで対象となるのは年長者でなく幼少の児童・生徒である。したがつて単なる訓示やお説教や講義はほとんど役にたゝず、より直接的にこどもたちの感情に訴え、強い印象を与えなければならない。その意味で一宗一派にかたよつた宗教教育は学校で禁じられているが、家庭での宗教教育とも密接に連絡を保つて教育が行われなければならない。

また「道徳科」という一つの教科が立てられているが、それだけが道徳教育の全責任を負うものではなく、全教科の協力の下に行われ「道徳科」はその中心核の役割を果すべきものである。（この点については、一九五五――五六年度の初めに、文部省機関誌に発表された文部大臣の「教師への手紙」でも特に強調されている。）

道徳教育の右のような役割と特質から、週間に割当てられた授業時間数も、中学年のころまでは、週一回あるいは二回にまとめることはしないで、毎日十五分ずつをなるべくその日の課業の始めにあてることが望ましいとされている。ただし、上級学年になれば、かなり知的に取り扱つてさしつかえないことになり、まとまつた時間もほしくなるので、「道徳」と「公民」とに分けて、おのおの毎週一時間をあてるような形もとられている。

各級別の道徳科の授内容と業しては、次のようなものがあげられている。

準備級（第一学年）……簡単な講話（学年始めは登校の注意や学校でのきまり等）、道徳的物語（古い教授要目では、ラ・フォンテーヌの寓話や、アンデルセンの物語などが教材例として示されていた）偉人の生涯から得た例話。

初級（第二・三学年）……物語、読本、学校生活でのできごとなどから引例して、うち解けた話し合いをし、すでに身につけた良い習慣を確実にし、さらにいつそう発展させること 。（教師用参考書として市販されている手引書の中では、毎月の指導案として、第二・三学年で同じ問題を扱い、たとえば「清潔」の問題で、第二学年では洗面その他の日常の習慣をとりあげ、第三学年にはそれを清潔と健康との関係にまで発展させて指導するように示している。）

中級（第四・五学年）……講話と話し合い。これには多くの場合、節制、誠実、質素、親切、勇気、寛容などの個人的、社会的道徳の実践に生徒を導き勤労愛、協力と団結の精神、約束の尊重で他人の理解、家族及び祖国への義務の精神と態度を養うのに役だつような読書を行わせる。（前記の指導書では一〇――一二月に個人的道徳、一月に家族、二―三月に社会生活における義務、四月に勤労、五月に自然と芸術、六月に祖国を教材として取りあげている。ここでも四・五学年は同じテーマを取り上げ、五学年では、いつそう発展させた級扱いをするように示されている。）

完成後（第六・八学年）……教授要目を定めた省令では「道徳及び公民生活初歩」として次の十項が列挙されているだけであるが、前記の指導書では「道徳」と「公民」とに分けて後者では、社会の構成や自治体の機能が取り扱われるようになつている。

①良心、人間的権威 ②個人生活における主要な義務、人格の育成 ③家族生活および社会生活における主要な義務 ④愛国心、正義と相互扶助 ⑤各種の労働の尊重 ⑥行政的組織体および文化的・精神的・職業的・社会的生活の中心としての市町村、集団生活に関連した村の組織と活動についての具体的な学習 ⑦最も日常的な諸契約や労働法規についての簡単かつ具体的な概念 ⑧フランスの政治、行政および司法組織の初歩 ⑨公民生活、その権利と義務 ⑩諸国民の間の関係（国際的な連帯関係、通商協定、文化交流そのほか、阻害因としてのファシズムや民族主義も取り上げる）

以上がフランスの道徳教育の概観であるがそれを担当する教師は、現在道徳的価値の基準をいずれにおくべきかなやんでいるようである。これはフランスのみならず現在のいずれの国においても同様であると思われるが、新しい道徳価値の基準の設定こそ道徳教育の振興に大きく役だつであろう。

ソヴエツト連邦

ソ連の道徳教育の特長を要訳してみると次のように理解される。

1　それは共産主義道徳教育といわれ、キリスト教諸国などがキリスト教を道徳の中心に置いているのとは反対に、道徳教育は反宗教的・科学的共産主義世界観の確信づけに始まり、共産主義的に規律ある生活に慣熟し、共産主義社会の完成に献身する人格を養成することを目標としている。

2　ソヴエットの国民教育の目的は搾取制度をなくし、共産主義社会の強化と完成に役だつ全面的に発達した成員を養成するということであつて、その全面発達の教育のために相互に有機的に結びついた五つの部分、知識教育、道徳教育、体育、美育および総合技術教育（ポリテフニズム）が行われる。共産主義道徳教育は独立には教えられず他の四つの教育と密接に各個に結合して教えられている。

3　学校においての道徳教育で第一に重視されるのはソヴエット愛国心および民族的な誇り、社会主義の祖国、レーニン、スターリンの党に対する無条件の信服であるとされ、次に規律、労働に対する社会主義的な態度、集団主義、義務と名誉の感情およびソヴエット人の風格を特長づけているといわれる道徳的品質だとされる。

4　これらの共産主義道徳は、教師により全教育活動すなわち課業の過程、ソヴエット教育の特長である課外、校外作業活動を通じて、生徒の成長発達や個性に応じて、説得、説明、強制、処罰、奨励の方法により、また教師の威信や範例をもつて教えられるが、近来はとくに家庭との連系、さらに青少年の間の共産党の前衛であるコムソモール（共産青年同盟）やピオネール（赤色少年団）の模範的活動によつて推進される。

道徳教育だけを行う科目や課外作業は効果がないとされている。

しかし、教育大臣は「学生の道徳教育はただ計画的に順序だてて行うことによつて始めて効果がある。無味乾燥なお説教や一つ一つの行為を分析しているのでは根本的な解決をもたらさない。この問題は学校の生活をきちんと規律だつたものとし、生徒の集団とかれらの社会に有益な労働の組織によつてはじめて解決できる」といつている。

生徒守則

ソ連における現在の道徳教育においては、自覚的規律教育ということが重視されている。これは、単純に教師の命令に服従するということから始まり、自分で望んでやるようになり、求めないで任務を完成し、何をなすべきか、何をなすべからざるかを識別し、社会に対する責任を深刻に認識するというように逐次教育されて高度の道徳的品性となるものであるとされている。この規律教育を重視することによつて道徳教育の成果を高めている。ロシア共和国では一九五一年に「学校の規律を強化することについて」という命令を出し、学校や地方の国民教育部が最近生徒の思想教育問題をゆるがせにし、授業や課外作業をなおざりにし、若干の学校では教育省が確認した「生徒守則」が守られていないし、はなはだしきは忘れているものさえあるとして、生徒に厳格にこれを守ることを要求している。

その生徒守則は、次に示すとおりである。

生徒守則

すべての生徒は次の如き義務がある。

一、教養のある文化的な市民となり、かつ、ソヴエットの祖国にできうるかぎりの利益をもたらすために忍耐強く、根気強く、知識を身につけること。

二、熱心に学び、きちんと授業に出て、学校の授業開始に遅れないこと。

三、学校長と教師の命令に絶対に従うこと。

四、必要な教科書と筆記用具をもつて登校すること。教師がくるまでに授業に必要なものを準備すること。

五、学校の中ではきれいに髪を解かし、さつぱりした身なりをすること。

六、教室の自分の席をきれいにきちんとしておくこと。

七、鐘がなつたら直ちに教室にはいり、自分の席につくこと。

八、授業中にはひじをついたり、ねそべつたりしないできちんとすわること、教師の説明と生徒の答を注意して聞くこと、話をしたり、関係のない問題に注意を向けないこと。

九、教師や学校長が教室にはいるとき、および教室から出るときには起立して送迎する。

一〇、教師に対して答える際には起立し、身体をまつすぐにし、教師の許可があつてはじめて着席する。答えたり教師に質問したりするときには手をあげる。

（抜萃欄）

一一、次の授業のために教師に課せられたことを日記あるいは特別な帳面に記入し、かつこの書込みを父兄に見せること。宿題は全部自分でやること。

一二、学校長と教師には敬意を払うこと。道で教師や学校長に出あった際には、礼儀正しいおじぎによるあいさつをすること。この際、男の子は帽子をとること。

一三、年上の者には尊敬を払うこと。学校内、路上および公共の場所では節制をもってしかも礼儀にかなうようにふるまうこと。

一四、悪ばのことばや粗野な表現を使わないこと。喫煙しないこと。カルタで金や物をかけないこと。

一五、学校の財産を守ること。自分の品、同志の品を注意深く取り扱うこと。

一六、老人、幼児、弱い者、病人に対して親切、ていねいであり、かれらに道や席をゆずり、あらゆる援助をすること。

一七、親の言うことを聞き、かれらの手助けをし弟や妹のめんどうを見ること。

一八、部屋を清潔にし、衣類やはきもの、寝具をきちんと保存すること。

一九、生徒証を所持し、注意深く保持し、他人に渡さず教師や校長の要請に応じて提示すること。

二〇、自分の学校およびクラスの名誉を自分自身のものとして重んじること。

規則を破った生徒は退学に及ぶ罰を負う。

この守則はあらゆるタイプの学校の全生徒が守る義務があり、こどもが学校に入学した最初の日から理解しやすい形で教えられ、上級になるに従って自覚的に守るように教育されるものである。そしてこの規則は、学習上の義務と規律を決めているだけでなく、生徒の周囲の人たちや物に対しての態度を規定した倫理基準を含んでいる。すなわち道徳的のしつけがこれによってまず行われる。この守則に従って、生徒たちは学校の生活でかれらが正確に行動する平常の練習をしなければならない。そうして、生徒たちは文明行為の習慣の獲得し、学友と年長者に対する同情ある態度をもつことができ、はじめて礼儀あり謙そんと公共物をたいせつにする習慣を養うことができると言っている。

この生徒守則や規律の問題は、まずロシヤ語の時間、読本の時間の中で教師から物語られるわけであるが、愛国主義の教育などは高学年では特に歴史・地理・ソ連憲法はもちろん、数学や自然科学でも、ソヴエットの偉大な科学者や発明に関連して教えられる。

いろいろの科目において、その時々の共産党の要求する課題を実現する方向を生徒に確信させ、行動への習慣づけを行うこと、これが共産主義道徳教育といわれるものであろう。

中華人民共和国（中共）

中共はソ連の教育をほとんどそのまま受けついでいる。中共当局が道徳教育――政治思想教育をどのように考えているか要訳すると次のとおりである。

1　学校では全面発展の教育を貫徹しなければならない。――今後の学校教育は政治思想教育を強化し、また系統的な科学知識の教育を重視し同時に体育、衛生教育に注意しなければならない。

2　政治思想教育の任務は、社会主義の政治方向を樹立し、弁証唯物論世界観の基礎と共産主義の道徳を培食することである。このために学校においては、労働階級の思想的指導地位を強化し、社会主義思想を増強し、徹底的に資産階級の思想を批判し、封建的、買弁的、ファッシズム的思想の残さいを粛清しなければならない。

3　政治思想教育は、学生の現在もっている思想状況に基き引続いて「祖国を愛する、人民を愛する労働を愛する、科学を愛する、公共財物を愛する」という国民公徳の培養に努力し、さらに集団主義の精神ならびに自覚的規律と緊張、勇敢、謙そん、誠実、節倹、質ぼく等の品性の培養に注意しなければならない。現在は特に愛国主義教育、労働教育と自覚的規律教育を強化しなければならない。

4　愛国主義教育については、学生の祖国に対する熱愛と祖国の社会主義建設事業に献身する願望を培養し、愛国主義観念を強化し、個人の利益を国家利益に服従させる観念を養成しなければならない。愛国主義教育を行うと同時に国際主義の精神を培養することに注意しなければならない。

5　労働教育については、学生に労働の社会主義的意識をうえつけ、労働を光栄の仕事と考え、労働を熱愛し、労働に対して自覚的積極的な態度をとるようにさせる。肉体労働を軽視し、労働者農民を軽視する誤った思想を正す。学校教育中では講義に配合して適当にできるだけの、また、教育に意義のある肉体労働を行わせる。

6　自覚的規律教育については学生に学習の自覚性と積極性を養成し、自覚的に学校規則を遵守し、教師を尊敬し、学校資材を愛護し、学校秩序を擁護し、集団の利益を尊重しさらに社会秩序と国家の法律を遵守する思想を養成しなければならない。現在若干の学校では規律弛緩の現象がみられるが必ず克服しなければならない。

7　政治思想教育はおもに教師が各学科の教授と各種の課外活動において行う。それゆえ、青年の特長に基き正面から積極的に社会主義思想で学生を武装させなければならない。説得は政治思想教育の基本方法である。学生の優良行為に対しては表彰鼓舞し、学生の思想錯誤行為に対してはそのまゝに放任してはならない。また簡単に粗暴な方法で処理してはならない。遵々として善導し、適当な批評を加えてその学生の改善の努力を助けなければならない。もし適当な処罰を必要とする時は教育的補助の方法をとつて懲罰主義の偏向に陥つてはならない。新民主主義青年団と少年先鋒隊は学校の行う政治思想教育に協力しなければならない。

生徒守則

一九五五年二月に初めて「小学生守則」、同五月に「中学生守則」が教育部により制定、発令された。この守則とともに守則を実施することについての指示がおのおの出されているが、それによると守則は、それぞれ小・中学生の学習規律と日常生活行為の準則であつて、これによつて、各学校は生徒に共産主義道徳教育を行い、生徒に良好な品性と習慣を養うように指示している。

小学生守則は次のとおりである（中学生守則もこれとだいたい同様）

小学生守則

一、身体が良く、学科の成績が良く、品行が良いひとりのりつぱな生徒になるように努めること。祖国のため、人民のために服務するよう準備すること。

二、国旗を尊敬し、人民領袖を敬愛すること。

三、校長、教師の教導にしたがい、自分の学校、クラスの名誉を守ること。

四、時間に間に合うように登校し、授業を受けること。遅刻したり、早退したり、かつてに欠席したりしないこと。

五、登校の時には必要な教科書と学用品を忘れずに持つてくること。授業開始前に授業に必要な品物をちゃんと準備しておくこと。

六、授業中はきちんと静かに、姿勢正しくしなければいけない。教室を離れる時はまず教師の許可を求めること。

七、授業中はよい授業ができるように熱心に教師の講義と学友の問答を聞くこと。かつてに話をしたり別な事をしないこと。

八、授業中、問題に答えまたは問題を提出する時はまず手をあげること。教師が発言を許したら起立して言うこと。教師がすわることを認めたら坐ること。

九、いつも心がけて教師の指定する課外作業を正しく行うこと。

一〇、積極的に当番になること。努めて課外活動に参加すること。

一一、校長、教師を尊敬すること。始業・終業の時には教師に礼をすること。校外で校長、教師に会つた時も礼をすること。

一二、学友と友愛団結し、互に助け合うこと。

一三、登校と帰宅の時には路上で道草をしたりしないで危険の発生を避けること。

一四、父母を敬愛し、兄弟姉妹を愛護し、自分でできることは自分でして父母の手助けをすること。

一五、老人を尊敬すること。老人、こども、病人、身体の不自由な人に対しては道を譲り、座を譲り、できるかぎりの援助をすること。

一六、他人に対しては礼譲正しくしなければならない。人をののしらないこと。またけんかしないこと。公共場所では騒がしくしないこと。他人の仕事、学習と睡眠を邪魔しないこと。

一七、うそをいわないこと。人をあざむかないこと。とばくをしないこと。他人の持物をひそかに私しないこと。自分や他人に有害な事をやらないこと。

一八、公共財物を愛護すること。いす・机・門・窓・垣・壁・地面その他ものをこわしたり、よごしたりしないこと。

一九、定時に食事をし、休息をし、睡眠すること。いつも遊戯し、運動し、身体を鍛錬すること。

二〇、身体、飲食、服装、用品、寝台と住所はすべて清潔・衛生を保持すること。公共場所でも清潔・衛生に注意すること。

（本稿の資料は主として文部省調査局「各国の道徳教育」によつた。篠沢）

わたしのくらし
―特殊児童と共に―

現任校　那覇市城北小学校
配属校　千葉県市川市立小学校
屋部洋子

梅雨もからりと晴れ本格的な暑さがやつて来ましたがお変りなくお過しの事と存じます。

私も無事に勤めさせて戴く事ができ、厚く感謝致して居ります。

もうすでに三ケ月も過してしまいましたが　その間当地の先生方とお会いして感じました事は沖縄について全然知らないと云うことでした。例えば「沖縄では日本人を教えているのですか」「二世やアメリカ人を教えるのですか」「言葉はどうですか」その他いろ〳〵聞かれたのですがほんとにびつくりしました。

遠く離れているのだから無理もないと思いましたが、ほんとの沖縄の姿を正しく知らせてあげなくてはという感で一杯になりました。

土地問題の事で新聞に報道された頃「沖縄の人は皆日本に移住して来て富士山麓のまわりにでも住まつたらどうか」などと云われた先生も居ります。

× × ×

わたくしは四月から市川小学校の特殊学級に仲間入りさせてもらい、十一名の仲間と共に楽しく過している。小さい時の病がもとでわたしの知恵が遅れてしまい、普通学級のお友達と別れてこの組に入つて来た。

受持の先生はやさしくて、お日様の光のように皆を同じく照らしてくれる。だからとてもたのしい。

教室を眺めると、窓側の台の上には、インコやジユウシマツが仲良くさえずつており、壁にはわたしのお友達の描いた図画や、切紙や作文が飾られている。戸棚の中を見ると、絵本やお人形、おもちやが早く遊んでちようだいと、私のくるのを待つている。わたくしはお人形を持つて皆と一諸に遊んだ。隣の遊戯室には、おすべり台、ブランコ、シーソーピンポン台、積木がある。お人形遊びにあきたのでブランコに乗つたり、おすべり台をすべつたりして楽しく遊んだ。遊びがすむと、K先生と一諸に、お絵かきや、お名前の練習や、七夕祭子供会の劇の練習で忙しい。わたくしたちは「まいごの子すずめ」という劇をやる。わたくしはその劇の合唱団の仲間なのだ。合唱団は四年八組のお友達が来て手伝つてくれる。この四年生のお友達の中には、特殊学級でお勉強をしていた子が二人いる。私は、四年生のお友達と共に歌うのが楽しみだ。明日はお面つくりをする。どのようにして作つたらよいかしら。きれいなお面ができるかしら心配だ。でもわたしのまわりではいつもやさしいK先生がみまもつてくれるので安心して作ることができるだろう。腕がむずむずしてきた。七夕祭の学芸会には、真間小学校からも、岡の上にある養護中學からも、お隣の八幡学園からも、船橋小学校からもお友達がやつて来る。しつかり練習して上手に劇をやりたい。「早くこいこい七夕祭。」

× × ×

教室の裏には、わたしたちの作つた花園がある。グラジオラス、百日草、アスターが元気よく芽をだした。グラジオラスは、五〇糎ほどに伸びた。百日草は十糎位に伸びたので花がよく咲くように苗床からうつした。アスターは、どうしたのかなかなか伸びない。

「かわいそうだね」

とあちこちから話し声が聞えた。皆で仲良くかわいがつてあげようと相談がきまつた。

この組に入つて来るまでは、大変おとなしく、お友だちと口もきけず、少しの事でもすぐ泣きだして先生を困らせていた私も、近頃では非常に元気のいい子供になつた。

「元気になつたね。しつかりお勉強するのですよ。」

とK先生が頭をなでてくださつた。あと一、二ケ月もすると、元気よく歌い、お話をしたりすることができるだろう。

グラジオラスに負けないようにグングン伸びて行こう。

本土の学校をみたまゝ感じたまゝ

現任校　勝連小学校
配属校　大阪市立鷺洲小学校
前原武彦

研究教員から帰られた諸兄が半年の研究期間は吃驚ソワ〳〵している間に過ぎた感がすると、言つておられたことをよく耳にした。（但し私が研究報告に出席して聞いた範囲内）それというのも新教育を批判し明確な示向によつての教育と学校施設完備の段階にある現場に一気にとび込んでは無理もないことだと思い、どうせ本土の教師が長年にわたる尊い汗の結晶である、研究内容から自己の悩み解決に必要な部分を抜き取つてくるぐらいのことしかできぬだろうと考えて、国語科の「読解指導」を研究テーマに持つ私が研究地を何故に大阪市を選んだかを付言しておきたい。

㈠　短時日だから教育熱が高いと思われる大都市でその教科に実績をあげている多くの学校を容易に訪問できる。

㈡　共通語のみで書かれた教科書使用の現状下に日常用語（関西弁）との間に　いくらかなりとも抵抗を受けつゝ指導している所を見たい。

㈢　戦後暫く住んだこともあり事情が少しでもわかり、時によると経済的軽減にもなりはしないかという期待。

以上のことからして大阪を希望して来たがさて現地に来ての感じを書いてみたい。

◉学校の雰囲気

職員録をめくれば誰でも気づく程ここ大阪は俗にいう学校閥が根強くはつていて、旧天王寺師範系、旧池田師範系、それに混成系とでもいうか他府県の学校出身を主幹とする系統の三派があつて、校長が天師出身ならば職員もほとんど天師出身で組識されているという具合である。当校も天師系に属する方で（戦後の各学芸大卒も多い）職員間は親密なもので、教頭と若い女教師との対話など、父娘の間柄のように微笑ましいものである。職員朝礼後、授業が終了まで休み時間も教室や運動場で児童と共に過ごしている。したがつて湯飲み具喫煙具も教室に備えてあるわけだ。

結局事務室に寄り集うのは登校から朝礼始めまでと、給食後から五時限目始業のベルまでだが、その時は世間話や冗談が続出し爆笑の連続で、みるからに楽しそうである。放課後の執務状態も口はしやべりながら手に持つペンはスラ〳〵走り執務それ自体が楽しくてしかたがないというような感を受ける。また新任の者でもすぐに自分達の仲間に引き入れるべき雰囲気をつくることも巧みで、私にとつてはその点渡りに舟で好条件だつた。「案ずるより産むが易し」ということばの意味を体得した感じがした。

◉研究組織と態度

○教科研究部

主任の外に五、六名の部員からなり、できるだけ各学年から一人は加わるようになつている。カリキュラム立案または改訂すべき点の検討をなし、職員会議にかけて決定する。各部はそれぞれの研究テーマを持ち、それによつて企画、調査、指導を分担してやつている。

その外に理科の実験実習も各教師は部員を中心にして体得したり、音楽の読符教材皆唱などの指導も行つている。

○校内究研

月二回あつて研究授業と研究発表のどちらか心ずやらねばならぬように順序が決つているので年間行事予定表に学科と月日も判明している。授業後反省と批評会がもたれるが、学習指導面に対して痛烈な批判がされ、最初は度胆を抜かれた。（勿論よかつた点にも言及するが）参観しての個人の質疑応答後に各学年でまとめての批評があるので、全員真剣そのものでボンヤリしての参観はできぬわけだ。

○共同研究（主題からはそれるが参加したので記しておく）

市内で同一テーマを持つ学校が共同して各観点か

ら研究する組織で、研究結果の発表会は各学校別に行うが内容は一冊に集録してあるので参考資料としての使用が便利である。

一例をとつてみると

「読解力を伸ばすための学習指導」のテーマに対して

カード学習の在り方……市立長居小学校
読解力を高めるための「語い」指導……市立南田辺小学校
学年の発達段階に応じた読解指導……市立粉浜小学校
学習手引きによる読解指導……市立鷺洲小学校
物語文生活文の読解指導……市立住吉川小学校
説明文記録文の学習指導……市立舎利寺小学校

○新任現職教育

新任者（但し学校卒のみ）を市教育委員会がブロック（十四ブロックに区分されている）ごとに、その学科にすぐれた教師を指名依頼して、授業を通して研修させる意図のもので全教科にわたつて行われる。

質疑応答の際感じることは、単に「参考になりました」式でなく短い教育実習の上にたつての意見も交じえて述べ、問題点については熱心な討議がなされる点など頼母しい教育の前途を思い感深いものがあつた。

結局全般的にみて言えることは、個人相応の悩みを持ち毎日現場を足場として綿密な計画をたてて調査し観察し細大もらさず記録にとどめ、その悩みを解決する目的でコツ〳〵と必要な教育図書を、ひもどいている点、即ち理論に現場を合せるのでなく現場からスタートした研究にとりくんでいることである。

◉事務組織

「その用件ならその係へ」との一言につきるように事務分担が明確になつていることは拙文で申しあげるより分担表によるのがよいと思う。紙面の都合もあつて、教務部のみにとどめる。

教務部
- 教務係
  - 時間割編成日課表作製に関する件
  - 補欠授業に関する件、学年打合せ会、指導案に関する件
  - 教科研究分担表作製に関する件
  - 現職教育（研究会、講習、その他教官修養研究）
  - ブロック研究会
- 学習指導係
  - 校外学習、夏期行事に関する件
  - 学芸会展覧会その他特別教育活動に関する件
  - 教材園に関する件（動植物飼育栽培）
  - 各種テストに関する件
  - 各種展覧会出品物並に児童選定
  - 掲示教育
  - 映画幻燈の教育
  - 放送に関する教育
- 図書館係
  - 学校図書館の運営と管理及び視聴覚教育
  - 資料器具の保管
  - 学科書及び参考図書に関する件
  - 学校及び学級新聞に関する件

◉研究会に参加して

研究会の持ち方で従来の一般的なものと異つた形をみたので紹介がてら所見を述べてみる。

午前中に一般公開授業と研究発表があり午後に指定授業と分科会が持たれるが、このような持方だと午前だけ参加する者とかまた午後のみの者でも一つのまとまつたものをつかむことができるわけである。全日参加はなおよしで研究発表で内容をにぎつてから具体的な指定授業を参観するので観方が楽に結びつき、深く見られるわけである。分科会での討

議も例の如く活発で、否、活発過ぎて参加者の自校（または自己研究）の紹介の為に参加したのではないかと思われる程、自己の実践を土台にしての意見の多いことが印象深い。

こう書きなぐつてみると標題にそわぬところもあり、視点を教師側にのみおき、肝心な児童側にふれては記すことができなかつたが、次の機会にゆずりたいと思う。

秋田へ來て

現任校　開南小学校
配属校　秋田市立中通小学校
嶺井政子

本土の「土」を生まれてはじめて踏み、それに文部省で秋田と決まつた時はびつくりするやら、心配やらで……その当時の心理の複雑さ、（自分で希望したものの何しろ私みたいな愚者で教育経験には未熟だし、ゆけるとは夢にも思つていなかつた。決定した時は喜びより心配で一杯だつた）他の研究教員の先生方は一県に五、六人もいらつしやるし、それに関東近くで何かにつけて、研究、悩みと話合えるし、ほんとに羨しい。一旦決まつたんだし……以前より東北に興味をもつていた。北方作文、言語生活、教育には古い歴史をもつているし、それに南と北の生活、気候、風俗、産業と研究してみたかつた。でも私一人、東北の地、しかも、はじめての研究教員だと云うこと、責任重大!!ますます心配は増すばかり、それに知人や親戚に「どうして未地の土地へ、知つた人も居ないのに」と言われて返答に困つた。

人間はあらゆる苦しい面にぶつかつてこそ、教育的或いは人間的にきたえられる。私に与えられたよい試練である。苦しみがあればこそ楽しみもある。四月七日の夜の急行で一人秋田へ向う。東京では五月まで雪が降るということであつた。気候的にどうかと思つたけど、駅へ着いてみて雪はどこにもみあたらない。案外暖い。人通りの少ないこと、目にとまつたのは、人力車である。幼い頃よくのつた人力車。ちよつと珍しい。白い顔に赤い頬つぺた、モンペ姿。古い歴史を物語るような建物……印象的だつた。

秋田の人に接して感ずることは、人間がのんびりしていて、大変親切なことです。ちよつと郊外へ出ると言語で困つた。口形が、はつきり開かないせいでしようか、開きとりにくい。最近では言語生活にも慣れて、ゆつくり耳をかたむけていると、秋田独特の情緒がある。例えば、しやつこい(冷い)ぼだつこ（しおざけ）さらつこ、しようゆつこ、みそつこなど言葉の最後に「こ」をつける。しやぼ(ぼおし)んだか(そうだよ)がこ(たくあん、聞いて悪い感じがしない。

（秋田の子どもたち(クラスにて)

子どもたちの一〇〇の目がみな輝いている。お行儀のよいことが印象的だつた、ハキ〳〵していて、思つたこと聞きたいことを、その場、その場で元気のよい返事、元気のよい質問、

子どもたちに接し学習していて実に楽しく愉快である。男女仲がよくお互に助け合つて何事も処理している。ほがらかな子供達、人なつこい子どもたち、一分後にはすぐお友達になつて、南の人（沖縄）の生活、産業、風俗、交通と……興味をもつて聞き、ノートする。

学校設備の充実は勿論のこと、先生方が教育に熱心で、特に教具のくふうに注意をはらつていらつしやる。如何にすれば子どもたち、全部が興味をもつて学習し、理解するか、低学年の先生方は午後は毎日、教具づくりで廃物利用をいかして、日々の学習に効果をあげていらつしやる。一年生で五〇音の筆順を間違う子どもが、五〇人のうち、一人もいないのにはびつくりした。そういうふうにどの教科にも細心の研究をしていらつしやるので、五〇人の子どもたちがそれぞれ、興味をもつて学習している。遅進児が少ない。低学年は教具のくふう、上学年は教材研究と参考になる面が多く感心しております。教育実践家の「浅野ヒナ先生」を紹介します。教育に研究が深く寛大で親切な方で、「教具を生かした低学年指導」という著書をだしていらつしやいます。文部大臣は教具の発明発見で全国的に有名な方で、文部大臣賞、読売賞、県内でも沢山の賞状をいただいていらつしやる偉い先生で、応接室には先生の賞状が九つもあります。北は北海道、南は九州と多くの先生方からお手紙をいただいてそれに対して御自分の体験や教具の使用などについて早速お返事をだしていらつしやるし、今度は、教具をかついでPTAや先生方へと町の学校、へき地の学校へと講演にもいらつしやる。実にやさしい元気な先生でいらつしやいます。こういう偉いやさしい先生にお会いできて、いろいろ御指導していただいている私は、東北へ一人でまいりましたが、ほんとによかつたと感謝しております。

東京都公立学校

職員適性検査問題（昭和三十二年度第一回）

小学校全科（九〇分）

一、つぎの読みがなをつけたことばのうち、当用漢字音訓表からみて、かな書きにした方がよいと思うものを三つ選んで、その番号を〇でかこみなさい。

1. お父《とう》さんとうはいらつしやいますか。
2. 父《ちち》はいま外出しました。
3. 父母《ふぼ》はきわめて健康です。
4. 今日《きよう》の試験はむずかしかつた。
5. ご親切は何時《いつ》までも忘れません。
6. いまは何時《なんじ》ですか。

二、つぎの文の□の中に適当な漢字を、新字体で正確に書きなさい。

1. こんな□《あつ》い日に□《あつ》いオーバーを着て、□《あつ》いお茶を飲んだのではたまらない。
2. □《たたみ》の産地としては広島県が有名です。

三、つぎの二つの基本文型にあうような短文を、主語述語をはつきりさせて、それぞれ一つずつ書きなさい。

1. 何が（は）何だ。短文—
2. 何が（は）どうした。短文—

四、つぎの事項について例をあげて説明しなさい。

1. 文字板— 2. 鼻濁音— 3. 合成語—

五、つぎのことがらにあてはまつている事項を、下の事項の中からそれぞれ一つずつ選んで、その番号を（　）の中に書きなさい

（　）それは、私有財産の不可侵、企業の自由・私利追求の権利にもとづいて成り立つ、そこでは、個人の創意や熱意が経済福祉を進めるのに、最もよい方法であると主張される。

（　）この形態においては、企業のそれぞれの独立性は保たれるが、生産の条件や販売について協定を結び、共同の行動をとる。つまり企業活動の一部について共同が行われる。

1. カルテル 2. 社会主義社会 3. 金融資本 4. コンツェルン 5. 商業資本 6. 資本主義社会

六、日本国憲法で規定しているつぎのことがらを正しく表わすように、下の語句のうちから適当なものをそれぞれ一つずつ選んでその番号を□の中に書きなさい。

(イ) 学問の□は、これを保障する。

(ロ) すべて国民は、法の下に□である

1. 理想 2. 権利 3. 公正 4. 特権 5. 平等 6. 権限 7. 義務 8. 福祉 9. 保全 10 自由

七、つぎの文を正しいことがらを表わすように、下の語句の中から適当なものをそれぞれ一つずつ選んでその番号を□の中に書き入れなさい。

この文化の改新の眼目は、これまで氏族が私有していた土地・人民を朝廷に納めて、朝廷が直接統治するようにしたことである。そして人民には□を与えて耕作することがきめられたが、これを□の法という。また、中央には大臣などの役を任命し、地方を国や郡に分け国司・□をおいた。

1. 豪族 2. 農地 3. 検非違使 4. 大名 5. 検地 6. 郡司 7. 口分田 8. 租庸調 9. 班田収授 10 領地

八、つぎのことがらにあてはまる人を、下の人名の中からそれぞれ一人ずつ選んで、その番号を（　）の中に書き入れなさい

（　）キリスト教会が免罪符を販売することをなげき、ウイツテンベルグの教会の扉に九五か条の抗議文をかゝげて、免罪符の販売を非難した。

（　）イギリスの実際政治の範をとり、ブルボン王朝の専制政治を批判し、「法の精神」を著し、政体を専制・君主・共和制の三種に分類し、三権分立を主張した

1. オリバア・クロンウエル 2. ルソー 3. ジ

ヨン・ロツク　4. カルビン　5. モンテスキュー
6. アダム・スミス　7. マルチン・ルーテル
8. ツウイングリ

九、つぎのことがらの中から日本農業の特色を表わすものを二つ選んで、その番号を○でかこみなさい。
1. 農耕機械を全般に非常に多く利用して農業を経営している。
2. 全般に農家一戸当りの耕地面積が狭くて、小農制農家である。
3. 全般に農家は農業のみを行い兼業の職業をもたないで、楽に生活している。
4. 農家の耕地が広いから、土地は年一回の利用で多くの収入が得られる。
5. 一般に一反歩当りの収穫が外国の農業にくらべて多い。

十、日本の四大工業地帯以外のよく知られた工業地帯をつぎの□の中に一つずつ書き入れなさい。
1. 　　工業地帯　2. 　　工業地帯

一一、つぎの文を正しいことがらを表わすように、下の国名、地名の中から適当なものをそれぞれ一つずつ選んで、その番号を□の中に書き入れなさい。
1. ペルシヤ湾に注ぐチグリス川・ユーフラテス川の流域に開けた平原には、数千年前に古い文明が起つた。
2. 西南アジアには、石油の産地として世界的に有名な国が多いが、□はそれらの中で産額が多いので知られている。
(イ)サウディ・アラビア　(ロ)ウクライナ　(ハ)ヒンドスタン　(ニ)パレスチナ　(ホ)ロンバルジア　(ヘ)アフガニスタン　(ト)パキスタン　(チ)メソポタミア

一二、つぎの公式は何を求めるときのものかを（　）の中に書き入れなさい。
1. $V=\frac{1}{3}\pi r^2 h$　（　）
2. $S=\frac{n(a\times 1)}{2}$　（　）
3. $S=\sqrt{s(s-a)(s-b)(s-c)}$

一三、二つの三角形の合同の条件を三つ書きなさい。
1.　2.　3.

一四、y=ax のグラフは、どのような線になるか図に書いて簡単説明しなさい。

一五、二つの整理がある。二数の和は45で大きい数を小さい数で割ると、余りは3になる。この条件にあう二数をできるだけあげなさい。

一六、左の図の周囲の長さを求めようと思う。

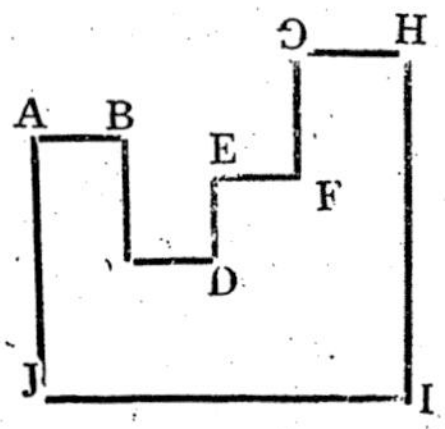

HI・IJ の長さは測定されてわかつている。つぎにどの部分の長さをはかれば、周囲全体の長さが算出できるかその測定すべき部分をあげなさい。

一七、普通の植物の葉について、つぎのことがらの中から正しいものを一つだけ選んで、その番号を○でかこみなさい。
1. ひるまは、炭素同化作用をして呼吸作用はしていない。
2. よるは、呼吸作用だけをしている。
3. 日があたつているときは、炭素同化作用と呼吸作用と蒸気作用とをしている。
4. 暗いところでは、炭素同化作用と呼吸作用と蒸気作用とをしている。
5. 気孔は一般に葉の表面に多くあつて、呼吸だけをしている。

一八、つぎのことがらの中から、大気圧以外の原因によつておきる現象を一つだけ選んでその番号を○でかこみなさい。また○をつけたことがらについて、その現象のおこる原理を（　）の中に書きなさい。
1. 吸いあげポンプで、水をくみあげることができる（　）
2. かわいた机の上に水滴を落すと、球状になる（　）
3. コップに水をみたして、上から厚紙をおおうとさかさにしても紙は落ちない。
4. スポイトを使うと、インキを吸いあげることができる（　）

一九、だえきのはたらきや変化について、下の文を正しいことがらを表わすように□の中に適当なことばを書き入れなさい。
だえきは、栄養素のうち□を□にかえるはたらきをもつている。そのはたらきの変化は□を使つて調べることができる。その変化は色が□から□になることでわかる。

二〇、つぎの1.から5.までの音楽についてのことがらを表わしている文中の、それぞれの（　）のイ・ロ・ハの中から正しいものを一つずつ選んで、その記号を○でかこみ正しいことがらを表わす文にしなさい。
1. ワルツは（イ、四分の三拍子、ロ、四分の四拍子、ハ、四分の二拍子）の曲である。

2. 児童の発声は、イ、胸声発声、ロ、頭声発声、ハ、弱発声）を主体にすることが望ましい。

3. 小学校の低学年の鑑賞音楽教材は、主として（イ、静かなもの、ロ、リズミカルなもの、ハ、和声的なもの）が適している。

4. rit は（イ、次第に強くする、ロ、急に弱くする ハ、だんだん遅くする）という意味の音楽用語である。

5. ピアノでト長調の音階をひくには（イ、ヘ音を半音上げる、ロ、ロ音を半音下げる、ハ、イ音とハ音を半音上げる）

二一、つぎのことに注意して、鉛筆を使つて、右の欄にデザインブックの表紙図案をかきなさい。

1. 鉛筆を使つて、暗色・中明色・明色の三段階に分けて配色すること。

2. 暗色・中明色・明色の中で、暗色をもつとも少なく使うこと。

二二、二枚刃かんなを使うときには、二枚の刃を、どんなことに注意して合わせればよいか。注意することを二つかきなさい。

(1)　(2)

二三、つぎの、それぞれの生地に適したアイロンの温度について、高いものから順序がわかるように、それぞれの（　）の中に番号を書き入れなさい。

（　）アセテート（　）絹織物（　）毛織物（　）木綿織物（　）麻織物（　）ビニロン（　）

二四、つぎの文を正しいことがらを表わすように、それぞれの（　）の中から適当したものを、一つずつ選んで○でかこみなさい。

1. 教室の気温が摂氏（八度・一三度・二〇度・二五度）以下になつた場合には、暖房が必要である

2. 読書や裁縫をするときの手もとの明かるさは（二〇〇・五〇〇・八〇〇）ルックスぐらいが適当である。

二五、つぎの症状の場合には、どんな栄養素を摂取すればよいか。適当と思う栄養素の名を書きなさい

1. 夜盲症　2. 壊血病　3. くる病　4. 脚気　5. 貧血症

二六、「あしを左右に開いて、体を前と後にまげる」運動で、つぎの問の中からもつとも適当なものを一つだけ選んで、その番号を○でかこみなさい。

1. 前と後にまげる速さは、できるだけ早く行う。

2. 前はおそく、後は速くまげる。

3. 前はできるだけ速くまげ、後はゆつくりまげる

4. 前は普通の速さで、後はゆつくりまげる。

二七、小学校中学年（三・四年）で行うリレーの教材を三つ書きなさい。

1.　2.　3.

二八、つぎの体育の教材のうちから、小学校一年生の教材として適当と思われるものを二つだけ選んで、その番号を○でかこみなさい。

1. 方形ドッジボール　2. ころころまわり　3. あしかけ回転（低鉄棒使用）4. 川とび

図画工作

一、つぎの美術用語を説明しなさい。

1. Design（デザイン）
2. Texture（テクスチュアー）
3. arrangement（アレンジメント）
4. Gradation（グラデーション）
5 Cubism（キュービズム）

二、児童の学習作品の中から、のぞましい作品を選ぶには、どのような観点を設ければよいか。

三、つぎのことを説明しなさい。

1池大雅の画風　2ビザンチン様式

四、つぎの問1　問2に答えなさい。

1　児童に、厚紙の材質を理解させるためには、どのような学習経験をさせればよいか。

2　中学年の厚紙工作において、展開図はどのような方法で指導すればよいか。

教室のすみにおいて使う紙くず箱の工作図をかきなさい。図は正投影図あるいは等角投影図であらわす。

〔実技〕別紙　画用紙

この室の窓を主題にして構図をきめて、鉛筆を使つて写生しなさい。

音　楽　（六〇分）

一、次の(イ)・(ロ)の事項につき、簡潔に述べなさい。

(イ) 小学校における音楽教育の目標

(ロ) 小学校における音楽教育の具体的な学習活動の種類（例えば歌唱）と、それぞれの内容の概要。

二、小学校、高学年の歌唱教材にふさわしい二部形式の施律を作りなさい。（調は、ヘ調長、拍子は四分の三拍子）（五線は各自で引くこと）

三、小学校における音楽学習指導の目的と、それを達成するための具体的目標について述べなさい。

家　庭　（六〇分）

一、家庭科と家庭生活指導との関係を簡単に述べなさい。

二、調理実習の指導をするときのたいせつな観点を三

つあげて簡単に説明しなさい。

イ、　ロ、　ハ、

三、小学校の家庭科で指導する手ぬいの基礎となるぬい方の種類をあげて、そのぬい方を図で示しなさい。

四、つぎの文が正しいことがらを表わすように（　）の中からそれぞれ正しいものを一つずつ選んで、○でかこみなさい。

(イ)　教室の気温が攝氏(八度・一三度・二〇度・二五度)以下になると、健康のために暖房を入れるのがよい

(ロ)　読書や裁縫をするとき、手もとの明かるさは、(二〇〇・五〇〇・八〇〇)ルクスくらいが適当である。

五、つぎの表は、六つの基礎食品の指導に用いるためのものである。欄外の主要栄養素をそれぞれ適当な群に記入し、その代表的な食品名を右のわくの下に三つずつあげよ

群	主要栄養素	代表的食品
1		
2		
3		
4		
5		
6		

ビタミンC　ビタミンA（カロチン）
炭水化物　ビタミンA・D　蛋白質
カルウム　無機塩類　ビタミンC
ビタミンB1　脂肪　ビタミンB1・B2
ビタミンB2

保健体育　（六〇分）

一、つぎの文の[　　]の中に、適当な語をいれて、正しい文章にしなさい。

1　競技するものは、つねに[　　]で、相手を[　　]しつつ自分の最善をつくし、その成果に満足する。

2　競技を審判するものは、規則に従って[　　]に判断し、[　　]を明るく滑かに進める。

3　競技を見るものは、[　　]にとらわれた応援をせず[　　]とすぐれた技をたたえ、スポーツのよりよい発展を願う。

4　小学校の体育科においては、体育運動の[　　]を得させ、健康生活に必要な、[　　]を形成することに重点がおかれる。

二、終戦から現在にいたるまでの小学校体育の変遷を史的立場から概説しなさい。

三、運動に関連したよい健康習慣と安全についての指導の要点を五つあげなさい。

四、体育の教育課程構成の段階について略述しなさい

養護

一、WHOの目的を簡単に述べなさい。

二、適当な時間、深い睡眠をとることは、保健上大切であるわけを述べなさい。

三、次文の「　」の中で、もっとも適当なもの一つを選んでその記号を○でかこみ、正しいことがらをあらわす文にしなさい。

「わが国では、一九五五年から「イ、2ロ、3ハ、4ニ、5」ヵ年計画で、国民一人一日当り「イ、たんぱく質ロ、熱量ハ、炭水化物ニ、脂肪」2143cal「イ、ビタミンロ、灰分ハ、熱量ニ、たんぱく質」六五・七五の栄養量を、エンゲル係数「イ、七五ロ、五〇ハ、三五ニ、一五」%以下で確保することを目標にして食糧需給計画をすすめている」

四、日本人（特に一五〜一九才）は最近どんな原因で死亡しているか。主な死因を三つ書きなさい。

(1)　(2)　(3)

五、凍傷を程度によって分類しなさい。

一度―（　　　）

二度―（　　　）

三度―（　　　）

六、次の式の[　　]の中に適当な言葉や数字を入れて、正しいことを示す式にしなさい。

$$出生率 = \frac{[\quad]}{[\quad]} \times [\quad]$$

七、種痘を行う時期を三つ書きなさい。

(1)　(2)　(3)

八、次の伝染病を分類して、それぞれ下の欄に記入しなさい。

（せきり）（結核）（痘そう）（狂犬病）（百日ぜき）（トラコーマ）

伝染病予防による法定伝染病届出伝染病	単独の予防法による届出伝染病

九、ニルセン法とは何か、説明しなさい。

一〇、学校保健委員会と児童（生徒）保健委員会との根本的な相違点を述べなさい。

幼稚園　（六〇分）

一、幼稚園教育内容の六領域をあげ、それぞれの教育の目標を書きなさい。

1　　2　　3

4　　5　　6

二、次の遊具は、それぞれ幼児にどのような面の発達を促すか。簡単に説明しなさい。

1　ぶらんこ　2　すべり台

3　砂　場　4　ジャングルジム

5　大型箱つみ木

三、幼稚園の教育計画作成上のつぎの留意点のうち、正しいものには○を正しくないものには×を、それぞれの番号につけなさい。

1　地域社会の要求のみを考えて計画を作成する。

2　経験は幼児の生活経験を基盤として、しぜんに展開するように組織する。

3　個人差に応ずる用意がなされなければならない

4　季節とか、地域社会の行事は余り考える必要はない。

5　小学校の教育課程を考慮して計画する

四、五才児の身体発達の特質として、正しいものには○を、正しくないものには×をそれぞれの番号につけなさい。

1　頭の重さは大人とあまり差がない

2　睡眠時間は八時間ないし九時間である

3　病気に対する抵抗力は弱い

4　全身を使う運動は少い

5　骨はまだ柔軟であるが、次第に硬さを増している

五、四才になる正雄ちゃんは小学校二年生の姉さんと二人兄弟で、大へん元気のよい活動的な子供であるこの四月から幼稚園にはいつたが、どうしたことか絵に対する興味がなく、いつこうに描こうとしない。母親が心配して無理に描かせると、めちゃめちゃに数回ぬりたくつておしまいにする。知能は普通である。この正雄ちゃんが絵をよろこんで描くようにしむけるには、どう指導したらよいか説明しなさい。

六、四、五才の幼児の身体発達上、特に必要な栄養素は［　］である。また一日の心要熱量は［　］カロリーである。

教職教養　（三〇分）　一回

一、つぎの各条文の［　］の中に適当な語句を書き入れなさい。

1. すべて国民は、法律の定めるところにより、その［　］に応じて、ひとしく教育を受ける［　］を有する。（憲法第二六条）

2. ［　］は、互に敬重し、［　］し合わなければならないものであつて、教育上男女の［　］は、認められなければならない。（教育基本法第五条）

二、つぎの各項のうち、正しいものには○を正しくないものには×を、それぞれの（　）の中に記入しなさい。

イ、（　）市区町村教育委員会は、子女が病弱の場合には、保護者に対して、その就学義務を猶予又は免除することができる

ロ、（　）幼稚園で成績優秀なものに対しては、一年早く小学校に就学させることができる。

ハ、（　）公立小・中学校は特に必要と認める場合は、授業料を徴集することができる。

ニ、（　）東京都立大学は、東京都教育委員会の所管ではない。

ホ、（　）都道府県の教育委員は、選挙によつて選ばれる。

ヘ、（　）私立学校の教員は、都道府県の教育長から任命される。

三、学校の学年については、学校教育法施行規則で定められているが、つぎに示す事項のうち、正しいものの番号を○でかこみなさい。

イ　学年は四月一日に始まり、翌年三月三十一日に終る。

ロ、学年は始業式に始まり、翌年の終業式に終る。

ハ、学年は校長が職員と相談して決定する

四、地方公務員法には、公務員として服務上守らなければならない義務・制限及び禁止の事項が規定されている。つぎの項目のうち、それに該当するものには○を、該当しないものには×をつけなさい。

イ、職務に専念すること。

ロ、当該公共団体の行政区域内に必らず居住すること。

ハ、政党その他の政治的団体の役員になること。

五、つぎの文中の［　］の中に正しい語句を書き入れなさい。

学校図書館は小学校・中学校及び高等学校において図書、［　］覚教育の資料その他、学校教育に必要な資料を収集し、保存し、それを児童又は生徒および［　］の利用に供するための設備である。そのため学校には、学校図書館の専門的職務を掌らせるため［　］教諭をおかなければならない。

六、夏休み中の勤務について、つぎの各項のうちから最も正しいと思うものを一つ選んで、（　）の中に○を記入しなさい。

イ、（　）児童・生徒にとつては休業であるが、教員

にとつては休暇ではなく、出勤の義務がある。

ロ、（　）児童・生徒にとつて休業であるから、教員も学校に出勤しなければならない義務はない。

ハ、（　）学校長・校務主任は学校管理の必要上出勤し、他の教員は自由意志にまかせらるべきである。

ニ、（　）教員は上司から出勤を命ぜられた時だけ出勤し、その他は休暇であるから出勤しなくてもよい。

七、つぎの事項のうち正しいものには○を正しくないものには×をつけなさい。

イ、児童・生徒の指導においては、教材の指導に専念すべきで、生活指導は第二次的なものと考えなければならない。

ロ、個性尊重の教育においては、児童生徒の興味や関心のすべてを尊重し、社会的要求などは考慮に入れる必要がない。

ハ、児童・生徒の指導は、教室の中だけでなく、随時随所において行うようにしなければ効果をあげることができない。

八、児童会・生徒会の議決事項のとりあげ方について教師の立場から最も正しいと思われるものを一つだけ選んで、その番号を○でかこみなさい。

イ、児童会・生徒会が興味を持つているからやらせるだけで、その議決事項などとりあげる必要はない。

ロ、児童会・生徒会は、児童・生徒の最高決議機関であるから、議決事項はすべてそのまま実行に移さなければならない。

ハ、児童会・生徒会は、学校の指導のもとに行うのであるから、その議決事項は教育的立場から検討を加えて実行する。

九、学習評価の目的について、下記事項のうち、最重要なものを二つだけ選んで、その記号を○でかこみなさい。

イ、指導計画達成の度合を知るため。

ロ、テストを行わないと児童・生徒の自主的な学習が行われないから。

ハ　指導の結果を指導要録に記入するため。

ニ、児童生徒の能力、興味、欲求を知るため。

十、下欄にあげる人物の中から、次表各項に該当する人物名を選んで、それぞれの（　）の中に書き入れなさい。

イ、自由主義教育を提唱した一八世紀のフランスの有名な思想家（　）

ロ、「教育の根本は愛でなければならない」という信条に立つて、貧民の子供のための学校をつくり孤児の教育に従事したスイス教育者（　）

ハ、はじめて幼稚園を開き、多数の幼稚園の遊び道具を考え出したドイツの教育者（　）

ニ、〃学問のすすめ〃の著者（　）

ホ、明治の初期、わが国にきて学校教育に従事し、青年に偉大な感化を与えたアメリカの教育者（　）

クラーク、ベルグソン、フレーベル、ゲーテ、ルソー、カント、ペスタロッチ、中江兆民、福沢諭吉
フエノロッサ

教職教養　（三〇分）二回

一、つぎのことがらは教育基本法で規定していることである、文中〔　〕の中の正しくない語句を消して正しいことがらを表わす文にしなさい。

良識ある公民たる必要な〔宗教的／政治的／職業的〕教養は教育上これを尊重しなければならない。ただし、法律の定める学校は特定の〔政党を支持し又はこれに反対するための政治／特定の宗教のための宗教／産業を助長するための職業〕教育をしてはならない。

二、つぎのことがらは教育基本法第四条の条文である□の中に適当な語句を書き入れなさい。

国民は、その保護する子女に、九年の□を受けさせる□を負う。

三、つぎの各項□の中に適当な語句又は数字を書き入れなさい。

イ、法律で定められた国民の祝日は一年間で□ある。

ロ、学習指導要領において年間授業を行う週数としては小学校は□週、中・高等学校は□週を基準としている。

ハ、国際連合教育科学文化機関のことを通常

□とよんでいる。

ニ、小学校・中学校・高等学校においては□の検定を経た教科用図書又は文部大臣において著作権を有する教科用図書を使用しなければならない。

四、つぎの各項は、現行の教育委員会制度に関する規定である。下の（　）の中にある数字又は語句からもつとも適当と思うものを一つずつ選んで□の中に書き入れなさい。

イ、教育委員は、町村において条例で定める場合を除き□人の委員で組織する。

ロ、教育委員会委員長の任期は□年である。

ハ、東京都教育委員長は□の承認を得て□が任命する。

（一・二・三・四・五、文部省、文部大臣、都知事東京都教育委員会、教育委員会委員長）

五、つぎの各問のうち、正しいものには○を正しくないものには×をそれぞれの番号の（　）の中に書き入れなさい。

問一　イ、（　）校長及び教員は教育上必要があると認めるときは、体罰を加えることができる。

ロ、（　）中学校の外国語科は選択教科であるから、英語でなくてドイツ語フランス語などを履修させてもよい。

ハ、（　）公立小・中学校は学力劣等で成績の見込みがないと認める児童・生徒を退学させることができる

問二　イ、（　）児童・生徒はまだ発達の過程にあるのだから、教師は児童・生徒の興味や関心にとらわれる必要はない。

ロ、（　）児童・生徒の指導にあたつては教科指導のみにとらわれないで生徒指導の立場も考慮されなければならない。

ハ、（　）児童・生徒の人格や個性を尊重する立場は戦後においては、はじめて唱えられたもので、戦前のわが国の教育では、全然見受けられなかつたことである。

六、教育職員免許法の規定によつて一般に教員免許状を授与される資格がある者でも、特別な条件のある者には教員免許状が授与されないことになつている。

下記の者には授与されるかどうか。授与されないものには×を（　）中に書き入れなさい。

イ、（　）高等学校を卒業しないもの

ロ、（　）年令が四五才を超過しているもの

ハ、（　）準禁治産者

七、つぎのことがらは、校長と職員会議との関係について述べたものであるが、正しいものの番号を○でかこみなさい。

イ、職員会議は校長の職務執行上の補助機関である

ロ、校長は職員会議の決定には、すべて従わなければならない。

ハ、校長は定期的に会議を招集し校務運営上の重要事項を付議することが望ましい。

ニ、教員は会議においては、自由に発言しその主張が容れられない場合には、そのことについては校長の命令に従わなくともよい。

八、校外生活指導の実施については、つぎの方法のうちで、もつとも適当と思うものを一つ選んでその記号を○でかこみなさい。

イ、教師は校外生活について、主として学校内でその指導につとめ、心要ある場合のみ校外に出て直接指導するようにする。

ロ、教師は学校内の教育に従事すればよいので、校外生活指導の責任はないから、校外生活について指導する必要はない。

ハ、校外生活指導は教師の自由意志にまかせ、指導したければ指導し、指導したくなければ指導しなくともよい。

九、つぎの事項は評価の過程について述べたものである。その過程の順序を一、二、三、四の番号で（　）の中に書き入れよ。

イ、（　）評価の処理、解釈及び反省

ロ、（　）評価の機会、場及び方法の選定確立

ハ、（　）評価の目的、対象の決定

ニ、（　）評価の実施

十、つぎの各項に該当する人物を下に書いてある人物名の中から選んで書き入れなさい。

イ、個人の精神的自由を強く主張し、民主主義教育に哲学的根拠を与えることにつとめたアメリカの哲学者

ロ、学習の段階を明かにしたことで、近代教育学の一つの根拠をつくつたドイツの教育学者

ハ、近代オリンピック競技の復活をはかりスポーツの国際化につとめた体育家

ニ、徳川時代にあらわれた心学の創始者

ホ、現行の効能検査方法にはいろいろあるが最初に知能検査を考案した心理学者

ビネー、ヘルバルト、ニーチエ、ターマン、クライスラー、デユーイ、クーベルタン、石田梅嚴、田中寛一、山崎闇齋

一般教養（四〇分）　第二次

我が国の教育の将来について述べなさい。（以上）

一九五七年夏季講座招聘教授名

科目	氏名	所属	職名	講習地 前期	講習地 後期
教育原理 教育長研修会	小野潤	大分大学	教授	前原	糸満
教育心理 教育長研修会	小田信夫	徳島〃	〃	コザ	那覇
教育行政学 教育長研修会	高山政雄	文部省	視学官	名護	那覇
児童心理 教育評価	角谷辰次郎	三重大学	教授	宮古	宮古
〃	古川忠次郎	弘前〃	〃	那覇	那覇
〃	中邑幾太	山口〃	〃	〃	〃
〃	大居平一郎	北海道学芸〃	〃	八重山	八重山
〃	竹内長士	千葉大学	助教授	コザ	知念
青年心理	岩原信九郎	奈良女子〃	〃	那覇	那覇
児童心理 青年心理	潟永重次	埼玉大学	〃	名護	名護
〃	田中敬二	静岡〃	講師	宮古	宮古
〃	西平直喜	山梨〃	〃	前原	コザ
教育方法	秋山和夫	茨城〃	助教授	那覇	那覇
教育方法 教育課程	真流堅一	熊本〃	〃	辺土名	コザ
〃	金子敏	東京学芸〃	〃	名護	名護
児童心理 教育課程	小田武	京都大学	〃	那覇	那覇
児童心理 教育課程	飯田芳郎	愛知学芸〃	助教授	石川	知念
〃	対村恵祐	東北大学	〃	コザ	コザ
教育方法 教育社会学	宮本七郎	愛媛〃	教授	糸満	名護
児童心理 教育社会学	亀田久	鹿児島〃	助教授	那覇	那覇
〃	矢野峻	九州〃	〃	コザ	コザ
〃	小松昌幸	長崎〃	〃	那覇	那覇
国語科教材研究	石井庄司	東京教育〃	教授	前原	糸満
算数〃	三浦午次郎	千葉大学	助教授	那覇	石川
図工〃	森本健二	大阪学芸〃	〃	知念	コザ
音楽〃	橋本清司	広島大学	教授	名護	名護
〃	新野仁助	東京芸術〃	〃	糸満	那覇
家庭〃	野上象子	東京学芸〃	〃	那覇	名護
〃	小野貞子	信州〃	助教授	コザ	那覇
国語学概論	日部下文夫	岡山〃	〃	那覇	前原
人口集落地理	亀谷栄	北海道学芸〃	教授	名護	コザ
西洋現代史	紀藤信義	広島〃	助教授	コザ	前原
栄養学	黒田嘉一郎	徳島〃	教授	那覇	前原

五月のできごと（後半）

五月一六日　中央教育委員会に於て学生懲戒規則可決
鹿児島県遺族沖縄巡拝団三〇名来島

一七日　マッカーサー駐日米大使、レムニッツァ大将の随行で来島、午後主席と会談す。
与那国豪雨あり

一八日　マッカーサー大使、レムニッツァ大将の一行帰京
那覇市民大会で一括払絶対反対を決議
那覇市前島小学校開校記念祝賀会

一九日　沖縄体育協会主催体育祭（於名護町護佐喜宮広場）
那覇商工祭の広告カーニバル行わる。

二〇日　仲吉良光氏の陳情に対しアイゼンハワー米大統領は「当分沖縄は返還しない」旨の書簡を駐日米大使館を通じて回答

二一日　中央教育委員会、教職員大会の決議文に対する声明発表
布令が第六十五号「教育法」の改正第一号公布

二二日　琉大開学七周年記念日
琉球民政長官L・L・レムニッツァ大将来島

二三日　米陸軍次官チャールズ・C・ブェニウカン氏夫妻来島

二四日　第二回全琉社会福祉事業大会（二四日～二五日）
米陸軍次官フェニウカン氏、レムニッツァ民政長官、当間主席立法院代表等と会談

二五日　フェニウカン陸軍次官、レムニッツァ民政長官帰京

二六日　沖縄PTA連合会「第四回PTA大会」開催（於教育会館）

二七日　立法院、文教予算に関し予算委員会開かる（二九日まで）

三〇日　米軍司令部ナイキ基地設置場所発表
定例教育長会（於コザ教育長事務所）

三一日　モーア副長官の諮問機関として「産業教育対策協議会」委員六名発令さる。

お知らせ

（寄贈）

琉球煙草会社から全琉の各学校へ、学校とPTAとの連絡用紙として二百万枚の寄贈がありました。（全琉の生徒数二十万人に対し、一人当り十枚の計算）尚同社から次のようなメッセージがありました。

「軍官民の島内産業保護育成に対する温かい御援助により、当社の施設、設備もだんだん充実しその事業も健全な発展をとげつつあります。今回の寄贈は謝恩の微意を表わす為のものですが、今後、当社はその利潤を住民の福祉のため還元する方針です。」

現品の配布は第二学期始めにいたします。

—図書紹介—

おもろ新釈

仲原善忠著

琉球文教図書株式会社発行四八〇円（日円）

過去に於て伊波普猷氏が多産的労作の中に引用・解明したおもろの数は、全歌数の二割二六〇首に過ぎなかった。著者はあらたにこの書の中に一四〇首をえらび、かんたんな訳と注をつけた。訳は逐語的で、著者はこれを

「……その歌謡の社会的、宗教的背景に関心をよせる者にとっては、たとえ、それがぎごちないものになっても、逐語訳とならざるを得ない。」

と説明している。おもろ研究者にとって貴重な資料となる好著である。

—あとがき—

○一学期の終了と共に、夏季講座がはじまるという、あわただしい時期です。子供たちにとっては、夏休みという楽しい時期ですが、安全教育、生活指導、保健の面からは、一年中で最も危険な時期でもあります。学校と、PTAの協力によって子供たちに明るく楽しい休みになります様おいのりしています。

○好評の連載小説は今回もついに休載となりましたが原稿が届きましたので来月号には間に合います。

—S・N・圭—

一九五七年六月十日　印刷
一九五七年六月二五日　発行

文教時報（第三十三號）
（非売品）

発行所　琉球政府文教局　研究調査課

印刷所　ひかり印刷所
那覇市三区十二組
（電話一五七番）

34

文教時報

琉球　　1957

文教局研究調査課　　No.34

文　教　時　報　第三十四号

目　次

楽しい臨海学校

― 青い海、白い砂浜、涼しい木立 ―

―真和志小学校―

（写真・琉球新報社提供　撮影・中村記者　解説・真和志小校　宮平清徳教諭）

砂地の運動場にひろがり，なれないす足に力をこめて「さあ，海水浴だ」胸一杯に潮風をふくらませ，元気で体操，右を見ても，左を見ても水泳着姿!!あなたも，わたしも共に泳ごう!!

まず体をやわらかくすることだ。手足の運動―体の屈伸―跳躍―呼吸運，準備運動からつぎつぎとはじまる水泳練習。

先生も子供もよろこびにみち準備運動の一時です。

獲物のように泳ぎまわつていた子供たちは「止め」の合図の赤旗を見て海岸に集り、三々五々に散つて水泳の自慢話、「ベル」がなつた。これから水あびに、その前にも体をもまないと疲れはとれない。整備運動に余念のない子供達です。

海岸には木麻黄の並木、護岸にこしかけて四方の景色をながめる子供。うちよせる波とたわむれつつ「サアこい、負けるものか」幼な児のあどけない姿そのままです。

委員長のベルの合図で「食事だ，食事だ」どの部屋からも食器の音がきこえる。係の生徒は炊事場へと急ぐ。男生徒も係がシヤモジをにぎり，とても上手。お家でぜいたくをいう子供も大ぜいのお友達の中では一寸いえない。どんどん運び込む食事の音，「おいしい，おいしい，おかわり」お腹の中，つめ込む食事の一瞬。

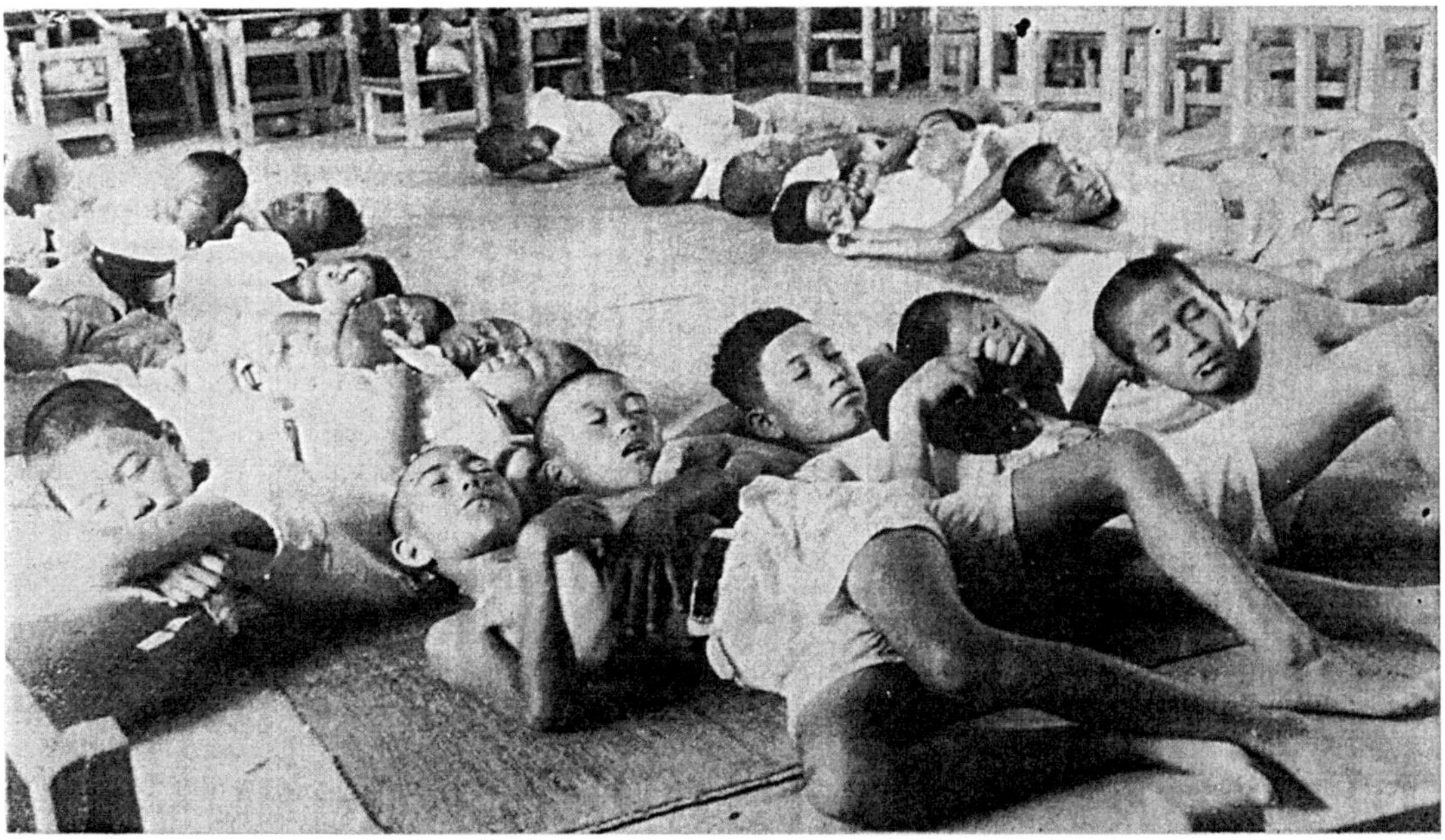

午前中の水泳を終えて後の昼寝です。青い海原から木立の中を吹いて来るきよらかな空気を吹い，すやすやとねている姿はなんといじらしいでしょう。

自由の時間、野球する者、海辺で遊ぶ者植物採集、スケッチなど思い思いの楽しい時間、どこに行つても楽しく学習の出来るお友達、教室で問いを出し合つて学習している子供のなごやかな雰囲気です。

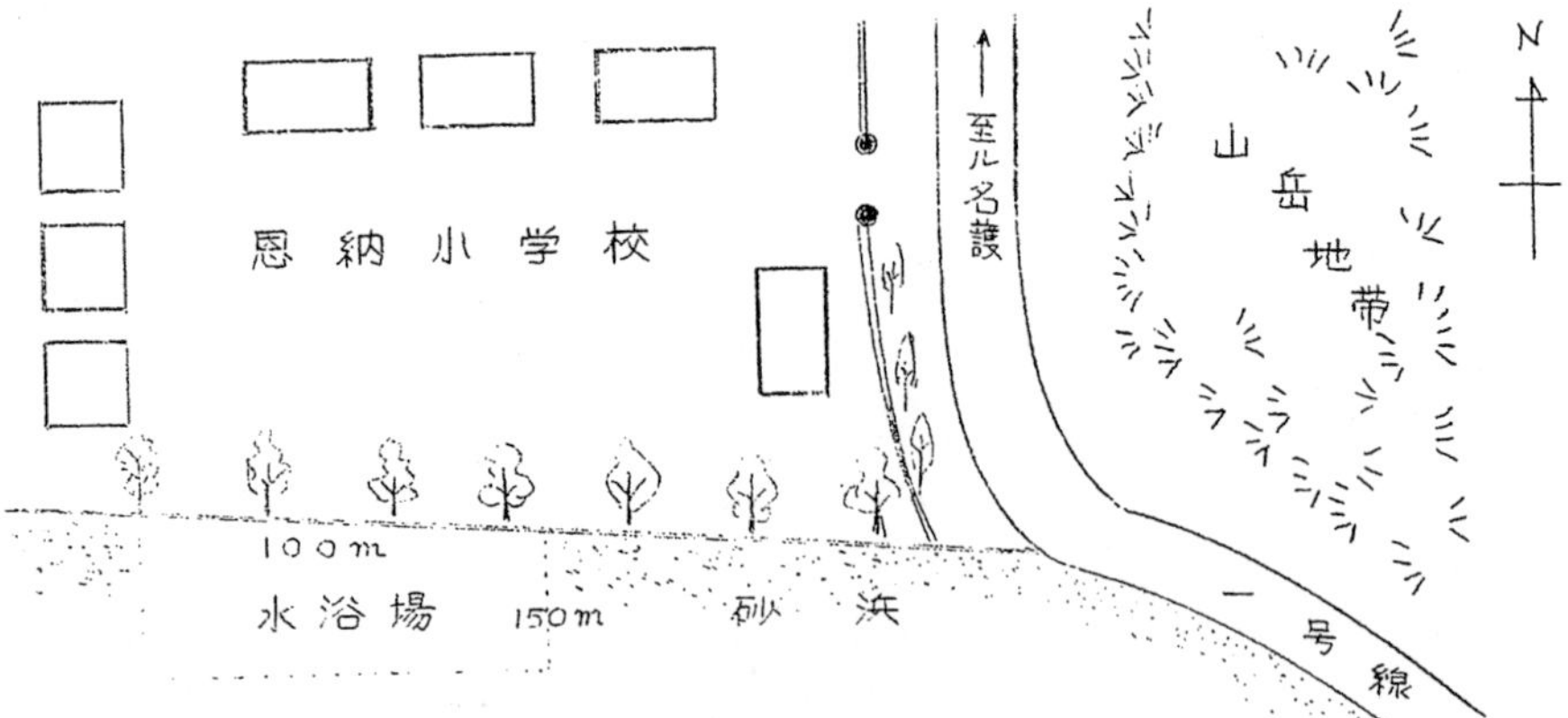

※校地に井戸が2カ所にあるが大勢の人数だと時間がかかるので少し離れた小川に行くので水浴びは時間がよけいかかる。
※校地は砂地でボール遊びにもよい。
※護岸が強固に作られ夕方の景色も美しい。
※水際で水遊びや砂遊びもできる。

水浴場略図

旅と民俗

沖縄の昔の旅（小四単元）

饒平名浩太郎

〽旅や浜やどい草の葉ど枕
　寝ても忘らぬ吾親の御側

一

と謡われたのは、十五世紀頃の庶民の旅の姿である。長い日数苦しい旅を続けて首里親国や那覇の港町にやつて来た昔の人が哀れに思われる。この時代の人たちも又遠い昔の人達の旅を思つて、とにかく自分たちの旅の方がより快適で進歩していると感じたことであろう。農耕が始つた頃、漸く血縁団体から地縁団体へと進んできた当時は、部落の先占民を中心とする御嶽の神に奉仕する者以外の人々は部落を離れることなく、土地と共に長く生きて行く方法しかなかつた。もつとも土地が豊饒で天産に恵まれていただけに生活に事かくことのない土地の人々には別に好んで他に転住をする必要もなかつたからである。十一世紀頃から吾々の祖々たちは部落の支配者をおし戴いて、これがだんだん部落を統制するようになり、数部落を統合するようにもなると、間切という一小社会を形成し、支配者は按司と称せられるようになつた。按司はその土地を支配するばかりでなく、住民を支配するようになり互に勢力の争いを繰り返し、大は小を征服し、次第に強固な部落社会がつくられるようになつた。その頃から按司たちはその権威を象徴するために又支配の根拠地として城廓を築いて根城とした。十一世紀から十四世紀までの三世紀間に築かれた按司部の根城だけでも南の方島尻に六十、中頭に四十、国頭に二十、離島に十五を数えたのであるから全島の部落国家の分布も推測に難くない。城には城主である按司の外に二、三十人の家臣が警衛に当つていた。この頃の交通というのは按司加那志前に貢納することと、農耕地への往還、各部落の産土神、御岳へ巡拝すること、浜下りや漁りのための往還路があるだけであつた。しかし海上の交通は部落時代から発達していた。地の利からいつても又長い漁撈生活の伝統から見ても、われわれの祖々たちは舟楫を以て万国の津梁とすると自負していたし、造船の方法も夙く発達していたことは想像に難くない。あまみ族が南下した当時から船着場として栄えた部落には大和船が使用されていたから彼等が定着安住するようになつても大和船は、島の浦々に通い続けて物の運搬や漁業に使われたことだろう。しかしあまみ族より先にこの島に定着した南方からの渡来人、大陸からの渡来人によつて考えられたサバニは大和船と並んで最初に利用され又彼等によつて造られもした。サバニは造船も簡易であつたし、自然に生えた松や楠を巧みに刳つて造ることができた。彼等は次第に遠い浦々や地離れに通うようになつたが、本来のサバニは組サバニとなり又大和船（十棚船）も広く利用されるようになつた。明との交通が始つて以来、支那型のジャンク船を小型にしたマーラン船が造られ使われるようになつて十棚船はだんだん姿を没してしまつた。

　十四世紀になつて陸上では部落国家の併合が行われて三つの大きな勢力に統一され三小国家（南山、中山、北山）ができあがつた。この頃から軍事的な目的や按司部への貢納も多くなり、また住民間にも経済的な交流が行われて余程長い旅も行われるようになつた。

そうして三山統一がなつた頃には三つの勢力の中心であつた（大里、浦添、今帰仁）城に支配のために造られていた道路が首里親国上りの道につながるようになつた。従つてこの頃の陸上の旅は政治の中心であつた首里人の往還と海外交通の要港であり、経済の中心であつた那覇への往還が目立つてさかんであつた。上方の首里王府への往還は、羽書を伝達する王府の役人が時たま通る外は農民や商人の往還が大方を占めるようになつた。尚巴志は全国統一の業を全うしてから国道の修築にのり出した。首里王城を築く際にも島襲大里から首里まで半間毎に人夫を立たして大里城の石畳を運ばしたという智慧者だ。曽て南山征服の際も大里按司支配の泉を刀一ふりと交換した程の者だ。自分に懐く者の田にばかり泉を引くことを許したばかりに終には南山城下の民は戦わずして尚巴志に帰服している。彼は国中の里数を測量して、道の広狭や険易、遠近を記して駅制を立て命令を伝えるための便を図つたのであるから巴志の統一が促進されたのは道の交易統制にからんでいると思われるのである。

これ以前の交通路は大方が踏分道程度のものであつただろう。十五世紀になつても地方から首里に通ずる道に架した橋道は丸太を架け渡したものであるから不便を極め、大水の際の心細さは一入であつたに違いない。嘉手納から古堅に出る街道に架せられた比謝橋ですら寛文七年（一六六七）以前は丸太造りの粗造なものであつたから同年と元禄二年（一六八九）に大修理が加えられた程で、その後享保元年（一七一六）に七カ月を費して二万三千人の人夫を督励し、総工費二万九千貫文をつかつて大修理をしたが十四年後の享保十四年（一七二九）又々大破損をするに至つたので石橋に改造することにした。

仲島のよしやが

〽恨む比謝橋や情ないぬ人の
　　わ身渡さと思てかけておきやら

と哀歌を残したのは寛文の始頃で、第一回の修理前「ただ木板を設けて徒渉を患へざらしむるのみ」とある。仮橋を覚束ない足取りで渡つたのである。

十五世紀の末から十六世紀（一四七七〜一五二六）にかけて尚真王の治世になづてから、諸地方の按司たちを首里に集めて中央集権の制をうち立てたために国内の道路は一変した。道幅が広くなり役人の往還も繁く、地方からの農、商人の往来もはげしくなつて首里王府は急速な発展を遂げるようになつた。即ち尚真は経済的基礎の上に自家独特の文化を創造し、石材建築、神社、仏閣、絵画、彫刻、染色等を発達せしめ城下の園比屋武御嶽から竜潭にかけて大公園をつくり、地方出身の諸按司達の茅宅は城下にずらりと並び美しい都市美の景観をそなえるようになつた。首里上りの田舎者が立並んだ茅宅をうち眺めて、地方の番所と見違えたのも無理のないことであつた。中央集権の制度は精神的な統一を目途として確立されたものであるから信仰を中心とする巫女の統制を魁として制度化した。王の姉妹である聞得大君が三平等の大あむしられを率いた。三平等の大あむしられは、全群島を三つの地域に分けてそれぞれの、のろ・つかさその他の神職たちを管轄し、根神等は、のろの下に祭祀に参加し聞得大君は最高の神職として全神職を統率した。のろは何れもおえか地、のろくもい地を給せられて、いわば有給の神職であつた。そうして月々定期的に聞得大君御殿三殿内、お嶽や拝所で役人も参列して祭祀を行い、国王の長寿、王家の繁栄、作物の豊饒、人民の平安、航海の安全を祈願するのが勤めであつた。そのために沖縄発祥の嶽々に巡礼する人々も多くなり、特に門中の人々がぞろぞろと長い行列を作つて神への進物をたずさえて東廻り、西廻りの道をとつて巡拝の旅を続けたものだ。つづいて政治上の諸制度が整つて村番所がおかれるようになると、番所がその地方の政治の中心となり教化の中心となつて地方制度の整備も出来上つた。番所とは間切の中心の村にあつて公務（司法行政一切の事務）を管掌したのであるが、首里政庁から発令された布達の逓送が重要な公務の一で、その費用は各間切の負担になつていた。

その布達は羽書と称し、逓送往還の順路を宿道といつた。（宿道は八尺、宿道から分れた脇道が五尺、原道（農道）は実地調査によつて道幅をきめることにした。）

〽名護の番所只今の羽書
　　我身持たち給れわ無蔵見やがな

とよまれたり、脚本女物狂にも

〽これよこれよ首里からどやゆる那覇からどやゆる
　　童引きぬすで行く先も知らぬで書付のあもの御
　　羽書のあものたうたう耳の根よほらちだによ聞き
　　とめれ

とある羽書とは首里政庁からの布達であつた。

宿次は首里に隣接する西原、浦添、真和志、南風原の四間切を起点としてそれぞれ中頭、国頭、島尻に発せられた。東海岸に沿うものを東宿、西海岸に沿うものを西宿と称し、島尻は東廻りを南風原宿といい、西廻りを真和志の宿といつた。中頭、国頭に行く往還路のうち東廻りは首里から西原に出て宜野湾、越来、美里、金武、久志、羽地、大宜味、国頭に通じ、この線から名護、今帰仁に行くには羽地から出て本部へは名護から行つた。西廻りは首里から浦添を経て北谷、読谷山、恩納、名護、本部、今帰仁に通じ、この線から東廻りの羽地に行くには名護から出て、大宜味や久志に出るには羽地から行くことにしていた。中頭方面の東廻りは西原から宜野湾、中城、具志川、勝連、与那城に達し、西廻りは浦添から北谷、読谷山、越来、美里に達した。島尻方面の東廻りは首里から南風原に出て大里、佐敷、知念、玉城、東風平、具志頭に達した。

これらの宿次にはそれぞれ番所がおかれていて番所の長を地頭代といい、その下僚に首里大屋子、大掟、南風掟、西掟がおり、これ等を間切五捌理といつた。この五捌理によつて地方行政の事務が執行されたのである。政治上の目的や軍事的統制のためにできた国頭往還の通路は次第に拡張整備されて、名護から首里に上るのにも三日を要するようになつた。尚巴志が統一の業を了る頃までも余程悪道が続いて直ちに連絡統制も困難であつたので、北方の守りにも監守を常置せねばならなかつた。（尚巴志の子尚忠が北山監守となつた。）

十五世紀（一四五一）の中頃から国相懐機は巴志以来金福王まで国政を援けた大政治家で、彼の構想によつて那覇・首里間の通路は整備されて那覇が王都の外港として唐・南蛮船の寄り合う泊になつてから、安里橋を通じてイベガマに至る長虹堤の築造は、都市発展の一大契期となり両都市の間の交易流通が活発となつた。（十五世紀頃から支那の風水説によつて曲道を正道とし直道を死道としたので曲折が甚だしかつた）

一四五八年北方のにらみをきかすために築かれた中城城が築城された頃には、この地と首里との間は拡張整備された立派な通路となり往還も頗る頻繁になつた。十七世紀の初頃になつて、儀保大道を通ずる浦添街道が装備されたが慶長の役にはたまたま侵入した薩摩軍がこの道を通り、浦添城を焼き払つた後は一路首里に迫つたのである。第一尚氏以来精力的に取入れたのは仏教と神道で、首里・那覇には多くの仏寺が建立された。

尚泰久は越来からきて王位を継いだが仏教を深く信仰して芥隠和尚のためには広厳寺、普門寺、天竜寺などを建立し、これより次第に仏寺が諸地方に建立されている。例えば

一四五六年には報恩寺、普門寺、天竜寺、大聖寺、大安寺、広厳寺、建善寺、長寿寺、天尊寺
一四五七年には永福寺、竜翔寺、大祥寺、天妃寺
一四五八年　永代院
一四五九年　東光寺、臨海寺等で、これらの寺院が又旅人の宿泊所となり慰安を与えて呉れる庇護所ともなつた。脚本女物狂（人盗人）には母一人、子一人それこそ玉黄金なし子が人盗人に盗まれて、山原に連れて行かれる途中、宿つた寺の僧の機智で助けられ、狂気してさまよい歩く母親の温い手に運よくも帰つてくるという筋で、このように寺に一夜の宿りを求めることは庶民の習わしであつた。しかし行きくれて寺までたどりつけない旅の者が近くの農家に宿りを求めるということも寧ろ普通のことであつた。中城若松にも

〽わぬや中城若松どやゆる、みやだいりごとあてど首里にのぼる、二十日夜のくらさ行先や迷て、ことに山路の露もしげさ、あの村のはづれ火の光たよて、立寄やり今宵あかしぼしやめ、此の宿のうちに物しられしやべら、旅に行くれて行先もないらぬ、御情に一夜かたちたぼれ

とあるように庶民の旅は行くれてしまえば農家をたよつて一夜の宿りを求めていたようである。ところが生茂る立雑木の間を通る一本道、その旅の心細さ、哀れさは想像に余りあるものがあつた。中城の旅でさえ夜の旅は迷う仕末であるからまして山原の旅の心細さはたとえようのないものであつただろう。西宿の北谷をこえて喜名の番所にでる。ここから先が多幸山の難所である。

〽多幸山やへエーライてんどー喜名の番所にとまらなやー女のでーもの番所にとまゆみ急ぢすぢすぢ
　島かから

昼なお暗く生い茂る両側の立雑木、あえぎあえぎわけ上る旅人を山賊がつけねらう。こうして掠奪を恣にする。ようやく虎口を脱しても、ここから久良波まで二里の山道は「なれぬ山路や歩で歩まらぬ」といわれるように嶮峻な坂に、雑木が蔽いかぶさるほど鬱蒼として旅人の最も畏怖したところであつた。

漸く坂を打越えて恩納街道にさしかかる。この難所であるから峠の下に旅舎が設けられて南北の仲継駅として宿泊されたものであるが、警備のないこんな旅舎が、たまたま盗賊の根城であつて夜中屡々旅客が掠奪殺害されるということが多かつた。

倉波ノンドンチは不審どころといぶかしがつたのも道理。

〽入る人やおしが出る人や居らぬ
　久良波ノンドンチ不審どころ

しかし久良波を過ぎると湖平底が程なく見える。

〽恩納岳なかいかかる白雲も他所に眺めやい行衛しらかきの浜のはま長し哀れなく千鳥聞けば旅立ちの思いまさる

という寂しい旅の連続であつた。

倉波から東に出ると比屋根坂で、ここが慶長の役の古戦場だ。断崖で通路に適しなかつたのでこの険路を上下する苦労は又並大抵のものではなかつた。漸く険坂をのりこえてヤカタ浜をすぎて恩納に入る。道の両側は恩納村はずしといつて松樹が枝を交え旅情を慰めてくれる。

〽先年と変て恩納村はずし
　道はさで松のなだるきよらさ

恩納をすぎて許田にさしかかる。ここが許田の手水の由緒の地だ。

〽むかし手にくだるなさきから出ちてなまに流れゆる許田の手水

〽昔手に汲だすいつの代がやたら水やなまでむ澄みておすが

許田の入江の村を通る者は一人として昔その泉の側に於て清水を手に掬して若き旅人に飲ましてやつたと

いう美しい少女を思い出さぬものはないであろう。際限もなく古い親々の代から一つ物語がしばしばその影を変じて常に清新に幽艶の調は流れて永く絶えざること恰もこの里の泉の水のようであつたのは、是にもまた二つの源頭があるからである。その一つは清水を恋慕う島人の心もち、その二はどこまでも泉に纏綿した村の女性の生活に他ならぬ。兎角可憐な少女が手水を掬して差出した風情は往還の人々の心にしむうれしい物語りだ。

〽馬ゆ曳返せしばし行ぢみぼしや音にきく名護の許
田の手水

ここから今帰仁行きの旅人は旅程をもうかきかぞえながら

〽許田からや今帰仁や五、六里よだいもの夜のいら
ぬ内に急ぎとおら

と急いだものだ。

名護から国頭への道は道々名所があり旅のつれづれを慰める一時もあつた。

名護から本部への往還路で安和から渡久地に至る三里の山路は最も険路で、嘉津宇岳と安和岳のはざまを穿つて僅かに往来を通じた。ここを嫦娥坂といい旅人の最もなやんだ所であつた。それでも渡久地にさえ出れば番所の所在地であり、ここから東に寄れば謝花、浜元、浦崎、具志堅の跨るところは桃原屋取といつて那覇士族が移住して村建をした地だ。こうした賑かな風情もあつた。

羽地から塩屋への旅は案外楽な旅だ。源河は源河川に沿う往還の要衝である。

〽源河走川や潮か湯か水か源河みやらびのおすでど
ころ

という歌枕の地である。ここから有銘に通ずる山道に恥蔽坂がある。この坂道を通行する者は必ず木の枝を折つて投げる。有銘の可憐な乙女が、やる瀬ない恋に山上ではかなくなつた地だ。通行人が屍に木の枝を手折り恥を蔽うてからこの名があるという。源河の前方波静かな湾内に夫振岩がある。

塩屋湾にさしかかる。この絶景は流石に旅人をして立止らした。

〽まこと名に立ちゆる塩屋の番所、中山やこしやて
港前なち沖の真船のやえややえや浜によせくれば
道急ぐ人も立ちよどで見やべさ、おまん人のまぎ
れ首里那覇も音にとよむ

塩屋の奥の田港は諸国の廻船所で那覇、泊、島々浦々の商人の行きかう港で山原の旅で一番賑やかな港村であつた。東廻りの旅路は首里から西原に出て宜野湾、越来、美里に出た。美里から石川、港川を渡つて屋嘉に至る曲浦を七日浜といつて白砂長汀踵を没するありさまで、古来行客の最も艱む所であつた。この浜を通り抜けるのに一人の乞食が七日もかかつたというのでこの名があると伝え、また尚徳の一族が山原に逃避してこの浜の難所を七日かかつたとも伝えている。この難所を抜ければ金武の番所にでる。

〽こばや金武こばに、竹や屋富祖だけ
やねや瀬良垣に、はりや恩納

といわれて屋富祖（三里）瀬良垣からは恩納にも出ることができた。北の方屋嘉から海岸にそうて伊芸に一里、美里、石川には一里余、山を越えて恩納の谷茶には一里もある。

〽久志の山路分けいでて、行けば程なく金武の寺、
イヤサイヤサと立出でて、伊芸や屋嘉村行き過ぎ
て歩みかねたる七日浜、石川走川うちわたて今ど
美里の伊波村に

と山原の旅から南下するにも金武は要津であつた。大浦にはもと番所があつた。ここから羽地山路が開設されて真喜屋に出られるようになつたのも貞享四年（一六八七）であるから、以前は矢張り金武への一本道であつた。金武の北二里の漢那には寛永年中（一六二四～一六二八）尚豊王の実弟尚盛が金武王子であつた頃この地を管領し、寛永四年（一六二七）に薩摩に入つて茶種を伝来し栽培したと伝えている。

瀬嵩は久志間切の番所で、ここから北は土地が嶮岨で往還が極めて不便であつたので貞享四年（一六八七）には瀬嵩から羽地の真喜屋村へ山路を開鑿して西宿の道に連結した。

川田村から安波村に至る七里の間は山林がうち続き殆ど人煙を見ず往来困難を極めたところである。尚敬王の二十四年「元文元年（一七三六）」川田村から一部をさいて間に大鼓村を置いたことがあつたが、移住者が疫病でたおれる者が多く廃村となつてしまつた。

安田から北の村々のうち楚州は蔡温巡検のときに創設された村で、奥へ二里、安田に二里、この間四里の山道は険岐で不便甚だしかつた。

西海岸の与那の高坂は名に負う難所

〽よなのたかひらや汗はてどのぼる無蔵や思なせば
くるまとうばる

辺土の坂側を伝うて南下する岨道を戻る道といつた。二人並んで歩くことができなかつたからこの名がでたといわれている。

山原への往還はとかく苦しい長い旅路であつた。名護から首里に上るのに三日、名護から田港、塩屋をす

ぎ辺土や奥への旅はなお六日もかかつた。番所役人が馬で悠々と行く往還は楽しいものであつただろう。彼等のためには泊りの宿所も村々の番所があてられていた。貴族の婦人の旅も馬で行つたものだ。しかし馬を使わない庶民の旅路は決して楽しいものではなかつた。短かい芭蕉着にメンダレ笠を被り、嚢を打かけ、貧しい粟の干飯を包んで日がな一日テクテク歩き、宿場のあてとてもない農民の旅は夏こそ浜宿りもできたであろうけれども冬の旅はまこと心細いものであつた。行き暮れては道筋の農家に一夜の宿りを乞い、或は寺に乞うて一夜の宿を求め、番所にその庇護を求める苦しい旅であつた。

旅の食は甘藷が入つて生活がおちついても、米の飯など持つて続けることはできない法度であつた。慶長以後は尚一層庶民の旅は苦しくなり土にしばりつけられた農民が首里親国への旅を思い切り行うのは生涯に一度あるかないかの有様であつた。商人の往来は頻繁になつたがそれでも盗賊の難もあるので海路をとる者が多くなつた。たまたま思い立つた旅も農民の旅は一入哀れなもので、漸く西宿の天久村までたどりついてもここから先は大和在番の目にとまらぬよう上下の着換もせねばならず、繁華な那覇の町に出ても変つた服装は町つ子の見世物になりかねない。旅の恥はかき捨てとはいいながら女子供まで異様な目付きで見られるのはよい気色ではなかつた。それでも都市の宿泊はたしかによいものであつた。旅客のためには各所に宿場が設けられていたし、山原や中頭の旅客者のために特定の宿泊所もあつた。

町には唐・南蛮から寄り合う品々があつた。旅客にはみんだし物を見るだけでも旅の苦しみをかき忘れることができた。昔の旅を思つて北の旅人たちはこう見立てたものだ。

〽旅宿の寝ざめ枕そばだてて
　覚出す昔夜半のつらさ

海上の旅

二

南島人が大和朝廷に入朝したことは古くから国史に散見する。即ちわれわれの祖々が浦伝い島伝いに航海していたことは、推定に難くないばかりか、明と交通を開く半世紀（一三二〇）も前から宮古の島人がシンガポール附近まででかけて行つたことは藤田博士が発表したところである。明の太祖が琉球を招諭したのも琉球に対する知識が中国に明らかになつていたからで、南洋各地に航した琉球船は亦南支那の沿岸にも出没した。明朝が閩の河口の舟工を琉球に送つて航海指南に当らしたのもこうして琉球の事情を知るようになつてからだ。この頃から進貢方物の関係から船腹も大になつた。一方日本でも鎌倉の末から室町にかけて南島の経営が盛んであつたから太宰府の管轄下にあつた道の島々から南の奥の島々、またその奥の沖の島々、それから八重の潮路を越して極南の島々に至るまで南島の経営は行われた。

鎌倉以後は戦乱が打続いて南の島々は母国から忘れ果てられたが、南島の島人等は十棚船を組み立て組立て大和旅をつづけた。

　いしけしたようがほう
　よせつけるとまり
　かねしかねどのよ
　いしへつはこので
　かなへつはこので
　いしけよりなおちへ
　なたらよりなおちへ
　くすのきはこので
　やまとふねこので
　やまとたびのぼて
　やしろたびのぼて
　かわらかいのぼて
　てもちかいにのぼて
　おもいぐわのためす
　わかがねがためす

と歌い又

　きやかまくらこれどいちへとよま
　かつれんはなおにぎやたとえる
　やまとのかまくらにたとえる

とあるように日琉の交渉が頻繁であつたのは、京都や鎌倉との関係が沖縄に知れわたつていた証拠だ。沖縄の十棚船は京鎌倉の裏門に折々立ち寄つては、その文化のおとずれを立ち聞きしてかえる位であつた。

鎌倉の末から乱れがわしい世で、それさえ困難になつてだんだん母国から足遠くなり南島の船は方向をかえて南支那の海岸から印度支那半島の奥まですらい出て豊かな天産物をのせて帰つた。

室町期になると母国から忘れ果てられていた南の島人たちが母国船の後を追うて南方に出発した。地理的にも恵まれていた南の島人たちは本土が戦乱期になつて南島経営が疎略になつても一層盛んになつた。

三山の分立の頃から中山の察度が招諭を受けて弟泰期を遣わして恭順の意を表してから中国貿易も盛んに

なつた。琉球は一層足をのばして元中六年（一三八九）に察度はその子王之を遣わして倭寇のために掠められた朝鮮人を還し硫黄・蘇木・胡椒及び甲を献じて順天府に行つている。元中九年（一三九二）には李朝の太祖も琉球使臣などと引見した。海外貿易は尚真王の時代に頂点に達し日本、朝鮮、支那、安南、シャム、ジャワに往来したが一五七〇年頃からポルトガル船や日本船の南下、倭寇の跳梁で衰退した。

康熙二十二年（一六八三）渡来の冊封使汪楫一行の舵工が鄭和の航海針法を伝え、それ以前洪武二十五年（一三九二）渡来の三十六姓も亦針本を伝えるようになつて航海術も長足の進歩をとげた。従つて明との交通以来造船の方法も改良と工夫が加えられて船幅の大きなものが造り出されるようになつた。

明との交通以来、明は度々海舟を賜つているし又進貢の度毎に支那官憲で修理を加えて回航せしめる例となつていた。尚巴志の頃琉球の船匠が朝鮮で船を造り在来の朝鮮船に優るものを造り上げたので朝鮮でもその腕をかい船をおくつたりした。琉球ではこれに則つて琉球型の船を工夫せしめるようになつた。船材は専ら島内産の楠、松、杉が利用せられた。

冊封使船の渡来も亦琉球の海事思想を刺激したであろうし、琉球の船腹はだんだんふえて、おもろ時代にその名凡そ二十一種程もかぞえるようになつた。

まさりとみ
きみつかい
せぢあらとみ
こがねとみ
うらはり
しまうちとみ
うききよら
せりきうとみ
えそこ
いたきよら
たなきよら
せいやりとみ
ふさいとみ
ともまさり
しまとつけ
しないとみ
かほうとみ
ふなもとろ
とくまさり等。

尚真時代は琉球の黄金時代であるが、通商はむしろこれからだんだん下り坂になつた。それは倭寇の跳梁の絶頂期に達していたからであつた。

舟楫を以て万国の津梁とすると自負した琉球では造船術が相当に発達して、この頃から支那型のジャンク船に似たマーラン船が大部分を占めてしまつた。しかし従来のサバニも二艘か四艘組合わされ、組サバニも遠洋の航海に使われた例もあつて、サバニは依然沿岸の航路には広く利用され姿を没したわけではなかつた。マーラン船が造られるようになつて大木を使わねばならぬようになると政庁では小舟を造るために大木の使用を禁じてしまつた。そのために小舟は従来使われて来たものを遠く久米島沖から釣りあげる鱶の脂を利用して舟底に塗りつけその保存の方法を講じた。これが又船の快走の助け役にもなつた。進貢船が頻繁に出かけ大船が利用されるようになつた頃でも沿岸の浦々から那覇港に物寄せをするには依然として組サバニは重宝な役柄をもつた。

鳥島から硫黄を取寄せるためにも又遠く屋久島まででかけて馬艦船の帆柱用の真直な杉を得るのにも組サバニは利用された。四艘組の組サバニがこのように遠洋航海に利用されたのは風波の際にも転覆の憂が少なかつたからであつた。尚真王以後国頭への往来が多くなり陸上で多く運搬されない物資は塩屋湾の奥の田港に運び出してここから船旅を利用して南の浦に運んだ。だからここが那覇や泊浦々島々の商人の泊場として、また船着場として利用された。サバニはなる程軽快であるが、一時に多量の荷役が困難であつた。そこで小型のサバニは段々マーランの小型のものと代つた。そうして物資の集散が盛んになつた。造船術については海上交通を生命と考えていただけに余程関心があつた。尚巴志時代に琉球の船匠が遠く朝鮮にでかけ彼地の造船術を学んだのもそれであつたし、明から閩人三十六姓が渡来して舟工を伴い来り琉球の造船に画期的な発展を促したのも冊封使船の入港で造船が刺戟されたのも琉球造船に大きな進歩を与えた。

文中元年（一三七二）以来支那への交通は殆ど絶間なく行われ、たまには年二貢三貢に及ぶこともあつた。ところがそう煩瑣になつては第一貢物がつづく道理がなく、永享七年（一四三五）尚巴志の頃から制限が加えられ、進貢使も二十人の外京に入れないようになつた。永享十一年（一四三九）には福建に琉球館がおかれ中国との交通も盛んになつたが、貢使の役人たちが中国で乱暴狼藉を働いたとあつて、文明四年（一四七二）以来二年一貢の制となつた。これから九十余年間二年一貢の制は続けられたが、薩摩の琉球入り以来、琉球が極端に疲弊したということで、慶長十七年（一六一二）から十年一貢の制に改められるようになつた。ところが中国との貿易はもとより貿易上の利益に重きを置いたのであるから、十年一貢になると大変な打撃となる。そこで旧制に復するよう再三請願したが入れられず、漸く元和七年（一六二一）に五年一貢となり、寛永十年（一六三三）から又二年一貢の旧制に復するようになつた。

進貢船の旅でも決して楽なものではない。海難にあうのは必定だと思つて出発するから家族との別れはつらいものだ。おまけに海賊に遭遇することも予測し難い。それで進貢船には矢倉が設けられ、大砲を据え弓槍鉄砲爆薬等の武器も備えるようになつた。船員の組織はおおむね次の通りであつた。

夥長（船長）
舵工（運転士）
頭椗（碇を司る）
亜班（帆を司り遠望探見の役）
財附（貨物の計算日記を司る）
総管（船中の事務をとる）
杉板工（梯船のことを司る）
工社（水主　大船に百人　中船に六、七十人）
香工（菩薩に香華燈明を進め祭る）

進貢船は二艘で頭号船は一二〇人、二号船は七〇人乗り、春三月頃風便を得て那覇港を出帆し途中久米島に仮泊し、ここから福州の五虎に到着した。五虎には船改所があつて琉球国進貢船という書面を渡し、諸手続を終つて琉球館に到着する習わしであつた。

進貢船にのる者も、日本にでかけるものも、おなり神の信仰はつきものであつたから、姉妹から送られる髪の毛や母に贈つてもらう竈の灰を後世大事に守つて航海中の守りとした。船の舳に祭る船霊にもおなり神の髪の毛を添えて奉仕することにした。それだけ船の安全を神の力に托していた。蜈蚣の形をまねて造つた船の舳は竜巻を制御する手段にもなつた。山原船に描いた瞳は害敵を防ぐ術として十分であつた。

〽月の八日に船のり出して
　　鳥なきさえ気にかかる

と鵜来の島人はいつたものだが、琉球の島人たちも月の七日や九日を旅立の忌日として旅立をさし ひ かえた。順風で是非ださねばならぬ場合はそれ以外の日に出発の真似をしておいたものだ。一三九〇年（元中七年）宮古、八重山の二島が中山に進貢するようになつたが、偶然二つの島が中山に進貢するに至つたのは、もともと両島の人々は十世紀頃から絶えず往来していたようであり宮古の主長与那覇勢頭豊見親の慫慂によるものであつた。

「伝説によると八重山おもと岳の神と宮古の平屋地の神とは兄弟で互に往来していた。二神に共に計つて毎年貢を納め合うことにしていた。」

与那覇勢頭の頃まで沖縄の所在を知らなかつた。狭い天地で互に勢力を争う弱肉強食の世をなんとかして教化したいと考えた豊見親が白川浜で祭壇を設けて祈願したところが霊示によつて沖縄の所在を知り、貢船を造り財物をつんで島の神々に祈つて霊示のあつた寅方に向つたらやがて中山に到り着くことができたという。

その後、仲宗根豊見親の頃から服属関係を生ずるようになり、明治初年まで三百数十年の間琉球王朝への人頭税が貢納されてきた。

二〇石積の十棚船が貢納船として利用されてはいたが、池間崎を廻る頃から難航を続けて、やつとの思いで沖縄加那志に貢納の重責を終える水主などの苦しい思いは想像に余りあるものがあつた。折角船出はするが（春立、仲立の二艘）途中大時化にあつて唐に行つてしまつた船はいくらあつたか知れない。宮古、八重山の文化はこうした偶然のできごとから中国に漂着して持ち帰つたものが多く、いわば文化の偶然性といわれる性格をもつていた。

（那覇高校教諭）

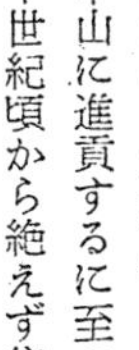

人間成長のためのクラブ活動

――現場の疑問に答えて――

安里盛市

六月十九日、佐敷中学校の実験学校発表会の討議の時間に取り上げられた問題は、クラブ活動の本質に触れる重要なことだけに、問う側も答える側も極めて真剣であつた。

ところが時間の制約を受けて、全員が充分納得するところまでいかないままに討議を閉じたことは何といつても残念に思えてならない。

そこで、これを疑問の残つたまま放つておくことは、現場の実践にブレーキをかけることにもなり、あるいは混乱を生ずることもありうると思われるので、紙上を借りて、現場の疑問にお答えしたいと思う。

当日参加されなかつた読者のために、その時の質疑の模様をかいつまんで述べておきたい。

問「英語クラブや珠算クラブの希望者が多いにもかかわらず、この両クラブを置かなかつたのはどういうわけか。」

答「生徒の英語クラブや珠算クラブを希望する動機がクラブ本来のねらいからはずれている。即ち生徒が英語クラブを希望するのは、「自分は英語が不得手だから」とか、「受験に都合がよいから」とかいつたような気持の者が大部分である。

従つて、それは教科によつて満たされるべきである。

珠算クラブについては、その動機が職業的経験を身につけることによつて将来の職業生活に役立てようとの考え方に立つているのが多い。これとてもクラブ本来のねらいからはずれているもので、これは職業家庭科によつて満たさるべきものである。」

ざつと、このような質疑応答が行われたのであるが、これに二三の意見が加わり、活発な討議が展開されたのである。

その討議の中に含まれた問題点を拾つてみるとおよそ次の通りである。

(1) 希望者の多いクラブは、無条件に設置すべきかどうか。

(2) 生徒の「必要」と地域社会の「要求」ということをどのように受けとめるべきか。

(3) クラブ活動は何をねらいとして行われる教育活動であるか。

これらの中で最も重要なのは第三の問題である。即ち「クラブ活動は何をねらつているか」という問に答えることこそ、総べての問題を解決する端緒となると考える。

この点で解明されないままに、英語クラブや珠算クラブの是非を論じたところで所詮は単なる水掛論に終つてしまうのは必定である。

そこで、この機会に、あらためてクラブ活動のねらいや性格について述べることにしたい。

クラブ活動が実践されて既に相当な年数を経過している今日、今更、クラブ活動の本質論でもあるまいとの感じがしないでもないが、実状はそんなに簡単にかたづけてしまうようにはなつていないようである。むしろクラブ活動は、本土においても、沖縄においても「そのねらいはどこにあるか」「その性格はどうあらねばならないか」といつたような根本的な立場を明確にしないままにすべり出して行つたというのが実状ではなかつただろうか。その結果が今に至るまで、多くの疑問と矛盾を残したまま、何時までも本物となり得ずに、甚だ恰好のつかない存在となつたのではないだろうか。

クラブ活動のねらいが適確に押えられていないということは、クラブ活動に対する生徒や、教師、或は地域社会の要求が様々であるという事実からも充分うかがえるのである。

これらの要求の中で代表的なものを挙げると、

○教科の学習で不充分なのを補充したい。
○教科でできなかつたものをやつてみたい。
○不得手な教科について、その力をつけたい。
○職業的経験を身につけたい。
○個人的技能を身につけたい。等である。

勿論、これらの要求にははつきりと意識したものとそうでないものがある。

これらの要求の端的な現われが、英語クラブとなり、珠算クラブであると考えることはできないだろうか。

苦手な英語の力をつけることによつて、高校入試に備えてみたり、珠算の技術を習得して、当今はやりの珠算検定試験上位進出を目ざし、職業的経験を身につけようと考えたりすることが事実、生徒のクラブ選択の動機であつたりする場合が極めて多いのである。

果してクラブはこれらの要求を満たすために設けられたものであろうか。

そこで現在、全国の教師の間に広く読まれ、各学校のクラブ活動の実際に多くの影響を与えている著書の中から、この問題に対する正しい判断の手掛りを求めることにしたい。

◎保護者の希望ということについて、—二上一郎。

「保護者の希望によつて、クラブを選ぶ場合もある。例えば字が下手だから、習字クラブへ入りなさいといわれてそれを希望し、珠算の塾に行くかわりに、学校の珠算クラブへ入る者などである。このような問題は、地域の特色が映じているが、また中には教師自身の考えの中にも多少含まれていることもある。この場合、問題は二つある。すなわち

(1) 字がへただから上手になるために習字のクラブに入り、塾に行くかわりに珠算クラブに入るのだといつた、クラブに一種の学習の補充的、あるいは、延長的な役割をもたせることの適否、

(2) 技術の体得的な分野をクラブとしてやらせることの適否

である。

(1)の場合について考えてみると、教科の延長や、補充と、クラブ活動本来の使命とは根本的に違つていることは言うまでもない。

学校の外で行われている塾の仕事をそのかわり、クラブ活動として取り上げてやることの可否は明らかである。

(2)の場合については、クラブ活動はドリルの立場であつてはならない。ドリルは個人的であり、反復練習であるからである。クラブはあくまでも児童がたすけあい、協力しあつて、楽しく研究していく場であり、人間関係をその第一とするからである。

地域社会や保護者の要求はもちろん軽視すべきではない。しかし、それを無批判に取り入れることは危険である。教師としては、常に地域社会への啓蒙に努力すべきことも大切な務めの一つではなかろうか。」

（明治図書講座学校教育、教科外の指導）

以上によつて、クラブ活動に対する地域社会の要求とどのように受けとめるべきか、明らかになつたと思うが、更に、山田栄、木宮乾峰両氏の「小学校の教科外活動」の中に述べられた文を引用したい。

「クラブ設立に当つて注意すべきことは、地域社会の熱望のみに動かされて、クラブを設けるようなことがあつてはならないことである。算盤がはやるといつては珠算クラブをつくり、書道が流行すれば、書道クラブを設けるというようなやり方は時流に動かされる行き方で、あまり感心しない組織である。」

これらの意見は、勿論、珠算や書道の価値を否定するものでもなければ、地域社会の要求を無視するものでもない。地域社会の要求を学校教育の中にできるだけ取り入れることは近代学校の大きな特色である。この場合問題はその要求を学校教育の全体的構造のどの場で受けとめるべきかということである。珠算が必要だからといつて直ちにその要求をクラブに持ちこむという考え方が問題なのである。地域社会の要求や生徒の必要を教科で受けとめるべきか、教科外で満たしてやるべきか、あるいは又、同じく教科外でも生徒会の活動の中に取り入れるべきか、ホームルームに持つていくべきか、クラブに位置づけるべきか、その「要求」や、「必要」の性格によつて各々、学校教育のどの部門へ持つて行くべきかが決まつてくるものである。

教科には教科としてねらいがあり、クラブにはクラブとしてのねらいがある筈である。これらのねらいに合致した活動や内容を持ち込んで来ることは何らさしつかえないことである。唯ねらいにはずれたものを無理にも持ちこんで来るところに破綻が生ずるのである。

教科的なねらいを持つ英語が、趣味、教養をねらうクラブに飛び込んでみたり、職業的経験につながる珠算がクラブの名を借りて行われるところに、クラブそのものの性格がゆがめられて来るのである。

要するに生徒の必要や地域社会の要求は学校教育全体の構造の中にどのように位置づけるべきかを先ず第一に考えるべきである。

今まで述べてきたことは、現在多くの学校で設置され、而も多数のクラブ員を要する、珠算クラブ、書道クラブ、英語クラブにとつて、あまりにも酷な批判になつたかも知れない。そこで、多少、温情的な立場に立つ考え方のあるということも紹介したいのである。

◎望ましいクラブと望ましくないクラブ—石崎庸

「クラブが同好の士の集りであり、趣味、興味に基いたものであるためには、教科的色彩の強いものは望ましいとはいえない。まして算数、社会、ローマ字、英語の如きは教科と何ら異る所がないのではあるまいか。クラブは決して教科の延長ではあり得ない。勿論教科と密接な関係はあるが、そのあり方は決して同一のものではあり得ない。ただし、習字、珠算の如く地

域的に父兄の要望の強いもの、そしてその運営においてクラブ的性格を出し得るものは現状においてやむを得ないであろう。音楽、美術、演劇、スポーツ、科学等は特にクラブの性格を如実に現わし得ると思う。」

(教科外活動の改善)

ここでは根本的には前の二著書と同一の立場に立ちながら、現状において、習字と珠算の二クラブを認めている。ところがこれとても極めて消極的な立場でしか認めていないのである。これは但し書きがついているのである。「その運営においてクラブ的性格を出し得るもの」という条件がついているのである。

そこで問題となってくるのが「クラブ的性格とはどういうものであるか」ということである。

◎クラブの性格について―城丸章夫

「……。クラブにおける活動は、プロゼクト的なものを大きな特質としている。

ところで新教育にあっては、教科のとりあつかい自体がプロゼクト的でなければならないと主張されているのだから、クラブ活動がプロゼクト的だとすれば両者の違いは存しないことになる。ここに新教育をおし進めていけば、クラブ活動は不要になるという考え方が発生してくるのである。しかし如何に教科のなかでプロゼクト的方法を生かしたとしても、すべての生徒のすべての課題的要求に答え得るものではない。そこで正規の教科の時間では扱いきれない部分を、クラブ活動においてやらせたらという考え方が生れる。――これらの考え方は、たんなる教科の延長や「おけいこごと」をクラブと考えるものよりも、数段とすぐれている。何故なら、それはクラブ活動がもつプロゼクト的性格をつかんだ上にでき上っているからである。

しかし、教科におけるプロゼクトと、クラブ活動におけるプロゼクトを同一平面におくということには、若干の困難がある。教科におけるプロゼクトにあっては、教師の強い意図が働いている。子供としてあたえられなければならない最低の知識、技能、態度がそこではねらわれざるを得ない。したがって、そのプロゼクトは基礎的性格を帯び、クラブ活動とちがってプロゼクトの選択と発展の方向には、教師の強い意図が動かざるを得ない。またその限りにおいて強制的性格をもつことも否定できない。だからクラブにおけるプロゼクトを教科のそれと同一平面におくことは、事実、やはり教科のたんなる延長と考えているか、課程編成上の便宜の上で考えているに過ぎない。それは子供たちの自由なクラブへの意欲を半減させるものである。私たちは次のことを思いおこさねばならない。即ち、子供がクラブのプロゼクトへの意欲をもつのは、それらがもっている文化価値への愛好であり、みずからそのような文化価値を作り出してみたいという意欲が、問題解決的意欲と不可分に結びついているということである。」(特別教育活動叢書、中学校編)

このようにクラブ活動の性格を捉えてみた場合、教師の方が一方的に教えてしまいがちな英語クラブや、文化価値追究の意図をもたない単なるおけいこごとに終ってしまいがちな珠算クラブが、クラブ本来の性格から外れていくのは最初から予想され得ることである。このような見解に基いて佐敷中校においては当初から、珠算と英語をクラブ外の活動、即ち教科内活動としてその強化を図ることにしたのである、然し書道クラブについては、プロゼクト的性格の出しにくい面を持っているにもかかわらず、敢えてこれを置いた理由は、それの持つ文化価値を認めたためである。

以上、当面の問題となっていることがらについては充分解明されたことと思うが、最後にクラブ活動のねらいについて今少し、つっこんだ立場から明らかにしていきたい。

◎個人における生活構造の確立をめざすクラブ活動―矢口新

「個人は夫々自己の確固たる生活を保持して、而も社会と調和して行かなければならない。こういう個人の生活構造を合理的につぐりあげて行こうとする方向がクラブ活動の考え方の方向である。しかしクラブ活動は、そういう個人の生活構造を全面的に問題にするのではない。これを全面的に問題にするのはやはり学校生活の全面的な教育構造の範囲である。クラブ活動はそういう方向の中で主として、趣味教養の生活における位置づけをさせようとするものである。いいかえれば毎日の生活たらしめようとする態度をつくりあげようとするものといえよう。――このように日々生活を何等かの意味で人間としての成長たらしめるためには、個人が自己自身で成長、人間的発展への営みをしなければならぬのである。そしてそれが趣味、教養の活動であって、これを一つの中心として生活を人間的成長の方向に向けようとするものである。それは個人的にもなされ得るが、近代社会はこれを共同の力によってなしとげようとする。

各種の趣味、教養的クラブがあるのは、こういう意義においてあると考えられる。――

学校におけるクラブ活動は、このような意義において考えられているもので、児童にクラブの生活をさ※

軍作業と現職教育

（柿本氏の談話から）

S・N・生

最近の沖縄タイムス紙上に、中部地区米軍基地周辺の職業安定所の談話が載つていた。それによると、米軍からの求人申込に対して同所が送り込んだ就職希望者のほとんどが、語学力不足の理由で拒否されている。せつかくの技術を持ちながら就職のチャンスを逃しているのは残念な事で、英語の勉強が必要だという。

これとほとんど時を同じうして同紙は立法院予算委が、政府立英語学校設立の予算約九十万円を削除した事を報道した。この矛盾した二つの事がらを通して我々は沖縄における軍作業の特殊な社会的役割について、改めて注目しなければならないと思う。

これらの報道に先立つ事二週間、ある日の午後、私は柿本氏の来訪を受けたのである。米軍那覇航空隊非戦斗員教育係長という肩書の温厚な二世で、その日の同氏の用件は、航空隊勤務の沖縄人の英語教育について、信用出来る民間の英語学校の協力を得たい。ついてはそういう学校を推せんしてもらいたいとの依頼で、全島の公私立英語学校のリストを示された。無論私は、これらの学校を評価する根きよとなるべき具体的な資料もないし、その資格もない事を説明してお断りした。

そこで、話題は変つて軍作業一般の事がらや、柿本氏が担当している那覇航空隊内の民間人被雇傭者教育計画について、肩のこらない雑談になつた。同氏のもとで推進されている教育計画は、米、比島、沖縄人等の非戦斗員従業者のすべてを対象としたもので、現在、約一千六百人の従業員に対し、一週延べ一万七千時間に達するもので、一人一週、平均十時間以上の教育を受ける計算である。三十五名の講師が指導に当つているが、近く本土から特殊な技術を指導するための講師を十五名招聘する事になつているらしい。

「軍作業」と云う言葉から受ける一般の人々の印象は、一時的な腰掛け仕事で、将来性のない、浮草的社会といつたものである。この事については、一応の根きよがある。終戦直後の混乱期に俄か成り上がりのC・P・、通訳、班長等々の群雄？が軍関係の職場に割拠して、それこそ飛ぶ鳥も落す勢であつた。群雄に加わるには片言まじりの英語と強烈な心臓だけが必要だつたから、それらの条件を持ち合わさない者は、下積みになる外はなかつた。戦前の経歴や才能などは問題ではなかつた。方法はさまざまだが、軍の物資を盗み出す事を「戦果を挙げる」と称して、金などは無価値に等しい時代だから戦果の多過だけが仕事の良し悪しの基準になつていた。まさに戦国時代である。

やがて、沖縄人自体の社会機構が整つて来るに従つ

※せ、その生活において趣味教養を育て、生活を豊かにし高めて行く態度を養おうとするものなのである。かくてクラブ活動の意義目的を要約するならば第一に個人における生活構造の確立、その中における趣味、教養活動の位置づけ、そうしてそれによつて生活全体を成長、人間的発展として自覚的に営みうるような態度をつくることであろう。そして第二にはそういう生活の内容的なもの即ち、趣味、教養の活動をなし得るような趣味そのものの能力を与えること、第三にそれらを社会的な営みとして行う社会的な行動の仕方、文化的共同社会としてクラブにおける生活になれしめるということである。これらは何れも同一のことがらの三つの側面として把えることができよう。」（特別教育活動叢書、小学校篇）

趣味、教養の生活が、功利、打算を離れ、純粋な人間的要求に基づくものであることはいうまでもない。われわれのクラブ活動が、意識的にしろ無意識的にしろ、何らかの功利、打算と結びつくことは、クラブ本来の性格を破壊し、ひいては、調和的、全体的に考えられるべき教育全体の営みのバランスを失うことになるのである。クラブの名のもとに教科のもつねらいを延長して行つてみたり、あるいは職業的経験を積ませることをねらつたりすることは、羊頭をかかげて狗肉を売るそしりをまぬかれないのである。

（指導主事）

て戦前の「経歴」や「顔」を唯一の武器とする連中や、才能あつて語学力のない連中は大挙して「軍作業」を去つた。こう云う人々は「軍作業」に対して一般に「民」と呼ばれている沖縄人社会の中で活躍をはじめて以来久しい時を経ているので、其の後の「軍作業」社会（？）の変遷についてはあまり知らないのが実情である。かつて不遇をかこち、不快を味つた頃の苦い想い出をそのまま持つていて、今日でも「軍作業」を毛嫌いしているのである。軍作業は冷酷な世界で、わずかな失敗をやらかしても情容赦なくポンポンとくびになるというのが「民」の人々の一般的考え方のようである。それに比べたら「民」は沖縄人どうしだから、多少のズボラは許されるし、気分的にも楽だと考えるのである。

「民」社会の人々のもう一つの希いは、一日でも長く「民」で働いて、沖縄人社会の中で年数をかせごうという事である。

「民」と「軍作業」という二つの別個の社会があるように人々が感ずるもう一つの根きよは、全琉球三十五万人の勤労者中に軍関係勤労者が五万七千三百人居るという事実である。（労働局一九五六年十二月現在）米国民間会社やその他間接に米軍のおこぼれで食つている人々を合わせると、六万人にも達するのではないかと思われる。そしてこれら「軍作業」人口のほとんどが沖縄本島に居るのだから本島内におけるこの人口の有形無形の影響力は大きい。特に「軍作業」特有のアメリカ色が「軍作業」と「民」の区別をはつきりさせていた時代さえあつた。（今日ではそういう点での軍作業と民の差がほとんど無くなつた。）

柿本氏の意見によれば、今の軍作業は決して浮草的な性質のものではなく、長年にわたる勤務者が多いとのことである。この事実をどう解釈したらよいのだろうか。世の中が落ちついて、戦果も挙がらないから賃金のいい所に喰い下つているのだろうか。戦後十年を何とはなしに居続けた軍作業を今さら去つてもあとに自信がないのか？だんだん世智辛くなつて来て就職難だから我慢して動かないのか？物心両面の待遇は良いし、もともと「民」社会で通用する顔や経歴などという手形も持ち合わさないのだから、戦後十年にわたつて「軍作業」で築き上げた貴い経歴を唯一の資本にして一生の計を立てているのであろうか？

「軍作業」の事を柿本氏は話の中で「軍のシゴト」と呼ぶ。終戦直後の日傭労働的シゴトを中心とした頃と比べると、今では沖縄人で相当重い責任を委ねられて監督的地位にある者も少なくない。その職種は広範囲にわたつていて、「民」にある仕事は、鍼灸やユタなどの如き民特有のこつとう職以外はほとんどあるという賑かさである。

柿本氏は、軍と民の一番大きな相違は現職教育による技術習得のチャンスの有無だと強調する。民ではコキ使う一方で、一向に技術向上の途を計つてくれないが、軍は営利機関ではないから、積極的に研修のチャンスを与える。金をかけて技術教育をした方が長い目で見れば軍と従業員双方の利益になると考え、これを実行している。八時間の勤務時間中に教育時間も含まれているのである。軍という大きなバックをひかえているからこそ可能な計画であると同氏は説く。そして、軍の根本方針が決して低賃金で沖縄人をコキ使う事ではなく、沖縄人の技術的レベルを向上させ、沖縄の発展を希う善意に根ざしている事を柿本氏は強調した。

最近、軍作業賃金の一割五分ベースアップが実現するというニュースに接したが、これまで、低賃金と重労働にあえいで居たメイドについて、当のメイド側からも、「民」側からも、何ら不平の声が挙がらなかつた事をどう考えたらよいのだろうか。軍のメイドはもともと賃金だけを目当ての仕事ではない。つとめ先の家庭のおこぼれが月々馬鹿にならない額に達する。しかし、おこぼれだから、しみつたれた家庭と、間の抜けた家庭とでは、こぼし方に大変な差がある。おこぼれの多い家庭なら、賃金など問題ではない。メイドは嬉々として長年つとめるのである。今度のメイド賃金値上げ運動もその意味で、恐らくはおこぼれの少ない組からの不平と、表面上の賃金額を問題にした労組側の結合によつておこされたのだろう。若し又、全メイドが等しく悪条件に苦しんでいたとすれば、彼女らが、世論を刺戟する智慧と勇気と団結の力に欠けていたか、民側と軍側の相互理解について、為政者の努力が為されなかつたか、最後に軍側に人類愛が欠けていたか、（そのいづれか、もしくは総べて）である。

柿本氏は軍の善意を強調している。しからば、残されたものは、メイド自身の責任と、民側の調整についての努力不足という事になるかどうか、「民」社会は反省して見る必要があるのかも知れない。事実、このメイド賃金問題が表面化して直後、軍作業賃金ベースアップのニュースに接した。「苦しくてもだまつている。その苦しみを察して何とかしてくれるべきだ。」というのが我々の東洋的「人情」観である。「別に不平も云わないから、満足しているのだろう。満足している人に、苦しいかとたずねるのは余計なお世話だ」と考えるのがアメリカ的道徳である。感情をすなおに表現する米人と逆に、「腹がへつてもひもじうない」我々の事だ。言葉で発表しないまでも、表情に訴えるべきだが、なお悪い事には、せつかく「苦しいか」ときかれても、「いいえ、別に」とウソを云うのが「遠慮」という東洋最高の美徳の一つである。苦しさにさいなまれて、それを他人が察してくれないからヒネクレてますますこじらすという筋書は、日本映画の専売特許でもある。柿本氏の談から直ちに結論を下す勇気はないが、とにかく理くつの通る堂々たる発言と、米琉相互の理解促進のための努力について、全く遺憾はなかつたという自信がついてから、改めて軍側の人類愛を問題にしてもおそくはないし、むしろ強力となる。そういう点で反省させられた。感情とか義理などというものは、公的な交渉に役立つ所は非常に少ないし、むしろ害になるからだ。冷静な理論に根きよを置いた客観的行動こそ強力な説得力を持つのである。これに関連して思い出す事は、〃由美子ちやん事件〃にあれほど気も狂わんばかりの興奮ぶりを見せた諸団体が、針を飲んだ坊やを飛行機で東京に急送して一命を救つた軍に一枚の感謝状も送らなかつた事実である。「学問に国境なし」という事に反対を唱えない人々が、米国で学んで来た人々に対しては一種の偏見を持つたりする。「あの連中はアメリカの犬だ」と極言する人々さえ皆無ではない。米国留学生達が、何よりも真先に沖縄人であり、異国に数年も暮した後に、かえつて沖縄だけに住みついた人たちよりも深い愛郷心と、米琉双方に対する「より客観的」な見方をさえ具備している事を認めようとしない人々も少なくない。

柿本氏は軍の現職教育で技術習得の恩恵を受けた者に対して、義務づけは全くしていないと言明した。日本に招かれて行つたトラクターの技術者も喜んで送つたそうである。又熔接技術を習得すると同時に南米移民として渡航した青年が、ブラジルで、その技術を買われて、大工場に高給で迎えられ、柿本氏に現職教育に対する感謝の手紙を送つて来たそうである。そんなら何故沖縄だけではこれつぽつちの賃金でこき使うかという不平も出てくるが、その点についての論議はしなかつた。

軍作業はいつ無くなるか分らないから、それよりはもつと永続性のある「民」に居た方が安心だというのが「民」側の一般的考えだろうと私が云つたら、柿本氏も、「軍作業が無くなつたら、軍作業従業員が失職して路頭に迷うという考え方があるようだが、私はそうは思わない。むしろ真先にやられるのは国際通りだ。軍の現職教育で技術を習得した人々はむしろ生き残る。」と云つた。実力主義が雇傭の基礎であるから、軍作業無きあとの混乱状態では軍の技術習得者が生存競争に残るという考え方である。こういう考え方についても色々問題点はあるが、論議はしなかつた。

現在の軍作業従業員を学歴から見ると、柿本氏が、同氏の関係している代表的グループをサンプルとして調査した結果、四百名中、大学中退一人を筆頭に残りの十一％が高校卒、その他はすべて中校乃至それ以下の教育を受けていた。終戦以来居続けた〃ハンチヨー〃連中が、年数を重ね、今では〃ビグ・ハンチヨー〃に昇進しているが、彼らに対する指導者教育も熱心に推進されているとのことで、柿本氏の話によれば、これらビグ・ハンチヨー達の中には、充分な基礎的学校教育に欠けるため、日常の英語はともかくも、読み書きの英語や、国語の知識に欠け、軍がわざわざ東京に送つて翻訳させ製本させた教科書を理解出来ないとなげいて居た。後で他の方面で聞いた話によれば、この教科書にも問題点があるとの事だつた。翻訳がまずいのだそうである。

工業高校を卒業した青年達は使いものにならないと柿本氏はこぼしていた。英語を知らないからかときいたら、いや、それもあるが、第一技術がとてもお話にならないと云つた。これもあとで友人の工学士に聞いたが、大学を出てもすぐには使いものにならないそうである。しかし基礎的な知識と訓練があるので、これが次第に物を云うのだそうだ。

かくて柿本氏との雑談は尽きる所を知らなかつた。同氏が帰る時、私はいつか同氏の事務所を訪れるから、その時は同氏の教育計画について、色々な資料を見せていただきたいと頼んだ。同氏は快諾して去つた。

「軍」と「民」という二つの仮想の社会について、教育と社会の立場から教育者たるものはもう一歩進めて研究する必要があると感じた。職業教育、社会教育の問題は「軍」の存在を考慮に入れなくては考えられない沖縄の実状である。単に政治、経済だけが軍と関係があつて、教育は「軍」と無関係であるという考え、もしくは、過少評価におちいる事がないよう我々は心すべきではないだろうか。

—おわり—

生物科における野外活動の望ましい指導

伊波秀雄
〔石川高校教諭〕

私は、過去の生徒指導を省みて、次に述べる五つの点に思いを至し、五六年五月より五七年六月まで一年間、文教局指定による〃現場における研究〃を担当し去る七月六日本校においてその研究発表会をもつた。

ここに、私の〃研究教員体験記〃を広く発表し、皆様の正しい御批判と御助言を仰ぎ共に沖縄の将来を背負つて立つ児童生徒の指導に励みたいと思う。

㈠ 自然科学 (Natural Science) 中でもたえず生活をつづけ生長する〃生物〃を学習の対象とする生物学 (Biology) は、理屈ではない。実地、実物にふれて学ぶ学問である。

アメリカの有名な動物学者、ルイ・アガシイ氏 (Jean Louis Rodolphe Agassiz) (1807~1873) の言葉に、〃自然を学べ、本ではない〃 "Study Nature, not Books." とあるが、これは、理科を学習する生徒も、これを指導する教師も皆が味わうべき大切な尊いものだと思う。

教室内で教科書を読み、生徒の質疑に答え又、各単元の項目や要点を黒板に書き上げて生徒にノートさせたり、或は、掛図や年表をかかげて生徒の理解を深めることも一つの学習指導の方法でありましょう。

一方、更にすすんで、野外の自然物にじかに接触させ、生徒のもつ全感覚(視・聴・嗅・味・皮ふ覚)をはたらかすことにより、興味をよび起し、疑問を見出させ、学習意欲を高めることが学習効果をあげる望ましい指導法だと考えられる。

㈡ 野外に出て、動物・植物の形や生態(生物が生活するありさま)を観察する中に、生物相互の関係や、人生と自然界の生物との関係を学び、自然物を理解させ、これ等を愛護する美しい心を培うことが出来る。

私達、人間の愛情は、理解の中から生れる。ひいては、校舎や教室内外の身のまわりの校具・備品などをも大切に取扱い、又、破損せるものは、すすんでこれを補修する心がけを養うことができる。

㈢ 野外でよく観察した生物は、これを採集して持ち帰り、小動物は飼育し、植物は、鉢植えにしたり、校庭に栽培したりなど、生物の生活を世話する尊い経験を生かし、友人とも仲良く協力して働らく平和な社会(学級・学校)をつくる人間を養うことが出来る。

㈣ 夏休みなどの余暇を有効適切に生かす良い習慣を身につけさせるためにも野外の学習が大切である。

㈤ 新鮮な空気を胸一ぱい呼吸し、ふりそそぐ太陽の光を全身に浴びながら野外で活動することは、生ある私達の幸の源ともなる〃健康な体〃を養うのにもつとも適切な学習の場であると考えられる。

次に、研究のあらましを述べてみよう。

(A) 研究テーマ 生徒の野外活動(観察・採集・標本)の望ましい指導はどのようにすればよいか。

(B) 研究目標 (a)、学習指導要領理科編に拠り、生物科教育本来の目標を達成する。(Ⅰ、)生物や生命現象に対する関心を高める。(Ⅱ)、野外における生物の観察や採集の基礎的技能を養う。(Ⅲ)、標本や資料を整理し、これを有効に利用する能力や態度を養う。(Ⅳ)、観察や記録を正確に行う能力や態度を養う。

第一の目標は、野外に生活している動物(代表的な昆虫)や植物(高等なシダ・種子植物)や、海水・淡水中に生育するプランクトンなどの生活するありのままのすがたや生態を注意深く観察させ、同時に、採集や標本を作る経験をさせ、現実に身につく生きかた生物の学習を指導し、その実をあげることである。その他の目標として、(b)、野外(校外)における生物の観察・採集などの生活活動を通して、生徒の社会性・協調性の助長をはかる。(c)、夏休みの余暇を利用して行う野外活動において、生徒の安全教育を行う。(d)、野外活動を通して広く自然に接触させ、生物を愛護する美しい心と豊かな情操を養い、平和と協力を愛する人間性を高める。

(C) 研究方針 1、教科学習の一環として生物の単位を履修しつつある一学年の全生徒を研究の対象として指導する。2、計画を綿密に立て、生徒の学習効果を高める。3、生物科の指導目標を明らかにし、生物科における野外活動の重要性を認識する。4、生徒指導を能率的に推進するため、地域社会、特に生徒保護者の理解と協力をはかり、学校と家庭を結ぶ。(夏休みの余暇利用のため) 5、研究の成果をまとめて生物教室の特色を徐々に高め、次期の生徒指導に役立てる。

(D) 研究の実施と経過のあらまし

1 研究期間中、立案計画から発表会に至るまで、毎月一回づつ、指導担当の文教局指導課金城順一主事に来校していただき、一方、夏季教員研修の講師として来島された日本内地の大学教授や、地元琉球大学の関係専門教授にも広く現場指導や助言を仰ぎながら、自らの方針を生かし、研究を全うするよう努力した。

2 生徒保護者の各家庭へ研究の主旨や内容を二三のプリントにのせて送り、保護者の理解と協力を得て研究をすすめた。アンケートの回答と生徒の参加状態からみて、私の計画は適切だつたと思われる。(アンケートの回答)夏休みの余暇を利用して野外学習を行うことは、適当な計画だと思う。○印をつけた生徒保護者数、二三七名中、二三一名、九七%

3 第一学期は、教科書の単元〃生物の研究方法〃を中心に基礎知識の理解学習を指導した。ここで、生徒の学習効果を挙げるため、〃ガイドブツク〃「植物並に昆虫の採集と標本つくり」をかん単な図解入りにしてつくり生徒の学習の便をはかつた。植物の面では、〃植物採集かぞえ歌〃(東大教授、本田正次著書より)によつて、楽しくその要領を指導したので、その成果も大きかつた。ガイドブツクの内容は、(一)、採集用具の種類。(植物)、せん定鋏、胴乱、根掘り、小形のこぎり、大形ナイフ、ルーペなど。(昆虫)、捕虫網、三角紙と三角ケース、毒つぼ、殺虫管、網びんなど。これだけは、採集に是非とも必要な用具なので、必ずじゆん備して行くこと。(二)、採集のしかた、用具の使いかた。完全な体の生物を採集すること。植物では、草本類は、根・茎・葉・花の四者がそなわつたものシダ植物では、花のはたらきをする胞子が葉の裏か、へりに着いて熟したもの。昆虫では翅や触角が傷ついていない完全なものを採集するよう心掛ける。(三)、標本の作りかた。(植物)乾そう→台紙に貼る→ラベルをつける。(昆虫)針を刺す→展翅する→保存箱に整理する→ラベルをつける。標本を作る時に留意することは、先づ、乾そうを完全にして、保存中、カビが生えないよう、事前に対策することと、ラベルには、採集地名・採集年月日・採集者名の三要素を明記しておくことである。(四)、標本の整理と保存。標本の整理は、採集に取りかかる前に目標を立てておくとよい。例えば、植物では、薬用植物や有毒植物などの応用標本や、シダ植物うらぼし科などの分類標本。昆虫では、チヨウやガなど鱗翅目の分類標本、或は、〃チヨウ・ガの一生〃を継続的に観察・飼育して、その変態標本などを工夫自作するなど野外学習の分野は、実に広い。(五)、野外活動時の服装。これは、安全教育の立場から、次のように奨励指導した。山中で、植物のとげや、木の実・小石・土粒など落下物による外傷を予防するため、体を露出しないよう、男女とも、ズボン・長袖シヤツの作業服を着用した方がよい。はきものは、木の切株や毒虫を避けるため、革底の編上靴か地下足袋をはく。又、つばのついた帽子(登山帽)をかぶり、大陽の直射を避け、日射病を予防するよう督励した。(六)、持物。(Ⅰ)、採集用具これは、何れの種目でも、前記の必要な二、三の用具を準備しておき、採集活動を意義あらしめた。(Ⅱ)、昼食は、山中では、平生より食欲が進むから、やや余分に折詰か、のり巻にして行く。ふつうの弁当箱は、帰りの荷物になるから不可。水筒は、必ず各自持つて行く。(Ⅲ)、救急薬品。不慮の事故を予想し、マーキユロクローム・ヨードチンキ・アンモニア水・ほうたい・ガーゼ・脱脂綿などを小さな木箱に詰めて行く。(Ⅳ)、その他、メモ帳・えんぴつ・ビニールの大形ふろ敷などを持つとよい。

4 次に、夏休みの余暇に、実際、野外における観察や採集活動を展開した。その時期・種目・グループ編成・採集地・一日の採集日程・用具の工夫準備・採集物の整理などについては、生徒並に保護者の希望をとり入れて計画を立て実施した。野外活動の実施に当つては、生徒の安全をはかる立場から次の諸点に留意して指導した。(イ)、時間と距離について生徒のガイドブツクに記載した〃植物採集かぞえ歌〃にもある通り〃六つとやア、無理して遠くへ出かけるな、出かけるな、植物採集は、近くから近くから〃を念頭におき、採集地は、当地区内の石川市・恩納村にとどめた。又、真夏の日中になると、陽はかんかん照りつけ、同時に、昆虫も木蔭にかくれて姿を消してしまうので、採集時間は、朝は少し早目に、七時半~十一時までと、午後は、三時~五時半の間に精出し、真昼近くは、山中の木蔭で休息しながら昼飯を済ませ、午前中の採集物をしらべたり、これを整理する時間に当てた。一方採集は、楽しい中にも相当のエネルギーを費すので、その前日は、十分の栄養と睡眠をとるよう注意した。それから、野外に出かける時は、必らず〃採集活動表(種目・グループ番号・採集地・日時・日程・集合並に解散の時刻場所・持物・人員・名簿を記載)〃を作つて野外指導に当り、反省の資料とした。ところで過去、教十回にわたる野外の採集活動において、※

随想

心理学遍歴

―たどたどしいわが歩み―

与那嶺松助

心理学遍歴という題をつけるのは少し気がひける。というのは雑誌「児童心理」が心理学編歴という欄を設けて日本における心理学界の老大家たちの自叙伝風の読物を掲げているからである。もちろん私は一かどの心理学者を気どるわけではなく、編輯子から何か書けといわれても、ふだん怠けている天罰てきめん、何一つ寄稿する資料をもちあわさず苦しまぎれに心理学遍歴という雑文をかいて責めをのがれようというわけである。

さてまえおきはこれくらいにして心理学を勉強しはじめた頃の私の貧しい思い出をつづることにしよう。私が心理学をはじめて学んだのは沖縄師範二部へ入学した時である。私は貧乏農家のせがれなので中学を出ても上級学校への進学はのぞめないものと思つていたのであるが、叔父は私を医者にしようと思つて高校理科か医専ならいつ受験してもいいとゆるしてくれた。私は生後二才の頃から叔父の家に養われていたのである。医者になるなら無理をして大学を出しても投資として十分ひきあうと叔父は考えたのであろう。ところが当時の私は医者になる気にはどうしてもなれず叔父には黙つて七高の文科に受験した。

幸い合格はしたのだが文科では医者にはなれないということで文科恐怖症の叔父との折合いがつかずとうとう七高へ行くのはよしてしまつた。旧制中学生の憧れの的だつた高校への私の夢は空しくついえてしまつた。「せつかく高校へパスしたのによすとは馬鹿だなあお前は」などと友達にいわれると一そうくさつたものである。それで金のかからない叔父の考えではもつとも無難で確実な師範学校二部へ行くことになつたのである。

甚だ不心得なことだが、私としてはむしろ一時の避難所の積りで師範二部へ入学したのだが結局それが私の生涯の方向を決定することになつた。私が心理学をはじめて学んだのはその時である。当時の教科書は乙竹岩造氏の心理学であつた。まず神経系統の説明からはじまつて感覚や知覚の部門が内容の大半を占めていたと記憶する。心理学的な考え方や立場も生理学的、要素的であり、あるいは連想心理学的な見地が強かつた。今日のような全体観的、力動的な見地はほとんどみられなかつたと思う。教科書も英国で今世紀のはじめ頃にできたテキストを原型とするもので、師範学校では十数年も年々歳々同じテキストを使用していたようである。当時の私にはこのような心理学は興味のないものであつた。卒業後広島高師の教育科へ受験したのであるが、教育学や教育史は受験科目になつていたが、心理学は試験科目になかつたので勉強もしなかつた。

※生徒の安全教育の立場から、私が特に、多分の注意を払つて来たのは、郷土沖縄において、日本脳炎と共に夏季の最大の脅威として、恐るべき生きた有毒動物、ハブ（蛇の一種）がある。この恐るべきハブの危害を未然に防ぐため、実物を採集し、これを飼育しながら、その形・習性（攻撃性・食性・棲息所・活動期など）や、咬まれた時の応急処置について、その道の専門研究者の助言を得て生徒を指導した。

5　夏休みの野外活動を一応終えて、二学期の初めには、校内・地区内の生徒作品展を開き、生徒の学習をまとめ、その評価と反省を行つた。一方、上出来の作品は、全島中央作品展にも参加させ、生徒の向学心を高めた。

ここで、研究のまとめとして、研究指導の対象とした生徒の反省アンケートをとりまとめてみた。問、野外活動を経験し、あなたはどのように思いますか。（反省）。回答、勉強に役立つた、一方、体をきたえることが出来た。生徒数は、一六〇名中、一四〇名で、八八％を占め、一部、一二％の生徒が、勉強に役立たなかつたと、回答している。全体的に見ると、私の研究も、一応、その目標を達成することが出来たと思う。この成果を、今後の現場における生徒指導に十分活用し度い。最後に、〃現場における研究〃を一応終えての感想をまとめてみると、

一、現場の生徒を指導して行く教師としての自信と勇気を身につける尊い体験であつた。

二、実力とは何ぞや？実力は、決して理論だけではない。理論プラス実践の技能が真の実力であることを知つた。

三、明日への明るい希望を見出し、新しく再発する喜びを得た。

（一九五七・七・三〇）

高師入学後の心理学の講義は民族心理学や条件反射学などが主なもので、さすがに師範学校における講義に比べるとはるかに魅力のある充実した内容だつたと思うのだが、相変らず心理学には興味をもつていなかつた。むしろ高師時代私は哲学をかじり、将来大学へ進むなら哲学を専攻する積りでいた。哲学に関心をもつようになつたのは、私の性格にも大いに原因していたであろうが、むしろ誰にもある青年期一般の傾向にすぎなかつたともいえる。人生の悩みを解決し、悟りを開く道を私は宗教でなく哲学に求めていたのである。しかし私は結局大学では心理学を専攻するようになつたのであるが、心理学を専攻するようになつた動機はかなり除々で複雑な過程であつたように思う。私が大学へ進む前にすでに大学へいつていたある先輩のいつたことが今でも印象的に記憶に残つている。大学へ来たつて悟りが開けるものではない。大学は学問をするところで悟りを開く積りなら大学へ来る必要はないといつた意味のことをその先輩はいつたのである。当時私は大体次のように考えていたように思う。自分は哲学に興味をもつているが、哲学は自分がどんな仕事をしても、どんな学問を専攻しても、生涯心の糧としてむしろ趣味として勉強していこう。専攻学科はそれとは別だ。専攻学科は心理学だと考えていた。

しかしはじめの心理学に興味のなかつた私が心理学をえらんだもつと直接の動機はかなり偶然的である。私は高師を出て岡山の倉敷という小さな市に就職したのだが、倉敷市は人口三万の小さな田舎都市だがきわめて特異な市であつた。倉敷労働科学研究所（労研）大原農業科学研究所、倉敷美術館倉敷天文台などすべて大原という財閥の私財によつてできたすぐれた施設があつた。これらは何れも世界的に名の知られた施設である。労研は沖縄出身の女工が五百名余も働いていた倉敷紡積工場の構内にあつて、外観はみすぼらしい建物だつたが、この研究所一つの予算だけでも倉敷市全体の予算より大きいということだつた。労研は後に半官半民の日本労働科学研究所となつて東京へ移つているが、当時の所長は暉峻義等博士で心理学の主任は桐原葆見博士であつた。この労研に私が被験者として使われたことが、私が心理学を専攻する一つの機縁になつたと思う。私は生理学や医学的研究の被験者になつたのだが、研究所に出入している間、産業心理学の研究施設をみたり、外部からではあるが、心理学的な研究の一端をのぞいたりしているうちに心理学のような実証的な学問をしてみたくなつたのである。

大学の心理学科へ入学してから心理学をえらんだことを後悔したことはない。やはり哲学は自分のような頭脳の貧弱な者には向かない。独自の研究なんてとてもできそうではない。心理学なら自分のような者でも時間と労力さえ惜しまなければ何か独自な研究をまとめることも出来そうで、やはり心理学をえらんでよかつたと、在学時代いつも思つていた。今でもそう思つている。大学の人試科目は語学と専攻科目だつたので代表的な心理学の概論書を隅から隅までといつていいくらい精読した。久保博士の概論をよんだのだが、詰込み式の受験勉強だといつて馬鹿にすることはないと思つている。というのは大学での講義や研究はきわめて特殊化されたテーマについて深く究めていくのであるが、概論書で心理学全般についての基礎的知識を徹底的につめ込んだことは入学後大いに助けとなつたのである。入試ということでなければあんな徹底した精読はとうていできなかつたであろう。

私が心理学を学んでからもう二十年になる。この二十年間に心理学が大きく進展したことはいうまでもない。とくに戦後のアメリカ心理学の影響は日本の心理学界に大きな変化を与えている。私たちの学生時代にはゲシュタルトということがさかんにいわれたが、ゲシユタルト心理学は今日ではもはや一つの学派というより、むしろ今日の心理学体系全体の中にすつかりとけこんでいるというのが妥当であろう。今日アメリカ心理学の影響で適応とかフラストレーションとかいうことがさかんにいわれるようになつたのも。私たちの学生時代はなかつたことである。教育心理学なども今日のように独自の体系をもつ分野にはなつていなかつた。

この二十年間自分はどれだけの進歩をしたかといわれると、全く汗顔の至りである。私の卒論は「両眼による奥行知覚と類型」というテーマでそれが「心理学研究」に発表された。それまで卒論が心理学研究に掲載されたのは私一人だつたので少々鼻が高かつた。

ところがその後の二十年は全くの空白である。同期の者や後輩がつぎつぎ研究を発表しているのをみる度に恥しくなる。今のような文献も研究室もない環境では当時の卒論程度の研究をすることさえ至難なことである。そろそろ自分も人生のたそがれ近い年になつたがしかし今からでもおそくはない。言訳などしないでこれからでも駄馬に鞭うつて精進したいと思う。

（琉大教育学部教授）

随想

教師一年生

―先生ならぬ先生として―

宇座幸子
〔読谷高校教諭〕

時は一九五七年七月十九日、所はPTA総会を明日に控えた慌しい職員室、母校の先生方から口添えがあつたという編集部依頼のこの原稿用紙を前に一年間の反省を余儀なくさせられる私。

貴い過去、思えば恐ろしい程呆気なく過ぎ去つた日、月、年、そして時よ！

「先生なんかだーいきらい」「先生なんか絶対ならないわ」と国民学校時代の先生方、初等学校時代の先生方を困らしたこの私が、先生と呼ばれてもはや一年余りにもなるのだ。

「蛙の子は蛙」を地でゆくこの状態に反撥を感じてか、大学卒業の日、否正直にいつて四月一日の先生入学式のその日まで、なる気にならず自分の心を流れに任せていたものである。求人側から頭を下げる一年前の沖縄教育界の状況をも見通して安心しきつていたことも事実である。

さて出発点から調子の悪いこの先生稼業、一旦この社会に入つたが最後、他のことを考える時間の余裕を与えられない状態。これこそ世にいうしか先生に陥つてしまう原因なのだろうと思わせられる。「先生しか出来ない無能力者」「先生と言われる程の馬鹿じやない」「先生つて一番読書しない種族だ」等々皮肉なことばをあびせられながら、全面的に否定し得ないで、否はねかえす力がなくて、ノホホンと暮している先生私、悲しきかなである。一年間！省みると「逝くものはかくの如きか」と川上でつぶやいた孔子の胸中察するに余りあるものがある。短い様で長い、長い様で短い一年間だつた。私自身良い意味でも悪い意味でも大人になつたと感ずる。友人同志でもお互いに「歳とつたわ」と挨拶しあう。いわゆる先生らしさが身につくのだろう。確に我々はらしくならなければならない。「先生らしくなる」裏を返せば「大人くさくなる」「保守になる」であるが、その世代に適し、その環境に適した素直ならしさが必要だと思う。因襲を打破していくだけの、或いは正義を貫徹する若さの加味された先生らしさでありたい。それを本当に身につける根本的な条件は、勉強であり、時間の猶余なのだ。何を強調するにも時間、ほんとに時時時である。時に餓えている弱輩が要領も得ないままにじたばたしているかと思えば、「五時だ」とばかりにさつさと引きあげて行く御仁もあり、己の無能さを再認識させられることしばしばである。

知識のきりうり時代はもう来ないので安心ではあるが――そのような時代だつたら我々如き蓄積物のない者はすぐにノツクアウトされる運命なのだから――教育制度も、その内容も復古調だといわれる。徒らに昔を忍ぶ教育、回顧趣味はよくないが、新しい制度の弱点を常に埋め合わせていくだけの心の余裕は為政者にとつて不可欠の条件だろう。今度の新布令においてまた然りである。実のところ発布以後の我々シモジモの教員は、思考力をもぎとられ、電機仕掛けの人形と何ら異るところがない状態。万物の霊長としての特質たる理性の働きが完全に無視された現状で、学習効果を上げよう、教育効果を高めよう等、いくら叫んでもわめいても無駄だと思う。要は指導者たる個々の教員の、人間としての生活権利を擁護すべきなのだと思うのである。月給が安いという問題ではない。人間としての生活、時々刻々の精神衛生の問題になつてくるのである。

たつた一年間、現場に飛び込んで生きてみるだけで、教育の酢いも甘いも知る筈はないが、現在の教育は、ネジが一本利かなくなつているのではないか、と気になる。制度の欠陥か、実践する人々の問題かは分らない。詮索すべき時ではなかろうか。

私自身戦後のどさくさで、小学校から高校卒業まで、鍬、モツコ、ハンマーで日々を過した輩だ。善意に解釈してパイオニヤ精神はいくらか芽生えたかも知れないが、俗にいう学力なぞついて居よう筈はない。それを意識すると人の上に立つ時どうしても罪悪感が伴う。私の場合これが消えるには後数年、或いは数十年かかることうけあいなのである。否その理論を汲みとる年数を計算すると、結構生涯を消極的な先生の巻で終る可能性大なのである。それでこの状態を基にして、何か人間らしい人間になりたいと欲する。生徒の中に伍しても、一個の人間として遜色のない様、一般社会の逆境の中に置かれても、その場で共通するより良き人間性を発揮できる様に！謙虚な気持で営みたい学校社会の生活である。

この社会新入生時代、失望、落胆又失望と淵にはまり込んだ事数回。実力のない自分に幻滅を感ずるのは理の当然だが、時には罪のない生徒までも無能力者扱いにしたくなる。

「バカ」「アホウ」「マヌケ」「クタバレ」等を連発していたという戦前の先生方、鉄拳を喰らわして、鼻血を出して、気絶させて、それでも尚体罰を加えることを反省しなかつたあの時代の教育といえども一方的に考えた場合理解出来なくもない。

でも果してこれで良いだろうか。

在学中の勉強不足も手伝つて、今尚道の見出せないこの状態、どの書をひもとけば、どの指導者の門をたたけば納得出来るのか、見当だに立たない。すべての場合におぼつかない自分自身の尺度しか使用出来ない悲しさ。

なにしろ、ぴよぴよ先生の悲哀は、すべてに要領を得ないために、失敗が多いということである。時たま、その級では禁ずべき例話を平然と話して生徒の気分をそこねたり、貧弱な体験をその場でつくろうために冷汗をかいたり、全くほうほうの態で逃げだすこともでてくる。知らざるを知らずとなすことも困難な勉強の一つだつた。指導法の拙劣さから失張り、先生中心の講議に陥る傾向は如何ともしがたいことだろうか。ウイツトと若さ、一点の汚点もない明かるい教室を望むのは現段階では夢でしかあり得ない。死んだ学問を身につけてきたこと嘆いても嘆いても嘆き足りるものではない。

次に生活指導ペソカクの巻に移ろう。

去年一年間で、こんなにたくさんの失敗をした「一年先生」はごくまではなかろうか。第一日目から問題は起るもの、まず同じ日に立場を異にして入学した、ヨチヨチ高校生が四十七名、私の級に配られた。

すべての道に通ずる第一の登竜門たる、高校入学を許されたとあつて、吾子の将来に胸をふくらませた、輝かしい眼の父兄母姉が、続々と詰めかける。このホヤホヤ先生、一年間のホームルーム運営案なんて、その場で作れる筈もなく、呆然として立つばかり。最後に平身低頭の態で「とにかく一生懸命やります」とお誓いして父兄にも一応安心してもらつて――と自分では思つた――その場はすんだ。

その後が大変である。日増に問題が出てきた。学習計画、家庭的問題や経済問題、身体的悩み、精神の不均衡等々……すべてが訴えられる。このヨチヨチ先生恰も自分の一大問題が勃発したかの如く、そのままひきずり込まれていく。

自分自身で解決してあげなければすまないという殊勝（？）な気持なのである。それこそオセンチ先生ぶりを発揮して、それに費える時間、或いは効果など考えもせずに、鬼の首でもとつた様に得意然としている。もちろん相談相手になるのを否定するわけではない。極端な例をとつて言うと、共に泣き、共に笑い、そして問題を持つ子の心をまぎらして解決したり、と思い込む。ちよつとむづかしいと思う問題からは、意識的に逃避しようとする。解決のめどがつかないで恩師のところ迄出かけたこともしばしば。「一度先輩を訪ねて指導を仰いだ時に、教育の範囲やら限界やらを悟されて、理論としては納得したが、やはり実際問題としては割り切れず困つたことがある。学校生活というのは、少くとも家庭生活の安定の上にたつものだと思う。身の置場がなくて困つている子供をみて、平然としていることは指導者としては不可能なことだ。

劣等感をもつ生徒、頭が良すぎて利己的になつている生徒、ひねくれ、おとなし過ぎ、数えあげると、いずれも問題を持つ子に違いない。それに対処するに、すべて己の尺度をもつてしなければならぬ頼りなさ。「早く大人になりたい！」と心の底からつぶやくこの心は、大人の先生からも理解して貰えると思う。

然し、年中泣きあかす日々でないことだけは、判然としている。苦労の後の楽しみは、実にすばらしい。遊びの面をみれば、私の様な遊び好きには、矢張り適しているかもしれない。冗談のない日は、食事をしない日以上に憂うつだ。それ以上に生徒の眼の死んでいる時は、自分の存在価値が疑われて、消えてなくなりたいもの。

とにかく、かよわき一年生としての我々は未だに試行錯誤的な日々の歩みである。何か指導がほしい、頼れる柱がほしい、というのは、〇・五人前の先生としての私一人だけだろうか。今のままではとうてい駄目だ。これを解決するには？……

教材が存分に研究でき、生徒各々の気持も充分に知り、そして自己修養のための読書の時間、ことばを変えるとほんとに自分の自由に使える時間が欲しい。エミールの精神、ゲーテの意志、ペスタロッチの愛等々……。純粋な学問的雰囲気と、人間的な、どこまでも人間的な共同社会。私の欲する教育の場は、自分自身実現出来ないかもしれない。然し着実に歩みたい。このより良き日々の為に歩一歩と踏みしめて行きたい只欲するものは、我々弱輩のための研修の場を、というところである。一人前の人間先生となるための……。

先輩、同僚各位の御指導を期待しつつ……。

随想

生きたことば

大浜英祐

「もち」と「蝉の啼声」

わたしは、尋常科六年の夏、八重山の小学校から、台湾の地方都市の小学校に、いきなり転校させられる破目になつて、その小学校へ二学期から通うことになつたが、しよつぱなから、標準語なるものに苦しめられた。

同級生のように、ぺらぺ標準語がしやべられないのである。

むろん標準語といつても、台湾は日本各地からの人々の寄合世帯だから、そこにはその地方々々の訛りが、存在しているわけで、それがしまいには一つのミツクスされた台湾的標準語になつているわけだが、何れにしても沖縄の田舎からとび出した少年にとつては、舌が思うようにまわらないのだから、しまいには劣等感や卑屈感が、少年なりに生じて来たのは、いたしかたない仕儀だつた。

いきおい、わたしが選んだ友達は、鍛治屋のはなれだの、小役人の小倅といつた、あんまりできのよくない連中ということになつた。鉛筆による試験なら知事の息子をむこうにまわしても劣らない自信をもつていながら、さてみんなの前で何かを発表するとなると尻ごみしなければならないということは、まことにはや口惜しい限りだつた。

こんなにがにがしい少年の日の経験から、わたしは、日本語というものに、わけてもはなしことばというものに、特別な関心をもつようになつたのだろう。

六年生からそのまま師範学校に入つてからは文学書のむしになつてしまい、十五の年には恋愛小説のまねごとまでするという仕末だつた。

学校を出て、地方の小学校まわりをしている間、国語教育ととつくんだのも少年の日の劣等感が忘れられなかつたからである。

それ故に、日本語を知らない、というよりは日本語と全く体系のちがつた中国語しか使用していない台湾人の子供達に、日本語を教えることに、異常な興味をおぼえたものである。そんなわけで、或年、わたしのつとめている学校が国語教育の研究校になると、国語主任をしていたわたしは、一年生の一学級を指定し、入学の当初から、そこの国語はわたしが受持つことにした。

あとでもふれると思うが、二語併用地の言語教育というのは、きわめて多くの難問をかかえているものであり、完全に成功したためしはないといわれている位だから、日本語を全然知らない小さな子供達に、最初から日本語でぶつかつていくのは、骨が折れるというよりも、これは冒険にひとしかつた。

台湾語で翻訳しながら、日本語を教えている他の台湾人教師受持の学級は、スムースに授業がすんでいるが、わたしの学級は、とつおいつ、一向進展しないのである。

仕方ないから、わたしは、徹頭徹尾、実物について、単語をくりかえしくりかえし教え、語いの拡充にこれつとめた。

ところが二学期のしまいごろになると、他の学級よりも国語能力はぐつとついて、それは見違えるようになつて来て、研究会当日の研究授業は、ある程度見応えのあるものにすることができた。

ところが、その研究会の研究批評会の席上で、東北出身の、他校の国語主任が

「先生のアクセントはどこのアクセントですか。」

と、質問を発した。この質問はわたしの胸にささつた。そしてわたしは腹が立つて来たのである。

「わたしは沖縄出身だから、わたしの言葉の中に、沖縄の訛りや、調子が入つてくるのはいたし方ない、それはあだかも、東北出身であるあなたの言葉の中から、ズーズ弁が完全に払拭されないのと同様でしよう。」

と、いつたら、その先生はそれきり黙つてしまつた。会のあと、慰労会の酒座となつたが、その席にはわたしに質問した先生の学校の校長も出ていて、「今日はわたしの学校の先生がつまらない質問をして」とわたしに詫びめいたことをいつていた。

「いや、ぼくこそ、大人気ない返答をして後悔しています。」

と、わたしはいつた。そしてそのあとアクセントというものが日本語の場合は確立されていないのだし、

標準語といつても結局東京の方言にすぎない。だから、火鉢をシバチとは教えられない。かといつてこれが手本であるなら、「先生」は「センセエ」兵隊を「ヘエタイ」と、九州出身の先生にはとつつきにくい発音であつてもそうしなければならないだろう。アクセントの場合もとくに沖縄出身者なるが故にできる限りアクセント辞典だの、それにかんする本は読み、人のいないところで、くりかえしくりかえし稽古をし、そのためにラジオのアナウンサーを先生にして来たわたしの苦心談をすると、その老校長は「いや、今日の研究授業はわれわれにとつても益するところ大であつた。」と、お世辞をいつてくれた。

わたしの学校の校長は終始、黙つていたが、二次会にわたしをひつぱり出し、来年から一年生の担任の半分は、内地人の教員にしよう。どうやら確信がついて来た、といつてくれた。これは、どんなほめことばよりも、わたしにとつては、まことにうれしいことばだつた。

むろん、わたしは、わたしの国語教育が立派なものだつたとは、今もつて思つていない。しかし、日本語を全く知らない子供達に、始めから日本語をぶつつけていつた苦心は、わたし自身のことば勉強にも、大へんに役立つたと思つている。

ことばは土台通じ合うことが基本的な条件なのである。通じ合わないでは、その人にとつて、それは音声であつて、ことばではない。ところが、最初から通じあわない言葉をもつて通じ合わそうとするのだから、無理があり、困難があることは当然である。

しかしその努力なしに、言語教育というのはあり得ないだろう。

読み書きはできるが、話させると通じない日本の英語教育が、よい見本である。

わたしが、台湾人の子供達に、会話を中心に国語教育をすすめたのは当然である。しかもことばは、それが生きたことばであるためには、そのことばが生れ出るために前提となる社会的な条件がやがてそのことばの概念となつて、表現の底に根をはつていることを考えると、いよいよ問題は複雑である。

例えば、「餅」ということばがある。台湾あたりの内地人の子供は、「餅」といえば、正月の「搗き餅」を、その概念としてもつている。教科書に出てくる餅もおうむねその餅である。ところが台湾にはそのような餅はない。いずれも、うすでひいて粉にしたものをねつて煮た餅である。つまり日本内地の餅が、粒食としての搗きもちであるのに、これは粉食としての餅である。沖縄の場合も、餅といえば、粉食としての餅である。

しかも、台湾の正月には、飾り餅はない。砂糖や大根のすつたのをまぜた「コエ」というものなのである。

月の中で、兎が餅を搗いている図は、日本人の子供には興味があつても、台湾人のこどもには一向興味はなかろう。

しかも、そのような概念をもつた、日本語の「もち」ということばを教えなければならないとすると、当然、日本語の「もち」の生活体験をさせなければならない。正月に学校で餅搗きをさせる台湾人の学校が出て来たのは、当然の帰結だつたのである。

それはことばのもつている概念だけではない。耳までそうなつている。

わたしが受持つた台湾人の学校の一年生の国語の教科書には、「セミガミンミンナイテイマス。」とある。

こども達には、セミも「ナイテイマスも実物を前にしてのことだから、受取るわけだがこの「ミンミン」という擬声語は、おいそれと受取つてくれない。セミはなんとないているのかと尋ねると、「チエ、チエ、ナイテイマス」と返答する。それを「チエ、チエではない。ミンミンだ。」と教師の方で力んでみたところで、このこども達には、チエチエとしかきこえないのである。ミンミンときくのだといつても、鼓膜をとりかえてやるほかはなかろう。そうかといつて、「セミがチエチエナイテイマス」では、日本語としては、とんでもないものになる。しかし考えて見れば、セミのなき声を、ミンミン一つで表現しようとした教科書自体もこつけいではある。

八重山でわたしの子供の頃、わたし達は、蟬のなき声を、「ガース、ガース」と、擬声かしていた。

そこでわたしは、ミンミンをやめて、あぶら蟬のなき声に近い、「ジイジイ」といれかえた。そしたらそれは、チエチエに近かつたのか、こども達は、につこりうなづいて、「ジイジイないています。」というようになつた。

じつさいに、ことばが生きて、自分をそのままに相手に通じさせるためには、なかなか容易なことではない。

沖縄の現状もまさしく、二語併用の状況である。日本語と英語、日本文と英文、それはわれわれの一切の生活を支配する政治経済、文化の各面にわたつて、二つが同じ働きをしなければならないのである。

それによつて、沖縄はかつてない変化をなしつつあるが、英語側からも、日本語側からも、それが互いにその意志を通じ合うためには、まだまだ多くの困難を克服していかねばならないだろう。

沖縄の二語併用がどのような過程をふんで発展していくものなのか、それは多くの興味があるといわなければならない。

L・Cとハーニー

戦時中、標準語励行という運動が起り、そのために方言をなくしてしまえということになり、柳宗悦さんなどを、カンカンに怒らしたことがある。

要するに戦争を遂行するために、国民を説得しなければならないし、そのためには沖縄の住民全部、老いも若きも標準語を解さなくては困るというのが、むしろ標準語励行の目的であつたのであろうが、国家の意志を通ずるためには、政策上必要であつたにしても、本当に通じたいのであれば、方言でやつた方が、てつとり早やかつたのではなかろうか。方言では日本精神は、かんようできないというのであれば、それは、随分むちやな誤である。そこには、言霊という、奇妙な思想がまつわつているのかも知れない。しかし言霊というようなら、日本の古語としての沖縄語の方に、よりあるのかも知れないのである。

ことばは生きたことばでなくてはならない。生きたことばは、そのことばの存在している社会に通じあうことばでなければならない。ということは、ことばは政治や政策で強制的に生むこともできなければ、育てることもできないのである。

エスペラントを、世界の共通語にしようという夢は肯ける。しかし、世界各地の民族的な、或は社会的な条件が同一でないのに、ことばだけが何故同一でありえよう。

日本の台湾統治における国語常用運動が成功しなかつたのも当然である。

沖縄に皇民奉公の故に、標準語励行をあせつてみたところで、それが、大衆の生きたことばとなり得なかつたのは、当り前のことである。その標準語が戦後の沖縄では、思いがけない発達をしているのである。

やむを得ず日々標準語生活をしなければならなかつた外地からの引揚者がどづと帰り、その二世達――もう三十台になつているが――は沖縄の方言を話せずに、そしてやはり沖縄で生活している。その子供達が沖縄語に縁なきものとして成長しつつあることも事実である。或は学童のときに内地へ疎開した子供達は、それぞれ共通語を身につけて帰り、今それらが若い層を形成している。

こんな状況へ戦前とは比較にならないほどの映画のはんらんである。各種雑誌のはんらんである。いきおい、内地の文化へぐつと近づいているのである。

更には、日常のわれわれの生活からは、沖縄的なローカルは、きわめて多くのものが失われている。

黒いおびを前にたれた琉球ガスリの広そでからは、沖縄の方言こそにつかわしいものであつたろうが、ハイヒールのスーツからは、やはり共通語の方がにつかわしいということになる。服装だけではない。一切の消費生活が、高まれば高まるほど、ローカル はきえて、共通語的なものとならざるを得ない。

ことばは、そのような社会の変転の中にあつてこそ、生きたことばとして、やはり生々発展していくのである。

「L・Cを組む」といえば、小学生でも、貿易の話だとわかる。L・Cはもはや沖縄の社会にそのまま通つていくことばなのである。信用状といつてもぴんとこなければ、Letter of credit といつても、通じはしない。やつぱりL・Cなのである。頭文字だけのしかも完全に生きたことばなのである。

ハーニーといえば、どんな年寄でも、アメリカさんの相手だときめこんでいる。ハーニーということばそのものなぞ、問題ではない。説明の要もない。それで通つていくのである。あだかも、わたしの小学六年の長男が、外来語調べという宿題をひねりながら、バケツも外来語かと質問しているのと同じで、外来語という観念さえおそらくないのである。

おそらく、いまおびただしくわたし達の生活の中に入りこんで来ている英語や米語は、ブラウスとかバンドとか、バタ、チーズ、カレーライス、オムレツ、ランチ、或は、カメラ、モデル、など種々様々の外来語と同様、何の不思議さもなくわたし達のことばのなかに生きたことばとして、いきづいていくに違いない。

一方ではドライ、ウエットということばとともに、「きみ、ぼく」の女の子のあれたことばや、「いいわね。」という男の子のことばだつて、まかり通りかねない混乱さともなろう。そのために、正しい日本語、美しい日本語ということが、本土での問題となつているが、そうかといつて、古い日本語がそれだと考えては、ずい分こつけいなことである。

生きたことばがあるということは、死んだことばがあるということなのである。

現在の社会の動きと離れて、ことばを考えること自体が、どうかしているのである。
しかしながら、同じく現代に生きて動いていることばであつても、そこには多くのことばの数があるのであるし、自分のことばとして、ぴつたりくる語いを選ぶことは、これ又、その人の教養と大きな関連をもつてこよう。太陽族がはやつたかと思えば、はや挽歌族の流行だそうである。ことばの世界でも、太陽族的なことばが流行していたとみると、はや挽歌族的なことばの流行である。

そんな風に、ことばまで、あつちの岸、こつちの岸と押し流されていると、いうところの混乱が渦まこう。

一体に日本人は話下手といわれている。ここでいう話は、対話や会話のことである。

はなし下手ということは、聞き下手のことだそうである。逆にいえば聞き上手が話し上手ということになる。

沖縄人であるわれわれの場合は、それにもつと輪をかけている。

思つていることの半分も、しやべれないで、用事がすんだあとから、後味の悪い思いをすることさいさいである。

座談会など、そばできいていると、まるで小さな立会演説会のような感じを受ける。

持合せの共通語の数がすくないということもあろうが、共通語での対話や会話になれていないのである。

聞き上手ということは、もつと掘り下げていけば、相手に存分にしやべらせるということにもなろう。

相手が存分にしやべるということは、相手がしやべれる話題を投げることであろう。

とくにこのことは、三人以上の会話のときの司会などにもつとも必要なことであろう。

ラジオの司会、のど自慢でもクイズでもいい、始めてのお客さんを、司会のアナウンサーが愉快にしやべらせ、それを又見ている多くの大衆が一緒に愉快になつて、会場の雰囲気をつくりあげる。あの技術は、われわれの日常生活の中にも、充分とりいれてしかるべきものである。

わたしは、小学校に出ている三人の子供の、三人の先生方の家庭訪問を、先生方三人いつしよに同じ時間にしていただいた。

それは、わたしのわがままでそうしていただいたのであるが、わたしはその時、人知れぬ苦心をしたものである。

それぞれの先生から、それぞれの子供の学校での生活のもようをおききするし、又家庭での様子をお話ししなければならない。

そうかといつて、中の一人の先生でさえも、今の話は俺には関係ない人だと退屈させては申訳ない。結局わたしは、三人の先生に共通な話題の中で、一人々々の子供の話をしていかなければならない。

はじめのほど、わたしはずい分骨が折れるような気がしたが、しまいには三人の先生方が受持ではないが、同じ学校の先生として、わたしの子供の一人々々について、それぞれの意見を述べられるようになつたのである。結局わたしは、より多くの教育者から、より多くの御意見をおききするということになつて、きわめて有意義であつたと、あとで一人喜んだものである。

つまるところは、いつのまにか、わたしが司会の役目をしていたわけである。

或る先生は、「こんな家庭訪問は始めてだ。」と、帰りがけにそういわれた。

わたしは子供以上に、うれしかつたものである。

生きたことばというのは、それが対決であれ、会話であれ、演説であれ、或はスタジオの中の一人きりの放送であれ、どんなはなしの条件下にあつても、常に聞く人を頭に入れるものであつて、その人へ、自分の意図しているものが通じていくことでなくてはならない。

そうでなくては、生きたことばにはならない。しかし、生きたことばが、ほんとうにいきいきと動くためにはことばの数が多いということが又一つの条件になるのではなかろうか。わたしは自分の子供に、五十音の順に、そのもつていることばの数を書かしたことがある。つまり、アの行なら、アメ、アヒル、アオイ、アラシ、アウといつた具合に、すべての品詞にわたつて、とにかくもつている限りを書けということだつたが、そういわれると急には思い出せないと見えて、苦心していたし、数も予想よりすくなかつた。

われわれは多くのことばをもつてはいるのだが、それを実際に使つているのはそんなに多くはないということに気付くものである。

これは、はなしよりも、何か書いて見ればすぐわかることである。

同じことばだけが、何度もくりかえされる始末である。

ことばの数を多くもち、それを機会あるごとに使つてみることが、とりもなおさず、自分のことばを生きたものにする所以でもある。

「わ」という女ことば

文章はその通りではないが、わたしの一年生の子供が国語の答案をもつて来た。

その中に、「あちらにいきました」といつたたぐいの文章にペケがついて、先生は「に」を「へ」と赤でなおしてあつた。

おそらく教科書には、「へ」とあるのを「に」とかいたからペケになつたに違いなく、子供も又そういつていた。

ところがちよつと考えると妙である。あるほど「へ」の方に、より方向を示すところの助詞としての働きの強みはあるにしても、「に」だつて、「へ」よりは弱くても方向や場所を示す働きはあるのである。

ペケというには、問題があるような気がしないでもなかつた。しかし、一年生の子供に助詞の働きの説明でもあるまいから、「あちらにとんでいきました。」「あちらへとんでいきました。」の二つは、どちらでもいいか、「あちらへ」の方がとんでいくのが見えるようだなと、あいまいに指導しておいた。土台、にとへを問題としたところに、実は問題があつたのである。

日本語というものは、ややこしくできていると思う時がときどきある。

「ゆうべはお隣りが火事でとんだことでしたね」

「ゆうべはお隣りが火事でとんでもないことでしたね。」

この二つとも、それが云つている内容にかわりはない。ところが、「とんだ」と「とんでもない」とはとんでもない変りようである。あとの方は否定しているのである。これと同じではないが「食わず嫌い」ということばも、奇妙なつかい方である。

なんでもこのように否定するのは、より強い肯定を示すためだそうである。強意の肯定のために否定し去るのだそうである。

日本語の複雑さの代表に敬語なるものがある。その敬語も、尊敬の意の敬語と、謙遜の意の敬語と二通りあるというのだから、いよいよ複雑である。

笑えないこつけいな話であるが、わたしは八重山の田舎からぽつととび出した少年の日、味噌汁に「おみおつけ」というのを聞いて、何故味噌汁にそういうのだろうと一応不思議に思つたが、標準語ではそういうのだろうと別に少年の頭なのだからそう深くは考えなかつた。ところが、長じて、どこの内地人の奥さんにこれをきいても、「さあ、そういつております。」というだけで要領を得ない。そのあとおつけが汁のことだということは調べてわかつたが、「おみ」がどうしてもわからない。ところが、文法の本をひつくり返していたらこれが敬語だとやつと判明し、鬼の首でもとつたように、内地人達に講釈したものである。

ところが、いいなれてみると、「おみおつけ」の方が、女房がいう時には、うまそうな味噌汁の感じになるから、はやことばというものは厄介なものである。

つまり女性ことばというわけである。

女性ことばといえば、はなしのしまいに「ね」「よ」という間投助詞なるものをくつつけるのが共通語の特徴であるが、沖縄の女の人は、この「わ」「ね」とくに「わ」を使わない。或娘にきいたらてれくさいという。女房にきいたら、「つかつた方があんたはうれしいんでしよ」と逆襲してくる。

女房の逆襲を裏付けるわけでないが、映画のせりふではさかんにつかうし、同じ沖縄の女でもバーの女性諸君は、実に上手に使いこなしている。

耳にしてけつしてわるい気持ではない。女性のことばのやわらかみが、この間投助詞によつて、よく表現されている。やはり生れるべくして生れた女性語というほかはない。

うちの女房だつてそのへんの感じは知つている筈である。うそでない証拠に、わたしに逆襲したり、手紙にはさかんに「わ」なるものを使用するからである。

じや、なぜ話しことばとして、これを堂々と使わないのであろうか。

なぜ、ごつごつしたことばのままでいて平気なのだろうか。

男のわたしが、この回答を出すわけにはいかない。女としての感情と、女としてのことばと、一致させないでも、沖縄の女の人は平気でいられるのであろうかと、反問するほかはない。多くの沖縄の女の人の答を得るほかはないだろう。

しかし、最近は、内地帰りや、映画の影響を受けて、女性語をはにかまずに、つかいこなしている若い女性諸君にいきあうことがある。若い男性諸君のために、よろこびにたえない。

というわけでもなかろうが、沖縄でかかれている沖縄の人の現代小説を読んでいると、こうした女性語のこなされていないのが、きわめて目につく。

ひとごとでない。わたし自身もこなしきれないで、自ら呆れているのである。

女性ことばだけでない。沖縄産小説が、会話に生彩のないのは、やはり、わたし達の日常の共通語による会話が、こなされていないからである。

共通語も、沖縄の言葉のような古い日本語が幾時代も変遷を経て、今日になつているのである。時代とともに、社会とともに進化して来ているのである。

いま、沖縄で方言が使用されているとしても、それはもうむかしのままの方言ではない。方言自体も幾変遷を経て来ているのである。しかもそれは今も刻々と変化しつつある。

標準語とか、方言とかの問題ではない。

いやおうなしに、ことばは、それが生きている限り、成長もし、変化もしてくるのである。

ましてや、英語も複雑にいりこんで来ている沖縄のことばである。

これの変てんは、それこそたんげいすべからざるものがあるといわねばなるまい。

本土では、大学を出て来ていても、就職すると、大きな会社あたりでは、六カ月位は手紙――会社の通信文――ばかりを書かせるそうである。そして、通信文が一人前になつたところで、始めて特定の仕事につかせるそうである。何でもないことのようだが、非常に重要なことではないかと思われる。

ところが、反面、そんなことを見越して、書店にいくと、商用文の書き方、実用手紙文なるものから、青春手紙文の書き方と、何のことやらわからない手紙文の書き方の参考書まで出ている。

これを読むことがわるいというのではない。何かの参考になるはずだし、読むがいいにきまつている。

しかし、直接その人に会つて、用件の対話をしているような心構えなしに、手紙は書けないということを心の底にちやんと持つているべきであろう。

恋文を、参考書によつて、絞切型に学ぼうなどとは、恋愛を冒涜するもので、もつてのほかである。

わたし達の中に、いつでも生きたことばが、生活感情と結んで、しつかりいきづいていなくて、手紙の書き方もないものである。

よくひかれる例だが、「火の用心、おせん泣かすな馬肥やせ。」でも、けつこう、千万言に匹敵する立派な手紙である。

手紙だけではない。「わたしは文章が下手でしてね。」とおつしやる方がいる。

こんな人に限つて、きつと見栄坊なのである。うまいと人に思わせる文章でなくては、面子にかかわると思つていらつしやる御仁なのである。

「書きますわヨ」と開き直つて、バクロ戦術にでてこられても困りものであるが、本土はもとより、沖縄の新聞面でも、婦人の投書欄に最近、主婦達がさかんに書いている。

まことに結構な話である。だが沖縄の婦人達のそうした投書を見ていると、相手に読ませようという気がさきに立つているような感じを受ける。

それでは長つづきしない。自分のもつていることばで、自分のもつている意見を、ささやかにでもいいから、話すように、訴えて見たいという気でなくては、一回や二回きりで書くことに行き詰りを生ずることは必然である。これは学校の作文も同様である。

わたしは自分の子供に、作文を書いて見ないかというのだが、子供は、面白くねえやという顔をしている。

であれば、書かしてみたところで、ろくなことはない。彼が「書きますよ」といつてくるまでは待つほかはないのである。

わたしの中学に行つている長女は、せんだつて、自分の作つた俳句に先生から賞を受けたというので、最近俳句をひねり出すことにやつきとなつている。

そうしたものである。

結局は、わたし達のことばの生活を豊にすることなしに、個人生活も、実務も、そして、文章の生活も、豊かになつてはこないのである。

ことばが人と人、社会組織のじんたいであるとするなら、生きた社会は生きたことばを通じ合つて、うまく運動していくものであるとするなら、現在の沖縄の教育がもつと、ことばの教育に、力をいれていいのではないかと思う。

身近かな、はなしことば、いきたことば、これはともすると軽視されがちであるが、けつして軽視していいものではなかろう。一層の検討と、努力とが積み重ねられるべきだと思う。（琉球水産会社調査課長）

— 連載小説 —

村の子・町の子（第五回）

宮里静子

（八）

すつかり青葉になつた雑木山が、朝の光に映えてすがすがしい。山裾の稲田に白サギが舞い降りて、その真白な姿が眼にしみる。

空は水色に澄んで、もうすつかり夏だ。朝風に波立つ稲田、にぎやかな蛙の声、地上のすべての植物が、たくましい生長をはじめる若夏である。

たんぼの中の白い道路を、今朝も子供たちははつらつとした生命感に胸をふくらませて、いそいそと学校へ急ぐ。ランドセルに色物のズックは一年生、上級になるにつれて、服装には無関心のようだ。

山川文三と宮城茂も話しながら行く。「非常に猫」と言われてケンカした二人だが、英作の生活指導で、この頃ではすつかり仲良しである。茂が思い出したように言つた。

「昨日、海に行つたら先生も来ていた」

「大田先生か？」

「うん、石川先生も——」

「石川先生も？」

山川文三は、さも心外だと言いたげに大きな眼を見張つて茂の横顔を見た。茂はニヤニヤ笑つている。昨日の光景を思い出しているのであろう。文三がいよいよ不審に思つていると

「石川先生が泳ぎよつた」

茂はそう言つて又思い出し笑いをした。

「あの女の先生がか？」

「うん、あの先生よく泳ぐよ。手をこんなにこんなにして」

茂は抜手を切る真似をした。

「大田先生も泳いだか？」

二人の先生が泳いでいる姿を連想しながら文三が訊くと、茂は頭を横にふつて

「大田先生はサカナ釣つていた」

と言つた。それは当り前だと文三は思つた。二人の心を捉えているのは、あの美しい石川啓子先生が、自分たちの受持の大田先生と海へ行つて、しかも泳いだという意外な事実である。

「君が行つてから、先生来たのか」

「ちがう。僕、豆腐をする汐汲みに行つたら、大田先生はもう干瀬に立つてサカナを釣つていた。そこへあの女先生が来て、先生とものを言つていたが、すこしするとシー（岩）のカタカ（影）へ行つて、そこで着物ハジて泳いだ。大田先生がびつくりしていた。」

「ハダカになつてか」

文三は少しはにかみながら訊いた。

「トールージバン（水泳着）着ていた。」

「トールージバン？」

「そう、ジバンもサルマタもトールーになつたもの着ていたよ。頭にはゴムのペラペラ帽子かぶつて——」

文三はうなづいた。それから二人は黙つて歩いた。大田先生が魚釣りに行つているところへ、石川先生が泳ぎに行つた。それは偶然のようでもあれば、そうでないような気もする。前後のつながりのない、たつたそれだけの事実。それが二人の心にさまざまな幻想を呼ぶ。第一、女の先生が泳いだということは、これまで聞いたことも見たこともないだけに、文三にとつては驚きに値するニュースであつた。（チユングワーイユ（人魚）、文三はいつか隣りのおばあさんから聞いた話を思い出し、ひよつとすると、あの先生はそれと何か関係があるかも知れない、それであんなに美しいのだと思うとゾッとした。

茂は茂で、水をかきわけていく、あやしいまでに白く、玉のような肌が、眼の前を泳ぎ過ぎて行つた時の姿を思い浮べ、あれは竜宮からでも来た人ではなかつたかと思つたりした。

「大田先生、サカナ釣つてあつた？」

しばらくして文三が訊いた。

「これくらいの、ミーバイ小たつた一つ」

そう言つて茂はクスッと笑つた。

「啓子先生が泳いだから、サカナが驚いたのかもしれないよ。それで釣れなくなつたんだよ、きつと—」

「サカナも驚いたかもしらんが、大田先生もびつくりして、啓子先生の方ばかり見ていたから、それからはもお釣れなかつた。」

「アツタ（突然）に泳いで来たのか」

「僕は啓子先生がシーのカタカに行くの見ていたか

ら、ちゃんと知つていたが、大田先生はチンブクの先ばかり見ていたから、泳いで来るとは知らんで、アツタに見てびつくりしたのさ」

「啓子先生が、わざといたずらしたんだよ。それでチガレテ（けがれて）釣れなくなつたんだよ、きつと――」

「女はチガレルからな。海に行く時、向うから女の人が来ると、もうチガレル」

「チンブクを女の人が越えてもチガレル」

「女はチガリムンだ」

「だからマヂムン（おばけ）もみんな女さ」

「昨日泳いでいたのも、ひよつとしたらマジムンだつたかもしれないよ」

二人は気味悪そうに顔を見合せた。

（九）

学校近くまで来た時、山川文三は今朝の花活け当番であることを思い出した。教室の前面の黒板に向つて右と左の柱に、それぞれ一個の花活けが掛けられていて、毎朝男生徒と女生徒が一人づつ輪番で花を活けることになつている。それは鯉の形の陶器で、上向きに掛けられ、口のところへ花をさすのであるが、毎朝それに活けられる花は色々で変化があり、みんなの気分を一新する。

山川文三は道路の両側に気を配りながら歩いた。部落を出はずれるところでユーナの花を見つけて一枝折つた。少し行くと、雑木林への小道が分岐するところで野ボタンの花を見つけて、それも折つた。ユーナの黄色い花びらと、野ボタンのうす紫の花弁がよく似合うと思つた。

校門を入り、校庭を横切つて教室へ入つた。鞄を机の上に置き、女生徒の受持ちの花活けを見ると、すでに真赤なカンナの花が活けられてあつた。文三は何だか負けたような気がして、花活けを外すと、今折つて来たばかりの花を片手に井戸端へ急いだ。

昨日のしぼんだ孔雀草を抜き取つて井戸端の塵箱へ入れ、水を空け、花活けの口をポンプへ近づけてポンプを押そうとすると

「ちよつと水を飲ませてくれ」

運動場を跳ね廻つて来たらしく、新里一郎がポンプの前へとびこんで来て、呼吸をはずませながら言つた。文三が押してやるとゴクゴクのどを鳴らしてうまそうに飲み、大きく息をして

「チエー、クレー、マーサミヂヤツサー、クレー、マーヌミヂガヤー」

と、おどけた顔で言つた。その表情を見ると、文三もついおどけたくなり、いつもラヂオで聞き覚えのあの声で

「ウリヤイビーサタイ。ナマヒヨーバンヌ。ヒジユルミヂンデ、イユセー、ウリヤイビーサタイ」

と、おつかぶせた。一郎は得たりとばかり

「ナルホド、アンシド、ヒジユルサテーサヤー」

と言つたとたんに、文三がプツと噴き出し、同時に鼻孔にふくらんだシヤボン玉を、左手であわててこすろうとして、持つていた花活けをコンクリートの上へ落してしまつた。乾いた音をたてて陶製の鯉は真二つに割れた。フクロウのように大きく見張つた眼で、それを見つめた文三の顔は、みるみる青ざめた。

一郎が、おどけ者の一郎が、ラヂオのマーサスバを真似てふざけたばかりに、一瞬にして驚きとなり、心配で胸が痛み出した。

文三は二つに割れた鯉を取上げ、つぎ合せてみた。が、いのちなき鯉の悲しさはどうにもならず、両の手にそれを持つたまま、呆然と立すくんだ。一郎も、文三が割れた鯉をつぎ合せるまでは、さも心配そうにそれを見つめていたが、何度つぎ合そうとしても、石をこすような音をたてるばかりで、元の形にくつ付こうとしない鯉に、ついおかしさがこみ上げ、

「ウリヤイビーサタイ、ナマヒヨウバンヌ、コイ（鯉）ヌ、ワリムン（割れもの）ンデイユセー、ウリヤイビーサタイ」

と言い捨てると、文三に背を向けて走り去つてしまつた。

文三は急に支柱を失つたようにがつかりして、手にしていた鯉を、今度は故意に落した。一郎がそこに立つていたら投げつけてやりたかつたのだが、それも出来ずやり場のない怒りと悲しみが同時に胸を噛んだ。

鯉は足下でいくつにも割れていた。も早あきらめるより外はないと思つた。そのまま立つていても、どうにもならないので、しやがんで鯉のかけらを拾い集め、今度はそれをどこへ捨てたものかと思い迷つたが、あれこれ考えるのも面倒臭くなり、思い切つて井戸の横のドブへ投げ入れた。黒く濁つたドブの汚水はそれを吸いこんで、いくつもの小さな泡を浮き上らせた。

ユーナと野ボタンの花は、すてるに忍びなかつたが、それも仕方がないので塵箱へ入れた。何もかも失いつくしたような気持で文三は教室へ引返した。

始業にはまだ間があるので、教室には誰も居なかつた。文三は自分の席に力なく腰をおろし、眼を上げて花活けの掛かつていた柱を見た。鯉の腹に当る部分だけが白く、はつきりしていて、文三を責めているように見えた。やがて鐘が鳴ると、みんな教室へ入る。そして、誰かが、そうだ新里一郎があそこを見る、次々と、みんながあそこを見て、花活けの無くなつたことをガヤガヤ言う。そしたら――ああ、どうすればよいのか――。

文三はそこでじつとしているのが苦しくなり、机の上の鞄を取ると、早足で廊下を抜け、校舎裏へ廻り、追われるように学校の後の雑木山へ逃げこんだ。

（以下次号）

研究教員だより

図画工作実践記録の中から

―概念くだきについて―

研究教員　渡口盛男

「人の描いた絵にまねてはいけません。」と先生がいうと、亀の子みたいに首をひつこめる子供。「太郎君は、絵本にまねて描いていますねえ。」絵が上手だといつて、級友から尊敬されている三年生の太郎君に、先生が話しかけると、憤然として「ぼく、まねてるんじやねえや、おぼえていて描いてるんだい。」と抗議する太郎君。

「まねてはいけません。」ということは、図工の時間によく使われていることばです。ところが、子供達は、手のつけようがなく、とまどつている場合が多いようです。

「先生、描きました。」二時間連続の図工の時間だというのにA君が二十分足らずで、描いた絵をもつて来たかと思うとBもCも、続々画用紙をひつさげてやつて来る。今度は先生がとまどつた。「出すのは早いからもつと描いて来なさい。」「もつと描け、もつと描け。」で、机間巡視しながら応援する先生。子供達は、何をどうしてよいかわからず遂に暴れ出す者が出て来るので、先生は個人指導に乗り出した。「この空はなつていないじやないか、空らしくもうすこしきれいにぬりなさい。」「こちらの白い所は、黄色をぬつてごらん。」「これでは展覧会に出せないじやないか、木は木らしくもつと枝も描きなさいよ。」等々、こういう時、子供達は一応いわれた通りにやりますが、先生も親も何とか子供に一人前の絵らしい絵を描かせるためによくあせつたものです。ところがここまで来ると、子供達は最早、生命のない機械に過ぎません。

「今の図工教育はそれではいけませんよ。大人の抑圧から解放して自由にのびのびと表現させるようでなくては。」「成程、解放することですね。おしつけでなく、自由にのびのびとね。」というわけで次の図工の時間には専ら解放型の授業を行つてみた。「きようはみなさんの好きな絵を自由に描いて来なさい。」「ワーツ、ワーツ。」子供達は歓声をあげて喜んだので、これで成功だと教師も満悦の態で、PTA会費の整理に余念がない。出来上つた絵は、各々の好み好みで、ちよつと見るとバラエテイに富んでいるようにも見えるが、概念を増長させるばかりです。図工の学習における「指導」とは、果してどういうことか、どこまでが指導か、むずかしい問題です。自由選題の学習は、子供達は喜んでも、船を描く子供はいつでも船、チューリツプに家と同じ動作をくり返すだけで抵抗のない安易なものを選ぶ傾向があり、何らの創造活動も伴わず、無意味な作業に陥る結果をまねきやすいようです。更にテーマは与えても適当な話し合いが充分なされない時は、子供達の見る目、感じ方を育てることも出来ず元の概念にもどるだけです。図工教育の動機づけは、その時間の学習効果を決定的に左右するものであり、従つて激励と助言が適切に与えられないと、思わざる方向にそれることも少なくないようです。海の中を描こうというよりも、海の中へ入つたようにもち出す方がよいと思いますが、ここでうつかり、いろいろなものがいますよ、例えば教師が「たこ」といつたために、みんなたこを描いてしまつたりするようなことも少なくないと思います。といつてもあまり抽象的では、子供達の意欲を盛り上げることは出来ず、具体性の上に立つた指導が必要で、例えば「百姓」の場合「どこでどんなふうに、何をしていたか」はつきり認識させるしごとから出発し、問題を投げかけて自分で考えさせ、子供達が各々のアイデアによつて展開するような指導が好ましいと考えます。

次に概念くだきのための大切なことは、題材の問題ですが、五月には「鯉のぼり」「遠足」十月には「運動会」と、何処の学校も申し合わせたように、テーマ自体がマンネリズムに陥つている場合が多いように思われます。成程、子供達の生活に密着したテーマではあるけれども、毎年毎年同じことをくり返していたのでは、表現活動もパターン（型式）化し、子供の主体性、創造性にマイナスの影響を与え、楽しい行事といえども、必ずしものぞましいテーマとは言えないようです。遠足も運動会も子供達にとつては指折り数えて待つ楽しい行事であるが、済んでしまうとつまらなかつたという印象をもつ子供が多いものです。毎年くり返して経験していることは、済んだ時には、既に時期を失つて子供達の興味も表現意欲も半減するわけで、それをはち切れるような希望と喜びで胸をふくらませている時分に子供達のイマジネーションをはたらかせて表現させるのもよい試みだと思います。こうして新鮮なテーマを投げかけ、子供達に強い感動を与えることにより、子供の心を強く刺戟することも導入以前の問題として必要だと考えます。尚本土各地の進歩的な先生方の間ではテーマを設定して目標を決める課題主義の学習形態ではなく、目標を先行させて、その中から子供達が題材を見つけ出すという方法も行われているようです。

視覚的写実を好むようになつてくる中学年の頃には、リアリテイの追求をやつて見る事も概念打破のために効果的だと思います。模倣性の強い子供、早く描く子供、ぬる子供、その他概念化した子供達には、よく対象物を観察させることが大切だと考えますが、概念化してしまつたからには、唯よく見なさいといつただけでは表面的観察をするに過ぎず効果はないようです。導入の時間に対象物を前にして「目をとじて、この木にさわつて見なさい。」というと、子供達は「ああ、松の木はがさがさしている」「この木はつるつるだ」「おい、この石とあの石ともちがうぞ。」等々、驚異の目をみはつて、いろいろな発見をしながら喜んでいます。こうして表面的、皮相的な観察にとどまらず、心の眼で見る習慣をつけ、或は触覚にうつたえて、子供達の感動をゆすぶることも可能であり、この間にテクスチュアの問題も体得し、各々のテクニークで表現するようになつて来ます。

概念的な生活画を描いている子供達に「この人は誰ですか、この木は何の木ですか、誰の家ですか。」というようなことをきいてみると「人です、木です、家です」という極めて抽象的な漠然とした返答しか得られません。これでは生活画でないばかりでなく、何の意欲も感動もない、単に先生に出すという責任を果すために描いたものとしか思えません、このような子供達には、具体的に人の名前、木の名等を記入させたり、裏に感想を書かせて、対象物に対する認識を深めると同時に絵の内容を文章でもつて補充させたりすることも概念くだきのためのよい方法です。

風景には空があり、静物にはバックがあるということも、何時の間にか概念化してパターンに陥り、発展を妨げているようです。リアリテイの指導として、空のない風景や木の幹の一部分を丹念に描いてみるようなことも効果的で、こんな構図も絵になるという経験をさせ、新しい物の見方をする態度が身につけられるでしよう。勿論以上のようなことをくり返すだけで概念くだきが完全に出来るというのではなく、或場合は非具象物の表現も要求され、又その他のいろいろな手法も経験させてみる必要があると思います。前述のように大人のあせりから来る抑圧が子供達の表現活動を妨げる場合は少なくない現象で、誠実な自己表現を求めるならば是非とも自由な雰囲気をつくつてやり度いものです。

小学校の中学年頃から作品に対する批判力が出来て、自他の作品を比較して劣等感をもつたりするといわれていますが、正しい意味の鑑賞力ではなく、絵本の絵のような所謂、達者な絵に憧れている場合が案外多いように思われます。型を示すのではなく、絵を描く時の心構え方として方向づけをすることは、子供達に自信をもたせる意味で必要だと思つて私は次のようなことを、図工の時間に時々話してやります。

① まねでなく、正直に自分の見た通りに表現し、正直に描いておればほかの人には描けないほんとの自分の絵が出来る。

② よい絵とは形や、かげや、色が実物の通りにかけた絵のことではなく、うまく描けていなくても自分の感じた通りに描いた絵が、よい絵である。従つて誰でもよい絵が出来る。

③ 絵がまずいということは、自分でへただときめて、あまり描かない人で、絵を描くのは誰でも楽しいもので、描くことが面白ければ誰でもよい絵が描ける。

④ 遊ぶ時のような楽な気持で絵は描いた方がよい。

本土で進歩的な図工教育を行つている学校を参観する機会が度々ありますのでいろいろ経過をうかがつて見ると、何処でも徹頭徹尾スムースにいつているわけではなく、次から次、壁にぶつつかることは必定のようです。行きづまつた時はその都度講師を招聘して指導を受けると同時に打開策を研究していますが、こうした行きづまりの早期発見と専門家の裏づけによる研究と実践の合理性によつて、堅実な進歩を遂げているともいえましよう。又或学級では、竹ペン画の学習を参観した後で「エー今、竹ペン画は全国的に流行でしてね。」という、先生の弁を聞いて妙な感じをしたこともあります。最近いろいろな、材料が続出すると共に、いろんな表現法が研究され、多角的な造形教育が行われているのは好ましい傾向だと思いますが、往々※

国語科学習指導、見たまま聞いたまま

茨城県明野町立大村小学校
研究教員　石川栄喜

国語科教育学習指導に就いて述べるまえに、私の配置校大村小学校に就いて少しだけ述べてみたいと思います。

本校は筑波山の麓近くにあつて、児童数七〇〇人、職員十九人の大きくもない、小さくもない学校です。学校は限り果ない関東平野に囲まれているため、四月の頃は、菜の花やれんげ草に埋まる畑路を子供達は登下校いたします。

児童の家庭の大半は農家で、朝は筑波の山に日が昇らないうちに野良にでかけ、晩はカラスが塒に帰る時刻でも未だ畑の手入れに没頭している農夫すらみられます。このように忙しい農家でも、子供の服装などについては常に気を配つて世話している父兄の態度が子供を通して伺われます。

本校は、国語科学習指導法の全般について、過去の三年程前から自主的に研究をしているとのことで、茨城県でも名高い学校の一つです。

本校の国語科教育の特長としてあげられる主なものは、一つに全児童（特殊な子を除く）が、国語科教科書を教材に入るまえに既に読めることです。もう一つをあげるならば、国語科学習指導の学習形態が（文体により違いますが）討議学習によつて行われていることです。

それで、私はこの二点について記し、皆さんの国語科学習指導に些小なりとも参考になればと思います。

全児童が本を読めるようになつたのは？

御承知のように、国語科の学習は、第一に児童が本を読めるということが大切だと思います。故に本校でも一年次は、「どの子も本が読めるように」との目標をもつて研究し、次にあげる方法が、今日の成果を収めたと自信をもつて、どの先生も語つてくれます。

表(1)

読み書ききょうそう

	読み	合格	書き	合格
緑の野山	花とみつばち	㊞	緑、以内、個、州、末、季節	㊞
	山をたずねる	㊞	私、鉄、列、駅、貨、置く、感、業	㊞
明かるい学級	学級の記録	㊞		
	こういう友だちがいる			

右の表を各学級で、児童分作製して、いくつかのグループに分けて、一グループずつを一つにしてとじておく。

※にしてこうした抹消的な流行を追う猿まねや試行錯誤的な指導が行われたりすることもあるようです。更に児童画コンクールに入選するための教育上の悪い影響も指摘される等、部分的にはこのような行き過ぎや図工教育本然の姿から脱線した指導もないではないけれども、何れにしても、しつかりしたバックボーンがあつて、学問的な裏づけと現場のたゆまぬ研究とマッチした教育は堅実な歩みをとげているという感じです。尚、日本の美術教育の主流になつている創造美育や造形教育センター、新しい絵の会等の研究会に直接参加出来るということも一つの強みでしよう。

創造美育の目ざす創造性、造形教育センターの造形性、新しい絵の会の社会性は各々の長所を生かし、短所を相補う形で、現場の学習指導には、応用されているように見えます。こういうような大きな流れに接触すると同時に、市単位の各教科別研究会組織も、強力な力を発揮しています。といつてもお祭りさわぎをするでなく、地味で無理のないような方法をとつていますが、教科主任も重要な役割りをもつていて、各学校単位の研究会も盛んにやつていますので、抹消の部分まで一応滲透しているわけです。

こうした研究会のシステムも研究会のために組織するというよりも必要性、自発性の上に立つた組織のもとに行われているので、地についていて、堅実さがあり、無理がないという所にその場限りのものでなく、一段一段と積み上げて行けるのではないかと思います。

勤務校　那覇市小禄小学校
配属校　横須賀市立豊島小学校

教師は、各児童の「読み」と「書き」について調査し、できた子には合格の欄に教師または学習係の子が、合格のしるしをいれてあげます。

「書く」欄は、その教材を学習し終つてから、教師がそれについてテストします。児童は、テストを受けるまでにグループで放課後居残つて、練習と相互評価を行い、テストの時までは、みんなのお友だちが書けるように努力します。

表は教室の後壁にかけて、常に児童が手にふれ目にふれるように教師は努力しています。

他の方法として、児童の競争心と責任感をとらえて行つている「読みの検定」があります。

表(2)

読みの検定

題材＼グループ		四グループ	三グループ	二グループ	一グループ
明るい学級	(一) 学級の記録				
	(二) こういう友だちがいる				
緑の野山	(一) 花とみつばち				
	(二) 山をたずねる				
	● ←金紙 合格のしるし				

読みの検定での指導は、グループを中心にして行つております。グループ長は放課後読みについて調べ、自分のグループに一人の子でも読めないのがいる時は、みんなして読めるように教えてあげます。各グループは全教材を他のグループよりも金紙の合格印を貰わんがために一生懸命努力いたします。

(写真は大村小学校)

このようにして、大村の読みの教育は育てられてきています。勿論そのうらには、惜しみなく苦労された教師の熱愛のあることはのべるまでもありません。

討議学習とは?

わかり易く言いますならば、児童自身で問題をつくり、それを児童みんなの力によつて理解していく方法なのです。討議学習は、主に読解を主にした学習の時に行われております。

「討議学習は県指導主事稲川先生の「国語科学習は、話し言葉によつて始まり話し言葉で終る。」という助言によつて始められたとのことです。

例えば、四年生の国語教材五の(二)のまとめの時間の討議の一部を記してみますと、

A子「ここんところは、ことばは相手に自分の気持を伝えるから、だまつていてはだめだということだと思います。」

B君「A子さんの前の方はよいと思いますが、後の方は、私でしたら勇気をだしてなんでもいうとまとめます。」

C子「Bさん、それでは、はつきりしませんのでA子さんのと、あんたのをまとめて発表して下さい。」

これは、一例なのですが、討議学習における教師は児童が発表の際につまづいた時、そのつまづきをとりのけるだけのことを主にしているだけといつてもいいでしょう。

それ故に、討議学習がよりよく行われると、教師の言葉は児童の言葉にかわつて、国語科の学習をしている教室からは、教師の声が聞えなくなるとのことです。他校の先生方が学校参観の時「日曜日のような静けさだ。」と評されるのも、それ故かと思います。

今日の筑波山は、雨雲に屋根をかくしております。茨城の空より皆さんの御健斗をお祈りいたします。

拝啓　盛夏の候、貴殿には益々御壮健の事と御慶びを申し上げます。

出発に際しましてはいろいろとお世話になりながら失礼ばかり致して居ります。

今日は当地の英語教育の模様などを申し上げて今までの御無沙汰の御詫びに致したいと思います。

京都市は国際的な観光都市として外人の訪客も多く、市民も比較的に外人に接する機会が多く、又、各種大学もたくさんあるので生徒の勉強に対する意欲も相当高く、英語は選択教科でありながらどの学校でも全生徒が履習し、極めて熱心であります。

特に私立の中学の中には週六時間外人教師を迎えてやつている様な所もあります。

市内の約半数位の学校は、オーラル・メソードによつて授業を進めている様です。私の配属されている岡崎中は去年度市指定の英語研究校で、今までのオーラル・メソードを改良し、フリーズ博士の教授法を日本に適合する様に工夫した、宮城県指導主事、山家保氏の新指導法によつてやつています。

貴殿もすでに山家氏の指導法は御研究になられた事と存じますがこれによつて岡崎中は多大の効果を上げています。

生徒の発表力が増すことは驚くばかりであります、作文なども今日までの指導法に較べて格段の差がある様に感じられます。

唯この方法の問題点は、

① 教科書がこの指導法に準拠されて編集されていないので教科書を取扱うのに幾分工夫をしなければならない。

② 殆んど毎時間約五分間のショート・テストを実施するので週二五時間も授業をしながらでは処理に困る。

というような事などでありましよう。①の問題については充分に各教師でテキストを研究し綿密な教授計画を立てる必要があります。

勿論どんな指導法を用うるにしてもテキストを充分に研究することは必要でありますが、この指導法を用いる場合には特別に研究して使用しなければならないと思います。

現在日本各地でこの指導法が実施されつつありますので、これに最も適したテキストも早晩編集出版される事と思います。②の問題は大して心配する程の事もありませんが、テスト処理及び教材研究のため、教師は夜まで家庭に帰つてからまでやつているのが現状でありまして、これではたまらないからもう止めてしまえという考えが出てこないとも限りません。どうしてもこの方法を実施すると教師の負担が増して来るので現在の授業時間数では仲々困難を感じます。

けれどもどんな困難がありましても現在の沖縄には、特に宮古の英語教育にとつてはこの山家氏の指導法は一番良い方法だと思いますので帰りましたら普及に努めたいと考えています。

宮古の場合、自由に英語の話せる教員は殆んど居りませんので殆んどが訳読式の指導をやつている現状です。山家氏のこの指導法でなら、充分の効果を上げ得ると考えますので、今後英語科の研究教員で派遣されるものが居りましたら宮城県に行く事をすすめたら如何かと考えています。

先日、東京で具志堅君とも会つていろいろ話し合いましたが彼氏の考えもその様でした。

京都でも学校によつて旧態依然たる指導をやつている所がありますが生徒の学力に大分の差がある様に感じられます。

学力差というものを考える場合、沖縄とこちらと一番大きく差のついているのは英語の様な気がします。

帰つたら大いに頑張りたいと思つています。

山　城　　弘

現任校　宮古西城中学校
配置校　京都市立岡崎中学校

全国学力調査のまとめ

—文部広報より—

昨年九月二十八日、国語算数について行われた学力調査の結果がこのほど正規の報告書としてまとめられた。全国小・中・高校の児童生徒約二十一万六千名に実施されたこの調査は、いろいろの角度からの学力の実態と、学習指導および教育条件の整備・改善に役だつ多くの基礎資料をわれわれに提供した。この調査の結果の中間報告は、本紙第一六六号（31年1月13日付）でもお知らせしたが、次に「学力調査報告書」によつて結果のあらましをまとめてみよう。

中学校成績は予想に近い

まず、個人得点の全国平均をみよう。国語、算数をそれぞれ百点満点とし、調査対象となつた学校種類別児童生徒の平均点は次のとおりであつた。

学校種類	国語	算数
小学校	四四・四点	三〇・五点
中学校	四八・三	四〇・八
全日制高校	六二・一	三一・九
定時制高校	四九・二	一五・九

調査にあたり、国語は小・中・高校の全体を通じほぼ五〇点ぐらいを予想していた。結果は、中学校の成績はこれにもつと近く、小学校はやや低く、高等学校はやや高くなつている。このような結果が現れたのは、小学校の問題の約半数は中学校との共通問題であり、高校の問題の約半数は中学校との共通問題であり、これら小・中共通問題、中・高共通問題だけで中学校の問題が構成されているからである。小・中共通問題については中学校が中・高共通問題では高校のほうが成績のよいのは当然である。

算数については、問題の質が中学校と小・高校との間に多少違いがあつた。すなわち、中学校では、義務教育終了時の学力をなるべく客観的につかもうとする意図から小学校・高校に比べて形式的な問題を比較的多く取り入れている。これに対して、小学校では、中学校の学力の基礎を固める意味からもつと学力を向上させることをねらい、高校では、高等普通教育を行うところであるからもつと高い教養を身につけることを期待し、指導の欠陥を明らかにしうるような問題や、やや形式的でない問題を提出することをあえて行つている。いずれの場合でも形式的な問題は、形式的でない問題に比べて比較的好成績となつている。このような事情が、数学における中学校の成績を他に比べて高くしている最も大きな原因であつたといえるであろう。

算数に多い個人差

次に、個人得点別の児童生徒の分布状況をみると別表のとおりである。

これによると、児童生徒の成績が零点から百点までの間に広く分布していること。すなわち、学力の個人

別表　個人得点別にみた児童生徒の分布状況

点数階級	小学校		中学校		全日制高等学校		定時制高等学校	
	国語	算数	国語	算数	国語	数学	国語	数学
合計	71.367人	71.360人	30.928人	80.911人	54.248人	53.925人	9.571人	9.346人
0	31	1,963	29	880	2	89	1	109
1～9	382	9,824	260	4,915	3	5,151	15	2,918
10～19	3,227	13,223	3,214	12,167	110	13,518	235	3,772
20～29	9,799	12,478	9,901	13,678	860	12,150	910	1,535
30～39	15,382	11,044	14,542	10,512	3,129	7,438	1,701	541
40～49	16,159	8,878	16,238	9,159	6,788	4,558	2,087	238
50～59	13,174	6,301	14,202	8,591	11,116	3,517	1,996	109
60～69	8,261	3,992	11,036	7,903	13,878	2,712	1,516	68
70～79	3,690	2,291	7,319	6,606	12,097	2,139	884	29
80～89	1,107	1,028	3,430	4,542	5,679	1,605	254	19
90～99	149	310	750	1,905	586	975	21	8
100	6	28	7	53	0	73	0	0
平均点	44.4点	30.5点	48.3点	40.8点	62.1点	31.9点	49.2点	15.9点

差の相当大きいことがわかる。この広がりの程度すなわち分散度は、国語よりも算数のほうに大きく現れている。特に注目される点は、テストがまつたくできなかつた零点の者が何人かいることである。すなわち、調査結果の点数は、絶対的な意味を持たないことはいうまでもないが、特に程度の高い問題ばかり出されたわけでもないのに、零点の者が多数いたことは、きわめて注目されなければならない。

国語

成績のよかつた文法……………小 中
古文・漢文の理解が低い………高 校

国語の調査結果から、あらまし次のようなことが明らかになつた。

① 漢字を書く能力については、従来の文部省や各地の学力テストとあまり違つた結果は出ていない。教育漢字のやさしいものを書く能力は、中学校、高校でも伸びている。しかし、これは教育漢字の中のやさしい漢字のことで書きにくい漢字、くせのある漢字はやはりできていない。(小・中学校共通の書写力問題では「配達」「借りる」「健康」などに誤りが多かつた)

② 文を読む能力は、出題の要求基準に対して非常に劣つている。特に、小・中学校で要点とか、ねらいをはあくする能力、文脈をはあくする能力が欠けている。

③ かなづかいについては、同じ問題でテストされながら、定時制高校が中学校よりも劣つている点が目だつ。しかし全日制高校のほうは、小学校から中学校・高校と多少とも伸びている。したがつて現代かなづかいは、かなり徹底しているといつてよい。これも、内容的に吟味すると、やさしいのができているだけで、「づ」を使うか「ず」を使うかという問題などは、小・中・高とも悪い。

④ 文法の問題は、小・中学校ではよくできた。これは、ここで出した問題にもよるが、テストに出したような文法上重要な助詞や接続詞・副詞の正しい使い分け、見分けは相当よくできている。ただし高校では文法構成はよくない。

⑤ 新聞の記事は、従来のテストで中学校卒業の者が平均五十%しか理解されないという結果が出ていたが、今度のテストでも同程度のものであることが判明した。したがつて、新聞が読めるといえるのは、全日制高校卒業程度だということになる。

⑥ 高等学校の、古文や漢文の理解能力は非常に低い。能力からいうと、現行教科書の一年生程度のものが三年生にちようどよいというところである。語いのほうに古典に出て来る語いを五題出したが、これもできが悪かつた。

算数

不足している基礎学習
差のひどい定時・全日高校

算数の調査結果から、学習指導上の問題点として次の四点が指摘される。

第一は、形式的なものに比べて、総合的判断を要することのできがよくない。すなわち、教科書などに法則としてあげるものを直接的に利用することは、比較的できるが、実際の場の条件を考えて総合的に判断するような問題は、前者に比べて正答率が低い。

第二は、抽象的なものと具体的なものとが、一体となつて理解されていないということである。一般に具体から抽象へということは、数学教育の重要な一つの面であることは否定できない。だからといつて抽象概念に到達したからといつて、具体がまつたく忘れ去られてよいというものではない。必要に応じては、具体が想起されて、抽象されたものの裏づけとなつていることが必要である。

第三は、基礎的なことがじゆうぶんに習熟されていないということである。基礎的な事がらは併列しているものではなくて、これらが組み合わされて、次の基礎的なものが生れてくる。したがつて基礎的なものに対する習熟が欠けていることは、次に続く基礎的な事がらについての学習の基盤を、失つていることになるわけである。それでは、法則を記憶していて、これをただちに利用するものだけができて、これを活用して解決できる問題ができなくなるのは当然である。

第四は、全日制と定時制の高等学校の正答率の差異である。この開きには、いろいろの事がらが原因になつているのであろう。各問題の正答率から推して、少なくとももつと時間をかけて反復練習する必要があるといえるようで、定時制高等学校の性格からみて、これはできにくいことであろうがもつと時間をかけて学習するようにしてほしいということができる。

教育条件からみた学力

個人によつて学力に違いがあるように、学校によつても学力には相当大きな差異が生じている。学校がもつ諸条件のうち、学校全体の学力に影響を与えるような条件が学校によつて異なつているならば、それは学校間の学力の差異をもたらす。学力に影響を与える条件は、複雑多岐にわたり、しかもそれが相互に錯そうした関係にあり、一つ一つの条件を取り出してそれと学力との関係を明確につかむことは、きわめて困難なことである。この調査では、客観的に処理が可能な作業量のもの、学力に与える影響が比較的大きいと考えられるもの、教育行政上問題となるもの、客観的に容易に調査しうるものという観点から、学校規模（学校の児童生徒数）・地域類型（通学区域の性格）・教育費（児童生徒一人当り消費的支出）・進学率（卒業者中に占める上級学校進学者の割合）・教育構成（全教員中に占める普通免許状所有者の割合）の五項目を教育条件として取り上げて調査した。

学力の高い住宅地域　学校規模とも深い関係

学力と学校規模の関係　学校規模の小さいほうでは学校平均点の低いほうに学校の分布が多く集まり、学校規模が大きくなるにつれて、学校平均点の高いほうに学校の分布が移つていく。これは、小学校・中学校ともに同じように現れている。

学力と地域類型の関係「大・中都市に属する各地域は、いずれもよい成績を示しているが、なかでも「住宅地域」の学力が特に高いことが目だつている。「大・中都市以外の市町村」のなかでは「市街地域」の学力が最高に位置し、「鉱業地域」がこれに次いでいる。これに対して、「山村地域」は、特に学力の低い点が注目される。このような傾向は、小・中・高校のいずれにも共通的に現れており、いわゆる都会の学力は高く、いなかへ行くほど悪いことを裏書している。

学力と教育費の関係　同規模の学校内においては、概して児童生徒一人当りの教育費の高い学校のほうが良好な成績を示している。

学力と進学率の関係　進学率が大きい学校のほうに、学校平均点の高いものが集まつている。

学力と教員構成の関係　全般的な傾向としては、学校の全教員中に占める普通免許状所有者の割合が大きい学校ほど成績はよい。なお、以上のような教育条件は、複雑にからみあつて学力に影響を及ぼしているものを、ここでは、ごく形式的に分類して実態を示したものである。したがつて、どの条件も、それだけ変えれば学力を左右するというような直接的な因果関係を示すものではないことを特に付言しておく必要があろう。

成績の良かつた　実験学校 研究学校　全国平均を下回るへき地学校

以上は、すべての学校が普遍的に持つている条件であるが、このほか特定の学校のみが持つ特殊な教育条件、すなわち①へき地学校　②駐留軍による音響被害のある学校　③国語または数学の研究指定校、実験学校の学力の実態を特別に見てみると次のような結果が出た。

①へき地学校　へき地手当支給学校の学力は、全国平均よりも低いばかりでなく、地域類型別では最低にあつた山村地域よりも悪い成績となつている。

②駐留軍による音響被害のある学校　いずれの学校種類でも、全国平均より音響被害のある学校のほうが平均点は低くなつている。

③研究指定校、実験学校　すべての場合において、研究指定校、実験学校の成績は全国平均よりも上回つている。

＝中教委だより＝

第五十一回（臨時）中央教育委員会において可決された法規

議案　第二号　文教局組織規則
〃　第三号　単位給補助金交付規則
〃　第四号　単位登録補助金交付規則
〃　第六号　教育職員免許状の一時効力停止に関する規則
〃　第七号　補助金交付に要する公立の小学校及び中学校の学級数及び教員数算定の方式
〃　第八号　学校伝染病予防に関する規則
〃　第九号　研究教員の休暇並びに補充教員に関する規則
〃　第十号　小学校設置基準
〃　第十一号　中学校設置基準
〃　第十二号　高等学校設置基準
〃　第十三号　幼稚園設置基準
〃　第十四号　教育法施行規則
〃　第十五号　政府立学校施設使用に関する規則
〃　第十六号　政府立学校職員職務規程
〃　第十七号　公立学校教職員退職手当補助金交付規則
〃　第十八号　公立学校職員退職手当補助金割当
〃　第十九号　公立学校教員旅費補助金割当方式
〃　第二十一号　教育課程審議会規則
〃　第二十二号　学校教育課程の基準
〃　第二十三号　公民館、学校施設使用講座等補助基準
〃　第二十四号　社会教育費補助金割当方式
〃　第二十五号　各種学校設置規則
〃　第二十六号　校舎建築基準

ＰＴＡと経費のあり方

—文部広報より—

最近、東京都のある学校のＰＴＡ委員からＰＴＡ予算のあり方について疑義を訴える投書がきた。それはＰＴＡ予算をめぐって、ＰＴＡ幹部と先生がたとの間にトラブルが起きているというのである。戦後十年を経たＰＴＡの正しい発展のためにこんな不幸なことはない。そこで二宮徳馬社会教育官に、ＰＴＡの予算について述べてもらった。

ＰＴＡ支出から一掃したいもの

毎年、行政管理庁は教育財政のＰＴＡ依存の傾向について注意しているが、今年は特に、義務教育費国庫負担制度が適切に運営されているかどうかについて、昨年十一月から調査してきた結果を発表して、ＰＴＡが教職員の研究費、通勤費、旅費等を負担している事実のあることを指てきしている。実際には、校長会や教務主任会の会費や会合費をＰＴＡが支出している例も少なくないし、学級費などから、先生へのさまざまな「謝恩」がなされるのも、珍しくない。特に、転退職の場合など、かなり多額な募金計画が立てられたりする。多くは、その名目が示すような、本来の教育的必要や意義は失われて、実質は教職員への生活補給金なのである。

ＰＴＡの言い分を聞いてみると、終戦当時にあったような「先生の生活がお気の毒だから」といったような声は、今日ではほとんど聞かれない。「少しでも条件をよくして、良い先生をひとりでも多く確保しなければならないから」と言う。一応わかる気持だが、この気持を押しつめていくと、わが子さえよくなればという利己的な気持となんら選ぶところはない。いったい、物質的な条件によって先生をひっぱりっこするような、奇妙な自由競争が行われて、その結果がどうなるであろうか。このような条件の良否をきそうことによって、はたして、求めるような真によい先生が得られるかどうか。かりに得られるとしても、そんな金を積むことのできない地域の学校は、どうなるのか。

先生の側に立って考えてみてもＰＴＡからこのような援助金を得て、先生の権威が保てるはずはないし、また生活権の擁護を主張する組合運動は、まったく骨抜きになってしまう。

このことについては、しばしば投書に接する。一般会員の負担の上に自分だけいい子になろうとしてこのようなことをもくろむ役員や委員がいけないとか、いや、暗にそのようなものを求めよとする先生のほうに考えてもらいたいとか、そもそも、親の気持の中に寺小屋時代の束修の観念がこびりついている結果だとか。いずれにしても、「全体の奉仕者」としての先生の名誉と権威のために先生の個人収入になるようなＰＴＡの支出はこの際、わがＰＴＡから一掃してしまいたいものである。

ちぐはぐだった日本ＰＴＡの特殊性

アメリカにＰＴＡ運動が起った翌年の明治三十一年に、東京市の一小学校に学校後援会が生れた。それから六十年、両者ともそれぞれに発展してきたが、前者は、社会的な教育運動として、今なお若々しい歩みを続けており、後者は学校の従属機関のような形で、次から次に各地の学校にも結成の数を広げていった。そして昭和二十二年、日本の後援会はアメリカ的なＰＴＡへと、いわゆる発展的解消をみたとはいえ、ＰＴＡをささえる基盤は、依然として、後援会五十年の流れであった。そもそもＰＴＡと後援会とは成立の点でも、性格の点でも、まったく類を異にするものである。ＰＴＡは児童青少年の福祉を目途とするのに対し後援会は学校の経費不足を補うために生れたのである。しかも、経費の不足を補わなければ学校がやっていけないという客観的な事情は、ＰＴＡの名と形をとるようになった後でも、切実にこそなれ、いささかも緩和されてはいない。このちぐはぐに、日本のＰＴＡのやっかいな特殊性がある。ここから、いろいろな問題が起ってくるのである。

最初のうちは、このちぐはぐさえ問題にならなかった。同じＰＴＡという旗印のもとにＰＴＡはＰＴＡ、後援会の活動は活動だと、事もなげに割り切って考えていた。そもそも、後援会が自然発生的に生れてきたのは、国の教育財政に対する態度が、受益者負担の考えから、公費支弁の原則に変ってきたためである。

筋書どおりにいかぬ公費支弁の原則の不備を、後援会という別な形の受益者負担で解決するようになったのだ。新憲法によって公費支弁の原則が強化された一方、これを裏づけるべき予算は、逆にますます弱化したため、後援会的な存在の必要がいっそう加わってきて切実な必要のままに、学校建設、学校援助の活動がされたのである。しかし、しだいに事態が落ち着くに従つて、この矛盾に気づきこの矛盾に気づいたことからさらに進んで、後援会的活動がＰＴＡ本来の任務でないことについても考えはじめてきた。

この段階において、ＰＴＡのとつた措置は、ただそぼくに、教育財政を充実せよの一点張りだつた。なるほど、教育費がじゆうぶんに予算化されたら、この問題がなくなることはもちろんだが、六十年も続いた難問が、そうやすやすと解けるはずはない。

これに対し、ＰＴＡ以外の立場の者は、案外冷淡だつた。ある者は、ＰＴＡはあいかわらず後援会の域を脱しないと批判するにとどまり、ある者は、ＰＴＡのおかげで六三制は実施できたと、その後援会的な活動を賞揚して、問題の根本的解決について真剣に考える者もいなければ、ＰＴＡを後援会的負担から救つて健全な発展をするように、建設的助言をする者もほとんどないありさまだつた。

東京都は「学校会計事務処理要領」を作る

しかし、最近になつて、情勢は変つてきた。行政当局が動き出したことである。きつかけとして、ＰＴＡにまつわるいくつかのトラブルがあげられる。ことにＰＴＡ経理と学校経理との関連において監督庁がのり出さざるを得ない問題にぶつかつて、ＰＴＡをうんぬんするためというよりも、むしろ学校管理の適正を期する必要から、ＰＴＡの後援会的な活動に触れざるを得なくなつてきたのである。

このような必要から東京都や神奈川県をはじめ若干の県で、かなり詳細な調査がなされて、実情がある程度数的に明らかにされた。たとえば、ＰＴＡが校費の不足を補うのは当然なことだと考えている先生が、東京都で六％もあることがわかつた。学校の運営維持費だけについて、神奈川の市部の実情（昭和三十年度）を見ると、ＰＴＡが負担しているものが、小学校の場合で四五％から八七・五％中学校で五七％から九十％という開きがあり、かなり学校差がはなはだしいことが察せられる。教育費全体に占めるＰＴＡの負担も多様であるが横浜市のある中学校の例を示すと（昭和三十年度）、国および県八・六％市四・八％ＰＴＡ二五・九％となつている。なお、このような数字については、たまたま時を同じくして文部省が行つた父兄の教育費負担の調査も貴重な資料を提供している。

東京都教育委員会では、「学校会計事務処理要領」を作成して、学校の公の経理とＰＴＡの私の経理の別を正すことに努めているがさらに、監察委員室には、ＰＴＡや学校経理の改善措置要項を示して具体的指導に努力する一方、小・中・高、それぞれの校長会に対し、実施の徹底を要望している。

区別したい公費と私費

都教育庁の、このような積極的な措置は、必ずや他府県にもよい示唆を与えることと思うが、今後のたいせつな問題の一つは、ＰＴＡ自体が今こそこれに呼応して、当局に対する単なるそぼくな陳情にとどまらず正しい方向づけのため、みずからなしうることを、みずから実行することである。

その第一のことは、ＰＴＡ本来の活動に関する経理と、当然公費でまかなうべきであるにもかかわらず予算不足のためやむをえずＰＴＡが援助する経理とを、はつきり分けて扱うことである。なぜならこの二つの経理の内容は性格的にまつたく相異なるからである。いわば私費と公費の違いである。一方は会員の義務として納めるべき会費であり、他は、ＰＴＡ会員ひとりひとりが、国民に代り、能力に応じ進んで寄付する金であつて、強制さるべき性質のものではない。一方はＰＴＡの目的に応じ活動内容に従つて、まつたくＰＴＡ独自の立場で運営すべきものであるのに対し、他は公的な教育予算とにらみ合わせて決めなければならない。

このように、公私の別を正すことによつて、ＰＴＡの本質も、ゆがめられることなく、また教育財政のあり方や実態も、全会員の前に明らかにされて、健全な世論形成の基盤となるにちがいない。ＰＴＡが公費の援助をどのくらいにしているかというようなことも、各ＰＴＡの経理が、このように名分を正しく扱われるならば、必要に応じて全県的にも全国的にも、たちどころに的確な数字としてつかむことができる。

第二には、せめて教育委員会ごとにでも、管下の各学校の標準経費を打ち出すようにしてほしい。同じ町のＡ小学校とＢ小学校との間に、最少限度これだけなければ学校の管理も教育もなりたたないというぎりぎりの線で、かなりな開きのあるのは、おかしな話である。ここから懐疑と不安が始まる。だから、多少の学校差が出てきてもよいが、この標準に基いて予算措置がなされ、決定額との差額を、ＰＴＡの能力に応じて埋めていくのが、校費援助の経理となるようにしたいものである。

最後に、〇〇費・〇〇費といろいろな名目で扱われる経理をできるだけ整理して、この二本建のわくのいずれかに組み入れるようにしたい。特別なものについては別途会計があつても、もちろんよいのだが、一般に必要以上に個別の会計が多過ぎるように思われる。

沖縄の嶺井政子先生を囲んで

座談会

—教育秋田より—

嶺井政子先生は研究教員として去る三月、秋田県に来られ、秋田市中通小学校で（主として浅野ヒナ教諭のところ）研究に熱心な毎日を送つている。この座談会は嶺井先生をかこんで話し合つてもらつた教育の結ぶ沖縄と秋田の心からの交歓の一こまである。

出席者

秋田県教育長	尾見鐐次郎氏	
研究教員	嶺井政子氏	（那覇市開南小学校教諭）
日新中学校教諭	宜野座道男氏	（沖縄出身）
中通小学校教諭	浅野ヒナ氏	
指導主事	栗谷弘子氏	

（六月二十日 於 教育庁）

石川　沖縄出身の宜野座先生はすでに秋田県の教育界に活躍されておりますが、今度嶺井先生をお迎えしましたので、この機会にいろいろ語り合つて頂きたいと思います。

司会は、尾見教育長にお願い致したいと思います。

尾見　石川秘書広報係長から、前からこの座談会の話があり大いに期待していたわけですが、私自身、沖縄から嶺井先生が秋田に研究教員として来て頂きましたことを、先生自身の研究もさることながら非常に喜ばしいことと思つています。三、四年前全国高校ろう球大会が本県で開かれましたが、その際沖縄の先生と生徒が見えられましたけれど、内地の私達が想像する以上の強い教育に対する熱意に、非常に感銘致しました。教育にたずさわるものとして沖縄との関係をより密接にしなければならないと深く感じています。いろいろ秋田の教育について御意見等あることと思いますが、ひとつ、ざつくばらんに話あつて頂きたいと思います。

さつそくですが、秋田に来られました動機などを中心にして……嶺井先生からどうぞ。

——南の国と北の国と——

嶺井　私達沖縄から研究員として参りました者は、全部南の方を、特に関東、関西を希望していましたが、私は作文教育に関係致しておりましたので、秋田は非常に作文の方で優れて、特に国語の権威者がいるということを伺い、それで東北のこちらを希望したわけなんです。

秋田は、日本でも北のはずれですから、私達南から来た人間には風俗とか季候がどうかと大変心配しましたが、季候もよいし、それに人情味があつて、しかも勤勉という県民性にふれ得て私はこちらに参りましたことをよかつたと思つております。

尾見　いやあ、これはどうも大変秋田を高く評価して頂いて有りがとう御座います。（笑）

宜野座先生はいつ頃から秋田に来られたんですか。

宜野座　私が秋田に参りましたのは昭和二十一年の八月です。その前まではずつと朝鮮の方にいました。

尾見　両先生に、印象とか風俗とか全般的なことについて、ひとつお話しねがいますか。

宜野座　最初、私が秋田に来ました時、秋田は非常に沖縄と人情的な面が似ていると思いました。来ました当時は全く裸一貫でしたが、前から秋田は人情味があつて生活しやすいと聞いていましたが、更に感を深くしました。沖縄の人は、東北では秋田と北海道に大変興味を持つています。なんといつても、嫌味がなく、気安く付合うことが出来ますネ。

尾見　一般に東北人は素朴で人情味があるといわれていますネ。

嶺井先生、女性として鋭いところでひとつ印象はどんなものですか。いろいろ生活様式に困るようなこともおありと思いますが。

嶺井　なんと思しましても私には親戚とか、また知り合いの方もありませんので、どのようにお付合いをしたらよいのかと非常に心配でした。特に私は交際が下手なものですから——けれどこちらの学校に来て見て、何か以前から皆さんと心安くしておつたような気持で接することが出来本当にうれしく思つています。それだけ皆さんから良くして頂いてます。

浅野　嶺井先生が始めて来られました時に、私は人とお付合いするのが下手だから心配ですと言つておられましたが、皆さんからはとても明るい方だど親しみを持たれています。

やはり南の方は、性格が明るいんだなあと、つくづく思いました。特に子供達からはしたわれていますやはりどこか東北人にない明るい気持があるからですネ。

尾見　中部地方とか、近畿地方の人は沖縄の人と相通ずるところを持っているようですネ。一般的に内地の人々より沖縄の人とは非常に語りやすい感じを受けます。嶺井先生どうですか。**沖縄の子供から見て秋田の子供達は。**

嶺井　ええ、秋田の子供達は非常にはきはきして、またほがらかで、なんでもよく聞いて、いろんな面で協力してくれます。まるで沖縄にいるような気持ですネ。子供の力の点では大差はないようです。特に図画は互格と思われます。

尾見　そうですか。やはり先生の人徳ですネ。いま先生は学校で教壇にたつておられますか。

浅野　ええ、教壇にたつて貰つています。

尾見　そうしますと、いろいろ子供の生活態度なんかについても理解されて来たことでしようし、また子供からもしたわれていることでしよう。

浅野　とても子供には人気があるんですヨ。時間が来ますと児童達がわざわざ教員室まで呼びにくるんです。そんなことを見ていますとなんとなく微笑ましいことだといつも思つています。

尾見　せつかく親しまれて研究期間が切れてお別れするとしたなら、子供達は非常にさびしがるでしよう宜野座先生の、秋田の子供達についての感想は。

宜野座　非常に親しみやすいですネ。それに秋田の子供達は元気で、体格がいいですネ。この前私の恩師が秋田県に来た時、子供の体格の良いのに驚いていました。もちろん、風土や季候、それに栄養も良いかも知れませんが、丈夫ですネ。

それから私どもは沖縄の子供と秋田の子供とを比較してみて、秋田の子供達は非常に学習に対して熱心な研究心を持つていますネ。それが日常の生活態度によく表われています。

例えば歴史を習うのに、四十七士が討入りした時、それが雪の降つている夜なんだとすぐにわかるんですが、沖縄の子供達は雪が降つているのかどうかわからないんです。まあそんな小さなことであつてもそれが自分達が積極的に覚えたことなんですネ。また文通などで世界の子供達と手をつないでいこうとする気構えがあります。より広範囲な面で、世界の子供として伸びようとする深い関心を持つていますが、その点沖縄の子供達にはそのような関心がないですネ。これから大いに養わなければいけないと思います。

栗谷　嶺井先生が始めて秋田に来られました時、一番さきにお逢いしたのが私なんですが、私は大変とつつきにくいたちなので印象がわるいから困るのではないかと随分心配しましたが、嶺井先生の心やすさと明るさに無事御案内することができてほつとしました。

浅野　最初嶺井先生が、栗谷先生と一緒に中通小学校に来ました時、私は校庭で子供達と遊んでいましたが、見たところどちらが沖縄から来た先生なのか全然見当がつきませんでした。（笑）

それだけ親しく見えました。

尾見　こちらに来て、**言葉なんかで困ることが**多いと思いますが…。授業の時なんかいろいろ困ることがあるんじやないですか。

嶺井　少しはありますが思つたより言葉がはきはきしてわかりやすいです。

宜野座　私が最初秋田に来ました時は田舎でしたが、一番困つたのは言葉でしたネ。農繁期の時でしたが、子供が何か私に一生けんめいに言うんですが、私は何度聞いてもその意味がわからないんです。それで後で他の先生に聞いて見ましたら〝留守番するから暇をくれ〟という意味だつたそうですが、なんでも、〝ひまつこけれ〟とかなんとかでしたネ。（笑）

大体判りいいんですが後尾がはつきりしませんネ。

尾見　いまでも、やはり言葉で困るような時があるでしよう。

宜野座　ええ、方言ですネ。東北地方は特に方言が多いですから、いまもつて判りにくい言葉があります。この前言語研究会がありましたが、その際標準語についていろいろ討論をしましたけれど、全国的に悩みであるのが方言なんですネ。しかしその地域に風俗、習慣というものがありますから、良さを充分に生かすことを考えて、方言に標準語を近ずけていつた方がいいのではないかと思います。

尾見　いろいろ沖縄では、なんですか平安朝の言葉が今だに残つているようですネ。

宜野座　そうです。〝やまと言葉〟といつて古文にある〝候文〟なんかのものですネ。秋田でも方言が多いですが〝ゴシヤク〟とか〝メンコイ〟とかいう言葉はいい言葉ですネ。こういう方言はかえつて情緒があつていいですネ。

尾見　嶺井先生はどうですか。

嶺井　私は子供の時からあまり方言のある中で育たなかつたせいか、方言はよく知らないんです。

宜野座　全国のバスケツトボール大会の時、教育長さんがわざわざ沖縄高校の旅館をおたずね下されて慰問下さつて積極的に援助をたまわつたそうですが、私が沖縄に行きました時にも、非常に感激をしていました。

孤立の状態にありますから、しかも特に最高責任者からいろいろ援助の手をのべて下さつたことに、大変感激しておりました。特に若い人々に何か強い意志がつちかわれているようで非常にうれしいと思つて来ました。また、このように座談会などを開いて戴いたりし、私自身というより、嶺井先生が秋田に来られましたのが、嶺井先生自身にとつて他の研究生よりも数倍よかつたのではないかと思つています。

尾見　最初にお聞きするのでしたが、両先生の御郷里はどちらですか。

宜野座　私は沖縄の北部です。石川郡から二里ばかりの所にあります。

嶺井　私もやはり北部です。

尾見　私は、何時だつたか、五年程前ですが、会議で沖縄の先生と一緒になりましたが、いろいろ沖縄の教育事情などを伺いました。その時むこうの校舎の写真を見せて頂きましたが、非常に校舎がいたんでいるので、先生も、子供も苦しいことだろうと思いました。そしてそのような悪環境にありながら教育に対する深い研究心と熱意に対して感激させられましたネ。今はどうですか**学校の施設設備の状態は。**

嶺井　以前は戦争のために大変廃れていましたが、昨年からようやく校舎が完備されて来ました。しかし設備等はまだまだですネ。

尾見　秋田県としては、中通小学校なぞは指折りの学校ですが、内容等は全国に比較して水準にはまだまだと思つています。嶺井先生が中通小学校に行つて受けた感想はどうですか。

嶺井　沖縄とは比較にならないくらい立派なものですネ。設備なんかも大変に充実されて教育効果万点と思います。この前郊外の学校を見せて頂きましたが一般にどの学校も充実されて熱心に努力しているようです。

宜野座　そうですネ。沖縄は校舎は良くなつて来ていますが、設備等は貧弱ですネ。特に理科とか、音楽とか体育館とかの設備は。秋田は実に立派なものですヨ。

嶺井　以前は校舎もないので、廊下や校庭で授業をやるとか、そんな状態でした。

尾見　**教員の配置基準とか、また生徒の一学級の数**かはどんなものですか。

嶺井　いままで、沖縄では一学級六〇人でしたけれども、今年は五〇人位になる筈です。教育効果を上げるためにもいろいろ問題が起りますので、文教局にこの問題を持つていつて、いろいろ話しをしてその解決策に出て、現在では緩和されて来ている筈です

宜野座　教員は不足なんです。従つて琉球大学の卒業生は一〇〇%の就職率です。

尾見　それから、**ＰＴＡの組織など**はどのようになつていますか。

嶺井　戦後、やはり内地と同様に発足し、現在では大変盛んに活動しています。

私のいる開南小学校は、一番最初にＰＴＡが発足しました。それに研究校にもなつています。ＰＴＡでは演劇部を作つて上演し、その金で学校の施設を造ろうと大変活躍をして下さつています。

尾見　**学校の教科時数とか、教科書なんかはどうですか。**

嶺井　こちらと同様、時間数は文部省のものに合せて実施しています。また教科書の選定は文教局によるものでやつていますから学校による選定の区別はない訳です。

学校で使用する一定教科書以外の教科書は参考図書的に使用しています。

宜野座　沖縄では、教科書は同じですネ。例えば何処かの教科書が非常によいといえば、全部同じものを使用するというような。それですからＡ校からＢ校に移つても教師は大変教えやすいわけです。秋田の場合は学校によつて、それぞれ教科書が異なりますが、考え方によつてこれもどうかと思いますネ。

又沖縄には教育税があり均等割と附加でやつていますので一応教育委員会の発言力が強いようです。

嶺井　教育税もいいんですが、貧しい所ほど教育も貧しくなるわけで困ります。

宜野座　人口密度が世界第二ですからネ。貧富の差がはげしいのです。秋田は凡てに豊かですネ。

尾見　浅野先生と栗谷先生、どうぞ。

浅野　沖縄は大変貧しいとおつしやいますが、私達のような北国に住んでいる者は、かえつていろいろ設備が必要ですし、その点沖縄は季候に恵まれていますから、その手数がはぶけかえつてよいのではない

でしょうか。

宜野座　貧富の差が激しいですネ。非常に段階があります。まるで昨日と今日との違いというような感じですネ。

嶺井　いろいろ学校を見せて頂きまして、田舎にも行つてみましたが、確に沖縄と比較して秋田は裕福な生活ですネ。

栗谷　秋田の女性の生活態度はどうでしょうか、服装からいつても一般に派手ではありませんか。

嶺井　秋田に来て見て確に一般的に派手だと思いました。沖縄では、都市部になりますと米国製品が大変入つていますから、その影響もありますが、自分にそくした合理的なものになつて来ています。ですがそれが一度田舎なんかに行きますと全々比較にならぬ程大変みすぼらしくその差が激しいのです。

浅野　始めて嶺井先生が、秋田にこられた時どこかに自炊をしたいと言うんです。なれない土地に来て、しかも勤めを持つているから大変びつくりしましたが——御飯はほとんど食べないでパン食にしているんです。私なんかは、駄目なんですけれど、パン食は大変生活に合理的でしよう。

嶺井　現在では三食ともパンで結構です。

尾見　宜野座先生はどうですか。

宜野座　いやあ、とてもなれないせいかパン食ではどうも——。

尾見　**沖縄の先生と秋田の先生を比較してみて**の感想はどうですか。

嶺井　秋田の女の先生は非常に活発に動いているのに感心しました。例えば教材教具の製作なんかには積極的に研究心を持つてやつておられますが、その点沖縄の女の先生はたりません。もつと積極的に動いても良いと思いますネ。

宜野座　学習に対する研究心とか、教材教具の工夫には感心させられますネ。

浅野　嶺井先生が中通小学校に始めて来られた時に感心しましたのは、私達一年を担任して大変忙しかつた時、自分から積極的にお手伝をしてくれるんですヨ。そしておそくまで私達と一緒にいろいろやつて下さいます。それで私達が忙しい時こちらからお願いしますと、都合の悪い時には、はつきりと今日はこれこれの仕事があるから御免なさいとい゛うんです。その点なんか、何か非常にはきはきしていてお願いしやすいですネ。

栗谷　私達はそういうことなどに、何かこだわつていけませんネ。やはり南の方は明るくて積極的で大変良いと思いますネ。

尾見　**社会学級とか、婦人会**なんかの活動はどうです。

嶺井　成人学級にはいろいろ多くの問題がありましてなかなか思うように活動をしていませんが、現在では婦人の方々が盛んにがんばつております。青年会活動も同様に積極的な働きをしていますネ。

宜野座　婦人会活動なんかもむこうの方は、こちらと比較してまだまだですが、女の先生が婦人会長になつてやつていますので大変活発化して来ました。秋田の新屋の婦人会の方々の活動をよく見ますが、実に積極的で学校なんかを借りて自分達の向上のためによくやつていますネ。沖縄はその点やはりいろいろ困難な事情があるんですがまだまだ問題がありますネ。

それから困るのは混血児の問題ですネ。

嶺井　私が去年、受持つていました級に、一六人の混血児童がいましたが、一般に黒人の子供は体格が優れていて、運動なんか非常にいいんです。それに比べて白人の子供は体が黒人の子供より悪いですけれど、頭がいいですネ。それに白人の女の子供はきれいです。黒人の子供が鏡に向つて一生けんめいに自分の顔を手拭でこすつて、「何故顔の色が白くならないのか」と聞いたそうですが、そんな子供の何か無邪気なことであつてもやはり悲劇が感じられます日常の学習は大変楽しく仲よくやつていますが。

尾見　だい分時間も経つてしまいましたが、**嶺井先生の教育に対する気持について**お聞きしたいのですが。

嶺井　別に日本との違いという気持をもつていません。日本人であるという気持で教育の向上を目ざしています。

宜野座　沖縄では日本を大和（やまと）といつて常に大変、陛下の安否を気づかつています。

嶺井　私が東京にいた時、東京の人に、秋田は五月頃まで雪が降りますヨと言われてびつくりしましたがこちらに来て大変空気が新鮮で、静かでぴつたりとした印象でした。

宜野座　秋田のほんとの良さは冬ですよ。嶺井先生に冬を体験させたかつたですね。

嶺井先生から秋田へきて頂き大変うれしいと思つています。秋田の良さをどんどん沖縄に伝え、またこのすぐれた教育の内容等も大いに関係者にお話して頂きたいものです。どんどん後続部隊に秋田に来て研究してもらいたいものです。

尾見　浅野先生が非常に嶺井先生と親しくやつて下さつているので、名コンビのようになつていますが、今度逆に、沖縄に行つていろいろと沖縄の教育の良さを研究して貰いたいものですネ。

浅野　どうぞお願いします。（笑）

尾見　いろいろとお忙がしい時間をさいて頂いて、大変参考になるお話しを伺い有りがとう御座いました「教育秋田」誌上を通じて**嶺井先生が元気で研究にはげんでいられることをみなさんにお伝え**しましよう。

それではこの辺で終りたいと思います。

一学期をかえりみて

私は新入生に職業科をこのように導入した

東風平中学校　永山清幸

一、新入生の導入について

新入生は中学生になつた喜びと希望を抱いて来る生徒ではあるが、反面小学校と違つた教科、学級担任制から教科担任制へといろいろと変つているため、何かにつけ、不安で何をやつてよいのか解らないような状態である。

興味学習とか自発学習とかを望むためには導入が大切なことであり、特に最初に課される教科の始めの単元においての導入の方法の如何は生徒の学習意慾に大きく影響するものと思う。

そこで本校の職業家庭科における導入課程

単元1　職業家庭科とはどんな教科でしよう。

単元2　花園を作ろう。

　小単元1　花園の作り方。

　2　草花の種まき。（省略）

　3　花園の手入。（省略）

　4　きくの鉢作りの準備。（株分は小満芒種の季節に）省略。

以上の指導計画、教壇実践の反省、問題点を記述して先生方の御指導を頂きたいと思います。

二　指導計画

立案の方針

A　計画に当つては小学校での既習教材、生徒の生活経験等を考える。

B　単元は実生活から選び、生徒の欲求を満すものを取り入れる。

C　単元は一つのレベルから他のレベルへと発展し得るもの。

D　単元は身近な単元から導入しホームプロジェクトへ発展出来るようにする。

E　単元は系統的な発展が出来るようにし、生徒協同組合事業として組織立てられるようにする。

指導計画案（その一）

指導時数	一―二	単元名	職業家庭科とはどんな教科でしよう	P一～二
目標	1 職業家庭科に対する学習意欲をもたせる。 2 職業家庭科の性格、目標をはつきり理解させる。 3 教課内容について理解させる。 4 学習の方法及び技術習得の態度を養成する。			
準備	1 前学年の作品（工作品、文書綴り……）			

指導過程		指導上の注意	評価	備考
説明	この時間は職業家庭科とは何かということで話し合いましよう。	1 教師中心の話し合いにならぬよう生徒がだれでも発言出来るような雰囲気を作る。		小学校の教科とのつながりを密にする。
話し合い	小学校のとき学んだ家庭科、社会科、理科、図工科などから発展して私達の毎日の生活や産業を興すために必要な仕事のやり方や知識を中心にして学ぶ教科ですが、では小学校の理科でどんなことを学んだか思い出して見よう。 では小学校　社会科では　〃 〃　図工科では　〃 〃　家庭科では　〃 **まとめ**　皆の話し合つたのをまとめて見ます。 1 栽培飼育……農業的なもの 2 電気機械……工業的なもの 3 品物の買い方、事務：商業的なもの 4 魚のこと……水産業的なもの 5 衣食住……家事的なもの 6 将来どんな仕事をするか：職業的なもの			
説明 学習の仕方説明	職業家庭科は教科書を読んだり、お話を聞くだけでは十分でないのです。実際にやることが大切です。例えば次の単元の「花園を作ろう」でも自分達の庭園を自分達で計画し手入もしてその花を見て働いた喜びを味うと共に仕事のやり方もその他いろいろな事がよく解るようになるのです。これが生きた勉強です。			

三、教壇の実践の反省（其の一）

四月九日三―四時限目に第一日目をA・B・の男生徒に授業をしたのであるが、計画通り導入段階で自己紹介から小学校に居たころの話をしたり二、三名知つている生徒もいたのでその生徒の名を呼び、変つたことを話したりして、和やかな空気を作くつたつもりである。

展開の段階で計画どうり説明したまではよかつたが話し合いの所で無口のままで誰一人として口を開かない。

これは失敗したと思い、雰囲気を作るために臨機の処置として畜舎、農場、売店、組合事務室、庭園、放送室等を見学させて一時限目を終つてしまつた。

二時限目に入つて、さあ皆さん前の時間に見た農場のキャベツ、畜舎の豚やり、売店の仕事、庭園の花、放送室のラジオ等について、小学校で習つたものはありませんかと聞いた。「はい、五年の理科で電気のことを学びました」等…次々と発言するようになつた。反省として教師は自分が作成した指導案に生徒を当てはめようとする態度は教師中心の授業型態になりやすい。

そこで生徒の自発活動を取り上げた。学習活動を営ませて単元の目標に達するよう努力することが大切である。

これがかめには教師は常に臨機応変の処置をもつて生徒に対することが大切である。

指導計画案（其の二）

指導時数	一―二	小単元	花園の作り方	大単元	花園を作ろう	P二～五
目標	1 花だんの種類について知らせる。 2 おもな花の種類（一、二年生、多年生、春まき、秋まき、球根、花木） 3 花園の設計上の留意点を知り、校地環境に即した設計をする。					

準備		1 いろいろな花園の設計図、写真 2 庭園の学級分担表（校地、校舎の平面図） 3 花卉栽培要覧（職家資料編P62）のプリント 4 設計図をかく用具
指導過程	話し合い	昨年は皆さん、兄さんや姉さん達がよくがんばつたので地区の美化審査で一等になりましたが今年もよりよい庭園にするにはどうすればよいでしょう。 美化計画から設計へ進める。
	発表	1 花だんの種類 自分が今までに見た花だんで非常によいと思つたものを発表させる。
	説明	花だんの種類についてまとめる。（P3） 写真、設計図、教科書の写真で示す。
	話し合い	2 花の種類（準備したプリントを配る） ○春まきにはどんなものがあるか（プリントで調べて答えさせる。） ○秋まきには 〃 ○……… ○………
	話し合い	3 花園の計画 ○花園設計上の留意点について話し合う。（P4を示す）
	設計実習	4 花園の設計 ○設計図のかき方について（P4） ○設計図をかく
指導上の留意点		1 生活かんきようを自からの手で美化しようとする意欲を起させ、これを実践に導く 2 身近にある花園から次第に一般なものへ

評価	1 花園の種類、草花の種類について…再成法、選択法…等でテストする。 2 設計図が上手に書けるか。
備考	1 草花の種類については理科、設計図については図工科と連絡をとる。

教壇実践の反省（其の二）

小単元 1 花園の作り方

展開段階の話し合い、発表、説明、話し合いまでは順調に行つたが、さて花園の設計で全員設計図をかかしたら色々なものが出来た。

学級の庭園は一つしかないのに設計図は色々なものが数多く出来て各々の生徒は自分の設計図のとうりやろうと意気ごんでいる。

そこで次の小単元②「草花の種まき」に入る前に一時間の話し合いの時間をもたざるをえなくなつた。

先ず学級担当庭園を四つに区分し、人員も四グループ（五―六名）に分けて四つの案にまとめさせた。

次に全体のを総合した設計図を黒板に板書して形のつり合い等を提議させたが解決を得ず。

図工の時間に図工の先生の御意見を聞くことに決め、この時間を終つた。幸にして図工の先生の協力でこの問題は解決を見るようになつてほつとした。

反省として他教科との連繋の重大性を再権認すると同時にこの機会を利用して自分の家の庭園を自分で思う存分計画して実践しようとする意慾をわかせ、ホームプロジエクトへと発展させることが出来、又ホームプロジエクトに必要な種子やその他は生徒協同組合利用部の仕事としてやつていることを知らしめ、次の大単元生徒協同組合とつながりをつける事が出来た。

問題点

1 評価を時間の終りに白紙半枚を配り書かしているが、採点や次の単元の準備、家畜の世話、農場の管理等で時間的に苦しんでいる。

2 上記の採点をして解つたが、教師は優秀な生徒に引きづられがちであるが全体を見ると進度についてのなやみがある。

3 自然を相手とする仕事で生徒は意気ごんで計画し手入もしたが四、六月の大雨、五、七月のかんばつで結果がうまくいかないので生徒も興味を失つているような感がする。

楽しい臨海学校

真和志小学校　宮平清徳

一、目　的
〇夏の健康増進に努める
〇集団生活を通して社会性の育成を図る
〇海に親しみをもたせる
〇水泳指導

二、期　間
自七月二十七日　至七月二十九日　三日間

三、場　所　恩納小学校

四、海岸の状況
(イ)砂浜で約五〇〇米まで遠浅になり水泳指導に適している。
(ロ)干潮時には海岸から三〇〇米位まで干潟になり魚類、貝類の観察が出来、潮干狩にもよい。
(ハ)海岸の砂浜は泳法の指導に便利である。
(ニ)海岸には木麻黄の並木があつて木かげに恵まれている。

五、参加人員
五、六年………一七〇人、職員八人、炊事婦二人
急救看護教師…宮平清徳、金城久祐、前山田任、与那嶺辰治

六、日　程
〇七月二十七日（土）
八時三〇分…学校集合
九時………学校出発
一〇時三〇分…恩納着
一〇時三〇分—一二時…宿泊所の整備、荷物の片附け
一二時—一時…昼食
一時—二時……午睡
二時—三時……部落見学
三時—四時……水泳について話合い（教師より水泳の注意）
〇団体生活におけるきまりについて
四時—五時三〇分…水泳指導
五時三〇分—六時…水泳後の反省
六時—七時………夕食
七時—八時三〇分…一日の反省と明日の計画について話合う
八時三〇分—九時…日記記入と学習
九時………就寝

〇七月二八日（日）
六時………起床
六時—七時……朝の体操と冷水摩擦
七時—八時……朝食
八時—九時……自由の時間
九時—一一時…水泳指導並びに水泳後の反省
一一時—一二時…昼食
一二時—二時……潮干狩
二時—三時………午睡
三時—四時半……自由の時間（スケッチ、その他の学習）
四時半—六時……マンザ毛見学
六時—七時………夕食
七時—八時………レクリエーション
八時—九時………学習の時間（星の観察、日記をつける）
九時………就寝

〇七月二九日（月）
六………起床
六時—七時……朝の体操と冷水摩擦
七時—八時……朝食
八—九時………自由の時間
九時—一一時……水泳指導並びに水泳後の反省
一一時—一二時…昼食
一二時—一時……午睡
一時—二時半……清掃及び後片付け
二時—三時半……反省
三時半—四時……帰校準備
四時半………恩納出発
五時半………学校着

※水泳指導
〇準備運動………五—一〇分程度
〇水　泳………三〇分の二回
〇休　憩………一〇分—一五分
〇その他水泳中の注意
※学習は日記を全員やることにし夏休みの友、スケ

ツチ、作文などは児童が自由にその中から選択してやることにした。
（各自で学習計画を立案するようにした）

七、臨海学校出発までの歩み

各学級から二名（男女各々一名）の委員を選出し、十四名からなる運営委員会を組織し計画や準備を教師の助言と協力により運営させた。

運営委員会には左の役員をおく
委員長……一名　副委員長……一名
記録係……一名

○役員の仕事
委員長……○会議の司会
　○決議事項の徹底を図る
　○連絡事項の伝達
　○人員点呼
　○全員集会の指揮
副委員長…○会長の補佐役をつとめる
記録係……○会議の記録
　○委員会の集会通知

○委員の仕事
1　学級の諸準備　2　きまりについて話合う
3　各係について　4　学習に関する計画、立案

※運営委員会で話合つたことを中心に学級で実践するよう心がける。

八、一日のプログラム

(イ)　朝の体操
○運営委員長の指揮のもと全員行う
○朝の点呼　○朝の挨拶

(ロ)　冷水摩擦
学校子供会で決めたことで指導教師の指図のもと朝の体操後に行う。

(ハ)　水泳指導
（A）　準備体操（自由体型に）
（B）　人員点呼
学級の委員によつてなし委員長に報告
教師は厳重にメモしておく

(ニ)　水泳中の注意を与える
○海にはいる時はゆつくり
○必らず三、四名のグループを組んで練習をする事
○必らず区域内で泳ぐ事
教師を一、二名配置して沖の方で待つておく自信をもつている子供でも一応沖までおよがしてそこから浜辺にむかつて泳ぐように指導する
○耳につばを入れる事
○鉢巻を忘れぬように

九、水泳の実際指導

A　泳げる児童
○正しい泳法の指導（グループ毎に指導）
○目をあけて泳ぐ事
○呼吸の仕方

B　泳げない児童
○浮袋をもつている子供はそれに体を託してバタ足練習

C　水遊び
○教師のてのひらにのせて浮く練習
○かけあし
○手を地につけてバターで前進する
○騎馬戦
○たからさがし
○人物さがし（教師が水中にもぐつてさがさせる）

※二五分練習後浜辺に集め砂上で全員にバターの基本型ととび込みの型を指導し、その後教師の正しい泳法を見せた。
※砂上で二人、組を作つて手足を交替でもんで次の練習の準備をする。
※海に入る前に海岸に白い旗をたて、赤い旗が立つたら海岸へ集まるように、相談しておく。
※準備運動、整理運動を必らず実施する。
※人員点呼は厳重に。
※以上は期間中実際に指導した事をまとめたものです。

十、其の他

（A）　父兄への連絡
職員一名をその係におき父兄へ一日の生活の様子を親子ラジオを通して放送させた。
その放送した連絡事項は次頁に掲載します。
（B）　感想文を集め学校新聞に掲載の予定。

—感想—

1　これまで海に入つた経験の少ない子供たちにとつてよい学習の機会だつたと思いました。中には水に浸るのを怖がつている子供もいたが、この期間で親しみを覚え、もつと泳ぎ度い意欲をもつようになつた。
2　自然の風景に恵まれた恩納の自然美に浴する事が出来、自然に親しみを感じ得たことはよい思い出となつた。（子供たちが一生懸命に木かげや、恩納小学校の校庭ではしやいだ姿は今でも脳裡に残つています。）
3　運営委員会を組織して運営したので、子供たち

自体で計画通り一日の生活がスムースに運ばれた。特に夕方のレクリエーションは各学級毎に行い、歌を歌つたり、遊ぎ、三つの歌、なぞなぞ、その他色々考えてやつている姿は臨海学校でなければ見られない状景でした。

4　この集団生活から子供の実態をつかまえる事が出来た。（交友関係、性行面、食欲、その他）

5　好き嫌いがなく、楽しくいただき二日目に食欲の旺盛になつた事はめだちました。

6　来年も運営委員を組織し計画立案、実施し度いと思います。

7　評価の項目をあげて個人評価を実施したい。（全体評価も）

8　来年の資料としてアンケートを作つて色々まとめてみたいと思います。

―家庭向け放送―

この放送は晩の九時のニュースを終えてひきつづき親子ラジオを通して放送しました。放送担当は親子ラジオを経営している本校のP・T・A副会長の潮平寛智さんです。

―放 送 内 容―

七月二十八日（第一日目）

真和志小学校の臨海学校からのお知らせを致します。行きは一時間と五分かかり、一〇時五〇分全員無事に安着して大元気です。

昼食を済まして室内の整理、その後部落の見学をし五時半海水浴を行いました。

宿泊している教室は板ばり二教室とセメンバリ二教室です。

海水浴も事故がなく無事でした。これから夕食後、晩の学習、一日の反省、レクリエーションが日程となつています。全員元気で居ります。御父兄の皆さんご安心下さい。

本日のお知らせに、五年一組の金城すが子先生が見えて居られました。

では、明日の臨海学校の様子をお知らせする時間まできようなら。

七月二十九日（第二日目）

真和志小学校の臨海学校からのお知らせを致します。

青い海、白い砂浜、涼しい木立がすぐそばにあつてみんな大よろこびです。お父さんや、お母さんのそばをはなれてわがままは出来ませんが、クラスの委員長を中心に何んでも自分たちでやつています。六時起床朝の挨拶で始まり、ラジオ体操、冷水摩擦、楽しいお食事、それから学習、水泳、ひるねなどボクラの一日はゴミツぽい真和志では見られぬ楽しさだ。

昨日の疲れも見えず、皆笑顔で学習を続けています。それは臨海学校でなければ見られぬ風景です。

午後二時から四時まで潮干狩に出かけましたが、一人の怪我や事故もなく全員無事です。四時半万座毛見学（一時間の予定です）にでかけます。その後楽しい夕食、晩の学習（星の観察もおり込んであります）、一日の反省、レクリエーションとなつています。

明日四時三〇分恩納小学校出発、おそくとも六時頃には学校に帰る事と思います。本日のお知らせは午後七時宮平先生から連絡がありました。

では明日の帰りまでお待ち下さい。　さようなら

【おしらせ】

一九五八年度実験・研究学校指定校

（実験校）

地区	学校名	研究領域	係主事
辺土名	安田小・中校	複式学級の学習指導	当銘　睦三
名護	稲田小校	国語	伊礼　茂
〃	今帰仁小校	算数	桑江　良善
〃	真喜屋小校	図工	当銘　睦三
前原	具志川中校	音楽	糸洲　長良
〃	津堅中校	職業指導	大庭　正一
コザ	コザ中校	理科	金城　順一
知念	佐敷中校	特活	安里　盛一
〃	与那原中校	教育評価	桑江　良善
糸満	東風平中校	職家	下地　タケ
宮古	上野中校	理科	金城　順一
八重山	川平小・中校	国語	伊礼　茂
	商業高校	職業	大庭　正一
石川	城前小校	体育	屋部　和則
宜野座	金武小校	学校経営	糸洲　長良
名護	兼次小・中校	保健	与那嶺　仁助
辺土名	塩屋小・中校	社会	西平　秀毅
〃	奥中校	職業、家庭	玉城　深二郎
久米島	久米島中校	社会	西平　秀毅

（研究校）

地区	学校名	研究領域	係主事
辺土名	辺土名高校	職業	大庭　正一
名護	新里小校	学校経営	糸洲　長良
〃	謝花小校	家庭	下地　タケ
宜野座	漢那小校	保健・体育	屋部　和則
前原	田場小校	国語	伊礼　茂
〃	与那城中校	数学	桑江　良善
那覇	那覇高校	社会	西平　秀毅
久米島	大岳小校	保健・体育	与那嶺　仁助
宮古	福嶺中校	特活	安里　盛一
	北農高校	職業	玉城　深二郎
名護	名護高校	音楽	糸洲　長良
知念	南風原中校	図工	当銘　睦三
那覇	水産高校	無線通信	大庭　正一

我が校の一学期間の歩み

＝女子コース＝

東風平中学校教諭　新垣初子

去年から引き続き実験学校に指定され、特に第一、三群を中心とした研究をすすめた。本年は前年度の研究を土台にして深くほりさげると共に、主として第五群の実際的取り扱い方に重点をおき研究を進めて居ります。

私達の研究テーマは地域の実情を知り、その上農村に適した家庭生活が出来るような指導、特に第五群を深く認識させる意味で設定したものであります。

第一に農村は忙しいせいか生活におわれ働けど働けど楽にならない。そう云う生活を営んでいる家庭がほとんどであります。とくに食物等には気をくばらずありあわせの材料を使用し同じ種類のものばかり食べると云うような合理性を欠いだ偏食が見受けられます。この実情に立つて、いかにすれば食生活が改善されるか当面の問題として食生活の改善が痛感されたのであります。

第二は生活におわれている家庭からいかにすればうるほいのある家庭生活が営めるかを強調しその方向に導いて皆が楽しくしかも明るく暮せる農村にしたいのがねらいの二つであります。

第三に衣生活の面で調査の結果外出着が50%をしめその次に家庭着27%作業着12%下着11%の順になつて衣生活の半分が外出着で、下着や作業着が軽視されている傾向が強い。主婦の生活日表中、作業日課が67%で一日の大半を作業にふりむけている現状からすればむしろ作業着を多くもつことが作業の能率をあげる面からも亦楽しく作業に従事する面からも改善と工夫がされなければならない一つの課題であると考えられる。

第四に家族の健康を維持増進するため、事前に病気にかからない対策を考え、充分な、睡眠と休養、栄養に気をつけ、平素から予防の習慣をつけ保健衛生の観念を養いたい。

第五に家庭（家族）経営面では家計簿を作製し一ケ月の予算を計画的に配分することによつて合理的な家庭生活が営まれることをねらいとした。

第六に住居についてであるが農村向きな住宅であることを考えなければならない。特に農村では台所の設備が悪く動線を調べてみても驚くほど不合理な台所が多い。その他通風採光の面ムダのないムリのない合理的な住宅設計が住生活の問題として残されている。

色々と問題点はございますが大体大きく分けてその六つにまとめテーマを設定しました。次にそのテーマをもとに指導の計画をたてた。

⦿指導計画

新しい環境に移された中学一年生は新しい夢を抱いて入学してきています。その夢をとらえて一学期間の目標をたてその目的達成に力を入れる様計画しました。

⦿一学期間の目標

一、自分のことは自分でしまつすることは勿論のことで、自ら進んで家庭家族の一員として協力し明るい家庭生活から楽しい学校生活をおくるようにしたい。

二、私達の家庭生活に役立つ仕事を実際にやり乍らその作業に必要な知識と技能を身につける。

三、ただ仕事を仕上げると云うだけで満足せず、いつでももつと早く、もつと手ぎわよく、しかも安全に出来る工夫をする態度を養い、自分から進んで生産に参加しものごとを処理する能力を養う。

以上の計画のもとに家庭生活を理解する意味で「私の家庭」から学習を進めることにした。

私の家庭　六時間
きちんとした生活　二十六時間
基礎縫い、エプロン作製　十二時間

そこで一学期間の導入段階の一単元をとりまして私達の歩みを御紹介させて戴きます

⦿単元名

私の家庭

◉単元設定の理由

小学校から中学校へ大きな喜びと期待を持つて入学したその好機をとらえ、日頃の習慣態度を反省しよい家庭生活が出来るよう導きたい。そして家庭生活上の諸問題について学習する。

もつとも関係の深い自分の住む家庭について理解させることは学期始めでありよい機会と思う。

○中学生にもなれば自分のことは自分でしまつすることは云うまでもなく、進んで家庭に協力し、家族の一員としての自覚を促すのによい機会である。

二、目標

○楽しい家庭は家族の協力によつて建設されるものである。

○多岐にわたる家の仕事の理解

○生活の意義、幸福、民主的な生活を理解させる。

○自分の担当する仕事を責任をもつてやろうとする態度を身につける。

○能率的な生活の計画を立てて生活する態度を身につける。

三、指導計画

(1) 自分の生活
(2) 家族の生活　｝二時間
(3) 家族の役目
2 健康と家庭生活　一時間
3 明るい家庭生活　一時間（本時の単元）
4 近隣との交わり　一時間
5 家庭生活と職業　｝一時間
6 家族のよい一員

小単元　明るい家庭生活　一時間

◉本時の目標

家庭生活と社会との関係を職業を通じて理解させ勤労を尊びすべての職業を尊重する。

労働力再生産の場としての家庭生活をはつきりつかませてこの単元のむすびとする今後三年間のすべての学習の基本的な考え方をつかまえることを目標とす。

準備　生活時間の表

◉学習の展開

一、健康な家族が共に楽しむ時間と量や方法についての経験を発表（一〇分）

二、自分の家庭生活において楽しいこと改めたい事につき調査—級でまとめる（十五分）

三、家庭生活を明かるく楽しくするために子供の立場からどうするのがよいか（一〇分）

四、家族の楽しい時間を多くするために自分達にどんな協力ができるか（一〇分）

五、自分のしている手伝について話し合う　（一〇分）

六、自分の日課表と最初の生活時間表を比較し進歩のあとを確めこれを実行に移すようにする（一〇分）

◉評価

一、親、兄弟姉妹に対するよい態度の理解

以上の様に授業はなるべく多くの生徒に発表の機会をあたえ一応グループを構成して毎時間研究発表、討議の形で進め自分の生活を反省させ、今まで気づかなかつた所をキヤツチする態度で指導を行つた。そのためか生徒は熱心にグループに協力し研究しようと云う意欲がみられる様になつた。ある反面意志の弱い生徒に発言がないのもみうけられる。

しかしいづれにしても一学期間の目標を達成したとは云えない。今後もその目標に立つて努力し研究していくつもりです。他の教科にくらべて第五群の認識が軽視されている状況にあるのでその面に努力致したいと思います。

◉反省

一学期間の計画通り授業がスムースに運べなかつた。（時間が不足で基礎縫を夏休みにまわしてしまいました）。

生産の発表にムラがある。全員が発表できるように努力したい。それから被服製作の教材がそろわず、それに消費される時間が多かつた。

私は教壇に立つのも始めてでその上家庭科の学科を担当するのも始めてでございます。未熟なしかも経験のない私が御期待にそう様な発表が出来るかどうか疑問でございますがこの機会に御指導をあおぎたく思いまして私達の一学期間の歩みをまとめてみました。どうか今後とも御指導願います。

視聴覚教室

このたび文教時報に「視聴覚教室」のページを特設されることは誠によろこばしいことと思い、この好機を捉え視聴覚教育に関する資料を提供すると共に、読者の皆様方から御意見、御要望等をいただきよりよい方法、より効果的な方法を勉強して視聴覚教育の振興を図りたいと思います。

視聴覚教育の場において是非取入れられなければならないものでありながらいろいろの事情で不振な状態におかれていることは何としても淋しいことである。

然しながら何とかしてこの方法をとり入れて、より楽しく、より豊富な内容をもつて教育効果を挙げたいというお考えの下に、この苦難の道を切り拓いていく努力を日夜積み重ねている人々が各地で見受けられることは実によろこばしいことである。

吾々は「道があつて人が通るのではない、人が通つて道ができるのだ」という意気ごみで頑張つて行きたいと思います。

彼の有名な英国の皮肉屋バーナードジョーは「教育とは、二週間前に敷かれた絨たんに今ごろ鋲を打つという間抜けさを常に繰返しているものである」といつているが、その当時の英国においても、その様な間抜けた教育の姿があつたらしい。現実の社会の後を追つて行く教育――無感動、不活溌、既得権などが巾をきかせた教育理論と指導法――この教育にかわつて現実社会に役立つように、適応した人間を育て上げようとする今日の教育にかわつて来たのである。

然し今日の教育の姿は、まだまだ「二週間」を一週間」に縮めた位のものかも知れない。戦後、改められた教育とともに視聴覚教育が新しい方法として普及されたとき早速児童生徒を映画館に連れて行き視覚教育をしたと考えている人もいたようである。勿論映画は視覚教材としては最もすぐれたものであり児童生徒は見ることにより自学教育の体制を承認し、自分の前に提出されている内容を見ているうちに実体を把束し理解するが、教師はその教材がいかに生徒に把束され、いかなる教育効果があつたかをよく見とどけねばならない、見せつ放しではいけないのである。補助手段としての視聴覚教育と目的内容としての視聴覚教育を常に教育計画の中に正しく位置づけて組織的に実施されなければならない。

現在社会教育課で購入保管されて貸出し出来る視聴覚教材及び器材を紙数のゆるす範囲内で毎月この欄をかりて紹介したいと思いますので御利用下さい。

題名	巻数	上映時間	対象	内容
（映画フイルム）				
わたし達のクラブ活動	一	九	小・中校	小学校における上級生の人形クラブをモデルにその在り方を描く
僕等の教室	二	二四	〃	社会科の学習で駅の仕事について調査する班別学習
交通教室	一	一〇	小・中高	いろいろな交通標識と正しい交通道徳の実際を知らす
子供の予算生活	二	二一	〃	岐阜県有知校の予算生活の実践を記録映画的に描く

題名	駒数	色彩	対象	内容
（幻灯フイルム）				
リンカーン	三〇	白黒	中、高学年一般	アメリカの父リンカーンの生涯を描く
皇太子殿下	三〇	〃	〃	皇太子殿下の誕生より立太子まで
人間の歴史　（上下）	各二六	彩色	〃	人間進化の証拠をさぐり児童にも分り易いように説明

題名	駒数	色彩	対象	内容
農業のうつりかわり（石の鍬）	二七	〃	中、高学年一般	日本の農耕の変遷を写真や風俗史で描く
大昔の人々 (1)	二五	〃	〃	人類の原始時代の生活を描写
〃 (2)	二五	〃	〃	第一と対象させ乍ら日本の古代文化生活の解説
ペルリ来航記	三六	〃	〃	ペルリ来航と当時の世界列強の東洋進出について

題名	枚数	対象	
（紙芝居）たわらのねずみがこめくつてちゆう	一二	幼児低学年	ことばを一つ一つこくめいにつみ重ね又ほぐしていくリズミカルな形態をもつ
汽車のすきなしゆんちゃん	一二	小学生以上社会科	子供の目を通して汽車に働く人々を讃える
・平和のちがい	一二	中学生以上	広島市の原爆投下の様子を説明し平和への希望をこめて解説する

＝中教委だより＝

一九五七年度

規則第一号　公民館補助金交付規則
　公報第十四号（二月十五日）掲載

〃　第二号　中央教育委員会々議規則
　公報第三十三号（四月二十三日）掲載

〃　第三号　公民館設置規則
　公報第三十三号（四月二十三日）掲載

〃　第四号　公立学校教職員へき地勤務手当補助金交付規則
　公報第四十五号（六月四日）掲載

〃　第五号　教科書選択委員会規則
　公報第四十五号（六月四日）掲載

〃　第六号　政府立学校職員及び教育長の勤務時間及び勤務時間の割振に関する規則の一部を改正する規則
　公報第四十五号（六月四日）掲載

〃　第七号　政府立学校生産物処理規程
　公報第四十五号（六月四日）掲載

〃　第八号　政府立学校入学料及び授業料徴収規則
　公報第四十五号（六月四日）掲載

〃　第九号　学校の保健に対して保健所並びに医師の協力等に関する基準
　公報第四十五号（六月四日）掲載

〃　第十号　学生懲戒規則
　公報第四十五号（六月四日）掲載

規則第十一号　中央教育委員会の権限の委任に関する規則
　公報第四十五号（六月四日）掲載

〃　第十二号　政府立及び公立の小学校並びに中学校における費用徴収等の規則
　公報第四十五号（六月四日）掲載

〃　第十三号　教育に関する寄附金の募集に関する規則
　公報第四十五号（六月四日）掲載

〃　第十四号　地方教育区の予算及び決算報告規程
　公報第四十五号（六月四日）掲載

〃　第十五号　教育長事務所職員のへき地勤務手当補助金交付に関する規則
　公報五十二号（六月二十八日）

制定月日

（六月十九日）　（四九回臨時委員会）
〃　第十六号　公立学校の授業料等徴収規則認可基準規則
　公報五十三号（七月二日）

（六月二十日）
規則第十七号　学校身体検査規則
　公報第五十三号（七月二日）掲載

（六月二十日）
〃　第十八号　学校衛生統計調査規則
　公報第五十三号（七月二日）掲載

（六月二十日）
〃　第十九号　公立学校教育職員の身体障害補償補助金交付に関する規則
　公報第五十三号（七月二日）掲載

六月のできごと

一日 口腔衛生週間始る。 琉大単位認定試験
全島高等学校長連絡会（於工業高校）

四日 教職員会と文教局との懇談会（於教育会館）
立法院四代表（親里嘉英、星克、安里積千代、新里善福）土地問題解決のため上京。
沖縄地区工兵隊（ＤＥ）は那覇港湾地域二二万五千余坪に対する土地収用を宣告（布令第百六十四号に基く強制収用第一号）。

五日 南風原中校実験学校発表会。
定時制高校第四回定例校長主事会（於野嵩高校）

六日 上京中の立法院四代表及び桑江、池原土地連正副会長岸首相と会見。
アイゼンハワー米大統領は五日、沖縄に高等弁務官を置き琉球諸島の行政に関する現行の諸法令を正式なものとするとの大統領行政命令を発表した。（沖縄タイムス）

七日 立法院土地特別委員当間主席と会談、土地強制収用の延期を要請

八日 「沖縄に高等弁務官をおく」とのアイゼンハワー大統領の行政命令民政府に届く。
民政府渉外報道局は八日あさ高等弁務官にジエイムス・Ｅ・モーア中将が任命されると発表した。

九日 中部地区公民館大会（於美里村美里公民館）

一一日 上京中の沖縄タイムス社長高嶺朝光氏沖縄問題について岸総理と会見
文教局主催の北部地区公民館研究大会（於東江公民館）

一二日 政府派遣南米調査団（玉木芳雄、宮平弘志、松田柳春）帰任

一三日 中部の学校六千六百名が流感にかかつていると発表（沖縄タイムス）
名護地区校長会において流感で三分の一休めば休校すると決定。

一四日 米陸軍記念日十三日あさ九時から十四日あさ九時までに降つた雨の中から一七八カウントの放射能検出

一五日 南大東測候所発表、南大東一帯は十四日零時から廿四時までの間に四〇五・二ミリ（坪当り七石四斗一升五合）の雨が降り、戦後最大の記録的豪雨。
文教局指定金武村屋嘉区婦人会研究発表会

一六日 文教局主催東京学芸大助教授上江洲幾子氏による北部地区音楽講習会（於名護文化会館）

一七日 那覇市議会市長不信任案通過

一八日 那覇市議会解散、琉球民政長官Ｌ・Ｌ・レムニツツア大将来島

一九日 レムニツツア大将宮古・八重山の実情視察。
佐敷中校実験発表会
第四九回臨時中央教育委員会、公立学校の授業料等徴収規則認可基準規則可決
文教局主催体育科講習会（講師千葉大教授遠山喜一郎氏）（於商業高校）

二〇日 臨時中央教育委員会に於て学校身体検査規則、学校衛生統計調査規則、学校衛生統計調査実施要領など可決

二一日 臨時中央教育委員会に於てコザ及び読谷。嘉手納両連合委員会の設置認可

二二日 五八年度米国留学生選抜試験（於開南小校）
東京学芸大助教授上江洲幾子女史のピアノリサイタル（於教育会館）

二三日 第二回全沖縄高校陸上競技選手権大会（於那覇高校）

二四日 沖縄各区教育委員会協会結成（於岸本ビル）
ナイキ基地国際入札（於東京及び沖縄）

二五日 山田小・中校ＰＴＡ研究会
真栄田文教局長夏季大学講座講師招聘交渉のため上京

二七日 上京中の真栄田文教局長灘尾文相と懇談
一九五八年度一般会計予算案立法院本会議で可決

二九日 沖縄教職員共済会定期総会

三〇日 文教局主催第四回社会教育総合研究大会（於那覇劇場）
座間味村阿嘉島沖の沈船爆発事故即死三〇名

―あとがき―

○夏休みも終りに近ずき、もうすぐ二学期です。今月号は、夏休みと関係ある記事を中心に編集してみました。
○久しく休載しました「村の子・町の子」が今月から再び登場しました。
○研究教員だよりは、今後も、どしどし本土と連絡して御寄稿を願う事にします。

―Ｓ・Ｎ・生―

一九五七年八月十日　印刷
一九五七年八月二十日　発行

文教時報（第三十四号）
（非売品）

発行所　琉球政府文教局
研究調査課

那覇市二区六組
印刷所　星印刷所
（電話一五〇九番）

35

文教時報

琉球　1957

文教局研究調査課　No.35

文教時報 第三十五號

目　次

教育長研修会

教育長大いに学ぶ

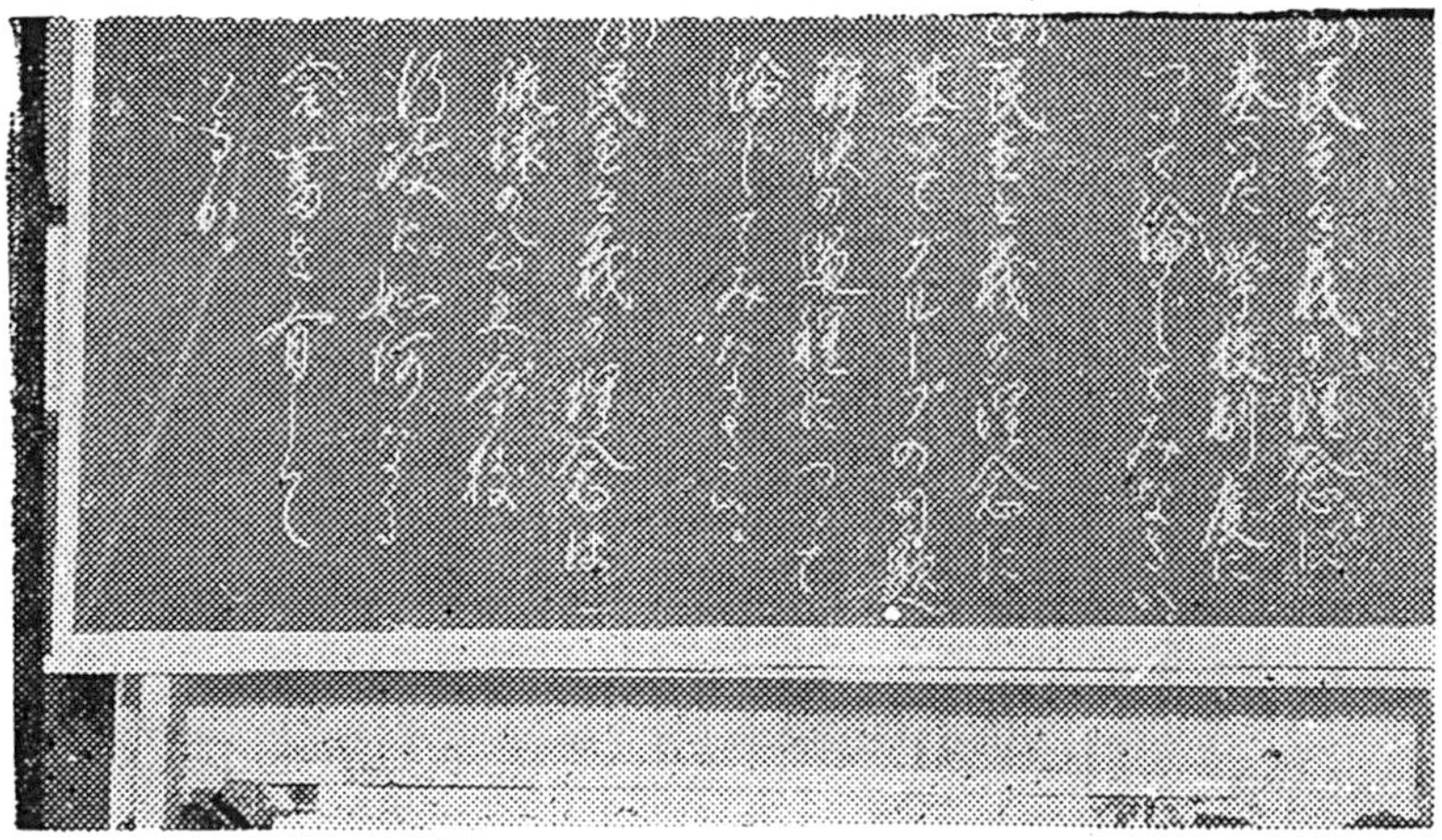

辺土名高校遠征アルバム

派遣選手メンバー

入場

開会式

試合の一コマ

一九五八年度
文教局予算について

金城英浩

一九五八年度の文教局予算の大要を説明し、その適正な執行によつて教育水準の向上を期したいと思います。

まず文教局予算案を編成するに当つて次のような基本的問題について考えて見ます。

第一　教育予算は教育の目標達成のため予定された収入と支出の公表書であるから、教育計画を基礎として立案すべきであり、その適正額の算定を合理的にしなければならないと思います。

第二　重点的予算編成か、総花的予算編成かを充分検討すること、沖縄の現状は教育の再建期であるから当分の間は重点的予算編成を必要とし一定の安定した域に達すれば、総花的予算が必要であると考えますが、勿論これには限界がなければなりません。

第三　予算の効果的運用を予測して、編成の当初から執行の時期、方針等を考えておくことが必要であります。

第四　教育行政、学校教育、社会教育等の各分野別経費の比率を考えること

その他にもいろ〳〵あろうが一先ず以上の諸点を考慮に入れて各課において予算編成方針を研究し、中央教育委員会で決定したのが次の通りであります。

一九五七年一月三十日

中央教育委員会

一九五八年度文教局豫算編成方針

一、校舎建築及び修繕

1、義務教育においては最少限の学級数を充す。

2、高等学校においては授業に必要な最少限の教室数を充す。

3、木造腐朽校舎の改築

4、校舎の修繕

5、開拓地学校の校舎及び施設の充実

二、施設備品の整備充実

1、職業教育振興五ケ年計画による施設及び備品の充実。

2、各教科の備品の年次計画による充実

3、教科書補助の対象を広げる

4、定時制高校の照明及び給食施設の整備

5、飲料水及び用水施設

6、給食施設の整備

三、教職員の待遇改善

1、教員給の確保

2、定期昇給、年末手当、公務災害補償、退職給与等

3、研究奨励費（単位給）

4、へき地手当の増額

5、上級免許取得による昇給

6、人事委員会勧告の実施

7、産休補充教員

四、児童、生徒の学力向上を図る

1、教員の資質向上

教職員の研修会（指導技術研修）

臨時教員の研修会

研修旅費補助

研修教員の派遣

大学研修教員

2、指導主事の指導力強化
3、基準教育課程の整備
4、義務教育学力テストの実施
5、高校標準検査の実施
6、学力調査の実施
7、実験学校並びに個人研究の奨励
8、児童生徒創作品展示会の開催

五、職業教育の振興
1、施設及び備品の充実（年次計画による）
2、開拓実習、遠航実習、其の他実習費の計上
3、職業科担当教員の養成
4、政府立学校の敷地及び実習地の購入
5、教育課程の整備

六、健康教育の強化
1、学校給食費の増額
2、校医手当、学校看護婦給料補助の計上
3、学校衛生調査の実施
4、寄生虫の駆除
5、結核休養補充教員の増員

七、へき地教育の振興
1、教員の養成
2、へき地教育調査
3、へき地手当の増額
4、文化施設の充実（図書、ラジオ、その他）

八、特殊教育の強化
1、特殊児童、生徒調査
2、特殊学級の設置
3、家庭派遣教師の設置
4、特殊学校の充実
5、特殊教育担当教員の養成

九、社会教育の振興
1、施設の充実
中央図書館の建設
スポーツセンター建設補助
2、公民館の育成
3、博物館の充実
4、職業技術教育の実施
5、青少年教育の振興
6、社会体育レクレーションの普及
7、民主団体の育成
8、指導者の養成
9、社会教育主事を各教育区に設置
10、新生活運動の推進
11、文化財の保護活用
調査及び指定
修理、復元

十、教育行財政の強化
1、教育財政調査
2、教育行政財政研修会の開催
3、指定教育区運営研修
4、広報活動の強化
5、教育税の趣旨徹底
6、地方教育委員会行政費補助の増額
7、教育行財政資料の刊行

右の方針により極力予算の獲得に努力をしたのであるが、いろ〳〵の都合で各項目に、わたつて実現し得なかつた点については、今後、一層の努力をつゞけたいと思います。

五八年度豫算は二億円も増えた

さて五八年度の教育予算総額は、八五四、七四三、一〇〇円で、前年度六四七、九一五、〇〇〇円に比較すると、約二億円（208,340,400）の増額で政府総予算の約三〇％になつております。

（政府才出総予算の増額は（2,828,206.700−2,468,566,400＝359,640,300））

この二億の増額の主なるものは、学級数の増加に伴う、教員給の増加、ベースアップ校舎建築費等の増額と職業教育備品の増額、校舎修繕費の八〇％補助、社会教育費、特に公民館振興費の増加、琉大補助約二三〇〇万円も増えていること等であります。

豫算編成方針はどのように具現されたか

次に各項目について主要な点を摘記しますと

(1) 校舎建築費については
公立学校　四八一教室
政府立学校　三八教室計五一九教室分が建築される予定であります。

△ 校舎修繕費については、坪当り二五〇円の計上が法（布令）により義務づけられて、全琉の既設教室総坪数約十万坪の修繕費二、五〇〇万円の八〇％（二、〇〇〇万円）の補助、がなされています。これは立法院において、一、五〇〇万円増加されたも

のであります。

(2) 備品費は前年に引つゞき職業教育充実に重点をおき

公立学校に約三、五〇〇万円

（内三、〇〇〇万円職業備品）

政府立学校ゝ 一、二〇〇万円

（内約九六〇万円 職業備品）

これを前年度に較べると、約二倍の増加でありますので、各教育委員会及び各学校はこれが適正なる運用により職業教育の振興に尽力されることを希む次第であります。

(3) 教職員の待遇改善について

○他の政府公務員同様にベースアップ（平均四一九円）

○定期昇給、上級免許状への更新による昇給

年末手当八〇％

○単位給の支給

○補充教員の増設

○事務職員の増設（中学校全部）

○公務災害補償 （八四五、四〇〇円）

○退職給与 （一、〇八四、一〇〇円）

○へき地手当（一、四八三、二〇〇円）

など相当向上したものであります。

参考までに教員数及平均給を表示しますと

○本務教員 五、五〇一人（公立校の分のみ）

来年四月～六月

○事務職員 二四〇人

○補充教員

○結休 七五人

○産休 三五人

○研修 二五人

○大学研修 二〇人

○訪問 一〇人

○短期補充 八七人

平均給（一九五七年七月一日調）

○小中教員平均給 五、五三六円

○高校教員平均給 六、二一七円

○小中高平均給 五、五〇五円

(4) 学力向上のためには

○各種テストの実施

義務教育学力テスト
高校テスト
其の他
} 二、七一八、〇〇〇円

○実験学校指導費（新規） 二一〇、〇〇〇円

○全琉生徒児童創作展 一〇〇、〇〇〇円

(5) 教職員の資質向上のためには

○夏季講習開催
○臨時教員講習
○教育技能講習
} 三、四一一、〇〇〇円

○研修旅費補助 四〇〇万円

こゝで特に申述べておきたいことは、これまで民政府（USCAR）予算で招へいして実施していた夏季講習会を本年度から文教局予算に切かえたことで、この費用は約一八〇万円であります。

（招へい教員数文教局二二人、琉大一一人）臨時教員については地区別に短期間の訓練を実施する予定である。

(6) 保健教育振興のためには、充分予算獲得はでき給かつたが、本年はミルクの外メリケン粉の多量配なを予想して附帯業務費として一五七万円も計上されています。

(7) へき地教育の振興のためには、

○へき地手当 一、四八三、二〇〇円

（六七四人）

○へき地教育担当教員に対する奨学費補助一人月一、〇〇〇円の二〇〇人分が、計上され 琉大生中より選考の上補助し、卒業後は給与を受けた期間だけ義務を果してもらうことになつています。

○文化施設は、社会教育面から考慮し 特に八重山の開拓地に対しては図書、其の他の視聴覚教育用具が相当数、補充される予定である。

(8) 特殊教育振興のためには

○特殊児童の調査費 四六一、〇〇〇円

○家庭派遣教員設置 二人

○特殊学級の設置 二人

○盲ろう学校備品費 一三万円

(9) 地方教育委員会育成のためには

○教育長事務所費
○連合教育区
} 八、七九七、二〇〇円

○市町村委員会 四、四三二、四〇〇円の行政補助をなすと共に

○各高等学校の敷地の借地料の全額九二万円が補助されます。

(10) 社会教育振興のためには

○公民館振興費 三、〇六三、八〇〇円

○新生活運動費 三八八、七〇〇円

○社会教育研修費一、五一〇、八〇〇円

○競技場建設補助 二〇〇万円

となつて居り、逐年増額すると共に社会教育の分野別の比率も適正化されつゝあります。

以上各項目別に摘記したが、政府教育補助金の内訳を表示すれば次の通りであります。

①	公立学校補助金	五〇二、〇九七、一〇〇円
②	実験学校及研究校補助	四七五、〇〇〇円
③	公立学校建設補助	一五〇、〇七二、〇〇〇円
④	行政費補助	一三、二二九、六〇〇円
⑤	社会教育補助	五、八五七、七〇〇円
⑥	育英会補助	八、六〇八、四〇〇円
⑦	琉大補助	八五、〇〇〇、〇〇〇円
	計	七六五、三三九、八〇〇円

尚、公立学校補助金の内訳は次の通りである。

①	給料	三九、七七六、一〇〇円
②	年末手当	二、五六八、二〇〇円
③	公務災害	八四五、五〇〇円
④	退職給与	一、三六四、一〇〇円
⑤	へき地手当	一、四八三、二〇〇〃
⑥	単位給	一一、四〇〇、〇〇〇〃
⑦	単位登録	一、五二三、二〇〇〃
⑧	職業教育備品	二九、五三三、八〇〇〃
⑨	一般備品	五、八五〇、〇〇〇〃
⑩	旅費補助	四、〇〇〇、〇〇〇〃
⑪	教科書補助	二、二〇三、〇〇〇〃
⑫	修繕補助	二〇、〇〇〇、〇〇〇〃
⑬	高校敷地借料	九二〇、〇〇〇〃

この教育補助金はそれぐ\中教委の定めた割当方式により算出され各地方教育区に補助されることになるが 教員給は学校の推持運営費、建築費と共に教育費中の三大要素であり、特に教員給と建築費はその総額も莫大で、琉球の現状から考えて教員の現員、現給全額を補助するようにしています。その外義務教育学校の建築費、職業教育備品は政府立、公立を問わず平等の原則に従つて同等に補助されます。

文教局予算以外で他局に計上されているものは、本局及政府立学校の一般備品及消耗品費約一〇〇万円政府立学校敷地購入費約一八〇万円が内政局に編まれて居り、寄生虫駆除費は例年の通り社会局に約八九万円計上されています。

開拓地関係の建設費及社会教育施設費は特別会計予算となる予定であります。

教育財政確立の立場から

文教局予算案を考えて見ますと教育予算は年々増加の一途をたどりつゝあります（五六年財政報告書参照）教育予算は、教育行政の質と量を決定すると言われ、亦教育行政の設計費でもあるので、教育財政の確立こそ現下の重要課題であると考えます。

然らば教育財政の確立にはどんな観点に立つべきでしようか、

第一に教育の機会均等の理想を実現すること。即ち全琉の各教育区が貧富にかゝわらず、ひとしく充実した教育をうける機会を与えるようにすることで、この点から政府の保障する最低教育費の問題が生ずるわけであります。

第二に負担の公平を期することであります。

各地方教育区が教育費に対して公平な負担をする事でありまして、この点地方の負担能力に応じた教育税の適正課税の問題があります。今年度の予算を見るに政府負担が約八九％、地方負担が約一一％になつております

第三に地方教育区が教育に対する熱意と責任を尊重する気風を振起すことであります。民主主義の教育は中央集権から地方分権化することでありましてこれは、同時に地方住民の教育に対する責任を伴わねばなりません今年の

教育税総額は約七、四〇〇万円で五七年度の教育税総額五、二〇〇万円より約三、〇〇〇万円増額となつています

第四は公立学校の公費負担の原則であります。従来のP、T、A依存を脱脚し公費によつて学校運営をしていかねばなりません。一九五六年度の財政調査報告書によれば地方教育区負担の教育費の中、教育税が九・六％、私費（P、T、A、寄附金）が八・六％となつているが今度の教育法で学校寄附の制限がなされていることは公費負担の原則を強調したものであります。

以上のような観点から今後の文教局予算は研究すべき問題が多々あると考えます。

最後に今年度の文教局予算の獲得については、立法院議員各位の教育に対する理解と熱意及び教職員会の協力に対して心から敬意を表するものであります。

今後たえず教育予算の合理的編成を研究し、その向上に努力して行きたいと思いますので、一般父兄及関係者の一層の御協力をお願いするものであります。

（文教庶務課長）

郷土史資料

琉球の珍書『双紙』に就いて

稲村賢敷

袋中上人の著書「琉球神道記」は琉球関係の最も古い文献であつて同上人が慶長八年に渡球し、それから三年間琉球に滞在した間に著されたものであるが、この書の中に次のような記事がある、

昔此国ニ天人下リ文字ヲ教コトアリ、其字数百、其処ハ中城ノ近里ナリ、其後暫間ニシテ悪日ニ家ヲ作ル人アリ、天人現レテ所ノ占者ヲ呼ンデ曰、何ゾ悪日ヲ示サザル、占者言フ、我ニ尋ネズ、天人云尋ネズトモ行テ教フベキヲト慎テ其文字ノ書ヲ半分裂テ天ニ上ル、故ニ月日ノ選定今ハ半アリ、残ル分ニテ物ラ占フニ正シキナリ云々……

と記し欲に干支を表示する所謂双紙文字なるものを記している、この神道記の記事に依れば、双紙が慶長の初頃から琉球各地に流布していた写本でありその内容はト占関係の事を記したものであるといふ事は明かであつて、そしてこの写本は天人に依つて海外から伝つたもので其の後天人は其の一部だけを残して他に持ち去つたゝめに沖縄地方には其の一部だけが伝えられたといふ事も略々想像がつくのである。

新井白石も其の著「南島志」に、「美かつて干支字を見る、其の体古篆の如し、古俗に天人伝ふる所なりといふ、未だ何れの国の文字なるかを知らず」と記しているが、この白石が見たといふ干支字も琉球神道記に記された文字と同一のものであろう、

伊波普猷の著書「古琉球」には」琉球に固有の文字ありや」といふ一文があるが、それには同氏が中城村字熱田の小橋川という旧家に秘蔵された「双紙」と称する折本を見たと称し、若し沖縄に神代文字とも言ふべき固有文字があつたとすれば、此の双紙に記された干支文字であろうといふ事を書き加えて居る、

こうして双紙については古来少数の学者間に注目されて来たが、私は十二、三年前に宮古島砂川部落の史跡調査に行つた時、はからずも同部落には四十才以上の男子多数の者が双紙を書写して伝えている事実を知り、これを調査した結果一、二の事項を除いては総てこれを読解する事ができるようになり、これに基いて他の暦書及ト古書との関係を比較すると、一、双紙は平安時代の中頃天文博士、陰陽頭となつて日本陰陽道を大成した安倍晴明に依つて著された金烏玉兎集（一名ほき袖裏伝）に流伝して一般学者の間に使用する事ができるよう簡単な符号を用いて書き替えられたものであり、そして是の砂川双紙は金烏玉兎集の内容を殆ど完全に近く伝えているために同地方には古来暦法が発達して、双紙の記録に基いた砂川暦と称する暦本が毎年製作されて今日猶使用されている事、更に日本に於いては安倍晴明の陰陽道は長く朝廷及貴族社会の信仰を得て、その子孫は相継いで天文博士、陰陽頭となり、中世になつて安倍氏を改めて土御門家と称し今日に至るまで皇室の陰陽道を司るようになつているが、始祖晴明以来の家伝の秘書「金烏玉兎集」は中世の頃から失われているために、僅にその一部を伝えた「ほき内伝」と称する十二、三行の記録が残つているだけである、これ等の事実は古事類苑に集録された「ほき内伝」と砂川双紙の内容を詳細に比較研究した結果明らかにされているので、今や金烏玉兎集の南島流伝はかくれない事実となつたのである、（琉球諸島における倭寇史跡の研究、一〇一頁——二〇五頁参照）

次に問題となるのは金烏玉兎集がどうして南島に流伝するようになつたかといふ事であるが、これには今日まで双紙がどうして伝授されてきたかといふ事を明らかにする事が必要であり、そして双紙がいつ頃砂川地方に伝授あれたのであるかを知る事に依つて双紙を伝授した人々が如何なる人達であつたかという事を知る事が大切であるが、最も注意すべき点は、双紙の伝授が倭寇史跡として考えられている上比屋山御嶽と密接な関係を持つている事であつて、上比屋山御嶽はこれを双紙元と称してをり、双紙を書写して伝授する人々は御嶽の氏子となつている事である、（琉球諸島における倭寇史跡の研究、一〇三頁——一三九頁参照）

こうした調査の結果として金烏玉兎集は日本中世期の室町時代の初頃に流伝したものであつて当時日本国

内に於ける南北朝争乱の余波として、九州征西府側の人々は日本内地に残留する事ができなくなり、縁を頼つて海寇の中に加わり南島に渡来したであろう事が考えられる、その中には征西府活動の裏面の力となつて働いた陰陽師の人々も加わつたのであろうから、彼等に依つて金烏玉兎集が南島に流伝して、後無学の者でも簡単にこれを読解する事ができるように、双紙文字を以て是を書き表し、父子相伝の書として、或は先祖の残した神の書として、これを書写した現在に至つたものであろう事が考えられる、（倭寇史跡の研究、一八九頁——一九九頁）

　これ等のことに就いての詳細なる説明は拙著「琉球諸島に於ける倭寇史跡の研究」に詳しく、述してあつて、これ以上簡単に敍べる事は困難であるから、同書に依つてこれを調べて貰う外はないが、この双紙の内容が支那、印度、日本に於ける天文、暦学の知識を集大成して可成程度の高い文化を示していることの一、二を述べたいと思ふ、

　双紙の二頁には概して天漢図と称する絵図が出ている、天漢図は普通に紙面を井の字型に九つに劃し、その中央部に天漢と、書し、その上の中央には天河と書し、上部の右には午方五つ星と書いて南十字星の星座を書き表し、上部の左には子の方七つ星と書いて北斗七星の星座が記されている、これ等の知識は一般航海業者にとつては天文学上の常識とも言ふべきものであるから、宮古島、砂川部落の百姓達の間に古来こうした知識が伝つていたとしても、何も別段驚異とするには足りないが、更に眼を移して其の天漢図の右下にある隅の方を見ると、そこには左のような数行の文字が見られる、

弐拾八宿ふし、惣て是にて相知し候儀、其の身ちを以て立可為肝要也、

の二十九字が記されている事が、はつきりと読まれるのである、この弐拾八宿星に関する知識の大要及びそれが日本に伝つた年代については、次のような記録がある、

(イ) 星宿及宿曜は印度の天文法なり、この中に、二十八宿、十二宮、七曜の別あり、人界、天界の一切の事実は恒に相反映して吉凶の相は宿曜に現る又星宿の運行に依つて人界個人の運命が予定されるものとなす、これを星占の法となす、陰陽師、兵家、密教の卜占者の間に伝播されたるものなり（仏教大辞典）

(ロ) 二十八宿は日月の運行を区画するために平常目に見る群星を以て標拠とし、天の分野となしたるものにして、其の数二十八としたるは、白月一日より黒月の終りに至るまでの分野を一日一宿に劃したるものなり、（仏教大辞典）

猶宿曜の説が日本に伝つた事については

(ハ) 宿曜の説その来るや久し、案ずるに本邦にては長保、寛弘以来専らこの術あり、（古事類苑方伎部四、暦法新書）

これに依つて考えると、二十八宿星の知識は始め印度に起つた占星法であつて、それが支那に伝り、後平安時代の中頃、長保、寛弘年間に安倍晴明に依つて日本に取り入れらたものである事を知る事ができる、安倍晴明がこの占星術を重要視した事は栄華物語にも記されているが、晴明常に占星の法を究めていたが、偶々天体の運行に異変あるを知り、帝位に動揺のある事を察して忠諫し奉らん事を思つて夜半急に出仕の準備を整えて宮中に馳せ参じたが、其の時は既に花山天皇は御位を一条天皇に御譲りなつた後であつたので、晴明は空しく帰還したといふ話が伝つている、何よりも彼の著書金烏玉兎集の一部の伝である「ホキ内伝」には二十八宿星に関する記録が残つている事は晴明に依つて是が日本に取り入れられた事を語るものである、所が前述したように砂川双紙の天漢図の中に明らかに二十八宿星の記録がある事はそれが安倍晴明に出て金烏玉兎集と双紙とが同一のものであるといふ一証とする事もできるが、宮古島の片隅にある農民部落の砂川に二十八宿星の占星術が古来伝えられてきたといふ事は、何といつても不可思議とする他はないと思ふのである（倭寇史跡の研究、一五三頁——一五五頁参照）

　更に驚嘆すべき事は砂川部落に於いて今日猶読いて製作され、使用されている砂川暦の事である、砂川暦には多くの厭忌日が特殊な符合を以て記入されているが、其の主要なるものを左記し、是に相当する平安時代の厭忌日を其の下に記すと次の通りとなる、

一　くる日（十死日）　大凶日
二　小くる日（不明）
三　主倒り日（高島易の滅門日か）
四　天火日（平安時代以来天火日と称し凶日とす）
五　地火日（地火日）
六　願もどり日（凶会日か）
七　血忌日（血忌日）
八　灸せぬ日（不明）
九　不成就日（不成就日）

以上挙げた九種の厭忌日の中で一、くる日（十死日）九、不成就日の二つは安倍晴明の著「金烏玉兎集」（一名ホキ内伝）に記されている名称及其の日取が双紙に

記録されている名称及日取と全く一致する、又四、天火日、五、地火日、七、血忌日等はその名称が平安時代の物語類に記されている名称と一致するから当時から既に厭忌日として一般に忌避されていた事は明らかであつて、今日砂川部落に於いては猶これを凶日として冠婚葬祭の時に厭忌しているのである、惜しい事に双紙には其の日取が立派に記されているが「ホキ内伝」は一部の伝であるために日取が缺漏しているので両者を比較対照する事が出来ない、こうして平安時代に京都の貴族階級に於いて厭忌した多くの凶日が今日猶宮古島砂川地方の双紙や砂川暦に明らかに凶日として記されているという事は是を奇異とするより寧ろ驚嘆すべき事実よある、（倭寇史跡の研究、一七四頁——一八〇頁）

猶暦の製作について日琉の比較をするならば、日本に於いては推古天皇の御代に初めて支那暦法が輸入され、清和天皇の貞観四年には更に唐の宣明暦が伝来して以来、長く改暦の議がなかつたゝめに、日取も誤算が甚しくなつてきたので、江戸時代の初頃土御門家の保井算哲に依つて改暦の建議があつたので、漸く貞享元年（西紀一六八四年）始めて貞享暦の制定があつて、日本は初めて日本独特の暦を使用するようになつたのである。

琉球に於いては文中元年（西紀一三七二年）中山王察度が始めて明国に朝貢するようになつて明の大統暦を奉ずるようになつたのが、暦法の始めであつて、其後寛正六年（西紀一四六五年）には中山王尚徳の使者が閩に留つて造暦の法を学んだ、といふのが暦法関係の知識が琉球に伝つた始めである、しかし琉球独自の法暦といふものはなくて明治の大陽暦使用となつたのである、

こうした日本及琉球に於ける暦法の歴史から考えて砂川地方を中心とする砂川暦の製作は大いに注目すべきものであると言ふ事ができよう、砂川地方に於いては、双紙に記録された暦法の知識に基いて、古くから砂川暦を製作し、これを双紙文字に依つて書き表して何人にも簡単に使用する事ができるように工夫して部落内に広く使用している、今日でも砂川地方には猶高島暦や神宮暦が使用されず長い間の砂川暦に対する信仰は猶牢固として抜く事のできないものがある、（倭寇史跡の研究、一八五頁——一八八頁）

これは双紙の伝来の結果、砂川地方に伝つた文化について、其の一端を述べたにすぎないが、一概に倭寇といても支那及朝鮮の沿海地方に対しては大きな被害を与えているけれども、彼等は琉球諸島に対しては何等被害を与えていない寧ろ彼等は此処を根拠地として、こゝに妻子を残して支那及南蛮地方に活躍したのであるから、後顧の思いをなくするためにも、寧ろ善良なる島民であり、島民との間に混じて土地の女を妻として子孫を残し、此処を新しい郷土として建設したのである、こうした事実は宮古、八重山諸島の各地にある倭寇史跡におて明ばかに表はれている事であつて、伝説、民謡、行事等はよくこれを語つている、

又前述した、天文、暦法及ト占法等の影響ばかりでなく、宮古、八重山諸島に於いては、こうした絶海の孤島でありながら、鍛冶の技術が伝つて鉄製農具の使用が起り、造船技術が伝つて交通航海の利便が開けるといふように、文化の発達を促している事も倭寇の影響として大きく取り上げられるべきものである。

（一九五七、八、一九　（宮古図書館長）

文教局組織規則の改正に伴う人事異動

（一九五七年九月二四日発令）

所属課	職名	氏名	旧所属課
職業教育課	課長	比嘉信光	研究調査課
〃	主事	福里文夫	学務課
〃	〃	西平秀毅	指導課
〃	〃	大庭正一	〃
〃	〃	金城順一	〃
〃	〃	玉城深二郎	〃
〃	〃	下地竹	〃
〃	〃	新垣真子	学務課
〃	書記	垣花幸雄	〃
保健体育課	課長事務取扱	佐久本嗣善	社会教育課
〃	主事	謝花喜俊	学務課
〃	〃	与那嶺仁助	指導課
〃	〃	屋部和則	〃
〃	〃	屋良朝晴	〃
〃	書記	新垣照二	学務課
学校教育課	課長	中山興真	指導課
〃	主事	糸洲長良	〃
〃	〃	当銘睦三	〃
〃	〃	伊礼茂	〃
〃	〃	安里盛市	〃
〃	〃	桑江良善	〃
社会教育課	課長	山川宗英	学務課
研究調査課	課長	喜久山采	施設課
施設課	課長	佐久本嗣善	社会教育課

※元学務課職員で本表にないのは、学校教育課勤務となる。

夏休みを省みて

コザ高等学校

夏季施設も予定通り無事に済まして、職員生徒みんな元気で第二学期を迎えたのであるが、文教局研究調査課公報係から「夏休みを省みて」と題し、特別記事を寄稿してくれとの御依頼を受けたのが九月十日で、締切が九月十三日迄という期限付である。予期しない御依頼である上に、せつぱつまつた短時日で、資料を集めなければならないという追いつめられた気持で戸惑いしていまつた。然しながら折角の御要望であるので出来るだけの努力はしたのであるが、期限にまにあわすことが出来なかつたのは残念であつた。

事情をよく斟酌願つて締切を延期して戴いたのでやつとのことで資料を提出することが出来るようになつた。御要望の趣旨に副い得るかどうか甚だ気がかりであるが一応まとめることにした。従つてこの資料はもとより御参考に供する意味のものではなく、又其のつもりで最初から準備したものではないことを予め御断りしておきたいと思う。

集まつた資料を手にして感ずることは、生徒自身が夏季休暇中のプランを立てゝ生活してきたことであり特別教育活動に於て計画的な活動を自発的に展開したことである。

斯様にして、学校の夏季施設にマッチさせて、個人クラブ、趣味のグループ、学校という教育的なつながのもとに実践されてきたことは、特筆に値いするとり思う。一学期末に、コザ高校新聞を通じて「夏休みをどのように過すか」について教師のアンケートを取材したことや、論説欄で強調した新聞部の意志が強く反映された結果だと思う。

学校の夏季施設プランによる学力補充のための補充授業、校内の美化施設等と各教料に於て実施された。夏季休暇中の校内模擬試験成績は全般的に向上して補充授業の実績を示し、校内の美化施設に於ては、新聞誌上に掲載された通りである。

御要望の主題は、「夏休みを省みて」であるので殆んど生徒中心に取材し、生徒自身の生活、体験、研究からにじみ出た生活記録、研究記録、観察記録であるようつとめました。そのために生徒の記述をそのまゝ生かして資料に致しましたので、不行届きの面も多々あると思われますが、前述の意中を斟酌して読んで戴ければ幸いだと思う。

この資料を提出する間際に、個人や各クラブから多くの資料が出たのであるが延期した上に、推敲の余裕がなかつたので止むをえず割愛することにした。

本校は、「カウンセリング研究発表」の際、「すべての高校生徒は問題の生徒である」という前提のもとに、問題解決の要諦は生徒の自発活動の場である特別教育活動を活発ならしめることだとし、より多くの個人が進んで参画出来る雰囲気と、理解協力が望ましいという根底に立つていることを書き添えて序文にかえたい。

植樹や施設計画

本校は、植樹、学校敷地の整地、スポーツ施設など学校環境の美化整備三ケ年計画を立てゝ今年度は、PTA予算に植樹一万円、敷地四万円を計上、すでにブルトーザーをいれて工事を始めている。今年度予算でつくられるスポーツ施設は、テニスコート(二)、排球コート(二)、バスケットコート(一)でこの施設は二学期中に完成する。なお植樹については、地質を調べたところ木麻黄だけしか育たないことが分つたので客土した上で色々の樹木を植えることになつた。

スポーツ施設については、体育部の施設計画によつて着々と完成の運びに至つている。体育部としては夏季休暇中次のような施設作業日程をもつて現在にいたつている。作業日時、八月一日から八月十七日迄、時間は午後四時から午後六時まで、「二時間」、作業内容は、排球コート(二)、庭球コート(二)、庭球コート施設作業は、前半は生徒の勤労作業による。各自鍬、運搬用具を持参して自発的に作業は進められ、予定通りの施設はすまし後半はブルドーザー使用によつてほゞ完成

排球コートは、庭球コート施設作業と平行して行われ、殆んど生徒の勤労作業によつて完成されつゝある排球コートの周囲はブロックで区画し、コート内には排水施設を考慮して、石、砂、赤土の順で資材の準備を整えてサイドライン、三十米、エンドライン、十五米の雨天直後でもコート使用が出来るように計画されている。従来体育設備の不備であつた本校において四コートを完成することは技術の向上は勿論、人間教育がより合理的に実施され、明朗な精神教育が出来ることを楽しみにしている。心身を健康に育てる場としてこの施設が基盤となり、排球大会において優勝の栄冠を勝ち得たいと生徒は希望に燃えている自分達の努力で出来たコートを目前にして学習意欲をそゝつている。

夏休みを省りみて

コザ高校二年　古波蔵　正　昭

一概にいつて今年の夏休みは兎に角、自分にとってはいつもとはかわつて有意義な休みであつたと思つている。それは、今年から普通高校にはじめて新設された工業科実業専門教科が、コザ高校に設置された賜物と思つている。現在のような深刻な就転難の時代になると、高校卒業後、理論的な教育では困難であり、理論と実施とが併用されて教育的な意義もある。特に技術的な方面を重視する工業コースでは必然的に実施が大きく影響してくる。卒業後社会に出る人のために最高の技術者を養成すると共に、将来の沖縄の工業面の技術者の不足と、将来を背負う若人達が、凡ゆる面に活動し得る技術を養うことは勿論のこと、漸次発展しつつある工業面に大きな寄与をもたらしていくことがどうしても大きい。たとえ就職難にあつても困らずに就職することも可能であるし、卒業するまでは立派な理論と技術を養えば、沖縄の将来に貢献することを思うとこれ以上悦ばしいことはない。私も何か電機について、あるいは機械工業方面について、ある程度の技術を習得して見たいと云う目的から、現在工業科に学んでいるわけです。沖縄で普通高校に工業科を設けたのは、コザ高校が最初で、今までそういう方面のものはないわけで、また本校では今のところ、設備の点とか、あるいは、工業方面の実験器具等準備されてなかつた。又電気科の教師も長い間見あたらなかつた点等、授業に相当支障をきたし、教科書の準備徹底の状態が幾月か続いた。しかし現在では教師が見えて授業も順調に運ばれているし、又政府より工業科に対する予算計上や実験器具等も続々と準備されつつあるので今後授業らしい授業が出来る状態に達している。夏休みに入らない前、一つの機械科の技術習得としては、工業コースの生徒一人々々が運転できる様にする為に乗用車一台を買入れてその実習に一生懸命である。しかし現在工業科は二年生のみになつて人員は六〇名で三〇名のグループにしてAB二組に分け、この三〇名の生徒でわずか一時間や二時間の運転実習では一人当り二三分位しか当らない、これが一週間にたつた二回、この調子では何日まで立つても皆が十分に運転の技術を習得することは不可能であつた。

一学期の実習期間中は、時間と練習の不足で、夏休みを利用して今までの不十分の所を補う意味で、自動車運転実習の方を休み期間中毎日出校することになつた。体暇では校庭に於いて、毎日一人当り約一〇分程度に練習を継続したので非常に効果がありました。

一学期までは運転出来る生徒は六〇名の中わずか二三名ないしは五、六名程度であつたのが、休みの出校わずか五、六日間で、すでに大部分の生徒が運転出来る様になつている。基本的な練習の仕方として理論的に学び実際に行う場合の方法として、前進の練習で次は後退、続いて前進後退の練習を続けていつたので、今はで誰一人運転出来ない生徒は居ない状態にまで達している。又皆が上手になつている。それから運転実習のかたわら、機械、自動車の構造とかあるいは、交通法規等色々な事についても学んだ。

私はこの夏休みを無意味に過ごしがちな点もあつたが、しかしこの自動車のおかげで一つの技術を習得したと云う点でこの夏休みの四〇日間は私にとつて意義深いものがある。いや僕一人ではなく工業科の生徒の大部分がそう思つているに違いない。そしてそれは将来の工業コースに大きな明るい見通しを与えた事にもなり、又今後特に沖縄の現状、人口過剰で就職難の現状に於ては、工業方面が重要視されているし他の科も勿論のことますます発展する事は間違いないのである今後沖縄の将来の発展にますます寄与することが多いだろう。

将来に於いて私達の工業科コースが発展し、大きな技術と学問的成果が得られることを期待している。

夏休みを省みて

コザ高校二年　九組　金城　光　則

夏休みを省みて、これといつて、他人に話せるものを持たないのは私だけなのだろうか。二学期となつて夏休みを振り返つて見ると、何の変化もない生活を送つて来たことは確かだ、遊ぶことと野球すること以外の何も知らずに過ごしたようなものだ。

野球は午後四時から練習時間として、夕方、あたりが暗くなるまでやつたがみんなの顔は真剣だつた、特に私達新人はコザ高校野球の伝統を守ろうという意欲から自分の技術を最大限に活かして首尾よく優勝の道へ近づけようというのだ。みんな真剣だつたことは言うまでもない。疲たれ体で星空の下家路を急ぐのであるが家へ着くのが八時過ぎといつたような毎日であつたこんな日が続くとなると自然学習面はおろそかになるものだ。夜など夕食をすませて机に向うのだが昼まの疲れが出て勉強しようにも両方の瞼がいう事をきかない。こうなるともう勉強どころではない。せいせい野球の夢でも見ようと本の一頁も開かずに床につく日が多かつた。

毎日の日課として午前中は主に家の仕事や自分の大好きな読書をしたものだが、勉強をしなければいけない時期にある私は勉強の成果を十分に発揮させぬだけの強い精神を野球によつて体得せねばなるまいと思つた。少々誇張したいい方をすればいわゆる学問と運動の両立のために一時間のむだもない規則的な生活をしなければならないという事である。

「スポーツをやる人にしかスポーツの喜びはわからない」と言う言葉を耳にしたことがあるが、運動好きな私にはそうだとこゝろよくうなずける。この言葉はいつも私と共にあり、絶えず私の心の糧として精神的成長の原動力となつたような気がする。野球も小学校中学校迄は単におもしろいといつてやつたようなものだがやがて高校野球部に入るとその部が一つの集団社会であるという事を感じさせられた。そして野球は数多くのルールを持つものである事、又そのルールを守りながら自分の可能性をできるかぎりためして見る事も、いかに困難な事であるかが解る様な気がする。

五七年度の夏大会にわがコザ高野球チームが優勝候補となつた、他校にくらべて実力もあつたし私も優勝確実だと思つていた。ところがみんなの期待は裏切られ一回戦で敗れたのであつた。大きな期待をかけていた私はどうして敗けたか意味がわからず、ただ、ただ泣いたのである。〃勝利を得るというだけがスポーツの目的ではない〃」というが、野球を通じて得た友情の美しさを知る私にはこの言葉が実に意味深く響くのである。野球に限らずこうした趣味を一にするグループの交わりからプラスするものは大きい。いろんな面でその人を成長させるものだ。夏休みのその他の思い出としてこゝにちよつと記し見ると一つは学級のレクレエーションとして平安座に遠足したことがある、ひさしぶりに級友が集まつて語り合うのも楽しいものであつた。それから、野球部員が一所に五日間ぐらいアルバイトをしたことである、自から働いて得た時、初めてお金のありがたさがしみじみと解るものだ。

夏休みを省り見てこうだと言う経験、出来事、考え方等をこれとして持ちあわせてないので、取りとめのない事を綴つて来たが今から夏休みを省り見てといえば楽しい夏休みだつたという一言につきる。

アルバイト

二年四組　渡名喜　光子

夏季休暇中に、最も苦手である英語の勉強と数学、化学の勉強を基礎からやり直して実力をつけようと決心した。ところが私にはアルバイトの問題が目前にひかえていた。アルバイトのくちを探し、適当な、英語数学、化学の参考書を借りたり買つたりして五冊程集めてみた。

さて、いよ〳〵今日は終了式だ。十二時頃には、ホーム、ルームの時間も終えたので、皆嬉しそうに廊下のあちこちにたむろして、夏休みの計画などを話し合つている中を一人だけ、急いで帰つた。計画を他の人に話すのもなんだか憶却で、話すと実行できなくなりそうな気がしたのだ。まずその日のうちに計画表を作つてみた。午前の五時から六時迄自学自習、午前七時から、午後九時迄はアルバイト、他の時間は洗濯や掃除などにあてる積りだつた。

アルバイトを思い立つた理由は靴を買つたり、授業料を一月ケ分でも自力で出してみたい気持からであつた。

計画表を作ると、アルバイトの契約をしてある冷凍所まで行つてみた。ところが私はそこで、自分の計画に狂いが出たことを知つた。朝の七時頃から夜の十二時迄というのだ。これでは最初の相談と大部くいちがつている。約束に違反して平気ですます行為は私には堪えられない気持だつた。もうそこでアルバイトをする気持にはなれなかつた。だまされたようなくやしさでその日は夕方まで何もできなかつた。習日は別の所に行つてみた。でもたいていアルバイト生がきていた十二時頃例の冷凍所の小母さんがいらしやつた。仕事はどうしても欲しかつたので行つてみた。そこは子供が五人と父親だけの居る家庭で三才、六才、八才、十才の女の子と十四才の男の子であつた。父親が仕事に行つている間、私は子供達の面例を見る、いわゆる女中兼家政婦といつた仕事である。

子供達が勉強する間それを見て上げて、あとは昼寝でもさせながら自分の勉強をすると良いでしよう、ということだ、でも食事の仕度から母親の仕事迄しなければならない。私にとつて台所の仕事と云えば、小学四、五年の頃、母が入院している間御飯炊きをした程度であつたので、いささか不安だつた。

でも学校で習つた料理や裁縫を実習する良い機会だと思つて一応承諾した、その日は、翌日からの仕事についていろいろなことをきいただけで家へ帰つた。母にはその日の昼、おばさんから伝えてあつた。始めはおどろいていたが、いゝでしようと承知してくれた。

母は私が帰るとすぐこまごまと様子をきいた。習日男の子は林海学校に行くので早く行つて準備してあげなくじはいけない。そんなことでひどく緊張していたせいか、四時ちよつとすぎに目を覚ました。これから初めての仕事に行かなければならない。心は何となく落ち着かなかつたが、それでも頭は今日一日の献立や仕事の計画などで一杯にしながら、朝露がスカートを濡らしていることも知らずに歩いて行つた。朝のすがすがしさなど一向に感じなかつた。六時十分頃ついたがまだ誰も起きてない。音を立てゝはと思つてひやひやしながら水を汲んできたりした。それでもまだ誰も起きないので思い切つて戸を開けてみた。カギはかゝつてないのか難なくあいた。部屋が狭く、一間で寝室兼食堂兼、炊事場なのだ。しばらく呆然としてしまつた寝ている子供達の間をまたいで行かなくてはいけないそれでも、お茶をさしたりする音で皆起きてくれたので、仕事もしやすくなつたが……。何しろはじめての家だし、身内の者が一人もないので心細く、まごまごしてとても手まどつた。それでも八時頃までには一応のことはすました。床を片づけしも部屋は、洗たくもの、のりつけするもの、アイロンかけすべきものが所狭しとうず高くつまれていた。私の勉強部屋よりもせまく感じた。子供嫌いで、こまごました仕事のきらいな私がよくもこんな所に来る決心がついたものだと今更おどろき又、こんな沢山の洗いものゝアイロンかけ糊つけ、掃除、子供の面倒をどう順序だててやつたらいゝか心細かつた。男の子が、林海学校へ持つて行く服さえも、しわくちやのまゝつゝこんであつた。アイロンをかけて上げようとしたが木炭なので、それを使いなれない私には泣きたい程大へんな仕事だつた。家では畑仕事（といつても、野菜をとつたり草とり程度だが）の他は、部屋にひきこもつている私が、こゝでは五人の子供達のワィワィ云う中で、使いなれない重いアイロンを使つている恰好は、こつけいに見えたに違いない。その日からおじさんは三日程仕事が休みとかで用事に出かけた。やつと男の子を送り出し、あとは四人の女の子達の体を洗つてあげたりしているうちは十二時をずつと廻つていた。おぢさんが、昼と晩の買物をして来て下さつたので助かつた。昼は洗たくやそうじ等をし、アイロンは使いにくいので、家にもつて帰つてかけた。初めの三、四日は本当に目の廻るような忙がしさだつた。これでは勉強どころか、日記さえもつけられない。それでもこれだけの仕事を、自分で完全にした という喜びはたとえようもなかつた。買物もまかされていたので五日目頃から、やつと家計簿も作れた。私の一日は、五時半起床、六時に家を出て、途中の十分程で一日の計画を立ててそこでは、九時迄に食事をすませ、九時から十一時まで洗濯、それから掃除と昼食、一時から二時まで糊つけ、そのあとは、掃除と子供の勉強を助け、四時から五時までの間に四人をお湯に入れる。それから買物、夕食と云う風に、ぎつしりくまれて、私の勉強どころではない。もう私はこの三十幾日かを教科書の勉強で過すのをあきらめて、家庭科の実習に専念しようと決めた。そして嫌いであつた裁縫でも、めんどうな献立も、子供の世話も勉強のつもりで、又私が来たことによつて少しはよくなつたと云うのでなくては意味がないと思つて一生懸命だつた。おかげで子供達もなついてくれた。はじめのうちはいじけて、いつでも意味ありげに四人だけで話し合つていた女の子もとてもうちとけ、あまえ又、手伝いも進んでしてくれるようになつた。母親がいないためか、とても父親になついていたが、それぞれ異つた性質を持つているのに気がついた。男の子は女の子だけの中に育つたせいか、とても女々しく、いつでもよその男の子の云うまゝになつては父親に叱られた。夜等 友達の云うまゝ十二時迄も遊んでいたり、果ては他家で泊つて来る。翌日はひどく叱られるが、小さい女の子だけの中に、中学生の男の子一人では本当に可哀想だつた。十才の女の子は話す時も泣き声を出し、妹とけんかしてきまつて「姉ちやん〳〵」と金切声を上げる。父親に叱られると、くるりと背を向けて首をすくめ、ベロを出す。それに勉強嫌いで友達と云えば年下の子か、年上の男の子が断然多い。どちらかと云えば少し派手の性質だ。二番目のは姉が色白でひよわなのに比べ、色が浅黒く、男の子みたいで、どんなにさつぱりした服を着せても、一時間も経たないうちに汗とゴミで真黒に汚してしまう。勉強意慾はあるのだろう、その時間になると真つ先に道具を持つて、私のすぐ隣に坐る。でもこの姉妹共通の依頼心が強く、問題を自分で読もうとさえしない。無理に読ませうとでもすると、泣き出す。これでは困つて父親にきいてみると、今まで、夜が遅かつたので、子供達が寝しまつてから、宿題は、全部してあげていたらしい。これでは無理もないと思い、私が居る間だけでも、出来るだけ自分でさせるよう努めた。その甲斐あつて、夏休みも終り頃には、そろそろ自分でするようになつた。三番目の子、これは文字どうり近所の女王である。食事中も、幾度男の子や女の子に呼ばれるか知れない、そのため一日中、汗でびつしより体をぬらしている、一度だつて黙つて食事をしたことがなく、いつでも、髪がどうのと、ゲラゲラ笑い通しである。まだ幼稚園生なのに、一人前に勉強道具や、裁縫道具をそろえてある。末子の方は、又極端なあまえん坊だ。寝ても、覚めても、「父ちゃん、父ちゃん」だ。そして顔を見る度毎に、五円ちようだい、靴買つてと、果ては、大きな自動車買をつてちようだいなどと、おねだりを言う。父親は、子ぼんのうと云うか、借金してでも買つてあげるような人だ。

夏休みも、あと十日程になると、やはり、宿題等が気がかりになり出して、仕事のし方にも自然、そんな素振りが見えたのでしよう。おじさんは、「もう一月はすぐだろう、二学期の準備もあることだし、あとは心配しないでいいから、一ケ月してくれたら良いからな」と云つて下さつた。その時からは、子供達も夕方買物に行くのを見ても、皆気がかりそうに「姉ちやん、家帰るの？ もう来ないの」という。私が、買物に、と云うと、「じや、てんぷら買つて来てね」等と注文をつけるようになつた。その時には、子供達もかわいくなつていたが、やつぱり宿題など気になつた。母にも云われたので、私は一ケ月と二日で、そこを辞めた。最後の日には、皆で、ちよつとした送別会をしてくれた。私は、自分の重大な責任を果たしたような、又現に、一人前になつたような妙にくすぐつたい気持を抱いて家へ帰つた。（コザ高校）

夏休みをかえりみての雑感

一年　福地義有

PTA総会が終つたと見えて、父が帰るやいなや通知表をぼくに渡した。おみやげは決つてお説教で仕方がない。成績が思わしくないことは解つているから、見るふりはしても見てない。ふさいだ気にはなりたくなかつた。

気分一新、新しい帳面をみつけ、「所有目録」とインク書きし、参考書や雑誌など、番号をつけた。目を押しつぶした様なかつこうで線を平行に並べ、太い線にしたりして工夫もした。かつて、中学時代の普久山先生が、書物を飾りにしてはいけないと言われた事がある自分に注意された気持だつたから忘れはしない。今迄、後でためになると思つていた小学からの本を片つぱしからすてようと考えた芋ざるの二はい程を、えい！ とばかりに外に持ち出すと、そこらで遊んでいた小学生が競つて、かきまわし、彼等は、それを網でくくりつける。答案類は残らず灰にしてしまつた。なんだかおしいようなさつぱりしたような気持だつた。二坪位の畠をもらい白菜の種子を半分程にばらまき残りは人参大根をまいた。

二、三日したら二葉がでた。人参と大根はまだ殻をかぶつたまゝ白菜は、黄色い芽をのぞかせている。八日間ではどれも生えそろつた。水まきをした。菜にチンボーラに似たやつがのんきにのつかかつており、羽を持つ、橙色の虫もあちこちにいる。円くかめみたいで背に斑点の奴もある、憎き奴めこんなに風穴を開けている。陰険なんだから、かん詰かんに集めたのでは罪か軽過ぎる。平石にこぼし、エイ!!エイッと棒でたたいたら、ピシピシ卵の様に割れてつぶれる。殊に、アフリカマイマイめ、アフリカへでも行つてしまえといいたい。ジャガ芋やトマトは驚く程上出来だつた。白菜、人参、大根も上出来であれかしといのつた。弟のフダン草も、大部伸びがよい。

その内お盆が来た。ボンボンドンドン、子供達や年寄まで、はしやいでいる。好きではなくとも耳もとで、拍子そろつて騒がれては、ねた振りさえ出来ない。和服にたすきをし、鼓を力一ぱいたたく、二時半ともなるのに、よくも踊れたもんだ。あくれば十一日、学級の平安座旅行、団体で乗車する場合誰でもこれを経験する。「最初はやがましく、最後はひつそり」と。大笑いは時間がたつにつれ、消える。生徒側では舟で行こうと言う、先生はトラックに乗りなさいとおつしやつた。乗りこんだトラックはトラックでも海上トラックだ。乗つたら、先生のおつしやつたことがよかつたと思つた。水をきつて進む壮観さ、何とも言えない。島についた。照屋君が二十円分の菓子を六名の前にひろげた。玉城君と彼の友人に案内されつつ、小高い丘に登つた。浜比嘉・屋ケ名など、一見で見渡せる。あれがコザ中の燈台だと示されたとき、ぼくたちはとんでもない所を、考えていたことに笑い合つた。大木があつて、泉がある、あの山に登ろう。先生が先頭で僕達も続いた。足がいやに動かない、棒になるとは、このことかと思つた。歯をかんで登つた。無理して登つた。わあ、すばらしい景色と異口同音。これが、苦難を克服した喜びというものか。自由行動になつたとき、男七名は、玉城君の家に行つた。テーブルを囲んだ。モチ・テンプラ・魚といつたものがもられている。誰も遠慮無し。遠慮する方が損だと言う所。今日は旧の十六日。今朝休んだ役所の広場で、老人連中がはれ着をきて、風呂敷で白髪を隠し、踊つて、歌つて、楽しそうだつた。映画の土人の踊りとは失礼だが、テンポの遅い歌は、私達にはちつとだつ※

夏休みを省みて

豊見城中学校　宜保キミ

夏休みの新聞や、人の話等で夏休みの児童生徒の宿題が多すぎると云う批評を聞いたが私はここに、私の受け持つ中学三年の生徒や小学校に行つている自分の子供の実態から夏休みの反省をして私なりの所見を述べて見たいと思います。

田舎の子供達の夏休みの勉強と云えば、都会の子供達のように塾や指導所に通つたり、積極的に図書館や参考書で研究する等という事はほとんど無く、夏休みの友と教師から課される宿題が出来れば上々の方である。もし宿題を出さなければすつかり遊んで過ごすものと思われたので、私の学校でもそれぞれの学科担任から宿題が課された事は例年と同じであつた。私はホームルーム担任として休に入る前に全宿題（八種類）を発表してから、体の弱いH子やE君等は静養を第一にして二学期までには健康な体になつておくように、又健康な生徒は、もう体力的にも一人前に近いのだから家の手伝いもしながら、暇を作つては勉強に精出するようにと話した。そう話す私の内心では、一体、何名の生徒がこれだけの宿題をやつてくれるかしらと疑問に思つたのだつたが、でも少しでも余計勉強をしてくれればという教師根性を持つていた。ついでに、私達の学校では学校から保護者へのお願いとして勉強時間毎日二時間以上与えて貰いたいと云う事等を全家庭に刷物で配つてあつた。

さて夏休みもすんで、宿題を提出させて見ると案外感心する作品も出たが全部出来たという生徒は四十七名中一人もいなかつた。宿題の成績は云わば人間の行動のようなもので題型だけでは評価できない。夏休中にどんな生活実態であつたかという原型を知る必要があるのだ私は生徒の生活日誌を読んで見た。

次の二人の男生徒Y君とT君とは私のクラスで成績は上位で家庭環境は経済的にも教育関心も中以上の子である。

八月六日　火　（Y君）

午前二時頃起されたので顔を洗つてトラックのところへ行つたらもうたくさんの人が乗つていた。夜の町を走つて農連市場についた。皆車からおりてさとうきびも下ろした。主のいないものまで全部うりやすそうな所に置いた。三時半ごろまでに大部おろしたが一か所のきびは泊に運ぶというのでトラックは泊に向つて走つた。こうして夜明けまで待つて売る人もいるが僕は学校なのですぐ帰つた。

午前中は学校なので午後から畑に行つて又きびをたおした。

八月三十日　金　（T君）

学校から帰つてきてから、二時ごろから出かけて二かため（モッコ二荷）の草をかりてくることができる。そしてからいもほりにいく時間がある。

※て解らないから、興味もない。平安座旅行からかえつて、三日後町に出た。店の電気スタンドの前に立つた。「いくら?」、二百十円です。包みましょうか、と言う、とんでもない。自作だと考え、婦人用日傘の骨を利用し、ソケットもコードも、廃品を使つて、簡単に作れたし、布はないから、厚紙でがまんした。又六百円の天秤をねだるわけにもいかないから、作れるなら自作することに決めた。先ず、台は、ラジオのシャーシを用い、目覚時計の中を引き出し、支点とする。皿は、適当なのが無いので、スモカ缶のふたを利用、皿が傾かない方法にはこまつた。台に糸まきをさしこみ、安定の上、棒を用いたら、こぼれずにすむ。目盛盤は分度器を用い、針は時計の長針。二段式にして、重量用と軽量用にした。調節ねじを取付け、わずか一週間ばかりで、どうやら、出来上つた。こんな遊びに夢中になり過ぎて、休み中、学科を、重点におけばよかつたと後悔する。然し、がみがみおやじさえ、コンロを修繕したら、笑つた位だ。又インク消しを作つて、弟を驚かしたあの日の愉快さ。休みは休むんだ。何もぼくはかつをぶしの様に、こちこちにならんでもと、自らをなぐさめ、新しい二学期と共に、学科面に、せいを出すんだと決心した。（コザ高校）

このごろは牛のよくくう草がたくさんあるのでたくさんかりてくることができた。そして、いもは白いもで大きかつた。そして汁まで出るので手は黒くかたくついておちない。弟が缶に石油をいれてあつたから僕の手にかけさせた。するといもの汁はすぐおちて、ぼくの手とも思われないぐらいきれいになつていた。

私達の学校では希望者を集めて八月一杯、琉大生のアルバイトの補習授業をした。これは進学希望の如何にかかわらず、勉強したい人は誰でも受けるようすすめた。併し集つた者は進学布望者約百名中、七十人位であつた。進学希望者で補習授業を望まない者はいない。これの少ない原因は父母が、もう一人前に近い生徒の労力を惜しんでいるとしか思われない。右のYさんとTさんは進学希望者で経済的には少しも困らない。それなのに右のように家では働らいているのである。Yさんの場合はお盆用きびの売出しで、毎日そんなに夜中から働くわけではないが、その後で彼は荒地と化した畑を相当打ち返えしている。

次は進学しない女生徒S子さんで成績も中の下である。

七月二五日　木　S子

あしたから夏休み、私はおもしろいなーとおもいました。夏休はどんなけいかくをたてようかと考えた。

七月二十八日

きようはほんとの休みだとおもつたらまた畑にだつた。たいへんいやな夏休みだと思つた。

七月二十九日

きようは午前は家の仕事、午後は畑にでした。

七月三十一日

きようは一日中畑でした。

九月二日

早く学校へいきたかつた。あすは学校なのでおもしろかつた。だけど宿題は一つもやつてない。心配でならない。

毎日家事と畑仕事の連続で、初め、大喜びした夏休みもどこへやら、二三日であきてしまつている。その上に宿題の責任を負わされて出校日の楽しさは又心配の日に早変りした気の毒さである。

次はとても成績がよく本人は進学を希望しているが、五名兄弟の長女で経済も余り良くなく、父母が進学も補習授業の受講も許してくれない女生徒である。

七月三十一日　水　H子

今日は夏休みの計画をたてた。今年の夏休みこそは計画立てただけでなし必ずやりとげようと思つている。それで夏休計画表には宿題だけの計画だけをたてて、勉強は外の紙に計画表を作つてやることにした。それから昆虫採集なんかは四五日でできることではないので毎日少しづつやつていくことにした。ただ図画や工作には自信がない。

八月一日　木

きのうから妹の〇〇ちやんが熱を出して今日もまだある。いつも家事をする私が母に代つて今日は畑に行くことにした。近頃は田んぼの仕事をしている。私が田へ出た時は父はもうすでに仕事をしていられた。私も父の手伝いをしたが私にはとても無理な仕事だつた。それで午後からは又母が行つた。でも少しでも畑仕事をしたのでとてもい良い気持。

九月一日

補習援業が受けられなく残念である。

はたらけど　はたらけど

なほわが生活

楽にならざり

じつと手を見る

九月五日　H子

明日からは二学期、本当に夏休みつていやなものね。だつて宿題あんなに一生県命やつたつもりなのに半分もできやしない。それよりあつさり毎日学校がいいわ。でも父母は私が休みになつて本当に助かつたらしい。私が明日から学校だというと、父なんか別れでもするように「そうかこれからは又ぼくも一人で畑へも行くんだな」だつていうから、もう少し休みがあつてもいいなあとも考える。

H子さんはとても勉強好きで努力家である補習授業も父母に頼んだが勿論ことわられた。併しH子は父母の立場も又よく察して上げる良い子である。毎日一生県命に畑に家事に励んだがそれらの仕事にはきりが無かつた。それに宿題もやりたいが暇はない。それに加えて出校日は追つてくる。とうとうおいつめられた気持になつて石川啄木の詩を引き出して来て自分のうつぷんを托したのであろう。

いよいよ出校日の後日となつてはいやな夏休みなんか無かつた方がいいと云つて半面、又父母への同情からもう少しあつてもいいと矛盾した事を云う。学校と家庭の板ばさみになつた感じである。H子さんの宿題を見渡して見ると成程全部は出来ていないがやつただけは確実でよく出来ている。もしH子さんにこれだけの宿題を課さなかつたならば、こんなにいやな思いをさせずにすんだだろうにと私はすまない気持で一ぱいになつた。前のS子さんにしても同じでいやな思いもして、その上宿題はどうせ出来なかつたのである。私はホームルーム担任として宿題の課し方が余りに機械的ではなかつただろうか、体力も能力も家庭環境もそれぞれ異つた立場にある子供達に一律に宿題を課してその上提出を強制する事が出来るだろうか。学課担任は宿題の計画に当つて皆揃つてその学年の宿題を検討し、更に個々の生徒の事情に通じているホームルーム担当がそれぞれに適度に課すべきではなかつただろうか。

以上の事からまとめて見ると問題が二つあるように思われる。その一つは、田舎のの子供の大部分は家で使われすぎていないだろうかと云う事である。私のクラスの四十七名に「夏休みは楽しかつたか」と「その理由」をアンケートした所

・楽しかつた（十名）
・遊べたから　〔三名〕
・朝ねできたから　〔二名〕
・勉強ができたから　〔三名〕
・手伝いが多くできた〔二名〕
・ふだんと変らない〔二十四名〕
・苦しかつた〔十三名〕（畑仕事が多かつた）

右によると夏休みをほんとに休みらしく過ごした人は七、八名位である。次には夏休はあるのがよいか、ないのがよいかと聞いた所、無いのがよいと云う生徒が十四名も出て、あつてもなくてもよいと云うのも五、六人位いた。田舎では金持ちと云つても使用人が多くて暇があるのではない。金持ちは又、耕地面積や家畜が多いのを指すのであるから、忙しさも又それに比例して忙しいのである。夏休み前に父母へお願いしてあつた所の、毎日の勉強時間二時間以上を貫つた生徒は七名しかいなかつた。こうして家庭で子供を働かせすぎるという事は田舎が経済的にゆとりのないと云う事と関心がうすいと云う原因があげられる。ここまで来ると問題は社会教育や政治にまで発展しなければならないので私には及ばない。第二の問題は宿題が多くて又画一的すぎたと云う事である。学科担任は、ほとんどが自分だけ問題を出さないと損をするような気がして、皆、きそつて出した事と思う。

生徒達は自分の趣味のあるものや、自信のあるものはやつているのだがそうでない困難を感ずるものは手をつけてない。殊に暇のないのはそうである。こうなると教師は掛値を云つた事になるのである。私はこれにもつと弾力性を持たせて前に述べたように個人々々に適度に課せば生徒は自分相応に仕事が出来て、教師も又生徒が怠けた等と誤解もしないですむと思われる。

これに似た感じを小学校の夏休の友にも感じた。私の子供に小学校三年生がいるがこの子は体位に余り自信が無いので私は保健の方に注意を向けて勉強の方は余り、強制しないのである。この子が幸い宿題としては夏休みの友だけであつたが、それが相当に内容の盛り沢山のように思われた。夏休みの友に書く勉強以外に押葉があり、工作や季節だより、かんさつ日記、気温測定、作文、えほんつくりありで、相当の仕事だつた。私の子は持久力が無い為めか、あれもこれもやりかけては途中で挫折してしまつたりした。しかし図工は好きなのでヨットを作つて一週間位、毎日友達を集めて池で遊んでいたし、「えほんつくり」もおもしろく出来ていた。これらについて私が心配した事は宿題が全部出来なかつたとか、成績が下る等の事ではなく、今後、教師や夏休みの友、或は父母等に命ぜられる課題はやつても、やらなくても、どうでもよいと考える子になりはしないかと云う事であつた。子供は体力や能力応じた適度の負担を課すべきで、重すぎても軽すぎても害があると思う。軽すぎては怠け者を作るし、負担過重を強制した場合は気の強い子は反抗をし、気の弱い子は自己逃避をしてひねくれ、教師の云う事は不徹底になつて権威にマイナスになるばかりでなく、父母教師のいゝつけを素直に聞かね子になり勝ちだと思う。私達は夏休みに如何にすれば、より多くの学習をさせられるかと云う事のみに意が傾く事なく、手離した夏休みの生活指導の方も忘れてはならないと思うのである。

懇談会

高山団長大いに語る

とき……一九五七年八月二十一日
ところ……文教局
語る人……夏季講習本土招聘講師団長 文部省視学官 高山政雄
きく人……文教局職員

山川（学務課長） ではこれから高山先生を囲んで懇談会を始めることにします。

小波蔵（次長） はじめに高山先生を御紹介します。先生は此の度、教員夏季講習本土招聘講師団長として当地に来られたのでありますが、現在文部省に勤務して居られます。それ以前は宮城県その他に於て、校長、課長、次長、教育長等、教育行政に深い経験をお持ちであります。現在我々は沖縄という特殊な所で、山積する教育問題を前に、暗中模索の状態で、混沌たる現状であります。今日こゝに高山先生をお迎えして、お話を聞く機会を得ました事をうれしく思います。どうか皆さん各人の立場から先生に色々質問してお答えを願うようにして下さい。

政治的にはノーコメント

高山 私は三十年近い間、教育一本でやって来た男

で、その点ひそかにほこりを持って居るわけです。こゝ十三、四年間宮城県で働いて居りましたが、教育行政が半分、現場の教員・校長が半分……半々の経験を持つ俗物でして、別に理論や学問的な経験をやったわけではありません。アイフェルの前後五回の会合に出て、新教育について学んだんですが、当時教育次長で、たま／＼東北大学で教育行政を講義しろという事になって、二年連続これに当ったんです。そこでやむを得ず若干勉強したわけです。

昨年十月以来文部省に勤めていますが、初中教育局ですから他の局の事はあまり分らないんです。その点皆さんの御期待に添えるかどうかわかりません。

当地の事は新聞やなんかで多少見聞して分って来ましたが、皆さんの御苦心に対して敬意を表する次第です。名護の講習会の時、レポートを読ましてもらったり、その他質問等を受け、現場の教員に色々不満もある事を知ったんですが、私は来る前から政治的にはノーコメンの立場を厳守してるんで、徒らに批評めいた事は云って居りません。本土での現状をありのまゝ伝えるに止めてるわけです。

那覇の講習でもいろ／＼質問を受けて、やっと当地の皆さんの気持にも多少ふれて来たように思うんです。局の皆さんの仕事についても色々に批評もあるようでして、これに答えよと要求もされるわけですが、実際には答えてないんです。又簡単に答えられる性格のものでもないんでして、たゞ宮城県や文部省でやって来た事を事実として述べるだけに止めたんです。布令や行財政などの問題についても、一方

的な考え方に対しては、他の考え方もあるんだと、本土に於ける実例などによつて説明したわけです。

　非常に熱心な先生方が多い事を感じました。今日は文部省を中心とする日本の教育問題について皆さんから御質問をいたゞき、これにお答えするという催しでありますが、御参考になれば幸いです。皆さんのあついもてなしによりまして、幸い講師一同も元気です。心から感謝いたして居ります。

四苦八苦の教育財政

高山　それでは本土に於ける重要問題をいくつか紹介します。一つは教育財政確立の問題でして――特に地方教育財政の確立ですね。一昨年頃から各都道府県の財政状況が悪くなつて、赤字県がふえたんです。九州や東北には再建団体指定県が多いんで、その結果、自治庁との連絡、大蔵省との連絡によつて、適正規模の教員配置なり、学級構成というものがむつかしくなつて来て、このまゝで行くと佐賀県のような首切問題、あるいは若年で停年の扱いをされるなど紛争が絶えない事になる。

　そこで文部省では地方財政の確立に努力しているわけなんです。こちらでもそうでしょうが、あと四、五年経てば児童数が絶頂に達するんです。そこから下り坂になるそのチャンスをとらえて、一学級の生徒数をなんとか減らしたい。せめて法定の五十名近いものにしたい……

　それから教員の配置の問題です。止まる所を知らない現状をどこかで押さえて、最低基準を作りたいので、現在その仕事にかゝつているわけです。同時に必ずつきまとうのが校舎の問題で、例えば現在六十四名という最高定数を持つ県があるんです。五十九名、六十名なんてのもざらにありますね。それを五十五なら五十五と仮に押されると、必ずそこに相当数の学級がふえる。……建築問題が起る。それを今度は管理局の施設部の方で年間計画をたて、両々相俟つて行かねば……いくら定数だけ減らしても出来る相談ぢやない。

　そうなれば又、必ず二部授業、三部授業てんで、全国的にこれは教育上の大きなマイナスを招くから、父兄だつて承知しない。こういう所から現在、研究、調査、作業の段階にありまして、これに対しては自民党の方でも文教政策として、大村委員長が打出しているわけです。

メシの食える教育を

高山　もう一つの大きな問題は学力低下という事なんです。これは、具体的に調べて見たら、技術能力の問題だと分つたんです。読み、書き、といつた技能の力が落ちてるというのが真相のようです。これには学習方法にも問題があるんです。つまり、単元学習、問題解決学習の行き過ぎつて事ですね。

　けれども、それと共に一方から大きな要請が来た。産経連からなんです。産業教育を強化しろというわけでね。九千万の人間がたつた三十七万平方キロの土地でおし合いへし合いしている。どうして将来立つて行くかというんで……産業技術の教育に力を注げと、こういう両方からの要求で、学校の制度、学習方法、教育課程――細かく云えば各教科の内容まで総ざらいにさらつて、戦後今日までの教育を吟味しようと、現在その仕事をやつてるわけです。

　イギリスの例では産業教育に関する五ケ年計画で、一千億円に相当する金を注いで居ます。何しろ相当な金が施設に要る。それと、高校の産業関係収容力をうんとふやし、大学も収容力をふやす。現在これらの方向に動いてるわけです。しかし文部省や自民党の、膨大な予算を伴うこれらの政策がうまく通過するかどうか……これは問題ですね。

　こゝから高校プラス短大の、五年制専門学校とか、中校プラス高校の、六年制実業学校といつた案が日経連から出てるんです。有識者からも従来の単線型の教育はメシの食えない教育だ。デモクラシーの行き過ぎだ。あるいは亡者だという極言までする人が居るんです。真の機会均等、個人の人権尊重という立場からは、今の制度では駄目だという意見で、これらの批評が六・三・三・四現在の制度に影響を与える所まで来ているんです。勿論中央教育審議会にかゝるんですが、果してどこまでまとまりますやら……重大問題ですから簡単に結論は出せません。

　それに関連して、定時制高校は金ばかりかゝつて能率が上らんというので、これを産業高校―仮称ですが―にしろという声もあつて、定時制を義務づけようという意見なんです。中校を卒業して、勤務のかたわら定時制に通つては身体がもたない。それで昼の時間に一週何回とか、何時間というふうに学校に通わす。これを事業主の義務にするという構想なんです。それは一般教養を授けるんぢやなしに産業技術を習得させる為です。

　イギリスの様に事業場で技術を学び、学校で一般教養を学んで、国家試験にパスすれば大学卒業の資格がもらえるという仕組にするわけです。学校を出たらいゝという古い考えを打破して実力主義に切り変えるというのがネライなんです。現在の工科志望の増加はよい傾向だと思います。しかし、まだ高校に行く者で入学目的がはつきりしないのが多い。定時制は農漁村で一般教養をやる。しかも年々志望者は減る。政府の保証も少ないという状態で、どこの県でも定時制の統合廃止の動きがあるんです。さつきの構想は、これに対する蘇生策にもなりますが、積極的には産業教育振興でメシの食える教育をという目的ですね。

大学に於ける場合、最高のレベルの技術者を養成するには、高校の三年間では不充分だという声がありますが、これは勝手な云い方ですね。大学の一般教養は高校でやらせて、大学での四年間は全部専門技術をやるというんです。こうなると、シワヨセは高校に行く。高校のシワヨセは中学に行くんで……ところが中校からは逆に高校にシワが来てるというのが実状なんですから高校としては大学の要求はムリだと云つてるんです。そこから今の教育内容にはどこかにムダがありやしないか、例えば我々は微積分なんてのはむずかしいと思つているが、あんなものは指導法によつてはちつともむずかしくないんだ。昔の代表にかえつて難問があるんだ。逆に考えるのが間違いで、指導法一つで微積分は中・高校でドン／＼やれるんだと――この説が強くなつて来て、そこで小学校の算数の程度を高めろ、低過ぎる。そして中校には高校の方からおろせるだけおろせ。おろしておいて内容を精選すればもつと程度の高いのが教えられるというわけです。今、教育内容の検討が始まつています。同じ事が社会科や理科にも始められています。

今までが、ドウモ難かしいものをよけいに教え過ぎて、問題解決学習だの、自習的学習だのと看板はかゝげてあるが、実際にはツメコミや記憶中心ではないかと非難の声もあつて、目下慎重に調査中という所です。

問題の道徳教育

高山　もう一つの大きな問題は、道徳、民族的感情の昂揚という事で、戦後の教育は国籍不明の人間をつくつているという批評があつて、一般父兄からも、最近子供が全然云う事を聞かないから、もう少し修身などを設けて、しつけてくれとの声があるんです。これには父兄の方にも随分得手勝手があるんでして、一方的な声だけ聴いてはいけないんですが、この問題についても慎重に討議を重ねて居ます。

その中心となつて批判の対象となつてるのが社会科で、社会科の為に親の云う事も聞かない国籍不明の人間が出来るんだと云うのは云い過ぎです。社会科は米国でも愛国的教育のあらわれであつて、国というものを、戦後に考えた場合、従来の教育のみではダメです。個人と社会の関係をはつきりつかませる。エゴイストを作つちやダメだ。充分に自覚せるインデイビジユアリズム（個人主義）に導く。必ず全体の中にあつて国・社会の繁栄をはかるべきです。

どうも日本ではうまく消化されなかつたせいか、さつきのような非難があるんです。それと、地理・歴史特に歴史の中でも国史に対する考え方が大きな問題でして、戦後は廃止された事は御承知の通りです。しかし、その後の日本史は暗い場面、汚い場面だけをオモテにさらけ出して、いい場面はひつこめる。これが進歩的だというサツカクにおちいつて、正常な愛国心を教える事を軍国主義、保守主義と考える。これではいかん。自分の国を愛するのは国民として当然であつて、自分の子がカタワでも可愛い。可愛いけど立派にしたいから憂えるんで、立派な国なら尊敬するのだ。愛というものは超理論的なものです。国史も、悪い点、良い点をありのまゝ教えるべきで、目指す所は祖先がいかに文化を築いて来たかを学ぶのです。わざ／＼悪い面だけ、もしくは今の観点から過去の封建制度を「悪」とキメつけるのは以ての外です。それ／＼歴史的意義があるんですから。

だから国史の復活といつたつて、昔の悪い点をかくす様なものでは毛頭ないんでして、正しい意味での国史、正しい意味での民族的感情を養うだけの話なんです。

どうもこの頃のモノの云い方はお互いに極端になりがちで、チヨツト何か云うと、逆コースだ。やれ復古主義だ。一方では革新的だ云々と、なか／＼共通理解の広場が少ない。議会でも何か云えば取組合いがはじまる。しかし、これも発展の過程でやむを得ないと思います。現在デモクラシー以上のよいやり方は考えられませんからね。多数決でやる。その点では本土でも従来の教育の大理想はあくまでも枉げて居りません。

昨年の地方教育行政の組織及運営の法律の改正でも基本原理は変らないんです。行き過ぎや不合理に若干の改正を加えたのであつて、単なる「反動」ではないと私は考えています。

以上話のいとぐちまでに申し上げました。

カリキユラム

比嘉（研究調査課長）教育課程改訂の事についてですが、時期はいつごろになりますか。

高山　今年中に大体の文部省事務案を出したいと思います。それで昨年からやつて来たのが教育課程の審議会です。教材等調査委員会というものをずつと連続やつて来て、二月で終えて任期が切れ、そこで大体の問題　を洗い終えました。

次に学習指導要領一般編の基準性というものをどの程度に強めるかと、つまり指導要領の改訂という仕事になつてくるわけで、それを今作業中です。本年内に各教科の問題点から新しい各科指導編の原案まで行きたいのです。原案が出来た所で、中教審なりにかける――これが来年になるでしよう。大体の目標はそれから作業をはじめるとあと四年経たんと実施は出来ません―教科書が現実に学校に行きわたるまでに―。

比嘉　教育課程の基準性については、文部省が各府県にどの程度要求しますか

高山　課程は文部省の外に各府県の委員も作り得るようになれるんです。ところが文部省設置法の規則の中に「……当分の間初中局がこれを作製すると決めた。それでコース・オブ・スタディというものは文部省以外には作れない。簡潔にして基準は文部省がやるということです。

最高、最低の巾が出来て、これに違反するものは法的に罰則が設られてあります。今までにこれが無かつた為に地方によつて大きな差があつたんです。去年の十月の法律で文部大臣の措置要求権が出来て、都道府県の教委を通して市町村教委に要求し得るのが原則です。異例の場合は文部大臣が直接に市町村に措置要求が出来る。中央の権力が強くなつた事は云えます。コース・オブ・スタディの問題も基準性をその程度に強めたいというのが文部省だけでなしに一般の要望でもあるんです。

もう現在のようになればあまり自由に過ぎる方が不自然で、例えば中学校の実態調査をやつたところが、一週二十八時間の所から四十二、三時間という所まであつて、同じ全国の中学で一体これほどがつて　いいものかと―やはり三十時間とか三十二時間とか決めて国民教育の水準を維持しなければ…

この頃一部で文部省の中央集権と云つとりますが、そんな事ではなしに必要だとの声があります。

テンヤワンヤの教科書検定

佐久本（社会教育課長）教科書についてお話しを願いたいんですが……

高山　教科書の問題は今年の定例議会に必ず出したいと文相は言明しています。アレは去年新しい教委法の場合に通る見込だつたのがダメになつたんです。そこで現在、行政措置でもつて専門調査官を昨年の十一月に発令して、去年の予算で四十名、来年度も同じでしよう。国定ではないんです。国定など全然考えて居ません。

現在、一度検定を通つたら、いつまでも通用する法律はおかしいではないか―現に百ケ所も二百ケ所も誤りのある教科書でも止める手がない。最近は非常に厳重に審査して検定を通過するのに前にスル〳〵通つた教科書が大巾きかしていたんでは困るぢやないかというわけでね。

前は五人の調査官―学校の先生が片手間に―でやらざるを得なかつたんで、それが点数をつけた結果を教科書検定調査審議会の委員が部門別に見る。教科書を見るんでなしに点数だけ見てやる。たま〳〵ある教科書についてあまりにも点数がまち〳〵なので、おかしいというので、権限に基いて現物を見て、これではとうていダメだとなつて、調査審議会が「F項」と称して自から問題の教科書を見て、通す、落すというようにしたらトタンにこれがF項パージと称してセンセーションを巻きおこした。たま〳〵その中に私の兄（註・高山畩氏）が居た。これが新聞で大きくたゝかれ、関係のない私の方に激励電報や電話が時々来た（笑声）

最近は専門調査官が出て、これが見るから、今年は非常に楽だつたそうです。今年は専門調査官の方に風向が変つて来たようです。（笑声）

それでよくなつた事は教科書の編集者は大体責任を以て学者自からが執筆する様になる事です。今までのようにアルバイト学生に書かすなどと云う事は非常に危険で、やはり学者が責任を以てやらないと誤が多い。危険です。これを防止するのが教科書法案のねらいで、もう一つは採択について自由的な統制を取りたい事。

現在、二、三の府県を除き、大てい教科書研究会が出来ていて、各学校で希望する教科書リストを提出させ、小・中校の場合は郡単位、あるいは地方の出張所単位に数十校の者が集り、教科書を審査する。さらに県の中央で学識経験者を交えて選別し、冊数をしぼる。それを各学校に知らせるという仕組です。いきおい同じ町村で何十種も異つたものを採

用する事がなくなつた。但し 一種とか二種とかにしぼる事は考えていない。同じ県でも地域差があり、その意味の検定制度の持続でして、「国定」という声は文部省には全然ありません。

停 年 制

金城（庶務課長）本土に於ける停年制についてお話し下さい。

高山 北海道、東京、大阪は例外です。北海道には六十以上の教員も居ますが、教員が少ない上に、政策として、給料をうんとベースアップした。ですから他の所とは段違いです。

東京も段がちがう。他の県では六十迄というのはほとんどなくて、五十五というのが大体の線です。五十五でやめていたゞけば新しい先生が三人使えますと、こう云うんです（笑声）

この五十五才は法的に根きよはないけれど、どこの県でも退職のさいに百五十割とか二百割という風に率をよくして退職手当を差し上げて、そういう常例を作つた。あるいは臨時に作つて、それがあるから退職した方がよかろうと、勧奨退職という事になるんです。その為に一つは困つている。もう一つは、教員養成の学校というものはデタラメな免許制度とよく云われるんですが（笑声）教員養成の学校でなしに何でもかんでも免許状をもらえば教員たるの資格があるという風に、無計画な事をやつた為にトンデモない事になつた。

一七十二の国立の大学の外に五百の大学があるから大変で、短大を出てはほとんどの教職につけない。

優秀な四年制の大学を出た先生が居るから人情としてどうしてもこれを採用したい。以上の二つの面からやめてくれという事になる。それともう一つは、去年まで市町村の教委が任命権者で、去年の十月から都道府県の教委がなつたんですが、市町村の教委で内申権を持つと法律に明記してありますから、内申のない人事はやれない――内申どおりやる必要はないが。

結局都道府県の教育長が行つてよく話すと、市町村の委員会も納得はするが、例外を認めないでくれと、こうなる。

県立学校の校長人事は、やゝふくみをもつてやる。あの校長は年は取つてるが、まだやつてもらおうとか……

市町村単位だと、教育長も悪い子になりたくないから、校長さんに、あんたをやめさすのはワシのせいぢやない。県のせいなんだから（笑声）皆やめるんだ。あんただけが無能ぢやないんだからといつて（笑声）必ず画一的にやらざるを得なくなる。そこで人事の妙味は全然なくなる。

それでイヤだと云われたら、今度は組合の方にシりを出すから、退職をいわれて自分で返事をしないで、組合の人事委員にまかせなさいとこうなるから、組合の勢力の強い所はK県みたいに校長がとう〳〵自殺するという事件まで持ちあがる。S県のように逮捕されるという問題やO県のように教育長が病気になつてやめたり、すつたもんだしていますが、大体五十五才の線です。

歓迎されぬ女教員

高山 停年の問題で、女子の教員がねらわれるんです。女子は四十二、三才の所、五十才位の所などありますが、その辺で勧奨が来る。いゝ先生はそうでもないですが、概して女の先生は子供が病気だと云つちや休み、生理休暇は取りますまいが（笑声）旦那さんが具合が悪いと云つちや休む。そういう先生がかなり居るので、いきおいねらわてるのは女の先生と、こうなつてくるのです。公務員というものはそんなもんではないのでして、職務となれば、人を頼んでも自分は出て来るというのが建前ですから――。

男女平等で俸給に差はないし、それに非常に人権を尊重しまして、産前産後の六週間の休暇が与えられ、産休代用職員をこれに当てると―社会党の議員立法で法律が昨年より出て、必ず補充するとなつた為に、非常に恵まれて来たんですが、反対に校長さんは女の先生を欲しがらない。

女の先生は中校ではほとんど就職は不可能で、小学校の方でようやく低学年に必要となるんです。男の先生ではやつぱり具合が悪いんで、おしつこの世話なんかになるとね、こりやどうしても女の先生がいい。（笑声）

県によつてちいがまずが、停年はマズ小・中校で五十五才、高校はそれから二年位。つまりスクーリングが長い ―大学を出た先生が多いし、勤務年数から云つても、恩給の加算率から云つても気の毒だというので、県立の場合、二―三年位長くなるわけで、それに対し表向き小・中校からあまり文句はないようです。

レイマン（素人）教員長

山川（学務課長）教育長は非専門家となつていますが、これは財政上の問題からですか、あるいは他に意味があるんですか。

高山　あれは最初全く分らなかつたですな。突然変つた。立法の審議途中から変つて、あとでは地方課長なども、いやこの方がいゝだとさかんに云うんですが、我々、いまだに分らない。（笑声）
　レイマン・コントロールと云う、つまり素人でなくちやならんというのにはじめから教育長たるべき人を市町村長が任命して、しかもそれは委員の互選できまると……この方が経済的だという説もあります。たゞいかなる町村にもこれを置いたというのが問題で、人口五千の村でも置く。しかも五人の委員。特別条例で決めたら三人ですが。
　どの委員会や協議会、審議会にかけても答申案では小さな町村に置けなんて答申はなかつた。任意だというのがせい〴〵で、あとは十万、あるいは十五万の都会に置いたらよかろう――都道府県と五大都市は必置、あとは随意というのが相当多かつたんですが……仲々思う通り行かなかつたんでしょうね。だからあんな、ちよつと変つたものになつた。でも、やつて見ればケツコウやつてますな。（笑声）
金城　教育長が政治色を帯びてくるという事になると困るんでしょう。
高山　それは、そういう風になるかも知れんという教育長は必ず文部大臣の承認を経るという風に変りましたね。市町村の場合は県の委員会の承認を経ねばならんし。
　という事はつまり政治色の一掃という意図ですね。免許も任期もなくなつたので、いきおい、人物本位という事で、文部大臣が承認する。それによつて教育長の人選があまりヘンテコなものにならんようにという配慮からなんです。今までの所、それを承認しなかつた例はありません。事前にかなり文句をつけたところはあるんですがね。
　最近では教職専門家よりも行政専門の人が多いです。日本の現状ではそうならざるを得ないと思います。でもやつて見ると分るんですがね、いきなり教育長になると完全にノイローゼになりますよ。（笑声）あれは実際大変な仕事なんで。

辞表を出してからナグレ

比嘉　道徳教育については何か教科的取扱いをするという事になりませんか。
高山　それはちよつと分りませんな。たゞしかし、教科だけでやつて、それだけではやれないという事は輿論で、だから教科も入れた方がより良いという考えなら分るが、要は教師が今の子供をどう育てるべきかという教育観、これをもう少し強く持てば、それだけでも道徳教育になるんです。先生方が真面目に教育をやり、生徒全体を守つてやらねばならんという教職的なものに専念すれば、もうこれで、ある意味の道徳教育が出来ると思いますね。
　そこへ更にもう一つ理解を助けるという意味で教科が特設されるというなら話は分かります。文部省でもそこだけは分つていると思います。たゞ、私がこち来てから新聞で見ると声明が変りましたね――あれはやはり大臣の性格というものはあゝいつたもので、やむをえないんですね。文部省の長官であると同時に一つの政党の閣僚ですからね。
佐久本　最近、撲殺事件などにからんで、体罰の問題が大きく取りあげられたようですが、それと共に教員養成機関や教員の質といつたものも批判の矢表に立たされたようですが……
高山　あんな、生徒をナグリ殺すなんて者は、たま〳〵おこる気狂ですね。たま〳〵あの直前に府立の目黒中学校の先生が　―やはり二十五才の体育の先生が　それから時を同じうして芝の中学校の体育の先生がナグリ殺したというので何か教員養成の問題にのみ、あるいは体育の先生のみのシワヨセが行つて（笑声）困つたんですが、そんな事はないと思いますねあ。れはキチガイですよ。校長自身も前から暴力を振う事を知つていて、やめさせようと思つていたらしいんです。採用の時に何とか防げるんぢやないかと思うんですがね。免許状も悪いが、免許状だけでは分らんし……文部省としては戦後今日までに、暴力がふえたとは考えていません。新聞なんかに出るけど、全体としてふえたとは考えていません。
　父兄がね、中学校では、たゝいてくれと云わんばかりの人がよく居ましてね。またあのヤンチャ盛りではね……女の先生なんか手に負えないから（笑声）よくあるんですよ、女の先生がカーッとなつてなぐるなんて……勇しい女性がたくさん居ますよ。（笑声）手でなぐれんもんだからソロバンとか、シタジキですね、（笑声）あいつで十人ばかりトン〳〵とやつて、皆コブ出したなんて。（笑声）よくあるんですがね。たま〳〵新聞に出なければそれまでの事で……
　全くあの頃の中学生をうまく指導するなんて事は容易ぢやないですね。そうすると、父兄が少々ならいゝからやつてくれと……（笑声）こういう声が出るんですが、逆にある県ではつきり課長が、どの会合に行つても、笑われる程云うとるんですね―

先生方にね、「なぐつちやいけない。ナグルんなら辞表を出してからナグレ」（笑声）口ぐせの様に云う。そうしたら俄然減つたというんです。（笑声）問題になるような事件が無くなつた。やつぱりあれだけウルサク云われたら、思い出すんでしようね。「アツ辞表！」つてんでね。（笑声）

なぐつていゝなんて誰も考えませんがね。たゞ、今日も云つて笑つたんですが、やぱり修学旅行でなぐつたつて例もあるんです。しかしこれは体罰ぢやなくて、灸をすえたんです。病人にね。そうしなきや、生命が危険だつた。腕が折れるか頭をブッツケて死ぬかも分らん時に、なぐつても防ぐのは、人工呼吸や、柔道の活みたいなもんで……これは体罰ぢやなくて治療でしようねというんで。（笑声）

それ位の自信と余裕があれば、あまり問題はないですがね。だいたいなぐつて問題になるのは生徒と同等になつてケンカするからで。（笑声）又、体育というのはなぐりやすい気分になるもんで（笑声）ハダカとハダカでつき合うから。（笑声）だけど決して体育の先生だけが悪いんぢやない。そう云うことは、体育の先生をブジョクした事になりますよ。（笑声）

昔、柔道の先生が、生徒を映画館でつかまえると、職員会議には出さんで、柔道の時間にこの野郎てんでこずき廻す。（笑声）これがまたよく利くんで、（笑）やはりはだかでつき合うのは血が通うんで、親分子分の間がらみたいになつちまう。弊害もあるけど、よい点もあるんで。クラブ活動のよさはそういつた所にもあるんでしようね。

名城（研究議査課）受験勉強の弊害ということについて何かお話し下さい。

高山　やむを得ないと思いますね。能力はあつても特別活動なんかに精出したのが落ちて浪人になるのが居るかと思うと、勉強一方で暮した現役が通つたりで。だから、あまり浪人を変に扱うなというんです。

適性検査だけやつて、知能程度でいれたらどうかという声もあるんですが、大学側では、知能ばかりよくても、学力のない怠け者はゴメンだと。（笑声）皆それぞれ理屈があつて。

結局やつてるのは、落第した生徒に対して、大学自体でやるんでなしに、別の団体という事にして――実際には教務の連中などが、A・B・C・D・Eといつた段階による結果報告を本人にやる。無言のうちに、C以下で落ちた者は、何べん来てもダメですぞ（笑声）そこで本人もあきらめて方向転換をする。これは幾分利目を出して来ました。

文部省でいくら補習教育をやるなといつても、そう簡単にはダメなんで……親の立場からすると仲々どうも。困つたもんです。……何しろこれは八十年の歴史があるんだそうですから。（笑声）

S先生に云わしむれば、妻君が亭主を持てば、亭主がどこまで伸びるか……二、三年で分るつてんです。（笑声）そうすると、無限の夢を子供に託して（笑声）幼稚園から東大までを夢に見つゞけるが、これも子供が高校に入つたら分る。（笑声）それでもまだ夢を託し得る者なら相当ムリしてもいゝ学校に入れて、親父に託した夢を子供に切り換える。（笑声）

テク〳〵歩く大学教授

だからそういう女が無くならん限りは何十年たつてもダメだと（笑声）こういう無礼な事を云つて笑つたんですが、八十年の歴史だそうですからね（笑声）

それで、あの人は附属をぶつつぶさにや、死んでも死にきれないというんで（笑声）K大学でね。何をウラミに思つてるか知らんが、N市附近ですがね。大学教授だけがテク〳〵歩いて行くんです。あの辺は金持の別荘地帯でね。附属の先生なんてゴウシヤなもんだつてんですよ。特権階級だつてんです。社長なんてのがザラに居るから先生を見つけたら必ず車に乗せる。迎えに行くのも居る。トコ〳〵歩いてるのは大学の先生ばかり。（笑声）

あれをボクメツせにや駄目だつてんで（笑声）附属というのは、だいたい実験学校だとね。しかるに、大学はつぶせても、附属はつぶせないという現状だといつて（笑声）大いにフンガイしてたんです。附属の校長になるなんて教授は、学長の比ぢやない。うんとソノ……（笑声）なんてことを云つてね。面白い心理学の先生でした。

それはK市の話で、どこでもそうとは云えません。そんなに子供みたいに怒りなさんなと云つたんですがね。（笑声）もう少し心理学者に道徳教育をやらにやダメですな。（笑声）心理学者は欲望を満足させる事ばかり考えるから。（笑声）不適応をいかにして無くそうかとね。今日も云つたんですが、欲望を否定する面も、もう少し考えんと――少し道徳的な所も考えなくちや駄目だと。そんな所からウッカリすると目当のない放任主義になつて、教育をスポイルするとね。

日琉比較あれこれ

高山　教員の待遇は日本の方がよい――これはよく分ります。しかし府県によつて、大体高校なら二万円（日円）を超すのが当り前ですが、貧乏県では二万円を割ります。いゝ県で二万四千円。必ずしも平均通り行かないですね。

教員の定数は当地とあまり違いません。

最近、中校は学級数に三分の四を一応かけて見ると、そこえ一・三三三……という数が出る。それプラスアルファーが一、そうしますと大体校長を入れて、適当な学級からは事務員を置くと、一・五倍のところなんです。まあ一半という所でこちらとあまり変らない。小学校は学級に一人。あと適当な十二学級なりから事務職員を置くというように、あるいは養護教諭を適当な学級から置くという程度だから、今の所は実働人員は一・三までになつて居ません。

中学校は一・五を少し割つてるかも知れません――実状は。予算定員は一・五越しています。いゝ県は一・六三から四。悪い県は一・四位。それから国庫負担は実額の半額ですが、最近は七割から七割五分国庫で補助したいとさかんに云うとつたんですが、こちらへ来てから大蔵省が反対し、自治庁が反対してるとの事で、果して地方財政の確保という事が出来るかどうか、これは難問です。

旅費なんかも文部省が保証率を四千円に組んでも、実績は三千円代というのがたくさん出て来た。（日円）だから大体学校の先生がたは都道府県費で、一般は研修、あるいは出張という事は考えられません。校長の出張旅費と、若干、事務職員、あるいは教頭が出かける程度で、あとは全部ＰＴＡ。ＰＴＡの負担は非常に大きいんです。これは由々しい問題だと思いますが、しかし仮に日本々土でＰＴＡからの援助をピシャリと止めたらお手上げだと思いますね。

比嘉　標準教育費の内容はどうなつていますか。

高山　あれは現在小学校は九十二、三％保証してくれます。中学校も同様九十％台。高校は定時制を去年グントとよくして、ようやく平均して七十％台に上がつたんです。前は定時制が五十％ですからね。七百五十人の規模で計算をするんだからお話にならない。それで高校の方も、各県とも一億円（日円）位の赤字を背負つていたのがどうやら減つたんです。あれの単位経費の割り出し方は、小学校の場合ば大体十二学級、中校で九学級、高校は七百五十でやつてます。

安谷屋（研究調査課）計算の場合はどういう事を基礎にしてるんですか。

高山　日本々土では、やはり一応実績を見ますね。これは必ず見る。実績から平均頻度数を出して、それを中心に考えて行く。さつきの三分の四というのは、合理的な数字でも何でもありません。学級数カケル三分の四で大体実績が出る。（笑声）

一学級に何人なんて事は、三十人がいゝ、三十五人がいゝ……そんなら十人位なら、なおいゝだろうと云えば、いや十人では社会性がダメだと――それは分ります。三十人か三十五人か。名古屋大学なども研究していますが、まあ、学問的に云つて何人がいゝか、先生の負担量はどれ位とか……。二十四、五時間というのが本土の負担量です。――中学校の先生の授業は。

小学校は二十二時間から三十時間。高校が二十時間以内です。米国では二十四、五時間たつぷりやつてますね。

しかし日本々土で高校は、実際には二十時間をこえてる正科の授業は先ずありません。あろう筈がないんです。大体一・八から二人ですから。しかしその他の課外だ、補習だなどというのはあるんですね。

やれクラブ活動だ、何だかんだで、帰つて来るんでも電車にもまれてトコ〳〵歩いて来る者から自動車でブーッと来る者まで（笑声）かなり生活状態もちがう。

それに生徒の数が多い。さつきの六十四人というのは最高で、平均は勿論少いんです。小学校が四十三、四人。中学校が四十六、七人と――これは算術平均です。しかしこれは三十人の学校もへき地にはありますから。都会なんか、たいてい五十人。東京では――この前ちよつと行つて見たら七十二人というクラスがあつて（笑）あきれたんですが、アパートなんか出来るとドッとふえ。Ｋアパートなんて一千戸ですからね。ですから小学校が建つ。（笑声）東京はとにかくムチャクチャです。（笑声）

中山（指導課長）それでは時間が長くなりますので、この辺で。どうもありがとうございました。高山先生にはお帰りになりましても、沖縄を忘れずに、一そうの御援助をお願いしまして、この会を閉じたいと思います。

―おわり―

コント

誇り高き子供

名城嗣明

(一)

ファニートの腕白は、小学校に入つて、先生にガミ〳〵やられたら立ち所になおるだろうという母親の期待は、完全に裏切られた。ケンカをやらかしに学校に来るようなもんで、とても手に負えないから、親の方で何とかしてくれと、若い先生フロリンダ嬢は三日にあげず訪ねてくる。そのたんびにファニートはいやという程親父におしりをたゝかれるのだが、近頃では、目をうんとつぶり、歯をグイとかみしめ、こぶしを力一ぱいにぎりしめていたら、おしりをたゝかれたつて、それほどいたくもなく我慢が出来るんだという事を発見した。でも泣声が弱かつたら、親父はたゝき続けるから、声のありたけ泣いて、もうほんとに、とことんまで懲りたんだという所を見せなくちやいけない。そうすると、親父はしりたゝきの効目があつたと思つてやる。だからうんと泣く必要があるんだとファニートは考えていた。

でも、なるべくなら親父にたゝかれずに、ケンカが出来らいゝなとファニートは思案した。うん、そうだ、フロリンダ先生が親父に云いつけるからやられるんだ。先生に見つからなきやいゝんだ、とそれからはファニートはこの方針に従つた。母親は、ファニートの泥だらけの服や、かすりきずが毎日気になつたけど、親父は、なあ―に子供は元気一ぱい遊ぶのがいゝよというし、フロリンダ先生も近頃は来なくなつたので、そのまゝだまつていた。

(二)

フロリンダ先生が又やつて来たので、ファニートの両親はがつかりした。しかも今度は校長先生も一しよなので両親は恐縮した。

「お宅のファニートが、学校のかえりに待ち伏せて、誰かれの別なくやつけるので、学校をいやがる子供たちが出来ましてな。それで……つまりその…親御さんたちからねぢ込まれましてな……」

校長先生はさも自分の罪でもあるかのように、赤い鼻をハンケチでふきながら、やつとこれだけ云つた。

「ファニート奴、ちかごろ少しは温和しくなつたと思つて居りましたが、どうも、やはり、面目ないことでございます。今度こそ、いやという程いたい目に会わすでございます」

親父がそう云うと、

「いや、いや」

と校長先生があわてゝ、大きく手をふつた。

「あんまり叱るのも考えものでしてな。こゝはひとつゆつくり、ファニートに分るまで話して聞かせるのもいゝ事ですからな。わしもこれからファニートに気をつけて、乱暴がなおるように努めて見ましよう。当分はあんまり叱らんように願いますよ」

母親は思案深げに聞いていたが、

「私も何とかして見ましよう」

と一言だけ云つた。

(三)

アニートが取組合いでよごれた服を気にしながら帰つてくると、戸口の所に立つて居る母に気がついてギヨツトした。立ち止つて母の顔色をうかゞつたら、急に母がやさしくほゝえんだので、ファニートはます〳〵面喰つた。

「わたしのファニートや、今日のおひるはあなたの為にすばらしいものを用意して、さつきから待つてたの。さあ、うちに入る前に、当てゝごらん。あなたの大すきなものばかりだから」

母がます〳〵やさしくほゝえむのでファニートは戸迷つて、そうつと服のよごれに目をやつた。

テーブルにつくと、ほんとに母が次から次へと、すばらしい皿を運んで来た。ファニートは目をパチクリさせて、ウワツと歓声をあげたが、まだ服のよごれが気になつた。

「さあ、こんどは、どうしてファニートにこんなにすばらしいごちそうを作つてあげたか当てゝごらん」

モジ〳〵しているファニートに母がきいた。まだやさしい微笑をたゝえた母の顔を不審そうにファニートは見つめた。

「そんなら、私から話してあげましようね」

母が切り出したので、幼いファニートは固唾をのんだ。

「私はね、ファニートがとてもいゝ子だつてことをよく知つてるの。だから、学校での事を何でもお母さんに話してくれるつてこともよく知つてるの」

(四三頁に続く)

英語教育の過去現在
—フリーズ・メソッドを中心に—

上間亀政

戦前の英語教育の二つの誤謬

戦前の英語教育は、例外はあつたが、主として読書力の養成に重点を置き、英語の発音は軽視され、会話は出来なくても原書を読みさへすればよいと考えられ、「英語読みの英語知らず」の指導であつた。

英語科の目標や指導方針には、ちやんと Functional aim と Cultural aim の二面を目標とし、Thinking in English 等もうたつてはいたが、実際は Primary skill といわれる Hearing と Speaking の指導は軽視され、Translation method は十年一日の如くその指導の方法であつた。 Oral method, Direct-method, Elective method による指導は研究会や参観授業及び教生実習の際に行はれるだけであつた。従つて効果の揚らない英語教育の価値は論議のまとになり、廃止論が呼ばれたのは数回だけではなかつた。かくの如く eye-work を主として Production や Operation を学習活動にとり入れなかつたのは、社会的要求に Practical の面の少かつたのも原因になるが、私は英語教師が、英語教育についての考え方に誤謬があつたのではないかと思う。即ちその一つは「言語の本質」を見逃して指導したのではないか。本質は知つていたにしても Careless な、むしろ easy-going な指導をしていたと思う。Jspersen は Language is primarily spoken と云い、Fries 博士は The speech is the language と述べ、言語の本質は音声であり、従つて発音を無視した言語教育は無意味であるということにもなる。

その二は窮極の目標を reading ability の養成にあるとしても、その土台になるものは hearing や speaking であり、speech から入つた指導は reading から入つた場合よりもその進歩は早く効果的であり読書力の養成をするにしてもその課程に Oral-aural work のあることを見逃してはいなかつただろうか。

私は以上の二点に大きな誤を英語教師は犯したのが多かつたと思う。

更に心理学者の四技能の分析過程を考えた時、耳、口の訓練は如何に重大であるかゞわかる。即ち心理学者は吾々は音声を聞いてその意味をすぐ知るのではなく、即ち相手の立声が鼓膜に達すると聴覚作用 (audition) が起り、之と同時に意味がわかるのでなく無意識の裡にその語の聴覚心像 (acoustic image) を呼び起し、同じ発音を繰り返えして聞くと遂にその音を聞く瞬間に無意識裡のにその語の示す概念 (Concept) が脳裡に映ると説明している。聴覚心像とは音としての言語が頭の中に心理的映像としてあらわれたものであろう。言語学習における四技能を分析すると次の課程をたどる。

Hearing = audition—acoustic image—Concept
Speaking = Concept—acoustic image—phonation
Reading = Vidafion—graphic image—acoustic image—Concept
Writing = Concept—acoustic image—graphic—image—graphiction

右の四技能の心理的過程を見たとき、何れの技育にも acoustic image があることに注意せねばならぬ。この聴覚心像なくしては何れの技能も不可能になる。我々の英語学習指導では四技能を develop しなければならないのは当然だが、学習指導の中心は生徒が正しい聴覚心像を身につけることであり、その為には英語を正しくきゝわけることが必要である。音声をきゝわける耳の訓練と produce する drill が極めて重要である。然し過去の英語の指導ではこれがかけていたのである。

更に英語教育も Functional aim と Cultural aim の二面があるにしても、英語の機能上の目標は教養上の目標に優先し、教養上の目標達成以前に聴き、話し、読み、教ぐの技能は充分発達さねばならないので、英語教育で Hearing Speaking のドリルは最も重要なものである。

戦後忘れられたもの

終戦後は外人との接触の機会が多く、社会的要求に配慮された指導をなし、Hearing, Speaking の指導が重要視され、英語そのものの、理解運用面が強調され、過去の如く英語について教えるのではなく英語を教えるようになつたことは言語教育の本来の姿に帰つたと云えましよう。然し授業参観等で気付くが依然として Translation Method で指導されているのは残念な事である。

勿論 Oral Method, Direct method 及び Elective method などで指導することは極めて困難で、教師の不断の努力熱意と指導の対象たる生徒の熱烈なる学習意欲がなければ英語教育の効果は揚らないと思う。

戦前の英語教育に比して戦後暗誦と書取があまり行われないのはどうしたことだろうか。戦前の英語教室での recitation と dictation の学習活動は活発に行われた。英語の発表能力の基礎を培うものは暗誦と書取である。教材全部の暗記を強要することは無理であるが、せめて Sentence Pattern だけでも徹底的に記憶させねばならない。暗誦を怠つては Production の面は得られない。殊に作文能力を培う上から recitation と Dictation を課すことは必要である。耳、口を通して得たものは眼と手の Work を通して始めて確実なものになり、英語教育の完全学習にもなるので、本を見なくても書けるように Practice することは必要と思う。私は以上の二点が学習作業が軽く取扱われていると思う。

文法指導

戦前文法指導は Inductive method で指導すべきと知りつゝも Deductive method で指導するのが多かつた。文法の規則を教えて英語そのものを教えたと思い、規則を Cram すれば英語は完全にわかるものであるとの考えを抱いていたのも少くなかつた。然し文法上の規則を詰め込むだけでは recognition の指導に過ぎない。all round の英語教育の面から考えて、分析解説だけにとゞまらず、production の drill を主とした指導でなければならない。文法家養成の文法指導でなく、反覆練習によつて英文の構造を体得し、英文の理解と運用に役立つ文法指導をすべきと思う。

戦後の指導法

過去の英語指導法は Palmer 博士の来朝で Oral method, Direct method や Elective method が盛んに行われたが、戦後 Army method Oral approach が日本に紹介され、現在では英語教師で Oral approach を口にしないものはない。

army method は Pentagon の将軍が語学教師におしつけられた指導法ではなく戦争直前に民間に発達したもので intensive method（集注的教授法）とも呼ばれるもので、兵隊が外国へ行つて外国語を話すことが出来ねば困るので短期間で外国語を話し、きけるように指導する方法である。この方法を学校の英語教育に採用した場合は完全な英語教育とはならない。何故なら first skill だけの指導で読み書きの second-ary skill の指導面がないからである。

然し Hearing Speaking の指導では参考になる処が多い。米国陸軍が戦時中実施したこの計画 ASTP (army Specialized Training Program) はクラスの人員を二〇名乃至三〇名に限定し、一週の時間数が六〇時間を超え起居すべて自国内で外国語の話される Situation を構成しての指導で、学習期間は九ケ月乃至十二ケ月の短期間で、訓練と反覆練習による指導をしたが ASTP に参加した大学へ Pentagon から発せらるた指令は語学教育の原理みたいなものではなかろうか。

A、A large number of instructional hours ("Contact hours") in a relatively short period of time.

比較的短期間内で多くの授業時間即ち接触時間を持つことが必要である。

B、Small number of students per class.

一学級の学生数を少くすること

C、Combination of presentation of language structure and Conversational practice.

言語構造についての説明と会話の練習を combine すること

D、Emphasis on drill and on the foromation of linguistic habits.

反覆練習を重視して言語習慣の形成を強調すること

E、Phonemic analysis and transcription

音素分析及び音素表記を用いること

F、Employment of native informants

典型発音者即ち native speaker の雇用（即ち日本語の指導でしたら日本人で）

G、Special (Objective; Command of colloquial spoken form of the language

This did not exclude reading, in fact reading ability came as a normal by-product.

会話体国語を使いこなすことを主目標とすること、「これは読みを排除するものではない、話し方を学べば読み方の能力は自然に備わるものである。」

以上のことは低学年の聴き方話し方の指導においては極めて参考になると思う。

次に Charles C. Fries 博士の Oral approach がある。Oral approach は戦後日本で盛に研究され、実践されている県もあるようで博士のことについて琉大の成田さんが文教時報（第三十二号）に書いたことがあるのでその原理の大略などについて書くことにする。

Fries 博士の指導原理は Bloomfield 博士の伝統を継

ぐものだといわれている。Bloomfield博士は英国のHenry Sweet にも比肩する学者である。

勿論 Fries博士の Oral approach と戦前 Palmer の Direct method とはその理論においては大差がないとよく云われているが、その相違と類似点は、Fries博士の著書 "Teaching and Leaning English as a Foreign Language"の中に

"Direct method, 'A method of teaching a foreign, especially a modern longuage, through Conversation, discussion, and reading in language itself without use of the pupil's language, withut translation and without the formal grammar, The first words are tought by pointing to objectives or Pictuers, or by performing actions" …"In both, the emphasis is upon the actual use of the foreign language rather than upon the memorizing of paradigms and forms out of Centexst…"

以上のように類似点をあげると、

(1) 何れも翻訳をしない。
(2) 外国語を実際に使用すること。
(3) 生徒の母国語を使用せぬこと

以上の三点だが然し、(3)に於いては若干相違がある。即ち Direct Method では絶体に母国語の使用を禁ずるが、 Oral Method は母国語の使用も出来るだけ避けるが必要な時母国語を用いる。注意すべきことは母国語を用いるばかりでなく母国語と外国語の言語的な比較もする。

更に相異点としては、

(1) Direct Method では文法の指導をしないのに反して Oral Method で絶えず研究する。
(2) Oral approach では読み方は基本事項の口頭練習が終るまで延期する。文字を視覚に訴えるのを排斥はしない。
(3) 指導の中心をなすものは Direct Method では Conversation, discussion, reading であるのに対し Oral approach では drill によつて Sentence Patterns を撤底的に打ちこんでいる。Contrast を中心とする指導をしているのも特徴がある。

Bloom Field や Fries 博士などの理論の概略は次の通りである。

(1) 初めて英語を学ぶ人は白紙の状熱から始めるのがよい。
(2) 英語学習には Informant といわれる英語を母国語として話す人が入用である。英語を話す人のことばを聞きいれをまねることによつて英語を正しく習得することが出来るのである。
(3) 英語学習においては出来るだけ「教室の雰囲気」をさけて普通の国語体をきかせる。
(4) 英語の発音をよくまねる。
(5) 音声組織を習得することが言語を習得することである。現代語は音声言語であり、国語である。だから学習の初期においては発音に重点を置く。
(6) 異種類の音をきゝわけ、大体その発音ができるようになることとである。音声の相違により意味の差異が生ずることに注意すべきである。
(7) 発音を教える場合には Phonetic trauseription を用いることがよい。もちろん完全な Phonetic transcription を用いる必要はない。
(8) 練習は Oral Prative でなければならない。音声が言語であつて、文字は言語の二義務的なものである。
(9) Structure pattern の把握が大切である。
(10) 単語は構文の中で教えられねばならぬ。然かも、Dewonstrable のものから教えるべきである。

以上はその理論の大略である。

C. C. Fries の教授の方法論を知るには "Teaching and Learning English as a Foreign-Le anguage" をみたらよいと思います。この本は、Michigan 大学の English Language Institute による K. L. Pike (音声字) Traver (文法) French (読み方) などの研究報告ともいうべきもので、その内容は五章と附録からなつて第一章の教授法、第二章の発音、第三章の文法、第四の語い、第五章風物知識其他について書かれている。

以上戦後招介された英語指導の方法であるが、Fries 博士は停年で Michigan University を退職され去年の秋と今春日本に来朝され去年は英国の Hornby 博士や米国 Brown 大学の Jwaddell 教授も来朝され、日本英語教育研究委員会 (ELEC=English Language Exploratory Comittee) が結成されてフリーズ博士等を顧問に戴き、終戦後の英語教育改革の機運が熟しているといえよう。

更にフリーズ博士のもとで研究した留学生が帰り、戦後の英語教育の改革に拍車をかけている。ELEC の Summer Program として今夏 Jwaddell 博士を中心として東京近郊の指導主事や若い英語教師に Sentence Pattern の Practice の講習会も開催され、琉大からもオブザーバーとして若い教師達が参加している。

ELEC は他の事業として中、高校のテキストの編集にとりかゝり、 Palmer 博士来朝以上に社会や生徒の欲求に応えることの出来る効果ある英語教育の実現の親近感を抱くのである。

七月三〇日　　（琉大文理学部助教授）

研究教員だより

フリーズ・メソッドについて

配置校　埼玉県大宮市東中学校
現任校　源　河　中　学　校
祖　慶　良　賢

ここで新旧英語教授法の優劣を理論づけようとは思わない。たゞ今まで新教授法の冠詞を付されていた Oral method が、大正末期から喧伝されて、一時は英語教育界に君臨するかに見えたその教授法が、だん〳〵と顧られなくなつて来たその衰頽と、最近の新教授法フリーズ、メソッドの生れた必然性と、その教授法の特色とを一考したい。

、従来のオラル、メソッドやディレクト、メソッドは一部の学校では可成りの効果を挙げたところもありますが、然し殆どの学校ではその方法と実施については、可成りの批判の眼で問題視されて、躊躇されていたのは見逃せない事実であります。

そのオラル・メソッドの技術の取入と進歩を阻んだ最大の要因は、その中核をなす question and answers の実施に先づ第一の困難があつたように思われる。即ちそれの実施に於ては英語教師は英語のフルーエント、スピーカーを前提としていたので、英語語教育の現場では現実離れした空念仏的な存在であつたといえるかも知れません。

その躊躇と実施上の困難はやがて旧来のお家芸トランスレイション、メソッドへの郷愁を余儀なくせしめ、英語の授業はあたかも国語の副次的授業形態を帯びてしまい、言語としてではなく文字としての英語を教えるようになつた。

又たとえそのオラル、メソッドが順調に行われている学校でも、生徒は先生の言う英語に対して機械的に yes, no の連発で文そのもの、form よりも meaning 英語そのものの運用よりもその story の内容に重点を置いた陳腐な事実を否定する事は出来ない。

そのオラル、メソッドの根本的な欠陥を排除して、日本教師に適し、誰にでも出来て、然も効果的な学習を進めて行く事をネライとして生れたのが、フリーズ、メソドの pattern practice and contrast (文型と音声の対象に依る指導) であります。

先生が英語で話し、それを生徒に聞かすと言う事も大切ではある。然しこれ以上に大切な事はその英語を生徒に言わせて発表させる場に置く事だと主張しているのが、このメソッドのバック・ボーンです。そのことをフリーズの言葉をかりますと、

「理解・識別の能力はのびても発表の能力は必ずしものびるとは言えないが、発表の能力をのばせば理解、識別の能力もこれと同時に伸びるのである。」となつています。

そのフリーズ・メソッドでは話すという点に於いては従来のオラル・メソッドの先生と生徒との位置を変えたものだといえるかも知れません。即ちそのオラル・メソッドでは先生が英語を六七％話すのに反して、この方法では逆に生徒に六七％を話させるのです。

只 yes, no の単調な問答にのみ捉われず、その英語を生徒にも言わさせて発表させて見度い。いや発表させる事が出来るのではないか？とは英語教育の現場に立つ教師に課された問題ではなかつたでしようか。又その問答で外面華やかにやりとりされて、活気に満ちた授業？も果して生徒がどれだけ理解したかに思いを致した時、一種の不安と焦燥はかくせなかつた。その問題と悩みに解決の方法を与えてくれたのが、このフリーズの pattern practice and contrast だと思います。

従来英語の教授には母国語の使用は可成り制限すべきであると主張されていましたが、然しこのフリーズ、メソドでは日本語の使用を通じて、日本語と英語との構造上の差異を常に意識し乍ら指導するばかりでなく、日本語を用いて指導の能率と効果とを高めるために、むしろこれを積極的に利用すると言う点が、この新しい指導法が従来の方法と異るもう一つの特徴だと言われています。

その新教授法は宮城県を中心として実施されて、可成りの成果を挙げて、今や時代の脚光を浴びて※

中学校に於ける生活指導の基本問題について

―モラルーバツクボーンの考察―

現任校・宜野座中学校
配置校・東京都文教区立第二中学校
仲間功

中学校は新しい教育目標と形態とをもつて発足して以来すでに十年を過ぎ、着々とその成果を上げてきた。そして又同時に各種の問題点もあらわれて来ていることも認められはじめている。以下中学の義務教育下における最も重要な生活指導について現在の学校の実態を通して種々の問題を取り上げて考察してみたいと思う。

中学校に於ける生活指導とは、概念的にはいろ〳〵と定義されるであろうが結局は中学校生徒の生活に即して、生活それ自体を指導することで具体的には、担任を中心としてのホームルームで、教科担任を中心としての各授業時間で、或は上級生や下級生相互のクラブ活動で、換言すれば特別教育活動が行われるものである。即ち生徒指導は上下を通じての縦の関係と左右に於ける横の関係の中に生徒自身を位置付けさせて全面的に展開されるわけである。

さてここで問題になるのは、中学校が教科担任制であるということゝ、進学の為の予備校的性格を持つ可能性があるということゝ、更に今一つは最近特に問題を呈している義務教育の必然性とである。こういった条件は生活指導の効果を減退させ、本質的なものから逸脱させる因子となる場合が多いのでこの問題をどう克服するかという事が中学校の生活指導の問題となるのである。

現代の中学校生徒は過去の中学校生徒と比較するとたしかに雲泥の相違がみられる。教師中心主義の時代が去つて生徒中心主義となり教育基本法や児童憲章に護られながら、生徒も社会人としての基本的人権を主張し、自由にものを考え自由に意見を発表し自主的独立的性格を生かしながらすく〳〵とのびている。この生徒の自主的独立的性格の陶冶や。思うことを積極的に発表する能力の養成、正しい判断力や批判力の啓培など別言すれば自分達の生活を自分達の手で築いてゆこうという意慾や社会を自分達がつくつてゆくのだという心構え、こういった全ての精神的陶冶こそ今日の中学校生徒指導の特徴であり要点である。

以上のことから中学校の生活指導について、もつとほり下げて考えてみよう。自由自主の反面に規律又は責任のあることを忘れてはならないのであつて、この両者こそ分けて考えられない楯の両面であ

※全国的にその技術の取入に躍起となり、各種英語教育雑誌も最近毎号この新しい教授法の関係記事でページを埋めつくしている程です。

今までこの新しい教授法で行われている学校を訪問して来まして、その実演授業を見せて貰いましたが、こんなにもすべての生徒が参加した活潑な授業は今も尚新しい感激として残つています。オラル、メソツドやトランスレイション・メソツドが沈滞しクスブツタ教授であるに反して、この新教授法はうるおいと活気に満ちた授業であるとも言えましよう。

以上大分新教授法礼讃に終始したかに見えましたが、確かに吾々の英語の教授法はマガリ角に来ている事は見逃せない。英語は難しいから、面倒臭いから簡単に片附ける前に、今一度従来の私達の英語の教授法は、より新しい角度と広い視野から見直されなければならない。明日の教壇によりよい種子を蒔いて、よりよい収穫を得るためにも。

最後に新教授法に関した参考図書を紹介します。

a The stiucture of English, by Fries ￥700

b Teaching and Learning as a Foreegn Language by Fries ￥900

発行所 三省堂に発註しますと取次いでくれます。値段は日本円

C Pat'en Practiee and Contrast 山家 保著 ￥120

d 英語教育の新技術 武藤 潔 川東松男 共訳 ￥100

正に英語教育の月刊雑誌としまして「英語教育」 ￥35

以上三冊は共に開隆堂発行の図書で、是非現場の英語教師には御一読をお奨め度いものです。

る。即ち前者が後者によつて裏付けられるということが必要であつて、これは中学校生活指導において幾分今まで軽視されてきた様に感ずるのである。具体的には、非常に理論的にすぐれた発表力もあり、正しき判断力批判力をもつた生徒でも日常生活の規律的方面に欠けるところがあり責任のある行動のとれない場合がよくある。これはいはゆる躾の問題とも関係している。最近よく中学校の生活指導と躾の問題がとり上げられ、道徳教育ということばも唱えられているが、そういう社会的関心や家庭的要求もかゝる原因から生じたものであらうと考えられる。

中学校生徒の中には日常生活に於る常識的な規律行動もあまり行われていないことは確である。自主的批判的な物の考え方を身につけながらも、そのじつは極めて功利的に打算的に物ごとを考え、いわば社会人としての大人を縮図にしたような子供が出来つゝあるということは、たゞ社会悪だけの責任であるとすましておけない問題だと思われる。教師の見ている時といない時で生活態度を変えてみたり学習にさいしても算盤をはじいて勉強しよとして苦しい仕事は何とか理屈をつけて回避しようと努めたり勿論全部がそうでないにしても、そういつた状態が中学校生徒の一般的な生活態度であるということは生活指導を行うにさいして充分考えなければならない問題点であらうと思はれる。勿論現代に於ける社会構造や社会状態の悪いところが生徒の日常生活に敏感に反映していることは事実であるが、我々としてはそういうものと対決しつゝ生活指導に何か基本的な線を確立しておかなければならないと思われるのである。

この新教育制度をもたらした外国の状態を考えてみよう。特に強調したいことは外国では前述した道徳教育ということばがないということである。道徳教育というのは日本だけのもつものであるということである。（教育大学院金子光男）これはどういうことかよく反省し検討しなければならない。外国では宗教教育が道徳教育の代りをしており、同時に家庭生活に於ては基本的生活の規律面の教育が完成されているのである。宗教的情操が人間の基底に滲透し学校教育に於てもそれが主導的地位を占めている。即ち外国の生活指導のモラル・バックボーンはこの宗教的情操である。そして日曜日には必ず教会において別に宗教的行事に参加して情操陶冶をはかつているのである。これが先づ改めて道徳教育を指導する必要のない根本的理由なのである。次に家庭における規律的生活の面であるが外国に於ては義務教育の学校へ就学させる前に家庭に於て日常生活の中でいわゆる躾を完全に身につけさせるのである。そして生活上守るべき基礎的な躾を体得して義務教育学校へ来るのであつて学校では教授することが中心であつて生活指導を重要視する必要がないのである。この点日本特に沖縄では先ず大体に於て家庭では貴賤上下を問わず余り充分な躾が出来ていないのであつて、従つて義務教育下の学校にあつては、家庭に於ける規律的生活の躾と学校独自の教科教授の学習とをあはせて行わなければならない必然的運命に置かれるようになる。そこで中学校の生活指導は本来のいみでの中学校の生活に即しての物の考え方や生活の仕方を指導すると共に、家庭生活指導ともいうべき躾の指導もあわせ、こにこ二重的生活指導をしなければならない状態にある。

こゝに於て前述した自主的契機の裏付けとしての規律的契機が重要な指導の一半をなすことゝなる。と同時に道徳教育というときは往々にして戦前の修身科教授のような徳目教育のようなものとあやまられる危険もうまれてくる。中学校に於ける道徳教育とは生活指導のことであるが、生活指導という時には実践的行動を主とする意味をもち、道徳教育というときには理論的な思想を主とする意味をもつものと考えればいゝのである。

高等学校に於ては倫理的性格を教科の中に加えて思想的指導をするようになるのであるが　中学校においては生活指導としてこれを行い道徳的性格をこれに与えてゆくというのが最善の方法ではなかろうかと思われるのである。即ち道徳的要素をもりこんだ生活指導こそ中学校に於る生活指導の正しい根本問題であらうと考えるのである。

これを具体的に言うならば、ホームルームでの担任と生徒との話し合い、生徒会での学校生活についての討論や実践、教科担任を通しての特に社会科を中心とての学習生活、作業勤務クラブ活動等あらゆる生活の場に於て規律的生活を習慣づけさせ、正しい物の考え方、発表の仕方等を養成しながら、それと並行して主として担任がホームルームなどを通して学校生活だけでなくそれ以外の広く家庭や社会や人間にわたる道徳的題材を選んで話し合いをするようにすることが必要であらう。即ち親に孝行をすること、兄弟仲よくすること、長上を敬うこと、公共物を大切にすること、友達同志仲よくすること、世の中のためにつくすこと云々ということをたゞ徳目主義や教条主義として観念的に教えるのではなく生徒の生活を通して、家庭の中から、学校の中から、社会の中からひろい上げて考えさせると同時に指導しなければならないのである。或は英雄偉人の苦心談社会に貢献した人々の努力談なども生徒の心の※

雑感

國場幸喜

夏休みも酷暑の中に終り皆様御元気のことと存じます。私も本土に渡り既に五ケ月を経ましたが今まで御無沙汰致しましたこと深くお詫び申し上げます。郷土を出発して以来見たこと感じたことを断片的にお知らせ致します。

四月一日東京に着いて早速渋谷の京香旅館に旅装を解きました。始めて見る大東京、本土にきたという喜びも加えて見るものが皆変つた様に目にうつる。先づ珍しいことは交通機関が所狭しと縦横無尽に走つていることで、その中をおつかなく歩くことがおかしくもあり赤毛布にも見えたでしよう。次に都内全体がごみごみしたよごれた感じがしたことである。沖縄の奇麗な水、山、海、空とは比べもならない程、空気がよごれているように思われた。あらゆる交通機関がまき散らす埃、八百万人の人のまき散らす埃は物凄いものである。その様なことを感じながら其の日は旅館の窓から都内を眺めて過ごした。翌日文部省の国際文化課に研究教員の打合せがあり、朝早くから皆旅館を思い思いに四、五人連立つて出る。朝十時から午後二時頃まで諸手続きを済ませた。此処で始めて配属校も決つたのであります。自分はどこにやられるかと落着かない気持で待つている と、静岡県市内の籠上中学校と決つた。学校は知つたが内容は全然知らず在籍、学校の性格も皆目知らず、決つた一瞬は唯茫然と聞き流しに聞いた。そうこうしてその日は終り、翌日一同は東京見物とシャレコンダ観光を計画し、都内をバスで遊覧して愈々配属地に趣いた。それで静岡に配属になつた五名は四月四日一路静岡に出発した(その中沼津一人、伊豆二人、市内二人)先づ県教育委員会を訪れ、各々配属校に案内して貰うためあいさつに上つた。色々と係の人が親切にもてなしてくれましたので助つた。暫らくすると各学校の校長生先方が来られて初対面し、学校の模様を話している間私は驚いた。それはこうだ、在籍一、六〇〇人、職員五〇人で特に職業教育の研究指定校として各地から参観者が多いということを知つた。然し自分は研究テーマが数学で実際はがつかりしたのである。でも仕方がない。配属になつた以上はしつかりやろうと決心し意込んで赴任の日を待つた。翌日朝八時駅前に待つていると校長先生がスクーターで迎えに来て下さつて早速二人で学校に向つた。約二十分程たつと、学校に着いたが、着いて見ると二度びつくりさせられた。何と校舎の悪いこと県下で最も悪いかと思われるような御ボロ校舎で盛んに修理していた。後で校長さんから此の学校の歴史のたいということを聞かされて始めて落着いたが静岡でも有名校と言われているのが疑わしい程だ。其の日は先生方も忙しく、新学期の諸準備、組分け、掃除等の雑多で取り込んでいるので

※胸奥にひゞくものを感じさせるであろうと思われるのである。中学校の生活指導の中にこういつたいわゆる道徳的要素をもつた内容をもりこんでホームルームでも他の機会にでも指導するのが前述した道徳的性格を含んだ生活指導という基本問題の指導方法なのである。そしてこれは何も封建的教育にもどることでも、徳目主義にもどることでもないのであり、親に孝行をすることや兄弟仲よくすることなどは資本主義の時代でも変わることはないのであつて、たゞそのやり方が時代によつて変化し又生徒の個人々々によつて実際の方法は異なるであろうけれども基本的なものは変るものではないのである。

中学校教育に於て宗教的情操の教育が何等行われていない現状においては今述べたような道徳的内容をもつた生活諸原則とでもいゝうる問題をめぐつて終始一貫する精神的要素、これが中学校の生活指導におけるモラル・バックボーンであろうと思われのである。従つて中学校全体を通して、勿論適時適所において適切な指導を行うのであるが全体を通して道徳的要素をもり込んだ生活指導の計画を行うことも必要となつてくる。

中学校の生活指導は次第に難しさを露呈してきているがそれは始めに述べた教科担任制、予備校的性格、および義務教育下における特殊生徒処理の問題等でこれが生活指導を正常運転する支障となつているのであるが、たゞ生活指導の基本問題として理論的側面と実践的側面とがあり、自主的に考える基盤規律的行動が裏付けされていて、この両方面の生活導指をしなければならないということゝ、中学校の生活指導が道徳的内容をもり込んだ生活指導でなければならないのではないかということを述べて、一試論としたわけである。

校長先生が今日はあいさつは無理かと思うから八・九日頃にしましょうというのでその日は帰つた。四月八日赴任のあいさつをした。沖縄から来たとも知らぬ生徒たちはどこの人かと珍らしそうに指揮台の自分をじろじろ眺めている。私は何か気持が変になつたがあいさつの一声を発した。

最初からユーモラスに切り出したから堪らぬ。皆笑つた。やつと気分を取戻した体で何んとか済ませたが後で「国場君中々話せるではないか」とある先生は言つてくれた。私はその言葉を聞いたとたん何か意味が分らない。それはこうだつた。後で知つたが、沖縄は南方にあるとは知つていたと見えて南洋の土人みたいに腰ミノをぶら下げ裸になつて、色も真黒にしているかという。つくづく常識の足りなさを感じた。その時は背広にネクタイ、靴をはいて、びしやりとした服装でいたので沖縄の認識を新らたにしたことは間違いない。それに言葉もどんなものか注意したらしい。期待に外れて話していることがよく意志が通じて共通語であることに驚いたと見えて次のことを質問に来た「済みませんが沖縄では今先生が使つて居られる言葉ですが」と聞く、私はうんざりさせられた。(中には成る程度知つた人もいる)案外、新聞、雑誌に沖縄のことが載つているので認識しているものだと決め込んだが完全に裏切られた思いがしました。そういうことから我々が使つている言葉が決して卑劣なものでないと力強く思つた。静岡の方言まじりの言葉よりむしろ標準化されたものだと誇りだい位である。地方に行けば次第に方言が多くなるので却つて話づらい感じがする。そうこうしている中に一、二週間過ぎ学校に慣れる従つて気も落着いて来た。やはり三ヶ月位は郷愁にかられて仕事が手につかない。四月下旬になつて授業を受け持つようになつたが、常に夢に見た本土の教育をまのあたり見、又実際に行つている中にその実態が分つて来た。確かに沖縄教育と本土の教育とに差異は認められるが大差ないということです。ではその差異の点を二、三、あげてみましよう。

(1) 環境は概してよいということです。

学校の施設は実に羨しいばかり何でもある。

学校側の註文の七、八割程度はP、T、Aがやつてくるし、そのため膨大な予算を取つて援助してくれてる状況で教師も何不自由なく朗らかに活動している。その恵まれた雰囲気でも子供達は幸福である。又父兄の学校に対する関心は沖縄のそれと比較にならぬ程である。学習の面においても色々と便宜を与えてくれる。各学級単位に父兄の委員があつて、学級内の教育懇談会、壁修理、子供の学習に就いての協力等色々と学級主任を助けて学級を盛り育てゝ行く。沖縄では新教育布令にある様に父兄、生徒から一銭も徴収してはならぬと規定されたことで尚更今後のことが案ぜられる。

(2) 教師の教育活動がどんなことでも計画性をもつて綿密な立案のもとに活動していることである。無論沖縄でも同じく教育は計画性を欠いては教育はあり得ないでしようが。

以上の二点は確かに参考になることで沖縄のそれとでは差異がある。指導法と云うことは大して差はない。却つて沖縄の先生方が良心的に子供の幸福を念頭に献身的にやつて居られることが優つているのではないかと思われる。それは何故か、教科書中心に知識の注入に主力を傾注していると云う指導法で、特に中学校になると最も問題にされる入学試験で必然的に知識注入主義に流れ勝ちになるのではないかと思われます。年々入試対策の学習が色濃くなると批判されている。沖縄も或る面に於いて同じ悩みでもある。次に道徳面として、最近年少者の男女交際が全国的に悪化しつつあると云うことで盛んに道徳教育の方法が議論されている。沖縄にあつてはその問題はそんなに痛切に必要性を感じなかつた自分が現に学校に太陽族と称する女子生徒が十名程児童相談所の厄介になつていて他に波及しないかと生活指導に大童でいる有様を見ると道徳教育の必要性が強調される動きが痛切に感じられた。都市に行く程異性の交際が不純化していく傾向にあるが沖縄に於いても決して油断出来る問題ではない様に思われますそれにかんがみて静岡県教委から中学校運営基準として発表されています。次はその全文

「最近非行生徒の続出にかんがみ生活指導、道徳教育の見地から特別教育活動を重視し、全生徒が参加出来るようにする。ホームルームのロングタイムの活動を強化する」

というお振れまで出された。最後に教師は常に雑務に追われ多忙を極めていることは沖縄と変りはないが、実に能率的に片付けている。雑務と云つても学級事務で、むしろ教育活動としか考えらない。その忙しさの中にあつても職員のレクレーションが活発に行われています。

色々と感じたまゝ見たまゝを書きましたが現況をお知らせします。

では皆様の御健斗をお祈り致します。

配置校　静岡市立籠上中学校

現在校　伊野波　中学校

＝座談会＝

運動会のありかた

主催－文教局
とき－一九五七年九月十二日
とこち－琉球大学
出席者（順不同）
琉球大学教授　小橋川寛
城西校ＰＴＡ会長　安村良亘
琉球大学助教授　前泊朝雄
文教局社会教育主事　山本芙美子
前原地区教育長　兼城賢松
石川中学校長　粟国朝光
仲西中学校教諭　玉城幸男
首里中学校教諭　新垣久子
文教局指導主事　屋部和則
司会－文教局研究調査課長　比嘉信光

－性格・目標－

比嘉　ではこれから、運動会についての座談会をはじめたいと思います。毎年今頃になりますと、運動会のあり方について色々と論議が持ち上がるわけですが、今日はその方面に深い経験をお持ちの方々に、それぞれの立場からお話しをお願いしまして、新しい運動会のあり方について現場の参考に供したいと思います。よろしく御願いします。

それでは、はじめに、運動会の性格と目標についてお話を願います。

小橋川　運動会は、生徒と職員が一体となって、地域社会と結びつく稀なチャンスだから、単なる体育行事と考えるべきではないと思うね。学校だけのワクでなく、地域社会全体の活動に児童も参加するという意味で、教育的に大きな意義があると思います。

又、父兄に対しても、教育活動についての理解と協力を深めさせる点で大切な行事です。

兼城　私は三つの点を挙げたいと思います。一つは学習活動の発表会。たのしい発表会だね。もう一つは、自発活動の最もいゝチャンス。三番目に、学校祭であるという事でね、学校に対する関心を昂揚するいゝチャンスです。

小橋川　従来の運動会は単に見てもらう為のものといった性格が強かった。これじやいけないんでね。生徒・職員・地域社会がすべて「参加」するんでなくてはいけない。しかしあくまで子供らが中心でなくちやいけない。

粟国　私は二つの点を強調したい。一つは行事としての運動会。学校社会の年中行事としての運動会ですね。これは伝統的な意義があると思うね。もう一つは特別教育活動としての運動会。昔は子供らの手の届かん所で色々計画されたが、それを子供らに計画や運営の面まで参加させる事によって、個性を伸ばす。自主性、創造性を養い、責任観念も植えつけられるよいチャンスです。

これを日常生活にまで応用させるようしむけて行けばいゝと思いますね。審判も判断力を養うよいチャンスです。

玉城　さきほど、発表会という意味で運動会が性格づけられたんですが、一方「学習のまとめ」のチャンスでもあると思うんです。個人としてはこれまでの体育学習を審判だとか、協力だとか、運営といったものを通してまとめるでしょうし、教師としては単元をしぼってまとめる。学級としても、学校全体としても、全体的協力のもとに総まとめをするよいチャンスです。

屋部　文教時報第十号に運動会特集が出ていますが、あれには二つの立場から「ねらい」をかゝげて解説したんですが、一つには父兄、学校、卒業生が集ってやる一日の楽しいレクリエーション。もう一つはさきほど話の出た学習発表の機会ですね。

運動会は、父兄に学校教育というものを理解してもらうよい機会だから、今後そういう点に力を入れてもらいたいものです。子供らにとっては、お互い教師が想像もつかないほどの大きな経験を持つものですから、より深い、より豊富な経験を与えるという点に力を注ぐべきだと思うね。

山本　たしかに運動会というものは生きた生活指導の場だと思いますね。

屋部 学習指導要領の十九頁にも、ちやんとまとめられているんですがね。低学年では行事や催おしに参加する。（運動会、えんそく等）とあるんです。中学年に行きますと、行事や催おしに参加するとあつて、（校内試合、運動会、遠足など）高学年では単に参加するだけでなしに、行事や催おしを計画し、運営するとあるんです。

比嘉 大体、以上で性格とか、目標といつたものが、まとまつた様ですが、何かほかに……

前泊 我々の教育の出発はどうしても子供ですね。子供達の活動意欲 そこからこれを社会活動に適応させて行く。その中間に橋わたしをするものがある。つまり学校ですね。学校はそういう意味で、子供らの意欲に基いた、たのしい、面白い運動を、低学年では参加させる。高学年ではそれに計画運営という面まで次第に加わつて来て、社会生活に入る基礎が着々固められて行く。運動会などは、そういう過程をふますのに最もよい生きた教育の場ですね。

兼城 さつきの屋部さんが引用した指導要領だがね。あれはあまり広く読まれてないようだね。（笑声）

屋部 全くですね。あれを読んでる人は少いですよ。

小橋川 指導の根本なんだからね。もつと広く読んでもらいたい。

―計　画―

比嘉 次に計画についての問題を、実際にこの仕事に当つて居られる現場の先生方からどうぞ。

新垣 計画は二学期になつてから大あわてでやるのではなしに、四月に、ちやんと計画の中に入れてやるべきだと思うんですが。一年間の全体計画の中に位置ずけておくべきだと思うんです。

玉城 それはそうですね。そしてさらに具体的な計画を立てる場合、大綱は学校経営者である校長、教頭と、体育主任が立てゝ、それを更に生徒会、職員会にかけて、それをもつと具体化するわけです。種目の選抜、練習方法、編成などについて、普段の学校の組織―各クラブですね―そこで計つて、次に運動場や用具の使用といつた問題でもう一度、学校経営の立場にもどつて、計画を形づくるという風にやつてます。調整するんです。しかし単元の展開で行くので、特別に授業を割いてやるというのは学級だけで出来ないまとめだけです。

粟国 私は今年から中学校の方へ移りましたので、これまでやつて来た小学校の事を中心にお話したいんですが、運動会の一ケ月前かあるいは五週間前までには、運動会運営委員会というものを組織します。これは、職員。それから生徒に対してもこれを組織させる。ＰＴＡは少しあとになります。

この組織で、大きな方針を立てます。私は校長だから、正規の時間を割いちやいかんという事をいつも云つとるんですが、その場になつて急にやろうと思つても仲々出来んから、時間計画を立てるわけです。それには全体練習をいつやるとか、何回やるとか、特別時間割を作る。

一週間位は基礎練習をやるんです。次の週に運営委員会で決める事が種目です。それで、三週目からは、はつきり何をするという事が分つている。これをはつきり決めとかんと、先生方は方々の運動会を見て来ちや、あつちのがいゝ、こつちのがいゝといううで（笑声）他人の園はきれいに見えるんで、せつかく決まつたのも次々に変えて、好評を博そうと（笑声）こうなつたらメチヤクチヤになる。（笑声）

二週間前にＰＴＡの委員会をつくつてもろう。こゝでは主に経費の事が計られます。それからＰＴＡの参加の仕方について決まります。それから校内発表会―私は予行演習という名前をつけて居りません。予行演習といつたら何だかその日は単なる練習みたいでだらけるから―それを一週間前に持つて、いろ〳〵運動会に臨むわけです。それまでに、各係が決まつてるので子供自体が特別活動を通して、図工方面ではポスターとか、審判だつたらそれまでに自分が使うべき用具を作る。記録係は先生と相談して必要なものを準備しておく。

屋部 今月号の教育技術に紹介された例では四週間というのもあるようです。簡単ですが、よく要点をついていたいと思います。その内容をちよつと紹介します。この学校は四週間前に企画委員会を開きます。今粟国先生のおつしやつた運営委員会と同じものですね。そこで方針、努力目標を決定する。それから子供らから得たアンケートの結果をまとめて参考にする。それから各係を決定する。

三週間前には、プログラムに従つて学級単位の練習がはじまる。授業は全然つぶさない。

二週間前にはじめて学年合同の練習がはじまる。さきほど粟国先生のお話に出た特別時間割がこの二週間前から必要になるわけですね。用具の準備もこの時はじまるのです。それから各係の任務の確認と仕事の推進。

一週間前に予行演習をして、点検する。それから当日までは演技の総仕上げとなっています。

粟国　ここで強調したい事は「点検」です。これは学校経営者としても、いつも困る問題です。当日になつて、あわてゝあれがない、これがないといってね。責任者は何回でも点検をするという事が大事です。ピストルのタマがありませんなんて、その日になつてからね（笑声）それから必要な蓄音機のレコードなんかも、うつかりして間に合わなかつたり。

玉城　用具一覧表をつくつて、たえず検討する必要がありますね。それに、いつ、だれが準備する。借りて来たもの、あるいは練習に誰が借りて行つたなど、細かく記録しておく。

兼城　プログラムと一しよに用具についての細かい記録がしてあつて、機械的に出て来る所まで出来ていないといかんね。

　毎年あることだから、運動会に関する色々な評価、反省の記録を取つておいて、それを基にしてやれば、二、三年後からはもう安心。楽にやれた。

比嘉　過去の記録の生かし方をもつと工夫しなければなりませんね。

兼城　私が琉大を出たばかりの若い先生に一任した事がある。本人は大きな中学校の運動会だから恐れをなしたが、私はあくまで君に任すというわけで本人も仕方なしにやつた。しかし三年後には大した自信だつたね。やはり過去の資料を最大限に生かした結果だつた。

玉城　私の所でも、運動会の二日後に必ず反省会をしてるんです。それを又翌年改めて見なおすという風にしています。これには職員、生徒、部落の代表が参加するんです。地方では部落というものが教育活動に対して、特に大きな役割をしますから。これによつて地域社会全体が、自分らの運動会だという自覚と責任も生まれて来ます。

屋部　反省会というものは、どこでもあるんだがたいていコレでね（酒をのむまね）大した反省にもならん。（笑声）

比嘉　熱心な学校では、過去のぼう大な記録が保存されていて、審査係、準備係の各種目別の運動場の使い方など図解入りで細かく書いてある程です。

一同　記録の整理と利用に重点を置く。そこからよりよい計画が生まれる。賛成ですね。それと特別時間割を事前に持つて置く事ですね。

玉城　運動場を使つての練習が一度にたくさんのクラスでかち合わないように。

安村　父兄の立場からしても、授業を割かないように要望します。又練習も、子供たちが疲労して食欲もなくなるというのは困ります。

新垣　教科にも運動会の計画についての事がありますので生徒にも理論だけでなしに実際に計画に参加させる事によつてよい教育効果をあげ得るわけです。

――時　期――

比嘉　次に時期の問題についてですが、一般にはどうでしようか。

屋部　早過ぎますね。去年は九月十六日というのがありました。

新垣　去年ありましたね九月中旬というのが、

小橋川　この問題はさつきの計画というのと関連してくるんだが、四週間とか五週間という準備期間があるんなら、大体いつと分るわけだがね。だから早過ぎるというのでなしに、さつき話し合つた計画というものに準じてやつたらどうかという事になつてくるね。

比嘉　夏休みを終えたばかりの所で、身心共に学校になれさせるのにも、又、学習の整理からも、しばらくは期間が必要だから九月早々というのは考え問題でしようね。

屋部　過去の期日についての記録は私の所にも全部とつて置いてあります。

山本　早くやりたがるのは、演技の上手下手の問題もあるけど、早くやつた方が喜ばれるというのもあるようです。（笑声）

屋部　沖縄では九月といつてもまだ短縮授業の時期ですよ。私は十年間沖縄の気温の統計を取りましたがね、どの位暑いかとね。九月の中旬ではまだ二十九・六度ありますよ。こんな暑さで運動会をしたら父兄におこられますよ。（笑声）

粟国　だからね、運動会を単なる行事として、早く終ちまえというんで、（笑声）ヤクばらいみたいに考えるとそうなるんでね。

屋部　十月の中旬位いがいゝでしようね。それから十一月の中旬までね。その頃なら二十八度位です。

兼城　私は長い経験で、十一月はいかんといつてるんです。雨でね。

玉城　問題はね、運動会の期日が決めにくいのは、純教育的立場だけでは為されていない事ですよ。気温天候、学習単元とも関連して決まるといゝんだが、そうもいかない。特に地方では運動場も一つしかないし、寄附金の問題、その他の村の行事との関係などで仲々うまく行かない。

粟国　私の所は毎年十月二十日頃いつもやったんです。ちようどその頃―二十二日が学校の創立記念日になつてるので、その前後はどこにもさせんとね、（笑声）がんばつて、どこの学校もあきらめて取ろうともせん。（笑声）

新垣　私の所は十月の十三日頃です。他に三校ありますので、お互いにかち合わないように話し合うわけです。

玉城　私は過去の天候についてやはり記録を取つています。これによつて大体の計画をするんですが、気象台のものだけでも実際には困る事があるんです。その日は晴れても、グラウンドの条件というものは大部差がありますからね。一日で干く所とか、一週間経つてもダメな所とかね。

粟国　時季の問題は、地域社会の特質も考えて、多角的に検討しなければいけないね。学校の立場だけではとても出来ない。

兼城　私もね、十月中旬から十月末にかけて行うように助言してるが、ちようど色々な都合からいつて、この時期が一番よいし、又うまく行つてる。

―種　目―

比嘉　次に種目について、いかがでしよう。量と内容について一つ。今はなくなつたと思うんですが、どこも流行を追つて、どこも同じ物ばかり。例えばタンプリングをどこかゞやり出すと小学校までもやる。いた〳〵しくて見て居れんというのがありましてね。（笑声）

玉城　一体指導要領をよく読んでやつてるのか、個性の尊重というのが考えられているのかと疑いたいのがたしかにありますね。

小橋川　子供らの要求が容れられているかどうかという問題もね。見せ物になるんではどうかと思う。

比嘉　平素の学習のまとめという点でずいぶん遺憾なのがあるね。クラス単位でいつでもやつてる筈の正常歩がなつてないのや、スタートが実にもうデタラメで、一体何年間もかけあしをやつて来た筈のものが、これはどうも困つたもんですね。

屋部　たしかにそうだね。小さい事みたいに思われがちだが、厳正なスタートなんてちよつと見られない。

玉城　それはね、平素のこともあるけど、結局盛沢山のプログラムを作つちまつて、かけあしなんぞは早く終らしちまえというので、あんなにデタラメになる。（笑声）用意、でもう二、三歩もかけ出している。（笑声）それを大つぴらに皆の前でやる。結局肝心な教育の場を自からぶちこわしている。（笑声）平素の指導の成果のまとまりどころか、その日になつていきなり出来るような事ばかりだ（笑声）

比嘉　公正なるべきスポーツ精神をこの日にこそ最も高度に発揮すべきなんでね。

屋部　どうもね、リクリエーションというものの考え方が少し間違つてるんぢやないかという気がするんだがね、例えば、プログラムを見たらね、各部紹介というのがある。クラブの紹介なんだが、それが仮装行列でね。（笑声）それがひどいイデタチで（笑声）どこに体育価値があるか分らん。（笑声）

比嘉　あれは大学から入つて来たものだろうね。大学ならあんなのがあつてもいゝんだろうがね。

玉城　大学の場合はあれはお祭で、たま〳〵それに運動会も行事の一つとしてあるし、仮装行列もあるんで、まあ、幕あいにあれも入れとけというんで運動場に流れて来るというようなもんで。（笑声）あれからはタイクの夕も見られん。（笑声）

粟国　やるんなら少なくとも教育的な意味のあるものだね。例えば小学校の話にある一寸ぼうしだとか花咲じいとかね。中学校では表現するものね。例えば日本の服装のうつりかわりとか。

兼城　もう少し品のあるものをね。

山本　今はパン食い競争などはありませんかね。あるいはタバコ吸い競争。あんなのは職場のレクレエーションにでもまかして、学校からは抜きたいですね。あまり教育的ぢやないですよ。（笑声）

玉城　仮装行列をゆるせ、ゆるさんで生徒と対立した事があるんです。よその学校はやるのに何故させん、というのが生徒側の言い分でね。説得するのに骨が折れましたよ。

屋部　文教時報第十号にこうあります。「平素の学習と結びつきのあるもの」とね。タンプリングも平素とはあまり結びつきがない。
二番目に「力一ぱい活動の出来る学年相応のもの」三番目に「興味のあるもの」四番目に「品のよい種目」ですね。五番目に「危険性を伴わぬ種目」六番目が「時間の適当な種目」長いものは困りますね。七番目に「体育的な種目である事」。八番目に「簡単な設備で出来るもの」。九番目にこれは父兄なんかの為に」レクレエーションになるもの」というんで、まあ、スクエア・ダンスなどね。

玉城　用具の問題が出たけど、私は運運動会のチャンスでなければ作れないものを作るという矛盾したような考えを持つてるんです。

小橋川　年次計画ではつきり目標をつくつて行けばよいわけだ。

比嘉　用具の整備については、はつきりした予算はあるんですか。教育長さん、どうでしようか。

兼城　それはありませんね。計上はしてありますがね。今の所は形式的で。

屋部　これは又聞きなんだが、PTAのお母さんたちに何かやつてもらいたいと、決まつた種目が、あのまゝでなしに外のやつをくつつけたらいいんだが、「もどりかご」というやつでね（笑声）、歌詞はあのけいこを見た子供らが「アッヘッヘッ」というはやしを家でやる。（笑声）

山本　教育的で品のあるものを選ばないとそうなるんです。考えものですね。

安村　子供が中心なんだから子供らに悪影響を及ぼすだしものは困るね。

兼城　それからね、二人三脚だとか、ボート・レースなどのように、不正確で、その場限りの練習ですぐにやる競走ね。あれをいれていゝもんかどうか……

玉城　競走などは、種目として取り入れる場合、いろ〳〵問題がありますね。設備は貧弱だから、いゝかげんの所に旗を持つて立たして、あれを廻つて来るというルールなんだが、ボークしたつてそれを決めるほど正確な施設もしてない。ほんとはそこからしつかりさせた上で、次には正確にルールを守るという所まで訓練しないとね。

小橋川　体力の差で、はじめから勝負のはつきりしているものもいかんね。そういうのは何か他の方法で、体力以外の要素も加わつてはじめて勝負が決まるように工夫しなくちやいけないと思う。でも、その場合は危険を伴わないように。しかし、平素練習しなければ出来ないものと一しよに、短時間の練習で出来る競走遊戯みたいなのも変化をつける為には悪くはないと思うね。

兼城　競技会ぢやないから、いろ〳〵な基礎的要素をうまく組合わせたもので、はじめから勝負のはつきりしないようなのが一番いゝね。

山本　単なる走りだけとなつたら、女の子なんか、特に出たがらない。ノイローゼになる子も居ますね。（笑声）

粟国　その点ではね、平素の時間にそれぞれ子供らのタイムを取つておいて、能力別に分けてやらせる方法ね、これは小学校ではやつた。

比嘉　等質グループでね。それはいゝ方法ですね。

安村　それだつたら平素からの準備がいるわけですね。

玉城　時間という点ですが、去年機械体操をやつたらあれはうんと時間がかかる。それでも一部の者でなしに、全員参加させてみた。能力に応じて全員機械体操をやらせている事を親に見てもらいたかつたわけですが、時間という点では問題だから今年はどうしようかと考えてるんです。

新垣　時間の問題も、つまる所は回数の問題ですね。これは重要な種目で、どうしても入れたいという立案者のはつきりしたねらいさえあれば多少の時間の長さは、他のダブるものを抜いてでもやつていゝと思いますね。重点主義で、プログラムを無駄なく、全体的にまとめる事が大切でしようね。

比嘉　毎年運動会ともなると、時間の問題で悩むですね。午前中は大体スムースに行きますが、午後になるともうダメ。

山本　四時半には終えてほしいですね、おそくも。閉会式まで立合うように毎年呼びかけても、お母さんたちにとつては夕方の家事があつて、とてもおそくまでは居れないという人々が多いですからね。

兼城　何だか物足りないなあという感じの所で終る。それが一番いゝんだ。（笑声）

玉城　そうすれば、あとかたずけも済んで、かるい反省をした上で帰る事になつて大いによいです。

屋部　十月中旬といえば六時頃からは暗くなつてくる。朝の九時—十時からはじめて、終るのはかつきり四時にという事が一番いゝでしようね。そうすれば、後かたずけも終つて、家族そろつて話しながら家にかえつて、一しよに楽しく夕食が食べられる。

運動会の翌日、学校に行つて見ると、それこそちりの山で、机、腰かけもちらかし放題（笑声）

比嘉　その日で一気にやらんと、翌日は気合が抜けて、そうじもおつくうになる。（笑声）

屋部　大きい学校　小さい学校でもちがうんでね。大道小学校が四千人も居た頃など、一学年の徒歩だけで四十分もかかつた。（笑声）

粟国　あゝなると特殊な方法でも考えないと駄目だね。

小橋川　あれは特殊な団体だつたね。

屋部　一人三回乃至六回の出場種目で大体四時迄に終るんぢやないですかね、普通の所では。

玉城　まあ下級で三、四回、上級で五、六回位、中学に行くと同じ五、六回でも内容がちがちがつてくる。

栗国　私は父兄にマイクで、子供さんたちは疲れているから、一しょに後かたずけをしてくれるようにと呼びかけた。そしたら父兄が喜んでやってくれました。

安村　私はＰＴＡに関係していますが、ＰＴＡの社長とか体育部長といった人々がマイクから父兄に呼びかけて、運動会は大事な教育の場だから、学校と協力して、範を示してもらいたいとね。うまく行ってるようです。

小橋川　そういう所は「運動会の性格」という所で話の出た「学校と地域社会のむすびつき」という協力的活動の示し所だね。

兼城　種目と関連して、困った事だと思うけど、小学校の運動会に、青年の運動会や、その他のものが一しよくたになって、何が何やら分らんというのがあるね。私の方は一生懸命反対する。向うも一生懸命反対するんだが。（笑声）

小橋川　あんなのは、子供らの領分を侵害されるようなもんだね。都会地ではあまりないが。

比嘉　私も学校の運動会と、青年の競技会を分離するのにうんと力を注いだ事がある。あれはまったく困りますね。

安村　それでね。他の行事が運動会というものに便乗するんだね。

一同　そう〳〵。

兼城　費用や時間が節約出来るしね。

屋部　まだそういうのがあるんですかね（笑声）。

玉城　理論的にはこれぢやいかんと分っても実際にはどうにもならんという所もあるんぢやないかね。学校の方で強いて青年競技会を切り離そうと無理に出たら、かえって反発を受ける。そこで、これは青年に組織を持たして、自主的に彼らの行事を運営させるように仕向けた方がいゝと思うね。それにはリーダーが要る。

小橋川　二つの行事は性格がちがうんだから一しよくたにしたら混乱して、教育上も悪いね。

―賞　品―

比嘉　次に賞品について御意見をどうぞ。

山本　出来るだけ全員にやりたいですね。

玉城　私の所では参加賞を全員にやった上で一、二、三等には別にやるという方法です。

兼城　賞品というものには意味があるからね。不正な者は一番でもオミットするというのがいゝね。

安村　いろ〳〵方法はあるようだがね。うすくてもいゝから皆にやるというのや、それに一等、二等などは少しつけ足すとか、それから品物は皆同じでも、上にハンコで一等、二等、そしてのこりは皆三等と押してあるのもある。それからリボンの色で分ける所もあるね。それがね、運動会は済んでも、リボンだけは一ケ月位もつけているらしい。（笑声）

栗国　それは問題だな。一ケ月もつけてるなんてのは。つけない連中はどうする。（笑声）私はね、賞というものは、その日、一日を印象づけるという所に大きな意味があると思うんです。勝者として校長から重々しく賞を受ける。その時の強い印象ね。そこに意味があると思うんです。賞そのものというよりはね。それで私はね、賞は全員同じモノを、同じ場所で、同時に渡すんだけど、渡す人がちがう。入賞者には校長が、その他の者には教頭が渡すという風にしている。入賞者は、品物は同じでも校長からもらうというので強い印象がのこる。

比嘉　賞の意味はそういうものだね。

玉城　表彰という事であって、代償であってはいけないね。

栗国　一歩退いたら誰が一番か分らない。本人が印象をきざみ込まれただけでね。（笑声）

兼城　印象という事ね。それは賛成だ。

安村　時間の関係で、賞をあとでやる所もあるね。

栗国　それはいかんね。印象が薄れる。（笑声）

兼城　運動会という場合と、競技会という場合とでは賞の性格もちがうと思うね。

玉城　賞はとにかく厳正にルールを守った上で与えられてこそ意義があるんで、スタートは甚だルーズなくせに、決勝点ではずいぶん細かい事を云うのが普通ですね（笑声）

屋部　賞そのものが目的になってしまっては、いつまでも問題は解決出来んと思うね。

新聞社が健康優良児の賞にタンスなど出すんだが、あれはトラックを持って来んと運べない。（笑声）

小橋川　メダルでも何でもいいんだ。要は本人にほこりを与える事なんだね。しかし運動会と、競技会ではたしかに性格はちがう。

玉城　表彰の方法を教育的に考える事ですね。

新垣　私の所で、クラス単位に賞を出す事をしたんです。そして出ない生徒については一点ずつ点をひくという風に。

安村　それが強制的になって、無理に出て身体をこわした例はありませんか。

新垣　いえ、それは勿論はつきりした理由で出られない子については点を引きません。

―父兄の参加―

比嘉　では次に父兄の参加という問題について……

安村　PTAには色々の部がありますね。文化部とか体育部とか………運動会はそういったPTAの組織が実際活動を通して学校に協力するいゝチャンスですね。経費の面が出てくるんですが、予算が組まれる事が望しいと思う。それには教育委員会と、PTAが協力して、運動会は大きな教育的意義を持つた行事なんだから、学年のはじめにはつきり計上すべきだと思いますね。

　それから父兄の参加について、売店の事ですがね、本土あたりでも二つの理由があげられているようです。一つには、運動会ともなると、周囲に物売りがタカる。その中には不衛生な食品があつて危い。そういう保健面からですね。もう一つは売店を特設することによつていくらか収益が上がる。これを経費に当てるという両方からお母さんがたの経営による売店はよいとされているのです。

　それから席の問題ですね。テントばかりの。

山本　来賓席。（笑声）

安村　それをね、出来たら年寄りの席にする―敬老の意味からもね。それがいゝんぢやないかね、公平に云つて……

　それから種目については、回数と、午前にやるか、午後にやるかという問題が出てくる。子供に悪影響を与えないで、出来るだけ多数の父兄が、気楽に参加出来るものを工夫することですね。

屋部　一昨年、全琉のプログラムを集めて見たんですがね。商業広告で一ぱいだ。父兄に云わせると学校に協力しているというんですがね。プログラムの真中に健康の素と銘打つて酒の宣伝などがある。（笑声）父兄からそういうプログラムの寄附があるわけです。

比嘉　どうかと思うね。

安村　だから、そういうのははじめからプログラム印刷費を予算化すればいゝんですよ。

小橋川　プログラムと云つたつて、千枚位も刷ればいゝんだから―千枚でいくらかね。二百円位のものでしよう―紙代は。

粟国　それをね、アベコベに学校からお願いするというのがあるんだ。（笑声）

屋部　それとね、案内状でも、余白を利用して、今度の運動会の教育的なねらい―重点や努力目標といつたものを書いて父兄に知らせる。それによつて父兄に理解と協力を呼びかけるという事も出来ると思いますね。

粟国　それからね、通知の中にプログラムと時間表を一しように送れば、いそがしい人でも、その時間には、自分の子供の分だけ見に来るという事になつて便利です。

山本　父兄として、一週間前位にそういった色々な情報や説明書がほしいですね。種目の簡単な説明など。

小橋川　どこかでプログラムの余白にそういう説明事項なんかを書き込んだ所があつたね。

屋部　案内状にも色々あるね。差出人が、学校、生徒会、PTA会長というのやPTA会長、生徒会、校長という順序のものなど。これは学校の責任者たる校長の名前にすべきだと思うね。

山本　それは経費の出所という関係もあるんでしようね。（笑声）

小橋川　経費の問題でも、その為に学校の権威を失つてはいかんと思うね。

玉城　運動会の本質をまげてまでやる必要はないね。それぢや運動会の意味をなさないですよ。

兼城　学校長は、校長としての公的立場と、個人としての私的立場を混同しちやいかんね。謙譲の美徳を発揮しすぎるのは困る。（笑声）

玉城　父兄の参加という事で、父兄の範囲をもつと広く考えて、直接自分の子供が学校に行つてなくても、地域社会の一員として、参加することは望ましいと思いますね。役員というのはPTAで出すとしても、校区の全員が学校に対して関心と理解を深めるという意味でね。

山本　私もそれには賛成ですね。

兼城　それと、身体的障害などで、参加出来ない子供らを、母親と一しよに受附けとかバザーとか、その他適当な役目につける。

　全員参加という理想から云つて、そうすべきですね。これは実際にお母さん達とも計つてそうしたんだが……

比嘉　それによつて一人のこらず所を得るという事になつて、教育的にも非常によい事ですね。

―服装・べんとう―

安村　服装はね、質素で実用的なもの。普段でも使えるものにする。それで、貧困で出来ない子供らには

PTAの方で何らかの方法を講じて与える。全員が喜んで参加出来るようにね。

比嘉　運動会の服装は、普段でも必要なものばかりで、その点はそれ程問題ではないでしようね。

山本　べんとうの方がもつと問題でしようね（笑声）

小橋川　自分のものだけ持つて行けばいゝんだが、よけいに持つて行つて人と交際する。（笑声）こんなもんで交際する必要があるかというんだ（笑声）あれは昼食なんだから。あの交際を打破せんといかんね。（笑声）ムダですよ。

玉城　こつちからどうぞ、あつちからどうぞと、同じ物をグルグル持ち廻つてる。（笑声）食うものは余つてるんだから。

山本　めいめいの折づめにでもすれば、帰りにも嵩ばらない。親は食べものの心配ばかりして、十二時前に来るので、かんじんな子供の出番も見ないという状態ですよ。

粟国　私はね、べんとうの簡素化を叫んだら、ウワーサー（屠殺業者）にうらまれて困つた。（笑声）

玉城　これはね、山本先生あたり、婦人会を指導する人々が大いに活躍していたゞかなくちや。（笑声）

屋部　進行がまずくて、昼食時間に喰い込むと、「おひる時間を三十分短縮します」と来る所があるんだが、あれは実にいたいね。せつかく家族そろつて楽しいべんとうの時間を半分にけずられる。ひどい所になると、「昼食時間は抜きます」と来る。（笑声）

どんな事があつても昼食時間だけはそのまゝ置くべきだね。一番楽しい時間だから。

粟国　べんとうは栄養本位で行くべきだ。あれも入れなくちやいかん、これも入れなくちやというんで、私は例の石川のカマボコ事件で中毒しましたよ。（笑声）人にわらわれるというんで、いつの間にか決まつた品目を無理してもそろえる。

山本　私達の方でも前以て運動会の料理についての講習などやつてるんですがね。

比嘉　くされない方法を講ずべきですね。時季的にもくされ易い。

玉城　平素から適当に栄養をつけるべきだが、明日は運動会だからと云うんで。急に栄養をつける。（笑声）明日なんだから間に合わない。（笑声）

山本　ミルク給食が運動会前になるといそがしいから怠りがちだときいたんですがね。むしろ力を入れるべきですよ。

小橋川　夏休みの分をそこへ廻すべきだね。

―反　省―

比嘉　色々結好な御意見が出ましたが、何かその他の事で最後にお話しになりたい事がありましたら……

玉城　事後の反省では、単に例えば時間が長かつたという事でなしにもつと掘り下げて、何故長くなつたか、どうすればよいかと、徹底的に究明すべきですね。そしてその記録を生かす。

屋部　運動会の記録を、体育の先生とばかり関係がある様に考えるのは間違つている。運動会の教育的意義ははじめにも話が出たように非常に広い。だから記録は全職員、全父兄が関心を持つて、反省や研究に参画すべきだと思う。

山本　反省資料によつてアンケートなどもまとめて、父兄にも知らせる必要がありますね。

比嘉　調査や研究で忘られがちなのはこの「公表」という事ですね。これでは反省が生きて来ない。

玉城　私の所では親子ラジオを利用しています。

安村　父兄は関心は持つていても、あまり実状を知らないんだからね。

粟国　私は運動会の計費の統計を取つて見たんです。一番多く使つたのが賞品ですね。二番が消耗品、三番が備品、四番が運動場整備、五番が旅費、六番が謝礼という風になつてるんです。全部で二万五千円位かかりました。生徒数千名です。それはすべて当日の寄附なんです。

山本　これは将来教育予算として組むべきですね。運動会は教育的にそれだけの意義と価値がありますよ。

玉城　私はいつも云うんですよ。運動会は学校の運動会であつて、体育の先生の運動会ぢやないんだぞ（笑声）皆で子供を育てるんですよ。運動会が近くなると、「オイ、何か手伝おうか」と（笑声）ひとごとみたいに云われたりする。

兼城　評価については、地味な所で働いている子供に、特に目をつけるべきだね。それから、毎年同じ事を悪かつたと反省しながらくり返す。これは、毎年、その年に特に重点目標を決めてこれを必ず実行する強い意志が必要だ。

比嘉　評価の生かし方が下手ですね。

粟国　運動会が終つたら、すぐにダルマなんか天井にかくす。どうしたときいたら来年使うという。（笑声）運動会と平素とがかけはなれて別もんになつている。

比嘉　運動場の白いラインも、運動会が終つて後、あれが残つている間は子供らがよく走つている。引いてあれば、いつでもよく走る。

―連載小説―

村の子・町の子（第六回）

宮里静子

（十）

七月に入ると職員室の空気は日ごとにあはただしくなる。

学期末の成績評価や、夏休みを迎えるための諸準備が次々とやつてくるのもさることながら、先生にとつて、何よりの関心事である恒例の夏季講習がやつてくるのだ。

琉大の夏季講座開設要項が新聞に発表されると、職員室ではどの先生も吸い寄せられるように要項のまわりに集まり、頭と頭とをくつつけ、眼を皿にして、めい〳〵の必要とする科目を探し求め、開設場所や単位数などについて再読三考する。その光景に、新垣竜太郎先生もやおら腰をあげると自席を離れ、女の先生たちが背をかゞめ、お尻をいくつもつき出した後に立つて溜息をつき、

「あゝあ、今年もまた、わずらわしき単位の季節とはなれりか」

と、すこぶる浮かぬ顔で言つた。

「アラ、新垣先生もまだ受けなさる？」

若い仲田英子先生の声に

「足らぬとあつては、受けざるを得ないんだ。小一だの中一だの、多岐多端で、わづらわしきこと限りなしだよ」

そう言つて、眼前に突出した大きなお尻を軽くたたき

「偉大なるこのデアンブの君よ。余がために少々退かせ給へ」

言われて反射的に尻を引込めると同時に背を起したのは玉城トヨ先生、

「びつくりするぢやないの」

と、にらむ真似をした。

「いや、余の甚だ見たいんだ。村芝居でも前の方に見物の邪魔になる奴が突出していると、杖か何かで小突いて引込ませるぢやないか。それと同様のことわり（道理）と思い給え」

「マア、大へんなコトワリね」

「尻に大小あり、されどコトワリに大小なしぢや。さあ〳〵どいたどいた」

玉城先生は、仕方なく戦前免許保持者のために退いて、その偉大なお尻の占めていた空間を与えてやつた。

「そんなにまでして、一体何を受けなさるの。新垣先生」

玉城　私の所ではいつでも係りを決めて、ラインが引かれてあるので、子供らも、青年たちも、あらそつて練習をしています。

兼城　運動会の成果が、単なる一時的なものではいかんね。それが日常生活にまで延長されなければね。

小橋川　それには、それなりの環境を与える事が大切だという事になるね。それと運動会で作つた色々な生徒の組織をそのまゝ平常の教科外活動にも生かすという事が望ましいね。そうする事によつて、生徒も、運動会を目標にしてやつて来た事を利用して、自主的に部落対抗だとか、クラス対抗などの競技会を計画したり、実行したりする事が出来る。運動会が済んだぞ、さあ、もう忘れろとなつたらいかんね。（笑声）

比嘉　そういつた考え―運動会を終らして厄ばらいした気になるからせつかくの成果が生かされないですね。優勝劣敗シンパイ（心配）済みて、（笑起）というんで、それきりになつてしまう。

屋部　運動会に、体育資料室を設けて、色々な体育資料を展示して公開する事も有意義だと思います。粟国先生や玉城先生がそういう面で努力して居られるようですね。

比嘉　色々工夫することですね。では時間が長くなりましたのでこの辺で終りたいと思います。皆さん御苦労さまでした。

―終―

「青年心理だよ」

「青年心理？」

「然り、昔は万世一系、心理学も一本だつた。それが、戦後は、何と多種多様で、琉球に住んでいい人種みたいに、何とにぎやかなことよだ。教育心理だの、児童心理だの、やれ青年心理、社会心理　人格心理、犯罪心理、動物心理、その他いくらあるか知れんが、名前を見ただけでも頭痛がするんだ。それを猛暑とたゝかいながら、勉強せにやならんかと思うと、まさに、世の中も複雑怪奇、単位恐怖症にならざるを得ないんだ。ところで、青年心理はいづこだ」

「那覇ですよ、那覇会場――」

「那覇？――名護には無いのかね」

新垣先生は悲痛な顔をした。

「那覇だけです」

仲田英子先生が気の毒そうに言つた。

「さようか。那覇と聞いては、もうそんな要項なんか見るに及ばん。この席も再びトヨ先生に返上だ」

そう言つて、力なく自席へ帰つた竜太郎先生は、煙草をつまみ出し、火をつけると大きく吸いこんで、溜息と共に煙を吐き出した。

（十一）

大田英作は、後期に国文学を受講することにして、山川文三をつれて那覇へ出た。

「那覇へ行つたら、車によく気をつけるんだよ。道を歩く時は右を見たり、左を見たり、いつも眼をグル〳〵して歩かんといけないよ。先生の言いつけをよく守つて、決して一人で外へ出ないようによく〳〵気をつけさいよ」

村のバス停留所まで、文三の母親は同じことを何べんも繰返して注意し、バスに乗つてからも、窓から顔をのぞかせてまた注意した。

「では先生、くれぐれもお願いします」

発車すると英作にそう言つて、母親は嬉しがる文三にしきりに手を振つた。文三も母の姿が見えなくなるまで、窓から顔を出して手を振り続けた。

名護で乗り替えて、しばらく行くと文三は気持が悪いと言つた。顔色がいくらか青ざめている。車に酔つているのだ。

「こんなに遠くまでバスに乗つたことないだろう」

英作が訊くとうなづいた。

「眠くなつたら寝ているといゝよ。そのうち馴れてくるから」

英作は文三が吐き気がして、吐くようなことはないかと心配したが、恩納あたりからいねむりをはじめたので、やつと安心した。

曲折する海岸線を快適なスピードで滑つてゆくバスの窓から眺める名護湾の風光は、いつ見てもいゝものだと、英作はしみじみ思う。嘉津宇岳や恩納岳が男性美を象徴するなら、この変化に富む浦々の美しい線の流れは、まさに愛情ゆたかな女性の美しさである。新鮮な山肌、海風にまつわる磯の香、名護湾の雄大な線、その上を雲は流れてゆく。

ふるさとの海、こるさとの山

英作はそうつぶやくことによつて、この風光への限りない愛情を表現する。半島以北の風光もそうである。だが、中部へ入つたとたんに郷土沖縄の表情は一変する。そこにはもはや「ふるさと」はない。ふるさとを失つた地上に、異国の風物と、異国風の生活が雑然と入り乱れている。国際的と言えばそれまでだが、中心を失つた不調和と、どこの国でもない（みんなの国だ）というパンパン的色彩が満ちあふれている。

そんなことを考えながら窓外の風光を眺めているうち。英作はいつか同じバスでこゝを通過した時、石川啓子がひとりごとのようにつぶやいた声を思い浮べた。

やんばるの海、やんばるの山

それは啓子にとつても、たしかにふるさとの再発見であつたにちがいない。そんなことを、とりとめもなく思い返しながら、文三を見ると、額に汗の粒をいくつも浮かせて、ぐんにやりと寝入つている。車とガソリンの匂いだけで、生気を失いかけたこの野生の子を、あの騒音と、砂塵とコンクリートだらけの環境へぶち込んだら、果してどんな反応を起すことかと、英作はそれがまた気になり出した。

（十二）

夏季講座前期の開講式当日の八月一日。那覇会場では各地区から集つた男女教員約五百人が、日本講師を迎えて賑やかに開講された。

新垣竜太郎先生の北ヤンバルからわざ〳〵那覇へ出て来て、宿をとつての受講である。そう言えば、形の上では非常に熱心にみえるが、実は一単位百円の登録料や、十余日にわたる宿泊料など合算すると、家族の多い竜太郎先生の苦しい家計に、重大な影響を及ぼすのを覚悟の上で出て来た実に悲壮な受講である。

「単位は取りたし、お金は惜しい」で、多産系に属する妻と、幾日か論議を重ねた結果、遂に単位には代えられぬと、重大決意をして出て来たのだ。だから勉強そのものよりも、単位が大事で、如何に思考を労せずして、しかも居眠りとたたかいながら、うまく単位をカク得して帰るかが竜太郎先生の最大関心事である。

開講式がすんで、どや〳〵と教室に入り、例によって級長みたいなも選んだり、いろ〳〵な係を決めたりすると、次はいよ〳〵講義である。

青年心理の教室へ入って来た講師は、まだ三十を過ぎたばかりの、肉つきのいゝ眼鏡の日本講師、その顔が竜太郎先生には二単位に見えた。

「僕の名は」

開口一番そう言って、二単位先生は黒板に石山源九郎と書いた。

「九郎というのは、九番目に生れたからではない。僕の親父がいゝ名だと思って、僕の生前に用意しておいた名を、従兄の奴が僕より早くこの世の中へとび出したために、その用意しておいた名はそいつに奪われて、止むなく付けられた名である」、

竜太郎先生はとたんに嬉しくなり、こんな講義なら、まず〳〵頭を痛めることはないと安心した。ところが、自己紹介みたいなことを、しばらくしやべったかと思うと、

「僕の今度の講議は十日間を通じて二単位となっているので、その間に三回試験をします。大体三日ごとに一回の割で、どんなことがあろうと、これだけは必ずやります」

きつぱりと言った。真先にざわめいたのは女教師で、竜太郎先生もこれには眼を見張り、耳を疑った。この暑いのに、試験などとんでもないことだ。それを、しかも三回もやられてたまるものか。聞いただけで頭が混乱する。そう思うていると、次第に高まる女性群の抗議めいた哀願など耳にも入れぬこの二単位先生は、

「日本の大学は入学がなか〳〵むづかしい。だから、入るまではうんと勉強するが、一たん入ってしまうと大体勉強しなくなる。ところが、アメリカでは入学はやさしいが、入ってからの勉強がものすごい。試験も連続何十回となくやる。この二つの傾向は、日米両国の今後の学術文化の水準を規定する大きな素因となる。僕は日本とアメリカの大学に学んで、身をもってこのことを体験し、試験の必要性を痛感しているので、誰が何と言おうと、試験は必ずやる。それも三回ということを今こゝではつきり約束しておきます」

確信をもって試験の原理を説き、実施についての決意を示した。女性群もこれにはおし黙り、竜太郎先生もガン〳〵鳴る頭をおさえる外はなかつた

（以下次号）

※ファニートはからだが固くなつた。

「今度はね、私がファニートの事を当てゝみましようか」

「ぼくの何を当てるの？」

「ファニートがね、今日は何べんケンカしたかって事を当てゝみたいの」

と母親はさり気なく云つた。さあ大変とファニートは小さなこぶしをにぎつてます〳〵からだを固くした

「十ぺんでしよ？きつとそうよ。ほれ、当つたでしよ？」

「ウウン、ちがう。ちがうよ」

ファニートが力んだ。

「そんなら、もつと？」

「ちがう、ちがう。もつと少ないよ」

「そんなら九つ」

「まだだよ」

「ぢや八つ」

「もつと少ないよ」

「へえ！？これより少ないの」

母は大げさに驚いたような素振りをして、

「ファニート　何でも正直に学校での事を話してくれる子だわね。だからこんなにごちそうを作つてもらつたのね。でも八つよりも少ないなんて、ほんとの事かしら」

「ほんとだよお母さん」

ファニートが目を輝かした。

「そんなに少ないんだつたらお母さんにも分らないわ。ファニート、教えてちようだい」

「五つ」

ファニートが勝ちほこつたように声をはり上げた。

母親は大笑いして、

「まあ、それつぽつちだつたの、とてもお母さんに当りつこないわね。さあ、もうおあがり」

ファニートはニコ〳〵笑つてナフキンを取り上た。

四

朝、ファニートが、学校に出かけようとしたら、母親が呼び止めた。

「ファニートや、今日のおひるは何がほしいの？何でもいゝから云つごらん。昨日みたいなごちそうでも、きつと用意してあげるからね。約束しましようね。その代り、あなたも早くかえつて来て、又昨日みたいに学校での事をきかしてちようだい。ね、約束出来て？」

「ウン、ぱく、今日はケンカの数をもつと少くするよ」

ファニートは大手を振つて家を出た。

おひる頃になると、ファニートが息せき切つて走つてくるのが見えた。

「今日はね、これだけですませた」

ファニートは指を三本示して得意そうに母親に告げた間もなくファニートのケンカがすつかり止んだ。

随想

国語教育界に望む

石井庄司

七月十九日の夕刻、那覇空港に降りたってから、まさに一ヵ月、その間、文教局、琉球大学ならびに各地区当路の方々の格別の御配慮と御親切によって、無事所定の役目を果たすことのできたのは、何よりの幸いである。とくに、各地区受講の方々の熱誠には、深く心うたれ、暑さも何も忘れて、講義や話し合いに専念できたことは、ほんとうにありがたいことであった。ただ休暇中であるため現地の生きた国語教室を見学することのできなかったのは残念である。したがって、これから、私が申そうとする沖縄の教育界に対する希望や感想も、いきの抜けたビールのようなものではないかをおそれる。読者、幸いに諒とせられよ。

到着以来、幾多の方々に会って、感じたことは、共通語のよく行われていることである。私ども、かえって恥しいくらい、りっぱなことばで話される。教養ある方々だけでなく、町や村で会う人々もよく共通語を話される。その辺で遊んでいる幼な児たちも、美しい東京語で話しながら遊んでいる。私は、たびたび東京に帰っているような錯覚を起した。もっとも、私がいま世話になっている糸満高校のあたりは、とくに言語環境がいいのかもしれない。しかし、前の安慶名でも、これに近いものであった。要するに、戦前戦後を通じて、共通語の教育がよほどよく徹底していると思われる。おそらく、すべての学校の先生は、この共通語のために身を粉にして来られたのであろう。深く敬意を表するしだいである。この点は、今後も一そう各方面の御努力を願いたのである。

ただ、国語教育の面からいうと、共通語教育に熱心のあまり小学校への入学と同時に、あまりに厳格な共通語による発表が強要されて来たのではないか。すなわち、レディネスとしての入門期の指導をはじめ、一年、二年のあたりの指導に今少し思いやりのある方法はできないものか、というのは、共通語による発言、発表、また、発音の矯正などが少しきびしすぎたなの か、かえってものを言わない子どもを作ったのではないかと思われるのである。

本土でも、国語の歴史のうえで、発表力の養成、話し方の教育が行われたのであるが、その方法を誤ったために、かえって、ものを言わない子どもを多く作ったのではないかと私は考えている。もっとも、古くから「巧言麗色鮮し仁」という論法のことばが尊敬され、なお、ことわざにも「出る杭は打たれる。」とか「きじも鳴かずばうたれまい」といったものがあって、なるべくものを言わないようにしつけられてきたという風習によるのかもしれない。当地においても、那覇の真玉橋の伝説による人に先じてものを言うなということなどであって、決して、口を開かないというのであろうか。とにかく、発言が少いように思う。私の見た、ほんの二、三の教室だけのことであるが、なにかというと一齊に答えてしまって、一人一人に答えさせようとすると、ぱったり発表がやんでしまう。一人で発言と幾度注意しても、すぐみんなで答えてしまう。数人の子どもだったらそれでもわかるはずであるが、五十人の子どもでは、だれがどう答えたか、さっぱりわからない。この一齊答弁ということが、他の学校の教室にもあるとすれば、早く直していただきたい。群集心理にかられて、いいかげんな答をしてしまうものもないではない。まちがってもいいから、はっきり自分の考えを述べるという慣習を作ってほしい。

この原因は、どこにあるかよくわからないが、あるいは、入門期の指導のときに、共通語の指導を一齊に唱えさせて来られたのではないか。一人では、恥しがって言えない、そこで、先生の口まねをして、みんなで、何かことばを唱えるということが、つい習慣になって、なんでも一人では答えられない。みんなといっしょということになったのではなかろうか。

いままで家庭にあって、家族とともに生活してきた子どもが、はじめて、小学校にあがってことばを学習するということは、バイイが述べているように、家庭からもってきた話しことばを、学校で習う文字ことばにきりかえることである。これは、われわれ人類が、話したことばの生活から文字をはじめて発明し使用したように、大きな変化である。いま、学校の児童は、そのような大きな変化に際会しているのである。

入門期の指導については、じゆうぶん慎重に行われねばならない。とくに、沖縄においては、方言から共通語 という二重の負担があるわけである。とにかく、国語教育は、いうまでもなく、共通語の教育である。共通語を教えずして、国語教育はありえない。しかし、それに達するには、順序というものがある。あまり早く、共通語でものを言い、人の前で話をさせようとすると、無理がある。私は、入門期においては、とくに、聞き方の訓練をしてほしいと思う。教室の言語環境をりつぱな共通語のものにして、まず、子供に、よい言葉を聞かせてやつてほしい。そして、おもむろに、子供等にも、口を開いてものをいうようにさせてほしい。はじめは、少しくらい方言や幼なことばがまじつてもよい。また、方言や幼なことばだけでもよい。とにかく、口を開いてものを言つたことをほめてやつてほしい。そして、なるべくみんなが一人一人自由にものの言える教室の雰囲気を作つてほしい。それこそ、民主的な教育ということができる。

読解の指導がいろ〱問題になつている。たしかに、基礎学力としての国語の学力は読解力が大きくものをいう。しかし、この読解力も、私の見るところでは、まず日常の言語生活がほんとうに身についてこないと、伸びてこない。低学年において、読解がじゆうぶんでないというのは、言語生活において共通語がよくできないからであることは、どなたも御承知のことであろう。しかし、このことは、単に低学年だけの問題ではなく、高学年になつても同様である。中学校においても読書力の伸びない生徒は、日常言語生活の貧弱さからきていることがある。読書をすれば話しことばが豊富になるという人があるが、それよりも、逆に、読書を進めるものこそは日常の言語生活を豊かにすることだといいたい。

読解指導のはじめは、まず漢学などの指導からはいるのではあるが、 これは簡なる文字の指導では効果がない、その証拠に、漢字の練習をしているときは、よくできても、実際にはいつこう読解力がつかないという報告をきく。これはどうしても、語い指導からさらに進んで文脈の読みとりにまで進まねばならない。さらに、語と語との接続のことばから、文（センテンス）と文とのつなぎのことば、さらに 段落と段落とのつなぎのことばに注意して 文章の内容把握にまで行かねばならない。そうなつてくると いわゆる文法のことが問題となつてくるであろう。決して単なる文法の指導ではないが、もつと文章全体を取り扱うということ、さらには、たしかな文章の解釈にとりかゝらねばならない。教室における一問一答などにおいても、ただ漠然として答をするものがある。テストをしても、そういう答がある。あたらずともいえども遠からむといつたものは、答えではない。答はどこまでも的中の答でなければならない。どうも、そういう点で、たしかな解釈の力というものが、ないのではないか、これをカモフラージュするために、一人では答えられなくてただみんなで一齊に答えてしまうのではないかとさえ思われる。これは、悪い推察であるかもしれないが国語教育を真に正しい方向に進めていくためにはぜひ考慮してほしい点である。

一年生から、まず、ハイという返事をはつきりいえるようにしたい。そして、二年生くらいになれば、ハイではなく、イイエという意志表示もできるように。ハイというべきときには、はつきりとハイといい、イイエというべきときには、またはつきりとイイエといえるような人間を つくりたい。それから、もう一つ、「どうぞ」と「ありがとう」がおつくうがらずにいえるような人になりたい。

沖縄の子供をはじめ、先生も、実に文字がきれいである。しかし、文章の表現という点になると、語いの量とか、表現などにおいてはまだ大いに研究の余地があるようである。要するに、文字による表現としての作文のことがいままさに動きつゝあるようであるが、さらに一そうの進展を祈りたい。

いま一つローマ字の読み書きのことも、現場としては問題になつてきているようであるが、とにかく現実のことよりも、広く国際理解というような点から、ローマ字文が読め、自かの意志をローマ字文で発表するというようなことも、今後の国語教育として考えなければならい問題であると思う。沖縄の古いことばを考察するについて、また、土地の方言を探求するについても、両面からもローマ字によつて、沖縄のことばと考察するということが盛んになることが望ましい。

はじめにお断りしたとおり、休暇中のため生きた国語教室が見られず、おそらく的のはずれた点も多いと思うが、熱心な先生がたよつて、一そう深く国語の教育に進まれんことを願つてやまない。

（東京教育大学教授）

随想

本土講師が語る

『夏季講習』への反省の中から一つ

安里盛市

九月三日の琉球新報は、夏季講習を終えた本土講師による反省会の要旨を伝えているが、その中から、私が特に関心を持った発言内容を取り上げ、受講者の一人として自己反省をしてみたいと思う。

◉多い一齊答弁

東京教育大学の石井教授は
「教師が一人一人で答えるとか、発問するとかが見られず、一斉答弁が多い。二、三の子どもたちの授業を観たが全く同じだ。」
と話しておられるが、これが全講習員に当てはまるかどうかは暫く措くとして、私の場合どうやらこのお言葉はそのまま頂戴しなければならないように思えてならない。今度の講習だけでなく、長い教員生活の中で、数々の会合に参加した時の状況を回想した時、いよいよこの感を深くするのである。

然しこれも云われてみてのことであって、日頃沢山の会合に参加しても取り立ててこのことを意識することはなかつたのではないだろうか。又この批判が教師についてのみ語られたものであるならば、
「まあ、そういう面があるかも知れない。」
などと、軽く受け合うことができたかも知れない。ところがどうしてもそう簡単にすましておれない問題を含んでいると見たからである。それは後半で指摘された生徒の問題である。
「二、三の子どもたちの授業を観たが、全く同じだ。」
私はここで自分の子どものしぐさを見て、自分自身の性癖を見せつけられた親のいたたまらなさを感ずるのである。

戦後いちはやく、沖縄文教部が一斉答弁の廃止を主張してから、相当の年月を経たにもかかわらず、未だに一斉答弁はわれわれの教室から姿を消していないのである。

戦前一齊答弁で育てられた生徒が、そのせいで教師となつた今日においても講習会で一齊答弁を繰り返すのかどうかについては分からない。だが少なくとも、これからの子どもたちにだけは、せめてこの一齊答弁という癖は与えたくないものである。

今更、民主教育の根本原理でもあるまいが、主体性の確立こそ今日の教育に要求される最大のものではないだろうか。主体を持ち得ないままに、周囲の勢に附和雷同する個人の弱さはどこから生じて来るものであろうか。一齊答弁の積み上げが、主体性の確立と何ら関係のないものであるとは思われない。パーソナリティーの形成は瑣細なことの積み上げによるものであつて、観念的なお題目によつてでき上るものではない。

一齊に答弁している子どもたちを見た時、その中に果して自分自身のものになり切つた内容を主体的に打ち出している子が何人いるだろうか。後の大多数の子どもたちは、一、二の生徒につられて発言しているのではないだろうか。未だ自己自身のものとして、消化されないままに引き出された発言内容ではないだろうか。従つて一齊答弁ではどうやら答えた事柄が、個人として求められた時には躊躇せざるを得なくなるのである。

一人一人の主体的な思考を通して、真に確認された内容を発表させることこそ大事な点ではなかろうか。

多くの学級児童会や、ホーム、ルームにおける発言活動が一部の生徒に偏し、極めて不活発であることを嘆き、「ふだんの授業の時はやかましい位ですがね。」との声をよく聞くのであるが、そのふだのやかましさが、一齊答弁によるやかましさを指しているとするならば故なしとしないのである。ここに教科学習に於ける一齊答弁のにぎやかさが、児童会や、ホームルームにおける発言活動の不活発さという皮肉な現象を生むことにもなりそうである。

ふだん、さして気にもとめなかつたことが、このような結果を生むことになるとするならば、教育の営みの瑣細なことの積み上げに細心の注意を払わなければならないということを痛感するものである。

◎気軽に話せる態度を

愛媛大学教授の宮木先生は
「沖縄の教師たちは不思議でならない。気軽に話せる態度養成がこれからだ。と云つておられるが、この言葉も私は、そのまゝお受けしたいと思う。

気軽に話せないということは、性格にもよることとは思うが、かといつて何時までも直せないものだとあきらめてしまうわけのものでもあるまい。

私たちが、はじめての人々と対面した時、先ず最初に働く心の動きは、「この人はどれだけの人間的内容を持つた人だろうか。」ということである。これがわかるまでは、なかなか気軽には話せないものである。従つて当りさわりのない時候のあいさつとか、時事的なことを中心とした話し合いが交わされるだけである。そして、そろそろ相手の人柄がわかつてくるにつれて気安く話し出して来るものである。

このことは、相手に対する自己の自信のなさによるものではなかろうか。従つて自信のある人は、割合に気楽に話しかけることができるのではないだろうか。(このことは私のひがみかも知れないが)。そうすると、自信のない人は何時までも気軽に話すことができないのじやないか。ということになりそうである。ところが、私はこの自信を最初から放擲することによつて、何のわだかまりもなく、気軽に話しかけることができるような気がしてならない。自分の発言を通して、自分の人間的内容が評価されているんだとの意識が強ければ強い程、人は自分の発言に用心するようになるものである。「話してボロ出すよりか、黙つた方がましだ」。ということにもなりそうである。

ところが、最初から「なあに、人間、あるだけのことしかないんじやないか。ボロでもよいから、私はこれだけのものしか持つておりません。」とありつたけを投げ出してしまう気持になると、案外何でも話せるようになるものである。開け放しの性格というものが良い意味に使われるならば、私はそういう性格の人をうらやましく思うのである。

南部のある中学校を訪問した時のことでる。先生方との研究懇談が遅くまで続き、当日のホームルームの司会のし方について、一人一人の司会者を上げて、その長短を話し合つている時、私に電話がかゝつてきた。そこで隣の職員室に行き、電話に出ようとした時、私はそこに一女生徒の姿を認め、はつとなつた。というのは今隣室の研究会場で話題の中心となつているのがその子で、私は相当きびしい批判をこの子の司会のし方に向けていたのである。おそらくその子は、職員室の留守番でもしながら、つつ抜けに聞えて来る私の話をすつかり聞いてしまつたに違いない。

電話をすまして座に帰つた私は、その生徒の心傷を害し、思わぬ教育上のマイナスを招くことを恐れ、先生方にその対策を考えて貰うよう話し合つたのである。ところが、研究懇談が済み、職員室へ引き上げた担任教師が一枚の紙切を手にして、私のところへやつて来たのである。それには鉛筆の走り書きで「先生、私のことについて、先生方のお話、悪いと思つたけれど、すつかり聞いちやつた。司会というもの、なかなかむずかしいものね」と書いてあつた。勿論、例の女生徒が担任教師のテーブルの上に置いて行つたものである。私はこれで今までの不安を一ぺんに吹き飛ばすことができたのである。若しこの子がこのことを自分一人の胸の中に秘めて、誰にも話さなかつたとするならば、当の本人は憂うつな数日を過ごしたに違いない。それだけですまされるならよい方で、若しこの子がこのことをきつかけに、学校生活に対する不適応を起こすことにでもなつたら大変なことである。そして先生方も私も、重苦しい数日を過ごさなければならなかつたに違いない。このことを考えてみただけでも、この子が心の扉を開いて受持の先生に話してくれた(この場合紙の上ではあるが)ことが、どれ程みんなの気持を救い、周囲を明るくしてくれたかと感謝せずにはいられなかつた。

それにも増して、私は子どもたちがどんなことでも話しかけてくることができるように、常に心の扉を開いておいてくれた担任教師の人柄にふれることができて、嬉しく思つたのである。私たち教師は、生徒の一人一人が気軽に話しかけてくることができるように、常に心の扉を開いておくことが大切ではなかろうか。「あの先生ならどんなことでも話せる」というふうになればしめたものだと思う。

〃先生、先生といばるな先生僕たちがいなければ月給ももらえないくせに〃

と書いた落書の横に

〃生徒、生徒といばるな生徒
先生がいなければ勉強もできないくせに
〇〇先生〃

と笑いながら書き並べた、教師の開け放なたれた心に人間的な暖かさを感ずるものである。児童会や、ホームルームの時、なぜ発言できないかを、アンケートによつてその理由を聞いてみると、

〇はずかしい
〇笑われるから

等というのが圧倒的に多い。この二つは表現こそ違え、その云わんとするところは同じである。それは仲間の自分に対する評価を気にしているということである。このことは裏を返えせば、この子どもたちの属する集団の中に、他人の思惑を考えなければならないような空気が流れているということである。

私たちは、子どもたちの集団の中に流れている、このような空気を一掃しなければならない。どんなことを言つてもいささかも抵抗を感じない集団。お互が言いたいことを、誰に遠慮することもなく、気楽に話し合える仲間。このような集団を作ることが、教師の心がけなければならない貴重な仕事ではなかろうか。

(指導課)

雑感

―随想―

大小堀松三

（東風平中学校長艇学練浅）

▽協力の姿

赴任して驚いた事は、実験学校研究発表会が一年分残つている事であつた。我を待つのは「実験学校発表会か」前任校で去年やつて来たので御免蒙りたいが!!とんで火に入る夏の虫みたいで、去り行く校長が羨ましく思われた。ホット一息する間もなく此の名誉あるバトンを引継がねばならなくなつたのだ。何しろ職・家は苦手であるし、今度の異動で計画研究していた女教師三人には逃げられるし、これに今年は職・家の第五群の家庭方面の研究発表であるので障害が前進をはばんだのでした。けれでも職員の熱意によつて此の問題も無事解決し、去年研究した基礎の上に経続研究がなされているが、我を待つものは実験学校研究会でなく、教育愛に燃ゆる全職員の温かい協力以外には何もなかつたのでした。赴任早々かような職員協力、熱意に感激を新にした者である。

教員の和を基盤とし調和のとれた学校経営の望ましい事は云うまでもなく、協力一体、和の力、これは教育の原動力をなす一要素として経営者の最も力を入れる点だと思う。

当校も十七人中七名も異動があつた関係で、一日を津堅・久高に遊び、一舟艇に身命をたくして、全員が中城湾の風光を海上より賞しつつ愉快に過した事も効果的だつたと思う。

▽若き青年の意気で

青年の特権は若さである。若さのない青年は色を失つた花よりもみじめである。青年の価値もまたこの若あにある。学校も亦青年の如き若さを持ちたい。年を重ねた老練の教師より経験の浅い若い教師に生徒の魅力をよせ又成果をあげている多くの実例を見る。押せば汁が出、叩けば音のする青年、思い込んだらわき目もふらずやつてのける青年の意気を全職員が持ちたいものだ。中学の子は自分らに近い若い教師に憧を持つ。中年の多くいる中学の職員に青年の如き若さを持たす経営こそ常に新進気鋭に満ちた前途洋々たる中学の姿だと云えよう。

▽教養について

教養はその人の心を豊にし、気品ある人間、謙譲なる人間を育成するものである。教養ある人に接した時、我らは自ら襟を正して尊敬の念が湧いてくる。教師は特に教養面にも意を注ぎ、すべての教育に当らねばならぬと思う。若い教師は特に高い品位を身につけるよう一そうの努力を惜しんではならない。なぜなら教養は短期間にして身につくものでなく、絶ゆまぬ研讃が要り、その道はつきるところを知らず、正に人生の長行路といえるから。

教養の其の人の将来を左右する事を思うと疎んぜられがちの此の前の教育を強調すべきだと思う。

▽長髪に思う

校舎内外の整理、教室の美化と相まつて、子供らの容儀を考えた。長髪の問題である。長髪の長短は色々論議されたが、私は短く刈つた方が中学生らしい明るい伸々した姿だと思つた。教室が美化され整理された気持ちよい中に、長く伸びた手入のしてない長髪の子が四、五人点々としている姿は目ざわりであり、学習意欲を減じて能率の低下を思わしめる気がして不快に堪えない。職員会にかけ、生徒会にかけて短く刈る事を奨励して一学期中に其の実現を見た。結果は良がつたと思う。各教室が調和が保たれ、学習態度も良く見え、何となく生気に満ちた明るい学園になつた気がして嬉しく思つた。

あれもやりたいこれもやりたいと、多くの野望をもつて新卒当時のように希望に燃えて赴任して来たものの、一学期は只焦慮の中にはすべき何事もせず送つたが、これからは深い世界観で、たしかな目標をめざし、しつかりした足どりで、歩き続けていきたい。ロダンの考える人、歩む人、が一つに具象化される、地についた、たくましい教育をめざして。

視聴覚教室

担当　中山重信（社会教育主事）

視聴覚教育は、学習指導の面では、支配的な役割を演ずるのでなく、また別個の特殊な活動を行うものでもない。あくまでも指導法の中に位置せしめることによつて、いずれの学習をもよりよい活気ある学習となさしめるもので、視聴覚教材は、学習指導の三つの段階、単元の導入、展開、整理の段階に利用することによつて、学習の場において突破口を開いたり、問題解決の困難な山を越えたり、学習経験をまとめたりすることに役立つものである。

それ故、視聴覚的方法は、各教科の学習指導法の中に、或いはその指導形態の中に位置せしめなければならない。どのような形で位置するかは、教師の教育計画によつて異るであろうが、とにかく位置せしめるということが重要である。このことは新しい教育を行う教師の責任であるといゝ得る。なぜならば従来も行われていた黒板や図表、掛図等に学習指導に取入れられていたが、学習の効果はその範囲でしか期待出来なかつた。然しどれだけの新しい視聴覚教材を用いて学習指導を行つているかは、その教師の、また、その学校の学習指導における進歩性を示すものであると云われている。

学習指導を一層効果的にする方法が、視聴覚的方法に外ならないということは、視聴覚的方法によつて、学習指導を能率的にし、各種の視聴覚的な教材を総合的に利用して、今まで困難とされていた単元の学習標をも容易に達成されるとすれば、この方法は学習指導への新しい方法として有効に役立つことになる。これから月進月歩の目まぐるしい社会の進歩に伴つておこる複雑な事象、例へば国際理解というようなことがらを教師が自らの頭脳だけでは、ついていけないような場合にも、ラジオや映画を利用することによつて、児童生徒の最新のインフオメーションを具体的に与えることができる。

このようにして教師が理解していたことだけを学習指導していた今までの方法に加えて教師の頭脳をも越えるような問題をも視聴覚教材の適切な利用によつて達成できるようになる。従つて近代教育を行うよい教師は進歩した視聴覚教材を活用することによつて学習指導を今までの領域から更に前進させることが出来るし、今までの領域内でも学習指導や学習活動を能率化し、精密化し、組織化することができる。

今月の映画フイルム

		上映時間	内容
漫画	お天気学校	十六分	最低の気象知識を知らす
短劇	馬	四一	山本嘉次郎「馬」の子供向
〃〃	彦市ばなし	二一	嘘つきの話
社会科	交通教室	一	正しい交通道徳。
体育	五人の選手団	二一	ヘルシンキ大会。我が体操チ！ム
PTA	未成年	四六	母親の為の心理学。
生活	時間のある村	二〇	沖縄時間への活。
防犯	犯罪は生きている	十九	犯罪の手口。

―中央教育委員会便り―

教育法に基く規則、基準等

規則、方式名	規則番号	発効年月日
◦文教局表彰規程	訓令第二号	五七、三、一九公布 五六、一、一適用
◦中央教育委員会会議規則	規則第二号	五七、四、二三
◦公民舘設置規則	規第三号	五七、四、二三
◦公立学校教育職員のへき地勤務手当補助金交付に関する規則	規第四号	五七、六、四 五六、七、一適用
◦教科書選択委員会規則	規第五号	五七、六、四 五七、五、一四適用
◦政府立学校職員及び教育長の勤務時間及び勤務時間の割振に関する規則の一部を改正する規則	規第六号	五七、六、四 五七、四、一適用
◦政府立学校生産物処理規程	規第七号	五七、六、四
◦政府立学校入学料及び授業料徴収規則	規第八号	五七、五、一五
◦学校の保健に対して保健所並に、医師の協力等に関する基準	規第九号	五七、六、四
◦学生懲戒規則	規第十号	五七、六、四
◦中央教育委員会の委任に関する規程	規第十一号	五七、六、四 五七、三、二適用
◦政府立及び公立の小学校並に中学校における費用徴収等に関する規則	規第十二号	五七、七、一

○教育に関する寄附金の募集に関する規則	規第十三号	五七、六、四
○地方教育区の予算及び決算報告規程	規第十四号	五七、六、四
○教育長事務所職員のへき地勤務手当補助金交付に関する規則	規第十五号	五七、六、二八 五六、七、一適用
○公立高等学校の授業料等徴収規則認可基準規則	規第十六号	五七、七、一
○学校身体検査規則	規第十七号	五七、七、二
○学校衛生統計調査規則	規第一八号	五七、七、二
○公立学校教育職員の身体傷害補償補助金交付に関する規則	規第十九号	五七、七、一
○教科書選択委員の手当を定める件	訓令第三号	五七、七、一
○結核性疾患教員の休暇並びに補充教員に関する規則	規二〇	五七、七、十九 五七、七、一適用
○女子教員の出産休暇並びに補充教員に関する規則	規二一	五七、七、一九 正七、七、一適用
○一九五八年度校舎建築割当方式	告示一二号	
○教育に関する補助金交付規程	告示一三号	五七、七、三〇
○一九五八年度分の地方教育委員会行政補助金の額の算定に関する方式	告示一四号	五七、〃
○一九五八年度校舎修繕補助金の額の算定に関する方式	告示一五号	五七、〃
○公立学校職員給料補助金割当方式	告示一六号	五七、〃
○文教局組織規則	規二二	五七、九、七 五七、三、二適用
○単位給補助交交付規則	規二三	五七、九、七 五七、七、一適用
○単位登録料補助金交付規則	規二四	五七、九、七 五七、七、一

○教育職員採用に関する契約規則	規二五	五七、九、七 五七、四、一〃
○契約書の様式基準	告二四	五七、三、二二
○教育職員免許状の一時効力停止に関する規則	規二六	五七、九、七
○補助金交付に要する公立の小学校及び中学校の学級数及び教員数算定の基準	規二七	五七、九、七 五七、四、一
○学校伝染病予防に関する規則	規二八	五七、九、七
○研究教員の休暇並びに補充教育に関する規則	規二九	五七、九、七
○小学校設置基準	規三〇	五七、九、七
○中学校設置基準	規三一	〃
○高等学校設置基準	規三二	〃
○幼稚園設置基準	規三三	〃
○教育法施行規則	規三四	五七、九、七
○政府立学校施設使用に関する規則	規三五	五七、九、一
○政府立学校職員職務規程	規三六	五七、九、一
○公立学校関係職員の退職手当補助金交付に関する規則	規三七	五七、九、七 五五、七、一適用
○公立学校職員旅費補助金割当方式	規三八	五七、九、七
○教育課程審議会規則	規三九	五七、九、七
○学校教育課程の基準	規四〇	小五四、中五五 高五六、幼五七
○公民館、学校施設使用諸講座費等補助基準	規四一	
○一九五八年度社会教育補助金割当方式	規四二	

○各種学校設置規則	規四三	五七、九、七
○校舎建築に関する基準	規四四	五七、九、七
○政府立学校職員の日額旅費	文教局訓令一	五六、一〇、九
○社会教育講座運営規則	規四七号	
○公立学校備品補助金額の算定に関する方法	規四五号	
○公立学校教科書補助金の額の算定に関する方法	規四六号	
○学校教育課程の基準	規二二号	五七、八、二〇
○文教局組織規則	規四八号	

一九五七年十月五日　印刷
一九五七年十月二八日　発行

文教時報（第三十三號）
（非売品）

発行所　琉球政府文教局
研究調査課

印刷所　ひかり印刷所
那覇市三区十二組
（電話一五七番）

七月のできごと

一日　高等弁務官制実施

二日　第一回「沖縄タイムス賞」　（於沖縄タイムス）

レムニツワア大将来島、アイゼンハワー米統領は

二日　琉球軍司令官ムーア中将を琉球高等弁務官に正式に任命した。

北山高校「学校図書館の運営について」実験発表会。

三日　米陸軍参謀本部次長に転出するレムニツワア大将を送る在沖米三軍合同の閲兵分式、離任式（於ズケラン飛行場）

琉大がレムニツワア大将へ名誉学位贈呈式

レムニツワア大将立法院にメッセジ朗読

渡名喜小中校実験学校発表会、工業高等学校実験学校発表会

四日　米国独立記念日、モーア中将高等弁務官就任式（於フォー・バグナ　）

マリン基地工事の再開と電気水道施設を祝う久志村辺野古の祝賀会（モーア高等弁務官出席）

五日　教育長定例会（於糸満教育長事務所）

六日　石川高校生物研究発表会

七日　レムニツワア大将帰国、陸協主催第四回東西対抗陸上競技大会（於工業高校）

八日　第五十回定例中央教育委員会で一九五八度校舎建築割当方式決る。

夏期教員講習の講師招聘のため上京中の真栄田文教局長日航機で帰任

一〇日　立法院の総辞職問題をめぐつて院内各派代表協議会、詰論得ず決裂。読谷、嘉手納地区連合教育委員会新教育長に伊礼春昌氏、次長に石嶺伝盛氏を任命

一一日　定例中央教育委員会に於て次の通り可決、糸満南小学校の設置認可、結核性疾患教員の休暇並に補充教員に関する規則、女子教員の出産休暇並に補充教員に関する規則、財団法人コザ学園設立認可およびコザ学園立中央高等学校設置認可、野嵩高校校名変更認可―「野嵩高校」を「普天間高校」と名称を変更する。

一二日　武蔵野女子学院短期大学教授宮良当壮氏（八重山出身、文学博士）琉大で「言語学について」講演

一三日　教科書展示会（各地区）

立法院で可決された五八年度一般会計予算案を民政府才出面のみを承認

一五日　社大党安里積千代議員　与儀議長に辞表提出

在琉米陸軍及び第三一三空軍司令部は軍就業琉球人の賃金を十五％引上げの旨発表。

当間主席五八年度一般会計予算署名公布

一六日　中央教育委員会一九五八年度予算による政府立学校と公立学校の校舎建築割当教育に関する補助金交付規定、一九五八年度分の地方教育委員会行政補助金の額の算定に関する方式の議案を可決

一七日　全琉教育長研修会（十八日まで）

第二次ブラジル移民青年隊四四名オランダ船ルイス号で出発

軍用地連合臨時総会（於沖縄会館）で全役員辞任

中央教育委員会「一九五八年度校舎修繕補助金の算定に関する方式」「公立学校職員補助金割当方式」審議可決

一八日　沖縄地区工兵隊（ＤＥ）は財産取得告知書第二十六号で名護町及び久志村にまたがる約百七十一万坪に対して、新規接収による定期賃借権の取得を告知してきた。

一九日　行政事務部局組織法の一部改正署名公布、七月一日にさかのぼつて企画統計局発足す。

沖縄子供を守る会、訪問教師との懇談会、長次児の問題について話会つた。

二一日　琉大演習林宿舎落成式（於国頭村与那区）

二二日　モーア弁務官三新聞社代表と懇談・嘉手納村三和相互銀行支店内アメリカン・エキスプレスに銀行ギャング事件起る。

夏季休暇に本土で開催される各種講演会に参加する研修教員二十名決定

二三日　立法院、安里積千代議員の辞職承認

全島高校長、教頭連絡会（於コザ高校）

二四日　警察幹部の大幅な異動

二七日　モーア弁務官八月三日までの訴願期限となつている那覇港一帯の訴願を三十日間延期した。

第一回戦没学徒職員合同慰霊祭（於教育会館三階ホール）

在沖新総領事オルコット・Ｈ・デミング氏着任

二八日　第三回九州各県中学校水上競技会に於て首里中校三年城間護選手が五十米背泳に第一位で優勝

文教局指定宮中学校音楽科研究発表会

二九日　夏期講座の講師団三十二名日航機で来島

具志川中校音楽研究発表会

モーア弁務官民政府布告第二号を公布し、土地収用令に規定された訴願期間を三十日間延長する措置をとつた。

三〇日　当間主席「改正所得税法案」に署名、八月二日に公布

三一日　八重山における日糖社有地接収解除式（於民政府）

立法院文教社会委員会真栄田文教局長を招き現行教育布令の問題点の研究

復刻版 文教時報《ぶんきょうじほう》 第2回配本
（第4巻～第6巻）

2017年12月31日 第1刷発行

揃定価（本体69、000円＋税）

編・解説者 藤澤健一・近藤健一郎

発行者 小林淳子

発行所 不二出版
東京都文京区向丘1-2-12
TEL 03（3812）4433

印刷所 栄光

製本所 青木製本

乱丁・落丁はお取り替えいたします。

第5巻 ISBN978-4-8350-8071-0
第2回配本（全3冊 分売不可 セットISBN978-4-8350-8069-7）